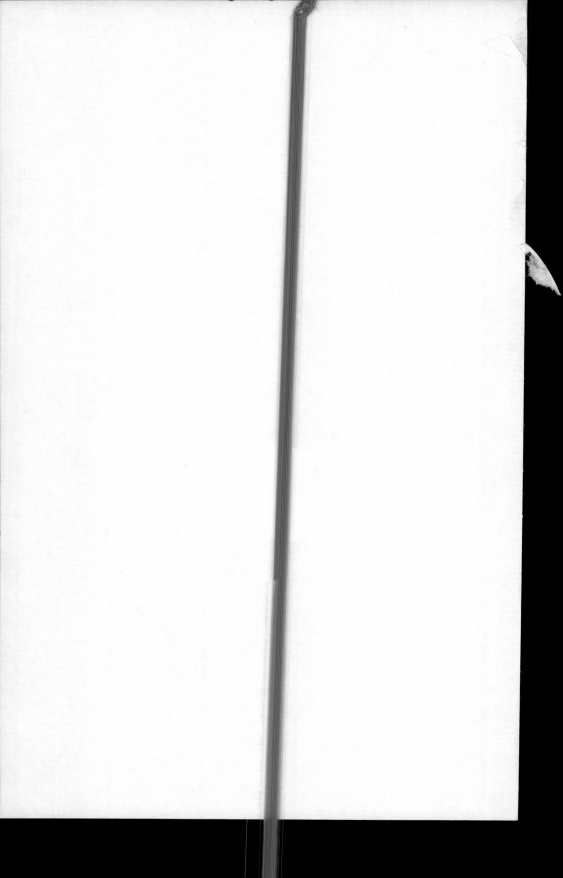

Handbuch zur
Vermögensteuer-Hauptveranlagung
1974

SCHRIFTEN DES
DEUTSCHEN WISSENSCHAFTLICHEN STEUERINSTITUTS
DER STEUERBERATER UND
STEUERBEVOLLMÄCHTIGTEN E. V.

Handbuch zur Vermögensteuer-Hauptveranlagung 1974

Verlag des wissenschaftlichen Instituts
der Steuerberater und Steuerbevollmächtigten GmbH Bonn
Verlag C.H.Beck München

1975/ISBN 3 406 02326 6

Druck der C. H. Beck'schen Buchdruckerei Nördlingen

Vorwort

Nachdem nun die für die Vermögensteuer-Hauptveranlagung 1974 maßgeblichen Richtlinien veröffentlicht worden sind, kann das Handbuch zur Vermögensteuer-Hauptveranlagung 1974 vorgelegt werden. In Gestalt, Ausstattung und Anordnung gleicht dieses Buch wiederum den parallelen Ausgaben zur Einkommensteuer, Gewerbesteuer, Körperschaftsteuer, Umsatzsteuer und Lohnsteuer.

Es soll seinen Benutzern die Arbeit bei der Vermögensteuererklärung erleichtern, da es alles, was bei dieser Arbeit an Gesetzes- und Verwaltungsvorschriften zu berücksichtigen ist, in der bewährt übersichtlichen Form enthält.

Die Texte von Gesetz, Durchführungsverordnung, Richtlinien sowie der ergänzenden Vorschriften sind voneinander abgehoben, so daß auf den ersten Blick erkennbar ist, um welche Kategorie von Bestimmungen es sich handelt. Weiterhin ist auf jeder Seite in einer am unteren Rande angebrachten Legende die typographische Gestaltung erklärt; Balken am Rand kennzeichnen die gegenüber der letzten Ausgabe ergangenen Änderungen.

Anlage und Gliederung des Hauptteils kann der Benutzer aus einem dem Inhaltsverzeichnis angeschlossenen „Paragraphenspiegel" ersehen, aus dem hervorgeht, welche Bestimmungen des Gesetzes, der Verordnung, der Richtlinien und Anlagen wiedergegeben sind.

Die Fußnoten enthalten u. a. leitsatzähnliche Hinweise auf Verwaltungserlasse, die der Sammlung „Steuererlasse in Karteiform" – StEK (zusammengestellt und bearbeitet von Dr. G. Felix – Verlag Dr. Otto Schmidt KG, Köln) – entnommen wurden. Wir danken dem Verlag Dr. Otto Schmidt KG für die Erlaubnis, die Leitsätze aus der StEK zu übernehmen.

Im Anhang II sind die Bestimmungen zur Erbschaftsteuer zusammengefaßt. Auf Wunsch der Benutzer unserer Veranlagungshandbücher sind in diesen Band wieder die Kurse und Rücknahmepreise aufgenommen worden (Anhang III Nr. 1).

Bei der Auswahl des Materials hat uns wiederum Herr Dr. Max Rid, Richter am Bundesfinanzhof, mit Rat und Tat unterstützt; für seine wertvolle Mitarbeit sind wir ihm zu Dank verpflichtet.

Anregungen der Benutzer zur Ausgestaltung, Ergänzung und Verbesserung des Handbuchs sind uns stets willkommen.

Bonn, im April 1975

Deutsches wissenschaftliches Steuerinstitut der
Steuerberater und Steuerbevollmächtigten e. V.

Inhaltsverzeichnis

Anlagenverzeichnis

Übersicht über die als „Anlage" abgedruckten Erlasse, Verfügungen usw.

Paragraphenspiegel

Übersicht über die Gliederung und Anordnung von BewG, BewDV, VStG, VStR und Anlagen

Vermögensteuer-Richtlinien Abschnitt	Anlagen

Vermögensteuer-Richtlinien Abschnitt	Anlagen
Seite	

§§-Spiegel

Übersicht über die Gliederung und Anordnung

Bewertungsgesetz	BewertungsDV

Vermögensteuer-Richtlinien Abschnitt	Anlagen
	Seite

Bewertungsgesetz	BewertungsDV

Vermögensteuer-Richtlinien Abschnitt	Anlagen

XXVII

III*

Bewertungsgesetz	BewertungsDV
Seite	Seite

XXIX

Vermögensteuer-Richtlinien Abschnitt	Anlagen
Seite	Seite

Vermögensteuer-Richtlinien Abschnitt	Anlagen
Seite	

Abkürzungsverzeichnis

Abkürzungsverzeichnis

MinBlFin. .... Ministerialblatt des Bundesministers der Finanzen
n. F. .... neue Fassung
NRW (oder NW) .. Nordrhein-Westfalen
OFD. .... Oberfinanzdirektion
OFH. .... Oberster Finanzgerichtshof
RdErl. .... Runderlaß
RdF .... Reichsminister der Finanzen
Rdvfg. .... Rundverfügung
RFH .... Reichsfinanzhof
RG .... Reichsgericht
RGBl. .... Reichsgesetzblatt
RL .... Richtlinien
RStBl. .... Reichssteuerblatt
SHG .... Soforthilfegesetz
StAnpG .... Steueranpassungsgesetz
SteuerÄndG ...... Steueränderungsgesetz
StEK. .... Steuererlasse in Karteiform (Steuererlaß-Kartei), Nachschlagewerk der Erlasse und Verfügungen der Finanzverwaltungen mit kritischen Anmerkungen
StuZBl. .... Steuer- und Zollblatt
Tz. .... Textziffer
UStDB .... Umsatzsteuer-Durchführungsbestimmungen
UStG .... Umsatzsteuergesetz
VerwAnw. .... Verwaltungsanweisung
Vfg. .... Verfügung
VO .... Verordnung
VSt. .... Vermögensteuer
VStDV. .... Vermögensteuer-Durchführungsverordnung
VStER .... Vermögensteuer-Ergänzungsrichtlinien
VStG .... Vermögensteuergesetz
VStR .... Vermögensteuer-Richtlinien
VStRG .... Vermögensteuerreformgesetz
VZ .... Veranlagungszeitraum
WEG .... Wohnungseigentumsgesetz
WiGBl. .... Gesetzblatt der Verwaltung des Vereinigten Wirtschaftsgebiets

Geschlossene Wiedergabe

Vermögensteuergesetz (VStG)*

In der Fassung vom 17. April 1974

(BGBl. I S. 949)

Übersicht über die Änderungen,

die das Vermögensteuergesetz seit der Verkündung vom 23. April 1974 erfahren hat:

Lfd. Nr.	Änderndes Gesetz	Datum	Bundesgesetzbl. Teil I Seite	Geänderte Paragraphen	Art der Änderung
1	Gesetz zur Reform der Einkommensteuer, des Familienlastenausgleichs und der Sparförderung (Einkommensteuerreformgesetz – EStRG)	5. 8. 1974	1769	§ 10 Abs. 1 Nr. 2, Abs. 2 § 25 Satz 2	geänd. angef.
2	Gesetz zur Verbesserung der betrieblichen Altersversorgung	19. 12. 1974	3610	§ 3 Abs. 1 Nr. 5 § 3 Abs. 1 Nr. 6 a	neugef. eingef.

Inhaltsübersicht[1]

I. Steuerpflicht, Bemessungsgrundlage

§ 1 Unbeschränkte Steuerpflicht

(1) Unbeschränkt vermögensteuerpflichtig sind

1. natürliche Personen, die im Inland einen Wohnsitz oder ihren gewöhnlichen Aufenthalt haben;

2. die folgenden Körperschaften, Personenvereinigungen und Vermögensmassen, die im Inland ihre Geschäftsleitung oder ihren Sitz haben:

   a) Kapitalgesellschaften (Aktiengesellschaften, Kommanditgesellschaften auf Aktien, Gesellschaften mit beschränkter Haftung, bergrechtliche Gewerkschaften);

   b) Erwerbs- und Wirtschaftsgenossenschaften;

   c) Versicherungsvereine auf Gegenseitigkeit;

   d) sonstige juristische Personen des privaten Rechts;

   e) nichtrechtsfähige Vereine, Stiftungen und andere Zweckvermögen des privaten Rechts;

---

* Das Vermögensteuergesetz bildet Art. 1 Vermögensteuerreformgesetz; abgedruckt im Anhang I Nr. 1.
[1] Die Inhaltsübersicht ist nicht amtlich.

1

f) Kreditanstalten des öffentlichen Rechts;

g) Gewerbebetriebe im Sinne des Gewerbesteuergesetzes von juristischen Personen des öffentlichen Rechts, soweit sie nicht bereits unter den Buchstaben f fallen. Als Gewerbebetrieb gelten auch die Verpachtung eines Gewerbebetriebs sowie Anteile an einer offenen Handelsgesellschaft, einer Kommanditgesellschaft oder einer ähnlichen Gesellschaft, bei der die Gesellschafter als Unternehmer (Mitunternehmer) anzusehen sind.

(2) Unbeschränkt vermögensteuerpflichtig sind auch deutsche Staatsangehörige, die

1. im Inland weder einen Wohnsitz noch ihren gewöhnlichen Aufenthalt haben und

2. zu einer inländischen juristischen Person des öffentlichen Rechts in einem Dienstverhältnis stehen und dafür Arbeitslohn aus einer inländischen öffentlichen Kasse beziehen,

sowie zu ihrem Haushalt gehörende Angehörige, die die deutsche Staatsangehörigkeit besitzen. Dies gilt nur für natürliche Personen, die in dem Staat, in dem sie ihren Wohnsitz oder ihren gewöhnlichen Aufenthalt haben, lediglich in einem der beschränkten Steuerpflicht ähnlichen Umfang zu Personensteuern herangezogen werden.

(3) Die unbeschränkte Vermögensteuerpflicht erstreckt sich auf das Gesamtvermögen. Sie erstreckt sich nicht auf Vermögensgegenstände, die auf das Währungsgebiet der Mark der Deutschen Demokratischen Republik entfallen; das gleiche gilt für Nutzungsrechte an solchen Gegenständen.

(4) Zum Inland im Sinne dieses Gesetzes gehört auch der der Bundesrepublik Deutschland zustehende Anteil am Festlandsockel, soweit dort Naturschätze des Meeresgrundes und des Meeresuntergrundes erforscht oder ausgebeutet werden.

§ 2 Beschränkte Steuerpflicht

(1) Beschränkt steuerpflichtig sind

1. natürliche Personen, die im Inland weder einen Wohnsitz noch ihren gewöhnlichen Aufenthalt haben;

2. Körperschaften, Personenvereinigungen und Vermögensmassen, die im Inland weder ihre Geschäftsleitung noch ihren Sitz haben.

(2) Die beschränkte Steuerpflicht erstreckt sich nur auf Vermögen der im § 121 des Bewertungsgesetzes genannten Art, das auf das Inland entfällt.

(3) Abweichend von Absatz 2 erstreckt sich die beschränkte Steuerpflicht eines Steuerpflichtigen mit Wohnsitz oder gewöhnlichem Aufenthalt, Sitz oder Ort der Geschäftsleitung in einem ausländischen Staat, mit dem kein Abkommen zur Vermeidung der Doppelbesteuerung besteht, nicht auf

1. das inländische Betriebsvermögen, das dem Betrieb von eigenen oder gecharterten Seeschiffen oder Luftfahrzeugen eines Unternehmens dient, dessen Geschäftsleitung sich in dem ausländischen Staat befindet,

2. das inländische Betriebsvermögen, das Bauausführungen oder Montagen von höchstens 12 Monaten Dauer dient, oder

3. das Inlandsvermögen im Sinne des § 121 Abs. 2 Nr. 5 und 6 des Bewertungsgesetzes, wenn und soweit der ausländische Staat Steuerpflichtigen mit Wohnsitz oder gewöhnlichem Aufenthalt, Sitz oder Ort der Geschäftsleitung im Inland eine entsprechende Steuerbefreiung für derartiges Vermögen gewährt und der Bundesminister der Finanzen mit den zuständigen Behörden des ausländischen Staates Einvernehmen über die gegenseitige Steuerbefreiung herstellt; für die Steuerbefreiung nach Nummer 1 ist weitere Voraussetzung, daß der Bundesminister für Verkehr sie für verkehrspolitisch unbedenklich erklärt hat.

§ 3 Befreiungen

(1) Von der Vermögensteuer sind befreit

1. die Deutsche Bundespost, die Deutsche Bundesbahn, die Monopolverwaltungen des Bundes und die staatlichen Lotterieunternehmen;

2. die Deutsche Bundesbank, die Kreditanstalt für Wiederaufbau, die Lastenausgleichsbank (Bank für Vertriebene und Geschädigte), die Deutsche Siedlungs- und Landes-

rentenbank, die Landwirtschaftliche Rentenbank, die Bayerische Landesanstalt für Aufbaufinanzierung, die Landeskreditbank Baden-Württemberg, die Hessische Landesentwicklungs- und Treuhandgesellschaft mit beschränkter Haftung, die Wirtschaftsaufbaukasse Schleswig-Holstein Aktiengesellschaft und die Reichsbank;

3. Unternehmen, die durch Staatsverträge verpflichtet sind, die Erträge ihres Vermögens zur Aufbringung der Mittel für die Errichtung von Bundeswasserstraßen zu verwenden, sowie Unternehmen, deren Erträge ganz oder teilweise einem solchen Unternehmen zufließen, solange und soweit das Vermögen der Unternehmen ausschließlich diesem Zweck dient; § 101 des Bewertungsgesetzes findet keine Anwendung;

4. Einrichtungen, die unmittelbar dem Unterrichts-, Erziehungs- und Bildungswesen, der körperlichen Ertüchtigung, der Kranken-, Gesundheits-, Wohlfahrts- und Jugendpflege dienen, ohne Rücksicht auf die Rechtsform, in der sie bestehen, wenn sie gehören

   a) dem Bund, einem Land, einer Gemeinde, einem Gemeindeverband, einem Zweckverband oder Sozialversicherungsträgern,

   b) den Religionsgesellschaften, die Körperschaften des öffentlichen Rechts sind, sowie ihren Einrichtungen;

alte Fassung: [*]

5. rechtsfähige Pensions-, Witwen-, Waisen-, Sterbe-, Kranken-, Unterstützungskassen und sonstige rechtsfähige Hilfskassen für Fälle der Not oder Arbeitslosigkeit,

   a) wenn sich die Kasse beschränkt

      aa) auf Zugehörige oder frühere Zugehörige einzelner oder mehrerer wirtschaftlicher Geschäftsbetriebe oder

      bb) auf Zugehörige oder frühere Zugehörige der Spitzenverbände der freien Wohlfahrtspflege (Arbeiterwohlfahrt-Hauptausschuß, Innere Mission und Hilfswerk der Evangelischen Kirche in Deutschland, Deutscher Caritasverband, Deutscher Paritätischer Wohlfahrtsverband, Deutsches Rotes Kreuz und Zentralwohlfahrtsstelle der Juden in Deutschland) einschließlich ihrer Untergliederungen, Einrichtungen und Anstalten und sonstiger gemeinnütziger Wohlfahrtsverbände, und

   b) wenn sichergestellt ist, daß der Betrieb der Kasse nach dem Geschäftsplan und nach Art und Höhe der Leistungen eine soziale Einrichtung darstellt;

neue Fassung: [**]

5. rechtsfähige Pensions-, Sterbe-, Kranken- und Unterstützungskassen im Sinne des § 4 Abs. 1 Ziff. 7 des Körperschaftsteuergesetzes, soweit sie die für eine Befreiung von der Körperschaftsteuer erforderlichen Voraussetzungen erfüllen. In den Fällen der § 4 Abs. 1, 3 und 5 des Körperschaftsteuergesetzes besteht Steuerpflicht jeweils für das Kalenderjahr, das einem Kalenderjahr folgt, für das die Kasse körperschaftsteuerpflichtig ist. In diesen Fällen werden bei der Ermittlung des Betriebsvermögens oder des Gesamtvermögens noch nicht erbrachte Leistungen der Kasse nicht abgezogen. Von dem Gesamtvermögen ist der Teil anzusetzen, der dem Verhältnis entspricht, in dem der übersteigende Betrag im Sinne des § 4a Abs. 1 oder 5 des Körperschaftsteuergesetzes zu dem Vermögen im Sinne des § 4 Abs. 1 Ziff. 7 Buchstabe d oder e des Körperschaftsteuergesetzes steht;

6. kleinere Versicherungsvereine auf Gegenseitigkeit im Sinne des § 53 des Gesetzes über die Beaufsichtigung der privaten Versicherungsunternehmungen und Bausparkassen in der Fassung der Bekanntmachung vom 6. Juni 1931 (Reichsgesetzbl. I

---

[*] § 3 Abs. 1 Nr. 5 a. F. gilt erstmals für die Vermögensteuer des Jahres **1974**; vgl. § 25.
[**] § 3 Abs. 1 Nr. 5 n. F. neu gefaßt durch Gesetz vom 19. 12. 1974 (BGBl. I S. 3610). § 3 Abs. 1 Nr. 5 n. F. ist hinsichtlich der Pensions-, Sterbe- und Krankenkassen erstmals auf die Vermögensteuer des Kalenderjahrs **1975**, hinsichtlich der Unterstützungskassen erstmals auf die Vermögensteuer des Kalenderjahrs **1976** anzuwenden.

S. 315, 750), zuletzt geändert durch das Gesetz zur Änderung des Gesetzes betreffend die Erwerbs- und Wirtschaftsgenossenschaften vom 9. Oktober 1973 (Bundesgesetzbl. I S. 1451),

wenn

a) ihre Beitragseinnahmen im Durchschnitt der letzten drei Wirtschaftsjahre einschließlich des im Veranlagungszeitraum endenden Wirtschaftsjahrs die folgenden Jahresbeträge nicht überstiegen haben:

aa) 700 000 Deutsche Mark bei Versicherungsvereinen, die die Lebensversicherung oder die Krankenversicherung betreiben,

bb) 140 000 Deutsche Mark bei allen übrigen Versicherungsvereinen, oder

b) sich ihr Geschäftsbetrieb auf die Sterbegeldversicherung beschränkt und sie kein höheres Sterbegeld als 3000 Deutsche Mark als Gesamtleistung gewähren und

c) bei ihrer Auflösung das Vermögen nach der Satzung nur den Leistungsempfängern oder deren Angehörigen zugute kommt oder für ausschließlich gemeinnützige oder mildtätige Zwecke verwendet wird;

6 a.* der Pensions-Sicherungs-Verein Versicherungsverein auf Gegenseitigkeit, wenn er die für eine Befreiung von der Körperschaftsteuer erforderlichen Voraussetzungen erfüllt;

7. Erwerbs- und Wirtschaftsgenossenschaften sowie Vereine, wenn sich ihr Geschäftsbetrieb beschränkt

a) auf die gemeinschaftliche Benutzung land- und forstwirtschaftlicher Betriebseinrichtungen oder Betriebsgegenstände,

b) auf Leistungen im Rahmen von Dienst- oder Werkverträgen für die Produktion land- und forstwirtschaftlicher Erzeugnisse für die Betriebe der Mitglieder, wenn die Leistungen im Bereich der Land- und Forstwirtschaft liegen; dazu gehören auch Leistungen zur Erstellung und Unterhaltung von Betriebsvorrichtungen, Wirtschaftswegen und Bodenverbesserungen,

c) auf die Bearbeitung oder die Verwertung der von den Mitgliedern selbst gewonnenen land- und forstwirtschaftlichen Erzeugnisse, wenn die Bearbeitung oder die Verwertung im Bereich der Land- und Forstwirtschaft liegt oder

d) auf die Beratung für die Produktion oder Verwertung land- und forstwirtschaftlicher Erzeugnisse der Betriebe der Mitglieder.

Die Befreiung ist ausgeschlossen, wenn die Genossenschaft oder der Verein an einer Personengesellschaft beteiligt ist, die einen Betrieb unterhält. Die Beteiligung an einer steuerbefreiten Erwerbs- oder Wirtschaftsgenossenschaft oder eine nur geringfügige Beteiligung an einer nicht steuerbefreiten Erwerbs- oder Wirtschaftsgenossenschaft oder an einer Kapitalgesellschaft schließt die Befreiung nicht aus; das gleiche gilt, wenn Mitgliedschaftsrecht an einem steuerbefreiten Verein oder in nur geringem Umfang an einem nicht steuerbefreiten Verein bestehen. Die Beteiligung oder der Umfang der Mitgliedschaftsrechte ist geringfügig, wenn das damit verbundene Stimmrecht 4 vom Hundert aller Stimmrechte und der Anteil an den Geschäftsguthaben oder an dem Nennkapital oder an dem Vermögen, das im Fall der Auflösung an das einzelne Mitglied fallen würde, 10 vom Hundert nicht übersteigen;

8. Berufsverbände ohne öffentlich-rechtlichen Charakter, deren Zweck nicht auf einen wirtschaftlichen Geschäftsbetrieb gerichtet ist. Wird ein wirtschaftlicher Geschäftsbetrieb unterhalten, ist die Steuerfreiheit insoweit ausgeschlossen;

9. Körperschaften oder Personenvereinigungen, deren Hauptzweck die Verwaltung des Vermögens für einen nichtrechtsfähigen Berufsverband der in Nummer 8 bezeichneten Art ist, sofern ihre Erträge im wesentlichen aus dieser Vermögensverwaltung herrühren und ausschließlich dem Berufsverband zufließen;

10. politische Parteien im Sinne des § 2 des Parteiengesetzes und politische Vereine, deren Zweck nicht auf einen wirtschaftlichen Geschäftsbetrieb gerichtet ist. Wird ein wirtschaftlicher Geschäftsbetrieb unterhalten, ist die Steuerfreiheit insoweit ausgeschlossen;

11. öffentlich-rechtliche Versicherungs- und Versorgungseinrichtungen von Berufsgruppen, deren Angehörige auf Grund einer durch Gesetz angeordneten oder auf Gesetz beruhenden Verpflichtung Mitglieder dieser Einrichtungen sind, wenn die

---

* § 3 Abs. 1 Nr. 6a eingefügt durch Gesetz vom 19. 12. 1974 (BGBl. I S. 3610). § 3 Abs. 1 Nr. 6a ist erstmals auf die Vermögensteuer des Kalenderjahrs **1975** anzuwenden.

Satzung der Einrichtung die Zahlung keiner höheren jährlichen Beiträge zuläßt als das Zwölffache der Beiträge, die nach den §§ 1387 und 1388 der Reichsversicherungsordnung höchstens entrichtet werden können. Ermöglicht die Satzung der Einrichtung nur Pflichtmitgliedschaften sowie freiwillige Mitgliedschaften, die unmittelbar an eine Pflichtmitgliedschaft anschließen, so steht dies der Steuerbefreiung nicht entgegen, wenn die Satzung die Zahlung keiner höheren jährlichen Beiträge zuläßt als das Fünfzehnfache der Beiträge, die nach den §§ 1387 und 1388 der Reichsversicherungsordnung höchstens entrichtet werden können;

12. Körperschaften, Personenvereinigungen und Vermögensmassen, die nach der Satzung, dem Stiftungsgeschäft oder der sonstigen Verfassung und nach der tatsächlichen Geschäftsführung ausschließlich und unmittelbar gemeinnützigen, mildtätigen oder kirchlichen Zwecken dienen. Wird ein wirtschaftlicher Geschäftsbetrieb unterhalten, ist die Steuerfreiheit insoweit ausgeschlossen;

13. Wohnungsunternehmen, solange sie auf Grund des Wohnungsgemeinnützigkeitsgesetzes vom 29. Februar 1940 (Reichsgesetzbl. I S. 437), zuletzt geändert durch das Erste Gesetz zur Reform des Strafrechts vom 25. Juni 1969 (Bundesgesetzbl. I S. 645), als gemeinnützig anerkannt sind. Auflagen abgabenrechtlicher Art für Geschäfte im Sinne des § 6 Abs. 4 des Wohnungsgemeinnützigkeitsgesetzes und des § 10 der Verordnung zur Durchführung des Wohnungsgemeinnützigkeitsgesetzes in der Fassund der Bekanntmachung vom 24. November 1969 (Bundesgesetzbl. I S. 2141) sollen zu der Steuer führen, die sich ergäbe, wenn diese Geschäfte Gegenstand eines organisatorisch getrennten und voll steuerpflichtigen Teils des Unternehmens wären;

14. Unternehmen sowie betriebswirtschaftlich und organisatorisch getrennte Teile von Unternehmen, solange sie auf Grund des in Nummer 13 bezeichneten Gesetzes als Organe der staatlichen Wohnungspolitik anerkannt sind;

15. die von den zuständigen Landesbehörden begründeten oder anerkannten gemeinnützigen Siedlungsunternehmen im Sinne des Reichssiedlungsgesetzes vom 11. August 1919 (Reichsgesetzbl. I S. 1429), zuletzt geändert durch das Steueränderungsgesetz 1966 vom 23. Dezember 1966 (Bundesgesetzbl. I S. 702), und im Sinne der Bodenreformgesetze der Länder. Wird ein wirtschaftlicher Geschäftsbetrieb unterhalten, der über die Durchführung von Siedlungs-, Agrarstrukturverbesserungs- und Landentwicklungsmaßnahmen oder von sonstigen Aufgaben, die den Siedlungsunternehmen gesetzlich zugewiesen sind, hinausgeht, ist die Steuerfreiheit insoweit ausgeschlossen;

16. die von den obersten Landesbehörden zur Ausgabe von Heimstätten zugelassenen gemeinnützigen Unternehmen im Sinne des Reichsheimstättengesetzes in der Fassung der Bekanntmachung vom 25. November 1937 (Reichsgesetzbl. I S. 1291), zuletzt geändert durch das Steueränderungsgesetz 1966 vom 23. Dezember 1966 (Bundesgesetzbl. I S. 702). Wird ein wirtschaftlicher Geschäftsbetrieb unterhalten, der über die Begründung und Vergrößerung von Heimstätten hinausgeht, ist die Steuerfreiheit insoweit ausgeschlossen.

(2) Die Befreiungen nach Absatz 1 sind auf beschränkt Steuerpflichtige (§ 2) nicht anzuwenden.

§ 4 Bemessungsgrundlage

(1) Der Vermögensteuer unterliegt

1. bei unbeschränkt Steuerpflichtigen das Gesamtvermögen (§§ 114 bis 120 des Bewertungsgesetzes);

2. bei beschränkt Steuerpflichtigen das Inlandsvermögen (§ 121 des Bewertungsgesetzes).

(2) Der Wert des Gesamtvermögens oder des Inlandsvermögens wird auf volle 1000 Deutsche Mark nach unten abgerundet.

§ 5 Stichtag für die Festsetzung der Vermögensteuer; Entstehung der Steuer

(1) Die Vermögensteuer wird nach den Verhältnissen zu Beginn des Kalenderjahrs (Veranlagungszeitpunkt, §§ 15 bis 17) festgesetzt.

(2) Die Steuer entsteht mit Beginn des Kalenderjahrs, für das die Steuer festzusetzen ist.

II. Steuerberechnung

§ 6 Freibeträge für natürliche Personen

(1) Bei der Veranlagung einer unbeschränkt steuerpflichtigen natürlichen Person bleiben 70 000 Deutsche Mark und im Falle der Zusammenveranlagung von Ehegatten 140 000 Deutsche Mark vermögensteuerfrei.

(2) Für jedes Kind, das mit einem Steuerpflichtigen oder mit Ehegatten zusammen veranlagt wird, sind weitere 70 000 Deutsche Mark vermögensteuerfrei. Kinder im Sinne des Gesetzes sind eheliche Kinder, für ehelich erklärte Kinder, nichteheliche Kinder, Stiefkinder, Adoptivkinder und Pflegekinder.

(3) Weitere 10 000 Deutsche Mark sind steuerfrei, wenn
1. der Steuerpflichtige das 60. Lebensjahr vollendet hat oder voraussichtlich für mindestens drei Jahre erwerbsunfähig ist und
2. das Gesamtvermögen (§ 4) nicht mehr als 150 000 Deutsche Mark beträgt.
Werden Ehegatten zusammenveranlagt (§ 14 Abs. 1), so wird der Freibetrag gewährt, wenn bei einem der Ehegatten die Voraussetzungen der Nummer 1 gegeben sind und das Gesamtvermögen nicht mehr als 300 000 Deutsche Mark beträgt. Der Freibetrag erhöht sich auf 20 000 Deutsche Mark, wenn bei beiden Ehegatten die Voraussetzungen der Nummer 1 gegeben sind und das Gesamtvermögen nicht mehr als 300 000 Deutsche Mark beträgt. Übersteigt das Gesamtvermögen 150 000 Deutsche Mark, im Fall der Zusammenveranlagung 300 000 Deutsche Mark, so mindert sich der Freibetrag um den übersteigenden Betrag.

(4) Der Freibetrag nach Absatz 3 erhöht sich auf 50 000 Deutsche Mark, wenn
1. der Steuerpflichtige das 65. Lebensjahr vollendet hat oder voraussichtlich für mindestens drei Jahre erwerbsunfähig ist und
2. das Gesamtvermögen (§ 4) nicht mehr als 150 000 Deutsche Mark beträgt und
3. die steuerfreien Ansprüche des Steuerpflichtigen nach § 111 Nr. 1 bis 4 und 9 des Bewertungsgesetzes insgesamt jährlich 4800 Deutsche Mark nicht übersteigen.
Werden Ehegatten zusammen veranlagt (§ 14 Abs. 1), so wird der Freibetrag gewährt, wenn bei einem der Ehegatten die Voraussetzungen der Nummer 1 gegeben sind, das Gesamtvermögen nicht mehr als 300 000 Deutsche Mark beträgt und die Ansprüche dieses Ehegatten nach § 111 Nr. 1 bis 4 und 9 des Bewertungsgesetzes insgesamt jährlich 4800 Deutsche Mark nicht übersteigen. Der Freibetrag erhöht sich auf 100 000 Deutsche Mark, wenn bei beiden Ehegatten die Voraussetzungen der Nummer 1 gegeben sind, das Gesamtvermögen nicht mehr als 300 000 Deutsche Mark beträgt und die Ansprüche nach § 111 Nr. 1 bis 4 und 9 des Bewertungsgesetzes insgesamt jährlich 9600 Deutsche Mark nicht übersteigen. Absatz 3 Satz 4 ist entsprechend anzuwenden.

§ 7 Freibetrag für Erwerbs- und Wirtschaftsgenossenschaften sowie Vereine, die Land- und Forstwirtschaft betreiben

(1) Bei der Veranlagung der inländischen Erwerbs- und Wirtschaftsgenossenschaften sowie der inländischen Vereine, deren Tätigkeit sich auf den Betrieb der Land- und Forstwirtschaft beschränkt, bleiben 100 000 Deutsche Mark in den der Gründung folgenden zehn Kalenderjahren vermögensteuerfrei. Voraussetzung ist, daß
1. die Mitglieder der Genossenschaft oder dem Verein Flächen zur Nutzung oder für die Bewirtschaftung der Flächen erforderliche Gebäude überlassen und
2. a) bei Genossenschaften das Verhältnis der Summe der Werte der Geschäftsanteile des einzelnen Mitglieds zu der Summe der Werte aller Geschäftsanteile,
   b) bei Vereinen das Verhältnis des Werts des Anteils an dem Vereinsvermögen, der im Fall der Auflösung des Vereins an das einzelne Mitglied fallen würde, zu dem Wert des Vereinsvermögens
nicht wesentlich von dem Verhältnis abweicht, in dem der Wert der von dem einzelnen Mitglied zur Nutzung überlassenen Flächen und Gebäude zu dem Wert der insgesamt zur Nutzung überlassenen Flächen und Gebäude steht.

(2) Absatz 1 Satz 1 gilt auch für inländische Erwerbs- und Wirtschaftsgenossenschaften sowie für inländische Vereine, die eine gemeinschaftliche Tierhaltung im Sinne des § 51 a des Bewertungsgesetzes betreiben.

§ 8 Besteuerungsgrenze bei Körperschaften und bei beschränkt Steuerpflichtigen

(1) Von den unbeschränkt steuerpflichtigen Körperschaften, Personenvereinigungen und Vermögensmassen im Sinne des § 1 Abs. 1 Nr. 2 wird die Vermögensteuer nur erhoben, wenn das Gesamtvermögen (§ 4) mindestens 10 000 Deutsche Mark beträgt.

(2) Von den beschränkt Steuerpflichtigen wird die Vermögensteuer nur erhoben, wenn das Inlandsvermögen (§ 4) mindestens 10 000 Deutsche Mark beträgt.

§ 9 Steuerpflichtiges Vermögen

Steuerpflichtiges Vermögen ist
1. bei unbeschränkt Steuerpflichtigen
   a) bei natürlichen Personen
      der Vermögensbetrag, der nach Abzug der Freibeträge (§ 6) vom Gesamtvermögen (§ 4) verbleibt,
   b) im Falle des § 8 Abs. 1
      das Gesamtvermögen (§ 4);
2. bei beschränkt Steuerpflichtigen mit mindestens 10 000 Deutsche Mark Inlandsvermögen das Inlandsvermögen (§ 4).

§ 10 Steuersatz *[alte Fassung, gültig für Kalenderjahr 1974][1]*

(1) Die Vermögensteuer beträgt jährlich
1. für natürliche Personen 0,7 vom Hundert des steuerpflichtigen Vermögens und
2. für die in § 1 Abs. 1 Nr. 2 und § 2 Abs. 1 Nr. 2 bezeichneten Körperschaften, Personenvereinigungen und Vermögensmassen 0,7 vom Hundert des steuerpflichtigen Vermögens.

(2) Die Vermögensteuer ermäßigt sich bis zum 31. Dezember 1978 auf jährlich 0,55 vom Hundert für natürliche Personen und für die in Absatz 1 Nr. 2 genannten Körperschaften, Personenvereinigungen und Vermögensmassen, soweit das steuerpflichtige Vermögen den Betrag der nach § 31 des Lastenausgleichsgesetzes festgesetzten Vermögensabgabeschuld nicht übersteigt.

§ 10 Steuersatz *[neue Fassung, gültig ab Kalenderjahr 1975][1]*

(1) Die Vermögensteuer beträgt jährlich
1. für natürliche Personen 0,7 vom Hundert des steuerpflichtigen Vermögens und
2. für die in § 1 Abs. 1 Nr. 2 und § 2 Abs. 1 Nr. 2 bezeichneten Körperschaften, Personenvereinigungen und Vermögensmassen 1 vom Hundert des steuerpflichtigen Vermögens.

(2) Die Vermögensteuer ermäßigt sich bis zum 31. Dezember 1978 auf jährlich 0,55 vom Hundert für natürliche Personen und 0,75 vom Hundert für die in Absatz 1 Nr. 2 genannten Körperschaften, Personenvereinigungen und Vermögensmassen, soweit das steuerpflichtige Vermögen den Betrag der nach § 31 des Lastenausgleichsgesetzes festgesetzten Vermögensabgabeschuld nicht übersteigt.

§ 11 Anrechnung ausländischer Steuern

(1) Bei unbeschränkt Steuerpflichtigen, die in einem ausländischen Staat mit ihrem in diesem Staat belegenen Vermögen (Auslandsvermögen) zu einer der inländischen Vermögensteuer entsprechenden Steuer (ausländische Steuer) herangezogen werden, ist, sofern nicht die Vorschriften eines Abkommens zur Vermeidung der Doppelbesteuerung anzuwenden sind, die festgesetzte und gezahlte und keinem Ermäßigungsanspruch unterliegende ausländische Steuer auf den Teil der Vermögensteuer anzurechnen, der auf dieses Auslandsvermögen entfällt. Dieser Teil ist in der Weise zu ermitteln, daß die sich bei der Veranlagung des Gesamtvermögens (einschließlich des Auslandsvermögens) ergebende Vermögensteuer im Verhältnis des Auslandsvermögens zum Gesamtvermögen aufgeteilt wird. Ist das Auslandsvermögen in verschiedenen ausländischen Staaten belegen, so ist dieser Teil für jeden einzelnen ausländischen Staat gesondert zu berechnen. Die ausländische Steuer ist insoweit anzurechnen, als sie auf das Kalenderjahr entfällt, das mit dem jeweiligen Veranlagungszeitpunkt beginnt.

---

[1] § 10 i. d. F. des Vermögensteuerreformgesetzes vom 17. 4. 1974 (BGBl. I S. 949) geändert durch Art. 6 Einkommensteuerreformgesetz vom 5. 8. 1974 (BGBl. I S. 1769) mit erstmaliger Wirkung für die Vermögensteuer des Kalenderjahres **1975**; vgl. § 25 Satz 2.

(2) Als Auslandsvermögen im Sinne des Absatzes 1 gelten alle Wirtschaftsgüter der im § 121 Absatz 2 des Bewertungsgesetzes genannten Art, die auf einen ausländischen Staat entfallen, unter Berücksichtigung der nach § 121 Abs. 3 des Bewertungsgesetzes abzugsfähigen Schulden und Lasten.

(3) Eine Neuveranlagung (§ 16) ist durchzuführen, wenn sich der anrechenbare Betrag dadurch ändert, daß ausländische Steuern erstmals erhoben, geändert oder nicht mehr erhoben werden. Vorbehaltlich des § 16 werden bei der Neuveranlagung nur die Änderungen berücksichtigt, die sich bei dem anrechenbaren Betrag ergeben. Der Steuerbescheid ist mit rückwirkender Kraft zu ändern, wenn sich nach Erteilung des Steuerbescheides der anrechenbare Betrag dadurch ändert, daß ausländische Steuern nachträglich erhoben oder zurückgezahlt werden.

(4) Der Steuerpflichtige hat den Nachweis über die Höhe des Auslandsvermögens und über die Festsetzung und Zahlung der ausländischen Steuern durch Vorlage entsprechender Urkunden zu führen. Sind diese Urkunden in einer fremden Sprache abgefaßt, so kann eine beglaubigte Übersetzung in die deutsche Sprache verlangt werden.

(5) Sind nach einem Abkommen zur Vermeidung der Doppelbesteuerung in einem ausländischen Staat erhobene Steuern auf die Vermögensteuer anzurechnen, so sind die Absätze 1 bis 4 entsprechend anzuwenden.

§ 12 Steuerermäßigung bei Auslandsvermögen

(1) Anstelle einer Anrechnung ausländischer Steuern nach § 11 ist auf Antrag des Steuerpflichtigen die auf ausländisches Betriebsvermögen entfallende Vermögensteuer (§ 11 Abs. 1 Satz 2 und 3) auf die Hälfte zu ermäßigen. Satz 1 gilt für
1. das Betriebsvermögen, das einer in einem ausländischen Staat belegenen Betriebsstätte dient, wenn in dem Wirtschaftsjahr, das dem Bewertungsstichtag (§ 106 des Bewertungsgesetzes) vorangeht, die Bruttoerträge dieser Betriebsstätte ausschließlich oder fast ausschließlich aus unter § 8 Abs. 1 Nr. 1 bis 6 des Außensteuergesetzes fallenden Tätigkeiten erzielt werden, und
2. die zum Betriebsvermögen eines inländischen Gewerbebetriebs gehörende Beteiligung an einer Personengesellschaft (§ 97 Abs. 1 Nr. 5 des Bewertungsgesetzes) oder Arbeitsgemeinschaft (§ 98 des Bewertungsgesetzes), soweit die Beteiligung auf Betriebsvermögen entfällt, das einer in einem ausländischen Staat belegenen Betriebsstätte im Sinne der Nummer 1 dient.
Der Ermäßigungsantrag muß das gesamte Vermögen im Sinne des Satzes 2 Nr. 1 und 2 umfassen; er kann auf das in einem ausländischen Staat oder mehreren ausländischen Staaten belegene Vermögen begrenzt werden.

(2) Wenn das in einem ausländischen Staat belegene Betriebsvermögen dem Betrieb von Handelsschiffen im internationalen Verkehr dient, setzt die Steuerermäßigung nach Absatz 1 voraus, daß der Bundesminister für Verkehr sie für verkehrspolitisch unbedenklich erklärt hat. Der Ermäßigungsantrag muß das gesamte in ausländischen Staaten belegene Betriebsvermögen umfassen. Schiffe, die in ein inländisches Schiffsregister eingetragen sind, gehören nicht zu dem in einem ausländischen Staat belegenen Betriebsvermögen. Die Vorschriften dieses Absatzes sind auch anzuwenden, wenn mit dem Staat, in dem das Betriebsvermögen belegen ist, ein Abkommen zur Vermeidung der Doppelbesteuerung besteht.

(3) Die unbeschränkte Steuerpflicht erstreckt sich nicht auf Wirtschaftsgüter der im § 121 Abs. 2 Nr. 2 und 3 des Bewertungsgesetzes genannten Art, die in einem ausländischen Staat belegen sind, mit dem kein Abkommen zur Vermeidung der Doppelbesteuerung besteht und soweit der ausländische Staat Steuerpflichtigen mit Wohnsitz oder gewöhnlichem Aufenthalt in seinem Gebiet eine entsprechende Steuerbefreiung für derartige Wirtschaftsgüter gewährt und der Bundesminister der Finanzen mit den zuständigen Behörden des ausländischen Staates Einvernehmen über die gegenseitige Steuerbefreiung herstellt.

(4) Eine Neuveranlagung (§ 16) ist durchzuführen, wenn die Steuerermäßigung sich ändert oder wegfällt oder wenn der Steuerpflichtige eine Steuerermäßigung nach Absatz 1 erstmals beantragt oder wenn er anstelle einer Steuerermäßigung nach Absatz 1 die Anrechnung ausländischer Steuern beantragt. § 11 Abs. 3 gilt entsprechend.

§ 13 Pauschbesteuerung bei Zuzug aus dem Ausland

Die für die Finanzverwaltung zuständigen obersten Landesbehörden können die Steuer bei Personen, die durch Zuzug aus dem Ausland unbeschränkt steuerpflichtig werden, bis zur Dauer von zehn Jahren seit Begründung der unbeschränkten Steuerpflicht in einem Pauschbetrag festsetzen. Die Steuer darf nicht höher sein als die Steuer, die sich bei Anwendung der §§ 8 und 9 für das Gesamtvermögen ergeben würde.

III. Veranlagung

§ 14 Zusammenveranlagung

(1) Bei unbeschränkter Steuerpflicht aller Beteiligten werden zusammen veranlagt
1. Ehegatten, wenn sie nicht dauernd getrennt leben,
2. Ehegatten und Kinder (§ 6 Abs. 2 Satz 2) oder Einzelpersonen und Kinder, wenn diese Haushaltsgemeinschaft bilden und die Kinder das 18. Lebensjahr noch nicht vollendet haben.

(2) Auf gemeinsamen Antrag werden bei unbeschränkter Steuerpflicht aller Beteiligten ferner Ehegatten oder Einzelpersonen zusammen veranlagt
1. mit unverheirateten oder von ihren Ehegatten dauernd getrennt lebenden Kindern, die das 18., aber noch nicht das 27. Lebensjahr vollendet haben, wenn die Antragsteller eine Haushaltsgemeinschaft bilden und die Kinder sich noch in der Berufsausbildung befinden oder ein freiwilliges soziales Jahr im Sinne des Gesetzes zur Förderung eines freiwilligen sozialen Jahres ableisten. Die Zusammenveranlagung wird nicht dadurch ausgeschlossen, daß die Berufsausbildung durch die Einberufung zum gesetzlichen Grundwehrdienst oder Zivildienst unterbrochen ist. Haben die Kinder das 27. Lebensjahr vollendet, so ist die Zusammenveranlagung nur zulässig, wenn der Abschluß der Berufsausbildung durch Umstände verzögert worden ist, die keiner der Antragsteller zu vertreten hat. Als ein solcher Umstand ist stets die Ableistung des gesetzlichen Grundwehrdienstes oder Zivildienstes anzusehen;
2. mit Kindern, wenn diese wegen körperlicher oder geistiger Gebrechen dauernd außerstande sind, sich selbst zu unterhalten.

§ 15 Hauptveranlagung

(1) Die Vermögensteuer wird für drei Kalenderjahre allgemein festgesetzt (Hauptveranlagung). Der Zeitraum, für den die Hauptveranlagung gilt, ist der Hauptveranlagungszeitraum; der Beginn dieses Zeitraums ist der Hauptveranlagungszeitpunkt.

(2) Die Bundesregierung wird ermächtigt, durch Rechtsverordnung mit Zustimmung des Bundesrates aus Gründen der Verwaltungsvereinfachung den Hauptveranlagungszeitraum um ein Jahr zu verkürzen oder zu verlängern.

(3) Ist eine Hauptveranlagung unzulässig, weil die Vermögensteuer für das erste Kalenderjahr des Hauptveranlagungszeitraums verjährt ist, so kann die Hauptveranlagung unter Zugrundelegung der Verhältnisse des Hauptveranlagungszeitpunkts mit Wirkung für einen späteren Veranlagungszeitpunkt vorgenommen werden, für den die Vermögensteuer noch nicht verjährt ist.

§ 16 Neuveranlagung

(1) Die Vermögensteuer wird neu veranlagt, wenn dem Finanzamt bekannt wird,
1. daß der nach § 4 Abs. 2 abgerundete Wert des Gesamtvermögens oder des Inlandsvermögens, der sich für den Beginn eines Kalenderjahres ergibt, entweder um mehr als ein Fünftel oder um mehr als 150000 Deutsche Mark von dem nach § 4 Abs. 2 abgerundeten Wert des letzten Veranlagungszeitpunkts abweicht. Weicht der Wert nach oben ab, so muß die Wertabweichung mindestens 50000 Deutsche Mark betragen; weicht der Wert nach unten ab, so muß die Wertabweichung mindestens 10000 Deutsche Mark betragen;
2. daß sich die Verhältnisse für die Gewährung von Freibeträgen oder für die Zusammenveranlagung ändern; eine neue Ermittlung des Gesamtvermögens wird nur vorgenommen, wenn die Wertgrenzen der Nummer 1 überschritten sind.

9

Eine Neuveranlagung, die zu einer niedrigeren Vermögensteuer führt, ist nur bis zum Ablauf der Verjährungsfrist zulässig.

(2) Durch eine Neuveranlagung nach Absatz 1 können auch Fehler der letzten Veranlagung beseitigt werden. § 222 Abs. 2 der Reichsangabenordnung ist entsprechend anzuwenden.

(3) Neuveranlagt wird

1. in den Fällen des Absatzes 1 Nr. 1 mit Wirkung vom Beginn des Kalenderjahrs an, für den sich die Wertabweichung ergibt;
2. in den Fällen des Absatzes 1 Nr. 2 mit Wirkung vom Beginn des Kalenderjahrs an, der der Änderung der Verhältnisse für die Gewährung von Freibeträgen oder für die Zusammenveranlagung folgt;
3. in den Fällen des Absatzes 2 mit Wirkung vom Beginn des Kalenderjahrs an, in dem der Fehler dem Finsnzamt bekannt wird, bei einer Erhöhung der Vermögensteuer jedoch frühestens der Beginn des Kalenderjahrs, in dem der Steuerbescheid erteilt wird.

Der Beginn des maßgebenden Kalenderjahrs ist der Neuveranlagungszeitpunkt. § 15 Abs. 3 ist entsprechend anzuwenden.

§ 17 Nachveranlagung

(1) Die Vermögensteuer wird nachträglich festgesetzt (Nachveranlagung), wenn nach dem Hauptveranlagungszeitpunkt

1. die persönliche Steuerpflicht neu begründet wird oder
2. ein persönlicher Befreiungsgrund wegfällt oder
3. ein beschränkt Steuerpflichtiger unbeschränkt steuerpflichtig oder ein unbeschränkt Steuerpflichtiger beschränkt steuerpflichtig wird.

(2) Nachveranlagt wird mit Wirkung vom Beginn des Kalenderjahrs an, der dem maßgebenden Ereignis folgt. Der Beginn dieses Kalenderjahrs ist der Nachveranlagungszeitpunkt. § 15 Abs. 3 ist entsprechend anzuwenden.

§ 18 Aufhebung der Veranlagung

(1) Wird dem Finanzamt vor Ablauf der Verjährungsfrist bekannt, daß

1. die Steuerpflicht erloschen oder ein persönlicher Befreiungsgrund eingetreten ist oder
2. die Veranlagung fehlerhaft ist,

so ist die Veranlagung aufzuheben.

(2) Die Veranlagung wird aufgehoben,

1. in den Fällen des Absatzes 1 Nr. 1 mit Wirkung vom Beginn des Kalenderjahrs an, der auf den Eintritt des maßgebenden Ereignisses folgt;
2. in den Fällen des Absatzes 1 Nr. 2 mit Wirkung vom Beginn des Kalenderjahrs an, in dem der Fehler dem Finanzamt bekannt wird.

Der Beginn des maßgebenden Kalenderjahrs ist der Aufhebungszeitpunkt. § 15 Abs. 3 ist entsprechend anzuwenden.

§ 19 Pflicht zur Abgabe von Vermögensteuererklärungen

(1) Vermögensteuererklärungen sind auf jeden Hauptveranlagungszeitpunkt abzugeben.

(2) Von den unbeschränkt Vermögensteuerpflichtigen haben eine Vermögensteuererklärung über ihr Gesamtvermögen abzugeben

1. natürliche Personen,
   a) die allein veranlagt werden, wenn ihr Gesamtvermögen 70000 Deutsche Mark übersteigt;
   b) die mit anderen Personen zusammen veranlagt werden (§ 14), wenn das Gesamtvermögen der zusammen veranlagten Personen den Betrag übersteigt, der sich ergibt, wenn für jede der zusammen veranlagten Personen 70000 Deutsche Mark angesetzt werden;

2. die in § 1 Abs. 1 Nr. 2 bezeichneten Körperschaften, Personenvereinigungen und Vermögensmassen, wenn ihr Gesamtvermögen mindestens 10000 Deutsche Mark beträgt.

(3) Beschränkt Vermögensteuerpflichtige haben eine Vermögensteuererklärung über ihr Inlandsvermögen abzugeben, wenn dieses mindestens 10000 Deutsche Mark beträgt.

(4) Der Bundesminister der Finanzen bestimmt im Einvernehmen mit den obersten Finanzbehörden der Länder den Zeitpunkt, bis zu dem die in den Absätzen 1 bis 3 genannten Erklärungen abzugeben sind.

IV. Steuerentrichtung

§ 20 Entrichtung der Jahressteuer

Die Steuer wird zu je einem Viertel der Jahressteuer am 10. Februar, 10. Mai, 10. August und 10. November fällig. Eine Jahressteuer bis zu 500 Deutsche Mark ist in einem Betrag am 10. November zu entrichten.

§ 21 Vorauszahlungen

(1) Der Steuerpflichtige hat, solange die Jahressteuer noch nicht bekanntgegeben worden ist, Vorauszahlungen auf die Jahressteuer zu entrichten.

(2) Die Vorauszahlungen betragen ein Viertel der zuletzt festgesetzten Jahressteuer. Sie sind am 10. Februar, 10. Mai, 10. August und 10. November zu entrichten. Beträgt die Jahressteuer nicht mehr als 500 Deutsche Mark, so sind die Vorauszahlungen in einem Betrag am 10. November zu entrichten.

(3) Das Finanzamt kann die Vorauszahlungen der Steuer anpassen, die sich für das Kalenderjahr voraussichtlich ergeben wird.

§ 22 Abrechnung über die Vorauszahlungen

(1) Ist die Summe der Vorauszahlungen, die bis zur Bekanntgabe des Steuerbescheids zu entrichten waren (§ 21), geringer als die Steuer, die sich nach dem bekanntgegebenen Steuerbescheid für die vorangegangenen Fälligkeitstage ergibt (§ 20), so ist der Unterschiedsbetrag innerhalb eines Monats nach Bekanntgabe des Steuerbescheids zu entrichten (Nachzahlung). Die Verpflichtung, rückständige Vorauszahlungen schon früher zu entrichten, bleibt unberührt.

(2) Ist die Summe der Vorauszahlungen, die bis zur Bekanntgabe des Steuerbescheids entrichtet worden sind, höher als die Steuer, die sich nach dem bekanntgegebenen Steuerbescheid für die vorangegangenen Fälligkeitstage ergibt, so wird der Unterschiedsbetrag nach Bekanntgabe des Steuerbescheids durch Aufrechnung oder Zurückzahlung ausgeglichen.

(3) Die Absätze 1 und 2 gelten entsprechend, wenn der Steuerbescheid aufgehoben oder geändert wird.

§ 23 Nachentrichtung der Steuer

Hatte der Steuerpflichtige bis zur Bekanntgabe der Jahressteuer keine Vorauszahlungen nach § 21 zu entrichten, so hat er die Steuer, die sich nach dem bekanntgegebenen Steuerbescheid für die vorangegangenen Fälligkeitstage ergibt (§ 20), innerhalb eines Monats nach Bekanntgabe des Steuerbescheids zu entrichten.

V. Schlußvorschriften

§ 24 Vermögensteuer-Hauptveranlagung 1974

Auf den 1. Januar 1974 findet eine Hauptveranlagung der Vermögensteuer statt.

§ 25 Anwendung des Gesetzes[1]

Dieses Gesetz gilt erstmals für die Vermögensteuer des Kalenderjahrs 1974. § 10 in der Fassung des Einkommensteuerreformgesetzes vom 5. August 1974 (Bundesgesetzbl. I S. 1769) gilt erstmals für die Vermögensteuer des Kalenderjahres 1975.

§ 26 Berlin-Klausel

Dieses Gesetz gilt nach Maßgabe des § 12 Abs. 1 des Dritten Überleitungsgesetzes vom 4. Januar 1952 (Bundesgesetzbl. I S. 1) auch im Land Berlin. Rechtsverordnungen, die auf Grund dieses Gesetzes erlassen werden, gelten im Land Berlin nach § 14 des Dritten Überleitungsgesetzes.

---

[1] § 25 Satz 2 angefügt durch Einkommensteuerreformgesetz vom 5. 8. 1974 (BGBl. I S. 1769).

Geschlossene Wiedergabe

Bewertungsgesetz (BewG)

In der Fassung vom 26. September 1974*

(BGBl. I S. 2369)

Inhaltsübersicht

---

* Neubekanntmachung des Bewertungsgesetzes aufgrund des § 123 Abs. 2 des Bewertungsgesetzes in der Fassung der Bekanntmachung vom 10. Dezember 1965 (BGBl. I S. 1861) unter Berücksichtigung der Änderungen durch Artikel 6 Zweites Steueränderungsgesetz 1967 vom 21. Dezember 1967 (BGBl. I S. 1254), Artikel 11 Zweites Gesetz zur Änderung strafrechtlicher Vorschriften der Reichsabgabenord-nung und anderer Gesetze vom 12. August 1968 (BGBl. I S. 953), § 69 Reparationsschädengesetz vom 12. Februar 1969 (BGBl. I S. 105), Artikel 1 Gesetz zur Änderung und Ergänzung bewertungsrechtlicher Vorschriften und des Einkommensteuergesetzes vom 22. Juli 1970 (BGBl. I S.1118), Artikel 3 Bewertungs-änderungsgesetz 1971 vom 27. Juli 1971 (BGBl. I S. 1157), Artikel 3 Zweites Steueränderungsgesetz 1971 vom 10. August 1971 (BGBl. I S. 1266), Artikel 4 Gesetz zur Wahrung der steuerlichen Gleichmäßigkeit bei Auslandsbeziehungen und zur Verbesserung der steuerlichen Wettbewerbslage bei Auslandsinvesti-tionen vom 8. September 1972 (BGBl. I S. 1713), Artikel 162 Einführungsgesetz zum Strafgesetzbuch vom 2. März 1974 (BGBl. I S. 469) und Artikel 2 Vermögensteuerreformgesetz vom 17. April 1974 (BGBl. I S. 949).

Erster Teil. Allgemeine Bewertungsvorschriften

§ 1 Geltungsbereich

(1) Die allgemeinen Bewertungsvorschriften (§§ 2 bis 16) gelten für alle öffentlich-rechtlichen Abgaben, die durch Bundesrecht geregelt sind, soweit sie durch Bundesfinanzbehörden oder durch Landesfinanzbehörden verwaltet werden.

(2) Die allgemeinen Bewertungsvorschriften gelten nicht, soweit im Zweiten Teil dieses Gesetzes oder in anderen Steuergesetzen besondere Bewertungsvorschriften enthalten sind.

§ 2 Wirtschaftliche Einheit

(1) Jede wirtschaftliche Einheit ist für sich zu bewerten. Ihr Wert ist im ganzen festzustellen. Was als wirtschaftliche Einheit zu gelten hat, ist nach den Anschauungen des Verkehrs zu entscheiden. Die örtliche Gewohnheit, die tatsächliche Übung, die Zweckbestimmung und die wirtschaftliche Zusammengehörigkeit der einzelnen Wirtschaftsgüter sind zu berücksichtigen.

(2) Mehrere Wirtschaftsgüter kommen als wirtschaftliche Einheit nur insoweit in Betracht, als sie demselben Eigentümer gehören.

(3) Die Vorschriften der Absätze 1 und 2 gelten nicht, soweit eine Bewertung der einzelnen Wirtschaftsgüter vorgeschrieben ist.

§ 3 Wertermittlung bei mehreren Beteiligten

Steht ein Wirtschaftsgut mehreren Personen zu, so ist sein Wert im ganzen zu ermitteln. Der Wert ist auf die Beteiligten nach dem Verhältnis ihrer Anteile zu verteilen, soweit nicht nach dem maßgebenden Steuergesetz die Gemeinschaft selbständig steuerpflichtig ist.

§ 3a Realgemeinden

Wirtschaftsgüter, die einer Hauberg-, Wald-, Forst- oder Laubgenossenschaft oder einer ähnlichen Realgemeinde mit eigener Rechtspersönlichkeit gehören, sind so zu behandeln, als ob sie den an der Realgemeinde beteiligten Personen zur gesamten Hand gehörten.

§ 4 Aufschiebend bedingter Erwerb

Wirtschaftsgüter, deren Erwerb vom Eintritt einer aufschiebenden Bedingung abhängt, werden erst berücksichtigt, wenn die Bedingung eingetreten ist.

§ 5 Auflösend bedingter Erwerb

(1) Wirtschaftsgüter, die unter einer auflösenden Bedingung erworben sind, werden wie unbedingt erworbene behandelt. Die Vorschriften über die Berechnung des Kapitalwerts der Nutzungen von unbestimmter Dauer (§ 13 Abs. 2 und 3, § 14, § 15 Abs. 3) bleiben unberührt.

(2) Tritt die Bedingung ein, so ist die Festsetzung der nicht laufend veranlagten Steuern auf Antrag nach dem tatsächlichen Wert des Erwerbs zu berichtigen. Der Antrag ist bis zum Ablauf des Jahres zu stellen, das auf den Eintritt der Bedingung folgt. Die Antragsfrist ist eine Ausschlußfrist.

§ 6 Aufschiebend bedingte Lasten

(1) Lasten, deren Entstehung vom Eintritt einer aufschiebenden Bedingung abhängt, werden nicht berücksichtigt.

(2) Für den Fall des Eintritts der Bedingung gilt § 5 Abs. 2 entsprechend.

§ 7 Auflösend bedingte Lasten

(1) Lasten, deren Fortdauer auflösend bedingt ist, werden, soweit nicht ihr Kapitalwert nach § 13 Abs. 2 und 3, § 14, § 15 Abs. 3 zu berechnen ist, wie unbedingt abgezogen.

(2) Tritt die Bedingung ein, so ist die Festsetzung der nicht laufend veranlagten Steuern entsprechend zu berichtigen.

§ 8 Befristung auf einen unbestimmten Zeitpunkt

Die §§ 4 bis 7 gelten auch, wenn der Erwerb des Wirtschaftsguts oder die Entstehung oder der Wegfall der Last von einem Ereignis abhängt, bei dem nur der Zeitpunkt ungewiß ist.

§ 9 Bewertungsgrundsatz, gemeiner Wert

(1) Bei Bewertungen ist, soweit nichts anderes vorgeschrieben ist, der gemeine Wert zugrunde zu legen.

(2) Der gemeine Wert wird durch den Preis bestimmt, der im gewöhnlichen Geschäftsverkehr nach der Beschaffenheit des Wirtschaftsgutes bei einer Veräußerung zu erzielen wäre. Dabei sind alle Umstände, die den Preis beeinflussen, zu berücksichtigen. Ungewöhnliche oder persönliche Verhältnisse sind nicht zu berücksichtigen.

(3) Als persönliche Verhältnisse sind auch Verfügungsbeschränkungen anzusehen, die in der Person des Steuerpflichtigen oder eines Rechtsvorgängers begründet sind. Das gilt insbesondere für Verfügungsbeschränkungen, die auf letztwilligen Anordnungen beruhen.

§ 10 Begriff des Teilwerts

Wirtschaftsgüter, die einem Unternehmen dienen, sind in der Regel mit dem Teilwert anzusetzen. Teilwert ist der Betrag, den ein Erwerber des ganzen Unternehmens im Rahmen des Gesamtkaufpreises für das einzelne Wirtschaftsgut ansetzen würde. Dabei ist davon auszugehen, daß der Erwerber das Unternehmen fortführt.

§ 11 Wertpapiere und Anteile

(1) Wertpapiere und Schuldbuchforderungen, die am Stichtag an einer deutschen Börse zum amtlichen Handel zugelassen sind, werden mit dem niedrigsten am Stichtag für sie im amtlichen Handel notierten Kurs angesetzt. Liegt am Stichtag eine Notierung nicht vor, so ist der letzte innerhalb von 30 Tagen vor dem Stichtag im amtlichen Handel notierte Kurs maßgebend. Entsprechend sind die Wertpapiere zu bewerten, die nur in den geregelten Freiverkehr einbezogen sind.

(2) Anteile an Kapitalgesellschaften (Aktiengesellschaften, Kommanditgesellschaften auf Aktien, Gesellschaften mit beschränkter Haftung, Kolonialgesellschaften, bergrechtlichen Gewerkschaften), die nicht unter Absatz 1 fallen, sind mit dem gemeinen Wert anzusetzen. Läßt sich der gemeine Wert nicht aus Verkäufen ableiten, die weniger als ein Jahr zurückliegen, so ist er unter Berücksichtigung des Vermögens und der Ertragsaussichten der Kapitalgesellschaft zu schätzen.

(3) Ist der gemeine Wert einer Anzahl von Anteilen an einer Kapitalgesellschaft, die einer Person gehören, infolge besonderer Umstände (z. B. weil die Höhe der Beteiligung die Beherrschung der Kapitalgesellschaft ermöglicht) höher als der Wert, der sich auf Grund der Kurswerte (Absatz 1) oder der gemeinen Werte (Absatz 2) für die einzelnen Anteile insgesamt ergibt, so ist der gemeine Wert der Beteiligung maßgebend.

(4) Wertpapiere, die Rechte der Einleger (Anteilinhaber) gegen eine Kapitalanlagegesellschaft oder einen sonstigen Fonds verbriefen (Anteilscheine), sind mit dem Rücknahmepreis anzusetzen.

§ 12 Kapitalforderungen und Schulden

(1) Kapitalforderungen, die nicht im § 11 bezeichnet sind, und Schulden sind mit dem Nennwert anzusetzen, wenn nicht besondere Umstände einen höheren oder geringeren Wert begründen.

(2) Forderungen, die uneinbringlich sind, bleiben außer Ansatz.

(3) Der Wert unverzinslicher Forderungen oder Schulden, deren Laufzeit mehr als ein Jahr beträgt und die zu einem bestimmten Zeitpunkt fällig sind, ist der Betrag, der vom Nennwert nach Abzug von Zwischenzinsen unter Berücksichtigung von Zinseszinsen verbleibt. Dabei ist von einem Zinssatz von 5,5 vom Hundert auszugehen.

(4) Noch nicht fällige Ansprüche aus Lebens-, Kapital- oder Rentenversicherungen werden mit zwei Dritteln der in Deutscher Mark oder in einer ausländischen Währung eingezahlten Prämien oder Kapitalbeiträge bewertet. Weist der Steuerpflichtige den Rückkaufswert nach, so ist dieser maßgebend. Rückkaufswert ist der Betrag, den das Versicherungsunternehmen dem Versicherungsnehmer im Falle der vorzeitigen Aufhebung des Vertragsverhältnisses zu erstatten hat. Die Berechnung des Werts, insbe-

sondere die Berücksichtigung von ausgeschütteten und gutgeschriebenen Gewinnanteilen kann durch Rechtsverordnung geregelt werden.

§ 13 Kapitalwert von wiederkehrenden Nutzungen und Leistungen

(1) Der Gesamtwert von Nutzungen und Leistungen, die auf bestimmte Zeit beschränkt sind, ist die Summe der einzelnen Jahreswerte abzüglich der Zwischenzinsen unter Berücksichtigung von Zinseszinsen. Dabei ist von einem Zinssatz von 5,5 vom Hundert auszugehen. Der Gesamtwert darf das Achtzehnfache des Jahreswerts nicht übersteigen. Ist die Dauer des Rechts außerdem durch das Leben einer oder mehrerer Personen bedingt, so darf der nach § 14 zu berechnende Kapitalwert nicht überschritten werden.

(2) Immerwährende Nutzungen oder Leistungen sind mit dem Achtzehnfachen des Jahreswerts, Nutzungen oder Leistungen von unbestimmter Dauer vorbehaltlich des § 14 mit dem Neunfachen des Jahreswerts zu bewerten.

(3) Ist der gemeine Wert der gesamten Nutzungen oder Leistungen nachweislich geringer oder höher, so ist der nachgewiesene gemeine Wert zugrunde zu legen.

§ 14 Lebenslängliche Nutzungen und Leistungen

(1) Lebenslängliche Nutzungen und Leistungen sind mit dem aus Anlage 9 zu entnehmenden Vielfachen des Jahreswertes anzusetzen.

(2) Hat eine nach Absatz 1 bewertete Nutzung oder Leistung bei einem Alter
1. bis zu 30 Jahren nicht mehr als 10 Jahre,
2. von mehr als 30 Jahren bis zu 50 Jahren nicht mehr als 9 Jahre,
3. von mehr als 50 Jahren bis zu 60 Jahren nicht mehr als 8 Jahre,
4. von mehr als 60 Jahren bis zu 65 Jahren nicht mehr als 7 Jahre,
5. von mehr als 65 Jahren bis zu 70 Jahren nicht mehr als 6 Jahre,
6. von mehr als 70 Jahren bis zu 75 Jahren nicht mehr als 5 Jahre,
7. von mehr als 75 Jahren bis zu 80 Jahren nicht mehr als 4 Jahre,
8. von mehr als 80 Jahren bis zu 85 Jahren nicht mehr als 3 Jahre,
9. von mehr als 85 Jahren bis zu 90 Jahren nicht mehr als 2 Jahre,
10. von mehr als 90 Jahren nicht mehr als 1 Jahr;

bestanden und beruht der Wegfall auf dem Tod des Berechtigten oder Verpflichteten, so ist die Festsetzung der nicht laufend veranlagten Steuern nach Antrag nach der wirklichen Dauer der Nutzung oder Leistung zu berichtigen. § 5 Abs. 2 Satz 2 und 3 gilt entsprechend. Ist eine Last weggefallen, so bedarf die Berichtigung keines Antrags.

(3) Hängt die Dauer der Nutzung oder Leistung von der Lebenszeit mehrerer Personen ab und erlischt das Recht mit dem Tod des zuletzt Sterbenden, so ist das Lebensalter und das Geschlecht derjenigen Person maßgebend, für die sich der höchste Vervielfältiger ergibt; erlischt das Recht mit dem Tod des zuerst Sterbenden, so ist das Lebensalter und Geschlecht derjenigen Person maßgebend, für die sich der niedrigste Vervielfältiger ergibt.

(4) Ist der gemeine Wert der gesamten Nutzungen oder Leistungen nachweislich geringer oder höher als der Wert, der sich nach Absatz 1 ergibt, so ist der nachgewiesene gemeine Wert zugrunde zu legen. Der Ansatz eines geringeren oder höheren Werts kann jedoch nicht darauf gestützt werden, daß mit einer kürzeren oder längeren Lebensdauer, mit einem anderen Zinssatz oder mit einer anderen Zahlungsweise zu rechnen ist, als sie der Tabelle der Anlage 9 zugrunde liegt.

§ 15 Jahreswert von Nutzungen und Leistungen

(1) Der einjährige Betrag der Nutzung einer Geldsumme ist, wenn kein anderer Wert feststeht, zu 5,5 vom Hundert anzunehmen.

17

(2) Nutzungen oder Leistungen, die nicht in Geld bestehen (Wohnung, Kost, Waren und sonstige Sachbezüge), sind mit den üblichen Mittelpreisen des Verbrauchsorts anzusetzen.

(3) Bei Nutzungen oder Leistungen, die in ihrem Betrag ungewiß sind oder schwanken, ist als Jahreswert der Betrag zugrunde zu legen, der in Zukunft im Durchschnitt der Jahre voraussichtlich erzielt werden wird.

§ 16 Begrenzung des Jahreswerts von Nutzungen

Bei der Ermittlung des Kapitalwerts der Nutzungen eines Wirtschaftsguts kann der Jahreswert dieser Nutzungen nicht mehr als den achtzehnten Teil des Werts betragen, der sich nach den Vorschriften des Bewertungsgesetzes für das genutzte Wirtschaftsgut ergibt.

Zweiter Teil. Besondere Bewertungsvorschriften

§ 17 Geltungsbereich

(1) Die besonderen Bewertungsvorschriften (§§ 18 bis 121) gelten für die Vermögensteuer.

(2) Der Erste Abschnitt der besonderen Bewertungsvorschriften (§§ 19 bis 109a) und § 122 gelten nach näherer Regelung durch die in Betracht kommenden Gesetze auch für die Grundsteuer, die Gewerbesteuer, die Grunderwerbsteuer und die Erbschaftsteuer.

(3) Soweit sich nicht aus den §§ 19 bis 121 etwas anderes ergibt, finden neben diesen auch die Vorschriften des Ersten Teils dieses Gesetzes (§§ 1 bis 16) Anwendung. § 16 findet auf die Grunderwerbsteuer keine Anwendung.

§ 18 Vermögensarten

Das Vermögen, das nach den Vorschriften des Zweiten Teils dieses Gesetzes zu bewerten ist, umfaßt die folgenden Vermögensarten:

1. Land- und forstwirtschaftliches Vermögen (§§ 33 bis 67, § 31),
2. Grundvermögen (§§ 68 bis 94, § 31),
3. Betriebsvermögen (§§ 95 bis 109a, § 31),
4. Sonstiges Vermögen (§§ 110 bis 113).

Erster Abschnitt. Einheitsbewertung

A. Allgemeines

§ 19 Einheitswerte

Die Einheitswerte der in § 214 der Reichsabgabenordnung bezeichneten wirtschaftlichen Einheiten, wirtschaftlichen Untereinheiten und Teile von wirtschaftlichen Einheiten und Untereinheiten werden nach den Vorschriften dieses Abschnitts ermittelt.

§ 20 Grundbesitz

Grundbesitz sind

1. die wirtschaftlichen Einheiten des land- und forstwirtschaftlichen Vermögens (§ 33),
2. die wirtschaftlichen Einheiten des Grundvermögens (§ 68),
3. die Betriebsgrundstücke (§ 99).

§ 21 Hauptfeststellung

(1) Die Einheitswerte werden allgemein festgestellt (Hauptfeststellung):

1. in Zeitabständen von je sechs Jahren
   für den Grundbesitz (§ 20) und für die Mineralgewinnungsrechte (§ 100);
2. in Zeitabständen von je drei Jahren
   für die wirtschaftlichen Einheiten des Betriebsvermögens.

Durch Rechtsverordnung kann der Zeitabstand zwischen einer Hauptfeststellung und der darauf folgenden Hauptfeststellung (Hauptfeststellungszeitraum) bei einer wesentlichen Änderung der für die Bewertung maßgebenden Verhältnisse für den Grundbesitz und für die Mineralgewinnungsrechte um höchstens drei Jahre, für die wirtschaftlichen Einheiten des Betriebsvermögens um ein Jahr verkürzt werden. Die Bestimmung kann sich auf einzelne Vermögensarten oder beim Grundbesitz auf Gruppen von Fällen, in denen sich die für die Bewertung maßgebenden Verhältnisse in derselben Weise geändert haben, beschränken.

(2) Der Hauptfeststellung werden die Verhältnisse zu Beginn des Kalenderjahres (Hauptfeststellungszeitpunkt) zugrunde gelegt. Die Vorschriften in § 35 Abs. 2, §§ 54, 59, 106 und 112 über die Zugrundelegung eines anderen Zeitpunkts bleiben unberührt.

(3) Ist eine Hauptfeststellung unzulässig, weil für das Kalenderjahr, in dem die Einheitswerte der Hauptfeststellung erstmals anzuwenden sind, die vom Einheitswert abhängigen Steuern verjährt sind, so kann die Hauptfeststellung unter Zugrundelegung der Verhältnisse des Hauptfeststellungszeitpunkts mit Wirkung für einen späteren Feststellungszeitpunkt vorgenommen werden, für den die vom Einheitswert abhängigen Steuern noch nicht verjährt sind.

§ 22 Fortschreibungen

(1) Der Einheitswert wird neu festgestellt (Wertfortschreibung)

1. beim Grundbesitz, wenn der nach § 30 abgerundete Wert, der sich für den Beginn eines Kalenderjahrs ergibt, vom Einheitswert des letzten Feststellungszeitpunkts nach oben um mehr als den zehnten Teil, mindestens aber um 5000 Deutsche Mark, oder um mehr als 100000 Deutsche Mark, nach unten um mehr als den zehnten Teil, mindestens aber um 500 Deutsche Mark, oder um mehr als 5000 Deutsche Mark abweicht,
2. bei einem gewerblichen Betrieb oder einem Mineralgewinnungsrecht, wenn der nach § 30 abgerundete Wert, der sich für den Beginn eines Kalenderjahrs ergibt, entweder um mehr als ein Fünftel, mindestens aber um 5000 Deutsche Mark, oder um mehr als 100000 Deutsche Mark von dem Einheitswert des letzten Feststellungszeitpunkts abweicht.

(2) Über die Art des Gegenstandes (§ 216 Abs. 1 Nr. 1 der Reichsabgabenordnung) oder die Zurechnung des Gegenstandes (§ 216 Abs. 1 Nr. 2 der Reichsabgabenordnung) wird eine neue Feststellung getroffen (Artfortschreibung oder Zurechnungsfortschreibung), wenn sie von der zuletzt getroffenen Feststellung abweicht und es für die Besteuerung von Bedeutung ist.

(3) Eine Fortschreibung nach Absatz 1 oder Absatz 2 findet auch zur Beseitigung eines Fehlers der letzten Feststellung statt. § 222 Abs. 2 der Reichsabgabenordnung ist hierbei entsprechend anzuwenden.

(4) Der Fortschreibung werden vorbehaltlich des § 27 die Verhältnisse im Fortschreibungszeitpunkt zugrunde gelegt. Fortschreibungszeitpunkt ist

1. bei einer Änderung der tatsächlichen Verhältnisse der Beginn des Kalenderjahrs, das auf die Änderung folgt;
2. in den Fällen des Absatzes 3 der Beginn des Kalenderjahrs, in dem der Fehler dem Finanzamt bekannt wird, bei einer Erhöhung des Einheitswerts jedoch frühestens der Beginn des Kalenderjahrs, in dem der Feststellungsbescheid erteilt wird.

Die Vorschriften in § 35 Abs. 2, §§ 54, 59, 106 und 112 über die Zugrundelegung eines anderen Zeitpunkts bleiben unberührt.

2*

§ 23 Nachfeststellung

(1) Für wirtschaftliche Einheiten (Untereinheiten), für die ein Einheitswert festzustellen ist, wird der Einheitswert nachträglich festgestellt (Nachfeststellung), wenn nach dem Hauptfeststellungszeitpunkt (§ 21 Abs. 2)

1. die wirtschaftliche Einheit (Untereinheit) neu entsteht;

2. eine bereits bestehende wirtschaftliche Einheit (Untereinheit) erstmals zu einer Steuer herangezogen werden soll;

3. für eine bereits bestehende wirtschaftliche Einheit (Untereinheit) erstmals für die Zwecke der Vermögensbesteuerung ein besonderer Einheitswert festzustellen ist (§ 91 Abs. 2).

(2) Der Nachfeststellung werden vorbehaltlich des § 27 die Verhältnisse im Nachfeststellungszeitpunkt zugrunde gelegt. Nachfeststellungszeitpunkt ist in den Fällen des Absatzes 1 Nr. 1 der Beginn des Kalenderjahrs, das auf die Entstehung der wirtschaftlichen Einheit (Untereinheit) folgt, und in den Fällen des Absatzes 1 Nr. 2 und 3 der Beginn des Kalenderjahrs, in dem der Einheitswert erstmals der Besteuerung zugrunde gelegt wird. § 21 Abs. 3 ist entsprechend anzuwenden. Die Vorschriften in § 35 Abs. 2, §§ 54, 59, 106 und 112 über die Zugrundelegung eines anderen Zeitpunkts bleiben unberührt.

§ 24 Aufhebung des Einheitswerts

(1) Der Einheitswert wird aufgehoben, wenn

1. die wirtschaftliche Einheit (Untereinheit) wegfällt;

2. der Einheitswert der wirtschaftlichen Einheit (Untereinheit) infolge von Befreiungsgründen der Besteuerung nicht mehr zugrunde gelegt wird;

3. ein nach § 91 Abs. 2 ermittelter besonderer Einheitswert bei der Vermögensbesteuerung nicht mehr zugrunde gelegt wird.

(2) Aufhebungszeitpunkt ist in den Fällen des Absatzes 1 Nr. 1 der Beginn des Kalenderjahrs, das auf den Wegfall der wirtschaftlichen Einheit (Untereinheit) folgt, und in den Fällen des Absatzes 1 Nr. 2 und 3 der Beginn des Kalenderjahrs, in dem der Einheitswert erstmals der Besteuerung nicht mehr zugrunde gelegt wird.

(3) Die Vorschriften der Reichsabgabenordnung über die Fortschreibungsfeststellung sind entsprechend anzuwenden.

§ 24a Änderung von Feststellungsbescheiden

Bescheide über Fortschreibungen oder Nachfeststellungen von Einheitswerten des Grundbesitzes können schon vor dem maßgebenden Feststellungszeitpunkt erteilt werden. Sie sind zu ändern oder aufzuheben, wenn sich bis zu diesem Zeitpunkt Änderungen ergeben, die zu einer abweichenden Feststellung führen.

§ 25 *(entfällt)*

§ 26 Umfang der wirtschaftlichen Einheit bei Vermögenszusammenrechnung

Die Zurechnung mehrerer Wirtschaftsgüter zu einer wirtschaftlichen Einheit (§ 2) wird nicht dadurch ausgeschlossen, daß die Wirtschaftsgüter

1. zum Teil dem einen, zum Teil dem anderen Ehegatten gehören, wenn das Vermögen der Ehegatten zusammenzurechnen ist (§ 119 Abs. 1);

2. zum Teil zum Gesamtgut einer fortgesetzten Gütergemeinschaft, zum Teil dem überlebenden Ehegatten gehören, wenn das Gesamtgut dem Vermögen des überlebenden Ehegatten zuzurechnen ist (§ 120).

§ 27 Wertverhältnisse bei Fortschreibungen und Nachfeststellungen

Bei Fortschreibungen und bei Nachfeststellungen der Einheitswerte für Grundbesitz und für Mineralgewinnungsrechte sind die Wertverhältnisse im Hauptfeststellungszeitpunkt zugrunde zu legen.

§ 28 Erklärungspflicht

(1) Erklärungen zur Feststellung des Einheitswerts sind auf jeden Hauptfeststellungszeitpunkt abzugeben. Die Erklärungen sind Steuererklärungen im Sinne der Reichsabgabenordnung.

(2) Erklärungspflichtig ist jeder, dem Betriebsvermögen im Wert von mindestens 6000 Deutsche Mark, Grundbesitz oder ein Mineralgewinnungsrecht zuzurechnen ist.

(3) Der Bundesminister der Finanzen bestimmt im Einvernehmen mit den obersten Finanzbehörden der Länder den Zeitpunkt, bis zu dem die Erklärungen abzugeben sind.

§ 29 Auskünfte, Erhebungen

(1) Die Eigentümer von Grundbesitz und die Inhaber von Mineralgewinnungsrechten haben dem Finanzamt auf Anforderung alle Angaben zu machen, die es für die Sammlung der Kauf-, Miet- und Pachtpreise braucht. Bei dieser Erklärung ist zu versichern, daß die Angaben nach bestem Wissen und Gewissen gemacht sind.

(2) Die Finanzämter können zur Vorbereitung einer Hauptfeststellung der Einheitswerte des Grundbesitzes oder von Mineralgewinnungsrechten örtliche Erhebungen über die Bewertungsgrundlagen anstellen. § 173 Abs. 1 der Reichsabgabenordnung ist entsprechend anzuwenden; das Grundrecht der Unverletzlichkeit der Wohnung (Artikel 13 des Grundgesetzes) wird insoweit eingeschränkt.

§ 30 Abrundung

Die Einheitswerte werden nach unten abgerundet:

1. beim Grundbesitz auf volle hundert Deutsche Mark,
2. bei gewerblichen Betrieben und Mineralgewinnungsrechten auf volle tausend Deutsche Mark.

§ 31 Bewertung von ausländischem Sachvermögen

(1) Für die Bewertung des ausländischen land- und forstwirtschaftlichen Vermögens, Grundvermögens und Betriebsvermögens gelten die Vorschriften des Ersten Teils dieses Gesetzes, insbesondere § 9 (gemeiner Wert). Nach diesen Vorschriften sind auch die ausländischen Teile einer wirtschaftlichen Einheit zu bewerten, die sich sowohl auf das Inland als auch auf das Ausland erstreckt.

(2) Bei der Bewertung von ausländischem Grundbesitz sind Bestandteile und Zubehör zu berücksichtigen. Zahlungsmittel, Geldforderungen, Wertpapiere und Geldschulden sind nicht einzubeziehen.

§ 32 Bewertung von inländischem Sachvermögen

Für die Bewertung des inländischen land- und forstwirtschaftlichen Vermögens, Grundvermögens und Betriebsvermögens gelten die Vorschriften der §§ 33 bis 109a. Nach diesen Vorschriften sind auch die inländischen Teile einer wirtschaftlichen Einheit zu bewerten, die sich sowohl auf das Inland als auch auf das Ausland erstreckt.

B. Land- und forstwirtschaftliches Vermögen

I. Allgemeines

§ 33 Begriff des land- und forstwirtschaftlichen Vermögens

(1) Zum land- und forstwirtschaftlichen Vermögen gehören alle Wirtschaftsgüter, die einem Betrieb der Land- und Forstwirtschaft dauernd zu dienen bestimmt sind. Betrieb der Land- und Forstwirtschaft ist die wirtschaftliche Einheit des land- und forstwirtschaftlichen Vermögens.

(2) Zu den Wirtschaftsgütern, die einem Betrieb der Land- und Forstwirtschaft dauernd zu dienen bestimmt sind, gehören insbesondere der Grund und Boden, die Wohn- und Wirtschaftsgebäude, die stehenden Betriebsmittel und ein normaler Bestand an umlaufenden Betriebsmitteln; als normaler Bestand gilt ein solcher, der zur gesicherten Fortführung des Betriebes erforderlich ist.

(3) Zum land- und forstwirtschaftlichen Vermögen gehören nicht

1. Zahlungsmittel, Geldforderungen, Geschäftsguthaben und Wertpapiere,
2. Geldschulden,
3. über den normalen Bestand hinausgehende Bestände (Überbestände) an umlaufenden Betriebsmitteln,
4. Tierbestände oder Zweige des Tierbestands und die hiermit zusammenhängenden Wirtschaftsgüter (z. B. Gebäude und abgrenzbare Gebäudeteile mit den dazugehörenden Flächen, Betriebsmittel), wenn die Tiere weder nach § 51 oder § 51a zur landwirtschaftlichen Nutzung noch nach § 62 zur sonstigen land- und forstwirtschaftlichen Nutzung gehören. Die Zugehörigkeit der landwirtschaftlich genutzten Flächen zum land- und forstwirtschaftlichen Vermögen wird hierdurch nicht berührt.

§ 34 Betrieb der Land- und Forstwirtschaft

(1) Ein Betrieb der Land- und Forstwirtschaft umfaßt
1. den Wirtschaftsteil,
2. den Wohnteil.

(2) Der Wirtschaftsteil eines Betriebs der Land- und Forstwirtschaft umfaßt
1. die land- und forstwirtschaftlichen Nutzungen:
   a) die landwirtschaftliche Nutzung,
   b) die forstwirtschaftliche Nutzung,
   c) die weinbauliche Nutzung,
   d) die gärtnerische Nutzung,
   e) die sonstige land- und forstwirtschaftliche Nutzung;
2. die folgenden nicht zu einer Nutzung nach Nummer 1 gehörenden Wirtschaftsgüter:
   a) Abbauland (§ 43),
   b) Geringstland (§ 44),
   c) Unland (§ 45);
3. die Nebenbetriebe (§ 42).

(3) Der Wohnteil eines Betriebs der Land- und Forstwirtschaft umfaßt die Gebäude und Gebäudeteile, soweit sie dem Inhaber des Betriebs, den zu seinem Haushalt gehörenden Familienangehörigen und den Altenteilern zu Wohnzwecken dienen.

(4) In den Betrieb sind auch dem Eigentümer des Grund und Bodens nicht gehörende Gebäude, die auf dem Grund und Boden des Betriebs stehen, und dem Eigentümer des Grund und Bodens nicht gehörende Betriebsmittel, die der Bewirtschaftung des Betriebs dienen, einzubeziehen.

(5) Ein Anteil des Eigentümers eines Betriebs der Land- und Forstwirtschaft an einem Wirtschaftsgut ist in den Betrieb einzubeziehen, wenn es mit dem Betrieb zusammen genutzt wird.

(6) In einen Betrieb der Land- und Forstwirtschaft, der von einer Gesellschaft oder Gemeinschaft des bürgerlichen Rechts betrieben wird, sind auch die Wirtschaftsgüter einzubeziehen, die einem oder mehreren Beteiligten gehören und dem Betrieb zu dienen bestimmt sind.

(6a) Einen Betrieb der Land- und Forstwirtschaft bildet auch die gemeinschaftliche Tierhaltung (§ 51a) einschließlich der hiermit zusammenhängenden Wirtschaftsgüter.

(7) Einen Betrieb der Land- und Forstwirtschaft bilden auch Stückländereien. Stückländereien sind einzelne land- und forstwirtschaftlich genutzte Flächen, bei denen die Wirtschaftsgebäude oder die Betriebsmittel oder beide Arten von Wirtschaftsgütern nicht dem Eigentümer des Grund und Bodens gehören.

§ 35 Bewertungsstichtag

(1) Für die Größe des Betriebs sowie für den Umfang und den Zustand der Gebäude und der stehenden Betriebsmittel sind die Verhältnisse im Feststellungszeitpunkt maßgebend.

(2) Für die umlaufenden Betriebsmittel ist der Stand am Ende des Wirtschaftsjahres maßgebend, das dem Feststellungszeitpunkt vorangegangen ist.

§ 36 Bewertungsgrundsätze

(1) Bei der Bewertung ist unbeschadet der Regelung, die in § 47 für den Wohnungswert getroffen ist, der Ertragswert zugrunde zu legen.

(2) Bei der Ermittlung des Ertragswerts ist von der Ertragsfähigkeit auszugehen. Ertragsfähigkeit ist der bei ordnungsmäßiger und schuldenfreier Bewirtschaftung mit entlohnten fremden Arbeitskräften gemeinhin und nachhaltig erzielbare Reinertrag. Ertragswert ist das Achtzehnfache dieses Reinertrags.

(3) Bei der Beurteilung der Ertragsfähigkeit sind die Ertragsbedingungen zu berücksichtigen, soweit sie nicht unwesentlich sind.

§ 37 Ermittlung des Ertragswerts

(1) Der Ertragswert der Nutzungen wird durch ein vergleichendes Verfahren (§§ 38 bis 41) ermittelt. Das vergleichende Verfahren kann auch auf Nutzungsteile angewendet werden.

(2) Kann ein vergleichendes Verfahren nicht durchgeführt werden, so ist der Ertragswert nach der Ertragsfähigkeit der Nutzung unmittelbar zu ermitteln (Einzelertragswertverfahren).

§ 38 Vergleichszahl, Ertragsbedingungen

(1) Die Unterschiede der Ertragsfähigkeit der gleichen Nutzung in den verschiedenen Betrieben werden durch Vergleich der Ertragsbedingungen beurteilt und vorbehaltlich der §§ 55 und 62 durch Zahlen ausgedrückt, die dem Verhältnis der Reinerträge entsprechen (Vergleichszahlen).

(2) Bei dem Vergleich der Ertragsbedingungen sind zugrunde zu legen

1. die tatsächlichen Verhältnisse für:
   a) die natürlichen Ertragsbedingungen, insbesondere Bodenbeschaffenheit, Geländegestaltung, klimatische Verhältnisse,
   b) die folgenden wirtschaftlichen Ertragsbedingungen:
      aa) innere Verkehrslage (Lage für die Bewirtschaftung der Betriebsfläche),

23

bb) äußere Verkehrslage (insbesondere Lage für die Anfuhr der Betriebsmittel und die Abfuhr der Erzeugnisse),

cc) Betriebsgröße;

2. die in der Gegend als regelmäßig anzusehenden Verhältnisse für die in Nummer 1 Buchstabe b nicht bezeichneten wirtschaftlichen Ertragsbedingungen, insbesondere Preise und Löhne, Betriebsorganisation, Betriebsmittel.

(3) Bei Stückländereien sind die wirtschaftlichen Ertragsbedingungen nach Absatz 2 Nr. 1 Buchstabe b mit den regelmäßigen Verhältnissen der Gegend anzusetzen.

§ 39 Bewertungsstützpunkte

(1) Zur Sicherung der Gleichmäßigkeit der Bewertung werden in einzelnen Betrieben mit gegendüblichen Ertragsbedingungen die Vergleichszahlen von Nutzungen und Nutzungsteilen vorweg ermittelt (Hauptbewertungsstützpunkte). Die Vergleichszahlen der Hauptbewertungsstützpunkte werden vom Bewertungsbeirat (§§ 63 bis 66) vorgeschlagen und durch Rechtsverordnung festgesetzt. Die Vergleichszahlen der Nutzungen und Nutzungsteile in den übrigen Betrieben werden durch Vergleich mit den Vergleichszahlen der Hauptbewertungsstützpunkte ermittelt. § 55 bleibt unberührt.

(2) Die Hauptbewertungsstützpunkte können durch Landes-Bewertungsstützpunkte und Orts-Bewertungsstützpunkte als Bewertungsbeispiele ergänzt werden. Die Vergleichszahlen der Landes-Bewertungsstützpunkte werden vom Gutachterausschuß (§ 67), die Vergleichszahlen der Orts-Bewertungsstützpunkte von den Landesfinanzbehörden ermittelt. Die Vergleichszahlen der Landes-Bewertungsstützpunkte und Orts-Bewertungsstützpunkte können bekanntgegeben werden.

(3) Zugepachtete Flächen, die zusammen mit einem Bewertungsstützpunkt bewirtschaftet werden, können bei der Ermittlung der Vergleichszahlen mit berücksichtigt werden. Bei der Feststellung des Einheitswerts eines Betriebs, der als Bewertungsstützpunkt dient, sind zugepachtete Flächen nicht zu berücksichtigen (§ 2 Abs. 2).

§ 40 Ermittlung des Vergleichswerts

(1) Zum Hauptfeststellungszeitpunkt wird für die landwirtschaftliche, die weinbauliche und die gärtnerische Nutzung oder für deren Teile der 100 Vergleichszahlen entsprechende Ertragswert vorbehaltlich Absatz 2 durch besonderes Gesetz festgestellt. Aus diesem Ertragswert wird der Ertragswert für die einzelne Nutzung oder den Nutzungsteil in den Betrieben mit Hilfe der Vergleichszahlen abgeleitet (Vergleichswert). Der auf einen Hektar bezogene Vergleichswert ist der Hektarwert.

(2) Für die Hauptfeststellung auf den Beginn des Kalenderjahres 1964 betragen die 100 Vergleichszahlen entsprechenden Ertragswerte bei

der landwirtschaftlichen Nutzung	
ohne Hopfen und Spargel	37,26 DM
Hopfen	254,00 DM
Spargel	76,50 DM
der weinbaulichen Nutzung	200,00 DM
den gärtnerischen Nutzungsteilen	
Gemüse-, Blumen- und Zierpflanzenbau	108,00 DM
Obstbau	72,00 DM
Baumschulen	221,40 DM.

(3) Die Hoffläche und die Gebäudefläche des Betriebs sind in die einzelne Nutzung einzubeziehen, soweit sie ihr dienen. Hausgärten bis zur Größe von 10 Ar sind zur Hof- und Gebäudefläche zu rechnen. Wirtschaftswege, Hecken, Gräben, Grenzraine und dergleichen sind in die Nutzung einzubeziehen, zu der sie gehören; dies gilt auch für Wasserflächen, soweit sie nicht Unland sind oder zur sonstigen land- und forstwirtschaftlichen Nutzung (§ 62) gehören.

(4) Das Finanzamt hat bei Vorliegen eines rechtlichen Interesses dem Steuerpflichtigen Bewertungsgrundlagen und Bewertungsergebnisse der Nutzung oder des Nutzungsteils von Bewertungsstützpunkten, die bei der Ermittlung der Vergleichswerte seines Betriebs herangezogen worden sind, anzugeben.

(5) Zur Berücksichtigung der rückläufigen Reinerträge sind die nach Absätzen 1 und 2 ermittelten Vergleichswerte für Hopfen um 80 vom Hundert, für Spargel um 50 vom Hundert und für Obstbau um 60 vom Hundert zu vermindern; es ist jedoch jeweils mindestens ein Hektarwert von 1200 Deutschen Mark anzusetzen.

§ 41 Abschläge und Zuschläge

(1) Ein Abschlag oder ein Zuschlag am Vergleichswert ist zu machen,

1. soweit die tatsächlichen Verhältnisse bei einer Nutzung oder einem Nutzungsteil von den bei der Bewertung unterstellten regelmäßigen Verhältnissen der Gegend (§ 38 Abs. 2 Nr. 2) um mehr als 20 vom Hundert abweichen und

2. wenn die Abweichung eine Änderung des Vergleichswerts der Nutzung oder des Nutzungsteils um mehr als den fünften Teil, mindestens aber um 1000 Deutsche Mark, oder um mehr als 10000 Deutsche Mark bewirkt.

(2) Der Abschlag oder der Zuschlag ist nach der durch die Abweichung bedingten Minderung oder Steigerung der Ertragsfähigkeit zu bemessen.

(3) Bei Stückländereien sind weder Abschläge für fehlende Betriebsmittel beim Eigentümer des Grund und Bodens noch Zuschläge für Überbestand an diesen Wirtschaftsgütern bei deren Eigentümern zu machen.

§ 42 Nebenbetriebe

(1) Nebenbetriebe sind Betriebe, die dem Hauptbetrieb zu dienen bestimmt sind und nicht einen selbständigen gewerblichen Betrieb darstellen.

(2) Die Nebenbetriebe sind gesondert mit dem Einzelertragswert zu bewerten.

§ 43 Abbauland

(1) Zum Abbauland gehören die Betriebsflächen, die durch Abbau der Bodensubstanz überwiegend für den Betrieb nutzbar gemacht werden (Sand-, Kies-, Lehmgruben, Steinbrüche, Torfstiche und dergleichen).

(2) Das Abbauland ist gesondert mit dem Einzelertragswert zu bewerten.

§ 44 Geringstland

(1) Zum Geringstland gehören die Betriebsflächen geringster Ertragsfähigkeit, für die nach dem Bodenschätzungsgesetz vom 16. Oktober 1934 (Reichsgesetzbl. I S. 1050) keine Wertzahlen festzustellen sind.

(2) Geringstland ist mit einem Hektarwert von 50 Deutschen Mark zu bewerten.

§ 45 Unland

(1) Zum Unland gehören die Betriebsflächen, die auch bei geordneter Wirtschaftsweise keinen Ertrag abwerfen können.

(2) Unland wird nicht bewertet.

§ 46 Wirtschaftswert

Aus den Vergleichswerten (§ 40 Abs. 1) und den Abschlägen und Zuschlägen (§ 41), aus den Einzelertragswerten sowie aus den Werten der nach §§ 42 bis 44 gesondert zu bewertenden Wirtschaftsgüter wird der Wert für den Wirtschaftsteil (Wirtschaftswert) gebildet. Für seine Ermittlung gelten außer den Bestimmungen in den §§ 35 bis 45 auch die besonderen Vorschriften in den §§ 50 bis 62.

§ 47 Wohnungswert

Der Wert für den Wohnteil (Wohnungswert) wird nach den Vorschriften ermittelt, die beim Grundvermögen für die Bewertung der Mietwohngrundstücke im Ertragswertverfahren (§§ 71, 78 bis 82 und 91) gelten. Bei der Schätzung der üblichen Miete (§ 79 Abs. 2) sind die Besonderheiten, die sich aus der Lage der Gebäude oder Gebäudeteile im Betrieb ergeben, zu berücksichtigen. Der ermittelte Betrag ist um 15 vom Hundert zu vermindern.

§ 48 Zusammensetzung des Einheitswerts

Der Wirtschaftswert und der Wohnungswert bilden zusammen den Einheitswert des Betriebs.

§ 48a Einheitswert bestimmter intensiv genutzter Flächen

Werden Betriebsflächen durch einen anderen Nutzungsberechtigten als den Eigentümer bewirtschaftet, so ist
1. bei der Sonderkultur Spargel (§ 52),
2. bei den gärtnerischen Nutzungsteilen Gemüse-, Blumen- und Zierpflanzenbau sowie Baumschulen (§ 61),
3. bei der Saatsucht (§ 62 Abs. 1 Nr. 6)
der Unterschiedsbetrag zwischen dem für landwirtschaftliche Nutzung maßgebenden Vergleichswert und dem höheren Vergleichswert, der durch die unter Nummern 1 bis 3 bezeichneten Nutzungen bedingt ist, bei der Feststellung des Einheitswerts des Eigentümers nicht zu berücksichtigen und für den Nutzungsberechtigten als selbständiger Einheitswert festzustellen. Ist ein Einheitswert für land- und forstwirtschaftliches Vermögen des Nutzungsberechtigten festzustellen, so ist der Unterschiedsbetrag in diesen Einheitswert einzubeziehen.

§ 49 Verteilung des Einheitswerts

(1) In den Fällen des § 34 Abs. 4 ist der Einheitswert nur für die Zwecke anderer Steuern als der Grundsteuer nach § 216 Abs. 1 Nr. 2 der Reichsabgabenordnung zu verteilen. Bei der Verteilung wird für einen anderen Beteiligten an dem Eigentümer des Grund und Bodens ein Anteil nicht festgestellt, wenn er weniger als 1000 Deutsche Mark beträgt. Die Verteilung unterbleibt, wenn die Anteile der anderen Beteiligten zusammen weniger als 1000 Deutsche Mark betragen. In den Fällen des § 34 Abs. 6 gelten die Sätze 1 bis 3 entsprechend.

(2) Soweit der Einheitswert des Eigentümers des Grund und Bodens unter Berücksichtigung von § 48a festgestellt ist, findet in den Fällen des § 34 Abs. 4 eine Verteilung nicht statt.

II. Besondere Vorschriften

a) Landwirtschaftliche Nutzung

§ 50 Ertragsbedingungen

(1) Bei der Beurteilung der natürlichen Ertragsbedingungen (§ 38 Abs. 2 Nr. 1 Buchstabe a) ist von den Ergebnissen der Bodenschätzung nach dem Bodenschätzungsgesetz auszugehen. Dies gilt auch für das Bodenartenverhältnis.

(2) Ist durch die natürlichen Verhältnisse ein anderes als das in der betreffenden Gegend regelmäßige Kulturartenverhältnis bedingt, so ist abweichend von § 38 Abs. 2 Nr. 2 das tatsächliche Kulturartenverhältnis maßgebend.

§ 51 Tierbestände

(1) Tierbestände gehören in vollem Umfang zur landwirtschaftlichen Nutzung, wenn im Wirtschaftsjahr

für die ersten 20 Hektar nicht mehr als 10 Vieheinheiten,
für die nächsten 10 Hektar nicht mehr als 7 Vieheinheiten,
für die nächsten 10 Hektar nicht mehr als 3 Vieheinheiten
und für die weitere Fläche nicht mehr als 1,5 Vieheinheiten

je Hektar der vom Inhaber des Betriebs regelmäßig landwirtschaftlich genutzten Flächen erzeugt oder gehalten werden. Die Tierbestände sind nach dem Futterbedarf in Vieheinheiten umzurechnen.

(2) Übersteigt die Anzahl der Vieheinheiten nachhaltig die in Absatz 1 bezeichnete Grenze, so gehören nur die Zweige des Tierbestands zur landwirtschaftlichen Nutzung, deren Vieheinheiten zusammen diese Grenze nicht überschreiten. Zunächst sind mehr flächenabhängige Zweige des Tierbestands und danach weniger flächenabhängige Zweige des Tierbestands zur landwirtschaftlichen Nutzung zu rechnen. Innerhalb jeder dieser Gruppen sind zuerst Zweige des Tierbestands mit der geringeren Anzahl von Vieheinheiten und dann Zweige mit der größeren Anzahl von Vieheinheiten zur landwirtschaftlichen Nutzung zu rechnen. Der Tierbestand des einzelnen Zweiges wird nicht aufgeteilt.

(3) Als Zweig des Tierbestands gilt bei jeder Tierart für sich

1. das Zugvieh,
2. das Zuchtvieh,
3. das Mastvieh,
4. das übrige Nutzvieh.

Das Zuchtvieh einer Tierart gilt nur dann als besonderer Zweig des Tierbestands, wenn die erzeugten Jungtiere überwiegend zum Verkauf bestimmt sind. Ist das nicht der Fall, so ist das Zuchtvieh dem Zweig des Tierbestands zuzurechnen, dem es überwiegend dient.

(4) Der Umrechnungsschlüssel für Tierbestände in Vieheinheiten sowie die Gruppen der mehr oder weniger flächenabhängigen Zweige des Tierbestands sind aus den Anlagen 1 und 2[1] zu entnehmen. Für die Zeit von einem nach dem 1. Januar 1964 liegenden Hauptfeststellungszeitpunkt an können der Umrechnungsschlüssel für Tierbestände in Vieheinheiten sowie die Gruppen der mehr oder weniger flächenabhängigen Zweige des Tierbestands durch Rechtsverordnung Änderungen der wirtschaftlichen Gegebenheiten, auf denen sie beruhen, angepaßt werden.

(5) Die Absätze 1 bis 4 gelten nicht für Pelztiere. Pelztiere gehören nur dann zur landwirtschaftlichen Nutzung, wenn die erforderlichen Futtermittel überwiegend von den vom Inhaber des Betriebs landwirtschaftlich genutzten Flächen gewonnen sind.

§ 51a Gemeinschaftliche Tierhaltung

(1) Zur landwirtschaftlichen Nutzung gehört auch die Tierzucht und Tierhaltung von Erwerbs- und Wirtschaftsgenossenschaften (§ 97 Abs. 1 Nr. 2), von Gesellschaften, bei denen die Gesellschafter als Unternehmer (Mitunternehmer) anzusehen sind (§ 97 Abs. 1 Nr. 5), oder von Vereinen (§ 97 Abs. 2), wenn

1. alle Gesellschafter oder Mitglieder

a) Inhaber eines Betriebs der Land- und Forstwirtschaft mit selbstbewirtschafteten regelmäßig landwirtschaftlich genutzten Flächen sind,
b) nach dem Gesamtbild der Verhältnisse hauptberuflich Land- und Forstwirte sind,
c) landwirtschaftliche Unternehmer im Sinne des § 1 Abs. 3 des Gesetzes über eine Altershilfe für Landwirte sind und dies durch eine Bescheinigung der zuständigen Alterskasse nachgewiesen wird und
d) die sich nach § 51 Abs. 1 für sie ergebende Möglichkeit zur landwirtschaftlichen Tiererzeugung oder Tierhaltung in Vieheinheiten ganz oder teilweise auf die Genossenschaft, die Gesellschaft oder den Verein übertragen haben;

---

[1] Abgedruckt im Hauptteil hinter § 51.

2. die Anzahl der von der Genossenschaft, der Gesellschaft oder dem Verein im Wirtschaftsjahr erzeugten oder gehaltenen Vieheinheiten keine der nachfolgenden Grenzen nachhaltig überschreitet:

a) die Summe der sich nach Nummer 1 Buchstabe d ergebenden Vieheinheiten und
b) die Summe der Vieheinheiten, die sich nach § 51 Abs. 1 auf der Grundlage der Summe der von den Gesellschaftern oder Mitgliedern regelmäßig landwirtschaftlich genutzten Flächen ergibt;

3. die Betriebe der Gesellschafter oder Mitglieder nicht mehr als 40 km von der Produktionsstätte der Genossenschaft, der Gesellschaft oder des Vereins entfernt liegen.

Die Voraussetzungen der Nummer 1 Buchstabe d und der Nummer 2 sind durch besondere, laufend zu führende Verzeichnisse nachzuweisen.

(2) Der Anwendung des Absatzes 1 steht es nicht entgegen, wenn die dort bezeichneten Genossenschaften, Gesellschaften oder Vereine die Tiererzeugung oder Tierhaltung ohne regelmäßig landwirtschaftlich genutzte Flächen betreiben.

(3) Von den in Absatz 1 bezeichneten Genossenschaften, Gesellschaften oder Vereinen regelmäßig landwirtschaftlich genutzte Flächen sind bei der Ermittlung der nach Absatz 1 Nr. 2 maßgebenden Grenzen wie Flächen von Gesellschaftern oder Mitgliedern zu behandeln, die ihre Möglichkeit zur landwirtschaftlichen Tiererzeugung oder Tierhaltung im Sinne des Absatzes 1 Nr. 1 Buchstabe d auf die Genossenschaft, die Gesellschaft oder den Verein übertragen haben.

(4) Bei dem einzelnen Gesellschafter oder Mitglied der in Absatz 1 bezeichneten Genossenschaften, Gesellschaften oder Vereine ist § 51 Abs. 1 mit der Maßgabe anzuwenden, daß die in seinem Betrieb erzeugten oder gehaltenen Vieheinheiten mit den Vieheinheiten zusammenzurechnen sind, die im Rahmen der nach Absatz 1 Nr. 1 Buchstabe d übertragenen Möglichkeiten erzeugt oder gehalten werden.

(5) Die Vorschriften des § 51 Abs. 2 bis 4 sind entsprechend anzuwenden.

§ 52 Sonderkulturen

Hopfen, Spargel und andere Sonderkulturen sind als landwirtschaftliche Nutzungsteile (§ 37 Abs. 1) zu bewerten.

b) Forstwirtschaftliche Nutzung

§ 53 Umlaufende Betriebsmittel

Eingeschlagenes Holz gehört zum normalen Bestand an umlaufenden Betriebsmitteln, soweit es den jährlichen Nutzungssatz nicht übersteigt; bei Betrieben, die nicht jährlich einschlagen (aussetzende Betriebe), tritt an die Stelle des jährlichen Nutzungssatzes ein den Betriebsverhältnissen entsprechender mehrjähriger Nutzungssatz.

§ 54 Bewertungsstichtag

Abweichend von § 35 Abs. 1 sind für den Umfang und den Zustand des Bestandes an nicht eingeschlagenem Holz die Verhältnisse am Ende des Wirtschaftsjahres zugrunde zu legen, das dem Feststellungszeitpunkt vorangegangen ist.

§ 55 Ermittlung des Vergleichswerts

(1) Das vergleichende Verfahren ist auf Hochwald als Nutzungsteil (§ 37 Abs. 1) anzuwenden.

(2) Die Ertragsfähigkeit des Hochwaldes wird vorweg für Nachhaltsbetriebe mit regelmäßigem Alters- oder Vorratsklassenverhältnis ermittelt und durch Normalwerte ausgedrückt.

(3) Normalwert ist der für eine Holzart unter Berücksichtigung des Holzertrags auf einen Hektar bezogene Ertragswert eines Nachhaltsbetriebs mit regelmäßigem Alters-

oder Vorratsklassenverhältnis. Die Normalwerte werden für Bewertungsgebiete vom Bewertungsbeirat vorgeschlagen und durch Rechtsverordnung festgesetzt. Der Normalwert beträgt für die Hauptfeststellung auf den Beginn des Kalenderjahres 1964 höchstens 3200 Deutsche Mark (Fichte, Ertragsklasse I A, Bestockungsgrad 1,0).

(4) Die Anteile der einzelnen Alters- oder Vorratsklassen an den Normalwerten werden durch Hundertsätze ausgedrückt. Für jede Alters- oder Vorratsklasse ergibt sich der Hundertsatz aus dem Verhältnis ihres Abtriebswerts zum Abtriebswert des Nachhaltsbetriebs mit regelmäßigem Alters- oder Vorratsklassenverhältnis. Die Hundertsätze werden einheitlich für alle Bewertungsgebiete durch Rechtsverordnung festgesetzt. Sie betragen für die Hauptfeststellung auf den Beginn des Kalenderjahres 1964 höchstens 260 vom Hundert der Normalwerte.

(5) Ausgehend von den nach Absatz 3 festgesetzten Normalwerten wird für die forstwirtschaftliche Nutzung des Betriebs der Ertragswert (Vergleichswert) abgeleitet. Dabei werden die Hundertsätze auf die Alters- oder Vorratsklassen angewendet.

(6) Der Wert der einzelnen Alters- oder Vorratsklasse beträgt mindestens 50 Deutsche Mark je Hektar.

(7) Mittelwald und Niederwald sind mit 50 Deutsche Mark je Hektar anzusetzen.

(8) Zur Förderung der Gleichmäßigkeit der Bewertung wird, ausgehend von den Normalwerten des Bewertungsgebiets nach Absatz 3, durch den Bewertungsbeirat (§§ 63 bis 66) für den forstwirtschaftlichen Nutzungsteil Hochwald in einzelnen Betrieben mit gegendüblichen Ertragsbedingungen (Hauptbewertungsstützpunkte) der Vergleichswert vorgeschlagen und durch Rechtsverordnung festgesetzt.

(9) Zur Berücksichtigung der rückläufigen Reinerträge sind die nach Absatz 5 ermittelten Ertragswerte (Vergleichswerte) um 40 vom Hundert zu vermindern; Absätze 6 und 7 bleiben unberührt.

c) Weinbauliche Nutzung

§ 56 Umlaufende Betriebsmittel

Bei ausbauenden Betrieben zählen die Vorräte an Weinen aus der letzten und der vorletzten Ernte vor dem Bewertungsstichtag zum normalen Bestand an umlaufenden Betriebsmitteln. Für die Weinvorräte aus der vorletzten Ernte vor dem Bewertungsstichtag gilt dies jedoch nur, soweit sie nicht auf Flaschen gefüllt sind. Abschläge für Unterbestand an Vorräten dieser Art sind nicht zu machen.

§ 57 Bewertungsstützpunkte

Als Bewertungsstützpunkte dienen Weinbaulagen oder Teile von Weinbaulagen.

§ 58 Innere Verkehrslage

Bei der Berücksichtigung der inneren Verkehrslage sind abweichend von § 38 Abs. 2 Nr. 1 nicht die tatsächlichen Verhältnisse, sondern die in der Weinbaulage regelmäßigen Verhältnisse zugrunde zu legen; § 41 ist entsprechend anzuwenden.

d) Gärtnerische Nutzung

§ 59 Bewertungsstichtag

(1) Die durch Anbau von Baumschulgewächsen genutzte Betriebsfläche wird abweichend von § 35 Abs. 1 nach den Verhältnissen an dem 15. September bestimmt, der dem Feststellungszeitpunkt vorangegangen ist.

(2) Die durch Anbau von Gemüse, Blumen und Zierpflanzen genutzte Betriebsfläche wird abweichend von § 35 Abs. 1 nach den Verhältnissen an dem 30. Juni bestimmt, der dem Feststellungszeitpunkt vorangegangen ist.

§ 60 Ertragsbedingungen

(1) Bei der Beurteilung der natürlichen Ertragsbedingungen (§ 38 Abs. 2 Nr. 1 Buchstabe a) ist von den Ergebnissen der Bodenschätzung nach dem Bodenschätzungsgesetz auszugehen.

(2) Hinsichtlich der ertragsteigernden Anlagen, insbesondere der überdachten Anbauflächen, sind – abweichend von § 38 Abs. 2 Nr. 2 – die tatsächlichen Verhältnisse des Betriebs zugrunde zu legen.

§ 61 Anwendung des vergleichenden Verfahrens

Das vergleichende Verfahren ist auf Gemüse-, Blumen- und Zierpflanzenbau, auf Obstbau und auf Baumschulen als Nutzungsteile (§ 37 Abs. 1 Satz 2) anzuwenden.

e) Sonstige land- und forstwirtschaftliche Nutzung

§ 62 Arten und Bewertung der sonstigen land- und forstwirtschaftlichen Nutzung

(1) Zur sonstigen land- und forstwirtschaftlichen Nutzung gehören insbesondere

1. die Binnenfischerei,
2. die Teichwirtschaft,
3. die Fischzucht für Binnenfischerei und Teichwirtschaft,
4. die Imkerei,
5. die Wanderschäferei,
6. die Saatzucht.

(2) Für die Arten der sonstigen land- und forstwirtschaftlichen Nutzung werden im vergleichenden Verfahren abweichend von § 38 Abs. 1 keine Vergleichszahlen, sondern unmittelbar Vergleichswerte ermittelt.

III. Bewertungsbeirat, Gutachterausschuß

§ 63 Bewertungsbeirat

(1) Beim Bundesministerium der Finanzen wird ein Bewertungsbeirat gebildet.

(2) Der Bewertungsbeirat gliedert sich in eine landwirtschaftliche Abteilung, eine forstwirtschaftliche Abteilung, eine Weinbauabteilung und eine Gartenbauabteilung. Die Gartenbauabteilung besteht aus Unterabteilungen für Blumen- und Gemüsebau, für Obstbau und für Baumschulen.

(3) Der Bewertungsbeirat übernimmt auch die Befugnisse des Reichsschätzungsbeirats nach dem Bodenschätzungsgesetz.

§ 64 Mitglieder

(1) Dem Bewertungsbeirat gehören an

1. in jeder Abteilung und Unterabteilung:
   a) der Bundesminister der Finanzen oder ein von ihm beauftragter Beamter des Bundesministeriums der Finanzen als Vorsitzender,
   b) ein vom Bundesminister für Ernährung, Landwirtschaft und Forsten beauftragter Beamter des Bundesministeriums für Ernährung, Landwirtschaft und Forsten;
2. in der landwirtschaftlichen Abteilung sieben Mitglieder;
3. in der forstwirtschaftlichen Abteilung und in der Weinbauabteilung je sieben Mitglieder;
4. in der Gartenbauabteilung drei Mitglieder mit allgemeiner Sachkunde, zu denen für jede Unterabteilung zwei weitere Mitglieder mit besonderer Fachkenntnis hinzutreten.

(2) Nach Bedarf können weitere Mitglieder berufen werden.

(3) Die Mitglieder nach Absatz 1 Nr. 2 bis 4 und nach Absatz 2 werden auf Vorschlag des Bundesrates durch den Bundesminister der Finanzen im Einvernehmen mit dem Bundesminister für Ernährung, Landwirtschaft und Forsten berufen. Die Berufung kann mit Zustimmung des Bundesrates zurückgenommen werden. Scheidet eines der nach Absatz 1 Nr. 2 bis 4 berufenen Mitglieder aus, so ist ein neues Mitglied zu berufen. Die Mitglieder müssen sachkundig sein.

(4) Die nach Absatz 3 berufenen Mitglieder haben bei den Verhandlungen des Bewertungsbeirats ohne Rücksicht auf Sonderinteressen nach bestem Wissen und Gewissen zu verfahren. Sie dürfen den Inhalt der Verhandlungen des Bewertungsbeirats sowie die Verhältnisse der Steuerpflichtigen, die ihnen im Zusammenhang mit ihrer Tätigkeit auf Grund dieses Gesetzes bekanntgeworden sind, nicht unbefugt offenbaren und Geheimnisse, insbesondere Betriebs- oder Geschäftsgeheimnisse, nicht unbefugt verwerten. Sie werden bei Beginn ihrer Tätigkeit von dem Vorsitzenden des Bewertungsbeirats durch Handschlag verpflichtet, diese Obliegenheiten gewissenhaft zu erfüllen. Über diese Verpflichtung ist eine Niederschrift aufzunehmen, die von dem Verpflichteten mit unterzeichnet wird. Auf Zuwiderhandlungen sind die Vorschriften über das Steuergeheimnis und die Strafbarkeit seiner Verletzung entsprechend anzuwenden.[1]

§ 65 Aufgaben

Der Bewertungsbeirat hat die Aufgabe, Vorschläge zu machen

1. für die durch besonderes Gesetz festzusetzenden Ertragswerte (§ 40 Abs. 1),
2. für die durch Rechtsverordnung festzusetzenden Vergleichszahlen (§ 39 Abs. 1) und Vergleichswerte (§ 55 Abs. 8) der Hauptbewertungsstützpunkte,
3. für die durch Rechtsverordnung festzusetzenden Normalwerte und Ertragswerte der forstwirtschaftlichen Nutzung für Bewertungsgebiete (§ 55 Abs. 3).

§ 66 Geschäftsführung

(1) Der Vorsitzende führt die Geschäfte des Bewertungsbeirats und leitet die Verhandlungen. Der Bundesminister der Finanzen kann eine Geschäftsordnung für den Bewertungsbeirat erlassen.

(2) Die einzelnen Abteilungen und Unterabteilungen des Bewertungsbeirats sind beschlußfähig, wenn mindestens zwei Drittel der Mitglieder anwesend sind. Bei Abstimmung entscheidet die Stimmenmehrheit, bei Stimmengleichheit die Stimme des Vorsitzenden.

(3) Der Bewertungsbeirat hat seinen Sitz am Sitz des Bundesministeriums der Finanzen. Er hat bei Durchführung seiner Aufgaben die Befugnisse, die den Finanzämtern im Steuerermittlungsverfahren zustehen.

(4) Die Verhandlungen des Bewertungsbeirats sind nicht öffentlich. Der Bewertungsbeirat kann nach seinem Ermessen Sachverständige hören; § 64 Abs. 4 gilt entsprechend.

§ 67 Gutachterausschuß

(1) Zur Förderung der Gleichmäßigkeit der Bewertung des land- und forstwirtschaftlichen Vermögens in den Ländern, insbesondere durch Bewertung von Landes-Bewertungsstützpunkten, wird bei jeder Oberfinanzdirektion ein Gutachterausschuß gebildet. Bei jedem Gutachterausschuß ist eine landwirtschaftliche Abteilung zu bilden. Weitere Abteilungen können nach Bedarf entsprechend der Gliederung des Bewertungsbeirats (§ 63) gebildet werden.

---

[1] **Amtliche Anmerkung:** Bis zum 31. Dezember 1974 gilt § 64 Abs. 4 letzter Satz in der folgenden Fassung: ,,Auf Zuwiderhandlungen sind die §§ 22 und 400 der Reichsabgabenordnung entsprechend anzuwenden.‘‘

(2) Die landwirtschaftliche Abteilung des Gutachterausschusses übernimmt auch die Befugnisse des Landesschätzungsbeirats nach dem Bodenschätzungsgesetz.

(3) Dem Gutachterausschuß oder jeder seiner Abteilungen gehören an

1. der Oberfinanzpräsident oder ein von ihm beauftragter Angehöriger seiner Behörde als Vorsitzender,

2. ein von der für die Land- und Forstwirtschaft zuständigen obersten Landesbehörde beauftragter Beamter,

3. fünf sachkundige Mitglieder, die durch die für die Finanzverwaltung zuständige oberste Landesbehörde im Einvernehmen mit der für die Land- und Forstwirtschaft zuständigen obersten Landesbehörde berufen werden. Die Berufung kann zurückgenommen werden. § 64 Abs. 2 und 4 gelten entsprechend.

(4) Der Vorsitzende führt die Geschäfte des Gutachterausschusses und leitet die Verhandlungen. Die Verhandlungen sind nicht öffentlich. Für die Beschlußfähigkeit und die Abstimmung gilt § 66 Abs. 2 entsprechend.

C. Grundvermögen

I. Allgemeines

§ 68 Begriff des Grundvermögens

(1) Zum Grundvermögen gehören

1. der Grund und Boden, die Gebäude, die sonstigen Bestandteile und das Zubehör,

2. das Erbbaurecht,

3. das Wohnungseigentum, Teileigentum, Wohnungserbbaurecht und Teilerbbaurecht nach dem Wohnungseigentumsgesetz,

soweit es sich nicht um land- und forstwirtschaftliches Vermögen (§ 33) oder um Betriebsgrundstücke (§ 99) handelt.

(2) In das Grundvermögen sind nicht einzubeziehen

1. die Mineralgewinnungsrechte (§ 100),

2. die Maschinen und sonstigen Vorrichtungen aller Art, die zu einer Betriebsanlage gehören (Betriebsvorrichtungen), auch wenn sie wesentliche Bestandteile sind.

Einzubeziehen sind jedoch die Verstärkungen von Decken und die nicht ausschließlich zu einer Betriebsanlage gehörenden Stützen und sonstigen Bauteile wie Mauervorlagen und Verstrebungen.

§ 69 Abgrenzung des Grundvermögens vom land- und forstwirtschaftlichen Vermögen

(1) Land- und forstwirtschaftlich genutzte Flächen sind dem Grundvermögen zuzurechnen, wenn nach ihrer Lage, den im Feststellungszeitpunkt bestehenden Verwertungsmöglichkeiten oder den sonstigen Umständen anzunehmen ist, daß sie in absehbarer Zeit anderen als land- und forstwirtschaftlichen Zwecken, insbesondere als Bauland, Industrieland oder Land für Verkehrszwecke, dienen werden.

(2) Bildet ein Betrieb der Land- und Forstwirtschaft die Existenzgrundlage des Betriebsinhabers, so sind dem Betriebsinhaber gehörende Flächen, die von einer Stelle aus ordnungsgemäß nachhaltig bewirtschaftet werden, dem Grundvermögen nur dann zuzurechnen, wenn mit großer Wahrscheinlichkeit anzunehmen ist, daß sie spätestens nach zwei Jahren anderen als land- und forstwirtschaftlichen Zwecken dienen werden.

(3) Flächen sind stets dem Grundvermögen zuzurechnen, wenn sie in einem Bebauungsplan als Bauland festgesetzt sind, ihre sofortige Bebauung möglich ist und die Bebauung innerhalb des Plangebiets in benachbarten Bereichen begonnen hat oder

schon durchgeführt ist. Satz 1 gilt nicht für die Hofstelle und für andere Flächen in unmittelbarem räumlichen Zusammenhang mit der Hofstelle bis zu einer Größe von insgesamt einem Hektar.

(4) Absatz 2 findet in den Fällen des § 55 Abs. 5 Satz 1 des Einkommensteuergesetzes keine Anwendung.

§ 70 Grundstück

(1) Jede wirtschaftliche Einheit des Grundvermögens bildet ein Grundstück im Sinne dieses Gesetzes.

(2) Ein Anteil des Eigentümers eines Grundstücks an anderem Grundvermögen (z. B. an gemeinschaftlichen Hofflächen oder Garagen) ist in das Grundstück einzubeziehen, wenn alle Anteile an dem gemeinschaftlichen Grundvermögen Eigentümern von Grundstücken gehören, die ihren Anteil jeweils zusammen mit ihrem Grundstück nutzen. Das gilt nicht, wenn das gemeinschaftliche Grundvermögen nach den Anschauungen des Verkehrs als selbständige wirtschaftliche Einheit anzusehen ist (§ 2 Abs. 1 Sätze 3 und 4).

(3) Als Grundstück im Sinne dieses Gesetzes gilt auch ein Gebäude, das auf fremdem Grund und Boden errichtet oder in sonstigen Fällen einem anderen als dem Eigentümer des Grund und Bodens zuzurechnen ist, selbst wenn es wesentlicher Bestandteil des Grund und Bodens geworden ist.

§ 71 Gebäude und Gebäudeteile für den Bevölkerungsschutz

Gebäude, Teile von Gebäuden und Anlagen, die zum Schutz der Bevölkerung sowie lebens- und verteidigungswichtiger Sachgüter vor der Wirkung von Angriffswaffen geschaffen worden sind, bleiben bei der Ermittlung des Einheitswerts außer Betracht, wenn sie im Frieden nicht oder nur gelegentlich oder geringfügig für andere Zwecke benutzt werden.

II. Unbebaute Grundstücke

§ 72 Begriff

(1) Unbebaute Grundstücke sind Grundstücke, auf denen sich keine benutzbaren Gebäude befinden. Die Benutzbarkeit beginnt im Zeitpunkt der Bezugsfertigkeit. Gebäude sind als bezugsfertig anzusehen, wenn den zukünftigen Bewohnern oder sonstigen Benutzern zugemutet werden kann, sie zu benutzen; die Abnahme durch die Bauaufsichtsbehörde ist nicht entscheidend.

(2) Befinden sich auf einem Grundstück Gebäude, deren Zweckbestimmung und Wert gegenüber der Zweckbestimmung und dem Wert des Grund und Bodens von untergeordneter Bedeutung sind, so gilt das Grundstück als unbebaut.

(3) Als unbebautes Grundstück gilt auch ein Grundstück, auf dem infolge der Zerstörung oder des Verfalls der Gebäude auf die Dauer benutzbarer Raum nicht mehr vorhanden ist.

§ 73 Baureife Grundstücke

(1) Innerhalb der unbebauten Grundstücke bilden die baureifen Grundstücke eine besondere Grundstücksart.

(2) Baureife Grundstücke sind unbebaute Grundstücke, wenn sie in einem Bebauungsplan als Bauland festgesetzt sind, ihre sofortige Bebauung möglich ist und die Bebauung innerhalb des Plangebiets in benachbarten Bereichen begonnen hat oder schon durchgeführt ist. Zu den baureifen Grundstücken gehören nicht Grundstücke, die für den Gemeinbedarf vorgesehen sind.

33

III. Bebaute Grundstücke

a) Begriff und Bewertung

§ 74 Begriff

Bebaute Grundstücke sind Grundstücke, auf denen sich benutzbare Gebäude befinden, mit Ausnahme der in § 72 Abs. 2 und 3 bezeichneten Grundstücke. Wird ein Gebäude in Bauabschnitten errichtet, so ist der fertiggestellte und bezugsfertige Teil als benutzbares Gebäude anzusehen.

§ 75 Grundstücksarten

(1) Bei der Bewertung bebauter Grundstücke sind die folgenden Grundstücksarten zu unterscheiden:

1. Mietwohngrundstücke,

2. Geschäftsgrundstücke,

3. gemischtgenutzte Grundstücke,

4. Einfamilienhäuser,

5. Zweifamilienhäuser,

6. sonstige bebaute Grundstücke.

(2) Mietwohngrundstücke sind Grundstücke, die zu mehr als achtzig vom Hundert, berechnet nach der Jahresrohmiete (§ 79), Wohnzwecken dienen mit Ausnahme der Einfamilienhäuser und Zweifamilienhäuser (Absätze 5 und 6).

(3) Geschäftsgrundstücke sind Grundstücke, die zu mehr als achtzig vom Hundert, berechnet nach der Jahresrohmiete (§ 79), eigenen oder fremden gewerblichen oder öffentlichen Zwecken dienen.

(4) Gemischtgenutzte Grundstücke sind Grundstücke, die teils Wohnzwecken, teils eigenen oder fremden gewerblichen oder öffentlichen Zwecken dienen und nicht Mietwohngrundstücke, Geschäftsgrundstücke, Einfamilienhäuser oder Zweifamilienhäuser sind.

(5) Einfamilienhäuser sind Wohngrundstücke, die nur eine Wohnung enthalten. Wohnungen des Hauspersonals (Pförtner, Heizer, Gärtner, Kraftwagenführer, Wächter usw.) sind nicht mitzurechnen. Eine zweite Wohnung steht, abgesehen von Satz 2, dem Begriff „Einfamilienhaus" entgegen, auch wenn sie von untergeordneter Bedeutung ist. Ein Grundstück gilt auch dann als Einfamilienhaus, wenn es zu gewerblichen oder öffentlichen Zwecken mitbenutzt wird und dadurch die Eigenart als Einfamilienhaus nicht wesentlich beeinträchtigt wird.

(6) Zweifamilienhäuser sind Wohngrundstücke, die nur zwei Wohnungen enthalten. Die Sätze 2 bis 4 von Absatz 5 sind entsprechend anzuwenden.

(7) Sonstige bebaute Grundstücke sind solche Grundstücke, die nicht unter die Absätze 2 bis 6 fallen.

§ 76 Bewertung

(1) Der Wert des Grundstücks ist vorbehaltlich des Absatzes 3 im Wege des Ertragswertverfahrens (§§ 78 bis 82) zu ermitteln für

1. Mietwohngrundstücke,

2. Geschäftsgrundstücke,

3. gemischtgenutzte Grundstücke,

4. Einfamilienhäuser,

5. Zweifamilienhäuser.

(2) Für die sonstigen bebauten Grundstücke ist der Wert im Wege des Sachwertverfahrens (§§ 83 bis 90) zu ermitteln.

(3) Das Sachwertverfahren ist abweichend von Absatz 1 anzuwenden

1. bei Einfamilienhäusern und Zweifamilienhäusern, die sich durch besondere Gestaltung oder Ausstattung wesentlich von den nach Absatz 1 zu bewertenden Einfamilienhäusern und Zweifamilienhäusern unterscheiden;

2. bei solchen Gruppen von Geschäftsgrundstücken und in solchen Einzelfällen bebauter Grundstücke der in § 75 Abs. 1 Nr. 1 bis 3 bezeichneten Grundstücksarten, für die weder eine Jahresrohmiete ermittelt noch die übliche Miete nach § 79 Abs. 2 geschätzt werden kann;

3. bei Grundstücken mit Behelfsbauten und bei Grundstücken mit Gebäuden in einer Bauart oder Bauausführung, für die ein Vervielfältiger (§ 80) in den Anlagen 3 bis 8 nicht bestimmt ist.

§ 77 Mindestwert[1]

Der für ein bebautes Grundstück anzusetzende Wert darf nicht geringer sein als der Wert, mit dem der Grund und Boden allein als unbebautes Grundstück zu bewerten wäre. Müssen Gebäude oder Gebäudeteile wegen ihres baulichen Zustands abgebrochen werden, so sind die Abbruchkosten zu berücksichtigen.

b) Verfahren

1. Ertragswertverfahren

§ 78 Grundstückswert

Der Grundstückswert umfaßt den Bodenwert, den Gebäudewert und den Wert der Außenanlagen. Er ergibt sich durch Anwendung eines Vervielfältigers (§ 80) auf die Jahresrohmiete (§ 79) unter Berücksichtigung der §§ 81 und 82.

§ 79 Jahresrohmiete

(1) Jahresrohmiete ist das Gesamtentgelt, das die Mieter (Pächter) für die Benutzung des Grundstücks auf Grund vertraglicher Vereinbarungen nach dem Stand im Feststellungszeitpunkt für ein Jahr zu entrichten haben. Umlagen und alle sonstigen Leistungen des Mieters sind einzubeziehen. Zur Jahresrohmiete gehören auch Betriebskosten (z. B. Gebühren der Gemeinde), die durch die Gemeinde von den Mietern unmittelbar erhoben werden. Nicht einzubeziehen sind Untermietzuschläge, Kosten des Betriebs der zentralen Heizungs-, Warmwasserversorgungs- und Brennstoffversorgungsanlage sowie des Fahrstuhls, ferner alle Vergütungen für außergewöhnliche Nebenleistungen des Vermieters, die nicht die Raumnutzung betreffen (z. B. Bereitstellung von Wasserkraft, Dampfkraft, Preßluft, Kraftstrom und dergleichen), sowie Nebenleistungen des Vermieters, die nur einzelnen Mietern zugute kommen.

(2) Statt des Betrags nach Absatz 1 gilt die übliche Miete als Jahresrohmiete für solche Grundstücke oder Grundstücksteile,

1. die eigengenutzt, ungenutzt, zu vorübergehendem Gebrauch oder unentgeltlich überlassen sind,

2. die der Eigentümer dem Mieter zu einer um mehr als zwanzig vom Hundert von der üblichen Miete abweichenden tatsächlichen Miete überlassen hat.

Die übliche Miete ist in Anlehnung an die Jahresrohmiete zu schätzen, die für Räume gleicher oder ähnlicher Art, Lage und Ausstattung regelmäßig gezahlt wird.

(3) Bei Grundstücken, die

---

[1] **Amtliche Anmerkung:** Nach Artikel 7 des Steueränderungsgesetzes 1969 vom 18. August 1969 (Bundesgesetzbl. I S. 1211) ist § 77 im Hauptfeststellungszeitraum 1964 in folgender Fassung anzuwenden: „Der für ein bebautes Grundstück anzusetzende Wert darf nicht geringer sein als 50 vom Hundert des Werts, mit dem der Grund und Boden allein als unbebautes Grundstück zu bewerten wäre."

1. nach dem Ersten Wohnungsbaugesetz in der Fassung vom 25. August 1953 (Bundesgesetzbl. I S. 1047), zuletzt geändert durch Artikel IV § 4 Abs. 2 des Zweiten Gesetzes zur Änderung mietrechtlicher Vorschriften vom 14. Juli 1964 (Bundesgesetzbl. I S. 457),
2. nach dem Gesetz des Landes Bayern über die Grundsteuerfreiheit und Gebührenfreiheit für den sozialen Wohnungsbau vom 28. November 1949 (Bereinigte Sammlung des Bayerischen Landesrechts vom 23. September 1957, Band III S. 435),
3. nach dem Zweiten Wohnungsbaugesetz in der Fassung vom 1. August 1961 (Bundesgesetzbl. I S. 1121), zuletzt geändert durch Artikel III des Gesetzes zur Änderung des Gesetzes über Wohnbeihilfen vom 23. März 1965 (Bundesgesetzbl. I S. 140),
4. im Saarland nach
   a) der Zweiten Verordnung über Steuer- und Gebührenerleichterungen für den Wohnungsbau vom 12. November 1954 (Amtsblatt des Saarlandes S. 1367),
   b) der Dritten Verordnung über Steuer- und Gebührenerleichterungen für den Wohnungsbau vom 6. März 1958 (Amtsblatt des Saarlandes S. 607),
   c) dem Wohnungsbaugesetz für das Saarland in der Fassung vom 26. September 1961 (Amtsblatt des Saarlandes S. 591), zuletzt geändert durch Artikel VI des Gesetzes zur Änderung des Gesetzes über Wohnbeihilfen vom 23. März 1965 (Bundesgesetzbl. I S. 140)

grundsteuerbegünstigt sind, ist die auf das Grundstück oder den steuerbegünstigten Grundstücksteil entfallende Jahresrohmiete um zwölf vom Hundert zu erhöhen.

(4) Werden bei Arbeiterwohnstätten Beihilfen nach § 29 des Grundsteuergesetzes gewährt, so ist die Jahresrohmiete des Grundstücks oder des Grundstücksteils, für den die Beihilfe gewährt wird, um vierzehn vom Hundert zu erhöhen.

(5) Bei Fortschreibungen und Nachfeststellungen gelten für die Höhe der Miete die Wertverhältnisse im Hauptfeststellungszeitpunkt.

§ 80 Vervielfältiger

(1) Die Zahl, mit der die Jahresrohmiete zu vervielfachen ist (Vervielfältiger), ist aus den Anlagen 3 bis 8[1] zu entnehmen. Der Vervielfältiger bestimmt sich nach der Grundstücksart, der Bauart und Bauausführung, dem Baujahr des Gebäudes sowie nach der Einwohnerzahl der Belegenheitsgemeinde im Hauptfeststellungszeitpunkt. Erstreckt sich ein Grundstück über mehrere Gemeinden, so ist Belegenheitsgemeinde die Gemeinde, in der der wertvollste Teil des Grundstücks belegen ist. Bei Umgemeindungen nach dem Hauptfeststellungszeitpunkt sind weiterhin die Einwohnerzahlen zugrunde zu legen, die für die betroffenen Gemeinden oder Gemeindeteile im Hauptfeststellungszeitpunkt maßgebend waren.

(2) Die Landesregierungen werden ermächtigt, durch Rechtsverordnung zu bestimmen, daß Gemeinden oder Gemeindeteile in eine andere Gemeindegrößenklasse eingegliedert werden, als es ihrer Einwohnerzahl entspricht, wenn die Vervielfältiger wegen der besonderen wirtschaftlichen Verhältnisse in diesen Gemeinden oder Gemeindeteilen abweichend festgesetzt werden müssen (z. B. in Kurorten und Randgemeinden).

(3) Ist die Lebensdauer eines Gebäudes gegenüber der nach seiner Bauart und Bauausführung in Betracht kommenden Lebensdauer infolge baulicher Maßnahmen wesentlich verlängert oder infolge nicht behebbarer Baumängel und Bauschäden wesentlich verkürzt, so ist der Vervielfältiger nicht nach dem tatsächlichen Baujahr des Gebäudes, sondern nach dem um die entsprechende Zeit späteren oder früheren Baujahr zu ermitteln.

(4) Befinden sich auf einem Grundstück Gebäude oder Gebäudeteile, die eine verschiedene Bauart oder Bauausführung aufweisen oder die in verschiedenen Jahren bezugsfertig geworden sind, so sind für die einzelnen Gebäude oder Gebäudeteile die nach der Bauart und Bauausführung sowie nach dem Baujahr maßgebenden Vervielfältiger anzuwenden. Können die Werte der einzelnen Gebäude oder Gebäudeteile nur schwer

---

[1] Abgedruckt im „Handbuch zur Hauptfeststellung 1964."

ermittelt werden, so kann für das ganze Grundstück ein Vervielfältiger nach einem durchschnittlichen Baujahr angewendet werden.

§ 81 Außergewöhnliche Grundsteuerbelastung

Weicht im Hauptfeststellungszeitpunkt die Grundsteuerbelastung in einer Gemeinde erheblich von der in den Vervielfältigern berücksichtigten Grundsteuerbelastung ab, so sind die Grundstückswerte in diesen Gemeinden mit Ausnahme der in § 79 Abs. 3 und 4 bezeichneten Grundstücke oder Grundstücksteile bis zu zehn vom Hundert zu ermäßigen oder zu erhöhen. Die Hundertsätze werden durch Rechtsverordnung bestimmt.

§ 82 Ermäßigung und Erhöhung

(1) Liegen wertmindernde Umstände vor, die weder in der Höhe der Jahresrohmiete noch in der Höhe des Vervielfältigers berücksichtigt sind, so ist der sich nach den §§ 78 bis 81 ergebende Grundstückswert zu ermäßigen. Als solche Umstände kommen z. B. in Betracht

1. ungewöhnlich starke Beeinträchtigungen durch Lärm, Rauch oder Gerüche,

2. behebbare Baumängel und Bauschäden und

3. die Notwendigkeit baldigen Abbruchs.

(2) Liegen werterhöhende Umstände vor, die in der Höhe der Jahresrohmiete nicht berücksichtigt sind, so ist der sich nach den §§ 78 bis 81 ergebende Grundstückswert zu erhöhen. Als solche Umstände kommen nur in Betracht

1. die Größe der nicht bebauten Fläche, wenn sich auf dem Grundstück keine Hochhäuser befinden; ein Zuschlag unterbleibt, wenn die gesamte Fläche bei Einfamilienhäusern oder Zweifamilienhäusern nicht mehr als 1500 qm, bei den übrigen Grundstücksarten nicht mehr als das Fünffache der bebauten Fläche beträgt,

2. die nachhaltige Ausnutzung des Grundstücks für Reklamezwecke gegen Entgelt.

(3) Die Ermäßigung nach Absatz 1 Nr. 1 und 2 oder die Erhöhung nach Absatz 2 darf insgesamt dreißig vom Hundert des Grundstückswerts (§§ 78 bis 81) nicht übersteigen. Treffen die Voraussetzungen für die Ermäßigung nach Absatz 1 Nr. 1 und 2 und für die Erhöhung nach Absatz 2 zusammen, so ist der Höchstsatz nur auf das Ergebnis des Ausgleichs anzuwenden.

2. Sachwertverfahren

§ 83 Grundstückswert

Bei der Ermittlung des Grundstückswertes ist vom Bodenwert (§ 84), vom Gebäudewert (§§ 85 bis 88) und vom Wert der Außenanlagen (§ 89) auszugehen (Ausgangswert). Der Ausgangswert ist an den gemeinen Wert anzugleichen (§ 90).

§ 84 Bodenwert

Der Grund und Boden ist mit dem Wert anzusetzen, der sich ergeben würde, wenn das Grundstück unbebaut wäre.

§ 85 Gebäudewert

Bei der Ermittlung des Gebäudewertes ist zunächst ein Wert auf der Grundlage von durchschnittlichen Herstellungskosten nach den Baupreisverhältnissen des Jahres 1958 zu errechnen. Dieser Wert ist nach den Baupreisverhältnissen im Hauptfeststellungszeitpunkt umzurechnen (Gebäudenormalherstellungswert). Der Gebäudenormalherstellungswert ist wegen des Alters des Gebäudes im Hauptfeststellungszeitpunkt (§ 86) und wegen etwa vorhandener baulicher Mängel und Schäden (§ 87) zu mindern (Gebäudesachwert). Der Gebäudesachwert kann in besonderen Fällen ermäßigt oder erhöht werden (§ 88).

§ 86 Wertminderung wegen Alters

(1) Die Wertminderung wegen Alters bestimmt sich nach dem Alter des Gebäudes im Hauptfeststellungszeitpunkt und der gewöhnlichen Lebensdauer von Gebäuden

gleicher Art und Nutzung. Sie ist in einem Hundertsatz des Gebäudenormalherstellungswertes auszudrücken. Dabei ist von einer gleichbleibenden jährlichen Wertminderung auszugehen.

(2) Als Alter des Gebäudes gilt die Zeit zwischen dem Beginn des Jahres, in dem das Gebäude bezugsfertig geworden ist, und dem Hauptfeststellungszeitpunkt.

(3) Als Wertminderung darf insgesamt kein höherer Betrag abgesetzt werden, als sich bei einem Alter von siebzig vom Hundert der Lebensdauer ergibt. Dieser Betrag kann nur überschritten werden, wenn eine außergewöhnliche Wertminderung vorliegt.

(4) Ist die restliche Lebensdauer eines Gebäudes infolge baulicher Maßnahmen verlängert, so ist der nach dem tatsächlichen Alter errechnete Hundertsatz entsprechend zu mindern.

§ 87 Wertminderung wegen baulicher Mängel und Schäden

Für bauliche Mängel und Schäden, die weder bei der Ermittlung des Gebäudenormalherstellungswertes noch bei der Wertminderung wegen Alters berücksichtigt worden sind, ist ein Abschlag zu machen. Die Höhe des Abschlags richtet sich nach Bedeutung und Ausmaß der Mängel und Schäden.

§ 88 Ermäßigung und Erhöhung

(1) Der Gebäudesachwert kann ermäßigt oder erhöht werden, wenn Umstände tatsächlicher Art vorliegen, die bei seiner Ermittlung nicht berücksichtigt worden sind.

(2) Eine Ermäßigung kann insbesondere in Betracht kommen, wenn Gebäude wegen der Lage des Grundstücks, wegen unorganischen Aufbaus oder wirtschaftlicher Überalterung in ihrem Wert gemindert sind.

(3) Ein besonderer Zuschlag ist zu machen, wenn ein Grundstück nachhaltig gegen Entgelt für Reklamezwecke genutzt wird.

§ 89 Wert der Außenanlagen

Der Wert der Außenanlagen (z.B. Umzäunungen, Wege- oder Platzbefestigungen) ist aus durchschnittlichen Herstellungskosten nach den Baupreisverhältnissen des Jahres 1958 zu errechnen und nach den Baupreisverhältnissen im Hauptfeststellungszeitpunkt umzurechnen. Dieser Wert ist wegen des Alters der Außenanlagen im Hauptfeststellungszeitpunkt und wegen etwaiger baulicher Mängel und Schäden zu mindern; die Vorschriften der §§ 86 bis 88 gelten sinngemäß.

§ 90 Angleichung an den gemeinen Wert

(1) Der Ausgangswert (§ 83) ist durch Anwendung einer Wertzahl an den gemeinen Wert anzugleichen.

(2) Die Wertzahlen werden durch Rechtsverordnung unter Berücksichtigung der wertbeeinflussenden Umstände, insbesondere der Zweckbestimmung und Verwendbarkeit der Grundstücke innerhalb bestimmter Wirtschaftszweige und der Gemeindegrößen, im Rahmen von 85 bis 50 vom Hundert des Ausgangswertes festgesetzt. Dabei können für einzelne Grundstücksarten oder Grundstücksgruppen oder Untergruppen in bestimmten Gebieten, Gemeinden oder Gemeindeteilen besondere Wertzahlen festgesetzt werden, wenn es die örtlichen Verhältnisse auf dem Grundstücksmarkt erfordern.

IV. Sondervorschriften

§ 91 Grundstücke im Zustand der Bebauung

(1) Bei Grundstücken, die sich am Feststellungszeitpunkt im Zustand der Bebauung befinden, bleiben die nicht bezugsfertigen Gebäude oder Gebäudeteile (z.B. Anbauten oder Zubauten) bei der Ermittlung des Wertes außer Betracht.

(2) Ist ein Grundstück im Zustand der Bebauung bei der Ermittlung des Gesamtwertes eines gewerblichen Betriebes, bei der Bewertung des Gesamtvermögens oder bei der Bewertung des Inlandsvermögens anzusetzen, so ist für diese Zwecke ein besonderer Einheitswert festzustellen. Dabei ist zu dem Wert nach Absatz 1 für die nicht bezugsfertigen Gebäude oder Gebäudeteile ein Betrag hinzuzurechnen, der nach dem Grad ihrer Fertigstellung dem Gebäudewertanteil entspricht, mit dem sie im späteren Einheitswert enthalten sein werden. Der besondere Einheitswert darf den Einheitswert für das Grundstück nach Fertigstellung der Gebäude nicht übersteigen.

§ 92 Erbbaurecht

(1) Ist ein Grundstück mit einem Erbbaurecht belastet, so ist sowohl für die wirtschaftliche Einheit des Erbbaurechts als auch für die wirtschaftliche Einheit des belasteten Grundstücks jeweils ein Einheitswert festzustellen. Bei der Ermittlung der Einheitswerte ist von einem Gesamtwert auszugehen, der für den Grund und Boden einschließlich der Gebäude und Außenanlagen festzustellen wäre, wenn die Belastung nicht bestünde. Wird der Gesamtwert nach den Vorschriften über die Bewertung der bebauten Grundstücke ermittelt, so gilt jede wirtschaftliche Einheit als bebautes Grundstück der Grundstücksart, von der bei der Ermittlung des Gesamtwerts ausgegangen wird.

(2) Beträgt die Dauer des Erbbaurechts in dem für die Bewertung maßgebenden Zeitpunkt noch 50 Jahre oder mehr, so entfällt der Gesamtwert (Absatz 1) allein auf die wirtschaftliche Einheit des Erbbaurechts.

(3) Beträgt die Dauer des Erbbaurechts in dem für die Bewertung maßgebenden Zeitpunkt weniger als 50 Jahre, so ist der Gesamtwert (Absatz 1) entsprechend der restlichen Dauer des Erbbaurechts zu verteilen. Dabei entfallen auf

1. die wirtschaftliche Einheit des Erbbaurechts:

der Gebäudewert und ein Anteil am Bodenwert; dieser beträgt bei einer Dauer des Erbbaurechts

unter 50 bis zu 40 Jahren 95 vom Hundert,
unter 40 bis zu 35 Jahren 90 vom Hundert,
unter 35 bis zu 30 Jahren 85 vom Hundert,
unter 30 bis zu 25 Jahren 80 vom Hundert,
unter 25 bis zu 20 Jahren 70 vom Hundert,
unter 20 bis zu 15 Jahren 60 vom Hundert,
unter 15 bis zu 10 Jahren 45 vom Hundert,
unter 10 bis zu 5 Jahren 25 vom Hundert,
         unter 5 Jahren 0 vom Hundert;

2. die wirtschaftliche Einheit des belasteten Grundstücks:

der Anteil am Bodenwert, der nach Abzug des in Nummer 1 genannten Anteils verbleibt.

Abweichend von den Nummern 1 und 2 ist in die wirtschaftliche Einheit des belasteten Grundstücks ein Anteil am Gebäudewert einzubeziehen, wenn besondere Vereinbarungen es rechtfertigen. Das gilt insbesondere, wenn bei Erlöschen des Erbbaurechts durch Zeitablauf der Eigentümer des belasteten Grundstücks keine dem Gebäudewert entsprechende Entschädigung zu leisten hat. Geht das Eigentum an dem Gebäude bei Erlöschen des Erbbaurechts durch Zeitablauf entschädigungslos auf den Eigentümer des belasteten Grundstücks über, so ist der Gebäudewert entsprechend der in den Nummern 1 und 2 vorgesehenen Verteilung des Bodenwertes zu verteilen. Beträgt die Entschädigung für das Gebäude beim Übergang nur einen Teil des Gebäudewertes, so ist der dem Eigentümer des belasteten Grundstücks entschädigungslos zufallende Anteil entsprechend zu verteilen. Eine in der Höhe des Erbbauzinses zum Ausdruck kommende Entschädigung für den Gebäudewert bleibt außer Betracht. Der Wert der Außenanlagen wird wie der Gebäudewert behandelt.

(4) Hat sich der Erbbauberechtigte durch Vertrag mit dem Eigentümer des belasteten Grundstücks zum Abbruch des Gebäudes bei Beendigung des Erbbaurechts verpflichtet, so ist dieser Umstand durch einen entsprechenden Abschlag zu berücksichtigen; der Abschlag unterbleibt, wenn vorauszusehen ist, daß das Gebäude trotz der Verpflichtung nicht abgebrochen werden wird.

(5) Das Recht auf den Erbbauzins ist nicht als Bestandteil des Grundstücks zu berücksichtigen, sondern bei der Ermittlung des sonstigen Vermögens oder des Betriebsvermögens des Eigentümers des belasteten Grundstücks anzusetzen. Dementsprechend ist die Verpflichtung zur Zahlung des Erbbauzinses nicht bei der Bewertung des Erbbaurechts zu berücksichtigen, sondern bei der Ermittlung des Gesamtvermögens (Inlandsvermögens) oder des Betriebsvermögens des Erbbauberechtigten abzuziehen.

(6) Bei Wohnungserbbaurechten oder Teilerbbaurechten ist der Gesamtwert (Absatz 1) in gleicher Weise zu ermitteln, wie wenn es sich um Wohnungseigentum oder um Teileigentum handeln würde. Die Verteilung des Gesamtwertes erfolgt entsprechend Absatz 3.

(7) Wertfortschreibungen für die wirtschaftlichen Einheiten des Erbbaurechts und des belasteten Grundstücks sind abweichend von § 22 Abs. 1 Nr. 1 nur vorzunehmen, wenn der Gesamtwert, der sich für den Beginn eines Kalenderjahres ergibt, vom Gesamtwert des letzten Feststellungszeitpunkts um das in § 22 Abs. 1 Nr. 1 bezeichnete Ausmaß abweicht. § 30 Nr. 1 ist entsprechend anzuwenden. Bei einer Änderung der Verteilung des Gesamtwerts nach Absatz 3 sind die Einheitswerte für die wirtschaftlichen Einheiten des Erbbaurechts und des belasteten Grundstücks ohne Beachtung von Wertfortschreibungsgrenzen fortzuschreiben.

§ 93 Wohnungseigentum und Teileigentum

(1) Jedes Wohnungseigentum und Teileigentum bildet eine wirtschaftliche Einheit. Für die Bestimmung der Grundstücksart (§ 75) ist die Nutzung des auf das Wohnungseigentum und Teileigentum entfallenden Gebäudeteils maßgebend. Die Vorschriften der §§ 76 bis 91 finden Anwendung, soweit sich nicht aus den Absätzen 2 und 3 etwas anderes ergibt.

(2) Das zu mehr als achtzig vom Hundert Wohnzwecken dienende Wohnungseigentum ist im Wege des Ertragswertverfahrens nach den Vorschriften zu bewerten, die für Mietwohngrundstücke maßgebend sind. Wohnungseigentum, das zu nicht mehr als achtzig vom Hundert, aber zu nicht weniger als zwanzig vom Hundert Wohnzwecken dient, ist im Wege des Ertragswertverfahrens nach den Vorschriften zu bewerten, die für gemischtgenutzte Grundstücke maßgebend sind.

(3) Entsprechen die im Grundbuch eingetragenen Miteigentumsanteile an dem gemeinschaftlichen Eigentum nicht dem Verhältnis der Jahresrohmiete zueinander, so kann dies bei der Feststellung des Wertes entsprechend berücksichtigt werden. Sind einzelne Räume, die im gemeinschaftlichen Eigentum stehen, vermietet, so ist ihr Wert nach den im Grundbuch eingetragenen Anteilen zu verteilen und bei den einzelnen wirtschaftlichen Einheiten zu erfassen.

§ 94 Gebäude auf fremdem Grund und Boden

(1) Bei Gebäuden auf fremdem Grund und Boden ist der Bodenwert dem Eigentümer des Grund und Bodens und der Gebäudewert dem wirtschaftlichen Eigentümer des Gebäudes zuzurechnen. Außenanlagen (z. B. Umzäunungen, Wegebefestigungen), auf die sich das wirtschaftliche Eigentum am Gebäude erstreckt, sind unbeschadet der Vorschriften in § 68 Abs. 2 in die wirtschaftliche Einheit des Gebäudes einzubeziehen. Für die Grundstücksart des Gebäudes ist § 75 maßgebend; der Grund und Boden, auf dem das Gebäude errichtet ist, gilt als bebautes Grundstück derselben Grundstücksart.

(2) Für den Grund und Boden ist der Wert nach den für unbebaute Grundstücke geltenden Grundsätzen zu ermitteln; beeinträchtigt die Nutzungsbehinderung, welche sich aus dem Vorhandensein des Gebäudes ergibt, den Wert, so ist dies zu berücksichtigen.

(3) Die Bewertung der Gebäude erfolgt nach § 76. Wird das Gebäude nach dem Ertragswertverfahren bewertet, so ist von dem nach den §§ 78 bis 80 ergebenden Wert der auf den Grund und Boden entfallende Anteil abzuziehen. Ist vereinbart, daß das Gebäude nach Ablauf der Miet- oder Pachtzeit abzubrechen ist, so ist dieser Umstand durch einen entsprechenden Abschlag zu berücksichtigen; der Abschlag unterbleibt, wenn vorauszusehen ist, daß das Gebäude trotz der Verpflichtung nicht abgebrochen werden wird.

D. Betriebsvermögen

§ 95 Begriff des Betriebsvermögens

(1) Zum Betriebsvermögen gehören alle Teile einer wirtschaftlichen Einheit, die dem Betrieb eines Gewerbes als Hauptzweck dient, soweit die Wirtschaftsgüter dem Betriebsinhaber gehören (gewerblicher Betrieb).

(2) Als Gewerbe im Sinn des Gesetzes gilt auch die gewerbliche Bodenbewirtschaftung, z. B. der Bergbau und die Gewinnung von Torf, Steinen und Erden.

(3) Als Gewerbe gilt unbeschadet des § 97 nicht die Land- und Forstwirtschaft, wenn sie den Hauptzweck des Unternehmens bildet.

§ 96 Freie Berufe

(1) Dem Betrieb eines Gewerbes im Sinn dieses Gesetzes steht die Ausübung eines freien Berufes im Sinn des § 18 Abs. 1 Nr. 1 des Einkommensteuergesetzes gleich. Das gilt nicht für eine selbständig ausgeübte künstlerische oder wissenschaftliche Tätigkeit, die sich auf schöpferische oder forschende Tätigkeit, Lehr-, Vortrags- und Prüfungstätigkeit oder auf schriftstellerische Tätigkeit beschränkt. § 97 bleibt unberührt.

(2) Dem Betrieb eines Gewerbes steht die Tätigkeit als Einnehmer einer staatlichen Lotterie gleich, soweit die Tätigkeit nicht schon im Rahmen eines Gewerbebetriebes ausgeübt wird.

§ 97 Betriebsvermögen von Körperschaften, Personenvereinigungen und Vermögensmassen

(1) Einen gewerblichen Betrieb bilden insbesondere alle Wirtschaftsgüter, die den folgenden Körperschaften, Personenvereinigungen und Vermögensmassen gehören, wenn diese ihre Geschäftsleitung oder ihren Sitz im Inland haben:

1. Kapitalgesellschaften (Aktiengesellschaften, Kommanditgesellschaften auf Aktien, Gesellschaften mit beschränkter Haftung, Kolonialgesellschaften, bergrechtlichen Gewerkschaften);
2. Erwerbs- und Wirtschaftsgenossenschaften;
3. Versicherungsvereinen auf Gegenseitigkeit;
4. Kreditanstalten des öffentlichen Rechts;
5. offenen Handelsgesellschaften, Kommanditgesellschaften und ähnlichen Gesellschaften, bei denen die Gesellschafter als Unternehmer (Mitunternehmer) anzusehen sind.

§ 34 Abs. 6a und § 51a bleiben unberührt.

(2) Einen gewerblichen Betrieb bilden auch die Wirtschaftsgüter, die den sonstigen juristischen Personen des privaten Rechts, den nichtrechtsfähigen Vereinen, Anstalten, Stiftungen und anderen Zweckvermögen gehören, soweit sie einem wirtschaftlichen Geschäftsbetrieb (ausgenommen Land- und Forstwirtschaft) dienen.

(3) Bei allen Körperschaften, Personenvereinigungen und Vermögensmassen, die weder ihre Geschäftsleitung noch ihren Sitz im Inland haben, bilden nur die Wirtschaftsgüter einen gewerblichen Betrieb, die zum inländischen Betriebsvermögen gehören (§ 121 Abs. 2 Nr. 3).

§ 98 Arbeitsgemeinschaften

Die Vorschrift des § 97 Abs. 1 Nr. 5 gilt nicht für Arbeitsgemeinschaften, deren alleiniger Zweck sich auf die Erfüllung eines einzigen Werkvertrags oder Werklieferungsvertrags beschränkt, es sei denn, daß bei Abschluß des Vertrags anzunehmen ist, daß er nicht innerhalb von drei Jahren erfüllt wird. Die Wirtschaftsgüter, die den Arbeitsgemeinschaften gehören, werden anteilig den Betrieben der Beteiligten zugerechnet.

§ 98a Bewertungsgrundsätze

Der Einheitswert des Betriebsvermögens wird in der Weise ermittelt, daß die Summe der Werte, die für die zu dem gewerblichen Betrieb gehörenden Wirtschaftsgüter (Rohbetriebsvermögen) ermittelt sind, um die Summe der Schulden des Betriebs (§ 103) und der sonstigen nach diesem Gesetz zulässigen Abzüge gekürzt wird.

§ 99 Betriebsgrundstücke

(1) Betriebsgrundstück im Sinn dieses Gesetzes ist der zu einem gewerblichen Betrieb gehörige Grundbesitz, soweit er, losgelöst von seiner Zugehörigkeit zu dem gewerblichen Betrieb,

1. zum Grundvermögen gehören würde oder
2. einen Betrieb der Land- und Forstwirtschaft bilden würde.

(2) Dient das Grundstück, das, losgelöst von dem gewerblichen Betrieb, zum Grundvermögen gehören würde, zu mehr als der Hälfte seines Werts dem gewerblichen Betrieb, so gilt das ganze Grundstück als Teil des gewerblichen Betriebs und als Betriebsgrundstück. Dient das Grundstück nur zur Hälfte seines Werts oder zu einem geringeren Teil dem gewerblichen Betrieb, so gehört das ganze Grundstück zum Grundvermögen. Ein Grundstück, an dem neben dem Betriebsinhaber noch andere Personen beteiligt sind, gilt auch hinsichtlich des Anteils des Betriebsinhabers nicht als Betriebsgrundstück. Abweichend von den Sätzen 1 bis 3 gehört der Grundbesitz der im § 97 Abs. 1 bezeichneten inländischen Körperschaften, Personenvereinigungen und Vermögensmassen stets zu den Betriebsgrundstücken.

(3) Betriebsgrundstücke im Sinn des Absatzes 1 Nr. 1 sind wie Grundvermögen, Betriebsgrundstücke im Sinn des Absatzes 1 Nr. 2 wie land- und forstwirtschaftliches Vermögen zu bewerten.

§ 100 Mineralgewinnungsrechte

(1) Bei Bodenschätzen, die nur auf Grund staatlicher Verleihung oder auf Grund eines übertragenen ausschließlichen Rechts des Staates aufgesucht und gewonnen werden können, ist das verliehene oder das auf Grund der staatlichen Erlaubnis zur Ausübung überlassene Mineralgewinnungsrecht als selbständiges Wirtschaftsgut mit dem gemeinen Wert zu bewerten.

(2) Bei Bodenschätzen, die ohne besondere staatliche Verleihung bereits auf Grund des Eigentums am Grundstück aufgesucht und gewonnen werden können, ist die aus dem Eigentum fließende Berechtigung zur Gewinnung der Bodenschätze wie ein Mineralgewinnungsrecht mit dem gemeinen Wert zu bewerten, sobald mit der Aufschließung der Lagerstätte begonnen oder die Berechtigung in sonstiger Weise als selbständiges Wirtschaftsgut zum Zwecke einer nachhaltigen gewerblichen Nutzung in den Verkehr gebracht worden ist.

§ 101 Nicht zum Betriebsvermögen gehörige Wirtschaftsgüter

Zum Betriebsvermögen gehören nicht:

1. die Wirtschaftsgüter, die nach den Vorschriften des Vermögensteuergesetzes oder anderer Gesetze von der Vermögensteuer befreit sind;
2. die Erfindungen, Urheberrechte sowie Originale urheberrechtlich geschützter Werke, die nach § 110 Abs. 1 Nr. 5 nicht zum sonstigen Vermögen gehören. Diensterfindungen gehören nur in dem Umfang zum Betriebsvermögen des Arbeitgebers, in dem sie von diesem in Lizenz vergeben oder in sonstiger Weise einem Dritten gegen Entgelt zur Ausnutzung überlassen werden;
3. Ansprüche der in § 111 Nr. 5 bezeichneten Art.

§ 102 Vergünstigung für Schachtelgesellschaften[1]

(1) Ist eine inländische Kapitalgesellschaft, eine inländische Kreditanstalt des öffentlichen Rechts, ein inländischer Gewerbebetrieb im Sinne des Gewerbesteuergesetzes

---

[1] § 102 findet auf Beteiligungen an Kapitalgesellschaften zum Zwecke von Sanierungsmaßnahmen keine Anwendung gem. § 81 Abs. 2 Städtebauförderungsgesetz.

von juristischen Personen des öffentlichen Rechts, eine inländische Erwerbs- und Wirtschaftsgenossenschaft, bei der die Voraussetzungen des § 104a Abs. 1 nicht vorliegen, eine unter Staatsaufsicht stehende Sparkasse oder ein inländischer Versicherungsverein auf Gegenseitigkeit an dem Grund- oder Stammkapital einer anderen inländischen Kapitalgesellschaft oder einer anderen inländischen Kreditanstalt des öffentlichen Rechts mindestens zu einem Viertel unmittelbar beteiligt, so gehört die Beteiligung insoweit nicht zum gewerblichen Betrieb, als sie ununterbrochen seit mindestens 12 Monaten vor dem maßgebenden Abschlußzeitpunkt (§ 106) besteht. Ist ein Grund- oder Stammkapital nicht vorhanden, so ist die Beteiligung an dem Vermögen maßgebend.

(2) Ist eine inländische Kapitalgesellschaft, eine inländische Kreditanstalt des öffentlichen Rechts, ein inländischer Gewerbebetrieb im Sinne des Gewerbesteuergesetzes von juristischen Personen des öffentlichen Rechts, eine inländische Erwerbs- und Wirtschaftsgenossenschaft, bei der die Voraussetzungen des § 104a Abs. 1 nicht vorliegen, eine unter Staatsaufsicht stehende Sparkasse oder ein inländischer Versicherungsverein auf Gegenseitigkeit an dem Nennkapital einer Kapitalgesellschaft mit Geschäftsleitung und Sitz außerhalb des Geltungsbereichs dieses Gesetzes (Tochtergesellschaft), die in dem Wirtschaftsjahr, das mit dem maßgebenden Abschlußzeitpunkt (§ 106) der Muttergesellschaft endet oder ihm vorangeht, ihre Bruttoerträge ausschließlich oder fast ausschließlich aus unter § 8 Abs. 1 Nr. 1 bis 6 des Außensteuergesetzes vom 8. September 1972 (Bundesgesetzbl. I S. 1713) fallenden Tätigkeiten und aus unter § 8 Abs. 2 des Außensteuergesetzes fallenden Beteiligungen bezieht, mindestens zu einem Viertel unmittelbar beteiligt, so gehört die Beteiligung auf Antrag insoweit nicht zum gewerblichen Betrieb, als sie ununterbrochen seit mindestens 12 Monaten vor dem maßgebenden Abschlußzeitpunkt (§ 106) besteht. Das gleiche gilt auf Antrag der Muttergesellschaft für den Teil des Wertes ihrer Beteiligung an der Tochtergesellschaft, der dem Verhältnis des Wertes der Beteiligung an einer Enkelgesellschaft im Sinne des § 19a Abs. 5 des Körperschaftsteuergesetzes zum gesamten Wert des Betriebsvermögens der Tochtergesellschaft entspricht, wenn die Enkelgesellschaft in dem Wirtschaftsjahr, das mit dem maßgebenden Abschlußzeitpunkt (§ 106) der Muttergesellschaft endet oder ihm vorangeht, ihre Bruttoerträge ausschließlich oder fast ausschließlich aus unter § 8 Abs. 1 Nr. 1 bis 6 des Außensteuergesetzes fallenden Tätigkeiten oder aus unter § 8 Abs. 2 Nr. 1 des Außensteuergesetzes fallenden Beteiligungen bezieht; die Vorschriften des Bewertungsgesetzes sind für die Bewertung der Wirtschaftsgüter der Tochtergesellschaft entsprechend anzuwenden. Hat die Enkelgesellschaft in dem Wirtschaftsjahr der Muttergesellschaft, das mit dem maßgebenden Abschlußzeitpunkt (§ 106) endet oder ihm vorangeht, Gewinne ausgeschüttet, so gilt der vorstehende Satz nur, wenn die Muttergesellschaft unter den Voraussetzungen des § 19a Abs. 5 des Körperschaftsteuergesetzes Gewinnanteile von der Tochtergesellschaft bezogen hat, die in ihrer Höhe den der Tochtergesellschaft aus den Gewinnanteilen verbleibenden ausschüttungsfähigen Gewinn entsprechen. Die vorstehenden Vorschriften sind nur anzuwenden, wenn der Steuerpflichtige nachweist, daß alle Voraussetzungen erfüllt sind.

§ 103 Betriebsschulden

(1) Schulden werden nur insoweit abgezogen, als sie mit der Gesamtheit oder einzelnen Teilen des gewerblichen Betriebs in wirtschaftlichem Zusammenhang stehen.

(2) Von dem Rohvermögen sind bei Versicherungsunternehmen versicherungstechnische Rücklagen abzuziehen, soweit sie für die Leistungen aus den laufenden Versicherungsverträgen erforderlich sind.

§ 103a Rückstellungen für Preisnachlässe und Wechselhaftung

Rückstellungen für Preisnachlässe und für Wechselhaftung sind abzugsfähig.

§ 104 Pensionsverpflichtungen

(1) Eine Pensionsverpflichtung gegenüber einer Person, bei der der Versorgungsfall noch nicht eingetreten ist (Pensionsanwartschaft), kann bei der Ermittlung des Einheitswerts des gewerblichen Betriebs abgezogen werden, wenn die Pensionsanwartschaft auf einer vertraglichen Pensionsverpflichtung beruht oder sich aus einer Betriebsverein-

barung, einem Tarifvertrag oder einer Besoldungsordnung ergibt. Eine auf betrieblicher Übung oder dem Grundsatz der Gleichbehandlung beruhende Pensionsverpflichtung gilt nicht als vertragliche Verpflichtung im Sinne des Satzes 1.

(2) Die Pensionsverpflichtung darf nur bis zur Höhe des Betrags abgezogen werden, der bei einem Alter des Anwärters am Bewertungsstichtag

1. von mehr als 30 bis zu 38 Jahren das 0,5fache
2. von mehr als 38 bis zu 43 Jahren das 1fache
3. von mehr als 43 bis zu 47 Jahren das 1,5fache
4. von mehr als 47 bis zu 50 Jahren das 2fache
5. von mehr als 50 bis zu 53 Jahren das 3fache
6. von mehr als 53 bis zu 56 Jahren das 4fache
7. von mehr als 56 bis zu 58 Jahren das 5fache
8. von mehr als 58 bis zu 60 Jahren das 6fache
9. von mehr als 60 bis zu 62 Jahren das 7fache
10. von mehr als 62 bis zu 63 Jahren das 8fache
11. von mehr als 63 bis zu 64 Jahren das 9fache
12. von mehr als 64 Jahren   das 10fache

der Jahresrente beträgt, die bis zur Vollendung des 65. Lebensjahrs (Beginn der vorgesehenen Pensionszahlung) nach Maßgabe des Versorgungsversprechens erworben werden kann. Ist für den Beginn der Pensionszahlung ein anderes Alter als 65 Jahre vorgesehen, so ist für jedes Jahr der Abweichung nach unten ein Zuschlag von 10 vom Hundert und für jedes Jahr der Abweichung nach oben ein Abschlag von 5 vom Hundert auf den Vervielfältiger zu machen.

(3) Die Vervielfältiger in Absatz 2 sind zu kürzen,
a) wenn eine Invalidenrente nicht oder nur bei Unfall zugesagt ist, um 40 vom Hundert,
b) wenn eine Hinterbliebenenrente nicht zugesagt ist, um 30 vom Hundert,
c) wenn nur eine Invalidenrente zugesagt ist, um 50 vom Hundert und
d) wenn nur eine Hinterbliebenenrente zugesagt ist, um 60 vom Hundert.

(4) Anwartschaften auf Hinterbliebenenversorgung von Pensionären werden mit 30 vom Hundert des Betrags abgezogen, der sich für den Rentenanspruch des Berechtigten nach § 14 Abs. 1 ergibt.

(5) Ist an Stelle von Pensionsleistungen eine einmalige Kapitalleistung zugesagt, so gelten 10 vom Hundert der Kapitalleistung als Jahreswert im Sinne des Absatzes 2.

§ 104a Genossenschaften

(1) Vom Rohbetriebsvermögen sind die Geschäftsguthaben der Genossen bei den folgenden Genossenschaften abzugsfähig:
1. bei Genossenschaften der gewerblichen Wirtschaft, deren Geschäftsbereich sich erstreckt
   a) auf die gemeinschaftliche Benutzung von Betriebseinrichtungen oder Betriebsgegenständen, die der technischen Durchführung des Betriebes dienen oder
   b) auf die Bearbeitung oder die Verwertung von gewerblichen Erzeugnissen, die die Mitglieder entweder selbst hergestellt, bearbeitet oder verarbeitet haben;
2. bei Warengenossenschaften, deren Rohbetriebsvermögen nicht mehr als 500 000 Deutsche Mark beträgt. Das gilt auch, wenn eine Warengenossenschaft das Geld- und Kreditgeschäft betreibt und das Warengeschäft überwiegt.

(2) Vom Rohbetriebsvermögen sind bei Kreditgenossenschaften 50 vom Hundert der Geschäftsguthaben der Genossen abzugsfähig. Das gilt auch, wenn eine Kreditgenossenschaft das Warengeschäft betreibt und das Geld- und Kreditgeschäft überwiegt.

§ 105 Steuerschulden

(1) Schulden aus laufend veranlagten Steuern sind nur abzuziehen, wenn die Steuern entweder

44

1. spätestens im Feststellungszeitpunkt (§ 21 Abs. 2, § 22 Abs. 4, § 23 Abs. 2) fällig geworden sind oder
2. für einen Zeitraum erhoben werden, der spätestens im Feststellungszeitpunkt geendet hat. Endet der Erhebungszeitraum erst nach dem Feststellungszeitpunkt, so sind die Steuerschulden insoweit abzuziehen, als sie auf die Zeit vor dem Feststellungszeitpunkt entfallen.

(2) Für Betriebe mit abweichendem Wirtschaftsjahr ist statt des Feststellungszeitpunkts der Abschlußzeitpunkt (§ 106 Abs. 3) maßgebend.

§ 106 Bewertungsstichtag

(1) Für den Bestand und die Bewertung sind die Verhältnisse im Feststellungszeitpunkt (§ 21 Abs. 2, § 22 Abs. 4, § 23 Abs. 2) maßgebend. Für die Bewertung von Wertpapieren, Anteilen und Genußscheinen an Kapitalgesellschaften gilt der Stichtag, der sich nach § 112 ergibt.

(2) Für Betriebe, die regelmäßig jährliche Abschlüsse auf den Schluß des Kalenderjahrs machen, ist dieser Abschlußtag zugrunde zu legen.

(3) Für Betriebe, die regelmäßig jährliche Abschlüsse auf einen anderen Tag machen, kann auf Antrag zugelassen werden, daß der Schluß des Wirtschaftsjahrs zugrunde gelegt wird, das dem Feststellungszeitpunkt vorangeht. An den Antrag bleibt der Betrieb auch für künftige Feststellungen der Einheitswerte insofern gebunden, als stets der Schluß des letzten regelmäßigen Wirtschaftsjahrs zugrunde zu legen ist.

(4) Der auf den Abschlußzeitpunkt (Absätze 2 und 3) ermittelte Einheitswert gilt als Einheitswert vom Feststellungszeitpunkt.

(5) Die Absätze 2 und 3 sind nicht anzuwenden:
1. auf Betriebsgrundstücke (§ 99). Für ihren Bestand und ihre Bewertung bleiben die Verhältnisse im Feststellungszeitpunkt maßgebend. § 35 Absatz 2 bleibt unberührt;
2. auf die Bewertung von Wertpapieren, Anteilen und Genußscheinen an Kapitalgesellschaften. Für die Bewertung bleiben die Verhältnisse des Stichtags maßgebend, der sich nach § 112 ergibt. Für den Bestand ist der Abschlußzeitpunkt (Absätze 2 und 3) maßgebend;
3. auf die Beteiligung an Personengesellschaften. Für die Zurechnung und die Bewertung verbleibt es in diesen Fällen bei den Feststellungen, die bei der gesonderten Feststellung des Einheitswerts der Personengesellschaft getroffen werden.

§ 107 Ausgleich von Vermögensänderungen nach dem Abschlußzeitpunkt

Zum Ausgleich von Verschiebungen, die in der Zeit zwischen dem Abschlußzeitpunkt (§ 106 Abs. 3) und dem Feststellungszeitpunkt (§ 21 Abs. 2, § 22 Abs. 4, § 23 Abs. 2) eingetreten sind, gelten die folgenden Vorschriften:
1. Für Betriebsgrundstücke:
   a) Ist ein Betriebsgrundstück aus dem gewerblichen Betrieb ausgeschieden und der Gegenwert dem Betrieb zugeführt worden, so wird der Gegenwert dem Betriebsvermögen zugerechnet.
   b) Ist Grundbesitz als Betriebsgrundstück dem gewerblichen Betrieb zugeführt und der Gegenwert dem gewerblichen Betrieb entnommen worden, so wird der Gegenwert vom Betriebsvermögen abgezogen. Entsprechend werden Aufwendungen abgezogen, die aus Mitteln des gewerblichen Betriebs auf Betriebsgrundstücke gemacht worden sind.
2. Für andere Wirtschaftsgüter als Betriebsgrundstücke:
   a) Ist ein derartiges Wirtschaftsgut aus einem gewerblichen Betrieb ausgeschieden und dem übrigen Vermögen des Betriebsinhabers zugeführt worden, so wird das Wirtschaftsgut so behandelt, als wenn es im Feststellungszeitpunkt noch zum gewerblichen Betrieb gehörte.
   b) Ist ein derartiges Wirtschaftsgut aus dem übrigen Vermögen des Betriebsinhabers ausgeschieden und dem gewerblichen Betrieb zugeführt worden, so wird das

Wirtschaftsgut so behandelt, als wenn es im Feststellungszeitpunkt noch zum übrigen Vermögen gehörte.

c) Die Vorschriften zu a und b gelten jedoch nicht, wenn mit dem ausgeschiedenen Wirtschaftsgut Grundbesitz erworben worden ist oder Aufwendungen auf Grundbesitz gemacht worden sind. In diesen Fällen ist das Wirtschaftsgut von dem Vermögen, aus dem es ausgeschieden worden ist, abzuziehen.

d) Ist eine Beteiligung an einer Personengesellschaft aus dem gewerblichen Betrieb ausgeschieden, wo wird der für sie erhaltene Gegenwert dem Betriebsvermögen zugerechnet. Ist eine Beteiligung an einer Personengesellschaft mit Mitteln des Betriebs erworben worden, ist der dafür gegebene Gegenwert vom Betriebsvermögen abzuziehen.

e) Bestehen Anteile an Kapitalgesellschaften und Wertpapiere im Feststellungszeitpunkt nicht mehr, wird der für sie erhaltene Gegenwert dem Betriebsvermögen zugerechnet.

§ 108 Steuersicherung durch Zurechnung ausgeschiedener Wirtschaftsgüter

(1) Sind innerhalb der letzten drei Monate vor dem Feststellungszeitpunkt (§ 21 Abs. 2, § 22 Abs. 4, § 23 Abs. 2) oder dem Abschlußzeitpunkt (§ 106 Abs. 3) Wirtschaftsgüter aus dem inländischen Teil eines gewerblichen Betriebs ausgeschieden worden, ohne daß diesem ein entsprechender Gegenwert zugeführt worden ist, so sind die ausgeschiedenen Wirtschaftsgüter dem gewerblichen Betrieb zuzurechnen, wenn sie durch die Ausscheidung der inländischen Vermögensbesteuerung entgehen würden und der Wert des noch vorhandenen, der inländischen Vermögensbesteuerung unterliegenden Teils des Betriebes in einem offenbaren Mißverhältnis zu dem Wert der ausgeschiedenen Wirtschaftsgüter steht.

(2) Absatz 1 gilt nicht:

1. für Gewinnausschüttungen,

2. für Fälle, in denen der Betriebsinhaber nachweist, daß die Wirtschaftsgüter in der Absicht einer entsprechenden Einschränkung des Betriebs ausgeschieden worden sind.

§ 109 Bewertung

(1) Die zu einem gewerblichen Betrieb gehörenden Wirtschaftsgüter sind vorbehaltlich der Absätze 2 bis 4 in der Regel mit dem Teilwert (§ 10) anzusetzen.

(2) Wirtschaftsgüter, für die ein Einheitswert festzustellen ist, sind mit dem Einheitswert anzusetzen. § 115 ist bei Betriebsgrundstücken und sonstigen Wirtschaftsgütern entsprechend anzuwenden.

(3) Wertpapiere und Anteile an Kapitalgesellschaften sind mit dem nach §§ 11, 112 und 113 ermittelten Wert anzusetzen.

(4) Kapitalforderungen sowie Rückstellungen für Preisnachlässe und für Wechselhaftung sind mit den Werten anzusetzen, die sich nach den Grundsätzen über die steuerliche Gewinnermittlung ergeben.

§ 109a Sparkassen

Bei öffentlichen oder unter Staatsaufsicht stehenden Sparkassen gelten 85 vom Hundert des Gesamtwerts des gewerblichen Betriebs (§ 98a) als Wert des Betriebsvermögens.

Zweiter Abschnitt. Sonstiges Vermögen, Gesamtvermögen und Inlandsvermögen

A. Sonstiges Vermögen

§ 110 Begriff und Umfang des sonstigen Vermögens

(1) Als sonstiges Vermögen (§ 18 Nr. 4) kommen, soweit die einzelnen Wirtschaftsgüter nicht zum land- und forstwirtschaftlichen Vermögen, zum Grundvermögen oder zum Betriebsvermögen gehören, alle Wirtschaftsgüter in Betracht, insbesondere:

1. verzinsliche und unverzinsliche Kapitalforderungen jeder Art, soweit sie nicht unter Nummer 2 fallen;

2. Spareinlagen, Bankguthaben, Postscheckguthaben und sonstige laufende Guthaben, inländische und ausländische Zahlungsmittel. Lauten die Beträge auf Deutsche Mark, so gehören sie bei natürlichen Personen nur insoweit zum sonstigen Vermögen, als sie insgesamt 1000 Deutsche Mark übersteigen;

3. Aktien oder Anteilscheine, Kuxe, Geschäftsanteile, andere Gesellschaftseinlagen und Geschäftsguthaben bei Genossenschaften. Anteile an offenen Handelsgesellschaften, Kommanditgesellschaften und ähnlichen Gesellschaften, bei denen die Gesellschafter als Unternehmer (Mitunternehmer) anzusehen sind, sind nicht sonstiges Vermögen, sondern Betriebsvermögen des Gesellschafters;

4. der Kapitalwert von Nießbrauchsrechten und von Rechten auf Renten und andere wiederkehrende Nutzungen und Leistungen;

5. Erfindungen und Urheberrechte. Beim unbeschränkt steuerpflichtigen Erfinder und Urheber gehören jedoch nicht zum sonstigen Vermögen
   a) eigene Erfindungen,
   b) Ansprüche auf Vergütungen für eigene Diensterfindungen und
   c) eigene Urheberrechte sowie Originale urheberrechtlich geschützter Werke.
   Die genannten Wirtschaftsgüter gehören auch dann nicht zum sonstigen Vermögen, wenn sie im Falle des Todes des Erfinders oder Urhebers auf seinen unbeschränkt steuerpflichtigen Ehegatten oder seine unbeschränkt steuerpflichtigen Kinder übergegangen sind;

6. noch nicht fällige Ansprüche aus Lebens- und Kapitalversicherungen oder Rentenversicherungen, aus denen der Berechtigte noch nicht in den Rentenbezug eingetreten ist. Nicht zum sonstigen Vermögen gehören jedoch:
   a) Rentenversicherungen, die mit Rücksicht auf ein Arbeits- oder Dienstverhältnis abgeschlossen worden sind,
   b) Rentenversicherungen, bei denen die Ansprüche erst fällig werden, wenn der Berechtigte das sechzigste Lebensjahr vollendet hat oder erwerbsunfähig ist und
   c) alle übrigen Lebens-, Kapital- und Rentenversicherungen, soweit ihr Wert (§ 12 Abs. 4) insgesamt 10000 Deutsche Mark nicht übersteigt.
   Versicherungen bei solchen Versicherungsunternehmen, die weder ihre Geschäftsleitung noch ihren Sitz im Inland haben, gehören nur dann nicht zum sonstigen Vermögen, wenn den Versicherungsunternehmen die Erlaubnis zum Geschäftsbetrieb im Inland erteilt ist;

7. der Überbestand an umlaufenden Betriebsmitteln eines Betriebs der Land- und Forstwirtschaft (§ 33 Abs. 3 Nr. 3);

8. Wirtschaftsgüter, die einem Betrieb der Land- und Forstwirtschaft oder einem gewerblichen Betrieb üblicherweise zu dienen bestimmt sind, tatsächlich an dem für die Veranlagung zur Vermögensteuer maßgebenden Zeitpunkt aber einem derartigen Betrieb des Eigentümers nicht dienen. Die Wirtschaftsgüter gehören nicht zum sonstigen Vermögen, wenn ihr Wert insgesamt 10000 Deutsche Mark nicht übersteigt;

9. Wirtschaftsgüter in möblierten Wohnungen, die Nichtgewerbetreibenden gehören und ständig zusammen mit den Wohnräumen vermietet werden, soweit sie nicht als Bestandteil oder Zubehör bei der Grundstücksbewertung berücksichtigt werden und wenn ihr Wert insgesamt 10000 Deutsche Mark übersteigt;

10. Edelmetalle, Edelsteine, Perlen, Münzen und Medaillen jeglicher Art, wenn ihr Wert insgesamt 1000 Deutsche Mark übersteigt;

11. Schmuckgegenstände, Gegenstände aus edlem Metall, mit Ausnahme der in Nummer 10 genannten Münzen und Medaillen, sowie Luxusgegenstände, auch wenn sie zur Ausstattung der Wohnung des Steuerpflichtigen gehören, wenn ihr Wert insgesamt 10000 Deutsche Mark übersteigt;

12. Kunstgegenstände und Sammlungen, wenn ihr Wert insgesamt 20000 Deutsche Mark übersteigt, mit Ausnahme von Sammlungen der in Nummer 10 genannten Gegenstände. § 115 bleibt unberührt.

(2) Bei der Ermittlung des Werts des sonstigen Vermögens bleibt der Wert der Wirtschaftsgüter, der sich nach Absatz 1 Nr. 1 bis 3 ergibt, bis zum Betrag von insgesamt 10000 Deutsche Mark außer Betracht.

(3) Werden mehrere Steuerpflichtige zusammen veranlagt (§ 14 des Vermögensteuergesetzes), so werden die Freibeträge und Freigrenzen nach den Absätzen 1 und 2 mit der Zahl vervielfacht, die der Anzahl der zusammen veranlagten Steuerpflichtigen entspricht.

§ 111 Nicht zum sonstigen Vermögen gehörige Wirtschaftsgüter

Zum sonstigen Vermögen gehören nicht:

1. Ansprüche an Witwen-, Waisen- und Pensionskassen sowie Ansprüche auf Renten und ähnliche Bezüge, die auf ein früheres Arbeits- oder Dienstverhältnis zurückzuführen sind;

2. Ansprüche aus der Sozialversicherung, der Arbeitslosenversicherung und einer sonstigen Kranken- oder Unfallversicherung;

3. fällige Ansprüche auf Renten aus Rentenversicherungen, wenn der Versicherungsnehmer das sechzigste Lebensjahr vollendet hat oder voraussichtlich für mindestens drei Jahre erwerbsunfähig ist. Soll nach dem Versicherungsvertrag für den Fall des Todes des Versicherungsnehmers die Rente an dritte Personen gezahlt werden, so gehören die An sprüche nur dann nicht zum sonstigen Vermögen, wenn keine weiteren Personeneanspruchsberechtigt sind als die Ehefrau des Versicherungsnehmers und seine Kind r, solange die Kinder noch nicht das achtzehnte oder, falls sie sich in der Berufsausbildung befinden, noch nicht das fünfundzwanzigste Lebensjahr vollendet haben. In diesem Falle gehören nach dem Tode des Versicherungsnehmers die Ansprüche auch bei der Ehefrau und den Kindern nicht zum sonstigen Vermögen. Wird eine durch Tod des Versicherungsnehmers fällige Kapitalversicherungssumme als Einmalbeitrag zu einer sofort beginnenden Rentenversicherung für die Ehefrau und die in Satz 2 bezeichneten Kinder verwendet, so gehören auch die Ansprüche aus dieser Rentenversicherung bei der Ehefrau und den Kindern nicht zum sonstigen Vermögen;

4. Ansprüche auf gesetzliche Versorgungsbezüge ohne Rücksicht darauf, ob diese laufend oder in Form von Kapitalabfindungen gewährt werden;

5. Ansprüche nach folgenden Gesetzen in der jeweils geltenden Fassung:

   a) Lastenausgleichsgesetz in der Fassung der Bekanntmachung vom 1. Oktober 1969 (Bundesgesetzbl. I S. 1909), zuletzt geändert durch das Siebenundzwanzigste Gesetz zur Änderung des Lastenausgleichsgesetzes vom 13. Februar 1974 (Bundesgesetzbl. I S. 177), Währungsausgleichsgesetz in der Fassung der Bekanntmachung vom 1. Dezember 1965 (Bundesgesetzbl. I S. 2059), zuletzt geändert durch § 3 des Zwanzigsten Gesetzes zur Änderung des Lastenausgleichsgesetzes vom 15. Juli 1968 (Bundesgesetzbl. I S. 806), Altsparergesetz in der Fassung der Bekanntmachung vom 1. April 1959 (Bundesgesetzbl. I S. 169), zuletzt geändert durch § 3 des Siebzehnten Gesetzes zur Änderung des Lastenausgleichsgesetzes vom 4. August 1964 (Bundesgesetzbl. I S. 585), Flüchtlingshilfegesetz in der Fassung der Bekanntmachung vom 15. Mai 1971 (Bundesgesetzbl. I S. 681), Reparationsschädengesetz vom 12. Februar 1969 (Bundesgesetzbl. I S. 105), zuletzt geändert durch § 2 des Dreiundzwanzigsten Gesetzes zur Änderung des Lastenausgleichsgesetzes vom 23. Dezember 1970 (Bundesgesetzbl. I S. 1870),

   b) Allgemeines Kriegsfolgengesetz vom 5. November 1957 (Bundesgesetzbl. I S. 1747), zuletzt geändert durch das Reparationsschädengesetz vom 12. Februar 1969 (Bundesgesetzbl. I S. 105), Gesetz zur Regelung der Verbindlichkeiten nationalsozialistischer Einrichtungen und der Rechtsverhältnisse an deren Vermögen vom 17. März 1965 (Bundesgesetzbl. I S. 79),

   c) Kriegsgefangenenentschädigungsgesetz in der Fassung der Bekanntmachung vom 2. September 1971 (Bundesgesetzbl. I S. 1545), Häftlingshilfegesetz in der Fassung der Bekanntmachung vom 25. Juli 1960 (Bundesgesetzbl. I S. 578);

6. Ansprüche auf Leistungen, die auf Grund gesetzlicher Vorschriften zur Wiedergutmachung nationalsozialistischen Unrechts für Schäden an Leben, Körper, Gesund-

heit und Freiheitsentzug zustehen, ohne Rücksicht darauf, ob die Leistungen laufend oder in Form einer einmaligen Zahlung gewährt werden;

7. Ansprüche auf Renten,

   a) die auf gesetzlicher Unterhaltspflicht beruhen, wenn Unterhaltsverpflichteter und Unterhaltsberechtigter nach § 14 des Vermögensteuergesetzes zusammen veranlagt werden, in anderen Fällen, soweit der Kapitalwert 20000 Deutsche Mark übersteigt. Der Kapitalwert ist vorbehaltlich des § 14 nach § 13 Abs. 1 zu ermitteln; dabei ist von der nach den Verhältnissen am Stichtag voraussichtlichen Dauer der Unterhaltsleistungen auszugehen;

   b) die dem Steuerpflichtigen als Entschädigung für den durch Körperverletzung oder Krankheit herbeigeführten gänzlichen oder teilweisen Verlust der Erwerbsfähigkeit zustehen. Das gleiche gilt für Ansprüche auf Renten, die den Angehörigen einer in dieser Weise geschädigten Person auf Grund der Schädigung zustehen;

8. Ansprüche auf eine Kapitalabfindung, die dem Berechtigten an Stelle einer in Nummer 7 bezeichneten Rente zusteht;

9. Ansprüche auf Renten und andere wiederkehrende Nutzungen oder Leistungen, soweit der Jahreswert der Nutzungen oder Leistungen insgesamt 4800 Deutsche Mark nicht übersteigt, wenn der Berechtigte über 60 Jahre alt oder voraussichtlich für mindestens drei Jahre erwerbsunfähig ist;

10. Hausrat und andere bewegliche körperliche Gegenstände, soweit sie nicht im § 110 besonders als zum sonstigen Vermögen gehörig bezeichnet sind.

§ 112 Stichtag für die Bewertung von Wertpapieren und Anteilen

Stichtag für die Bewertung von Wertpapieren und Anteilen an Kapitalgesellschaften ist jeweils der 31. Dezember des Jahres, das dem für die Hauptveranlagung, Neuveranlagung und Nachveranlagung zur Vermögensteuer maßgebenden Zeitpunkt vorangeht.

§ 113 Veröffentlichung der am Stichtag maßgebenden Kurse und Rücknahmepreise

Der Bundesminister der Finanzen stellt die nach § 11 Abs. 1 maßgebenden Kurse und die nach § 11 Abs. 4 maßgebenden Rücknahmepreise vom Stichtag (§ 112) in einer Liste zusammen und veröffentlicht diese im Bundesanzeiger.[1]

B. Gesamtvermögen

§ 114 Ermittlung des Gesamtvermögens

(1) Bei unbeschränkt Steuerpflichtigen im Sinn des Vermögensteuergesetzes wird der Wert des gesamten Vermögens (Gesamtvermögen) ermittelt.

(2) Zum Gesamtvermögen gehören nicht die Wirtschaftsgüter, die nach den Vorschriften des Vermögensteuergesetzes oder anderer Gesetze von der Vermögensteuer befreit sind.

(3) Bei der Bewertung des Gesamtvermögens sind die Wirtschaftsgüter, für die ein Einheitswert festzustellen ist, mit den festgestellten Einheitswerten anzusetzen.

§ 115 Gegenstände, deren Erhaltung im öffentlichen Interesse liegt

(1) Grundbesitz oder Teile von Grundbesitz und solche bewegliche Gegenstände, die zum sonstigen Vermögen gehören, sind mit 40 vom Hundert des Werts anzusetzen, wenn ihre Erhaltung wegen ihrer Bedeutung für Kunst, Geschichte oder Wissenschaft im öffentlichen Interesse liegt.

---

[1] Abgedruckt im Anhang III Nr. 1.

(2) Grundbesitz oder Teile von Grundbesitz, Kunstgegenstände, Kunstsammlungen, wissenschaftliche Sammlungen, Bibliotheken und Archive werden nicht angesetzt, wenn folgende Voraussetzungen erfüllt sind:

1. die Erhaltung der Gegenstände muß wegen ihrer Bedeutung für Kunst, Geschichte oder Wissenschaft im öffentlichen Interesse liegen;

2. die Gegenstände müssen in einem den Verhältnissen entsprechenden Umfang den Zwecken der Forschung oder der Volksbildung nutzbar gemacht werden;

3. der Steuerpflichtige muß bereit sein, die Gegenstände den geltenden Bestimmungen der Denkmalspflege zu unterstellen;

4. die Gegenstände müssen sich seit mindestens 20 Jahren im Besitz der Familie befinden oder in das Verzeichnis national wertvollen Kulturgutes oder national wertvoller Archive nach dem Gesetz zum Schutz deutschen Kulturgutes gegen Abwanderung vom 6. August 1955 (Bundesgesetzbl. I S. 501) eingetragen sein.

(3) Grundbesitz oder Teile von Grundbesitz werden nicht angesetzt, wenn sie für Zwecke der Volkswohlfahrt der Allgemeinheit zur Benutzung zugänglich gemacht sind und ihre Erhaltung im öffentlichen Interesse liegt.

(4) Die Absätze 1 bis 3 gelten nur dann, wenn die jährlichen Kosten in der Regel die erzielten Einnahmen übersteigen.

§ 116 Krankenanstalten

(1) Bei der Ermittlung des Gesamtvermögens und des Inlandsvermögens bleibt der für das Betriebsvermögen einer vom Eigentümer betriebenen Krankenanstalt festgestellte Einheitswert oder der auf die Krankenanstalt entfallende Teil des Einheitswerts außer Ansatz. Voraussetzung ist, daß die Krankenanstalt im vorangegangenen Kalenderjahr in besonderem Maße der minderbemittelten Bevölkerung gedient hat.

(2) Eine Krankenanstalt dient in besonderem Maße der minderbemittelten Bevölkerung, wenn die Voraussetzungen des § 10 Abs. 2 oder 3 der Verordnung zur Durchführung der §§ 17 bis 19 des Steueranpassungsgesetzes (Gemeinnützigkeitsverordnung) vom 24. Dezember 1953 (Bundesgesetzbl. I S. 1592) erfüllt sind.

(3) Hat eine Krankenanstalt keine Konzession (§ 30 der Gewerbeordnung), so steht ihr die Steuervergünstigung auf Grund dieses Paragraphen nicht zu, es sei denn, daß sie in einem Gebiet betrieben wird, in dem diese Konzession nicht erforderlich ist.

§ 117 Versorgungs- und Verkehrsunternehmen

(1) Bei der Ermittlung des Gesamtvermögens wird außer Ansatz gelassen

1.*Betriebsvermögen, das unmittelbar und nicht nur vorübergehend der Gewinnung, Lieferung und Verteilung von Wasser zur öffentlichen Versorgung dient;

2. Betriebsvermögen von Verkehrsbetrieben, Hafenbetrieben und Flugplatzbetrieben des Bundes, eines Landes, einer Gemeinde, eines Gemeindeverbandes oder eines Zweckverbandes. Das gleiche gilt für Unternehmen dieser Art, deren Anteile ausschließlich diesen Körperschaften gehören und deren Erträge ihnen ausschließlich zufließen;

3. Betriebsvermögen der nicht unter Nummer 2 fallenden Verkehrsbetriebe, Hafenbetriebe und Flugplatzbetriebe, soweit dieses dazu bestimmt ist, unter der Auflage der Beförderungspflicht, der Beförderungspflicht (Kontrahierungspflicht) und des Tarifzwangs dem öffentlichen Verkehr unmittelbar zu dienen.

(2) Dient das nach Absatz 1 Nr. 1 und 3 begünstigte Betriebsvermögen gleichzeitig auch anderen Zwecken, so ist es dem Umfang der jeweiligen Nutzung entsprechend aufzuteilen.

§ 118 Schulden und sonstige Abzüge

(1) Zur Ermittlung des Werts des Gesamtvermögens sind von dem Rohvermögen abzuziehen

---

* Zur Weitergeltung des § 117 Abs. 1 Nr. 1 BewG 1965 siehe Art. 8 Vermögensteuerreformgesetz vom 17. 4. 1975 (BGBl. I S. 949); abgedruckt im Anhang I Nr. 1.

1. Schulden und Lasten, soweit sie nicht mit einem gewerblichen Betrieb in wirtschaftlichem Zusammenhang stehen. Bei der Bewertung von Schulden aus laufend veranlagten Steuern ist § 105 entsprechend anzuwenden. Lasten aus laufenden Pensionszahlungen, die mit einem Betrieb der Land- und Forstwirtschaft in wirtschaftlichem Zusammenhang stehen, können nur abgezogen werden, wenn sie nicht bereits im Einheitswert des Betriebs der Land- und Forstwirtschaft berücksichtigt worden sind;
2. Pensionsverpflichtungen gegenüber Personen, bei denen der Versorgungsfall noch nicht eingetreten ist, soweit sie nicht mit einem gewerblichen Betrieb in wirtschaftlichem Zusammenhang stehen. Steht eine Pensionsverpflichtung mit einem Betrieb der Land- und Forstwirtschaft in wirtschaftlichem Zusammenhang, kommt ein Abzug nur in Betracht, wenn sie nicht bereits im Einheitswert berücksichtigt worden ist. Bei der Bewertung der Pensionsverpflichtungen ist § 104 entsprechend anzuwenden;
3. bei Inhabern von Betrieben der Land- und Forstwirtschaft zur Abgeltung des Überschusses der laufenden Betriebseinnahmen über die laufenden Betriebsausgaben, der nach dem Ende des vorangegangenen Wirtschaftsjahres (§ 35 Abs. 2) entstanden ist, ein Achtzehntel des Wirtschaftswerts des Betriebs der Land- und Forstwirtschaft; bei buchführenden Inhabern von Betrieben der Land- und Forstwirtschaft kann statt dessen auf Antrag der nachgewiesene Überschuß der laufenden Betriebseinnahmen über die laufenden Betriebsausgaben abgezogen werden, soweit er am Veranlagungszeitpunkt noch vorhanden ist oder zur Tilgung von Schulden verwendet worden ist, die am Ende des vorangegangenen Wirtschaftsjahrs bestanden haben und mit dem Wirtschaftsteil des Betriebs in wirtschaftlichem Zusammenhang stehen.

(2) Nicht abzugsfähig sind Schulden und Lasten, soweit sie in wirtschaftlichem Zusammenhang mit Wirtschaftsgütern stehen, die nicht zum Vermögen im Sinn dieses Gesetzes gehören. Schulden und Lasten, die mit den nach § 115 steuerfreien Wirtschaftsgütern in wirtschaftlichem Zusammenhang stehen, sind dagegen in vollem Umfang abzuziehen.

(3) Schulden und Lasten, die auf gesetzlicher Unterhaltspflicht beruhen, sind mit ihrem Kapitalwert, höchstens mit 20 000 Deutsche Mark für die einzelne Unterhaltsverpflichtung abzugsfähig, wenn Unterhaltsverpflichteter und Unterhaltsberechtigter nicht nach § 14 des Vermögensteuergesetzes zusammen veranlagt werden. Dies gilt bei Ehegatten, die nach § 14 des Vermögensteuergesetzes zusammen veranlagt werden mit der Maßgabe, daß bei gemeinsamer Unterhaltsverpflichtung als Kapitalwert jeweils höchstens 40 000 Deutsche Mark abzugsfähig sind. Der Kapitalwert ist vorbehaltlich des § 14 nach § 13 Abs. 1 zu ermitteln; dabei ist von der nach den Verhältnissen am Stichtag voraussichtlichen Dauer der Unterhaltsleistungen auszugehen.

§ 119 Zusammenrechnung

(1) Das Vermögen von Ehegatten wird für die Ermittlung des Gesamtvermögens zusammengerechnet, wenn sie nach § 14 Abs. 1 Nr. 1 des Vermögensteuergesetzes zusammen zur Vermögensteuer zu veranlagen sind.

(2) Das Vermögen von Eltern wird mit dem Vermögen derjenigen Kinder zusammengerechnet, mit denen sie nach § 14 Abs. 1 Nr. 2 oder Abs. 2 des Vermögensteuergesetzes zusammen zur Vermögensteuer zu veranlagen sind.

§ 120 Zurechnung bei fortgesetzter Gütergemeinschaft

Bei fortgesetzter Gütergemeinschaft wird das ganze Gesamtgut dem Vermögen des überlebenden Ehegatten zugerechnet, wenn dieser nach § 1 des Vermögensteuergesetzes unbeschränkt steuerpflichtig ist.

C. Inlandsvermögen
§ 121

(1) Bei beschränkt Steuerpflichtigen im Sinn des Vermögensteuergesetzes wird nur der Wert des Inlandsvermögens ermittelt.

(2) Zum Inlandsvermögen eines beschränkt Steuerpflichtigen gehören:

1. das inländische land- und forstwirtschaftliche Vermögen;
2. das inländische Grundvermögen;
3. das inländische Betriebsvermögen. Als solches gilt das Vermögen, das einem im Inland betriebenen Gewerbe dient, wenn hierfür im Inland eine Betriebstätte unterhalten wird oder ein ständiger Vertreter bestellt ist;
4. Anteile an einer Kapitalgesellschaft, wenn die Gesellschaft Sitz oder Geschäftsleitung im Inland hat und der Gesellschafter am Grund- oder Stammkapital der Gesellschaft mindestens zu einem Viertel unmittelbar oder mittelbar beteiligt ist;
5. nicht unter Nummer 3 fallende Erfindungen und Gebrauchsmuster, die in ein inländisches Buch oder Register eingetragen sind;
6. Wirtschaftsgüter, die nicht unter die Nummern 1, 2 und 5 fallen und einem inländischen gewerblichen Betrieb überlassen, insbesondere an diesen vermietet oder verpachtet sind;
7. Hypotheken, Grundschulden, Rentenschulden und andere Forderungen oder Rechte, wenn sie durch inländischen Grundbesitz, durch inländische grundstücksgleiche Rechte oder durch Schiffe, die in ein inländisches Schiffsregister eingetragen sind, unmittelbar oder mittelbar gesichert sind. Ausgenommen sind Anleihen und Forderungen, über die Teilschuldverschreibungen ausgegeben sind;
8. Forderungen aus der Beteiligung an einem Handelsgewerbe als stiller Gesellschafter und aus partiarischen Darlehen, wenn der Schuldner Wohnsitz oder gewöhnlichen Aufenthalt, Sitz oder Geschäftsleitung im Inland hat;
9. Nutzungsrechte an einem der in den Nummern 1 bis 8 genannten Vermögensgegenstände.

(3) Die Vorschriften in § 114 Abs. 2 und 3, §§ 115 bis 117 sind entsprechend anzuwenden. Dies gilt auch von den Vorschriften in § 118, jedoch mit der Einschränkung, daß nur die Schulden und Lasten abzuziehen sind, die in wirtschaftlichem Zusammenhang mit dem Inlandsvermögen stehen.

Dritter Teil. Übergangs- und Schlußbestimmungen

§ 121a Sondervorschrift für die Anwendung der Einheitswerte 1964

Während der Geltungsdauer der auf den Wertverhältnissen am 1. Januar 1964 beruhenden Einheitswerte des Grundbesitzes sind Grundstücke (§ 70) und Betriebsgrundstücke im Sinne des § 99 Abs. 1 Nr. 1 für die Feststellung der Einheitswerte des Betriebsvermögens, für die Vermögensteuer, die Erbschaftsteuer, die Gewerbesteuer, die Ermittlung des Nutzungswerts der selbstgenutzten Wohnung im eigenen Einfamilienhaus und die Grunderwerbsteuer mit 140 vom Hundert des Einheitswerts anzusetzen. Das gilt entsprechend für die nach § 12 Abs. 3 und 4 des Erbschaftsteuer- und Schenkungsteuergesetzes maßgebenden Werte und für Stichtagswerte bei der Grunderwerbsteuer.

§ 121b Übergangsregelung für das Kreditgewerbe

Auf den 1. Januar der Jahre 1974, 1975 und 1976 gelten von dem sich nach § 98a ergebenden Wert 50 vom Hundert als Einheitswert des Betriebsvermögens
1. bei Staatsbanken, soweit sie Aufgaben staatswirtschaftlicher Art erfüllen,
2. bei der Deutschen Genossenschaftskasse.

§ 122 Besondere Vorschriften für Berlin (West)

(1) § 50 Abs. 1, § 60 Abs. 1 und § 67 gelten nicht für den Grundbesitz in Berlin (West) Bei der Beurteilung der natürlichen Ertragsbedingungen und des Bodenartenverhältnisses ist in sinngemäßer Anwendung der Grundsätze des Bodenschätzungsgesetzes und der dazu ergangenen Durchführungsbestimmungen vom 12. Februar 1935 (Reichsgesetzbl. I S. 198) zu verfahren.

(2) Abmelkställe in Berlin (West) gehören ohne Rücksicht auf den Umfang der Tierbestände zum land- und forstwirtschaftlichen Vermögen, solange das Berlinförde-

rungsgesetz in der Fassung der Bekanntmachung vom 29. Oktober 1970 (Bundesgesetzbl. I S. 1481), zuletzt geändert durch das Gesetz über die Verwendung des Vermögens der Deutschen Industriebank vom 3. Mai 1974 (Bundesgesetzbl. I S. 1037), gilt.

(3) Durch Rechtsverordnung können im Hinblick auf die besonderen Verhältnisse am Grundstücksmarkt für den Grundbesitz in Berlin (West)

1. die Vervielfältiger und die Wertzahlen abweichend von den §§ 80 und 90 festgesetzt und
2. Zu- und Abschläge bei der Ermittlung der Grundstückswerte in Berlin (West) oder in örtlich begrenzten Teilen von Berlin (West), erforderlichenfalls nur für einzelne Grundstücksarten oder anderweitig bestimmte Gruppen von Grundstücken und Betriebsgrundstücken,

vorgeschrieben werden.

(4) Im Hinblick auf die besonderen Verhältnisse der Land- und Forstwirtschaft in Berlin (West) sind die Wirtschaftswerte der Betriebe der Land- und Forstwirtschaft (§ 46) um 20 vom Hundert zu ermäßigen.

§ 123 Ermächtigungen

(1) Die Bundesregierung wird ermächtigt, mit Zustimmung des Bundesrates die in § 12 Abs. 4, § 21 Abs. 1, § 39 Abs. 1, § 51 Abs. 4, § 55 Abs. 3, 4 und 8, §§ 81, 90 Abs. 2 und § 122 Abs. 3 vorgesehenen Rechtsverordnungen zu erlassen.

(2) Der Bundesminister der Finanzen wird ermächtigt, den Wortlaut dieses Gesetzes und der zu diesem Gesetz erlassenen Durchführungsverordnungen in der jeweils geltenden Fassung mit neuem Datum, neuer Überschrift und neuer Paragraphenfolge bekanntzumachen und dabei Unstimmigkeiten des Wortlauts – insbesondere hinsichtlich der bisher verwendeten Bezeichnung „Ziffer" – zu beseitigen.

§ 124 Erstmalige Anwendung

Die sich aus Artikel 2 des Vermögensteuerreformgesetzes vom 17. April 1974 (Bundesgesetzbl. I S. 949) ergebende Fassung des Bewertungsgesetzes ist erstmals zu berücksichtigen

1. bei den Einheitswerten des Grundbesitzes, die auf den Wertverhältnissen am 1. Januar 1964 beruhen, durch Fortschreibung, Nachfeststellung oder Aufhebung des Einheitswertes auf den 1. Januar 1974,
2. bei den Einheitswerten des Betriebsvermögens durch Hauptfeststellung auf den 1. Januar 1974,
3. bei der Ermittlung des sonstigen Vermögens, des Gesamtvermögens und des Inlandsvermögens für Zwecke der Vermögensteuer bei der Vermögensteuer-Hauptveranlagung auf den 1. Januar 1974 (§ 24 des Vermögensteuergesetzes).

Bewertungsgesetz[1],
Durchführungsverordnung[2], Vermögensteuer-Richtlinien[3]

BewG

Erster Teil. Allgemeine Bewertungsvorschriften

§ 1 Geltungsbereich

(1) Die allgemeinen Bewertungsvorschriften (§§ 2 bis 16) gelten für alle öffentlich-rechtlichen Abgaben, die durch Bundesrecht geregelt sind, soweit sie durch Bundesfinanzbehörden oder durch Landesfinanzbehörden verwaltet werden.

(2) Die allgemeinen Bewertungsvorschriften gelten nicht, soweit im Zweiten Teil dieses Gesetzes oder in anderen Steuergesetzen besondere Bewertungsvorschriften enthalten sind.

BewDV

§ 87 *Geltungsbereich der Durchführungsverordnung*

Soweit die Bestimmungen dieser Verordnung den Ersten Teil des Gesetzes (Allgemeine Bewertungsvorschriften) betreffen, gelten sie, wie der Erste Teil des Gesetzes selbst, für die Steuern des Reichs, der Länder, der Gemeinden, der Gemeindeverbände und der Religionsgesellschaften des öffentlichen Rechts, soweit sich nicht aus den Steuergesetzen etwas anderes ergibt.

---

[1] BewG in der Fassung vom 26. September 1974 – Neubekanntmachung des Bewertungsgesetzes aufgrund des § 123 Abs. 2 Bewertungsgesetz in der Fassung der Bekanntmachung vom 10. Dezember 1965 (BGBl. I S. 1861) unter Berücksichtigung der Änderungen durch Artikel 6 Zweites Steueränderungsgesetz 1967 vom 21. Dezember 1967 (BGBl. I S. 1254), Artikel 11 Zweites Gesetz zur Änderung strafrechtlicher Vorschriften der Reichsabgabenordnung und anderer Gesetze vom 12. August 1968 (BGBl. I S. 953), § 69 Reparationsschädengesetz vom 12. Februar 1969 (BGBl. I S. 105), Artikel 1 Gesetz zur Änderung und Ergänzung bewertungsrechtlicher Vorschriften und des Einkommensteuergesetzes vom 22. Juli 1970 (BGBl. I S. 1118), Artikel 3 Bewertungsänderungsgesetz 1971 vom 27. Juli 1971 (BGBl. I S. 1157), Artikel 3 Zweites Steueränderungsgesetz 1971 vom 10. August 1971 (BGBl. I S. 1266), Artikel 4 Gesetz zur Wahrung der steuerlichen Gleichmäßigkeit bei Auslandsbeziehungen und zur Verbesserung der steuerlichen Wettbewerbslage bei Auslandsinvestitionen vom 8. September 1972 (BGBl. I S. 1713), Artikel 162 Einführungsgesetz zum Strafgesetzbuch vom 2. März 1974 (BGBl. I S. 469) und Artikel 2 Vermögensteuerreformgesetz vom 17. April 1974 (BGBl. I S. 949).

[2] BewDV vom 2. Februar 1935 (RGBl. I S. 81), geändert durch VOen vom 22. November 1939 (RGBl. I S. 2271), 4. April 1943 (RGBl. I S. 177), 8. Dezember 1944 (RGBl. I S. 338), KRG Nr. 13 vom 11. Februar 1946 (KRABl. S. 71), Gesetz vom 16. 1. 1952 (BGBl. I S. 22), VO vom 10. April 1954 (BGBl. I S. 83), Gesetz vom 10. August 1963 (BGBl. I S. 676), vom 13. 8. 1965 (BGBl. I S. 851), vom 6. Oktober 1965 (BGBl. I S. 1477), vom 21. Dezember 1967 (BGBl. I S. 1254) und vom 17. 4. 1974 (BGBl. I S. 949).

[3] VStR 1972 vom 21. April 1972 (Beilage zum BAnz. Nr. 83), geändert durch Allgemeine Verwaltungsvorschrift zur Änderung und Ergänzung der Vermögensteuer-Richtlinien für die Vermögensteuer-Hauptveranlagung 1974 (VStER 1974) vom 7. Februar 1975 (Beilage zum BAnz. Nr. 38).
Die Neubekanntmachung der Vermögensteuer-Richtlinien lag bei Drucklegung dieses Bandes noch nicht vor. Diese Neubekanntmachung ist vorgesehen unter der Bezeichnung „Vermögensteuer-Richtlinien 1974" vom 9. April 1974 und soll im Bundesanzeiger vom 29. 4. 1975 veröffentlicht werden.
Die vorliegende Fassung der Vermögensteuer-Richtlinien stimmt mit der geplanten Neufassung (VStR 1974) sachlich überein; in der Neufassung können lediglich noch redaktionelle Unstimmigkeiten beseitigt werden.
Amtliche Einführung
Die Vermögensteuer-Richtlinien 1972 behandeln Zweifelsfragen und Auslegungsfragen von allgemeiner Bedeutung, um eine einheitliche Anwendung des Bewertungsrechts und des Vermögensteuerrechts durch die Behörden der Finanzverwaltung sicherzustellen. Die Vermögensteuer-Richtlinien geben außerdem zur Vermeidung unbilliger Härten und aus Gründen der Verwaltungsvereinfachung Anweisungen an die Finanzämter, wie in bestimmten Fällen verfahren werden soll. Sie gelten für den ab 1. Januar 1972 beginnenden Hauptveranlagungszeitraum. Bisher ergangene Anweisungen, die mit den nachstehenden Richtlinien in Widerspruch stehen, sind nicht mehr anzuwenden.
Zum Anwendungszeitraum der VStR in der vorliegenden Fassung vgl. Amtliche Einleitung der VStER 1974:
Diese Richtlinien ändern und ergänzen die Vermögensteuer-Richtlinien für die Vermögensteuer-Hauptveranlagung 1972 (VStR 1972) in der Fassung der Bekanntmachung vom 21. April 1972 (Beilage zum Bundesanzeiger Nr. 83 vom 3. Mai 1972). Die Vermögensteuer-Richtlinien gelten in der geänderten und ergänzten Fassung erstmals für die Vermögensteuer-Hauptveranlagung 1974. Sie gelten auch für die Folgezeit, wenn sie nicht aufgehoben, geändert oder ergänzt werden.

BewG

§ 2 Wirtschaftliche Einheit

(1) Jede wirtschaftliche Einheit ist für sich zu bewerten. Ihr Wert ist im ganzen festzustellen. Was als wirtschaftliche Einheit zu gelten hat, ist nach den Anschauungen des Verkehrs zu entscheiden. Die örtliche Gewohnheit, die tatsächliche Übung, die Zweckbestimmung und die wirtschaftliche Zusammengehörigkeit der einzelnen Wirtschaftsgüter sind zu berücksichtigen.

(2) Mehrere Wirtschaftsgüter kommen als wirtschaftliche Einheit nur insoweit in Betracht, als sie demselben Eigentümer gehören.

(3) Die Vorschriften der Absätze 1 und 2 gelten nicht, soweit eine Bewertung der einzelnen Wirtschaftsgüter vorgeschrieben ist.

§ 3 Wertermittlung bei mehreren Beteiligten

Steht ein Wirtschaftsgut mehreren Personen zu, so ist sein Wert im ganzen zu ermitteln. Der Wert ist auf die Beteiligten nach dem Verhältnis ihrer Anteile zu verteilen, soweit nicht nach dem maßgebenden Steuergesetz die Gemeinschaft selbständig steuerpflichtig ist.

§ 3a Realgemeinden

Wirtschaftsgüter, die einer Hauberg-, Wald-, Forst- oder Laubgenossenschaft oder einer ähnlichen Realgemeinde mit eigener Rechtspersönlichkeit gehören, sind so zu behandeln, als ob sie den an der Realgemeinde beteiligten Personen zur gesamten Hand gehörten.

§ 4 Aufschiebend bedingter Erwerb

Wirtschaftsgüter, deren Erwerb vom Eintritt einer aufschiebenden Bedingung abhängt, werden erst berücksichtigt, wenn die Bedingung eingetreten ist.

§ 5 Auflösend bedingter Erwerb

(1) Wirtschaftsgüter, die unter einer auflösenden Bedingung erworben sind, werden wie unbedingt erworbene behandelt. Die Vorschriften über die Berechnung des Kapitalwerts der Nutzungen von unbestimmter Dauer (§ 13 Abs. 2 und 3, § 14, § 15 Abs. 3) bleiben unberührt.

(2) Tritt die Bedingung ein, so ist die Festsetzung der nicht laufend veranlagten Steuern auf Antrag nach dem tatsächlichen Wert des Erwerbs zu berichtigen. Der Antrag ist bis zum Ablauf des Jahres zu stellen, das auf den Eintritt der Bedingung folgt. Die Antragsfrist ist eine Ausschlußfrist.

§ 6 Aufschiebend bedingte Lasten[1]

(1) Lasten, deren Entstehung vom Eintritt einer aufschiebenden Bedingung abhängt, werden nicht berücksichtigt.

(2) Für den Fall des Eintritts der Bedingung gilt § 5 Abs. 2 entsprechend.

§ 7 Auflösend bedingte Lasten[1]

(1) Lasten, deren Fortdauer auflösend bedingt ist, werden, soweit nicht ihr Kapitalwert nach § 13 Abs. 2 und 3, § 14, § 15 Abs. 3 zu berechnen ist, wie unbedingte abgezogen.

(2) Tritt die Bedingung ein, so ist die Festsetzung der nicht laufend veranlagten Steuern entsprechend zu berichtigen.

---

[1] Vgl. hierzu Abschnitt 29 VStR; abgedruckt unten zu § 103 BewG.

§ 8 Befristung auf einen unbestimmten Zeitpunkt[1]

Die §§ 4 bis 7 gelten auch, wenn der Erwerb des Wirtschaftsguts oder die Entstehung oder der Wegfall der Last von einem Ereignis abhängt, bei dem nur der Zeitpunkt ungewiß ist.

§ 9 Bewertungsgrundsatz, gemeiner Wert

(1) Bei Bewertungen ist, soweit nichts anderes vorgeschrieben ist, der gemeine Wert zugrunde zu legen.

(2) Der gemeine Wert wird durch den Preis bestimmt, der im gewöhnlichen Geschäftsverkehr nach der Beschaffenheit des Wirtschaftsgutes bei einer Veräußerung zu erzielen wäre. Dabei sind alle Umstände, die den Preis beeinflussen, zu berücksichtigen. Ungewöhnliche oder persönliche Verhältnisse sind nicht zu berücksichtigen.

(3) Als persönliche Verhältnisse sind auch Verfügungsbeschränkungen anzusehen, die in der Person des Steuerpflichtigen oder eines Rechtsvorgängers begründet sind. Das gilt insbesondere für Verfügungsbeschränkungen, die auf letztwilligen Anordnungen beruhen.

§ 10 Begriff des Teilwerts[2]

Wirtschaftsgüter, die einem Unternehmen dienen, sind in der Regel mit dem Teilwert anzusetzen. Teilwert ist der Betrag, den ein Erwerber des ganzen Unternehmens im Rahmen des Gesamtkaufpreises für das einzelne Wirtschaftsgut ansetzen würde. Dabei ist davon auszugehen, daß der Erwerber das Unternehmen fortführt.

§ 11 Wertpapiere und Anteile[3]

(1) Wertpapiere und Schuldbuchforderungen, die am Stichtag an einer deutschen Börse zum amtlichen Handel zugelassen sind, werden mit dem niedrigsten am Stichtag für sie im amtlichen Handel notierten Kurs angesetzt. Liegt am Stichtag eine Notierung nicht vor, so ist der letzte innerhalb von 30 Tagen vor dem Stichtag im amtlichen Handel notierte Kurs maßgebend. Entsprechend sind die Wertpapiere zu bewerten, die nur in den geregelten Freiverkehr einbezogen sind.

(2) Anteile an Kapitalgesellschaften (Aktiengesellschaften, Kommanditgesellschaften auf Aktien, Gesellschaften mit beschränkter Haftung, Kolonialgesellschaften, bergrechtlichen Gewerkschaften), die nicht unter Absatz 1 fallen, sind mit dem gemeinen Wert anzusetzen. Läßt sich der gemeine Wert nicht aus Verkäufen ableiten, die weniger als ein Jahr zurückliegen, so ist er unter Berücksichtigung des Vermögens und der Ertragsaussichten der Kapitalgesellschaft zu schätzen.

(3) Ist der gemeine Wert einer Anzahl von Anteilen an einer Kapitalgesellschaft, die einer Person gehören, infolge besonderer Umstände (z.B. weil die Höhe der Beteiligung die Beherrschung der Kapitalgesellschaft ermöglicht) höher als der Wert, der sich auf Grund der Kurswerte (Absatz 1) oder der gemeinen Werte (Absatz 2) für die einzelnen Anteile insgesamt ergibt, so ist der gemeine Wert der Beteiligung maßgebend.

---

[1] Vgl. hierzu Abschnitt 29 VStR, abgedruckt unten zu § 103 BewG.
[2] Vgl. hierzu Abschnitt 51 bis 52a VStR, abgedruckt zu § 109 BewG.
[3] Vgl. hierzu §§ 112, 113 BewG und die dazu abgedruckten Abschnitte 74–90 VStR; die **Kurse und Rücknahmepreise** sind im Anhang III Nr. 1 abgedruckt.

zweispaltig = Anlagen zu Durchführungsverordnung und Richtlinien

(4) Wertpapiere, die Rechte der Einleger (Anteilinhaber) gegen eine Kapital-anlagegesellschaft oder einen sonstigen Fonds verbriefen (Anteilscheine), sind mit dem Rücknahmepreis anzusetzen.

§ 12 Kapitalforderungen und Schulden[1]

(1) Kapitalforderungen, die nicht im § 11 bezeichnet sind, und Schulden sind mit dem Nennwert anzusetzen, wenn nicht besondere Umstände einen höheren oder geringeren Wert begründen.

(2) Forderungen, die uneinbringlich sind, bleiben außer Ansatz.

(3) Der Wert unverzinslicher Forderungen oder Schulden, deren Laufzeit mehr als ein Jahr beträgt und die zu einem bestimmten Zeitpunkt fällig sind, ist der Betrag, der vom Nennwert nach Abzug von Zwischenzinsen unter Be-rücksichtigung von Zinseszinsen verbleibt. Dabei ist von einem Zinssatz von 5,5 vom Hundert auszugehen.

(4) Noch nicht fällige Ansprüche aus Lebens-, Kapital- oder Rentenversiche-rungen werden mit zwei Dritteln der in Deutscher Mark oder in einer aus-ländischen Währung eingezahlten Prämien oder Kapitalbeiträge bewertet. Weist der Steuerpflichtige den Rückkaufswert nach, so ist dieser maßgebend. Rückkaufswert ist der Betrag, den das Versicherungsunternehmen dem Ver-sicherungsnehmer im Falle der vorzeitigen Aufhebung des Vertragsverhält-nisses zu erstatten hat. Die Berechnung des Werts, insbesondere die Berück-sichtigung von ausgeschütteten und gutgeschriebenen Gewinnanteilen kann durch Rechtsverordnung geregelt werden.

§ 13 Kapitalwert von wiederkehrenden Nutzungen und Leistungen[2]

(1) Der Gesamtwert von Nutzungen oder Leistungen, die auf bestimmte Zeit beschränkt sind, ist die Summe der einzelnen Jahreswerte abzüglich der Zwi-schenzinsen unter Berücksichtigung von Zinseszinsen. Dabei ist von einem Zinssatz von 5,5 vom Hundert auszugehen. Der Gesamtwert darf das Acht-zehnfache des Jahreswerts nicht übersteigen. Ist die Dauer des Rechts außerdem durch das Leben einer oder mehrerer Personen bedingt, so darf der nach § 14 zu berechnende Kapitalwert nicht überschritten werden.

(2) Immerwährende Nutzungen oder Leistungen sind mit dem Achtzehn-fachen des Jahreswerts, Nutzungen oder Leistungen von unbestimmter Dauer vorbehaltlich des § 14 mit dem Neunfachen des Jahreswerts zu bewerten.

(3) Ist der gemeine Wert der gesamten Nutzungen oder Leistungen nach-weislich geringer oder höher, so ist der nachgewiesene gemeine Wert zugrunde zu legen.

§ 14 Lebenslängliche Nutzungen und Leistungen

(1) Lebenslängliche Nutzungen und Leistungen sind mit dem aus Anlage 9[3] zu entnehmenden Vielfachen des Jahreswertes anzusetzen.

(2) Hat eine nach Absatz 1 bewertete Nutzung oder Leistung bei einem Alter

1. bis zu 30 Jahren nicht mehr als 10 Jahre

2. von mehr als 30 Jahren bis zu 50 Jahren nicht mehr als 9 Jahre,

3. von mehr als 50 Jahren bis zu 60 Jahren nicht mehr als 8 Jahre,

4. von mehr als 60 Jahren bis zu 65 Jahren nicht mehr als 7 Jahre,

---

[1] Vgl. hierzu Abschnitte 55, 56 und 65 VStR mit den zugehörigen Anlagen, abgedruckt unten zu § 110 BewG.
[2] Vgl. hierzu Abschnitte 61, 62 und 63 VStR, abgedruckt unten zu § 110 BewG.
[3] Abgedruckt in Anlage e zu Abschnitt 56 VStR.

5. von mehr als 65 Jahren bis zu 70 Jahren nicht mehr als 6 Jahre,
6. von mehr als 70 Jahren bis zu 75 Jahren nicht mehr als 5 Jahre,
7. von mehr als 75 Jahren bis zu 80 Jahren nicht mehr als 4 Jahre,
8. von mehr als 80 Jahren bis zu 85 Jahren nicht mehr als 3 Jahre,
9. von mehr als 85 Jahren bis zu 90 Jahren nicht mehr als 2 Jahre;
10. von mehr als 90 Jahren nicht mehr als 1 Jahr;

bestanden und beruht der Wegfall auf dem Tod des Berechtigten oder Verpflichteten, so ist die Festsetzung der nicht laufend veranlagten Steuern auf Antrag nach der wirklichen Dauer der Nutzung oder Leistung zu berichtigen. § 5 Abs. 2 Satz 2 und 3 gilt entsprechend. Ist eine Last weggefallen, so bedarf die Berichtigung keines Antrags.

(3) Hängt die Dauer der Nutzung oder Leistung von der Lebenszeit mehrerer Personen ab und erlischt das Recht mit dem Tod des zuletzt Sterbenden, so ist das Lebensalter und das Geschlecht derjenigen Person maßgebend, für die sich der höchste Vervielfältiger ergibt; erlischt das Recht mit dem Tod des zuerst Sterbenden, so ist das Lebensalter und Geschlecht derjenigen Person maßgebend, für die sich der niedrigste Vervielfältiger ergibt.

(4) Ist der gemeine Wert der gesamten Nutzungen oder Leistungen nachweislich geringer oder höher als der Wert, der sich nach Absatz 1 ergibt, so ist der nachgewiesene gemeine Wert zugrunde zu legen. Der Ansatz eines geringeren oder höheren Werts kann jedoch nicht darauf gestützt werden, daß mit einer kürzeren oder längeren Lebensdauer, mit einem anderen Zinssatz oder mit einer anderen Zahlungsweise zu rechnen ist, als sie der Tabelle der Anlage 9 zugrunde liegt.

§ 15 Jahreswert von Nutzungen und Leistungen

(1) Der einjährige Betrag der Nutzung einer Geldsumme ist, wenn kein anderer Wert feststeht, zu 5,5 vom Hundert anzunehmen.

(2)[1] Nutzungen oder Leistungen, die nicht in Geld bestehen (Wohnung, Kost, Waren und sonstige Sachbezüge), sind mit den üblichen Mittelpreisen des Verbrauchsorts anzusetzen.

(3) Bei Nutzungen oder Leistungen, die in ihrem Betrag ungewiß sind oder schwanken, ist als Jahreswert der Betrag zugrunde zu legen, der in Zukunft im Durchschnitt der Jahre voraussichtlich erzielt werden wird.

§ 16 Begrenzung des Jahreswerts von Nutzungen

Bei der Ermittlung des Kapitalwerts der Nutzungen eines Wirtschaftsguts kann der Jahreswert dieser Nutzungen nicht mehr als den achtzehnten Teil des Werts betragen, der sich nach den Vorschriften des Bewertungsgesetzes für das genutzte Wirtschaftsgut ergibt.

Zweiter Teil. Besondere Bewertungsvorschriften

§ 17 Geltungsbereich

(1) Die besonderen Bewertungsvorschriften (§§ 18 bis 121) gelten für die Vermögensteuer.

(2) Der Erste Abschnitt der besonderen Bewertungsvorschriften (§§ 19 bis 109a) und § 122 gelten nach näherer Regelung durch die in Betracht kommen-

---

[1] Vgl. hierzu Abschnitt 101 Abs. 3 VStR, abgedruckt unten zu § 118 BewG.

den Gesetze auch für die Grundsteuer, die Gewerbesteuer, die Grunderwerbsteuer und die Erbschaftsteuer.

(3) Soweit sich nicht aus den §§ 19 bis 121 etwas anderes ergibt, finden neben diesen auch die Vorschriften des Ersten Teils dieses Gesetzes (§§ 1 bis 16) Anwendung. § 16 findet auf die Grunderwerbsteuer keine Anwendung.

§ 18 Vermögensarten

Das Vermögen, das nach den Vorschriften des Zweiten Teils dieses Gesetzes zu bewerten ist, umfaßt die folgenden Vermögensarten:

1. Land- und forstwirtschaftliches Vermögen (§§ 33 bis 67, § 31),
2. Grundvermögen (§§ 68 bis 94, § 31),
3. Betriebsvermögen (§§ 95 bis 109a, § 31),
4. sonstiges Vermögen (§§ 110 bis 113).

Erster Abschnitt: Einheitsbewertung

A. Allgemeines

§ 19 Einheitswerte

Die Einheitswerte der in § 214 der Reichsabgabenordnung bezeichneten wirtschaftlichen Einheiten, wirtschaftlichen Untereinheiten und Teile von wirtschaftlichen Einheiten und Untereinheiten werden nach den Vorschriften dieses Abschnitts ermittelt.

§ 20 Grundbesitz

Grundbesitz sind

1. die wirtschaftlichen Einheiten des land- und forstwirtschaftlichen Vermögens (§ 33),
2. die wirtschaftlichen Einheiten des Grundvermögens (§ 68),
3. die Betriebsgrundstücke (§ 99).

§ 21 Hauptfeststellung

(1) Die Einheitswerte werden allgemein festgestellt (Hauptfeststellung):

1. in Zeitabständen von je sechs Jahren
   für den Grundbesitz (§ 20) und für die Mineralgewinnungsrechte (§ 100);
2. in Zeitabständen von je drei Jahren
   für die wirtschaftlichen Einheiten des Betriebsvermögens.

Durch Rechtsverordnung kann der Zeitabstand zwischen einer Hauptfeststellung und der darauf folgenden Hauptfeststellung (Hauptfeststellungszeitraum) bei einer wesentlichen Änderung der für die Bewertung maßgebenden Verhältnisse für den Grundbesitz und für die Mineralgewinnungsrechte um höchstens drei Jahre, für die wirtschaftlichen Einheiten des Betriebsvermögens um ein Jahr verkürzt werden. Die Bestimmung kann sich auf einzelne Vermögensarten oder beim Grundbesitz auf Gruppen von Fällen, in denen sich die für die Bewertung maßgebenden Verhältnisse in derselben Weise geändert haben, beschränken.

(2) Der Hauptfeststellung werden die Verhältnisse zu Beginn des Kalenderjahres (Hauptfeststellungszeitpunkt) zugrunde gelegt. Die Vorschriften in § 35 Abs. 2, §§ 54, 59, 106 und 112 über die Zugrundelegung eines anderen Zeitpunkts bleiben unberührt.

fett = Gesetz   schräg = DV   mager und gerade = Richtlinien

(3) Ist eine Hauptfeststellung unzulässig, weil für das Kalenderjahr, in dem die Einheitswerte der Hauptfeststellung erstmals anzuwenden sind, die vom Einheitswert abhängigen Steuern verjährt sind, so kann die Hauptfeststellung unter Zugrundelegung der Verhältnisse des Hauptfeststellungszeitpunkts mit Wirkung für einen späteren Feststellungszeitpunkt vorgenommen werden, für den die vom Einheitswert abhängigen Steuern noch nicht verjährt sind.

§ 22 Fortschreibungen

(1) Der Einheitswert wird neu festgestellt (Wertfortschreibung)

1. beim Grundbesitz, wenn der nach § 30 abgerundete Wert, der sich für den Beginn eines Kalenderjahrs ergibt, vom Einheitswert des letzten Feststellungszeitpunkts nach oben um mehr als den zehnten Teil, mindestens aber um 5000 Deutsche Mark, oder um mehr als 100000 Deutsche Mark, nach unten um mehr als den zehnten Teil, mindestens aber um 500 Deutsche Mark, oder um mehr als 5000 Deutsche Mark abweicht,

2. bei einem gewerblichen Betrieb oder einem Mineralgewinnungsrecht, wenn der nach § 30 abgerundete Wert, der sich für den Beginn eines Kalenderjahrs ergibt, entweder um mehr als ein Fünftel, mindestens aber um 5000 Deutsche Mark, oder um mehr als 100000 Deutsche Mark von dem Einheitswert des letzten Feststellungszeitpunkts abweicht.

(2) Über die Art des Gegenstandes (§ 216 Abs. 1 Nr. 1 der Reichsabgabenordnung) oder die Zurechnung des Gegenstandes (§ 216 Abs. 1 Nr. 2 der Reichsabgabenordnung) wird eine neue Feststellung getroffen (Artfortschreibung oder Zurechnungsfortschreibung), wenn sie von der zuletzt getroffenen Feststellung abweicht und es für die Besteuerung von Bedeutung ist.

(3) Eine Fortschreibung nach Absatz 1 oder Absatz 2 findet auch zur Beseitigung eines Fehlers der letzten Feststellung statt. § 222 Abs. 2 der Reichsabgabenordnung ist hierbei entsprechend anzuwenden.

(4) Der Fortschreibung werden vorbehaltlich des § 27 die Verhältnisse im Fortschreibungszeitpunkt zugrunde gelegt. Fortschreibungszeitpunkt ist

1. bei einer Änderung der tatsächlichen Verhältnisse der Beginn des Kalenderjahrs, das auf die Änderung folgt;

2. in den Fällen des Absatzes 3 der Beginn des Kalenderjahrs, in dem der Fehler dem Finanzamt bekannt wird, bei einer Erhöhung des Einheitswerts jedoch frühestens der Beginn des Kalenderjahrs, in dem der Feststellungsbescheid erteilt wird.

Die Vorschriften in § 35 Abs. 2, §§ 54, 59, 106 und 112 über die Zugrundelegung eines anderen Zeitpunkts bleiben unberührt.

§ 23 Nachfeststellung

(1) Für wirtschaftliche Einheiten (Untereinheiten), für die ein Einheitswert festzustellen ist, wird der Einheitswert nachträglich festgestellt (Nachfeststellung), wenn nach dem Hauptfeststellungszeitpunkt (§ 21 Abs. 2)

1. die wirtschaftliche Einheit (Untereinheit) neu entsteht;

2. eine bereits bestehende wirtschaftliche Einheit (Untereinheit) erstmals zu einer Steuer herangezogen werden soll;

3. für eine bereits bestehende wirtschaftliche Einheit (Untereinheit) erstmals für die Zwecke der Vermögensbesteuerung ein besonderer Einheitswert festzustellen ist (§ 91 Abs. 2).

(2) Der Nachfeststellung werden vorbehaltlich des § 27 die Verhältnisse im Nachfeststellungszeitpunkt zugrunde gelegt. Nachfeststellungszeitpunkt ist in

den Fällen des Absatzes 1 Nr. 1 der Beginn des Kalenderjahrs, das auf die Entstehung der wirtschaftlichen Einheit (Untereinheit) folgt, und in den Fällen des Absatzes 1 Nr. 2 und 3 der Beginn des Kalenderjahrs, in dem der Einheitswerts erstmals der Besteuerung zugrunde gelegt wird. § 21 Abs. 3 ist entsprechend anzuwenden. Die Vorschriften in § 35 Abs. 2, §§ 54, 59, 106 und 112 über die Zugrundelegung eines anderen Zeitpunkts bleiben unberührt.

VStR

1. Maßgebende Werte beim Grundbesitz

(1) Im Vermögensteuer-Hauptveranlagungszeitraum 1974 (vgl. § 24 VStG) ist Grundbesitz vorbehaltlich des Absatzes 3 mit den jeweils maßgebenden Einheitswerten anzusetzen, die auf den Wertverhältnissen vom 1. Januar 1964 beruhen und bei der Hauptfeststellung auf den 1. Januar 1964 oder bei der Fortschreibung oder Nachfeststellung auf den 1. Januar 1974 oder einen späteren Zeitpunkt festgestellt worden sind (vgl. Artikel 1 des Bewertungsänderungsgesetzes 1971 vom 27. Juli 1971 – Bundesgesetzbl. I S. 115; 7BStBl. I S. 360).[1] Für die Fortschreibung, Nachfeststellung und Aufhebung von Einheitswerten der Hauptfeststellung 1964 auf den 1. Januar 1974 und spätere Feststellungszeitpunkte gelten die Fortschreibungs-Richtlinien vom 2. Dezember 1971 (BStBl. I S. 638) sowie die gleichlautenden Erlasse (Entschließung) der obersten Finanzbehörden der Länder vom 14. Januar 1972 (BStBl. I S. 30).

(2) Eine Fortschreibung oder eine Aufhebung des Einheitswerts zu Gunsten des Steuerpflichtigen ist für Feststellungszeitpunkte ab 1. Januar 1974 nicht mehr von einem Antrag abhängig; die Fortschreibung oder Aufhebung ist vielmehr vom Finanzamt durchzuführen, wenn ihm bekannt wird, daß die Voraussetzungen hierfür vorliegen. Sie ist zulässig, solange die vom Einheitswert abhängigen Steuern noch nicht verjährt sind (§ 225a Abs. 2 AO in der Fassung des Artikels 7 VStRG, Artikel 7 § 3 Abs. 1 VStRG, § 24 Abs. 3 BewG).

(3) Die nach Absatz 1 maßgebenden Einheitswerte der Grundstücke (§ 70 BewG) und der wie Grundvermögen bewerteten Betriebsgrundstücke (§ 99 Abs. 1 Nr. 1 BewG) sind bei der Ermittlung der Einheitswerte des Betriebsvermögens und des Gesamtvermögens oder Inlandsvermögens mit 140 v. H. des festgestellten Werts anzusetzen (§ 121a BewG). Für Betriebe der Land- und Forstwirtschaft sind die nach Absatz 1 maßgebenden Einheitswerte ohne Zuschlag zu übernehmen.

2. Maßgebende Werte bei Mineralgewinnungsrechten

(1) Mineralgewinnungsrechte sind mit den jeweils maßgebenden Einheitswerten anzusetzen, die auf den Wertverhältnissen vom 1. Januar 1972 beruhen und bei der Hauptfeststellung auf den 1. Januar 1972 oder bei der Fortschreibung oder Nachfeststellung auf einen späteren Zeitpunkt festgestellt worden sind (vgl. Artikel 2 des Bewertungsänderungsgesetzes 1971). Für die Ermittlung der Einheitswerte gilt Abschnitt 23.

(2) Abschnitt 1 Abs. 2 sowie Abschnitt 3 Abs. 2 gelten entsprechend.

Anlage zu Abschnitt 1, 2 VStR

Gesetz zur Änderung bewertungsrechtlicher und anderer steuerrechtlicher Vorschriften

(Bewertungsänderungsgesetz 1971 BewÄndG 1971)

Vom 27. Juli 1971

(BGBl. I S. 1157)

Der Bundestag hat mit Zustimmung des Bundesrates das folgende Gesetz beschlossen:

Art. 1 Erstmalige Anwendung der Einheitswerte des Grundbesitzes

(1) Die Einheitswerte des Grundbesit-

---

[1] Abgedruckt in der Anlage zu Abschnitten 1, 2 VStR.

zes, denen die Wertverhältnisse vom 1. Januar 1964 zugrunde liegen, sind erstmals anzuwenden bei der Feststellung von Einheitswerten der gewerblichen Betriebe auf den 1. Januar 1974 und bei der Festsetzung von Steuern, bei denen die Steuerschuld nach dem 31. Dezember 1973 entsteht. Die vom 1. Januar 1974 an anzuwendenden Besteuerungsmaßstäbe werden durch besonderes Gesetz bestimmt.

(2) Fortschreibungen, Nachfeststellungen und Aufhebungen von Einheitswerten des Grundbesitzes, denen die Wertverhältnisse vom 1. Januar 1964 zugrunde liegen, werden unter den Voraussetzungen der §§ 22 bis 24 des Bewertungsgesetzes in der Fassung des Artikels 3 dieses Gesetzes erstmals auf den 1. Januar 1974 vorgenommen.

Art. 2 Hauptfeststellung der Einheitswerte der Mineralgewinnungsrechte

(1) Für Mineralgewinnungsrechte findet die nächste Hauptfeststellung der Einheitswerte auf den 1. Januar 1972 statt (Hauptfeststellung 1972).

(2) Die Einheitswerte für Mineralgewinnungsrechte, denen die Wertverhältnisse vom 1. Januar 1972 zugrunde liegen, sind erstmals anzuwenden bei der Feststellung von Einheitswerten der gewerblichen Betriebe auf den 1. Januar 1972 und bei der Festsetzung von Steuern, bei denen die Steuerschuld nach dem 31. Dezember 1971 entsteht.

Art. 3, 4 *[betreffen Änderungen des BewG und BewÄndG, die in den abgedruckten Texten eingearbeitet sind]*

Art. 5 Schlußvorschriften

(1) Bei der Einheitsbewertung des Grundbesitzes sind anzuwenden
1. Artikel 3 Nr. 5 und 6 erstmals bei der Hauptfeststellung der Einheitswerte auf den 1. Januar 1964,
2. Artikel 3 Nr. 1 bis 3 und 7 bis 11 erstmals zum 1. Januar 1974.

(2) Bei der Einheitsbewertung von Mineralgewinnungsvorschriften und von gewerblichen Betrieben sind die Vorschriften des Artikels 3 Nr. 2 und 4 erstmals zum 1. Januar 1972 anzuwenden.

(3) Bei der Feststellung von Einheitswerten nach geltendem Recht auf den 1. Januar 1972 und auf den 1. Januar 1973 richtet sich die Zugehörigkeit der Tierbestände der gemeinschaftlichen Tierhaltung zum landwirtschaftlichen Vermögen nach § 51 a in Verbindung mit § 33 Abs. 3 Nr. 4, § 34 Abs. 6a und § 97 Abs. 1 des Bewertungsgesetzes in der Fassung dieses Gesetzes.

Art. 6–8 *[betreffen Änderungen des EStG, GewStG und UStG]*

Art. 9 Berlin-Klausel

Dieses Gesetz gilt nach Maßgabe des § 12 Abs. 1 des Dritten Überleitungsgesetzes vom 4. Januar 1952 (Bundesgesetzbl. I S. 1) auch im Land Berlin.

Art. 10 Inkrafttreten

Dieses Gesetz tritt am Tage nach seiner Verkündung in Kraft.

3. **Hauptfeststellung, Fortschreibungen und Nachfeststellungen der Einheitswerte des Betriebsvermögens**

(1) Ein Einheitswert braucht nicht festgestellt zu werden, wenn eine gesetzliche Befreiung von der Vermögensteuer und der Gewerbesteuer gegeben ist oder wenn für den Betrieb mit einem Gewerbekapital von weniger als 6000 DM (Besteuerungsgrenze für das Gewerbekapital nach § 13 Abs. 3 GewStG) zu rechnen ist und der Einheitswert auch nicht für die Vermögensteuer benötigt wird.

(2) Ist auf den Hauptfeststellungszeitpunkt ein Einheitswert nach Absatz 1 nicht festgestellt worden, wird aber für einen späteren Fortschreibungszeitpunkt eine Feststellung erforderlich, so ist zunächst die unterbliebene Hauptfeststellung nachzuholen. Ist die Vermögensteuer für das erste Kalenderjahr des Hauptfeststellungszeitraums bereits verjährt, so bleibt die Hauptfeststellung zulässig; sie wirkt jedoch erst von dem Kalenderjahr an, für das die Vermögensteuer noch nicht verjährt ist (§ 21 Abs. 3 BewG).

(3) Wird ein Betrieb veräußert, so ist in der Regel anzunehmen, daß der bisherige Betrieb wegfällt und der Erwerber einen neuen Betrieb eröffnet (vgl. § 2 Abs. 5 GewStG). Für den Erwerber ist eine Nachfeststellung vorzunehmen.

BewG

§ 24 Aufhebung des Einheitswerts

(1) Der Einheitswert wird aufgehoben, wenn
1. die wirtschaftliche Einheit (Untereinheit) wegfällt;
2. der Einheitswert der wirtschaftlichen Einheit (Untereinheit) infolge von Befreiungsgründen der Besteuerung nicht mehr zugrunde gelegt wird;
3. ein nach § 91 Abs. 2 ermittelter besonderer Einheitswert bei der Vermögensbesteuerung nicht mehr zugrunde gelegt wird.

(2) Aufhebungszeitpunkt ist in den Fällen des Absatzes 1 Nr. 1 der Beginn des Kalenderjahrs, das auf den Wegfall der wirtschaftlichen Einheit (Untereinheit) folgt, und in den Fällen des Absatzes 1 Nr. 2 und 3 der Beginn des Kalenderjahrs, in dem der Einheitswert erstmals der Besteuerung nicht mehr zugrunde gelegt wird.

(3) Die Vorschriften der Reichsabgabenordnung über die Fortschreibungsfeststellung sind entsprechend anzuwenden.

§ 24a Änderung von Feststellungsbescheiden

Bescheide über Fortschreibungen oder Nachfeststellungen von Einheitswerten des Grundbesitzes können schon vor dem maßgebenden Feststellungszeitpunkt erteilt werden. Sie sind zu ändern oder aufzuheben, wenn sich bis zu diesem Zeitpunkt Änderungen ergeben, die zu einer abweichenden Feststellung führen.

§ 25 *(entfällt)*

§ 26 Umfang der wirtschaftlichen Einheit bei Vermögenszusammenrechnung

Die Zurechnung mehrerer Wirtschaftsgüter zu einer wirtschaftlichen Einheit (§ 2) wird nicht dadurch ausgeschlossen, daß die Wirtschaftsgüter
1. zum Teil dem einen, zum Teil dem anderen Ehegatten gehören, wenn das Vermögen der Ehegatten zusammenzurechnen ist (§ 119 Abs. 1);
2. zum Teil zum Gesamtgut einer fortgesetzten Gütergemeinschaft, zum Teil dem überlebenden Ehegatten gehören, wenn das Gesamtgut dem Vermögen des überlebenden Ehegatten zuzurechnen ist (§ 120).

§ 27 Wertverhältnisse bei Fortschreibungen und Nachfeststellungen

Bei Fortschreibungen und bei Nachfeststellungen der Einheitswerte für Grundbesitz und für Mineralgewinnungsrechte sind die Wertverhältnisse im Hauptfeststellungszeitpunkt zugrunde zu legen.

§ 28 Erklärungspflicht

(1) Erklärungen zur Feststellung des Einheitswerts sind auf jeden Hauptfeststellungszeitpunkt abzugeben. Die Erklärungen sind Steuererklärungen im Sinne der Reichsabgabenordnung.

(2) Erklärungspflichtig ist jeder, dem Betriebsvermögen im Wert von mindestens 6000 Deutsche Mark, Grundbesitz oder ein Mineralgewinnungsrecht zuzurechnen ist.

(3) Der Bundesminister der Finanzen bestimmt im Einvernehmen mit den obersten Finanzbehörden der Länder den Zeitpunkt, bis zu dem die Erklärungen abzugeben sind.

§ 29 Auskünfte, Erhebungen

(1) Die Eigentümer von Grundbesitz und die Inhaber von Mineralgewinnungsrechten haben dem Finanzamt auf Anforderung alle Angaben zu machen, die es für die Sammlung der Kauf-, Miet- und Pachtpreise braucht. Bei dieser Erklärung ist zu versichern, daß die Angaben nach bestem Wissen und Gewissen gemacht sind.

(2) Die Finanzämter können zur Vorbereitung einer Hauptfeststellung der Einheitswerte des Grundbesitzes oder von Mineralgewinnungsrechten örtliche Erhebungen über die Bewertungsgrundlagen anstellen. § 173 Abs. 1 der Reichsabgabenordnung ist entsprechend anzuwenden; das Grundrecht der Unverletzlichkeit der Wohnung (Artikel 13 des Grundgesetzes) wird insoweit eingeschränkt.

§ 30 Abrundung

Die Einheitswerte werden nach unten abgerundet:

1. beim Grundbesitz auf volle hundert Deutsche Mark,
2. bei gewerblichen Betrieben und Mineralgewinnungsrechten auf volle tausend Deutsche Mark.

§ 31 Bewertung von ausländischem Sachvermögen

(1) Für die Bewertung des ausländischen land- und forstwirtschaftlichen Vermögens, Grundvermögens und Betriebsvermögens gelten die Vorschriften des Ersten Teils dieses Gesetzes, insbesondere § 9 (gemeiner Wert). Nach diesen Vorschriften sind auch die ausländischen Teile einer wirtschaftlichen Einheit zu bewerten, die sich sowohl auf das Inland als auch auf das Ausland erstreckt.

(2) Bei der Bewertung von ausländischem Grundbesitz sind Bestandteile und Zubehör zu berücksichtigen. Zahlungsmittel, Geldforderungen, Wertpapiere und Geldschulden sind nicht einzubeziehen.

§ 32 Bewertung von inländischem Sachvermögen

Für die Bewertung des inländischen land- und forstwirtschaftlichen Vermögens, Grundvermögens und Betriebsvermögens gelten die Vorschriften der §§ 33 bis 109a. Nach diesen Vorschriften sind auch die inländischen Teile einer wirtschaftlichen Einheit zu bewerten, die sich sowohl auf das Inland als auch auf das Ausland erstreckt.

B. Land- und forstwirtschaftliches Vermögen

I. Allgemeines

§ 33 Begriff des land- und forstwirtschaftlichen Vermögens

(1) Zum land- und forstwirtschaftlichen Vermögen gehören alle Wirtschaftsgüter, die einem Betrieb der Land- und Forstwirtschaft dauernd zu dienen bestimmt sind. Betrieb der Land- und Forstwirtschaft ist die wirtschaftliche Einheit des land- und forstwirtschaftlichen Vermögens.

(2) Zu den Wirtschaftsgütern, die einem Betrieb der Land- und Forstwirtschaft dauernd zu dienen bestimmt sind, gehören insbesondere der Grund und Boden, die Wohn- und Wirtschaftsgebäude, die stehenden Betriebsmittel und ein normaler Bestand an umlaufenden Betriebsmitteln; als normaler Be-

zweispaltig = Anlagen zu Durchführungsverordnung und Richtlinien 65 stand gilt ein solcher, der zur gesicherten Fortführung des Betriebes erforderlich ist.

(3) Zum land- und forstwirtschaftlichem Vermögen gehören nicht

1. Zahlungsmittel, Geldforderungen, Geschäftsguthaben und Wertpapiere,
2. Geldschulden,
3. über den normalen Bestand hinausgehende Bestände (Überbestände) an umlaufenden Betriebsmitteln,
4. Tierbestände oder Zweige des Tierbestands und die hiermit zusammenhängenden Wirtschaftsgüter (z. B. Gebäude und abgrenzbare Gebäudeteile mit den dazugehörenden Flächen, Betriebsmittel), wenn die Tiere weder nach § 51 oder § 51a zur landwirtschaftlichen Nutzung noch nach § 62 zur sonstigen land- und forstwirtschaftlichen Nutzung gehören. Die Zugehörigkeit der landwirtschaftlich genutzten Flächen zum land- und forstwirtschaftlichen Vermögen wird hierdurch nicht berührt.

§ 34 Betrieb der Land- und Forstwirtschaft

(1) Ein Betrieb der Land- und Forstwirtschaft umfaßt

1. den Wirtschaftsteil,
2. den Wohnteil.

(2) Der Wirtschaftsteil eines Betriebs der Land- und Forstwirtschaft umfaßt

1. die land- und forstwirtschaftlichen Nutzungen:
   a) die landwirtschaftliche Nutzung,
   b) die forstwirtschaftliche Nutzung,
   c) die weinbauliche Nutzung,
   d) die gärtnerische Nutzung,
   e) die sonstige land- und forstwirtschaftliche Nutzung;
2. die folgenden nicht zu einer Nutzung nach Nummer 1 gehörenden Wirtschaftsgüter:
   a) Abbauland (§ 43),
   b) Geringstland (§ 44),
   c) Unland (§ 45);
3. die Nebenbetriebe (§ 42).

(3) Der Wohnteil eines Betriebs der Land- und Forstwirtschaft umfaßt die Gebäude und Gebäudeteile, soweit sie dem Inhaber des Betriebs, den zu seinem Haushalt gehörenden Familienangehörigen und den Altenteilern zu Wohnzwecken dienen.

(4) In den Betrieb sind auch dem Eigentümer des Grund und Bodens nicht gehörende Gebäude, die auf dem Grund und Boden des Betriebs stehen, und dem Eigentümer des Grund und Bodens nicht gehörende Betriebsmittel, die der Bewirtschaftung des Betriebs dienen, einzubeziehen.

(5) Ein Anteil des Eigentümers eines Betriebs der Land- und Forstwirtschaft an einem Wirtschaftsgut ist in den Betrieb einzubeziehen, wenn es mit dem Betrieb zusammen genutzt wird.

(6) In einem Betrieb der Land- und Forstwirtschaft, der von einer Gesellschaft oder Gemeinschaft des bürgerlichen Rechts betrieben wird, sind auch die Wirtschaftsgüter einzubeziehen, die einem oder mehreren Beteiligten gehören und dem Betrieb zu dienen bestimmt sind.

(6a) Einen Betrieb der Land- und Forstwirtschaft bildet auch die gemeinschaftliche Tierhaltung (§ 51a) einschließlich der hiermit zusammenhängenden Wirtschaftsgüter.

(7) Einen Betrieb der Land- und Forstwirtschaft bilden auch Stückländereien. Stückländereien sind einzelne land- und forstwirtschaftlich genutzte Flächen, bei denen die Wirtschaftsgebäude oder die Betriebsmittel oder beide Arten von Wirtschaftsgütern nicht dem Eigentümer des Grund und Bodens gehören.

§ 35 Bewertungsstichtag

(1) Für die Größe des Betriebs sowie für den Umfang und den Zustand der Gebäude und der stehenden Betriebsmittel sind die Verhältnisse im Feststellungszeitpunkt maßgebend.

(2) Für die umlaufenden Betriebsmittel ist der Stand am Ende des Wirtschaftsjahres maßgebend, das dem Feststellungszeitpunkt vorangegangen ist.

§ 36 Bewertungsgrundsätze

(1) Bei der Bewertung ist unbeschadet der Regelung, die in § 47 für den Wohnungswert getroffen ist, der Ertragswert zugrunde zu legen.

(2) Bei der Ermittlung des Ertragswerts ist von der Ertragsfähigkeit auszugehen. Ertragsfähigkeit ist der bei ordnungsmäßiger und schuldenfreier Bewirtschaftung mit entlohnten fremden Arbeitskräften gemeinhin und nachhaltig erzielbare Reinertrag. Ertragswert ist das Achtzehnfache dieses Reinertrags.

(3) Bei der Beurteilung der Ertragsfähigkeit sind die Ertragsbedingungen zu berücksichtigen, soweit sie nicht unwesentlich sind.

§ 37 Ermittlung des Ertragswerts

(1) Der Ertragswert der Nutzungen wird durch ein vergleichendes Verfahren (§§ 38 bis 41) ermittelt. Das vergleichende Verfahren kann auch auf Nutzungsteile angewendet werden.

(2) Kann ein vergleichendes Verfahren nicht durchgeführt werden, so ist der Ertragswert nach der Ertragsfähigkeit der Nutzung unmittelbar zu ermitteln (Einzelertragswertverfahren).

§ 38 Vergleichszahl, Ertragsbedingungen

(1) Die Unterschiede der Ertragsfähigkeit der gleichen Nutzung in den verschiedenen Betrieben werden durch Vergleich der Ertragsbedingungen beurteilt und vorbehaltlich der §§ 55 und 62 durch Zahlen ausgedrückt, die dem Verhältnis der Reinerträge entsprechen (Vergleichszahlen).

(2) Bei dem Vergleich der Ertragsbedingungen sind zugrunde zu legen

1. die tatsächlichen Verhältnisse für:
   a) die natürlichen Ertragsbedingungen, insbesondere Bodenbeschaffenheit, Geländegestaltung, klimatische Verhältnisse,
   b) die folgenden wirtschaftlichen Ertragsbedingungen:
      aa) innere Verkehrslage (Lage für die Bewirtschaftung der Betriebsfläche),
      bb) äußere Verkehrslage (insbesondere Lage für die Anfuhr der Betriebsmittel und die Abfuhr der Erzeugnisse),
      cc) Betriebsgröße;
2. die in der Gegend als regelmäßig anzusehenden Verhältnisse für die in Nummer 1 Buchstabe b nicht bezeichneten wirtschaftlichen Ertragsbedingungen, insbesondere Preise und Löhne, Betriebsorganisation, Betriebsmittel.

(3) Bei Stückländereien sind die wirtschaftlichen Ertragsbedingungen nach Absatz 2 Nr. 1 Buchstabe b mit den regelmäßigen Verhältnissen der Gegend anzusetzen.

§ 39 Bewertungsstützpunkte

(1) Zur Sicherung der Gleichmäßigkeit der Bewertung werden in einzelnen Betrieben mit gegendüblichen Ertragsbedingungen die Vergleichszahlen von Nutzungen und Nutzungsteilen vorweg ermittelt (Hauptbewertungsstützpunkte). Die Vergleichszahlen der Hauptbewertungsstützpunkte werden vom Bewertungsbeirat (§§ 63 bis 66) vorgeschlagen und durch Rechtsverordnung festgesetzt. Die Vergleichszahlen der Nutzungen und Nutzungsteile in den übrigen Betrieben werden durch Vergleich mit den Vergleichszahlungen der Hauptbewertungsstützpunkte ermittelt. § 55 bleibt unberührt.

(2) Die Hauptbewertungsstützpunkte können durch Landes-Bewertungsstützpunkte und Orts-Bewertungsstützpunkte als Bewertungsbeispiele ergänzt werden. Die Vergleichszahlen der Landes-Bewertungsstützpunkte werden vom Gutachterausschuß (§ 67), die Vergleichszahlen der Orts-Bewertungsstützpunkte von den Landesfinanzbehörden ermittelt. Die Vergleichszahlen der Landes-Bewertungsstützpunkte und Orts-Bewertungsstützpunkte können bekanntgegeben werden.

(3) Zugepachtete Flächen, die zusammen mit einem Bewertungsstützpunkt bewirtschaftet werden, können bei der Ermittlung der Vergleichszahlen mit berücksichtigt werden. Bei der Feststellung des Einheitswerts eines Betriebs, der als Bewertungsstützpunkt dient, sind zugepachtete Flächen nicht zu berücksichtigen (§ 2 Abs. 2).

§ 40 Ermittlung des Vergleichswerts

(1) Zum Hauptfeststellungszeitpunkt wird für die landwirtschaftliche, die weinbauliche und die gärtnerische Nutzung oder für deren Teile der 100 Vergleichszahlen entsprechende Ertragswert vorbehaltlich Absatz 2 durch besonderes Gesetz festgestellt. Aus diesem Ertragswert wird der Ertragswert für die einzelne Nutzung oder den Nutzungsteil in den Betrieben mit Hilfe der Vergleichszahlen abgeleitet (Vergleichswert). Der auf einen Hektar bezogene Vergleichswert ist der Hektarwert.

(2) Für die Hauptfeststellung auf den Beginn des Kalenderjahres 1964 betragen die 100 Vergleichszahlen entsprechenden Ertragswerte bei

der landwirtschaftlichen Nutzung	
ohne Hopfen und Spargel	37,26 DM
Hopfen	254,00 DM
Spargel	76,50 DM
der weinbaulichen Nutzung	200,00 DM
den gärtnerischen Nutzungsteilen	
Gemüse-, Blumen- und Zierpflanzenbau	108,00 DM
Obstbau	72,00 DM
Baumschulen	221,40 DM.

(3) Die Hoffläche und die Gebäudefläche des Betriebs sind in die einzelne Nutzung einzubeziehen, soweit sie ihr dienen. Hausgärten bis zur Größe von 10 Ar sind zur Hof- und Gebäudefläche zu rechnen. Wirtschaftswege, Hecken, Gräben, Grenzraine und dergleichen sind in die Nutzung einzubeziehen, zu der sie gehören; dies gilt auch für Wasserflächen, soweit sie nicht Unland sind oder zur sonstigen land- und forstwirtschaftlichen Nutzung (§ 62) gehören.

(4) Das Finanzamt hat bei Vorliegen eines rechtlichen Interesses dem Steuerpflichtigen Bewertungsgrundlagen und Bewertungsergebnisse der Nutzung oder des Nutzungsteils von Bewertungsstützpunkten, die bei der Ermittlung der Vergleichswerte seines Betriebs herangezogen worden sind, anzugeben.

(5) Zur Berücksichtigung der rückläufigen Reinerträge sind die nach Absätzen 1 und 2 ermittelten Vergleichswerte für Hopfen um 80 vom Hundert, für Spargel um 50 vom Hundert und für Obstbau um 60 vom Hundert zu vermindern; es ist jedoch jeweils mindestens ein Hektarwert von 1200 Deutsche Mark anzusetzen.

§ 41 Abschläge und Zuschläge

(1) Ein Abschlag oder ein Zuschlag am Vergleichswert ist zu machen,

1. soweit die tatsächlichen Verhältnisse bei einer Nutzung oder einem Nutzungsteil von den bei der Bewertung unterstellten regelmäßigen Verhältnissen der Gegend (§ 38 Abs. 2 Nr. 2) um mehr als 20 vom Hundert abweichen und

2. wenn die Abweichung eine Änderung des Vergleichswerts der Nutzung oder des Nutzungsteils um mehr als den fünften Teil, mindestens aber um 1000 Deutsche Mark, oder um mehr als 10000 Deutsche Mark bewirkt.

(2) Der Abschlag oder der Zuschlag ist nach der durch die Abweichung bedingten Minderung oder Steigerung der Ertragsfähigkeit zu bemessen.

(3) Bei Stückländereien sind weder Abschläge für fehlende Betriebsmittel beim Eigentümer des Grund und Bodens noch Zuschläge für Überbestand an diesen Wirtschaftsgütern bei deren Eigentümern zu machen.

§ 42 Nebenbetriebe

(1) Nebenbetriebe sind Betriebe, die dem Hauptbetrieb zu dienen bestimmt sind und nicht einen selbständigen gewerblichen Betrieb darstellen.

(2) Die Nebenbetriebe sind gesondert mit dem Einzelertragswert zu bewerten.

§ 43 Abbauland

(1) Zum Abbauland gehören die Betriebsflächen, die durch Abbau der Bodensubstanz überwiegend für den Betrieb nutzbar gemacht werden (Sand-, Kies-, Lehmgruben, Steinbrüche, Torfstiche und dergleichen).

(2) Das Abbauland ist gesondert mit dem Einzelertragswert zu bewerten.

§ 44 Geringstland

(1) Zum Geringstland gehören die Betriebsflächen geringster Ertragsfähigkeit, für die nach dem Bodenschätzungsgesetz vom 16. Oktober 1934 (Reichsgesetzbl. I S. 1050) keine Wertzahlen festzustellen sind.

(2) Geringstland ist mit einem Hektarwert von 50 Deutschen Mark zu bewerten.

§ 45 Unland

(1) Zum Unland gehören die Betriebsflächen, die auch bei geordneter Wirtschaftsweise keinen Ertrag abwerfen können.

(2) Unland wird nicht bewertet.

zweispaltig = Anlagen zu Durchführungsverordnung und Richtlinien

§ 46 Wirtschaftswert

Aus den Vergleichswerten (§ 40 Abs. 1) und den Abschlägen und Zuschlägen (§ 41), aus den Einzelertragswerten sowie aus den Werten der nach §§ 42 bis 44 gesondert zu bewertenden Wirtschaftsgüter wird der Wert für den Wirtschaftsteil (Wirtschaftswert) gebildet. Für seine Ermittlung gelten außer den Bestimmungen in den §§ 35 bis 45 auch die besonderen Vorschriften in den §§ 50 bis 62.

§ 47 Wohnungswert

Der Wert für den Wohnteil (Wohnungswert) wird nach den Vorschriften ermittelt, die beim Grundvermögen für die Bewertung der Mietwohngrundstücke im Ertragswertverfahren (§§ 71, 78 bis 82 und 91) gelten. Bei der Schätzung der üblichen Miete (§ 79 Abs. 2) sind die Besonderheiten, die sich aus der Lage der Gebäude oder Gebäudeteile im Betrieb ergeben, zu berücksichtigen. Der ermittelte Betrag ist um 15 vom Hundert zu vermindern.

§ 48 Zusammensetzung des Einheitswerts

Der Wirtschaftswert und der Wohnungswert bilden zusammen den Einheitswert des Betriebs.

§ 48a Einheitswert bestimmter intensiv genutzter Flächen

Werden Betriebsflächen durch einen anderen Nutzungsberechtigten als den Eigentümer bewirtschaftet, so ist

1. bei der Sonderkultur Spargel (§ 52),

2. bei den gärtnerischen Nutzungsteilen Gemüse, Blumen- und Zierpflanzenbau sowie Baumschulen (§ 61),

3. bei der Saatzucht (§ 62 Abs. 1 Nr. 6)

der Unterschiedsbetrag zwischen dem für landwirtschaftliche Nutzung maßgebenden Vergleichswert und dem höheren Vergleichswert, der durch die unter Nummern 1 bis 3 bezeichneten Nutzungen bedingt ist, bei der Feststellung des Einheitswerts des Eigentümers nicht zu berücksichtigen und für den Nutzungsberechtigten als selbständiger Einheitswert festzustellen. Ist ein Einheitswert für land- und forstwirtschaftliches Vermögen des Nutzungsberechtigten festzustellen, so ist der Unterschiedsbetrag in diesen Einheitswert einzubeziehen.

§ 49 Verteilung des Einheitswerts

(1) In den Fällen des § 34 Abs. 4 ist der Einheitswert nur für die Zwecke anderer Steuern als der Grundsteuer nach § 216 Abs. 1 Nr. 2 der Reichsabgabenordnung zu verteilen. Bei der Verteilung wird für einen anderen Beteiligten als den Eigentümer des Grund und Bodens ein Anteil nicht festgestellt, wenn er weniger als 1000 Deutsche Mark beträgt. Die Verteilung unterbleibt, wenn die Anteile der anderen Beteiligten zusammen weniger als 1000 Deutsche Mark betragen. In den Fällen des § 34 Abs. 6 gelten die Sätze 1 bis 3 entsprechend.

(2) Soweit der Einheitswert des Eigentümers des Grund und Bodens unter Berücksichtigung von § 48a festgestellt ist, findet in den Fällen des § 34 Abs. 4 eine Verteilung nicht statt.

fett = Gesetz   schräg = DV   mager und gerade = Richtlinien

II. Besondere Vorschriften

a) Landwirtschaftliche Nutzung

§ 50 Ertragsbedingungen

(1) Bei der Beurteilung der natürlichen Ertragsbedingungen (§ 38 Abs. 2 Nr. 1 Buchstabe a) ist von den Ergebnissen der Bodenschätzung nach dem Bodenschätzungsgesetz auszugehen. Dies gilt auch für das Bodenartenverhältnis.

(2) Ist durch die natürlichen Verhältnisse ein anderes als das in der betreffenden Gegend regelmäßige Kulturartenverhältnis bedingt, so ist abweichend von § 38 Abs. 2 Nr. 2 das tatsächliche Kulturartenverhältnis maßgebend.

§ 51 Tierbestände

(1) Tierbestände gehören in vollem Umfang zur landwirtschaftlichen Nutzung, wenn im Wirtschaftsjahr

für die ersten 20 Hektar nicht mehr als 10 Vieheinheiten,

für die nächsten 10 Hektar nicht mehr als 7 Vieheinheiten,

für die nächsten 10 Hektar nicht mehr als 3 Vieheinheiten

und für die weitere Fläche nicht mehr als 1,5 Vieheinheiten

je Hektar der vom Inhaber des Betriebs regelmäßig landwirtschaftlich genutzten Flächen erzeugt oder gehalten werden. Die Tierbestände sind nach dem Futterbedarf in Vieheinheiten umzurechnen.

(2) Übersteigt die Anzahl der Vieheinheiten nachhaltig die in Absatz 1 bezeichnete Grenze, so gehören nur die Zweige des Tierbestands zur landwirtschaftlichen Nutzung, deren Vieheinheiten zusammen diese Grenze nicht überschreiten. Zunächst sind mehr flächenabhängige Zweige des Tierbestands und danach weniger flächenabhängige Zweige des Tierbestands zur landwirtschaftlichen Nutzung zu rechnen. Innerhalb jeder dieser Gruppen sind zuerst Zweige des Tierbestands mit der geringeren Anzahl von Vieheinheiten und dann Zweige mit der größeren Anzahl von Vieheinheiten zur landwirtschaftlichen Nutzung zu rechnen. Der Tierbestand des einzelnen Zweiges wird nicht aufgeteilt.

(3) Als Zweig des Tierbestands gilt bei jeder Tierart für sich
1. das Zugvieh,
2. das Zuchtvieh,
3. das Mastvieh,
4. das übrige Nutzvieh.
Das Zuchtvieh einer Tierart gilt nur dann als besonderer Zweig des Tierbestands, wenn die erzeugten Jungtiere überwiegend zum Verkauf bestimmt sind. Ist das nicht der Fall, so ist das Zuchtvieh dem Zweig des Tierbestands zuzurechnen, dem es überwiegend dient.

(4) Der Umrechnungsschlüssel für Tierbestände in Vieheinheiten sowie die Gruppen der mehr oder weniger flächenabhängigen Zweige des Tierbestands sind aus den Anlagen 1[1] und 2[1] zu entnehmen. Für die Zeit von einem nach dem 1. Januar 1964 liegenden Hauptfeststellungszeitpunkt an können der Umrechnungsschlüssel für Tierbestände in Vieheinheiten sowie die Gruppen der mehr oder weniger flächenabhängigen Zweige des Tierbestands durch Rechtsverordnung Änderungen der wirtschaftlichen Gegebenheiten, auf denen sie beruhen, angepaßt werden.

(5) Die Absätze 1 bis 4 gelten nicht für Pelztiere. Pelztiere gehören nur dann zur landwirtschaftlichen Nutzung, wenn die erforderlichen Futtermittel überwiegend von den vom Inhaber des Betriebs landwirtschaftlich genutzten Flächen gewonnen sind.

---

[1] Abgedruckt als Anlage zu § 51.

zweispaltig = Anlagen zu Durchführungsverordnung und Richtlinien

Anlagen zu § 51 BewG

a) Umrechnungsschlüssel für Tierbestände in Vieheinheiten (VE) nach dem Futterbedarf

– Anlage 1 BewG –

Tierart	1 Tier — ... VE	Tierart	1 Tier — ... VE
Pferde		Läufer	0,06
Pferde unter 3 Jahren	0,70	Zuchtschweine	0,33
Pferde 3 Jahre alt und älter	1,10	Mastschweine	0,16
Rindvieh		**Geflügel**	
Kälber und Jungvieh unter 1 Jahr	0,30		
Jungvieh 1 bis 2 Jahre alt	0,70	Legehennen	0,02
Zuchtbullen	1,20	(einschließlich einer normalen	
Zugochsen	1,20	Aufzucht zur Ergänzung des	
Kühe, Färsen, Masttiere	1,00	Bestandes)	
		Zuchtenten	0,04
Schafe		Zuchtputen	0,04
Schafe unter 1 Jahr	0,05	Zuchtgänse	0,04
Schafe 1 Jahr alt und älter	0,10	Jungmasthühner	0,0017
Ziegen	0,08	Junghennen	0,0017
		Mastenten	0,0033
Schweine		Mastputen	0,0067
Ferkel	0,02	Mastgänse	0,0067

b) Gruppen der Zweige des Tierbestands nach der Flächenabhängigkeit

– Anlage 2 BewG –

1. Mehr flächenabhängige Zweige des Tierbestands

Pferdehaltung,
Pferdezucht,
Schafzucht,
Schafhaltung,
Rindviehzucht,
Milchviehhaltung,
Rindviehmast.

2. Weniger flächenabhängige Zweige des Tierbestands

Schweinezucht,
Schweinemast,
Hühnerzucht,
Entenzucht,
Gänsezucht,
Putenzucht,
Legehennenhaltung,
Junghühnermast,
Entenmast,
Gänsemast,
Putenmast.

§ 51a Gemeinschaftliche Tierhaltung

(1) **Zur landwirtschaftlichen Nutzung gehört auch die Tierzucht und Tierhaltung von Erwerbs- und Wirtschaftsgenossenschaften (§ 97 Abs. 1 Nr. 2), von Gesellschaften, bei denen die Gesellschafter als Unternehmer (Mitunternehmer) anzusehen sind (§ 97 Abs. 1 Nr. 5), oder von Vereinen (§ 97 Abs. 2), wenn**

1. alle Gesellschafter oder Mitglieder

    a) Inhaber eines Betriebs der Land- und Forstwirtschaft mit selbstbewirtschafteten regelmäßig landwirtschaftlich genutzten Flächen sind,

    b) nach dem Gesamtbild der Verhältnisse hauptberuflich Land- und Forstwirte sind,

c) landwirtschaftliche Unternehmer im Sinne des § 1 Abs. 3 des Gesetzes über eine Altershilfe für Landwirte sind und dies durch eine Bescheinigung der zuständigen Altersklasse nachgewiesen wird und

d) die sich nach § 51 Abs. 1 für sie ergebende Möglichkeit zur landwirtschaftlichen Tiererzeugung oder Tierhaltung in Vieheinheiten ganz oder teilweise auf die Genossenschaft, die Gesellschaft oder den Verein übertragen haben;

2. die Anzahl der von der Genossenschaft, der Gesellschaft oder dem Verein im Wirtschaftsjahr erzeugten oder gehaltenen Vieheinheiten keine der nachfolgenden Grenzen nachhaltig überschreitet:

a) die Summe der sich nach Nummer 1 Buchstabe d ergebenden Vieheinheiten und

b) die Summe der Vieheinheiten, die sich nach § 51 Abs. 1 auf der Grundlage der Summe der von den Gesellschaftern oder Mitgliedern regelmäßig landwirtschaftlich genutzten Flächen ergibt;

3. die Betriebe der Gesellschafter oder Mitglieder nicht mehr als 40 km von der Produktionsstätte der Genossenschaft, der Gesellschaft oder des Vereins entfernt liegen.

Die Voraussetzungen der Nummer 1 Buchstabe d und der Nummer 2 sind durch besondere, laufend zu führende Verzeichnisse nachzuweisen.

(2) Der Anwendung des Absatzes 1 steht es nicht entgegen, wenn die dort bezeichneten Genossenschaften, Gesellschaften oder Vereine die Tiererzeugung oder Tierhaltung ohne regelmäßig landwirtschaftlich genutzte Flächen betreiben.

(3) Von den in Absatz 1 bezeichneten Genossenschaften, Gesellschaften oder Vereinen regelmäßig landwirtschaftlich genutzte Flächen sind bei der Ermittlung der nach Absatz 1 Nr. 2 maßgebenden Grenzen wie Flächen von Gesellschaftern oder Mitgliedern zu behandeln, die ihre Möglichkeit zur landwirtschaftlichen Tiererzeugung oder Tierhaltung im Sinne des Absatzes 1 Nr. 1 Buchstabe d auf die Genossenschaft, die Gesellschaft oder den Verein übertragen haben.

(4) Bei dem einzelnen Gesellschafter oder Mitglied der in Absatz 1 bezeichneten Genossenschaften, Gesellschaften oder Vereine ist § 51 Abs. 1 mit der Maßgabe anzuwenden, daß die in seinem Betrieb erzeugten oder gehaltenen Vieheinheiten mit den Vieheinheiten zusammenzurechnen sind, die im Rahmen der nach Absatz 1 Nr. 1 Buchstabe d übertragenen Möglichkeiten erzeugt oder gehalten werden.

(5) Die Vorschriften des § 51 Abs. 2 bis 4 sind entsprechend anzuwenden.

§ 52 Sonderkulturen

Hopfen, Spargel und andere Sonderkulturen sind als landwirtschaftliche Nutzungsteile (§ 37 Abs. 1) zu bewerten.

b) Forstwirtschaftliche Nutzung

§ 53 Umlaufende Betriebsmittel

Eingeschlagenes Holz gehört zum normalen Bestand an umlaufenden Betriebsmitteln, soweit es den jährlichen Nutzungssatz nicht übersteigt; bei Betrieben, die nicht jährlich einschlagen (aussetzende Betriebe), tritt an die Stelle des jährlichen Nutzungssatzes ein den Betriebsverhältnissen entsprechender mehrjähriger Nutzungssatz.

§ 54 Bewertungsstichtag

Abweichend von § 35 Abs. 1 sind für den Umfang und den Zustand des Bestandes an nicht eingeschlagenem Holz die Verhältnisse am Ende des Wirtschaftsjahres zugrunde zu legen, das dem Feststellungszeitpunkt vorangegangen ist.

§ 55 Ermittlung des Vergleichswerts

(1) Das vergleichende Verfahren ist auf Hochwald als Nutzungteil (§ 37 Abs. 1) anzuwenden.

(2) Die Ertragsfähigkeit des Hochwaldes wird vorweg für Nachhaltsbetriebe mit regelmäßigem Alters- oder Vorratsklassenverhältnis ermittelt und durch Normalwerte ausgedrückt.

(3) Normalwert ist der für eine Holzart unter Berücksichtigung des Holzertrags auf einen Hektar bezogene Ertragswert eines Nachhaltsbetriebs mit regelmäßigem Alters- oder Vorratsklassenverhältnis. Die Normalwerte werden für Bewertungsgebiete vom Bewertungsbeirat vorgeschlagen und durch Rechtsverordnung festgesetzt. Der Normalwert beträgt für die Hauptfeststellung auf den Beginn des Kalenderjahres 1964 höchstens 3200 Deutsche Mark (Fichte, Ertragsklasse I A, Bestockungsgrad 1,0).

(4) Die Anteile der einzelnen Alters- oder Vorratsklassen an den Normalwerten werden durch Hundertsätze ausgedrückt. Für jede Alters- oder Vorratsklasse ergibt sich der Hundertsatz aus dem Verhältnis ihres Abtriebswerts zum Abtriebwert des Nachhaltsbetriebs mit regelmäßigem Alters- oder Vorratsklassenverhältnis. Die Hundertsätze werden einheitlich für alle Bewertungsgebiete durch Rechtsordnung festgesetzt. Sie betragen für die Hauptfeststellung auf den Beginn des Kalenderjahres 1964 höchstens 260 vom Hundert der Normalwerte.

(5) Ausgehend von den nach Absatz 3 festgesetzten Normalwerten wird für die forstwirtschaftliche Nutzung des einzelnen Betriebs der Ertragswert (Vergleichswert) abgeleitet. Dabei werden die Hundertsätze auf die Alters- oder Vorratsklassen angewendet.

(6) Der Wert der einzelnen Alters- oder Vorratsklasse beträgt mindestens 50 Deutsche Mark je Hektar.

(7) Mittelwald und Niederwald sind mit 50 Deutsche Mark je Hektar anzusetzen.

(8) Zur Förderung der Gleichmäßigkeit der Bewertung wird, ausgehend von den Normalwerten des Bewertungsgebiets nach Absatz 3, durch den Bewertungsbeirat (§§ 63 bis 66) für den forstwirtschaftlichen Nutzungsteil Hochwald in einzelnen Betrieben mit gegendüblichen Ertragsbedingungen (Hauptbewertungsstützpunkte) der Vergleichswert vorgeschlagen und durch Rechtsverordnung festgesetzt.

(9) Zur Berücksichtigung der rückläufigen Reinerträge sind die nach Absatz 5 ermittelten Ertragswerte (Vergleichswerte) um 40 vom Hundert zu vermindern; Absätze 6 und 7 bleiben unberührt.

c) Weinbauliche Nutzung

§ 56 Umlaufende Betriebsmittel

Bei ausbauenden Betrieben zählen die Vorräte an Weinen aus der letzten und der vorletzten Ernte vor dem Bewertungsstichtag zum normalen Bestand an umlaufenden Betriebsmitteln. Für die Weinvorräte aus der vorletzten Ernte

vor dem Bewertungsstichtag gilt dies jedoch nur, soweit sie nicht auf Flaschen gefüllt sind. Abschläge für Unterbestand an Vorräten dieser Art sind nicht zu machen.

§ 57 Bewertungsstützpunkte

Als Bewertungsstützpunkte dienen Weinbaulagen oder Teile von Weinbaulagen.

§ 58 Innere Verkehrslage

Bei der Berücksichtigung der inneren Verkehrslage sind abweichend von § 38 Abs. 2 Nr. 1 nicht die tatsächlichen Verhältnisse, sondern die in der Weinbaulage regelmäßigen Verhältnisse zugrunde zu legen; § 41 ist entsprechend anzuwenden.

d) Gärtnerische Nutzung

§ 59 Bewertungsstichtag

(1) Die durch Anbau von Baumschulgewächsen genutzte Betriebsfläche wird abweichend von § 35 Abs. 1 nach den Verhältnissen an dem 15. September bestimmt, der dem Feststellungszeitpunkt vorangegangen ist.

(2) Die durch Anbau von Gemüse, Blumen und Zierpflanzen genutzte Betriebsfläche wird abweichend von § 35 Abs. 1 nach den Verhältnissen an dem 30. Juni bestimmt, der dem Feststellungszeitpunkt vorangegangen ist.

§ 60 Ertragsbedingungen

(1) Bei der Beurteilung der natürlichen Ertragsbedingungen (§ 38 Abs. 2 Nr. 1 Buchstabe a) ist von den Ergebnissen der Bodenschätzung nach dem Bodenschätzungsgesetz auszugehen.

(2) Hinsichtlich der ertragsteigernden Anlagen, insbesondere der überdachten Anbauflächen, sind – abweichend von § 38 Abs. 2 Nr. 2 – die tatsächlichen Verhältnisse des Betriebs zugrunde zu legen.

§ 61 Anwendung des vergleichenden Verfahrens

Das vergleichende Verfahren ist auf Gemüse-, Blumen- und Zierpflanzenbau, auf Obstbau und auf Baumschulen als Nutzungsteile (§ 37 Abs. 1 Satz 2) anzuwenden.

e) Sonstige land- und forstwirtschaftliche Nutzung

§ 62 Arten und Bewertung der sonstigen land- und forstwirtschaftlichen Nutzung

(1) Zur sonstigen land- und forstwirtschaftlichen Nutzung gehören insbesondere

1. die Binnenfischerei,
2. die Teichwirtschaft,
3. die Fischzucht für Binnenfischerei und Teichwirtschaft,
4. die Imkerei,
5. die Wanderschäferei,
6. die Saatzucht.

zweispaltig = Anlagen zu Durchführungsverordnung und Richtlinien

(2) Für die Arten der sonstigen land- und forstwirtschaftlichen Nutzung werden im vergleichenden Verfahren abweichend von § 38 Abs. 1 keine Vergleichszahlen, sondern unmittelbar Vergleichswerte ermittelt.

III. Bewertungsbeirat, Gutachterausschuß

§ 63 Bewertungsbeirat

(1) Beim Bundesministerium der Finanzen wird ein Bewertungsbeirat gebildet.

(2) Der Bewertungsbeirat gliedert sich in eine landwirtschaftliche Abteilung, eine forstwirtschaftliche Abteilung, eine Weinbauabteilung und eine Gartenbauabteilung. Die Gartenbauabteilung besteht aus Unterabteilungen für Blumen- und Gemüsebau, für Obstbau und für Baumschulen.

(3) Der Bewertungsbeirat übernimmt auch die Befugnisse des Reichsschätzungsbeirats nach dem Bodenschätzungsgesetz.

§ 64 Mitglieder

(1) Dem Bewertungsbeirat gehören an

1. in jeder Abteilung und Unterabteilung:
   a) der Bundesminister der Finanzen oder ein von ihm beauftragter Beamter des Bundesministeriums der Finanzen als Vorsitzender,
   b) ein vom Bundesminister für Ernährung, Landwirtschaft und Forsten beauftragter Beamter des Bundesministeriums für Ernährung, Landwirtschaft und Forsten;
2. in der landwirtschaftlichen Abteilung sieben Mitglieder;
3. in der forstwirtschaftlichen Abteilung und in der Weinbauabteilung je sieben Mitglieder;
4. in der Gartenbauabteilung drei Mitglieder mit allgemeiner Sachkunde, zu denen für jede Unterabteilung zwei weitere Mitglieder mit besonderer Fachkenntnis hinzutreten.

(2) Nach Bedarf können weitere Mitglieder berufen werden.

(3) Die Mitglieder nach Absatz 1 Nr. 2 bis 4 und nach Absatz 2 werden auf Vorschlag des Bundesrates durch den Bundesminister der Finanzen im Einvernehmen mit dem Bundesminister für Ernährung, Landwirtschaft und Forsten berufen. Die Berufung kann mit Zustimmung des Bundesrates zurückgenommen werden. Scheidet eines der nach Absatz 1 Nr. 2 bis 4 berufenen Mitglieder aus, so ist ein neues Mitglied zu berufen. Die Mitglieder müssen sachkundig sein.

(4) Die nach Absatz 3 berufenen Mitglieder haben bei den Verhandlungen des Bewertungsbeirats ohne Rücksicht auf Sonderinteressen nach bestem Wissen und Gewissen zu verfahren. Sie dürfen den Inhalt der Verhandlungen des Bewertungsbeirats sowie die Verhältnisse der Steuerpflichtigen, die ihnen im Zusammenhang mit ihrer Tätigkeit auf Grund dieses Gesetzes bekanntgeworden sind, nicht unbefugt offenbaren und Geheimnisse, insbesondere Betriebs- oder Geschäftsgeheimnisse, nicht unbefugt verwerten. Sie werden bei Beginn ihrer Tätigkeit von dem Vorsitzenden des Bewertungsbeirats durch Handschlag verpflichtet, diese Obliegenheiten gewissenhaft zu erfüllen. Über diese Verpflichtung ist eine Niederschrift aufzunehmen, die von dem Verpflichteten mit unterzeichnet wird. Auf Zuwiderhandlungen sind die Vorschriften über das Steuergeheimnis und die Strafbarkeit seiner Verletzung entsprechend anzuwenden.*

---

* Amtl. Anm.: Bis zum 31. Dezember 1974 gilt § 64 Abs. 4 letzter Satz in der folgenden Fassung: „Auf Zuwiderhandlungen sind die §§ 22 und 400 der Reichsabgabenordnung entsprechend anzuwenden."

§ 65 Aufgaben

Der Bewertungsbeirat hat die Aufgabe, Vorschläge zu machen

1. für die durch besonderes Gesetz festzusetzenden Ertragswerte (§ 40 Abs. 1),
2. für die durch Rechtsverordnung festzusetzenden Vergleichszahlen (§ 39 Abs. 1) und Vergleichswerte (§ 55 Abs. 8) der Hauptbewertungsstützpunkte,
3. für die durch Rechtsverordnung festzusetzenden Normalwerte und Ertragswerte der forstwirtschaftlichen Nutzung für Bewertungsgebiete (§ 55 Abs. 3).

§ 66 Geschäftsführung

(1) Der Vorsitzende führt die Geschäfte des Bewertungsbeirats und leitet die Verhandlungen. Der Bundesminister der Finanzen kann eine Geschäftsordnung für den Bewertungsbeirat erlassen.

(2) Die einzelnen Abteilungen und Unterabteilungen des Bewertungsbeirats sind beschlußfähig, wenn mindestens zwei Drittel der Mitglieder anwesend sind. Bei Abstimmung entscheidet die Stimmenmehrheit, bei Stimmengleichheit die Stimme des Vorsitzenden.

(3) Der Bewertungsbeirat hat seinen Sitz am Sitz des Bundesministeriums der Finanzen. Er hat bei Durchführung seiner Aufgaben die Befugnisse, die den Finanzämtern im Steuerermittlungsverfahren zustehen.

(4) Die Verhandlungen des Bewertungsbeirats sind nicht öffentlich. Der Bewertungsbeirat kann nach seinem Ermessen Sachverständige hören; § 64 Abs. 4 gilt entsprechend.

§ 67 Gutachterausschuß

(1) Zur Förderung der Gleichmäßigkeit der Bewertung des land- und forstwirtschaftlichen Vermögens in den Ländern, insbesondere durch Bewertung von Landes-Bewertungsstützpunkten, wird bei jeder Oberfinanzdirektion ein Gutachterausschuß gebildet. Bei jedem Gutachterausschuß ist eine landwirtschaftliche Abteilung zu bilden. Weitere Abteilungen können nach Bedarf entsprechend der Gliederung des Bewertungsbeirats (§ 63) gebildet werden.

(2) Die landwirtschaftliche Abteilung des Gutachterausschusses übernimmt auch die Befugnisse des Landesschätzungsbeirats nach dem Bodenschätzungsgesetz.

(3) Dem Gutachterausschuß oder jeder seiner Abteilungen gehören an

1. der Oberfinanzpräsident oder ein von ihm beauftragter Angehöriger seiner Behörde als Vorsitzender,
2. ein von der für die Land- und Forstwirtschaft zuständigen obersten Landesbehörde beauftragter Beamter,
3. fünf sachkundige Mitglieder, die durch die für die Finanzverwaltung zuständige oberste Landesbehörde im Einvernehmen mit der für die Land- und Forstwirtschaft zuständigen obersten Landesbehörde berufen werden. Die Berufung kann zurückgenommen werden. § 64 Abs. 2 und 4 gelten entsprechend.

(4) Der Vorsitzende führt die Geschäfte des Gutachterausschusses und leitet die Verhandlungen. Die Verhandlungen sind nicht öffentlich. Für die Beschlußfähigkeit und die Abstimmung gilt § 66 Abs. 2 entsprechend.

C. Grundvermögen

Zum Abschnitt C. Grundvermögen (§§ 68–94) siehe „Handbuch zur Hauptfeststellung der Einheitswerte des Grundvermögens 1964".

zweispaltig = Anlagen zu Durchführungsverordnung und Richtlinien

BewG

D. Betriebsvermögen

§ 95 Begriff des Betriebsvermögens

(1) **Zum Betriebsvermögen gehören alle Teile einer wirtschaftlichen Einheit, die dem Betrieb eines Gewerbes als Hauptzweck dient, soweit die Wirtschaftsgüter dem Betriebsinhaber gehören (gewerblicher Betrieb).**

(2) **Als Gewerbe im Sinn des Gesetzes gilt auch die gewerbliche Bodenbewirtschaftung, z. B. der Bergbau und die Gewinnung von Torf, Steinen und Erden.**

(3) **Als Gewerbe gilt unbeschadet des § 97 nicht die Land- und Forstwirtschaft, wenn sie den Hauptzweck des Unternehmens bildet.**

VStR

4. Steuerbilanz und Vermögensaufstellung

Die Steuerbilanz ist die für die Gewinnermittlung nach dem Einkommensteuergesetz oder dem Körperschaftsteuergesetz maßgebende Bilanz. Für die Ermittlung des Einheitswerts des gewerblichen Betriebs ist unter Berücksichtigung der zur Vermögensbesteuerung ergangenen Vorschriften eine besondere Aufstellung über die innerhalb des Gewerbebetriebs am Bewertungsstichtag (§ 106 BewG 1965) vorhandenen Besitz- und Schuldposten zu fertigen. Diese Aufstellung wird als „Vermögensaufstellung" bezeichnet.

5. Umfang des Betriebsvermögens

(1) Das Betriebsvermögen eines Steuerpflichtigen umfaßt in der Regel nur die Wirtschaftsgüter, die ihm gehören, d. h. rechtlich sein Eigentum sind. Es sind jedoch die Vorschriften des § 11 StAnpG[1] zu beachten, wonach in bestimmten Fällen Wirtschaftsgüter nicht dem rechtlichen Eigentümer, sondern einer anderen Person zuzurechnen sind. Die Annahme wirtschaftlichen Eigentums setzt die tatsächliche Herrschaft an bestimmten Wirtschaftsgütern voraus (BFH-Urteil vom 6. 8. 1971, BStBl. 1972 II S. 28)[2].

(2) Wirtschaftsgüter, die im Alleineigentum eines Ehegatten stehen, aber den Zwecken des Gewerbebetriebs des anderen Ehegatten zu mehr als 50 v. H. dienen, sind in den Einheitswert des Betriebsvermögens einzubeziehen, wenn das Vermögen der Ehegatten nach § 119 Abs. 1 BewG zusammenzurechnen ist. Ein Grundstück, das im Alleineigentum eines Ehegatten steht, aber zu mehr als 50 v. H. dem Betrieb einer Personengesellschaft dient, an welcher nur der andere Ehegatte als Gesellschafter beteiligt ist, ist nach der Bilanzbündeltheorie als Betriebsgrundstück dem Gewerbebetrieb der Personengesellschaft zuzurechnen (BFH-Urteil vom 29. 10. 1973, BStBl. 1974 II S. 79). Eine Forderung, die der Ehegatte eines Gesellschafters gegen die Gesellschaft hat, kann nicht als Wirtschaftsgut der Gesellschaft behandelt werden; denn betriebliche Schulden gegenüber dem Ehegatten des Betriebsinhabers sind bei der Ermittlung des Betriebsvermögens abzugsfähig (BFH-Urteil vom 12. 11. 1971, BStBl. 1972 II S. 210)[3]. Das gilt auch für eine stille Beteiligung des Ehegatten (BFH-Urteil vom 31. 10. 1969, BStBl. 1970 II S. 197)[4]. Wirtschaftsgüter der Kinder können dem Betriebsvermögen

---

[1] Abgedruckt als Anlage a zu Abschn. 113 VStR.
[2] Vgl. DStR 1972 S. 53 Nr. 32 = BFH-N Nr. 3 zu § 11 StAnpG.
[3] Vgl. DStR 1972 S. 222 Nr. 170 = BFH-N Nr. 34 zu § 62 Abs. 1 BewG.
[4] Vgl. BFH-N Nr. 23 zu § 62 BewG.

der Eltern nicht zugerechnet werden; es ist jedoch zu prüfen, ob solche Wirtschaftsgüter wirtschaftliches Eigentum der Eltern sind. Bei fortgesetzter Gütergemeinschaft ist das Gesamtgut nach § 120 BewG 1965 dem Vermögen des überlebenden Ehegatten zuzurechnen (BVerfG-Beschluß vom 16. 12. 1970, BStBl. 1971 II S. 381)[1]. Das gilt nach § 26 Nr. 2 BewG 1965 auch für die zu einem gewerblichen Betrieb gehörenden Wirtschaftsgüter.

(2a) Verbindlichkeiten aus Maßnahmen zur Zukunftssicherung für den Arbeitnehmerehegatten, die im Rahmen eines Arbeitsverhältnisses zwischen Ehegatten vereinbart werden, sind bei der Ermittlung des Betriebsvermögens abzugsfähig, soweit sie auch bei der Gewinnermittlung nach dem Einkommensteuergesetz berücksichtigt werden können.

(3) Die Wirtschaftsgüter müssen dem Betrieb als Hauptzweck dienen. Notwendiges Betriebsvermögen dient dem Betrieb stets als Hauptzweck; notwendiges Privatvermögen kann dem Betrieb nicht als Hauptzweck dienen. Wirtschaftsgüter, die weder zum notwendigen Betriebsvermögen noch zum notwendigen Privatvermögen gehören, sind zum Betriebsvermögen zu rechnen, wenn sie zu mehr als 50 v. H. dem Betrieb dienen. Diese Voraussetzung gilt stets als erfüllt, wenn ein Wirtschaftsgut bei der Einkommensbesteuerung als Betriebsvermögen behandelt worden ist. Wirtschaftsgüter, die dazu bestimmt sind, sowohl einem gewerblichen Betrieb als auch einem Betrieb der Land- und Forstwirtschaft desselben Inhabers dauernd zu dienen, sind den beiden Betrieben anteilmäßig zuzurechnen.

(4) Schulden und Forderungen zwischen mehreren Betrieben eines Steuerpflichtigen sind anzuerkennen, wenn sie aus dem laufenden Geschäftsverkehr zwischen diesen Betrieben entstanden sind.

6. Verpachtete gewerbliche Betriebe

(1) Bewertungsrechtlich ist ein verpachtetes gewerbliches Unternehmen i. S. des GewStG (BFH-Urteil vom 8. 12. 1972, BStBl. 1973 II S. 357[2]; vgl. auch Abschnitt 9 Abs. 2) immer dann ein gewerblicher Betrieb des Verpächters, wenn die wesentlichen Betriebsgegenstände (Gegenstände des Anlagevermögens) mitverpachtet sind (BFH-Urteil vom 8. 5. 1953, BStBl. III S. 194), und zwar unabhängig davon, wie der Verpächter das ertragsteuerlich bedeutsame Wahlrecht gemäß Abschnitt 139 Abs. 4 EStR ausgeübt hat. Sind dagegen nur einzelne Betriebsgegenstände verpachtet, so ist ein gewerblicher Betrieb nicht anzunehmen (BFH-Urteil vom 24. 2. 1967, BStBl. III S. 362).[3] Das gilt selbst dann, wenn der gewerbliche Betrieb des Pächters im wesentlichen nur aus den überlassenen Betriebsgegenständen besteht (BFH-Urteil vom 5. 9. 1958, BStBl. 1959 III S. 74).

(2) Bei einer Betriebsaufspaltung bleiben die Gegenstände des Anlagevermögens, die von dem bisherigen Betriebsinhaber an eine zur Fortführung des Betriebs gegründete Kapitalgesellschaft vermietet oder verpachtet werden, auch dann Betriebsvermögen, wenn die verpachteten Wirtschaftsgüter zwar nicht die wesentliche Betriebsgrundlage darstellen, der bisherige Betriebsinhaber aber maßgebend an der Kapitalgesellschaft beteiligt ist (BFH-Urteil vom 22. 1. 1954, BStBl. III S. 91). Auch die Anteile an der Kapitalgesellschaft gehören zu seinem Betriebsvermögen (BFH-Urteil vom 13. 1. 1961, BStBl. III S. 333). Diese Grundsätze gelten auch für die Fälle der uneigentlichen Betriebsaufspaltung (BFH-Urteile vom 14. 11. 1969, BStBl. 1970 II S. 302[4] und vom 12. 12. 1969, BStBl. 1970 II S. 395[5], vgl. auch den zur Ertragsbesteuerung ergangenen BVerfG-Beschluß vom 14. 1. 1969, BStBl. II S. 389)[6].

---

[1] Vgl. BFH-N Nr. 2 zu § 76 BewG.
[2] Vgl. DStR 1973 S. 283 Nr. 247 = BFH-N Nr. 3 zu § 56 Abs. 1 Nr. 5 BewG.
[3] Vgl. DStR 1967 S. 393 Nr. 337 = BFH-N Nr. 3 zu § 54 BewG.
[4] Vgl. BFH-N Nr. 1 zu § 54 BewG.
[5] Vgl. DStR 1970 S. 382 Nr. 263 = BFH-N Nr. 9 zu § 54 BewG.
[6] Vgl. BFH-N Nr. 15 zu § 2 Abs. 1 GewStG.

(3) Die bloße Nutzung von Grundvermögen, z. B. die Vermietung von Gebäuden zu Wohnzwecken oder zu Betriebszwecken, stellt in der Regel keinen gewerblichen Betrieb dar. Bei Vermietung von Ausstellungsräumen, bei ständig wechselnder kurzfristiger Vermietung von Sälen, u. U. auch bei Vermietung von Bürohäusern und Läden kann jedoch ein gewerblicher Betrieb gegeben sein (RFH-Urteil vom 17. 2. 1944, RStBl. S. 588, und BFH-Urteil vom 22. 3. 1963, BStBl. III S. 322). Auch die Vermietung von Ferienwohnungen kann nach Lage des Einzelfalls unter Berücksichtigung der beim jeweiligen Wohnungseigentümer vorliegenden besonderen Umstände einen Gewerbebetrieb darstellen. Eine für die Ertragsbesteuerung ergangene Entscheidung kann in der Regel übernommen werden.

7. Wirtschaftlicher Geschäftsbetrieb

Der Begriff des wirtschaftlichen Geschäftsbetriebs umfaßt den Gewerbebetrieb, den land- und forstwirtschaftlichen Betrieb und den sonstigen wirtschaftlichen Geschäftsbetrieb. Das Vermögen einer Körperschaft, das einem sonstigen wirtschaftlichen Geschäftsbetrieb dient, der wegen fehlender Gewinnerzielungsabsicht nicht als Gewerbebetrieb anzusehen ist, ist wie Betriebsvermögen zu behandeln. Dies gilt nicht, soweit die Voraussetzungen für die Zurechnung zu einer anderen Vermögensart erfüllt sind (vgl. auch § 6 Abs. 2 GemV[1] und § 8 Abs. 1 GewStDV).

7a. Gewerbebetriebe von juristischen Personen des öffentlichen Rechts

Gewerbebetriebe im Sinne des Gewerbesteuergesetzes von juristischen Personen des öffentlichen Rechts, auch wenn sie verpachtet sind, sowie Anteile einer juristischen Person des öffentlichen Rechts an einer Personengesellschaft, die einen Gewerbebetrieb unterhält, bilden einen selbständigen Steuergegenstand (§ 1 Abs. 1 Nr. 2 Buchstabe g VStG). Vgl. hierzu Abschnitt 105.

---

[1] Abgedruckt als Anlage b zu Abschnitt 113 VStR.

BewG

§ 96 Freie Berufe

(1) **Dem Betrieb eines Gewerbes im Sinn dieses Gesetzes steht die Ausübung eines freien Berufes im Sinn des § 18 Abs. 1 Nr. 1 des Einkommensteuergesetzes gleich. Das gilt nicht für eine selbständig ausgeübte künstlerische oder wissenschaftliche Tätigkeit, die sich auf schöpferische oder forschende Tätigkeit, Lehr-, Vortrags- und Prüfungstätigkeit oder auf schriftstellerische Tätigkeit beschränkt. § 97 bleibt unberührt.**

(2) **Dem Betrieb eines Gewerbes steht die Tätigkeit als Einnehmer einer staatlichen Lotterie gleich, soweit die Tätigkeit nicht schon im Rahmen eines Gewerbebetriebes ausgeübt wird.**

VStR

8. Freie Berufe

(1) Die Ausübung eines freien Berufs ist kein Gewerbebetrieb; sie ist aber durch die Vorschrift des § 96 BewG 1965 für die Einheitsbewertung abweichend von der Behandlung bei der Gewerbesteuer dem Betrieb eines Gewerbes gleichgestellt. Diese Gleichstellung gilt jedoch nicht für die rein künstlerische und die rein wissenschaftliche Tätigkeit. Als solche ist z. B. anzusehen die Tätigkeit von Komponisten, Kunstmalern, Dichtern, Schriftstellern, Wissenschaftlern, Architekten und ähnlichen Berufen, wenn es sich ausschließlich um eine freischaffende Tätigkeit von künstlerischem oder wissenschaftlichem Wert handelt. Die Verwertung der selbstgeschaffenen Kunstwerke allein (z. B. der Maler verkauft seine Bilder, der Komponist läßt seine Werke aufführen) schließt die Beschränkung auf die rein künstlerische oder schöpferische Tätigkeit nicht aus. Die über einen geringen Umfang hinausgehende entgeltliche Gutachtertätigkeit als Sachverständiger ist dagegen nicht mehr als reine Kunst oder Wissenschaft anzusehen.

(2) Zu dem einer freien Berufstätigkeit dienenden Betriebsvermögen gehören auch Bargeld und Bankguthaben, die aus der freien Berufstätigkeit herrühren, soweit nicht über die Beträge nachweisbar vor dem Bewertungsstichtag für private Ausgaben verfügt worden ist (BFH-Urteil vom 11. 6. 1971, BStBl. II S. 682)[1], und Honoraransprüche, die am Bewertungsstichtag entstanden sind, und zwar unabhängig von der Art der Gewinnermittlung. Der Honoraranspruch ist in dem Zeitpunkt entstanden, in dem der freiberuflich Tätige die von ihm zu erbringende Leistung vollendet hat. Honoraransprüche für Teilleistungen sind insoweit entstanden, als auf ihre Vergütung nach einer Gebührenordnung oder auf Grund von Sonderabmachungen zwischen den Beteiligten ein Anspruch besteht (BFH-Urteil vom 13. 3. 1964, BStBl. III S. 297)[2]. Zum Betriebsvermögen eines freiberuflich tätigen Arztes gehören auch solche Forderungen aus einer kassenärztlichen Vereinigung, die aus der Behandlung von Kassenpatienten des IV. Jahresquartals herrühren, gleichgültig, ob die jeweilige Einzelbehandlung am 31. Dezember abgeschlossen war oder nicht (BFH-Urteil vom 14. 5. 1965, BStBl. III S. 438).[3]

(3) Das Vermögen, das der selbständigen Ausübung einer rein künstlerischen oder rein wissenschaftlichen Tätigkeit dient, ist nicht zum Betriebsvermögen, sondern zum sonstigen Vermögen (vgl. auch § 110 Abs. 1 Nr. 5 und 12, § 111 Nr. 10 BewG 1965) zu rechnen. Ein Einheitswert ist nicht festzustellen.

---

[1] Vgl. DStR 1971 S. 703 Nr. 512 = BFH-N Nr. 1 zu § 55 BewG.
[2] Vgl. DStR 1964 S. 401 Nr. 312.
[3] Vgl. DStR 1965 S. 469 Nr. 280.

BewG

§ 97 Betriebsvermögen von Körperschaften, Personenvereinigungen und Vermögensmassen

(1) Einen gewerblichen Betrieb bilden insbesondere alle Wirtschaftsgüter, die den folgenden Körperschaften, Personenvereinigungen und Vermögensmassen gehören, wenn diese ihre Geschäftsleitung oder ihren Sitz im Inland haben:

1. Kapitalgesellschaften (Aktiengesellschaften, Kommanditgesellschaften auf Aktien, Gesellschaften mit beschränkter Haftung, Kolonialgesellschaften, bergrechtlichen Gewerkschaften);
2. Erwerbs- und Wirtschaftsgenossenschaften;
3. Versicherungsvereinen auf Gegenseitigkeit;
4. Kreditanstalten des öffentlichen Rechts;
5. offenen Handelsgesellschaften, Kommanditgesellschaften und ähnlichen Gesellschaften, bei denen die Gesellschafter als Unternehmer (Mitunternehmer) anzusehen sind.

§ 34 Abs. 6a und § 51a bleiben unberührt.

(2) Einen gewerblichen Betrieb bilden auch die Wirtschaftsgüter, die den sonstigen juristischen Personen des privaten Rechts, den nichtrechtsfähigen Vereinen, Anstalten, Stiftungen und anderen Zweckvermögen gehören, soweit sie einem wirtschaftlichen Geschäftsbetrieb (ausgenommen Land- und Forstwirtschaft) dienen.

(3) Bei allen Körperschaften, Personenvereinigungen und Vermögensmassen, die weder ihre Geschäftsleitung noch ihren Sitz im Inland haben, bilden nur die Wirtschaftsgüter einen gewerblichen Betrieb, die zum inländischen Betriebsvermögen gehören (§ 121 Abs. 2 Nr. 3).

§ 98 Arbeitsgemeinschaften

Die Vorschrift des § 97 Abs. 1 Nr. 5 gilt nicht für Arbeitsgemeinschaften, deren alleiniger Zweck sich auf die Erfüllung eines einzigen Werkvertrags oder Werklieferungsvertrags beschränkt, es sei denn, daß bei Abschluß des Vertrags anzunehmen ist, daß er nicht innerhalb von drei Jahren erfüllt wird. Die Wirtschaftsgüter, die den Arbeitsgemeinschaften gehören, werden anteilig den Betrieben der Beteiligten zugerechnet.

VStR

9. Körperschaften, Personenvereinigungen und Vermögensmassen

(1) Alle Wirtschaftsgüter, die den in § 97 Abs. 1 Nr. 1 bis 4 BewG aufgeführten Körperschaften gehören, sind zu einer wirtschaftlichen Einheit des Betriebsvermögens zusammenzufassen. Das gleiche gilt für die in § 97 Abs. 1 Nr. 5 BewG aufgeführten Personengesellschaften, wenn sie ein Gewerbe im Sinne des Gewerbesteuergesetzes betreiben (BFH-Urteil vom 8. 12. 1972, BStBl. 1973 II S. 357)[1]. Unerheblich ist es, ob die Wirtschaftsgüter dem gewerblichen Betrieb tatsächlich dienen. Dies gilt auch hinsichtlich der Verpachtung eines Betriebs der Körperschaft usw. Wegen der Verpachtung des Betriebs einer Personengesellschaft vgl. BFH-Urteil vom 8. 5. 1953 (BStBl. III S. 194). Unterhält eine Personengesellschaft keinen Gewerbebetrieb im Sinne des Gewerbesteuergesetzes, so ist zur Durchführung der Besteuerung der einzelnen Beteiligten an Stelle der gesonderten Feststellung eines Einheitswerts für ihr Vermögen eine einheitliche Ermittlung des Vermögens nach Abschnitt 20a vorzu-

---

[1] Vgl. DStR 1973 S. 283 Nr. 247 = BFH-N Nr. 3 zu § 56 Abs. 1 Nr. 5 BewG.

nehmen. Wegen der Ermittlung des Betriebsvermögens bei Genossenschaften vgl. Abschnitte 130 und 131, bei Vereinen und Stiftungen Abschnitt 13 und bei Personengesellschaften Abschnitte 14 bis 17.

(2) Trotz der bei Körperschaften bestehenden verwaltungsmäßigen Verbindung der Feststellung des Einheitswerts und der Veranlagung der Vermögensteuer muß eine Trennung zwischen der Feststellung des Einheitswerts und der Vermögensteuerveranlagung vorgenommen und ein Einheitswert des gewerblichen Betriebs ausdrücklich festgestellt werden (BFH-Urteil vom 18. 9. 1953, BStBl. III S. 328).

(3) Bei Genossenschaften und Personengesellschaften, die als sog. Tierhaltungskooperationen die Voraussetzungen der §§ 34 Abs. 6a und 51a BewG erfüllen, bilden die zur Tierhaltung gehörenden Wirtschaftsgüter nicht einen gewerblichen Betrieb, sondern einen Betrieb der Land- und Forstwirtschaft.

10. Kapitalgesellschaften; steuerliche Rechtsfähigkeit

(1) Die steuerliche Rechtsfähigkeit einer Kapitalgesellschaft (§ 97 Abs. 1 Nr. 1 BewG) beginnt, sobald der Gesellschaftsvertrag abgeschlossen oder die Satzung beschlossen und Vermögen auf die Gesellschaft übertragen worden ist (BFH-Urteil vom 16. 5. 1952, BStBl. III S. 180). Voraussetzung ist nicht, daß der Betrieb aufgenommen ist. Ist die Gründergesellschaft eine Gesellschaft des bürgerlichen Rechts, so ist für den Beginn der Steuerpflicht noch eine nach außen in Erscheinung tretende geschäftliche Tätigkeit erforderlich (BFH-Urteil vom 8. 4. 1960, BStBl. III S. 319). Eine derartige Tätigkeit ist bereits in der Eröffnung eines Kontos auf den Namen der Gründergesellschaft zu sehen. Die Gründergesellschaft bildet zusammen mit der später eingetragenen Kapitalgesellschaft das gleiche Rechtssubjekt (vgl. hierzu auch OFH-Urteil vom 11. 8. 1948, Bd. 54 S. 263).

(2) Die steuerliche Rechtsfähigkeit einer Kapitalgesellschaft endet mit dem Wegfall ihres Vermögens. Im Falle einer Abwicklung des Vermögens (Liquidation) kann die Löschung im Handelsregister als Zeitpunkt des Wegfalls der steuerlichen Rechtsfähigkeit angesehen werden. Für die Fälle der Übertragung des Vermögens im ganzen unter Ausschluß der Abwicklung (Verschmelzung, Umwandlung) wird auf das Gesetz über steuerliche Maßnahmen bei Änderung der Unternehmensform vom 14. 8. 1969 (Bundesgesetzbl. I S. 1163, BStBl. I S. 498)[1], das Gesetz zur Ergänzung der handelsrechtlichen Vorschriften über die Änderung der Unternehmensform vom 15. 8. 1969 (Bundesgesetzbl. I S. 1171, BStBl. I S. 456) und das Umwandlungsgesetz in der Fassung der Bekanntmachung vom 6. 11. 1969 (Bundesgesetzbl. I S. 2081, BStBl. I S. 806) hingewiesen.

11. Kapitalgesellschaften; Umfang des Betriebsvermögens

(1) Bei nicht in voller Höhe eingezahltem Grund- oder Stammkapital gehört der Anspruch auf das Restkapital zum Betriebsvermögen und ist wie jede andere Forderung zu bewerten. Die Forderung ist mit Null DM zu bewerten, wenn mit der Einforderung nicht zu rechnen ist (BFH-Urteil vom 13. 5. 1960, BStBl. III S. 400).

(2) Zum Betriebsvermögen gehören auch Darlehen, die als „verdeckte Beteiligungen" am Gesellschaftskapital anzusehen sind. Die Frage, ob eine „verdeckte Beteiligung" vorliegt, ist wie bei der Körperschaftsteuer zu entscheiden. Vgl. BFH-Urteil vom 22. 2. 1974, BStBl. II S. 330 und die darin angeführten Urteile der Ertragsteuersenate.

(3) Besitzt eine Kapitalgesellschaft eigene Aktien oder eigene Geschäftsanteile, die sie erworben hat, nachdem sie bereits im Verkehr gewesen waren, so gehören sie zum

---

[1] Abgedruckt im „Handbuch zur KSt-Veranlagung", Anhang I Nr. 2.

Betriebsvermögen (BFH-Urteil vom 22. 4. 1960, BStBl. III S. 364). Dies gilt auch dann, wenn ein Gesellschafter diese Anteile der Gesellschaft unentgeltlich überlassen hat oder wenn es sich nicht um gewöhnliche Stammaktien, sondern um Vorratsaktien handelt (RFH-Urteil vom 9. 1. 1931, RStBl. S. 274). Entsprechend sind eigene Kuxe einer bergrechtlichen Gewerkschaft zu behandeln. Dagegen sind Eigenanteile, die eingezogen werden sollen oder nach den Verhältnissen vom Stichtag unveräußerlich sind (BFH-Urteil vom 5. 6. 1970, BStBl. II S. 658)[1], nicht bewertbar. Die Frage, ob Eigenanteile zur Einziehung bestimmt sind, ist bei der Einheitswertfeststellung zu entscheiden; dabei kann die Behandlung in der Steuerbilanz einen Anhalt geben (BFH-Urteil vom 30. 10. 1964, BStBl. 1965 III S. 40)[2].

12. Kapitalgesellschaften; Organverhältnis[3]

(1) Die Abhängigkeit einer Kapitalgesellschaft von einer natürlichen Person, einer Personenvereinigung oder einer juristischen Person (Organverhältnis) führt nicht dazu, daß die Wirtschaftsgüter der Kapitalgesellschaft dem Betriebsvermögen der übergeordneten Person zugerechnet werden (BFH-Urteile vom 25. 2. 1955, BStBl. III S. 96, und vom 8. 10. 1971, BStBl. 1972 II S. 111)[4].

(2) Besteht im Rahmen eines Organverhältnisses nach § 7a KStG ein Ergebnisabführungsvertrag, so entsteht für das Organ eine Verbindlichkeit und für den Organträger ein entsprechender Anspruch, wenn das Wirtschaftsjahr des Organs mit Gewinn abschließt. Schließt das Wirtschaftsjahr des Organs dagegen mit Verlust ab, so entstehen für das Organ ein Anspruch und für den Organträger eine Verbindlichkeit. Anspruch und Verbindlichkeit sind mit den Beträgen anzusetzen, die sich auf Grund der Handelsbilanz als Gewinn oder Verlust ergeben. Liegt kein Organverhältnis nach der vorbezeichneten Vorschrift vor, bestehen aber zivilrechtliche Vereinbarungen über eine Gewinnabführung oder Verlustübernahme, so sind Anspruch und Verbindlichkeit mit den Beträgen anzusetzen, die sich aus der zivilrechtlichen Vereinbarung ergeben.

13. Vereine, Stiftungen

Nach § 97 Abs. 2 BewG 1965 bildet bei den sonstigen juristischen Personen des privaten Rechts sowie bei den nichtrechtsfähigen Vereinen, Stiftungen und anderen Zweckvermögen das Vermögen einen gewerblichen Betrieb, das einem Gewerbebetrieb oder einem sonstigen wirtschaftlichen Geschäftsbetrieb (ausgenommen Land- und Forstwirtschaft) dient. Für das einem oder mehreren gewerblichen Betrieben dienende Vermögen wird nur ein Einheitswert festgestellt. Das übrige Vermögen ist in die jeweils zutreffende Vermögensart einzureihen (RFH-Urteil vom 28. 11. 1942, RStBl. 1943 S. 275). Wegen des Begriffs „wirtschaftlicher Geschäftsbetrieb" vgl. Abschnitt 7.

14. Personengesellschaften und ähnliche Gesellschaften

(1) Steuerlich entsteht die offene Handelsgesellschaft oder Kommanditgesellschaft mit Geschäftsbeginn. Es genügt, daß der Gesellschaftsvertrag abgeschlossen und Gesellschaftsvermögen vorhanden ist. Auf die Eintragung in das Handelsregister kommt es nicht an. Auch wenn die Gesellschaft nach außen noch nicht erkennbar ist, kann sie bereits als Gesellschaft im Sinne des § 97 Abs. 1 Nr. 5 BewG 1965 zu behandeln sein. Für die Beendigung der offenen Handelsgesellschaft, Kommanditgesellschaft und der diesen

---

[1] Vgl. BFH-N Nr. 6 zu § 13 BewG.
[2] Vgl. DStR 1965 S. 51 Nr. 27.
[3] Siehe das im „Handbuch zur KSt-Veranlagung" als Anlage zu Abschnitt 32 KStR abgedruckte **BM-WF-Schreiben zur Organschaft.**
[4] Vgl. DStR 1972 S. 92 Nr. 69 = BFH-N Nr. 33 zu § 62 Abs. 1 BewG.

ähnlichen Gesellschaften gilt grundsätzlich das gleiche wie für die Beendigung der Kapitalgesellschaft (vgl. Abschnitt 10).

(2) Zu den „ähnlichen Gesellschaften" gehört ferner die Gesellschaft des Bürgerlichen Rechts unter der Voraussetzung, daß die Gesellschaft ein Gewerbe betreibt. Unter Umständen kann auch eine Grundstücksgemeinschaft oder eine Erbengemeinschaft, die am Feststellungszeitpunkt ein Gewerbe betreibt und deren Auflösung vorerst nicht beabsichtigt ist, als „ähnliche Gesellschaft" angesehen werden (RFH-Urteile vom 6. 3. 1941, RStBl. S. 723, und vom 27. 5. 1931, RStBl. S. 836). Ist ein stiller Gesellschafter als Mitunternehmer anzusehen (sog. atypischer Gesellschafter), so handelt es sich ebenfalls um eine Gesellschaft im Sinne des § 97 Abs. 1 Nr. 5 BewG. Auch Arbeitsgemeinschaften, die nach außen im eigenen Namen auftreten, sind, soweit nicht § 98 BewG 1965 Anwendung findet, in der Regel ohne Rücksicht auf die Dauer ihres Bestehens, die Anzahl der beteiligten Unternehmen und den Umfang der zur Ausführung kommenden Aufträge „ähnliche Gesellschaften" im Sinne des § 97 Abs. 1 Nr. 5 BewG 1965 (vgl. auch BFH-Urteil vom 23. 2. 1961, BStBl. III S. 194).

(3) Die Partenreedereien (Reedereien im Sinne des § 489 HGB) fallen unter die den offenen Handelsgesellschaften ähnlichen Gesellschaften im Sinne des § 97 Abs. 1 Nr. 5 BewG 1965 (vgl. RFH-Gutachten vom 16. 11. 1926, RStBl. 1927 S. 36).

15. Personengesellschaften; Umfang des Betriebsvermögens

(1) Alle Wirtschaftsgüter, die der Personengesellschaft, d. h. der Gesamtheit der Mitunternehmer gehören, sind zum Betriebsvermögen zu rechnen. Das gleiche gilt für Wirtschaftsgüter, die einem Mitunternehmer gehören, wenn sie überwiegend dem Betrieb der Personengesellschaft gewidmet sind (BFH-Urteil vom 10. 4. 1964, BStBl. III S. 354). Dazu gehören auch die GmbH-Anteile eines Gesellschafters, die den Betriebszwecken der Personengesellschaft dienen (BFH-Urteile vom 2. 8. 1968, BStBl. II S. 814, vom 27. 5. 1970, BStBl. II S. 734,[1] und vom 19. 1. 1973, BStBl. II S. 438[2]), unabhängig davon, ob sie aus einer Betriebsaufspaltung hervorgegangen sind. Zum Betriebsvermögen einer GmbH u. Co KG, deren Komplementär eine GmbH ist und deren Kommanditisten die Gesellschafter der GmbH sind, gehören auch die GmbH-Anteile der Kommanditisten. Wegen der Bewertung der Anteile vgl. Abschnitt 78 Abs. 3. Ein Pachtverhältnis zwischen Gesellschaft und Mitunternehmer kann in der Regel bewertungsrechtlich nicht anerkannt werden. So sind z. B. Maschinen, Kraftwagen und dergleichen, die einem Mitunternehmer gehören, aber der Gesellschaft dienen, als Betriebsvermögen der Gesellschaft anzusehen. Das einem Mitunternehmer gehörende Grundstück, das zu mehr als der Hälfte seines Werts betrieblichen Zwecken der Gesellschaft dient, ist nicht Grundvermögen des Mitunternehmers, sondern gehört als Betriebsgrundstück zum Betriebsvermögen der Gesellschaft (RFH-Urteil vom 9. 3. 1944, RStBl. S. 491, und BFH-Urteil vom 24. 2. 1956, BStBl. 1956 III S. 110). Wirtschaftsgüter eines Gesellschafters, die dem Betrieb einer Personengesellschaft dienen, sind deren Betriebsvermögen jedoch dann nicht zuzurechnen, wenn sie beim Gesellschafter selbst bereits aus anderen Gründen zum Betriebsvermögen gehören. Bei den der Gesellschaft gehörenden Wirtschaftsgütern ist es dagegen unerheblich, ob sie dem Betrieb tatsächlich dienen. Wirtschaftsgüter einer Kapitalgesellschaft, die dem Betrieb einer Personengesellschaft dienen, sind stets Betriebsvermögen der Kapitalgesellschaft.

(2) Das dem Betrieb dienende Vermögen des Ehegatten eines Mitunternehmers, der mit diesem zusammen veranlagt wird, ist wie Vermögen des Mitunternehmers zu

---

[1] Vgl. BFH-N Nr. 2 zu § 56 Abs. 1 Nr. 5 BewG.
[2] Vgl. DStR S. 318 Nr. 278 = BFH-N Nr. 4 zu § 56 Abs. 1 Nr. 5 BewG.

behandeln (BFH-Urteil vom 18. 12. 1970, BStBl. 1971 II S. 289)[1]. Wegen der in § 26 Nr. 1 BewG 1965 vorgesehenen Zurechnung zum Betriebsvermögen im einzelnen vgl. Abschnitt 5 Abs. 2.

16. Forderungen und Schulden zwischen Personengesellschaft und Mitunternehmern

(1) Bei Personengesellschaften und den diesen ähnlichen Gesellschaften (vgl. Abschnitt 14) entstehen im Verhältnis zwischen der Gesellschaft und den Mitunternehmern ebenso wie beim Betriebsvermögen und sonstigen Vermögen des Einzelkaufmanns regelmäßig weder Forderungen noch Schulden. Das gilt insbesondere für Darlehen, die ein Mitunternehmer der Gesellschaft oder umgekehrt, die Gesellschaft einem Mitunternehmer gewährt. Sie berühren ebenso wie andere für die Mitunternehmer geführte Sonderkonten (Privatkonten oder ähnliche Hilfskonten) das Eigenkapital des Mitunternehmers und sind deshalb lediglich bei der Aufteilung des Einheitswerts des Betriebsvermögens zu berücksichtigen. Auch die von der Personengesellschaft gegenüber einem Gesellschaftergeschäftsführer gegebene Pensionszusage kann nicht zu einem Abzug beim Betriebsvermögen, sondern nur zu einer anderen Verteilung des Betriebsvermögens auf die Mitunternehmer führen (BFH-Urteil vom 23. 1. 1953, BStBl. III S. 70).

(2) Hinsichtlich der Forderungen und Schulden gegenüber dem Ehegatten eines Mitunternehmers gilt Abschnitt 5 Abs. 2 und 2a entsprechend (vgl. BFH-Urteil vom 31. 10. 1969, BStBl. 1970 II S. 197)[2].

(3) Eine Forderung und Schuld zwischen der Gesellschaft und einem Mitunternehmer kann ausnahmsweise anzusetzen sein, wenn der Mitunternehmer gleichzeitig Inhaber eines Gewerbebetriebs ist, der mit der Gesellschaft in regelmäßigem Geschäftsverkehr steht, z. B. regelmäßig Waren liefert oder bezieht, ebenso wenn ein Mitunternehmer kurzfristig Geldbeträge für die Gesellschaft (oder umgekehrt die Gesellschaft kurzfristig Geldbeträge für einen Mitunternehmer) ausgelegt hat (BFH-Urteil vom 14. 3. 1969, BStBl. II S. 480)[3].

17. Feststellung des Einheitswerts des Betriebsvermögens von Personengesellschaften[4]

(1) Der Einheitswert einer wirtschaftlichen Einheit, an der mehrere Personen beteiligt sind, wird nach § 215 AO einheitlich festgestellt. In dem Feststellungsbescheid ist nach § 216 Abs. 1 Nr. 2 Satz 2 AO in Verbindung mit § 3 BewG 1965 gleichzeitig die Verteilung des Einheitswerts auf die Mitunternehmer nach dem Verhältnis ihrer Anteile vorzunehmen.

---

[1] Vgl. DStR 1971 S. 287 Nr. 197 = BFH-N Nr. 2 zu § 24 Nr. 1 BewG.
[2] Vgl. BFH-N Nr. 23 zu § 62 Abs. 1 BewG.
[3] Vgl. BFH-N Nr. 14 zu § 62 Abs. 1 BewG.
[4] Vgl. BFH-Urteil vom 30. April 1965 III 25/65 U (DStR S. 506 Nr. 282, BStBl. III S. 464):

1. Die Befugnis des zur Geschäftsführung berufenen Gesellschafters einer Kommanditgesellschaft zur Anfechtung des Feststellungsbescheids über den Einheitswert des gewerblichen Betriebs erstreckt sich auch auf die Aufteilung des Einheitswerts auf die Gesellschafter.
2. ...

BFH-Urteil vom 22. November 1968 (BStBl. 1969 II S. 260):
Nach Auflösung einer Personengesellschaft entfällt die Beschränkung der Klagebefugnis des § 48 FGO. Deshalb sind auch zu einem Rechtsstreit über die Höhe des Einheitswerts alle Personen beizuladen, die am maßgebenden Feststellungszeitpunkt Gesellschafter waren (notwendige Beiladung). Dies gilt auch für Gesellschafter mit negativem Kapitalkonto.

(2) Wenn sich das Beteiligungsverhältnis nach dem Feststellungszeitpunkt ändert, ist eine Zurechnungsfortschreibung vorzunehmen (§ 225a Abs. 1 AO in Verbindung mit § 22 Abs. 2 BewG). Das Vermögen der Gesellschaft wird dabei auf den Fortschreibungszeitpunkt nur dann neu ermittelt, wenn es sich über die Fortschreibungsgrenzen des § 22 Abs. 1 Nr. 2 BewG 1965 hinaus geändert hat. In den anderen Fällen wird lediglich das auf den letzten Feststellungszeitpunkt festgestellte Betriebsvermögen nach dem neuen Beteiligungsverhältnis aufgeteilt (BFH-Urteil vom 26. 4. 1968, BStBl. II S. 602)[1]. Eine Zurechnungsfortschreibung ist nur vorzunehmen, wenn sie für die Neuveranlagung eines Mitunternehmers zur Vermögensteuer Bedeutung hat.

(3) Überträgt ein Gesellschafter einer Personengesellschaft seinen Gesellschaftsanteil auf einen Dritten, so ist insoweit eine Zurechnungsfortschreibung durchzuführen. Änderungen der Beteiligungsverhältnisse bei gleichzeitiger Änderung in der personellen Zusammensetzung einer Personengesellschaft führen zu einer neuen wirtschaftlichen Einheit i. S. des § 23 Abs. 1 Nr. 1 BewG und machen eine Nachfeststellung erforderlich (BFH-Urteil vom 26. 4. 1968, BStBl. II S. 602)[1].

18. Aufteilung des Einheitswerts des Betriebsvermögens einer Personengesellschaft[2]

(1)[3] Das einer Personengesellschaft gehörende Betriebsvermögen ist Gesamthandvermögen. Wirtschaftsgüter, die mehreren zur gesamten Hand zustehen, werden den Beteiligten so zugerechnet, als wären die Beteiligten nach Bruchteilen berechtigt. Die Höhe der Bruchteile ist nach den Anteilen zu bestimmen, zu denen die Beteiligten an dem Vermögen zur gesamten Hand berechtigt sind (Vermögensanteil), oder nach dem Verhältnis dessen, was ihnen bei Auflösung der Gemeinschaft zufallen würde (Liquidationsanteil). Die Zurechnung nach dem Liquidationsanteil ist Hilfsmaßstab und kommt nur dann in Betracht, wenn am maßgebenden Feststellungszeitpunkt feststeht, daß die Gesellschaft aufgelöst und abgewickelt werden wird (BFH-Urteil vom 2. 7. 1971, BStBl. II S. 678)[4]. Sofern von den Gesellschaftern nicht übereinstimmend die Anwendung eines anderen wirtschaftlich vertretbaren Aufteilungsmaßstabs beantragt wird, ist der Einheitswert des gewerblichen Betriebs einer Personengesellschaft auf die einzelnen Mitunternehmer in der Weise aufzuteilen, daß zunächst jedem Mitunternehmer das auf dem Kapitalkonto der Handelsbilanz nach dem Stand vom Bewertungsstichtag ausgewiesene Vermögen zugerechnet wird. Ergibt sich zwischen der Summe der Kapitalkonten und dem Einheitswert ein Unterschiedsbetrag, so ist dieser nach dem Gewinn- und Verlustverteilungsschlüssel den Kapitalkonten zuzurechnen oder davon abzuziehen. Durch die Verteilung des Unterschiedsbetrags können sich auch negative Anteile am Einheitswert ergeben.

(2) Die Aufteilung des Einheitswerts nach Absatz 1 gilt in gleicher Weise auch für den Fall, daß einem Gesellschafter beim vorzeitigen Ausscheiden oder bei der Liquidation der Personengesellschaft nur der Nennwert der Einlage oder das Kapitalkonto ausgezahlt werden soll.

(3) Die Forderung des Mitunternehmers gegen die Gesellschaft, das einem Mitunternehmer gehörende und an die Gesellschaft verpachtete Grundstück sowie der Wert des Pensionsanspruchs des geschäftsführenden Mitunternehmers an die Gesellschaft werden

---

[1] Vgl. DStR 1968 S. 578 Nr. 489 = BFH-N Nr. 1 zu § 225a AO a. F. und Nr. 1 zu § 22 Abs. 2 BewG.
[2] Die Aufteilung des Einheitswertes des Betriebsvermögens einer Personengesellschaft auf die Gesellschafter ist zukünftig auch mit einer von Abschn. 18 VStR abweichenden Methode zulässig. *Erlaß Schleswig-Holstein S 3220–21 VI 33a v. 2. 7. 74; StEK BewG 1965 zu § 95 Nr. 12.*
[3] Wegen der Behandlung der Pensionszusagen an Gesellschafter bei der Aufteilung des Einheitswerts vgl. die Anmerkung zu Abschnitt 36a VStR.
[4] Vgl. DStR 1971 S. 667 Nr. 473 = BFH-N Nr. 1 zu § 3 BewG.

bei der Aufteilung dem jeweiligen Mitunternehmer vorweg zugerechnet. Außerdem ist der Ausgleich von Vermögensänderungen nach dem Abschlußzeitpunkt nach § 107 BewG 1965 (vgl. Abschnitt 41 Abs. 4 Beispiele C und D) im Rahmen der Aufteilung beim jeweiligen Mitunternehmer vorweg abzuziehen bzw. zuzurechnen.

(4) Beispiele in tabellarischer Übersicht; aus Vereinfachungsgründen werden die Zahlen jeweils in Zehnern und Hundertern angegeben:

Gesellschafter	Kapitalkonten der Handelsbilanz	Aufzuteilender Unterschiedsbetrag	Anteil am Einheitswert
Beispiel A (Gewinn- und Verlustverteilung A = $\frac{3}{5}$ B = $\frac{1}{6}$ C = $\frac{1}{5}$)			
A	240	./. 60	+180
B	150	./. 20	+130
C	10	./. 20	./. 10
Insgesamt	400	./.100	300
Beispiel B (Gewinn- und Verlustverteilung A = $\frac{3}{5}$ B = $\frac{1}{6}$ C = $\frac{1}{5}$)			
Ein Mitunternehmer hat ein negatives Kapitalkonto			
A	300	./. 60	+240
B	150	./. 20	+130
C	./. 50	./. 20	./. 70
Insgesamt	400	./.100	300
Beispiel C (Gewinn- und Verlustverteilung A = $\frac{3}{5}$ B = $\frac{1}{6}$ C = $\frac{1}{5}$)			
Der Einheitswert ist negativ = ./. 250			
Ein Mitunternehmer hat ein negatives Kapitalkonto			
A	300	./.390	./. 90
B	150	./.130	+ 20
C	./. 50	./.130	./.180
Insgesamt	400	./.650	./.250
Beispiel D (Gewinn- und Verlustverteilung A = $\frac{3}{5}$ B = $\frac{1}{6}$ C = $\frac{1}{5}$)			

Im Einheitswert 300 ist ein von dem Gesellschafter C gepachtetes Grundstück mit 40 enthalten, das in der Handelsbilanz der OHG nicht angesetzt ist. Der Wert des Grundstücks ist vom Einheitswert abzuziehen und dem Gesellschafter C vor der Aufteilung voll zuzurechnen.

Gesellschafter	Kapitalkonten der Handelsbilanz	Aufzuteilender Unterschiedsbetrag	Anteil am Einheitswert
A	240	./. 30	210
B	150	./. 10	140
C	./. 80	(+40) ./. 10	./. 50
Insgesamt	310	310 ./. (300 ./. 40) = 50	300

19. Besonderheiten bei der Aufteilung des Einheitswerts des Betriebsvermögens von Kommanditgesellschaften

Bei der Kommanditgesellschaft haftet der Kommanditist nach den §§ 171 und 173 HGB nur mit seiner Vermögenseinlage. Dies schließt jedoch nicht aus, daß auch der

Kommanditist ein negatives Kapitalkonto haben kann. Daher ist auch bei der Aufteilung des Einheitswerts einer Kommanditgesellschaft das negative Kapitalkonto eines Kommanditisten wie bei der Aufteilung des Einheitswerts einer anderen Personengesellschaft zu berücksichtigen.

20. Gemeinschaften ohne Betriebsvermögen

Für die Wirtschaftsgüter des sonstigen Vermögens im Sinne der §§ 110 ff. BewG 1965, für Schulden und sonstige Abzüge im Sinne des § 118 BewG 1965 und für das Gesamtvermögen, die mehreren Beteiligten zustehen, sind einheitliche Feststellungen nach §§ 214, 215 AO nicht vorgesehen. Die Anteile an diesen Wirtschaftsgütern und Schulden werden erst bei der Veranlagung der einzelnen Beteiligten zur Vermögensteuer erfaßt. In den Fällen, in denen die Einkünfte jedoch nach § 215 AO einheitlich festgestellt werden, ist auch das im Satz 1 bezeichnete Vermögen der Gemeinschaft einheitlich zu ermitteln. In Fällen von geringerer Bedeutung kann die einheitliche Ermittlung unterbleiben.

§ 98 a. Bewertungsgrundsätze

Der Einheitswert des Betriebsvermögens wird in der Weise ermittelt, daß die Summe der Werte, die für die zu dem gewerblichen Betrieb gehörenden Wirtschaftsgüter (Rohbetriebsvermögen) ermittelt sind, um die Summe der Schulden des Betriebs (§ 103) und der sonstigen nach diesem Gesetz zulässigen Abzüge gekürzt wird.

BewG

§ 99 Betriebsgrundstücke

(1) Betriebsgrundstück im Sinn dieses Gesetzes ist der zu einem gewerblichen Betrieb gehörige Grundbesitz, soweit er, losgelöst von seiner Zugehörigkeit zu dem gewerblichen Betrieb,

1. zum Grundvermögen gehören würde oder

2. einen Betrieb der Land- und Forstwirtschaft bilden würde.

(2) Dient das Grundstück, das, losgelöst von dem gewerblichen Betrieb, zum Grundvermögen gehören würde, zu mehr als der Hälfte seines Werts dem gewerblichen Betrieb, so gilt das ganze Grundstück als Teil des gewerblichen Betriebs und als Betriebsgrundstück. Dient das Grundstück nur zur Hälfte seines Werts oder zu einem geringeren Teil dem gewerblichen Betrieb, so gehört das ganze Grundstück zum Grundvermögen. Ein Grundstück, an dem neben dem Betriebsinhaber noch andere Personen beteiligt sind, gilt auch hinsichtlich des Anteils des Betriebsinhabers nicht als Betriebsgrundstück. Abweichend von den Sätzen 1 bis 3 gehört der Grundbesitz der im § 97 Abs. 1 bezeichneten inländischen Körperschaften, Personenvereinigungen und Vermögensmassen stets zu den Betriebsgrundstücken.

(3) Betriebsgrundstücke im Sinn des Absatzes 1 Nr. 1 sind wie Grundvermögen, Betriebsgrundstücke im Sinn des Absatzes 1 Nr. 2 wie land- und forstwirtschaftliches Vermögen zu bewerten.

VStR

21. Betriebsgrundstücke

(1) Bei der Feststellung des Einheitswerts eines Grundstücks ist nach § 216 Abs. 1 Nr. 1 AO auch darüber zu entscheiden, ob das Grundstück Betriebsgrundstück ist und zu welchem Betrieb es gehört (BFH-Urteil vom 24. 10. 1958, BStBl. 1959 III S. 2). Ist im Einheitswertbescheid für das Grundstück eine Feststellung als Betriebsgrundstück unterlassen worden, so kann dies für die Zurechnung zum gewerblichen Betrieb unschädlich sein, wenn die wirtschaftliche Zugehörigkeit offensichtlich und auch unter den Beteiligten unstreitig ist (RFH-Urteil vom 19. 6. 1935, RStBl. S. 1121). Zweckmäßig ist jedoch in derartigen Fällen eine Richtigstellung der Art des Grundstücks durch Ergänzungsbescheid nach § 216 Abs. 2 AO. Grundstücke, die zum Vermögen der im § 97 Abs. 1 BewG 1965 genannten Körperschaften und Personengesellschaften gehören, sind stets Betriebsgrundstücke.

(2) Nach § 99 Abs. 2 Satz 3 BewG 1965 rechnet ein mehreren Personen gehörendes Grundstück, das losgelöst von dem gewerblichen Betrieb Grundvermögen wäre, stets zum Grundvermögen, ohne Rücksicht darauf, in welchem Umfang es einem gewerblichen Betrieb der Beteiligten dient. Diese Vorschrift bezieht sich auf den Fall, daß das im Gesamthand- oder Bruchteilseigentum stehende Grundstück ganz oder teilweise dem Betrieb nur eines der Beteiligten dient. Dient das Grundstück dem Gewerbebetrieb einer aus der Gesamtheit der Grundstückseigentümer bestehenden Gesellschaft, so ist es in jedem Fall Betriebsvermögen. Das gleiche gilt, wenn das Grundstück nur einer oder einigen an der Gesellschaft beteiligten Personen gehört, ohne daß fremde Personen an dem Grundstück beteiligt sind.

Beispiele:

A. A, B und C sind zu je ¹/₃ Miteigentümer eines Grundstücks. B betreibt als Einzelunternehmer auf diesem Grundstück einen Gewerbebetrieb. A und B sind nicht an dem Gewerbebetrieb beteiligt; sie haben ihren Grundstücksanteil an B verpachtet. Das Grundstück gehört zum Grundvermögen, und zwar zu je ¹/₃ Anteil des Einheitswerts dem A, B und C.

B. A, B und OHG C (bestehend aus den Gesellschaftern X und Y) sind zu je $1/_3$ Miteigentümer eines Grundstücks. Die Anteile von A und B gehören zum Grundvermögen. Der Anteil der OHG C ist stets Betriebsvermögen, gleichgültig, ob das Grundstück dem Betrieb der OHG dient oder nicht.

C. A, B und C betreiben eine offene Handelsgesellschaft auf einem Grundstück, das A und B zu je $1/_2$ gehört. Das Grundstück ist Betriebsvermögen der offenen Handelsgesellschaft, weil es der Gesellschaft dient und im ausschließlichen Eigentum von Gesellschaftern steht.

D. A, B und C sind zu je $1/_3$ Miteigentümer eines Grundstücks. A und B betreiben auf diesem Grundstück eine offene Handelsgesellschaft. Das Grundstück gehört nicht zum Betriebsvermögen der offenen Handelsgesellschaft, sondern zum Grundvermögen des A, B und C zu je $1/_3$ des Einheitswerts; denn das Grundstück steht, obwohl es dem Betrieb der Gesellschaft dient, nicht im alleinigen Eigentum eines Gesellschafters bzw. mehrerer oder aller Gesellschafter.

(3) Ein Grundstück, das sich im Zustand der Bebauung befindet, ist mit 140 v. H. des besonderen Einheitswerts nach § 91 Abs. 2 BewG anzusetzen.

22. Abgrenzung der Betriebsvorrichtungen von den Betriebsgrundstücken

(1) Zum Grundvermögen gehören nicht Maschinen und sonstige Vorrichtungen aller Art, die zu einer Betriebsanlage gehören (Betriebsvorrichtungen), auch wenn sie wesentliche Bestandteile eines Grundstücks sind (§ 68 Abs. 2 Nr. 2 BewG). Zu den Betriebsvorrichtungen gehören alle Vorrichtungen einer Betriebsanlage, die in so enger Beziehung zu einem Gewerbebetrieb stehen, daß dieser unmittelbar mit ihnen betrieben wird (BFH-Urteil vom 2. 6. 1971, BStBl. II S. 673)[1,2]. Das gleiche gilt auch für die Abgrenzung der Betriebsvorrichtungen von den Betriebsgrundstücken (§ 99 Abs. 1 Nr. 1 und Abs. 3 BewG 1965).

(2) Die Entscheidung darüber, ob die auf dem Grundstück vorhandenen Anlagen als zum Grundstück gehörig oder als Betriebsvorrichtungen anzusehen sind, wird bei der Feststellung des Einheitswerts des Grundstücks getroffen[3]. Bei der Abgrenzung der Betriebsvorrichtungen von den Gebäuden ist vom Gebäudebegriff auszugehen (BFH-Urteil vom 13. 6. 1969, BStBl. II S. 517)[4]. Für die Feststellung im Einzelfall sind die Anweisungen in dem übereinstimmenden Runderlaß der Finanzminister (Finanzsenatoren) der Länder über die Abgrenzung der Betriebsvorrichtungen vom Grundvermögen vom 31. 3. 1967 (BStBl. II S. 127)[5] maßgebend. Betriebsvorrichtungen gehören zum beweglichen Anlagevermögen. Wegen ihrer Bewertung vgl. Abschnitte 51 und 52.

---

[1] Vgl. DStR S. 703 Nr. 511 = BFH-N Nr. 5 zu § 50 Abs. 1 BewG.

[2] BFH-Urteil vom 5. März 1971 III R 90/69 (BStBl. 1971 II S. 455 = DStR S. 478 Nr. 340 = BFH-N Nr. 4 zu § 50 Abs. 1 BewG):
Personenaufzüge und Rolltreppen eines Warenhauses sind nicht Betriebsvorrichtungen des Warenhausbetriebes. Sie gehören deshalb als Grundstücksbestandteile zum Grundvermögen.

[3] BFH-Urteil vom 22. Mai 1964 III 89/60 (HFR 65 S. 236 Nr. 194):
Über die Frage, ob ein Gegenstand eine Betriebsvorrichtung darstellt und deshalb nicht zum Betriebsgrundstück zu rechnen ist, ist ausschließlich bei der Einheitsbewertung des Grundstücks zu entscheiden.
BFH-Urteil vom 8. April 1965 III 132/61 U (DStR S. 436 Nr. 261, BStBl. III S. 376):
Wenn ein Bauwerk beim Einheitswert der Betriebsgrundstücke dort als Betriebsvorrichtung ausgeschieden wird, so ist als Folgeänderung beim Einheitswert des Betriebsvermögens nicht nur der niedrigere Einheitswert des neuen Grundlagenbescheides, sondern gleichzeitig der ausgegliederte Gegenstand des Betriebsvermögens beim sonstigen Anlagevermögen besonders anzusetzen.

[4] Vgl. DStR 1969 S. 518 Nr. 2 = BFH-N Nr. 1 zu § 50 Abs. 1 BewG.

[5] Abgedruckt als Anlage a zu Abschn. 3 BewGr im Handbuch zur Hauptfeststellung der Einheitswerte des Grundvermögens 1964 (5. Auflage).

BewG

§ 100 Mineralgewinnungsrechte

(1) **Bei Bodenschätzen, die nur auf Grund staatlicher Verleihung oder auf Grund eines übertragenen ausschließlichen Rechts des Staates aufgesucht und gewonnen werden können, ist das verliehene oder das auf Grund der staatlichen Erlaubnis zur Ausübung überlassene Mineralgewinnungsrecht als selbständiges Wirtschaftsgut mit dem gemeinen Wert zu bewerten.**

(2) **Bei Bodenschätzen, die ohne besondere staatliche Verleihung bereits auf Grund des Eigentums am Grundstück aufgesucht und gewonnen werden können, ist die aus dem Eigentum fließende Berechtigung zur Gewinnung der Bodenschätze wie ein Mineralgewinnungsrecht mit dem gemeinen Wert zu bewerten, sobald mit der Aufschließung der Lagerstätte begonnen oder die Berechtigung in sonstiger Weise als selbständiges Wirtschaftsgut zum Zwecke einer nachhaltigen gewerblichen Nutzung in den Verkehr gebracht worden ist.**

VStR

23. Mineralgewinnungsrechte

(1) Bei einem Mineralgewinnungsrecht (§ 100 Abs. 1 BewG 1965) oder bei einer diesem gleichstehenden Berechtigung zur Ausbeutung von Bodenschätzen (§ 100 Abs. 2 BewG 1965) werden nicht die Bodenschätze bewertet, sondern das Recht, die Bodenschätze zu gewinnen und zu verwerten. Der Wert der Bodenschätze bildet lediglich die rechnerische Grundlage für die Bewertung dieses Rechts (RFH-Urteil vom 11. 2. 1943, RStBl. S. 649). Zu den Bodenschätzen im Sinne des § 100 BewG 1965 gehören nicht nur die Mineralien, die unter die einzelnen Berggesetze fallen, wie z. B. Steinkohle, Braunkohle, Eisen- und Metallerze, Kalisalze, Solen und Mineralöle, sondern auch die Vorkommen von Steinen und Erden sowie die Mineral- und Heilquellen.

(2) Die Berechtigung zur Ausbeutung (§ 100 Abs. 2 BewG 1965) ist zu bewerten, sobald mit der Aufschließung der Lagerstätte begonnen oder die Berechtigung in sonstiger Weise als selbständiges Wirtschaftsgut zum Zwecke der nachhaltigen gewerblichen Nutzung in den Verkehr gebracht ist. Dies ist u. a. der Fall bei der Verpachtung eines Grundstücks zur Substanzausbeutung oder bei dem Erwerb eines Grundstücks mit abbauwürdigen Bodenschätzen durch ein Abbauunternehmen zu einem Kaufpreis, in dem der Wert der Bodenschätze mitberücksichtigt worden ist.

(3) Das einem echten Staatsvorbehalt unterliegende Mineralgewinnungsrecht ist als selbständiges Wirtschaftsgut zu bewerten, sobald die staatliche Erlaubnis zur Ausübung des überlassenen Rechts erteilt worden ist. Es ist demjenigen zuzurechnen, dem die Erlaubnis zur Ausübung eingeräumt wurde (BFH-Urteil vom 16. 2. 1968, BStBl. II S. 305)[1]. Zur Frage, wann ein Mineralgewinnungsrecht einem Pächter als wirtschaftlichem Eigentümer zuzurechnen ist, sofern der Ausbeutevertrag von der Preußischen Erdölverordnung vom 13. Dezember 1934 nicht berührt wird, vgl. BFH-Urteil vom 20. 12. 1967 (BStBl. 1968 II S. 303)[2].

(4) Der gemeine Wert der Mineralgewinnungsrechte ist nach den Richtlinien der als Hauptorte bestellten Oberfinanzdirektionen zu ermitteln[3].

---

[1] Vgl. BFH-N Nr. 2 zu § 58 Abs. 1 BewG.
[2] Vgl. BFH-N Nr. 1 zu § 58 Abs. 1 BewG.
[3] Siehe nachstehend abgedruckte Anlage zu Abschnitt 23 Abs. 4 VStR.

fett = Gesetz   schräg = DV   mager und gerade = Richtlinien

(5) Bei Fortschreibungen und Nachfeststellungen der Einheitswerte der Mineralgewinnungsrechte sind die tatsächlichen Verhältnisse im jeweiligen Feststellungszeitpunkt (§ 22 Abs. 4, § 23 Abs. 2 BewG 1965) und die Wertverhältnisse im Hauptfeststellungszeitpunkt (§ 27 BewG 1965) zugrunde zu legen (vgl. Abschnitt 2).

Anlage zu Abschnitt 23 Abs. 4 VStR

Für den Hauptfeststellungszeitpunkt 1. 1. 1972 sind die folgenden Richtlinien herausgegeben worden:

a) Richtlinien für die Bewertung im Kali- und Steinsalzbergbau durch OFD Hannover vom 21. 2. 1972 Az. S 3225 – 3 – (vgl. BStBl. 1972 I S. 531);

b) Richtlinien für die Einheitsbewertung der Berechtigung zur Gewinnung von Steinen und Erden durch OFD Köln vom 23. 7. 1972 – Az. S 3225 – 1 – St 21 (vgl. BStBl. 1973 I S. 7);

c) Richtlinien für die Bewertung der Gerechtsame im Eisenerz- und Metallerzbergbau durch OFD Düsseldorf vom 1. 8. 1972 – Az. S 3225 A – St 213 (vgl. BStBl. 1972 I S. 490);

d) Richtlinien für die Bewertung der Erdöl- und Erdgasgerechtsame durch OFD Hannover vom 28. 8. 1972 – Az. S 3225 – 4 – St H 342 (vgl. BStBl. 1972 I S. 531);

e) Richtlinien für die Einheitsbewertung der Berechtigung zur Gewinnung von Braunkohle durch OFD Köln vom 13. 9. 1973 – Az. S 3225 – 2 – St 21/St 214 (vgl. BStBl. 1973 I S. 642);

f) Richtlinien für die Bewertung der Gerechtsame im Steinkohlenbergbau durch OFD Düsseldorf vom 15. 12. 1972 – Az. S 3225 A – St 213 (vgl. BStBl. 1973 I S. 146);

g) Richtlinien für die Bewertung der Schächte und Strecken im Kali- und Steinsalzbergbau durch OFD Hannover vom 21. 12. 1972 – Az. S 3225 – 3 – StH 342 S 3225 – 12 – StO 313 (vgl. BStBl. 1973 I S. 36);

h) Richtlinien für die Bewertung von Mineral- und Heilquellen durch OFD Frankfurt vom 6. 11. 1973 – Az. S 3225 A – 13 – St III 5 (vgl. BStBl. 1974 I S. 359);

i) Richtlinien für die Bewertung der Mineralgewinnungsrechte an Heilmooren durch OFD Frankfurt/M. vom 6. 11. 1973 – Az. S 3225 A – 12 – St III 5 (vgl. BStBl. 1974 I S. 359);

j) Richtlinien für die Einheitsbewertung der Torfgewinnungsrechte durch OFD Hannover – Besitz- und Verkehrsteuerabteilung Oldenburg – vom 19. 2. 1974 – Az. S 3225 – 11 – St O 313 (vgl. BStBl. 1974 I S. 230).

BewG

§ 101 Nicht zum Betriebsvermögen gehörige Wirtschaftsgüter

Zum Betriebsvermögen gehören nicht:

1. die Wirtschaftsgüter, die nach den Vorschriften des Vermögensteuergesetzes oder anderer Gesetze von der Vermögensteuer befreit sind;

2. die Erfindungen, Urheberrechte sowie Originale urheberrechtlich geschützter Werke, die nach § 110 Abs. 1 Nr. 5 nicht zum sonstigen Vermögen gehören. Diensterfindungen gehören nur in dem Umfang zum Betriebsvermögen des Arbeitgebers, in dem sie von diesem in Lizenz vergeben oder in sonstiger Weise einem Dritten gegen Entgelt zur Ausnutzung überlassen werden;

3. Ansprüche der in § 111 Nr. 5 bezeichneten Art.

VStR

24. Nicht zum Betriebsvermögen gehörende Wirtschaftsgüter

(1) Nach § 101 BewG 1965 gehören nicht zum Betriebsvermögen:

1. die Wirtschaftsgüter, die nach dem Vermögensteuergesetz von der Vermögensteuer befreit sind (vgl. Absatz 2);

2. die Wirtschaftsgüter, die nach anderen Gesetzen als dem Vermögensteuergesetz von der Vermögensteuer befreit sind (vgl. Absatz 3);

3. die Wirtschaftsgüter, die nach § 110 Abs. 1 Nr. 5 und § 111 Nr. 5 BewG 1965 nicht zum sonstigen Vermögen gehören.

(2) Nach dem Vermögensteuergesetz sind befreit:

1. die Wirtschaftsgüter, die nach § 1 Abs. 3 Satz 2 VStG außer Ansatz bleiben;

2. die Wirtschaftsgüter, die nach § 2 Abs. 3 und § 12 Abs. 3 VStG außer Ansatz bleiben.

Wegen der Auswirkung von Befreiungen nach § 3 VStG auf die Gewerbekapitalsteuer vgl. Abschnitt 109c.

(3) Nach anderen Gesetzen als dem Vermögensteuergesetz sind von der Vermögensteuer insbesondere die folgenden Wirtschaftsgüter befreit:

1. das bei einer Kapitalanlagegesellschaft gegen Ausgabe von Anteilscheinen eingelegte Geld und die damit angeschafften Vermögensgegenstände. Dieses Sondervermögen gilt als Zweckvermögen im Sinne des § 1 Abs. 1 Nr. 2 Buchst. e VStG und ist nach §§ 38 und 44 des Gesetzes über Kapitalanlagegesellschaften (KAGG)[1] in der Fassung der Bekanntmachung vom 14. Januar 1970 (Bundesgesetzbl. I S. 127, BStBl. I S. 187) von der Vermögensteuer befreit;

2. die Anlagen der steuerbegünstigten Wasserkraftwerke während der Bauzeit (§ 5 Satz 1 der Verordnung über die steuerliche Begünstigung von Wasserkraftwerken[2] vom 26. 10. 1944, Reichsgesetzbl. I S. 278, RStBl. S. 657, in der Fassung des Gesetzes vom 26. 7. 1957, Bundesgesetzbl. I S. 807, BStBl. I S. 528, geändert durch Artikel 5 des Steueränderungsgesetzes 1968 vom 28. 2. 1969, Bundesgesetzbl. I S. 141, BStBl. I S. 116). Vom Betriebsbeginn an ermäßigt sich die Vermögensteuer für die Dauer von 20 Jahren auf die Hälfte der gesetzlichen Beträge. Vgl. RdF-Erlaß vom 26. Oktober

---

[1] Abgedruckt im „Handbuch zur KSt-Veranlagung", Anhang I Nr. 3.
[2] Abgedruckt im „Handbuch zur KSt-Veranlagung", Anhang I Nr. 10.

1944, S. 2506 – 105 III (RStBl. S. 658)[1]. Die begünstigten Anlagen sind ab Inbetriebnahme ebenso wie die mit ihnen zusammenhängenden Schulden bei der Einheitsbewertung des Betriebsvermögens nur mit 50 v. H. ihres Werts anzusetzen (BFH-Urteil vom 14. 11. 1969, BStBl. 1970 II S. 397)[2]. Die Steuerbegünstigung ist durch das oben bezeichnete Gesetz vom 28. 2. 1969 auf die Anlagen ausgedehnt worden, deren Baubeginn in die Zeit bis 31. 12. 1977 fällt. Die Steuerbegünstigung wird für Betriebsvermögen gewährt, das nicht schon nach Artikel 8 VStRG steuerfrei ist. Sie erstreckt sich auch auf das Betriebskapital, das für die Errichtung und den Betrieb der Wasserkraftwerke erforderlich ist, sofern mit deren Bau am Bewertungsstichtag bereits begonnen worden ist (BFH-Urteil vom 12. 2. 1971, BStBl. II S. 389);

3. Beträge, die sich nach § 4 Abs. 4 des Wirtschaftssicherstellungsgesetzes vom 24. August 1965 i. d. F. vom 3. Oktober 1968 ergeben (Bundesgesetzbl. I S. 1069, BStBl. I S. 1152)[3];

4. Beträge, die sich nach § 4 Abs. 4 des Verkehrssicherstellungsgesetzes vom 24. August 1965 i.d.F. vom 8. Oktober 1968 ergeben[3] (Bundesgesetzbl. I S. 1082, BStBl. I S. 1165);

5. Beträge, die sich nach § 6 Abs. 6 des Ernährungssicherstellungsgesetzes vom 24. August 1965 i.d.F. vom 4. Oktober 1968 ergeben (Bundesgesetzbl. I S. 1075, BStBl. I S. 1158)[3];

6. Wirtschaftsgüter, deren Befreiung sich aus den §§ 8, 12 und 40 des Schutzbaugesetzes[4] vom 9. September 1965 ergibt (Bundesgesetzbl. I S. 1232, BStBl. I S. 543);

7. wegen der vermögensteuerrechtlichen Vergünstigungen nach dem Gesetz zur Förderung der Verwendung von Steinkohle in Kraftwerken vgl. Abschnitt 28 Abs. 4, nach dem Gesetz über steuerliche Maßnahmen bei der Stillegung von Steinkohlenbergwerken vgl. Abschnitte 74 Abs. 6 und 117, nach dem Entwicklungshilfe-Steuergesetz in den bis 31. Dezember 1973 geltenden Fassungen und nach dem Entwicklungsländer-Steuergesetz in der Fassung der Bekanntmachung vom 13. Februar 1975 (Bundesgesetzbl. I S. 493) vgl. Abschnitte 28 Abs. 4 und 42 Abs. 3;

8. die Wirtschaftsgüter, deren Befreiung sich aus einer Regelung ergibt, die mit einem ausländischen Staat zur Vermeidung der Doppelbesteuerung getroffen worden ist (§ 9 Nr. 2 StAnpG)[5].

(4) Ein Doppelbesteuerungsabkommen, das sich auf die Vermögensteuer erstreckt, ist auch dann anzuwenden, wenn der ausländische Staat keine Vermögensteuer erhebt.

(5) Wegen der Nichtabzugsfähigkeit von Schulden, die mit steuerfreien Wirtschaftsgütern in wirtschaftlichem Zusammenhang stehen, vgl. Abschn. 26.

Anlage zu Abschnitt 24 VStR

Verzeichnis der Abkommen zur Vermeidung der Doppelbesteuerung auf dem Gebiete der Vermögensbesteuerung

1. Belgien: Abkommen vom 11. 4. 1967 (Bundesgesetzbl. 1969 II S. 18, 1465, BStBl. 1969 I S. 39, 468, GVBl. Bln. 1969 S. 338);

2. Dänemark: Abkommen vom 30. 1. 1962 (Bundesgesetzbl. 1963 II S. 1312, 1964 II S. 216, BStBl. 1963 I S. 757, 1964 I S. 236, GVBl. Bln. 1963 S. 1109);

3. Finnland: Abkommen vom 25. 9. 1935, Wiederanwendung ab 1. 1. 1953 (Reichsgesetzbl. 1936 II S. 28, RStBl. 1936 S. 91, Bundesgesetzbl. 1954 II S. 740, BStBl. 1954 I S. 404, GVBl. Bln. 1955 S. 419);

---

[1] Abgedruckt im „Handbuch zur KSt-Veranlagung", Anhang I Nr. 10a.
[2] Vgl. BFH-N Nr. 2 zu § 59 Nr. 1 BewG.
[3] Diese Befreiungen sind erst nach Erlaß von Rechtsverordnungen möglich, die eine Bevorratung bestimmter Güter vorsehen.
[4] Abgedruckt im „Handbuch zur ESt-Veranlagung" als Anlage zu Abschnitt 42b EStR.
[5] Siehe nachstehend abgedruckte Anlage zu Abschnitt 24 VStR.

4. Frankreich: Abkommen vom 21. 7. 1959 (Bundesgesetzbl. 1961 II S. 398, 1969, BStBl. 1961 I S. 343, 712, GVBl. Bln. 1961 S. 1537); Protokoll vom 9. 6. 1969 (Bundesgesetzbl. 1970 II S. 719, 1189, BStBl. 1970 I S. 902, 1072, GVBl. Bln. 1970 S. 1695);

5. Griechen-land: Abkommen vom 18. 4. 1966 (Bundesgesetzbl. 1967 II S. 853, 1968 II S. 30, BStBl. 1967 I S. 52, 1968 I S. 296, GVBl. Bln. 1967 S. 870);

6. Groß-britannien: Abkommen vom 26. 11. 1964 (Bundesgesetzbl. 1966 II S. 359, 1967 II S. 828, BStBl. 1966 I S. 730, 1967 I S. 40, GVBl. Bln. 1966 S. 1144); Protokoll vom 23. 3. 1970 (Bundesgesetzbl. 1971 II S. 46, 841, BStBl. 1971 I S. 140, 340, GVBl. Bln. 1971 S. 740);

7. Iran: Abkommen vom 20. 12. 1968 (Bundesgesetzbl. 1969 II S. 2134, 2288, 1970 II S. 282, BStBl. 1970 I S. 769, 777, GVBl. Bln. 1970 S. 305);

8. Irland: Abkommen vom 17. 10. 1962 (Bundesgesetzbl. 1964 II S. 267, 632, BStBl. 1964 I S. 321, 366, GVBl. Bln. 1964 S. 659);

9. Island: Abkommen vom 18. 3. 1971 (Bundesgesetzbl. 1973 II S. 357, 1567, BStBl. 1973 I S. 504, 730, GVBl. Bln. 1973 S. 1016);

10. Italien: Abkommen vom 31. 10. 1925, Wiederanwendung ab 1. 1. 1951 (Reichsgesetzbl. 1925 II S. 1146, Bundesgesetzbl. 1952 II S. 986, BStBl. 1953 I S. 6, GVBl. Bln. 1954 S. 475); Abkommen vom 17. 9. 1968 (Bundesgesetzbl. 1970 II S. 724, BStBl. 1970 I S. 905) – kann erst nach seinem völkerrechtlichen Inkrafttreten angewendet werden –;

11. Japan: Abkommen vom 22. 4. 1966 (Bundesgesetzbl. 1967 II S. 872, 2028, BStBl. 1967 I S. 59, 336, GVBl. Bln. 1967 S. 870); siehe Art. 8 Abs. 2 und Art. 23 Abs. 2 Buchst. a des Abkommens;

12. Kolumbien: Abkommen vom 10. 9. 1965 zur Vermeidung der Doppelbesteuerung der Schiffahrt- und Luftfahrtunternehmen (Bundesgesetzbl. 1967 II S. 762, 1971 II S. 855 BStBl. 1967 I S. 401, 1971 I S. 340);

13. Liberia: Abkommen vom 25. 11. 1970 (Bundesgesetzbl. 1973 II S. 1285, BStBl. 1973 I S. 615, GVBl. Bln. 1973 S. 2014) – kann erst nach seinem völkerrechtlichen Inkrafttreten angewendet werden –;

14. Luxemburg: Abkommen vom 23. 8. 1958 (Bundesgesetzbl. 1959 II S. 1270, 1960 II S. 1532, BStBl. 1959 I S. 1023, 1960 I S. 398, GVBl. Bln. 1960 S. 444);

15. Marokko: Abkommen vom 7. 6. 1972 (Bundesgesetzbl. 1974 II S. 21) – kann erst nach seinem völkerrechtlichen Inkrafttreten angewendet werden –;

16. Niederlande: Abkommen vom 16. 6. 1959 (Bundesgesetzbl. 1960 II S. 1782, 2216, BStBl. 1960 I S. 382, 626, GVBl. Bln. 1960 S. 1047);

17. Norwegen: Abkommen vom 18. 11. 1958 (Bundesgesetzbl. 1959 II S. 1281, 1960 II S. 1505, BStBl. 1959 I S. 1034, 1960 I S. 286, GVBl. Bln. 1960 S. 444);

18. Österreich: Abkommen vom 4. 10. 1954 (Bundesgesetzbl. 1955 II S. 750, 891, BStBl. 1955 I S. 370, 557, GVBl. Bln. 1955 S. 679);

19. Polen: Abkommen vom 18. 12. 1972 – kann erst nach seinem völkerrechtlichen Inkrafttreten angewendet werden –;

20. Rumänien:	Abkommen vom 29. 6. 1973 – kann erst nach seinem völkerrechtrechtlichen Inkrafttreten angewendet werden –;
21. Sambia:	Abkommen vom 30. 5. 1973 – kann erst nach seinem völkerrechtlichen Inkrafttreten angewendet werden –;
22. Schweden:	Abkommen vom 17. 4. 1959 (Bundesgesetzbl. 1960 II S. 1815, 2195, BStBl. 1960 I S. 415, 622, GVBl. Bln. 1960 S. 1047);
23. Schweiz:	Abkommen vom 11. 8. 1971 (Bundesgesetzbl. 1972 II S. 1002, 1973 II S. 74, BStBl. 1972 I S. 520, 1973 I S. 61, GVBl. Bln. 1972 S. 2138);
24. Singapur:	Abkommen vom 19. 2. 1972 (Bundesgesetzbl. 1973 II S. 372, 1528, BStBl. 1973 I S. 513, 688, GVBl. Bln. 1973 S. 1016);
25. Spanien:	Abkommen vom 5. 12. 1966 (Bundesgesetzbl. 1968 II S. 10, 140, BStBl. 1968 I S. 297, 544, GVBl. Bln. 1968 S. 396);
26. Sri Lanka:	Abkommen vom 4. 7. 1962 (Bundesgesetzbl. 1964 II S. 790, 1965 II S. 406, BStBl. 1964 I S. 465, 1965 I S. 167, GVBl. Bln. 1964 S. 1044);
27. Südafrika:	Abkommen vom 25. 1. 1973 – kann erst nach seinem völkerrechtrechtlichen Inkrafttreten angewendet werden –;
28. Thailand:	Abkommen vom 10. 7. 1967 (Bundesgesetzbl. 1968 II S. 590, 1104, BStBl. 1968 I S. 1047, 1969 I S. 18, GVBl. Bln. 1968 S. 1454);
29. Trinidad u. Tobago:	Abkommen vom 4. 4. 1973 – kann erst nach seinem völkerrechtlichen Inkrafttreten angewendet werden –;
30. Vereinigte Staaten von Amerika:	Abkommen vom 22. 7. 1954 in der Fassung des Protokolls vom 17. 9. 1965 (Bundesgesetzbl. 1966 II S. 746, 1955 II S. 6, 1966 II S. 92, BStBl. 1966 I S. 866, 1955 I S. 79, 1966 I S. 230, GVBl. Bln. 1955 S. 221, 1966 S. 560).

24a. Diensterfindungen

(1) Diensterfindungen im Sinne des § 4 Abs. 2 des Gesetzes über Arbeitnehmererfindungen vom 25. Juli 1957 (Bundesgesetzbl. I S. 756), geändert durch Gesetz vom 23. März 1961 (Bundesgesetzbl. I S. 274) und durch Gesetz vom 4. September 1967 (Bundesgesetzbl. I S. 953), bleiben beim Arbeitgeber solange steuerfrei, als sie in dessen eigenem Betrieb verwertet werden. Sie sind jedoch beim Arbeitgeber in dem Umfang steuerpflichtig, in dem sie Lizenz vergeben sind oder in sonstiger Weise einem Dritten gegen Entgelt zur Ausnutzung überlassen werden.

(2) Technische Verbesserungsvorschläge und technische Erfahrungen sind wie Erfindungen zu behandeln. Werden für die Überlassung von Erfindungen, von technischen Verbesserungsvorschlägen oder von technischen Erfahrungen Lizenzen gezahlt und ist in den Lizenzen ein Entgelt für laufende Beratung usw. enthalten, so ist der darauf entfallende Betrag bei der Ermittlung des Werts der Erfindungen oder der technischen Erfahrungen nicht zu berücksichtigen (BFH-Urteil vom 13. 2. 1970, BStBl. II S. 373)[1]. Der darauf entfallende Betrag ist notfalls im Wege der Schätzung zu ermitteln. Dabei ist es unerheblich, ob die Beratung durch mündliche Unterweisung oder durch Überlassung von schriftlichen Unterlagen (Plänen, Fertigungsunterlagen, Werkzeugbeschreibung) erfolgt.

(3) Wegen der Bewertung wird auf Abschnitt 64 Abs. 2 hingewiesen.

---

[1] Vgl. DStR 1970 S. 351 Nr. 239 = BFH-N Nr. 4 zu § 10 BewG.

BewG

§ 102 Vergünstigung für Schachtelgesellschaften

(1) Ist eine inländische Kapitalgesellschaft, eine inländische Kreditanstalt des öffentlichen Rechts, ein inländischer Gewerbebetrieb im Sinne des Gewerbesteuergesetzes von juristischen Personen des öffentlichen Rechts, eine inländische Erwerbs- und Wirtschaftsgenossenschaft, bei der die Voraussetzungen des § 104a Abs. 1 nicht vorliegen, eine unter Staatsaufsicht stehende Sparkasse oder ein inländischer Versicherungsverein auf Gegenseitigkeit an dem Grund- oder Stammkapital einer anderen inländischen Kapitalgesellschaft oder einer anderen inländischen Kreditanstalt des öffentlichen Rechts mindestens zu einem Viertel unmittelbar[1] beteiligt, so gehört die Beteiligung insoweit nicht zum gewerblichen Betrieb, als sie ununterbrochen seit mindestens 12 Monaten vor dem maßgebenden Abschlußzeitpunkt (§ 106) besteht. Ist ein Grund- oder Stammkapital nicht vorhanden, so ist die Beteiligung an dem Vermögen maßgebend.

(2)[2] Ist eine inländische Kapitalgesellschaft, eine inländische Kreditanstalt des öffentlichen Rechts, ein inländischer Gewerbebetrieb im Sinne des Gewerbesteuergesetzes von juristischen Personen des öffentlichen Rechts, eine inländische Erwerbs- und Wirtschaftsgenossenschaft, bei der die Voraussetzungen des § 104a Abs. 1 nicht vorliegen, eine unter Staatsaufsicht stehende Sparkasse oder ein inländischer Versicherungsverein auf Gegenseitigkeit an dem Nennkapital einer Kapitalgesellschaft mit Geschäftsleitung und Sitz außerhalb des Geltungsbereichs dieses Gesetzes (Tochtergesellschaft), die in dem Wirtschaftsjahr, das mit dem maßgebenden Abschlußzeitpunkt (§ 106) der Muttergesellschaft endet oder ihm vorangeht, ihre Bruttoerträge ausschließlich oder fast ausschließlich aus unter § 8 Abs. 1 Nr. 1 bis 6 des Außensteuergesetzes vom 8. September 1972 (Bundesgesetzbl. I S. 1713)[3] fallenden Tätigkeiten und aus unter § 8 Abs. 2 des Außensteuergesetzes[3] fallenden Beteiligungen bezieht, mindestens zu einem Viertel unmittelbar beteiligt, so gehört die Beteiligung auf Antrag insoweit nicht zum gewerblichen Betrieb, als sie ununterbrochen seit mindestens 12 Monaten vor dem maßgebenden Abschlußzeitpunkt (§ 106) besteht. Das gleiche gilt auf Antrag der Muttergesellschaft für den Teil des Wertes ihrer Beteiligung an der Tochtergesellschaft, der dem Verhältnis des Wertes der Beteiligung an einer Enkelgesellschaft im Sinne des § 19a Abs. 5 des Körperschaftsteuergesetzes zum gesamten Wert des Betriebsvermögens der Tochtergesellschaft entspricht, wenn die Enkelgesellschaft in dem Wirtschaftsjahr, das mit dem maßgebenden Abschlußzeitpunkt (§ 106) der Muttergesellschaft endet oder ihm vorangeht, ihre Bruttoerträge ausschließlich oder fast ausschließlich aus unter § 8 Abs. 1 Nr. 1 bis 6 des Außensteuergesetzes[3] fallenden Tätigkeiten oder aus unter § 8 Abs. 2 Nr. 1 des Außensteuergesetzes[3] fallenden Beteiligungen bezieht; die Vorschriften des Bewertungsgesetzes sind für die Bewertung der Wirtschaftsgüter der Tochtergesellschaft entsprechend anzuwenden. Hat die Enkelgesellschaft in dem Wirtschaftsjahr der Muttergesellschaft, das mit dem maßgebenden Abschlußzeitpunkt (§ 106) endet oder ihm vorangeht, Gewinne ausgeschüttet, so gilt der vorstehende Satz nur, wenn die Muttergesellschaft unter den Voraussetzungen des § 19a Abs. 5 des Körperschaftsteuergesetzes Gewinnanteile von der Tochtergesellschaft bezogen hat, die in ihrer Höhe dem der Tochtergesellschaft aus den Gewinnan-

---

[1] Die beherrschenden Unternehmer können die Schachtelvergünstigung gem. § 102 BewG 1965 dann in Anspruch nehmen, wenn die Anteile an dem Organ einer Gesellschaft des bürgerl. Rechts nicht übertragen, sondern lediglich zur gemeinschaftlichen Ausübung der Gesellschaftsrechte zur Verfügung gestellt worden sind. *Erlaß Nordrhein-Westfalen S 3220 – 6 – V 1 v. 20. 4. 67; StEK BewG 1965 § 95 Nr. 2.*

[2] Vgl. dazu BdF-Schreiben betr. Außensteuerreformgesetz vom 8. 9. 1972; hier: Steuerliche Behandlung von Schachtelbeteiligungen an ausländischen Kapitalgesellschaften vom 20. 2. 1975 (BStBl. I S. 262) Az. IV Cb – S 2811 – 2/75; abgedruckt in DStR 1975 S. 252 Nr. 32.

[3] Abgedruckt im Einkommensteuer-Veranlagungshandbuch im Anhang I Nr. 6.

teilen verbleibenden ausschüttungsfähigen Gewinn entsprechen. Die vorstehenden Vorschriften sind nur anzuwenden, wenn der Steuerpflichtige nachweist, daß alle Voraussetzungen erfüllt sind.

VStR

25. Schachtelvergünstigung[1]

(1) Die Schachtelvergünstigung ist auch zu gewähren, wenn die Untergesellschaft von der Vermögensteuer befreit ist (BFH-Urteil vom 11. 12. 1964, BStBl. 1965 III S. 82)[2], nach dem Abschlußzeitpunkt untergegangen ist (BFH-Urteil vom 23. 7. 1965, BStBl. III S. 636) oder nach dem Abschlußzeitpunkt umgewandelt worden ist. Ist nach § 12 in Verbindung mit § 3 des Gesetzes über steuerliche Maßnahmen bei Änderung der Unternehmensform vom 14. August 1969 (Bundesgesetzbl. I S. 1163, BStBl. I S. 498)[3] das Vermögen einer Tochtergesellschaft auf einen vor dem Abschlußzeitpunkt der Muttergesellschaft liegenden Zeitpunkt auf die Muttergesellschaft umgewandelt worden, so ist auf die dem Umwandlungsstichtag folgenden Bewertungsstichtage das Betriebsvermögen der Muttergesellschaft unter Einschluß des Vermögens der umgewandelten Tochtergesellschaft zu erfassen. Die Schachtelvergünstigung ist nicht zu gewähren, wenn die Untergesellschaft nach § 81 Abs. 1 des Städtebauförderungsgesetzes vom 27. Juli 1971 (Bundesgesetzbl. I S. 1125) von der Vermögensteuer befreit ist (vgl. § 81 Abs. 2 des Städtebauförderungsgesetzes).

(2) Die Frist von 12 Monaten gilt auch bei der Neugründung von Kapitalgesellschaften. Sie beginnt frühestens mit dem Zeitpunkt, in dem im Gesellschaftsvertrag die Entstehung der Kapitalgesellschaft festgelegt ist und die Beteiligungsverhältnisse geregelt sind (BFH-Urteil vom 18. 7. 1969, BStBl. II S. 677)[4]. Sie gilt auch in den Fällen, in denen aus dem Unternehmen einer Kapitalgesellschaft eine Betriebsabteilung ausgegliedert und ihr Vermögen im Wege einer Sachgründung in eine neugegründete Kapitalgesellschaft eingebracht wird (BFH-Urteil vom 18. 7. 1969, BStBl. II S. 678)[5]. Erhöht sich innerhalb eines Wirtschaftsjahrs die Schachtelbeteiligung einer Obergesellschaft dadurch, daß sie als Ersterwerberin Aktien oder Anteile an der Untergesellschaft übernimmt, die diese auf Grund einer Kapitalerhöhung ausgibt, so kann die Schachtelvergünstigung auch für die erworbenen neuen Aktien und Anteile an der Untergesellschaft ohne Rücksicht auf die zeitliche Voraussetzung insoweit gewährt werden, als die erworbenen neuen Aktien oder Anteile den Vomhundertsatz nicht übersteigen, mit dem die Obergesellschaft zu Beginn des dem Feststellungszeitpunkt vorangegangenen Wirtschaftsjahrs am Kapital der Untergesellschaft beteiligt war. Bei Erwerb einer Schachtelbeteiligung auf den Beginn eines 12 Monate dauernden Wirtschaftsjahrs erhält der Erwerber die Schachtelvergünstigung bereits zum nächsten darauf folgenden Abschlußzeitpunkt[6].

---

[1] Vgl. BFH-Urteil vom 4. April 1974 III R 168/72 (BStBl. II S. 598 = DStR S. 549 Nr. 350):
Einer Offenen Handelsgesellschaft steht die Schachtelvergünstigung des § 60 BewG für von ihr gehaltene wesentliche Beteiligungen an inländischen Kapitalgesellschaften auch dann nicht zu, wenn ihre Hauptgesellschafterin eine inländische Kapitalgesellschaft ist. Das gilt auch für den Teil dieser Beteiligungen, der bei einer Aufteilung des Einheitswerts des Betriebsvermögens der Offenen Handelsgesellschaft nach § 11 Nr. 5 StAnpG auf die Hauptgesellschafterin entfällt.
[2] Vgl. DStR 1965 S. 148 Nr. 96.
[3] Abgedruckt im „Handbuch zur KSt-Veranlagung", Anhang I Nr. 2.
[4] Vgl. BFH-N Nr. 1 zu § 60 BewG.
[5] Vgl. BFH-N Nr. 2 zu § 60 BewG.
[6] Vgl. BFH-Urteil vom 19. Dezember 1969 III R 21/67 (BStBl. II 1970 S. 201):
Die Resteinzahlungsverpflichtung auf eine Schachtelbeteiligung im Sinne des § 60 des Bewertungsgesetzes in der Fassung vor dem Bewertungsgesetz 1965 ist bei der Einheitswertfeststellung für das Betriebsvermögen der Obergesellschaft nicht als Betriebsschuld abzugsfähig. Das gilt auch dann, wenn diese Verpflichtung höher ist als der Wert der Schachtelbeteiligung, und sogar dann, wenn die Schachtelbeteiligung keinen Wert mehr hat.
Vgl. BFH-Urteil vom 19. September 1969 III R 105/66 (BStBl. II 1970 S. 203):
Der Gleichheitssatz des Art. 3 Abs. 1 GG wird nicht verletzt, wenn Schulden, die zum Erwerb einer vermögensteuerbefreiten Schachtelbeteiligung an einer französischen Tochtergesellschaft aufgenommen

(Forts. nächste Seite)

(3) Wegen der Gewährung der Schachtelvergünstigung bei Unternehmenskonzentrationen im Steinkohlenbergbau vgl. § 13 Abs. 2 des Gesetzes zur Anpassung und Gesundung des deutschen Steinkohlenbergbaus und der deutschen Steinkohlenbergbaugebiete vom 15. Mai 1968 (Bundesgesetzbl. I S. 365, BStBl. I S. 939)[1].

---

wurden, bei der Einheitsbewertung des Betriebsvermögens der inländischen Kapitalgesellschaft nicht zum Abzug zugelassen sind.

Vgl. BFH-Urteil vom 25. April 1969 III R 111/66 (BStBl. II S. 577):

Die besondere Körperschaftsteuerschuld nach § 9 Abs. 3 KStG in der Fassung des Gesetzes zur Neuordnung von Steuern vom 16. Dezember 1954 (BGBl. I 1954, S. 373, BStBl. I 1954, S. 575) kann bei der Einheitswertfeststellung für das Betriebsvermögen der Obergesellschaft als Betriebsschuld abgezogen werden. Vgl. auch Abschn. 26 Abs. 3.

Vgl. BFH-Urteil vom 28. Januar 1972 III R 4/71 (BStBl. II S. 416 = BFH-N Nr. 36 zu § 62 Abs. 1 BewG):

Der Senat hält an seiner Rechtsauffassung fest, daß Schulden in wirtschaftlichem Zusammenhang mit Schachtelbeteiligungen bei der Einheitsbewertung des Betriebsvermögens inländischer Kapitalgesellschaften vom Rohvermögen nicht abgezogen werden können.

[1] Abgedruckt im „Handbuch zur KSt-Veranlagung" Anhang **I** Nr. **9**.

BewG

§ 103 Betriebsschulden

(1) **Schulden werden nur insoweit abgezogen, als sie mit der Gesamtheit oder einzelnen Teilen des gewerblichen Betriebs in wirtschaftlichem Zusammenhang stehen.**

(2) **Von dem Rohvermögen sind bei Versicherungsunternehmen versicherungstechnische Rücklagen abzuziehen, soweit sie für die Leistungen aus den laufenden Versicherungsverträgen erforderlich sind.**

§ 103a Rückstellungen für Preisnachlässe und Wechselhaftung

Rückstellungen für Preisnachlässe und für Wechselhaftung sind abzugsfähig.

VStR

26. Betriebsschulden; wirtschaftlicher Zusammenhang von Schulden mit Betriebsvermögen

(1) Betriebsschulden sind Schulden und Lasten, die in wirtschaftlichem Zusammenhang mit dem gewerblichen Betrieb oder mit einzelnen Teilen des gewerblichen Betriebs stehen. Dieser wirtschaftliche Zusammenhang ist gegeben, wenn die Entstehung der Schuld ursächlich und unmittelbar auf Vorgängen beruht, die das Betriebsvermögen betreffen (RFH-Urteil vom 14. 11. 1935, RStBl. S. 1465). Durch die Verpfändung eines Wirtschaftsguts allein wird noch kein wirtschaftlicher Zusammenhang zwischen der Schuld und dem verpfändeten Wirtschaftsgut begründet. Das gilt auch für die Belastung eines Grundstücks mit einem Grundpfandrecht. Die körperschaftsteuerliche Behandlung als verdeckte Gewinnausschüttung steht der Abzugsfähigkeit einer Betriebsschuld nicht entgegen (BFH-Urteil vom 13. 4. 1973, BStBl. II S. 622)[1]. An dem erforderlichen wirtschaftlichen Zusammenhang fehlt es auch bei außerbetrieblich begründeten Verpflichtungen des Unternehmers oder der Mitunternehmer (RFH-Urteile vom 15. 1. 1942, RStBl. S. 460, und vom 29. 10. 1942, RStBl. 1943 S. 11). Wegen der Behandlung betrieblicher Schulden gegenüber dem Ehegatten des Betriebsinhabers vgl. Abschnitt 5 Abs. 2.

(2) Eine Darlehensschuld, die ein Gewerbetreibender zur Errichtung seines Geschäfts aufgenommen und zu deren Sicherung er auf seinem Privatgrundstück eine Hypothek bestellt hat, ist wegen des wirtschaftlichen Zusammenhangs mit dem Betriebsvermögen als Betriebsschuld anzuerkennen (RFH-Urteil vom 14. 1. 1932, RStBl. S. 962). Dagegen steht eine Darlehensschuld nicht in wirtschaftlichem Zusammenhang mit dem Betrieb, wenn der Betriebsinhaber für private Zwecke aus seinem Betriebsvermögen Geldmittel herausgezogen und zu ihrem Ersatz ein Darlehen aufgenommen hat (RFH-Urteil vom 10. 9. 1936, RStBl. S. 1163).

(3) Schulden, die mit Wirtschaftsgütern in wirtschaftlichem Zusammenhang stehen, die nach den §§ 101 und 102 BewG 1965 nicht zum Betriebsvermögen gehören, können bei der Ermittlung des Betriebsvermögens nicht berücksichtigt werden (vgl. Abschnitt 24). Dazu gehören z. B. bei einer nach § 102 BewG 1965 oder nach einem Doppelbesteuerungsabkommen nicht zum Betriebsvermögen gehörenden Schachtelbeteiligung die Einzahlungsverpflichtung bei noch nicht voll eingezahltem Stammkapital und die zu ihrem Erwerb aufgenommenen Schulden (BFH-Urteile vom 19. 12. 1969, BStBl. 1970 II S. 201,[2] und vom 19. 9. 1969, BStBl. 1970 II S. 203,[3] und vom 28. 1. |

---

[1] Vgl. BFH-N Nr. 6 zu § 103 Abs. 1 BewG 1965.
[2] Vgl. DStR 1970 S. 151 Nr. 94 = BFH-N Nr. 24 zu § 62 Abs. 1 BewG.
[3] Vgl. DStR 1970 S. 152 Nr. 95 = BFH-N Nr. 1 zu § 59 Nr. 1 BewG.

1972, BStBl. II S. 416)[1]; nicht dazu gehört jedoch die nach § 9 Abs. 3 KStG zu erhebende Nachsteuer (BFH-Urteil vom 25. 4. 1969, BStBl. II S. 577)[2]. Abschnitt 92 Abs. 2 ist sinngemäß anzuwenden.

27. Betriebsschulden; wirtschaftlicher Zusammenhang von Schulden mit Betriebsgrundstücken

(1) Abweichend von der Regelung in Abschnitt 14 EStR gehört ein Grundstück, das zu mehr als der Hälfte dem gewerblichen Betrieb dient, nach § 99 Abs. 2 Satz 1 BewG 1965 ganz zum Betriebsvermögen. Schulden, die mit diesem Grundstück in wirtschaftlichem Zusammenhang stehen, sind in vollem Umfang als Betriebsschulden anzusehen[3]. Das gilt auch dann, wenn die Schuld nur mit dem Grundstücksteil in wirtschaftlichem Zusammenhang steht, der betriebsfremden Zwecken dient.

Beispiel:

Ein Handwerksmeister nutzte sein Hausgrundstück bisher in vollem Umfang für sein Gewerbe. Er läßt das Gebäude aufstocken und in das neue Stockwerk Wohnungen einbauen. Die Mittel dazu beschafft er sich durch Aufnahme eines Darlehens, zu dessen Sicherstellung er auf dem Grundstück eine Hypothek bestellt. Das Grundstück dient auch nach der Aufstockung zu mehr als der Hälfte seines Werts dem gewerblichen Betrieb und gilt deshalb auch weiterhin ganz als Betriebsgrundstück. Die Hypothekenschuld ist beim Betriebsvermögen zu berücksichtigen, obwohl sie nur mit dem Grundstücksteil in wirtschaftlichem Zusammenhang steht, der nicht dem gewerblichen Betrieb dient.

(2) Dient das Grundstück nur zur Hälfte oder weniger dem gewerblichen Betrieb, so gehört es nach § 99 Abs. 2 Satz 2 BewG 1965 nicht zum Betriebsvermögen, sondern zum Grundvermögen. Schulden, die mit diesem Grundstück in wirtschaftlichem Zusammenhang stehen, sind keine Betriebsschulden. Das gilt auch dann, wenn die Schuld nur mit dem Grundstücksteil in wirtschaftlichem Zusammenhang steht, der dem gewerblichen Betrieb dient.

Beispiel:

Ein Steuerpflichtiger eröffnet in seinem eigenen Gebäude einen gewerblichen Betrieb. Dazu baut er Wohnräume zu gewerblichen Räumen um. Die Mittel zum Umbau verschafft er sich durch Aufnahme eines Darlehens, für das er auf dem Grundstück eine Hypothek bestellt. Das Grundstück dient nach dem Umbau zu 25 v. H. dem gewerblichen Betrieb und ist deshalb ganz zum Grundvermögen zu rechnen. Die Hypothekenschuld kann erst beim Gesamtvermögen berücksichtigt werden, obwohl sie in wirtschaftlichem Zusammenhang mit dem Grundstücksteil steht, der dem gewerblichen Betrieb dient.

(3) Grundbesitz, bei dem der eine Teil einem gewerblichen, der andere Teil einem land- und forstwirtschaftlichen Betrieb des Eigentümers dient, ist bei der Einheitsbewertung aufzuteilen. Der gewerblich genutzte Teil des Grundbesitzes gilt als Teil des gewerblichen Betriebs, der andere Teil gehört zum land- und forstwirtschaftlichen Ver-

---

[1] Vgl. BFH-N Nr. 36 zu § 62 Abs. 1 BewG.
[2] Vgl. BFH-N Nr. 17 zu § 62 Abs. 1 BewG.
[3] BFH-Urteil vom 3. 3. 1972 III R 136/71 (BStBl. 1974 II S. 896):
  Bei einem Gebäude auf fremdem Grund und Boden ist bei der Hauptfeststellung der Einheitswerte des Grundbesitzes auf den 1. Januar 1964 abweichend von der bisherigen Rechtslage ein Abschlag wegen der Verpflichtung zum Abbruch des Gebäudes gemäß § 94 Abs. 3 Satz 3 BewG 1965 stets dann zu gewähren, wenn das Gebäude auf Grund ausdrücklicher vertraglicher Verpflichtung am Ende der Miet- oder Pachtzeit abgebrochen werden muß. Das gilt auch dann, wenn der Vermieter auf sein vertragliches Recht, den Abbruch zu verlangen, für einen von vornherein fest bestimmten Zeitraum verzichtet hat.
  Der Abschlag wegen der Abbruchverpflichtung kann nur versagt werden, wenn nach den Verhältnissen vom Bewertungsstichtag vorauszusehen ist, daß das Gebäude nicht abgerissen werden wird.
  Der Abschlag ist in den Fällen, in denen das auf fremdem Grund und Boden errichtete Gebäude nach dem Sachwertverfahren bewertet worden ist, individuell unter Berücksichtigung der Abbruchverpflichtung nach der hierdurch verkürzten Lebensdauer des Gebäudes zu ermitteln.
  Vgl. BFH-Urteil vom 31. Januar 1964 III 178/61 U (DStR S. 206 Nr. 187; BStBl. II S. 178):
  1. . . .
  2. Die auf der Abbruchverpflichtung beruhende Belastung, die eine Folge des Abbruchs selbst ist, kann in diesem Falle außerdem bei der Ermittlung des Einheitswertes des Betriebsvermögens nach § 62 Abs. 1 BewG als Betriebsschuld oder bei der Ermittlung des Gesamtvermögens nach § 74 Abs. 1 Ziff. 1 BewG als Schuld abgezogen werden. Der Wert dieser Schuld ist auf der Grundlage der am Bewertungsstichtage zu erwartenden Abbruchkosten zu ermitteln.

mögen. Bei einer Schuld ist zu unterscheiden, ob sie mit beiden Teilen des Grundbesitzes oder nur mit einem der beiden Teile in wirtschaftlichem Zusammenhang steht. Im ersten Fall ist ein entsprechender Teil der Schuld als Betriebsschuld anzusehen, im zweiten Fall ist sie entweder im vollem Umfang oder überhaupt nicht als Betriebsschuld anzusehen. Läßt sich der wirtschaftliche Zusammenhang nicht genau feststellen, so ist der Schuldbetrag angemessen aufzuteilen.

Beispiele:

A. Ein Landwirt und Gastwirt baut an sein Hausgrundstück, das teilweise der Landwirtschaft und teilweise der Gastwirtschaft dient, eine Scheune an. Er beschafft sich die Mittel zur Bezahlung des Anbaues durch Aufnahme eines Darlehens, zu dessen Sicherstellung er auf dem Hausgrundstück eine Hypothek bestellt. In diesem Fall besteht zwischen der Schuld und dem gewerblichen Betrieb kein wirtschaftlicher Zusammenhang. Die Schuld ist deshalb erst beim Gesamtvermögen zu berücksichtigen.

B. Derselbe Steuerpflichtige erweitert seine Gastwirtschaft durch Anbau neuer Gasträume. Er beschafft sich die Mittel zur Bezahlung des Anbaues durch Aufnahme eines Darlehens, zu dessen Sicherung er auf dem Hausgrundstück eine Hypothek bestellt. In diesem Fall besteht zwischen der Schuld und dem gewerblichen Betrieb ein wirtschaftlicher Zusammenhang. Die Schuld ist deshalb beim Betriebsvermögen voll zu berücksichtigen.

C. Auf dem Anwesen desselben Steuerpflichtigen lastet eine alte Hypothek. Es läßt sich nicht mehr feststellen, mit welchem Teil des Grundbesitzes die Hypothek in wirtschaftlichem Zusammenhang steht. Die Schuld ist auf das Betriebsvermögen und auf das Gesamtvermögen angemessen zu verteilen.

28. Betriebsschulden; Rückstellungen, Rücklagen, Wertberichtigungsposten

(1) Eine Betriebsschuld ist nur abzugsfähig, wenn sie am Bewertungsstichtag bestanden hat. Sie muß entstanden, darf aber noch nicht erloschen sein. Die Fälligkeit der Schuld ist nicht Voraussetzung für ihre Abzugsfähigkeit. Wegen der abweichenden Regelung bei Steuerschulden vgl. Abschnitt 37. Zur Frage der Bewertung der Betriebsschulden vgl. die Abschnitte 44 bis 46 und die Abschnitte 55 und 56.

(2)[1] Schulden sind abzuziehen, wenn zu ihrer Erfüllung nicht nur eine rechtliche Verpflichtung besteht, sondern auch ernstlich damit gerechnet werden muß, daß der Gläubiger Erfüllung verlangt. Schulden, die zwar formell rechtsgültig übernommen sind, aber am Stichtag keine ernst zu nehmende Belastung bedeuten, sind nicht als abzugsfähig anzuerkennen (RFH-Urteile vom 17.12.1931, RStBl. 1932 S. 328, vom 21. 1. 1932, RStBl. S. 964, und vom 11. 2. 1937, RStBl. S. 603). Dies ist besonders bei Darlehensschulden und anderen Verbindlichkeiten innerhalb des Kreises naher Verwandter zu prüfen.

(3)[2] Rückstellungen werden in der Steuerbilanz gebildet für Schulden und Lasten, deren Entstehung vorläufig noch ungewiß ist, oder für Schulden und Lasten, die sich vorläufig der Höhe nach noch nicht genau bestimmen lassen. Rückstellungen für Schulden, deren Entstehung vorläufig noch ungewiß ist, sind, mit Ausnahme der Rückstellungen für Preisnachlässe und für Wechselhaftungen, bei der Feststellung des Einheitswerts des gewerblichen Betriebs wie aufschiebend bedingte Schulden und Lasten zu behandeln. Vgl. dazu Abschnitte 29 und 29a. Rückstellungen für Schulden, deren Höhe zahlenmäßig noch nicht genau feststeht, sind als Betriebsschulden abzu-

---

[1] Wegen der Berücksichtigung einer Rückstellung für eine möglicherweise bestehende Schadensersatzverpflichtung bei der Einheitsbewertung des Betriebsvermögens vgl. Erlaß Bremen 913 – S 3202 – A 1/St 51 v. 14. 10. 1964; Verfügung OFD Kiel S 3202 A – St 21/212 v. 30. 9. 1964; S:EK BewG § 62 Nr. 19. Siehe auch Abschn. 44 Abs. 2 VStR (abgedruckt unten hinter § 109 BewG 1965) und die Fußnoten dazu.
[2] Vgl. BFH-Urteil vom 24. Januar 1964 III 325/61 (HFR S. 276 Nr. 254):
Bei der Bewertung von Steuerschulden, über deren Bestehen am Stichtag ein Rechtsmittel anhängig ist, kann in der Regel eine spätere Rechtsmittelentscheidung berücksichtigt werden.
Arbeitgeber können Rückstellungen für Urlaubsansprüche ihrer Arbeitnehmer bilden, die auch bei der Vermögensbesteuerung als abzugsfähige Betriebsschuld zu berücksichtigen sind. *Erl. Nordrhein-Westfalen v. 21. 2. 1967 – S 3232; StEK BewG § 103 Nr. 7.*

ziehen. Ihre Höhe ist erforderlichenfalls nach § 217 AO zu schätzen. Der in der Steuerbilanz ausgewiesene Rückstellungsbetrag kann dabei einen Anhalt geben.

(4) Rücklagen (gesetzliche oder freie) sind keine abzugsfähigen Betriebsschulden. Nicht abzugsfähig sind deshalb z. B. die in den Handels- und Steuerbilanzen gebildeten gesetzlichen (§ 150 AktG) oder vertraglichen (§ 29 GmbHG, § 20 GenG) oder sog. freien Rücklagen, z. B. Gewinnrücklagen, Erneuerungsrücklagen. Ebenso sind nicht abzugsfähig in der Steuerbilanz gebildete Rücklagen für Ersatzbeschaffung, Rücklagen nach § 6b EStG (BFH-Urteil vom 10. 11. 1972, BStBl. 1973 II S. 107), Rücklagen für Preissteigerung, Rücklagen nach § 1 des Auslandsinvestitionsgesetzes vom 18. August 1969 (Bundesgesetzbl. I S. 1211, BStBl. I S. 477)[1] und Rücklagen nach § 15 des Berlin-FG i. d. F. der Bekanntmachung vom 29. Oktober 1970 (Bundesgesetzbl. I S. 1481, BStBl. I S. 1016)[2]. Kraft ausdrücklicher Vorschrift sind jedoch abzugsfähig der Rücklagebetrag, der sich nach § 5 des Gesetzes zur Förderung der Verwendung von Steinkohle in Kraftwerken[3] vom 12. August 1965 (BGBl. I S. 777, BStBl. I S. 360), geändert durch das Gesetz vom 8. August 1969 (Bundesgesetzbl. I S. 1083, BStBl. I S. 428) ergibt, und der Rücklagebetrag, der sich nach § 7 Abs. 3 des Entwicklungshilfe-Steuergesetzes in den bis 31. 12. 1973 geltenden Fassungen oder nach § 7 Abs. 2 des Entwicklungsländer-Steuergesetzes in der Fassung der Bekanntmachung vom 13. Februar 1975 (Bundesgesetzbl. I S. 493)[4] ergibt.

(5)[5] Wertberichtigungsposten sind auf der Passivseite der Steuerbilanz ausgewiesene Korrekturposten. Sie sind keine Betriebsschulden im Sinne des Bewertungsgesetzes und müssen deshalb in der Vermögensaufstellung grundsätzlich unmittelbar bei der Bewertung der Besitzposten berücksichtigt werden.

29. Betriebsschulden; aufschiebend bedingte und auflösend bedingte sowie befristete Schulden und Lasten

(1) Man unterscheidet aufschiebende und auflösende Bedingungen. Nach den §§ 158 ff. BGB tritt die von einer aufschiebenden Bedingung abhängig gemachte Wirkung eines Rechtsgeschäfts erst mit dem Eintritt der Bedingungen ein; solange die Bedingung noch nicht eingetreten ist, besteht hinsichtlich des beabsichtigten Rechtserfolgs ein Schwebezustand. Bei der auflösenden Bedingung ist die Rechtslage umgekehrt; die Wirkung des Rechtsgeschäfts tritt sofort ein, endigt jedoch mit dem Eintritt der Bedingung für die Zukunft. Die einem Rechtsgeschäft beigefügte Zeitbestimmung ist nach § 163 BGB der Bedingung – der aufschiebenden wie der auflösenden – unter der Voraussetzung gleichgestellt, daß durch sie ebenfalls die Wirkung des Rechtsgeschäfts beeinflußt, also auch bei ihr der Beginn oder die Beendigung der Wirkung vom Eintritt eines Zeitpunkts abhängig gemacht wird. Die Vorschriften der §§ 158 ff. BGB über die Bedingungen finden auf die Zeitbestimmungen entsprechend Anwendung. Ein vertraglich vereinbartes Rücktrittsrecht wirkt bewertungsrechtlich wie eine auflösende Bedingung (BFH Urteil vom 27. 10. 1967, BStBl. 1968 II S. 116)[6], ein vertraglich vereinbartes Optionsrecht wie eine aufschiebende Bedingung (BFH-Urteil vom 5. 3. 1971, BStBl. II S. 481)[7].

---

[1] Abgedruckt im „Handbuch zur ESt-Veranlagung", Anhang I Nr. 5.
[2] Abgedruckt im „Handbuch zur ESt-Veranlagung", Anhang I Nr. 2.
[3] Abgedruckt im „Handbuch zur KSt-Veranlagung", Anhang I Nr. 7.
[4] Abgedruckt im „Handbuch zur ESt-Veranlagung" als Anlage zu § 34d EStG.
[5] BFH-Urteil vom 2. Mai 1969 III 170/65 (BStBl. 1969 S. 700):
Der Grundsatz der Einzelbewertung des BewG gilt auch für die Wertberichtigung von Forderungen, die zum Betriebsvermögen gehören. Bei einer Vielzahl gleichartiger und im wesentlichen gleichwertiger kleinerer Forderungen können aber die besonderen Umstände, die Anlaß für eine unter dem Nennwert liegende Bewertung sind, durch Pauschalierung ermittelt werden.
[6] Vgl. BFH-N Nr. 1 zu § 5 BewG.
[7] Vgl. DStR 1971 S. 479 Nr. 341 = BFH-N Nr. 2 zu § 4 BewG.

(2) Nach den §§ 4 bis 8 BewG 1965, die sich an die bürgerlich-rechtliche Regelung anschließen, werden Wirtschaftsgüter, deren Erwerb vom Eintritt einer aufschiebenden Bedingung abhängt, steuerlich erst berücksichtigt, wenn die Bedingung eingetreten ist (§ 4 BewG 1965). Umgekehrt kann auch derjenige, der aufschiebend bedingt belastet ist, die Last nicht abziehen, mit der Maßgabe, daß bei Eintritt der Bedingung die Festsetzung der nicht laufend veranlagten Steuern (z. B. Erbschaftsteuer) auf Antrag zu berichtigen ist (§ 6 Abs. 2 BewG 1965). Dieselben Rechtsgrundsätze sind anzuwenden, wenn die Entstehung oder der Wegfall einer Last von einem Ereignis abhängt, bei dem nur der Zeitpunkt ungewiß ist (§ 8 BewG 1965). Hieraus ergibt sich, daß es der Gesetzgeber für die Vermögensteuer (diese Steuer rechnet zu den laufend veranlagten Steuern) steuerrechtlich für tragbar gehalten hat, Lasten, deren Entstehung vom Eintritt einer aufschiebenden Bedingung abhängt, bei der Veranlagung des Verpflichteten zur Vermögensteuer unberücksichtigt zu lassen, während Lasten, deren Fortdauer auflösend bedingt ist, wie unbedingte abgezogen werden. Ob die Entstehung als aufschiebend oder auflösend bedingt anzusehen ist, hängt nicht davon ab, ob der Eintritt des maßgebenden Ereignisses wahrscheinlich oder unwahrscheinlich ist und ein Käufer des Unternehmens deshalb bei der Bemessung des Kaufpreises die Last wertmindernd berücksichtigen wird. Auf das Maß der Aussichten für den Eintritt oder Nichteintritt einer Bedingung kommt es nicht an. Insoweit wird durch die ausdrückliche Vorschrift des § 6 BewG 1965 die wirtschaftliche Betrachtungsweise ausgeschaltet. Nach den BFH-Urteilen vom 30. 4. 1959 (BStBl. III S. 315) und vom 14. 7. 1967 (BStBl. III S. 770)[1] wird infolgedessen eine Last, deren Entstehung vom Eintritt einer aufschiebenden Bedingung abhängt, nicht dadurch zu einer auflösend bedingten Last, daß der Eintritt der Bedingung wahrscheinlich ist und der Verkehr mit der Schuld als ihrem Grunde nach gegenwärtig schon bestehend rechnet. Dies gilt auch, wenn in der Steuerbilanz für diese Last eine Rückstellung zugelassen ist.

(3)[2] Verbindlichkeiten aus Garantieverträgen, aus Gewährleistungsverpflichtungen und aus Bürgschaften können erst berücksichtigt werden, wenn der Schuldner dafür in Anspruch genommen wird (BFH-Urteile vom 22. 5. 1964, BStBl. III S. 402[3], und vom 7. 10. 1960, BStBl. III S. 508). Für Gewährleistungsverpflichtungen kann allerdings ein Schuldposten auch schon dann abgezogen werden, wenn bei serienmäßiger Herstellung ein Mangel bei allen Stücken gleichmäßig vorhanden ist, dieser bis zum Stichtag nur von einzelnen Abnehmern beanstandet worden ist, mit der Beanstandung der anderen Abnehmer aber gerechnet werden muß. Provisionsforderungen des Handelsvertreters und Provisionsschulden des Geschäftsherrn entstehen, falls nicht abweichende Vereinbarungen vorliegen, nach § 87a Abs. 1 HGB mit der Ausführung des Liefergeschäfts (BFH-Urteil vom 26. 5. 1972, BStBl. II S. 668)[4]. Der Anspruch steht unter der auflösenden Bedingung, daß er nach § 87a Abs. 2 HGB nachträglich wegfällt, falls der Kunde nicht zahlt. Für die Pflicht zur Zahlung eines Ausgleichs nach § 89b HGB darf vor Beendigung des Vertragsverhältnisses keine Schuld abgezogen werden (vgl. das zur Ertragsbesteuerung ergangene BFH-Urteil vom 24. 6. 1969, BStBl. II S. 581)[5]. Eine Ausnahme von den vorstehenden Grundsätzen gilt lediglich für die Berücksichtigung von Rückstellungen für Bergschäden (BFH-Urteil vom 25. 10. 1951, BStBl. 1952 III S. 37) und für Pensionsanwartschaften. Wegen der Voraussetzungen und des Umfangs eines Abzugs von Rückstellungen für Pensionsanwartschaften wird auf § 104 BewG 1965 und Abschnitt 36a hingewiesen.

---

[1] Vgl. BFH-N Nr. 1 zu § 62 BewG.
[2] Siehe auch das BFH-Urteil vom 12. Juni 1964 III 276/61 (HFR 65 S. 149 Nr. 122): Eine Garantierückstellung für Lieferungen und Leistungen, die nach Ablauf der Garantiezeit erbracht werden, kann bei der Einheitsbewertung des Betriebsvermögens wegen des Fehlens seiner bürgerlich-rechtlichen Verpflichtung nicht abgezogen werden.
[3] Vgl. DStR 1964 S. 433 Nr. 326.
[4] Vgl. DStR S. 512 Nr. 393 = BFH-N Nr. 3 zu § 103 Abs. 1 BewG 1965.
[5] Vgl. BFH-N Nr. 38 zu § 5 EStG Gewinn bei Vollk.

(4) Hat ein Mieter gemietete Räume umgebaut, so ist die etwaige Verpflichtung zur Wiederherstellung des vor dem Umbau bestehenden Zustandes als Schuld abzugsfähig. Dies gilt jedoch nicht, wenn der Mieter hierzu nur dann verpflichtet ist, wenn der Vermieter bei Beendigung des Mietverhältnisses einen dahingehenden Wunsch äußert (BFH-Urteil vom 7. 8. 1970, BStBl. II S. 842)[1]. Wenn die Verpflichtung eines Elektrizitätsüberlandwerkes zur Entfernung von Anlagen nach den Vertragsbestimmungen als unbedingt anzusehen ist, kann die Entfernungslast entsprechend dem Teilwertbegriff mit dem Gegenwartswert berücksichtigt werden (BFH-Urteil vom 29. 11. 1968, BStBl. 1969 II S. 228)[2]. Die Verpflichtung zur Wiederauffüllung einer Kiesgrube ist ebenfalls als Betriebsschuld berücksichtigungsfähig (BFH-Urteil vom 26. 10. 1970, BStBl. 1971 II S. 82)[3]. Die Überlassung von Warenvorräten an die Betriebs-GmbH bei einer Betriebsaufspaltung mit der Abrede, daß die GmbH das Warenlager in gleicher Größe und gleich guter Menge bei Ablauf des Pachtvertrages zurückgeben muß, begründet eine abzugsfähige Betriebsschuld (BFH-Urteil vom 10. 3. 1972, BStBl. II S. 518)[4].

29a. Rückstellungen für Preisnachlässe und für Wechselhaftungen

(1) Rückstellungen für Preisnachlässe und Rückstellungen für Wechselhaftungen sind mit den in der Steuerbilanz aufgeführten Beträgen in die Vermögensaufstellung zu übernehmen (§§ 103a, 109 Abs. 4 BewG). Vgl. auch Abschnitt 44 Abs. 1. Unter Rückstellungen für Preisnachlässe sind nur Rückstellungen für Beträge zu verstehen, bei denen freiwillig oder unter bestimmten vereinbarten Voraussetzungen ein zunächst festgesetzter Preis herabgesetzt wird, z. B. Mengen- oder Treuerabatte, Umsatzvergütungen, Jahresboni u. ä. Darunter fallen auch Rückvergütungen, die in Form von Waren gewährt werden. Nicht darunter fallen Rückstellungen auf Grund von Gewährleistungsverpflichtungen oder Mängelrügen sowie Rückstellungen für Preisberichtigungen, z. B. auf Grund von zu erwartenden behördlichen oder vertraglich vereinbarten Preisprüfungen.

(2) Ein in der Steuerbilanz des Wechselschuldners für die zeitliche Abgrenzung des vom Gläubiger berechneten und bereits gezahlten Wechseldiskonts und der Wechselspesen gebildeter aktiver transitorischer Rechnungsabgrenzungsposten ist als Anspruch auf zinslose Belassung der Wechselvaluta bis zum Fälligkeitstag zu übernehmen (vgl. Abschnitt 48 Abs. 3).

30. Einlage des stillen Gesellschafters

Ob eine typische oder atypische stille Gesellschaft anzunehmen ist, hängt davon ab, ob der Gesellschafter nur am Geschäftserfolg oder auch an den Anlagewerten beteiligt ist (vgl. Abschnitt 14 Abs. 2). Die hierzu für die Ertragsteuern getroffene Entscheidung wird im allgemeinen für die Vermögensteuer zu übernehmen sein. Die Verpflichtung des Unternehmers auf Grund einer typischen stillen Beteiligung ist eine besonders geartete Schuld, die bei der Einheitsbewertung des Betriebsvermögens mit dem Teilwert anzusetzen ist. Der Teilwert einer solchen Schuld entspricht grundsätzlich dem Nennwert der Vermögenseinlage des stillen Gesellschafters (BFH-Urteil vom 2. 2. 1973, BStBl. II S. 472)[5]. Wegen der Behandlung des jährlichen Gewinnanteils vgl. Abschnitt 31 Abs. 2.

---

[1] Vgl. DStR 1970 S. 733 Nr. 511 = BFH-N Nr. 1 zu § 95 BewG 1965 und Nr. 1 zu § 109 Abs. 1 BewG 1965.
[2] Vgl. DStR 1969 S. 216 Nr. 163 = BFH-N Nr. 10 zu § 62 Abs. 1 BewG.
[3] Vgl. DStR 1971 S. 129 Nr. 93 = BFH-N Nr. 26 zu § 62 Abs. 1 BewG.
[4] Vgl. BFH-N Nr. 37 zu § 62 Abs. 1 BewG.
[5] Vgl. DStR S. 383 Nr. 328 = BFH-N Nr. 3 zu § 66 Abs. 1 BewG.

31. Betriebsschulden für Tantiemen, Gewinnbeteiligungen usw.

(1) Eine Schuld, deren Höhe von dem Ergebnis des Geschäftsjahrs des Unternehmens abhängt (z. B. Verbindlichkeiten für Tantiemen, Gewinnbeteiligungen u. a.), ist aufschiebend bedingt, wenn die Gewährung des ihr gegenüberstehenden Anspruchs im freien Ermessen des Unternehmens liegt und der Beschluß über die Gewährung erst nach dem Stichtag gefaßt wird. Dies gilt auch für Ansprüche dieser Art, die nicht nur gewinnabhängig sind, sondern zusätzlich noch davon abhängen, daß der Gewinn ganz oder teilweise oder in bestimmter Mindesthöhe ausgeschüttet wird, solange ein Beschluß über die Gewinnverteilung noch nicht vorliegt (BFH-Urteile vom 10. 5. 1968, BStBl. II S. 703[1], vom 26. 7. 1970, BStBl. II S. 735[2], und vom 21. 7. 1972, BStBl. II S. 872)[3]. Die Verpflichtung zur Zahlung eines Weihnachtsgeldes kann bei Betrieben mit einem vom Kalenderjahr abweichenden Wirtschaftsjahr nur dann als Schuld abgezogen werden, wenn bis dahin bereits ein entsprechender Beschluß vorliegt (BFH-Urteil vom 16. 6. 1972, BStBl. II S. 821)[4]. Aufschiebend bedingte Schulden und Lasten können nach § 6 BewG 1965 nicht abgezogen werden. Im einzelnen vgl. Abschnitt 29.

(2) Besteht dagegen ein Rechtsanspruch und ist nur noch seine Höhe vom Geschäftsergebnis abhängig, so kann beim Unternehmen ein Schuldposten dafür abgesetzt werden, sobald das maßgebende Geschäftsjahr abgelaufen ist. Der Abzug ist auch dann zulässig, wenn die Höhe der Schuld am Stichtag noch nicht endgültig feststeht, z. B. weil der maßgebende Gewinn oder Umsatz des Geschäftsjahrs erst noch ermittelt werden muß. Dies gilt z. B. regelmäßig für den Anspruch des typischen stillen Gesellschafters auf seinen jährlichen Gewinnanteil (BFH-Urteil vom 11. 10. 1968, BStBl. 1969 II S. 123)[5].

(3) Wegen der Behandlung der Ansprüche auf Gewinnanteile usw. beim Berechtigten vgl. Abschnitt 57.

32. Betriebsschulden für Warenrückvergütungen und Kaufpreisrückvergütungen

Für die Behandlung von Verbindlichkeiten für Warenrückvergütungen[6] und Kaufpreisrückvergütungen gelten die Anweisungen in Abschnitt 31 entsprechend (vgl. BFH-Urteil vom 26. 6. 1964, BStBl. III S. 614).

33. Zuwendungen an betriebliche Pensions- und Unterstützungskassen

Rückstellungen für Zuwendungen an betriebliche Pensions- und Unterstützungskassen, die aufgrund des Abschnitts 26 Abs. 1 EStR in die Schlußbilanz des Wirtschaftsjahrs eingestellt werden, können bei der Einheitsbewertung des Betriebsvermögens nicht als Schuldposten anerkannt werden[7]. Es kommt für die Vermögensteuer

---

[1] Vgl. DStR 1968 S. 608 Nr. 499 = BFH-N Nr. 1 zu § 4 BewG.
[2] Vgl. BFH-N Nr. 2 zu § 12 BewG 1965.
[3] Vgl. DStR S. 702 Nr. 548 = BFH-N Nr. 1 zu § 6 Abs. 1 und Nr. 1 zu § 62a Abs. 3 Buchst. b BewG.
[4] Vgl. BFH-N Nr. 4 zu § 103 Abs. 1 BewG 1965.
[5] Vgl. DStR 1969 S. 184 Nr. 149 = BFH-N Nr. 1 zu § 67 Abs. 1 Nr. 1 BewG.
[6] Sieht die Satzung einer Genossenschaft die Ermächtigung vor, daß der Vorstand bzw. der Aufsichtsrat abschließend über die Warenrückvergütung beschließen kann, wird ein Rechtsanspruch der Genossen auf Warenrückvergütung auch ohne Mitwirkung der Generalversammlung begründet, der bei der Einheitsbewertung des Betriebsvermögens zu beachten ist. *Erlaß Schleswig-Holstein S 3202 – 445 II/33 v. 3. 3. 1965; StEK BewG § 62 Nr. 24.*
[7] Vgl. BFH-Urteil vom 8. März 1974 III R 167/72 (BStBl. II S. 562 = DStR S. 569 S. 351):
1. Ist der Unterstützungsverein einer GmbH & Co. KG an dieser KG als Kommanditist beteiligt, so sind die Darlehen, die er der KG gewährt hat, bei der Einheitsbewertung des Betriebsvermögens der KG nicht als Betriebsschulden abzuziehen.
2. Über die Vermögensteuerfreiheit des Unterstützungsvereins sowie über den Erlaß von Steuern, die vom Einheitswert des Betriebsvermögens abhängen, kann in dem Verfahren über die Feststellung des Einheitswerts des Betriebsvermögens der KG nicht entschieden werden.

lediglich auf die Verhältnisse im Abschlußzeitpunkt an. Beschlüsse, die nach diesem Zeitpunkt gefaßt werden, haben vermögensteuerrechtlich keine Rückwirkung. Diese Regelung gilt auch dann, wenn ein Betrieb mit abweichendem Wirtschaftsjahr die Zuwendung in der Zeit zwischen dem abweichenden Bilanzstichtag und dem Feststellungszeitpunkt beschließt (RFH-Urteil vom 28. 11. 1940, RStBl. 1941 S. 63).

34. Verbindlichkeiten aus schwebenden Geschäften; passive Rechnungsabgrenzungsposten

(1) Bei einem gegenseitigen Vertrag ist davon auszugehen, daß Rechte und Pflichten der einzelnen Vertragspartei sich in der Regel gleichwertig gegenüberstehen und sich ausgleichen. Solange noch von keiner Vertragspartei mit der Erfüllung des Vertrags begonnen worden ist, brauchen deshalb die gegenseitigen Rechte und Pflichten bewertungsrechtlich nicht berücksichtigt zu werden. So begründen die Kosten für den jährlichen Buchführungsabschluß des vorangegangenen Geschäftsjahrs, die jeweils erst nach dem Stichtag entstehen, keine abzugsfähige Schuld (BFH-Urteil vom 22. 5. 1964, BStBl. III S. 402)[1]. Die in der steuerlichen Jahresabschlußbilanz einer Aktiengesellschaft enthaltene Rückstellung für die Kosten der aktienrechtlichen Pflichtprüfung nach § 162 AktG können am 1. Januar des Jahrs, das dem Jahr folgt, dessen Abschluß zu prüfen ist, nicht als abzugsfähige Schuld oder Last berücksichtigt werden (BFH-Urteil vom 12. 6. 1964, BStBl. III S. 450)[2], sofern nicht in der Rückstellung Beträge enthalten sind, die die Kosten einer bereits erbrachten Teilprüfung decken. Hat jedoch eine Partei die ihr zustehende Leistung ganz oder teilweise erhalten, so ist ihr vertraglicher Anspruch insoweit erloschen. Bestehen bleibt dagegen ihre Verpflichtung, ihrerseits noch die vertragliche Leistung zu erbringen. Diese ist bei Ermittlung des Betriebsvermögens zu berücksichtigen.

Beispiel:

Der Unternehmer A hat an B Gewerberäume vermietet. Im Dezember 1971 erhält der Vermieter A die Miete für die Monate Januar bis März 1972 im voraus. Bei seinem Betriebsvermögen ist für seine Verpflichtung, die Mieträume dem B während der Zeit von Januar bis März 1972 zu überlassen, ein entsprechender Schuldposten abzusetzen. (Wegen der Behandlung bei B vgl. Abschnitt 48).

(2) Die in der Steuerbilanz für im voraus zugeflossene Einnahmen (transitorische Passiva) gebildeten Rechnungsabgrenzungsposten können übernommen werden, wenn sie bewertungsrechtlich als Schulden anzuerkennen sind (BFH-Urteile vom 24. 1. 1969, BStBl. II S. 310,[3] und vom 15. 1. 1971, BStBl. II S. 290)[4]. Bei nichtbuchführenden Gewerbetreibenden ist für die Bewertung dieser Verbindlichkeiten vom Wert der Vorleistung auszugehen.

35. Verbindlichkeiten aus schwebenden Geschäften; Rückstellungen für nicht realisierte Verluste

Bei einem schwebenden Geschäft, bei dem noch von keiner Vertragspartei mit der Erfüllung begonnen worden ist, brauchen die gegenseitigen Rechte und Verbindlichkeiten grundsätzlich nicht berücksichtigt zu werden. Vgl. Abschnitt 34 Abs. 1. Ist jedoch am Bewertungsstichtag infolge zwischenzeitlicher Änderungen der bei Vertragsabschluß bestehenden Verhältnisse, z. B. bei Einkaufskontrakten infolge Sinkens der Marktpreise, mit einem erheblichen Verlust zu rechnen, ohne daß ein Rücktritt vom Vertrag oder eine Vertragsänderung möglich ist, so stehen sich die Rechte und Verbind-

---

[1] Vgl. DStR 1964 S. 433 Nr. 326.
[2] Vgl. DStR 1964 S. 496 Nr. 367.
[3] Vgl. DStR 1969 S. 310 Nr. 224 = BFH-N Nr. 11 zu § 62 Abs. 1 BewG.
[4] Vgl. DStR 1971 S. 346 Nr. 258 = BFH-N Nr. 27 zu § 62 Abs. 1 BewG.

lichkeiten aus dem schwebenden Geschäft nicht mehr gleichwertig gegenüber. Rechte und Verbindlichkeiten müßten deshalb jeweils besonders bewertet werden. An Stelle dieser besonderen Bewertung kann jedoch aus Vereinfachungsgründen die in der Steuerbilanz für den nichtrealisierten Verlust ausgewiesene Rückstellung in die Vermögensaufstellung übernommen werden.

BewDV

§ 53 *Versicherungstechnische Rücklagen*

(1) *Versicherungstechnische Rücklagen sind insoweit abzugsfähig, als es sich bei diesen Rücklagen um echte Schuldposten oder um Posten handelt, die der Rechnungsabgrenzung dienen. Hierbei dürfen die Rücklagen den Betrag nicht übersteigen, der zur Sicherstellung der Verpflichtungen aus den am Bewertungsstichtag bestehenden Versicherungsverträgen erforderlich ist.*

(2) *Für die Abzugsfähigkeit der Rücklagen zum Ausgleich des schwankenden Jahresbedarfs sind insbesondere die folgenden Voraussetzungen erforderlich:*
1. *Es muß nach den Erfahrungen in dem betreffenden Versicherungszweig mit erheblichen Schwankungen des Jahresbedarfs zu rechnen sein.*
2. *Die Schwankungen des Jahresbedarfs dürfen nicht durch die Prämien ausgeglichen werden. Sie müssen aus den am Bewertungsstichtag bestehenden Versicherungsverträgen herrühren und dürfen nicht durch Rückversicherungen gedeckt sein.*

(3) *Der Reichsminister der Finanzen kann im Benehmen mit dem Reichswirtschaftsminister Richtsätze über die steuerlich anzuerkennenden versicherungstechnischen Rücklagen aufstellen.*

(4) *Die Rücklagen für Beitragsrückerstattungen und beim Lebensversicherungsgeschäft auch die Gewinnreserven der mit Gewinnanteil Versicherten (Überschußrücklagen) sind nur mit 90 vom Hundert ihres Werts abzugsfähig.*

VStR

36. Versicherungstechnische Rücklagen

(1) Für die Durchführung der Vorschriften des § 103 Abs. 2 BewG 1965 und des § 53 BewDV über den Abzug der versicherungstechnischen Rücklagen (auch als Rückstellungen bezeichnet) bei Versicherungsunternehmen sind die folgenden Anordnungen maßgebend:

1. für Rücklagen, die unter § 53 Abs. 1 BewDV fallen, Abschnitt IV des RdF-Erlasses vom 25. 7. 1936 (RStBl. S. 825)[1];
2. für Rückstellungen zum Ausgleich des schwankenden Jahresbedarfs nach § 53 Abs. 2 BewDV die gleichlautenden Erlasse (Entschließung) der obersten Finanzbehörden der Länder betr.: körperschaftsteuerliche Behandlung der Schwankungsrückstellung der Versicherungsunternehmen (vgl. insbesondere BStBl. 1966 II S. 135)[2];
3.[3] für Rückstellungen für Beitragsrückerstattungen, die unter § 53 Abs. 4 BewDV fallen, Abschnitt III des unter Nummer 1 angeführten RdF-Erlasses[1] (vgl. hierzu auch BFH-Urteil vom 23. 2. 1962, BStBl. III S. 180);

---

[1] Nachstehend in der Anlage abgedruckt.
[2] Abgedruckt im „Handbuch zur KSt-Veranlagung" als Anlage zu Abschnitt 48 KStR.
[3] Liegt nach der Satzung des Versicherungsunternehmens die Verpflichtung, den gesamten Überschuß des Geschäftsjahres der Rückstellung für Beitragsrückerstattung zuzuführen, am Bewertungsstichtag bereits fest, ist der Abzug gem. § 53 Abs. 4 BewDV zulässig. *Erlaß Nordrhein-Westfalen S 3190 – 11 – VC 1 v. 23. 9. 1963; StEK BewG § 62 Nr. 12.*
Vgl. auch BFH-Urteil vom 27. Februar 1970 144/65 (BStBl. 1970 II S. 487): Eine Rücklage für Beitragsrückerstattung ist bei der Einheitsbewertung des Betriebsvermögens eines Versicherungsvereins a. G. vom Rohvermögen nicht abzugsfähig, wenn die Beitragsüberschüsse nach der Satzung „vorbehaltlich einer anderweitigen Beschlußfassung durch die Hauptversammlung" an die Versicherungsnehmer zu verteilen sind und am maßgebenden Feststellungszeitpunkt der Beschluß der Hauptversammlung noch nicht vorliegt.

4. für Schwankungsrückstellungen bei Versicherungsunternehmen von geringerer wirtschaftlicher Bedeutung die gleichlautenden Erlasse (Entschließung) der obersten Finanzbehörden der Länder betr.: körperschaftsteuerliche Behandlung der Schwankungsrückstellung bei Versicherungsunternehmen von geringerer wirtschaftlicher Bedeutung (vgl. BStBl. 1967 II S. 39)[1];

5. Rückstellungen für Schadenbearbeitungskosten sind nicht zulässig. Rückstellungen für Schadenermittlungskosten sind nur insoweit abzugsfähig, als die in Betracht kommenden Kosten einzelnen Schäden als Einzelkosten unmittelbar zugerechnet werden können (vgl. BFH-Urteil vom 10. 5. 1972, BStBl. II S. 823)[2];

6. die Deckungsrückstellung für Haftpflicht- und Unfallrenten in der HUK-Versicherung ist nicht abzugsfähig. Die dieser Deckungsrückstellung zugrunde liegenden Verpflichtungen aus laufenden Renten sind jedoch mit dem Kapitalwert nach §§ 13 ff. BewG abzuziehen (vgl. BFH-Urteil vom 30. 11. 1973, BStBl. 1974 II S. 159).

(2) Wegen der Befreiung kleinerer Versicherungsunternehmen von der Vermögensteuer vgl. § 3 Abs. 1 Nr. 6 VStG.

Anlage zu § 53 BewDV

Erlaß betr. Körperschaftsteuer und Vermögensteuer der Versicherungsunternehmen

Vom 25. Juli 1936 (RStBl. S. 825)

(RdF S 2511 – 45 III/S 3202 – 15 III)

I., II. *[abgedruckt im „Handbuch zur KSt-Veranlagung"]*

III. Behandlung der Rücklagen für Beitragsrückerstattungen bei der Einheitsbewertung

Zu § 53 Absatz 4 RBewDB 1935

(1) Rücklagen für Beitragsrückerstattungen sind § 53 Absatz 4 RBewDB 1935 gemäß nur mit 90 v. H. ihres Werts abzugsfähig. Hierzu gehören auch die Gewinnreserven der mit Gewinnanteil Versicherten (Überschußrücklagen) in der Lebensversicherung. Durch diese Bestimmung sollte einmal für die Fälle, in denen sich etwa auf Grund der Absätze 1 und 2 des § 53 RBewDB 1935 nicht schon ein steuerpflichtiges Vermögen ergibt, die Versteuerung wenigstens eines gewissen Vermögens bezweckt werden. Daneben war für die Einführung der Bestimmung die Erwägung maßgebend, daß derartige Rücklagen im allgemeinen weder bei den Versicherungsunternehmen noch bei den Versicherungsnehmern zur Vermögen-

steuer (Aufbringungsumlage) herangezogen werden.

(2) Die Rücklagen für Beitragsrückerstattungen sind entsprechend der Vorschrift des § 25 Absatz 2 der Ersten KStDVO nur insoweit mit 90 v. H. abzugsfähig, als die ausschließliche Verwendung der Rücklagen für diesen Zweck durch Satzung oder durch geschäftsplanmäßige Erklärung gesichert ist. Die Ausführungen unter Abschnitt II Ziffer 4 Absatz 2 gelten für die Einheitsbewertung sinngemäß. Soweit bei Rücklagen für Beitragsrückerstattungen die genannten Voraussetzungen nicht erfüllt sind, sind sie überhaupt nicht abzugsfähig.

(3) Die Bestimmung über die Kürzung der Rücklagen für Beitragsrückerstattungen gilt ohne Rücksicht darauf, aus welcher Versicherungsart die Rücklagen stammen; es ist also einerlei, ob sie aus der Lebensversicherung, der Krankenversicherung, Unfallversicherung, Haftpflichtversicherung oder der Sachversicherung herrühren. Dabei ist noch darauf hinzuweisen, daß beim Lebensver-

---

[1] Siehe Anm. zu Ziff. 2.
[2] Vgl. BFH-N Nrn. 1–2, 4–6 zu § 62 Abs. 2 BewG.

sicherungsgeschäft zwischen den Gewinnanteilen, die den Versicherten bereits gutgeschrieben sind, und den Gewinnreserven für die mit Gewinnanteil Versicherten (Überschußrücklagen) zu unterscheiden ist. Gutgeschriebene Ge

winnanteile sind voll abzugsfähig, während die Überschußrücklagen nur mit 90 v. H. zum Abzug zuzulassen sind.

IV., V. *(abgedruckt im „Handbuch zur KSt-Veranlagung")*

BewG

§ 104 Pensionsverpflichtungen

(1) Eine Pensionsverpflichtung gegenüber einer Person, bei der der Versorgungsfall noch nicht eingetreten ist (Pensionsanwartschaft), kann bei der Ermittlung des Einheitswerts des gewerblichen Betriebs abgezogen werden, wenn die Pensionsanwartschaft auf einer vertraglichen Pensionsverpflichtung beruht oder sich aus einer Betriebsvereinbarung, einem Tarifvertrag oder einer Besoldungsordnung ergibt. Eine auf betrieblicher Übung oder dem Grundsatz der Gleichbehandlung beruhende Pensionsverpflichtung gilt nicht als vertragliche Verpflichtung im Sinne des Satzes 1.

(2) Die Pensionsverpflichtung darf nur bis zur Höhe des Betrags abgezogen werden, der bei einem Alter des Anwärters am Bewertungsstichtag

1. von mehr als 30 bis zu 38 Jahren das 0,5fache
2. von mehr als 38 bis zu 43 Jahren das 1fache
3. von mehr als 43 bis zu 47 Jahren das 1,5fache
4. von mehr als 47 bis zu 50 Jahren das 2fache
5. von mehr als 50 bis zu 53 Jahren das 3fache
6. von mehr als 53 bis zu 56 Jahren das 4fache
7. von mehr als 56 bis zu 58 Jahren das 5fache
8. von mehr als 58 bis zu 60 Jahren das 6fache
9. von mehr als 60 bis zu 62 Jahren das 7fache
10. von mehr als 62 bis zu 63 Jahren das 8fache
11. von mehr als 63 bis zu 64 Jahren das 9fache
12. von mehr als 64 Jahren   das 10fache

der Jahresrente beträgt, die bis zur Vollendung des 65. Lebensjahrs (Beginn der vorgesehenen Pensionszahlung) nach Maßgabe des Versorgungsversprechens erworben werden kann. Ist für den Beginn der Pensionszahlung ein anderes Alter als 65 Jahre vorgesehen, so ist für jedes Jahr der Abweichung nach unten ein Zuschlag von 10 vom Hundert und für jedes Jahr der Abweichung nach oben ein Abschlag von 5 vom Hundert auf den Vervielfältiger zu machen.

(3) Die Vervielfältiger in Absatz 2 sind zu kürzen,
a) wenn eine Invalidenrente nicht oder nur bei Unfall zugesagt ist, um 40 vom Hundert,
b) wenn eine Hinterbliebenenrente nicht zugesagt ist[1], um 30 vom Hundert,
c) wenn nur eine Invalidenrente zugesagt ist, um 50 vom Hundert und
d) wenn nur eine Hinterbliebenenrente zugesagt ist, um 60 vom Hundert.

(4) Anwartschaften auf Hinterbliebenenversorgung von Pensionären werden mit 30 vom Hundert des Betrags abgezogen, der sich für den Rentenanspruch des Berechtigten nach § 14 Abs. 1 ergibt.

(5) Ist an Stelle von Pensionsleistungen eine einmalige Kapitalleistung zugesagt, so gelten 10 vom Hundert der Kapitalleistung als Jahreswert im Sinne des Absatzes 2.

VStR

36a. Rückstellungen für Verpflichtungen aus Pensionszusagen[2]

(1) Die Abzugsfähigkeit von Rückstellungen für Verpflichtungen aus Pensionsanwartschaften ist in § 104 BewG 1965 geregelt. Voraussetzung für den Abzug ist danach, daß

---

[1] Vgl. BFH-Urteil vom 21. Juli 1972 III R 147/71 (BStBl. II S. 872 = BFH-N Nr. 1 zu § 6 Abs. 1 BewG):
1. . . . .
[2] Bei der Berechnung der Pensionsverpflichtungen nach § 62a BewG (= § 104 BewG 1965) in der Fassung vor dem BewG 1965 sind die Vervielfältiger auch bei weiblichen Personen nicht nach § 62a Abs. 3 Buchst. b BewG zu kürzen, wenn diesen Personen eine Waisenrente zugesagt ist. Dabei ist es unerheblich, ob im Einzelfall nach den persönlichen Verhältnissen dieser Personen eine Waisenrente anfallen kann.
[2] Mitgliedsfirmen von Fachverbänden und Wirtschaftsverbänden können eine Rückstellung für Pensionsanwartschaften der Mitarbeiter des Verbandes gem. § 62a BewG nicht bilden, da sie zwar wirtschaftlich in Anspruch genommen werden, eine Pensionsverpflichtung für sie aber nicht besteht.

(Forts. nächste Seite)

die Pensionsanwartschaft auf einer rechtsverbindlichen Pensionsverpflichtung beruht. Ob eine rechtsverbindliche Pensionsverpflichtung vorliegt, ist nach den Anweisungen in Abschnitt 41 Abs. 1 bis 4 EStR zu beurteilen. Verbindlichkeiten aus Maßnahmen der Zukunftssicherung für den Arbeitnehmerehegatten, die im Rahmen eines Arbeitsverhältnisses zwischen Ehegatten vereinbart werden, sind bei der Ermittlung des Betriebsvermögens abzugsfähig, soweit sie auch bei der Einkommensteuer berücksichtigt werden können. Bei Pensionszusagen an Gesellschafter-Geschäftsführer sind die zur Körperschaftsteuer ergangenen gleichlautenden Erlasse (Entschließung) der obersten Finanzbehörden der Länder betr.: steuerliche Behandlung von Rückstellungen für Pensionszusagen an Gesellschafter-Geschäftsführer von Kapitalgesellschaften zu beachten (vgl. BStBl. 1967 II S. 74 und 255; 1968 I S. 306; 1970 I S. 179)[1]. Die Berechnung der Höhe der abzugsfähigen Rückstellungen erfolgt nach den gleichlautenden Erlassen (Entschließung) der obersten Finanzbehörden der Länder vom 21. Juli 1966 (BStBl. I S. 187).

(2) Die von den Berufsgenossenschaften zu leistenden Unfallrenten führen weder dazu, daß ein Unternehmer die anteilige kapitalisierte Rentenlast als Schuld abziehen kann, noch dazu, daß die kapitalisierte Beitragsverpflichtung abzugsfähig ist (BFH-Urteil vom 14. 5. 1971, BStBl. II S. 583)[2].

(3) Bedient sich ein Unternehmen zur Gewährung von Ruhegeldern an seine Arbeitnehmer und deren Angehörige derart einer rechtsfähigen Unterstützungskasse, daß es durch Zuweisungen das Kassenvermögen der Unterstützungskasse immer wieder auffüllt, so ist das Unternehmen zum Abzug der Last in Höhe des Unterschiedsbetrags zwischen dem Kapitalwert der laufenden Leistungen und dem gesamten Kassenvermögen berechtigt, auch wenn das Unternehmen der Kasse gegenüber keine rechtliche

---

Die beim Ausscheiden einer Mitgliedsfirma aus dem Verband fällig werdenden Forderungen des Verbandes können in der Vermögensaufstellung der ausscheidenden Firma berücksichtigt werden.

Laufende Pensionsleistungen können bei den Mitgliedsfirmen nach den für Trägerunternehmen von Unterstützungskassen geltenden Grundsätzen berücksichtigt werden. Bei den Verbänden ist der Abzug einer Pensionsrückstellung insoweit ausgeschlossen, als die Verteilung der Last für die laufenden Leistungen auf die Mitgliedsfirmen vermögensteuerlich anerkannt wird. *Erlaß Rheinland-Pfalz S 3202 A – IV S v. 19. 11. 1962; StEK BewG § 62a Nr. 7.*

Für Pensionsverpflichtungen von Berufsverbänden gegenüber ihren Arbeitnehmern, die durch Beiträge oder Umlagen der den Verband angehörigen Unternehmer finanziert werden, können Rückstellungen nur bei dem Verband, der die rechtsverbindliche Pensionszusage erteilt hat, gebildet werden.

Bei laufenden Pensionsleistungen, die der Verband durch eine Rückstellung berücksichtigt, können die Mitgliedsfirmen ebenfalls Rückstellungen in Höhe der Finanzierungsbeiträge bilden. *Erlaß Nordrhein-Westfalen S 3202 – 27 – VC 1 v. 16. 10. 1964; StEK BewG § 62a Nr. 16.*

Pensionszusagen gegenüber Mitgesellschaftern können bei der Ermittlung des Einheitswertes des Betriebsvermögens nicht abgezogen werden, sie sind nur bei der Aufteilung des Betriebsvermögens auf die Gesellschafter zu berücksichtigen. *Erlaß Niedersachsen S 3202 – 46 – 315 v. 4. 12. 1963; StEK BewG § 62a Nr. 10.*

Über das Verfahren zur Aufteilung des Einheitswertes des Betriebsvermögens einer Personengesellschaft unter Berücksichtigung von Pensionszusagen an Gesellschafter-Geschäftsführer handelt ein Erlaß Nordrhein-Westfalen v. 2. 7. 1968; StEK BewG 1965 § 104 Nr. 8.

Ein koordinierter Ländererlaß vom Januar 1967 (*StEK EStG § 6a Nr. 46*) verfügt:

a) Pensionsrückstellungen für beherrschende Gesellschafter-Geschäftsführer von Kapitalgesellschaften werden für den Fall der Invalidität (Rente ab 75. Lebensjahr) und für das Todesfallrisiko anerkannt.

b) Berechnung der Pensionsrückstellung.

c) Die Nachholung unterbliebener Zuführungen zur Rückstellung auf Grund der früheren Rechtsprechung und Verwaltungspraxis kann in einem Betrag oder mit versicherungsmathematisch gleichmäßiger Verteilung bis zum Endzeitpunkt der Rückstellungsbildung erfolgen.

d) Die Regelung zu a–c gilt auch für nichtbeherrschende Gesellschafter-Geschäftsführer, die nach freiem Ermessen in den Ruhestand treten können.

e) Bei der Einheitsbewertung ist der Vervielfältiger des § 104 Abs. 2 BewG maßgebend.

Die im Rahmen von Ehegattenarbeitsverhältnissen ertragsteuerlich anerkannten Verbindlichkeiten des Betriebsinhabers (z. B. für die Zukunftssicherung) sind auch bei der Einheitsbewertung des Betriebsvermögens anzuerkennen. *Erlaß Nordrhein-Westfalen S 3235 – 12 – VC 1 v. 5. 5. 71; StEK BewG 1965 § 104 Nr. 13.*

[1] Abgedruckt im „Handbuch zur KSt-Veranlagung" als Anlage zu Abschnitt 27 KStR.
[2] Vgl. BFH-N Nr. 30 zu § 62 Abs. 1 BewG.

Verpflichtung eingegangen ist, aber nach den Umständen eine rechtsähnliche tatsächliche Verpflichtung vorliegt (BFH-Urteil vom 22.10.1965, BStBl. 1966 III S. 3)[1]. In den Kapitalwert der laufenden Leistungen sind die Anwartschaften der Hinterbliebenen nicht einzubeziehen (BFH-Urteil vom 19.3.1971, BStBl. II S. 421)[2].

Anlage zu Abschnitt 36a VStR

Gleichlautende Erlasse der obersten Finanzbehörden der Länder betr. Abzugsfähigkeit von Verpflichtungen aus Pensionsanwartschaften bei der Vermögensbesteuerung zum 1. Januar 1974

Vom 2. April 1975[3]

Bei der vermögensteuerrechtlichen Behandlung von Verpflichtungen aus Pensionsanwartschaften zum Stichtag 1. Januar 1974 ist nach den folgenden Grundsätzen zu verfahren:

I. Voraussetzungen für den Abzug von Rückstellungen für Pensionsanwartschaften

(1) Nach dem Wortlaut des § 104 Abs. 1 BewG, der dem Wortlaut des § 6a Abs. 1 EStG a. F. entspricht, kann bei der Einheitsbewertung des Betriebsvermögens eine Rückstellung für Verpflichtungen aus Pensionsanwartschaften nur dann zum Abzug zugelassen werden, wenn die Pensionsanwartschaften auf einer rechtsverbindlichen Pensionsverpflichtung beruhen. Für die Frage, wann eine rechtsverbindliche Pensionsverpflichtung vorliegt, gelten die Anweisungen in Abschnitt 41 Abs. 1 bis 4 EStR 1972 (BStBl. 1973 I S. 223). Die Abzugsfähigkeit einer Rückstellung für Pensionsanwartschaften bei der Einheitsbewertung ist nicht davon abhängig, daß auch in der Handelsbilanz und in der Steuerbilanz eine Rückstellung gebildet worden ist.

(1a) Bei Pensionszusagen an Gesellschafter-Geschäftsführer von Kapitalgesellschaften ist die zur Körperschaftsteuer ergangenen gleichlautenden Erlasse (Entschließung) der obersten Finanzbehörden der Länder betr.: Steuerliche Behandlung von Rückstellungen für Pensionszusagen an Gesellschafter-Geschäftsführer zu beachten (vgl. BStBl. 1967 II S. 74 und 255; 1968 I S. 306; 1970

I S. 179). Hierbei sind, wenn die Versorgungszusage auf Gewährung einer Altersrente, einer Alters- und Invalidenrente oder nur einer Invalidenrente (jeweils einschließlich Hinterbliebenenrenten) gerichtet ist, die Vervielfältiger des § 104 Abs. 2 BewG unter Berücksichtigung des Beginns einer Pensionszahlung mit Vollendung des 75. Lebensjahres maßgebend. Pensionszusagen an Gesellschafter-Geschäftsführer von Personengesellschaften begründen keine beim Betriebsvermögen abzugsfähigen Schulden. Sie können aber, falls der berechtigte Gesellschafter bei der Auflösung der Gesellschaft einen Anspruch auf Abfindung hat, die Aufteilung des Einheitswerts auf die einzelnen Gesellschafter beeinflussen.

(1b) Verbindlichkeiten aus Maßnahmen der Zukunftssicherung für den Arbeitnehmerehegatten, die im Rahmen eines Arbeitsverhältnisses zwischen Ehegatten vereinbart werden, sind bei der Ermittlung des Betriebsvermögens abzugsfähig, soweit sie auch bei der Einkommensteuer berücksichtigt werden können.

(2) Die Pensionszusage muß vor dem Abschlußzeitpunkt rechtsverbindlich erteilt worden sein. Daß die Pensionszahlung an den Ablauf einer Wartezeit geknüpft und die Wartezeit noch nicht abgelaufen ist, schließt die Abzugsfähigkeit nicht aus. Endet die Wartezeit erst nach dem Alter, das in der Pensionszusage für den Beginn der Leistung vorgesehen ist (Pensionsalter), so kommt ein Abzug nur dann in Betracht, wenn nach der Pensionszusage auch Dienstjahre, die der Be-

---

[1] Vgl. BFH-N Nr. 1 zu § 62 Abs. 1 BewG.
[2] Vgl. DStR 1971 S. 415 Nr. 304 = BFH-N Nr. 28 zu § 62 Abs. 1 BewG.
[3] Bei Drucklegung dieses Bandes lag die BStBl.-Fundstelle noch nicht vor.

rechtigte nach der Vollendung des planmäßigen Pensionsalters ableisten kann, auf die Wartezeit angerechnet werden. In diesem Fall ist für die Berechnung der Zu- und Abschläge auf die Vervielfältiger des § 104 Abs. 2 BewG von dem Alter auszugehen, das der Berechtigte im Zeitpunkt des Ablaufs der Wartezeit vollendet hat.

(3) Eine Anwartschaft auf Hinterbliebenenversorgung ist zu berücksichtigen, wenn sie in der Pensionszusage vorgesehen ist. Wird nach Eintritt des Versorgungsfalles eine Rente gezahlt, so ist auch dann, wenn keine rechtsverbindliche Pensionszusage gegeben worden war, die tatsächliche Rentenzahlung als stillschweigende Vereinbarung (vertragliche Verpflichtung) anzusehen. In diesem Falle ist auch die Anwartschaft auf eine möglicherweise in Betracht kommende Hinterbliebenenrente anzuerkennen.

(4) Ein Arbeitnehmer, der nach Erreichen der Altersgrenze weiterhin aktiv bleibt (technischer Rentner), ist wie ein Pensionär zu behandeln. Das gilt auch dann, wenn in den Pensionszusage als (flexible) Altersgrenze das 63. Lebensjahr festgelegt ist. Der Abzug einer Rückstellung ist aber nur möglich, wenn eine rechtsverbindliche Pensionszusage vorliegt.

II. Ermittlung der Jahresrente

(5) Die Pensionszusagen können sich auf gleichbleibende oder auf veränderliche Versorgungsleistungen beziehen. Bei gleichbleibenden Versorgungsleistungen ist die Zusage auf einen von vornherein feststehenden Rentenbetrag gerichtet. Bei veränderlichen, z. B. steigenden Versorgungsleistungen sind entsprechend der Zahl der abgeleisteten Dienstjahre steigende Rentenbezüge vorgesehen. Die Steigerung kann dabei gleichmäßig oder ungleichmäßig verlaufen.

(6) Bei Anwartschaften auf gleichbleibende Leistungen ist die für den Pensionsfall zugesagte Jahresrente maßgebend. Bei Anwartschaften auf steigende Leistungen (gleichmäßige und ungleichmäßige Erhöhungen) gilt als zugesagte Jahresrente die bei Eintritt des planmäßigen Pensionsfalles – in der Regel also bei 65 Jahren – erreichbare Rente.

1. Beispiel:

Zusage auf steigende Alters-, Invaliden- und Hinterbliebenenrente, beginnend mit einem Grundbetrag von 35 v. H. eines pensionsfähigen Gehalts von jährlich 18 000 DM nach zehnjähriger Wartezeit und jährlichen Steigerungen von je 1. v. H. Alter des Anwärters bei Dienstantritt 35 Jahre; planmäßiges Pensionierungsalter 65 Jahre. Der Grundbetrag von 35 v. H. ist somit im Alter von 45 Jahren erreicht. Bis zum Alter 65 ergibt sich noch eine Steigerung von 65–45 = 20 × 1 v. H. = 20 v. H. Die erreichbare Jahresrente beträgt hiernach 35 + 20 v. H. = 55 v. H. von 18 000 DM = 9900 DM.

2. Beispiel:

Zusage auf steigende Rente, beginnend mit einem Grundbetrag von 15 v. H. eines pensionsfähigen Gehalts von jährlich 10 000 DM nach zehnjähriger Wartezeit und einer Steigerung von je 1 v. H. in den folgenden 5 Jahren und von je 1/2 v. H. in den weiteren Jahren. Alter des Anwärters bei Diensteintritt 25 Jahre. Die höchsterreichbare Jahresrente beträgt sodann 15 v. H. + (5 × 1 v. H.) + (25 × 1/2 v. H.) = 32,5 v. H. von 10 000 DM = 3250 DM.

(7) Ist vorgesehen, daß sich die Versorgungsleistungen bei Eintritt bestimmter Ereignisse erhöhen (z. B. Erhöhung der Löhne, Gehälter und sonstiger Bezüge, Steigerung der Preisindizes), so sind diese künftigen Erhöhungen nur zu berücksichtigen, wenn am Bewertungsstichtag der Zeitpunkt des Eintritts der Ereignisse und ihr Umfang feststehen. Die rückwirkende Erhöhung von Dienst- und Versorgungsbezügen kann erst nach der rechtsverbindlichen Vereinbarung als rechtsverbindlich zugesagte Leistung angesehen werden. Wegen der Anrechnung der Sozialversicherungsrente auf die betriebliche Versorgungsrente vgl. die Absätze 17 bis 19.

(8) Die Pensionszusage kann statt laufender Leistungen (Geld- oder Sachbezüge) eine einmalige Kapitalleistung zum Gegenstand haben. Bei Anwartschaften auf Kapitalleistungen ist nach § 104 Abs. 5 BewG als vergleichbare laufende Leistung (Jahresrente) ein Zehntel des zugesagten Kapitals anzusetzen.

(8a) Eine Pensionszusage, die sich auf Rentenleistungen und Kapitalleistungen erstreckt, ist nicht in einen Rententeil und einen Kapitalteil zu trennen, sondern einheitlich zu bewerten. Zusätzlich vereinbarte Kapitalleistungen (z. B. Kapital als Überbrückungshilfe) sind der Rente mit

10 v. H. des zugesagten Kapitalwerts zuzuschlagen. Dagegen sind Kapitalleistungen, die neben der Altersversorgung gewährt werden und z. B. nur die Höhe der Hinterbliebenenversorgung beeinflussen, nicht zu berücksichtigen.

III. Arten der einzelnen Pensionsanwartschaften und maßgebende Vervielfältiger

(9) Die Anwartschaften auf Versorgungsleistungen können je nach ihrer Zusage verschieden sein. In der Praxis kommen hauptsächlich Anwartschaften auf Alters-, Invaliden- und Hinterbliebenenrente in Betracht. Die in § 104 Abs. 2 BewG angeführten Vervielfältiger (vgl. die als Anlage 1 beigefügte Tabelle) gelten deshalb für diese Anwartschaften. Für andere Arten von Versorgungsleistungen sind nach § 104 Abs. 3 BewG die maßgeblichen Vervielfältiger aus diesen Vervielfältigern abzuleiten. Im einzelnen gilt folgendes:

1. Anwartschaft auf Alters-, Invaliden- und Hinterbliebenenrente

Der Versorgungsfall tritt entweder bei Erreichen des vertraglich vorgesehenen Pensionsalters oder bei vorzeitiger Invalidität oder beim Tode des Anwärters ein. Es braucht nicht geprüft zu werden, ob der Anwärter am Abschlußzeitpunkt ledig, verwitwet oder verheiratet ist, und in welcher Höhe eine Hinterbliebenenrente anfallen kann. Die Faktoren des § 104 BewG sind ungekürzt anzuwenden (vgl. BFH-Urteil vom 21. 7. 1972, BStBl. II S. 872). Pensionszusagen an weibliche Arbeitnehmer enthalten zum Teil auch eine Zusage auf Witwerrente; Voraussetzung für die Gewährung dieser Hinterbliebenenrente ist jedoch regelmäßig, daß der Witwer bei Eintritt des Versorgungsfalls gegenüber seiner Ehefrau unterhaltsberechtigt ist, d. h., daß er erwerbsunfähig ist und daß die Ehefrau seinen Lebensunterhalt überwiegend bestritten hat. In derartigen Fällen sind zur Berechnung des Abzugsbetrags nach § 104 BewG, soweit nicht noch andere Hinterbliebenenrenten zugesagt sind, die Vervielfältiger des Absatzes 2 um 30 v. H. zu kürzen; die Witwerrente kann bei der Berechnung des Abzugsbetrags nicht berücksichtigt werden,

weil diese Rente nicht nur durch den Erlebensfall aufschiebend bedingt ist, was nach § 104 BewG unschädlich wäre, sondern auch dadurch, daß es ungewiß ist, ob der Ehemann des weiblichen Arbeitnehmers bei Eintritt des Versorgungsfalls gegenüber seiner Ehefrau Unterhaltsansprüche hat. Ist aber die Gewährung der Hinterbliebenenversorgung nicht von dem Bestehen eines Unterhaltsanspruchs abhängig, so kommt eine Kürzung der Vervielfältiger um 30 v. H. nicht in Betracht. Erhält die Ehefrau bereits eine laufende Rente, so ist für die Anwendung des § 104 Abs. 4 BewG entsprechend zu verfahren.

2. Anwartschaft nur auf Altersrente

Der Pensionsfall tritt bei Erreichen des vertraglich vorgesehenen Pensionsalters ein. Ob der Berechtigte den Eintritt des Pensionsfalles als aktiver Arbeitnehmer im Betrieb des Arbeitgebers erleben muß oder nicht, ist dabei gleichgültig. Für die Berechnung ist der jeweilige Vervielfältiger in § 104 Abs. 2 BewG um 70 v. H. zu kürzen.

3. Anwartschaft nur auf Invalidenrente

·Der Versorgungsfall tritt ein, wenn der Berechtigte als aktiver Arbeitnehmer vorzeitig Invalide wird. Für die Berechnung ist der jeweilige Vervielfältiger in § 104 Abs. 2 BewG um 50 v. H. zu kürzen. Wird die Invalidenrente nur bei Unfall gewährt, so beträgt der Abschlag 90 v. H.

4. Anwartschaft nur auf Hinterbliebenenrente

Hier wird lediglich eine Witwen- und/oder Waisenrente, nicht aber eine Alters- oder Invalidenrente gewährt. Für die Berechnungen wird der jeweilige Vervielfältiger in § 104 Abs. 2 BewG um 60 v. H. gekürzt. Diese Vervielfältiger richten sich nach dem Lebensalter des Arbeitnehmers, sind aber auf den Jahreswert der zugesagten Hinterbliebenenrente anzuwenden.

5. Anwartschaft eines Pensionärs auf Hinterbliebenenrente

Unabhängig von dem nach § 14 BewG ermittelten Kapitalwert der bereits laufenden Pension ist auch noch eine besondere Rückstellung für die Anwartschaft des Pensionärs auf Hinterbliebenenrente zu bilden, wenn die Pensionszusage eine solche Anwartschaft vorsieht oder auf Grund tatsächlicher Handhabung eine solche Anwartschaft besteht. Für die Berechnung ist vom Lebensalter des Pensionärs auszugehen. Das Lebensalter des Ehegatten ist dagegen ohne Bedeutung. Es braucht nicht geprüft zu werden, ob der Pensionär ledig, verwitwet oder verheiratet ist. Die Anwartschaft auf Hinterbliebenenrente wird mit 30 v. H. des Betrages abgezogen, der sich für den Rentenanspruch des Berechtigten nach § 14 BewG ergibt. Die Vervielfältiger für die Berechnung des Kapitalwerts einer bereits laufenden Rente unter Berücksichtigung einer Anwartschaft auf Hinterbliebenenrente ergeben sich aus der als Anlage 2 beigefügten Tabelle. Fehlt eine Mannesrente, weil der nicht mehr aktive Arbeitnehmer nur eine Zusage auf Hinterbliebenenversorgung hatte, ist aber der Jahreswert der künftigen Witwenrente bekannt, so bedarf es nicht erst der Errechnung einer fiktiven Mannesrente, um darauf den Vervielfältiger des § 14 BewG mit 30 v. H. anzuwenden. Da die Witwenrente im allgemeinen rd. 60 v. H. der Mannesrente beträgt, kann vielmehr der Vervielfältiger des § 14 BewG mit 50 v. H. unmittelbar auf den tatsächlichen Jahreswert der Witwenrente angewendet werden. Der maßgebende Vervielfältiger des § 14 BewG richtet sich auch hier nach dem Lebensalter des Mannes.

Auch bei laufenden Witwen- (Witwer-)renten ist mit Rücksicht auf das BFH-Urteil vom 21. 7. 1972 (BStBl. II S. 872) generell ein Zuschlag nach § 104 Abs. 4 BewG vorzunehmen, wenn nach der Pensionszusage im Falle des Ablebens der Witwe (Witwer) für ein zu diesem Zeitpunkt vorhandenes Kind ein Anspruch auf Waisenrente geltend gemacht werden kann. Dabei ist es gleichgültig, ob eine Waisenrente erstmalig fällig wird oder sich eine Halbwaisenrente, z. B. auf eine Vollwaisenrente erhöht. Auch in diesen Fällen braucht nicht geprüft zu werden, ob am Stichtag versorgungsberechtigte Kinder leben.

Dagegen fehlt es bei Witwen (Witwern) bereits dem Grunde nach an einer Anwartschaft auf Hinterbliebenenversorgung, wenn nach der Pensionszusage Waisenrente nur für Kinder gezahlt wird,

die aus einer vor einem Grenzalter oder vor Eintritt des Versorgungsfalls geschlossenen Ehe stammen und am Bewertungsstichtag das Grenzalter bereits überschritten oder der Versorgungsfall bereits eingetreten ist, ohne daß versorgungsberechtigte Kinder vorhanden sind.

6. Witwenrente, die höher ist als die Mannesrente

Die Rückstellung für die Anwartschaft eines Pensionärs auf Witwenrente ist bei fehlender Mannesrente mit dem Betrag abzugsfähig, der sich durch Kapitalisierung der zugesagten Witwenrente mit den um 50 v. H. gekürzten Vervielfältigern des § 14 BewG ergibt. Dabei richten sich die Vervielfältiger nach dem Lebensalter des Mannes.

In den Fällen, in denen der Anspruch auf Mannesrente erheblich niedriger als die Anwartschaft auf Witwenrente ist, kann die nach §§ 14 und 104 BewG für die Gesamtverpflichtung ergebende Last niedriger sein als der Wert für die Anwartschaft auf Witwenrente allein, wenn dieser mit dem um 50 v. H. gekürzten Vervielfältiger ermittelt wird. Das ist der Fall, wenn die Anwartschaft auf Witwenrente mehr als das 2,6-fache des Anspruchs auf Mannesrente beträgt. Die Pensionsverpflichtung ist in diesen Fällen gleichwohl nach § 104 Abs. 4 BewG zu bewerten. Die um 50 v. H. gekürzten Vervielfältiger sind nur dann anzuwenden, wenn dem Grunde nach eine Mannesrente fehlt.

(10) Für die verschiedenen Leistungsarten gelten danach die Vervielfältiger in § 104 Abs. 2 BewG mit folgenden Vomhundertsätzen:

Anwartschaft auf Alters-, Invaliden- und Hinterbliebenenrente	100 v. H.
Anwartschaft auf Alters-, Invaliden- und Hinterbliebenenrente, wenn Invalidenrente nur bei Unfall zugesagt ist	60 v. H.
Anwartschaft auf Alters- und Invalidenrente (ohne Hinterbliebenenrente)	70 v. H.
Anwartschaft auf Alters- und Invalidenrente, wenn diese nur bei Unfall zugesagt ist	30 v. H.

Anwartschaft auf Alters- und Hinterbliebenenrente (ohne Invalidenrente) . . . . . . 60 v. H.

Anwartschaft auf Altersrente (ohne Invaliden- und Hinterbliebenenrente) . . . 30 v. H.

Anwartschaft auf Invaliden- und Hinterbliebenenrente . 80 v. H.

Anwartschaft auf Invaliden- und Hinterbliebenenrente, wenn Invalidenrente nur bei Unfall zugesagt ist . . . . 40 v. H.

Anwartschaft auf Invalidenrente . . . . 50 v. H.

Anwartschaft auf Invalidenrente, die nur bei Unfall zugesagt ist . . . . 10 v. H.

Anwartschaft auf Hinterbliebenenrente . . . . . . 40 v. H.

(11) Für eine Anwartschaft, die nicht unter eine der zuvor genannten Leistungsarten fällt, ist der Vomhundertsatz für die Leistungsart maßgebend, mit der die Anwartschaft in ihrer materiellen Bedeutung die meiste Ähnlichkeit hat.

Hierunter fallen u. a. Pensionszusagen auf sog. abgekürzte (temporäre) Leibrenten, soweit Beginn und Begrenzung der Rentenzahlungen festliegen. Die Vorschriften des § 104 BewG sind nach ihrem Sinn auf lebenslängliche Rentenverpflichtungen ausgerichtet. In extrem gelagerten Fällen ist deshalb bei Zusagen auf abgekürzte Leibrenten der Kapitalwert auf den Eintritt des Versorgungsfalles nach § 13 BewG zu ermitteln. Dieser Betrag ist als zugesagte Kapitalleistung i. S. des § 104 Abs. 5 BewG zu behandeln.

(12) Ist die Anwartschaft eines technischen Rentners zu berechnen (vgl. Absatz 4), so ist der nach § 14 BewG maßgebende Vervielfältiger auf die Jahresrente anzuwenden, die nach der Pensionszusage am Bewertungsstichtag zu zahlen sein würde. Besteht auch eine Anwartschaft auf Hinterbliebenenrente, so gelten die Anweisungen in Absatz 9 Ziffer 5 entsprechend.

IV. Ermittlung des abzugsfähigen Rückstellungsbetrags

(13) Der abzugsfähige Betrag der Rückstellung ergibt sich durch Anwendung des nach § 104 Abs. 2 und 3 BewG für das jeweilige Lebensalter des Anwärters maß-

gebenden Vervielfältigers auf die nach den Absätzen 5 bis 8 ermittelte Jahresrente. Das gilt auch dann, wenn beim vorzeitigen Eintritt des Versorgungsfalls (Invalidität, Tod vor dem planmäßigen Pensionierungsalter) eine Rente (Invalidenrente, Hinterbliebenenrente) gewährt wird, die höher oder niedriger ist als die Altersrente. Die Vervielfältiger in § 104 Abs. 2 BewG gelten für ein Pensionsalter von 65 Jahren. Ist für den Beginn der Pensionszahlung ein anderes Alter als 65 Jahre vorgesehen, so ist für jedes Jahr der Abweichung nach unten ein Zuschlag von 10 v. H. und für jedes Jahr der Abweichung nach oben ein Abschlag von 5 v. H. auf den Vervielfältiger zu machen.

3. Beispiel:

Die Pensionszusage lautet auf Alters-, Invaliden- und Hinterbliebenenversorgung. Die zugesagte Jahresrente beträgt 5500 DM. Die planmäßige Pensionierung soll mit 65 Jahren erfolgen. Alter des Anwärters am Bewertungsstichtag 51 Jahre. Abzugsfähige Rückstellung: 5500 DM × 3 = 16500 DM.

4. Beispiel:

Sachverhalt wie im 3. Beispiel, jedoch ohne Zusage einer Hinterbliebenenversorgung. Abzugsfähige Rückstellung: 5500 DM × 3 = 16500 DM, davon 70 v. H. = 11550 DM.

5. Beispiel:

Sachverhalt wie im 4. Beispiel. Die Pensionierung erfolgt bei Vollendung des 69. Lebensjahres. Abzugsfähige Rückstellung:

5500 DM × 3	= 16500 DM
./. 4 × 5 v. H. von 16500	= 3300 DM
	= 13200 DM
70 v. H. von 13200 DM	= 9240 DM

6. Beispiel:

Ein Pensionär im Alter von 70 Jahren hat eine Jahresrente von 1200 DM. Er hat eine Zusage auf eine Witwenrente von jährlich 900 DM erhalten.

Abzugsfähige Rückstellung:

a) für laufende Pension: 1200 DM × 6,942	= 8330 DM
b) für Anwartschaft auf Witwenrente: 1200 DM × (30 v. H. von 6,942)	= 2500 DM
insgesamt	10830 DM

Zuschläge oder Abschläge sind nur dann vorzunehmen, wenn sich die Zusage auch auf eine Altersrente erstreckt. Sind dagegen nur Invalidenrenten und/

oder Hinterbliebenenrenten zugesagt, kommt eine Korrektur nicht in Betracht. In diesen Fällen ist der jeweilige Vervielfältiger auf die erreichbare Jahresrente anzuwenden, die im letzten Jahr des Zeitraums zu zahlen wäre, in dem eine Invalidenrente oder Hinterbliebenenrente fällig werden kann.

Die flexible Altersgrenze von 63 Jahren wird stets als der vertraglich vorgesehene Eintritt des Versorgungsfalles anerkannt, wenn der versorgungsberechtigte Arbeitnehmer an diesem Zeitpunkt einen Rechtsanspruch auf das betriebliche Ruhegeld hat. Auf die Prüfung der Frage, ob der Pensionsberechtigte nach den Verhältnissen des Stichtags die sozialversicherungsrechtlichen Voraussetzungen für den Bezug des Altersgeldes ab dem Alter von 63 Jahren erfüllen wird (Nachweis von 35 anrechnungsfähigen Versicherungsjahren), wird verzichtet.

(14) Es wird zweckmäßigerweise so verfahren, daß die einzelnen Anwartschaften einer bestimmten Leistungsart und einer bestimmten Alterstufe zusammengefaßt und erst auf die sich ergebende Summe die Vervielfältiger des § 104 Abs. 2 und 3 BewG angewendet werden. Zur leichteren Berechnung bei einem von 65. Lebensjahr abweichenden Pensionsalter sind die nach § 104 Abs. 2 BewG maßgebenden Vervielfältiger in der als Anlage 1 beigefügten Tabelle zusammengestellt.

(15) Bei der Berechnung des Lebensalters kommt es ebenso wie in den Fällen des § 14 BewG auf das im Abschlußzeitpunkt vollendete Lebensjahr an. Anwärter, deren Geburtstag auf den Abschlußtag (Bilanzstichtag) des Unternehmens fällt, haben im Abschlußzeitpunkt das Lebensjahr vollendet.

V. Sonderfälle

a) Berechnung der Pensionsrückstellungen bei einer vom Abschlußzeitpunkt abweichenden Bestandsaufnahme

(16) Für die Bewertung der Pensionsverpflichtungen (Bildung der Pensionsrückstellungen) sind die Verhältnisse am Abschlußzeitpunkt maßgebend. Die Pensionsverpflichtungen sind grundsätzlich auf Grund einer körperlichen Bestandsaufnahme (Feststellung der pensionsberechtigten Personen und der Höhe ihrer Pensionsansprüche) für den Abschlußzeitpunkt zu ermitteln.

Nach § 39 Abs. 4 HGB in der Fassung des Gesetzes zur Änderung des Handelsgesetzbuchs und der Reichsabgabenordnung vom 2. 8. 1965 (BGBl. I S. 665) kann der für die Berechnung der Pensionsrückstellungen maßgebende Personenstand auch auf einen Tag (Inventurstichtag) innerhalb von drei Monaten vor oder zwei Monaten nach dem Abschlußzeitpunkt aufgenommen werden, wenn sichergestellt ist, daß die Pensionsverpflichtungen für den Abschlußzeitpunkt unter Anwendung der Grundsätze der übereinstimmenden Ländererlasse vom 15. Februar 1968 (BStBl. 1968 I S. 469) ordnungsgemäß bewertet werden können.

b) Anrechnung von Leistungen aus der Sozialversicherung

(17) Ist in der Pensionszusage vorgesehen, daß Leistungen aus der Sozialversicherung auf die betriebliche Rente angerechnet werden oder daß die Gesamtversorgung aus betrieblicher Rente und Sozialversicherungsrente begrenzt wird, so darf bei Berechnung der im vertraglichen Pensionsalter erreichbaren Jahresrente nur die Nettobelastung des Unternehmens berücksichtigt werden. Dabei ist nach dem übereinstimmenden Ländererlaß (Entschließung) vom 4. 10. 1968 (BStBl. 1968 I S. 1145), nach dem BMF-Schreiben vom 27. 11. 1970 (BStBl. 1970 I S. 1072) und – vorbehaltlich des Absatzes 18 – nach dem BMF-Schreiben vom 18. 6. 1973 (BStBl. 1973 I S. 529) zu verfahren.

(18) Der Kürzungsfaktor bei der Begrenzung der Gesamtversorgung aus betrieblicher Rente und Sozialversicherungsrente wird entweder für alle Pensionsanwartschaften einzeln oder für Gruppen von Anwartschaften als Durchschnittswert ermittelt. Der Kürzungsfaktor hängt entweder vom mittleren Rentenzugangsalter oder aber vom Pensionierungsalter ab, je nachdem ob die Pensionszusage auch vorzeitige Leistungen (z. B. sofort beginnende oder bis zum Pensionsalter aufgeschobene Invaliden- oder Hinterbliebenenrenten) umfaßt oder nicht.

Das mittlere Rentenzugangsalter richtet sich wiederum nach dem Pensionsalter. Für das Pensionsalter von 65 Jahren beträgt z. B. das mittlere Rentenzugangsalter 62 Jahre. Im einzelnen vgl. die tabellarische Übersicht am Schluß von Abschn. 4 des o. a. BMF-Schreibens vom 18. 6. 1973.

Nach Abschn. 41 Abs. 7 Satz 1 und 2 EStR 1972 besteht ertragsteuerlich ein Wahlrecht, wonach die Rückstellungsbildung entwder bis zum vertraglich vorgesehenen Eintritt des Versorgungsfalles oder aber bis zum voraussichtlichen Ende der Beschäftigung verteilt werden kann, wenn dieser Zeitpunkt nach dem Eintritt des vertraglich vorgesehenen Versorgungsfalles liegt. Die Ausübung dieses Wahlrechts beeinflußt den etwa erforderlichen Kürzungsfaktor, der bei Begrenzung der Gesamtversorgung für die ertragsteuerliche Rückstellung zu ermitteln ist.

Die für die ertragsteuerliche Berechnung der Pensionsrückstellungen ermittelten Kürzungsfaktoren sind danach nur dann für die vermögensteuerliche Ermittlung der Jahresrente zu übernehmen, wenn ertragsteuerlich die Rückstellungsbildung nach Abschn. 41 Abs. 7 Satz 1 EStR 1972 bis zum vertraglichen Pensionsalter verteilt wurde.

(19) Ist das Unternehmen jedoch in Ausübung des Wahlrechtes nach Abschn. 41 Abs. 7 Satz 2 EStR 1972 von dem voraussichtlichen Ende der Beschäftigung ausgegangen, weil dieser Zeitpunkt nach dem vertraglichen Pensionsalter liegt, so kann der für ertragsteuerliche Zwecke ermittelte Kürzungsfaktor nicht übernommen werden, da ein derartiges Wahlrecht nach § 104 BewG nicht besteht. Für die Vermögensbesteuerung ist auch in diesen Fällen zur Bestimmung des Kürzungsfaktors und damit zur Ermittlung der Jahresrente von dem mittleren Rentenzugangsalter auszugehen, das dem vertraglichen Pensionsalter entspricht. Sind keine vorzeitigen Leistungen vorgesehen, so ist das vertragliche Pensionsalter zugrunde zu legen. Abschn. 4 Satz 3 des o. a. BMF-Schreibens vom 18. 6. 1973 gilt insoweit nicht für die Vermögensbesteuerung.

c) Überschneidung von Pensionsrückstellungen und Zuwendungen an Versorgungskassen

(20) Anwartschaften, die lediglich gegenüber einer Versorgungskasse bestehen, begründen keine Ansprüche gegen das Unternehmen, wenn die gleichen Versorgungsleistungen an denselben Empfänger sowohl über die Versorgungskasse als auch über Pensionsrückstellungen finanziert werden sollen. Rückstellungen für Pensionsanwartschaften und Leistungen aus einer Versorgungskasse schließen sich dagegen nicht aus, wenn es sich um verschiedene Versorgungsleistungen handelt. Dies ist z. B. der Fall bei der Finanzierung der Invaliditätsrenten über eine Versorgungskasse und der Altersrenten über Pensionsrückstellungen oder bei der Finanzierung rechtsverbindlich zugesagter Leistungen über Pensionsrückstellungen und darüber hinausgehender freiwilliger Leistungen über eine Versorgungskasse. Rückstellungen für Pensionsanwartschaften können daher bei Bestehen einer selbständigen Versorgungskasse stets in dem Umfang berücksichtigt werden, in dem rechtsverbindliche Ansprüche auf Versorgungsleistungen unmittelbar gegen das Unternehmen geltend gemacht werden können. Ein solcher unmittelbarer Rechtsanspruch gegen das Unternehmen wird nicht dadurch beeinträchtigt, daß die Auszahlung der Versorgungsleistungen durch einen Dritten erfolgt. Das gilt auch dann, wenn sich der Unternehmer einer selbständigen Versorgungskasse als Zahlstelle bedient, z. B. einer sog. Umlagekasse. Vgl. BFH-Urteil vom 9. August 1957 (BStBl. III S. 338). Ein unmittelbarer Rechtsanspruch gegen das Unternehmen besteht dagegen nicht, wenn es sich bei den Versorgungsleistungen um selbständige Leistungen einer Versorgungskasse handelt. In diesen Fällen kommt bei dem Unternehmen der Abzug einer Rückstellung für Pensionsanwartschaften nicht in Betracht.

d) Behandlung von Rückdeckungsversicherungen

(21) Hat der Unternehmer seine Verpflichtungen aus Pensionszusagen durch Abschluß von Rückdeckungsversicherungen abgedeckt, so werden der anzusetzende Kapitalwert der Versicherungsansprüche nach § 12 Abs. 4 BewG und der abzuziehende Betrag der Rückstellung für Pensionsanwartschaften nach § 104 BewG jeweils selbständig ermittelt. Das gilt auch für eine Rückdeckungsversicherung, bei der nach der Zeit, dem Betrag und der Art der Versicherung ein enger unmittelbarer Zusammenhang zu der einzelnen Pensionsanwartschaft besteht (sog. kongruente Rückdeckung). Das RFH-Urteil vom 9. März 1944 (RStBl. S. 181) ist nicht mehr anwendbar (vgl. hierzu auch BFH-Urteil vom 6. Februar 1970, BStBl. II S. 448).

(22) Steht einem Pensionär, der eine Altersrente bezieht, eine Anwartschaft auf Hinterbliebenenrente zu und ist für die laufende Rente einschließlich der damit verbundenen Anwartschaften auf Hinterbliebenenversorgung eine Rückdeckungsversicherung abgeschlossen worden, so sind die Pensionsverpflichtung einerseits und der Versicherungsanspruch andererseits selbständig zu bewerten. Der Versicherungsanspruch, der bei dem Unternehmen anzusetzen ist, setzt sich zusammen aus einem fälligen Teil der laufenden Altersrente und aus einem nicht fälligen Teil für die künftige Hinterbliebenenrente. Der fällige Anspruch aus dem Versicherungsvertrag ist mit seinem Kapitalwert anzusetzen. Der nicht fällige Anspruch aus dem Versicherungsvertrag, der auf eine künftige Hinterbliebenenrente gerichtet ist, ist als Anspruch aus einer nicht fälligen Rentenversicherung nach § 12 Abs. 4 BewG entweder mit ⅔ der darauf eingezahlten Prämien oder mit seinem Rückkaufswert anzusetzen. Soweit im Einzelfall nicht feststellbar ist, welcher Teil von den insgesamt geleisteten Prämieneinzahlungen oder vom Rückkaufswert der gesamten Rentenversicherung auf die künftige Hinterbliebenenversorgung entfällt, bestehen aus Vereinfachungsgründen keine Bedenken, bei der Bewertung des gesamten Versicherungsanspruchs an Stelle des nach § 12 Abs. 4 BewG ermittelten Werts den Anspruch auf Hinterbliebenenversorgung durch einen Zuschlag von 30 v. H. zum Kapitalwert der laufenden Rentenleistungen zu erfassen.

VI. Aufhebung früherer Anweisungen

Soweit frühere Anweisungen den Regelungen in diesem Erlaß entgegenstehen, sind sie zum Stichtag 1. Januar 1974 nicht mehr anzuwenden.

Anlage 1

Tabelle der Vervielfältiger für die Berechnung einer Anwartschaft auf Alters-, Invaliden- und Hinterbliebenenrente

Bei einem Lebensalter von mehr als	bei einem Pensionsalter von											
	60	61	62	63	64	65	66	67	68	69	70	75
30 bis zu 38	0,75	0,70	0,65	0,60	0,55	0,50	0,48	0,45	0,43	0,40	0,38	0,25
38 bis zu 43	1,50	1,40	1,30	1,20	1,10	1,00	0,95	0,90	0,85	0,80	0,75	0,50
43 bis zu 47	2,25	2,10	1,95	1,80	1,65	1,50	1,43	1,35	1,28	1,20	1,13	0,75
47 bis zu 50	3,00	2,80	2,60	2,40	2,20	2,00	1,90	1,80	1,70	1,60	1,50	1,00
50 bis zu 53	4,50	4,20	3,90	3,60	3,30	3,00	2,85	2,70	2,55	2,40	2,25	1,50
53 bis zu 56	6,00	5,60	5,20	4,80	4,40	4,00	3,80	3,60	3,40	3,20	3,00	2,00
56 bis zu 58	7,50	7,00	6,50	6,00	5,50	5,00	4,75	4,50	4,25	4,00	3,75	2,50
58 bis zu 60	9,00	8,40	7,80	7,20	6,60	6,00	5,70	5,40	5,10	4,80	4,50	3,00
60		9,80	9,10	8,40	7,70	7,00	6,65	6,30	5,95	5,60	5,25	3,50
61			9,10	8,40	7,70	7,00	6,65	6,30	5,95	5,60	5,25	3,50
62				9,60	8,80	8,00	7,60	7,20	6,80	6,40	6,00	4,00
63					9,90	9,00	8,55	8,10	7,65	7,20	6,75	4,50
64						10,00	9,50	9,00	8,50	8,00	7,50	5,00
65							9,50	9,00	8,50	8,00	7,50	5,00
66								9,00	8,50	8,00	7,50	5,00
67									8,50	8,00	7,50	5,00
68										8,00	7,50	5,00
69											7,50	5,00
70												5,00
71												5,00
72												5,00
73												5,00
74												5,00

Anlage 2

Tabelle der Vervielfältiger zur Berechnung des Kapitalwertes einer laufenden lebenslänglichen Rente mit Anwartschaft auf Hinterbliebenenversorgung

Vollendetes Lebensalter in Jahren	Männer	Frauen	vollendetes Lebensalter in Jahren	Männer	Frauen
20	21,965	22,567	60	12,617	14,334
21	21,879	22,486	61	12,259	13,945
22	21,788	22,402	62	11,903	13,547
23	21,693	22,312	63	11,545	13,140
24	21,590	22,217	64	11,189	12,727
25	21,481	22,120	65	10,832	12,307
26	21,364	22,016	66	10,474	11,882
27	21,239	21,909	67	10,114	11,452
28	21,107	21,797	68	9,753	11,018
29	20,969	21,680	69	9,390	10,582
30	20,822	21,558	70	9,025	10,143
31	20,667	21,429	71	8,658	9,705
32	20,506	21,295	72	8,293	9,269
33	20,336	21,155	73	7,930	8,839
34	20,158	21,008	74	7,571	8,415
35	19,971	20,856	75	7,219	7,999
36	19,777	20,696	76	6,874	7,595
37	19,573	20,531	77	6,536	7,202
38	19,362	20,358	78	6,205	6,822
39	19,141	20,177	79	5,883	6,456
40	18,912	19,990	80	5,569	6,104
41	18,675	19,795	81	5,268	5,767
42	18,426	19,592	82	4,979	5,446
43	18,168	19,380	83	4,702	5,140
44	17,900	19,161	84	4,440	4,853
45	17,622	18,932	85	4,187	4,580
46	17,334	18,695	86	3,946	4,323
47	17,038	18,451	87	3,714	4,081
48	16,734	18,196	88	3,496	3,852
49	16,422	17,932	89	3,294	3,643
50	16,099	17,658	90	3,112	3,455
51	15,772	17,373	91	2,954	3,286
52	15,435	17,079	92	2,811	3,134
53	15,094	16,774	93	2,685	3,000
54	14,747	16,457	94	2,571	2,882
55	14,398	16,129	95	2,471	2,777
56	14,044	15,791	96	2,386	2,687
57	13,689	15,443	97	2,314	2,608
58	13,332	15,083	98	2,239	2,542
59	12,974	14,713	99	2,187	2,480
			100 und darüber	2,124	2,436

BewG

§ 104a Genossenschaften

(1) Vom Rohbetriebsvermögen sind die Geschäftsguthaben der Genossen bei den folgenden Genossenschaften abzugsfähig:

1. bei Genossenschaften der gewerblichen Wirtschaft, deren Geschäftsbereich sich erstreckt

    a) auf die gemeinschaftliche Benutzung von Betriebseinrichtungen oder Betriebsgegenständen, die der technischen Durchführung des Betriebes dienen oder

    b) auf die Bearbeitung oder die Verwertung von gewerblichen Erzeugnissen, die die Mitglieder entweder selbst hergestellt, bearbeitet oder verarbeitet haben;

2. bei Warengenossenschaften, deren Rohbetriebsvermögen nicht mehr als 500 000 Deutsche Mark beträgt. Das gilt auch, wenn eine Warengenossenschaft das Geld- und Kreditgeschäft betreibt und das Warengeschäft überwiegt.

(2) Vom Rohbetriebsvermögen sind bei Kreditgenossenschaften 50 vom Hundert der Geschäftsguthaben der Genossen abzugsfähig. Das gilt auch, wenn eine Kreditgenossenschaft das Warengeschäft betreibt und das Geld- und Kreditgeschäft überwiegt.

VStR

110. Genossenschaften

(1)–(4) [abgedruckt zu § 3 VStG]

c) Kreditgenossenschaften

(5) Ab 1. Januar 1974 ist für die Begünstigung der Kreditgenossenschaften nicht mehr Voraussetzung, daß sie Kredite ausschließlich nur an ihre Mitglieder gewähren. Abweichend von der körperschaftsteuerlichen Behandlung ist es auch nicht mehr Voraussetzung, daß sie lediglich das Bankgeschäft betreiben oder das bankfremde Geschäft im Verhältnis zum bankmäßigen Geschäft nur von untergeordneter Bedeutung ist (Abschnitt 59 Abs. 1 KStR). Bewertungsrechtlich gelten auch solche Genossenschaften als Kreditgenossenschaften, die in größerem Umfang bankfremde Geschäfte betreiben. Auch bei ihnen sind 50 vom Hundert der Geschäftsguthaben der Genossen abzugsfähig, wenn neben dem Bankgeschäft das Warengeschäft betrieben wird und das Geld- und Kreditgeschäft überwiegt. Durch die neue Begriffsbestimmung in § 104a Abs. 2 BewG entfällt die bisherige Sonderregelung für Spar- und Darlehenskassen. Wegen der Abgrenzung der Kreditgenossenschaften gegenüber den Warengenossenschaften vgl. auch Abschnitt 111 Abs. 1 Nr. 4. Wegen der Post-Spar- und Darlehensvereine vgl. Abschnitt 61 KStR.

· (6) Zentralkassen in der Rechtsform der Genossenschaft fallen unter die Bestimmungen des § 104a Abs. 2 BewG, wenn sie sich auf ihre eigentlichen genossenschaftlichen Aufgaben beschränken. Die in dieser Hinsicht für die Körperschaftsteuer in Abschnitt 63 KStR ergangenen Anordnungen gelten auch bei der Vermögensteuer. Die bei der Körperschaftsteuer getroffene Entscheidung ist für die Vermögensteuer zu übernehmen.

d) Genossenschaften der gewerblichen Wirtschaft

(7) § 104a Abs. 1 Nr. 1 BewG begünstigt zwei Gruppen von Genossenschaften der gewerblichen Wirtschaft:

1. Gewerbliche Werkgenossenschaften, deren Geschäftsbetrieb sich auf die gemeinschaftliche Benutzung von Betriebseinrichtungen oder Betriebsgegenständen erstreckt, die der technischen Durchführung des Gewerbes dienen (§ 104a Abs. 1 Nr. 1

Buchst. a BewG). Die gemeinschaftlich benutzte Betriebseinrichtung oder der gemeinschaftlich benutzte Betriebsgegenstand darf nur ein Hilfsmittel für die technische Durchführung des Betriebs des einzelnen Genossen sein.

Beispiel :

Mehrere Schneidermeister schließen sich zu einer Genossenschaft zusammen und kaufen eine Zuschneidemaschine zur gemeinschaftlichen Benutzung.

Von einem Hilfsmittel für die technische Durchführung des Betriebs des einzelnen Genossen kann nicht mehr gesprochen werden, wenn der Betrieb der Genossenschaft für den Genossen nicht mehr nebensächlich, sondern lebenswichtig ist. Diese Genossenschaften werden steuerlich nicht begünstigt.

Beispiele :

Genossenschaftliche Schlachthöfe, genossenschaftliche Bäckereien, genossenschaftliche Wäschereien usw.

2. Gewerbliche Lieferungsgenossenschaften, deren Geschäftsbetrieb sich auf die Bearbeitung oder die Verwertung von gewerblichen Erzeugnissen erstreckt, die die einzelnen Mitglieder entweder selbst hergestellt, bearbeitet oder verarbeitet haben (§ 104a Abs. 1 Nr. 1 Buchstabe b BewG).

(8) Die für die Genossenschaften der gewerblichen Wirtschaft getroffene Regelung gilt auch für Sozialgenossenschaften, die z. B. dem Gesundheitsdienst oder der Gemeinschaftsverpflegung von Betriebsangehörigen dienen. Solche Genossenschaften werden von der Vermögensteuer oft schon aufgrund der Besteuerungsgrenze von 10000 DM frei sein (§ 8 Abs. 1 VStG).

e) Warengenossenschaften[1]

(9) Warengenossenschaften sind solche Genossenschaften, die das Warengeschäft betreiben, d. h. den Einkauf und Verkauf von Waren oder Rohstoffen. Dazu gehören z. B. Verbrauchergenossenschaften, landwirtschaftliche Bezugsgenossenschaften und Ein- und Verkaufsgenossenschaften des Handels und des Handwerks. Der Begriff „Ware" ist weit auszulegen. Darunter fällt z. B. auch die Lieferung von elektrischer Energie. Der Charakter einer Warengenossenschaft wird noch nicht beeinträchtigt, wenn die Genossenschaft eine Tätigkeit betreibt, die über den Einkauf und Verkauf hinausgeht, diese Tätigkeit mit dem Satzungszweck in wirtschaftlichem Zusammenhang steht und in ihrem Umfang unbedeutend ist (BFH-Urteil vom 27. 2. 1959, BStBl. III S. 168). Genossenschaften, deren Tätigkeit sich allein auf eine Vermittlungstätigkeit erstreckt, sind keine Warengenossenschaften im Sinne des § 104a Abs. 1 Nr. 2 BewG (BFH-Urteil vom 16. 3. 1962, BStBl. III S. 252). Eine Warengenossenschaft, deren Lieferungen an Nichtmitglieder wesentlich höher sind als an ihre Mitglieder, ist keine steuerbegünstigte Warengenossenschaft im Sinne des § 104a Abs. 1 Nr. 2 BewG (RFH-Urteil vom 2. 10. 1941, RStBl. S. 887). Zu den Warengenossenschaften sind auch die landwirtschaftlichen Absatzgenossenschaften zu rechnen, wenn sie nicht nach § 3 Abs. 1 Nr. 7 VStG als landwirtschaftliche Verwertungsgenossenschaften von der Vermögensteuer befreit sind. So sind z. B. Molkereigenossenschaften, indem sie die Erzeugnisse

---

[1] Siehe hierzu das BFH-Urteil vom 10. Februar 1965 III 22/60 (HFR S. 450 Nr. 366):
Steht den Mitgliedern einer Genossenschaft auf Grund der Satzung ein Rechtsanspruch auf Warenrückvergütung zu, so stellt die vom Vorstand und Aufsichtsrat der Genossenschaft im Rahmen ihrer satzungsmäßigen Befugnis für ein Jahr beschlossene Warenrückvergütung eine abzugsfähige Betriebsschuld im Sinne des § 62 BewG dar, sofern der Beschluß den Genossen noch vor dem Bewertungsstichtag bekanntgegeben worden ist. Voraussetzung für einen derartigen Beschluß über die Ausschüttung einer Warenrückvergütung ist, daß überhaupt verteilungsfähige Warenüberschüsse vorhanden sind und daß die bei der Überschußverteilung zu beachtenden Vorschriften über die Zuführung bestimmter Teile des Jahresüberschusses zum gesetzlichen oder satzungsmäßigen Reservefonds eingehalten werden.
Vgl. auch BFH-Urteil vom 26. Juni 1964 III 293/59 U (BStBl. III S. 614).

ihrer Genossen in die Kanäle des Handels leiten, gleichzeitig auch Warengenossenschaften im Sinne des § 104a Abs. 1 Nr. 2 BewG. Eine nicht von der Vermögensteuer befreite Molkereigenossenschaft kann deshalb, wenn ihr Rohbetriebsvermögen nicht mehr als 500000 DM beträgt, vom Rohbetriebsvermögen auch die Geschäftsguthaben ihrer Genossen absetzen. Sobald diese Genossenschaft jedoch die Erzeugnisse ihrer Genossen auch be- oder verarbeitet, hört sie auf, eine Warengenossenschaft im Sinne des § 104a Abs. 1 Nr. 2 BewG zu sein (BFH-Urteil vom 4. 11. 1955, BStBl. III S. 386). Ein Abzug der Geschäftsguthaben der Genossen ist in diesem Falle nicht möglich. Wegen der Abgrenzung gegenüber den Kreditgenossenschaften vgl. Abschnitt 111 Abs. 1 Nr. 4.

111. Genossenschaften, die mehrere Zwecke verfolgen

(1) Für Genossenschaften, die mehrere Zwecke verfolgen, gelten folgende Grundsätze:

1. Eine Genossenschaft, die mehrere befreite Zwecke verfolgt, ist befreit. Eine Genossenschaft, die mehrere begünstigte Zwecke verfolgt, ist begünstigt.

2. Eine Genossenschaft, die gleichzeitig einen steuerbefreiten Zweck und einen steuerbegünstigten Zweck verfolgt, kommt nur in den Genuß der Begünstigung des Abzugs der Geschäftsguthaben.

3. Eine Genossenschaft, die neben einem befreiten oder einem begünstigten Zweck noch einen anderen Zweck verfolgt, der nicht begünstigt ist, kann keine Begünstigung erhalten.

4. Es ist grundsätzlich ohne Einfluß, welcher Geschäftszweig überwiegt. Eine Ausnahme gilt lediglich für Warengenossenschaften, die auch das Geld- und Kreditgeschäft betreiben und für Kreditgenossenschaften, die das Warengeschäft betreiben. Hier kommt es für den Umfang der Begünstigung darauf an, welches Geschäft überwiegt (§ 104a Abs. 1 Nr. 2 und Abs. 2 BewG). Für die Frage, ob das Geld- und Kreditgeschäft überwiegt, sind die Anweisungen in Abschnitt 60 KStR entsprechend anzuwenden; dabei ist von den Verhältnissen des Geschäftsjahres auszugehen, das dem Feststellungszeitpunkt vorangeht. Die Höhe des Rohbetriebsvermögens ist für die Vergünstigung der Kreditgenossenschaften ohne Bedeutung. Kreditgenossenschaften mit überwiegendem Warengeschäft werden als reine Warengenossenschaften begünstigt, wenn ihr Rohbetriebsvermögen nicht mehr als 500000 DM beträgt (§ 104a Abs. 1 Nr. 2 BewG). Einer Molkereigenossenschaft, die nach ihrer Satzung außerhalb des Geschäftsbetriebs der Molkerei eine Warengenossenschaft ist, steht die Vergünstigung nach § 104a Abs. 1 Nr. 2 BewG zu, wenn der Molkereibetrieb für sich betrachtet von der Vermögensteuer befreit wäre und hinsichtlich ihres übrigen Geschäftsbetriebs die Voraussetzungen des § 104a Abs. 1 Nr. 2 BewG gegeben sind (BFH-Urteil vom 6. 10. 1967, BStBl. 1968 II S. 114)[1].

(2) Die Begünstigung einer Warengenossenschaft setzt voraus, daß ihr gesamtes Rohbetriebsvermögen nicht mehr als 500000 DM beträgt.

[1] Vgl. BFH-N Nr. 1 zu § 52a Nr. 3 BewDV.

BewG

§ 105 Steuerschulden

(1) Schulden aus laufend veranlagten Steuern sind nur abzuziehen, wenn die Steuern entweder

1. spätestens im Feststellungszeitpunkt (§ 21 Abs. 2, § 22 Abs. 4, § 23 Abs. 2) fällig geworden sind

oder

2. für einen Zeitraum erhoben werden, der spätestens im Feststellungszeitpunkt geendet hat. Endet der Erhebungszeitraum erst nach dem Feststellungszeitpunkt, so sind die Steuerschulden insoweit abzuziehen, als sie auf die Zeit vor dem Feststellungszeitpunkt entfallen.

(2) Für Betriebe mit abweichendem Wirtschaftsjahr ist statt des Feststellungszeitpunkts der Abschlußzeitpunkt (§ 106 Abs. 3) maßgebend.

VStR

37. Betriebliche Steuerschulden

(1) Beim Betriebsvermögen können nur die Steuerschulden berücksichtigt werden, die in wirtschaftlichem Zusammenhang mit dem Betrieb stehen. Dies können vor allem Umsatzsteuer-, Gewerbesteuer-, Grundsteuer-, Kapitalverkehrsteuerschulden sein. Bei Körperschaften sind alle Steuerschulden als Betriebsschulden abzugsfähig. Dagegen sind bei Einzelpersonen und Personengesellschaften z. B. Einkommensteuer-, Vermögensteuer-, Erbschaftsteuerschulden beim Betriebsvermögen nicht abzugsfähig (vgl. Abschnitt 98). Das gilt auch insoweit, als sich die Einkommensteuer auf Betriebsgewinne, die Vermögensteuer und Erbschaftsteuer auf Betriebsvermögen beziehen. (Vgl. RFH-Urteil vom 29. 7. 1930, RStBl. 1931 S. 48). Persönliche Steuerschulden eines Gesellschafters können auch dann nicht beim Betriebsvermögen der Personengesellschaft abgezogen werden, wenn diese die persönliche Steuerschuld des Gesellschafters übernommen hat (BFH-Urteil vom 22. 6. 1956, BStBl. III S. 202).

(2) Zu unterscheiden ist zwischen Schulden aus laufend veranlagten Steuern, d. h. aus Steuern, die nach Zeiträumen veranlagt werden (z. B. Umsatzsteuer, Gewerbesteuer), und Schulden aus Einzelsteuern, d. h. aus Steuern, deren Erhebung an einzelne Rechtsvorgänge anknüpft (z. B. Grunderwerbsteuer, Kapitalverkehrsteuer, Vergnügungssteuer). Schulden aus laufend veranlagten Steuern sind abzugsfähig, wenn die Steuern spätestens im Feststellungszeitpunkt (Abschlußzeitpunkt) fällig geworden sind (§ 105 Abs. 1 Nr. 1 BewG 1965), oder soweit sie im Feststellungszeitpunkt (Abschlußzeitpunkt) noch nicht fällig sind, für einen Zeitraum erhoben werden, der spätestens im Feststellungszeitpunkt (Abschlußzeitpunkt) geendet hat. Endet der Erhebungszeitraum erst nach dem Feststellungszeitpunkt (Abschlußzeitpunkt), so sind die Steuerschulden insoweit abzuziehen, als die erhobenen Steuern auf die Zeit vor dem Feststellungszeitpunkt (Abschlußzeitpunkt) entfallen (§ 105 Abs. 1 Nr. 2 BewG 1965).

(3) Voraussetzung für den Abzug ist jedoch, daß der Steuerpflichtige mit der Belastung schon am Stichtag rechnen konnte. Bei Jahressteuerschulden kann jeweils davon ausgegangen werden, daß dies in Höhe der später veranlagten und nicht durch Vorauszahlungen gedeckten Steuern der Fall ist (BFH-Urteil vom 17. 4. 1964, BStBl. III S. 380)[1]. Dies gilt insbesondere auch für Körperschaftsteuerschulden auf Grund einer unter Berücksichtigung des ermäßigten Steuertarifs nach § 19 KStG durchgeführten Veranlagung (BFH-Urteil vom 26. 5. 1972, BStBl. II S. 693)[2]. Der Abzug von vorsätzlich verkürzten Steuern kommt nur in Betracht, wenn die Verkürzung bereits vor dem Stichtag aufgedeckt worden ist (BFH-Urteil vom 28. 4. 1972, BStBl. II S.

---

[1] Vgl. DStR 1964 S. 433 Nr. 325.
[2] Vgl. BFH-N Nr. 38 zu § 62 Abs. 1 BewG.

524)[1]. Zur Bewertung von Steuerschulden vgl. auch BFH-Urteil vom 10. 5. 1972, BStBl. II S. 688[2].

(4)[3] Hat eine Betriebsprüfung zu betrieblichen Mehrsteuern geführt, so kann vorbehaltlich der Regelung in Absatz 3 letzter Satz ein Schuldposten gebildet werden, soweit diese Mehrsteuern für einen Zeitraum erhoben werden, der spätestens im Feststellungszeitpunkt oder im abweichenden Abschlußzeitpunkt geendet hat (RFH-Urteil vom 7. 11. 1940, RStBl. 1941 S. 63).

Beispiel:

Eine Betriebsprüfung, die im Jahre 1971 durchgeführt wird, ergibt Gewerbesteuernachzahlungen für die Jahre 1968, 1969 und 1970. Es kann bei der Hauptfeststellung zum 1. 1. 1969 ein Schuldposten für die Nachzahlungen 1968, bei einer Wertfortschreibung zum 1. 1. 1970 ein Schuldposten für die Nachzahlungen 1968 und 1969 und bei einer Wertfortschreibung zum 1. 1. 1971 ein Schuldposten für die Nachzahlungen 1968, 1969 und 1970 gebildet werden.

Der Schuldposten für die Mehrsteuern ist in diesem Fall auch dann zu berücksichtigen, wenn die Feststellung des Einheitswerts schon vor der Durchführung der Betriebsprüfung rechtskräftig geworden war. Endet der Erhebungszeitraum einer Steuer erst nach dem abweichenden Abschlußzeitpunkt, so kann ein Schuldposten gebildet werden, soweit die Mehrsteuern auf die Zeit vor dem Abschlußzeitpunkt entfallen (vgl. Absatz 6).

(5) Bei Steuerschulden, deren Höhe am Stichtag noch streitig ist, wird zweckmäßigerweise eine vorläufige Einheitswertfeststellung durchgeführt. Dies setzt jedoch voraus, daß das Finanzamt auf die sofortige Entrichtung des streitigen Steuerbetrags bis zu einer Rechtsbehelfsentscheidung verzichtet. Andernfalls ist ohne Rücksicht auf den Ausgang des Rechtsbehelfsverfahrens die Steuerschuld in voller Höhe abzuziehen und die Einheitswertfeststellung endgültig durchzuführen.

(6) Für Betriebe, die regelmäßig auf einen anderen Tag als den 31. Dezember abschließen und deren Einheitswert nach § 106 Abs. 3 BewG 1965 auf den Abschlußzeitpunkt ermittelt wird, ist statt des Feststellungszeitpunkts der Abschlußzeitpunkt maßgebend (BFH-Urteil vom 7. 3. 1958, BStBl. III S. 220). Endet der Erhebungszeitraum erst nach dem Abschlußzeitpunkt, so sind die Steuerschulden insoweit abzuziehen, als sie noch auf die Zeit vor dem Abschlußzeitpunkt entfallen (§ 105 Abs. 2 BewG 1965). Bei der Feststellung, inwieweit dies zutrifft, ist bei Körperschaftsteuer-, Gewerbesteuer- und Vermögensteuerschulden wie folgt zu verfahren:

1. Körperschaftsteuerschulden für den Veranlagungszeitraum, in dem das abweichende Wirtschaftsjahr endet, sind in vollem Umfang abzugsfähig. Die Körperschaftsteuer beruht auf dem Gewinn des abweichenden Wirtschaftsjahrs (§ 5 Abs. 2 KStG) und entfällt in vollem Umfang auf die Zeit vor dem Abschlußzeitpunkt, weil die während des abweichenden Wirtschaftsjahrs fällig gewordenen Vorauszahlungen auf die Jahressteuerschuld angerechnet werden (§ 20 Abs. 2 KStG).

2. Gewerbesteuerschulden für den Veranlagungszeitraum, in dem das abweichende Wirtschaftsjahr endet, sind nur mit dem Betrag abzugsfähig, der sich ergibt, wenn die gesamte Jahressteuerschuld im Verhältnis der Zahl der Monate, die vom abgelaufenen Wirtschaftsjahr in das Kalenderjahr fallen, zur Zahl 12 aufgeteilt wird und davon die vor dem abweichenden Abschlußzeitpunkt geleisteten Vorauszahlungen abgezogen werden. Auch die Gewerbesteuer beruht zwar auf dem Gewinn des

---

[1] Vgl. DStR S. 477 Nr. 356 = BFH-N Nr. 1 zu § 62b Abs. 1 BewG.
[2] Vgl. BFH-N Nrn. 2–3 zu § 62 b BewG.
[3] Vgl. BFH-Urteil vom 10. Mai 1972 III R 83/71 (BStBl. II S. 688 = BFH-N Nrn. 2–3 zu § 62 b BewG):
1. Steuernachzahlungen an Betriebssteuern, die sich aufgrund der Feststellungen einer nach dem maßgebenden Feststellungszeitpunkt durchgeführten Betriebsprüfung ergeben, sind an dem zurückliegenden Feststellungszeitpunkt als unverzinsliche befristete Schulden abzuziehen.
2. . . . .
Vgl. BFH-Urteil vom 25. Mai 1973 III R 95/72 (BStBl. II S. 623 = BFH-N Nr. 4 zu § 14 Abs. 3 BewG):
Der Senat hält im Ergebnis an seiner Rechtsprechung zur Frage der Abzinsung von Steuerschulden und Steuererstattungsansprüchen (vgl. BFH-Urteile vom 10. Mai 1972 III R 58/71, BFHE 106, 102, BStBl. II 1972, 691; und III R 83/71, BFHE 106, 96, BStBl. II 1972, 688) fest.

abweichenden Wirtschaftsjahrs (§ 10 Abs. 2 GewStG). Da jedoch die Vorauszahlungen des Erhebungszeitraumes auf die Jahressteuerschuld angerechnet werden, entfällt die verbleibende Jahressteuerschuld nicht mehr in vollem Umfang auf die Zeit vor dem abweichenden Abschlußzeitpunkt. Es ist deshalb eine Aufteilung erforderlich[1].

3. Vermögensteuerschulden für den Veranlagungszeitraum, in dem das abweichende Wirtschaftsjahr endet, sind nur mit dem Betrag abzugsfähig, der sich ergibt, wenn die gesamte Jahressteuerschuld im Verhältnis der Zahl der Monate, die vom abgelaufenen Wirtschaftsjahr in das Kalenderjahr fallen, zur Zahl 12 aufgeteilt wird und davon die vor dem abweichenden Abschlußzeitpunkt geleisteten endgültigen Zahlungen (§ 20 VStG) und Vorauszahlungen (§ 21 VStG) abgezogen werden.

Anlage zu Abschn. 37 VStR

Erlaß betr. vermögensteuerliche Bewertung von Steuerschulden und Steuererstattungsansprüchen

Vom 22. Juni 1973

(FM Nordrhein-Westfalen S 3233 – 5 – VC 1)

1. Führt eine Betriebsprüfung zu Mehrsteuern, so kann dafür auch auf Feststellungszeitpunkte (Veranlagungspunkte), die vor der Betriebsprüfung liegen, ein Schuldposten gebildet werden, soweit die Mehrsteuern für einen Zeitraum nacherhoben werden, der spätestens im Feststellungszeitpunkt (Veranlagungszeitpunkt) geendet hat (Abschnitt 37 Abs. 4 i. V. mit Abschnitt 98 VStR 1972). Da die Mehrsteuern erst nach Abschluß der Betriebsprüfung, also regelmäßig erst mehrere Jahre nach dem Feststellungszeitpunkt (Veranlagungszeitpunkt) fällig werden, darf die Mehrsteuerschuld nicht mit ihrem Nennwert abgezogen werden. Sie ist vielmehr nach § 12 Abs. 3 BewG nach dem Zeitraum abzuzinsen, der zwischen dem maßgebenden Feststellungszeitpunkt (Veranlagungszeitpunkt) und dem späteren Fälligkeitszeitpunkt liegt. Als Fälligkeitszeitpunkt gilt der Beginn des Halbjahres, in dem der schriftliche Prüfungsbericht dem geprüften Unternehmen übersandt wird (BFH vom 10. Mai 1972 III R 83/71 und III R 58/71, BStBl. II S. 688 und 691). Werden die Steuerbescheide, die auf Grund der Betriebsprüfung ergehen, angefochten und wird ihre Vollziehung ausgesetzt, so sind Steuerschulden für den Zeitraum abzuzinsen, der zwischen dem maßgeblichen Feststellungszeitpunkt (Veranlagungszeitpunkt) und dem Tag der Rechtshängigkeit der finanzgerichtlichen Klage liegt. In diesen Fällen gilt als Ende des Abzinsungszeitraums der Beginn des Halbjahres, in dem die Klage vor dem Finanzgericht rechtshängig geworden ist. Von dem Stichtag an, der dem Tag der Rechtshängigkeit folgt, sind die Steuerschulden stets mit dem Nennwert anzusetzen, weil nach § 112 FGO von der Rechtshängigkeit an Aussetzungszinsen zu zahlen sind, wenn der Steuerpflichtige endgültig unterlegen ist.

2. Die Abzinsung von Steuerschulden ist nur dann vorzunehmen, wenn am Feststellungszeitpunkt (Veranlagungszeitpunkt)

a) die Laufzeit des Abzinsungszeitraums mindestens noch 12 Monate und

b) die Höhe der Steuerschuld je Steuerart mindestens 50 000 DM beträgt.

3. Für Steuerschulden, die sich nicht auf Grund von Betriebsprüfungen ergeben haben, gelten die Ausführungen unter Nummern 1 und 2 entsprechend. Eine Abzinsung der Steuerschulden kommt danach auch in den Fällen in Betracht, in denen die Steuererklärung aus vom Steuerpflichtigen zu vertretenden Gründen verspätet abgegeben worden ist. Wird dagegen die Steuererklärung rechtzeitig abgegeben, so kann der Steuerpflichtige damit rechnen, daß die Zahlung von ihm alsbald auf Grund eines Leistungsgebots verlangt wird; hier muß deshalb die Abzinsung unterbleiben, denn Verzögerun-

---

[1] Vgl. auch BFH-Urteil vom 5. November 1971 III R 32/71 (BStBl. 1972 II S. 168): Bei Gewerbetreibenden mit einem vom Kalenderjahr abweichenden Wirtschaftsjahr entfallen Gewerbesteuerschulden nur insoweit auf die Zeit vor dem abweichenden Abschlußzeitpunkt als das abweichende Wirtschaftsjahr in den Erhebungszeitraum fällt.

gen in der verwaltungsmäßigen Bearbeitung stehen einer Befristung im Sinne des § 12 Abs. 3 BewG nicht gleich (BFH-Urteil vom 10. Mai 1972 III R 83/71, BStBl. II S. 688).

4. Für Steuererstattungsansprüche gelten die Ausführungen unter Nummern 1 bis 3 entsprechend mit der Maßgabe, daß

in Nummer 1 an die Stelle des Beginns des Halbjahres das Ende des Halbjahres tritt.

5. Für die Abzinsung ist bei Steuerschulden der auf volle tausend DM aufgerundete und bei Steuererstattungsansprüchen der auf volle tausend DM abgerundete Nennwert zugrunde zu legen.

38. Abzugsfähigkeit der Lastenausgleichsabgaben

(1) Die Vermögensabgabeschuld ist nach § 207 Nr. 1 LAG[1] grundsätzlich nur bei der Ermittlung des Gesamtvermögens oder des Inlandsvermögens zu berücksichtigen. Beim Betriebsvermögen kommt ein Abzug nur dann und insoweit in Betracht, als die Vermögensabgabe in wirtschaftlichem Zusammenhang mit dem Betrieb übernommen worden ist. Abschnitt 99 gilt entsprechend.

(2) Die Hypothekengewinnabgabe und die Kreditgewinnabgabe sind, soweit sie mit einem gewerblichen Betrieb in wirtschaftlichem Zusammenhang stehen, nach § 207 Nr. 2 LAG[1] mit ihrem jeweiligen Wert vom Feststellungszeitpunkt abzuziehen. Bei Betrieben mit abweichendem Wirtschaftsjahr tritt an die Stelle des Feststellungszeitpunkts der abweichende Abschlußzeitpunkt (§ 106 Abs. 3 BewG). Der jeweilige Wert ergibt sich

1. bei Abgabeschulden der Hypothekengewinnabgabe, die

  a) nicht der Laufzeitabkürzung nach § 199c LAG unterworfen sind:
  aus dem nach dem Feststellungszeitpunkt noch planmäßig zu tilgenden Teil der Abgabeschuld zuzüglich der vor dem Feststellungszeitpunkt fällig gewordenen und noch nicht entrichteten Zins- und Tilgungsleistungen;

  b) der Laufzeitabkürzung nach § 199c LAG unterworfen sind:
  aus dem nach § 199 LAG in Verbindung mit den Vorschriften der 1. AbgabenDV-LA zu ermittelnden Ablösungswert der – um den Abkürzungszuschlag erhöhten – einheitlichen Leistung zuzüglich der vor dem Feststellungszeitpunkt fällig gewordenen und noch nicht entrichteten Zins- und Tilgungsleistungen;

2. bei Abgabeschulden der Kreditgewinnabgabe

  a) am 1. Januar 1974 aus dem am 10. Januar 1974 fälligen Spitzenbetrag in Höhe von 0,7 v. H. der zum 21. Juni 1948 festgesetzten Abgabeschuld und den rückständigen Leistungen;

  b) am 1. Januar 1975 und später aus den rückständigen Leistungen.

---

[1] Abgedruckt als Anlage a zu Abschnitt 99 VStR.

BewG

§ 106 Bewertungsstichtag

(1) **Für den Bestand und die Bewertung sind die Verhältnisse im Feststellungszeitpunkt (§ 21 Abs. 2, § 22 Abs. 4, § 23 Abs. 2) maßgebend. Für die Bewertung von Wertpapieren, Anteilen und Genußscheinen an Kapitalgesellschaften gilt der Stichtag, der sich nach § 112 ergibt.**

(2) **Für Betriebe, die regelmäßig jährliche Abschlüsse auf den Schluß des Kalenderjahrs machen, ist dieser Abschlußtag zugrunde zu legen.**

(3) **Für Betriebe, die regelmäßig jährliche Abschlüsse auf einen anderen Tag machen, kann auf Antrag zugelassen werden, daß der Schluß des Wirtschaftsjahrs zugrunde gelegt wird, das dem Feststellungszeitpunkt vorangeht. An den Antrag bleibt der Betrieb auch für künftige Feststellungen der Einheitswerte insofern gebunden, als stets der Schluß des letzten regelmäßigen Wirtschaftsjahrs zugrunde zu legen ist.**

(4) **Der auf den Abschlußzeitpunkt (Absätze 2 und 3) ermittelte Einheitswert gilt als Einheitswert vom Feststellungszeitpunkt.**

(5) **Die Absätze 2 und 3 sind nicht anzuwenden:**

1. **auf Betriebsgrundstücke (§ 99). Für ihren Bestand und ihre Bewertung bleiben die Verhältnisse im Feststellungszeitpunkt maßgebend. § 35 Abs. 2 bleibt unberührt;**

2. **auf die Bewertung von Wertpapieren, Anteilen und Genußscheinen an Kapitalgesellschaften. Für die Bewertung bleiben die Verhältnisse des Stichtags maßgebend, der sich nach § 112 ergibt. Für den Bestand ist der Abschlußzeitpunkt (Absätze 2 und 3) maßgebend;**

3. **auf die Beteilgung an Personengesellschaften. Für die Zurechnung und die Bewertung verbleibt es in diesen Fällen bei den Feststellungen, die bei der gesonderten Feststellung des Einheitswerts der Personengesellschaft getroffen werden.**

VStR

39. Bewertungsstichtag

(1) Für Betriebe, deren Wirtschaftsjahr mit dem Kalenderjahr übereinstimmt, sind die Verhältnisse am Abschlußtag, dem 31. Dezember, maßgebend. Für Betriebe mit abweichendem Wirtschaftsjahr (vgl. § 2 Abs. 5 EStG) kann auf Antrag der Schluß des Wirtschaftsjahrs zugrunde gelegt werden, das dem Feststellungszeitpunkt vorangeht. Für den Antrag ist keine bestimmte Form vorgeschrieben. Der Antrag auf Umstellung des Wirtschaftsjahrs nach § 2 Abs. 5 EStG kann in der Regel gleichzeitig auch als Antrag nach § 106 Abs. 3 BewG angesehen werden. Der Abschlußzeitpunkt gilt in den angeführten Fällen sowohl für den Bestand als auch für die Bewertung. Die Anordnungen des Abschnitts 30 EStR zur Bestandsaufnahme des Vorratsvermögens gelten entsprechend. Ausnahmen gelten für Betriebsgrundstücke, Wertpapiere, GmbH-Anteile und Beteiligungen an Personengesellschaften. Vgl. hierzu § 106 Abs. 5 BewG 1965.

(2) Stimmt der Abschlußzeitpunkt einer Personengesellschaft mit dem Abschlußzeitpunkt der Gesellschafter nicht überein, so ist trotzdem beim einzelnen Gesellschafter die Beteiligung an der Personengesellschaft mit dem zum Abschlußzeitpunkt festgestellten Wert anzusetzen. Dabei ist es ohne Bedeutung, welcher der beiden Abschlußzeitpunkte früher liegt.

Beispiele:

A. Eine AG, die mit dem Kalenderjahr abschließt, ist als Kommanditistin an einer KG beteiligt, die am 30. Juni abschließt. Die Beteiligung ist bei der Feststellung des Einheitswerts der AG zum 1. 1. 1969 mit dem festgestellten Anteil des Einheitswerts der KG anzusetzen, dessen Feststellung der Abschluß der KG vom 30. 6. 1968 zugrunde liegt.

B. Bilanzstichtag eines Vollkaufmanns ist der 30. April. Der Kaufmann ist an einer Personengesellschaft beteiligt, deren Abschlußzeitpunkt der 30. September ist. Die in seiner Bilanz ausgewiesene Beteiligung ist bei der Ermittlung des Einheitswerts auf den 1. 1. 1969 (Abschlußtag 30. 4. 1968) mit dem Anteil am Einheitswert der Personengesellschaft anzusetzen, dessen Feststellung der Abschluß auf den 30. 9. 1968 zugrunde liegt.

(3) Für die personelle Zusammensetzung einer Personengesellschaft mit abweichendem Wirtschaftsjahr sind stets die Verhältnisse im Feststellungszeitpunkt maßgebend. Vgl. auch Abschnitt 17 Abs. 3.

(4) Für einen auf den 1. Januar neu gegründeten Betrieb ist das Betriebsvermögen vom Feststellungszeitpunkt zugrunde zu legen. Wird ein Betrieb, für den ein abweichendes Wirtschaftsjahr gilt, auf den Beginn des Wirtschaftsjahrs neu gegründet, so ist das Betriebsvermögen vom Zeitpunkt des Beginns zugrunde zu legen (BFH-Urteil vom 5. 2. 1971, BStBl. II S. 388)[1].

(5) Weicht der Vermögensstand vom Abschlußzeitpunkt von dem Vermögensstand zu Beginn des neuen Wirtschaftsjahres ab, so sind diese Vermögensänderungen noch zu berücksichtigen (vgl. auch BFH-Urteil vom 9. 1. 1959, BStBl. III S. 152). Dies gilt nicht für den Veräußerer einer Schachtelbeteiligung, wenn dadurch die Vergünstigung für Schachtelgesellschaften (§ 102 BewG 1965) verloren gehen würde.

40. *(entfällt)*

---

[1] Vgl. DStR 1971 S. 381 Nr. 273 = BFH-N Nr. 3 zu § 23 BewG.

BewG

§ 107 Ausgleich von Vermögensänderungen nach dem Abschlußzeitpunkt

Zum Ausgleich von Verschiebungen, die in der Zeit zwischen dem Abschlußzeitpunkt (§ 106 Abs. 3) und dem Feststellungszeitpunkt (§ 21 Abs. 2, § 22 Abs. 4, § 23 Abs. 2) eingetreten sind, gelten die folgenden Vorschriften:

1. Für Betriebsgrundstücke:
   a) Ist ein Betriebsgrundstück aus dem gewerblichen Betrieb ausgeschieden und der Gegenwert dem Betrieb zugeführt worden, so wird der Gegenwert dem Betriebsvermögen zugerechnet.
   b) Ist Grundbesitz als Betriebsgrundstück dem gewerblichen Betrieb zugeführt und der Gegenwert dem gewerblichen Betrieb entnommen worden, so wird der Gegenwert vom Betriebsvermögen abgezogen. Entsprechend werden Aufwendungen abgezogen, die aus Mitteln des gewerblichen Betriebs auf Betriebsgrundstücke gemacht worden sind.

2. Für andere Wirtschaftsgüter als Betriebsgrundstücke:
   a) Ist ein derartiges Wirtschaftsgut aus einem gewerblichen Betrieb ausgeschieden und dem übrigen Vermögen des Betriebsinhabers zugeführt worden, so wird das Wirtschaftsgut so behandelt, als wenn es im Feststellungszeitpunkt noch zum gewerblichen Betrieb gehörte.
   b) Ist ein derartiges Wirtschaftsgut aus dem übrigen Vermögen des Betriebsinhabers ausgeschieden und dem gewerblichen Betrieb zugeführt worden, so wird das Wirtschaftsgut so behandelt, als wenn es im Feststellungszeitpunkt noch zum übrigen Vermögen gehörte.
   c) Die Vorschriften zu a und b gelten jedoch nicht, wenn mit dem ausgeschiedenen Wirtschaftsgut Grundbesitz erworben worden ist oder Aufwendungen auf Grundbesitz gemacht worden sind. In diesen Fällen ist das Wirtschaftsgut von dem Vermögen, aus dem es ausgeschieden worden ist, abzuziehen.
   d) Ist eine Beteiligung an einer Personengesellschaft aus dem gewerblichen Betrieb ausgeschieden, so wird der für sie erhaltene Gegenwert dem Betriebsvermögen zugerechnet. Ist eine Beteiligung an einer Personengesellschaft mit Mitteln des Betriebs erworben worden, ist der dafür gegebene Gegenwert vom Betriebsvermögen abzuziehen.
   e) Bestehen Anteile an Kapitalgesellschaften und Wertpapiere im Feststellungszeitpunkt nicht mehr, wird der für sie erhaltene Gegenwert dem Betriebsvermögen zugerechnet.

VStR

41. Ausgleich der Vermögensänderungen nach dem Abschlußzeitpunkt

(1) Die Vorschrift des § 107 BewG 1965 gilt für die Fälle, in denen der Einheitswertfeststellung nach § 106 Abs. 3 BewG 1965 ein vom Feststellungszeitpunkt abweichender Abschlußzeitpunkt zugrunde gelegt ist. Soweit der Ausgleich von Vermögensänderungen das Betriebsvermögen berührt, ist er bereits im Feststellungsverfahren des Einheitswerts des Betriebsvermögens vorzunehmen.

(2) Der Begriff „übriges Vermögen" im Sinne des § 107 Nr. 2 BewG 1965 deckt sich nicht mit dem des „sonstigen Vermögens" des § 110 Abs. 1 BewG 1965. Auch anderes Betriebsvermögen des Steuerpflichtigen oder Vermögen, das aufgrund eines Doppelbesteuerungsabkommens i. S. des § 101 Nr. 1 BewG 1965 nicht zum Betriebsvermögen gehört, kann übriges Vermögen des Steuerpflichtigen sein.

(3) Die Vorschrift des § 107 Nr. 1 BewG 1965 behandelt den Ausgleich von Vermögensänderungen bei den Betriebsgrundstücken.

Beispiele:

A. Ein Vollkaufmann mit Abschlußtag vom 31. März hat am 10. 10. 1968 ein Betriebsgrundstück mit einem Einheitswert von 60000 DM für 90000 DM veräußert. Der Kaufpreis ist in das Betriebsvermögen geflossen. Das vor dem Feststellungszeitpunkt vom 1. 1. 1969 ausgeschiedene Grundstück wird im Einheitswert des gewerblichen Betriebs nicht mehr erfaßt. Dafür ist der Gegenwert von 90000 DM bei der Feststellung des Einheitswerts des Betriebsvermögens anzusetzen. Fließt dagegen der Gegenwert in das übrige Vermögen des Kaufmanns, so ist der Gegenwert von 90000 DM bei der Feststellung des Einheitswerts des gewerblichen Betriebs nicht zu erfassen; denn für den Bestand des übrigen Vermögens ist der 1. 1. 1969 maßgebend.

B. Ein Vollkaufmann mit Abschlußtag 30. September hat am 15. 11. 1968 ein Grundstück mit einem Einheitswert von 60000 DM für 100000 DM mit Betriebsmitteln erworben. Das Grundstück ist Betriebsgrundstück. Es ist bei der Feststellung des Einheitswerts des gewerblichen Betriebs auf den 1. 1. 1969 mit seinem Einheitswert von 60000 DM anzusetzen. Die zum Kauf aufgewendeten Betriebsmittel sind aber noch im Betriebsvermögen vom 30. 9. 1968 enthalten. Zum Ausgleich ist deshalb bei der Feststellung des Einheitswerts des gewerblichen Betriebs der Kaufpreis von 100000 DM abzuziehen. Ein Ausgleich kommt nicht in Betracht, wenn der Kaufpreis dem übrigen Vermögen entnommen worden ist.

Aufwendungen auf Betriebsgrundstücke (z. B. für Anbauten, Aufstockungen), die aus Mitteln des Betriebs zwischen dem Abschlußzeitpunkt und dem Feststellungszeitpunkt gemacht worden sind, sind vom Betriebsvermögen abzuziehen (§ 107 Nr. 1 Buchstabe b Satz 2 BewG 1965). Der Abzug ist davon abhängig, daß die Aufwendungen zu einer Fortschreibung des Einheitswerts des Grundstücks geführt haben oder bei Ermittlung des besonderen Einheitswerts nach § 91 Abs. 2 BewG berücksichtigt worden sind (BFH-Urteil vom 28. 4. 1972, BStBl. II S. 520)[1].

(4) Die Vorschrift des § 107 Nr. 2 Buchstaben a und b BewG 1965 behandelt den Ausgleich von Vermögensänderungen bei anderen Wirtschaftsgütern.

Beispiele:

A. Ein Vollkaufmann mit Abschlußtag vom 31. Oktober veräußert im November 1968 einen zum Betriebsvermögen gehörenden Kraftwagen für 5000 DM. Den Gegenwert läßt er in seinem privaten Sparkonto gutschreiben. Bei Feststellung des Einheitswerts des gewerblichen Betriebs auf den 1. 1. 1969 ist der Kraftwagen noch mit seinem Teilwert zu erfassen. Das sonstige Vermögen ist dagegen um den Betrag von 5000 DM zu kürzen. Das gleiche würde auch gelten, wenn der Kaufmann dem Betrieb 5000 DM in bar entnommen und den Betrag auf ein privates Sparkonto eingezahlt hat.
Sind zwischen dem Abschlußzeitpunkt und dem Feststellungszeitpunkt entnommene Beträge zur Bestreitung des Lebensunterhalts, zur Bezahlung von Schulden oder zum Erwerb von nicht der Vermögensteuer unterliegenden Wirtschaftsgütern verwendet worden, so findet ein Ausgleich nach § 107 Nr. 2 Buchstabe a BewG 1965 nicht statt (BFH-Urteil vom 6. 5. 1970, BStBl. II S. 637)[2].

B. Ein Vollkaufmann mit Abschlußtag 31. Oktober führt im November 1968 aus seinem privaten Bankguthaben 5000 DM dem Betrieb zu. Dieser Betrag ist noch dem sonstigen Vermögen vom 1. 1. 1969 hinzuzurechnen.

C. Ein Kaufmann ist an den Offenen Handelsgesellschaften A und B beteiligt. Die OHG A macht ihre jährlichen Abschlüsse auf den 31. März und die OHG B auf den 30. September. Der Kaufmann entnimmt der OHG B zwischen dem 31. März und dem 30. September Beträge und bringt sie in die OHG A ein. Die Vermögensänderung tritt bei der OHG A als Gewerbebetrieb im Sinn des § 107 Nr. 2 Buchstabe b BewG 1965 nach dem Abschlußzeitpunkt ein. Die Beteiligung an der OHG B dagegen ist als „übriges Vermögen" anzusehen. Der entnommene Betrag ist im Einheitswert des Betriebsvermögens der OHG B als dem übrigen Vermögen zu erfassen. Der Einheitswert des Betriebsvermögens der OHG A bleibt unverändert.

(5) Die Vorschrift des § 107 Nr. 2 Buchstabe c BewG 1965 enthält eine Ausnahme von der Regelung in § 107 Nr. 2 Buchstaben a und b BewG 1965, wenn mit einem ausge-

---

[1] Vgl. DStR S. 471 Nr. 357 = BFH-N Nr. 1 zu § 107 Abs. 1 Buchst. b Satz 2 BewG 1965.
[2] Vgl. DStR 1970 S. 543 Nr. 375 = BFH-N Nr. 1 zu § 64 Nr. 2 Buchst. a BewG.

schiedenen Wirtschaftsgut Grundbesitz erworben worden ist oder Aufwendungen auf Grundbesitz gemacht worden sind. Bei dem nach den Verhältnissen am Abschlußzeitpunkt festzustellenden Einheitswert des gewerblichen Betriebs ist das Betriebsvermögen um den Wert des ausgeschiedenen Wirtschaftsguts zu kürzen.

Beispiel:

Ein Vollkaufmann mit Abschlußtag vom 30. August entnimmt am 5. 10. 1968 seinem gewerblichen Betrieb 55000 DM und erwirbt damit noch vor dem 1. 1. 1969 ein Einfamilienhaus mit einem Einheitswert von 33000 DM. Der Betrag von 55000 DM ist von dem nach dem Stand vom 30. 8. 1968 ermittelten Wert des Betriebsvermögens abzuziehen, weil das Einfamilienhaus kein Betriebsgrundstück ist.

(6) Die Vorschrift des § 107 BewG 1965 ist nur bei Verschiebungen zwischen dem Abschlußzeitpunkt und dem Feststellungszeitpunkt des Einheitswerts des gewerblichen Betriebs, nicht aber bei Verschiebungen in der Zeit zwischen diesem Feststellungszeitpunkt und einem späteren Veranlagungszeitpunkt der Vermögensteuer (z. B. bei einer Neuveranlagung zur Vermögensteuer) anzuwenden (RFH-Urteil vom 30. 9. 1943, RStBl. 1944 S. 20). Erfolgt auf einen Neuveranlagungszeitpunkt der Vermögensteuer keine Wertfortschreibung, so sind die Verschiebungen in der Zeit zwischen dem Neuveranlagungszeitpunkt und dem unmittelbar vorangegangenen Abschlußzeitpunkt zu berücksichtigen.

Beispiel:

Abschlußtag ist der 30. Juni. Auf den 1. 1. 1972 ist nach den Verhältnissen vom 30. 6. 1971 der Einheitswert festgestellt worden. Auf den 1. 1. 1973 ist eine Wertfortschreibung nicht durchzuführen, aber die Vermögensteuer neu zu veranlagen.

Der Betriebsinhaber entnimmt in der Zeit vom 1. 7. 1971 bis 31. 12. 1971 dem Betrieb 70000 DM Bargeld, das er auf ein Sparkonto legt. In der Zeit vom 1. 7. 1972 bis 31. 12. 1972 entnimmt er dem Betrieb weitere 100000 DM. Die dem Betrieb entnommenen 70000 DM sind bei der Vermögensteuerveranlagung auf den 1. 1. 1972 nach § 107 Nr. 2 Buchstabe a BewG 1965 nicht als Bargeld anzusetzen. Bei der Neuveranlagung auf den 1. 1. 1973 sind diese 70000 DM als sonstiges Vermögen anzusetzen; jedoch werden die 100000 DM so behandelt, als wenn sie noch zum gewerblichen Betrieb gehörten. Sie sind somit beim sonstigen Vermögen nicht zu erfassen.

§ 108 Steuersicherung durch Zurechnung ausgeschiedener Wirtschaftsgüter

(1) **Sind innerhalb der letzten drei Monate vor dem Feststellungszeitpunkt (§ 21 Abs. 2, § 22 Abs. 4, § 23 Abs. 2) oder dem Abschlußzeitpunkt (§ 106 Abs. 3) Wirtschaftsgüter aus dem inländischen Teil eines gewerblichen Betriebs ausgeschieden worden, ohne daß diesem ein entsprechender Gegenwert zugeführt worden ist, so sind die ausgeschiedenen Wirtschaftsgüter dem gewerblichen Betrieb zuzurechnen, wenn sie durch die Ausscheidung der inländischen Vermögensbesteuerung entgehen würden und der Wert des noch vorhandenen, der inländischen Vermögensbesteuerung unterliegenden Teils des Betriebes in einem offenbaren Mißverhältnis zu dem Wert der ausgeschiedenen Wirtschaftsgüter steht.**

(2) **Absatz 1 gilt nicht:**

1. für Gewinnausschüttungen,

2. für Fälle, in denen der Betriebsinhaber nachweist, daß die Wirtschaftsgüter in der Absicht einer entsprechenden Einschränkung des Betriebs ausgeschieden worden sind.

BewG

§ 109 Bewertung

(1) Die zu einem gewerblichen Betrieb gehörigen Wirtschaftsgüter sind vorbehaltlich der Absätze 2 bis 4 in der Regel mit dem Teilwert (§ 10) anzusetzen.

(2) Wirtschaftsgüter, für die ein Einheitswert festzustellen ist, sind mit dem Einheitswert anzusetzen. § 115 ist bei Betriebsgrundstücken und sonstigen Wirtschaftsgütern entsprechend anzuwenden.

(3) Wertpapiere und Anteile an Kapitalgesellschaften sind mit dem nach §§ 11, 112 und 113 ermittelten Wert anzusetzen.

(4) Kapitalforderungen sowie Rückstellungen für Preisnachlässe und für Wechselhaftung sind mit den Werten anzusetzen, die sich nach den Grundsätzen über die steuerliche Gewinnermittlung ergeben.

VStR

42. Bewertungsgrundsätze

(1) Grundsätzlich ist nach § 2 Abs. 1 Satz 2 BewG der Wert einer wirtschaftlichen Einheit im ganzen festzustellen. Dies gilt nicht für das Betriebsvermögen. Nach § 98a BewG ist der Gesamtwert des gewerblichen Betriebs die Summe der Werte, die für die zu dem gewerblichen Betrieb gehörenden Wirtschaftsgüter ermittelt sind (Rohbetriebsvermögen), vermindert um die Summe der Schulden des Betriebs und der sonstigen zulässigen Abzüge. Das Ergebnis stellt den Wert der wirtschaftlichen Einheit des gewerblichen Betriebs dar.

(2) Nach dem Bewertungsgesetz sind anzusetzen:

1. bei den Besitzposten:

Betriebsgrundstücke im Sinne des § 99 Abs. 1 Nr. 1 BewG mit 140 v. H. des Einheitswerts,
Betriebsgrundstücke im Sinne des § 99 Abs. 1 Nr. 2 BewG, d. h. Betriebe der Land- und Forstwirtschaft, mit dem Einheitswert, vgl. Abschnitt 21;
Mineralgewinnungsrechte mit dem Einheitswert, vgl. Abschnitt 23;
Beteiligungen an Personengesellschaften mit dem Anteil am Einheitswert, vgl. Abschnitt 43;
notierte Wertpapiere mit dem Kurswert, vgl. Abschnitt 74;
nichtnotierte Anteile an Kapitalgesellschaften mit dem gemeinen Wert, vgl. Abschnitte 76 bis 90;
Kapitalforderungen, soweit es sich nicht um notierte Wertpapiere handelt, mit dem Wert, der sich nach den Grundsätzen über die steuerliche Gewinnermittlung ergibt (§ 109 Abs. 4 BewG);
Rechte auf wiederkehrende Nutzungen und Leistungen mit dem Kapitalwert, vgl. Abschnitte 61 bis 63;
alle anderen Wirtschaftsgüter mit dem Teilwert, vgl. Abschnitt 51.

2. bei den Schuldposten:

Rückstellungen für Preisnachlässe und Wechselhaftung mit dem Wert, der sich nach den Grundsätzen über die steuerliche Gewinnermittlung ergibt; vgl. Abschnitt 29 a;
Kapitalschulden mit dem Nennwert, vgl. Abschnitte 44 und 55;
Verpflichtungen auf wiederkehrende Nutzungen und Leistungen mit dem Kapitalwert, vgl. Abschnitte 61 bis 63;
sonstige Schulden und Lasten mit dem Teilwert, vgl. Abschnitt 51.

(3) Wirtschaftsgüter, für die nach § 1 Abs. 1 Nr. 1 des Entwicklungshilfe-Steuergesetzes in den bis 31. Dezember 1973 geltenden Fassungen in der Steuerbilanz ein

Bewertungsabschlag vorgenommen worden ist, sind bei der Ermittlung des Einheitswerts des gewerblichen Betriebs mit dem nach dem Bewertungsgesetz maßgeblichen Wert (vgl. Absatz 2), vermindert um den nach § 1 Abs. 1 Nr. 1 des Entwicklungshilfe-Steuergesetzes vorgenommenen Bewertungsabschlag, anzusetzen (§ 7 Abs. 2 des Entwicklungshilfe-Steuergesetzes in den bis 31. Dezember 1973 geltenden Fassungen).

43. Anteile an Personengesellschaften

(1) Beteiligungen an Personengesellschaften sind, auch wenn sie zu einem Betriebsvermögen gehören, mit dem dafür nach § 216 Abs. 1 Nr. 2 AO festgestellten Anteil am Einheitswert anzusetzen. Im einzelnen vgl. Abschnitte 17 ff.

(2) Ist der Einheitswert für die Personengesellschaft und damit auch der Wert für den Anteil fortgeschrieben worden, so führt dies nach § 218 Abs. 4 AO nur dann zu einer Änderung des Einheitswerts für den gewerblichen Betrieb, wenn durch den Ansatz des neuen für den Anteil festgestellten Werts, sei es allein oder zusammen mit anderen Vermögensänderungen, auch bei dem gewerblichen Betrieb die Wertgrenzen des § 22 Abs. 1 Nr. 2 BewG 1965 überschritten worden sind.

(3) Hinsichtlich der Fälle, in denen der Abschlußzeitpunkt der Personengesellschaft mit dem Abschlußzeitpunkt des Mitunternehmers nicht übereinstimmt, wird auf Abschnitt 39 Abs. 2 und 3 hingewiesen.

44. Bewertung von Forderungen und Schulden

(1) Unabhängig davon, welcher Wertansatz für eine Kapitalforderung oder eine Kapitalschuld in Betracht kommt, ist die Frage, ob eine bewertungsrechtliche Erfassung der Forderung oder Schuld notwendig ist, stets nach den bewertungsrechtlichen Vorschriften zu entscheiden. Lediglich bei Rückstellungen für Preisnachlässe und für Wechselhaftungen kommt es für den Wertansatz sowohl dem Grunde als der Höhe nach ausschließlich auf die Behandlung bei der steuerlichen Gewinnermittlung an (vgl. Abschnitt 29a).

(2) Kapitalforderungen sind, soweit es sich nicht um notierte Wertpapiere handelt, mit dem Wert anzusetzen, der sich nach den Grundsätzen über die steuerliche Gewinnermittlung ergibt. Dazu gehören alle auf Geld gerichteten Forderungen, darunter auch Darlehnsforderungen nach den §§ 7c und 7d EStG, nach den §§ 16 und 17 BerlinFG sowie Steuererstattungs- und Steuervergütungsansprüche. Zur Bewertung der zum sonstigen Vermögen gehörenden Kapitalforderungen vgl. Abschnitt 55.

(3) Bei der Bewertung von Kapitalforderungen sind Wertberichtigungen in gleicher Höhe und in gleicher Weise wie in der Steuerbilanz zu berücksichtigen (§ 103a, § 109 Abs. 4 BewG). Dabei ist es ohne Bedeutung, ob die Wertberichtigung in der Steuerbilanz unmittelbar bei dem Forderungsbetrag oder durch Aufnahme eines Passivpostens vorgenommen worden ist.

(4) Forderungen, die nicht auf Kapital, sondern auf eine Sachleistung gerichtet sind, sowie Rechte auf Renten, Nutzungen und andere wiederkehrende Leistungen sind ausschließlich nach den Vorschriften des Ersten Teils des Bewertungsgesetzes zu bewerten (BFH-Urteile vom 26. 8. 1955, BStBl. III S. 278, und vom 30. 3. 1962, BStBl. III S. 232). Dasselbe gilt auch für Kapitalschulden und sonstige Verbindlichkeiten.

45. Bewertung von Darlehnsverpflichtungen nach § 7c und § 7d EStG sowie nach den §§ 16 und 17 BerlinFG

(1) Schulden aus unverzinslichen Darlehen nach § 7c und § 7d EStG sind nach § 12 Abs. 3 BewG mit dem abgezinsten Betrag anzusetzen. Dasselbe gilt für Schulden aus unverzinslichen Darlehen nach § 17 Abs. 1 BerlinFG (Bundesgesetzbl. 1970 I S. 1481, BStBl. 1970 I S. 1016).

(2) Zum Ansatz von Schulden aus niedrig und hochverzinslichen Darlehen nach § 16 Abs. 4 und § 17 Abs. 2 BerlinFG vgl. Abschnitt 56 Abs. 4 und 6.

45a. *(entfällt)*

46. Bewertung von Schulden in ausländischer Währung und in Mark der DDR

(1) Schulden, deren Leistung entweder in ausländischer Währung ausbedungen ist oder wahlweise in deutscher oder ausländischer Währung erfüllt werden kann, sind nach dem Umrechnungskurs vom Stichtag in Deutsche Mark umzurechnen. Eine Zusammenstellung der maßgeblichen Umrechnungskurse wird jeweils auf den 31. Dezember eines Kalenderjahrs im Bundesanzeiger und im Bundessteuerblatt Teil I veröffentlicht[1]. Für die Bewertung auf einen abweichenden Abschlußzeitpunkt nach § 106 Abs. 3 BewG können die für die Zwecke der Umsatzbesteuerung monatlich im Bundesanzeiger und im Bundessteuerblatt veröffentlichten Umrechnungskurse übernommen werden. Kursgesicherte Schulden sind mit dem Sicherungskurs zu bewerten.

(2) Schulden gegenüber Personen in der DDR und in Berlin (Ost) sind mit dem vom Senator für Finanzen Berlin festgesetzten Umrechnungskurs[2] vom Stichtag umzurechnen, es sei denn, daß besondere Umstände eine Umrechnung 1 : 1 rechtfertigen.

47. Steuererstattungsansprüche und Steuervergütungsansprüche[3]

(1) Steuererstattungsansprüche und Steuervergütungsansprüche sind, soweit sie sich auf Steuern eines Betriebs beziehen, beim Betriebsvermögen anzusetzen. Voraussetzung für den Ansatz ist, daß der Anspruch am Feststellungszeitpunkt oder am abweichenden Abschlußzeitpunkt schon bestanden hat; § 105 Abs. 1 Nr. 2 BewG 1965 ist nicht entsprechend anwendbar. Ein Anspruch auf Erstattung laufend veranlagter Steuern entsteht mit dem Ablauf der für die Festsetzung der Steuer maßgebenden Steuerabschnitts (OFH-Urteil vom 25. 8. 1948, Bd. 54 S. 265). Der Wert des Anspruchs ist ggf. zu schätzen (RFH-Urteil vom 19. 10. 1933, RStBl. 1934 S. 70).

(2) Steuererstattungsanspruch und Steuerschuld können gegeneinander nur dann aufgerechnet werden, wenn der Steuererstattungsanspruch festgesetzt ist und die Steuerschuld fällig ist. Ein Steuererstattungsanspruch der Ehefrau kann nicht gegen Steuerschulden des Ehemannes aufgerechnet werden.

48. Ansprüche aus schwebenden Geschäften; aktive Rechnungsabgrenzungsposten

(1) Hat bei einem gegenseitigen Vertrag die eine Partei den Vertrag ganz oder teilweise erfüllt, so ist insoweit ihre vertragliche Verpflichtung erloschen. Bestehen bleibt dagegen ihr Anspruch auf die von der anderen Partei zu erbringende Leistung. Dieser Anspruch ist bei der Ermittlung des Betriebsvermögens zu berücksichtigen.

Beispiel:

Der Unternehmer B hat bei A Gewerberäume gemietet. Im Dezember 1971 zahlt der Mieter B die Mieten für die Monate Januar bis März 1972 im voraus. Bei seinem Betriebsvermögen ist sein Anspruch, die gemieteten Räume von Januar bis März 1972 benutzen zu können, mit einem entsprechenden Wertposten zu erfassen. (Wegen der Behandlung bei A vgl. Abschnitt 34).

(2) Bei Darlehen ist nicht nur die Kapitalforderung, sondern auch der Anspruch auf die laufenden Zinsen und Gewinne anzusetzen, auch wenn sie am Stichtag noch nicht

---

[1] Abgedruckt im Anhang III Nr. 1.
[2] Abgedruckt im Einkommensteuer-Handbuch.
[3] Vgl. BFH-Urteil vom 28. April 1964 I 356/61 (HFR S. 344 Nr. 310):
Der Anspruch auf Erstattung überbezahlter Betriebsteuer entsteht, sobald der Tatbestand verwirklicht ist, an den das Gesetz die Erstattung knüpft; er muß aktiviert werden.

fällig sind. Der Anspruch auf die laufenden Zinsen und Gewinne ist unter zeitlicher Aufteilung (pro rata temporis) zu ermitteln (BFH-Urteil vom 10. 11. 1961, BStBl. 1962 III S. 79). Entsprechendes gilt für Stückzinsen und sonstige Wertpapierzinsen, die sich nicht bereits im Kurs der Wertpapiere niedergeschlagen haben, wie es z. B. bei Wertpapieren mit variabler Verzinsung der Fall ist.

(3) Die in der Steuerbilanz für im voraus geleistete Zahlungen (transitorische Aktiva) gebildeten Rechnungsabgrenzungsposten können übernommen werden, wenn sie bewertungsrechtlich als Ansprüche anzusehen sind. Bei nichtbuchführenden Gewerbetreibenden ist für die Berechnung dieser Ansprüche vom Wert der Vorleistung auszugehen. Die auf Kundenanzahlungen entrichtete und als Rechnungsabgrenzungsposten aktivierte Umsatzsteuer bleibt bei der Einheitswertfeststellung unberücksichtigt (BFH-Urteil vom 17. 1. 1964, BStBl. III S. 234)[1]. Auch ein aktiver Rechnungsabgrenzungsposten für vorausgezahlte Kraftfahrzeugsteuer ist, sofern es sich nicht um vor dem Fälligkeitszeitpunkt entrichtete Steuerbeträge handelt, nicht in die Vermögensaufstellung zu übernehmen. Vorausgezahlte Prämien auf Haftpflichtversicherung und Kraftfahrzeugversicherung sind dagegen als aktive Wirtschaftsgüter bei der Einheitswertfeststellung des Betriebsvermögens anzusetzen (BFH-Urteil vom 10. 7. 1970, BStBl. II S. 779)[2].

49. Ertragszuschüsse, Kapitalzuschüsse und Investitionszulagen

(1) Für die vermögensteuerliche Behandlung eines Zuschusses kommt es darauf an, ob es sich um einen Ertragszuschuß oder um einen Kapitalzuschuß handelt. Ein Ertragszuschuß wird gegeben, um die künftige Rentabilität des damit hergestellten oder angeschafften Wirtschaftsguts zu verbessern (BFH-Urteil vom 16. 5. 1957, BStBl. III S. 342). Ein Kapitalzuschuß wird zur Minderung der Herstellungs- oder Anschaffungskosten gegeben. Er soll in der Regel den unrentierlichen Teil dieser Kosten decken.

(2) Beim Ertragszuschuß liegt regelmäßig ein vorausgezahltes Entgelt für eine künftige Nutzung durch den Zuschußgeber vor. Sowohl beim Zuschußgeber als auch beim Zuschußnehmer sind die Anweisungen über die Behandlung von Vorleistungen bei „schwebenden Geschäften" entsprechend anzuwenden. Vgl. Abschnitte 34 und 48.

(3) Beim Kapitalzuschuß ist in der Steuerbilanz des Zuschußnehmers bei den Absetzungen für Abnutzung von den um den Zuschuß verminderten Herstellungskosten auszugehen. Dies gilt jedoch nicht für die vermögensteuerliche Bewertung (BFH-Urteil vom 6. 10. 1953, BStBl. III S. 315). Hier ist allein der Einheitswert oder Teilwert maßgebend (RFH-Urteil vom 8. 7. 1943, RStBl. S. 669). Ob für den Zuschußgeber durch die Hingabe des Zuschusses ein bewertbares immaterielles Wirtschaftsgut geschaffen worden ist, bestimmt sich nach den Anweisungen in Abschnitt 53.

(4) Ist es fraglich, ob von den Vertragsparteien ein Ertragszuschuß oder ein Kapitalzuschuß gewollt ist, so ist von der Behandlung in der Steuerbilanz des Zuschußnehmers auszugehen.

(5) Ist vereinbart, daß der Zuschuß unter bestimmten Voraussetzungen, z. B. bei vorzeitiger Auflösung des Vertrags, mit dem er in wirtschaftlichem Zusammenhang steht, zurückgezahlt werden muß, so ist beim Zuschußnehmer der Abzug einer entsprechenden Schuld und beim Zuschußgeber der Ansatz einer entsprechenden Forderung erst möglich, wenn diese Voraussetzungen eingetreten sind. Vgl. Abschnitt 29.

(6) Die Investitionszulage nach § 19 BerlinFG[3] (Bundesgesetzbl. 1970 I S. 1481, BStBl. 1970 I S. 1016) und nach dem Investitionszulagengesetz[4] vom 18. August 1969 (Bundesgesetzbl. I S. 1211, BStBl. I S. 477) stellt einen nachträglichen Zuschuß aus öffentlichen Mitteln für die Anschaffung oder Herstellung bestimmter Anlagegüter im Rahmen

---

[1] Vgl. DStR 1964 S. 239 Nr. 207.
[2] Vgl. DStR 1970 S. 702 Nr. 476 = BFH-N Nr. 1 zu § 109 BewG 1965.
[3]·[4] Abgedruckt im „Handbuch zur ESt-Veranlagung", Anhang I Nr. 2 und 3.

eines Betriebs oder einer Betriebsstätte dar. Der Anspruch auf die Investitionszulage ist an Stichtagen, die vor dem Zeitpunkt der Stellung des Antrags auf Gewährung der Zulage liegen, nicht zu erfassen. Wegen der Bewertung der zulagefähigen Wirtschaftsgüter vgl. Absatz 3 und wegen der Rückzahlung der Investitionszulage vgl. Absatz 5.

50. Aufwendungen des Unternehmers auf gemietete oder gepachtete Grundstücke

(1) Ein Baukostenzuschuß, den der Mieter dem Vermieter gewährt hat, kann als Ertragszuschuß oder als Kapitalzuschuß zu behandeln sein. Im einzelnen gelten die Anweisungen in Abschnitt 49 entsprechend.

(2) Hat der Mieter an dem gemieteten Grundstück mit Rücksicht auf seinen Betrieb bauliche Maßnahmen durchgeführt oder durchführen lassen, die über den gewöhnlichen Erhaltungsaufwand hinausgehen, so bildet der Aufwand ein bei ihm selbständig zu bewertendes immaterielles Wirtschaftsgut, wenn seine Aufwendungen weder ersetzt noch bei der Mietpreisgestaltung berücksichtigt werden (BFH-Urteil vom 7. 8. 1970, BStBl. II S. 842)[1]. Das Wirtschaftsgut „Ein- oder Umbauaufwand" ist mit dem Teilwert vom Stichtag anzusetzen. Dieser wird regelmäßig der Summe der Bauaufwendungen entsprechen. Umbauaufwendungen einer Personengesellschaft auf ein vom Gesellschafter gepachtetes Grundstück begründen dann kein immaterielles Wirtschaftsgut, wenn das Grundstück als Betriebsgrundstück der Gesellschaft zu behandeln ist (BFH-Urteil vom 18. 6. 1971, BStBl. II S. 618)[2]. Die Verpflichtung des Mieters, am Ende des Mietverhältnisses den früheren Zustand wieder herstellen zu müssen, kann als abzugsfähige Schuld zu berücksichtigen sein (vgl. Abschnitt 29 Abs. 3a)[3].

(3) Führen die Ein- oder Umbauten in den Fällen des Absatzes 2 zu einer Fortschreibung des Einheitswerts des Grundstücks, so ist beim Vermieter eine zusätzliche Belastung zu berücksichtigen. Für die Ermittlung der Höhe der Last ist als Jahreswert ein Achtzehntel des Betrags zu berücksichtigen (§ 16 Abs. 1 BewG 1965), um den sich der Einheitswert des Grundstücks infolge der Wertfortschreibung erhöht hat. Im übrigen ist in diesen Fällen wie bei einem Ertragszuschuß zu verfahren (vgl. Absatz 1).

51. Bewertung mit dem Teilwert[4]

(1) Wirtschaftsgüter, die zum Betriebsvermögen gehören, sind mit dem Teilwert anzusetzen; wegen der Ausnahmen vgl. Abschnitt 42.

(2) Der Teilwert deckt sich in der Regel mit den Wiederbeschaffungskosten oder Wiederherstellungskosten für ein Wirtschaftsgut gleicher Art und Güte vom Bewertungsstichtag (BFH-Urteile vom 2. 3. 1973, BStBl. II S. 475[5], und vom 20. 7. 1973, BStBl. II S. 794). Die Wiederbeschaffungskosten kommen in der Regel für Wirt-

---

[1] Vgl. DStR 1970 S. 733 Nr. 511 = BFH-N Nr. 1 zu § 109 Abs. 1 BewG 1965.
[2] Vgl. BFH-N Nr. 1 zu § 50 Abs. 1 Satz 1 BewG und Nr. 11 zu § 54 BewG.
[3] Vgl. auch BFH-Urteil vom 22. Oktober 1965 III 145/62 U (BStBl. 66 III S. 5):
Bauliche Veränderungen eines Gebäudes durch den Pächter, die nur zu einem vorübergehenden Zweck vorgenommen worden sind, nicht in einer erhöhten Pachteinnahme zum Ausdruck kommen, nach Ablauf der Pachtzeit auf Grund der vertraglichen Vereinbarungen wieder zu beseitigen sind und mit deren Beseitigung nach der gegebenen Sachlage auch ernstlich zu rechnen ist, sind bei der Einheitsbewertung des Grundstückes nicht dem Grundstückseigentümer (Verpächter) zuzurechnen.
Zur vermögensteuerrechtlichen Behandlung von Umbauaufwand auf gemietete oder gepachtete Grundstücke – 1. Ein- und Umbauten zu vorübergehenden Zwecken, 2. Ein- und Umbauten auf Dauer – vgl. *Erlaß Nordrhein-Westfalen* S 3224 – 8 – VC 1 v. 11. 6. 1971; StEK BewG 1965 § 109 Nr. 35.
[4] Der Teilwert von Importwaren ist ausschließlich nach den allgemeinen Bewertungsgrundsätzen zu ermitteln. *Erlaß Schleswig-Holstein* S 3101 – 5 – II/33 v. 12. 11. 1964; *Verfügung OFD Kiel* S 3194 A – St 21/212 v. 19. 11. 1964; StEK BewG § 66 Nr. 14.
Zum BFH-Urteil v. 22. 12. 1966 (BStBl. III S. 284):
1. Die ertragsteuerliche Auswirkung, die sich wegen des nach § 80 EStDV zugelassenen Bewertungsabschlags für bestimmte Wirtschaftsgüter des Umlaufvermögens ausländischer Herkunft (Importwaren) ergibt, ist auf den Teilwert dieser Waren ohne Einfluß.
2. Die mit der Auflösung des Bewertungsabschlags zusammenhängenden Ertragsteuern können vor ihrer Entstehung auch nicht unter dem Gesichtspunkt der Betriebsschuld berücksichtigt werden.
[5] Vgl. DStR S. 351 Nr. 293 = BFH-N Nrn. 4–5 zu § 66 Abs. 1 BewG.

schaftsgüter in Betracht, die im Betrieb noch genutzt sind. Für nur vorübergehend im Betrieb genutzte Wirtschaftsgüter ist in der Regel der Einzelveräußerungspreis anzusetzen. Seine untere Grenze ist der Material- oder Schrottwert. Zwischen den Wiederbeschaffungskosten und dem Einzelveräußerungspreis liegt der Teilwert der Wirtschaftsgüter, die z. B. wegen Betriebseinschränkung, Kurzarbeit oder dgl. nur eingeschränkt genutzt sind. Die Höhe des Teilwerts richtet sich im Einzelfall nach dem Grad der Betriebseinschränkung usw.

(3) Es bestehen keine Bedenken, Wirtschaftsgüter ähnlicher Art für die Ermittlung der Wiederbeschaffungs- oder Wiederherstellungskosten zusammenzufassen. Handelt es sich um Werkzeuge, Ausrüstungsgegenstände und sonstige Hilfsmittel, so kann je Kopf der mit gleichartigen Arbeiten beschäftigten Arbeiter ein Durchschnittsatz für die von ihnen benutzten Werkzeuge usw. angesetzt werden. Zur Bewertung des beweglichen Anlagevermögens vgl. im einzelnen Abschnitt 52.

(4) Beim Vorratsvermögen, ausgenommen die Erzeugnisbestände, sind die Wiederbeschaffungskosten in der Regel aus den Tagespreisen vom Bewertungsstichtag abzuleiten. Bei stark schwankenden Tagespreisen kann ein Durchschnittspreis aus einem Zeitraum zugrunde gelegt werden, der einen Monat vor dem Bewertungsstichtag beginnt und einen Monat nach diesem Stichtag endet. Zur Bewertung der Erzeugnisbestände vgl. Abschnitt 52a.

(5) Soweit für die Bewertung bestimmter Wirtschaftsgüter von den dafür zuständigen Finanzbehörden Richtlinien aufgestellt werden, sind diese maßgebend.

52. Ermittlung des Teilwerts für das bewegliche Anlagevermögen[1]

(1) Für die Wirtschaftsgüter des beweglichen Anlagevermögens sind als Wiederbeschaffungskosten die mutmaßlichen Anschaffungs- oder Herstellungskosten vom Bewertungsstichtag zu ermitteln. Bei der Ermittlung der Herstellungskosten ist Abschnitt 52a entsprechend anzuwenden. Dabei kann von den tatsächlichen Anschaffungs- oder Herstellungskosten, vermindert um die Absetzungen für Abnutzung, ausgegangen werden. Ertragsteuerlich zulässige Sonderabschreibungen, z. B. nach den §§ 75 bis 82f EStDV, über die normale Abschreibung hinausgehende erhöhte Absetzungen, z. B. nach § 7a EStG, sowie der Abzug übertragener stiller Reserven, z. B. nach den §§ 6b und 6c EStG, sind nicht zu übernehmen. Ist bei der Steuerbilanz eine andere als die lineare Absetzungsmethode angewendet worden, so kann für die Ermittlung der Wiederbeschaffungskosten eine niedrigere Absetzung zu berücksichtigen sein.

(2) Bei Wirtschaftsgütern, die innerhalb der letzten drei Jahre vor dem Bewertungsstichtag angeschafft oder hergestellt worden sind, können bei der Ermittlung der Wiederbeschaffungskosten Preisveränderungen gegenüber den tatsächlichen Anschaffungs- oder Herstellungskosten unberücksichtigt bleiben. Die Selbstverbrauchsteuer (§ 30 UStG) gehört nach § 9b Abs. 3 EStG zu den Anschaffungs- oder Herstellungskosten des Wirtschaftsguts, auf das sie entfällt. Die ertragsteuerliche Behandlung gilt entsprechend. Bei Wirtschaftsgütern, die nicht innerhalb der letzten drei Jahre vor dem Bewertungsstichtag angeschafft oder hergestellt worden sind, kann es notwendig sein, Preisveränderungen gegenüber den tatsächlichen Anschaffungs- oder Herstellungskosten oder gegenüber dem Neuwert (Ausgangswert im Sinne des § 18 DMBG oder des

---

[1] Über die Behandlung des Pachtanlagevermögens und der Ersatzbeschaffungsverpflichtungen bei Pachtverhältnissen handelt ein Erlaß Bayern (S 3232 – 4 – 23 617 II v. 28. 4. 1967; StEK BewG § 109 Nr. 9).
Vgl. auch das BFH-Urteil v. 8. 3. 1968 (BStBl. III S. 575, BFH – N Nr. 1 zu § 66 Abs. 1 BewG a. F.): Halbfertige Arbeiten auf fremdem Grund und Boden sind nach § 66 Abs. 1 BewG a. F. (= § 109 n. F.) in Verbindung mit § 12 BewG a. F. (= § 10 n. F.) mit dem Teilwert zu bewerten. Dieser umfaßt die bis zum Bewertungsstichtag angefallenen Herstellungskosten zuzüglich der Gemeinkosten und der Vertriebskosten, nicht aber den anteiligen Gewinn.
Zur Bewertung halbfertiger Bauarbeiten auf fremdem Grund und Boden, bei denen der Bauunternehmer das Eigentum an den verwendeten Materialien verloren hat, weil sie wesentliche Bestandteile des Grund und Bodens geworden sind, vgl. BFH-Urteil v. 15. 3. 1968 (BStBl. II S. 578, BFH-N Nr. 2 zu § 66 Abs. 1 BewG a. F.).

§ 12 DMBG Saar) zu berücksichtigen. Bei der Bemessung der Höhe des Zuschlags oder des Abschlags sind die Preisentwicklung der jeweiligen Waren- oder Industriegütergruppe, der zeitliche Abstand zwischen der Anschaffung oder Herstellung der Wirtschaftsgüter und dem Bewertungsstichtag sowie eine technische oder wirtschaftliche Überalterung zu berücksichtigen.

(3) Für die im Betrieb noch genutzten Wirtschaftsgüter ist in jedem Fall ein angemessener Restwert anzusetzen. Als angemessene Restwerte sind in der Regel anzusetzen

1. bei Wirtschaftsgütern, die nach dem 31. Dezember 1959 angeschafft oder hergestellt worden sind, 30 v. H. und

2. bei Wirtschaftsgütern, die nicht unter Nummer 1 fallen, 15 v. H.

der tatsächlichen Anschaffungs- oder Herstellungskosten oder des Neuwerts (Ausgangswert im Sinne des § 18 DMBG oder des § 12 DMBG Saar). Ein niedrigerer Restwert wird mit Rücksicht darauf, daß für die Restwertermittlung von den tatsächlichen Anschaffungs- oder Herstellungskosten auszugehen ist, nur in Ausnahmefällen in Betracht kommen.

(4) Geringwertige Wirtschaftsgüter, deren Anschaffungs- oder Herstellungskosten im Jahr der Anschaffung oder Herstellung nach § 6 Absatz 2 EStG als Betriebsausgabe abgesetzt wurden, sind mit einem angemessenen Restwert anzusetzen. Dabei sind auch diejenigen geringwertigen Wirtschaftsgüter mitzuerfassen, die nach Abschnitt 31 Abs. 3 EStR nicht in das Bestandsverzeichnis aufgenommen zu werden brauchen. In der Regel kann davon ausgegangen werden, daß die durchschnittliche Nutzungsdauer des Gesamtbestands an geringwertigen Wirtschaftsgütern eines Betriebs fünf Jahre beträgt. In diesem Fall können als Restwert 40 v. H. der Anschaffungs- oder Herstellungskosten der in den letzten 5 Jahren insgesamt angeschafften oder hergestellten geringwertigen Wirtschaftsgüter angesetzt werden. Hierbei können aus Vereinfachungsgründen die Anschaffungs- oder Herstellungskosten im Sinne des § 6 Abs. 2 EStG auch für die Vermögensaufstellung zugrunde gelegt werden.

(5) Der Nachweis, daß am Bewertungsstichtag andere als die nach den Absätzen 1 bis 4 ermittelten Teilwerte gelten, bleibt jeweils vorbehalten.

52a. Ermittlung des Teilwerts für Erzeugnisbestände*,[1]

(1) Der Teilwert für Erzeugnisbestände (im eigenen Betrieb hergestellte unfertige und fertige Wirtschaftsgüter) entspricht ihren Wiederherstellungskosten. Er kann sowohl nach der progressiven als auch nach der retrograden Methode ermittelt werden[2]. Bei seiner Ermittlung sind neben den nach Abschnitt 33 EStR angesetzten Herstellungskosten noch zu berücksichtigen:

1. die Kosten für den Transport in das Auslieferungslager und für die Verpackung,

2. die bis zum Stichtag im Fertigungsbereich angefallenen Verwaltungskosten und die bis zum Stichtag angefallenen Vertriebskosten.

(2) Die Ermittlung des Teilwerts für Erzeugnisbestände kann auch in der Weise durchgeführt werden, daß die in der Steuerbilanz dafür ausgewiesenen Wertansätze um prozentuale Zuschläge erhöht werden, die den Verhältnissen des Betriebs Rechnung tragen.

---

* Ein neuer Erlaß, der an die Stelle des (in der Vorauflage abgedruckten) Erlasses betr. Behandlung von Erzeugnisbeständen bei der Einheitsbewertung des Betriebsvermögens vom 15. 2. 1966 (BStBl. II S. 56) treten soll, lag bei Drucklegung noch nicht vor.
[1] Die ertragsteuerliche Neuregelung zur Behandlung der Fremdkapitalzinsen gibt Veranlassung, auch bei der Vermögensbesteuerung auf die Erfassung der Fremdkapitalzinsen bei Erzeugnisbeständen zu verzichten. *Erlaß Schleswig-Holstein S 3231-3 IV 33a vom 30. 5. 1974; StEK BewG 1965 § 109 Nr. 50.*
[2] Vgl. auch BFH-Urteil vom 29. April 1970 III 217/63 (BStBl. 1970 II S. 614):
1. Bei der gewerblichen Urproduktion (z. B. bei der eigenen Förderung von Erdöl im Inland) ist der Teilwert des selbstgewonnenen Vorratsvermögens nach der progressiven Methode zu ermitteln.
2. Grundlage der Teilwertermittlung sind die Gewinnungskosten.
3. Der „Materialwert" der selbstgewonnenen Urprodukte ist in die Teilwertermittlung nicht einzubeziehen.

53. Immaterielle Wirtschaftsgüter

(1) Immaterielle Wirtschaftsgüter sind bei der Ermittlung des Betriebsvermögens anzusetzen, wenn sie entgeltlich erworben wurden oder wenn die selbständige Bewertungsfähigkeit durch die allgemeine Verkehrsanschauung oder durch Aufwendungen anerkannt wird, die auf das Wirtschaftsgut gemacht worden sind (BFH-Urteil vom 13. 2. 1970, BStBl. II S. 369)[1]. Zu den danach anzusetzenden Wirtschaftsgütern gehören insbesondere Patente, nicht geschützte Erfindungen, Urheberrechte und das Knowhow, soweit sie nicht nach § 101 Nr. 2 BewG 1965 außer Ansatz bleiben, ferner Warenzeichen (BFH-Urteil vom 13. 2. 1970, BStBl. II S. 369)[2], Brennrechte (BFH-Urteil vom 26. 3. 1965, BStBl. III S. 344)[3], Beteiligungsziffern am Zündwarenmonopol, Verlagsrechte[4], Wassernutzungsrechte, Wettbewerbsverbote, Optionsrechte, Konzessionen für den Güterverkehr u. a.[5] Für den Ansatz dieser immateriellen Wirtschaftsgüter kommt es nicht darauf an, ob sie auch in der Steuerbilanz zu aktivieren sind.

(2) Immaterielle Wirtschaftsgüter sind mit dem Teilwert vom Bewertungsstichtag anzusetzen. Dieser kann über oder unter den in der Steuerbilanz dafür aktivierten Beträgen liegen. Soweit für die Bewertung der gewerblichen Brennrechte[6], der Beteiligungsziffer am Zündwarenmonopol, der Wassernutzungsrechte, der Konzessionen für den Güterverkehr[7] von den dafür zuständigen Finanzbehörden Richtlinien aufgestellt werden, sind diese maßgebend. Wegen der Wertermittlung von Urheberrechten, geschützten und nicht geschützten Erfindungen vgl. Abschnitt 64 Abs. 2.

(3) Ein Geschäfts- oder Firmenwert ist zu erfassen, wenn er entweder in der DM-Eröffnungsbilanz angesetzt worden ist oder nach dem 20. Juni 1948 für seinen Erwerb ein Entgelt gezahlt worden ist. Wegen des Ansatzes eines Firmenwerts bei einem verpachteten Unternehmen vgl. das BFH-Urteil vom 6. 8. 1971, BStBl. II S. 677[8].

---

[1] Vgl. DStR 1970 S. 352 Nr. 240 = BFH-N Nr. 8 zu § 54 BewG u. Nr. 1 zu § 77 Abs. 2 Nr. 5 BewG.

[2] Vgl. DStR S. 352 Nr. 240 = BFH-N Nr. 3 zu § 10, Nr. 8 zu § 54 und Nr. 1 zu § 77 Abs. 2 Nr. 5 BewG.

[3] Vgl. DStR 1965 S. 376 Nr. 229 = BFH-N Kurz-Ausg. Nr. 2772.

[4] Verlagsrechte sind idR nur dann zu bewerten, wenn sie in der Steuerbilanz ausgewiesen sind oder durch laufende Zahlungen eines Zweitberechtigten in Erscheinung treten. *Erlaß Hessen S 3194 – 32 – II/4 v. 14. 11. 1963; StEK BewG § 58 Nr. 5; Erlaß Rheinland-Pfalz S 3224 A – IV/2 v. 27. 4. 1967; StEK BewG 1965 § 109 Nr. 8.*

[5] Vgl. auch BFH-Urteil vom 30. April 1964 III 263/61 (HFR S. 451 Nr. 409):
Durch den entgeltlichen Erwerb der Kundschaft eines anderen Unternehmers entsteht beim Erwerber ein bewertungsfähiges Wirtschaftsgut im Sinne des Bewertungsrechts. Es ist bei der Einheitswertfeststellung des Betriebsvermögens nach § 66 Abs. 1 BewG (a. F.) mit dem Teilwert anzusetzen.

[6] Nach der Rechtsprechung der BFH-Urteile – vom 5. März 1965 III 259/61 S (BStBl. III S. 276) = DStR S. 279 Nr. 171, vom 8. April 1965 III 263/61 (HFR S. 452 Nr. 367) – ist das Brennrecht einer Obstbrennerei (§ 27 BrMonG) keine Gewerbeberechtigung im Sinne des § 58 BewG a. F. Dieses Brennrecht stellt jedoch ein bewertungsfähiges Wirtschaftsgut des Betriebsvermögens im Sinne des § 54 BewG dar, unabhängig davon, wann es erworben ist, und unabhängig davon, ob es sich um ein ursprüngliches oder um ein abgeleitetes Recht handelt.
Wert und Bestand des Brennrechts werden nicht dadurch beseitigt oder gemindert, daß es vom BdF im Interesse der heimischen Landwirtschaft zwar mit Auflagen oder Beschränkungen verbunden ist, die aber am Stichtage keine wirtschaftliche Auswirkung hatten.

[7] Wegen der Durchführung der Bewertung von Güterverkehrskonzessionen vgl. StEK BewG 1965 § 109 Nr. 49, Richtlinien der OFD Hamburg.
Vgl. aber BFH-Urteil vom 30. Mai 1974 III R 75/73 (BStBl. II S. 654 = DStR S. 644 Nr. 423):
Genehmigungen für den allgemeinen Güterfernverkehr in der Bundesrepublik Deutschland können bei der Einheitswertfeststellung des Betriebsvermögens eines Transportunternehmers auf den 1. Januar 1969 nicht angesetzt werden, wenn sie sich noch in der Hand dessen befinden, dem sie ursprünglich erteilt worden sind. Güterfernverkehrsgenehmigungen, die von einem anderen Unternehmer erworben sind, können dagegen angesetzt werden, es sei denn, daß ausnahmsweise das für sie gezahlte Entgelt nicht hinreichend bestimmbar ist.

[8] BFH-Urteil vom 6. August 1971 III R 9/71 (BStBl. 1971 II S. 677):
Der III. Senat schließt sich auch für das Bewertungsrecht der für das Gewerbesteuerrecht vertretenen Auffassung des IV. und des I. Senats (vgl. Urteile IV R 20/67 vom 29. April 1970, BFH 99, 485, BStBl. II 1970, 726 und I R 94/70 vom 14. Oktober 1970, BFH 100, 407, BStBl. II 1971, 28) an, nach der ein Geschäftswert bei Verpachtung eines Gewerbebetriebs im Einheitswert des Betriebsvermögens des Verpächters nur anzusetzen ist, wenn er durch von der Raumpacht eindeutig abgrenzbare Pachtzahlungen konkretisiert ist. Der III. Senat teilt auch die vom I. Senat im Urteil I R 94/70 (a. a. O.) vertretene Auffassung, daß diese Voraussetzung bei Pachtzahlungen, die in Vomhundertsätzen des Umsatzes bemessen werden, in der Regel nicht erfüllt ist. An der in früheren Entscheidungen vertretenen gegenteiligen Auffassung hält der III. Senat nicht mehr fest.

54. Auslandsvermögen

(1) Die Bewertung ausländischen Betriebsvermögens ist nur durchzuführen, wenn dies steuerlich von Bedeutung ist. Eine steuerliche Erfassung unterbleibt, wenn das ausländische Betriebsvermögen nach einem Doppelbesteuerungsabkommen nicht zur deutschen Vermögensteuer heranzuziehen ist. Zur steuerlichen Behandlung des Betriebsvermögens, das im Ausland beschlagnahmt und noch nicht wieder freigegeben worden ist, vgl. Abschnitt 91 Abs. 2.

(2) Erstreckt sich die wirtschaftliche Einheit eines Gewerbebetriebs ausschließlich auf das Ausland, so ist für die Bewertung dieses Betriebs der gemeine Wert maßgebend (§ 31 BewG 1965). Ein besonderer Einheitswert ist nicht festzustellen. Die Bewertung ist vielmehr im Rahmen der Vermögensteuerveranlagung durchzuführen. Änderungen im Wert der wirtschaftlichen Einheit des ausländischen Betriebsvermögens können infolgedessen auch nur bei der Vermögensteuerveranlagung nach § 16 VStG berücksichtigt werden.

(3) Erstreckt sich die wirtschaftliche Einheit eines Gewerbebetriebs sowohl auf das Inland als auch auf das Ausland, so sind in den Fällen der unbeschränkten Vermögensteuerpflicht zwei Einheitswerte festzustellen, und zwar einer für die gesamte wirtschaftliche Einheit für Zwecke der Vermögensteuer nach § 214 Nr. 1 Buchstabe b AO und einer für den inländischen Teil für Zwecke der Gewerbesteuer nach § 214 Nr. 3 Buchstabe a AO. Die ausländischen Teile des Betriebsvermögens sind mit dem gemeinen Wert zu bewerten, und zwar auch, soweit es sich um Grundbesitz handelt (§ 31 Abs. 1 Satz 2 BewG 1965). Die inländischen Teile werden nach den Vorschriften des Zweiten Teils des Bewertungsgesetzes (§§ 33 bis 109 a BewG 1965) bewertet (§ 32 Satz 2 BewG 1965).

(4) Bei der Ermittlung des Einheitswerts der inländischen Teile des Betriebsvermögens kann sowohl die indirekte als auch die direkte Wertermittlungsmethode angewendet werden. Bei der indirekten Wertermittlungsmethode ist zunächst das gesamte sich im Inland und Ausland befindende Betriebsvermögen unter Berücksichtigung der mit diesem Gesamtbetriebsvermögen in wirtschaftlichem Zusammenhang stehenden Schulden und Lasten zu ermitteln. Der sich für das Gesamtbetriebsvermögen ergebende Wert ist in einen inländischen Teil und in einen ausländischen Teil zu zerlegen. Als Maßstab für die Aufteilung kann das Verhältnis der Umsätze oder der verarbeiteten Rohstoffe, der Betrag der gezahlten Gehälter und Löhne, die Höhe der Einnahmen oder der Wert des Anlagevermögens dienen (RFH-Urteil vom 19. 4. 1934, RStBl. S. 738). Bei Versicherungsunternehmen kann das Verhältnis der inländischen Prämieneinnahmen zu den Gesamtprämieneinnahmen den Maßstab für die Aufteilung bieten (RFH-Urteile vom 16. 10. 1930, RStBl. 1931 S. 793, und vom 4. 12. 1930, RStBl. 1931 S. 187). Bei der direkten Wertermittlungsmethode sind die inländischen und ausländischen Teile des Unternehmens so zu bewerten, als wären sie jeweils selbständige Gewerbebetriebe.

(5) In den Fällen der beschränkten Vermögensteuerpflicht ist lediglich für das inländische Betriebsvermögen ein Einheitswert festzustellen (§ 121 Abs. 1 Satz 1 in Verbindung mit § 114 Abs. 2 und 3 BewG 1965 und § 214 Nr. 3 Buchstabe b AO). Für die Ermittlung des inländischen Betriebsvermögens gilt Absatz 3 entsprechend.

BewG

§ 109a Sparkassen

Bei öffentlichen oder unter Staatsaufsicht stehenden Sparkassen gelten 85 vom Hundert des Gesamtwerts des gewerblichen Betriebs (§ 98a) als Wert des Betriebsvermögens.

BewG

Zweiter Abschnitt. Sonstiges Vermögen, Gesamtvermögen und Inlandsvermögen

A. Sonstiges Vermögen

§ 110 Begriff und Umfang des sonstigen Vermögens

(1) Als sonstiges Vermögen (§ 18 Nr. 4) kommen, soweit die einzelnen Wirtschaftsgüter nicht zum land- und forstwirtschaftlichen Vermögen, zum Grundvermögen oder zum Betriebsvermögen gehören, alle Wirtschaftsgüter in Betracht, insbesondere:

1. verzinsliche und unverzinsliche Kapitalforderungen jeder Art, soweit sie nicht unter Nummer 2 fallen;

2. Spareinlagen, Bankguthaben, Postscheckguthaben und sonstige laufende Guthaben, inländische und ausländische Zahlungsmittel. Lauten die Beträge auf Deutsche Mark, so gehören sie bei natürlichen Personen nur insoweit zum sonstigen Vermögen, als sie insgesamt 1000 Deutsche Mark übersteigen;

3. Aktien oder Anteilscheine, Kuxe, Geschäftsanteile, andere Gesellschaftseinlagen und Geschäftsguthaben bei Genossenschaften. Anteile an offenen Handelsgesellschaften, Kommanditgesellschaften und ähnlichen Gesellschaften, bei denen die Gesellschafter als Unternehmer (Mitunternehmer) anzusehen sind, sind nicht sonstiges Vermögen, sondern Betriebsvermögen des Gesellschafters;

4. der Kapitalwert von Nießbrauchsrechten und von Rechten auf Renten und andere wiederkehrende Nutzungen und Leistungen;

5. Erfindungen und Urheberrechte. Beim unbeschränkt steuerpflichtigen Erfinder und Urheber gehören jedoch nicht zum sonstigen Vermögen
   a) eigene Erfindungen,
   b) Ansprüche auf Vergütungen für eigene Diensterfindungen und
   c) eigene Urheberrechte sowie Originale urheberrechtlich geschützter Werke.

   Die genannten Wirtschaftsgüter gehören auch dann nicht zum sonstigen Vermögen, wenn sie im Falle des Todes des Erfinders oder Urhebers auf seinen unbeschränkt steuerpflichtigen Ehegatten oder seine unbeschränkt steuerpflichtigen Kinder übergegangen sind;

6. noch nicht fällige Ansprüche aus Lebens- und Kapitalversicherungen oder Rentenversicherungen, aus denen der Berechtigte noch nicht in den Rentenbezug eingetreten ist.

   Nicht zum sonstigen Vermögen gehören jedoch:
   a) Rentenversicherungen, die mit Rücksicht auf ein Arbeits- oder Dienstverhältnis abgeschlossen worden sind,
   b) Rentenversicherungen, bei denen die Ansprüche erst fällig werden, wenn der Berechtigte das sechzigste Lebensjahr vollendet hat oder erwerbsunfähig ist und
   c) alle übrigen Lebens-, Kapital- und Rentenversicherungen, soweit ihr Wert (§ 12 Abs. 4) insgesamt 10000 Deutsche Mark nicht übersteigt.

   Versicherungen bei solchen Versicherungsunternehmen, die weder ihre Geschäftsleitung noch ihren Sitz im Inland haben, gehören nur dann nicht zum sonstigen Vermögen, wenn den Versicherungsunternehmen die Erlaubnis zum Geschäftsbetrieb im Inland erteilt ist;

7. der Überbestand an umlaufenden Betriebsmitteln eines Betriebs der Land- und Forstwirtschaft (§ 33 Abs. 3 Nr. 3);

8. Wirtschaftsgüter, die einem Betrieb der Land- und Forstwirtschaft oder einem gewerblichen Betrieb üblicherweise zu dienen bestimmt sind, tatsächlich an dem für die Veranlagung zur Vermögensteuer maßgebenden Zeitpunkt aber einem derartigen Betrieb des Eigentümers nicht dienen. Die Wirtschaftsgüter gehören nicht zum sonstigen Vermögen, wenn ihr Wert insgesamt 10 000 Deutsche Mark nicht übersteigt;

9. Wirtschaftsgüter in möblierten Wohnungen, die Nichtgewerbetreibenden gehören und ständig zusammen mit den Wohnräumen vermietet werden, soweit sie nicht als Bestandteil oder Zubehör bei der Grundstücksbewertung berücksichtigt werden und wenn ihr Wert insgesamt 10 000 Deutsche Mark übersteigt;

10. Edelmetalle, Edelsteine, Perlen, Münzen und Medaillen jeglicher Art, wenn ihr Wert insgesamt 1000 Deutsche Mark übersteigt;

11. Schmuckgegenstände, Gegenstände aus edlem Metall, mit Ausnahme der in Nummer 10 genannten Münzen und Medaillen, sowie Luxusgegenstände, auch wenn sie zur Ausstattung der Wohnung des Steuerpflichtigen gehören, wenn ihr Wert insgesamt 10 000 Deutsche Mark übersteigt;

12. Kunstgegenstände und Sammlungen, wenn ihr Wert insgesamt 20 000 Deutsche Mark übersteigt, mit Ausnahme von Sammlungen der in Nummer 10 genannten Gegenstände. § 115 bleibt unberührt.

(2)[1] Bei der Ermittlung des Werts des sonstigen Vermögens bleibt der Wert der Wirtschaftsgüter, der sich nach Absatz 1 Nr. 1 bis 3 ergibt, bis zum Betrag von insgesamt 10 000 Deutsche Mark außer Betracht.

(3) Werden mehrere Steuerpflichtige zusammen veranlagt (§ 14 des Vermögensteuergesetzes), so werden die Freibeträge und Freigrenzen nach den Absätzen 1 und 2 mit der Zahl vervielfacht, die der Anzahl der zusammen veranlagten Steuerpflichtigen entspricht.

VStR

55. Kapitalforderungen und Schulden; Allgemeines

(1) Kapitalforderungen und Schulden sind nach § 12 Abs. 1 BewG 1965 grundsätzlich mit dem Nennwert anzusetzen, wenn nicht besondere Umstände einen höheren oder geringeren Wert begründen.

(2) Besondere Umstände, die eine Bewertung unter dem Nennwert rechtfertigen, sind in der Regel gegeben:

1. wenn es sich um eine unverzinsliche Kapitalforderung handelt. Vgl. dazu Abschnitt 56 Abs. 1. Dies gilt auch für die Bewertung von Schulden;

2. wenn die Kapitalforderung niedrig verzinst ist und durch Kündigungsbeschränkungen die Realisierbarkeit der Kapitalforderung für längere Zeit, d. h. für mindestens vier Jahre, eingeschränkt oder ausgeschlossen ist (vgl. BFH-Urteile vom 3. 3. 1972, BStBl. II S. 516[2], und vom 22. 2. 1974, BStBl. II S. 330[3]). Dies gilt auch für die Bewertung von Schulden. Im einzelnen vgl. Abschnitt 56 Abs. 4;

3. wenn nach den Verhältnissen vom Stichtag mit Wahrscheinlichkeit anzunehmen ist, daß mit Verlusten zu rechnen ist (RFH-Urteil vom 2. 10. 1930, RStBl. 1931 S. 182). Schwierigkeiten in der Beurteilung der Rechtslage sind dagegen kein besonderer Umstand, der einen Abschlag rechtfertigt (BFH-Urteil vom 1. 9. 1961, BStBl. III S. 493).

---

[1] Für Bezugsrechte kann der Freibetrag nach *§ 67 Abs. 2 BewG a. F.* (= § 110 n. F.) nicht gewährt werden. *Erlaß Berlin D 11 – S 3250 – 1/65 v. 23. 4. 1965;* StEK BewG § 67 Nr. 17.
[2] Vgl. DStR S. 477 Nr. 358 = BFH-N Nr. 9 zu § 14 Abs. 1 BewG.
[3] Vgl. BFH-N Nr. 2 zu § 12 Abs. 1 und Nr. 8 zu § 103 Abs. 1 BewG 1965.

Die Einkommensteuerbelastung, die sich bei Rückzahlung eines unverzinslichen Darlehens nach § 7 c und § 7 d EStG ergibt, kann bei der Bewertung der Forderung nicht berücksichtigt werden (BFH-Urteile vom 26. 8. 1955, BStBl. III S. 278, vom 17. 4. 1959, BStBl. III S. 287, vom 30. 4. 1965, BStBl. III S. 402,[1] und vom 12. 7. 1968, BStBl. II S. 794)[2]. Die Tatsache, daß bei der Auszahlung von Tantiemeforderungen Lohnsteuer und Kirchensteuer und bei der Auszahlung von Dividendenforderungen Kapitalertragsteuer einzubehalten ist, ist kein besonderer Umstand, der eine Bewertung der Forderung unter dem Nennwert rechtfertigt (BFH-Urteile vom 15. 12. 1967, BStBl. 1968 II S. 338[3] und 340[4]).

(3) Ein besonderer Umstand, der eine Bewertung über dem Nennwert rechtfertigt, ist im allgemeinen gegeben, wenn die Kapitalforderung hoch verzinst ist und von seiten des Schuldners für längere Zeit unkündbar ist; vgl. Abschnitt 56 Abs. 6. Die Bewertung über dem Nennwert gilt in diesen Fällen auch für den Schuldner. Wegen der Bewertung der typischen stillen Beteiligung vgl. Abschnitt 56 Abs. 7. Wegen des Abzugs beim Schuldner vgl. Abschnitt 30.

(4) Ein bei der Auszahlung der Kapitalforderung einbehaltenes Abgeld (Damnum oder Disagio) ist nicht als ein Umstand anzusehen, der für sich allein eine Bewertung unter dem Nennwert rechtfertigt (BFH-Urteil vom 14. 2. 1964, BStBl. III S. 264)[5]. Dagegen ist ein Aufgeld (Agio) zusätzlich zum Nennbetrag der Kapitalforderung anzusetzen. Eine Abschlußprovision, die von dem Darlehensgeber bei der Hingabe eines Darlehens neben einem Darlehensabgeld einbehalten wird, ist wie das Darlehensabgeld zu behandeln.

(5) Uneinbringliche Kapitalforderungen bleiben nach § 12 Abs. 2 BewG 1965 außer Ansatz. Ist zweifelhaft, ob eine Forderung durchsetzbar ist, so kann sie dem Grad der Zweifelhaftigkeit entsprechend mit einem niedrigeren Schätzwert anzusetzen sein. Das kann insbesondere auch bei verjährten Forderungen zutreffen (BFH-Urteil vom 2. 3. 1971, BStBl. II S. 533).[6]

(6) Wegen der Umrechnung von Kapitalforderungen und Schulden, die auf eine fremde Währung oder Mark der DDR lauten, vgl. Abschnitt 46.

(7) Für Forderungen, die nicht auf Kapital, sondern auf eine Sachleistung gerichtet sind, ist der gemeine Wert maßgebend. Als Ausgangspunkt für die Bewertung einer Forderung auf Übereignung eines Grundstücks ist der Verkehrswert des Grundstücks, nicht aber dessen Einheitswert zu verwenden (BFH-Urteil vom 9. 10. 1964, BStBl. III S. 638)[7].

56. Unverzinsliche, niedrig verzinsliche und hoch verzinsliche Forderungen und Schulden

(1) Unverzinsliche Forderungen und Schulden im Sinne des § 12 Abs. 3 BewG sind mit dem Betrag anzusetzen, der nach Abzug von Zwischenzinsen unter Berücksichtigung von Zinseszinsen verbleibt. Dabei ist von einem Zinssatz von 5,5 vom Hundert auszugehen. Zur Erleichterung der Berechnung des Gegenwartswerts unverzinslicher Kapitalforderungen und Schulden dienen die Hilfstafel 1[8] des Bewertungsgesetzes und die als Anlage 1[9] beigeführte Hilfstafel zur Ermittlung des Gegenwartswerts einer in gleichen Jahresbeträgen zu tilgenden unverzinslichen Kapitalforderung.

---

[1] Vgl. DStR 65 S. 436 Nr. 262.
[2] Vgl. BFH-N Nr. 1 zu § 66 Abs. 4 BewG.
[3] Vgl. DStR 1968 S. 357 Nr. 284 = BFH-N Nr. 4 zu § 14 Abs. 1 BewG.
[4] Vgl. DStR 1968 S. 358 Nr. 285 = BFH-N Nr. 5 zu § 14 Abs. 1 BewG.
[5] Vgl. DStR 64 S. 268 Nr. 233.
[6] Vgl. BFH-N Nr. 12 zu § 10 Abs. 1 GrEStG und Nr. 1 zu § 12 Abs. 1 und 2 BewG.
[7] Vgl. DStR 64 S. 694 Nr. 496.
[8] Vgl. unten Anlage a zu Abschnitt 56 VStR.
[9] Vgl. unten Anlage b zu Abschnitt 56 VStR.

(2) Der Gegenwartswert einer unverzinslichen Kapitalforderung, die bis zum Tode einer bestimmten Person befristet ist, wird nach der mittleren Lebenserwartung errechnet (BFH-Urteil vom 8. 6. 1956, BStBl. III S. 208). Die jeweilige mittlere Lebenserwartung ergibt sich aus der ,,Allgemeinen Sterbetafel für die Bundesrepublik Deutschland 1970/1972".[1]

(3) Wegen der Bewertung von Forderungen und Schulden aus Darlehen nach den §§ 7c und 7d EStG vgl. Absatz 5 und Abschnitt 45, und wegen der Bewertung von Forderungen und Schulden aus Darlehen nach §§ 16 und 17 BerlinFG vgl. Absätze 4 und 6 sowie Abschnitt 45.

(4) Eine niedrig verzinsliche Forderung oder Schuld, die nach Abschnitt 55 Abs. 2 unter dem Nennwert anzusetzen ist, kann dann angenommen werden, wenn die Verzinsung unter 4 v.H. liegt und die Kündbarkeit am Bewertungsstichtag für längere Zeit ausgeschlossen ist. In diesen Fällen ist der Nennwert der Forderung um den Kapitalwert des jährlichen Zinsverlustes zu kürzen. Der jeweilige Zinsverlust entspricht dem Differenzbetrag zwischen dem Zinssatz von 4 v.H. und dem tatsächlichen darunter liegenden Zinssatz. Der Kapitalwert wird nach der Hilfstafel 2[2] zum Bewertungsgesetz ermittelt. Dabei ist zu berücksichtigen, daß Zinsen in der Regel nachschüssig gezahlt werden.

Beispiel:

Eine Hypothekenforderung in Höhe von 10000 DM ist mit 1 v. H. verzinst und soll frühestens zum 1. 1. 1989 kündbar sein. Ihr Gegenwartswert zum 1. 1. 1974 ist wie folgt zu berechnen:

Nennwert der Forderung	= 10000 DM
Kapitalwert des Zinsverlustes: Der Zinsverlust beträgt 4 — 1 = 3 v. H. von 10000 = 300 DM. Der Kapitalwert bei einer Laufzeit von 15 Jahren (Vervielfältiger = 11,038 — 1 = 10,038) beträgt 300 × 10,038	= 3011 DM
Gegenwartswert der Forderung	= 6989 DM

(5) Stehen einer unverzinslichen oder niedrig verzinslichen Kapitalforderung, wie z. B. den Guthaben aus Bausparverträgen, wirtschaftliche Vorteile oder einer unverzinslichen oder niedrig verzinslichen Kapitalschuld andere wirtschaftliche Nachteile gegenüber, so kommt eine Bewertung unter dem Nennwert nicht in Betracht. Die im Zusammenhang mit unverzinslichen oder niedrig verzinslichen Wohnungsbaudarlehen bestehenden Mietpreisbindungen sind nicht als wirtschaftlicher Nachteil anzusehen.

(6) Eine hoch verzinsliche Forderung oder Schuld, die nach Abschnitt 55 Abs. 3 über dem Nennwert anzusetzen ist, kann im allgemeinen angenommen werden, wenn die Verzinsung über 10 v.H. liegt und die Rückzahlung noch für längere Zeit ausgeschlossen ist. Der Gegenwartswert einer solchen Forderung wird in der Weise berechnet, daß dem Nennwert der Forderung der Kapitalwert der über einen Zinssatz von 10 v.H. hinausgehenden Jahreszinsen hinzugerechnet wird. Im übrigen gilt Absatz 5 Satz 1 entsprechend.

(7) Der Wert der Einlage eines typischen stillen Gesellschafters, deren Kündbarkeit am Bewertungsstichtag für längere Zeit ausgeschlossen ist, wird unter sinngemäßer Anwendung der Anweisungen des Abschnitts 79 Abs. 2 ermittelt. Als ,,längerer" Zeitraum gilt hier der für die Bewertung nichtnotierter Aktien und Anteile maßgebende Zeitraum von 5 Jahren.

---

[1] Vgl. unten Anlage c zu Abschnitt 56 VStR.
[2] Vgl. unten Anlage d zu Abschnitt 56 VStR.

Beispiel:

Nominalwert der Einlage		= 40000 DM
durchschnittlich zu erwartender zukünftiger Jahresertrag		= 10000 DM

$$\text{abgestellt auf die Einlage} = \frac{10000 \times 100}{40000} = 25 \text{ v. H.}$$

Wert der stillen Beteiligung
65 v. H. von (100 + [5 × 25]) = 146,25 v. H. von 40000 DM   = 58500 DM

Der in Zukunft durchschnittlich erzielbare Jahresertrag ist im allgemeinen aus dem Durchschnitt der letzten drei Jahreserträge vor dem Veranlagungszeitpunkt abzuleiten. Der Wert eines partiarischen (gewinnabhängigen) Darlehns ist in gleicher Weise zu ermitteln.

Anlagen zu Abschnitt 56 VStR

a) Hilfstafel für die Berechnung des Gegenwartswerts einer unverzinslichen, befristeten Forderung oder Schuld im Kapitalwert von 100 DM

–Hilfstafel 1 zum BewG–

Der Gegenwartswert ist der Nennbetrag nach Abzug von Zwischenzinsen unter Berücksichtigung von Zinseszinsen (§ 14 Absatz 3 BewG).

Bei der Aufstellung der Hilfstafel sind die Zwischenzinsen und die Zinseszinsen mit $5\frac{1}{2}$ vom Hundert angesetzt worden.

Anzahl der Jahre	Gegenwartswert DM	Anzahl der Jahre	Gegenwartswert DM	Anzahl der Jahre	Gegenwartswert DM
1	94,787	18	38,147	35	15,352
2	89,845	19	36,158		
3	85,161	20	34,273	36	14,552
4	80,722			37	13,793
5	76,513	21	32,486	38	13,074
		22	30,793	39	12,392
6	72,525	23	29,187	40	11,746
7	68,744	24	27,666		
8	65,160	25	26,223	41	11,134
9	61,763			42	10,554
10	58,543	26	24,856	43	10,003
		27	23,560	44	9,482
11	55,491	28	22,332	45	8,988
12	52,598	29	21,168		
13	49,856	30	20,064	46	8,519
14	47,257			47	8,075
15	44,793	31	19,018	48	7,654
		32	18,027	49	7,255
16	42,458	33	17,087	50	6,877
17	40,245	34	16,196		

b) Aufstellung der Vervielfältiger zur unmittelbaren Ermittlung des Gegenwartswerts einer zinslosen in gleichen Jahresraten zu tilgenden Forderung oder Schuld im Kapitalwert von 100 DM mit einer Laufzeit bis zu 100 Jahren

– Anlage 1 der VStR –

Bei der Aufstellung der Hilfstafel sind die Zinsen und Zinseszinsen mit 5,5 vom Hundert angesetzt.

Anzahl der Jahre	Gegenwartswert in DM	Anzahl der Jahre	Gegenwartswert in DM	Anzahl der Jahre	Gegenwartswert in DM
1	94,787	36	43,156	71	25,037
2	92,316	37	42,362	72	24,718
3	89,931	38	41,591	73	24,407
4	87,629	39	40,843	74	24,103
5	85,406	40	40,115	75	23,805
6	83,259	41	39,408	76	23,515
7	81,185	42	38,721	77	23,230
8	79,182	43	38,053	78	22,953
9	77,247	44	37,404	79	22,679
10	75,376	45	36,773	80	22,414
11	73,568	46	36,158	81	22,154
12	71,821	47	35,561	82	21,898
13	70,131	48	34,979	83	21,648
14	68,497	49	34,414	84	21,404
15	66,917	50	33,863	85	21,165
16	65,388	51	33,327	86	20,930
17	63,909	52	32,805	87	20,700
18	62,478	53	32,296	88	20,476
19	61,093	54	31,802	89	20,255
20	59,752	55	31,319	90	20,039
21	58,453	56	30,848	91	19,827
22	57,196	57	30,390	92	19,620
23	55,978	58	29,943	93	19,416
24	54,799	59	29,507	94	19,216
25	53,656	60	29,084	95	19,020
26	52,548	61	28,668	96	18,829
27	51,474	62	28,265	97	18,639
28	50,434	63	27,870	98	18,455
29	49,424	64	27,486	99	18,274
30	48,446	65	27,111	100	18,096
31	47,496	66	26,745		
32	46,575	67	26,385		
33	45,682	68	26,037		
34	44,815	69	25,696		
35	43,973	70	25,362		

c) Auszug aus der „Allgemeinen Sterbetafel für die Bundesrepublik Deutschland 1970/72"

(Die Zahlen der mittleren Lebenserwartung sind jeweils auf- oder abgerundet)

Bei einem erreichten Alter von ...Jahren	beträgt die mittlere Lebenserwartung für		Bei einem erreichten Alter von ...Jahren	beträgt die mittlere Lebenserwartung für	
	Männer	Frauen		Männer	Frauen
20	50	56	56	18	22
21	49	55	57	17	22
22	48	54	58	17	21
23	47	53	59	16	20
24	47	52	60	15	19
25	46	51	61	15	18
26	45	50	62	14	18
27	44	49	63	13	17
28	43	48	64	13	16
29	42	47	65	12	15
30	41	46	66	11	14
31	40	45	67	11	14
32	39	44	68	10	13
33	38	43	69	10	12
34	37	42	70	9	12
35	36	42	71	9	11
36	35	41	72	8	10
37	35	40	73	8	10
38	34	39	74	8	9
39	33	38	75	7	9
40	32	37	76	7	8
41	31	36	77	6	8
42	30	35	78	6	7
43	29	34	79	6	7
44	28	33	80	5	6
45	27	32	81	5	6
46	26	31	82	5	5
47	26	30	83	4	5
48	25	29	84	4	5
49	24	29	85	4	4
50	23	28	86	4	4
51	22	27	87–89	3	4
52	21	26	90–91	3	3
53	21	25	92–93	2	3
54	20	24	94–98	2	2
55	19	23	99–100	1	2

d) Hilfstafel über den gegenwärtigen Kapitalwert einer Rente, Nutzung oder Leistung im Jahreswert von 1 DM auf eine bestimmte Anzahl von Jahren[1]

– Hilfstafel 2 zum BewG –

Der Kapitalwert ist die Summe der einzelnen Jahreswerte abzüglich der Zwischenzinsen unter Berücksichtigung von Zinseszinsen (§ 15 Absatz 1 Satz 1 BewG). Bei der Aufstellung der Hilfstafel sind die Zwischenzinsen und Zinseszinsen mit 5½ vom Hundert angesetzt worden.

Anzahl der Jahre	Kapitalwert DM	Anzahl der Jahre	Kapitalwert DM	Anzahl der Jahre	Kapitalwert DM
1	1,000	19	12,246	37	16,536
2	1,948	20	12,608	38	16,674
3	2,846	21	12,950	39	16,805
4	3,698	22	13,275	40	16,929
5	4,505	23	13,583	41	17,046
6	5,270	24	13,875	42	17,157
7	5,996	25	14,152	43	17,263
8	6,683	26	14,414	44	17,363
9	7,335	27	14,662	45	17,458
10	7,952	28	14,898	46	17,548
11	8,538	29	15,121	47	17,633
12	9,093	30	15,333	48	17,714
13	9,619	31	15,534	49	17,790
14	10,117	32	15,724	50	17,863
15	10,590	33	15,904	51	17,932
16	11,038	34	16,075	52	17,997
17	11,462	35	16,237	53 und mehr	18,000
18	11,865	36	16,391		

e) Kapitalwert einer lebenslänglichen Nutzung oder Leistung im Jahreswert von einer Deutschen Mark

Der Kapitalwert ist nach der „Allgemeinen Sterbetafel für die Bundesrepublik Deutschland 1960/62"[2] unter Berücksichtigung von Zwischenzinsen und Zinseszinsen mit 5,5 vom Hundert errechnet worden. Der Kapitalwert der Tabelle ist der Mittelwert zwischen dem Kapitalwert für jährlich vorschüssige und jährlich nachschüssige Zahlungsweise.

Vollendetes Lebensalter in Jahren	Männer	Frauen	Vollendetes Lebensalter in Jahren	Männer	Frauen
0	17,269	17,611	8	17,631	17,927
1	17,839	18,068	9	17,583	17,892
2	17,835	18,071			
3	17,814	18,058	10	17,532	17,854
4	17,785	18,038	11	17,476	17,814
			12	17,418	17,771
5	17,751	18,015	13	17,357	17,726
6	17,715	17,989	14	17,293	17,679
7	17,675	17,959			

[1] Siehe Anm. 2 zu Abschn. 61 Abs. 3 VStR.
[2] Abgedruckt in der Vorauflage.

zweispaltig = Anlagen zu Durchführungsverordnung und Richtlinien 151 **Anl d, e, RL 56**

Vollendetes Lebensalter in Jahren	Männer	Frauen	Vollendetes Lebensalter in Jahren	Männer	Frauen
15	17,227	17,630	58	10,255	11,602
16	17,160	17,580	59	9,980	11,318
17	17,093	17,528			
18	17,027	17,473	60	9,705	11,026
19	16,961	17,417	61	9,430	10,727
			62	9,156	10,421
20	16,896	17,359	63	8,881	10,108
21	16,830	17,297	64	8,607	9,790
22	16,760	17,232			
23	16,687	17,163	65	8,332	9,467
24	16,608	17,090	66	8,057	9,140
			67	7,780	8,809
25	16,524	17,015	68	7,502	8,475
26	16,434	16,935	69	7,223	8,140
27	16,338	16,853			
28	16,236	16,767	70	6,942	7,802
29	16,130	16,677	71	6,660	7,465
			72	6,379	7,130
30	16,017	16,583	73	6,100	6,799
31	15,898	16,484	74	5,824	6,473
32	15,774	16,381			
33	15,643	16,273	75	5,553	6,153
34	15,506	16,160	76	5,288	5,842
			77	5,028	5,540
35	15,362	16,043	78	4,773	5,248
36	15,213	15,920	79	4,525	4,966
37	15,056	15,793			
38	14,894	15,660	80	4,284	4,695
39	14,724	15,521	81	4,052	4,436
			82	3,830	4,189
40	14,548	15,377	83	3,617	3,954
41	14,365	15,227	84	3,415	3,733
42	14,174	15,071			
43	13,975	14,908	85	3,221	3,523
44	13,769	14,739	86	3,035	3,325
			87	2,857	3,139
45	13,555	14,563	88	2,689	2,963
46	13,334	14,381	89	2,534	2,802
47	13,106	14,193			
48	12,872	13,997	90	2,394	2,658
49	12,632	13,794	91	2,272	2,528
			92	2,162	2,411
50	12,384	13,583	93	2,065	2,308
51	12,132	13,364	94	1,978	2,217
52	11,873	13,138			
53	11,611	12,903	95	1,901	2,136
54	11,344	12,659	96	1,835	2,067
			97	1,780	2,006
55	11,075	12,407	98	1,722	1,955
56	10,803	12,147	99	1,682	1,908
57	10,530	11,879	100 u. darüber	1,634	1,874

VStR

57. Ansprüche auf Warenrückvergütungen, Tantiemen usw.

(1) Ein Anspruch, dessen Höhe von dem Ergebnis des Geschäftsjahrs eines Unternehmens abhängig ist (z. B. Ansprüche auf Warenrückvergütungen und Kaufpreisrückvergütungen, auf Tantiemen u. a.) ist aufschiebend bedingt, wenn seine Gewährung im freien Ermessen des Unternehmens liegt und der Beschluß über die Gewährung erst nach dem Stichtag gefaßt wird. Aufschiebend bedingte Ansprüche sind nach § 4 BewG 1965 nicht zu erfassen. Im einzelnen vgl. Abschnitte 29 und 31.

(2) Ein Anspruch, der vertraglich festgelegt ist und lediglich noch in der Höhe vom Geschäftsergebnis abhängt, ist als Forderung anzusetzen, sobald das maßgebende Geschäftsjahr abgelaufen ist. Dies gilt auch dann, wenn die Höhe des Anspruchs am Stichtag noch nicht endgültig feststeht, z. B. weil der dafür maßgebende Gewinn oder Umsatz des Geschäftsjahrs noch ermittelt werden muß (BFH-Urteil vom 26. 6. 1970, BStBl. II S. 735)[1]. Dies gilt auch für den Anspruch des stillen Gesellschafters auf seinen jährlichen Gewinnanteil.

(3) Wegen der Behandlung der Verbindlichkeiten für Warenrückvergütungen, Gewinnanteile usw. beim Verpflichteten vgl. Abschnitte 31 und 32.

58. Sparbriefe und Bundesschatzbriefe

(1) Die von den Kreditinstituten ausgegebenen Sparbriefe sind ebenso wie Bundesschatzbriefe als Kapitalforderungen im Sinne des § 110 Abs. 1 Nr. 1 BewG zu bewerten. Ist der Rückzahlungswert nicht bekannt, kann der Wert aus Vereinfachungsgründen in der Weise ermittelt werden, daß von dem Nennwert der Betrag abgezogen wird, der bei zeitlich gleichmäßiger Verteilung des Unterschiedsbetrags zwischen Kaufpreis und Nennwert auf die Restlaufzeit des Sparbriefs entfällt.

(2) Bundesschatzbriefe A sind mit ihrem Nennwert, Bundesschatzbriefe B und R (Ratensparen) mit ihrem Rückzahlungswert vom Veranlagungszeitpunkt anzusetzen.

59. Steuererstattungsansprüche und Ansprüche auf Wohnungsbau- und Sparprämien[2]

(1) Steuererstattungsansprüche, die nicht zum Betriebsvermögen gehören, sind nach § 110 Abs. 1 Nr. 1 BewG 1965 beim sonstigen Vermögen zu erfassen. Wegen ihrer Entstehung vgl. Abschnitt 47; wegen ihrer Bewertung vgl. BFH-Urteil vom 25. 5. 1973, BStBl. II S. 623.

(2) Der Anspruch auf die Wohnungsbauprämie oder die Sparprämie gehört nach § 110 Abs. 1 Nr. 1 BewG 1965 ebenfalls zum sonstigen Vermögen. Der Anspruch entsteht mit dem Ablauf des Kalenderjahrs, für das die Prämie gewährt wird (vgl. BFH-Urteil vom 12. 10. 1973, BStBl. 1974 II S. 82)[3]. Er ist jedoch nur dann zu erfassen, wenn er auch tatsächlich geltend gemacht wird. Die Möglichkeit, daß die Prämie unter bestimmten Voraussetzungen später wieder zurückgezahlt werden muß, ist als eine auflösende Bedingung im Sinne des § 5 Abs. 1 BewG 1965 anzusehen. Sie bleibt deshalb bei der Bewertung zunächst unberücksichtigt.

60. Zinsen, Gehälter und andere regelmäßig wiederkehrende Einnahmen

(1) Zahlungen, die regelmäßig wiederkehren (Zinsen, Gehälter usw.) und kurz vor dem Stichtag geleistet worden sind, wirken sich in dem Vermögen vom Stichtag aus. Es macht keinen Unterschied, ob die Zahlungen für einen vergangenen oder für einen künftigen Zeitraum bestimmt sind. Es gilt lediglich die Vorschrift des § 110 Abs. 1 Nr. 2 Satz 2 BewG 1965, wonach bei natürlichen Personen von den auf Deutsche Mark lauten-

---

[1] Vgl. BFH-N Nr. 2 zu § 12 BewG 1965.
[2] Vgl. hierzu das Wohnungsbau-Prämiengesetz und Spar-Prämiengesetz mit DVen und Richtlinien im „Handbuch zur Lohnsteuer".
[3] Vgl. BFH-N Nr. 2 zu § 110 Abs. 1 Nr. 1 BewG 1965.

den Zahlungsmitteln und laufenden Guthaben 1000 DM steuerfrei bleiben. Dieser Betrag ist, wenn mehrere Steuerpflichtige zusammen veranlagt werden, mit der Zahl zu vervielfachen, die der Anzahl der zusammen zu veranlagenden Steuerpflichtigen entspricht (§ 110 Abs. 3 BewG).

(2) Eine Zahlung gilt auch dann als geleistet, wenn dem Empfänger der Betrag gutgeschrieben wird. Es ist nicht erforderlich, daß der Empfänger am Stichtag bereits Kenntnis von der Gutschrift hat.

(3) Sind die Zahlungen am Stichtag noch nicht geleistet, so ist nur dann eine Forderung anzusetzen, wenn die Zahlungen entweder bereits fällig geworden sind, oder wenn sie für einen Zeitraum geschuldet werden, der spätestens am Stichtag geendet hat. Die Forderung gehört zu den laufenden Guthaben im Sinne des § 110 Abs. 1 Nr. 2 BewG 1965 (vgl. Absatz 1). Der Anspruch auf Wertpapierzinsen ist auch unter den Voraussetzungen des Satzes 1 nicht zu erfassen, wenn er sich bereits im Kurs der Wertpapiere niedergeschlagen hat (z. B. bei Wertpapieren mit variabler Verzinsung).

61. Bewertung von Renten-, Nießbrauchs- und Nutzungsrechten; Allgemeines

(1) Ein Recht auf Renten oder andere wiederkehrende Nutzungen und Leistungen gehört zum sonstigen Vermögen. Die Höhe des Kapitalwerts der Rente usw. richtet sich nach der am Bewertungsstichtag noch laufenden Bezugsberechtigung (BFH-Urteil vom 31. 10. 1969, BStBl. 1970 II S. 196). Bei der Ermittlung des Kapitalwerts können später eintretende Umstände dann berücksichtigt werden, wenn sie am Bewertungsstichtag bereits voraussehbar waren (BFH-Urteile vom 27. 1. 1961, BStBl. III S. 150, und vom 19. 4. 1962, BStBl. III S. 270).

(2) Bei Nutzungen oder Leistungen, die ihrem Betrag nach ungewiß sind oder schwanken, ist nach § 15 Abs. 3 BewG 1965 als Jahreswert der Betrag zugrunde zu legen, der im Durchschnitt der Jahre voraussichtlich erzielt wird. Der Durchschnittswert ist im Wege der Schätzung zu ermitteln. Dabei können ausnahmsweise auch in nicht allzulanger Zeit nach dem Stichtag eingetretene Ereignisse berücksichtigt werden. Außergewöhnliche Umstände, die am Stichtag nicht vorauszusehen waren, sind außer Betracht zu lassen (BFH-Urteil vom 13. 1. 1956, BStBl. III S. 62).

(3) Zur Erleichterung der Berechnung des Kapitalwerts der auf bestimmte Zeit beschränkten Rechte auf Renten usw. dient die Hilfstafel 2[1] des Bewertungsgesetzes.[2]

(4) Ansprüche auf Renten und andere wiederkehrende Nutzungen und Leistungen eines Ehepaars, die zu Lebzeiten beider Ehegatten eine bestimmte Höhe haben und sich nach dem Tode des Erstversterbenden vermindern, sind in der Weise zu kapitalisieren, daß auf den bis zum Tode des Erstversterbenden zu zahlenden Betrag von den Vervielfältigern, die für die beiden Ehegatten jeweils nach ihrem Alter und Geschlecht maßgebend sind (§ 14 Abs. 1 BewG), der niedrigere angewendet wird. Auf den nach dem Tode des Erstversterbenden noch zu zahlenden Betrag wird der Unterschiedsbetrag zwischen dem höheren Vervielfältiger und dem Vervielfältiger nach Satz 1 angewendet.

Beispiel A:

Ehemann 58 Jahre alt,
Ehefrau 50 Jahre alt.

Rente zu Lebzeiten beider Ehegatten	2000 DM
Rente nach dem Tode des Erstversterbenden	1500 DM
Es ist zu rechnen: 2000 × 10,255	20510 DM
1500 × (13,583 — 10,255 =) 3,328	4992 DM
Kapitalwert	25502 DM

---

[1] Abgedruckt oben als Anlage d zu Abschnitt 56 VStR.
[2] Siehe dazu auch gleichlautende Erlasse der obersten Finanzbehörden der Länder betr. Berechnung des Kapitalwerts von auf bestimmte Zeit beschränkten wiederkehrenden Nutzungen und Leistungen vom 2. 4. 1975; abgedruckt im Anhang III Nr. 3.

(5) Ist bestimmt, daß der Ehemann auf Lebzeiten eine Rente bezieht und die Ehefrau nur eine Rente erhält, wenn sie den Ehemann überlebt, so ist die Rente der Ehefrau aufschiebend bedingt und nach § 4 BewG 1965 nicht zu berücksichtigen (BFH-Urteil vom 31. 1. 1964, BStBl. III S. 179)[1].

Beispiel B:

Alter der Ehegatten wie im Beispiel A.

Rente des Ehemannes	2000 DM
Rente der Ehefrau für die Zeit nach dem Tode des Ehemannes	1500 DM
Es ist zu rechnen: 2000 × 10,255	20510 DM

Die Rente der Ehefrau bleibt außer Betracht.

(6) Eine Rente, die einer Witwe auf Lebenszeit, längstens aber bis zur Wiederverheiratung zusteht, ist ausschließlich mit dem sich nach § 14 Abs. 1 BewG ergebenden Kapitalwert anzusetzen (BFH-Urteil vom 15. 10. 1965, BStBl. 1966 III S. 2). Dasselbe gilt auch für Renten, die von unbestimmter Dauer, gleichzeitig aber auch von der Lebenszeit einer Person abhängig sind (BFH-Urteile vom 11. 8. 1961, BStBl. III S. 477, und vom 28. 11. 1969, BStBl. 1970 II S. 171)[2]. Eine Rente, die für eine bestimmte Zeit vereinbart ist, jedoch beim Tode des letzten Mitglieds einer Familie erlischt, ist mit dem Kapitalwert nach § 13 Abs. 1 BewG anzusetzen. Höchstens ist jedoch der Kapitalwert anzusetzen, der sich für das Familienmitglied ergibt, für das nach § 14 Abs. 1 BewG der höchste Vervielfältiger anzuwenden ist (BFH-Urteil vom 21. 4. 1972, BStBl. II S. 665)[3].

(6a) Immerwährende Nutzungen und Leistungen sind nach § 13 Abs. 2 BewG 1965 mit dem 18fachen des Jahreswerts zu bewerten. Immerwährend sind Nutzungen und Leistungen, wenn ihr Ende von Ereignissen abhängt, von denen ungewiß ist, ob und wann sie in absehbarer Zeit eintreten (BFH-Urteil vom 11. 12. 1970, BStBl. 1971 II S. 386)[4].

(6b) Der gemeine Wert eines Rechts auf Renten oder andere wiederkehrende Nutzungen und Leistungen ist nur dann nachweislich geringer oder höher als der Kapitalwert (§ 13 Abs. 3 und § 14 Abs. 4 BewG), wenn die Abweichung vom Kapitalwert bei dem im Einzelfall festgestellten Sachverhalt auf Grund von Erfahrungssätzen oder nach den Denkgesetzen zwingend ist (BFH-Urteil vom 24. 4. 1970, BStBl. II S. 715)[5].

(7) Wegen der Steuerfreiheit von Renten, Nutzungen und wiederkehrenden Leistungen nach § 111 Nr. 9 BewG 1965 vgl. Abschnitt 70 Abs. 2.

62. Bewertung von Renten und anderen wiederkehrenden Leistungen

(1) Renten sind laufende Bezüge in Geld oder Geldeswert, auf die der Empfänger für eine gewisse Zeitdauer einen Anspruch hat, so daß die periodisch wiederkehrenden Bezüge auf einem einheitlichen Stammrecht (Rentenrecht) beruhen und dessen Früchte darstellen (vgl. BFH-Urteil vom 29. 3. 1962, BStBl. III S. 304). Hierher gehören auch Ansprüche auf laufende Leistungen aus einer bereits fälligen Rentenversicherung, auch wenn diese zwangsweise abgeschlossen worden ist (RFH-Urteile vom 8. 10. 1936, RStBl. S. 1126, und vom 28. 9. 1939, RStBl. 1940 S. 414). Wegen der noch nicht fälligen Ansprüche dieser Art vgl. Abschnitt 65. Ein bewertungsfähiges Rentenrecht ist auch vorhanden, wenn der Empfänger zwar keinen klagbaren bürgerlich-rechtlichen Anspruch auf die Leistungen hat, aber mit Sicherheit mit dem fortlaufenden Bezug der Leistungen rechnen kann (BFH-Urteil vom 9. 9. 1960, BStBl. 1961 III S. 18).

---

[1] Vgl. DStR 1964 S. 206 Nr. 189.
[2] Vgl. DStR 1970 S. 214 Nr. 139 = BFH-N Nr. 1 zu §§ 15 u. 16 BewG.
[3] Vgl. DStR S. 543 Nr. 419 = BFH-N Nr. 1 zu §§ 13 Abs. 1, 14 BewG 1965.
[4] Vgl. DStR 1971 S. 345 Nr. 256 = BFH-N Nrn. 4–5 zu § 66 BewG.
[5] Vgl. BFH-N Nr. 1 zu § 16 Abs. 5 BewG.

(2) Zu den Ansprüchen auf wiederkehrende Leistungen gehört auch das Recht auf den Erbbauzins. Des weiteren gehört dazu der Anspruch eines nur obligatorisch Berechtigten gegen den Betriebsinhaber auf Leistung eines Anteils am jährlichen Reingewinn (Gewinnbeteiligung). Wegen der Unterscheidungsmerkmale zwischen einer zum sonstigen Vermögen gehörenden Gewinnbeteiligung und den nicht zum sonstigen Vermögen gehörenden Ansprüchen auf Renten und ähnliche Bezüge, die mit Rücksicht auf ein früheres Arbeits- oder Dienstverhältnis gewährt werden, vgl. BFH-Urteil vom 11. 2. 1966 (BStBl. III S. 307)[1]. Zur Abgrenzung von Ansprüchen auf Kaufpreisraten gegenüber Renten und Rechten auf wiederkehrende Leistungen vgl. BFH-Urteil vom 3. 10. 1969 (BStBl. 1970 II S. 240)[2].

63. Bewertung von Nießbrauchs- und Nutzungsrechten[3]

(1) Nießbrauchs- und Nutzungsrechte sind mit dem Kapitalwert nach den §§ 13 ff. BewG 1965 anzusetzen. Der Jahreswert, von dem bei der Ermittlung des Kapitalwerts auszugehen ist, kann nach § 16 Abs. 1 BewG 1965 mit keinem höheren Betrag als dem achtzehnten Teil des Werts angesetzt werden, der sich nach den Vorschriften des Bewertungsgesetzes für das genutzte Wirtschaftsgut ergibt. Das ist bei Grundstücken (§ 70 BewG) und den wie Grundvermögen bewerteten Betriebsgrundstücken (§ 99 Abs. 1 Nr. 1 BewG) der mit 140 v. H. angesetzte Einheitswert (§ 121a BewG); vgl. auch Abschnitt 1. Beim Nießbrauch an einer Vermögensmasse kommt es auf den Wert des Ertrags des gesamten Vermögens an. Es sind von den Einnahmen der dazu gehörenden ertragbringenden Wirtschaftsgüter die Aufwendungen auf ertraglose Wirtschaftsgüter abzuziehen (BFH-Urteil vom 21. 11. 1969, BStBl. 1970 II S. 368)[4]. Ist das Nutzungsrecht auf einen Teil der Gesamtnutzung beschränkt, so ermäßigt sich der Höchstbetrag des Jahreswerts entsprechend. Ist dagegen das Nutzungsrecht auf einen bestimmten abgrenzbaren Teil des Wirtschaftsguts beschränkt, so kommt es für die Ermittlung des Höchstbetrags auf den Wert an, der von dem steuerlich maßgebenden Wert für das ganze Wirtschaftsgut auf diesen Teil entfällt. Dies gilt für obligatorische Nutzungsrechte nur dann, wenn der Anspruch auf die Nutzung des Wirtschaftsguts beschränkt ist, es sich also um eine sachbezogene Nutzung des Wirtschaftsguts selbst handelt, und darüber hinausgehende Ansprüche gegen den Nutzungsverpflichteten selbst ausgeschlossen sind (BFH-Urteil vom 24. 4. 1970, BStBl. II S. 591)[5]. Die in einer lebenslänglichen Rente bestehende Gegenleistung bei einer Grundstücksveräußerung kann nicht wie ein lebenslängliches Nutzungsrecht an dem Grundstück behandelt werden. Die Rente ist vielmehr ohne Anwendung des § 16 BewG zu bewerten (BFH-Urteil vom 2. 12. 1971, BStBl. 1972 II S. 473)[6].

(2) *(gestrichen)*

64. Erfindungen und Urheberrechte

(1) Erfindungen und Urheberrechte bleiben beim Erfinder und Urheber steuerfrei. Bei anderen Personen gehören sie dagegen grundsätzlich zum steuerpflichtigen Vermögen, gleichgültig auf welche Weise sie von diesen Personen erworben worden sind. Eine Ausnahme gilt lediglich beim Ehegatten und bei den Kindern des Erfinders oder Urhebers für die Erfindungen und Urheberrechte, die beim Tode des Erfinders oder Urhebers im Erbwege auf sie übergegangen sind. Dasselbe gilt für die Originale urheberrechtlich geschützter Werke. Wegen weiterer Vergünstigungen für Kunstgegenstände vgl. Abschnitt 68.

---

[1] Vgl. DStR 1966 S. 485 Nr. 281 = BFH-N Nr. 1 zu § 67 Abs. 1 Ziff. 4 BewG.
[2] Vgl. BFH-N Nr. 2 zu § 67 Abs. 1 BewG u. Nr. 1 zu § 77 Abs. 2 Nr. 6 BewG.
[3] Siehe dazu die als Anlagen d und e zu Abschnitt 56 VStR abgedruckten Tabellen.
[4] Vgl. DStR 1970 S. 350 Nr. 237 = BFH-N Nr. 2 zu § 15 BewG.
[5] Vgl. DStR 1970 S. 509 Nr. 360 = BFH-N Nr. 1 zu § 17a Abs. 1 BewG.
[6] Vgl. BFH-N Nr. 1 zu § 14 und Nr. 1 zu § 16 Abs. 1 BewG 1965.

(2) Erfindungen und Urheberrechte, die nach Absatz 1 noch zum steuerpflichtigen Vermögen gehören und in Lizenz vergeben oder in sonstiger Weise gegen Entgelt einem Dritten zur Ausnutzung überlassen sind, werden, wenn keine anderen geeigneten Unterlagen zur Verfügung stehen, in der Weise bewertet, daß der Anspruch auf die in wiederkehrenden Zahlungen bestehende Gegenleistung kapitalisiert wird (BFH-Urteil vom 4. 3. 1966, BStBl. III S. 348)[1]. Dabei ist vom Reinertrag auszugehen. Die Verwertungsaussichten eines Patents, Urheberrechts, verwandten Schutzrechts usw. können im Einzelfall sehr unterschiedlich sein. Die durchschnittliche Nutzungsdauer beträgt im allgemeinen etwa 8 Jahre. Der Kapitalisierung ist der marktübliche Zinssatz zugrunde zu legen. Dieser ist jedoch wegen der verschiedenen bei der Bewertung dieser immateriellen Wirtschaftsgüter zu berücksichtigenden Unsicherheitsfaktoren noch um einen Risikozuschlag zu erhöhen. Im allgemeinen ist es nicht zu beanstanden, wenn von einem Marktzins von 8 v.H. ausgegangen wird und ein Risikozuschlag von 50 v.H. gemacht wird, so daß der Kapitalisierungszinsfuß 12 v.H. beträgt. Die dem Abzinsungssatz von 12 v.H. entsprechenden, auf den Jahreswert anzuwendenden Vervielfacher betragen bei einer Laufzeit von

Jahren

1	0,89	11–	5,94
2	1,69	12–	6,19
3	2,40	13–	6,42
4	3,04	14–	6,63
5	3,60	15–	6,81
6	4,11	16–	6,97
7	4,56	17–	7,12
8	4,97	18–	7,25
9	5,33	19–	7,37
10	5,65.	20–	7,47

Wegen weiterer Einzelheiten zur Bewertung von Erfindungen, technischen Erfahrungen usw. vgl. die BFH-Urteile vom 13. Februar 1970 (BStBl. II S. 369[2] und 373)[3], vom 20. Februar 1970 (BStBl. II S. 484)[4] und vom 20. März 1970 (BStBl. II S. 636)[5].

BewDV

§ 73 *Noch nicht fällige Ansprüche aus Lebensversicherungen*

(1) *Für die Berechnung des Werts noch nicht fälliger Ansprüche aus Lebens-, Kapital- und Rentenversicherungen gelten die folgenden Bestimmungen:*

1. *Bei Ansatz mit zwei Dritteln der eingezahlten Prämien (§ 14 Abs. 4 Satz 1 des Gesetzes):*

   a) Rückzahlungen (ausgeschüttete Gewinnanteile u. dgl.) sind von den eingezahlten Prämien abzuziehen. Ist die Rückzahlung durch Anrechnung auf laufende Prämien vorgenommen worden, so ist nur der tatsächlich gezahlte Prämienbetrag anzusetzen.

   b) Gutgeschriebene Gewinnanteile u. dgl., über die der Steuerpflichtige auch vor Eintritt des Versicherungsfalls verfügen kann, sind von den eingezahlten Prämien abzuziehen. Die gutgeschriebenen Gewinnanteile sind als laufende Guthaben im Sinne des § 67 Ziff. 2 des Gesetzes anzusehen.

   c) Gutgeschriebene Gewinnanteile u. dgl., über die der Steuerpflichtige nicht vor Eintritt des Versicherungsfalls verfügen kann, sind von den eingezahlten Prämien nicht

---

[1] Vgl. DStR 1966 S. 517 Nr. 314 = BFH-N Nr. 1 zu § 12 BewG.
[2] Vgl. DStR 1970 S. 352 Nr. 240 = BFH-N Nr. 8 zu § 54 BewG u. Nr. 1 zu § 77 Abs. 2 Nr. 5 BewG.
[3] Vgl. DStR 1970 S. 351 Nr. 239 = BFH-N Nr. 4 zu § 10 BewG.
[4] Vgl. DStR 1970 S. 471 Nr. 325 = BFH-N Nr. 1 zu § 10 BewG.
[5] Vgl. DStR 1970 S. 543 Nr. 373 = BFH-N Nr. 6 zu § 10 BewG.

abzuziehen. In diesen Fällen sind die vollen Prämien zugrunde zu legen; die gutgeschriebenen Gewinnanteile u. dgl. sind nicht besonders anzusetzen.
Die Bestimmungen zu a bis c gelten ohne Rücksicht darauf, ob es sich um laufende Prämien oder um Einmalprämien handelt. Die Bestimmungen gelten entsprechend für die Bewertung von Ansprüchen aus Kapitalversicherungen mit zwei Dritteln der eingezahlten Kapitalbeiträge. Die neben den Prämien oder Kapitalbeiträgen gezahlte Versicherungsteuer ist bei der Bewertung der Ansprüche außer Betracht zu lassen.

2. *Bei Ansatz mit dem Rückkaufswert (§ 14 Abs. 4 Satz 2 des Gesetzes):*
   a) *Gutgeschriebene Gewinnanteile u. dgl., über die der Steuerpflichtige auch vor Eintritt des Versicherungsfalls verfügen kann, sind, da sie nicht im Rückkaufswert berücksichtigt werden, besonders, und zwar als laufende Guthaben im Sinne des § 67 Ziff. 2 des Gesetzes anzusetzen.*
   b) *Gutgeschriebene Gewinnanteile u. dgl., über die der Steuerpflichtige nicht vor Eintritt des Versicherungsfalls verfügen kann, sind*
      soweit sie im Rückkaufswert berücksichtigt sind, nicht besonders anzusetzen,
      soweit sie im Rückkaufswert nicht berücksichtigt sind, als Kapitalforderungen im Sinne des § 67 Ziff. 1 des Gesetzes, die bis zum Eintritt des Versicherungsfalls befristet sind, anzusetzen.

(2) Hat der Steuerpflichtige bei dem Versicherungsunternehmen ein Darlehen (Policedarlehen) aufgenommen oder von dem Unternehmen eine Vorauszahlung erhalten, so gelten die Zinsen (Zusatzbeiträge) für das Policedarlehen oder die Vorauszahlung nicht als Prämien und sind daher bei der Berechnung des Werts nach Absatz 1 Ziff. 1 außer Betracht zu lassen. Das Policedarlehen oder die Vorauszahlung selbst ist vom Rückkaufswert (Absatz 1 Ziff. 2) nicht abzusetzen; das Darlehen oder die Vorauszahlung ist bei der Ermittlung des Vermögens als Schuld abzuziehen.

VStR

65. Noch nicht fällige Ansprüche aus Lebens-, Kapital- und Rentenversicherungen

(1) Bei der Bewertung noch nicht fälliger Ansprüche aus Lebens-, Kapital- und Rentenversicherungen bleiben nach § 12 Abs. 4 BewG 1965 die in Reichsmark eingezahlten Prämien und Kapitalbeiträge außer Betracht. Die im Saarland vor dem Eingliederungstag (6. Juli 1959) in Franken eingezahlten Prämien und Kapitalbeiträge werden im Verhältnis 100 Franken = 1 DM umgerechnet.

(2) Ist der Rückkaufswert der noch nicht fälligen Ansprüche niedriger als der sich nach Absatz 1 ergebende Wert, so ist dieser maßgebend, wenn er von dem Steuerpflichtigen nachgewiesen wird (§ 12 Abs. 4 BewG 1965). Wird im Falle vorzeitiger Aufhebung des Versicherungsvertrags von dem Versicherungsunternehmen nachweislich nichts erstattet, so beträgt der Rückkaufswert Null DM. Der Versicherungsanspruch bleibt deshalb außer Ansatz.

(3) Zu den in § 110 Abs. 1 Nr. 6 Buchstaben a und b BewG 1965 genannten Rentenversicherungen gehört auch eine Rentenversicherung, die in eine Kapitalversicherung umgewandelt werden kann, bei der an Stelle der Rente die Auszahlung einer Kapitalabfindung beantragt werden kann oder für die unter bestimmten Voraussetzungen eine Prämienrückgewähr vorgesehen ist. Nicht hierher gehört dagegen eine kombinierte Lebens- und Rentenversicherung, z. B. eine Lebensversicherung mit Rente im Invaliditätsfall. Berechtigter im Sinne des § 110 Abs. 1 Nr. 6 Buchstabe b BewG 1965 ist in der Regel der Versicherungsnehmer. Es kann aber auch eine andere Person sein. Das Alter von 60 Jahren ist das früheste Alter, auf das der Versicherungsfall abgestellt sein darf.

(4) Noch nicht fällige Ansprüche aus Lebens-, Kapital- und Rentenversicherungen, die nicht unter § 110 Abs. 1 Nr. 6 Buchstaben a und b BewG fallen, gehören nur insoweit zum sonstigen Vermögen, als ihr Wert insgesamt 10000 DM übersteigt. Werden mehrere Steuerpflichtige zusammen veranlagt, so ist der Betrag von 10000 DM entsprechend zu vervielfachen (§ 110 Abs. 3 BewG).

(5) Die Vergünstigungen in § 110 Abs. 1 Nr. 6 BewG 1965 gelten für Versicherungen bei ausländischen Versicherungsunternehmen nur dann, wenn dem ausländischen Versicherungsunternehmen die Erlaubnis zum Geschäftsbetrieb im Inland erteilt ist. Die dafür in Betracht kommenden Versicherungsunternehmen ergeben sich aus der Anlage 5[1] der Einkommensteuer-Richtlinien.

66. Überbestand an umlaufenden Betriebsmitteln eines Betriebs der Land- und Forstwirtschaft

(1) Der Überbestand an umlaufenden Betriebsmitteln nach dem Stand vom 30. Juni ist dem Gesamtvermögen desjenigen, der im Veranlagungszeitpunkt Betriebsinhaber ist, auch dann zuzurechnen, wenn dieser den Betrieb in der Zeit zwischen dem 30. Juni und dem Veranlagungszeitpunkt erst erworben hat (RFH-Urteil vom 21. 2. 1935, RStBl. S. 627).

(2) Hat der Pächter nach dem Pachtvertrag dem Eigentümer die Kosten für die Bestellung der bei Pachtbeginn vorhandenen stehenden Ernte zu erstatten und dafür seinerseits einen Anspruch auf Erstattung der Bestellungskosten für die beim Pachtschluß vorhandene stehende Ernte, so ist dieser Erstattungsanspruch während des Bestehens der Pacht nicht als Geldforderung im Sinne des § 29 Abs. 2 Nr. 1 BewG a. F. zu behandeln. Er ist daher beim sonstigen Vermögen nicht zu bewerten. Hat der Pächter nach dem Pachtvertrag dem Eigentümer bei Beendigung der Pacht ein ordnungsmäßig bestelltes Pachtgut zurückzugeben, ohne daß er Ersatz für die Bestellungskosten verlangen kann, so darf er diese Verpflichtung nicht als Schuld beim Gesamtvermögen abziehen (RFH-Urteil vom 6. 5. 1943, RStBl. S. 783).

66a. Wirtschaftsgüter, die einem Betrieb der Land- und Forstwirtschaft oder einem gewerblichen Betrieb zu dienen bestimmt sind, aber einem derartigen Betrieb des Eigentümers nicht dienen

Ob ein Wirtschaftsgut nach § 110 Abs. 1 Nr. 8 BewG 1965 einem gewerblichen Betrieb oder einem Betrieb der Land- und Forstwirtschaft zu dienen bestimmt ist, richtet sich nach der Zweckbestimmung durch den Eigentümer bzw. den Verfügungsberechtigten, sofern die Zweckbestimmung nach außen erkennbar und der Wille des Eigentümers bzw. des Verfügungsberechtigten mit den tatsächlichen Gegebenheiten und insbesondere mit der Verkehrsauffassung vereinbar ist (BFH-Urteil vom 30. 1. 1970, BStBl. II S. 298)[2]. Die Wirtschaftsgüter im Sinne des § 110 Abs. 1 Nr. 8 BewG gehören nur dann zum sonstigen Vermögen, wenn ihr Wert insgesamt 10 000 DM übersteigt. Werden mehrere Steuerpflichtige zusammen veranlagt, so ist der Betrag von 10 000 DM entsprechend zu vervielfachen (§ 110 Abs. 3 BewG).

66 b. *(gestrichen)*

67. Luxusgegenstände[3]

Luxusgegenstände gehören nur dann zum sonstigen Vermögen, wenn der gemeine Wert aller in § 110 Abs. 1 Nr. 11 BewG genannten Gegenstände insgesamt 10 000 DM übersteigt. Werden mehrere Personen zusammenveranlagt, so ist der Betrag von

---

[1] Abgedruckt im „Handbuch zur ESt-Veranlagung" als Anlage zu Abschnitt 89 EStR.
[2] Vgl. DStR 1970 S. 350 Nr. 238 = BFH-N Nr. 1 zu § 67 Abs. 1 Nr. 8 BewG.
[3] Bei der Bewertung von Schmuckgegenständen, die zum Privatvermögen gehören, ist es nicht möglich, einen festen Bewertungsmaßstab anzugeben. Wird bei der Bewertung dieser Gegenstände vom Einkaufspreis oder einer abgeschlossenen Versicherung über diese Gegenstände ausgegangen, so ist von diesen Werten ein Abschlag zu machen. Die Höhe der Abschläge ist in jedem Einzelfall gesondert zu prüfen. *Erlaß Nordrhein-Westfalen S 3255 – 2 – VC I v. 14. 11. 1963; StEK BewG § 67 Nr. 9.*
Segelboote mit einem Neuwert von mehr als 35000 DM und Motorboote mit einem Neuwert von mehr als 15000 DM werden im allgemeinen als Luxusgegenstände i. S. des § 110 Abs. 1 Ziff. 11 BewG 1965 angesehen werden müssen. *Verfügung OFD Hamburg S 3255 – 2/66 – St 31 v. 11. 1. 1967; StEK BewG 1965 § 110 Nr. 3.*
Die Eigenschaft als Luxusgegenstand kann durch Abnutzung und Zeitablauf verlorengehen. *Erlaß Nordrhein-Westfalen S 3255 – 2 – VC I v. 2. 6. 1971; StEK BewG 1965 § 110 Nr. 14.*

10000 DM entsprechend zu vervielfachen (§ 110 Abs. 3 BewG). Als Luxusgegenstände sind nur solche Wirtschaftsgüter anzusehen, deren Anschaffung und Haltung einen Aufwand darstellt, der die als normal empfundene Lebenshaltung auffallend oder unangemessen übersteigt (BFH-Urteil vom 30. 7. 1971, BStBl. 1972 II S. 26)[1]. Serienmäßig hergestellte Personenkraftwagen, Wohnwagen, Segelflugzeuge und kleinere Segelboote sind in der Regel keine Luxusgegenstände. Im Gegensatz dazu müssen jedoch Motorflugzeuge, Motorjachten und Segeljachten in der Regel als Luxusgegenstände angesehen werden (BFH-Urteile vom 19. 12. 1969, BStBl. 1970 II S. 293,[2] und vom 30. 7. 1971, a. a. O.). Das gleiche gilt für Renn- und Zuchtställe, die aus Liebhaberei unterhalten werden (BFH-Urteil vom 29. 11. 1963, BStBl. 1964 III S. 58)[3].

68. Kunstgegenstände und Sammlungen

(1) Kunstgegenstände und Sammlungen gehören nach § 110 Abs. 1 Nr. 12 BewG zum sonstigen Vermögen, wenn ihr gemeiner Wert insgesamt 20000 DM übersteigt. Werden mehrere Steuerpflichtige zusammen veranlagt, so ist der Betrag von 20000 DM entsprechend zu vervielfachen (§ 110 Abs. 3 BewG).

(2) Kunstgegenstände sind nur Werke der reinen Kunst (z. B. Gemälde, Skulpturen). Dagegen können Sammlungen auch Erzeugnisse des Kunstgewerbes (z. B. Truhen, Vasen) und sonstige Gegenstände umfassen, die keinen unmittelbaren Nutzen gewähren (z. B. Briefmarkensammlungen). § 110 Abs. 1 Nr. 12 BewG 1965 gilt nicht für Sammlungen von Gegenständen, die unter § 110 Abs. 1 Nr. 10 BewG 1965 fallen (z. B. Münzsammlungen).

(3) Kunstgegenstände, die sich im Eigentum des Urhebers selbst oder nach seinem Tode im Eigentum der Witwe oder der Kinder befinden, scheiden nach § 110 Abs. 1 Nr. 5 BewG 1965 stets für die Besteuerung aus.

(4) Der gemeine Wert von Kunstgegenständen usw. ist besonders vorsichtig zu ermitteln. Dabei ist insbesondere die schwierige Verwertungsmöglichkeit zu berücksichtigen.

69. Beteiligungen an Hauberggenossenschaften usw.

(1) Nach § 3a BewG sind Wirtschaftsgüter, die einer Hauberg-, Wald-, Forst- oder Laubgenossenschaft oder einer ähnlichen Realgemeinde mit eigener Rechtspersönlichkeit gehören, so zu behandeln, als ob sie den an der Realgemeinde beteiligten Personen zur gesamten Hand gehörten. Die Aufteilung erstreckt sich auf alle Wirtschaftsgüter der Realgemeinde.

(2) Die in Absatz 1 angeführten Wirtschaftsgüter sind den Genossen nach § 11 Nr. 5 StAnpG so zuzurechnen, als wären sie nach Bruchteilen berechtigt. Im einzelnen gilt für die Zurechnung folgendes:

1. Das land- und forstwirtschaftliche Vermögen der Genossenschaft wird bei der Einheitsbewertung den Genossen entsprechend dem Verhältnis ihrer Genossenschaftsanteile als land- und forstwirtschaftliches Vermögen zugerechnet. Sofern ein Abzug nach § 118 Abs. 1 Nr. 3 BewG in Betracht kommt, ist Abschnitt 102 entsprechend anzuwenden.

2. Das Betriebsvermögen, Grundvermögen und sonstige Vermögen der Genossenschaft wird den Genossen entsprechend dem Verhältnis der Genossenschaftsanteile zugerechnet. Entsprechend können bei den Genossen auch die Schulden der Genossenschaft abgezogen werden.

---

[1] Vgl. DStR 1972 S. 53 Nr. 31 = BFH-N Nr. 3 zu Art. 20 Abs. 3 GG und Nr. 2 zu § 67 Abs. 1 Nr. 10 BewG.
[2] Vgl. BFH-N Nr. 1 zu § 67 Abs. 1 Nr. 10 BewG.
[3] Vgl. DStR 1964 S. 119 Nr. 102.

Das für die Ermittlung und Aufteilung der Einkünfte der Genossenschaft zuständige Finanzamt hat den Wohnsitzfinanzämtern der Genossen die erforderlichen Mitteilungen zu machen (vgl. Abschnitt 20). Da die Voraussetzungen für eine einheitliche Feststellung nach § 215 AO nicht vorliegen, kann die Ermittlung und Aufteilung des Vermögens der Genossenschaft formlos erfolgen.

(3) Besteht das Vermögen der Genossenschaft lediglich aus einem Nutzungsrecht an dem Grundbesitz eines Dritten, z. B. der politischen Gemeinde, das den Genossen anteilig überlassen ist, so wird das anteilige Nutzungsrecht in der Regel nach § 34 Abs. 5 BewG in das land- und forstwirtschaftliche Vermögen der Genossen einbezogen sein. Andernfalls ist es als Recht auf wiederkehrende Leistungen im Sinne des § 110 Abs. 1 Nr. 4 BewG zu behandeln.

69 a. *(aufgehoben)*

BewG

§ 111   Nicht zum sonstigen Vermögen gehörige Wirtschaftsgüter

Zum sonstigen Vermögen gehören nicht:

1. Ansprüche an Witwen-, Waisen- und Pensionskassen sowie Ansprüche auf Renten und ähnliche Bezüge, die auf ein früheres Arbeits- oder Dienstverhältnis zurückzuführen sind;

2. Ansprüche aus der Sozialversicherung, der Arbeitslosenversicherung und einer sonstigen Kranken- oder Unfallversicherung;

3. fällige Ansprüche auf Renten aus Rentenversicherungen, wenn der Versicherungsnehmer das sechzigste Lebensjahr vollendet hat oder voraussichtlich für mindestens drei Jahre erwerbsunfähig ist. Soll nach dem Versicherungsvertrag für den Fall des Todes des Versicherungsnehmers die Rente an dritte Personen gezahlt werden, so gehören die Ansprüche nur dann nicht zum sonstigen Vermögen, wenn keine weiteren Personen anspruchsberechtigt sind als die Ehefrau des Versicherungsnehmers und seine Kinder, solange die Kinder noch nicht das achtzehnte oder, falls sie sich in der Berufsausbildung befinden, noch nicht das *fünfundzwanzigste*[1] Lebensjahr vollendet haben. In diesem Falle gehören nach dem Tode des Versicherungsnehmers die Ansprüche auch bei der Ehefrau und den Kindern nicht zum sonstigen Vermögen. Wird eine durch Tod des Versicherungsnehmers fällige Kapitalversicherungssumme als Einmalbeitrag zu einer sofort beginnenden Rentenversicherung für die Ehefrau und die in Satz 2 bezeichneten Kinder verwendet, so gehören auch die Ansprüche aus dieser Rentenversicherung bei der Ehefrau und den Kindern nicht zum sonstigen Vermögen;

4. Ansprüche auf gesetzliche Versorgungsbezüge ohne Rücksicht darauf, ob diese laufend oder in Form von Kapitalabfindungen gewährt werden;

5. Ansprüche nach folgenden Gesetzen in der jeweils geltenden Fassung:

    a) Lastenausgleichsgesetz in der Fassung der Bekanntmachung vom 1. Oktober 1969 (Bundesgesetzbl. I S. 1909), zuletzt geändert durch das Siebenundzwanzigste Gesetz zur Änderung des Lastenausgleichsgesetzes vom 13. Februar 1974 (Bundesgesetzbl. I S. 177), Währungsausgleichsgesetz in der Fassung der Bekanntmachung vom 1. Dezember 1965 (Bundesgesetzbl. I S. 2059), zuletzt geändert durch § 3 des Zwanzigsten Gesetzes zur Änderung des Lastenausgleichsgesetzes vom 15. Juli 1968 (Bundesgesetzbl. I S. 806), Altsparergesetz in der Fassung der Bekanntmachung vom 1. April 1959 (Bundesgesetzbl. I S. 169), zuletzt geändert durch § 3 des Siebzehnten Gesetzes zur Änderung des Lastenausgleichsgesetzes vom 4. August 1964 (Bundesgesetzbl. I S. 585), Flüchtlingshilfegesetz in der Fassung der Bekanntmachung vom 15. Mai 1971 (Bundesgesetzbl. I S. 681), Reparationsschädengesetz vom 12. Februar 1969 (Bundesgesetzbl. I S. 105), zuletzt geändert durch § 2 des Dreiundzwanzigsten Gesetzes zur Änderung des Lastenausgleichsgesetzes vom 23. Dezember 1970 (Bundesgesetzbl. I S. 1870),

    b) Allgemeines Kriegsfolgengesetz vom 5. November 1957 (Bundesgesetzbl. I S. 1747), zuletzt geändert durch das Reparationsschädengesetz vom 12. Februar 1969 (Bundesgesetzbl. I S. 105), Gesetz zur Regelung der Verbindlichkeiten nationalsozialistischer Einrichtungen und der Rechtsverhältnisse an deren Vermögen vom 17. März 1965 (Bundesgesetzbl. I S. 79),

    c) Kriegsgefangenenentschädigungsgesetz in der Fassung der Bekanntmachung vom 2. September 1971 (Bundesgesetzbl. I S. 1545), Häftlings-

---

[1] Siehe jedoch nunmehr Abschnitt 70a Abs. 1 VStR, wonach an die Stelle des 25. das 27. Lebensjahr getreten ist.

hilfegesetz in der Fassung der Bekanntmachung vom 25. Juli 1960 (Bundesgesetzblatt I S. 578);

6. Ansprüche auf Leistungen, die auf Grund gesetzlicher Vorschriften zur Wiedergutmachung nationalsozialistischen Unrechts für Schäden an Leben, Körper, Gesundheit und Freiheitsentzug zustehen, ohne Rücksicht darauf, ob die Leistungen laufend oder in Form einer einmaligen Zahlung gewährt werden;

7. Ansprüche auf Renten,

a) die auf gesetzlicher Unterhaltspflicht beruhen[1], wenn Unterhaltsverpflichteter und Unterhaltsberechtigter nach § 14 des Vermögensteuergesetzes zusammen veranlagt werden, in anderen Fällen, soweit der Kapitalwert 20 000 Deutsche Mark übersteigt. Der Kapitalwert ist vorbehaltlich des § 14 nach § 13 Abs. 1 zu ermitteln; dabei ist von der nach den Verhältnissen am Stichtag voraussichtlichen Dauer der Unterhaltsleistungen auszugehen;

b) die dem Steuerpflichtigen als Entschädigung für den durch Körperverletzung oder Krankheit herbeigeführten gänzlichen oder teilweisen Verlust der Erwerbsfähigkeit zustehen. Das gleiche gilt für Ansprüche auf Renten, die den Angehörigen einer in dieser Weise geschädigten Person auf Grund der Schädigung zustehen;

8. Ansprüche auf eine Kapitalabfindung, die dem Berechtigten an Stelle einer in Nummer 7 bezeichneten Rente zusteht;

9. Ansprüche auf Renten und andere wiederkehrende Nutzungen oder Leistungen, soweit der Jahreswert der Nutzungen oder Leistungen insgesamt 4800 Deutsche Mark nicht übersteigt, wenn der Berechtigte über 60 Jahre alt oder voraussichtlich für mindestens drei Jahre erwerbsunfähig ist;

10. Hausrat und andere bewegliche körperliche Gegenstände, soweit sie nicht im § 110 besonders als zum sonstigen Vermögen gehörig bezeichnet sind.

VStR

70. Ansprüche auf Renten und ähnliche Bezüge

(1) Ansprüche auf Renten und ähnliche Bezüge gehören dann nicht zum sonstigen Vermögen, wenn sie mit Rücksicht auf ein früheres Arbeits- oder Dienstverhältnis gewährt werden. Zum Begriff „Arbeits- oder Dienstverhältnis" vgl. die BFH-Urteile vom 20. Juni 1969 (BStBl. II S. 544)[2] und vom 26. Oktober 1970 (BStBl. 1971 II S. 194)[3]. Es ist ohne Bedeutung, ob die Renten freiwillig oder auf Grund eines Dienstleistungsvertrags, ob sie vom Dienstherrn selbst oder von einem Dritten, z. B. einer Pensionskasse oder einer Versicherung, gezahlt werden. Erforderlich ist nur, daß es sich um pensionsartige Bezüge handelt. Eine Rente, die zu den früheren Bezügen und der Länge der Dienstzeit in keinem angemessenen Verhältnis steht, ist mindestens teilweise nicht mit Rücksicht auf ein früheres Arbeits- oder Dienstverhältnis gewährt und insoweit nicht steuerfrei (RFH-Urteil vom 24.2.1938, RStBl. S. 550). Eine Witwenrente, die auf einem Gesellschaftsvertrag beruht, gehört, auch wenn dieser eine freiberufliche Tätigkeit zum Gegenstand hatte, zum sonstigen Vermögen (BFH-Urteil vom 15. 12. 1961, BStBl. 1962 III S. 171).

[1] Vgl. BFH-Urteil vom 13. November 1964 III 338/61 (HFR 65 S. 306 Nr. 251):
Rentenansprüche beruhen nur dann auf gesetzlicher Unterhaltspflicht und können deshalb nach *§ 68 Ziff. 5a BewG* (= § 111 Ziff. 7a BewG) außer Ansatz bleiben, wenn die in einem Übergabevertrag vereinbarten Leistungen der Rentenberechtigten bei vernünftiger Beurteilung offensichtlich nicht als Gegenleistungen für den Rentenanspruch gedacht sind. Das ist dann der Fall, wenn die Leistungen des Rentenberechtigten so niedrig sind, daß sie in einem angemessenen Verhältnis zu den Gegenleistungen des Verpflichteten stehen.
[2] Vgl. DStR 1969 S. 543 Nr. 358 = BFH-N Nr. 1 zu § 68 Nrn. 1 u. 3 BewG.
[3] Vgl. DStR 1971 S. 479 Nr. 342.

(1a) Als Ansprüche auf gesetzliche Versorgungsbezüge i. S. des § 111 Nr. 4 BewG 1965 kommen nur solche Ansprüche in Betracht, die sich unmittelbar aus dem Gesetz oder einer auf Grund eines Gesetzes ergangenen Rechtsverordnung ergeben (BFH-Urteil vom 17. 5. 1966, BStBl. III S. 500)[1]. Hierzu gehören auch die Versorgungsansprüche der Bundestags- und Landtagsabgeordneten sowie ihrer Hinterbliebenen aus den auf gesetzlicher Grundlage abgeschlossenen Gruppenversicherungsverträgen.

(1b) Ansprüche auf Renten, die auf gesetzlicher Unterhaltspflicht beruhen, gehören nach § 111 Nr. 7 Buchstabe a BewG nicht zum sonstigen Vermögen, wenn Unterhaltsverpflichteter und Unterhaltsberechtigter nach § 14 VStG zusammen veranlagt werden. In den anderen Fällen gehören sie nur so weit nicht zum sonstigen Vermögen, als ihr Kapitalwert den Betrag von 20000 DM übersteigt. Der Kapitalwert bis zu 20000 DM ist dagegen stets beim sonstigen Vermögen zu erfassen. Dies entspricht der Vorschrift des § 118 Abs. 3 Satz 1 BewG, wonach eine gesetzliche Unterhaltsverpflichtung höchstens bis zu einem Kapitalwert von 20000 DM als Schuld abzugsfähig ist. Für die Abgrenzung der Rentenansprüche, die auf gesetzlicher Unterhaltspflicht beruhen, sind die Anweisungen in Abschnitt 123 EStR sinngemäß anzuwenden. Ansprüche nach dem Gesetz über die Errichtung einer Stiftung „Hilfswerk für behinderte Kinder" vom 17. Dezember 1971 (Bundesgesetzbl. I S. 2018) bleiben nach § 21 Abs. 1 dieses Gesetzes in vollem Umfang außer Ansatz.

(2) Andere Renten- und Nutzungsrechte bleiben unter den Voraussetzungen des § 111 Nr. 9 BewG 1965 außer Ansatz, soweit ihr Jahreswert insgesamt den Betrag von 4800 DM nicht übersteigt. Bei der Ermittlung des Kapitalwerts ist deshalb vom Jahreswert des Renten- oder Nutzungsrechts ein Betrag von 4800 DM abzuziehen. Ist bei einem Nutzungsrecht der sich nach § 16 Abs. 1 BewG 1965 ergebende Jahreswert maßgebend, so ist der Freibetrag von 4800 DM hiervon abzuziehen (BFH-Urteil vom 19. 7. 1968, BStBl. 1969 II S. 154)[2]. Bei Ansprüchen auf Erbbauzinsen ist der Freibetrag nach dem Lebensalter des Berechtigten zu kapitalisieren.[3] Ergibt sich jedoch nach der Laufzeit des Rechts ein niedrigerer Vervielfältiger, so ist dieser maßgebend. Der Kapitalwert des Erbbaurechts ist in diesem Fall um den Kapitalwert des Freibetrags zu kürzen.

(2a) Bei einer zum sonstigen Vermögen gehörenden gesetzlichen Unterhaltsrente (vgl. Absatz 1b) kann der Freibetrag nach § 111 Nr. 9 BewG nur für den Teil des Jahreswerts in Anspruch genommen werden, der sich ergibt, wenn der Betrag von 20000 DM durch den bei der Ermittlung des Kapitalwerts der Unterhaltsrente maßgebenden Vervielfältiger geteilt wird.

Beispiel:

Einer geschiedenen Ehefrau, die das 72. Lebensjahr vollendet hat, steht gegenüber dem früheren Ehemann eine Unterhaltsrente von 10000 DM jährlich zu. Der steuerpflichtige Teil des Jahreswerts dieser Rente beträgt 20000 : 7,13 (Vervielfältiger nach § 14 Abs. 1 BewG) = 2800 DM. Dieser Betrag liegt noch unter dem Freibetrag von 4800 DM. Die Unterhaltsrente bleibt somit in vollem Umfang steuerfrei. Hat die Ehefrau noch andere Renten, so können diese ebenfalls noch bis zu einem Jahreswert von 4800 — 2800 = 2000 DM steuerfrei bleiben.

(3) Der Freibetrag nach § 111 Nr. 9 BewG kann einem Steuerpflichtigen auch für mehrere Renten- und Nutzungsrechte nur einmal gewährt werden. In diesem Fall bestehen jedoch keine Bedenken dagegen, daß der Betrag von 4800 DM von dem Jahreswert des Renten- oder Nutzungsrechts abgezogen wird, bei dem der höchste Kapitalisierungsfaktor anzuwenden ist.

Beispiel:

Ein Steuerpflichtiger hat eine Rente von 6000 DM mit einer Restlaufzeit von zwölf Jahren und eine zweite Rente von ebenfalls 6000 DM mit einer Restlaufzeit von fünf Jahren. Nach

---

[1] Vgl. DStR 1966 S. 641 Nr. 405 = BFH-N Nr. 1 zu § 68 Ziff. 4 BewG.
[2] Vgl. DStR 1969 S. 54 Nr. 54 = BFH-N Nr. 1 zu § 111 Nr. 9 BewG 1965.
[3] Zur Anwendung des Abschn. 70 Abs. 2 vgl. MOENCH in DStR 1975 S. 235 ff. (244).

der Hilfstafel 2[1] des Bewertungsgesetzes beträgt der Kapitalisierungsfaktor für die erste Rente 9,093 und für die zweite Rente 4,505. Der Freibetrag ist bei der ersten Rente zu berücksichtigen, weil dies für den Steuerpflichtigen günstiger ist. Es ergibt sich folgende Berechnung:

$$6\,000 - 4\,800 = 1\,200 \times 9{,}093 = \qquad 10\,912 \text{ DM}$$
$$6\,000 \times 4{,}505 = \qquad 27\,030 \text{ DM}$$
$$\text{insgesamt } 37\,942 \text{ DM}$$

Würde der Freibetrag bei der zweiten Rente berücksichtigt, so würde sich folgende Berechnung ergeben:

$$6\,000 \times 9{,}093 = \qquad 54\,558 \text{ DM}$$
$$6\,000 - 4\,800 = 1\,200 \times 4{,}505 = \qquad 5\,406 \text{ DM}$$
$$\text{insgesamt } 59\,964 \text{ DM}$$

(4) Der Freibetrag nach § 111 Nr. 9 BewG 1965 ist auf die Person des Berechtigten abgestellt (BFH-Urteil vom 31. 1. 1964, BStBl. III S. 179)[2]. Dabei ist davon auszugehen, daß jedem Ehegatten die Hälfte der Rente zusteht, es sei denn, daß sich aus der Entstehung des Rentenstammrechts ein anderer Aufteilungsmaßstab ergibt. Steht einem Ehepaar eine gemeinsame Rente zu, so ist deshalb der Freibetrag zweimal zu gewähren, wenn jeder Ehegatte entweder über 60 Jahre alt oder für mindestens 3 Jahre erwerbsunfähig ist. Jeder Freibetrag ist nach dem Lebensalter des einzelnen Ehegatten zu kapitalisieren. Die Summe der beiden kapitalisierten Freibeträge ist von dem Gesamtwert der Rente abzuziehen.

Beispiel:

Einem Ehepaar steht eine lebenslängliche Rente zu, die zu Lebzeiten beider Ehegatten jährlich 9000 DM und nach dem Tod des Erstversterbenden jährlich 6000 DM beträgt. Der Ehemann ist 74 Jahre, die Ehefrau ist 58 Jahre alt, jedoch für mindestens 3 Jahre erwerbsunfähig. Unter Berücksichtigung der Anweisungen in Abschnitt 61 Abs. 4 ergibt sich folgende Berechnung:

$$9\,000 \text{ DM} \times 5{,}824 = \qquad 52\,416 \text{ DM}$$
$$6\,000 \text{ DM} \times (11{,}602 - 5{,}824) = \qquad 34\,668 \text{ DM}$$
$$\text{insgesamt } 87\,084 \text{ DM}$$

Davon sind abzuziehen an Freibeträgen

$$9\,000 \text{ DM} \times 5{,}824 = \qquad 52\,416 \text{ DM}$$
$$4\,800 \text{ DM} \times (11{,}602 - 5{,}824) = \qquad 27\,734 \text{ DM}$$
$$\text{insgesamt} = 80\,150 \text{ DM}$$

steuerpflichtig insgesamt $$= 6\,934 \text{ DM}$$

(5) Ist bestimmt, daß der Ehemann auf Lebzeiten eine Rente bezieht, und die Ehefrau nur eine Rente erhält, wenn sie den Ehemann überlebt, so ist zunächst nur die Rente des Ehemannes zu bewerten (vgl. Abschnitt 61 Abs. 5). In diesem Fall kann auch nur der dem Ehemann zustehende Freibetrag berücksichtigt werden.

70a. Fällige Ansprüche aus privaten Rentenversicherungen[3]

(1) Fällige Ansprüche auf Renten aus einer privaten Rentenversicherung gehören unter den Voraussetzungen des § 111 Nr. 3 BewG 1965 nicht zum sonstigen Vermögen. Eine Rentenversicherung im Sinne dieser Vorschrift ist auch dann gegeben, wenn eine Kapitalversicherung erst beim Versicherungsfall in eine Rentenversicherung umgewandelt worden ist. An Stelle der in § 111 Nr. 3 BewG bezeichneten Lebensaltersgrenze von 25 Jahren für Kinder, die sich noch in der Berufsausbildung befinden, ist die nach

---

[1] Abgedruckt oben als Anlage d zu Abschnitt 56 VStR.
[2] Vgl. DStR S. 206 Nr. 189.
[3] Vgl. auch BFH-Urteil vom 7. August 1970 III R 56/68 (BStBl. 1971 II S. 292):
Die Heranziehung eines freiberuflich tätigen Rechtsanwalts mit dem von ihm zu seiner Altersvorsorgung angesparten Vermögen (Barvermögen, Wertpapiere) zur Vermögensteuer auf den 1. Januar 1963 entsprechend dem VStG und dem BewG unter Beachtung der darin vorgesehenen Freibeträge verstößt nicht gegen verfassungsrechtliche oder steuerrechtliche Vorschriften.

§ 14 Abs. 2 Nr. 1 VStG für die Zusammenveranlagung maßgebende Lebensaltersgrenze von 27 Jahren anzuwenden.

(2)[1] Sind die in § 111 Nr. 3 BewG 1965 genannten Einschränkungen im Versicherungsvertrag enthalten, so bleiben nach dem Tode des Versicherungsnehmers die aus der Versicherung seinem Ehegatten und seinen Kindern zustehenden Rentenansprüche auch dann außer Ansatz, wenn bei diesen Personen die Voraussetzungen des § 111 Nr. 3 BewG 1965 nicht erfüllt sind. Das gleiche gilt auch, wenn beim Tode des Versicherungsnehmers eine Lebens- oder Kapitalversicherung fällig geworden ist und die fällige Versicherungssumme als Einmalbeitrag zu einer sofort beginnenden Rentenversicherung für eine dieser Personen verwendet wird. Diese Voraussetzung ist noch als erfüllt anzusehen, wenn die Rentenversicherung innerhalb eines halben Jahres nach dem Tode des Versicherungsnehmers zustande kommt und die Versicherungssumme zuvor noch nicht unmittelbar an die Berechtigten ausgezahlt worden ist. Mehrere Lebens- und Kapitalversicherungen können dabei zusammengefaßt werden. Die Ansprüche aus der Rentenversicherung gehören jedoch zum sonstigen Vermögen, wenn eine höhere Rentenversicherung abgeschlossen wird, als mit den zur Verfügung stehenden Versicherungssummen möglich ist. Vgl. hierzu auch Abschnitt 70 Abs. 2.

71. Ansprüche auf Lastenausgleichsleistungen

(1) Nach § 111 Nr. 5 BewG 1965 gehören nicht zum sonstigen Vermögen Ansprüche auf Ausgleichsleistungen nach dem Lastenausgleichsgesetz, insbesondere Ansprüche auf Hauptentschädigungen (§§ 243 ff. LAG), Ansprüche auf Entschädigung nach dem Altsparergesetz (§ 365 LAG) sowie Ansprüche nach dem Allgemeinen Kriegsfolgengesetz (§ 366 LAG). Außer Ansatz bleibt nur der unmittelbare Anspruch. Dagegen gehört das, was zur Erfüllung des Anspruchs geleistet worden ist, zum sonstigen Vermögen. Dabei ist es gleichgültig, ob die Erfüllung durch Barzahlung oder Gutschrift, durch Zuteilung von Schuldverschreibungen oder durch Eintragung von Schuldbuchforderungen erfolgt. Die in Satz 1 genannten Ansprüche bleiben auch bei der Ermittlung des Betriebsvermögens außer Ansatz.

(2) Wird ein Aufbaudarlehen (§ 254 LAG) mit der Hauptentschädigung verrechnet, so gilt das Aufbaudarlehen insoweit als nicht entstanden. Diese in § 258 Abs. 1 Nr. 2 LAG rückwirkend getroffene Regelung gilt nicht für die vermögensteuerliche Bewertung. Der Ansatz eines Schuldpostens für das Aufbaudarlehen entfällt erst an dem Stichtag, der auf die Erfüllung des Anspruchs auf Hauptentschädigung folgt. Als Zeitpunkt der Erfüllung des Anspruchs auf Hauptentschädigung gilt der Zeitpunkt der Erteilung des Zuerkennungsbescheids (§ 251 LAG).

(3) Wie die Ansprüche nach dem Allgemeinen Kriegsfolgengesetz sind auch die Ansprüche nach dem Bundesrückerstattungsgesetz vom 19. Juli 1957 (Bundesgesetzbl. I S. 734) zu behandeln. Vorausleistungen, die nach § 36 dieses Gesetzes auf den endgültigen Anspruch anzurechnen sind, sollen bis zum Zeitpunkt der Verrechnung als Darlehen behandelt werden.

72. Beteiligung am Treuhandvermögen nach den §§ 92 bis 94 des Allgemeinen Kriegsfolgengesetzes

(1) Nach § 92 Abs. 2 AKG hat die Kapitalgesellschaft das nach dem Anleihestockgesetz vom 4. Dezember 1934 (Reichsgesetzbl. I S. 1222) und das nach der Dividendenabgaben-VO vom 12. Juni 1941 (Reichsgesetzbl. I S. 323) gebildete Sondervermögen für die Gemeinschaft der Gesellschafter treuhänderisch zu verwalten, für die Ablösung

---

[1] Voraussetzung für die Anerkennung als vst-freie Rentenversicherung ist, daß die fällige Kapitalversicherungssumme und der Einmalbeitrag zur Begründung der Rentenversicherung identisch sind. *Erlaß Hamburg 54 – S 3254 – 15 v. 13. 11. 1961; StEK BewG § 67 Nr. 2.*

der Kapitalansprüche zu sorgen, die dafür zugeteilten Schuldbuchforderungen innerhalb von 3 Jahren zu verwerten und den Erlös den Gesellschaften auszuschütten. Das Treuhandvermögen war bisher vermögensteuerfrei. Die Steuerfreiheit ist jedoch seit Aufhebung der Dividendenabgaben-VO durch Gesetz vom 15. Dezember 1952 (Bundesgesetzbl. I S. 804) aufgehoben. Das Treuhandvermögen, das als Zweckvermögen im Sinne des § 1 Abs. 1 Nr. 2 VStG anzusehen ist, wird deshalb vermögensteuerpflichtig, sobald an Stelle der Ansprüche nach dem Allgemeinen Kriegsfolgengesetz Schuldbuchforderungen eingetragen sind.

(2) Der Anteil der einzelnen Gesellschafter an dem Treuhandvermögen ist nicht zum sonstigen Vermögen zu rechnen.

73. Entschädigungsansprüche nach dem Bundesentschädigungsgesetz

(1) Ansprüche nach dem Bundesgesetz zur Entschädigung für Opfer der nationalsozialistischen Verfolgung (Bundesentschädigungsgesetz in der Fassung vom 29. Juni 1956, Bundesgesetzbl. I S. 562) werden zur Vermögensteuer nicht herangezogen, soweit sie für Schäden an Leben, Körper, Gesundheit und Freiheitsentzug gewährt werden (§ 111 Nr. 6 BewG 1965). Aus Billigkeitsgründen kann auf Antrag im Einzelfall davon abgesehen werden, auch Ansprüche, die nach dem Bundesentschädigungsgesetz wegen Schäden am Eigentum, am Vermögen oder wegen Schäden im beruflichen oder wirtschaftlichen Fortkommen bestehen, zur Vermögensteuer heranzuziehen.

(2) Außer Ansatz bleibt nur der unmittelbare Entschädigungsanspruch. Dagegen gehört das, was zur Erfüllung dieses Anspruchs geleistet worden ist, zum sonstigen Vermögen.

BewG

§ 112 Stichtag für die Bewertung von Wertpapieren und Anteilen

Stichtag für die Bewertung von Wertpapieren und Anteilen an Kapitalgesellschaften ist jeweils der 31. Dezember des Jahres, das dem für die Hauptveranlagung, Neuveranlagung und Nachveranlagung zur Vermögensteuer maßgebenden Zeitpunkt vorangeht.

§ 113 Veröffentlichung der am Stichtag maßgebenden Kurse und Rücknahmepreise

Der Bundesminister der Finanzen stellt die nach § 11 Abs. 1 maßgebenden Kurse und die nach § 11 Abs. 4 maßgebenden Rücknahmepreise vom Stichtag (§ 112) in einer Liste zusammen und veröffentlicht diese im Bundesanzeiger[1].

BewDV

Einheitliche und gesonderte Feststellung des gemeinen Werts von Anteilen und Genußscheinen

§ 64 *Gegenstand der Feststellung*

Für Aktien, für Kuxe und sonstige Anteile an Bergwerksgesellschaften, für Anteile an Gesellschaften mit beschränkter Haftung und für Genußscheine kann der gemeine Wert nach Maßgabe der folgenden Vorschriften einheitlich und gesondert festgestellt werden, wenn für die Anteile oder Genußscheine keine Steuerkurswerte festgesetzt worden sind und die Anteile oder Genußscheine im Inland auch keinen Kurswert haben.

§ 65 *Örtliche Zuständigkeit*

Für die einheitliche und gesonderte Feststellung ist das Finanzamt örtlich zuständig, in dessen Bezirk sich die Geschäftsleitung der Gesellschaft befindet, um deren Anteile oder Genußscheine (§ 64) es sich handelt (Betriebsfinanzamt).

§ 66 *Einleitung des Verfahrens von Amts wegen*

(1) Das Verfahren zur einheitlichen und gesonderten Feststellung des gemeinen Werts von Anteilen und Genußscheinen kann durch das Betriebsfinanzamt von Amts wegen eingeleitet werden.

(2) Andere Finanzämter können die Einleitung des Verfahrens beim Betriebsfinanzamt anregen.

§ 67 *Einleitung des Verfahrens auf Antrag*

(1) Die Inhaber der Anteile oder Genußscheine können die Einleitung des Verfahrens beantragen. Der Antrag ist beim Betriebsfinanzamt schriftlich einzureichen oder zur Niederschrift zu erklären. Er darf mit der Vermögenserklärung nicht verbunden werden.

(2) Der Antrag kann nur innerhalb der Frist gestellt werden, die der Reichsminister der Finanzen allgemein für die Abgabe der Vermögenserklärung bestimmt. Die Antragsfrist ist eine Ausschlußfrist.

(3) (aufgehoben)

§ 68 *Mitteilungspflicht der Gesellschaft*

(1) Zur Feststellung des gemeinen Werts der Anteile oder Genußscheine hat die Gesellschaft, um deren Anteile oder Genußscheine es sich handelt, dem Betriebsfinanzamt auf Verlangen binnen einer von ihm zu bestimmenden Frist

---

[1] Abgedruckt im Anhang III Nr. 1.

1. *diejenigen Personen mitzuteilen, denen nach ihrer Kenntnis eine besonders große Beteiligung an der Gesellschaft zusteht;*

2. *die sachlichen Mitteilungen zu machen, die sie zur Schätzung des Werts der Anteile oder Genußscheine beizubringen vermag.*

(2) Bei den Mitteilungen nach Absatz 1 hat die Gesellschaft zu versichern, daß sie die Angaben nach bestem Wissen und Gewissen gemacht hat.

§ 69 *Beteiligung der Gesellschafter*

(1) *Der einheitliche Feststellungsbescheid ist zu richten:*

1. *gegen diejenigen Inhaber der Anteile oder Genußscheine, die die einheitliche und gesonderte Feststellung beim Betriebsfinanzamt beantragt haben (§ 67),*

2. *gegen diejenigen Inhaber der Anteile oder Genußscheine, die von der Gesellschaft dem Betriebsfinanzamt namhaft gemacht worden sind (§ 68 Abs. 1 Ziff. 1).*

Das Betriebsfinanzamt kann den Feststellungsbescheid auch gegen andere Personen richten, die ihm sonst als Inhaber von Anteilen oder Genußscheinen bekannt geworden sind.

(2) Ist der einheitliche Feststellungsbescheid nach Absatz 1 gegen mehrere Personen zu richten, so ist das Betriebsfinanzamt berechtigt, den einheitlichen Feststellungsbescheid, die dazu ergehenden Rechtsmittelentscheidungen und die sonstigen Verfügungen und Mitteilungen der Finanzbehörden, die mit dem Feststellungs- oder Rechtsmittelverfahren zusammenhängen, nur einem der Beteiligten zugehen zu lassen mit Wirkung für und gegen alle Beteiligten. Auf diese Wirkung ist in der Verfügung oder Mitteilung (Satz 1) hinzuweisen. In Ausnahmefällen, insbesondere wenn die Interessen der Beteiligten sich widersprechen, kann das Betriebsfinanzamt die Verfügungen und Mitteilungen auch noch einem zweiten und dritten Beteiligten zugehen lassen.

(3) Will das Betriebsfinanzamt von der Berechtigung nach Absatz 2 Gebrauch machen, so hat es vorher alle Beteiligten hiervon zu verständigen und ihnen die Anschriften derjenigen Personen mitzuteilen, denen die Verfügungen und Mitteilungen mit Wirkung für und gegen alle Beteiligten zugehen.

§ 70 *Beteiligung der Gesellschaft*

Der einheitliche Feststellungsbescheid ist auch gegen die Gesellschaft zu richten, um deren Anteile oder Genußscheine es sich handelt.

§ 71 *Rechtsbehelfe*

Zur Einlegung von Rechtsbehelfen gegen den einheitlichen Feststellungsbescheid sind befugt:

1. *diejenigen Inhaber der Anteile oder Genußscheine, gegen die der einheitliche Feststellungsbescheid gerichtet ist (§ 69);*

2. *die Gesellschaft, um deren Anteile oder Genußscheine es sich handelt (§ 70).*

VStR

74. Wertpapiere, Aktien und Anteile

(1) Für Wertpapiere und Schuldbuchforderungen, die am Stichtag an einer deutschen Börse zum amtlichen Handel zugelassen oder in den geregelten Freiverkehr einbezogen

sind, gelten die nach § 11 Abs. 1 BewG 1965 maßgebenden Kurse vom Stichtag.[1] Diese werden vom Bundesminister der Finanzen in einer Liste zusammengestellt und sowohl im Bundesanzeiger als auch im Bundessteuerblatt Teil I veröffentlicht.[2]

(2) Wertpapiere, für die ein Kurs nach § 11 Abs. 1 BewG 1965 nicht besteht, sind anzusetzen

1. soweit sie Anteile an Kapitalgesellschaften verbriefen, mit dem gemeinen Wert nach § 11 Abs. 2 BewG 1965 und

2. soweit sie Forderungsrechte verbriefen, mit dem sich nach § 12 Abs. 1 BewG 1965 ergebenden Wert. Dabei sind vom Nennwert abweichende Kursnotierungen für vergleichbare oder ähnlich ausgestattete festverzinsliche Wertpapiere als besonderer Umstand im Sinne des § 12 Abs. 1 BewG anzusehen, der auch hier einen vom Nennwert abweichenden Wertansatz rechtfertigt. Er ist im allgemeinen aus diesen Kursnotierungen abzuleiten.

(3) Der gemeine Wert von Anteilen an Kapitalgesellschaften ist nach § 11 Abs. 2 BewG in erster Linie aus Verkäufen abzuleiten. Dabei sind jedoch nur Verkäufe zu berücksichtigen, die am Bewertungsstichtag weniger als ein Jahr zurückliegen. Auch Telefonkurse im Bankverkehr, denen nicht lediglich geringfügige Verkäufe ohne echten Aussagewert zugrunde liegen, sind grundsätzlich für die Wertableitung geeignet. Es können jedoch nur Kurse und Verkaufserlöse berücksichtigt werden, die im gewöhnlichen Geschäftsverkehr erzielt worden sind (BFH-Urteile vom 14. 10. 1966, BStBl. 1967 III S. 84,[3] und vom 14. 2. 1969, BStBl. II S. 395)[4]. Im übrigen gelten für die Ermittlung des gemeinen Werts die Anweisungen in den Abschnitten 76 bis 90. Bei ausländischen Wertpapieren ist möglichst von den Kursen des Emissionslandes auszugehen.

(4) Besitzt ein Steuerpflichtiger mehr als 25 v. H. der Anteile an einer Kapitalgesellschaft, so ist ein Paketzuschlag zu machen, wenn der gemeine Wert seiner Beteiligung höher ist als der Wert, der sich insgesamt nach den Absätzen 1 bis 3 für die Anteile ergibt (§ 11 Abs. 3 BewG 1965). Bei der Entscheidung darüber, ob der Steuerpflichtige mehr als 25 v. H. der Anteile an einer Kapitalgesellschaft besitzt, ist von einem um die eigenen Anteile der Kapitalgesellschaft verminderten Nennkapital auszugehen (vgl. das zur Ertragsbesteuerung ergangene BFH-Urteil vom 24. 9. 1970, BStBl. 1971 II S. 89)[5]. Bei der Prüfung, ob eine Beteiligung vorliegt, sind neben den Anteilen, die dem Steuerpflichtigen selbst gehören, auch die Anteile zu berücksichtigen, bei denen ihm die Ausübung der Gesellschafterrechte ganz oder teilweise vorbehalten ist. Im allgemeinen gehören deshalb auch die Anteile dazu, die dem Ehegatten und den Kindern des Steuer-

---

[1] Vgl. BFH-Urteil vom 1. Dezember 1967 III 160/64 (BStBl. 1968 III S. 293):
Es verstößt nicht gegen das GG, wenn Wertpapiere mit ihrem Steuerkurswert bzw. gemeinen Wert bei der Vermögensteuer zugrunde gelegt werden. Diese Entscheidung wurde im Ergebnis durch den Beschluß des BVerfG v. 7. Mai 1968 1 BvR 420/64 (BStBl. II S. 549) bestätigt.
Die Bewertung aller notierten Wertpapiere mit ihrem Einheitskurs entspricht am ehesten dem Sinn und Zweck des § 13 Abs. 1 BewG a. F. *Erl. BdF v. 15. 2. 1965 – IV E/1 – S 3259 – 1965; StEK BewG § 13 Nr. 14.*
Stückzinsen sind als Kapitalforderungen neben dem nach § 11 BewG zu ermittelnden Wert der Wertpapiere zu bewerten und anzusetzen. *Erlaß Bremen S 3102 – 1 St 51 v. 17. 3. 1970; StEK BewG 1965 § 11 Nr. 9.*
Vgl. BFH-Urteil vom 26. Juli 1974 III R 16/73 (BStBl. II S. 656 = DStR S. 643 Nr. 422):
Der Nichtansatz eines im amtlichen Handel an der Börse oder im geregelten Freiverkehr notierten Kurses im Sinne des § 13 Abs. 1 BewG i. d. F. vor dem BewG 1965 kann noch im Verfahren über die Veranlagung der Vermögensteuer oder über die Einheitsbewertung des Betriebsvermögens unter Berufung auf § 10 Abs. 2 Satz 3 dieses Gesetzes mit der Begründung verlangt werden, daß ungewöhnliche oder persönliche Verhältnisse diesen Kurs beeinflußt hätten. Ungewöhnliche oder persönliche Verhältnisse in diesem Sinne sind jedoch nur Umstände, die bei einem Antrag auf Streichung des Kurses durch den Börsenvorstand im Hinblick auf § 29 Abs. 3 BörsG berücksichtigt werden könnten.
[2] Abgedruckt im Anhang III Nr. 1.
[3] Vgl. DStR 1967 S. 169 Nr. 147 = BFH-N Nr. 2 zu § 13 Abs. 2 BewG.
[4] Vgl. DStR 1969 S. 410 Nr. 286 = BFH-N Nr. 8 zu § 13 Abs. 2 BewG.
[5] Vgl. BFH-N Nr. 2 zu § 17 Abs. 1 EStG.

pflichtigen gehören. Als Paketzuschlag wird, wenn sich der gemeine Wert der Beteiligung nicht aus Verkäufen von Paketen ableiten läßt, je nach dem Umfang der zu bewertenden Beteiligung im allgemeinen ein Zuschlag bis zu 25 v. H. in Betracht kommen.

(5) Wertpapiere, die noch der Wertpapierbereinigung unterliegen und am Stichtag noch nicht bereinigt sind, bleiben außer Ansatz.

(6) Die Anteile an der Aktionsgemeinschaft Deutsche Steinkohlenreviere GmbH gehören nach § 2 Abs. 3 des Gesetzes über steuerliche Maßnahmen bei der Stillegung von Steinkohlenbergwerken vom 11. 4. 1967 (Bundesgesetzbl. I S. 403, BStBl. I S. 204)[1] weder zum Betriebsvermögen noch zum sonstigen Vermögen, solange die Gesellschaft von der Vermögensteuer befreit ist (vgl. dazu Abschnitt 117).

75. Investmentzertifikate und Anteile an Immobilienfonds

(1) Anteilscheine, die von Kapitalanlagegesellschaften (§ 1 Abs. 1 KAGG[2] in der Fassung der Bekanntmachung vom 14. Januar 1970, Bundesgesetzbl. I S. 127, BStBl. I S. 187) ausgegeben worden sind, und ausländische Investmentanteile (§ 1 Abs. 1 Ausl-InvestmG[3] vom 28. Juli 1969, Bundesgesetzbl. I S. 986, BStBl. I S. 435) sind nach § 11 Abs. 4 BewG 1965 mit dem Rücknahmepreis anzusetzen.

(2) Anteile an sonstigen Immobilienfonds, die nicht unter Absatz 1 fallen, fallen nicht unter die Vorschrift des § 11 Abs. 4 BewG 1965. Anteile an einer Kommanditgesellschaft sind als Betriebsvermögen mit dem vom Betriebsfinanzamt gesondert festgestellten Wert anzusetzen. Anteile an einem Immobilienfonds, dessen Anteilinhaber eine Gesellschaft des bürgerlichen Rechts (§§ 705 ff. BGB) bilden oder dessen Vermögen treuhänderisch für die Anteilinhaber gehalten wird (wirtschaftliches Bruchteilseigentum), sind mit den nach Abschnitt 20a ermittelten anteiligen Werten anzusetzen.

76. Ermittlung des gemeinen Werts von nichtnotierten Aktien und Anteilen; Allgemeines

Wenn sich der gemeine Wert von Aktien und Anteilen an Kapitalgesellschaften nicht aus Verkäufen ableiten läßt, ist er unter Berücksichtigung des Gesamtvermögens und der Ertragsaussichten der Gesellschaft zu schätzen (§ 11 Abs. 2 BewG 1965). Die Feststellung des gemeinen Werts kann unterbleiben, wenn die Aktien und Anteile weder zur Vermögensteuer noch zur Gewerbesteuer heranzuziehen sind.

77. Ermittlung des Vermögenswerts[4]

(1) Zur Ermittlung des Vermögenswerts ist zunächst das gesamte Vermögen der Gesellschaft zu berechnen. Dabei ist vom Einheitswert des Betriebsvermögens auszugehen. Diesem sind die Wirtschaftsgüter hinzuzurechnen, die bei der Einheitsbewertung außer Betracht geblieben sind, weil sie nach den §§ 101 und 102 BewG 1965 nicht zum Betriebsvermögen gehören. Wirtschaftsgüter, die nur mit einem prozentualen Teil ihres Werts oder unter Berücksichtigung eines prozentualen Abschlags im Einheitswert enthalten sind, werden mit ihrem vollen Wert angesetzt. Andererseits sind die Schulden abzuziehen, die mit diesen Wirtschaftsgütern in wirtschaftlichem Zusammenhang stehen und deshalb ebenfalls bei der Ermittlung des Einheitswerts nicht berücksichtigt worden sind. Von dem Betriebsvermögen ist noch die Vermögensabgabeschuld mit ihrem Zeitwert nach § 77 LAG abzusetzen (vgl. Abschnitt 99). Ein Rücklagebetrag

---

[1] Abgedruckt im „Handbuch zur KSt-Veranlagung", Anhang **I** Nr. 8.
[2] Abgedruckt im „Handbuch zur KSt-Veranlagung", Anhang **I** Nr. 3.
[3] Abgedruckt im „Handbuch zur KSt-Veranlagung", Anhang **I** Nr. 4.
[4] Bei der Ermittlung des Vermögenswertes der nichtnotierten Aktien und Anteile ist ein bei der Einheitsbewertung nach Abschn. 53 Abs. 3 VStR 1963 angesetzter Geschäfts- oder Firmenteil abzuziehen, da der Geschäftswert vom Bewertungsstichtag neu ermittelt und im gemeinen Wert der nichtnotierten Aktien oder Anteile erfaßt wird. *Erlaß Nordrhein-Westfalen S 3263 – 9 – VC 1 v. 12. 3. 1964; StEK BewG § 13 Nr. 11.*

nach § 5 des Gesetzes zur Förderung der Verwendung von Steinkohle in Kraftwerken sowie die Beträge (Rücklagen und Bewertungsabschläge) nach § 7 Abs. 2 und 3 des Entwicklungshilfe-Steuergesetzes in den bis 31. Dezember 1973 geltenden Fassungen und Rücklagen nach § 7 Abs. 2 des Entwicklungsländer-Steuergesetzes in der Fassung der Bekanntmachung vom 13. Februar 1975 (Bundesgesetzbl. I S. 493) sind dem Einheitswert zuzurechnen (vgl. Abschnitte 28 Abs. 4 und 42 Abs. 3).

(2) Der nach Absatz 1 ermittelte Wert entspricht häufig nicht dem tatsächlichen Wert des Gesellschaftsvermögens, auf das es für die Bewertung der Anteile ankommt. Dies gilt vor allem dann, wenn die Wertansätze einzelner Wirtschaftsgüter in der Vermögensaufstellung in erheblichem Umfang von den tatsächlichen Werten abweichen. In diesen Fällen sind die Wertansätze zu korrigieren, wenn zu erwarten ist, daß sich die Korrekturen auf den Anteilswert nicht nur unwesentlich auswirken. Dies ist insbesondere dann der Fall, wenn die Korrekturen insgesamt mehr als 10 v. H. des sich nach Absatz 1 ergebenden Vermögens ausmachen.

(3) Unter den Voraussetzungen des Absatzes 2 wird bei Betriebsgrundstücken regelmäßig ein Zuschlag zum Einheitswert 1964 zu machen sein (BFH-Urteil vom 22. 5. 1970, BStBl. II S. 610). Sofern nicht andere Anhaltspunkte für einen zutreffenden Verkehrswert vorliegen, sind Betriebsgrundstücke mit 250 v. H. des am jeweiligen Stichtag maßgeblichen Einheitswerts, mindestens aber mit dem in der Steuerbilanz ausgewiesenen Wert, anzusetzen.

(4) Künftige ertragsteuerliche Belastungen der stillen Reserven sind nicht zu berücksichtigen (BFH-Urteil vom 20. 12. 1968, BStBl. 1969 II S. 373)[1].

(5) Das Vermögen oder einzelne Teile des Vermögens der Gesellschaft haben mitunter für den Anteilseigner nicht denselben Wert wie für das Unternehmen selbst. Da eine zahlenmäßige Wertung dieser Umstände außergewöhnliche Schwierigkeiten verursachen würde, ist zur Abgeltung aller möglichen Wertminderungen das nach den Absätzen 1 bis 4 ermittelte Vermögen noch um 15 v. H. zu kürzen.

(6) Das um den Abschlag gekürzte Vermögen ist mit dem Nennkapital (Grund- oder Stammkapital) der Gesellschaft zu vergleichen. Ein bei der Gründung der Gesellschaft gezahltes Aufgeld bleibt dabei außer Betracht (RFH-Urteil vom 25. 2. 1943, RStBl. S. 404). Der sich ergebende Hundertsatz, der als Vermögenswert bezeichnet wird, ist für die weiteren Berechnungen maßgebend. Wegen der Ermittlung des Vermögensanteils bei Kuxen vgl. Abschnitt 88.

Beispiel:

Eine GmbH hat ein Stammkapital von 400000 DM. Der Einheitswert des Betriebsvermögens auf den 1. 1. 1969 beträgt 800000 DM. Hiervon ist als Zeitwert der Vermögensabgabeschuld ein Betrag von 240000 DM abzusetzen. Weitere Korrekturen sollen hier nicht erforderlich sein. Der Restbetrag von 560000 DM ist um 15 v. H. zu kürzen. Der verbleibende Betrag von 476000 DM macht 119 v. H. des Stammkapitals aus. Der Vermögenswert ist mit 119 v. H. anzusetzen.

78. Ermittlung des Ertragshundertsatzes

(1) Die Ertragsaussichten der Gesellschaft sind möglichst aus dem Durchschnitt der Jahreserträge von 1971, 1972 und 1973 herzuleiten. Als Jahresertrag ist das Betriebsergebnis des einzelnen Jahres anzusetzen. Das ist das jeweilige körperschaftsteuerliche Einkommen zuzüglich der Einnahmen und abzüglich der Ausgaben, die auf Grund der besonderen Vorschriften des Körperschaftsteuergesetzes außer Ansatz geblieben sind. Hinzuzurechnen sind z. B. Einnahmen aus Schachtelbeteiligungen, abzuziehen sind z. B. Aufsichtsratsvergütungen, nichtabzugsfähige Spenden usw. Verdeckte Gewinn-

---

[1] Vgl. BFH-N Nr. 6 zu § 13 Abs. 2 BewG.

ausschüttungen, z. B. bei Bezügen von Gesellschafter-Geschäftsführern, sind wie bei der Veranlagung zur Körperschaftsteuer zu behandeln. Weiter ist noch folgendes zu beachten:

1. Sonderabschreibungen oder erhöhte Absetzungen, Bewertungsabschläge, Zuführungen zu steuerfreien Rücklagen sowie Teilwertabschreibungen sind außer Betracht zu lassen. Es sind nur die normalen Absetzungen für Abnutzung zu berücksichtigen. Diese sind auch in den Fällen mit erheblicher steuerlicher Auswirkung nach den Anschaffungs- oder Herstellungskosten und der gesamten Nutzungsdauer zu bemessen. Das gilt auch, wenn für die Absetzungen in der Steuerbilanz vom Restwert auszugehen ist, der nach Inanspruchnahme der Sonderabschreibungen oder erhöhten Absetzungen verblieben ist. Unverzinsliche Darlehen im Sinne der §§ 7c, 7d Abs. 2 und des § 7f EStG, die vor dem 1. Januar 1955 hingegeben wurden, sind im Jahr des Rückflusses vom Einkommen abzusetzen. Investitionszulagen nach § 19 BerlinFG und nach dem Investitionszulagengesetz sind dem körperschaftsteuerlichen Einkommen hinzuzurechnen, soweit in Zukunft mit weiteren Investitionen in gleichem Umfang gerechnet werden kann.

2. Die Personensteuern sind abzuziehen. Als Körperschaftsteuer ist die Steuer abzuziehen, die nach dem jeweiligen körperschaftsteuerlichen Einkommen veranlagt worden ist. Künftige ertragsteuerliche Belastungen wegen der Auflösung stiller Reserven bei der Ermittlung des Vermögenswerts können nicht berücksichtigt werden (BFH-Urteil vom 18. 12. 1968, BStBl. 1969 II S. 370)[1]. Als Vermögensteuer ist der veranlagte Jahresbetrag abzuziehen. Wegen der Vermögensabgabe vgl. Nr. 4.

3. Ein etwaiger Verlustabzug ist dem Einkommen wieder hinzuzurechnen. Der Verlust wirkt sich bereits dadurch aus, daß der Durchschnittsertrag für mehrere Jahre (vgl. Absatz 1) errechnet wird. Entstand der Verlust in einem Jahr vor 1971, so ist der als Verlustabzug hinzuzurechnende Betrag um die darauf entfallenden Personensteuern zu kürzen.

4. Die Vermögensabgabe ist abzugsfähig, auch soweit sie bei der Gewinnermittlung nicht berücksichtigt wird (BFH-Urteil vom 19. 12. 1960, BStBl. 1961 III S. 92).

Einmalige Veräußerungsgewinne sind aus dem körperschaftsteuerlichen Einkommen auszuscheiden. Die Betriebsgewinne sind für jeden Veranlagungszeitraum gesondert zu berechnen.

(2) Bei der Anteilsbewertung kommt es auf den voraussichtlichen künftigen Jahresertrag an. Für die Schätzung dieses Jahresertrags bietet der bisherige tatsächlich erzielte Durchschnittsertrag, der aus den Ergebnissen der letzten drei Jahre vor dem Stichtag errechnet worden ist, eine wichtige Beurteilungsgrundlage.

(3) Der sich hiernach ergebende Jahresertrag (Ertragsaussichten) kann in der Regel noch nicht ohne weiteres der Berechnung zugrunde gelegt werden; denn von seltenen Ausnahmen abgesehen, wird keine Gesellschaft in der Lage sein, ihre Gewinne in vollem Umfang auszuschütten. Maßgebend ist deshalb der ausschüttungsfähige Ertrag (BFH-Urteil vom 5. 10. 1973, BStBl. 1974 II S. 77)[2]. Vom Jahresertrag ist daher noch ein Abschlag zu machen. Ein Abschlag von 30 v. H. wird im allgemeinen genügen. Ein höherer Abschlag kann in Betracht kommen, wenn der ausschüttungsfähige Ertrag künftig durch außergewöhnliche Aufwendungen beeinträchtigt wird, die der Gesellschaft durch gesetzliche und behördliche Auflagen erwachsen, ohne daß die Aufwendungen der unmittelbaren Förderung der Ertragslage dienen. Ein höherer Abschlag kann auch bei den Gesellschaften berechtigt sein, bei denen ohne Ein-

---

[1] Vgl. BFH-N Nr. 5 zu § 13 Abs. 2 BewG.
[2] Vgl. DStR 1974 S. 124 Nr. 67 = BFH-N Nrn. 21–22 zu § 13 Abs. 2 BewG.

satz eines größeren Betriebskapitals (BFH-Urteil vom 6. 4. 1962, BStBl. III S. 253) der Ertrag ausschließlich und unmittelbar von der in der Art eines freien Berufs ausgeübten Tätigkeit der Gesellschafter-Geschäftsführer abhängig ist. Auch in diesen Fällen muß aber ein angemessener Teil des Betriebsergebnisses als sachlicher Ertrag der Gesellschaft angesehen werden (RFH-Urteil vom 6. 2. 1941, RStBl. S. 444). Bei der Bewertung der Anteile an einer GmbH, die Komplementärin einer GmbH und Co KG ist, sind die Ertragsaussichten der GmbH aus ihrer Beteiligung an der KG mit zu berücksichtigen (BFH-Urteil vom 22. 11. 1968, BStBl. 1969 II S. 225)[1].

(4) Der ausschüttungsfähige Jahresertrag ist wie bei der Dividendenberechnung mit dem Nennkapital der Gesellschaft zu vergleichen. Der sich ergebende Hundertsatz ist der Ertragshundertsatz, der für die weiteren Berechnungen maßgebend ist.

Beispiel:

Betriebsergebnis einschließlich der Zu- und Abrechnungen

für 1971	8 000 DM
für 1972	12 000 DM
für 1973	10 000 DM
	30 000 DM

Jahresertrag (Ertragsaussichten)		10 000 DM
abzüglich 30 v. H. von 10 000 DM =	./.	3 000 DM
ausschüttungsfähiger Ertrag		7 000 DM

Nennkapital = 100 000 DM

$$\text{Ertragshundertsatz} = \frac{7\,000 \times 100}{100\,000} = 7 \text{ v. H.}$$

79. Ermittlung des gemeinen Werts

(1) Als gemeiner Wert ist der Betrag anzusetzen, den ein Käufer für den Erwerb eines Anteils aufwenden würde. Bei der Bemessung des Kaufpreises wird ein Käufer im allgemeinen neben dem Vermögenswert auch die Ertragsaussichten berücksichtigen. Die Ertragsaussichten beurteilt er weniger nach der Verzinsung des Nennkapitals der Gesellschaft als vielmehr nach der Rendite des Kapitals, das er zum Erwerb des Anteils aufwenden muß. Er wird deshalb die auf den Anteil entfallenden Erträge der Gesellschaft mit den Zinsen vergleichen, die das von ihm aufzuwendende Kapital, falls er es in anderer Weise anlegt, erbringen würde. Im allgemeinen wird er nur insoweit bereit sein, einen über dem Vermögenswert liegenden Kaufpreis zu bezahlen, als in einem übersehbaren Zeitraum die Erträge des Anteils den Betrag dieser Zinsen übersteigen. Er wird entsprechend weniger bezahlen, wenn die Erträge des Anteils unter diesem Betrag liegen. Es kann davon ausgegangen werden, daß ein Käufer, der sein Kapital in anderer Weise angelegt hätte, nach den wirtschaftlichen Verhältnissen vom Stichtag mit einer Verzinsung von etwa 10 v. H. rechnen konnte. Bei den anschließenden Berechnungen ist von einem Zinssatz von 10 v. H. auszugehen. Als noch übersehbar ist ein Zeitraum von fünf Jahren anzunehmen.

(2) Der gesuchte, in einem Hundertsatz ausgedrückte gemeine Wert eines Anteils (x) ergibt sich demnach aus dem in einem Hundertsatz ausgedrückten Vermögenswert des Anteils (V), erhöht oder vermindert um den Unterschiedsbetrag zwischen dem Ertragshundertsatz des Anteils, berechnet auf fünf gedachte Jahre (5 E) und der Verzinsung des aufzuwendenden Kapitals, ebenfalls berechnet auf fünf gedachte Jahre. Da die Höhe des aufzuwendenden Kapitals gleich dem gesuchten gemeinen Wert ist, ist dieser letztere

---

[1] Vgl. BFH-N Nr. 4 zu § 13 Abs. 2 BewG.

Hundertsatz mit $5\left(\dfrac{10\,x}{100}\right)$ in die Rechnung einzusetzen.

Insgesamt ergibt sich dann folgende Gleichung:

$$x = V + 5\left(E - \frac{10\,x}{100}\right).$$

Die Auflösung der Gleichung ergibt:

$$x = \frac{66{,}67}{100}\ (V + 5\,E).$$

Der Hundertsatz von 66,67 wird zur Vereinfachung auf 65 abgerundet. Als gemeiner Wert sind also 65 v. H. der Summe (Differenz) aus Vermögenswert und fünffachem Ertragshundertsatz anzusetzen.

Beispiel A:

Stammkapital	90000 DM
Vermögen	120000 DM
Abschlag	18000 DM
verbleiben	102000 DM
Vermögenswert	113,33 v. H.
Jahresertrag	9000 DM
ausschüttungsfähiger Ertrag	6300 DM
Ertragshundertsatz	7 v. H.

Gemeiner Wert: $\dfrac{65}{100} \times (113{,}33 + [5 \times 7]) =$

$\dfrac{65}{100} \times 148{,}33 = 96{,}41 =$ rd. 96 v. H.

Beispiel B:

Vermögenswert (wie im Beispiel A)	113,33 v. H.
Jahresertrag	./.2700 DM
ausschüttungsfähiger Ertrag	./.2700 DM
Ertragshundertsatz	./.3 v. H.

Gemeiner Wert: $\dfrac{65}{100} \times (113{,}33 + [5 \times ./.3]) = \dfrac{65}{100} \times 98{,}33 = 63{,}91 =$ rd. 64 v. H.

Beispiel C:

Stammkapital	30000 DM
Vermögen	100000 DM
Abschlag	15000 DM
verbleiben	85000 DM
Vermögenswert	283,33 v. H.
Jahresertrag	30000 DM
ausschüttungsfähiger Ertrag	21000 DM
Ertragshundertsatz	70 v. H.

Gemeiner Wert: $\dfrac{65}{100} \times (283{,}33 + [5 \times 70]) = \dfrac{65}{100} \times 633{,}33 = 411{,}66 =$ rd. 412 v. H.

(3) Besondere Umstände, die in den bisherigen Berechnungen nicht hinreichend zum Ausdruck gekommen sind, können noch durch Zu- und Abschläge berücksichtigt werden. Ein Abschlag ist z. B. bei den Gesellschaftern geboten, bei denen nachhaltig unverhältnismäßig geringe Erträge einem großen Vermögen gegenüberstehen. Bei der Entscheidung, ob unverhältnismäßig geringe Erträge vorliegen, sind die Erträge aus Beteiligungen mit zu berücksichtigen, denn die Höhe der Verzinsung richtet sich nach der nachhaltigen Verzinsung des eingesetzten Gesamtkapitals (BFH-Urteil vom 23. 7. 1971, BStBl. 1972 II S. 5)[1]. In den Fällen geringer Erträge kann ein Abschlag bis zu 30 v. H. des ermittelten Werts in Betracht kommen. Die schwere Verkäuflichkeit der

---

[1] Vgl. DStR 1972 S. 57 Nr. 45 = BFH-N Nr. 1 zu § 11 Abs. 2 BewG 1965.

Anteile und die Zusammenfassung aller oder mehrerer Anteile in einer Hand begründen nicht ohne weiteres einen Abschlag oder einen Zuschlag. Umstände, die auf den persönlichen Verhältnissen der Gesellschafter beruhen, müssen bei der Wertermittlung außer Betracht bleiben (BFH-Urteil vom 10. 12. 1971, BStBl. 1972 II S. 313)[1]. Bei der Bewertung der Anteile einer FamilienGmbH, bei der sich die nahe verwandten Anteilseigner gegenseitige Beschränkungen bei Veräußerung und Vererbung der Anteile auferlegt haben, kommt wegen dieser Beschränkungen kein Abschlag in Betracht (BFH-Urteil vom 11. 7. 1967, BStBl. III S. 666)[2]. Sind am Stichtag außer Gründungsgesellschaftern auch andere Anteilseigner an der Gesellschaft beteiligt, kann bei den Gründungsgesellschaftern ein Abschlag nur dann versagt werden, wenn sie einzeln oder gemeinsam die für eine Änderung des Gesellschaftsvertrages erforderliche Mehrheit haben. Bei den später eingetretenen Gesellschaftern kann der Abschlag nicht versagt werden (BFH-Urteil vom 23. 7. 1971, BStBl. 1972 II S. 4)[3]. Ein Sonderabschlag wegen der bei einem Verkauf der Anteile oder bei einer Liquidation der Gesellschaft anfallenden Ertragsteuern kommt nicht in Betracht (BFH-Urteil vom 6. 4. 1962, BStBl. III S. 253). Bei einer Unterkapitalisierung kann sich ein verhältnismäßig sehr hoher gemeiner Wert ergeben. Dieser Umstand rechtfertigt für sich allein keinen Abschlag.

80. Ermittlung des gemeinen Werts für Aktien und Anteile ohne Einfluß auf die Geschäftsführung

(1) Gewährt der Besitz von Aktien und Anteilen keinen Einfluß auf die Geschäftsführung, so ist dies bei der Ermittlung des gemeinen Werts dieser Aktien und Anteile zu berücksichtigen. Ob diese Voraussetzung vorliegt, kann nur nach den Verhältnissen des einzelnen Falls beurteilt werden. Sie kann insbesondere bei Gesellschaften mit vielen Gesellschaftern gegeben sein. Die Möglichkeit, diese Voraussetzung zu bejahen, läßt sich nicht auf Beteiligungen beschränken, die bei Aktiengesellschaften weniger als 5 v. H. und bei Gesellschaften mit beschränkter Haftung weniger als 10 v. H. des Nennkapitals betragen (BFH-Urteil vom 5. 7. 1968, BStBl. II S. 734)[4]. Anteilsbesitz von mehr als 25 v. H. gewährt jedoch stets Einfluß auf die Geschäftsführung (BFH-Urteile vom 12. 3. 1971, BStBl. II S. 419[5], und vom 5. 10. 1973, BStBl. 1974 II S. 77)[6]. Wenn die Kapitalgesellschaft eigene Anteile besitzt, ist der Anteilsbesitz des Steuerpflichtigen an dem um die eigenen Anteile der Kapitalgesellschaft verminderten Nennkapital zu messen (vgl. das zur Ertragsbesteuerung ergangene BFH-Urteil vom 24. 9. 1970, BStBl. 1971 II S. 89). Handelt es sich um Aktien oder Anteile, die keinen Einfluß auf die Geschäftsführung gewähren, so sind sie abweichend von den Anweisungen in den Abschnitten 77 bis 79 in der Weise zu bewerten, daß das nach Abschnitt 77 ermittelte Vermögen nicht um 15 v. H., sondern um 25 v. H. gekürzt wird. Ferner ist bei der Berechnung des Ertragshundertsatzes nicht von den ausschüttungsfähigen Erträgen, sondern von der tatsächlich ausgeschütteten Dividende auszugehen.

(2) Bei der Prüfung, ob ein Einfluß auf die Geschäftsführung besteht, sind nicht nur die Anteile des Gesellschafters, sondern auch solche Anteile mit zu berücksichtigen, die ihm zwar nicht gehören, ihm aber die Ausübung der Gesellschafterrechte ganz oder teilweise ermöglichen. Im allgemeinen sind deshalb auch die Anteile seines Ehegatten und seiner minderjährigen Kinder mit zu berücksichtigen (BFH-Urteil vom 5. 10. 1973, BStBl. 1974 II S. 77)[6]. Diese Anteile sind nach den gleichen Grundsätzen wie die Anteile des Gesellschafters zu bewerten.

---

[1] Vgl. DStR 1972 S. 222 Nr. 171 = BFH-N Nr. 2 zu § 11 Abs. 2 BewG 1965.
[2] Vgl. BFH-N Nr. 1 zu § 13 BewG.
[3] Vgl. DStR 1972 S. 57 Nr. 44 = BFH-N Nr. 17 zu § 13 Abs. 2 BewG.
[4] Vgl. DStR 1968 S. 709 Nr. 591 = BFH-N Nr. 3 zu § 13 Abs. 2 BewG.
[5] Vgl. BFH-N Nrn. 14–15 zu § 13 Abs. 2 BewG.
[6] Vgl. DStR 1974 S. 124 Nr. 67 = BFH-N Nrn. 21–22 zu § 13 Abs. 2 BewG.

(3) In den Fällen, in denen die in der Hand eines Gesellschafters vereinigten Anteile Beteiligungscharakter besitzen, haben sich die zu einem Paketzuschlag führenden Gesichtspunkte bereits bei der Ermittlung des gemeinen Werts der Anteile nach den Anweisungen in den Abschnitten 77 bis 79 ausgewirkt. Ein Paketzuschlag ist deshalb nur dann noch vorzunehmen, wenn der gemeine Wert der Anteile aus Verkäufen abgeleitet worden ist und bei diesen Verkäufen ein Preis für die Anteile gezahlt wurde, der den Beteiligungscharakter der Anteile nicht berücksichtigt. Die Anweisungen in Abschnitt 74 Abs. 4 gelten insoweit entsprechend.

81. Ermittlung des gemeinen Werts unter Außerachtlassung der Ertragsaussichten

(1) Sind die Ertragsaussichten einer Gesellschaft ohne Einfluß auf den gemeinen Wert der Anteile, ist als gemeiner Wert der nach Abschnitt 77 ermittelte Vermögenswert anzusetzen. Dies gilt insbesondere, wenn die Gesellschaft nach ihrer Art und Zweckbestimmung mit großer Wahrscheinlichkeit keinen ausschüttungsfähigen Ertrag erwirtschaften wird (BFH-Urteil vom 20. 12. 1968, BStBl. 1969 II S. 373)[1]. Abschnitt 79 Abs. 1 und 2 ist nicht anzuwenden.

(2) Die Bewertung nach Absatz 1 gilt insbesondere für die Anteile an Gesellschaften, die sich in Liquidation befinden, für Anteile an Grundstücksgesellschaften, deren Tätigkeit überwiegend in der Verwaltung und Verwertung unbebauter Grundstücke besteht, sowie für Anteile an Gesellschaften, die sich überwiegend auf die Verwaltung ihrer Beteiligungen oder ihres Kapitalvermögens beschränken. Bei diesen Gesellschaften kommt der in Abschnitt 77 Abs. 5 vorgesehene Abschlag nicht in Betracht. Wegen der Behandlung der Anteile an einer Holdinggesellschaft im Falle einer Organschaft mit Ergebnisabführungsvertrag vgl. Abschnitt 83.

82. Ermittlung des gemeinen Werts von Anteilen an gemeinnützigen Kapitalgesellschaften

(1) Der gemeine Wert von Anteilen an gemeinnützigen Wohnungsbaugesellschaften ist nicht über den Nennwert hinaus anzusetzen.

(2) Der gemeine Wert von Anteilen an anderen gemeinnützigen Gesellschaften ist in der Weise zu ermitteln, daß vom Vermögenswert, der nicht über dem Nennwert anzusetzen ist, ein Abschlag von 50 v. H. zu machen ist. Bei gemeinnützigen Gesellschaften, die dauernd auf Zuschüsse oder Spenden angewiesen sind, kann der Abschlag je nach Lage des Einzelfalls auch höher bemessen werden. Abschnitt 79 ist nicht anzuwenden.

(3) Anteile an steuerbefreiten Unterstützungskassen, die in die Rechtsform einer Kapitalgesellschaft gekleidet sind, sind mit Null DM zu bewerten. Sie sind dann nicht wertlos, wenn das Kassenvermögen der Unterstützungskasse durch keinerlei Verpflichtungen aus laufenden Renten belastet ist (BFH-Urteil vom 30. 4. 1971, BStBl. II S. 654)[2].

83. Ermittlung des gemeinen Werts für Aktien und Anteile an Kapitalgesellschaften in den Fällen der Organschaft

a) Anteile an dem Organ

(1) Bei einer Organschaft besteht in vielen Fällen ein sog. Ergebnisabführungsvertrag. Der aufgrund eines solchen Vertrags an den Organträger abzuführende Gewinn stellt eine Schuldverpflichtung dar, die bei der Feststellung des Einheitswerts berücksichtigt ist (vgl. Abschnitt 12).

---

[1] Vgl. BFH-N Nr. 6 zu § 13 Abs. 2 BewG.
[2] Vgl. DStR 1971 S. 704 Nr. 513 = BFH-N Nr. 6 zu § 66 BewG.

zweispaltig = Anlagen zu Durchführungsverordnung und Richtlinien 177 **RL 81–83**

(2) Der gemeine Wert der Anteile an dem Organ ist nach den Abschnitten 77 bis 79 zu ermitteln. Obwohl das Organ für Rechnung des Organträgers arbeitet, ist das Geschäftsergebnis des Organs als eigener Betriebsgewinn anzusehen und für die Ermittlung des Ertragshundertsatzes maßgebend (BFH-Urteil vom 29. 3. 1963, BStBl. III S. 324). Die Ertragsteuern sind so zu berücksichtigen, wie sie ohne Bestehen des Ergebnisabführungsvertrags von dem Organ zu entrichten wären. Ist für Aktien und Anteile, die sich im Besitz anderer Gesellschafter befinden, eine Dividende in bestimmter Höhe garantiert, so ist bei Ermittlung des Ertragshundertsatzes der Durchschnittsertrag um die garantierte Dividende zu kürzen. In diesen Fällen ist Abschnitt 84 entsprechend anzuwenden.

Beispiel:

Nennkapital des Organs	15 000 000 DM	
Beteiligung des Organträgers	7 600 000 DM	= 50,66 v. H.
Dividendengarantie 10 v. H. von	7 400 000 DM	= 740 000 DM
durchschnittlicher ausschüttungsfähiger Ertrag	1 500 000 DM	
abzüglich Dividendengarantie	740 000 DM	
verbleiben	760 000 DM	

$$\text{Ertragshundertsatz} = \frac{760\,000 \times 100}{7\,600\,000} = 10 \text{ v. H.}$$

b) Anteile an dem Organträger

(3) Ist der Organträger ebenfalls eine Kapitalgesellschaft, so ist bei der Ermittlung des Vermögenswerts für die Anteile an dieser Kapitalgesellschaft der Wert der Beteiligung an dem Organ zum Betriebsvermögen hinzuzurechnen, wenn diese Beteiligung als Schachtelbeteiligung nach § 102 BewG 1965 im Einheitswert noch nicht enthalten ist.

(4) Bei der Ermittlung des Ertragshundertsatzes ist der von dem Organ abgeführte Gewinn oder ein von dem Organträger übernommener Verlust zu berücksichtigen. Das Einkommen des Organträgers ist somit einschließlich des von dem Organ übernommenen Geschäftsergebnisses den Berechnungen zugrunde zu legen (BFH-Urteile vom 4. 7. 1969, BStBl. II S. 609[1], und vom 23. 7. 1971, BStBl. 1972 II S. 5)[2]. Die vom Organträger garantierte Dividende stellt eine abzugsfähige Betriebsausgabe dar.

84. Ermittlung des gemeinen Werts für Anteile an Kapitalgesellschaften mit ungleichen Rechten

(1) Die Beteiligung der Gesellschafter am Vermögen und Gewinn der Gesellschaft richtet sich in der Regel nach dem Verhältnis ihrer Anteile am Stammkapital (§ 29 Abs.2 und § 72 GmbHG). In diesem Fall sind alle Anteile mit gleichen Rechten ausgestattet. Die Gesellschafter können jedoch im Gesellschaftsvertrag eine davon abweichende Vereinbarung getroffen haben. Sind danach die Anteile hinsichtlich der Beteiligung am Liquidationserlös oder hinsichtlich der Gewinnausschüttung mit ungleichen Rechten ausgestattet, so ist dies bei der Ermittlung des gemeinen Werts zu berücksichtigen.

Beispiel:

Eine GmbH hat ein Stammkapital von 60 000 DM, ein Vermögen (nach Abzug von 15 v. H., vgl. Abschnitt 77) von 180 000 DM und einen ausschüttungsfähigen Ertrag von 10 000 DM. Die Gesellschafter A und B sind je zur Hälfte am Vermögen der Gesellschaft beteiligt. Nach dem Gesellschaftsvertrag entfallen jedoch vom Gewinn 75 v. H. auf A und 25 v. H. auf B. Es ergibt sich folgende Berechnung:

$$V = \frac{180\,000 \times 100}{60\,000} = 300 \text{ v. H.}$$

---

[1] Vgl. DStR 1969 S. 640 Nr. 430 = BFH-N Nr. 10 zu § 13 Abs. 2 BewG.
[2] Vgl. DStR 1972 S. 57 Nr. 45 = BFH-N Nr. 1 zu § 11 Abs. 2 BewG 1965.

Die weiteren Berechnungen sind für die Anteile des A und die Anteile des B (jeweils im Nennwert von 30000 DM) getrennt durchzuführen.

Für die Anteile des A ergibt sich:

$$E = \frac{7500 \times 100}{30000} = 25 \text{ v. H.}$$

$$G = \frac{65}{100} \times (300 + [5 \times 25]) = \text{rd. } 276 \text{ v. H.}$$

Für die Anteile des B ergibt sich:

$$E = \frac{2500 \times 100}{300000} = 8,33 \text{ v. H.}$$

$$G = \frac{65}{100} \times (300 + [5 \times 8,33]) = \text{rd. } 222 \text{ v. H.}$$

(2) Wenn nach dem Gesellschaftsvertrag für die einzelnen Anteile eine unterschiedliche Beteiligung am Liquidationserlös vereinbart ist, muß auch die Berechnung des Vermögenswerts jeweils getrennt für die verschieden ausgestatteten Anteile erfolgen. Die Berechnungen in den Beispielen gelten entsprechend auch für die Ermittlung des Vermögenswerts.

85. Ermittlung des gemeinen Werts von Anteilen an Kapitalgesellschaften bei nicht voll eingezahltem Grund- oder Stammkapital

(1) Die Beteiligung der Gesellschafter am Vermögen und Gewinn der Gesellschaft richtet sich in der Regel nach dem Verhältnis der Anteile am Grund- oder Stammkapital (§ 29 Abs. 2 und § 72 GmbHG). Sofern die Gesellschafter nicht ausdrücklich eine davon abweichende Vereinbarung getroffen haben, gilt dies auch dann, wenn das Grund- oder Stammkapital der Gesellschaft noch nicht voll eingezahlt ist. Es ist dabei unerheblich, ob noch mit einer Einzahlung des Restkapitals zu rechnen ist oder nicht.

(2) Wenn sich jedoch die Beteiligung am Vermögen und am Gewinn aufgrund einer ausdrücklichen Vereinbarung der Gesellschafter nach der jeweiligen Höhe des eingezahlten Stammkapitals richtet, sind Vermögen und Ertrag nicht mit dem vollen Stammkapital, sondern nur mit dem tatsächlich eingezahlten Stammkapital zu vergleichen. Der gemeine Wert gilt dann für je 100 DM des eingezahlten Stammkapitals.

(3) Ist das Grund- oder Stammkapital nicht voll eingezahlt, so ist bei der Einheitsbewertung des Betriebsvermögens der Gesellschaft und bei der Ermittlung des Vermögenswerts zu prüfen, ob noch mit einer weiteren Einzahlung zu rechnen ist. Ist noch mit der Einzahlung des Restkapitals zu rechnen, so ist beim Betriebsvermögen der Gesellschaft auch der Anspruch auf Einzahlung anzusetzen. Die Anteilseigner können ihre Einzahlungsverpflichtung als Schuld von ihrem Gesamtvermögen oder Betriebsvermögen absetzen. Ist mit einer weiteren Einzahlung nicht mehr zu rechnen (insbesondere bei Versicherungsgesellschaften), so ist beim Betriebsvermögen der Gesellschaft der Anspruch auf Einzahlung nicht anzusetzen (vgl. RFH-Urteile vom 14. 10. 1937, RStBl. S. 1223, und vom 12. 1. 1939, RStBl. S. 605, sowie BFH-Urteile vom 13. 5. 1960, BStBl. III S. 400, und vom 23. 10. 1964, BStBl. 1965 III S. 64). Die Anteilseigner können in diesen Fällen eine Einzahlungsverpflichtung von ihrem Gesamtvermögen oder Betriebsvermögen nicht absetzen.

86. Ermittlung des gemeinen Werts von Anteilen an Kapitalgesellschaften bei verdeckten Stammeinlagen

(1) Liegt eine verdeckte Stammeinlage vor (vgl. Abschnitt 11 Abs. 2), so ist diese in der Regel auch bei der Ermittlung des gemeinen Werts zu berücksichtigen. Ist die verdeckte Stammeinlage hinsichtlich der Beteiligung am Gewinn und am Vermögen den Geschäftsanteilen gleichgestellt, so ist der gemeine Wert nicht für je 100 DM des

Stammkapitals (Geschäftsanteil), sondern für je 100 DM des eingezahlten Kapitals zu ermitteln. Es ist deshalb das Gesellschaftsvermögen, bei dem die verdeckte Stammeinlage nicht abgezogen ist, mit dem um die verdeckte Stammeinlage erhöhten Stammkapital zu vergleichen. Das gleiche gilt auch für die Ermittlung des Ertragshundertsatzes.

(2) Ist die verdeckte Stammeinlage nur am Vermögen beteiligt, erhält sie aber statt einer Gewinnbeteiligung eine feste Verzinsung, so ist für sie ein besonderer Wert zu ermitteln.

Beispiel:

Das Stammkapital einer GmbH, an der A und B je zur Hälfte beteiligt sind, beträgt 20 000 DM. In dem bei der Einheitsbewertung festgestellten Betriebsvermögen von 100 000 DM ist ein Darlehen des B mit 60 000 DM enthalten, das steuerlich als verdeckte Stammeinlage behandelt worden ist. Die verdeckte Stammeinlage nimmt wie das Nennkapital am Vermögen teil. Sie wird mit jährlich 5 v. H. verzinst und ist im übrigen am Gewinn nicht beteiligt. Die GmbH hat einen jährlichen Durchschnittsertrag von 5 000 DM.

Vermögen	100 000 DM
Abschlag	15 000 DM
verbleiben	85 000 DM

$$V = \frac{85\,000 \times 100}{80\,000} = \dots \qquad\qquad 106{,}25 \text{ v. H.}$$

Jahresertrag	5 000 DM
5 v. H. von 60 000 DM	
(Zinsen für verdeckte Stammeinlage)	3 000 DM
verbleiben	2 000 DM
ausschüttungsfähiger Ertrag	1 400 DM

Für die normalen Anteile ergibt sich:

$$E = \frac{1400 \times 100}{20\,000} = 7 \text{ v. H.}$$

$$G = \frac{65}{100} \times (106{,}25 + [5 \times 7]) = \text{rd. 92 v. H.}$$

Für die verdeckte Stammeinlage ergibt sich:

$$E = 5 \text{ v. H.}$$

$$G = \frac{65}{100} \times (106{,}25 + [5 \times 5]) = \text{rd. 85 v. H.}$$

(3) Ist für die verdeckte Stammeinlage keine Beteiligung am Gewinn und am Vermögen vereinbart, so ist für die Berechnung des Vermögenswerts abweichend von der Feststellung des Einheitswerts des Betriebsvermögens der Gesellschaft die verdeckte Stammeinlage vom Vermögen abzuziehen (BFH-Urteil vom 25. 2. 1955, BStBl. III S. 133). Bei der Ermittlung des Durchschnittsertrags ist das Einkommen der Gesellschaft um die Beträge zu kürzen, die auf die verdeckte Stammeinlage als Zinsen oder unter einer anderen Bezeichnung als Beteiligung am Ertrag gezahlt worden sind. Das um die verdeckte Stammeinlage geminderte Vermögen und der um den Ertrag der verdeckten Stammeinlage geminderte Durchschnittsertrag sind zu dem Stammkapital ins Verhältnis zu setzen. Die verdeckte Stammeinlage ist bei ihrem Geber mit dem Nennwert zu bewerten, soweit nicht eine besonders hohe oder niedrige Verzinsung ein Abweichen vom Nennwert erfordert.

87. Eigene Aktien und Anteile

(1)[1] Eigene Aktien und eigene Anteile, die eine Gesellschaft besitzt und die weder zur Einziehung bestimmt noch nach den Verhältnissen vom Bewertungsstichtag unveräußerlich sind, sind bewertungsfähige Wirtschaftsgüter. Übersteigt der Nennwert der

---

[1] Vgl. hierzu auch BFH-Urteil vom 30. Oktober 1964 III 258/61 U (DStR 65 S. 51 Nr. 27, BStBl. 1965 III S. 40):

1. Eigenanteile einer Gesellschaft, die zur Einziehung bestimmt sind, sind bei der Ermittlung des Einheitswerts des Betriebsvermögens der Gesellschaft außer Ansatz zu lassen; die übrigen Eigenanteile sind anzusetzen. *Fortsetzung S. 180*

eigenen Aktien und Anteile nicht den Betrag von 10 v. H. des Nennkapitals der Gesellschaft, sind die eigenen Aktien oder Anteile weder bei der Ermittlung des Vermögenswerts noch bei der Ermittlung des Ertragshundertsatzes zu berücksichtigen. Vermögen und Ertrag der Gesellschaft sind in diesem Fall nur den Aktien und Anteilen im Fremdbesitz gegenüberzustellen.

(2) Übersteigt der Wert der eigenen Aktien und Anteile den Betrag von 10 v. H. des Nennkapitals der Gesellschaft, ist die Anteilsbewertung wie folgt durchzuführen: Für die Ermittlung des Vermögens der Gesellschaft bleiben die Eigenanteile zunächst außer Betracht. Bei der Ermittlung des Vermögenswerts der Anteile an der Gesellschaft werden jedoch die Eigenanteile mit dem formelhaft zu errechnenden gemeinen Wert X hinzugerechnet. Dabei wird davon ausgegangen, daß der gemeine Wert für 100 DM Nennkapital festgestellt wird. Der so erhaltene Vermögenswert und der Ertragshundertsatz werden dem vollen Nennkapital (BFH-Urteil vom 20. 10. 1972, BStBl. 1973 II S. 105)[1] gegenübergestellt.

Beispiel:

Stammkapital	100 000 DM	
Eigenanteile	20 000 DM	
Vermögen nach Ausscheiden des Ansatzes		
der Eigenteile im Betriebsvermögen		300 000 DM
Vermögen bei nominell 20 000 DM Eigenanteilen	300 000 DM	
	+ 200 X	

Vermögenswert (nach Abschlag von 15 v. H.)

$$V = \frac{(255\,000 + 170X) \times 100}{100\,000}$$

$$V = 255 + 0,17\,X$$

Ertragshundertsatz
ausschüttungsfähiger Ertrag 12 000

$$\text{Ertragshundertsatz} = \frac{12\,000\,\text{DM} \times 100}{100\,000\,\text{DM}} = 12\ \text{v. H.}$$

Gemeiner Wert

$$X = \frac{65}{100}\,(255 + 0,17X + [5 \times 12])$$

$$100\,X = 65\,(255 + 0,17\,X + 60)$$

$$100\,X = 65\,(315 + 0,17\,X)$$

$$100\,X = 20\,475 + 11,05\,X$$

$$(100 - 11,05)\,X = 20\,475$$

$$X = \frac{20\,475}{88,95}$$

$$X = \text{rd. } 230\ \text{v. H.}$$

88. Ermittlung des gemeinen Werts für Kuxe und andere Anteile an bergrechtlichen Gewerkschaften

Bei Kuxen und anderen Anteilen an bergrechtlichen Gewerkschaften, die kein Nennkapital haben, wird der gemeine Wert nicht in einem Hundertsatz, sondern jeweils in DM für den einzelnen Kux ermittelt. Der an die Stelle des Vermögenswerts tretende Vermögensanteil ergibt sich durch die Teilung des Vermögens mit der Zahl der Kuxe

2. Ob Eigenanteile zur Einziehung bestimmt sind, ist im Verfahren über die Einheitswertfeststellung des Betriebsvermögens der Gesellschaft zu entscheiden.
3. Der durch einheitliche und gesonderte Feststellung des gemeinen Wertes von Gesellschaftsanteilen festgesetzte Wert gilt sowohl für Anteile, die sich im Besitze Dritter befinden (Fremdanteile), als auch für Anteile, die die Gesellschaft selbst besitzt (Eigenanteile).
[1] Vgl. DStR 1973 S. 93 Nr. 73 = BFH-N Nr. 7 zu § 13 und Nr. 20 zu § 13 Abs. 2 BewG.

$$(V = \frac{\text{Vermögen}}{\text{Anzahl der Kuxe}}).$$ Das gleiche gilt für die Ermittlung der an die Stelle des Ertragshundertsatzes tretenden

Ertragsanteile $(E = \frac{\text{Ertrag}}{\text{Anzahl der Kuxe}})$. Der gemeine Wert wird nach der Gleichung in Abschnitt 79 Abs. 2 ermittelt.

89. Ermittlung des gemeinen Werts von Anteilen an Kapitalgesellschaften bei Neugründungen

(1) Der Wert des Anteils an einer Gesellschaft, die sich im Aufbau befindet, ist in der Regel mit 100 v.H. des eingezahlten Nennkapitals festzusetzen. Es kann unterstellt werden, daß den Gründern der Gesellschaft die Anteile noch so viel wert sind, als sie zu deren Erwerb an Kapital aufgewendet haben (RFH-Urteil vom 11. 5. 1939, RStBl. S. 805, BFH-Urteil vom 23. 10. 1964, BStBl. 1965 III S. 64)[1]. Als Aufbauzeit kann im allgemeinen ein Zeitraum bis zu 3 Jahren seit Aufnahme der geschäftlichen Tätigkeit angesehen werden. Eine Bewertung unter dem Nennwert kann in den ersten Jahren nach der Neugründung ausnahmsweise dann gerechtfertigt sein, wenn echte Fehlmaßnahmen oder der nichtplanmäßige Aufbau des Unternehmens zu erheblichen, in ihrer Höhe unerwarteten Vermögensverlusten geführt haben, deren Ausgleich im normalen Geschäftsbetrieb ausgeschlossen erscheint (BFH-Urteil vom 6. 8. 1971, BStBl. 1972 II S. 109)[2].

(2) Bei Gesellschaften, die durch Umwandlung, z. B. aus einer Personengesellschaft oder einer Einzelfirma, hervorgegangen sind, ist jedoch die Ermittlung des gemeinen Werts nach den Abschnitten 77 bis 79 durchzuführen. Bei der Ermittlung der Ertragsaussichten der Gesellschaft kann von dem früheren Betriebsergebnis der Personengesellschaft oder Einzelfirma ausgegangen werden.

89a. Stichtag für die Bewertung von Anteilen an Kapitalgesellschaften

(1) Nach § 112 BewG 1965 ist Stichtag für die Bewertung von Aktien und Anteilen jeweils der 31. Dezember eines Kalenderjahrs; ausnahmsweise ist Stichtag der 1. Januar, wenn bei einer Kapitalgesellschaft mit diesem Stichtag die steuerliche Rechtsfähigkeit beginnt. Das gilt sowohl für die Bewertung von notierten als auch für die Bewertung von nichtnotierten Aktien und Anteilen. Bei nichtnotierten Aktien und Anteilen kann jedoch der nach den Abschnitten 77 ff. ermittelte und auf den für eine Hauptveranlagung maßgebenden Bewertungsstichtag festgestellte gemeine Wert vorbehaltlich der in Absatz 2 genannten Ausnahmen während des ganzen Hauptveranlagungszeitraums beibehalten werden.

(2) Eine Bewertung der Anteile auf Neu- oder Nachveranlagungszeitpunkte innerhalb des laufenden Hauptveranlagungszeitraums ist durchzuführen

1. wenn dies beantragt wird (§ 67 Abs. 1 BewDV);

2. wenn eine Kapitalgesellschaft neu gegründet wird oder aus anderen Gründen erstmals eine Wertermittlung erforderlich wird;

3. wenn sich die Beteiligungsverhältnisse so ändern, daß erstmals eine Wertermittlung nach Abschnitt 80 erforderlich wird oder erstmals die Voraussetzungen für eine Wertermittlung nach Abschnitt 80 nicht mehr gegeben sind;

4. wenn der Einheitswert für die Kapitalgesellschaft fortgeschrieben wird und sich unter Berücksichtigung des fortgeschriebenen Einheitswerts ein Vermögenswert ergibt, der um mehr als 10 v. H. von dem zuletzt ermittelten Vermögenswert abweicht;

---

[1] Vgl. DStR 1965 S. 85 Nr. 45.
[2] Vgl. DStR 1972 S. 125 Nr. 100 = BFH-N Nr. 18 zu § 13 Abs. 2 BewG.

5. wenn Verkäufe bekannt werden, aus denen sich ein gemeiner Wert ableiten läßt (vgl. Abschnitt 74 Abs. 3 und Abschnitt 76), der um mehr als 10 v. H. von dem zuletzt festgestellten gemeinen Wert abweicht;

6. wenn die Kapitalgesellschaft ihr Nennkapital erhöht oder vermindert hat.

Für die Ermittlung des Vermögenswerts sind die Verhältnisse vom jeweiligen Stichtag und für die Ermittlung der Ertragsaussichten die Verhältnisse der letzten 3 Jahre vor dem Stichtag maßgebend. Dies gilt nicht für eine Wertermittlung nach Nr. 5.

90. Verfahren bei der Bewertung von Anteilen an Kapitalgesellschaften

(1) Die Vorschriften der §§ 64 ff. BewDV über die einheitliche und gesonderte Feststellung des gemeinen Werts von Anteilen und Genußscheinen gelten auch in den Fällen der Abschnitte 80, 84 bis 86. Das Finanzamt darf den Bescheid nicht allein gegen die Gesellschaft richten, es muß vielmehr die Gesellschaft zur Namhaftmachung der einzelnen Gesellschafter mit besonders großen Beteiligungen im Sinne von § 68 Abs. 1 Nr. 1 BewDV auffordern und den Bescheid auch gegen diese Gesellschafter richten (BFH-Urteil vom 22. 1. 1971, BStBl. II S. 418)[1]. Im Rechtsbehelfsverfahren bemißt sich der Wert des Streitgegenstands:

1. wenn die Gesellschaft den Rechtsbehelf eingelegt hat, nach dem strittigen Wertunterschied aller betroffenen Anteile;

2. wenn ein Gesellschafter den Rechtsbehelf eingelegt hat, nach dem strittigen Wertunterschied für den Anteil des beschwerdeführenden Gesellschafters (BFH-Urteil vom 24. 7. 1953, BStBl. III S. 272).

(2) Die Frage, ob ein Paketzuschlag nach § 11 Abs. 3 BewG 1965 mit Rücksicht darauf zu machen ist, daß ein Steuerpflichtiger eine Anzahl von Aktien oder Anteilen an einer Gesellschaft besitzt, ist grundsätzlich von dem Finanzamt zu entscheiden, das den Steuerpflichtigen zur Vermögensteuer veranlagt. Hat das Betriebsfinanzamt der Kapitalgesellschaft den gemeinen Wert aus Verkäufen abgeleitet (vgl. Abschnitt 74 Abs. 3), so ist von diesem in der Mitteilung an das Wohnsitzfinanzamt ein Vorschlag zur Höhe des Paketzuschlags zu machen.

---

[1] Vgl. BFH-N Nr. 1 zu §§ 64 bis 71 BewDV.

BewG

B. Gesamtvermögen

§ 114 Ermittlung des Gesamtvermögens

(1) **Bei unbeschränkt Steuerpflichtigen im Sinn des Vermögensteuergesetzes wird der Wert des gesamten Vermögens (Gesamtvermögen) ermittelt.**

(2) **Zum Gesamtvermögen gehören nicht die Wirtschaftsgüter, die nach den Vorschriften des Vermögensteuergesetzes oder anderer Gesetze von der Vermögensteuer befreit sind.**

(3) **Bei der Bewertung des Gesamtvermögens sind die Wirtschaftsgüter, für die ein Einheitswert festzustellen ist, mit den festgestellten Einheitswerten anzusetzen.**

VStR

91. Auslandsvermögen

(1) Bei unbeschränkt Steuerpflichtigen umfaßt das Gesamtvermögen auch das ausländische Vermögen, soweit es nicht nach den Vorschriften des Vermögensteuergesetzes oder anderer Gesetze, insbesondere aufgrund von Doppelbesteuerungsabkommen von der Vermögensteuer befreit ist. Für ausländischen Grundbesitz (land- und forstwirtschaftliches Vermögen und Grundvermögen) ist nach § 31 BewG 1965 stets der gemeine Wert im Sinne des § 9 BewG 1965 maßgebend. Wegen der Bewertung ausländischen Betriebsvermögens vgl. Abschnitt 54. Wirtschaftsgüter des sonstigen Vermögens, die sich im Ausland befinden, sind ebenso wie das sich im Inland befindliche sonstige Vermögen zu behandeln.

(2) Vermögensgegenstände, die unter das Kontrollratsgesetz Nr. 5 und das Gesetz Nr. 63 der Alliierten Hohen Kommission fallen, sind beim Gesamtvermögen nicht anzusetzen. Dies gilt auch für die unter Gesetz Nr. 63 fallenden, nicht durch einzelstaatliche Maßnahmen (Übertragung, Liquidierung, Auslieferung) enteigneten Gegenstände, bei denen sich der ausländische Staat lediglich auf die Beschlagnahme beschränkt hat. Diese Gegenstände sind erst von dem auf die Freigabe folgenden Bewertungsstichtag an zu erfassen. Maßgebend ist dann der sich auf diesen Stichtag nach den Bewertungsvorschriften ergebende Wert. Wegen des Abzugs von Schulden, die mit diesen Gegenständen in wirtschaftlichem Zusammenhang stehen, vgl. Abschnitt 92 Abs. 3.

92. Nicht zum Gesamtvermögen gehörende Wirtschaftsgüter

(1) Wirtschaftsgüter, die nach den Vorschriften des Vermögensteuergesetzes oder anderer Gesetze von der Vermögensteuer befreit sind, gehören nicht zum Gesamtvermögen. Darunter fallen insbesondere:

1. Vermögensgegenstände, die nach § 1 Abs. 3 VStG außer Ansatz bleiben. Die Befreiung gilt für alle Vermögensgegenstände, die auf das Währungsgebiet der Mark der DDR entfallen, also z. B. auch für Guthaben bei Geldinstituten in der DDR und Berlin (Ost); sie gilt im übrigen auch für Nutzungsrechte an solchen Gegenständen;

2. Wirtschaftsgüter, deren Befreiung sich aus einer Regelung ergibt, die mit einem ausländischen Staat zur Vermeidung der Doppelbesteuerung getroffen worden ist (§ 9 Nr. 2 StAnpG)[1]. Wegen der auf dem Gebiet der Vermögensbesteuerung anwendbaren Regelungen zur Vermeidung der Doppelbesteuerung vgl. Abschnitt 24.

(2) Schulden und Lasten, die mit steuerfreien Wirtschaftsgütern in wirtschaftlichem Zusammenhang stehen, können beim Gesamtvermögen nicht abgezogen werden. Sie

---

[1] Abgedruckt in der Anlage zu Abschn. 113 VStR.

sind auch dann nicht abzugsfähig, wenn sie höher sind als der Wert dieser Wirtschaftsgüter (RFH-Urteil vom 3. 6. 1943, RStBl. S. 567). Schulden, die mit teilbefreiten Wirtschaftsgütern in wirtschaftlichem Zusammenhang stehen, können nur insoweit abgezogen werden, als sie auf den steuerpflichtigen Anteil entfallen (BFH-Urteil vom 14. 11. 1969, BStBl. 1970 II S. 397)[1]. Schulden, die mit den nach § 115 BewG 1965 steuerbegünstigten Wirtschaftsgütern in wirtschaftlichem Zusammenhang stehen, sind in vollem Umfang abzugsfähig (§ 118 Abs. 2 letzter Satz BewG 1965). Wegen der Frage, ob Schulden und Lasten abzugsfähig sind, die mit den in Absatz 1 genannten Wirtschaftsgütern in wirtschaftlichem Zusammenhang stehen, vgl. die Anweisungen in Abschnitt 26 Abs. 1, die hier entsprechend gelten.

(3) Als steuerfrei gelten nur Wirtschaftsgüter, die durch eine besondere gesetzliche Vorschrift von der Besteuerung ausdrücklich ausgenommen sind. Wirtschaftsgüter, für die nur eine Bewertung mit Null DM vorgesehen ist, fallen dagegen unter das der Steuer unterliegende Vermögen; Schulden und Lasten, die damit in wirtschaftlichem Zusammenhang stehen, können bei der Ermittlung des Gesamtvermögens abgezogen werden, wenn mit einer Inanspruchnahme zu rechnen ist.

93. Wirtschaftsgüter, die mit dem Einheitswert anzusetzen sind

Zu den Wirtschaftsgütern, die nach § 114 Abs. 3 BewG mit dem für sie festgestellten Einheitswert anzusetzen sind, gehören der inländische Grundbesitz, die inländischen Mineralgewinnungsrechte und das inländische Betriebsvermögen (§ 19 BewG). Wegen der für den Hauptveranlagungs-, Neuveranlagungs- oder Nachveranlagungszeitpunkt maßgebenden Einheitswerte vgl. Abschnitte 1 bis 3.

---

[1] Vgl. BFH-N Nr. 1 zu § 59 Nr. 1 BewG.

BewG

§ 115 Gegenstände, deren Erhaltung im öffentlichen Interesse liegt

(1) Grundbesitz oder Teile von Grundbesitz und solche bewegliche Gegenstände, die zum sonstigen Vermögen gehören, sind mit 40 vom Hundert des Werts anzusetzen, wenn ihre Erhaltung wegen ihrer Bedeutung für Kunst, Geschichte oder Wissenschaft im öffentlichen Interesse liegt.

(2) Grundbesitz oder Teile von Grundbesitz, Kunstgegenstände, Kunstsammlungen, wissenschaftliche Sammlungen, Bibliotheken und Archive werden nicht angesetzt, wenn folgende Voraussetzungen erfüllt sind:

1. die Erhaltung der Gegenstände muß wegen ihrer Bedeutung für Kunst, Geschichte oder Wissenschaft im öffentlichen Interesse liegen;
2. die Gegenstände müssen in einem den Verhältnissen entsprechenden Umfang den Zwecken der Forschung oder der Volksbildung nutzbar gemacht werden;
3. der Steuerpflichtige muß bereit sein, die Gegenstände den geltenden Bestimmungen der Denkmalspflege zu unterstellen;
4. die Gegenstände müssen sich seit mindestens 20 Jahren im Besitz der Familie befinden oder in das Verzeichnis national wertvollen Kulturgutes oder national wertvoller Archive nach dem Gesetz zum Schutz deutschen Kulturgutes gegen Abwanderung vom 6. August 1955 (Bundesgesetzbl. I S. 501) eingetragen sein.

(3) Grundbesitz oder Teile von Grundbesitz werden nicht angesetzt, wenn sie für Zwecke der Volkswohlfahrt der Allgemeinheit zur Benutzung zugänglich gemacht sind und ihre Erhaltung im öffentlichen Interesse liegt.

(4) Die Absätze 1 bis 3 gelten nur dann, wenn die jährlichen Kosten in der Regel die erzielten Einnahmen übersteigen.

VStR

94. Gegenstände, deren Erhaltung im öffentlichen Interesse liegt

(1) Die Steuervergünstigungen in § 115 BewG 1965 gelten u. a. für Grundbesitz und Teile von Grundbesitz. Zum Grundbesitz gehören alle wirtschaftlichen Einheiten des land- und forstwirtschaftlichen Vermögens, des Grundvermögens sowie die Betriebsgrundstücke. Als „Teile von Grundbesitz" sind z. B. das Schloß oder die Burg anzusehen, die zu einem landwirtschaftlichen Betrieb gehören. Die Unterteilung eines Gebäudes in begünstigte und nicht begünstigte Räume kommt dagegen nicht in Betracht. § 8 GrStG ist hier nicht anzuwenden.

(2) Die in das Verzeichnis national wertvollen Kulturgutes oder national wertvoller Archive eingetragenen Gegenstände sollen nach § 1 des Gesetzes zum Schutz deutschen Kulturgutes gegen Abwanderung vom 6. August 1955 (Bundesgesetzbl. I S. 501) steuerlich begünstigt werden. Demgemäß wird nach § 115 Abs. 2 Nr. 4 BewG 1965 in diesen Fällen nicht gefordert, daß die Gegenstände sich seit mindestens 20 Jahren im Besitz der Familie befunden haben. Die übrigen Voraussetzungen des § 115 Abs. 2 BewG 1965 müssen jedoch auch hier erfüllt sein. Dabei kann unterstellt werden, daß die in § 115 Abs. 2 Nr. 1 BewG 1965 festgelegten Voraussetzungen stets gegeben sind.

(3) Der Nachweis darüber, daß die Erhaltung bestimmter Grundstücke und beweglicher Gegenstände wegen ihrer Bedeutung für Kunst, Geschichte oder Wissenschaft im öffentlichen Interesse liegt und daß diese Grundstücke und beweglichen Gegenstände in einem den Verhältnissen entsprechenden Umfang den Zwecken der Forschung

oder Volksbildung nutzbar gemacht werden, ist in Zweifelsfällen durch ein Gutachten der mit der Denkmalspflege betrauten Landesbehörde zu erbringen.

(4) Die Vergünstigung nach § 115 Abs. 2 BewG 1965 setzt voraus, daß die Gegenstände in einem den Verhältnissen entsprechenden Umfang der Allgemeinheit, mindestens aber den interessierten Kreisen ohne weiteres zugänglich sind und dies allgemein erkennbar ist.

(5) Die Voraussetzung des § 115 Abs. 4 BewG 1965 ist insbesondere dann erfüllt, wenn im Zusammenhang mit den genannten Gegenständen keinerlei Einnahmen erzielt werden. Zu den Einnahmen rechnet u. a. auch der Mietwert der eigenen Wohnung. Zu den jährlichen Kosten gehören auch die Absetzungen für Abnutzung. Bei den Kosten kann die Verzinsung des Eigenkapitals nicht berücksichtigt werden.

(6) Auch wenn ein Teil einer wirtschaftlichen Einheit des Grundbesitzes begünstigt ist, muß der Einheitswert für die gesamte wirtschaftliche Einheit festgestellt werden. Bei der Ermittlung des Gesamtvermögens ist jedoch in diesem Fall der Einheitswert um 60 v. H. bzw. um 100 v. H. des Betrags zu kürzen, mit dem der begünstigte Teil im Einheitswert enthalten ist.

BewG

§ 116 Krankenanstalten

(1) **Bei der Ermittlung des Gesamtvermögens und des Inlandsvermögens bleibt der für das Betriebsvermögen einer vom Eigentümer betriebenen Krankenanstalt festgestellte Einheitswert oder der auf die Krankenanstalt entfallende Teil des Einheitswerts außer Ansatz. Voraussetzung ist, daß die Krankenanstalt im vorangegangenen Kalenderjahr in besonderem Maße der minderbemittelten Bevölkerung gedient hat.**

(2) **Eine Krankenanstalt dient in besonderem Maße der minderbemittelten Bevölkerung, wenn die Voraussetzungen des § 10 Abs. 2 oder 3 der Verordnung zur Durchführung der §§ 17 bis 19 des Steueranpassungsgesetzes (Gemeinnützigkeitsverordnung) vom 24. Dezember 1953 (Bundesgesetzbl. I S. 1592) erfüllt sind.**

(3) **Hat eine Krankenanstalt keine Konzession (§ 30 der Gewerbeordnung), so steht ihr die Steuervergünstigung auf Grund dieses Paragraphen nicht zu, es sei denn, daß sie in einem Gebiet betrieben wird, in dem diese Konzession nicht erforderlich ist.**

VStR

95. Steuerbefreiung der Privatkrankenanstalten

(1) Inhaber einer Privatkrankenanstalt kann sowohl eine natürliche Person als auch eine Personengesellschaft sein. Eine juristische Person des privaten Rechts, der eine Privatkrankenanstalt gehört, wird in der Regel schon nach § 3 Abs. 1 Nr. 12 VStG von der Vermögensteuer befreit sein. Die Privatkrankenanstalt wird von demjenigen betrieben, der das finanzielle Risiko trägt. Nach § 116 Abs. 1 BewG 1965 muß dieser gleichzeitig auch der Eigentümer der Privatkrankenanstalt sein. Die Steuerbefreiung tritt deshalb nicht ein, wenn die Privatkrankenanstalt verpachtet ist. Die Vorschrift des § 11 GewSt-DV, die eine Befreiung von der Gewerbesteuer auch für den Pächter nicht ausschließt, hat hier keine Bedeutung. Im übrigen decken sich aber die Voraussetzungen des § 116 BewG 1965 mit denen des § 11 GewStDV. Die zur Gewerbesteuer getroffenen Feststellungen können deshalb auch für die Vermögensteuer übernommen werden.

(2) Nach § 116 Abs. 1 BewG 1965 bleibt der für die Privatkrankenanstalt festgestellte Einheitswert oder der darauf entfallende Teil des Einheitswerts bei der Ermittlung des Gesamtvermögens und des Inlandsvermögens außer Ansatz. Wenn die Voraussetzungen des § 116 BewG 1965 und des § 11 GewStDV erfüllt sind, bestehen keine Bedenken dagegen, daß die der Privatkrankenanstalt dienenden Wirtschaftsgüter bei der Ermittlung des Einheitswerts von vornherein außer Ansatz bleiben. Negative Einheitswerte sind jedoch bei der Ermittlung des Gesamtvermögens und des Inlandsvermögens zu berücksichtigen (BFH-Urteil vom 21. 11. 1969, BStBl. 1970 II S. 200)[1].

(3) Für die Frage, in welchen Fällen ein Grundstück den Zwecken der Privatkrankenanstalt dient, kommt es auf die nach § 99 BewG 1965 getroffenen Feststellungen an. Die für den Lastenausgleich geltenden Vorschriften des § 57 LAG in Verbindung mit § 54 Abs. 2 der 10. AbgabenDV-LA haben hier keine Bedeutung.

(4) Kommt es für die Steuervergünstigung nach § 116 Abs. 3 BewG 1965 auf das Vorhandensein einer Konzession an, so sind die Steuerbehörden an die Entscheidung der nach § 30 der Gewerbeordnung zuständigen höheren Verwaltungsbehörde gebunden, und zwar sowohl hinsichtlich des räumlichen Geltungsbereichs der Erlaubnis als auch hinsichtlich ihrer zeitlichen Wirksamkeit (BFH-Urteil vom 20. 12. 1967, BStBl. 1968 II S. 208)[2].

---

[1] Vgl. BFH-N Nr. 2 zu § 73b BewG.
[2] Vgl. BFH-N Nr. 2 zu § 119 Nr. 3 FGO und Nr. 1 zu § 73b BewG.

§ 117 Versorgungs- und Verkehrsunternehmen[1]

(1) Bei der Ermittlung des Gesamtvermögens wird außer Ansatz gelassen

1.[2] Betriebsvermögen, das unmittelbar und nicht nur vorübergehend der Gewinnung, Lieferung und Verteilung von Wasser zur öffentlichen Versorgung dient;

2. Betriebsvermögen von Verkehrsbetrieben, Hafenbetrieben und Flugplatzbetrieben des Bundes, eines Landes, einer Gemeinde, eines Gemeindeverbandes oder eines Zweckverbandes. Das gleiche gilt für Unternehmen dieser Art, deren Anteile ausschließlich diesen Körperschaften gehören und deren Erträge ihnen ausschließlich zufließen;

3. Betriebsvermögen der nicht unter Nummer 2 fallenden Verkehrsbetriebe, Hafenbetriebe und Flugplatzbetriebe, soweit dieses dazu bestimmt ist, unter der Auflage der Betriebspflicht, der Beförderungspflicht (Kontrahierungspflicht) und des Tarifzwangs dem öffentlichen Verkehr unmittelbar zu dienen.

(2) Dient das nach Absatz 1 Nr. 1 und 3 begünstigte Betriebsvermögen gleichzeitig auch anderen Zwecken, so ist es dem Umfang der jeweiligen Nutzung entsprechend aufzuteilen.

Anlage zu § 117 BewG

Gleichlautende Erlasse der obersten Finanzbehörden der Länder betr. Vermögensteuer der Versorgungs- und Verkehrsunternehmen

Vom 17. Februar 1975 (BStBl. I S. 381)

Bei der vermögensteuerrechtlichen Behandlung der Versorgungs- und Verkehrsunternehmen (§ 117 BewG, Artikel 8 des Vermögensteuerreformgesetzes vom 17. April 1974 – VStRG) ist vom Stichtag 1. Januar 1974 an nach den folgenden Grundsätzen zu verfahren:

I. Unternehmen für die Versorgung mit Wasser und Energie (Versorgungsunternehmen)

(1) Betriebsvermögen, das unmittelbar und nicht nur vorübergehend der Gewinnung, Lieferung und Verteilung von Wasser zur öffentlichen Versorgung dient, bleibt bei der Ermittlung des Gesamtvermögens in vollem Umfang außer Ansatz (§ 117 Abs. 1 Nr. 1 BewG). Betriebsvermögen, das unmittelbar und nicht nur vorübergehend der Erzeugung, Lieferung und Verteilung von Gas, Strom oder Wärme zur öffentlichen Versorgung dient, wird bei der Ermittlung des Gesamtvermögens nur mit 50 v. H. des Einheitswerts oder des darauf entfallenden Teils des Einheitswerts angesetzt

(Artikel 8 VStRG – i. V. m. § 117 Abs. 1 Nr. 1 und Abs. 2 BewG a. F.; diese Übergangsregelung endet mit dem 31. 12. 1977). Diese Vergünstigungen (§ 117 Abs. 1 Nr. 1 BewG und Artikel 8 VStRG) gelten auch bei der Ermittlung des Inlandsvermögens (§ 121 Abs. 3 BewG). Es ist nicht Voraussetzung, daß das Betriebsvermögen sich im Eigentum einer inländischen Gebietskörperschaft befindet. Das Betriebsvermögen braucht auch nicht vom Eigentümer zu den begünstigten Zwecken selbst genutzt zu werden. Vermietete und verpachtete Wirtschaftsgüter, die zum Betriebsvermögen ihres Eigentümers gehören, sind begünstigt, wenn sie beim Mieter oder Pächter der öffentlichen Versorgung dienen.

(2) Die in Absatz 1 bezeichneten Vergünstigungen erfassen das Betriebsvermögen, das der öffentlichen Versorgung (Erzeugung, Verteilung oder Lieferung) mit Gas (auch Flaschengas und Erdgas), Strom, Wärme oder Wasser dient. Begünstigt ist auch das Vermögen, das zur Weiterleitung von Gas, Strom, Wär-

---

[1] Aus der Überschrift des § 117 kann nicht gefolgert werden, daß die Vergünstigung der Vorschrift nur auf „Versorgungsunternehmen" im eigentlichen Sinne beschränkt ist. *Erlaß Nordrhein-Westfalen S 3232 – 4 – V 1 v. 5. 2. 1968, der auch in anderen Ländern erging; StEK BewG 1965 § 117 Nr. 6.*
[2] Zur Anwendung des § 117 Abs. 1 Nr. 1 vgl. auch Art. 8 Vermögensteuerreformgesetz; abgedruckt im Anhang I Nr. 1.

me oder Wasser Dritter zur Versorgung anderer dient. Öffentliche Versorgung ist auch die Versorgung der hinter dem Versorgungsunternehmen stehenden Gebietskörperschaften. Das gleiche gilt für die Versorgung von eigenen begünstigten Betriebsabteilungen.

(3) Zu dem nach Artikel 8 VStRG begünstigten Betriebsvermögen der Energieversorgungsunternehmen gehören alle unmittelbar und nicht nur vorübergehend den Betriebs- und Verwaltungszwecken dienenden Wirtschaftsgüter. Zechenbetriebe, die Kohle an rechtlich selbständige Versorgungsbetriebe zur Erzeugung von Gas, Strom oder Wärme liefern, dienen nicht unmittelbar der öffentlichen Versorgung, und zwar auch dann nicht, wenn Zechenbetrieb und Versorgungsbetrieb als Mutter- und Tochtergesellschaften miteinander verbunden sind oder wenn der Zechenbetrieb an dem Versorgungsbetrieb oder der Versorgungsbetrieb an dem Zechenbetrieb als Mitunternehmer beteiligt ist. Gehört dagegen eine Zeche als Betriebsabteilung zu einem Unternehmen, das die öffentliche Versorgung betreibt, und liefert sie Kohlen an die Betriebsabteilung, die Gas, Strom oder Wärme für die öffentliche Versorgung erzeugt, so dient auch die Zeche unmittelbar der öffentlichen Versorgung. Gehören zu einem Hüttenunternehmen als Betriebsabteilung eine Hüttenzeche und eine Hüttenkokerei, so dient die Hüttenkokerei insoweit der öffentlichen Versorgung, als Gas ins öffentliche Netz abgegeben wird. Liefert die Hüttenzeche Kohle an eine solche Hüttenkokerei, so dient auch die Hüttenzeche insoweit der öffentlichen Versorgung. Wird Gas, das bei der Verarbeitung von Rohöl und der Herstellung von Mineralölerzeugnissen als Nebenprodukt anfällt, ins öffentliche Netz abgegeben, so gilt das Entsprechende. Zum begünstigten Betriebsvermögen gehören außerdem die für die Erzeugung und Verwertung von Nebenerzeugnissen der ersten Handelsstufe sowie die für die Verwertung von Abfällen erforderlichen Betriebsanlagen (z. B. die Anlagen zur Koks- und Teerverwertung). Vorräte an Roh-, Hilfs- und Betriebsstoffen sowie Bargeldbestände, Bankguthaben usw., die zur Abwicklung der laufenden Geschäfte oder zur Anschaffung oder Herstellung der im Versorgungsunternehmen benötigten Wirtschaftsgüter dienen, gehören

zum begünstigten Betriebsvermögen. Dasselbe gilt für Forderungen aus Anzahlungen für die Anschaffung von Wirtschaftsgütern, die der öffentlichen Versorgung zu dienen bestimmt sind, sowie für sonstige Forderungen, die sich im Rahmen der öffentlichen Versorgung ergeben. Anlagen, die sich im Bau befinden, dienen zwar noch nicht der öffentlichen Versorgung. Sie sind jedoch als Anlagen zu behandeln, die der öffentlichen Versorgung dienen, wenn ihre zukünftige Verwendung zu diesem Zweck am Bewertungsstichtag eindeutig feststeht. Grundbesitz, der land- und forstwirtschaftlich genutzt wird oder Wohnzwecken dient, Werkstätten, die überwiegend der Herstellung und Unterhaltung von Anlagen und Einrichtungen Dritter dienen, Straßenbeleuchtungsanlagen sowie Ausstellungs- und Verkaufsräume werden in der Regel nicht für die begünstigten Betriebs- oder Verwaltungszwecke benutzt. Werks- und Dienstwohnungen, die sich auf dem Werksgelände befinden und ausschließlich der Unterbringung von Bereitschaftspersonal (vgl. Abschn. 28 Abs. 2 GrStR 1974) dienen, sind jedoch als Grundbesitz zu behandeln, welcher der öffentlichen Versorgung unmittelbar dient. Kapitalforderungen (z. B. Darlehensforderungen nach § 7c EStG, Hypothekenforderungen) und festverzinsliche Wertpapiere gehören nicht zum begünstigten Betriebsvermögen. Dasselbe gilt für Beteiligungen, auch wenn sie an einem anderen Energieversorgungsunternehmen bestehen (BFH-Urteil vom 6. 10. 1972, BStBl. 1973 II S. 41).

(4) Begünstigt ist auch das Betriebsvermögen, das unmittelbar und nicht nur vorübergehend der Gewinnung, Verteilung oder Lieferung von Erdgas zur öffentlichen Versorgung dient. Nicht unmittelbar der Erdgasgewinnung dient das Betriebsvermögen, das zur Vorbereitung einer – möglichen – Erdgasgewinnung dient wie z. B. Bohrinseln. Öffentliche Versorgung liegt insbesondere insoweit nicht vor, als Erdgas als Grundstoff für die chemische Industrie bestimmt ist. Dies ist insbesondere anzunehmen für Äthan, Äthylen, Propylen, Butylen und Acetylen.

(5) Für Wasserversorgungsunternehmen (§ 117 Abs. 1 Nr. 1 BewG) gilt Absatz 3 entsprechend. Zu den Wirt-

schaftsgütern, die unmittelbar den Betriebs- und Verwaltungszwecken dienen und deshalb zum begünstigten Betriebsvermögen gehören, rechnet insbesondere auch der Grundbesitz, der der Wassergewinnung dient (Wasserschutzgebiet).

(6) Erfüllt nur ein Teil des Betriebsvermögens die Voraussetzungen für die in Absatz 1 bezeichneten Vergünstigungen, so ist beim Gesamtvermögen (Inlandsvermögen) nur der entsprechende Teil des Einheitswerts begünstigt. Bei der Ermittlung des begünstigten Teils des Betriebsvermögens sind die einzelnen Wirtschaftsgüter nach ihrer Nutzung zusammenzufassen. Dabei ist jeweils auf in sich geschlossene Betriebsabteilungen abzustellen. Dienen Wirtschaftsgüter sowohl der öffentlichen Versorgung als auch anderen Zwecken, so sind sie dem Umfang der jeweiligen Nutzung entsprechend aufzuteilen. Für die Aufteilung ist der Maßstab zu wählen, an dem die verschiedenen Nutzungen der Betriebsabteilung oder des Unternehmens am zutreffendsten gemessen werden können. Der Aufteilungsmaßstab braucht für ein Unternehmen nicht einheitlich zu sein. Als Aufteilungsmaßstäbe können z. B. in Betracht kommen das Verhältnis des Umsatzes aus der öffentlichen Versorgung zum gesamten Umsatz oder das Verhältnis der zur öffentlichen Versorgung abgegebenen Mengen zur Gesamtmenge. Maßgebend sind in der Regel jeweils die in den letzten zwölf Monaten vor dem Abschlußzeitpunkt erzielten Umsätze, abgegebenen Mengen usw. Soll das Betriebsvermögen einer Betriebsabteilung nach dem Umsatzverhältnis aufgeteilt werden, so sind dem Außenumsatz die Innenumsätze mit dem Wert hinzuzurechnen, der den Verkaufspreisen gegenüber Dritten entspricht. Bei der Aufteilung nach dem Umsatz sind die Umsätze an Nebenerzeugnissen der ersten Handelsstufe und an Abfällen, die sich bei der Erzeugung von Gas, Strom oder Wärme ergeben, insoweit den Umsätzen aus der öffentlichen Versorgung zuzurechnen, als sie den Umsätzen der begünstigten Erzeugung entsprechen. Entfallen nach dem jeweiligen Aufteilungsmaßstab nicht mehr als 10 vom Hundert auf den nichtbegünstigten Teil, so kann die Aufteilung unterbleiben.

(7) Schulden und Lasten sind regelmäßig im Verhältnis des Werts des nichtbegünstigten Rohbetriebsvermögens aufzuteilen. Die Vermögensabgabe ist in erster Linie beim nichtbegünstigten Teil abzuziehen.

II. Verkehrsunternehmen im ausschließlichen Eigentum der öffentlichen Hand

(1) Nach § 117 Abs. 1 Nr. 2 BewG wird das Betriebsvermögen von Verkehrsbetrieben, Hafenbetrieben und Flugplatzbetrieben des Bundes, eines Landes, einer Gemeinde, eines Gemeindeverbandes oder eines Zweckverbandes in vollem Umfang bei der Ermittlung des Gesamtvermögens außer Ansatz gelassen. Der Verkehrsbetrieb usw. muß also einer oder mehreren der genannten inländischen Körperschaften gehören. Weiter bleibt das Betriebsvermögen in vollem Umfang außer Ansatz bei rechtlich selbständigen Verkehrsbetrieben, Hafenbetrieben und Flugplatzbetrieben, wenn die Anteile daran ausschließlich dem Bund, einem Land, einer Gemeinde, einem Gemeindeverband oder einem Zweckverband gehören und die Erträge ausschließlich diesen Körperschaften zufließen. Dabei genügt auch eine nur mittelbare Beteiligung. Sind außer den genannten Körperschaften auch andere Personen beteiligt, so entfällt die Vergünstigung des § 117 Abs. 1 Nr. 2 BewG. Eine Vergünstigung kann nur noch nach § 117 Abs. 1 Nr. 3 BewG für das Vermögen in Betracht kommen, das dem öffentlichen Verkehr dient (vgl. Abschnitt III).

(2) Verkehrsbetriebe sind Unternehmen, die die Beförderung von Personen oder Gütern entgeltlich oder geschäftsmäßig durchführen. Hierbei braucht es sich nicht nur um öffentlichen Verkehr zu handeln. So ist z. B. auch ein Unternehmen, das sich auf den Mietwagenverkehr beschränkt, ein Verkehrsbetrieb. Ein Betrieb kann jedoch in der Regel nicht mehr als Verkehrsbetrieb im Sinne von § 117 Abs. 1 Nr. 2 BewG angesehen werden, wenn mehr als ein Drittel seiner in den letzten zwölf Monaten vor dem Abschlußzeitpunkt erzielten Umsätze nicht durch die Beförderung von Personen und Gütern oder durch eine in unmittelbarem wirtschaftlichen Zusammenhang dazu stehende gewerbliche Betätigung, sondern durch gewerbliche Betätigung anderer Art erzielt worden ist (vgl. hierzu Abschnitt IV Abs. 1). In diesem Fall ist jedoch eine Vergünstigung

im Rahmen des § 117 Abs. 1 Nr. 3 BewG möglich.

(3) Hafenbetriebe sind Unternehmen, die dem Betrieb, der Erhaltung und der Verwaltung von See- und Binnenhäfen gewidmet sind. Flugplatzbetriebe sind Unternehmen, die dem Betrieb, der Erhaltung und der Verwaltung von Flugplätzen gewidmet sind. Die Anweisungen in Absatz 2 gelten für Hafenbetriebe und Flugplatzbetriebe entsprechend.

(4) Die Vergünstigung des § 117 Abs. 1 Nr. 2 BewG erstreckt sich auf das gesamte Vermögen. Deshalb sind auch vermietete und verpachtete Wirtschaftsgüter ohne Rücksicht auf ihre Art und Nutzung steuerfrei, wenn nur der Eigentümer die Voraussetzungen für die Vergünstigung erfüllt.

III. Verkehrsunternehmen im zumindest teilweise privaten Eigentum

(1) Bei Verkehrsbetrieben, Hafenbetrieben und Flugplatzbetrieben, die nicht unter § 117 Abs. 1 Nr. 2 BewG (vgl. Abschnitt II) fallen, bleibt nach § 117 Abs. 1 Nr. 3 BewG nur der Teil des Betriebsvermögens bei der Ermittlung des Gesamtvermögens oder des Inlandsvermögens (vgl. § 121 Abs. 3 BewG) außer Ansatz, der unter der Auflage der Betriebspflicht, der Beförderungspflicht (Kontrahierungspflicht) und des Tarifzwangs unmittelbar dem öffentlichen Verkehr zu dienen bestimmt ist. Beschränkt sich ein Unternehmen darauf, für den Verkehr geeignete Wirtschaftsgüter einem Dritten zur gewerblichen Nutzung zu überlassen, so unterhält der Verpächter keinen Verkehrsbetrieb im Sinne des Bewertungsrechts. Das Betriebsvermögen des Verpächters ist deshalb in vollem Umfang anzusetzen, auch wenn es beim Pächter unter der Auflage der Betriebspflicht, der Beförderungspflicht und des Tarifzwangs dem öffentlichen Verkehr dient. Ebenso liegt ein Verkehrsbetrieb nicht vor, wenn sich ein Unternehmen auf eine der Beförderung von Personen und Gütern nützliche Hilfstätigkeit, wie z. B. die Unterhaltung von Parkstätten, beschränkt.

a) Verkehrsbetriebe

(2) Verkehrsbetriebe dienen dem öffentlichen Verkehr, wenn ihre Einrichtungen nach der Zweckbestimmung von jedermann zur Personen- oder Güterbeförderung benutzt werden können.

(3) Die Betätigung im öffentlichen Verkehr muß unter der Auflage der Betriebspflicht, Beförderungspflicht und des Tarifzwangs erfolgen. Betriebspflicht besteht, wenn das Unternehmen auf Grund einer behördlichen Genehmigung verpflichtet ist, den Verkehrsbetrieb ordnungsgemäß einzurichten, während der Dauer der Genehmigung nach den Bedürfnissen des Verkehrs und dem Stand der Technik ordnungsgemäß aufrechtzuerhalten und nicht ohne Genehmigung der zuständigen Behörde einzustellen. Beförderungspflicht besteht, wenn die Beförderung durchgeführt werden muß, sofern den geltenden Beförderungsbedingungen und den behördlichen Anordnungen entsprochen wird, die Beförderung mit den regelmäßigen Beförderungsmitteln möglich ist, und nicht durch Umstände verhindert wird, die der Unternehmer nicht zu vertreten hat. Tarifzwang besteht, wenn die von der Behörde festgelegten Entgelte weder unterschritten noch überschritten werden dürfen. Die Voraussetzungen hinsichtlich der Betriebspflicht, Beförderungspflicht und des Tarifzwangs sind ohne weitere Nachprüfung als erfüllt anzusehen beim Betrieb von öffentlichen Eisenbahnen, beim Straßenbahn- und Obusverkehr, beim Linienverkehr mit Kraftfahrzeugen nach § 42 PBefG und beim Taxenverkehr. Im einzelnen vgl. §§ 2, 4 und 6 des Allgemeinen Eisenbahngesetzes vom 29. März 1951 (BGBl. I S. 225) i. d. F. des Gesetzes vom 1. August 1961 (BGBl. I S. 1161), §§ 21, 22, 39, 41, 42 und 47 des Personenbeförderungsgesetzes (PBefG) vom 21. März 1961 (BGBl. I S. 241). In anderen Fällen muß im einzelnen nachgewiesen werden, daß Betriebspflicht, Beförderungspflicht und Tarifzwang bestehen. Das gilt z. B. bei den Sonderformen des Linienverkehrs nach § 43 PBefG, beim Güterliniennahverkehr nach § 90 des Güterkraftverkehrsgesetzes (GüKG) vom 17. Oktober 1952 (BGBl. I S. 697) in der geltenden Fassung, beim Fluglinienverkehr nach § 21 des Luftverkehrsgesetzes i. d. F. der Bekanntmachung vom 4. November 1968 (BGBl. I S. 1113), beim Betrieb von Schiffsfähren und beim Schiffslinienverkehr. Diese Auflagen brauchen nicht gesetzlich festgelegt zu sein; sie können auch Bestandteil einer behörd-

lichen Genehmigung oder eines sonstigen Verwaltungsakts sein. In Sonderfällen ist es ausreichend, wenn ein Verkehrsbetrieb der öffentlichen Hand im Sinne des § 117 Abs. 1 Nr. 2 BewG (z. B. die Bundesbahn) ein privates Unternehmen vertraglich verpflichtet, in einem bestimmten Bereich den öffentlichen Verkehr zu übernehmen und ihm dabei die Betriebspflicht und die Beförderungspflicht auferlegt (BFH-Urteil vom 26. 2. 1971, BStBl. II S. 512).[1]

(4) Bei dem Unternehmen bleibt nur der Teil des Betriebsvermögens außer Ansatz, der unter den vorgenannten Voraussetzungen dem öffentlichen Verkehr zu dienen bestimmt ist. Dazu gehören alle den Betriebs- und Verwaltungszwecken dienenden Vermögensgegenstände, insbesondere die Beförderungsmittel selbst (Bahn, Kraftfahrzeuge, Schiffe, Flugzeuge usw.), Verwaltungs- und Betriebsräume, Schulungsräume, Reparaturwerkstätten, Gebäude zum Unterstellen der Fahrzeuge, die dem Betriebsumfang entsprechenden Vorräte an Roh-, Hilfs- und Betriebsstoffen, Gleisanlagen einschließlich der Schutz- und Sicherheitsstreifen, Anlegestellen usw.; Bargeldbestände, Bankguthaben usw., die zur Abwicklung der laufenden Geschäfte oder zur Anschaffung oder Herstellung der im Verkehrsbetrieb benötigten Wirtschaftsgüter dienen, gehören ebenfalls dazu. Dasselbe gilt für Forderungen aus Anzahlungen für die Anschaffung von Wirtschaftsgütern, die dem öffentlichen Verkehr zu dienen bestimmt sind, sowie für sonstige Forderungen, die sich im Rahmen des Verkehrsbetriebs ergeben (z. B. für Forderungen an den Bund wegen der Schwerkriegsbeschädigtenfreifahrten usw.). Anlagen, die sich im Bau befinden, dienen zwar noch nicht dem öffentlichen Verkehr. Sie sind jedoch als Anlagen zu behandeln, die dem öffentlichen Verkehr dienen, wenn ihre zukünftige Verwendung zu diesem Zweck am Bewertungsstichtag eindeutig feststeht. Grundbesitz, der land- und forstwirtschaftlich genutzt wird oder Wohnzwecken oder Gaststätten dient, sowie Werkstätten, die überwiegend der Herstellung neuer Beförderungsmittel und Betriebseinrichtungen dienen, werden in der Regel nicht für Betriebs- oder Verwaltungszwecke benutzt. Werks- und Dienstwohnungen, die sich auf dem Werksgelände befinden

und ausschließlich der Unterbringung von Bereitschaftspersonal (vgl. Abschn. 28 Abs. 2 GrStR 1974) dienen, sind jedoch als Grundbesitz zu behandeln, welcher dem öffentlichen Verkehr unmittelbar dient. Kapitalforderungen (z. B. Darlehensforderungen nach § 7c EStG, Hypothekenforderungen) und festverzinsliche Wertpapiere gehören nicht zum begünstigten Betriebsvermögen. Dasselbe gilt für Beteiligungen (vgl. das in Abschnitt I Abs. 3 letzter Satz genannte BFH-Urteil).

(5) Es ist möglich, daß das dem öffentlichen Verkehr dienende Vermögen oder einzelne derartige Vermögensgegenstände nur teilweise die Voraussetzungen der Vergünstigung erfüllen, ohne daß ein begünstigter Vermögensteil abgegrenzt werden kann. Dies ist z. B. der Fall, wenn die im Linienverkehr eingesetzten Omnibusse eines Verkehrsunternehmens auch als Mietwagen benutzt werden. Hier ist dann der begünstigte Teil in der Weise zu ermitteln, daß das nicht abgrenzbare Vermögen nach dem Verhältnis der unter der Auflage der Beförderungspflicht usw. einerseits und der im sonstigen Verkehr oder durch sonstige Tätigkeit andererseits erzielten Umsätze aufgeteilt wird. Maßgebend sind dabei die Umsätze der letzten zwölf Monate vor dem maßgebenden Abschlußzeitpunkt. Betragen die im sonstigen Verkehr und durch sonstige Tätigkeit erzielten Umsätze nicht mehr als den zehnten Teil der gesamten Umsätze, so können sie unberücksichtigt bleiben.

(6) Schulden und Lasten sind regelmäßig im Verhältnis des Werts des nichtbegünstigten Rohbetriebsvermögens zum Wert des begünstigten Rohbetriebsvermögens aufzuteilen. Die Vermögensabgabe ist beim nicht begünstigten Teil abzuziehen.

b) Hafenbetriebe und Flugplatzbetriebe

(7) Bei Hafenbetrieben und Flugplatzbetrieben bleibt unter den Voraussetzungen des § 117 Abs. 1 Nr. 3 BewG nur das Vermögen außer Ansatz, das dem öffentlichen Verkehr dient. Das sind alle Anlagen und Betriebseinrichtungen, die der Beförderung von Personen und Gütern innerhalb des Hafen- oder Flugplatzgebietes dienen. Vgl. hierzu auch Absätze 2

---

[1] Vgl. BFH-N Nr. 1 zu § 3a Nr. 1 VStG.

zweispaltig = Anlagen zu Durchführungsverordnung und Richtlinien **193 Anl** bis 6, die hier entsprechend gelten. Nicht dazu gehört Vermögen, das Umschlags- und Lagereizwecken dient.

IV. Verbundbetriebe, Holdinggesellschaften

(1) Gehören zu einem Unternehmen Verkehrsbetriebe, Versorgungsbetriebe und andere Gewerbebetriebe, so sind die Steuervergünstigungen des § 117 BewG und des Artikels 8 VStRG nebeneinander zu gewähren. Bei der Anwendung des Abschnitts II Abs. 2, nach der ein Verkehrsbetrieb im Sinne des § 117 Abs. 1 Nr. 2 BewG nicht mehr als ein Drittel seines Gesamtumsatzes außerhalb des Verkehrsbereichs erzielen darf, gilt dabei folgendes:
1. Umsätze, die auf Betriebsteile entfallen, deren Betriebsvermögen bereits bei der Ermittlung des Einheitswerts oder bei der Ermittlung des Gesamtvermögens in vollem Umfang außer Ansatz bleibt, sind dem Umsatz des Verkehrsbereichs zuzurechnen;
2. Umsätze, die auf Betriebsteile entfallen, deren Betriebsvermögen nach Artikel 8 VStRG bei der Ermittlung des Gesamtvermögens zur Hälfte außer Ansatz bleibt, sind dem Umsatz außerhalb des Verkehrsbereichs zuzurechnen.

(2) Holdinggesellschaften mit Beteiligungen an Verkehrsunternehmen und Versorgungsunternehmen sind auch dann nicht begünstigt, wenn ihnen Verwaltungsaufgaben übertragen sind, die sonst von dem Verkehrsunternehmen oder Versorgungsunternehmen selbst ausgeübt werden müßten. Sie sind weder Verkehrsbetriebe noch dienen sie unmittelbar der öffentlichen Versorgung. Wenn die Voraussetzungen des § 102 BewG erfüllt sind, kann für die Beteiligungen die Schachtelvergünstigung in Anspruch genommen werden.

V. Keine Auswirkungen auf die Gewerbekapitalsteuer

Die Vergünstigungen nach den Abschnitten I bis IV gelten nicht für die Gewerbesteuer. Der Einheitswert des Betriebsvermögens ist daher zunächst wie im Regelfall festzustellen. Vgl. Abschnitt 109 c Abs. 2 VStR 1974.

VI. Schlußbestimmungen

Dieser Erlaß tritt mit Wirkung ab 1. Januar 1974 an die Stelle des Erlasses vom 12. Juli 1966 (BStBl. II S. 177).
Dieser Erlaß ergeht im Einvernehmen mit den obersten Finanzbehörden der anderen Bundesländer.

BewG

§ 118 Schulden und sonstige Abzüge[1]

(1) Zur Ermittlung des Werts des Gesamtvermögens sind von dem Rohvermögen abzuziehen

1.[2] Schulden und Lasten, soweit sie nicht mit einem gewerblichen Betrieb in wirtschaftlichem Zusammenhang stehen. Bei der Bewertung von Schulden aus laufend veranlagten Steuern ist § 105 entsprechend anzuwenden. Lasten aus laufenden Pensionszahlungen, die mit einem Betrieb der Land- und Forstwirtschaft in wirtschaftlichem Zusammenhang stehen, können nur abgezogen werden, wenn sie nicht bereits im Einheitswert des Betriebs der Land- und Forstwirtschaft berücksichtigt worden sind;

2. Pensionsverpflichtungen gegenüber Personen, bei denen der Versorgungsfall noch nicht eingetreten ist, soweit sie nicht mit einem gewerblichen Betrieb in wirtschaftlichem Zusammenhang stehen. Steht eine Pensionsverpflichtung mit einem Betrieb der Land- und Forstwirtschaft in wirtschaftlichem Zusammenhang, kommt ein Abzug nur in Betracht, wenn sie nicht bereits im Einheitswert berücksichtigt worden ist. Bei der Bewertung der Pensionsverpflichtungen ist § 104 entsprechend anzuwenden;

3. bei Inhabern von Betrieben der Land- und Forstwirtschaft zur Abgeltung des Überschusses der laufenden Betriebseinnahmen über die laufenden Betriebsausgaben, der nach dem Ende des vorangegangenen Wirtschaftsjahrs (§ 35 Abs. 2) entstanden ist, ein Achtzehntel des Wirtschaftswerts des Betriebs der Land- und Forstwirtschaft; bei buchführenden Inhabern von Betrieben der Land- und Forstwirtschaft kann statt dessen auf Antrag der nachgewiesene Überschuß der laufenden Betriebseinnahmen über die laufenden Betriebsausgaben abgezogen werden, soweit er am Veranlagungszeitpunkt noch vorhanden ist oder zur Tilgung von Schulden verwendet worden ist, die am Ende des vorangegangenen Wirtschaftsjahrs bestanden haben und mit dem Wirtschaftsteil des Betriebs in wirtschaftlichem Zusammenhang stehen.

(2) Nicht abzugsfähig sind Schulden und Lasten, soweit sie in wirtschaftlichem Zusammenhang mit Wirtschaftsgütern stehen, die nicht zum Vermögen im Sinn dieses Gesetzes gehören. Schulden und Lasten, die mit den nach § 115 steuerfreien Wirtschaftsgütern in wirtschaftlichem Zusammenhang stehen, sind dagegen in vollem Umfang abzuziehen.[3]

(3) Schulden und Lasten, die auf gesetzlicher Unterhaltspflicht beruhen, sind mit ihrem Kapitalwert, höchstens mit 20000 Deutsche Mark für die ein-

---

[1] Vgl. hierzu auch Abschnitte 55, 56 und 66 Abs. 2 VStR (abgedruckt zu § 110 BewG) sowie Abschnitt 92 Abs. 2 (abgedruckt zu § 114 BewG).

[2] Vgl. aus der Rechtsprechung zu § 118 Ziff. 1 BFH-Urteil vom 17. Januar 1964 III 324/60 (HFR 65 S. 197 Nr. 162):

Bürgerlich-rechtlich wirksame Pflichtteilsansprüche können beim Verpflichteten vermögensteuerrechtlich dann nicht zum Abzug zugelassen werden, wenn sie ihn weder tatsächlich noch wirtschaftlich belasten. Die Tatsache, daß der Pflichtteilsberechtigte auf den Pflichtteil am Veranlagungsstichtag nicht angewiesen ist und nicht auf die Auszahlung besteht, rechtfertigt jedoch nicht, die Verpflichtung als nicht bestehend anzusehen.

BFH-Urteil vom 31. Juli 1964 III 233/61 (HFR 65 S. 349 Nr. 284):

Ist die Entstehung der Verpflichtung zur Zahlung von Straßenanliegerbeiträgen davon abhängig, daß der Grundstückseigentümer in der Straße ein Gebäude errichtet hat und die Straße in der den Bedürfnissen entsprechenden Weise angelegt ist, so liegt noch keine bei der Veranlagung zur Vermögensteuer zu berücksichtigende Schuldverpflichtung vor, wenn die Straße noch nicht ausgebaut ist.

BFH-Urteil vom 9. Oktober 1964 III 14/62 U (DStR 64 S. 694 Nr. 496, BStBl. III S. 638):

Die Verpflichtung eines Grundstückseigentümers zur Übertragung des Grundstückseigentums an einen Dritten (hier: Heimfallverbindlichkeit) ist als Sachleistungsschuld mit dem gemeinen Wert zu bewerten. Hierbei ist nicht vom steuerlichen Einheitswert des Grundstücks auszugehen.

[3] Kapitalisierte Unterhaltungslasten bei geschützten Bauwerken können bei der Ermittlung des Gesamtvermögens nur in Höhe der sog. Unterlast abgezogen werden. *Erlaß Nordrhein-Westfalen S 3284 – 1 – VC 1 v. 30. 1. 1970; StEK BewG 1965 § 118 Nr. 4.*

Zum Abzug von Unterhaltungslasten bei geschützten Bauwerken (Ergänzung des Erlasses StEK BewG 1965 § 118 Nr. 4). *Erlaß Nordrhein-Westfalen S 3284 – 1 – VC 1 v. 7. 6. 1971; StEK BewG 1965 118 § Nr. 9.*

zweispaltig = Anlagen zu Durchführungsverordnung und Richtlinien

zelne Unterhaltsverpflichtung abzugsfähig, wenn Unterhaltsverpflichteter und Unterhaltsberechtigter nicht nach § 14 des Vermögensteuergesetzes zusammen veranlagt werden. Dies gilt bei Ehegatten, die nach § 14 des Vermögensteuergesetzes zusammen veranlagt werden mit der Maßgabe, daß bei gemeinsamer Unterhaltsverpflichtung als Kapitalwert jeweils höchstens 40 000 Deutsche Mark abzugsfähig sind. Der Kapitalwert ist vorbehaltlich des § 14 nach § 13 Abs. 1 zu ermitteln; dabei ist von der nach den Verhältnissen am Stichtag voraussichtlichen Dauer der Unterhaltsleistungen auszugehen.

VStR

96. Zinsen, Löhne und andere regelmäßig wiederkehrende Ausgaben

Regelmäßig wiederkehrende Ausgaben sind nach denselben Grundsätzen zu berücksichtigen wie regelmäßig wiederkehrende Einnahmen (vgl. Abschnitt 60). Ausgaben, die vor dem Stichtag geleistet worden sind, haben das Vermögen vermindert. Sie können dem Vermögen nicht mehr hinzugerechnet werden, selbst wenn es sich um Ausgaben für die Zeit nach dem Stichtag handelt. Geschuldete Zinsen, Löhne und ähnliche wiederkehrende Leistungen, die noch nicht entrichtet worden sind, können vom Vermögen nur abgesetzt werden, wenn sie am Veranlagungszeitpunkt bereits fällig waren oder sich auf einen Zeitraum beziehen, der spätestens am Veranlagungszeitpunkt geendet hat.

97. Rückerstattungen

Wenn der Rückerstattungsverpflichtete am Stichtag ernsthaft mit der Geltendmachung des Rückerstattungsanspruchs durch den Rückerstattungsberechtigten rechnen mußte und deshalb das Vermögen des Rückerstattungsverpflichteten am Stichtag durch die Rückerstattungsverpflichtung wirtschaftlich belastet war, ist der Abzug einer Schuld in Höhe des Werts des zurückerstattenden Vermögens anzuerkennen (BFH-Urteil vom 5. 11. 1954, BStBl. 1955 III S. 23).

98. Persönliche Steuerschulden[1]

Bei der Ermittlung des Gesamtvermögens können unter den Voraussetzungen des § 118 Abs. 1 Nr. 1 BewG 1965 in Verbindung mit § 105 BewG 1965 alle Steuerschulden des Steuerpflichtigen berücksichtigt werden, soweit sie nicht in wirtschaftlichem Zusammenhang mit einem gewerblichen Betrieb stehen und deshalb schon bei der Ermittlung des Betriebsvermögens abgezogen worden sind. Vgl. hierzu Abschnitt 37 Abs. 1. Noch nicht geleistete Einkommensteuervorauszahlungen können bei der Ermittlung des Gesamtvermögens nur insoweit als Schuld abgezogen werden, als die bereits bezahlten Vorauszahlungen zur Deckung der zu veranlagenden Einkommensteuerschuld nicht ausreichen (BFH-Urteil vom 7. 5. 1971, BStBl. II S. 681)[2]. Für die Abzugsfähigkeit von Steuerschulden bei der Ermittlung des Gesamtvermögens gelten die Anweisungen in Abschnitt 37 Abs. 2 bis 4 entsprechend.

99. Abzugsfähigkeit der Lastenausgleichsabgaben

(1) Nach § 209 Nr. 1 LAG[3] ist bei der Ermittlung des Gesamtvermögens oder des Inlandsvermögens die Vermögensabgabe mit ihrem jeweiligen Zeitwert abzusetzen. Der jeweilige Zeitwert setzt sich nach § 77 Abs. 1 Nr. 2 LAG zusammen aus:

---

[1] Vgl. BFH-Urteil vom 10. Mai 1972 III R 58/71 (BStBl. II S. 691 = BFH-N Nr. 3 zu § 14 Abs. 3 und Nrn. 2–3 zu § 62b BewG):
   1. Steuernachzahlungen an persönlichen Steuern, die auf den Feststellungen einer nach dem Veranlagungszeitpunkt durchgeführten Betriebsprüfung beruhen, sind an dem zurückliegenden Veranlagungszeitpunkt als unverzinsliche befristete Schulden abzuziehen.
   2. . . . .
[2] Vgl. DStR S. 665 Nr. 470 = BFH-N Nr. 1 zu § 118 Abs. 1 Nr. 1 Satz 1 BewG 1965.
[3] Abgedruckt unten als Anlage a zu Abschnitt 99 VStR.

1. dem sich für den Veranlagungszeitraum ergebenden Zeitwert der auf die Vermögensabgabe noch zu entrichtenden noch nicht fälligen Vierteljahresbeträge und

2. den an diesem Zeitpunkt rückständigen Beträgen an anzurechnender Soforthilfeabgabe (§ 48 LAG) und an rückständigen Vierteljahresbeträgen der Vermögensabgabe. Dies gilt auch, soweit Vierteljahresbeträge gestundet sind, jedoch mit Ausnahme der nach § 57 LAG gestundeten Beträge.

Bei der Ermittlung des Zeitwerts der noch nicht fälligen Vierteljahresbeträge ist von dem nächsten nach dem Veranlagungszeitpunkt fälligen Vierteljahresbetrag (vor Abzug der Vergünstigungen nach §§ 54 und 55 LAG) auszugehen. Dieser Vierteljahresbetrag ist

zum 1. Januar 1974 mit 18,38
zum 1. Januar 1975 mit 15,27
zum 1. Januar 1976 mit 11,99
zum 1. Januar 1977 mit 8,53

zu vervielfachen.

In Sonderfällen (z. B. bei Ratenablösungen) ist der Zeitwert nach § 2 der Zeitwertverordnung[1] (11. AbgabenDV-LA vom 11. August 1954, Bundesgesetzbl. I S. 258, BStBl. I S. 410) zu berechnen.

(2) Bei Körperschaften und Vermögensmassen (§ 97 Abs. 1 Nr. 1 bis 5 BewG 1965) mit einem vom Kalenderjahr abweichenden Wirtschaftsjahr ist die Vermögensabgabe mit dem Zeitwert abzusetzen, der sich auf den jeweiligen Abschlußzeitpunkt (§ 106 Abs. 3 BewG 1965) ergibt. In diesen Fällen ist der nächste nach dem abweichenden Abschlußzeitpunkt fällige Vierteljahresbetrag zu vervielfachen bei Abschlußzeitpunkten, die in die Zeit fallen vom:

	1973	1974	1975	1976
1. 1. bis 10. 2. mit	21,32	18,38	15,27	11,99
11. 2. bis 10. 5. mit	20,60	17,62	14,47	11,14
11. 5. bis 10. 8. mit	19,87	16,85	13,66	10,28
11. 8. bis 10. 11. mit	19,13	16,07	12,83	9,41
11. 11. bis 31. 12. mit	18,38	15,27	11,99	8,53

(3) Bei einer Zusammenveranlagung nach § 14 VStG sind bei der Ermittlung des Gesamtvermögens der Veranlagungsgemeinschaft alle Vierteljahresbeträge der zusammen zu veranlagenden Personen zu berücksichtigen. In den Fällen der fortgesetzten Gütergemeinschaft sind die Vierteljahresbeträge, die auf das Gesamtgut entfallen, beim überlebenden Ehegatten zu berücksichtigen, soweit sie sich nicht bereits bei den Abkömmlingen ausgewirkt haben.

(4) Ist auf einen Steuerpflichtigen die Vermögensabgabeschuld eines Dritten kraft Gesetzes oder durch eine vom Finanzamt nach § 60 LAG genehmigte Schuldübernahme ganz oder teilweise übergegangen, so kann er insoweit an Stelle des früheren Abgabepflichtigen den Zeitwert der auf ihn übergegangenen Vermögensabgabeschuld absetzen.

(5) Ist eine vertraglich vereinbarte Schuldübernahme vom Finanzamt nicht oder noch nicht genehmigt worden, dann kann der Erwerber die ihm durch die Schuldübernahme erwachsene Verpflichtung wie jede andere persönliche Schuld in der vereinbarten Höhe absetzen. Der Veräußerer hat jedoch, unabhängig davon, daß er als Schuldner der Vermögensabgabe nach wie vor den Zeitwert bei seinem Vermögen absetzen kann, die vom Erwerber übernommene Schuldverpflichtung in der Höhe der Schuld des Erwerbers als Forderung anzusetzen.

---

[1] Siehe die als Anlage b zu Abschnitt 99 VStR abgedruckte Zeitwertverordnung.

(6) Bei der Auflösung einer Ehe (§ 66 LAG), bei einem Erbfall (§ 67 LAG) und in den Fällen des § 68 LAG (z. B. bei fortgesetzter Gütergemeinschaft) ist für den einzelnen Beteiligten von dem Vierteljahresbetrag auszugehen, der auf ihn entfällt. Hat das Finanzamt eine Aufteilung vorgenommen, so ist der im Aufteilungsbescheid festgesetzte Betrag maßgebend, anderenfalls ist bei der Veranlagung eines Beteiligten zur Vermögensteuer der auf diesen anteilmäßig entfallende Vierteljahresbetrag selbständig zu ermitteln. Dabei sind die Aufteilungsmaßstäbe des § 66 Abs. 2 Nr. 3 und des § 67 Abs. 3 Nr. 3 LAG entsprechend zu berücksichtigen. Eine davon abweichende Aufteilung setzt voraus, daß sämtliche Beteiligten damit einverstanden sind. Das gleiche gilt in den Fällen der Auflösung einer fortgesetzten Gütergemeinschaft.

(7) Wer unentgeltlich von einem Abgabeschuldner Vermögen erwirbt, haftet nach § 61 LAG neben dem Abgabeschuldner für dessen Vermögensabgabe. Der Haftende kann jedoch eine Schuld erst absetzen, wenn das Finanzamt bereits einen Haftungsbescheid erlassen hat. Von Ausnahmen abgesehen, wird der Haftende nur für einen Teil der noch nicht fälligen Vierteljahresbeträge in Anspruch genommen werden. Es ist deshalb nicht der Zeitwert der Vermögensabgabe, sondern nur der Zeitwert der Summe der Vierteljahresbeträge abzuziehen, mit deren Entrichtung durch den Haftenden den Umständen nach gerechnet werden kann.

(8) Ein Erbe, der seine beschränkte Erbenhaftung geltend macht, kann den Zeitwert der auf ihn übergegangenen Vermögensabgabeschuld nur bis zur Höhe des Betrags absetzen, mit dem er haftet.

(9) Nach § 209 Nr. 2 LAG sind die Hypothekengewinnabgabe und die Kreditgewinnabgabe, soweit sie nicht mit einem gewerblichen Betrieb in wirtschaftlichem Zusammenhang stehen, mit ihrem jeweiligen Wert abzuziehen. Auf die Abschnitte 26 und 38 wird hingewiesen.

Anlagen zu Abschnitt 99 VStR
a) Lastenausgleichsgesetz
In der Fassung vom 1. Oktober 1969
(BGBl. I S. 1909)
Zuletzt geändert durch Achtundzwanzigstes Gesetz zur Änderung des Lastenausgleichsgesetzes
(28. ÄndG LAG) vom 27. Januar 1975 (BGBl. I S. 401)
– Auszug –

§ 77 Zeitwert der Vermögensabgabe

(1) In den Fällen, in denen der Wert der Schuld an Vermögensabgabe für steuerliche Zwecke von Bedeutung ist, ist als Wert dieser Schuld anzusetzen

1. für den 21. Juni 1948 und für Zeitpunkte zwischen diesem und dem 1. April 1952 die Summe der beiden folgenden Beträge:
   a) des sich für den maßgebenden Zeitpunkt ergebenden Zeitwerts der ab 1. April 1952 bis 31. März 1979 auf die Vermögensabgabe zu entrichtenden Vierteljahresbeträge;
   b) der auf die Vermögensabgabe anzurechnenden Soforthilfeabgabe (§ 48), abzüglich der daraf bis zu dem maßgebenden Zeitpunkt entrichteten Beträge, mit ihrem Nennbetrag;

2. für Zeitpunkte ab 1. April 1952 die Summe der beiden folgenden Beträge:
   a) des sich für den maßgebenden Zeitpunkt ergebenden Zeitwerts der auf die Vermögensabgabe noch zu entrichtenden, noch nicht fälligen Vierteljahrsbeträge;
   b) der an dem maßgebenden Zeitpunkt rückständigen Beträge an anzurechnender Soforthilfeabgabe (§ 48) und an Vierteljahrsbeträgen der Vermögensabgabe.

(2) Durch Rechtsverordnung[1] kann das Nähere über die Berechnung des Zeitwerts bestimmt werden.

§ 207 Abzugsfähigkeit der Ausgleichsabgaben bei der Feststellung der Einheitswerte der gewerblichen Betriebe für spätere Feststellungszeitpunkte

---

[1] Siehe die nachstehend abgedruckte Zeitwertverordnung.

Für die Abzugsfähigkeit der Ausgleichsabgaben bei Feststellung der Einheitswerte der gewerblichen Betriebe gelten von der nächsten Hauptfeststellung ab folgende Vorschriften:

1. Die Vermögensabgabe ist außer Betracht zu lassen.

2. Die Hypothekengewinnabgabe und die Kreditgewinnabgabe sind, soweit sie mit dem gewerblichen Betrieb in wirtschaftlichem Zusammenhang stehen, mit ihrem jeweiligen Wert im Feststellungszeitpunkt abzuziehen.

§ 209 Abzugsfähigkeit der Ausgleichsabgaben bei der Vermögensteuer für Veranlagungszeitpunkte ab 1. Januar 1953

Für die Abzugsfähigkeit der Ausgleichsabgaben bei der Ermittlung des Vermögens für die Vermögensteuer auf Veranlagungszeitpunkte ab 1. Januar 1953 gelten folgende Vorschriften:

1. Die Vermögensabgabe ist mit ihrem jeweiligen Zeitwert (§ 77) abzuziehen.

2. Die Hypothekengewinnabgabe und die Kreditgewinnabgabe sind, soweit sie nicht mit einem gewerblichen Betrieb in wirtschaftlichem Zusammenhang stehen, mit ihrem jeweiligen Wert abzuziehen.

3. Die Soforthilfesonderabgabe ist, soweit sie nach § 48 Abs. 2 Nr. 2 auf die Vermögensabgabe anzurechnen ist[1], abzüglich der bis zu dem maßgebenden Stichtag entrichteten Beträge, mit dem Nennbetrag abzuziehen.

b) Elfte Durchführungsverordnung über Ausgleichsabgaben nach dem Lastenausgleichsgesetz

(11. Abgaben DV-LA – Zeitwertverordnung)

Vom 11. August 1954

(BGBl. I S. 258, mit Änd. der VO v. 15. 11. 1963, BGBl. I S. 792)

§ 1 Zeitwert noch nicht fälliger, gleichbleibender Vierteljahrsbeträge

Sind die Vierteljahrsbeträge auf die Vermögensabgabe von dem auf den maßgebenden Zeitpunkt folgenden gesetzlichen Fälligkeitstermin ab bis zum Ende der Laufzeit (31. März 1979) in gleichbleibender Höhe zu entrichten, so ist ihr Zeitwert nach der als Anlage[2] zu dieser Verordnung abgedruckten Tabelle zu berechnen. Die Vierteljahrsbeträge sind mit dem Betrag anzusetzen, der sich nach Abzug der Minderungsbeträge (§ 3) und unter Berücksichtigung des § 4 ergibt.

§ 2 Zeitwert noch nicht fälliger, nicht gleichbleibender Vierteljahrsbeträge

Sind die Vierteljahrsbeträge auf die Vermögensabgabe mit dem nach § 1 anzusetzenden Betrag in dem dort genannten Zeitraum nicht in gleichbleibender Höhe zu entrichten, so ist ihr Zeitwert wie folgt zu berechnen:

1. Für Zeitpunkte ab 11. Februar 1952

Von dem sich nach § 1 vor Abzug der Minderungsbeträge ergebenden Zeitwert ist der Zeitwert der vierteljährlichen Minderungsbeträge abzusetzen, der wie folgt zu ermitteln ist:

a) Wenn die nächstfälligen Vierteljahrsbeträge gemindert sind durch Vervielfältigung der vierteljährlichen Minderungsbeträge mit dem Vervielfältiger, der sich aus der Anzahl der vierteljährlichen Minderungsbeträge ergibt;

b) wenn später fällig werdende Vierteljahrsbeträge gemindert sind durch Vervielfältigung der vierteljährlichen Minderungsbeträge mit der Unterschiedszahl, die sich aus der Gegenüberstellung des Vervielfältigers für die Zahl der Raten vom Anfangszeitpunkt bis zum Ende der Minderungszeitraums mit dem Vervielfältiger für die Zahl der Raten vom Anfangszeitpunkt bis zum Beginn des Minderungszeitraums ergibt. Anfangszeitpunkt ist der Zeitpunkt, auf den der Zeitwert festgestellt werden soll.

2. *(überholt)*

§ 3 Minderungsbeträge

(1) Minderungsbeträge im Sinne dieser Verordnung sind alle Minderungen ge-

---

[1] Das ist die nach einem Abgabesatz von 15 vom Hundert bemessene Abgabe, soweit sie auf betriebsfremde (branchenfremde) Wirtschaftsgüter oder auf nichtgewerbliches Vorratsvermögen (§ 18 Abs. 1 Satz 2 und Abs. 5 Nr. 1 des Soforthilfegesetzes) entfällt.
[2] Hier nicht mit abgedruckt. Für die Berechnung siehe insoweit 99 VStR.

genüber dem ursprünglichen Vierteljahrsbetrag (Absatz 2) mit Ausnahme der auf Grund der Vergünstigungen nach § 4 abgezogenen, gestundeten oder erlassenen Beträge. Das gilt insbesondere für Minderungen auf Grund der §§ 47a, 53, 53a, 55a bis 55c, 57, 58, 60, 62, 64 bis 68, 88 Abs. 2, §§ 199, 199b, 202 des Gesetzes und der dazugehörigen Durchführungsvorschriften sowie für Minderungen auf Grund der §§ 47 bis 56 des Bundesvertriebenengesetzes.

(2) Ursprünglicher Vierteljahrsbetrag im Sinne dieser Verordnung ist der Vierteljahrsbetrag, der sich unmittelbar durch Anwendung der Vierteljahrssätze des § 36 Abs. 1 oder 2 des Gesetzes auf die verbleibende Abgabeschuld (§ 33 des Gesetzes) ergibt.

§ 4 Nichtberücksichtigung von
Vergünstigungen

Im Falle einer Vergünstigung wegen Alters oder Erwerbsunfähigkeit (§ 54 des Gesetzes) oder eines Erlasses aus sozialen Gründen (§ 55 des Gesetzes) ist der Zeitwertberechnung der Vierteljahrsbetrag zugrunde zu legen, der sich ohne Berücksichtigung der genannten Vergünstigungen ergeben würde.

§ 5 Fälligkeit

Für die Fälligkeit der Vierteljahrsbeträge sind die im Gesetz bestimmten Fälligkeitstermine maßgebend. Stundungen sowie die Verlegung des am 10. 8. fälligen Vierteljahrsbetrags auf den 10.11. nach § 49 Satz 2 des Gesetzes sind außer Betracht zu lassen.

§ 6 Anwendung der Verordnung
in Berlin (West)

Diese Verordnung gilt nach § 14 des Dritten Überleitungsgesetzes vom 4. Januar 1952 (Bundesgesetzbl. I S. 1) in Verbindung mit § 374 des Lastenausgleichsgesetzes auch in Berlin (West).

§ 7 Inkrafttreten

Diese Verordnung tritt am Tage nach ihrer Verkündung in Kraft. Sie ist für alle Zeitpunkte nach dem 20. Juni 1948 anzuwenden.

VStR

100. Wiederkehrende Leistungen

(1) Der Kapitalwert von Renten und anderen wiederkehrenden Nutzungen und Leistungen, die dem Steuerpflichtigen obliegen, ist abzugsfähig, ohne daß es darauf ankommt, ob das Recht dem Berechtigten auf Lebenszeit oder auf eine Mindestdauer von 10 Jahren zusteht.

(2) Entsprechend der Regelung des § 111 Nr. 7 Buchstabe a BewG, nach der gesetzliche Unterhaltsansprüche im Falle der Zusammenveranlagung des Berechtigten und des Verpflichteten beim Berechtigten nicht zum sonstigen Vermögen gehören, ist die ihr entsprechende Unterhaltsverpflichtung auch nicht als Last abzugsfähig (§ 118 Abs. 3 BewG). Werden der Berechtigte und der Verpflichtete nicht zusammen veranlagt, so ist die einzelne Unterhaltsverpflichtung höchstens bis zu einem Kapitalwert von 20000 DM, bei einer gemeinsamen Unterhaltsverpflichtung von Ehegatten höchstens bis zu einem Kapitalwert von 40000 DM abzugsfähig (§ 118 Abs. 3 BewG). Der darüber hinausgehende Teil des Kapitalwerts kann dagegen nicht abgezogen werden. Für die Abgrenzung der Schulden und Lasten, die auf gesetzlicher Unterhaltspflicht beruhen, sind die Anweisungen in Abschnitt 123 EStR sinngemäß anzuwenden.

(3) Unterhaltsleistungen, die freiwillig gewährt werden und nicht auf einer klagbaren Verpflichtung beruhen, sind in der Regel nur dann abzugsfähig, wenn der Empfänger, obwohl kein klagbarer Anspruch besteht, mit Sicherheit auf die Fortdauer der Leistung rechnen kann (RFH-Urteil vom 15. 12. 1938, RStBl. 1939 S. 207, und BFH-Urteil vom 9. 9. 1960, BStBl. 1961 III S. 18).

(4) Wegen der Berechnung des Kapitalwerts der wiederkehrenden Leistungen vgl. Abschnitt 61. Für die Bewertung einer Nutzungslast gilt Abschnitt 63 entsprechend.

101. Lasten und Rechte bei Betrieben der Land- und Forstwirtschaft

(1) Lasten, die lediglich aus persönlichen Beziehungen des Grundeigentümers oder seiner Rechtsvorgänger hervorgegangen sind, mindern den objektiven Ertragswert eines Betriebs der Land- und Forstwirtschaft nicht. Derartige Lasten (Patronatslasten, Wegeunterhaltungslasten) sind bei der Ermittlung des Werts des Gesamtvermögens zu berücksichtigen (RFH-Urteil vom 11. 2. 1937, RStBl. S. 532, und BFH-Urteil vom 19. 6. 1951, BStBl. III S. 156). Das gleiche gilt für Holzlasten, die auf Forstbetrieben ruhen, z. B. Verpflichtungen zur unentgeltlichen Abgabe von Nutzholz oder Brennholz (RFH-Urteil vom 22. 4. 1937, RStBl. S. 634). Holznutzungsrechte sind beim Bezugsberechtigten in der Regel nicht zum land- und forstwirtschaftlichen Vermögen oder zum Grundvermögen, sondern zum sonstigen Vermögen zu rechnen. Lasten aus laufenden Pensionszahlungen, die nicht bereits im Einheitswert des land- und forstwirtschaftlichen Betriebs berücksichtigt worden sind (vgl. § 118 Abs. 1 Nr. 1 Satz 3 BewG), sind mit dem nach § 14 BewG zu ermittelnden Kapitalwert bei der Ermittlung des Werts des Gesamtvermögens abzugsfähig.

(2) Zu den Lasten im Sinne des § 118 Abs. 1 Nr. 1 BewG 1965 rechnen auch die vertraglich übernommenen Altenteilsverpflichtungen sowie die Leistungen, die bei der Übernahme eines Betriebs der Land- und Forstwirtschaft zu erfüllen sind, insbesondere auch die Versorgungsansprüche, die kraft Gesetzes dem überlebenden Ehegatten oder den weichenden Erben gegenüber dem Hoferben nach dem Reichserbhofgesetz oder den entsprechenden Vorschriften des Höferechts zustehen (BFH-Urteile vom 15. 4. 1955, BStBl. III S. 162, und vom 6. 7. 1956, BStBl. III S. 271). Lasten, deren Entstehung aufschiebend bedingt ist, sind jedoch nach § 6 BewG 1965 erst nach Eintritt der Bedingung abzugsfähig. Infolgedessen ist ein Abzug für Altenteilslasten, die dem überlebenden Ehegatten nach dem vorbezeichneten Höferecht zustehen, solange nicht möglich, als er das Verwaltungs- und Nutznießungsrecht ausübt (vgl. BFH-Urteil vom 15. 4. 1955, BStBl. III S. 162).

(3) Die Anerkennung einer Last setzt voraus, daß die Leistungen tatsächlich in der übernommenen Höhe bewirkt werden. Leistungen, die nicht in Geld bestehen (Wohnung, Kost, Waren und sonstige Sachbezüge), sind nach § 15 Abs. 2 BewG 1965 mit den üblichen Mittelpreisen des Verbrauchsorts anzusetzen. Dabei kann von den Sätzen ausgegangen werden, die am Veranlagungszeitpunkt beim Steuerabzug vom Arbeitslohn und bei der Sozialversicherung für Deputate in der Land- und Forstwirtschaft gelten. Bei nichtbuchführenden Land- und Forstwirten können Pauschsätze für Altenteilsleistungen, die von den Finanzbehörden aufgestellt worden sind, übernommen werden. Vertraglich vereinbarte Barbezüge oder sonstige Sachleistungen sind nur zu berücksichtigen, wenn sie in den Pauschsätzen nicht mitabgegolten sind und wenn nachgewiesen wird, daß sie tatsächlich geleistet werden.

(4) Wegen der Bewertung von Altenteilslasten, die einem Ehepaar zustehen, vgl. Abschnitt 61 Abs. 4.

102. Besonderer Abzug nach § 118 Abs. 1 Nr. 3 BewG

(1) Inhaber eines Betriebes der Land- und Forstwirtschaft (vgl. §§ 33, 34 BewG) sind nicht nur Eigentümer, sondern auch Pächter, Nießbraucher und sonstige Nutzungsberechtigte, wenn sie den Betrieb im eigenen Namen und für eigene Rechnung führen. Es kommt nicht darauf an, inwieweit der Einheitswert oder ein Teil des Einheitswerts dem Inhaber zugerechnet worden ist (BFH-Urteile vom 6. 9. 1963, BStBl. III S. 554, und vom 6. 12. 1968, BStBl. 1969 II S. 258)[1].

---

[1] Vgl. DStR 1969 S. 216 Nr. 162 = BFH-N Nr. 2 zu § 74 Abs. 1 Nr. 3 BewG.

(2) Umlaufende Betriebsmittel werden bei der Feststellung des Einheitswerts eines land- und forstwirtschaftlichen Betriebs nach dem Stand vom Ende des dem Feststellungszeitpunkt vorangehenden Wirtschaftsjahrs erfaßt (vgl. § 35 Abs. 2 BewG). Der vom Veranlagungszeitpunkt abweichende Stichtag für die Bewertung der umlaufenden Betriebsmittel würde bei der Vermögensbesteuerung zu einer doppelten Erfassung führen, wenn Einnahmen, die durch Veräußerung umlaufender Betriebsmittel nach diesem Zeitpunkt, aber noch vor dem darauf folgenden Veranlagungszeitpunkt erzielt wurden, das übrige Vermögen des Betriebsinhabers am Veranlagungszeitpunkt erhöht haben. Durch § 118 Abs. 1 Nr. 3 BewG wird vermieden, daß Wirtschaftsgüter doppelt oder überhaupt nicht erfaßt werden. Dazu ist bei der Vermögensteuerveranlagung des Inhabers eines Betriebs der Land- und Forstwirtschaft der Überschuß der laufenden Betriebseinnahmen über die laufenden Betriebsausgaben entweder pauschal auszugleichen oder auf Antrag mit dem nachgewiesenen Betrag abzuziehen. In dem zuletzt genannten Fall kommt es für die Berechnung der laufenden Betriebseinnahmen und der laufenden Betriebsausgaben darauf an, daß sie in der Zeit vom Ende des letzten Wirtschaftsjahrs bis zum 31. Dezember entstanden sind und anhand der Buchführung nachgewiesen werden. Der Zeitpunkt der Vereinnahmung, der Bezahlung oder Verrechnung ist ohne Bedeutung.

(3) Ein nachgewiesener Überschuß der laufenden Betriebseinnahmen über die laufenden Betriebsausgaben darf nur insoweit vom Rohvermögen abgezogen werden, als er am Veranlagungszeitpunkt (1. Januar) noch vorhanden ist oder zur Tilgung von Schulden verwendet worden ist, die am Ende des vorangegangenen Wirtschaftsjahrs bestanden und mit dem Wirtschaftsteil des land- und forstwirtschaftlichen Betriebs in wirtschaftlichem Zusammenhang gestanden haben. Der Einnahmeüberschuß kann am Veranlagungszeitpunkt vorhanden sein in flüssigen Mitteln des Betriebs (Bargeld, Bank- und Postscheckguthaben), in Forderungen aus laufenden Betriebseinnahmen im Sinne des Absatzes 4 oder in anderen Wirtschaftsgütern, die zum Anlagevermögen des land- und forstwirtschaftlichen Betriebs oder zum übrigen Vermögen des Inhabers gehören. Er kann immer nur vorhanden sein in Mehrungen der Bestände gegenüber dem Abschlußzeitpunkt des vorangegangenen Wirtschaftsjahrs. Für Wirtschaftsgüter, die zwischen dem Abschlußzeitpunkt und dem Veranlagungszeitpunkt angeschafft oder hergestellt worden sind, ist von dem Betrag auszugehen, der dafür tatsächlich aufgewendet worden ist; das gilt auch dann, wenn das Wirtschaftsgut zu einer wirtschaftlichen Einheit gehört, für die ein Einheitswert festzustellen ist. Der Vermögensnachweis kann auch in der Weise erbracht werden, daß errechnet wird, inwieweit der Überschuß der laufenden Betriebseinnahmen über die laufenden Betriebsausgaben für Privatentnahmen und für die Tilgung von Schulden, die in wirtschaftlichem Zusammenhang mit dem Wohnteil stehen, zwischen Abschlußzeitpunkt und Veranlagungszeitpunkt verbraucht worden ist.

(4) Laufende Betriebseinnahmen sind die in der Zeit vom Ende des letzten Wirtschaftsjahrs bis zum 31. Dezember anfallenden Erlöse, insbesondere

1. aus dem Verkauf von Feldfrüchten aller Art, von Obst und Gartenerzeugnissen, von Erzeugnissen des Weinbaus, der Forstwirtschaft und sonstiger Anpflanzungen,

2. aus dem Verkauf von Tieren, soweit diese als umlaufende Betriebsmittel anzusehen sind. Für die Zurechnung der Tierbestände zu den stehenden oder umlaufenden Betriebsmitteln ist deren Zweckbestimmung maßgebend. Mastvieh gehört danach zu den umlaufenden Betriebsmitteln, Milchkühe dagegen zu den stehenden Betriebsmitteln (BFH-Urteil vom 8. 5. 1964, BStBl. III S. 447),

3. aus dem Verkauf der Erzeugnisse der Viehhaltung,

4. aus sonstigen laufenden Betriebseinnahmen, wie z. B. Zahlungen für Leergut, Unkostenerstattung und dergl., und

5. aus dem Verkauf eines Überbestandes an umlaufenden Betriebsmitteln.

(5) Laufende Betriebsausgaben sind alle Ausgaben, die für die Unterhaltung des Betriebs und damit auch für die Instandhaltung des betrieblichen Anlagevermögens gemacht werden müssen.

(6) Zu den laufenden Betriebseinnahmen und den laufenden Betriebsausgaben gehören nicht Einnahmen und Ausgaben im Zusammenhang

1. mit dem Erwerb und der Veräußerung von Wirtschaftsgütern des Anlagevermögens, z. B. Grund und Boden, Gebäude, Maschinen,

2. mit Jagd und Wassernutzungen,

3. mit Altenteilen und Renten und

4. mit Mieten, Pachten und Schuldzinsen.

BewG

§ 119 Zusammenrechnung

(1) Das Vermögen von Ehegatten wird für die Ermittlung des Gesamtvermögens zusammengerechnet, wenn sie nach § 14 Abs. 1 Nr. 1 des Vermögensteuergesetzes zusammen zur Vermögensteuer zu veranlagen sind.

(2) Das Vermögen von Eltern wird mit dem Vermögen derjenigen Kinder zusammengerechnet, mit denen sie nach § 14 Abs. 1 Nr. 2 oder Abs. 2 des Vermögensteuergesetzes zusammen zur Vermögensteuer zu veranlagen sind.

§ 120 Zurechnung bei fortgesetzter Gütergemeinschaft

Bei fortgesetzter Gütergemeinschaft wird das ganze Gesamtgut dem Vermögen des überlebenden Ehegatten zugerechnet, wenn dieser nach § 1 des Vermögensteuergesetzes unbeschränkt steuerpflichtig ist.

C. Inlandsvermögen

§ 121

(1) Bei beschränkt Steuerpflichtigen im Sinn des Vermögensteuergesetzes wird nur der Wert des Inlandsvermögens ermittelt.

(2) Zum Inlandsvermögen eines beschränkt Steuerpflichtigen gehören:
1. das inländische land- und forstwirtschaftliche Vermögen;
2. das inländische Grundvermögen;
3. das inländische Betriebsvermögen. Als solches gilt das Vermögen, das einem im Inland betriebenen Gewerbe dient, wenn hierfür im Inland eine Betriebsstätte unterhalten wird oder ein ständiger Vertreter bestellt ist;
4. Anteile an einer Kapitalgesellschaft, wenn die Gesellschaft Sitz oder Geschäftsleitung im Inland hat und der Gesellschafter am Grund- oder Stammkapital der Gesellschaft mindestens zu einem Viertel unmittelbar oder mittelbar beteiligt ist;
5. nicht unter Nummer 3 fallende Erfindungen und Gebrauchsmuster, die in ein inländisches Buch oder Register eingetragen sind;
6. Wirtschaftsgüter, die nicht unter die Nummern 1, 2 und 5 fallen und einem inländischen gewerblichen Betrieb überlassen, insbesondere an diesen vermietet oder verpachtet sind;
7. Hypotheken, Grundschulden, Rentenschulden und andere Forderungen oder Rechte, wenn sie durch inländischen Grundbesitz, durch inländische grundstücksgleiche Rechte oder durch Schiffe, die in ein inländisches Schiffsregister eingetragen sind, unmittelbar oder mittelbar gesichert sind. Ausgenommen sind Anleihen und Forderungen, über die Teilschuldverschreibungen ausgegeben sind;
8. Forderungen aus der Beteiligung an einem Handelsgewerbe als stiller Gesellschafter und aus partiarischen Darlehen, wenn der Schuldner Wohnsitz oder gewöhnlichen Aufenthalt, Sitz oder Geschäftsleitung im Inland hat;
9. Nutzungsrechte an einem der in den Nummern 1 bis 8 genannten Vermögensgegenstände.

(3) Die Vorschriften in § 114 Abs. 2 und 3, §§ 115 bis 117 sind entsprechend anzuwenden. Dies gilt auch von den Vorschriften in § 118, jedoch mit der Einschränkung, daß nur die Schulden und Lasten abzuziehen sind, die in wirtschaftlichem Zusammenhang mit dem Inlandsvermögen stehen.

VStR

103. Inlandsvermögen

(1) Die beschränkte Steuerpflicht erstreckt sich nur auf Vermögen der im § 121 Abs. 2 BewG 1965 genannten Art, das auf den Geltungsbereich des Grundgesetzes einschließlich Berlin (West) entfällt. Schulden und Lasten werden nur insoweit berücksichtigt, als

sie mit diesem Vermögen in wirtschaftlichem Zusammenhang stehen[1] (BFH-Urteil vom 17. 12. 1965, BStBl. 1966 III S. 483) und dieses Vermögen belasten (BFH-Urteil vom 19. 5. 1967, BStBl. III S. 596). Wegen des Begriffs des wirtschaftlichen Zusammenhangs vgl. Abschnitt 26. Einkommensteuerschulden sind bei der Ermittlung des Inlandsvermögens abzuziehen, wenn die Einkommensteuer durch den Besitz des Inlandsvermögens ausgelöst worden ist (RFH-Urteil vom 2. 4. 1936, RStBl. S. 618). Die Vermögensabgabe und die Hypothekengewinnabgabe stehen mit dem im Bundesgebiet einschließlich Berlin (West) belegenen Vermögen in wirtschaftlichem Zusammenhang. Sie sind daher stets abzugsfähig.

(2) Zum Inlandsvermögen eines beschränkt Steuerpflichtigen gehören nur solche Wirtschaftsgüter, die auch bei unbeschränkter Steuerpflicht dem steuerpflichtigen Vermögen zuzurechnen sind (RFH-Urteil vom 24. 11. 1938, RStBl. 1939 S. 121). Es werden deshalb auch beim Inlandsvermögen die Wirtschaftsgüter nicht erfaßt, die nach den Vorschriften des Vermögensteuergesetzes oder anderer Gesetze nicht zur Vermögensteuer heranzuziehen sind. Ebenso sind die Vorschriften des § 110 Abs. 2 BewG 1965 bei Kapitalforderungen anzuwenden, die nach § 121 Abs. 2 Nr. 7 und 8 BewG zum Inlandsvermögen gehören (BFH-Urteil vom 3. 10. 1969, BStBl. 1970 II S. 240)[2].

(3) Betriebsvermögen, das auf das Bundesgebiet einschließlich Berlin (West) entfällt, unterliegt der beschränkten Vermögensteuerpflicht nicht nur, wenn in diesen Gebieten eine Betriebstätte unterhalten wird, sondern auch, wenn lediglich ein ständiger Vertreter für den gewerblichen Betrieb bestellt ist (§ 121 Abs. 2 Nr. 3 BewG 1965). Ist der ständige Vertreter ein Kommissionär oder Makler, der Geschäftsbeziehungen für das ausländische Unternehmen im Rahmen seiner ordentlichen Geschäftstätigkeit unterhält, und ist auf die Besteuerung des ausländischen Unternehmens nicht ein für die Vermögensteuer geltendes Doppelbesteuerungsabkommen anzuwenden, so ist das Betriebsvermögen des ausländischen Unternehmens insoweit nicht der Besteuerung zu unterwerfen. Das gilt auch, wenn der ständige Vertreter ein Handelsvertreter (§ 84 HGB) ist, der weder eine allgemeine Vollmacht zu Vertragsverhandlungen und Vertragsabschlüssen für das ausländische Unternehmen besitzt noch über ein Warenlager dieses Unternehmens verfügt, von dem er regelmäßig Bestellungen für das Unternehmen ausführt.

(4) Auf Vermögen, das dem Betrieb eigener oder gepachteter Schiffe oder Luftfahrzeuge eines beschränkt Steuerpflichtigen dient, dessen Geschäftsleitung sich in einem ausländischen Staat befindet, sind die Sätze 2 und 3 des Absatzes 3 nicht anzuwenden. Das Vermögen unterliegt nicht der Vermögensteuerpflicht, wenn die Voraussetzungen des § 2 Abs. 3 VStG vorliegen.

(5) Bei der Feststellung der Einheitswerte einer inländischen Betriebstätte eines ausländischen Unternehmens kann sowohl die direkte wie auch die indirekte Wertermittlungsmethode angewendet werden. Im einzelnen vgl. Abschnitt 54.

(6) Urheberrechte, die weder zu einem inländischen Betriebsvermögen eines beschränkt Steuerpflichtigen gehören noch in ein inländisches Buch oder Register eingetragen sind, gehören nach § 121 Abs. 2 Nr. 6 BewG dann zum Inlandsvermögen, wenn sie einem inländischen gewerblichen Betrieb überlassen sind (BFH-Urteile vom 29. 1. 1965, BStBl. III S. 219,[3] und vom 13. 2. 1970, BStBl. II S. 369)[4]. § 121 Abs. 2 Nr. 6 BewG setzt nicht voraus, daß die einem gewerblichen Betrieb überlassenen Wirt-

---

[1] Vgl. BFH-Urteil vom 13. November 1964 III 336/61 (HFR 65 S. 449 Nr. 365):
Ein wirtschaftlicher Zusammenhang im Sinne des § 77 Abs. 3 Satz 2 BewG (a. F.) zwischen einer Schuld oder Last und einem bestimmten Wirtschaftsgut ist dann gegeben, wenn die Entstehung der Schuld oder Last unmittelbar auf Vorgänge zurückzuführen ist, die das belastete Wirtschaftsgut betreffen.
[2] Vgl. BFH-N Nr. 1 zu § 77 Abs. 2 Nr. 6 BewG.
[3] Vgl. DStR 1965 S. 240 Nr. 150.
[4] Vgl. DStR 1970 S. 352 Nr. 240 = BFH-N Nr. 8 zu § 54 BewG u. Nr. 1 zu § 77 Abs. 2 Nr. 5 BewG.

schaftsgüter diesem für die Dauer oder auf lange Zeit zu dienen bestimmt sind. Es genügt vielmehr, daß sie tatsächlich dem inländischen gewerblichen Betrieb zur gewerblichen Verwendung am Stichtag überlassen sind (BFH-Urteil vom 11. 9. 1959, BStBl. III S. 476). Wegen der Bewertung vgl. Abschnitt 64 Abs. 2.

(7) Die Vormerkung zur Sicherung eines Anspruchs auf Eintragung einer Sicherungshypothek stellt eine der eingetragenen Hypothek gleichzustellende unmittelbare dingliche Sicherung einer Forderung oder eines Rechts im Sinne des § 121 Abs. 2 Nr. 7 BewG dar (BFH-Urteil vom 12. 8. 1964, BStBl. III S. 647)[1]. Ein für mehrere Jahre als Teil eines Kaufpreises vereinbarter Anspruch auf Umsatzbeteiligung ist auch insoweit durch Eintragung einer Höchstbetragshypothek unmittelbar an inländischem Grundbesitz gesichert, als er sich auf die Beteiligung an Umsätzen zukünftiger Jahre erstreckt (BFH-Urteil vom 3. 10. 1969, BStBl. 1970 II S. 240)[2].

(8) Zum steuerpflichtigen Inlandsvermögen gehört auch die typische stille Beteiligung einer beschränkt steuerpflichtigen Person an einem inländischen Unternehmen. Gewinnanteile aus der stillen Beteiligung gehören jedoch nicht zum Inlandsvermögen. Vgl. hierzu auch BFH-Urteil vom 15. 1. 1971 (BStBl. II S. 379)[3].

---

[1] Vgl. DStR 1964 S. 694 Nr. 497.
[2] Vgl. BFH-N Nr. 2 zu § 67 Abs. 1 BewG u. Nr. 1 zu § 77 Abs. 2 Nr. 6 BewG.
[3] Vgl. BFH-N Nr. 1 zu § 77 Abs. 2 Nr. 7 BewG DBA-Schweiz.

BewG

Dritter Teil

Übergangs- und Schlußbestimmungen

§ 121 a Sondervorschrift für die Anwendung der Einheitswerte 1964

Während der Geltungsdauer der auf den Wertverhältnissen am 1. Januar 1964 beruhenden Einheitswerte des Grundbesitzes sind Grundstücke (§ 70) und Betriebsgrundstücke im Sinne des § 99 Abs. 1 Nr. 1 für die Feststellung der Einheitswerte des Betriebsvermögens, für die Vermögensteuer, die Erbschaftsteuer, die Gewerbesteuer, die Ermittlung des Nutzungswerts der selbstgenutzten Wohnung im eigenen Einfamilienhaus und die Grunderwerbsteuer mit 140 vom Hundert des Einheitswerts anzusetzen. Das gilt entsprechend für die nach § 12 Abs. 3 und 4 des Erbschaftsteuer- und Schenkungsteuergesetzes maßgebenden Werte und für Stichtagswerte bei der Grunderwerbsteuer.

§ 121 b Übergangsregelung für das Kreditgewerbe

Auf den 1. Januar der Jahre 1974, 1975 und 1976 gelten von dem sich nach § 98a ergebenden Wert 50 vom Hundert als Einheitswert des Betriebsvermögens

1. bei Staatsbanken, soweit sie Aufgaben staatswirtschaftlicher Art erfüllen,

2. bei der Deutschen Genossenschaftskasse.

§ 122 Besondere Vorschriften für Berlin (West)

(1) § 50 Abs. 1, § 60 Abs. 1 und § 67 gelten nicht für den Grundbesitz in Berlin (West). Bei der Beurteilung der natürlichen Ertragsbedingungen und des Bodenartenverhältnisses ist in sinngemäßer Anwendung der Grundsätze des Bodenschätzungsgesetzes und der dazu ergangenen Durchführungsbestimmungen vom 12. Februar 1935 (Reichsgesetzbl. I S. 198) zu verfahren.

(2) Abmelkställe in Berlin (West) gehören mit Rücksicht auf den Umfang der Tierbestände zum land- und forstwirtschaftlichen Vermögen, solange das Berlinförderungsgesetz in der Fassung der Bekanntmachung vom 29. Oktober 1970 (Bundesgesetzbl. I S. 1481), zuletzt geändert durch das Gesetz über die Verwendung des Vermögens der Deutschen Industriebank vom 3. Mai 1974 (Bundesgesetzbl. I S. 1037), gilt.

(3) Durch Rechtsverordnung können im Hinblick auf die besonderen Verhältnisse am Grundstücksmarkt für den Grundbesitz in Berlin (West)

1. die Vervielfältiger und die Wertzahlen abweichend von den §§ 80 und 90 festgesetzt und

2. Zu- und Abschläge bei der Ermittlung der Grundstückswerte in Berlin (West) oder in örtlich begrenzten Teilen von Berlin (West), erforderlichenfalls nur für einzelne Grundstücksarten oder anderweitig bestimmte Gruppen von Grundstücken und Betriebsgrundstücken,

vorgeschrieben werden.

(4) Im Hinblick auf die besonderen Verhältnisse der Land- und Forstwirtschaft in Berlin (West) sind die Wirtschaftswerte der Betriebe der Land- und Forstwirtschaft (§ 46) um 20 vom Hundert zu ermäßigen.

§ 123 Ermächtigungen

(1) Die Bundesregierung wird ermächtigt, mit Zustimmung des Bundesrates die in § 12 Abs. 4, § 21 Abs. 1, § 39 Abs. 1, § 51 Abs. 4, § 55 Abs. 3, 4 und 8, |

§§ 81, 90 Abs. 2 und § 122 Abs. 3 vorgesehenen Rechtsverordnungen zu erlassen.

(2) Der Bundesminister der Finanzen wird ermächtigt, den Wortlaut dieses Gesetzes und der zu diesem Gesetz erlassenen Durchführungsverordnungen in der jeweils geltenden Fassung mit neuem Datum, neuer Überschrift und neuer Paragraphenfolge bekanntzumachen und dabei Unstimmigkeiten des Wortlauts – insbesondere hinsichtlich der bisher verwendeten Bezeichnung „Ziffer" – zu beseitigen.

§ 124 Erstmalige Anwendung

Die sich aus Artikel 2 des Vermögensteuerreformgesetzes vom 17. April 1974 (Bundesgesetzbl. I S. 949) ergebende Fassung des Bewertungsgesetzes ist erstmals zu berücksichtigen

1. bei den Einheitswerten des Grundbesitzes, die auf den Wertverhältnissen am 1. Januar 1964 beruhen, durch Fortschreibung, Nachfeststellung oder Aufhebung des Einheitswertes auf den 1. Januar 1974,

2. bei den Einheitswerten des Betriebsvermögens durch Hauptfeststellung auf den 1. Januar 1974,

3. bei der Ermittlung des sonstigen Vermögens, des Gesamtvermögens und des Inlandsvermögens für Zwecke der Vermögensteuer bei der Vermögensteuer-Hauptveranlagung auf den 1. Januar 1974 (§ 24 des Vermögensteuergesetzes).

Vermögensteuergesetz[1],
Richtlinien[2]

VStG

I. Steuerpflicht, Bemessungsgrundlage

§ 1 Unbeschränkte Steuerpflicht

(1) Unbeschränkt vermögensteuerpflichtig sind

1. natürliche Personen, die im Inland einen Wohnsitz oder ihren gewöhnlichen Aufenthalt haben:

2. die folgenden Körperschaften, Personenvereinigungen und Vermögensmassen, die im Inland ihre Geschäftsleitung oder ihren Sitz haben:

   a) Kapitalgesellschaften (Aktiengesellschaften, Kommanditgesellschaften auf Aktien, Gesellschaften mit beschränkter Haftung, bergrechtliche Gewerkschaften);

   b) Erwerbs- und Wirtschaftsgenossenschaften;

   c) Versicherungsvereine auf Gegenseitigkeit;

   d) sonstige juristische Personen des privaten Rechts;

   e) nichtrechtsfähige Vereine, Stiftungen und andere Zweckvermögen des privaten Rechts;

   f) Kreditanstalten des öffentlichen Rechts;

   g) Gewerbebetriebe im Sinne des Gewerbesteuergesetzes von juristischen Personen des öffentlichen Rechts, soweit sie nicht bereits unter den Buchstaben f fallen. Als Gewerbebetrieb gelten auch die Verpachtung eines Gewerbebetriebs sowie Anteile an einer offenen Handelsgesellschaft, einer Kommanditgesellschaft oder einer ähnlichen Gesellschaft, bei der die Gesellschafter als Unternehmer (Mitunternehmer) anzusehen sind.

(2) Unbeschränkt vermögensteuerpflichtig sind auch deutsche Staatsangehörige, die

1. im Inland weder einen Wohnsitz noch ihren gewöhnlichen Aufenthalt haben und

2. zu einer inländischen juristischen Person des öffentlichen Rechts in einem Dienstverhältnis stehen und dafür Arbeitslohn aus einer inländischen öffentlichen Kasse beziehen,

sowie zu ihrem Haushalt gehörende Angehörige, die die deutsche Staatsangehörigkeit besitzen. Dies gilt nur für natürliche Personen, die in dem Staat, in dem sie ihren Wohnsitz oder ihren gewöhnlichen Aufenthalt haben, lediglich in einem der beschränkten Steuerpflicht ähnlichen Umfang zu Personensteuern herangezogen werden.

(3) Die unbeschränkte Vermögensteuerpflicht erstreckt sich auf das Gesamtvermögen. Sie erstreckt sich nicht auf Vermögensgegenstände, die auf das Währungsgebiet der Mark der Deutschen Demokratischen Republik entfallen; das gleiche gilt für Nutzungsrechte an solchen Gegenständen.

(4) Zum Inland im Sinne dieses Gesetzes gehört auch der der Bundesrepublik Deutschland zustehende Anteil am Festlandsockel, soweit dort Naturschätze des Meeresgrundes und des Meeresuntergrundes erforscht oder ausgebeutet werden.

---

[1] Das **Vermögensteuergesetz (VStG)** bildet Art. 1 Gesetz zur Reform des Vermögensteuerrechts und zur Änderung anderer Steuergesetze (Vermögensteuerreformgesetz – VStRG) vom 17. April 1974 (BGBl. I S. 949) mit Änderung durch Gesetz zur Reform des Einkommensteuer, des Familienlastenausgleichs und der Sparförderung (Einkommensteuerreformgesetz – EStRG) vom 5. August 1974 (BGBl. I S. 1769) und Gesetz zur Verbesserung der betrieblichen Altersversorgung vom 19. Dezember 1974 (BGBl. I S. 3610).
[2] Zur Fassung der **VStR** siehe Anmerkung zur Gesetzesüberschrift der Geschlossenen Wiedergabe.

zweispaltig = Anlagen zu Durchführungsverordnung und Richtlinien

§ 2 Beschränkte Steuerpflicht

(1) **Beschränkt steuerpflichtig sind**

1. **natürliche Personen, die im Inland weder einen Wohnsitz noch ihren gewöhnlichen Aufenthalt haben;**
2. **Körperschaften, Personenvereinigungen und Vermögensmassen, die im Inland weder ihre Geschäftsleitung noch ihren Sitz haben.**

(2) **Die beschränkte Steuerpflicht erstreckt sich nur auf Vermögen der im § 121 des Bewertungsgesetzes genannten Art, das auf das Inland entfällt.**

(3) **Abweichend von Absatz 2 erstreckt sich die beschränkte Steuerpflicht eines Steuerpflichtigen mit Wohnsitz oder gewöhnlichem Aufenthalt, Sitz oder Ort der Geschäftsleitung in einem ausländischen Staat, mit dem kein Abkommen zur Vermeidung der Doppelbesteuerung besteht, nicht auf**

1. **das inländische Betriebsvermögen, das dem Betrieb von eigenen oder gecharterten Seeschiffen oder Luftfahrzeugen eines Unternehmens dient, dessen Geschäftsleitung sich in dem ausländischen Staat befindet,**
2. **das inländische Betriebsvermögen, das Bauausführungen oder Montagen von höchstens 12 Monaten Dauer dient, oder**
3. **das Inlandsvermögen im Sinne des § 121 Abs. 2 Nr. 5 und 6 des Bewertungsgesetzes,**

wenn und soweit der ausländische Staat Steuerpflichtigen mit Wohnsitz oder gewöhnlichem Aufenthalt, Sitz oder Ort der Geschäftsleitung im Inland eine entsprechende Steuerbefreiung für derartiges Vermögen gewährt und der Bundesminister der Finanzen mit den zuständigen Behörden des ausländischen Staates Einvernehmen über die gegenseitige Steuerbefreiung herstellt; für die Steuerbefreiung nach Nummer 1 ist weitere Voraussetzung, daß der Bundesminister für Verkehr sie für verkehrspolitisch unbedenklich erklärt hat.

VStR

104. Unbeschränkte und beschränkte Steuerpflicht[1]

(1) Die in § 1 VStG genannten natürlichen Personen und Körperschaften sind unbeschränkt vermögensteuerpflichtig, wenn sie im Bundesgebiet einschließlich Berlin (West) ihren Wohnsitz oder ihren gewöhnlichen Aufenthalt bzw. ihre Geschäftsleitung oder ihren Sitz haben.

(2) § 1 Abs. 3 Satz 2 VStG regelt die Besteuerung im Verhältnis zur DDR und zu Berlin (Ost). Vermögensgegenstände, die auf das Währungsgebiet der Mark der DDR entfallen, sowie Nutzungsrechte an diesen Gegenständen bleiben außer Ansatz.

(3) Steuerpflichtige, die in der DDR oder in Berlin (Ost) ihren Wohnsitz oder ihren Sitz haben und im Bundesgebiet einschließlich Berlin (West) Wirtschaftsgüter der in § 121 Abs. 2 BewG 1965 genannten Art haben, sind mit diesen Werten beschränkt steuerpflichtig (§ 2 Abs. 1 VStG). Sie sollen jedoch nicht zu einer höheren Vermögensteuer herangezogen werden, als sie im Rahmen der unbeschränkten Steuerpflicht für das im Bundesgebiet einschließlich Berlin (West) belegene Vermögen zu zahlen haben würden.

105. Gewerbebetriebe von juristischen Personen des öffentlichen Rechts

(1) Der Gewerbebetrieb oder der Anteil der juristischen Person des öffentlichen Rechts an einer Personengesellschaft die einen Gewerbebetrieb unterhält, bildet einen

---

[1] Für die Anwendung der Vorschriften über die beschränkte Vermögensteuerpflicht ist Voraussetzung, daß der Steuerpflichtige Vermögen im Inland hat, so daß beim Erwerb von Inlandsvermögen keine Neuveranlagung gem. § 13 (jetzt § 16) VStG, sondern eine Nachveranlagung gem. § 14 (jetzt § 17) VStG vorzunehmen ist. *Erlaß Hessen u. a. S 3500 – 12 – II A 4 v. 21. 7. 1966; StEK VStG § 2 Nr. 4.*

selbständigen Steuergegenstand; Steuerschuldner ist die juristische Person des öffentlichen Rechts, an die daher der Steuerbescheid zu richten ist (BFH-Urteil vom 6. 4. 1973, BStBl. II S. 616). Juristische Personen des privaten Rechts, z. B. AG, GmbH, sind nach den für diese Rechtsform geltenden Vorschriften zu besteuern, auch wenn an ihnen ausschließlich juristische Personen des öffentlichen Rechts oder deren Sondervermögen, z. B. Bundesbahn oder Bundespost, beteiligt sind.

(2) Ob ein Gewerbebetrieb vorliegt, ist in gleicher Weise wie bei der Gewerbesteuer zu entscheiden. Vgl. die §§ 1 und 2 GewStDV und die Abschnitte 8, 12, 12a, 12b, 13, 15 und 20 GewStR. Steuerpflichtig ist danach auch ein Gewerbebetrieb, der selbst eine Körperschaft des öffentlichen Rechts bildet. Nicht steuerpflichtig sind dagegen Betriebe, die überwiegend der Ausübung der öffentlichen Gewalt dienen (Hoheitsbetriebe), sowie land- und forstwirtschaftliche Betriebe, sofern es sich nicht um Betriebsgrundstücke handelt, die nach § 99 Abs. 1 Nr. 2 BewG zu einem steuerpflichtigen Gewerbebetrieb gehören. Im Fall der Verpachtung, in dem regelmäßig die Gewerbesteuerpflicht des Verpächters erlischt, ist abweichend von Abschnitt 15 Abs. 4 und 20 Abs. 5 GewStR ein Gewerbebetrieb der juristischen Person des öffentlichen Rechts unter den Voraussetzungen des Abschnitts 6 anzunehmen.

(3) Jeder einzelne Gewerbebetrieb einer juristischen Person des öffentlichen Rechts ist für sich zu erfassen. Ein Ausgleich zwischen den Aktiv- und den Passivposten mehrerer Gewerbebetriebe ist deshalb nicht möglich. Die Besteuerungsgrenze des § 8 Abs. 1 VStG in Höhe von 10000 DM ist für jeden einzelnen Gewerbebetrieb zu beachten. Mehrere Gewerbebetriebe einer juristischen Person des öffentlichen Rechts können zu einem einheitlichen Steuersubjekt zusammengefaßt werden, wenn sie wirtschaftlich eng zusammengehören. Die hierzu für die Gewerbesteuer getroffene Entscheidung ist zu übernehmen. Vgl. Abschnitt 19 Abs. 1 GewStR und Abschnitt 8 KStR.

106. Steuerbefreiung für Inlandsvermögen ausländischer Schiffahrt- und Luftfahrtunternehmen

(1) Das inländische Betriebsvermögen beschränkt steuerpflichtiger Schiffahrt- und Luftfahrtunternehmen bleibt unter der Voraussetzung der Gegenseitigkeit steuerfrei. Diese Voraussetzung ist erfüllt, wenn der Bundesminister der Finanzen mit den zuständigen Behörden des ausländischen Staates, in dem das Schiffahrt- oder Luftfahrtunternehmen seinen Sitz oder seine Geschäftsleitung hat, Einvernehmen über die Gegenseitigkeit herstellt oder dieser ausländische Staat keine allgemeine Vermögensteuer erhebt. Weiter ist Voraussetzung, daß der Bundesminister für Verkehr sie für verkehrspolitisch unbedenklich erklärt. Ob im Verhältnis zu einem Staat die Voraussetzungen für die Steuerbefreiungen vorliegen, wird erforderlichenfalls vom Bundesminister der Finanzen festgestellt werden, der auch die Unbedenklichkeitserklärung des Bundesministers für Verkehr einholt.

(2) Besteht mit einem ausländischen Staat ein Abkommen zur Vermeidung der Doppelbesteuerung, das sich auf die Vermögensteuer erstreckt, so haben die Bestimmungen des Abkommens über die Besteuerung von Schiffahrt- und Luftfahrtunternehmen des ausländischen Staats Vorrang. Vorrangig anzuwenden sind auch Verwaltungsanweisungen, nach denen noch nicht in Kraft getretene Doppelbesteuerungsabkommen bereits vorläufig anzuwenden sind.

Anlage zu Abschnitt 106 VStR
Verzeichnis von Staaten, im Verhältnis zu denen die Voraussetzungen für eine Steuerbefreiung der Seeschiffahrt- und Luftfahrtunternehmen nach § 2 Abs. 3 VStG vorliegen:

Äthiopien	Argentinien (nur bis 1974)
Afghanistan	Australien

Brasilien	Neuseeland
Chile	Portugal
Irak	Südafrika
Israel	Syrien
Jugoslawien	Türkei
Kanada	Uruguay
Kuwait	Ungarn (nur Luftfahrt)
Libanon	

106a. Inlandsvermögen ausländischer Unternehmen

Inländisches Betriebsvermögen beschränkt steuerpflichtiger Personen, das Bauausführungen oder Montagen von höchstens 12 Monaten Dauer dient, oder in Erfindungen und Gebrauchsmustern, die in ein inländisches Buch oder Register eingetragen sind, oder in Wirtschaftsgütern besteht, die einem inländischen Betrieb überlassen, insbesondere an diesen vermietet oder verpachtet sind (§ 121 Abs. 2 Nr. 5 und 6 BewG), bleibt unter der Voraussetzung der Gegenseitigkeit steuerfrei. Diese Voraussetzung ist erfüllt, wenn der Bundesminister der Finanzen mit der zuständigen Behörde des ausländischen Staats, in dem der Steuerpflichtige Wohnsitz, gewöhnlichen Aufenthalt, Sitz oder Geschäftsleitung hat, Einvernehmen über die Gegenseitigkeit herstellt oder dieser ausländische Staat keine allgemeine Vermögensteuer erhebt.

107. Diplomatische Missionen und konsularische Vertretungen sowie deren Mitglieder

(1) Die steuerliche Behandlung der diplomatischen und berufskonsularischen Vertretungen auswärtiger Staaten in der Bundesrepublik Deutschland ist, soweit nicht das Wiener Übereinkommen über diplomatische Beziehungen (WÜD) vom 18. April 1961 (Gesetz vom 6. August 1964, Bundesgesetzbl. II S. 959)[1] oder das Wiener Übereinkommen über konsularische Beziehungen (WÜK) vom 24. April 1963 (Gesetz vom 26. August 1969, Bundesgesetzbl. II S. 1585)[2] Anwendung finden (vgl. die Absätze 2 und 3), in der Verwaltungsanordnung der Bundesregierung vom 13. Oktober 1950 – III B – S 1310 – 27/50 – (Bundesanzeiger Nr. 212 vom 2. 11. 1950, MinBlFin. 1950 S. 631) geregelt. Ziffer 4 dieser Verwaltungsanordnung lautet:

„Die diplomatischen Vertreter fremder Mächte, die ihnen zugewiesenen Beamten und die in ihren Diensten stehenden Personen, soweit sie nicht die deutsche Staatsangehörigkeit besitzen, sind zu den Steuern vom Einkommen und Vermögen nicht heranzuziehen (§ 9 des Steueranpassungsgesetzes); sie unterliegen jedoch mit Ausnahme ihrer Dienstbezüge der beschränkten Steuerpflicht (§ 49 des Einkommensteuergesetzes, § 2 des Vermögensteuergesetzes). Das gleiche gilt für die Berufskonsuln, die Konsulatsangehörigen und deren Personal, soweit sie Angehörige des Entsendestaates sind und in Deutschland außerhalb ihres Amtes oder Dienstes keinen Beruf, kein Gewerbe und keine andere gewinnbringende Tätigkeit ausüben. Deutsche Staatsangehörige, die in den Diensten auswärtiger diplomatischer oder konsularischer Vertretungen stehen, sind stets unbeschränkt steuerpflichtig."

(2) Das Wiener Übereinkommen über diplomatische Beziehungen ist nur im Verhältnis zu den Mitgliedstaaten anzuwenden.

1. Nach Artikel 23 WÜD sind der Entsendestaat und der Missionschef hinsichtlich der in ihrem Eigentum stehenden Räumlichkeiten der Mission von der Vermögensteuer befreit. Von ihnen gemieteter oder gepachteter Grundbesitz ist nicht befreit (Artikel 23 Abs. 2 WÜD).

---

[1] Abgedruckt in Anlage a zu Abschn. 107 VStR.
[2] Abgedruckt in Anlage b zu Abschn. 107 VStR.

2. Nach Artikel 34 WÜD sind Diplomaten grundsätzlich von der Vermögensteuer befreit. Vermögensteuerpflichtig sind sie jedoch mit

a) inländischem Grundbesitz, es sei denn, daß sie diesen im Auftrag des Entsende-staats für Zwecke der Mission in Besitz haben,

b) inländischem Betriebsvermögen,

c) Inlandsvermögen im Sinne des § 121 Abs. 2 Nr. 4 und 8 BewG,

d) Nutzungsrechten an diesen Vermögensgegenständen.

Einem Diplomaten, der deutscher Staatsangehörigkeit oder in der Bundesrepublik Deutschland ständig ansässig ist, steht die Befreiung von der Vermögensteuer nicht zu (Artikel 38 Abs. 1 WÜD).

3. Die zum Haushalt eines Diplomaten gehörenden Familienmitglieder genießen, wenn sie nicht deutsche Staatsangehörige sind, die in Nr. 2 bezeichneten Vorrechte (Artikel 37 Abs. 1 WÜD). Familienmitglieder sind

a) der Ehegatte und die minderjährigen Kinder, die im Haushalt des Diplomaten leben. Eine vorübergehende Abwesenheit, z. B. zum auswärtigen Studium, ist hierbei ohne Bedeutung;

b) die volljährigen unverheirateten Kinder sowie die Eltern und Schwiegereltern – unter der Voraussetzung der Gegenseitigkeit –, die mit im Haushalt des Diplomaten leben und von ihm wirtschaftlich abhängig sind. Dies ist nach den jeweiligen Einkommens- und Vermögensverhältnissen auf Grund einer über das Einkommen und das Vermögen abzugebenden Erklärung zu beurteilen.

Für andere Personen kommt eine Anwendung des Artikels 37 WÜD grundsätzlich nicht in Betracht. In besonderen Fällen prüft das Auswärtige Amt im Einvernehmen mit dem Bundesminister der Finanzen, ob die besonderen Umstände des Falles eine andere Entscheidung rechtfertigen.

4. Auch Mitglieder des Verwaltungs- und technischen Personals einer diplomatischen Mission, z. B. Kanzleibeamte, Chiffreure, Übersetzer, Stenotypistinnen, und die zu ihrem Haushalt gehörenden Familienmitglieder genießen, wenn sie weder deutsche Staatsangehörige noch im Inland ständig ansässig sind, die in Nr. 2 bezeichneten Vorrechte (Artikel 37 Abs. 2 WÜD). Dies gilt nicht im Verhältnis zu Venezuela (vgl. Vorbehalt Venezuelas bei der Unterzeichnung des Abkommens). Mitgliedern des dienstlichen Hauspersonals, z. B. Kraftfahrer, Pförtner, Boten, Gärtner, Köche, Nachtwächter und privaten Hausangestellten von Mitgliedern der Mission stehen vermögensteuerliche Vorrechte nicht zu.

(3) Das Wiener Übereinkommen über konsularische Beziehungen ist nur im Verhältnis zu den Mitgliedstaaten anzuwenden.

1. Nach Artikel 32 und 60 WÜK sind die Räumlichkeiten einer konsularischen Vertretung und die Residenz der eine konsularische Vertretung leitenden Berufskonsularbeamten, die im Eigentum des Entsendestaates oder einer für diesen handelnden Person stehen, von der Vermögensteuer befreit. Das gilt für die konsularischen Räumlichkeiten einer von einem Wahlkonsularbeamten geleiteten konsularischen Vertretung nur dann, wenn sie im Eigentum des Entsendestaats stehen (Artikel 6 Abs. 1 WÜK). Für Grundbesitz, der an den Entsendestaat oder an eine für diesen handelnde Person für konsularische Zwecke vermietet oder verpachtet ist, gilt die Befreiung von der Vermögensteuer nicht (Artikel 32 Abs. 2 und Artikel 60 Abs. 2 WÜK).

2. Nach Artikel 49 Abs. 1 WÜK sind Berufskonsularbeamte und Bedienstete des Verwaltungs- und technischen Personals sowie die mit ihnen im gemeinsamen Haushalt lebenden Familienmitglieder von der Vermögensteuer befreit. Vermögensteuerpflichtig sind sie jedoch mit

a) inländischem Grundbesitz, es sei denn, daß sie diesen im Auftrag des Entsende-
staats für die Zwecke der konsularischen Vertretung im Besitz haben,
b) inländischem Betriebsvermögen,
c) Inlandsvermögen im Sinne des § 121 Abs. 2 Nr. 4 und 8 BewG,
d) Nutzungsrechten an diesen Vermögensgegenständen.

3. Die nach Nummer 2 vorgesehene Befreiung von der Vermögensteuer steht folgenden Personen nicht zu:
a) Wahlkonsularbeamten (Artikel 1 Abs. 2, Artikel 58 Abs. 1 und 3 WÜK) und
ihren Familienmitgliedern,
b) Bediensteten des Verwaltungs- oder technischen Personals, die im Inland eine
private Erwerbstätigkeit ausüben, und deren Familienmitgliedern (Artikel 57
Abs. 2 Buchstaben a und b WÜK), außerdem den Mitgliedern des dienstlichen
Hauspersonals und den privaten Hausangestellten von Mitgliedern der konsularischen Vertretung,
c) Familienangehörigen eines Mitglieds einer konsularischen Vertretung, die im Inland eine private Erwerbstätigkeit ausüben (Artikel 57 Abs. 2 Buchstabe c WÜK).

Anlagen zu Abschnitt 107 VStR

a) Wiener Übereinkommen vom 18. 4. 1961 über diplomatische Beziehungen
Fakultativ-Protokoll über den Erwerb der Staatsangehörigkeit
Fakultativ-Protokoll über die obligatorische Beilegung von Streitigkeiten
Gesetz vom 6. 8. 1964 (BGBl. 1964 II S. 957)

Übereinkommen und Fakultativ-Protokolle in Kraft für die Bundesrepublik Deutschland am 11. 12. 1964 (Bek. vom 13. 2. 1965) (BGBl. 1965 II S. 147)

Bekanntmachung vom 20. 3. 1965 über die Unterwerfung unter die Gerichtsbarkeit des
Internationalen Gerichtshofes (BGBl. 1965 II S.272)

Verordnung vom 3. 4. 1970 über die Erstattung von Umsatzsteuer an ausländische
ständige diplomatische Missionen und ihre ausländischen Mitglieder (BGBl. 1970 I S. 316)
Veröffentlichung in UNTS Bd. 500 S. 95
Veröffentlichungen in Vertragsslg. AA Bd. 22 A 259, 260, 261

Vertragsparteien	Übereinkommen in Kraft am	1. Protokoll in Kraft am	2. Protokoll in Kraft am	Bundesgesetzblatt Jahrgang Seite
Afghanistan	5. 11. 1965			66 II 217
Ägypten	9. 7. 1964	9. 7. 1964		65 II 147
				67 II 1999
Algerien	14. 5. 1964			65 II 147
Argentinien	24. 1. 1964	24. 4. 1964		65 II 147
Australien	25. 2. 1968		25. 2. 1968	68 II 845
Bahrain	2. 12. 1971			72 II 253
Barbados[1]	6. 5. 1968			68 II 845
Belgien	1. 6. 1968	1. 6. 1968	1. 6. 1968	68 II 845
Bhutan	6. 1. 1973			73 II 227
Botsuana	11. 5. 1969	11. 5. 1969	11. 5. 1969	70 II 1227
Brasilien	24. 4. 1965			65 II 1168
Bulgarien[3]	16. 2. 1968			68 II 845
Burundi	31. 5. 1968			68 II 845
Chile	8. 2. 1968			68 II 845
China (Taiwan)	18. 1. 1970			70 II 1227
Costa Rica	9. 12. 1964		9. 12. 1964	65 II 147

Amtl. Anmerkungen:
[1] Erklärung über die Weiteranwendung.
[2] Weitere Bek. BGBl. 1967 II S. 2365, 1969 II S. 994.
[3] Weitere Bek. BGBl. 1973 II S. 227.

Vertragsparteien	Übereinkommen in Kraft am	1. Protokoll in Karaft am	2. Protokoll in Kraft am	Bundesgesetzblatt Jahrgang Seite
Dahome	26. 4.1967			67 II 1999
Dänemark	1.11.1968	1.11.1968	1.11.1968	69 II 994
Dominikanische Rep.	24. 4.1964	24. 4.1964	24. 4.1964	65 II 147
Ecuador	21.10.1964		21.10.1964	65 II 147
Elfenbeinküste	24. 4.1964			65 II 147
El Salvador	8. 1.1966			66 II 217
Fidschi	21. 6.1971¹			72 II 253
			21. 7.1971	73 II 227
Finnland	8. 1.1970	8. 1.1970	8. 1.1970	70 II 1227
Frankreich	30. 1.1971		30. 1.1971	71 II 1277
Gabun	2. 5.1964	2. 5.1964	2. 5.1964	65 II 147
Ghana	24. 4.1964			65 II 147
Griechenland	15. 8.1970			70 II 1227
Guatemala	24. 4.1964			65 II 147
Guinea	9. 2.1968	9. 2.1968	9. 2.1968	68 II 845
Guyana	27. 1.1973			73 II 227
Heiliger Stuhl	17. 5.1964			65 II 147
Honduras	14. 3.1968			68 II 845
Indien	14.11.1965	14.11.1965	14.11.1965	66 II 217
Irak	24. 4.1964	24. 4.1964	24. 4.1964	65 II 147
Iran	5. 3.1965	5. 3.1965	5. 3.1965	65 II 1168
Irland	9. 6.1967			67 II 2153
Island	17. 6.1971	17. 6.1971	17. 6.1971	72 II 253
Israel	10. 9.1970			70 II 1227
Italien	25. 7.1969	25. 7.1969	25. 7.1969	70 II 1227
Jamaika	24. 4.1964			65 II 147
Japan	8. 7.1964		8. 7.1964	65 II 147
Jordanien	28. 8.1971			72 II 253
Jugoslawien	24. 4.1964	24. 4.1964	24. 4.1964	65 II 147
Kanada	25. 6.1966			66 II 859
Kenia	31. 7.1965	31. 7.1965	31. 7.1965	65 II 1632
Khmer-Republik	30. 9.1965	30. 9.1965	30. 9.1965	65 II 1632
Kongo	24. 4.1964			67 II 1999
Korea	27. 1.1971			65 II 147
Kuba	24. 4.1964			71 II 1277
Kuwait	22. 8.1969			65 II 147
Laos	24. 4.1964	24. 4.1964	24. 4.1964	70 II 1227
Lesotho	26.12.1969			65 II 147
Libanon	15. 4.1971			70 II 1227
Liberia	24. 4.1964			71 II 1277
Liechtenstein	7. 6.1964		7. 6.1964	65 II 147
Luxemburg	16. 9.1966		16. 9.1966	66 II 1447
Madagaskar	24. 4.1964	24. 4.1964	24. 4.1964	65 II 147
Malawi	18. 6.1965			65 II 1168
Malaysia	9.12.1965	9.12.1965	9.12.1965	66 II 217
Mali	27. 4.1968			69 II 1232
Malta¹	7. 3.1967		7. 3.1967	67 II 2153
				2365
Marokko	19. 7.1968			69 II 994
Mauretanien	24. 4.1964			65 II 147
Mauritius¹	18. 7.1969		18. 7.1969	70 II 1227
Mexiko	16. 7.1965			65 II 1632
Mongolei	4. 2.1967			67 II 1999
Nepal	28.10.1965	28.10.1965	28.10.1965	66 II 217
Neuseeland	23.10.1970		23.10.1970	71 II 1277
Niger	24. 4.1964			65 II 147
		27. 4.1966		66 II 596
			26. 5.1966	66 II 859

Amtl. Anmerkungen:
¹ Erklärung über die Weiteranwendung.
² Weitere Bek. BGBl 1967 II S. 2365, 1969 II S. 994.
³ Weitere Bek. BGBl 1973 II S. 227.

Vertragsparteien	Übereinkommen in Kraft am	1. Protokoll in Kraft am	2. Protokoll in Kraft am	Bundesgesetzblatt Jahrgang Seite
Nigeria	19. 7. 1967			67 II 2365
Norwegen	23. 11. 1967	23. 11. 1967	23. 11. 1967	68 II 2, 114
Österreich	28. 5. 1966		28. 5. 1966	66 II 859
Pakistan	24. 4. 1964			65 II 147
Panama	24. 4. 1964	24. 4. 1964	24. 4. 1964	65 II 147
Paraguay	22. 1. 1970	22. 1. 1970	22. 1. 1970	70 II 1227
Peru	17. 1. 1969			69 II 994
Philippinen	15. 12. 1965	15. 12. 1965	15. 12. 1965	66 II 217
Polen	19. 5. 1965			65 II 1168
Portugal[3]	11. 10. 1968			69 II 994
Ruanda	15. 5. 1964			65 II 147
Rumänien	15. 12. 1968			69 II 994
San Marino	8. 10. 1965			65 II 1632
Schweden	20. 4. 1967	20. 4. 1967	20. 4. 1967	67 II 1999
Schweiz	24. 4. 1964		24. 4. 1964	65 II 147
Senegal	11. 11. 1972			73 II 227
Sierra Leone	24. 4. 1964			65 II 147
Somalia	28. 4. 1968			69 II 1232
Sowjetunion	24. 4. 1964			65 II 147
Ukraine	12. 7. 1964			65 II 147
Weißrußland	13. 6. 1964			65 II 147
Spanien	21. 12. 1967			68 II 114
Swasiland	25. 5. 1969			69 II 1232
Tansania	24. 4. 1964	24. 4. 1964	24. 4. 1964	65 II 147
Togo	27. 12. 1970			71 II 1277
Trinidad und Tobago	18. 11. 1965			66 II 217
Tschechoslowakei	24. 4. 1964			65 II 147
Tunesien	23. 2. 1968	23. 2. 1968		68 II 845
Uganda	15. 5. 1965			65 II 1168
Ungarn	24. 10. 1965			66 II 217
Uruguay	9. 4. 1970			70 II 1227
Venezuela	15. 4. 1965			65 II 1168
Vereinigtes Königreich[2]	1. 10. 1964		1. 10. 1964	65 II 147
Vereinigte Staaten	13. 12. 1972		13. 12. 1972	73 II 227
Zaire	18. 8. 1965		18. 8. 1965	65 II 1632
Zypern	10. 10. 1968			69 II 994

b) Wiener Übereinkommen vom 24. 4. 1963 über konsularische Beziehungen
   Fakultativ-Protokoll über den Erwerb der Staatsangehörigkeit
Fakultativ-Protokoll über die obligatorische Beilegung von Streitigkeiten
Gesetz vom 26. 8. 1969 (BGBl. 1969 II 1585) in Kraft für die Bundesrepublik Deutschland am 7. 10. 1971 (Bek. vom 30. 11. 1971) (BGBl. 1971 II S. 1285)
Bek. vom 18. 5. 1972 über die Unterwerfung unter die Gerichtsbarkeit des Internationalen Gerichtshofs für Streitigkeiten
(BGBl. 1972 II S. 613)

Veröffentlichung in UNTS Bd. 596 S. 261

Vertragsparteien	Übereinkommen in Kraft am	1. Protokoll in Kraft am	2. Protokoll in Kraft am	Bundesgesetzblatt Jahrgang Seite
Ägypten	19. 3. 1967	19. 3. 1967		71 II 1285
Algerien	19. 3. 1967			71 II 1285
Argentinien	6. 4. 1967			71 II 1285
Australien	14. 3. 1973		14. 3. 1973	73 II 550
Belgien	9. 10. 1970	9. 10. 1970	9. 10. 1970	71 II 1285
Bolivien	22. 10. 1970			71 II 1285
Brasilien	10. 6. 1967			71 II 1285

Amtl. Anmerkungen s. S. 215.

Vertragsparteien	Übereinkommen in Kraft am	1. Protokoll in Kraft am	2. Protokoll in Kraft am	Bundesgesetzblatt Jahrgang Seite	
Chile	8. 2. 1968			71 II	1285
Costa Rica	19. 3. 1967			71 II	1285
Dänemark	15. 12. 1972	15. 12. 1972	15. 12. 1972	73 II	550
Dominikanische Rep.	19. 3. 1967	19. 3. 1967	19. 3. 1967	71 II	1285
Ecuador	19. 3. 1967			71 II	1285
El Salvador	18. 2. 1973			73 II	550
Fidschi	28. 5. 1972			73 II	166
Frankreich	30. 1. 1971		30. 1. 1971	71 II	1285
Gabun	19. 3. 1967	19. 3. 1967	19. 3. 1967	71 II	1285
Ghana	19. 3. 1967	19. 3. 1967		71 II	1285
Guatemala	11. 3. 1973			73 II	550
Guyana	13. 10. 1973			73 II	1755
Heiliger Stuhl	7. 11. 1970			71 II	1285
Honduras	14. 3. 1968			71 II	1285
Irak	13. 2. 1970	13. 2. 1970		71 II	1285
Irland	9. 6. 1967			71 II	1285
Italien	25. 7. 1969	25. 7. 1969	25. 7. 1969	71 II	1285
Jordanien	6. 4. 1973			73 II	550
Jugoslawien	19. 3. 1967			71 II	1285
Kamerun	21. 6. 1967			71 II	1285
Kenia	19. 3. 1967	19. 3. 1967	19. 3. 1967	71 II	1285
Kolumbien	6. 10. 1972			73 II	166
Kuba	19. 3. 1967			71 II	1285
Lesotho	25. 8. 1972			73 II	166
Liechtenstein	19. 3. 1967		19. 3. 1967	71 II	1285
Luxemburg	7. 4. 1972		7. 4. 1972	73 II	166
Madagaskar	19. 3. 1967	19. 3. 1967	19. 3. 1967	71 II	1285
Mali	27. 4. 1968			71 II	1285
Mauritius	12. 6. 1970		12. 6. 1970	71 II	1285
Mexiko	19. 3. 1967			71 II	1285
Nepal	19. 3. 1967	19. 3. 1967	19. 3. 1967	71 II	1285
Niger	19. 3. 1967			71 II	1285
Nigeria	21. 2. 1968			71 II	1285
Obervolta	19. 3. 1967		19. 3. 1967	71 II	1285
Österreich	12. 7. 1969		12. 7. 1969	71 II	1285
Pakistan	14. 5. 1969			71 II	1285
Panama	27. 9. 1967	27. 9. 1967	27. 9. 1967	71 II	1285
Paraguay	22. 1. 1970	22. 1. 1970	22. 1. 1970	71 II	1285
Philippinen	19. 3. 1967	19. 3. 1967	19. 3. 1967	71 II	1285
Portugal	13. 10. 1972			73 II	166
Rumänien	25. 3. 1972			73 II	166
Schweiz	19. 3. 1967		19. 3. 1967	71 II	1285
Senegal	19. 3. 1967	19. 3. 1967	19. 3. 1967	71 II	1285
Somalia	28. 4. 1968			71 II	1285
Spanien	5. 3. 1970			71 II	1285
Trinidad und Tobago	19. 3. 1967			71 II	1285
Tschechoslowakei	12. 4. 1968			71 II	1285
Tunesien	19. 3. 1967	23. 2. 1968		71 II	1285
Uruguay	9. 4. 1970			71 II	1285
Venezuela	19. 3. 1967			71 II	1285
Vereinigtes Königreich	8. 6. 1972		8. 6. 1972	73 II	166
Vereinigte Staaten	24. 12. 1969		24. 12. 1969	71 II	1285
Vietnam	9. 6. 1973	9. 6. 1973	9. 6. 1973	73 II	1755

VStR

107a. Ständige Vertretung der DDR und deren Mitglieder

Für die ständige Vertretung der DDR und ihre Mitglieder sowie die zu ihrem Haushalt gehörenden Familienmitglieder gelten § 3 Abs. 1 und § 14 Abs. 1 Buchstaben b und d sowie Absatz 2 der Verordnung über die Gewährung von Erleichterungen, Vorrechten und Befreiungen an die Ständige Vertretung der DDR vom 24. April 1974 (Bundesgesetzbl. I S. 1022, BStBl. I S. 681).

VStG

§ 3 Befreiungen[1]

(1) Von der Vermögensteuer sind befreit

1. die Deutsche Bundespost, die Deutsche Bundesbahn, die Monopolverwaltungen des Bundes und die staatlichen Lotterieunternehmen;

2. die Deutsche Bundesbank, die Kreditanstalt für Wiederaufbau, die Lastenausgleichsbank (Bank für Vertriebene und Geschädigte), die Deutsche Siedlungs- und Landesrentenbank, die Landwirtschaftliche Rentenbank, die Bayerische Landesanstalt für Aufbaufinanzierung, die Landeskreditbank Baden-Württemberg, die Hessische Landesentwicklungs- und Treuhandgesellschaft mit beschränkter Haftung, die Wirtschaftsaufbaukasse Schleswig-Holstein Aktiengesellschaft und die Reichsbank;

3. Unternehmen, die durch Staatsverträge verpflichtet sind, die Erträge ihres Vermögens zur Aufbringung der Mittel für die Errichtung von Bundeswasserstraßen zu verwenden, sowie Unternehmen, deren Erträge ganz oder teilweise einem solchen Unternehmen zufließen, solange und soweit das Vermögen der Unternehmen ausschließlich diesem Zweck dient; § 101 des Bewertungsgesetzes findet keine Anwendung;

4. Einrichtungen, die unmittelbar dem Unterrichts-, Erziehungs- und Bildungswesen, der körperlichen Ertüchtigung, der Kranken-, Gesundheits-, Wohlfahrts- und Jugendpflege dienen, ohne Rücksicht auf die Rechtsform, in der sie bestehen, wenn sie gehören

   a) dem Bund, einem Land, einer Gemeinde, einem Gemeindeverband, einem Zweckverband oder Sozialversicherungsträgern,

   b) den Religionsgesellschaften, die Körperschaften des öffentlichen Rechts sind, sowie ihren Einrichtungen;

*alte Fassung:***

5.[2] rechtsfähige Pensions-, Witwen-, Waisen-, Sterbe-, Kranken-, Unterstützungskassen und sonstige rechtsfähige Hilfskassen für Fälle der Not oder Arbeitslosigkeit,

a) wenn sich die Kasse beschränkt:

   aa) auf Zugehörige oder frühere Zugehörige einzelner oder mehrerer wirtschaftlicher Geschäftsbetriebe oder

   bb) auf Zugehörige oder frühere Zugehörige der Spitzenverbände der freien Wohlfahrtspflege (Arbeiterwohlfahrt-Hauptausschuß, Innere Mission und Hilfswerk der Evangelischen Kirche in

*neue Fassung:*****

5.[2] rechtsfähige Pensions-, Sterbe-, Kranken-und Unterstützungskassen im Sinne des § 4 Abs. 1 Ziff. 7 des Körperschaftsteuergesetzes, soweit sie die für eine Befreiung von der Körperschaftsteuer erforderlichen Voraussetzungen erfüllen. In den Fällen des § 4a Abs. 1, 3 und 5 des Körperschaftsteuergesetzes besteht Steuerpflicht jeweils für das Kalenderjahr, das einem Kalenderjahr folgt, für das die Kasse körperschaftsteuerpflichtig ist. In diesen Fällen werden bei der Ermittlung des Betriebsvermögens oder des Gesamtvermögens noch nicht erbrachte Leistungen der Kasse nicht abgezogen. Von dem Gesamtver-

---

* § 3 Abs. 1 Nr. 5 a. F. gilt erstmals für die Vermögensteuer des Jahres 1974; vgl. § 25.
** § 3 Abs. 1 Nr. 5 n. F. neu gefaßt sowie Nr. 6a eingefügt durch Gesetz vom 19. 12. 1974 (BGBl. I S. 3610).
§ 3 Abs. 1 Nr. 5 n. F. ist hinsichtlich der Pensions-, Sterbe- und Krankenkassen erstmals auf die Vermögensteuer des Kalenderjahrs 1975, hinsichtlich der Unterstützungskassen erstmals auf die Vermögensteuer des Kalenderjahrs 1976 anzuwenden. § 3 Abs. 1 Nr. 6a ist erstmals auf die Vermögensteuer des Kalenderjahrs 1975 anzuwenden.
[1] Eine weitere Befreiung für Zusammenschlüsse bei Sanierungsmaßnahmen gewährt § 81 Städtebauförderungsgesetz.
[2] Vgl. dazu Abschn. 114 VStR.

Deutschland, Deutscher Caritasverband, Deutscher Paritätischer Wohlfahrtsverband, Deutsches Rotes Kreuz und Zentralwohlfahrtsstelle der Juden in Deutschland) einschließlich ihrer Untergliederungen, Einrichtungen und Anstalten und sonstiger gemeinnütziger Wohlfahrtsverbände, und

b) wenn sichergestellt ist, daß der Betrieb der Kasse nach dem Geschäftsplan und nach Art und Höhe der Leistungen eine soziale Einrichtung darstellt;

mögen ist der Teil anzusetzen, der dem Verhältnis entspricht, in dem der übersteigende Betrag im Sinne des § 4a Abs. 1 oder 5 des Körperschaftsteuergesetzes zu dem Vermögen im Sinne des § 4 Abs. 1 Ziff. 7 Buchstabe d oder e des Körperschaftsteuergesetzes steht;

6. kleinere Versicherungsvereine auf Gegenseitigkeit im Sinne des § 53 des Gesetzes über die Beaufsichtigung der privaten Versicherungsunternehmungen und Bausparkassen in der Fassung der Bekanntmachung vom 6. Juni 1931 (Reichsgesetzbl. I S. 315, 750), zuletzt geändert durch das Gesetz zur Änderung des Gesetzes betreffend die Erwerbs- und Wirtschafsgenossenschaften vom 9. Oktober 1973 (Bundesgesetzbl. I S. 1451), wenn

a) ihre Beitragseinnahmen im Durchschnitt der letzten drei Wirtschaftsjahre einschließlich des im Veranlagungszeitraum endenden Wirtschaftsjahrs die folgenden Jahresbeträge nicht überstiegen haben:

aa) 700 000 Deutsche Mark bei Versicherungsvereinen, die die Lebensversicherung oder die Krankenversicherung betreiben,

bb) 140 000 Deutsche Mark bei allen übrigen Versicherungsvereinen, oder

b) sich ihr Geschäftsbetrieb auf die Sterbegeldversicherung beschränkt und sie kein höheres Sterbegeld als 3 000 Deutsche Mark als Gesamtleistung gewähren und

c) bei ihrer Auflösung das Vermögen nach der Satzung nur den Leistungsempfängern oder deren Angehörigen zugute kommt oder für ausschließlich gemeinnützige oder mildtätige Zwecke verwendet wird;

6a.* der Pensions-Sicherungs-Verein Versicherungsverein auf Gegenseitigkeit, wenn er die für eine Befreiung von der Körperschaftsteuer erforderlichen Voraussetzungen erfüllt;

7. Erwerbs- und Wirtschaftsgenossenschaften sowie Vereine, wenn sich ihr Geschäftsbetrieb beschränkt

a) auf die gemeinschaftliche Benutzung land- und forstwirtschaftlicher Betriebseinrichtungen oder Betriebsgegenstände,

b) auf Leistungen im Rahmen von Dienst- oder Werkverträgen für die Produktion land- und forstwirtschaftlicher Erzeugnisse für die Betriebe der Mitglieder, wenn die Leistungen im Bereich der Land- und Forstwirtschaft liegen; dazu gehören auch Leistungen zur Erstellung und Unterhaltung von Betriebsvorrichtungen, Wirtschaftswegen und Bodenverbesserungen,

c) auf die Bearbeitung oder die Verwertung der von den Mitgliedern selbst gewonnenen land- und forstwirtschaftlichen Erzeugnisse, wenn die Bearbeitung oder die Verwertung im Bereich der Land- und Forstwirtschaft liegt oder

---

* Siehe Anm. zu § 3 Abs. 1 Nr. 5 n. F.

d) auf die Beratung für die Produktion oder Verwertung land- und forstwirtschaftlicher Erzeugnisse der Betriebe der Mitglieder.

Die Befreiung ist ausgeschlossen, wenn die Genossenschaft oder der Verein an einer Personengesellschaft beteiligt ist, die einen Betrieb unterhält. Die Beteiligung an einer steuerbefreiten Erwerbs- oder Wirtschaftsgenossenschaft oder eine nur geringfügige Beteiligung an einer nicht steuerbefreiten Erwerbs- oder Wirtschaftsgenossenschaft oder an einer Kapitalgesellschaft schließt die Befreiung nicht aus; das gleiche gilt, wenn Mitgliedschaftsrechte an einem steuerbefreiten Verein oder in nur geringem Umfang an einem nicht steuerbefreiten Verein bestehen. Die Beteiligung oder der Umfang der Mitgliedschaftsrechte ist geringfügig, wenn das damit verbundene Stimmrecht 4 vom Hundert aller Stimmrechte und der Anteil an den Geschäftsguthaben oder an dem Nennkapital oder an dem Vermögen, das im Fall der Auflösung an das einzelne Mitglied fallen würde, 10 vom Hundert nicht übersteigen;

8. Berufsverbände ohne öffentlich-rechtlichen Charakter, deren Zweck nicht auf einen wirtschaftlichen Geschäftsbetrieb gerichtet ist. Wird ein wirtschaftlicher Geschäftsbetrieb unterhalten, ist die Steuerfreiheit insoweit ausgeschlossen;

9. Körperschaften oder Personenvereinigungen, deren Hauptzweck die Verwaltung des Vermögens für einen nichtrechtsfähigen Berufsverband der in Nummer 8 bezeichneten Art ist, sofern ihre Erträge im wesentlichen aus dieser Vermögensverwaltung herrühren und ausschließlich dem Berufsverband zufließen;

10. politische Parteien im Sinne des § 2 des Parteiengesetzes und politische Vereine, deren Zweck nicht auf einen wirtschaftlichen Geschäftsbetrieb gerichtet ist. Wird ein wirtschaftlicher Geschäftsbetrieb unterhalten, ist die Steuerfreiheit insoweit ausgeschlossen;

11. öffentlich-rechtliche Versicherungs- und Versorgungseinrichtungen von Berufsgruppen, deren Angehörige auf Grund einer durch Gesetz angeordneten oder auf Gesetz beruhenden Verpflichtung Mitglieder dieser Einrichtungen sind, wenn die Satzung der Einrichtung die Zahlung keiner höheren jährlichen Beiträge zuläßt als das Zwölffache der Beiträge, die nach den §§ 1387 und 1388 der Reichsversicherungsordnung höchstens entrichtet werden können. Ermöglicht die Satzung der Einrichtung nur Pflichtmitgliedschaften sowie freiwillige Mitgliedschaften, die unmittelbar an eine Pflichtmitgliedschaft anschließen, so steht dies der Steuerbefreiung nicht entgegen, wenn die Satzung die Zahlung keiner höheren jährlichen Beiträge zuläßt als das Fünfzehnfache der Beiträge, die nach den §§ 1387 und 1388 der Reichsversicherungsordnung höchstens entrichtet werden können;

12. Körperschaften, Personenvereinigungen und Vermögensmassen, die nach der Satzung, dem Stiftungsgeschäft oder der sonstigen Verfassung und nach der tatsächlichen Geschäftsführung ausschließlich und unmittelbar gemeinnützigen, mildtätigen oder kirchlichen Zwecken dienen. Wird ein wirtschaftlicher Geschäftsbetrieb unterhalten, ist die Steuerfreiheit insoweit ausgeschlossen;

13. Wohnungsunternehmen, solange sie auf Grund des Wohnungsgemeinnützigkeitsgesetzes vom 29. Februar 1940 (Reichsgesetzbl. I S. 437), zuletzt geändert durch das Erste Gesetz zur Reform des Strafrechts vom 25. Juni 1969 (Bundesgesetzbl. I S. 645), als gemeinnützig anerkannt sind. Auflagen abgabenrechtlicher Art für Geschäfte im Sinne des § 6 Abs. 4 des Wohnungsgemeinnützigkeitsgesetzes und des § 10 der Verordnung zur Durchführung des Wohnungsgemeinnützigkeitsgesetzes in der Fassung der Bekanntmachung vom 24. November 1969 (Bundesgesetzbl. I S. 2141) sollen zu der Steuer führen, die sich ergäbe, wenn diese Geschäfte Gegenstand eines or-

ganisatorisch getrennten und voll steuerpflichtigen Teils des Unternehmens wären;

14. **Unternehmen sowie betriebswirtschaftlich und organisatorisch getrennte Teile von Unternehmen, solange sie auf Grund des in Nummer 13 bezeichneten Gesetzes als Organe der staatlichen Wohnungspolitik anerkannt sind;**

15. **die von den zuständigen Landesbehörden begründeten oder anerkannten gemeinnützigen Siedlungsunternehmen im Sinne des Reichssiedlungsgesetzes vom 11. August 1919 (Reichsgesetzbl. S. 1429), zuletzt geändert durch das Steueränderungsgesetz 1966 vom 23. Dezember 1966 (Bundesgesetzbl. I S. 702), und im Sinne der Bodenreformgesetze der Länder. Wird ein wirtschaftlicher Geschäftsbetrieb, der über die Durchführung von Siedlungs-, Agrarstrukturverbesserungs- und Landentwicklungsmaßnahmen oder von sonstigen Aufgaben, die den Siedlungsunternehmen gesetzlich zugewiesen sind, hinausgeht, ist die Steuerfreiheit insoweit ausgeschlossen;**

16. **die von den obersten Landesbehörden zur Ausgabe von Heimstätten zugelassenen gemeinnützigen Unternehmen im Sinne des Reichsheimstättengesetzes in der Fassung der Bekanntmachung vom 25. November 1937 (Reichsgesetzbl. I S. 1291), zuletzt geändert durch das Steueränderungsgesetz 1966 vom 23. Dezember 1966 (Bundesgesetzbl. I S. 702). Wird ein wirtschaftlicher Geschäftsbetrieb unterhalten, der über die Begründung und Vergrößerung von Heimstätten hinausgeht, ist die Steuerfreiheit insoweit ausgeschlossen.**

(2) **Die Befreiungen nach Absatz 1 sind auf beschränkt Steuerpflichtige (§ 2) nicht anzuwenden.**

VStR

108. Befreiungen; Allgemeines

Die Voraussetzungen für die persönliche Steuerbefreiung müssen am Veranlagungszeitpunkt erfüllt sein. Sind die Voraussetzungen nach dem Veranlagungszeitpunkt weggefallen, so ist eine Nachveranlagung nach § 17 Abs. 1 Nr. 2 VStG auf den nächstfolgenden Veranlagungszeitpunkt vorzunehmen. Sind die Voraussetzungen für die Steuerbefreiung nach dem Veranlagungszeitpunkt erst eingetreten, so gilt für den Wegfall der Steuerpflicht § 18 VStG.

109. Banken

(1) Die in § 3 Abs. 1 Nr. 2 VStG genannten Geldinstitute sind uneingeschränkt von der Vermögensteuer befreit. Es bedarf bei ihnen keiner Nachprüfung, inwieweit sie Aufgaben staatswirtschaftlicher Art erfüllen.

(2) Die Befreiung der Deutschen Genossenschaftskasse (§ 3 Abs. 1 Nr. 2 VStG a. F.) und der Staatsbanken, soweit sie Aufgaben staatswirtschaftlicher Art erfüllen (§ 3 Abs. 1 Nr. 3 VStG a. F.), endete mit dem Kalenderjahr 1973. Wegen der Übergangsregelung für die Kalenderjahre 1974 bis 1976 vgl. § 121b BewG. Die Übergangsregelung des § 121b Nr. 1 BewG findet auf folgende Staatsbanken Anwendung:
Hamburgische Landesbank – Girozentrale – in Hamburg,
Staatliche Kreditanstalt, Oldenburg/Bremen in Oldenburg und Bremen,
Preußische Staatsbank (Seehandlung) in Berlin und Hamburg.

(3) Die Landesbodenkreditanstalten, die in einzelnen Ländern bestehen, sind in der Regel anerkannte Organe der staatlichen Wohnungspolitik und wegen Gemeinnützigkeit nach § 3 Abs. 1 Nr. 14 VStG vermögensteuerfrei.

109a. Bundeswasserstraßen

(1) Nach § 3 Abs. 1 Nr. 3 VStG sind Unternehmen, die durch Staatsverträge verpflichtet sind, die Erträge ihres Vermögens zur Aufbringung der Mittel für die Errichtung von Bundeswasserstraßen zu verwenden, im vollen Umfang von der Vermögensteuer befreit. Im einzelnen handelt es sich hierbei um folgende Unternehmen:

1. Rhein-Main-Donau AG, München,

2. Neckar-AG, Stuttgart,

3. Mittelweser-AG, Hannover,

4. Elbe-Mittellandkanal-GmbH, Hamburg,

5. Internationale Mosel-GmbH, Trier.

(2) Weitere bleiben nach § 3 Abs. 1 Nr. 3 VStG Unternehmen steuerfrei, deren Erträge ganz oder teilweise einer der in Absatz 1 genannten Gesellschaften zufließen. Es handelt sich hierbei um die folgenden Tochtergesellschaften der Rhein-Main-Donau AG:

1. Donaukraftwerk Jochenstein-AG, Passau,

2. Obere Donau Kraftwerk-AG, München,

3. Mainkraftwerk Schweinfurt GmbH, München,

4. Donau-Wasserkraft-AG, München.

Diese Steuerbefreiung gilt, wenn an den Unternehmen andere Körperschaften beteiligt sind und diesen eine garantierte Dividende gewährt wird, nur für das Vermögen, dessen Erträge einer der in Absatz 1 genannten Gesellschaften zufließen. Maßgebend für die Aufteilung des Vermögens ist das Verhältnis der Beteiligten am Grund- oder Stammkapital.

(3) Die bezeichneten Unternehmen sind, sofern sie nicht nach § 3 Abs. 1 Nr. 3 VStG völlig von der Vermögensteuer befreit sind, von anderen Steuerbegünstigungen nicht ausgeschlossen. Dies gilt insbesondere hinsichtlich der Steuerbegünstigung nach Artikel 8 VStRG.

109b. Einrichtungen des Kultur-, Gesundheits-, Wohlfahrtswesens usw.

(1) Für die Befreiung nach § 3 Abs. 1 Nr. 4 VStG genügt sowohl eine nur mittelbare Beteiligung als auch die gleichzeitige Beteiligung mehrerer der dort genannten Körperschaften und deren Einrichtungen.

(2) Grundsätzlich gelten die Vorschriften der Gemeinnützigkeitsverordnung (GemVO) auch für Gewerbebetriebe von Körperschaften des öffentlichen Rechts (§ 2 Abs. 2 GemVO)[1]. Die im § 3 Abs. 1 Nr. 4 VStG genannten Einrichtungen bleiben infolgedessen schon insoweit steuerfrei, als sie nach den §§ 7 bis 9 GemVO als steuerunschädliche Geschäftsbetriebe anzusehen sein würden. Die Steuerbefreiung im § 3 Abs. 1 Nr. 4 VStG geht jedoch darüber hinaus; denn es kommt auf die Voraussetzungen und Einschränkungen der GemVO nicht an. Infolgedessen sind Gewerbebetriebe der in § 3 Abs. 1 Nr. 4 VStG genannten Körperschaften oder selbständige Unternehmen, an denen ausschließlich diese Körperschaften und Einrichtungen beteiligt sind, im vollen Umfang von der Vermögensteuer befreit, wenn sie die in § 3 Abs. 1 Nr. 4 VStG genannten Voraussetzungen erfüllen. Dies ist jedoch in der Regel nicht mehr der Fall, wenn mehr als ein Drittel der in den letzten zwölf Monaten vor dem Abschlußzeitpunkt erzielten Umsätze auf einer anderen als den in § 3 Abs. 1 Nr. 4 VStG genannten Betätigungen

---

[1] Abgedruckt als Anlage b zu Abschn. 113 VStR.

beruhen. In diesem Fall ist nur noch eine Steuerbefreiung im Rahmen des folgenden Absatzes möglich.

(3) Aus der Fassung der Vorschrift, wonach die genannten Einrichtungen „ohne Rücksicht auf ihre Rechtsform" von der Vermögensteuer befreit sein sollten, ergibt sich, daß die Steuerbefreiung auch dann gilt, wenn es sich bei den Einrichtungen nur um den Teil eines gewerblichen Betriebs oder Unternehmens handelt. Die Steuerfreiheit ist dann allerdings auch nur für den Vermögensteil zu gewähren, der den in § 3 Abs. 1 Nr. 4 VStG genannten Zwecken unmittelbar dient.

109c. Auswirkungen von Befreiungen bei der Vermögensteuer auf die Gewerbekapitalsteuer

(1) Körperschaften, Personenvereinigungen und Vermögensmassen, die nach § 3 VStG ganz oder teilweise von der Vermögensteuer befreit sind, sind in der Regel in entsprechendem Umfang auch von der Gewerbesteuer befreit; wegen der Ausnahmen siehe Absatz 2. Bestehen übereinstimmende Befreiungen, so entfällt insoweit die Feststellung eines Einheitswerts des Betriebsvermögens.

(2) In den folgenden Fällen bestehen Befreiungen von der Vermögensteuer, ohne daß ihnen eine entsprechende Befreiung von der Gewerbesteuer entspricht:

1. für Unternehmen im Zusammenhang mit Bundeswasserstraßen (vorstehend Abschnitt 109a),
2. für Einrichtungen des Kultur-, Gesundheits-, Wohlfahrtswesens usw. (vorstehend Abschnitt 109b),
3. für Verkehrs- und Versorgungsunternehmen (§ 117 BewG, Artikel 8 VStRG).

In diesen Fällen ist daher zunächst der Einheitswert des Betriebsvermögens wie im Regelfall festzustellen. Für Zwecke der Vermögensteuer unterbleibt bei Vollbefreiung die Ermittlung eines Gesamtvermögens, bei Teilbefreiung ist nur ein entsprechender Teil des Einheitswerts des Betriebsvermögens bei der Ermittlung des Gesamtvermögens anzusetzen. Damit die Befreiung von der Vermögensteuer nicht über § 101 Nr. 1 BewG bereits bei der Ermittlung des Betriebsvermögens und damit auch bei der Gewerbekapitalsteuer zu berücksichtigen ist, wird

1. in den Fällen des § 3 Abs. 1 Nr. 3 VStG (Abschnitt 109a) die Anwendung des § 101 Nr. 1 BewG gesetzlich ausgeschlossen,
2. in den Fällen des § 3 Abs. 1 Nr. 4 VStG (Abschnitt 109b) § 101 Nr. 1 BewG deshalb nicht angewendet, weil es sich um eine persönliche Steuerbefreiung handelt, auf die sich § 101 Nr. 1 BewG nicht erstreckt,
3. in den Fällen des § 117 BewG, Artikel 8 VStRG erst bei der Ermittlung des Gesamtvermögens ein entsprechender Teil des Betriebsvermögens außer Ansatz gelassen.

110. Genossenschaften

a) Allgemeines

(1) Die in § 3 Abs. 1 Nr. 7 VStG bezeichneten land- und forstwirtschaftlichen Genossenschaften und Vereine sind von der Vermögensteuer befreit. Bei den Erwerbs- und Wirtschaftsgenossenschaften und Vereinen, die Land- und Forstwirtschaft betreiben (§ 7 VStG), ist das Gesamtvermögen in den der Gründung folgenden 10 Jahren jeweils um den Freibetrag von 100000 DM zu kürzen. Bei den in § 104a Abs. 1 BewG bezeichneten Genossenschaften sind die Geschäftsguthaben voll abzugsfähig. Bei Kreditgenossenschaften im Sinne des § 104a Abs. 2 BewG sind 50 v. H. der Geschäftsguthaben der Genossen abzugsfähig. Bei den übrigen Genossenschaften besteht keine Begünstigung; sie können jedoch Geschäftsguthaben ihrer ausgeschiedenen Genossen bei

der Feststellung des Einheitswerts des gewerblichen Betriebs als Verbindlichkeiten dann abziehen, wenn ein Genosse mit Ablauf des dem Feststellungszeitpunkt vorangehenden Geschäftsjahrs ausscheidet (BFH-Urteil vom 9. 1. 1959, BStBl. III S. 152). Vgl. auch Abschnitt 39 Abs. 5. Soweit für die Inanspruchnahme der Steuervergünstigung nicht ausdrücklich die Verhältnisse vom Feststellungs- oder Veranlagungszeitpunkt maßgebend sind, z. B. § 104a Abs. 1 Nr. 2 BewG, kommt es darauf an, daß die Voraussetzungen für die Befreiung oder Begünstigung im Feststellungs- oder Veranlagungszeitpunkt bereits eindeutig verwirklicht sind und nach Lage der Verhältnisse nicht nur vorübergehend gegeben sein werden.

(1a) Noch nicht erfüllte Ansprüche einer Genossenschaft gegen die Genossen auf Pflichteinzahlungen gehören zum Betriebsvermögen der Genossenschaft, soweit

1. die Pflichteinzahlungen nach Betrag, Höhe und Fälligkeitszeitpunkt am Bewertungsstichtag nach dem Statut der Genossenschaft feststehen oder

2. die Pflichteinzahlungen durch die Generalversammlung nach § 50 GenG bis zum Bewertungsstichtag beschlossen worden sind, wobei der Fälligkeitszeitpunkt nach dem Bewertungsstichtag liegen kann, oder

3. nach dem Statut der Genossenschaft die den Mitgliedern gewährten Warenrückvergütungen, solange der Geschäftsanteil noch nicht voll eingezahlt ist, auf den Geschäftsanteil gutgeschrieben werden müssen und den Genossen am Bewertungsstichtag nach den Grundsätzen des BFH-Urteils vom 26. 6. 1964 (BStBl. III S. 614) ein Rechtsanspruch auf die Gewährung einer Warenrückvergütung in bestimmter Höhe für das abgelaufene Wirtschaftsjahr zusteht (BFH-Urteile vom 14. 5.1965, BStBl. III S. 405,[1] und vom 23. 5. 1969, BStBl. II S. 749[2]). Die noch nicht erfüllten Ansprüche auf Pflichteinzahlungen gelten als Geschäftsguthaben im Sinne des § 104a BewG.

b) Landwirtschaftliche Nutzungs- und Verwertungsgenossenschaften

(2) Land- und forstwirtschaftliche Nutzungs- und Verwertungsgenossenschaften und Vereine sind unter den in § 3 Abs. 1 Nr. 7 VStG genannten Voraussetzungen von der Vermögensteuer befreit. Zu dem steuerbefreiten Tätigkeitsbereich gehört auch die Vermittlung von Verträgen im Bereich der Land- und Forstwirtschaft im Sinne des Bewertungsgesetzes, z. B. von Mietverträgen für Maschinenringe einschließlich der Gestellung von Personal. Der Begriff „Verwertung" umfaßt auch die Vermarktung bzw. den Absatz, soweit die Tätigkeit im Bereich der Land- und Forstwirtschaft liegt. Nicht unter die Steuerbefreiung fällt dagegen die Rechts- und Steuerberatung. Überschreitet eine land- und forstwirtschaftliche Verwertungsgenossenschaft oder ein entsprechender Verein bei der Verwertung der Erzeugnisse der Mitglieder den Bereich der Landwirtschaft, so sind die Voraussetzungen des § 3 Abs. 1 Nr. 7 VStG nicht mehr gegeben. Die Genossenschaft oder der Verein unterliegen dann im vollen Umfang der Vermögensteuer (BFH-Urteil vom 25. 6. 1954, BStBl. III S. 248). Beteiligt sich die Genossenschaft oder der Verein an einer Personengesellschaft, die einen Betrieb unterhält, so ist die Steuerfreiheit ausgeschlossen. Nach § 3 Abs. 1 Nr. 7 Satz 3 und 4 VStG entfällt die Steuerbefreiung jedoch nicht bei einer geringfügigen Beteiligung an einer Kapitalgesellschaft, einer Genossenschaft oder bei einer Mitgliedschaft von untergeordneter Bedeutung in einem nicht steuerbefreiten Verein. Die Rechtslage bei der Vermögensteuer und der Körperschaftsteuer ist die gleiche (vgl. § 4 Abs. 1 Ziff. 11 KStG). Für die Vermögensteuer sind deshalb die Anordnungen in den Abschnitten 65 bis 71 KStR entsprechend anzuwenden.

(3) Der Befreiung von der Vermögensteuer steht es nicht entgegen, wenn landwirtschaftliche Nutzungs- und Verwertungsgenossenschaften aufgrund gesetzlicher Vorschriften oder behördlicher Anordnung gezwungen sind, Geschäfte mit Nichtmit-

---

[1] Vgl. DStR 1966 S. 91 Nr. 43.
[2] Vgl. BFH-N Nr. 2 zu § 14 Abs. 3 BewG.

gliedern zu machen und bei der Körperschaftsteuer die Befreiung auf die Nichtmitgliedergeschäfte nicht ausgedehnt wird (vgl. Abschnitt 66 Abs. 4 KStR).

(4) Wegen Molkereigenossenschaften, die zugleich Warengenossenschaften sind, vgl. Absatz 9.

c) Kreditgenossenschaften

(5)–(9) [abgedruckt zu § 104a BewG]

111. Genossenschaften, die mehrere Zwecke verfolgen

[abgedruckt zu § 104a BewG]

112. *(entfällt)*

113. Gemeinnützige, mildtätige und kirchliche Körperschaften

(1) Bei gemeinnützigen, mildtätigen und kirchlichen Körperschaften richtet sich die Steuerbefreiung nach der Gemeinnützigkeitsverordnung vom 24. Dezember 1953 (Bundesgesetzbl. I S. 1592, BStBl. 1954 I S. 6)[1], zuletzt geändert durch das Steueränderungsgesetz 1969 vom 18. August 1969, Bundesgesetzbl. I S. 1211, BStBl. I S. 477). Die in den §§ 16 und 19 GemV vorgesehenen Anzeigen sind auch für die Vermögensteuer auszuwerten.

(2) Für die Beurteilung der Gemeinnützigkeit von Sportvereinen ist Abschnitt 12 KStR entsprechend anzuwenden.

(3) Wohnungsunternehmen sind nach § 3 Abs. 1 Nr. 13 VStG von der Vermögensteuer befreit, solange sie als gemeinnützig anerkannt sind. Ob ein Wohnungsunternehmen gemeinnützig ist, richtet sich ausschließlich nach dem Gesetz über die Gemeinnützigkeit im Wohnungswesen – Wohnungsgemeinnützigkeitsgesetz (WGG) – in der Fassung vom 29. Februar 1940 (Reichsgesetzbl. I S. 438, RStBl. S. 309) und der das Gesetz ergänzenden Vorschriften des Reichssiedlungsgesetzes und der Bodenreformgesetze der Länder. Im einzelnen vgl. Abschnitt 15 KStR. Die für die Körperschaftsteuer getroffene Entscheidung ist auch für die Vermögensteuer zu übernehmen. Die Vermögensteuer, die auf Grund von Auflagen abgabenrechtlicher Art erhoben wird, soll annähernd der Steuer entsprechen, die sich ergeben würde, wenn die anderen genehmigten Geschäfte (§ 10 Abs. 1 Buchstaben a und c WGGDV) oder die nicht als Kleinwohnungen nach § 11 WGGDV anzusehenden Wohnungen Gegenstand eines organisatorisch getrennten und voll steuerpflichtigen Teils des Unternehmens wären.

Anlagen zu Abschnitt 113 VStR
a) Steueranpassungsgesetz (StAnpG)
Vom 16. Oktober 1934
(RGBl. I S. 925)

In der Fassung der Anlage 1 der Verordnung zur Änderung der Einkommensteuer-Durchführungsverordnung vom 16. 10. 1948 (WiGBl. S. 139), des Gesetzes vom 11. 7. 1953 (BGBl. I S. 511), des Gesetzes vom 26. 7. 1957 (BGBl. I S. 848), des Gesetzes zur Änderung steuerlicher Vorschriften auf dem Gebiet der Steuern vom Einkommen und Ertrag und des Verfahrensrechts vom 18. 7. 1958 (BGBl. I S. 473), des Steueränderungsgesetzes 1961 vom 13. Juli 1961 (BGBl. I S. 981), des Gesetzes vom 23. April 1963 (BGBl. I S. 197), des Gesetzes vom 8. September 1972 (BGBl. I S. 1713), des Gesetzes zur Reform des Grundsteuerrechts vom 7. August 1973 (BGBl. I S. 965), des Vermögensteuerreformgesetzes vom 17. April 1974 (BGBl. I S. 949) und des Einführungsgesetzes zum Einkommensteuerreformgesetz vom 21. Dezember 1974 (BGBl. I S. 3656)

Abschnitt I. Allgemeines Steuerrecht

Unterabschnitt 1. Auslegung

§ 1

(1)* *(aufgehoben)*
(2) Dabei sind die Volksanschauung, der Zweck und die wirtschaftliche Bedeutung der Steuergesetze und die Entwicklung der Verhältnisse zu berücksichtigen.

(3) Entsprechendes gilt für die Beurteilung von Tatbeständen.

---

[1] Abgedruckt als Anlage b zu Abschnitt 113 VStR. Vgl. auch den im „Handbuch zur KSt-Veranlagung" als Anlage b zu § 7 KStDV abgedruckten Erlaß vom 24. 12. 1953.
* § 1 Abs. 1 aufgehoben durch KRG Nr. 12 vom 11. 2. 1946 (KRABl. S. 60).

zweispaltig = Anlagen zu Durchführungsverordnung und Richtlinien 225 **Anl a, RL 111–113**

Unterabschnitt 2. Ermessen

§ 2

(1) Entscheidungen, die die Behörden nach ihrem Ermessen zu treffen haben (Ermessens-Entscheidungen), müssen sich in den Grenzen halten, die das Gesetz dem Ermessen zieht.

(2)* Innerhalb dieser Grenzen sind Ermessens-Entscheidungen nach Billigkeit und Zweckmäßigkeit zu treffen.

(3)* *(aufgehoben)*

Unterabschnitt 3. Steuerschuld

§ 3 [Entstehung der Steuerschuld]

(1) Die Steuerschuld entsteht, sobald der Tatbestand verwirklicht ist, an den das Gesetz die Steuer knüpft.

(2) Auf die Entstehung der Steuerschuld ist es ohne Einfluß, ob und wann die Steuer festgesetzt wird und wann die Steuer zu entrichten (wann sie fällig) ist.

(3) Die Absätze 1 und 2 gelten sinngemäß für andere Leistungen, die auf Grund der Steuergesetze geschuldet werden.

(4) Bei Verschollenen gilt, soweit es sich um Entstehung, Umfang und Beendigung einer Steuerschuld handelt, der Tag, mit dessen Ablauf das *Ausschlußurteil*[1] rechtskräftig wird, als Todestag.

(5) Beispiele und Ergänzungen zu den Absätzen 1 und 2: Die Steuerschuld entsteht:

1.** bei der Einkommensteuer:
für Steuerabzugsbeträge im Zeitpunkt des Zufließens der steuerabzugspflichtigen Einkünfte;

2.** bei der Körperschaftsteuer:
a) für Steuerabzugsbeträge:
im Zeitpunkt des Zufließens der steuerabzugspflichtigen Einkünfte;

b) für Vorauszahlungen:
mit Beginn des Kalendervierteljahrs, in dem die Vorauszahlungen zu entrichten sind, oder, wenn die Steuerpflicht erst im Lauf des Kalendervierteljahrs begründet wird, mit Begründung der Steuerpflicht;

c) für die veranlagte Steuer:
mit Ablauf des Zeitraums, für den die Veranlagung vorgenommen wird (Veranlagungszeitraum), soweit nicht die Steuerschuld nach Buchstabe a oder b schon früher entstanden ist;

3.* bei der Gewerbesteuer:
a) für Vorauszahlungen auf die Gewerbesteuer nach dem Gewerbeertrag und dem Gewerbekapital:
mit Beginn des Kalendervierteljahrs, in dem die Vorauszahlungen zu entrichten sind, oder, wenn die Steuerpflicht erst im Lauf des Kalendervierteljahrs begründet wird, mit Begründung der Steuerpflicht;

b) für die Gewerbesteuer nach dem Gewerbeertrag und dem Gewerbekapital, soweit es sich nicht um Vorauszahlungen (Buchstabe a) handelt:
mit Ablauf des Erhebungszeitraums, für den die Festsetzung vorgenommen wird;

c) für die Lohnsummensteuer:
mit Ablauf des Kalendermonats, für den die Steuer zu entrichten ist. An die Stelle des Kalendermonats tritt das Kalendervierteljahr, soweit die Gemeinde als Besteuerungsgrundlage die Lohnsumme eines jeden Kalendervierteljahrs bestimmt hat;

4. bei der Umsatzsteuer für Lieferungen und sonstige Leistungen:
a) im Fall der Besteuerung nach vereinnahmten Entgelten:
mit Ablauf des Voranmeldungszeitraums, in dem die Entgelte vereinnahmt worden sind;

b) im Fall der Besteuerung nach vereinbarten Entgelten:
mit Ablauf des Voranmeldungszeitraums, in dem die Lieferungen oder sonstigen Leistungen ausgeführt worden sind;

---

* § 2 Abs. 3 aufgehoben durch KRG Nr. 12 vom 11. 2. 1946 (KRABl. S. 60). Gegen die Gültigkeit der Fassung von § 2 Abs. 2 bestehen Bedenken; vgl. das Gutachten des Bundesfinanzhofes vom 17. 4. 1951 Abschnitt 4 (BStBl. III S. 107).

[1] Jetzt „Todeserklärungsbeschluß", vgl. §§ 13 ff. des Verschollenheitsgesetzes i. d. F. vom 15. 1. 1951 (BGBl. I S. 63).

** § 3 Abs. 5 Nrn. 1 und 3 i. d. F. des SteuerÄndG 1961 (BGBl. I S. 981), Nr. 2 gestrichen durch Vermögensteuerreformgesetz vom 17. 4. 1974 (BGBl. I S. 949), neue Nr. 1 eingefügt, bisherige Nr. 1 wird geändert Nr. 2 durch Gesetz vom 21. 12. 1974 (BGBl. I S. 3656).

5. bei der Grunderwerbsteuer:

   a) mit dem Eintritt der Bedingung, wenn die Wirksamkeit eines Erwerbsvorgangs von dem Eintritt einer Bedingung abhängig ist;

   b) mit der Genehmigung, wenn ein Erwerbsvorgang der Genehmigung einer Behörde bedarf;

§ 4 [Bedingte Steuerschulden]

(1) Bedingte Steuerschulden, bedingte Steuerbefreiungen, bedingte Steuerermäßigungen und sonstige bedingte Steuervergünstigungen sind im Zweifel auflösend bedingt.

(2) Tritt eine Bedingung ein, unter der die Steuerschuld, die Steuerbefreiung, die Steuerermäßigung oder die sonstige Steuervergünstigung wegfällt, so sind Steuerfestsetzungen und Steuerfeststellungen, bei denen der Eintritt der Bedingung nicht berücksichtigt ist, zurückzunehmen oder zu ändern, bisher unterbliebene Steuerfestsetzungen und Steuerfeststellungen nachzuholen und zuviel gezahlte Steuern zu erstatten. Nach Ablauf des Jahrs, das auf den Eintritt der Bedingung folgt, kann der Steuerpflichtige die Zurücknahme oder Änderung der Steuerfestsetzung oder Steuerfeststellung und die Erstattung nicht mehr verlangen.

(3) Entsprechendes (Absatz 2) gilt:

1. wenn Erzeugnisse oder Waren, für die eine bedingte Steuerschuld entstanden ist, untergehen, bevor es sich entschieden hat, ob die Bedingung eintritt;

2. wenn ein Merkmal, dessen Vorliegen das Gesetz für die Steuerschuld, für die Steuerbefreiung, für eine Steuerermäßigung oder für eine sonstige Steuervergünstigung fordert, nachträglich mit Wirkung für die Vergangenheit weggefallen ist.

§ 5 [Nichtige und anfechtbare Rechtsgeschäfte]

(1) Scheingeschäfte und andere Scheinhandlungen (zum Beispiel die Begründung oder die Beibehaltung eines Scheinwohnsitzes) sind für die Besteuerung ohne Bedeutung. Wird durch ein Scheingeschäft ein anderes Rechtsgeschäft verdeckt, so ist das verdeckte Rechtsgeschäft für die Besteuerung maßgebend.

(2) Die Besteuerung wird nicht dadurch ausgeschlossen, daß ein Verhalten (ein Tun oder ein Unterlassen), das den steuerpflichtigen Tatbestand erfüllt oder einen Teil des steuerpflichtigen Tatbestands bildet, gegen ein gesetzliches Gebot oder Verbot oder gegen die guten Sitten verstößt.

(3) Ist ein Rechtsgeschäft wegen eines Formmangels oder wegen eines Mangels der Geschäftsfähigkeit oder der Rechtsfähigkeit nichtig, so ist dies für die Besteuerung insoweit und solange ohne Bedeutung, als die Beteiligten das wirtschaftliche Ergebnis des Rechtsgeschäfts eintreten und bestehen lassen.

(4) Ist ein Rechtsgeschäft anfechtbar, so ist dies für die Besteuerung insoweit und solange ohne Bedeutung, als nicht die Anfechtung mit Erfolg durchgeführt ist.

(5) Soweit in den Fällen des Absatzes 3 das bereits eingetretene wirtschaftliche Ergebnis des nichtigen Rechtsgeschäfts nachträglich wieder beseitigt oder in den Fällen des Absatzes 4 das anfechtbare Rechtsgeschäft mit Erfolg angefochten worden ist, sind Steuerfestsetzungen und Steuerfeststellungen, die auf Grund des nichtigen oder anfechtbaren Rechtsgeschäfts erfolgt sind, zurückzunehmen oder zu ändern und entrichtete Steuern zu erstatten. Nach Ablauf des Jahrs, das auf die Beseitigung des wirtschaftlichen Ergebnisses oder auf die erfolgreiche Durchführung der Anfechtung folgt, kann der Steuerpflichtige die Zurücknahme der Steuerfestsetzung oder Steuerfeststellung und die Erstattung nicht mehr verlangen.

(6) Sondervorschriften, die in Steuergesetzen enthalten sind, bleiben unberührt.

§ 6 [Rechtsmißbrauch]

(1) Durch Mißbrauch von Formen und Gestaltungsmöglichkeiten des bürgerlichen Rechts kann die Steuerpflicht nicht umgangen oder gemindert werden.

(2) Liegt ein Mißbrauch vor, so sind die Steuern so zu erheben, wie sie bei einer den wirtschaftlichen Vorgängen, Tatsachen und Verhältnissen angemessenen rechtlichen Gestaltung zu erheben wären.

(3) Steuern, die auf Grund der für unwirksam zu erachtenden Maßnahmen etwa entrichtet worden sind, werden auf den Betrag, der nach Absatz 2 zu entrichten ist, und auf andere Rückstände des Steuerpflichtigen angerechnet und, soweit eine solche Anrechnung nicht möglich ist, erstattet. Nach Ablauf des Jahrs, das auf die endgültige Feststellung der Unwirksamkeit folgt, kann der Steuer-

pflichtige die Anrechnung oder Erstattung nicht mehr verlangen.

(4)* Werden einem Steuerpflichtigen von einer mit ihm zusammen veranlagten Person in oder nach dem Veranlagungszeitraum, für den noch Steuerrückstände bestehen, unentgeltlich Vermögensgegenstände zugewendet, so kann der Empfänger über den sich nach § 7 Abs. 3 Satz 4 ergebenden Steuerbetrag hinaus bis zur Höhe des gemeinen Werts dieser Zuwendung für die Steuerschuld in Anspruch genommen werden.

§ 7 [Gesamtschulden]

(1) Personen, die dieselbe steuerrechtliche Leistung schulden oder nebeneinander für dieselbe steuerrechtliche Leistung haften, sind Gesamtschuldner.

(2) Personen, die zusammen zu veranlagen** sind, sind Gesamtschuldner.**

(3) Jeder Gesamtschuldner schuldet die ganze Leistung. Dem Finanzamt steht es frei, an welchen Gesamtschuldner es sich halten will. Es kann die geschuldete Leistung von jedem Gesamtschuldner ganz oder zu einem Teil fordern.*** In den Fällen des Absatzes 2 kann bei den Steuern vom Einkommen und bei der Vermögensteuer der Gesamtschuldner, gegen den Zwangsvollstreckungsmaßnahmen durchgeführt werden, beantragen, die Zwangsvollstreckung auf den Steuerbetrag zu beschränken, der sich bei einer Aufteilung der im Zeitpunkt der Einleitung der Zwangsvollstreckung rückständigen Steuerschuld ergibt. Die Steuerschuld ist bei den Steuern vom Einkommen und bei der Vermögensteuer nach dem Verhältnis der Beträge aufzuteilen, die sich bei getrennter Veranlagung ergeben würden. Die Entscheidung ergeht mit Wirkung für und gegen alle Gesamtschuldner. Die Bundesregierung wird ermächtigt, mit Zustimmung des Bundesrates durch Rechtsverordnung[1] Vor-

schriften über die Durchführung des Verfahrens und über die Aufteilung der Steuerschuld zu erlassen, soweit dies zur Wahrung der Gleichmäßigkeit oder Vereinfachung oder zur Beseitigung von Unbilligkeiten erforderlich ist, und zwar insbesondere über

1. den Zeitpunkt, die Form und den Inhalt des Antrags,
2. die Ermittlung und Abgrenzung der Aufteilungsgrundlagen,
3. die Abgrenzung des aufzuteilenden Betrages,
4. die Auswirkungen des Steuerbescheides auf die Aufteilung,
5. die Form, den Inhalt und die Wirkung des Aufteilungsbescheides,
6. das Rechtsmittelverfahren gegen den Aufteilungsbescheid.

(4) Zahlung (Entrichtung) durch einen Gesamtschuldner kommt den anderen Gesamtschuldnern zustatten. Bis zur Entrichtung des ganzen Betrags bleiben alle Gesamtschuldner verpflichtet.

(5) Ist keine Zahlungspflicht, sondern eine andere Pflicht zu erfüllen (zum Beispiel Auskunft zu erteilen), so kommt Pflichterfüllung durch einen Gesamtschuldner den anderen Gesamtschuldnern dann nicht zustatten, wenn es für das Finanzamt von Wert ist, daß die Pflicht auch von den anderen Gesamtschuldnern erfüllt wird,

(6) Steuerrechtliche Sondervorschriften, die von Absatz 1 oder von Absatz 3 Sätzen 2 bis 6† abweichen, bleiben unberührt.

§ 8 [Rechtsnachfolge]

(1) Bei Gesamtrechtsnachfolge (zum Beispiel bei Erbfolge oder bei Verschmelzung von Gesellschaften) geht die Steuerschuld des Rechtsvorgängers auf den Rechtsnachfolger über.

---

* § 6 Abs. 4 angefügt durch Gesetz vom 18. 7. 1958 (BGBl. I S. 473). Nach Art. 14 des Gesetzes vom 18. 7. 1958 ist diese neue Vorschrift bei der Einkommensteuer erstmals bei der Zwangsvollstreckung aus Steuerbescheiden für den VZ 1958 anzuwenden.

** In § 7 Abs. 2 Satz 1 wurden die Worte „oder gemeinsam zu einer Steuer heranzuziehen" sowie Satz 2 gestrichen durch Gesetz vom 18. 7. 1958 (BGBl. I S. 473). Nach Art. 14 jenes Gesetzes sind diese Änderungen bei der Einkommensteuer erstmals bei der Zwangsvollstreckung aus Steuerbescheiden für den VZ 1958 anzuwenden.

*** In § 7 Abs. 3 wurden die dem Satz 2 nachfolgenden Sätze angefügt durch Gesetz vom 18. 7. 1958 (BGBl. I S. 473). Nach Art. 14 jenes Gesetzes sind diese Änderungen bei der Einkommensteuer erstmals bei der Zwangsvollstreckung aus Steuerbescheiden für den VZ 1958 anzuwenden.

† In § 7 Abs. 6 wurden die Worte „Absatz 3 Sätzen 2 und 3" durch die Worte „Absatz 3 Sätzen 2 bis 6" ersetzt durch Gesetz vom 18. 7. 1958 (BGBl. I S. 473). Nach Art. 14 jenes Gesetzes sind diese Änderungen bei der Einkommensteuer erstmals bei der Zwangsvollstreckung aus Steuerbescheiden für den VZ 1958 anzuwenden.

[1] Verordnung zur Durchführung des § 7 Abs. 3 Steueranpassungsgesetz (Aufteilungsverordnung) vom 8. 11. 1963 (BGBl. I S. 785), geändert durch FGO vom 6. 10. 1965 (BGBl. I S. 1477).

(2) Erben haften für die aus dem Nachlaß zu entrichtenden Steuern wie für Nachlaßverbindlichkeiten nach bürgerlichem Recht. Die §§ 105, 106, 109 und 117 der Reichsabgabenordnung und Sondervorschriften, die in Steuergesetzen enthalten sind, bleiben unberührt.

(3) Sind bei Herstellung steuerpflichtiger Erzeugnisse mehrere Betriebe beteiligt, so geht die Steuerschuld auf jeden folgenden an der Herstellung beteiligten Betriebsinhaber über.

(4) Werden Erzeugnisse oder Waren, für die unter einer Bedingung eine Steuervergünstigung gewährt worden ist, ordnungsmäßig weitergegeben, so geht die bedingte Steuerschuld auf jeden folgenden Erwerber über.

Unterabschnitt 4. Steuerbefreiung
§ 9

Von den Steuern vom Einkommen und vom Vermögen sind Personen, Personenvereinigungen, Körperschaften und Vermögensmassen insoweit befreit, als ihnen ein Anspruch auf Befreiung von diesen Steuern zusteht

1. nach allgemeinen völkerrechtlichen Grundsätzen unter Wahrung der Gegenseitigkeit oder
2. nach besonderer Vereinbarung mit anderen Staaten.

Unterabschnitt 5. Angehörige
§ 10

Angehörige im Sinne der Steuergesetze sind die folgenden Personen:

1. der Verlobte,
2. der Ehegatte, auch wenn die Ehe nicht mehr besteht,
3.* Verwandte in gerader Linie und Verwandte zweiten und dritten Grades in der Seitenlinie, und zwar auch, wenn die Verwandtschaft auf einer unehelichen Geburt beruht;
4.* Verschwägerte in gerader Linie und Verschwägerte zweiten Grades in der Seitenlinie. Das gilt auch:
   a) wenn die Ehe, die die Schwägerschaft begründet hat, nicht mehr besteht (für nichtig erklärt oder aufgelöst worden ist);

b) wenn die Schwägerschaft auf einer unehelichen Geburt beruht;
5. durch Annahme an Kindes Statt in gerader Linie Verbundene,
6. Pflegeeltern und Pflegekinder.

Unterabschnitt 6. Zurechnung
§ 11

Für die Zurechnung bei der Besteuerung gelten, soweit nichts anderes bestimmt ist, die folgenden Vorschriften:

1. Wirtschaftsgüter, die zum Zweck der Sicherung übereignet worden sind, werden dem Veräußerer zugerechnet.
2. Wirtschaftsgüter, die zu treuen Händen (entgeltlich oder unentgeltlich) übereignet worden sind, werden dem Treugeber zugerechnet.
3. Wirtschaftsgüter, die durch einen Treuhänder zu treuen Händen für einen Treugeber erworben worden sind, werden dem Treugeber zugerechnet.
4. Wirtschaftsgüter, die jemand im Eigenbesitz hat, werden dem Eigenbesitzer zugerechnet. Eigenbesitzer ist, wer ein Wirtschaftsgut als ihm gehörig besitzt.
5. Wirtschaftsgüter, die mehreren zur gesamten Hand zustehen, werden den Beteiligten so zugerechnet, als wären die Beteiligten nach Bruchteilen berechtigt. Die Höhe der Bruchteile ist nach den Anteilen zu bestimmen, zu denen die Beteiligten an dem Vermögen zur gesamten Hand berechtigt sind, oder nach Verhältnis dessen, was ihnen bei Auflösung der Gemeinschaft zufallen würde.

§ 12**

(1) *Vermögen und Einkommen einer Familienstiftung, die von einem unbeschränkt Steuerpflichtigen errichtet worden ist und ihre Geschäftsleitung und ihren Sitz im Ausland hat, werden dem Errichter der Familienstiftung, solange er unbeschränkt steuerpflichtig ist, sonst den Bezugsberechtigten zugerechnet. Dabei ist es einerlei, ob die Familienstiftung ihr Einkommen ausgeschüttet oder behalten hat. Die Sätze 1 und 2 gelten nicht für die Erbschaftsteuer.*

(2) *Familienstiftungen sind solche Stiftungen, bei denen der Stifter, seine Angehörigen und deren Abkömmlinge zu mehr als*

---

* § 10 Ziff. 3 und 4 i. d. F. des Gesetzes vom 17. 2. 1939 (RGBl. I S. 283).
** §§ 12 und 15 Abs. 2 StAnpG aufgehoben durch Gesetz vom 8. 9. 1972 (BGBl. I S. 1713/1724) mit Wirkung für Veranlagungszeiträume, die am oder nach dem **1. Januar 1972** beginnen. Vgl. jetzt Außensteuergesetz vom 8. 9. 1972 (BGBl. I S. 1713); abgedruckt im „Handbuch zur ESt-Veranlagung". § 8 Außensteuergesetz ist abgedruckt in der Anlage zu Abschn. 124a VStR.

der Hälfte bezugsberechtigt sind. Den Stiftungen stehen sonstige Zweckvermögen und rechtsfähige oder nichtrechtsfähige Personenvereinigungen gleich.

(3) Hat ein Unternehmen oder eine Körperschaft oder eine Personenvereinigung (zum Beispiel eine Gesellschaft) eine Stiftung errichtet, die ihre Geschäftsleitung und ihren Sitz im Ausland hat, so wird die Stiftung wie eine Familienstiftung behandelt, wenn der Stifter, seine Gesellschafter, Mitglieder, leitenden Angestellten (insbesondere Vorstandsmitglieder und Prokuristen) und die Angehörigen dieser Personen zu mehr als der Hälfte bezugsberechtigt sind.

Unterabschnitt 7. Wohnsitz. Gewöhnlicher Aufenthalt
§ 13

Einen Wohnsitz im Sinn der Steuergesetze hat jemand dort, wo er eine Wohnung innehat unter Umständen, die darauf schließen lassen, daß er die Wohnung beibehalten und benutzen wird.

§ 14*

(1) Den gewöhnlichen Aufenthalt im Sinn der Steuergesetze hat jemand dort, wo er sich unter Umständen aufhält, die erkennen lassen, daß er an diesem Ort oder in diesem Land nicht nur vorübergehend verweilt. Unbeschränkte Steuerpflicht tritt jedoch stets dann ein, wenn der Aufenthalt im Inland länger als sechs Monate dauert[1]. In diesem Fall erstreckt sich die Steuerpflicht auch auf die ersten sechs Monate.

(2)* Auslandsbeamte werden im Sinn des Einkommensteuergesetzes wie Personen behandelt, die ihren gewöhnlichen Aufenthalt an dem Ort haben, an dem sich die inländische öffentliche Kasse befindet, die die Dienstbezüge des Auslandsbeamten zu zahlen hat. Das gleiche gilt für die Ehefrau eines Auslandsbeamten, sofern sie nicht von dem Ehemann dauernd getrennt lebt, und für minderjährige Kinder eines Auslandsbeamten, die zu seinem Haushalt gehören. Als Auslandsbeamte im Sinn der Steuergesetze gelten: unmittelbare und mittelbare Beamte des Deutschen Reichs, Angehörige der Deutschen Wehrmacht und Beamte der Deutschen Reichsbahngesellschaft und der Reichsbank, die ihren Dienstort im Ausland haben. Wahlkonsuln gelten nicht als Beamte im Sinn dieser Vorschrift.

Unterabschnitt 8. Geschäftsleitung. Sitz. Betriebstätte
§ 15

(1) Geschäftsleitung im Sinn der Steuergesetze ist der Mittelpunkt der geschäftlichen Oberleitung.

(2)**.[2] Hat eine Körperschaft oder Personenvereinigung, die nach bürgerlichem Recht selbständig ist, die sich aber wirtschaftlich als ein in der Gliederung eines Unternehmens gesondert geführter Betrieb darstellt, weder ihre Geschäftsleitung noch ihren Sitz im Inland, so wird sie im Sinn der Steuergesetze so behandelt, als befände sich ihre Geschäftsleitung an dem Ort, an dem

1. die beherrschende natürliche Person: ihren Wohnsitz oder, wenn ein Wohnsitz im Inland fehlt, ihren gewöhnlichen Aufenthalt,

2. die beherrschende Körperschaft, Personenvereinigung oder Vermögensmasse: ihre Geschäftsleitung oder, wenn eine Geschäftsleitung im Inland fehlt, ihren Sitz hat.

(3) Den Sitz im Sinn der Steuergesetze hat eine Körperschaft, Personenvereinigung oder Vermögensmasse an dem Ort, der durch Gesellschaftsvertrag, Vereinssatzung, Stiftungsgeschäft oder dergleichen bestimmt ist. Fehlt es an einer solchen Bestimmung, so gilt als Sitz der Ort, an dem sich die Geschäftsleitung befindet oder die Verwaltung geführt wird.

§ 16

(1) Betriebstätte im Sinn der Steuergesetze ist jede feste örtliche Anlage oder Einrichtung, die der Ausübung des Betriebs eines stehenden Gewerbes dient.

(2) Als Betriebstätten gelten:

1. die Stätte, an der sich die Geschäftsleitung befindet;

2. Zweigniederlassungen, Fabrikationsstätten, Warenlager, Ein- und Verkaufsstellen, Landungsbrücken (Anlegestellen von Schiffahrtsgesellschaften), Kon-

---

* § 14 Abs. 3 aufgehoben durch Gesetz vom 26. 7. 1957 (BGBl. I S. 848), Abs. 2 Satz 1 geändert durch Vermögensteuerreformgesetz vom 17. 4. 1974 (BGBl. I S. 949), Abs. 2 aufgehoben durch Gesetz vom 21. 12. 1974 (BGBl. I S. 3656) mit Wirkung vom **1. 1. 1975.**
** Vgl. Fußnote zu § 12.
[1] Nach dem RdErl. des RdF vom 10. 7. 1939 (RStBl. S.826) kann auf Antrag von der Anwendung dieser Vorschrift abgesehen werden bei natürlichen Personen, die im Inland weder einen Wohnsitz haben noch ein Gewerbe oder einen Beruf ausüben und deren Aufenthalt im Inland nicht länger als 1 Jahr dauert.
[2] Ausnahmen siehe in Erl. des RdF vom 25. 10. 1939 (RStBl. S. 1070).

tore und sonstige Geschäftseinrichtungen, die dem Unternehmer (Mitunternehmer) oder seinem ständigen Vertreter (zum Beispiel einem Prokuristen) zur Ausübung des Gewerbes dienen;

3.[1] Bauausführungen, wenn die Dauer der einzelnen Bauausführungen oder mehrerer ohne Unterbrechung aufeinander folgender Bauausführungen in einer Gemeinde sechs Monate überstiegen hat oder voraussichtlich übersteigen wird.

(3) Ein Eisenbahnunternehmen hat eine Betriebstätte nur in den Gemeinden, in denen sich der Sitz der Verwaltung, eine Station oder eine für sich bestehende Betrieb- oder Werkstätte oder eine sonstige gewerbliche Anlage befindet, ein Bergbauunternehmen nur in den Gemeinden, in denen sich oberirdische Anlagen befinden, in welchen eine gewerbliche Tätigkeit entfaltet wird.

(4) Ein Unternehmen, das der Versorgung mit Gas, Wasser, Elektrizität oder Wärme dient, hat keine Betriebstätte in den Gemeinden, durch die nur eine Zuleitung geführt, in denen aber Gas, Wasser, Elektrizität oder Wärme nicht abgegeben wird.

Unterabschnitt 9. Gemeinnützige, mildtätige und kirchliche Zwecke

§ 17[1]

(1) Gemeinnützig sind solche Zwecke, durch deren Erfüllung ausschließlich und unmittelbar die Allgemeinheit gefördert wird.

(2) Eine Förderung der Allgemeinheit ist nur anzunehmen, wenn die Tätigkeit dem allgemein Besten auf materiellem, geistigem oder sittlichem Gebiet nutzt.

(3) Unter den Voraussetzungen des Absatzes 2 sind als Förderung der Allgemeinheit anzuerkennen insbesondere:

1. die Förderung der öffentlichen Gesundheitspflege, der Jugendpflege und Jugendfürsorge sowie der körperlichen Ertüchtigung des Volks durch Leibesübungen (Turnen, Spiel, Sport);
2. die Förderung der Wissenschaft, Kunst und Religion, der Erziehung, Volks- und Berufsbildung, der Denkmalpflege, Heimatpflege, Heimatkunde.

(4) Ein Personenkreis ist nicht als Allgemeinheit anzuerkennen, wenn er durch ein engeres Band, wie Zugehörigkeit zu einer Familie, zu einem Familienverband oder zu einem Verein mit geschlossener Mitgliederzahl, durch Anstellung an einer bestimmten Anstalt und dergleichen fest abgeschlossen ist oder wenn infolge seiner Abgrenzung nach örtlichen oder beruflichen Merkmalen, nach Stand oder Religionsbekenntnis oder nach mehreren dieser Merkmale die Zahl der in Betracht kommenden Personen dauernd nur klein sein kann.

(5) Gemeinnützigkeit liegt nicht vor, wenn eine Tätigkeit nur den Belangen bestimmter Personen oder eines engeren Kreises von Personen dient oder in erster Linie eigenwirtschaftliche Zwecke (zum Beispiel gewerbliche Zwecke oder sonstige Erwerbszwecke) verfolgt.

(6) Der Umstand, daß die Erträge eines Unternehmens einer Körperschaft des öffentlichen Rechts (zum Beispiel einem Land, einer Gemeinde oder einem Gemeindeverband) zufließen, bedeutet für sich allein noch keine unmittelbare Förderung der Allgemeinheit.

§ 18

(1) Mildtätig sind solche Zwecke, die ausschließlich und unmittelbar darauf gerichtet sind, bedürftige Personen zu unterstützen.

(2) Bedürftig sind solche Personen, die infolge ihrer körperlichen oder geistigen Beschaffenheit oder ihrer wirtschaftlichen Lage der Hilfe bedürfen.

(3) Mildtätigen Zwecken dienen insbesondere Betriebe und Verwaltungen, die ausschließlich zur persönlichen und wirtschaftlichen Hilfeleistung für bedürftige Personen bestimmt sind.

§ 19

(1) Kirchlich sind solche Zwecke, durch deren Erfüllung eine Religionsgesellschaft des öffentlichen Rechts ausschließlich und unmittelbar gefördert wird.

(2) Zu diesen Zwecken gehören insbesondere die Errichtung, Ausschmückung und Unterhaltung von Gotteshäusern und kirchlichen Gemeindehäusern, die Abhaltung des Gottesdienstes, die Ausbil-

---

[1] § 16 Abs. 2 Ziff. 3 i. d. F. des Gesetzes vom 11. 7. 1953 (BGBl. I S. 511).
[2] §§ 17–19 in der im Verein. Wirtschaftsgebiet geltenden Fassung der Anlage 1 A der VO zur Änderung der EStDVO vom 16. 10. 1948 (WiGBl. S. 139); diese Änderungen berücksichtigen das KRG Nr. 1 Art. II und KRG Nr. 12 Art. I. Im wesentlichen gleichlautend ist die in **Württemberg-Baden** geltende Fassung (WBFBl. 1949 S. 166). Vgl. zur Durchführung der §§ 17–19 die VO vom 24. 12. 1953 (BGBl. I S. 1592); abgedruckt als Anlage b.

dung von Geistlichen, die Erteilung von Religionsunterricht, die Beerdigung und die Pflege des Andenkens der Toten, ferner die Verwaltung des Kirchenvermögens, die Besoldung der Geistlichen, Kirchenbeamten und Kirchendiener, die Alters- und Invalidenversorgung für diese Personen und die Versorgung ihrer Witwen und Waisen.

§ 19a*

Die Bundesregierung wird ermächtigt, durch Rechtsverordnung mit Zustimmung des Bundesrates die Begriffe „gemeinnützige, mildtätige und kirchliche Zwecke" im Sinne der §§ 17 bis 19 und die Voraussetzungen der damit verbundenen Vergünstigungen näher zu bestimmen.

Unterabschnitt 10. Steuerzinsen

§ 20**

Abschnitt II–VIII

§§ 21 – 45 *(enthalten Änderungen anderer Gesetze)*

Abschnitt IX. Inkrafttreten

§ 46

Es treten in Kraft:

1. der § 1, der § 21 Ziffern 3, 35 und 40, die §§ 22 bis 41 und die §§ 43 und 44, der § 45 Absatz 1 und der § 46:
   mit der Verkündung;[1]

2. die übrigen Vorschriften dieses Gesetzes:
   am 1. Januar 1935.

b) Verordnung zur Durchführung der §§ 17 bis 19 des Steueranpassungsgesetzes (GemeinnützigkeitsVO)

Vom 24. Dezember 1953

(BGBl. I S. 1592/BStBl. 1954 I S. 6)

Geändert durch Gesetz über die Gewährung von Investitionszulagen und zur Änderung steuerrechtlicher und prämienrechtlicher Vorschriften (Steueränderungsgesetz 1969) vom 18. August 1969 (BGBl. I S. 1211)

Auf Grund des § 19a des Steueranpassungsgesetzes in der Fassung des Gesetzes zur Änderung von einzelnen Vorschriften der Reichsabgabenordnung und anderer Gesetze vom 11. Juli 1953 (Bundesgesetzbl. I S. 511) verordnet die Bundesregierung mit Zustimmung des Bundesrates:

Erster Abschnitt
Allgemeine Vorschriften

§ 1 Steuerbegünstigte Zwecke

Gemeinnützige, mildtätige und kirchliche Zwecke (steuerbegünstigte Zwecke) im Sinne der Steuerrechts liegen vor, wenn die Voraussetzungen der §§ 17 bis 19 des Steueranpassungsgesetzes in Verbindung mit dieser Durchführungsverordnung gegeben sind.

§ 2 Steuerbegünstigte Körperschaften

(1) Körperschaften, die steuerbegünstigten Zwecken dienen, haben diese Zwecke, die Ausschließlichkeit und die Unmittelbarkeit in der Satzung, Stiftung oder sonstigen Verfassung (Satzung im Sinne dieser Verordnung) festzulegen und durch die tatsächliche Geschäftsführung zu verwirklichen. Der Inhalt der Satzung und die tatsächliche Geschäftsführung

müssen miteinander in Einklang stehen; andernfalls sind die Voraussetzungen für steuerliche Vergünstigungen nicht erfüllt.

(2) Die Vorschriften, die in dieser Verordnung für Körperschaften getroffen sind, gelten auch für Personenvereinigungen, für Vermögensmassen und für Betriebe gewerblicher Art von Körperschaften des öffentlichen Rechts.

§ 3 Bedürftigkeit

Bedürftig im Sinne des § 18 Abs. 2 des Steueranpassungsgesetzes sind

1. Personen, die infolge ihrer körperlichen oder geistigen Beschaffenheit nicht nur vorübergehend auf die Hilfe anderer angewiesen sind;

2. Personen, deren Einkünfte nicht höher sind als das Zweifache des Richtsatzes der allgemeinen öffentlichen Fürsorge einschließlich der Mietbeihilfe, es sei denn, daß ihnen nach den Umständen zugemutet werden kann, ihr Vermögen zum Lebensunterhalt zu verwenden, und dieses Vermögen ausreicht, um ihre Lebenshaltung nachhaltig zu bessern. Bedürftig sind ferner Personen, deren Einkommen oder Vermögen zwar die in Satz 1 genannten Grenzen

---

* § 19a eingefügt durch das Gesetz vom 11. 7. 1953 (BGBl. I S. 511).
** § 20 ist außer Kraft gesetzt durch das SteuerÄndGes. 1961.
[1] Verkündet am 17. 10. 1934.

übersteigt, deren wirtschaftliche Lage aber aus besonderen Gründen zu einer Notlage geworden ist. Bei Prüfung der wirtschaftlichen Bedürftigkeit sind etwaige Unterhaltsbezüge und ansprüche zu berücksichtigen.

Zweiter Abschnitt
Ausschließlichkeit

§ 4 Voraussetzungen

(1) Ausschließlichkeit liegt vor, wenn keine anderen als steuerbegünstigte Zwecke – einzeln oder nebeneinander – verfolgt werden.

(2) Bei Körperschaften bleiben die Vorschriften der §§ 5 bis 10 unberührt; außerdem müssen folgende Voraussetzungen gegeben sein:

1. Etwaige Gewinne dürfen nur für die satzungsmäßigen Zwecke verwendet werden. Die Mitglieder oder Gesellschafter (Mitglieder im Sinne dieser Verordnung) dürfen keine Gewinnanteile und in ihrer Eigenschaft als Mitglieder auch keine sonstigen Zuwendungen aus Mitteln der Körperschaft erhalten.

2. Die Mitglieder dürfen bei ihrem Ausscheiden oder bei Auflösung oder Aufhebung der Körperschaft nicht mehr als ihre eingezahlten Kapitalanteile und den gemeinen Wert ihrer geleisteten Sacheinlagen zurückerhalten.

3. Die Körperschaft darf keine Person durch Verwaltungsausgaben, die dem Zweck der Körperschaft fremd sind, oder durch unverhältnismäßig hohe Vergütungen begünstigen.

4. Bei Auflösung oder Aufhebung der Körperschaft oder bei Wegfall ihres bisherigen Zwecks darf das Vermögen der Körperschaft, soweit es die eingezahlten Kapitalanteile der Mitglieder und den gemeinen Wert der von den Mitgliedern geleisteten Sacheinlagen übersteigt, nur für steuerbegünstigte Zwecke verwendet werden (Grundsatz der Vermögensbindung). Diese Voraussetzung ist auch erfüllt, wenn das Vermögen einer anderen steuerbegünstigten Körperschaft oder einer Körperschaft des öffentlichen Rechts für steuerbegünstigte Zwecke übertragen werden soll.

(3) Bei der Ermittlung des gemeinen Werts (Absatz 2 Nummern 2 und 4) kommt es auf die Verhältnisse zu dem Zeitpunkt an, in dem die Sacheinlagen geleistet worden sind.

(4)* Die Vorschriften, die die Mitglieder der Körperschaft betreffen (Absatz 2 Nummern 1, 2 und 4), gelten bei Stiftungen für die Stifter und ihre Erben, bei Betrieben gewerblicher Art von Körperschaften des öffentlichen Rechts für die Körperschaft sinngemäß, jedoch mit der Maßgabe, daß bei Wirtschaftsgütern, die nach § 6 Abs. 1 Ziff. 4 Sätze 2 und 3 des Einkommensteuergesetzes aus einem Betriebsvermögen zum Buchwert entnommen worden sind, an die Stelle des gemeinen Werts der Buchwert der Entnahme tritt.

§ 5 Steuerlich unschädliche Nebenzwecke

Sind die Voraussetzungen für steuerliche Vergünstigungen im übrigen gegeben, so werden diese nicht dadurch ausgeschlossen, daß

1. eine Körperschaft ihre Mittel nicht nur für ihre eigenen satzungsmäßigen Zwecke (Hauptzwecke) verwendet, sondern daneben auch anderen, ebenfalls steuerbegünstigten Körperschaften, Anstalten und Stiftungen oder einer mit sozialen Aufgaben besonders betrauten öffentlichen Behörde zur Verwendung zu steuerbegünstigten Zwecken zuwendet;

2. eine Körperschaft ihre Arbeitskräfte anderen Personen, Unternehmen oder Einrichtungen für steuerbegünstigte Zwecke zur Verfügung stellt;

3. eine Stiftung einen Teil, und zwar höchstens ein Viertel ihres Einkommens dazu verwendet, um die Gräber des Stifters und seiner nächsten Angehörigen zu pflegen und deren Andenken zu ehren;

4. eine Körperschaft ihre Erträge ganz oder teilweise einer Rücklage zuführt, wenn und solange dies erforderlich ist, um ihre steuerbegünstigten satzungsmäßigen Zwecke nachhaltig erfüllen zu können.

§ 6 Wirtschaftlicher Geschäftsbetrieb

(1) Unterhält eine Körperschaft, bei der die Voraussetzungen für steuerliche Ver-

---

* § 4 Abs. 4 2. Halbsatz angefügt durch Gesetz vom 18. 8. 1969 (BGBl. I S. 1211).

günstigungen im übrigen gegeben sind, einen Gewerbebetrieb, einen land- oder forstwirtschaftlichen Betrieb oder einen sonstigen wirtschaftlichen Geschäftsbetrieb, so ist sie lediglich mit den Werten (Vermögen und Einkünften), die zu diesen Betrieben gehören, steuerpflichtig, soweit sich nicht aus den §§ 7 bis 10 etwas anderes ergibt.

(2) Ein wirtschaftlicher Geschäftsbetrieb ist eine selbständige nachhaltige Tätigkeit, durch die Einnahmen oder andere wirtschaftliche Vorteile erzielt werden und die über den Rahmen einer Vermögensverwaltung hinausgeht. Die Absicht, Gewinn zu erzielen, ist nicht erforderlich.

(3) Vermögensverwaltung liegt in der Regel vor, wenn Vermögen genutzt, zum Beispiel Kapitalvermögen verzinslich angelegt, unbewegliches Vermögen vermietet oder verpachtet wird.

§ 7 Steuerlich unschädliche Geschäftsbetriebe

(1) Eine steuerbegünstigte Körperschaft ist mit den Werten, die zu einem wirtschaftlichen Geschäftsbetrieb (§ 6 Abs. 1, 2) gehören, nicht steuerpflichtig, wenn der wirtschaftliche Geschäftsbetrieb in seiner Gesamtrichtung dazu dient, die steuerbegünstigten satzungsmäßigen Zwecke der Körperschaft zu verwirklichen, wenn diese Zwecke nur durch ihn erreicht werden können und wenn der wirtschaftliche Geschäftsbetrieb zu steuerpflichtigen Betrieben derselben oder ähnlicher Art nicht in größerem Umfang in Wettbewerb tritt, als es bei Erfüllung der steuerbegünstigten Zwecke unvermeidbar ist (steuerlich unschädlicher Geschäftsbetrieb).

(2) Absatz 1 gilt auch dann, wenn die Körperschaft, um ihre steuerbegünstigten Zwecke zu erreichen, nur den wirtschaftlichen Geschäftsbetrieb unterhält und daneben keine andere Tätigkeit ausübt.

§ 8 Einrichtungen der Wohlfahrtspflege

(1) Die Voraussetzungen für die Steuerbefreiung eines wirtschaftlichen Geschäftsbetriebes nach § 7 sind insbesondere bei Einrichtungen der Wohlfahrtspflege gegeben, die in besonderem Maße bedürftigen oder minderbemittelten Personen dienen.

(2) Wohlfahrtspflege ist die planmäßige, zum Wohle der Allgemeinheit und nicht des Erwerbes wegen ausgeübte Sorge für notleidende oder gefährdete Mitmenschen. Die Sorge kann sich auf das gesundheitliche, sittliche, erzieherische oder wirtschaftliche Wohl erstrecken und Vorbeugung oder Abhilfe bezwecken.

(3) Eine Einrichtung der Wohlfahrtspflege dient in besonderem Maße den in Absatz 1 genannten Personen, wenn diesen mindestens zwei Drittel ihrer Leistungen zugute kommen. Minderbemittelt sind Personen, bei denen die Voraussetzungen des § 3 Nr. 2 vorliegen, mit der Maßgabe, daß an die Stelle des zweifachen Betrages der dreifache Betrag des Richtsatzes einschließlich der Mietbeihilfe tritt. Für Krankenanstalten gilt § 10.

§ 9* Beispiele für steuerlich unschädliche Geschäftsbetriebe

(1) Als steuerlich unschädliche Geschäftsbetriebe (§ 7) kommen unter anderem in Betracht:

1. Alters- und Siechenheime, Waisenhäuser, Jugend- und Studentenheime, Kindergärten und Volksküchen, wenn sie in besonderem Maße bedürftigen oder minderbemittelten Personen dienen (§ 8 Abs. 3);
2. landwirtschaftliche Betriebe und Gärtnereien, die der Selbstversorgung von Körperschaften dienen, wenn dadurch die sachgemäße Ernährung und ausreichende Versorgung von Anstaltspfleglingen gesichert wird, sowie andere Einrichtungen, die für die Selbstversorgung von Körperschaften erforderlich sind (z. B. Tischlereien, Schlossereien);
3. Einrichtungen für arbeitstherapeutische Zwecke, z. B. zur Beschäftigung von Geisteskranken, Schwachsinnigen und dergleichen in handwerklichen und ähnlichen Betrieben sowie in der Land- und Forstwirtschaft;
4. Einrichtungen, die von einem Blindenverein zur Durchführung der Blindenfürsorge unterhalten werden;
5. Einrichtungen für Zwecke der Fürsorgeerziehung in der Land- und Forstwirtschaft, Wäschereien und dergleichen;

---

* § 9 Abs. 1 Nrn. 8 bis 11 neu gefaßt sowie Abs. 3 angefügt durch Gesetz vom 18. 8. 1969 (BGBl. I S. 1211).

6. Einrichtungen zur Behebung der Berufsnot der Jugendlichen;
7. Einrichtungen zu anderen fürsorgerischen Zwecken;
8. kulturelle Einrichtungen (z. B. Museen, Theater);
9. kulturelle Veranstaltungen (z. B. Konzerte, Kunstausstellungen);
10. sportliche Veranstaltungen eines Sportvereins;
11. gesellige Veranstaltungen eines steuerbegünstigten Vereins, die im Vergleich zu der steuerbegünstigten Tätigkeit von untergeordneter Bedeutung sind.

(2) Bei den in Absatz 1 Nummer 2 genannten Einrichtungen können geringfügige Lieferungen oder Leistungen an Dritte (höchstens bis 20 vom Hundert des wirtschaftlichen Umsatzes) als steuerlich unschädlich behandelt werden, wenn sie durch die Verhältnisse bedingt sind oder sich daraus üblicherweise ergeben.

(3) Die in Absatz 1 Nr. 8, 9 und 11 bezeichneten kulturellen Einrichtungen, kulturellen sowie geselligen Veranstaltungen eines steuerbegünstigten Vereins sind nur dann als steuerlich unschädliche Geschäftsbetriebe anzusehen, wenn der Überschuß der Einnahmen über die Unkosten nicht mehr als 50 vom Hundert der Einnahmen, höchstens jedoch 5000 Deutsche Mark im Jahr beträgt und nur für die steuerbegünstigten satzungsmäßigen Zwecke des Vereins verwendet wird. Bei den in Absatz 1 Nr. 10 genannten sportlichen Veranstaltungen gilt Satz 1 mit der Maßgabe, daß bei Ermittlung des Überschusses die gesamten Unkosten zu berücksichtigen sind, die dem Sportverein erwachsen.

§ 10 Krankenanstalten

(1) Unterhält eine Körperschaft, bei der die Voraussetzungen für steuerliche Vergünstigungen im übrigen gegeben sind, eine Krankenanstalt, so gilt folgendes:

1. Die Körperschaft ist mit den Werten (Vermögen und Einkünften), die zu der Krankenanstalt gehören, steuerfrei, wenn die Krankenanstalt in besonderem Maße der minderbemittelten Bevölkerung dient (Absätze 2 und 3).
2. Hat eine Privatkrankenanstalt keine Konzession (§ 30 der Reichsgewerbeordnung), so steht der Körperschaft keine steuerliche Vergünstigung zu, es sei denn, daß sie in einem Gebiet betrieben wird, in dem die Konzession nicht erforderlich ist.

(2) Eine Krankenanstalt dient in besonderem Maße der minderbemittelten Bevölkerung, wenn folgende Voraussetzungen erfüllt sind:

1. Die Pflegesätze in allen Verpflegungsklassen dürfen die Beträge nicht überschreiten, die von vergleichbaren Kreis- oder Gemeindekrankenanstalten erhoben werden; wird jedoch nachgewiesen, daß die angemessenen durchschnittlichen Selbstkosten höher sind, so können diese in Ansatz gebracht werden.
2. Mindestens 40 vom Hundert der jährlichen Verpflegungstage müssen auf Kranke der Sozialversicherung, der Kriegsopferversorgung und der öffentlichen Fürsorge oder auf solche Selbstzahler entfallen, die nicht mehr als den niedrigsten Pflegesatz im Sinne der Nummer 1 entrichten und bei denen die ärztlichen Gebühren nachweislich die Mindestsätze der staatlichen Gebührenordnung nicht überschreiten.

(3) Auf die Erfüllung der Voraussetzungen des Absatzes 2 kann verzichtet werden, wenn die Krankenanstalt stattdessen nachweist, daß

1. mindestens 80 vom Hundert der jährlichen Verpflegungstage auf Kranke der Sozialversicherung, der Kriegsopferversorgung und der öffentlichen Fürsorge entfallen und
2. Überschüsse, die die Krankenanstalt erzielt, der Körperschaft dazu dienen, ihre steuerbegünstigten Zwecke zu verwirklichen.

Dritter Abschnitt
Unmittelbarkeit
§ 11

(1) Die Voraussetzungen für steuerliche Vergünstigungen sind nicht erfüllt, wenn die zu begünstigenden Zwecke nur mittelbar verwirklicht werden.

(2) Bei einer Körperschaft ist die Voraussetzung der Unmittelbarkeit erfüllt, wenn sie selbst einen oder mehrere der steuerbegünstigten Zwecke verwirklicht. Dies kann auch durch Hilfspersonen (natürliche Personen oder Körperschaften) geschehen, wenn nach den Umständen des Falles, insbesondere nach den recht-

lichen und tatsächlichen Beziehungen, die zwischen der Körperschaft und den Hilfspersonen bestehen, das Wirken der Hilfsperson wie eigenes Wirken der Körperschaft anzusehen ist.

(3) Eine Körperschaft, in der lediglich steuerbegünstigten Zwecken dienende Körperschaften zusammengefaßt sind, wird einer Körperschaft, die unmittelbar diesen Zwecken dient, gleichgestellt.

(4) Die Ausnahmevorschriften des § 5 Nr. 1, 2 und 4 sind auch bei Prüfung der Unmittelbarkeit anzuwenden.

Vierter Abschnitt
Satzung und tatsächliche Geschäftsführung

§ 12 Genaue und rechtzeitige Satzungsbestimmungen

(1) Die Satzungsbestimmungen müssen so genau sein, daß auf Grund der Satzung geprüft werden kann, ob die satzungsmäßigen Voraussetzungen für steuerliche Vergünstigungen gegeben sind.

(2) Die Satzung muß den Erfordernissen dieser Verordnung bei der Körperschaftsteuer und bei der Gewerbesteuer während des ganzen Veranlagungs- oder Bemessungszeitraums, bei den anderen Steuern im Zeitpunkt der Entstehung der Steuerschuld entsprechen.

§ 13 Satzungsmäßige Vermögensbindung

(1) Eine steuerlich ausreichende Vermögensbindung (§ 4 Abs. 2 Nr. 4) liegt vor, wenn der Zweck, für den das Vermögen bei Auflösung oder Aufhebung der Körperschaft oder bei Wegfall ihres bisherigen Zwecks verwendet werden soll, in der Satzung so genau bestimmt ist, daß auf Grund der Satzung geprüft werden kann, ob der Verwendungszweck steuerbegünstigt ist. Absatz 3 und § 14 bleiben unberührt.

(2) Eine steuerlich ausreichende Vermögensbindung liegt nicht vor, wenn die Satzung sich auf die allgemeine Bestimmung beschränkt, daß das Vermögen bei Auflösung oder Aufhebung der Körperschaft oder bei Wegfall ihres bisherigen Zwecks zu steuerbegünstigten Zwecken zu verwenden ist.

(3) Nur wenn in besonderen Ausnahmefällen aus zwingenden Gründen der künftige Verwendungszweck des Vermögens nicht schon bei der Aufstellung

der Satzung nach Absatz 1 genau angegeben werden kann, ist es als steuerlich ausreichende Vermögensbindung anzusehen, wenn neben der in Absatz 2 bezeichneten allgemeinen Bestimmung in der Satzung festgelegt wird, daß Beschlüsse der Körperschaft über die künftige Verwendung des Vermögens erst nach Einwilligung des Finanzamts ausgeführt werden dürfen.

(4) Sind in der Satzung steuerlich ausreichende Bestimmungen über die Vermögensbindung (Absätze 1 bis 3) nicht enthalten, so sind die Voraussetzungen für steuerliche Vergünstigungen nicht erfüllt.

§ 14 Ausnahmen von der satzungsmäßigen Vermögensbindung

Bei Betrieben gewerblicher Art von Körperschaften des öffentlichen Rechts, bei staatlich genehmigten oder staatlich beaufsichtigten Stiftungen, bei den von einer Körperschaft des öffentlichen Rechts verwalteten unselbständigen Stiftungen und bei geistlichen Genossenschaften (Orden, Kongregationen) braucht die Vermögensbindung in der Satzung nicht festgelegt zu werden.

§ 15 Tatsächliche Geschäftsführung

(1) Die tatsächliche Geschäftsführung der Körperschaft muß auf die ausschließliche und unmittelbare Erfüllung der steuerbegünstigten Zwecke gerichtet sein und den Bestimmungen entsprechen, die die Satzung über die Voraussetzungen für steuerliche Vergünstigungen enthält. Die Vorschriften der §§ 5 bis 10 bleiben unberührt.

(2) Für die tatsächliche Geschäftsführung gilt § 12 Abs. 2 sinngemäß.

(3) Die Körperschaft hat den Nachweis, daß ihre tatsächliche Geschäftsführung den Erfordernissen des Absatzes 1 entspricht, durch ordnungsmäßige Aufzeichnungen über ihre Einnahmen und Ausgaben zu führen.

Fünfter Abschnitt
Steueraufsicht

§ 16 Anzeigepflichten

Körperschaften, die wegen steuerbegünstigter Zwecke ganz oder teilweise steuerfrei sind, haben dem Finanzamt unverzüglich mitzuteilen:

1. Beschlüsse, durch die eine für steuerliche Vergünstigungen wesentliche Satzungsbestimmung nachträglich geändert, ergänzt, in die Satzung eingefügt oder aus ihr gestrichen wird. Ist der Beschluß in ein öffentliches Register einzutragen oder durch eine staatliche Aufsichtsbehörde zu genehmigen, so ist die Eintragung oder die Genehmigung dem Finanzamt nachträglich in Abschrift mitzuteilen;

2. Beschlüsse, durch die die Körperschaft aufgelöst, in eine andere Körperschaft eingegliedert oder ihr Vermögen als Ganzes übertragen wird.

§ 17 Steuerfestsetzung

Das Finanzamt, dem eine Satzungsbestimmung, insbesondere eine Satzungsänderung bekannt geworden oder eine Nachricht über die tatsächliche Geschäftsführung zugegangen ist, prüft, ob dadurch die Voraussetzungen für steuerliche Vergünstigungen berührt werden. Ist das der Fall, so setzt das Finanzamt die Steuern, die die Körperschaft zu entrichten hat, und bei Realsteuern die Steuermeßbeträge fest.

Sechster Abschnitt
Übergangs- und Schlußvorschriften

§ 18 Behebung von Satzungsmängeln

(1) Körperschaften, deren Satzung den Vorschriften dieser Verordnung nicht entspricht, können bis zum 31. Dezember 1954 den Satzungsmangel mit Wirkung auch für die Vergangenheit beheben. Geschieht dies nicht, so sind die Voraussetzungen für steuerliche Vergünstigungen nicht erfüllt. Soweit bisher die Behebung von Satzungsmängeln im Beschlußverfahren zugelassen war, gilt dies auch bis zum Ablauf der in Satz 1 bestimmten Frist.

(2) Die Erstattung entrichteter Steuern kann auf Grund des Absatzes 1 nicht verlangt werden.

§ 19 Nachholung von Anzeigepflichten

Bestehen beim Inkrafttreten dieser Verordnung für steuerliche Vergünstigungen wesentliche Satzungsbestimmungen, die dem Finanzamt noch nicht mitgeteilt sind, so hat die Körperschaft dies unverzüglich nachzuholen. § 16 Nr. 1 Satz 2 gilt sinngemäß.

§ 20 Geltung im Land Berlin

Nach § 14 des Dritten Überleitungsgesetzes vom 4. Januar 1952 (Bundesgesetzbl. I S. 1) in Verbindung mit Artikel V des Gesetzes zur Änderung von einzelnen Vorschriften der Reichsabgabenordnung und anderer Gesetze vom 11. Juli 1953 (Bundesgesetzbl. I S. 511) gilt diese Rechtsverordnung auch im Land Berlin.

§ 21 Rückwirkung

Diese Verordnung ist von ihrem Inkrafttreten an auch auf Tatbestände anzuwenden, die vorher verwirklicht worden sind, es sei denn, daß das bisherige Recht zu einem für den Steuerpflichtigen günstigeren Ergebnis führt.

§ 22 Schlußvorschrift

Die vorstehende Fassung dieser Verordnung ist erstmals für den Veranlagungszeitraum 1969 anzuwenden.

§ 23* *(aufgehoben)*

VStR

114. Pensions- und Unterstützungskassen

Die Vorschriften des § 3 Abs. 1 Nr. 5 VStG stimmen inhaltlich mit den Vorschriften des § 4 Abs. 1 Ziff. 7 KStG überein. Es können deshalb die hinsichtlich der Befreiung der Pensions- und Unterstützungskasse zur Körperschaftsteuer getroffenen Feststellungen auch hier übernommen werden.

---

* § 22 neu gefaßt sowie § 23 aufgehoben durch Gesetz vom 18. 8. 1969 (BGBl. I S. 1211).

zweispaltig = Anlagen zu Durchführungsverordnung und Richtlinien 237 **Anlb, RL 114**

115. Berufsverbände ohne öffentlich-rechtlichen Charakter[1]

(1) Die Vorschriften des § 3 Abs. 1 Nr. 8 VStG stimmen inhaltlich mit den Vorschriften des § 4 Abs. 1 Nr. 8 KStG überein. Es können deshalb die hinsichtlich der Befreiung zur Körperschaftsteuer getroffenen Feststellungen übernommen werden.

(2) Unterhält der Berufsverband einen oder mehrere wirtschaftliche Geschäftsbetriebe, so ist der Berufsverband nur mit diesen wirtschaftlichen Geschäftsbetrieben vermögensteuerpflichtig. Wegen der Ermittlung des steuerpflichtigen Vermögens wird auf Abschnitt 13 verwiesen.

116. Politische Parteien und Vereine

Wird von einer politischen Partei im Sinne des § 2 des Parteiengesetzes oder einem politischen Verein, die nach § 3 Abs. 1 Nr. 10 VStG von der Vermögensteuer befreit sind, ein wirtschaftlicher Geschäftsbetrieb unterhalten, so ist die Steuerfreiheit insoweit ausgeschlossen. Die Herstellung und der Vertrieb von Mitteilungsblättern und Broschüren kann ein wirtschaftlicher Geschäftsbetrieb sein.

117. Steuerbefreiungen außerhalb des Vermögensteuergesetzes

(1) Die Aktionsgemeinschaft Deutsche Steinkohlenreviere GmbH ist nach Maßgabe des § 1 des Gesetzes über steuerliche Maßnahmen bei der Stillegung von Steinkohlenbergwerken vom 11. April 1967 (Bundesgesetzbl. I S. 403, BStBl. I S. 204)[2] außer von der Körperschaftsteuer, der Gewerbesteuer und der Gesellschaftsteuer auch von der Vermögensteuer befreit.

(2) Zusammenschlüsse im Sinne von § 13 Abs. 4, §§ 14 und 60 des Städtebauförderungsgesetzes vom 27. Juli 1971 (Bundesgesetzbl. I S. 1125), deren Tätigkeit sich auf die Durchführung von Sanierungs- und Entwicklungsmaßnahmen beschränkt, und Unternehmen im Sinne des § 34 Abs. 1 Nr. 4 und 5 des Städtebauförderungsgesetzes in der Rechtsform einer juristischen Person, deren Tätigkeit sich auf die Erfüllung der Aufgaben nach § 33 oder § 55 des Städtebauförderungsgesetzes beschränkt, sind von der Vermögensteuer befreit (§ 81 Abs. 1 des Städtebauförderungsgesetzes).

118.–129. [abgedruckt nach § 6 VStG]

---

[1] Vgl. BFH-Urteil v. 15. 2. 1963 (HFR 64 S. 37 Nr. 36):
Ein Verein, der ehemals als Berufsverband tätig war, am Stichtag aber nur noch eigenes Vermögen verwaltet, ist nicht nach § 3 Ziff. 8 VStG von der Vermögensteuer befreit.
[2] Abgedruckt im „Handbuch zur KSt-Veranlagung", Anhang I Nr. 8.

VStG

§ 4 Bemessungsgrundlage

(1) Der Vermögensteuer unterliegt

1. bei unbeschränkt Steuerpflichtigen das Gesamtvermögen (§§ 114 bis 120 des Bewertungsgesetzes);

2. bei beschränkt Steuerpflichtigen das Inlandsvermögen (§ 121 des Bewertungsgesetzes).

(2) Der Wert des Gesamtvermögens oder des Inlandsvermögens wird auf volle 1000 Deutsche Mark nach unten abgerundet.

§ 5 Stichtag für die Festsetzung der Vermögensteuer; Entstehung der Steuer

(1) Die Vermögensteuer wird nach den Verhältnissen zu Beginn des Kalenderjahrs (Veranlagungszeitpunkt, §§ 15 bis 17) festgesetzt.

(2) Die Steuer entsteht mit Beginn des Kalenderjahrs, für das die Steuer festzusetzen ist.

VStG

II. Steuerberechnung

§ 6 Freibeträge für natürliche Personen

(1) Bei der Veranlagung einer unbeschränkt steuerpflichtigen natürlichen Person bleiben 70000 Deutsche Mark und im Falle der Zusammenveranlagung von Ehegatten 140000 Deutsche Mark vermögensteuerfrei.

(2) Für jedes Kind, das mit einem Steuerpflichtigen oder mit Ehegatten zusammen veranlagt wird, sind weitere 70000 Deutsche Mark vermögensteuerfrei. Kinder im Sinne des Gesetzes sind eheliche Kinder, für ehelich erklärte Kinder, nichteheliche Kinder, Stiefkinder, Adoptivkinder und Pflegekinder.

(3) Weitere 10000 Deutsche Mark sind steuerfrei, wenn

1. der Steuerpflichtige das 60. Lebensjahr vollendet hat oder voraussichtlich für mindestens drei Jahre erwerbsunfähig ist und

2. das Gesamtvermögen (§ 4) nicht mehr als 150000 Deutsche Mark beträgt.

Werden Ehegatten zusammen veranlagt (§ 14 Abs. 1), so wird der Freibetrag gewährt, wenn bei einem der Ehegatten die Voraussetzungen der Nummer 1 gegeben sind und das Gesamtvermögen nicht mehr als 300000 Deutsche Mark beträgt. Der Freibetrag erhöht sich auf 20000 Deutsche Mark, wenn bei beiden Ehegatten die Voraussetzungen der Nummer 1 gegeben sind und das Gesamtvermögen nicht mehr als 300000 Deutsche Mark beträgt. Übersteigt das Gesamtvermögen 150000 Deutsche Mark, im Fall der Zusammenveranlagung 300000 Deutsche Mark, so mindert sich der Freibetrag um den übersteigenden Betrag.

(4) Der Freibetrag nach Absatz 3 erhöht sich auf 50000 Deutsche Mark, wenn

1. der Steuerpflichtige das 65. Lebensjahr vollendet hat oder voraussichtlich für mindestens drei Jahre erwerbsunfähig ist,

2. das Gesamtvermögen (§ 4) nicht mehr als 150000 Deutsche Mark beträgt und

3. die steuerfreien Ansprüche des Steuerpflichtigen nach § 111 Nr. 1 bis 4 und 9 des Bewertungsgesetzes insgesamt jährlich 4800 Deutsche Mark nicht übersteigen.

Werden Ehegatten zusammen veranlagt (§ 14 Abs. 1), so wird der Freibetrag gewährt, wenn bei einem der Ehegatten die Voraussetzungen der Nummer 1 gegeben sind, das Gesamtvermögen nicht mehr als 300000 Deutsche Mark beträgt und die Ansprüche dieses Ehegatten nach § 111 Nr. 1 bis 4 und 9 des Bewertungsgesetzes insgesamt jährlich 4800 Deutsche Mark nicht übersteigen. Der Freibetrag erhöht sich auf 100000 Deutsche Mark, wenn bei beiden Ehegatten die Voraussetzungen der Nummer 1 gegeben sind, das Gesamtvermögen nicht mehr als 300000 Deutsche Mark beträgt und die Ansprüche nach § 111 Nr. 1 bis 4 und 9 des Bewertungsgesetzes insgesamt jährlich 9600 Deutsche Mark nicht übersteigen. Absatz 3 Satz 4 ist entsprechend anzuwenden.

VStR

118. Freibeträge; Allgemeines

(1) Der Freibetrag von 70000 DM wird nur für unbeschränkt Steuerpflichtige, nicht dagegen für beschränkt Steuerpflichtige gewährt. Für die Gewährung des Freibetrags von 140000 DM ist Voraussetzung, daß beide Ehegatten unbeschränkt steuerpflichtig sind und zusammen veranlagt werden. Wegen der Steuerpflichtigen, die in der DDR oder in Berlin (Ost) ihren Wohnsitz haben, vgl. Abschnitt 104 Abs. 3. Sie erhalten ebenfalls den Freibetrag.

(2) Ein Pflegekindschaftsverhältnis[1] ist nur anzunehmen, wenn ein Kind von den Pflegeeltern auf Dauer wie ein leibliches Kind betreut wird und eine Haushaltsgemeinschaft des Kindes mit seinen leiblichen Eltern nicht mehr besteht.

119.–120a. *(gestrichen)*

121. Freibetrag wegen Alters oder Erwerbsunfähigkeit

(1) Erwerbsunfähigkeit im Sinne der Vorschrift des § 6 Abs. 3 und 4 VStG ist bei einer Minderung der Erwerbsfähigkeit von mehr als 90 v. H. anzunehmen. Sie muß durch amtliche Unterlagen nachgewiesen werden. Wegen der Annahme einer Erwerbsunfähigkeit bei Inhabern von größeren gewerblichen Betrieben und bei freiberuflich Tätigen vgl. BFH-Urteil vom 11. 7. 1967 (BStBl. III S. 551)[2]. Für die Erwerbsunfähigkeit kommt es nicht darauf an, daß der Steuerpflichtige oder sein Ehegatte in der Vergangenheit einen Beruf ausgeübt hat oder daß er genügend Einkünfte, z. B. aus Kapitalvermögen hat, um seinen Lebensunterhalt bestreiten zu können.

(2) Werden Ehegatten zusammen veranlagt (§ 14 Abs. 1 Nr. 1 VStG), so wird der Freibetrag gewährt, wenn bei einem Ehegatten die Voraussetzungen des § 6 Abs. 3 Nr. 1 VStG erfüllt sind. Das Gesamtvermögen darf in diesem Fall nach § 6 Abs. 3 Satz 2 VStG bis zu 300 000 DM betragen. Dabei ist es gleichgültig, welcher der beiden Ehegatten und in welcher Höhe der einzelne Ehegatte Eigentümer des Vermögens ist. Erfüllen beide Ehegatten die Voraussetzungen des § 6 Abs. 3 Nr. 1 VStG, so erhöht sich der Freibetrag auf 20 000 DM.

(2a) Übersteigt das Gesamtvermögen den Betrag von 150 000 bzw. 300 000 DM, so mindert sich der Freibetrag um den übersteigenden Betrag. Er entfällt somit in vollem Umfang bei einem Gesamtvermögen von 160 000 bzw. 320 000 DM.

(3) Bei der Prüfung der Voraussetzungen für die Gewährung des Altersfreibetrags ist von dem tatsächlichen Gesamtvermögen vom Neuveranlagungszeitpunkt und nicht von dem Gesamtvermögen vom letzten Veranlagungszeitpunkt auszugehen, das unter Umständen nach Abschnitt 126 der Neuveranlagung zugrunde gelegt werden muß (BFH-Urteil vom 13. 6. 1969, BStBl. II S. 30)[3].

121a. Erhöhter Freibetrag wegen Alters oder Erwerbsunfähigkeit[4]

(1) Voraussetzung für die Gewährung des erhöhten Altersfreibetrags nach § 6 Abs. 4 VStG ist grundsätzlich das Nichtvorhandensein von Ansprüchen nach § 111 Nr. 1 bis 4 und Nr. 9 BewG 1965. Wenn jedoch solche Ansprüche dem Steuerpflichtigen zustehen, dürfen sie insgesamt einen Jahreswert von 4800 DM nicht übersteigen. Unter Ansprüchen nach § 111 Nr. 9 BewG 1965 ist nur der nach dieser Vorschrift steuerbegünstigte Teil der Ansprüche (= bis zu 4800 DM) zu verstehen (BFH-Urteil vom 8. 10. 1965, BStBl. III S. 702). Zu diesen Ansprüchen gehören insbesondere Sozialversicherungsrenten, betriebliche Alters- und Hinterbliebenenrenten, Beamtenpensionen, private Rentenversicherungen, die zum Zwecke der Altersversorgung abgeschlossen worden sind, sowie Renten und Nutzungsrechte, von denen nach § 111 Nr. 9 BewG 1965 der dort genannte Jahresbetrag außer Ansatz bleibt. Die Ansprüche müssen bereits fällig sein. Das ist aber bei der betrieblichen Altersrente des sogenannten techni-

---

[1] Vgl. BFH-Beschluß vom 25. Januar 1971 GrS 6/70 (BStBl. 1971 II S. 274):
Ein Pflegekindschaftsverhältnis ist steuerrechtlich in den Fällen nicht anzuerkennen, in denen der „Pflegevater" nicht nur ein Kind, sondern auch die Mutter des Kindes in seinen Haushalt aufnimmt und mit dieser gemeinsam die Obhut und Pflege des Kindes ausübt.
[2] Vgl. DStR 1967 S. 616 Nr. 506 = BFH-N Nr. 1 zu § 5 Abs. 3 VStG.
[3] Vgl. DStR 1970 S. 58 Nr. 29 = BFH-N Nr. 1 zu § 13 Abs. 1 Nrn. 1 u. 2 VStG 1957.
[4] Vgl. die Fußnote zu Abschn. 70a VStR.

zweispaltig = Anlagen zu Durchführungsverordnung und Richtlinien 241 **RL 119–121a**

schen Rentners nicht der Fall. Ein technischer Rentner ist ein Arbeitnehmer, der schon das planmäßige Pensionsalter erreicht hat, im Betrieb aber noch weiter tätig bleibt.

(2) Für die Beurteilung der Höhe des Jahreswerts der in Absatz 1 genannten Renten und Versorgungsbezüge sind die Verhältnisse des Monats Januar maßgebend, der mit dem Veranlagungszeitpunkt beginnt. Der Jahreswert entspricht dem Zwölffachen der während dieses Monats bezogenen Renten und Versorgungsbezüge.

(3) Bei der Zusammenveranlagung von Ehegatten wird der Freibetrag gewährt, wenn bei einem der Ehegatten die Voraussetzungen des § 6 Abs. 4 Nr. 1 VStG vorliegen, das Gesamtvermögen nicht mehr als 300000 DM beträgt und die Ansprüche dieses Ehegatten nach § 111 Nr. 1 bis 4 und 9 BewG einen Jahreswert von insgesamt 4800 DM nicht übersteigen. Der Freibetrag erhöht sich auf 100000 DM, wenn bei beiden Ehegatten die Voraussetzungen des § 6 Abs. 4 Nr. 1 VStG gegeben sind und das Gesamtvermögen nicht mehr als 300000 DM beträgt. In diesem Fall dürfen die Ansprüche beider Ehegatten nach § 111 Nr. 1 bis 4 und 9 BewG insgesamt einen Jahreswert von 9600 DM nicht übersteigen. Übersteigen sie zwar diesen Betrag, geht aber bei einem Ehegatten der Jahreswert seiner Ansprüche nicht über 4800 DM hinaus, so steht diesem Ehegatten der erhöhte Freibetrag zu. Erfüllt nur ein Ehegatte die Voraussetzungen für die Gewährung des erhöhten Freibetrags von 50000 DM und liegen die Voraussetzungen des § 6 Abs. 3 VStG bei dem anderen Ehegatten vor, ist daneben der Freibetrag von 10000 DM zu gewähren.

Beispiel:

Beide Ehegatten sind 65 Jahre alt oder mindestens für 3 Jahre erwerbsunfähig. Das Gesamtvermögen beträgt weniger als 300000 DM. Der Ehemann hat Ansprüche i. S. von § 111 Nr. 1 bis 4 und 9 BewG mit einem Jahreswert von 10000 DM und die Ehefrau solche mit einem Jahreswert von 2500 DM. Der erhöhte Altersfreibetrag ist in Höhe von 50000 DM zu gewähren, weil nur bei der Ehefrau die Voraussetzungen des § 6 Abs. 4 VStG gegeben sind. Daneben erhält der Ehemann den Altersfreibetrag von 10000 DM.

(3a) Übersteigt das Gesamtvermögen den Betrag von 150000 DM bzw. 300000 DM, so mindert sich der Freibetrag um den übersteigenden Betrag. Er entfällt somit in vollem Umfang bei einem Gesamtvermögen von 200000 bzw. 400000 DM.

(4) Sind die Voraussetzungen für den erhöhten Altersfreibetrag nach § 6 Abs. 4 VStG nicht erfüllt, so kann gleichwohl noch der Altersfreibetrag nach § 6 Abs. 3 VStG zu gewähren sein.

VStG

§ 7 Freibetrag für Erwerbs- und Wirtschaftsgenossenschaften sowie Vereine, die Land- und Forstwirtschaft betreiben

(1) Bei der Veranlagung der inländischen Erwerbs- und Wirtschaftsgenossenschaften sowie der inländischen Vereine, deren Tätigkeit sich auf den Betrieb der Land- und Forstwirtschaft beschränkt, bleiben 100 000 Deutsche Mark in den der Gründung folgenden zehn Kalenderjahren vermögensteuerfrei. Voraussetzung ist, daß

1. die Mitglieder der Genossenschaft oder dem Verein Flächen zur Nutzung oder für die Bewirtschaftung der Flächen erforderliche Gebäude überlassen und

2. a) bei Genossenschaften das Verhältnis der Summe der Werte der Geschäftsanteile des einzelnen Mitglieds zu der Summe der Werte aller Geschäftsanteile,

   b) bei Vereinen das Verhältnis des Werts des Anteils an dem Vereinsvermögen, der im Fall der Auflösung des Vereins an das einzelne Mitglied fallen würde, zu dem Wert des Vereinsvermögens

nicht wesentlich von dem Verhältnis abweicht, in dem der Wert der von dem einzelnen Mitglied zur Nutzung überlassenen Flächen und Gebäude zu dem Wert der insgesamt zur Nutzung überlassenen Flächen und Gebäude steht.

(2) Absatz 1 Satz 1 gilt auch für inländische Erwerbs- und Wirtschaftsgenossenschaften sowie für inländische Vereine, die eine gemeinschaftliche Tierhaltung im Sinne des § 51a des Bewertungsgesetzes betreiben.

VStG

§ 8 Besteuerungsgrenze bei Körperschaften und bei beschränkt Steuerpflichtigen

(1) Von den unbeschränkt steuerpflichtigen Körperschaften, Personenvereinigungen und Vermögensmassen im Sinne des § 1 Abs. 1 Nr. 2 wird die Vermögensteuer nur erhoben, wenn das Gesamtvermögen (§ 4) mindestens 10 000 Deutsche Mark beträgt.

(2) Von den beschränkt Steuerpflichtigen wird die Vermögensteuer nur erhoben, wenn das Inlandsvermögen (§ 4) mindestens 10 000 Deutsche Mark beträgt.

§ 9 Steuerpflichtiges Vermögen

Steuerpflichtiges Vermögen ist

1. bei unbeschränkt Steuerpflichtigen
   a) bei natürlichen Personen
      der Vermögensbetrag, der nach Abzug der Freibeträge (§ 6) vom Gesamtvermögen (§ 4) verbleibt,
   b) im Falle des § 8 Abs. 1
      das Gesamtvermögen (§ 4);
2. bei beschränkt Steuerpflichtigen mit mindestens 10 000 Deutsche Mark Inlandsvermögen das Inlandsvermögen (§ 4).

§ 10 Steuersatz

(1) Die Vermögensteuer beträgt jährlich

1. für natürliche Personen 0,7 vom Hundert des steuerpflichtigen Vermögens und

für die Vermögensteuer 1974*:

2. für die in § 1 Abs. 1 Nr. 2 und § 2 Abs. 1 Nr. 2 bezeichneten Körperschaften, Personenvereinigungen und Vermögensmassen 0,7 vom Hundert des steuerpflichtigen Vermögens.

(2) Die Vermögensteuer ermäßigt sich bis zum 31. Dezember 1978 auf jährlich 0,55 vom Hundert für natürliche Personen und für die in Absatz 1 Nr. 2 genannten Körperschaften, Personenvereinigungen und Vermögensmassen, soweit das steuerpflichtige Vermögen den Betrag der nach § 31 des Lastenausgleichsgesetzes festgesetzten Vermögensabgabeschuld nicht übersteigt.

für die Vermögensteuer ab 1975*:

2. für die in § 1 Abs. 1 Nr. 2 und § 2 Abs. 1 Nr. 2 bezeichneten Körperschaften, Personenvereinigungen und Vermögensmassen 1 vom Hundert des steuerpflichtigen Vermögens.

(2) Die Vermögensteuer ermäßigt sich bis zum 31. Dezember 1978 auf jährlich 0,55 vom Hundert für natürliche Personen und 0,75 vom Hundert für die in Absatz 1 Nr. 2 genannten Körperschaften, Personenvereinigungen und Vermögensmassen, soweit das steuerpflichtige Vermögen den Betrag der nach § 31 des Lastenausgleichsgesetzes festgesetzten Vermögensabgabeschuld nicht übersteigt.

VStR

122. *(gestrichen)*

123. Steuersatz

(1) Der Steuersatz von 0,55 v. H. (für die in § 1 Abs. 1 Nr. 2 und § 2 Abs. 1 Nr. 2 bezeichneten Körperschaften, Personenvereinigungen und Vermögensmassen ab 1975

---

* § 10 geändert durch Gesetz vom 5. 8. 1974 (BGBl. I S. 1769); zum Anwendungszeitraum vgl. § 25 Satz 2.

0,75 v. H.) ist anzuwenden, soweit das steuerpflichtige Vermögen den Betrag der nach § 31 LAG rechtskräftig festgesetzten Vermögensabgabeschuld nicht übersteigt. Wegen der Auswirkungen von nachträglichen Änderungen der Vermögensabgabeschuld vgl. den übereinstimmenden Runderlaß der Finanzminister (Finanzsenatoren) der Länder vom 10. Juni 1966 (BStBl. II S. 175). Eine spätere Minderung oder Ablösung der Vierteljahresbeträge hat auf die Anwendung des Steuersatzes von 0,55 v. H. (für die in § 1 Abs. 1 Nr. 2 und § 2 Abs. 1 Nr. 2 bezeichneten Körperschaften, Personenvereinigungen und Vermögensmassen ab 1975 0,75 v. H.) keinen Einfluß. In Höhe der einmal rechtskräftig festgesetzten Vermögensabgabeschuld wird die Vermögensteuer ohne Rücksicht auf spätere Änderungen in der Zusammensetzung des Gesamtvermögens oder des Inlandsvermögens stets nur mit 0,55 v. H. (für die in § 1 Abs. 1 Nr. 2 und § 2 Abs. 1 Nr. 2 bezeichneten Körperschaften, Personenvereinigungen und Vermögensmassen ab 1975 0,75 v. H.) berechnet.

(2) Die Tarifvergünstigung des § 10 Abs. 2 VStG steht nur dem Abgabeschuldner zu, in dessen Person die Vermögensabgabeschuld am 21. Juni 1948 entstanden ist (BFH-Urteile vom 4. 9. 1959, BStBl. III S. 477, und vom 17. 5. 1966, BStBl. III S. 477)[1]. Der Übergang von Wirtschaftsgütern, die der Vermögensabgabe unterlegen haben, ändert deshalb weder beim Erwerber noch beim Veräußerer den Betrag ihrer für die Ermittlung der Vermögensteuersätze maßgebenden Vermögensabgabeschuld. Das gilt auch, wenn der Erwerber dem Veräußerer gegenüber die auf das übernommene Wirtschaftsgut entfallende Vermögensabgabe vertraglich übernommen hat. Ob das Finanzamt die Übernahme der Vermögensabgabe nach § 60 LAG genehmigt hat, ist dabei ohne Bedeutung.

(3) Bei einer Gesamtrechtsnachfolge durch Erbfall ist für die Anwendung des Steuersatzes von 0,55 v. H. (für die in § 1 Abs. 1 Nr. 2 und § 2 Abs. 1 Nr. 2 bezeichneten Körperschaften, Personenvereinigungen und Vermögensmassen ab 1975 0,75 v. H.) die Vermögensabgabeschuld des Erblassers dem Erben zuzurechnen. Das gilt bei mehreren Erben auch für die anteilige Vermögensabgabeschuld. Aufteilungsmaßstab ist in diesen Fällen das Verhältnis der Erbteile (§ 67 Abs. 3 Nr. 3 LAG). Es bestehen jedoch keine Bedenken dagegen, daß der Maßstab übernommen wird, der der tatsächlichen Aufteilung der noch nicht entrichteten Vierteljahresbeträge an Vermögensabgabe zugrunde liegt.

(4) Auch in den Fällen der Umwandlung einer Kapitalgesellschaft ist für die Anwendung des Steuersatzes von 0,55 v. H. (ab 1975 0,75 v. H.) die Vermögensabgabeschuld dem Gesamtrechtsnachfolger zuzurechnen. Wird dabei das Vermögen auf eine Personengesellschaft übertragen, so kann zwar die übernommene Vermögensabgabeschuld von der Personengesellschaft abgezogen werden. Die Personengesellschaft kann aber, da sie selbst nicht steuerpflichtig ist, den begünstigten Steuersatz nicht ausnutzen. Dieser kann deshalb in entsprechendem Umfang von den Gesellschaftern in Anspruch genommen werden. Für die Aufteilung auf die Gesellschafter kommt es dabei auf das Beteiligungsverhältnis vom Zeitpunkt der Umwandlung an. Spätere Änderungen dieses Beteiligungsverhältnisses bleiben unberücksichtigt.

(5) Ist eine Ehe nach dem 21. Juni 1948 geschlossen worden, so muß bei der Zusammenveranlagung der Ehegatten die Vermögensabgabeschuld des Ehemannes mit der Vermögensabgabeschuld der Ehefrau für die Anwendung des Steuersatzes von 0,55 v. H. zusammengerechnet werden. Bei der Zusammenveranlagung mit Kindern ist der Steuersatz von 0,55 v. H. auch auf die nach Absatz 3 den Kindern zuzurechnende Vermögensabgabeschuld anzuwenden. Bei Auflösung einer Ehe fehlt es an einem bereits feststehenden Maßstab für die Aufteilung, wenn die Ehegatten nach § 38 LAG zur Ver-

---

[1] Vgl. BFH-N Nr. 1 zu § 8 S. 1 VStG.

mögensabgabe zusammen veranlagt worden sind. In diesen Fällen ist die Vermögens-abgabeschuld für die Ermittlung des Steuersatzes nach dem Verhältnis des am 21. Juni 1948 der Vermögensabgabe unterliegenden Vermögen der Ehegatten aufzuteilen (§ 66 Abs. 2 Nr. 3 LAG). Es bestehen jedoch keine Bedenken dagegen, daß der Maßstab über-nommen wird, welcher der tatsächlichen Aufteilung der noch nicht entrichteten Vier-teljahresbeträge an Vermögensabgabe zugrunde liegt.

VStG

§ 11 Anrechnung ausländischer Steuern

(1) Bei unbeschränkt Steuerpflichtigen, die in einem ausländischen Staat mit ihrem in diesem Staat belegenen Vermögen (Auslandsvermögen) zu einer der inländischen Vermögensteuer entsprechenden Steuer (ausländische Steuer) herangezogen werden, ist, sofern nicht die Vorschriften eines Abkommens zur Vermeidung der Doppelbesteuerung anzuwenden sind, die festgesetzte und gezahlte und keinem Ermäßigungsanspruch unterliegende ausländische Steuer auf den Teil der Vermögensteuer anzurechnen, der auf dieses Auslandsvermögen entfällt. Dieser Teil ist in der Weise zu ermitteln, daß die sich bei der Veranlagung des Gesamtvermögens (einschließlich des Auslandsvermögens) ergebende Vermögensteuer im Verhältnis des Auslandsvermögens zum Gesamtvermögen aufgeteilt wird. Ist das Auslandsvermögen in verschiedenen ausländischen Staaten belegen, so ist dieser Teil für jeden einzelnen ausländischen Staat gesondert zu berechnen. Die ausländische Steuer ist insoweit anzurechnen, als sie auf das Kalenderjahr entfällt, das mit dem jeweiligen Veranlagungszeitpunkt beginnt.

(2) Als Auslandsvermögen im Sinne des Absatzes 1 gelten alle Wirtschaftsgüter der im § 121 Absatz 2 des Bewertungsgesetzes genannten Art, die auf einen ausländischen Staat entfallen, unter Berücksichtigung der nach § 121 Abs. 3 des Bewertungsgesetzes abzugsfähigen Schulden und Lasten.

(3) Eine Neuveranlagung (§ 16) ist durchzuführen, wenn sich der anrechenbare Betrag dadurch ändert, daß ausländische Steuern erstmals erhoben, geändert oder nicht mehr erhoben werden. Vorbehaltlich des § 16 werden bei der Neuveranlagung nur die Änderungen berücksichtigt, die sich bei dem anrechenbaren Betrag ergeben. Der Steuerbescheid ist mit rückwirkender Kraft zu ändern, wenn sich nach Erteilung des Steuerbescheides der anrechenbare Betrag dadurch ändert, daß ausländische Steuern nachträglich erhoben oder zurückgezahlt werden.

(4) Der Steuerpflichtige hat den Nachweis über die Höhe des Auslandsvermögens und über die Festsetzung und Zahlung der ausländischen Steuern durch Vorlage entsprechender Urkunden zu führen. Sind diese Urkunden in einer fremden Sprache abgefaßt, so kann eine beglaubigte Übersetzung in die deutsche Sprache verlangt werden.

(5) Sind nach einem Abkommen zur Vermeidung der Doppelbesteuerung in einem ausländischen Staat erhobene Steuern auf die Vermögensteuer anzurechnen, so sind die Absätze 1 bis 4 entsprechend anzuwenden.

VStR

124. Anrechnung ausländischer Vermögensteuer

(1) Die für Auslandsvermögen erhobene ausländische Steuer kann nach § 11 Abs. 1 VStG nur dann auf die deutsche Vermögensteuer angerechnet werden, wenn sie der inländischen Vermögensteuer entspricht. Es gehören deshalb nicht dazu ausländische Steuern, die nur einzelne Vermögensgegenstände oder Vermögensgruppen belasten, z. B. Grundsteuer, Kraftfahrzeugsteuer, Schedulensteuer u. a. mehr. Ebenso gehören nicht hierher einmalige Vermögensabgaben, Vermögenszuwachssteuern, die Erbschaftsteuer und die Grunderwerbsteuer.

(2) Die ausländische Vermögensteuer darf höchstens mit dem Betrag angerechnet werden, der sich ergibt, wenn die veranlagte inländische Vermögensteuer im Verhältnis des Werts des auf den ausländischen Staat entfallenden steuerpflichtigen Auslandsvermögens zum Wert des Gesamtvermögens aufgeteilt wird.

Beispiel:

Vom Gesamtvermögen eines unbeschränkt Steuerpflichtigen entfallen auf Vermögen in der Bundesrepublik 190000 DM und auf ein Grundstück im Ausland 30000 DM. Die für das Grundstück gezahlte ausländische Vermögensteuer beträgt 450 DM. Der anrechenbare Betrag ist wie folgt zu berechnen:

Gesamtvermögen	220000 DM
Freibetrag.	70000 DM
Steuerpflichtiges Vermögen	150000 DM
Steuer 0,7 v. H..	1050 DM

Von der veranlagten inländischen Vermögensteuer entfallen ($\frac{3}{22}$ von 1050) = 143 DM auf das ausländische Grundstück. Von der ausländischen Vermögensteuer können deshalb nur 143 DM auf die deutsche Vermögensteuer angerechnet werden.

(3) Wird nach den Vorschriften eines Doppelbesteuerungsabkommens die Doppelbesteuerung bestimmter ausländischer Vermögensgegenstände nicht beseitigt, so kann insoweit die ausländische Vermögensteuer noch auf die inländische Vermögensteuer angerechnet werden. Ist eine ausländische Vermögensteuer nach einem Doppelbesteuerungsabkommen auf die inländische Vermögensteuer anzurechnen, so gilt Absatz 2 entsprechend.

VStG

§ 12 Steuerermäßigung bei Auslandsvermögen

(1) Anstelle einer Anrechnung ausländischer Steuern nach § 11 ist auf Antrag des Steuerpflichtigen die auf ausländisches Betriebsvermögen entfallende Vermögensteuer (§ 11 Abs. 1 Satz 2 und 3) auf die Hälfte zu ermäßigen. Satz 1 gilt für

1. das Betriebsvermögen, das einer in einem ausländischen Staat belegenen Betriebsstätte dient, wenn in dem Wirtschaftsjahr, das dem Bewertungsstichtag (§ 106 des Bewertungsgesetzes) vorangeht, die Bruttoerträge dieser Betriebsstätte ausschließlich oder fast ausschließlich aus unter § 8 Abs. 1 Nr. 1 bis 6 des Außensteuergesetzes fallenden Tätigkeiten erzielt werden, und

2. die zum Betriebsvermögen eines inländischen Gewerbebetriebs gehörende Beteiligung an einer Personengesellschaft (§ 97 Abs. 1 Nr. 5 des Bewertungsgesetzes) oder Arbeitsgemeinschaft (§ 98 des Bewertungsgesetzes), soweit die Beteiligung auf Betriebsvermögen entfällt, das einer in einem ausländischen Staat belegenen Betriebsstätte im Sinne der Nummer 1 dient.

Der Ermäßigungsantrag muß das gesamte Vermögen im Sinne des Satzes 2 Nr. 1 und 2 umfassen; er kann auf das in einem ausländischen Staat oder mehreren ausländischen Staaten belegene Vermögen begrenzt werden.

(2) Wenn das in einem ausländischen Staat belegene Betriebsvermögen dem Betrieb von Handelsschiffen im internationalen Verkehr dient, setzt die Steuerermäßigung nach Absatz 1 voraus, daß der Bundesminister für Verkehr sie für verkehrspolitisch unbedenklich erklärt hat. Der Ermäßigungsantrag muß das gesamte in ausländischen Staaten belegene Betriebsvermögen umfassen. Schiffe, die in ein inländisches Schiffsregister eingetragen sind, gehören nicht zu dem in einem ausländischen Staat belegenen Betriebsvermögen. Die Vorschriften dieses Absatzes sind auch anzuwenden, wenn mit dem Staat, in dem das Betriebsvermögen belegen ist, ein Abkommen zur Vermeidung der Doppelbesteuerung besteht.

(3) Die unbeschränkte Steuerpflicht erstreckt sich nicht auf Wirtschaftsgüter der im § 121 Abs. 2 Nr. 2 und 3 des Bewertungsgesetzes genannten Art, die in einem ausländischen Staat belegen sind, mit dem kein Abkommen zur Vermeidung der Doppelbesteuerung besteht, wenn und soweit der ausländische Staat Steuerpflichtigen mit Wohnsitz oder gewöhnlichem Aufenthalt in seinem Gebiet eine entsprechende Steuerbefreiung für derartige Wirtschaftsgüter gewährt und der Bundesminister der Finanzen mit den zuständigen Behörden des ausländischen Staates Einvernehmen über die gegenseitige Steuerbefreiung herstellt.

(4) Eine Neuveranlagung (§ 16) ist durchzuführen, wenn die Steuerermäßigung sich ändert oder wegfällt oder wenn der Steuerpflichtige eine Steuerermäßigung nach Absatz 1 erstmals beantragt oder wenn er anstelle einer Steuerermäßigung nach Absatz 1 die Anrechnung ausländischer Steuern beantragt. § 11 Abs. 3 gilt entsprechend.

VStR

124a. Steuerermäßigung bei ausländischem Betriebsvermögen

(1)[1] Die Steuerermäßigung nach § 12 Abs. 1 VStG setzt voraus, daß in der ausländischen Betriebsstätte eine aktive Tätigkeit im Sinne des § 8 Abs. 1 Nr. 1 bis 6 AStG

---

[1] a) Für eine ausländische Betriebsstätte braucht eine gesonderte Buchführung nicht vorzuliegen, wenn außerhalb der Buchführung im handelsrechtlichen Sinne ausreichende Unterlagen über das Sachvermögen der ausländischen Betriebsstätte vorhanden sind. *Fortsetzung S. 250*

ausgeübt wird (wegen der Einzelheiten vgl. Tz. 8 des BdF-Erlasses vom 11. 7. 1974, BStBl. I S. 442)[1].

(2) Soweit die ausländische Betriebsstätte dem Betrieb von Handelsschiffen im internationalen Verkehr dient, setzt die Steuerermäßigung weiter voraus, daß sie der Bundesminister für Verkehr für verkehrspolitisch unbedenklich erklärt hat (§ 12 Abs. 2 VStG). Diese Unbedenklichkeitserklärung ist mit dem Ermäßigungsantrag vorzulegen.

(3) Bei der Steuerermäßigung ist von dem Wert des Auslandsvermögens auszugehen, der sich nach Abzug der damit in wirtschaftlichem Zusammenhang stehenden Schulden und Lasten ergibt. Die Steuerermäßigung wird in der Weise durchgeführt, daß die sich bei der Veranlagung des Gesamtvermögens ergebende Vermögensteuer im Verhältnis des Auslandsvermögens zum Gesamtvermögen aufgeteilt wird. Das gilt auch dann, wenn bei der Veranlagung der Vermögensteuer die Tarifvergünstigung nach § 10 Abs. 2 VStG berücksichtigt worden ist. Ist für Auslandsvermögen die Steuer nach § 12 Abs. 1 VStG ermäßigt worden, so kann eine dafür erhobene ausländische Vermögensteuer nicht mehr auf die deutsche Vermögensteuer angerechnet werden.

124b. Steuerbefreiung für Grundvermögen und Betriebsvermögen im Ausland

Grundvermögen und Betriebsvermögen (vgl. § 121 Abs. 2 Nr. 2 und 3 BewG) in einem ausländischen Staat bleiben unter der Voraussetzung der Gegenseitigkeit steuerfrei. Diese Voraussetzung ist erfüllt, wenn der Bundesminister der Finanzen mit den zuständigen Behörden des ausländischen Staates Einvernehmen über die Gegenseitigkeit herstellt oder der ausländische Staat keine allgemeine Vermögensteuer erhebt.

Anlagen zu Abschnitt 124a VStR

a) § 8 Außensteuergesetz

Vom 8. September 1972

(BGBl. I S. 1713)

Zuletzt geändert durch Einführungsgesetz zum Einkommensteuerreformgesetz vom 21. 12. 1974 (BGBl. I S. 3656)

§ 8 Einkünfte von Zwischengesellschaften

(1) Eine ausländische Gesellschaft ist Zwischengesellschaft für Einkünfte, die einer niedrigen Besteuerung unterliegen und nicht stammen aus:

1. der Land- und Forstwirtschaft,

2. der Herstellung, Bearbeitung, Verarbeitung oder Montage von Sachen, der Erzeugung von Energie sowie dem Aufsuchen und der Gewinnung von Bodenschätzen,

3. dem Betrieb von Kreditinstituten oder Versicherungsunternehmen, die für

---

b) Montageteile, die sich auf dem Weg in das Ausland befinden, sind der ausländischen Betriebsstätte vom Zeitpunkt der Überschreitung der Staatsgrenze ab zuzurechnen.
c) Forderungen können einer ausländischen Betriebsstätte nicht zugerechnet werden, wenn diese nur Montagezwecken dient. Das Aktivvermögen der ausländischen Betriebsstätte ist um die darauf entfallenden anteiligen Betriebsschulden zu kürzen. *Erlaß Niedersachsen S 3537 – 16 – 31 5 – v. 27. 10. 1964; StEK VStG § 9 Nr. 7.*
[1] Abgedruckt in der Anlage zu Abschn. 124a VStR.

RL 124a, b, Anl a   250   fett = Gesetz   schräg = DV   mager und gerade = Richtlinien

ihre Geschäfte einen in kaufmännischer Weise eingerichteten Betrieb unterhalten,

4. dem Handel, soweit nicht

a) ein unbeschränkt Steuerpflichtiger, der gemäß § 7 an der ausländischen Gesellschaft beteiligt ist, oder eine einem solchen Steuerpflichtigen im Sinne des § 1 Abs. 2 nahestehende Person die gehandelten Güter oder Waren aus dem Geltungsbereich dieses Gesetzes an die ausländische Gesellschaft liefert,

oder

b) die Güter oder Waren von der ausländischen Gesellschaft in den Geltungsbereich dieses Gesetzes an einen solchen Steuerpflichtigen oder eine solche nahestehende Person geliefert werden,

es sei denn, der Steuerpflichtige weist nach, daß die ausländische Gesellschaft einen für derartige Handelsgeschäfte in kaufmännischer Weise eingerichteten Geschäftsbetrieb unter Teilnahme am allgemeinen wirtschaftlichen Verkehr unterhält und die zur Vorbereitung, dem Abschluß und der Ausführung der Geschäfte gehörenden Tätigkeiten ohne Mitwirkung eines solchen Steuerpflichtigen oder einer solchen nahestehenden Person ausübt,

5. Dienstleistungen, soweit nicht

a) die ausländische Gesellschaft für die Dienstleistung sich eines unbeschränkt Steuerpflichtigen, der gemäß § 7 an ihr beteiligt ist, oder einer einem solchen Steuerpflichtigen im Sinne des § 1 Abs. 2 nahestehenden Person bedient, die mit ihren Einkünften aus der von ihr beigetragenen Leistung im Geltungsbereich dieses Gesetzes steuerpflichtig ist,

oder

b) die ausländische Gesellschaft die Dienstleistung einem solchen Steuerpflichtigen oder einer solchen nahestehenden Person erbringt, es sei denn, der Steuerpflichtige weist nach, daß die ausländische Gesellschaft einen für das Bewirken derartiger Dienstleistungen eingerichteten Geschäftsbetrieb unter Teilnahme am allgemeinen wirtschaftlichen Verkehr unterhält und die zur Dienstleistung gehörenden Tätigkeiten ohne Mitwirkung eines solchen

Steuerpflichtigen oder einer solchen nahestehenden Person ausübt,

6. der Vermietung und Verpachtung, ausgenommen

a) die Überlassung der Nutzung von Rechten, Plänen, Mustern, Verfahren, Erfahrungen und Kenntnissen, es sei denn, der Steuerpflichtige weist nach, daß die ausländische Gesellschaft die Ergebnisse eigener Forschungs- oder Entwicklungsarbeit auswertet, die ohne Mitwirkung eines Steuerpflichtigen, der gemäß § 7 an der Gesellschaft beteiligt ist, oder einer einem solchen Steuerpflichtigen im Sinne des § 1 Abs. 2 nahestehenden Person unternommen worden ist,

b) die Vermietung oder Verpachtung von Grundstücken, es sei denn, der Steuerpflichtige weist nach, daß die Einkünfte daraus nach einem Abkommen zur Vermeidung der Doppelbesteuerung steuerbefreit wären, wenn sie von den unbeschränkt Steuerpflichtigen, die gemäß § 7 an der ausländischen Gesellschaft beteiligt sind, unmittelbar bezogen worden wären, und

c) die Vermietung oder Verpachtung von beweglichen Sachen, es sei denn, der Steuerpflichtige weist nach, daß die ausländische Gesellschaft einen Geschäftsbetrieb gewerbsmäßiger Vermietung oder Verpachtung unter Teilnahme am allgemeinen wirtschaftlichen Verkehr unterhält und alle zu einer solchen gewerbsmäßigen Vermietung oder Verpachtung gehörenden Tätigkeiten ohne Mitwirkung eines unbeschränkt Steuerpflichtigen, der gemäß § 7 an ihr beteiligt ist, oder einer einem solchen Steuerpflichtigen im Sinne des § 1 Abs. 2 nahestehenden Person ausübt,

7. der Aufnahme und darlehensweisen Vergabe von Kapital, für das der Steuerpflichtige nachweist, daß es ausschließlich auf ausländischen Kapitalmärkten aufgenommen und auf Dauer außerhalb des Geltungsbereichs dieses Gesetzes gelegenen Betrieben oder Betriebstätten, die ihre Bruttoerträge ausschließlich oder fast ausschließlich aus unter den Nummern 1 bis 6 fallenden Tätigkeiten beziehen, zugeführt wird.

(2) Eine ausländische Gesellschaft ist nicht Zwischengesellschaft für Einkünfte

aus einer Beteiligung an einer anderen ausländischen Gesellschaft, an deren Nennkapital sie seit Beginn des maßgebenden Wirtschaftsjahres ununterbrochen mindestens zu einem Viertel unmittelbar beteiligt ist, wenn der Steuerpflichtige nachweist, daß

1. diese Gesellschaft Geschäftsleitung und Sitz in demselben Staat wie die ausländische Gesellschaft hat und ihre Bruttoerträge ausschließlich oder fast ausschließlich aus den unter Absatz 1 Nr. 1 bis 6 fallenden Tätigkeiten bezieht oder

2. die ausländische Gesellschaft die Beteiligung in wirtschaftlichem Zusammenhang mit eigenen unter Absatz 1 Nr. 1 bis 6 fallenden Tätigkeiten hält und die Gesellschaft, an der die Beteiligung besteht, ihre Bruttoerträge ausschließlich

oder fast ausschließlich aus solchen Tätigkeiten bezieht.

(3) Eine niedrige Besteuerung im Sinne des Absatzes 1 liegt vor, wenn die Einkünfte weder im Staat der Geschäftsleitung noch im Staat des Sitzes der ausländischen Gesellschaft einer Belastung durch Ertragsteuern von 30 vom Hundert oder mehr unterliegen, ohne daß dies auf einem Ausgleich mit Einkünften aus anderen Quellen beruht, oder wenn die danach in Betracht zu ziehende Steuer nach dem Recht des betreffenden Staates um Steuern gemindert wird, die die Gesellschaft, von der die Einkünfte stammen, zu tragen hat; Einkünfte, die nach § 13 vom Hinzurechnungsbetrag auszunehmen sind, und auf sie entfallende Steuern bleiben unberücksichtigt.

b) Schreiben betr Grundsätze zur Anwendung des Außensteuergesetzes

Vom 11. Juli 1974

(BGBl. I S. 442)
(BdF IV C 1 – S 1340 – 32/74)

– Auszug –

8.   Einkünfte von Zwischengesellschaften

8.0.   *Aktive Tätigkeit und passiver Erwerb*

8.0.1.   Als Einkünfte aus passivem Erwerb unterliegen der Zugriffsbesteuerung solche Einkünfte, die nicht aus aktiven Tätigkeiten im Sinn des § 8 Abs. 1 Nrn. 1 bis 7 AStG stammen und die einer niedrigen Besteuerung unterliegen. Die Qualifizierung der Einkünfte ist nach den tatsächlichen Verhältnissen vorzunehmen. Es ist dabei ohne Bedeutung, zu welcher Einkunftsart im Sinn des § 2 Abs. 3 EStG die Einkünfte gehören.

8.0.2.   Bei einer ausländischen Gesellschaft, die aktiver Tätigkeit nachgeht, können Einkünfte anfallen, die – für sich betrachtet – Einkünfte aus passivem Erwerb sind. Weist der Steuerpflichtige nach, daß es sich bei diesen Einkünften um im Rahmen der aktiven Tätigkeit anfallende betriebliche Nebenerträge handelt, so sind sie den Einkünften aus der aktiven Tätigkeit zuzuordnen. Betriebliche Nebenerträge in diesem Sinne sind nur gegeben, wenn die Einkünfte in unmittelbarem wirtschaftlichem Zusammenhang mit der aktiven Tätigkeit der Gesellschaft stehen (z. B. Einkünfte aus für die aktive Tätigkeit notwendigen Finanzmitteln). Einkünfte sind in vollem Umfang dem passiven Erwerb zuzuordnen, wenn sie zwar durch eine aktive Tätigkeit mitverursacht sind, diese Tätigkeit sich aber dem passiven Erwerb unterordnet.

8.0.3.   Wird die ausländische Gesellschaft im Rahmen eines einheitlichen Vertrages tätig, so sind die darunter von ihr erbrachten Leistungen im einzelnen nach Tz. 8.0.1. zu qualifizieren. Eine einheitliche Behandlung ist nur insoweit möglich, als sich die einzelnen Leistungen nach allgemeiner Verkehrsauffassung als Einheit darstellen.

8.11. *Land- und Forstwirtschaft*

8.11.1. Die Land- und Forstwirtschaft im Sinn des § 8 Abs. 1 Nr. 1 AStG umfaßt die eigene land- und forstwirtschaftliche Tätigkeit der ausländischen Gesellschaft einschließlich der Veräußerung des dafür eingesetzten Vermögens.

8.12. *Industrielle Tätigkeit*

8.12.1. Die Herstellung, Bearbeitung, Verarbeitung oder Montage von Sachen, die Erzeugung von Energie sowie das Aufsuchen und die Gewinnung von Bodenschätzen (industrielle Tätigkeit) stehen als aktive Tätigkeit außerhalb der Zugriffsbesteuerung. Tz. 8.11.1. gilt für sie entsprechend.

8.12.2. Hat die ausländische Gesellschaft Waren erworben, be- oder verarbeitet und weiter veräußert, so liegt in vollem Umfang industrielle Tätigkeit vor, wenn durch die Be- oder Verarbeitung nach der Verkehrsauffassung ein Gegenstand anderer Marktgängigkeit entstanden ist und die Ware von der ausländischen Gesellschaft nicht nur geringfügig behandelt worden ist; eine Aufspaltung in industrielle Tätigkeit und Handel (§ 8 Abs. 1 Nr. 4 AStG) kommt nicht in Betracht. Kennzeichnen, Umpacken, Umfüllen, Sortieren, das Zusammenstellen von erworbenen Gegenständen zu Sachgesamtheiten und das Anbringen von Steuerzeichen gelten hierbei nicht als Be- oder Verarbeitung. Sind die vorstehend genannten Voraussetzungen nicht erfüllt, so liegt in vollem Umfang Handel (Tz. 8.14.) vor.

8.13. *Kreditinstitute und Versicherungsunternehmen*

8.13.1. Kreditinstitute sind gewerbliche Unternehmen, die der Art nach Bankgeschäfte im Sinn des § 1 Abs. 1 Kreditwesengesetz betreiben.

8.13.2. Versicherungsunternehmen sind gewerbliche Unternehmen, die der Art nach Versicherungsgeschäfte im Sinn des § 1 Versicherungsaufsichtsgesetz betreiben.

8.13.3. Die Holdingtätigkeit, die Vermögensverwaltung sowie die Übernahme von Finanzaufgaben innerhalb eines Konzerns, insbesondere zum Zwecke des Risikoausgleichs, und vergleichbare Tätigkeiten sind keine Bank- oder Versicherungsgeschäfte.

8.13.4. Werden im Zusammenhang mit dem Betrieb von Bankgeschäften und Versicherungsgeschäften Mittel in Grundstücken, Beteiligungen und ähnlichen Vermögenswerten angelegt, so sind die Einkünfte daraus als Nebenerträge im Sinn der Tz. 8.0.2. zu behandeln, soweit eine bank- oder versicherungsübliche Kapitalanlage unter Beachtung des Grundsatzes der Risikostreuung vorliegt.

8.14. *Handel*

8.141. Handel als passiver Erwerb

8.141.1. Nach Maßgabe des § 8 Abs. 1 Nr. 4 AStG gehört der Handel zum passiven Erwerb, soweit die Ware von einem inländischen Gesellschafter oder einer nahestehenden Person aus dem Inland oder an einen inländischen Gesellschafter oder eine nahestehende Person in das Inland geliefert wird.

Auch in diesen Fällen liegt kein passiver Erwerb vor, wenn nachgewiesen wird, daß

1. das Handelsgeschäft von der ausländischen Gesellschaft im Rahmen eines ,,qualifizierten Geschäftsbetriebs'' (Tz. 8.142.) getätigt worden ist und

2. bei diesem Handelsgeschäft keine ,,schädliche Mitwirkung'' eines Inlandsbeteiligten oder einer nahestehenden Person (Tz. 8.143.) vorgelegen hat.

8.141.2. Als Handel gilt auch die Tätigkeit des Kommissionärs; ist die ausländische Gesellschaft als

Makler oder als Handelsvertreter tätig, so sind die Bestimmungen über die Dienstleistungen anzuwenden (Tz. 8.15.).

8.141.3. Werden Waren aus dem Ausland in das Ausland veräußert, dabei durch das Inland transportiert und lediglich aus Gründen des Transports im Inland gelagert, so liegt weder eine Lieferung in das Inland noch eine Lieferung aus dem Inland vor.

8.142. **Kaufmännischer Geschäftsbetrieb und Teilnahme am allgemeinen wirtschaftlichen Verkehr**

8.142.1. Die ausländische Gesellschaft unterhält einen in kaufmännischer Weise eingerichteten Geschäftsbetrieb (,,qualifizierter Geschäftsbetrieb"), wenn sie sachlich und personell so ausgestattet ist, daß sie unter Teilnahme am allgemeinen wirtschaftlichen Verkehr die in Betracht stehenden Handelsgeschäfte vorbereiten, abschließen und ausführen kann.

8.142.2. Eine Teilnahme am allgemeinen wirtschaftlichen Verkehr liegt vor, wenn sich die Gesellschaft in ihrem Geschäftsbetrieb bei den in Betracht stehenden Handelsgeschäften in nicht nur unerheblichem Umfang an eine unbestimmte Anzahl von Personen wendet. Dabei genügt es, wenn die Gesellschaft sich nur beim Verkauf oder beim Einkauf der Ware an eine unbestimmte Anzahl von Personen wendet, die Waren aber ausschließlich von einem ihr nahestehenden Unternehmen bezieht oder an ein solches Unternehmen liefert.

8.142.3. Eine Teilnahme am allgemeinen wirtschaftlichen Verkehr liegt auch vor, wenn sich die unbestimmte Anzahl der Kunden auf Grund des Gegenstands der in Betracht stehenden Geschäftstätigkeit auf einen engen Personenkreis beschränkt. So ist es unschädlich, wenn der

Kundenkreis einer ausländischen Gesellschaft, die Ersatzteile liefert, sich auf Personen beschränkt, die Abnehmer eines der Gesellschaft nahestehenden Unternehmens sind.

8.143. **Mitwirkung**

8.143.1. Eine Person wirkt an einem Handelsgeschäft der ausländischen Gesellschaft mit, wenn sie Tätigkeiten ausübt, die nach ihrer Funktion Teil der Vorbereitung, des Abschlusses oder der Ausführung der in Betracht stehenden Geschäfte dieser Gesellschaft sind. Dies gilt auch dann, wenn das Entgelt für diese Leistungen wie unter unabhängigen Dritten bemessen worden ist. Fallen im Rahmen einer aktiven Handelstätigkeit einzelne Geschäfte von untergeordneter Bedeutung an, an denen ein Inlandsbeteiligter oder eine nahestehende Person mitwirkt, so kann insoweit eine Prüfung, ob passiver Erwerb vorliegt, unterbleiben. Es ist jedoch § 1 AStG zu beachten.

8.143.2. Eine Mitwirkung liegt z. B. nicht vor, wenn ein Hersteller oder Lieferant bei Geschäften, deren Vorbereitung, Abschluß oder Ausführung im übrigen von der ausländischen Gesellschaft wahrgenommen wird, in einer zwischen voneinander unabhängigen Handelsunternehmen geübten Weise

1. Waren allgemein oder im Einzelfall unmittelbar an Abnehmer der ausländischen Gesellschaft versendet (Streckengeschäft) oder der ausländischen Gesellschaft Waren, die in seinem Eigentum verbleiben, zur Weiterveräußerung überläßt (z. B. Lieferung an ein bei der ausländischen Gesellschaft unterhaltenes Konsignationslager);

2. den Abnehmern der ausländischen Gesellschaft Nebenleistungen erbringt, die nach der Verkehrsauffassung zur sachgerechten Lieferung not-

wendig sind (z. B. technische Einweisung der Kunden durch den Hersteller);

3. für die von dem Hersteller oder Lieferant hergestellten oder gelieferten Waren allgemein wirbt, ohne hierbei mit den Kunden der Handelsgesellschaft Kontakt aufzunehmen (z. B. Werbekampagnen bei Markenartikeln).

8.143.3. Eine Person wirkt mit, wenn sie z. B. für die ausländische Gesellschaft den Vertrieb übernimmt, den Vertretereinsatz leitet, für die ausländische Handelsgesellschaft Lagerhaltung, Auslieferung oder deren Finanzierungsaufgaben übernimmt oder deren Handelsrisiko trägt.

8.15. *Dienstleistungen*

8.151. Dienstleistungen als passiver Erwerb

8.151.1. Nach Maßgabe des § 8 Abs. 1 Nr. 5 AStG gehört das Bewirken von Dienstleistungen durch die ausländische Gesellschaft zum passiven Erwerb, soweit
1. die Leistung erbracht wird, indem die ausländische Gesellschaft sich eines Inlandsbeteiligten oder einer nahestehenden Personen bedient (Tz. 8.152.1.); dabei ist es unerheblich, ob die ausländische Gesellschaft einen „qualifizierten Geschäftsbetrieb" unterhält; oder
2. ein Inlandsbeteiligter oder eine nahestehende Person die Leistung empfängt; soweit nur dieser Tatbestand in Betracht steht, scheidet passiver Erwerb aus, wenn nachgewiesen wird, daß die Leistungen im Rahmen eines „qualifizierten Geschäftsbetriebs" der Gesellschaft erbracht sind und der Inlandsbeteiligte oder die nahestehende Person nicht mitgewirkt hat.

8.151.2. Auf die Dienstleistungserbringung ist Tz. 8.142. entsprechend anzuwenden.

8.152. Leistungserbringung durch Dienste anderer

8.152.1. Die ausländische Gesellschaft bedient sich einer Person für die in Betracht stehende Dienstleistung, wenn sie diese Person heranzieht, um eigene Verpflichtungen zum Erbringen oder zum Verschaffen dieser Dienstleistung ganz oder zu einem nicht nur unwesentlichen Teil zu erfüllen. Es genügt, wenn die herangezogene Person nicht selbst, sondern durch den Einsatz von Personal oder von Einrichtungen an der Dienstleistung mitwirkt. Die Person kann als Arbeitnehmer oder auf andere Weise (z. B. als Selbständiger) herangezogen werden; es kann sich bei ihr auch um eine Kapitalgesellschaft handeln.

8.152.2. Eine nahestehende Person ist mit ihren Einkünften aus der von ihr beigetragenen Leistung im Inland steuerpflichtig, wenn sie mit den Einkünften aus ihrem Leistungsbeitrag für die ausländische Gesellschaft unbeschränkt oder beschränkt steuerpflichtig ist.

8.153. Dienstleistungserbringung unter eigenem Mitwirken

8.153.1. Eine ausländische Gesellschaft erbringt einer Person eine Dienstleistung, wenn die Person die Leistung unmittelbar empfängt oder einem Dritten erbringen läßt.

8.153.2. Eine Mitwirkung an den zur Dienstleistung gehörenden Tätigkeiten liegt vor, wenn eine Person Tätigkeiten ausübt, die nach ihrer Funktion zum Bewirken dieser Leistung gehören, insbesondere, indem sie sich durch das Zurverfügungstellen von Personal oder Einrichtungen an der Leistung beteiligt oder indem sie die Planung der Leistung ganz oder zu einem nicht nur unwesentlichen Teil übernimmt. Dies gilt auch dann, wenn das Entgelt für diese Leistung wie unter unabhängigen Dritten bemessen worden ist. Fallen im Rahmen einer aktiven Tätigkeit einzelne Geschäfte von untergeordneter Bedeutung an, an denen ein Inlandsbeteiligter oder eine nahestehende Person mitwirkt, so kann insoweit eine Prüfung, ob passiver Erwerb vorliegt, unterbleiben. Es ist jedoch § 1 AStG zu beachten.

8.16.   *Vermietung und Verpachtung*

8.16.1.   Nach Maßgabe des § 8 Abs. 1 Nr. 6 AStG gehören Vermietung und Verpachtung zum passiven Erwerb, wenn nicht eine der drei folgenden Ausnahmen vorliegt:

1. die Verwertung eigener Forschungs- oder Entwicklungsarbeit, die ohne schädliche Mitwirkung unternommen wurde;

2. die Vermietung und Verpachtung von Grundbesitz, wenn die Einkünfte daraus bei unmittelbarem Bezug durch den Steuerpflichtigen auf Grund eines DBA steuerfrei wären; und

3. die Vermietung und Verpachtung beweglicher Sachen im Rahmen eines „qualifizierten Geschäftsbetriebs", ohne daß eine schädliche Mitwirkung vorliegt.

8.16.2.   Auf Vermietung und Verpachtung beweglicher Sachen ist Tz. 8.142. entsprechend anzuwenden.

8.16.3.   Eine Person wirkt an der Vermietung oder Verpachtung von beweglichen Sachen der ausländischen Gesellschaft mit, wenn sie Tätigkeiten ausübt, die nach ihrer Funktion Teil der gewerbsmäßigen Vermietung oder Verpachtung sind. So ist z. B. eine Mitwirkung gegeben, wenn eine Person für eine ausländische Gesellschaft deren Bestand-Haltung und Finanzierungsaufgaben übernimmt oder den Abschluß der Miet- oder Pachtverträge vermittelt. Tz. 8.153.2. Sätze 2 und 3 gilt entsprechend.

8.16.4.   Finanzierungs-Leasing im Sinn des BdF-Schreibens vom 19. April 1971 (BStBl. 1971 I S. 264) und der entsprechenden Erlasse der obersten Finanzbehörden der Länder ist keine Vermietung und Verpachtung, sondern ein Kreditgeschäft, soweit der Leasing-Gegenstand nach den Grundsätzen des BdF-Schreibens den Leasing-Nehmern zuzurechnen ist.

8.17.   *Aufnahme und Ausleihe von Auslandskapital*

8.17.1.   Kapitalaufnahme und Kapitalausleihe sind nur dann aktiver Erwerb, wenn die ausländische Gesellschaft das Kapital nachweislich ausschließlich auf ausländischen Kapitalmärkten aufgenommen und als Darlehn auf Dauer einem im Ausland belegenen Betrieb (einer Betriebstätte) unmittelbar zugeführt hat, der (die) ausschließlich oder fast ausschließlich Bruttoerträge aus aktivem Erwerb bezieht. Andernfalls liegt passiver Erwerb vor.

8.17.2.   Das Kapital ist im Sinn des § 8 Abs. 1 Nr. 7 AStG auf ausländischen Kapitalmärkten aufgenommen, wenn es

1. aus der Emission von Anleihen ausschließlich auf ausländischen Kapitalmärkten stammt;

2. durch Aufnahme von Darlehen bei ausländischen Kreditsammelstellen beschafft ist; oder

3. sonst auf ausländischen Kapitalmärkten von Personen zur Verfügung gestellt ist, die im Ausland ansässig sind,

und keine mittelbare Kreditaufnahme auf dem inländischen Kapitalmarkt vorliegt. Kapital, das von Personen, die der ausländischen Gesellschaft nahestehen, zur Verfügung gestellt wird, gilt nicht als auf ausländischen Kapitalmärkten aufgenommen. Wirkt bei der Emission von Anleihen ein Anleihekonsortium, dem In-

länder angehören, in bank-
üblicher Weise mit, so ist dies
unschädlich, sofern die Anleihe
tatsächlich auf den ausländischen Kapitalmärkten unter-
gebracht wird.

8.17.3. Eine Kapitalzuführung im Sinn
des § 8 Abs. 1 Nr. 7 AStG liegt
vor, wenn die ausländische Gesellschaft durch die darlehens-
weise Überlassung des Kapitals
die finanzielle Ausstattung
eines(r) im Ausland unterhaltenen Betriebs (unterhaltenen
Betriebstätte) auf die Dauer
stärkt, unter der zusätzlichen
Voraussetzung, daß die Einrichtung ihre Bruttoerträge
nachweislich ausschließlich
oder fast ausschließlich aus Tätigkeiten im Sinn des § 8 Abs. 1
Nrn. 1 bis 6 AStG bezieht. Eine
darlehnsweise Zuführung ist
nicht gegeben, wenn das Kapital zum Erwerb von Beteiligungen oder diesen gleichstehenden Rechten oder für
Einlagen verwendet wird.

8.17.4. Die Ausleihe von Kapital, das
aus Eigenmitteln (z. B. Eigenkapital, Liquiditätsüberschüs-
sen) der ausländischen Gesellschaft stammt, begründet passiven Erwerb.

8.21. *Landes- und Funktionsholding*

8.21.1. Nach § 8 Abs. 2 AStG sind
Gewinnanteile, die eine ausländische Gesellschaft aus Beteiligungen an bestimmten aktiv tätigen ausländischen Un-
tergesellschaften bezieht, den
Einkünften aus aktiver Tätigkeit gleichgestellt. Die ausländische Gesellschaft muß seit
Beginn des Wirtschaftsjahres,
in dem sie den Gewinnanteil
bezieht, ununterbrochen mindestens zu einem Viertel am
Nennkapital der Untergesellschaft unmittelbar beteiligt sein.

8.21.2. Die Untergesellschaft muß im
Wirtschaftsjahr, für das sie die
Ausschüttung vorgenommen
hat, nachweislich ausschließlich
oder fast ausschließlich aus den
in § 8 Abs. 1 Nrn. 1 bis 6 AStG
genannten aktiven Tätigkeiten
beziehen. Hierfür gelten die

Grundsätze zu § 19a Abs. 2 bis
5 KStG entsprechend.

8.21.3. Ein wirtschaftlicher Zusammenhang im Sinn des § 8 Abs.
2 Nr. 2 AStG liegt vor, wenn
wegen der eigenen aktiven
Tätigkeiten der ausländischen
Gesellschaft eine Beteiligung
gehalten wird (z. B. Beteiligung der Produktionsgesell-
schaft zum Absatz der von ihr
hergestellten Waren). Es genügt nicht, daß die Beteiligung
gehalten wird, um Interessen
eines Dritten zu fördern. Ein
wirtschaftliches Interesse, das
lediglich auf das Halten von
Beteiligungen gerichtet ist, ist
unerheblich.

8.3. *Niedrige Besteuerung*

8.31. Ertragsteuerbelastung

8.31.1. Die Einkünfte aus passivem Erwerb unterliegen der Zugriffsbesteuerung, wenn im Staat
der Geschäftsleitung bzw. des
Sitzes der ausländischen Gesellschaft (Sitzstaat) die Ge-
samtbelastung durch Ertragsteuern (Ertragsteuerbelastung)
unter 30 v. H. liegt (§ 8 Abs. 3
AStG). Steuern anderer Staaten sind nicht zu berücksichtigen. Wegen der Besonderheiten für Gewinnausschüttungen
vgl. Tz. 8.33.)

8.31.2. Ertragsteuern im Sinn des § 8
Abs. 3 AStG sind alle Steuern
des Sitzstaates vom Gesamtein-
kommen oder von Teilen des
Einkommens einschließlich der
Steuern vom Gewinn aus der
Veräußerung beweglichen oder
unbeweglichen Vermögens sowie der Steuern vom Vermö-
genszuwachs. Zu berücksichtigen sind derartige Steuern
auch dann, wenn sie nach § 34c
EStG oder § 19a KStG nicht
angerechnet werden können,
z. B. weil sie nach den Gesetzen einer Provinz, eines Kan-
tons oder einer anderen Gebietskörperschaft erhoben werden. Steuern, die bei der ausländischen Gesellschaft zu Lasten Dritter einbehalten werden (z. B. Kapitalertragsteuern

von ihren Gewinnausschüttungen), bleiben außer Ansatz.

8.32. Ermittlung der Ertragsteuerbelastung

8.32.1. Die Ertragsteuerbelastung entspricht in der Regel dem Satz der Ertragsteuer des Sitzstaates. Bei der Feststellung der Ertragsteuerbelastung ist nicht nur der allgemeine Tarif, sondern es sind auch in Betracht kommende Vorzugssätze und Befreiungen für Einkünfte aus passivem Erwerb oder für Gesellschaften ohne aktive Tätigkeit zu berücksichtigen.

8.32.2. Der Bundesminister der Finanzen ermittelt im Einvernehmen mit den obersten Finanzbehörden der Länder die für die Anwendung des § 8 Abs. 3 AStG in Betracht kommenden Gebiete, in denen Steuersätze oder Vorzugssätze unter 30 v. H. oder Steuerbefreiungen im Anlage 2¹ Sinn der Tz. 8.32.1. bestehen. Die Anlage 2 enthält eine Zusammenstellung der Sätze der Ertragsteuern, der Steuervergünstigungen und Privilegien in Gebieten, die für die Anwendung der §§ 7 bis 14 AStG besonders in Betracht kommen; einen Überblick über weitere Anlage 3¹ Gebiete enthält die Anlage 3.

8.32.3. Beträgt der nach Tz. 8.32.1. zugrunde zu legende Satz weniger als 30 v. H., so kann die Ertragsteuerbelastung gleichwohl über dieser Grenze liegen, insbesondere weil

1. die ausländische Gesellschaft mögliche Ermäßigungen oder Befreiungen nicht beansprucht hat,
oder

2. die in Betracht kommenden Einkünfte im Sitzstaat mit einem Betrag in die Steuerbemessungsgrundlage einbezogen worden sind, der höher ist, als er bei Anwendung des deutschen Steuerrechts anzusetzen wäre.

In diesen Fällen ist die Ertragsteuerbelastung durch die Ge-

genüberstellung der nach deutschem Steuerrecht ermittelten Zwischeneinkünfte und der im Sitzstaat der ausländischen Gesellschaft zu entrichtenden Steuern zu ermitteln (Belastungsberechnung).

8.32.4. Beträgt der nach Tz. 8.32.1. zugrunde zu legende Satz 30 v. H. oder mehr, so kann die Ertragsteuerbelastung gleichwohl unter dieser Grenze liegen, insbesondere weil

1. die ausländische Gesellschaft besondere Ermäßigungen und Befreiungen erhalten hat (z. B. auf der Grundlage von Steuerverträgen)
oder

2. die in Betracht kommenden Einkünfte im Sitzstaat mit einem Betrag in die Steuerbemessungsgrundlage einbezogen worden sind, der niedriger ist, als er bei Anwendung des deutschen Steuerrechts anzusetzen wäre.

In diesen Fällen ist die Ertragsteuerbelastung durch eine Belastungsberechnung (Tz. 8.32.3.) zu ermitteln.

8.32.5. Bei der Belastungsberechnung bleibt außer Betracht, daß die Steuer des Sitzstaates deshalb unter der Mindestgrenze des § 8 Abs. 3 AStG liegt, weil

1. bei der Besteuerung eines Jahres Verluste desselben Jahres oder früherer oder späterer Jahre berücksichtigt worden sind (Verlustabzug, -vortrag oder -rücktrag),

2. auf die Steuern der ausländischen Gesellschaften nach Grundsätzen, die denen des § 34c EStG und des § 19a Abs. 1 KStG entsprechen, Steuern anderer Staaten oder deutsche Steuern angerechnet oder solche Steuern von der Bemessungsgrundlage abgezogen worden sind.

8.32.6. Für Zwecke der Belastungsberechnung ist nicht zu beanstanden, wenn Wirtschaftsgüter, die einem von der ausländi-

---

¹ Nicht mitabgedruckt.

schen Gesellschaft unter Teilnahme am allgemeinen wirtschaftlichen Verkehr unterhaltenen qualifizierten Geschäftsbetrieb (Tz. 8.142.) des Handels, der Dienstleistungserbringung oder der Vermietung oder Verpachtung von beweglichen Sachen dienen, nach Vorschriften des ausländischen Steuerrechts bewertet worden sind, die den allgemeinen deutschen Gewinnermittlungsvorschriften entsprechen und im Sitzstaat allgemein der dortigen Besteuerung zugrunde gelegt werden. Dies darf nicht zu einem offensichtlich unzutreffenden Ergebnis bei der Belastungsberechnung führen. Diese Regelung gilt für Bilanzstichtage vor dem 1. 1. 1978.

8.33. **Niedrige Besteuerung von Dividenden**

8.33.1. Eine Gewinnausschüttung, die die ausländische Gesellschaft bezieht, ist stets niedrig besteuert, wenn

1. sie auf Grund eines Schachtelprivilegs von den Steuern des Sitzstaates befreit ist oder

2. der Sitzstaat nach seinem Recht auf seine Steuer von der Gewinnausschüttung im Wege der ,,indirekten Steueranrechnung'' Steuern vom Gewinn anrechnet, die von der ausschüttenden Gesellschaft entrichtet worden sind; auf die tatsächlichen Belastungsverhältnisse kommt es in diesem Fall nicht an.

8.33.2. Bei anderen Gewinnausschüttungen ist nach Tz. 8.32. zu entscheiden, ob eine niedrige Besteuerung vorliegt.

8.33.3. Gewinnausschüttungen, auf die Tz. 8.33.1. oder § 13 AStG anzuwenden ist, und die Steuer des Sitzstaates davon scheiden bei der Ermittlung der Ertragsteuerbelastung für die übrigen Einkünfte aus passivem Erwerb aus.

8.34. **Niedrige Besteuerung bei gemischten Einkünften**
Bei ausländischen Gesellschaften mit gemischten Einkünften gelten die vorstehenden Regelungen entsprechend. Für eine Belastungsberechnung ist die Steuer des Sitzstaates zu ermitteln, die auf die Einkünfte aus passivem Erwerb entfällt. Bei der dazu notwendigen Aufteilung der Steuern ist folgendermaßen zu verfahren:

1. Sind im Sitzstaat bestimmte Einkünfte freigestellt, begünstigt oder erhöht besteuert worden, so ist hinsichtlich dieser Einkünfte die ausländische Steuer mit dem Betrag anzusetzen, der unter Berücksichtigung dieser Vorteile tatsächlich auf sie entfällt.

2. Für die verbleibenden Einkünfte ist die Reststeuer anteilig zu berücksichtigen.

Bei der Aufteilung sind die Einkünfte aus aktiver Tätigkeit und aus passivem Erwerb in der Höhe zu berücksichtigen, in der sie der Besteuerung des Sitzstaates zugrunde liegen.

VStG

§ 13 Pauschbesteuerung bei Zuzug aus dem Ausland[1]

Die für die Finanzverwaltung zuständigen obersten Landesbehörden können die Steuer bei Personen, die durch Zuzug aus dem Ausland unbeschränkt steuerpflichtig werden, bis zur Dauer von zehn Jahren seit Begründung der unbeschränkten Steuerpflicht in einem Pauschbetrag festsetzen. Die Steuer darf nicht höher sein als die Steuer, die sich bei Anwendung der §§ 8 und 9 für das Gesamtvermögen ergeben würde.

---

[1] Vgl. BFH-Urteil vom 17. Januar 1964 III 325/61 (HFR 64 S. 344 Nr. 310):
1. Die Entscheidung über den Antrag auf Pauschbesteuerung nach § 10 VStG [a. F.] ist eine Ermessensentscheidung.
2. Die Pauschbesteuerung im Sinne von § 10 Abs. 1 VStG [a. F.] kann in verschiedener Weise vorgenommen werden und ist nicht auf Festsetzung eines bestimmten Abschlags von der Vermögensteuerschuld beschränkt. Es ist nicht zu beanstanden, wenn die oberste Landesfinanzbehörde die Pauschbesteuerung dahin begrenzt, daß bei der Veranlagung zur Vermögensteuer Auslandsvermögen unberücksichtigt bleibt.

VStG

III. Veranlagung

§ 14 Zusammenveranlagung

(1) Bei unbeschränkter Steuerpflicht aller Beteiligten werden zusammen veranlagt

1. Ehegatten, wenn sie nicht dauernd getrennt leben,
2. Ehegatten und Kinder (§ 6 Abs. 2 Satz 2) oder Einzelpersonen und Kinder, wenn diese eine Haushaltsgemeinschaft bilden und die Kinder das 18. Lebensjahr noch nicht vollendet haben.

(2) Auf gemeinsamen Antrag werden bei unbeschränkter Steuerpflicht aller Beteiligten ferner Ehegatten oder Einzelpersonen zusammen veranlagt

1. mit unverheirateten oder von ihren Ehegatten dauernd getrennt lebenden Kindern, die das 18., aber noch nicht das 27. Lebensjahr vollendet haben, wenn die Antragsteller eine Haushaltsgemeinschaft bilden und die Kinder sich noch in der Berufsausbildung befinden oder ein freiwilliges soziales Jahr im Sinne des Gesetzes zur Förderung eines freiwilligen sozialen Jahres ableisten. Die Zusammenveranlagung wird nicht dadurch ausgeschlossen, daß die Berufsausbildung durch die Einberufung zum gesetzlichen Grundwehrdienst oder Zivildienst unterbrochen ist. Haben die Kinder das 27. Lebensjahr vollendet, so ist die Zusammenveranlagung nur zulässig, wenn der Abschluß der Berufsausbildung durch Umstände verzögert worden ist, die keiner der Antragsteller zu vertreten hat. Als ein solcher Umstand ist stets die Ableistung des gesetzlichen Grundwehrdienstes oder Zivildienstes anzusehen;
2. mit Kindern, wenn diese wegen körperlicher oder geistiger Gebrechen dauernd außerstande sind, sich selbst zu unterhalten.

VStR

125. Zusammenveranlagung; Allgemeines

(1) Zusammenveranlagt werden nur Personen, die unbeschränkt steuerpflichtig sind.

(2) Bei der Zusammenveranlagung ist

1. das Vermögen aller beteiligten Personen zu einem einheitlichen Gesamtvermögen zusammenzurechnen (§ 119 BewG). Dabei sind die Freibeträge und Freigrenzen des § 110 Abs. 1 und 2 BewG mit der Zahl zu vervielfachen, die der Zahl der Beteiligten entspricht (§ 110 Abs. 3 BewG);
2. für jede beteiligte Person die ihr zustehende Tarifvergünstigung nach § 10 Abs. 2 VStG zu berücksichtigen und
3. für jede beteiligte Person der ihr zustehende persönliche Freibetrag (§ 6 Abs. 1 und 2 VStG) und Altersfreibetrag (§ 6 Abs. 3 und 4 VStG) zu berücksichtigen.

(3) Bei der Ermittlung des Gesamtvermögens sind Forderungen und Schulden zwischen den beteiligten Personen getrennt anzusetzen.

(4) Für die Zusammenveranlagung sind jeweils die Verhältnisse im Veranlagungszeitpunkt maßgebend (§ 5 Abs. 1 VStG). Ändern diese sich nach dem Veranlagungszeitpunkt, so sind Neuveranlagungen für die Beteiligten nach § 16 Abs. 1 Nr. 2 VStG durchzuführen. Hierzu vgl. Abschnitt 126.

(5) Bei der Beurteilung der Frage, ob Ehegatten dauernd getrennt leben, ist Abschnitt 174 Abs. 3 EStR 1972 entsprechend anzuwenden.

125a. Zusammenveranlagung mit Kindern unter 18 Jahren

Kinder (§ 6 Abs. 2 Satz 2 VStG), die das 18. Lebensjahr noch nicht vollendet haben, werden mit ihren verheirateten und nicht dauernd getrennt lebenden Eltern zusammen veranlagt, wenn sie zu deren Haushalt gehören; werden die Eltern nicht zusammen veranlagt, so kann das Kind nur mit dem Elternteil zusammen veranlagt werden, zu dessen Haushalt es gehört. In Zweifelsfällen ist anzunehmen, daß dies der Elternteil ist, dessen Wohnung bei der polizeilichen Anmeldung des Kindes als Hauptwohnung angegeben worden ist. Haben nicht zusammen zu veranlagende Elternteile eine gemeinsame Wohnung oder gibt die melderechtliche Behandlung keine eindeutigen Anhaltspunkte, so ist vorbehaltlich einer abweichenden Bescheinigung des Jugendamtes davon auszugehen, daß das Kind zum Haushalt der Mutter gehört.

125b. Zusammenveranlagung mit Kindern über 18 Jahren in der Berufsausbildung und im freiwilligen sozialen Jahr

(1) Kinder (§ 6 Abs. 2 Satz 2 VStG), die das 18., aber noch nicht das 27. Lebensjahr vollendet haben, werden auf gemeinsamen Antrag der Beteiligten mit ihren verheirateten und nicht dauernd getrennt lebenden Eltern zusammen veranlagt, wenn die folgenden Voraussetzungen sämtlich erfüllt sind:

1. Alle Antragsteller sind unbeschränkt steuerpflichtig.

2. Das Kind ist unverheiratet oder lebt von seinem Ehegatten dauernd getrennt.

3. Das Kind gehört zum Haushalt der Eltern (vgl. Abschnitt 125a).

4. Das Kind befindet sich noch in der Berufsausbildung oder leistet den gesetzlichen Grundwehrdienst oder Zivildienst, durch den die Berufsausbildung unterbrochen wird (vgl. Absätze 3 und 4), oder ein freiwilliges soziales Jahr ab (vgl. Absatz 5). Für die Auslegung des Begriffs „Berufsausbildung" gilt Abschnitt 179 Abs. 2 EStR 1972.

(2) Werden die Eltern nicht zusammen veranlagt, so kann die Zusammenveranlagung des Kindes mit dem Elternteil beantragt werden, zu dessen Haushalt es gehört. Absatz 1 gilt entsprechend.

(3) Der gesetzliche Grundwehrdienst im Sinne des § 5 des Wehrpflichtgesetzes in der Fassung der Bekanntmachung vom 8. Dezember 1972 (Bundesgesetzbl. I S. 2277), zuletzt geändert durch das Einführungsgesetz zum Strafgesetzbuch vom 2. März 1974 (BGBl. I S. 469), ist für die Dauer von 15 Monaten auf Grund der allgemeinen Wehrpflicht zu leisten. Der gesetzliche Zivildienst ist von anerkannten Kriegsdienstverweigerern nach dem Zivildienstgesetz in der Fassung der Bekanntmachung vom 9. August 1973 (Bundesgesetzbl. I S. 1015) für die Dauer von 16 bis 18 Monaten zu leisten. Wehrdienst, Dienst im Vollzugsdienst des Bundesgrenzschutzes und im sonstigen Vollzugsdienst der Polizei (§ 42 des Wehrpflichtgesetzes), Dienst als Helfer im Zivilschutz oder Katastrophenschutz (§ 13a des Wehrpflichtgesetzes) oder Entwicklungsdienst (§ 13b des Wehrpflichtgesetzes), der auf Grund freiwilliger Verpflichtung geleistet und auf den Grundwehrdienst angerechnet wird, begründet kein Recht auf Einbeziehung in die Zusammenveranlagung.

(4) Die Berufsausbildung wird durch die Einberufung zum Grundwehrdienst oder Zivildienst nur unterbrochen, wenn das Kind zuvor in einer nicht abgeschlossenen Berufsausbildung gestanden hat. Dies ist auch dann der Fall, wenn das Kind vor seiner Einberufung zwar einen Ausbildungsabschnitt, der für sich betrachtet den Abschluß einer Berufsausbildung bedeuten kann, beendet hat, aber nach Ableistung des Grundwehrdienstes oder Zivildienstes eine an die bisherige Berufsausbildung anknüpfende weitere Ausbildung für einen gehobenen oder auch andersartigen Beruf aufzunehmen gedenkt (BFH-Urteil vom 4. 12. 1969, BStBl. 1970 II S. 450). Das gilt auch dann, wenn Vorstellungen über Art und Umfang der weiteren Ausbildung und die Gesamt-

umstände erkennen lassen, daß die Ausbildung fortgesetzt werden soll. Die zeitlich begrenzte Ausübung einer Berufstätigkeit nach Ableistung des Grundwehrdienstes oder Zivildienstes steht der Annahme einer Unterbrechung der Berufsausbildung nicht entgegen, wenn diese die Voraussetzung für das vom Kind gewählte Berufsziel ist (BFH-Urteil vom 26. 2. 1971, BStBl. II S. 422). Dagegen liegt keine Unterbrechung der Berufsausbildung vor, wenn das Kind von vornherein beabsichtigt, nach Ableistung des Grundwehrdienstes oder Zivildienstes in dem erlernten Beruf tätig zu werden und erst später nach einer noch unbestimmten Zeit eine aufbauende weitere Berufsausbildung aufzunehmen.

(5) Das freiwillige soziale Jahr ist nach dem Gesetz zur Förderung eines freiwilligen sozialen Jahres vom 17. August 1964 (Bundesgesetzbl. I S. 640, BStBl. I S. 534), zuletzt geändert durch das Gesetz zur Änderung des Gesetzes zur Förderung eines freiwilligen sozialen Jahres vom 12. Juli 1968 (Bundesgesetzbl. I S. 805) abzuleisten. Hierzu vgl. auch Abschnitt 180a Abs. 2 EStR 1972.

(6) Die Vollendung des 27. Lebensjahres steht der Zusammenveranlagung nicht entgegen, wenn der Abschluß der Berufsausbildung durch Umstände verzögert worden ist, die keiner der Antragsteller zu vertreten hat. Als ein solcher Umstand sind stets die Ableistung des gesetzlichen Grundwehrdienstes oder Zivildienstes (Absatz 3 Satz 1 und 2), das Fehlen eines Studienplatzes sowie der berufsbedingte Wohnortwechsel des Steuerpflichtigen anzusehen. Die Anrechnung eines freiwillig geleisteten Dienstes im Sinne des Absatzes 3 Satz 3 auf den Grundwehrdienst wird nur bis zur Dauer von 15 Monaten als ein solcher Umstand anerkannt. Zu der Frage, welche Umstände die Antragsteller im übrigen zu vertreten haben, vgl. BFH-Urteil vom 7. 5. 1971, BStBl. II S. 696.

125c. Zusammenveranlagung mit erwerbsunfähigen Kindern

(1) Kinder (§ 6 Abs. 2 Satz 2 VStG), bei denen die Voraussetzungen der Abschnitte 125a oder 125b nicht vorliegen, werden auf gemeinsamen Antrag aller Beteiligten mit ihren verheirateten und nicht dauernd getrennt lebenden Eltern zusammen veranlagt, wenn sie wegen körperlicher oder geistiger Gebrechen dauernd außerstande sind, sich selbst zu unterhalten. Diese Voraussetzung ist insbesondere gegeben, wenn das Kind erwerbsunfähig im Sinne des § 6 Abs. 3 Nr. 1 und Abs. 4 Nr. 1 VStG ist (vgl. Abschnitt 121 Abs. 1). Werden die Eltern nicht zusammen veranlagt, so kann die Zusammenveranlagung des Kindes mit einem Elternteil beantragt werden.

(2) Eine Zusammenveranlagung nach Absatz 1 ist ausgeschlossen, wenn das Kind bereits nach § 14 Abs. 1 Nr. 1 VStG mit seinem Ehegatten zusammen zu veranlagen ist.

VStG

§ 15 Hauptveranlagung

(1) **Die Vermögensteuer wird für drei Kalenderjahre allgemein festgesetzt (Hauptveranlagung). Der Zeitraum, für den die Hauptveranlagung gilt, ist der Hauptveranlagungszeitraum; der Beginn dieses Zeitraums ist der Hauptveranlagungszeitpunkt.**

(2) **Die Bundesregierung wird ermächtigt, durch Rechtsverordnung mit Zustimmung des Bundesrates aus Gründen der Verwaltungsvereinfachung den Hauptveranlagungszeitraum um ein Jahr zu verkürzen oder zu verlängern.**

(3) **Ist eine Hauptveranlagung unzulässig, weil die Vermögensteuer für das erste Kalenderjahr des Hauptveranlagungszeitraums verjährt ist, so kann die Hauptveranlagung unter Zugrundelegung der Verhältnisse des Hauptveranlagungszeitpunkts mit Wirkung für einen späteren Veranlagungszeitpunkt vorgenommen werden, für den die Vermögensteuer noch nicht verjährt ist.**

§ 16 Neuveranlagung

(1) **Die Vermögensteuer wird neu veranlagt, wenn dem Finanzamt bekannt wird,**

1. **daß der nach § 4 Abs. 2 abgerundete Wert des Gesamtvermögens oder des Inlandsvermögens, der sich für den Beginn eines Kalenderjahres ergibt, entweder um mehr als ein Fünftel oder um mehr als 150 000 Deutsche Mark von dem nach § 4 Abs. 2 abgerundeten Wert des letzten Veranlagungszeitpunkts abweicht. Weicht der Wert nach oben ab, so muß die Wertabweichung mindestens 50 000 Deutsche Mark betragen; weicht der Wert nach unten ab, so muß die Wertabweichung mindestens 10 000 Deutsche Mark betragen;**

2. **daß sich die Verhältnisse für die Gewährung von Freibeträgen oder für die Zusammenveranlagung ändern; eine neue Ermittlung des Gesamtvermögens wird nur vorgenommen, wenn die Wertgrenzen der Nummer 1 überschritten sind.**

Eine Neuveranlagung, die zu einer niedrigeren Vermögensteuer führt, ist nur bis zum Ablauf der Verjährungsfrist zulässig.

(2) **Durch eine Neuveranlagung nach Absatz 1 können auch Fehler der letzten Veranlagung beseitigt werden. § 222 Abs. 2 der Reichsabgabenordnung ist entsprechend anzuwenden.**

(3) **Neuveranlagt wird**

1. **in den Fällen des Absatzes 1 Nr. 1 mit Wirkung vom Beginn des Kalenderjahrs an, für den sich die Wertabweichung ergibt;**

2. **in den Fällen des Absatzes 1 Nr. 2 mit Wirkung vom Beginn des Kalenderjahrs an, der der Änderung der Verhältnisse für die Gewährung von Freibeträgen oder für die Zusammenveranlagung folgt;**

3. **in den Fällen des Absatzes 2 mit Wirkung vom Beginn des Kalenderjahrs an, in dem der Fehler dem Finanzamt bekannt wird, bei einer Erhöhung der Vermögensteuer jedoch frühestens der Beginn des Kalenderjahrs, in dem der Steuerbescheid erteilt wird.**

Der Beginn des maßgebenden Kalenderjahrs ist der Neuveranlagungszeitpunkt. § 15 Abs. 3 ist entsprechend anzuwenden.

VStR

126. Neuveranlagungen

(1) Die Wertabweichung nach § 16 Abs. 1 Nr. 1 VStG und die Änderung der Verhältnisse für die Gewährung von Freibeträgen oder für die Zusammenveranlagung nach § 16 Abs. 1 Nr. 2 VStG sind selbständige Gründe für eine Neuveranlagung. Bei einer

Änderung der Verhältnisse für die Gewährung von Freibeträgen oder für die Zusammenveranlagung wird das Gesamtvermögen auf den Neuveranlagungszeitpunkt jedoch nur dann neu ermittelt, wenn im Neuveranlagungszeitpunkt gleichzeitig auch die Wertgrenzen des § 16 Abs. 1 Nr. 1 VStG überschritten sind. Um festzustellen, ob diese Wertgrenzen überschritten sind, ist es notwendig, das Gesamtvermögen vom Neuveranlagungszeitpunkt mit dem Gesamtvermögen vom letzten Veranlagungszeitpunkt zu vergleichen. Werden Personen erstmals zusammenveranlagt, so muß zu diesem Zweck auch deren Gesamtvermögen vom letzten Veranlagungszeitpunkt zusammengerechnet werden. Werden Personen erstmals nicht mehr zusammenveranlagt, so muß zu diesem Zweck auch das Gesamtvermögen vom letzten Veranlagungszeitpunkt aufgeteilt werden.

Beispiele:

A. Zwei selbständig auf den 1. 1. 1974 zur Vermögensteuer veranlagte Steuerpflichtige mit einem Gesamtvermögen von je 100000 DM heiraten im Laufe des Jahres 1974. Das Gesamtvermögen des Ehemanns erhöht sich um 55000 DM, das der Ehefrau vermindert sich um 30000 DM. Für die Eheleute ergibt sich somit zum 1. 1. 1975 ein zusammengerechnetes Gesamtvermögen von 225000 DM. Bei der Neuveranlagung zum 1. 1. 1975 wird das Gesamtvermögen mit 200000 DM angesetzt; denn die Mindestgrenze für eine Neuveranlagung nach § 16 Abs. 1 Nr. 1 VStG in Höhe von 50000 DM wird durch die Vermögensänderung (225000 ./. 200000) = 25000 DM nicht erreicht. Das steuerpflichtige Vermögen beträgt nach Abzug des Freibetrags von 2 × 70000 DM (§ 6 Abs. 1 VStG) = 60000 DM.

B. Dem Ehepaar im Beispiel A wird im Laufe des Jahres 1975 ein Kind geboren, das mit den Eltern zusammen zu veranlagen ist. Für das Kind bleiben weitere 70000 DM vermögensteuerfrei (§ 6 Abs. 2 Satz 1 VStG). Das Gesamtvermögen der Eheleute hat sich im Jahre 1975 auf insgesamt 285000 DM erhöht. Bei der Neuveranlagung auf den 1. 1. 1976 wird das Gesamtvermögen mit 285000 DM angesetzt. Das steuerpflichtige Vermögen beträgt nach Abzug des Freibetrags für die zusammen veranlagten Ehegatten von 140000 DM und des Freibetrags für das Kind von 70000 DM (285000 ./. 210000) = 75000 DM.

C. Ein kinderloses Ehepaar wird im Laufe des Jahres 1974 geschieden. Am 1. 1. 1974 betrug das Gesamtvermögen der Eheleute 300000 DM, davon der Anteil des Mannes 200000 DM und der Anteil der Frau 100000 DM. Am 1. 1. 1975 beträgt das Vermögen des Mannes 240000 DM und das Vermögen der Frau 79000 DM. Bei der Neuveranlagung des Mannes auf den 1. 1. 1975 wird das Gesamtvermögen mit 200000 DM angesetzt, weil die Grenzen für eine wertverhöhende Neuveranlagung nicht überschritten sind. Sein steuerpflichtiges Vermögen beträgt nach Abzug des Freibetrags von 70000 DM (§ 6 Abs. 1 VStG) = 130000 DM. Bei der Neuveranlagung der Frau auf den 1. 1. 1975 wird das Gesamtvermögen mit 79000 DM angesetzt, weil die Grenzen für eine wertmindernde Neuveranlagung überschritten sind. Ihr steuerpflichtiges Vermögen beträgt nach Abzug des Freibetrags von 70000 DM (§ 6 Abs. 1 VStG) = 9000 DM.

(2) Bei der Prüfung, ob die Wertgrenzen des § 16 Abs. 1 Nr. 1 VStG überschritten werden, ist von dem Gesamtvermögen auszugehen, das sich unter Berücksichtigung der Freibeträge und Freigrenzen im § 110 BewG 1965 ergibt.

Beispiel A:

A hat am 1. 1. 1974 Kapitalvermögen von 261000 DM und eine Kunstsammlung mit einem gemeinen Wert von 50000 DM. Nach § 110 Abs. 1 Nr. 2 und Abs. 2 BewG bleiben von dem Kapitalvermögen 11000 DM außer Ansatz; die Kunstsammlung ist wegen Überschreitung der Freigrenze von 20000 DM (§ 110 Abs. 1 Nr. 12 BewG) voll anzusetzen. Es ergibt sich somit ein Gesamtvermögen von 300000 DM. Vermögensänderungen treten nicht ein. A heiratet im Jahre 1974 eine Witwe mit einem Kind unter 18 Jahren, beide haben kein eigenes Vermögen. Bei der Ermittlung des Gesamtvermögens auf den 1. 1. 1975 sind die Freibeträge und Freigrenzen des § 110 Abs. 1 und 2 BewG mit 3 zu vervielfachen. Das Kapitalvermögen ist daher nur noch mit (261000 ./. 33000) = 228000 DM anzusetzen; die Kunstsammlung bleibt außer Ansatz, weil die Freigrenze von 60000 DM nicht überschritten wird. Das Gesamtvermögen auf den 1. 1. 1975 beträgt somit 228000 DM; die Neuveranlagungsgrenzen sind überschritten. Bei der Neuveranlagung auf den 1. 1. 1975 ist ein Gesamtvermögen von 228000 DM zugrunde zu legen. Das steuerpflichtige Vermögen beträgt nach Abzug des Freibetrags von 210000 DM (§ 6 Abs. 1 und 2 VStG) = 18000 DM.

Beispiel B:

Ein Ehepaar, das am 1. 1. 1974 keine Kinder hatte, wird im Jahre 1974 geschieden. Das Vermögen, das nur aus Wertpapieren besteht, hatte am 1. 1. 1974 einen Wert von 200000 DM. Der Anteil des Mannes betrug 120000 DM, der Anteil der Frau 80000 DM. Das Gesamtvermögen wurde unter Berücksichtigung des Freibetrags nach § 110 Abs. 2 und 3 BewG mit 180000 DM angesetzt. Am 1. 1. 1975 hat der Mann ein Kapitalvermögen von 180000 DM und die Frau von 72000 DM. Es ist folgender Vermögensvergleich durchzuführen:

a) beim Mann:

Gesamtvermögen vom 1. 1. 1974 = 120000 ./. 10000 = 110000 DM
Gesamtvermögen vom 1. 1. 1975 = 180000 ./. 10000 = 170000 DM

Die Wertgrenzen werden erreicht. Bei der Neuveranlagung wird sein Gesamtvermögen mit 170000 DM angesetzt.

b) bei der Frau:

Gesamtvermögen vom 1. 1. 1974 = 80000 ./. 10000 = 70000 DM
Gesamtvermögen vom 1. 1. 1975 = 72000 ./. 10000 = 62000 DM

Die Wertgrenzen werden nicht erreicht. Bei der Neuveranlagung wird ihr Gesamtvermögen mit 70000 DM angesetzt.

(3) Eine Neuveranlagung zur Beseitigung eines Fehlers der letzten Veranlagung (§ 16 Abs. 2 VStG), die auf eine Änderung der Rechtsprechung des Bundesfinanzhofs gegründet wird, ist für solche Veranlagungszeitpunkte unzulässig, die vor dem Erlaß der Entscheidung des Bundesfinanzhofs liegen.

127. Vermögensvergleich bei der Neuveranlagung

(1) Die Neuveranlagung hat in der Regel zur Voraussetzung, daß eine Veranlagung auf einen früheren Zeitpunkt bereits vorliegt. Es kann aber auch Fälle geben, in denen eine Vermögensteuer nicht festzusetzen war, weil das Gesamtvermögen die Summe der Freibeträge nicht überschritten hatte. Hier kommt eine Neuveranlagung erstmalig auf den Zeitpunkt in Betracht, an dem nach Abzug der Freibeträge vom Gesamtvermögen ein steuerpflichtiges Vermögen verbleibt. Das Gesamtvermögen an diesem Zeitpunkt ist bei der Feststellung, ob die Neuveranlagungsgrenze überschritten ist, mit dem Gesamtvermögen vom Hauptveranlagungszeitpunkt oder Nachveranlagungszeitpunkt zu vergleichen.

Beispiel:

Zum 1. 1. 1974 beträgt das Gesamtvermögen zusammen veranlagter Eheleute 130000 DM. Mit Rücksicht auf die für Ehemann und Ehefrau gewährten Freibeträge ist die Hauptveranlagung unterblieben. Zum 1. 1. 1975 erhöht sich das Gesamtvermögen auf 170000 DM. Eine Neuveranlagung ist nicht durchzuführen; denn durch den Wertzuwachs von (170000 ./. 130000 =) 40000 DM werden die Wertgrenzen des § 16 Abs. 1 Nr. 1 VStG nicht überschritten. Zum 1. 1. 1976 erhöht sich das Gesamtvermögen auf 190000 DM. Es ist eine Neuveranlagung auf den 1. 1. 1976 durchzuführen, denn der Wertzuwachs von (190000 ./. 130000 =) 60000 DM übersteigt die Wertgrenzen.

(2) (gestrichen)

128. (gestrichen)

VStG

§ 17 Nachveranlagung

(1) Die Vermögensteuer wird nachträglich festgesetzt (Nachveranlagung), wenn nach dem Hauptveranlagungszeitpunkt

1. die persönliche Steuerpflicht neu begründet wird oder

2. ein persönlicher Befreiungsgrund wegfällt oder

3. ein beschränkt Steuerpflichtiger unbeschränkt steuerpflichtig oder ein unbeschränkt Steuerpflichtiger beschränkt steuerpflichtig wird.

(2) Nachveranlagt wird mit Wirkung vom Beginn des Kalenderjahrs an, der dem maßgebenden Ereignis folgt. Der Beginn dieses Kalenderjahrs ist der Nachveranlagungszeitpunkt. § 15 Abs. 3 ist entsprechend anzuwenden.

§ 18 Aufhebung der Veranlagung

(1) Wird dem Finanzamt vor Ablauf der Verjährungsfrist bekannt, daß

1. die Steuerpflicht erloschen oder ein persönlicher Befreiungsgrund eingetreten ist oder

2. die Veranlagung fehlerhaft ist,

so ist die Veranlagung aufzuheben.

(2) Die Veranlagung wird aufgehoben,

1. in den Fällen des Absatzes 1 Nr. 1 mit Wirkung vom Beginn des Kalenderjahrs an, der auf den Eintritt des maßgebenden Ereignisses folgt;

2. in den Fällen des Absatzes 1 Nr. 2 mit Wirkung vom Beginn des Kalenderjahrs an, in dem der Fehler dem Finanzamt bekannt wird.

Der Beginn des maßgebenden Kalenderjahrs ist der Aufhebungszeitpunkt. § 15 Abs. 3 ist entsprechend anzuwenden.

§ 19 Pflicht zur Abgabe von Vermögensteuererklärungen

(1) Vermögensteuererklärungen sind auf jeden Hauptveranlagungszeitpunkt abzugeben.

(2) Von den unbeschränkt Vermögensteuerpflichtigen haben eine Vermögensteuererklärung über ihr Gesamtvermögen abzugeben

1. natürliche Personen,

   a) die allein veranlagt werden, wenn ihr Gesamtvermögen 70000 Deutsche Mark übersteigt,

   b) die mit anderen Personen zusammen veranlagt werden (§ 14), wenn das Gesamtvermögen der zusammen veranlagten Personen den Betrag übersteigt, der sich ergibt, wenn für jede der zusammen veranlagten Personen 70000 Deutsche Mark angesetzt werden;

2. die in § 1 Abs. 1 Nr. 2 bezeichneten Körperschaften, Personenvereinigungen und Vermögensmassen, wenn ihr Gesamtvermögen mindestens 10000 Deutsche Mark beträgt.

(3) Beschränkt Vermögensteuerpflichtige haben eine Vermögensteuererklärung über ihr Inlandsvermögen abzugeben, wenn dieses mindestens 10000 Deutsche Mark beträgt.

(4) Der Bundesminister der Finanzen bestimmt im Einvernehmen mit den obersten Finanzbehörden der Länder den Zeitpunkt, bis zu dem die in den Absätzen 1 bis 3 genannten Erklärungen abzugeben sind.

zweispaltig = Anlagen zu Durchführungsverordnung und Richtlinien

VStG

IV. Steuerentrichtung

§ 20 Entrichtung der Jahressteuer

Die Steuer wird zu je einem Viertel der Jahressteuer am 10. Februar, 10. Mai, 10. August und 10. November fällig. Eine Jahressteuer bis zu 500 Deutsche Mark ist in einem Betrag am 10. November zu entrichten.

VStR

129. *(gestrichen)*

VStG

§ 21 Vorauszahlungen

(1) Der Steuerpflichtige hat, solange die Jahressteuer noch nicht bekanntgegeben worden ist, Vorauszahlungen auf die Jahressteuer zu entrichten.

(2) Die Vorauszahlungen betragen ein Viertel der zuletzt festgesetzten Jahressteuer. Sie sind am 10. Februar, 10. Mai, 10. August und 10. November zu entrichten. Beträgt die Jahressteuer nicht mehr als 500 Deutsche Mark, so sind die Vorauszahlungen in einem Betrag am 10. November zu entrichten.

(3) Das Finanzamt kann die Vorauszahlungen der Steuer anpassen, die sich für das Kalenderjahr voraussichtlich ergeben wird.

§ 22 Abrechnung über die Vorauszahlungen

(1) Ist die Summe der Vorauszahlungen, die bis zur Bekanntgabe des Steuerbescheids zu entrichten waren (§ 21), geringer als die Steuer, die sich nach dem bekanntgegebenen Steuerbescheid für die vorangegangenen Fälligkeitstage ergibt (§ 20), so ist der Unterschiedsbetrag innerhalb eines Monats nach Bekanntgabe des Steuerbescheids zu entrichten (Nachzahlung). Die Verpflichtung, rückständige Vorauszahlungen schon früher zu entrichten, bleibt unberührt.

(2) Ist die Summe der Vorauszahlungen, die bis zur Bekanntgabe des Steuerbescheids entrichtet worden sind, höher als die Steuer, die sich nach dem bekanntgegebenen Steuerbescheid für die vorangegangenen Fälligkeitstage ergibt, so wird der Unterschiedsbetrag nach Bekanntgabe des Steuerbescheids durch Aufrechnung oder Zurückzahlung ausgeglichen.

(3) Die Absätze 1 und 2 gelten entsprechend, wenn der Steuerbescheid aufgehoben oder geändert wird.

§ 23 Nachentrichtung der Steuer

Hatte der Steuerpflichtige bis zur Bekanntgabe der Jahressteuer keine Vorauszahlungen nach § 21 zu entrichten, so hat er die Steuer, die sich nach dem bekanntgegebenen Steuerbescheid für die vorangegangenen Fälligkeitstage ergibt (§ 20), innerhalb eines Monats nach Bekanntgabe des Steuerbescheids zu entrichten.

V. Schlußvorschriften

§ 24 Vermögensteuer-Hauptveranlagung 1974

Auf den 1. Januar 1974 findet eine Hauptveranlagung der Vermögensteuer statt.

§ 25* Anwendung des Gesetzes

Dieses Gesetz gilt erstmals für die Vermögensteuer des Kalenderjahrs 1974. § 10 in der Fassung des Einkommensteuerreformgesetzes vom 5. August 1974 (Bundesgesetzbl. I S. 1769) gilt erstmals für die Vermögensteuer des Kalenderjahres 1975.

§ 26 Berlin-Klausel

Dieses Gesetz gilt nach Maßgabe des § 12 Abs. 1 des Dritten Überleitungsgesetzes vom 4. Januar 1952 (Bundesgesetzbl. I S. 1) auch im Land Berlin. Rechtsverordnungen, die auf Grund dieses Gesetzes erlassen werden, gelten im Land Berlin nach § 14 des Dritten Überleitungsgesetzes.

---

* § 25 Satz 2 angefügt durch Gesetz vom 5. 8. 1974 (BGBl. I S. 1769).

Anhang I

1. Gesetz zur Reform des Vermögensteuerrechts und zur Änderung anderer Steuergesetze (Vermögensteuerreformgesetz – VStRG)

Vom 17. April 1974

(BGBl. I S. 949)

Geändert durch Einkommensteuerreformgesetz vom 5. August 1974 (BGBl. I S. 1769) und durch Gesetz zur Verbesserung der betrieblichen Altersversorgung vom 19. Dezember 1974 (BGBl. I S. 3610)

Der Bundestag hat mit Zustimmung des Bundesrates das folgende Gesetz beschlossen:

Art. 1 Vermögensteuergesetz (VStG)

[abgedruckt in der Geschlossenen Wiedergabe und im Hauptteil]

Art. 2 Änderung des Bewertungsgesetzes

[abgedruckt in der Geschlossenen Wiedergabe und im Hauptteil]

Art. 3–7

[enthalten Änderungen des Gewerbesteuergesetzes, des Einkommensteuergesetzes, des Lastenausgleichsgesetzes, des Grunderwerbsteuergesetzes, der Reichsabgabenordnung und des Steueranpassungsgesetzes]

Art. 8 Sonderregelung für Betriebsvermögen, das der Erzeugung, Lieferung und Verteilung von Gas, Strom oder Wärme dient

§ 117 Abs. 1 Nr. 1 des Bewertungsgesetzes in der Fassung der Bekanntmachung vom 10. Dezember 1965 (Bundesgesetzbl. I S. 1861), zuletzt geändert durch das Gesetz zur Wahrung der steuerlichen Gleichmäßigkeit bei Auslandsbeziehungen und zur Verbesserung der steuerlichen Wettbewerbslage bei Auslandsinvestitionen vom 8. September 1972 (Bundesgesetzbl. I S. 1713), gilt bis zum 31. Dezember 1977 fort.[1]

Art. 9 Aufhebung von Vorschriften

(1) Mit Wirkung ab 1. Januar 1974 werden aufgehoben

1. das Vermögensteuergesetz in der Fassung der Bekanntmachung vom 10. Juni 1954 (Bundesgesetzbl. I S. 137), zuletzt geändert durch das Steueränderungsgesetz 1971 vom 23. Dezember 1970 (Bundesgesetzbl. I S. 1856),

2. die Vermögensteuer-Durchführungsverordnung in der Fassung der Bekanntmachung vom 19. August 1963 (Bundesgesetzbl. I S. 689),

3. §§ 48 und 52a der Durchführungsverordnung zum Bewertungsgesetz vom 2. Februar 1935 (Reichsgesetzbl. I S. 81), zuletzt geändert durch das Zweite Steueränderungsgesetz 1967 vom 21. Dezember 1967 (Bundesgesetzbl. I S. 1254),

4. das Einführungsgesetz zu den Realsteuergesetzen vom 1. Dezember 1936 (Reichsgesetzbl. I S. 961), geändert durch das Gesetz zur Änderung des Gewerbesteuerrechts vom 27. Dezember 1951 (Bundesgesetzbl. I S. 996),

5. die Verordnung über die Bemessung des Nutzungswerts der Wohnung im eigenen Einfamilienhaus vom 26. Januar 1937 (Reichsgesetzbl. I S. 99).

(2) Das Gesetz über die Ermittlung des Gewinns aus Land- und Forstwirtschaft nach Durchschnittsätzen (GDL) vom 15. September 1965 (Bundesgesetzbl. I S. 1350), zuletzt geändert durch das Gesetz zur Änderung des Gesetzes über die Ermittlung des Gewinns aus Land- und Forstwirtschaft nach Durchschnittsätzen und des Einkommensteuergesetzes vom 8. Mai 1972 (Bundesgesetzbl. I S. 761), wird mit Wirkung für Wirtschaftsjahre, die nach dem 31. Dezember 1973 beginnen, aufgehoben.

Art. 10 Schlußvorschriften

§ 1 Berlin-Klausel

Dieses Gesetz gilt nach Maßgabe des § 12 Abs. 1 des Dritten Überleitungsge-

---

[1] § 117 Abs. 1 Satz 1 in dieser Fassung lautet:
§ 117 Versorgungsunternehmen
(1) Bei der Ermittlung des Gesamtvermögens wird
1. Betriebsvermögen, das unmittelbar und nicht nur vorübergehend der Erzeugung, Lieferung und Verteilung von Gas, Strom oder Wärme zur öffentlichen Versorgung dient, nur mit 50 vom Hundert des Einheitswerts oder des darauf entfallenden Teils des Einheitswerts angesetzt,
2. . . .

setzes vom 4. Januar 1952 (Bundesgesetzbl. I S. 1) auch im Land Berlin.

§ 2 Inkrafttreten

Dieses Gesetz tritt mit Wirkung vom 1. Januar 1974 in Kraft.

§ 3 Außerkrafttreten

Dieses Gesetz gilt letztmals für die Vermögensteuer, die Gewerbesteuer, die Ermittlung des Nutzungswertes der selbstgenutzten Wohnung im eigenen Einfamilienhaus sowie die Grunderwerbsteuer des Kalenderjahres, das dem Kalenderjahr vorausgeht, auf dessen Beginn für Grundstücke (§ 70 des Bewertungsgesetzes) und Betriebsgrundstücke im Sinne des § 99 Abs. 1 Nr. 1 des Bewertungsgesetzes nicht mehr 140 vom Hundert der auf den Wertverhältnissen am 1. Januar 1964 beruhenden Einheitswerte anzusetzen sind.

2. Gesetz zur Anpassung der Einheitswerte an die Reinertragsentwicklung in der Forstwirtschaft, im Obstbau und im Hopfenbau (Einheitswertanpassungsgesetz) *

Vom 22. Juli 1970

(BGBl. I S. 1118)

§ 1 Anpassung der Einheitswerte

(1) Bei der Feststellung von Einheitswerten des land- und forstwirtschaftlichen Vermögens nach den Vorschriften des Bewertungsgesetzes in der vor Inkrafttreten des Gesetzes zur Änderung des Bewertungsgesetzes vom 13. August 1965 (Bundesgesetzblatt I S. 851) geltenden Fassung sind zur Anpassung an die rückläufige Reinertragsentwicklung folgende Ermäßigungen vorzunehmen:

1. für die forstwirtschaftlich genutzten Flächen, wenn der Hektarsatz 100 Deutsche Mark übersteigt, um 60 vom Hundert; es ist jedoch mindestens ein Hektarsatz von 100 Deutsche Mark anzusetzen;

2. für die obstbaulich genutzten Flächen,

   a) soweit ein besonderer Hektarsatz festgestellt ist, um 60 vom Hundert; es ist jedoch mindestens der landwirtschaftliche Hektarsatz anzusetzen;

   b) soweit ein Zuschlag am landwirtschaftlichen Vergleichswert gemacht ist, um 70 vom Hundert; der landwirtschaftliche Vergleichswert bleibt von der Ermäßigung unberührt;

3. bei den Zuschlägen am landwirtschaftlichen Vergleichswert für die Sonderkultur Hopfen um 70 vom Hundert; der landwirtschaftliche Vergleichwert bleibt von der Ermäßigung unberührt.

(2) Bei Betriebsgrundstücken, die wie land- und forstwirtschaftliches Vermögen zu bewerten sind, findet Absatz 1 entsprechend Anwendung.

§ 2 Durchführung der Anpassung

(1) Die Ermäßigungen nach § 1 sind erstmals durch Fortschreibung auf den 1. Januar 1971 von Amts wegen ohne Rücksicht auf Fortschreibungsgrenzen zu berücksichtigen; die Summe der Ermäßigungsbeträge muß jedoch mindestens 1000 Deutsche Mark betragen. Wertabweichungen aus anderen Gründen führen dagegen nur dann zu einer Fortschreibung, wenn die Wertfortschreibungsgrenzen allein durch diese anderen Wertabweichungen erreicht sind. In diesem Fall ist die Ermäßigung erst bei dem fortgeschriebenen Einheitswert zu berücksichtigen.

(2) Die Ermäßigungen nach § 1 sind erstmals bei Nachfeststellungen auf den 1. Januar 1971 entsprechend zu berücksichtigen.

---

* Das Einheitswertanpassungsgesetz bildet Art. 3 des Gesetzes zur Änderung und Ergänzung bewertungsrechtlicher Vorschriften und des Einkommensteuergesetzes.

3. Gesetz über die Schätzung des Kulturbodens
(Bodenschätzungsgesetz)
(BodSchätzG)

Vom 16. Oktober 1934

(RGBl. I S. 1050)

Geändert durch Gesetz vom 13. August 1965 (BGBl. I S. 851) und Gesetz vom 6. Oktober 1965
(BGBl. I S. 1477)

§ 1 Zweck

Für den Zweck einer gerechten Verteilung der Steuern, einer planvollen Gestaltung der Bodennutzung und einer Verbesserung der Beleihungsunterlagen wird eine Bodenschätzung für die landwirtschaftlich nutzbaren Flächen des Reichsgebiets durchgeführt.

§ 2 Bestandsaufnahme und Feststellung der Ertragsfähigkeit

Die Bodenschätzung umfaßt:

1. die genaue Kennzeichnung des Bodens nach seiner Beschaffenheit (Bestandsaufnahme). Die Bestandsaufnahme wird kartenmäßig festgehalten;

2. die Feststellung der Ertragsfähigkeit. Bei der Feststellung der Ertragsfähigkeit sind lediglich die Ertragsunterschiede zu berücksichtigen, die auf die natürlichen Ertragsbedingungen (Bodenbeschaffenheit, Geländegestaltung und klimatische Verhältnisse) zurückzuführen sind.

Ertragsunterschiede, die auf wirtschaftliche Ertragsbedingungen (Zugehörigkeit der geschätzten Bodenflächen zu bestimmten Betrieben und Verkehrs- und Absatzverhältnisse der Betriebe) zurückzuführen sind, bleiben bei der Feststellung der Ertragsfähigkeit außer Betracht. Sie werden erst bei der Feststellung des Einheitswerts der Betriebe nach den Vorschriften des Reichsbewertungsgesetzes berücksichtigt.

§ 3 Leitung

Der *Reichsminister der Finanzen* leitet die Bodenschätzung. Er entscheidet auch über ihre spätere Ausdehnung auf andere als landwirtschaftlich nutzbare Flächen (§ 1).

§ 4 Musterstücke

(1) Zur Sicherung der Gleichmäßigkeit der Bodenschätzung werden im ganzen *Reichs*gebiet ausgewählte Bodenflächen als Musterstücke geschätzt.

(2)* Die Ergebnisse der Schätzung von Musterstücken werden von dem *Reichsminister der Finanzen* bekanntgegeben.

(3) Die Musterstücke bilden die Hauptstützpunkte der Bodenschätzung.

§ 5 *(überholt)***

§ 6 Landesschätzungsbeirat[1]

(1) Die Oberfinanzpräsidenten berufen zu ihrer Unterstützung und Beratung im Benehmen mit dem zuständigen *Landesbauernführer*[2] einen Landesschätzungsbeirat. *Führer*[2] des Landesschätzungsbeirats ist der Oberfinanzpräsident.

(2)* Der Landesschätzungsbeirat schätzt nach Bedarf in seinem Bezirk weitere ausgewählte Bodenflächen als Musterstücke (§ 4) in engster Anlehnung an die Ergebnisse der Schätzungen des *Reichsschätzungsbeirats* (§ 5).

§ 7 Schätzungsausschüsse

(1) Der Oberfinanzpräsident beruft im Benehmen mit dem zuständigen *Landesbauernführer* für jeden Finanzamtsbezirk einen oder mehrere Schätzungsausschüsse. *Führer* des Schätzungsausschusses ist der Vorsteher des Finanzamts. Er ist an die Weisungen des Oberfinanzpräsidenten gebunden.

(2)* Der Schätzungsausschuß schätzt die nicht als Musterstücke ausgewählten Bodenflächen in engster Anlehnung an die Ergebnisse der Schätzungen der Musterstücke.

---

* § 4 Abs. 2 Satz 2 gestrichen, § 6 Abs. 2 und § 7 Abs. 2 geändert durch die FGO v. 6. 10. 1965 (BGBl. I S. 1477).

** Anstelle des früher in § 5 geregelten „Reichsschätzungsbeirats" tritt nunmehr der Bewertungsbeirat gem. §§ 63 ff. BewG 1965.

[1] Vgl. § 67 BewG 1965 nach dem der Gutachterausschuß die Befugnisse des Landesschätzungsbeirats ausübt.

[2] Anstelle „Führer" heißt es jetzt „Leiter".

273

§ 8 Entscheidungen

(1) Die Entscheidungen des *Reichsschätzungsbeirats* (§ 5) werden von dem *Führer des Reichsschätzungsbeirats* nach Beratung im Beirat getroffen.

(2) Die Entscheidungen der Landesschätzungsbeiräte (§§ 6 und 10) werden nach einfacher Stimmenmehrheit getroffen. Der *Führer* des Landesschätzungsbeirats stimmt mit. Seine Stimme entscheidet bei Stimmengleichheit.

(3) Die Entscheidungen der Schätzungsausschüsse (§ 7) werden von den *Führern* nach Beratung in den Ausschüssen getroffen.

§ 9 Offenlegung

Die für alle Bodenflächen festgestellten Schätzungsergebnisse werden offengelegt.

§ 10 Beschwerdeverfahren*

Gegen die festgestellten Schätzungsergebnisse steht den Eigentümern der betreffenden Grundstücke die Beschwerde nach den Vorschriften der Reichsabgabenordnung zu. Über die Beschwerde entscheidet der Landesschätzungsbeirat (§ 6 und § 8 Absatz 2).

§ 11 Nachweis der Schätzungsergebnisse

Die rechtskräftig festgestellten Schätzungsergebnisse sind in die Liegenschaftskataster zu übernehmen. Hierbei sind die Musterstücke besonders kenntlich zu machen.

§ 12 Nachschätzung

(1) Treten nach Abschluß der Bodenschätzung Umstände ein, die die Ertragsbedingungen einzelner Bodenflächen wesentlich verändern, z. B. Änderungen der Kulturart (Nutzungsart), Ent- und Bewässerungen, Eindeichungen u. a., so sind diese Flächen nachzuschätzen.

(2) Für das Beschwerdeverfahren gilt § 10 entsprechend. Die rechtskräftig festgestellten Ergebnisse der Nachschätzung sind in die Liegenschaftskataster zu übernehmen.

(3) Die Vorsteher der Gemeinden, die Eigentümer und die Nutzungsberechtigten der Grundstücke sind verpflichtet, die im Absatz 1 bezeichneten Veränderungen anzuzeigen.

§ 13** Regelmäßige Überprüfung der Bodenschätzung

Die Ergebnisse der Bodenschätzung sind zu jeder Hauptfeststellung der Einheitswerte des land- und forstwirtschaftlichen Vermögens zu überprüfen. Die Überprüfung hat sich darauf zu erstrecken, ob und in welchem Umfang sich das Ertragsverhältnis der verschiedenen Böden verschoben hat.

§ 14 Aufgaben der Vermessungsbehörden

(1) Die Behörden, denen die Aufstellung und Fortführung der Liegenschaftskataster obliegt, sowie die Behörden, die die hierfür notwendigen Vermessungsarbeiten ausführen, sind verpflichtet, die in diesem Gesetz vorgeschriebenen Arbeiten mit allen Kräften zu fördern.

(2) Insbesondere sind als Vorbereitung für die Bodenschätzung die Katasterkarten, soweit sie hinsichtlich der Kulturartenveränderungen nicht fortgeführt worden sind, durch ergänzende Messungen zu vervollständigen, damit sie mit der Örtlichkeit übereinstimmen.

§ 15 Amtshandlungen auf den Grundstücken

Die Eigentümer und die Nutzungsberechtigten der Grundstücke sind verpflichtet, den mit den örtlichen Arbeiten zur Durchführung dieses Gesetzes Beauftragten jederzeit das Betreten der Grundstücke zu gestatten und die von ihnen für die Zwecke der Bodenschätzung als notwendig erachteten Maßnahmen, z. B. Aufgrabungen, zuzulassen. Ein Anspruch auf Schadenersatz besteht nicht.

§ 16 Rechtsverordnungen und Verwaltungsvorschriften

Der *Reichsminister der Finanzen* wird ermächtigt, zur Durchführung und Ergänzung dieses Gesetzes Rechtsverordnungen und allgemeine Verwaltungsvorschriften zu erlassen. Die für die Vermessungsbehörden erforderlichen Vorschriften erläßt der *Reichsminister des Innern* gemeinsam mit dem *Reichsminister der Finanzen*.

---

* § 10 geändert u. Satz 3 gestrichen durch die FGO vom 6. 10. 1965 (BGBl. I S. 1477).
** § 13 neu gefaßt durch Gesetz vom 13. 8. 1965 (BGBl. I S. 851).

4. Durchführungsbestimmungen zum Bodenschätzungsgesetz (BodSchätzDB)

Vom 12. Februar 1935

(RGBl. I S. 198, ber. S. 276)

§ 1 Vorbereitung der Bodenschätzung

Als Vorbereitung der Bodenschätzung werden die Katasterkarten, soweit sie hinsichtlich der Kulturartenveränderungen nicht fortgeführt worden sind, in dem erforderlichen Umfang mit der Örtlichkeit verglichen (Feldvergleichung). Die festgestellten Abweichungen werden in die Liegenschaftskataster übernommen.

§ 2 Kulturarten

(1) Es werden die folgenden landwirtschaftlichen Kulturarten (Nutzungsarten) unterschieden und im Liegenschaftskataster mit den beigefügten Zeichen nachgewiesen:

1. Ackerland . . . . A
2. Gartenland . . . . G
3. Grünland . . . . Gr

(2) Die landwirtschaftlichen Kulturarten werden durch die folgenden Merkmale bestimmt:

1. Das Ackerland (A) umfaßt die Bodenflächen zum feldmäßigen Anbau von Getreide, Hülsenfrüchten, Hackfrüchten, Handelsgewächsen und Futterpflanzen. Außerdem gehören zum Ackerland die dem feldmäßigen Anbau von Gartengewächsen dienenden Flächen.

2. Das Gartenland (G) umfaßt die dem Gartenbau dienenden Flächen einschließlich der Obstanlagen und Baumschulen, die nicht öffentlichen Parkanlagen bis zur Größe von 50 Ar, die Haus- und Ziergärten und die selbständigen Kleingärten (Schrebergärten, Laubenkolonien) ohne Rücksicht darauf, ob sie eingefriedigt sind oder nicht.

3. das Grünland (Gr) umfaßt die Dauergrasflächen, die in der Regel gemäht und geweidet werden. Von dem Grünland sind besonders zu bezeichnen:

a) als Wiese (GrW) diejenigen Dauergrasflächen, die infolge ihrer feuchten Lage nur gemäht werden können (unbedingtes Wiesenland),

b) als Streuwiese (GrStr.) diejenigen Flächen, die nur oder in der Hauptsache durch Entnahme von Streu genutzt werden,

c) als Hutung (GrHu.) diejenigen Flächen geringer Ertragsfähigkeit, die nicht bestellt werden und nur eine gelegentliche Weidenutzung zulassen.

(3) Bei der Feststellung der landwirtschaftlichen Kulturarten bleiben Nutzungen, die den natürlichen Ertragsbedingungen nicht entsprechen, z. B. Ackerwiesen und Ackerweiden, unberücksichtigt. Bei einem regelmäßigen Wechsel verschiedener Kulturarten auf derselben Fläche (Wechselland) ist die vorherrschende Kulturart anzunehmen. Die Bezeichnung der abweichenden Kulturart ist hinzuzufügen, z. B. AGr. Mit Sonderkulturen, z. B. mit Korbweiden, bestandene Flächen rechnen zu der den natürlichen Ertragsbedingungen am meisten entsprechenden Kulturart. Das Vorkommen einzelner Obstbäume oder Baumgruppen bleibt bei der Feststellung der Kulturarten außer Betracht.

(4) Wege, Gräben, Hecken, Grenzraine, Wasserlöcher, Gebüsch und dgl. m. sind der Grundstücksfläche, zu der sie gehören, zuzurechnen, soweit sie nicht bisher im Liegenschaftskataster gesondert nachgewiesen sind.

(5) Landwirtschaftliche Kulturarten bis zur Größe von 10 Ar werden bei der Bodenschätzung in der Regel der angrenzenden Kulturart zugerechnet.

(6) Für den Katasternachweis aller nicht der Bodenschätzung unterliegenden Flächen verbleibt es bei den bisherigen landesrechtlichen Bestimmungen.

§ 3 Schätzungsrahmen. Klassen

(1) Für Ackerland und Grünland werden Schätzungsrahmen aufgestellt, die einheitlich für das ganze Reichsgebiet gelten. Der Schätzungsrahmen für Ackerland gilt auch für Gartenland. Die Schätzungsrahmen enthalten eine Einteilung in Klassen.

(2) Jede Klasse erhält eine genaue Beschreibung und Kennzeichnung, nach denen die Zugehörigkeit des Ackerlandes und des Grünlandes zu den einzelnen Klassen beurteilt wird. Außerdem erhalten die Klassen Wertzahlen.

§ 4 Wertzahlen

(1) Die Wertzahlen stellen Verhältniszahlen dar. Sie bringen zum Ausdruck, in welchem Verhältnis ein landwirtschaftlicher Betrieb, der lediglich Bodenflächen einer Klasse aufweist, nach seiner nachhaltigen Ertragsfähigkeit zu einem Betrieb mit den ertragsfähigsten Bodenflächen des Reichsgebiets unter den in den Absätzen 2 und 3 vorgeschriebenen Voraussetzungen steht. Die ertragsfähigste Fläche erhält die Wertzahl 100.

(2) Für das Ackerland werden zwei Wertzahlen (Bodenzahl und Ackerzahl) festgestellt. Die Bodenzahl bringt die durch die Verschiedenheit der Bodenbeschaffenheit im Zusammenhang mit den Grundwasserverhältnissen bedingten Ertragsunterschiede zum Ausdruck, wobei für das ganze Reichsgebiet Einheitlichkeit der Geländegestaltung, der klimatischen Verhältnisse und der wirtschaftlichen Ertragsbedingungen unterstellt wird. Die Ackerzahl berücksichtigt außerdem die Ertragsunterschiede, die auf Klima, Geländegestaltung und andere natürliche Ertragsbedingungen zurückzuführen sind.

(3) Für das Grünland wird nur eine Wertzahl (Grünlandzahl) festgestellt. Diese bringt die Unterschiede in der Ertragsfähigkeit zum Ausdruck, die auf die natürlichen Ertragsbedingungen (Boden in Verbindung mit den Grundwasserverhältnissen, Geländegestaltung, Klima usw.) zurückzuführen sind. Hierbei werden für das ganze Reichsgebiet einheitliche wirtschaftliche Ertragsbedingungen unterstellt.

§ 5 Schätzung. Nachweis der Schätzungsergebnisse

(1) Die einzuschätzenden Flächen werden an Ort und Stelle auf ihre nachhaltige Ertragsfähigkeit untersucht und ohne Rücksicht auf die bestehenden Eigentumsverhältnisse in die Klassen der Schätzungsrahmen eingereiht. Hierbei wird einheitlich der in der Gegend übliche Kulturzustand unterstellt. Verhältnisse, die die Ertragsfähigkeit einer Bodenfläche nur vorübergehend berühren, bleiben unberücksichtigt.

(2) Die Grenzen zusammenhängender Flächen einer Klasse (Klassenfläche) sind in den Katasterkarten festzulegen. Die Bezeichnungen der Klassen und die für diese bestimmten Wertzahlen (Bodenzahlen und Ackerzahlen, Grünlandzahlen) werden in die Liegenschaftskataster übernommen.

(3) Die näheren Bestimmungen, insbesondere über die Mindestgrößen der Klassenflächen, trifft der *Reichsminister der Finanzen*.

§ 6 Offenlegung

(1) Die offengelegten Schätzungsergebnisse werden den Eigentümern und Nutzungsberechtigten der Grundstücke nicht besonders bekanntgegeben. Mit dem Ablauf der Offenlegungsfrist treten die gleichen Rechtswirkungen ein, wie wenn am letzten Tag der Offenlegungsfrist ein schriftlicher Feststellungsbescheid bekanntgegeben worden wäre.

(2) Die näheren Bestimmungen, insbesondere über das Verfahren bei der Offenlegung und über die Rechtswirkungen der Offenlegung, trifft der *Reichsminister der Finanzen*[1].

§ 7 Leitung. Technische Durchführung

(1) Die Oberfinanzpräsidenten leiten die Bodenschätzung in ihren Bezirken nach den Weisungen des *Reichsministers der Finanzen*.

(2) Die näheren Bestimmungen über die technische Durchführung der Bodenschätzung trifft der *Reichsminister der Finanzen*.

§ 8 *(überholt)**

§ 9 Landesschätzungsbeirat

(1) Dem Landesschätzungsbeirat gehören an:

1. der Oberfinanzpräsident oder ein von ihm allgemein oder im einzelnen Fall beauftragter *Reichsbeamter* als *Führer* des Landesschätzungsbeirats,

---

* Anstelle des früheren Reichsschätzungsbeirats ist nunmehr der Bewertungsbeirat gem. §§ 63 ff. BewG 1965 getreten.
[1] Siehe die nachstehend im Anhang I Nr. 5 abgedruckte OffenlegungsVO.

2. ein vom Oberfinanzpräsidenten allgemein oder im einzelnen Fall beauftragter Beamter oder Angestellter des Oberfinanzpräsidiums mit landwirtschaftlicher Vorbildung als Stellvertreter des *Führers* des Landesschätzungsbeirats,

3. eine Anzahl von Mitgliedern, die über ausreichende Sachkunde auf den Gebieten der Landwirtschaft oder der Bodenkunde verfügen. Die Zahl der Mitglieder ist nach der Größe und den besonderen Verhältnissen des Oberfinanzbezirks zu bemessen. *Der Reichsminister der Finanzen* bestimmt die Zahl für jeden Oberfinanzbezirk[1].

(2) Nach Bedarf können mit Zustimmung des *Reichsministers der Finanzen* weitere sachkundige Mitglieder in den Landesschätzungsbeirat berufen werden.

(3) Der Oberfinanzpräsident kann im Benehmen mit dem zuständigen *Landesbauernführer* die Berufung jederzeit ohne Angabe von Gründen zurücknehmen. An Stelle des ausscheidenden Mitglieds wird ein neues Mitglied berufen.

(4) Der *Reichsminister der Finanzen* kann jederzeit Beauftragte zur Teilnahme an den Arbeiten des Landesschätzungsbeirats entsenden.

(5) Der *Reichsminister der Finanzen* kann auch für mehrere Oberfinanzbezirke einen Landesschätzungsbeirat bilden.

§ 10 Unterausschüsse

Die dem Reichsschätzungsbeirat und den Landesschätzungsbeiräten obliegenden Aufgaben können von den Führern dieser Beiräte auch Unterausschüssen übertragen werden.

§ 11 Schätzungsausschuß

(1) Dem Schätzungsausschuß gehören an:

1. der Vorsteher des Finanzamts oder ein vom Oberfinanzpräsidenten zu bestimmender Beamter des Finanzamts als *Führer* des Schätzungsausschusses,

2. ein Beamter oder Angestellter des Oberfinanzpräsidiums oder Finanzamts mit landwirtschaftlicher Vorbildung als Stellvertreter des *Führers* des Schätzungsausschusses für die technische Durchführung der Bodenschätzung,

3. zwei Mitglieder, die über ausreichende Sachkunde auf dem Gebiet der Landwirtschaft verfügen,

4. ein Beamter oder Angestellter der zuständigen Vermessungsbehörde, es sei denn, daß vermessungstechnische Arbeiten für den Schätzungsausschuß nicht erforderlich sind.

(2) Für die im Absatz 1 Ziffer 3 aufgeführten Mitglieder sind Stellvertreter zu ernennen.

(3) Der Oberfinanzpräsident kann im Benehmen mit dem zuständigen *Landesbauernführer* die Berufung jederzeit ohne Angabe von Gründen zurücknehmen. An Stelle des ausscheidenden Mitglieds wird ein neues Mitglied berufen.

(4) Der *Reichsminister der Finanzen* und der Oberfinanzpräsident können jederzeit Beauftragte zur Teilnahme an den Arbeiten des Schätzungsausschusses entsenden.

(5) Der Oberfinanzpräsident kann auch für mehrere Finanzamtsbezirke oder für Teile mehrerer Finanzamtsbezirke einen Schätzungsausschuß bilden.

Vgl. Erl. zu § 5 BodSchätzG wegen der Fassung.

§ 12 Beistands- und Auskunftspflicht

(1) Die Vorsteher der Gemeinden und die *Ortsbauernführer* sind verpflichtet, die Schätzungsarbeiten nach Kräften zu fördern. Sie haben sich auf Verlangen des *Führers* des Schätzungsausschusses an den Arbeiten zu beteiligen oder einen ortskundigen Stellvertreter zu bestimmen. Ein Anspruch auf Vergütung für diese Tätigkeit besteht nicht.

(2) Behörden, Beleihungsunternehmungen, Eigentümer und Nutzungsberechtigte der Grundstücke sind verpflichtet, den mit den örtlichen Arbeiten zur Durchführung des Bodenschätzungsgesetzes Beauftragten auf Anfordern alle notwendigen Auskünfte zu erteilen. Sie haben insbesondere die in ihrem Besitz befindlichen Pläne, Verzeichnisse u. dgl. den zuständigen Vermessungsbehörden auf Ersuchen vorübergehend zur Verfügung zu stellen.

§ 13 Inkrafttreten

Die vorstehenden Bestimmungen treten mit Wirkung ab 12. Februar 1935 in Kraft.

---

[1] VO über die Zahl der Mitglieder der Landesschätzungsbeiräte vom 28. 5. 1935 (RStBl. S. 772).

5. Verordnung über die Offenlegung der Ergebnisse der Bodenschätzung (BodSchätzOffVO)

Vom 31. Januar 1936

(RGBl. I S. 120)

Auf Grund des § 16 des Bodenschätzungsgesetzes vom 16. Oktober 1934 (Reichsgesetzbl. I S. 1050) in Verbindung mit § 6 Abs. 2 der Durchführungsbestimmungen zum Bodenschätzungsgesetz vom 12. Februar 1935 (Reichsgesetzbl. I S. 198) wird das Folgende verordnet:

§ 1 Schätzungsergebnisse

Schätzungsergebnisse im Sinne der §§ 9 bis 11 des Bodenschätzungsgesetzes und des § 6 Abs. 1 der Durchführungsbestimmungen zum Bodenschätzungsgesetz sind die Feststellungen, die zur Beschreibung und Kennzeichnung der Bodenflächen nach

1. der Beschaffenheit (Klassen),
2. der Ertragsfähigkeit (Wertzahlen),
3. der Abgrenzung (Klassenflächen, Klassenabschnitte, Sonderflächen)

getroffen und in der Schätzungsreinkarte in Verbindung mit den Schätzungsbüchern für Ackerland und für Grünland niedergelegt sind.

§ 2 Art der Offenlegung

(1) Offengelegt werden die Schätzungsreinkarten und die Schätzungsbücher für Ackerland und für Grünland.

(2) Die offengelegten Karten und Bücher sind vor Beschädigungen und Verlusten zu sichern.

§ 3 Offenlegungsfrist

(1) Die Offenlegungsfrist beträgt einen Monat.

(2) Den Beginn der Offenlegungsfrist bestimmt der Vorsteher des Finanzamts.

(3) Mit dem Ablauf der Offenlegungsfrist treten die gleichen Rechtswirkungen ein, wie wenn am letzten Tag der Offenlegungsfrist ein schriftlicher Feststellungsbescheid bekanntgegeben worden wäre.

§ 4 Ort der Offenlegung

(1) Die Schätzungsergebnisse werden, nach Gemeinden (Teilen von Gemeinden) geordnet, in den Diensträumen des Finanzamts offengelegt. Schätzungsergebnisse von Gebietseinschlüssen (Enklaven) werden zusammen mit den Schätzungsergebnissen der Gemeinde offengelegt, in deren Bezirk der Gebietseinschluß liegt.

(2) Der Vorsteher des Finanzamts kann in geeigneten Fällen auch die Diensträume eines Katasteramts (eines Messungsamts) oder des Bürgermeisters der betreffenden Gemeinde an Stelle der Diensträume des Finanzamts als Ort der Offenlegung bestimmen.

§ 5 Bekanntmachung über die Offenlegung

(1) Der Vorsteher des Finanzamts gibt vor Beginn der Offenlegungsfrist die Art der Offenlegung, Beginn und Ende der Offenlegungsfrist und den Ort der Offenlegung öffentlich bekannt. Er gibt ferner bekannt, welches Rechtsmittel zulässig ist und binnen welcher Frist und bei welcher Behörde es einzulegen ist.

(2) Die öffentliche Bekanntmachung geschieht in der für sonstige Bekanntmachungen des Finanzamts üblichen Weise. Außerdem soll die Bekanntmachung in den Diensträumen des Finanzamts und in den Diensträumen der zuständigen Bürgermeister angeschlagen werden.

§ 6 Rechtswirkungen der Offenlegung

(1) Mit dem Ablauf der Frist für die Einlegung des Rechtsmittels werden die offengelegten Schätzungsergebnisse unanfechtbar, soweit nicht Beschwerde eingelegt ist.

(2) Mehrere Beschwerden, die dieselbe Klassenfläche (Klassenabschnitt, Sonderfläche) betreffen, werden verbunden; Eigentümer von Teilen dieser Klassenfläche (Klassenabschnitt, Sonderfläche), die zur Einlegung der Beschwerde befugt sind, aber keine Beschwerde eingelegt haben, werden zu dem Beschwerdeverfahren von Amts wegen zugezogen. Im Beschwerdeverfahren können nur einheitliche Feststellungen getroffen werden. Die Verfügung und Beschwerdeentscheidungen wirken für und gegen alle Eigentümer, die zu dem Beschwerdeverfahren zugezogen sind. Die Vorschriften in § 219 Abs. 1 Sätze 2 bis 4 der Reichsabgabenordnung gelten sinngemäß.

Anhang II

1. Gesetz zur Reform des Erbschaftsteuer- und Schenkungsteuerrechts[1]

Vom 17. April 1974

(BGBl. I S. 933)

Art. 1. Erbschaftsteuer- und Schenkungsteuergesetz (ErbStG)

I. Steuerpflicht

§ 1 Steuerpflichtige Vorgänge

(1) Der Erbschaftsteuer (Schenkungsteuer) unterliegen

1. der Erwerb von Todes wegen,

2. die Schenkungen unter Lebenden,

3. die Zweckzuwendungen,

4. das Vermögen einer Stiftung, sofern sie wesentlich im Interesse einer Familie oder bestimmter Familien errichtet ist, und eines Vereins, dessen Zweck wesentlich im Interesse einer Familie oder bestimmter Familien auf die Bindung von Vermögen gerichtet ist, in Zeitabständen von je 30 Jahren seit dem in § 9 Abs. 1 Nr. 4 bestimmten Zeitpunkt.

(2) Soweit nichts anderes bestimmt ist, gelten die Vorschriften dieses Gesetzes über die Erwerbe von Todes wegen auch für Schenkungen und Zweckzuwendungen, die Vorschriften über Schenkungen auch für Zweckzuwendungen unter Lebenden.

§ 2 Persönliche Steuerpflicht

(1) Die Steuerpflicht tritt ein

1. in den Fällen des § 1 Abs. 1 Nr. 1 bis 3, wenn der Erblasser zur Zeit seines Todes, der Schenker zur Zeit der Ausführung der Schenkung oder der Erwerber zur Zeit der Entstehung der Steuer (§ 9) ein Inländer ist, vorbehaltlich des Absatzes 3, für den gesamten Vermögensanfall. Als Inländer gelten

   a) natürliche Personen, die im Inland einen Wohnsitz oder ihren gewöhnlichen Aufenthalt haben;

   b) deutsche Staatsangehörige, die sich nicht länger als fünf Jahre dauernd im Ausland aufgehalten haben, ohne im Inland einen Wohnsitz zu haben;

   c) unabhängig von der Fünfjahresfrist nach Buchstabe b deutsche Staatsangehörige, die

      aa) im Inland weder einen Wohnsitz noch ihren gewöhnlichen Aufenthalt haben und

      bb) zu einer inländischen juristischen Person des öffentlichen Rechts in einem Dienstverhältnis stehen und dafür Arbeitslohn aus einer inländischen öffentlichen Kasse beziehen,

   sowie zu ihrem Haushalt gehörende Angehörige, die die deutsche Staatsangehörigkeit besitzen. Dies gilt nur für Personen, deren Nachlaß oder Erwerb in dem Staat, in dem sie ihren Wohnsitz oder ihren gewöhnlichen Aufenthalt haben, lediglich in einem der Steuerpflicht nach Nummer 3 ähnlichen Umfang zu einer Nachlaß- oder Erbanfallsteuer herangezogen wird;

   d) Körperschaften, Personenvereinigungen und Vermögensmassen, die ihre Geschäftsleitung oder ihren Sitz im Inland haben;

2. in den Fällen des § 1 Abs. 1 Nr. 4, wenn die Stiftung oder der Verein die Geschäftsleitung oder den Sitz im Inland hat;

3. in allen anderen Fällen für den Vermögensanfall, der in Inlandsvermögen im Sinne des § 121 des Bewertungsgesetzes oder in einem Nutzungsrecht an solchen Vermögensgegenständen besteht.

(2) Zum Inland im Sinne dieses Gesetzes gehört auch der der Bundesrepublik Deutschland zustehende Anteil am Festlandsockel, soweit dort Naturschätze des Meeresgrundes und des Meeresuntergrundes erforscht oder ausgebeutet werden.

---

[1] Vgl. die im Anhang **II 3** abgedruckten gleichlautenden Erlasse der obersten Finanzbehörden der Länder betr. Zweifelsfragen bei Anwendung des neuen Erbschaftsteuer- und Schenkungsteuergesetzes vom 20. 12. 1974 (BGBl. I S. 42).

(3) Die Steuerpflicht nach Absatz 1 Nr. 1 und 2 erstreckt sich nicht auf Vermögensgegenstände, die auf das Währungsgebiet der Mark der Deutschen Demokratischen Republik entfallen; das gleiche gilt für Nutzungsrechte an solchen Gegenständen.

§ 3 Erwerb von Todes wegen

(1) Als Erwerb von Todes wegen gilt

1. der Erwerb durch Erbanfall (§ 1922 des Bürgerlichen Gesetzbuches), auf Grund Erbersatzanspruchs (§§ 1934a ff. des Bürgerlichen Gesetzbuchs), durch Vermächtnis (§ 2147 ff. des Bürgerlichen Gesetzbuchs) oder auf Grund eines geltend gemachten Pflichtteilsanspruchs (§§ 2303 ff. des Bürgerlichen Gesetzbuchs);

2. der Erwerb durch Schenkung auf den Todesfall (§ 2301 des Bürgerlichen Gesetzbuchs). Als Schenkung auf den Todesfall gilt auch der auf einem Gesellschaftsvertrag beruhende Übergang des Anteils oder des Teils eines Anteils eines Gesellschafters bei dessen Tod auf die anderen Gesellschafter oder die Gesellschaft, soweit der Wert, der sich für seinen Anteil zur Zeit seines Todes nach § 12 ergibt, Abfindungsansprüche Dritter übersteigt;

3. die sonstigen Erwerbe, auf die die für Vermächtnisse geltenden Vorschriften des bürgerlichen Rechts Anwendung finden;

4. jeder Vermögensvorteil, der auf Grund eines vom Erblasser geschlossenen Vertrages bei dessen Tode von einem Dritten unmittelbar erworben wird.

(2) Als vom Erblasser zugewendet gilt auch

1. der Übergang von Vermögen auf eine vom Erblasser angeordnete Stiftung;

2. was jemand infolge Vollziehung einer vom Erblasser angeordneten Auflage oder infolge Erfüllung einer vom Erblasser gesetzten Bedingung erwirbt, es sei denn, daß eine einheitliche Zweckzuwendung vorliegt;

3. was jemand dadurch erlangt, daß bei Genehmigung einer Zuwendung des Erblassers Leistungen an andere Personen angeordnet oder zur Erlangung der Genehmigung freiwillig übernommen werden;

4. was als Abfindung für einen Verzicht auf den entstandenen Pflichtteilsanspruch oder für die Ausschlagung einer Erbschaft, eines Erbersatzanspruchs oder eines Vermächtnisses gewährt wird;

5. was als Abfindung für ein aufschiebend bedingtes, betagtes oder befristetes Vermächtnis, für das die Ausschlagungsfrist abgelaufen ist, vor dem Zeitpunkt des Eintritts der Bedingung oder des Ereignisses gewährt wird;

6. was als Entgelt für die Übertragung der Anwartschaft eines Nacherben gewährt wird.

§ 4 Fortgesetzte Gütergemeinschaft

(1) Wird die eheliche Gütergemeinschaft beim Tode eines Ehegatten fortgesetzt (§§ 1483 ff. des Bürgerlichen Gesetzbuchs, Artikel 200 des Einführungsgesetzes zum Bürgerlichen Gesetzbuch), so wird dessen Anteil am Gesamtgut so behandelt, wie wenn er ausschließlich den anteilsberechtigten Abkömmlingen angefallen wäre.

(2) Beim Tode eines anteilsberechtigten Abkömmlings gehört dessen Anteil am Gesamtgut zu seinem Nachlaß. Als Erwerber des Anteils gelten diejenigen, denen der Anteil nach § 1490 Satz 2 und 3 des Bürgerlichen Gesetzbuchs zufällt.

§ 5 Zugewinngemeinschaft

(1) Wird der Güterstand der Zugewinngemeinschaft (§ 1363 des Bürgerlichen Gesetzbuchs) durch den Tod eines Ehegatten beendet und der Zugewinn nicht nach § 1371 Abs. 2 des Bürgerlichen Gesetzbuchs ausgeglichen, so gilt beim überlebenden Ehegatten der Betrag, den er im Falle des § 1371 Abs. 2 des Bürgerlichen Gesetzbuchs als Ausgleichsforderung geltend machen könnte, nicht als Erwerb im Sinne des § 3. Soweit der Nachlaß des Erblassers bei der Ermittlung des als Ausgleichsforderung steuerfreien Betrages mit einem höheren Wert als dem nach den steuerlichen Bewertungsgrundsätzen maßgebenden Wert angesetzt worden ist, gilt höchstens der dem Steuerwert des Nachlasses entsprechende Betrag nicht als Erwerb im Sinne des § 3.

(2) Wird der Güterstand der Zugewinngemeinschaft in anderer Weise als durch den Tod eines Ehegatten beendet oder wird der Zugewinn nach § 1371 Abs. 2 des Bürgerlichen Gesetzbuchs ausgeglichen, so gehört die Ausgleichsforderung (§ 1378 des Bürgerlichen Gesetzbuchs) nicht zum Erwerb im Sinne der §§ 3 und 7.

§ 6 Vor- und Nacherbschaft

(1) Der Vorerbe gilt als Erbe.

(2) Bei Eintritt der Nacherbfolge haben diejenigen, auf die das Vermögen übergeht, den Erwerb als vom Vorerben stammend zu versteuern. Auf Antrag ist der Versteuerung das Verhältnis des Nacherben zum Erblasser zugrunde zu legen. Geht in diesem Fall auch eigenes Vermögen des Vorerben auf den Nacherben über, so sind beide Vermögensanfälle hinsichtlich der Steuerklasse getrennt zu behandeln. Für das eigene Vermögen des Vorerben kann ein Freibetrag jedoch nur gewährt werden, soweit der Freibetrag für das der Nacherbfolge unterliegende Vermögen nicht verbraucht ist. Die Steuer ist für jeden Erwerb jeweils nach dem Steuersatz zu erheben, der für den gesamten Erwerb gelten würde.

(3) Tritt die Nacherbfolge nicht durch den Tod des Vorerben ein, so gilt die Vorerbfolge als auflösend bedingter, die Nacherbfolge als aufschiebend bedingter Anfall. In diesem Fall ist dem Nacherben die vom Vorerben entrichtete Steuer abzüglich desjenigen Steuerbetrags anzurechnen, welcher der tatsächlichen Bereicherung des Vorerben entspricht.

(4) Nachvermächtnisse und beim Tode des Beschwerten fällige Vermächtnisse stehen den Nacherbschaften gleich.

§ 7 Schenkungen unter Lebenden

(1) Als Schenkungen unter Lebenden gelten

1. jede freigebige Zuwendung unter Lebenden, soweit der Bedachte durch sie auf Kosten des Zuwendenden bereichert wird;

2. was infolge Vollziehung einer von dem Schenker angeordneten Auflage oder infolge Erfüllung einer einem Rechtsgeschäft unter Lebenden beigefügten Bedingung ohne entsprechende Gegenleistung erlangt wird, es sei denn, daß die einheitliche Zweckzuwendung vorliegt;

3. was jemand dadurch erlangt, daß bei Genehmigung einer Schenkung Leistungen an andere Personen angeordnet oder zur Erlangung der Genehmigung freiwillig übernommen werden;

4. die Bereicherung, die ein Ehegatte bei Vereinbarung der Gütergemeinschaft (§ 1415 des Bürgerlichen Gesetzbuchs) erfährt;

5. was als Abfindung für einen Erbverzicht (§§ 2346 und 2352 des Bürgerlichen Gesetzbuchs) gewährt wird;

6. was durch vorzeitigen Erbausgleich (§ 1934d des Bürgerlichen Gesetzbuchs) erworben wird;

7. was ein Vorerbe dem Nacherben mit Rücksicht auf die angeordnete Nacherbschaft vor ihrem Eintritt herausgibt;

8. der Übergang von Vermögen auf Grund eines Stiftungsgeschäfts unter Lebenden;

9. was bei Aufhebung einer Stiftung oder bei Auflösung eines Vereins, dessen Zweck auf die Bindung von Vermögen gerichtet ist, erworben wird;

10. was als Abfindung für aufschiebend bedingt, betagt oder befristet erworbene Ansprüche, soweit es sich nicht um einen Fall des § 3 Abs. 2 Nr. 5 handelt, vor dem Zeitpunkt des Eintritts der Bedingung oder des Ereignisses gewährt wird.

(2) Im Falle des Absatzes 1 Nr. 7 ist der Versteuerung auf Antrag das Verhältnis des Nacherben zum Erblasser zugrunde zu legen. § 6 Abs. 2 Satz 3 bis 5 gilt entsprechend.

(3) Gegenleistungen, die nicht in Geld veranschlagt werden können, werden bei der Feststellung, ob eine Bereicherung vorliegt, nicht berücksichtigt.

(4) Die Steuerpflicht einer Schenkung wird nicht dadurch ausgeschlossen, daß sie zur Belohnung oder unter einer Auflage gemacht oder in die Form eines lästigen Vertrags gekleidet wird.

(5) Ist Gegenstand der Schenkung eine Beteiligung an einer Personengesellschaft, in deren Gesellschaftsvertrag bestimmt ist, daß der neue Gesellschafter bei Auflösung der Gesellschaft oder im Fall eines vorherigen Ausscheidens nur den Buchwert seines Kapitalanteils erhält, so werden diese Bestimmungen bei der Feststellung der Bereicherung nicht berücksichtigt. Soweit die Bereicherung den Buchwert des Kapitalanteils übersteigt, gilt sie als auflösend bedingt erworben.

(6) Wird eine Beteiligung an einer Personengesellschaft mit einer Gewinnbeteiligung ausgestattet, die insbesondere der Kapitaleinlage, der Arbeits- oder der sonstigen Leistung des Gesellschafters für die Gesellschaft nicht entspricht oder die einem fremden Dritten üblicherweise

nicht eingeräumt würde, so gilt das Über-
maß an Gewinnbeteiligung als selbständige Schenkung, die mit dem Kapitalwert
anzusetzen ist.

(7) Als Schenkung gilt auch der auf
einem Gesellschaftsvertrag beruhende
Übergang des Anteils oder des Teils eines
Anteils eines Gesellschafters bei dessen
Ausscheiden auf die anderen Gesellschafter
oder die Gesellschaft, soweit der Wert, der
sich für seinen Anteil zur Zeit seines Ausscheidens nach § 12 ergibt, den Abfin-
dungsanspruch übersteigt.

§ 8 Zweckzuwendungen

Zweckzuwendungen sind Zuwendungen von Todes wegen oder freigebige Zuwendungen unter Lebenden, die mit der
Auflage verbunden sind, zugunsten eines
bestimmten Zwecks verwendet zu werden, oder die von der Verwendung zugunsten eines bestimmten Zwecks abhängig sind, soweit hierdurch die Bereicherung des Erwerbers gemindert wird.

§ 9 Entstehung der Steuer

(1) Die Steuer entsteht

1. bei Erwerben von Todes wegen mit
dem Tode des Erblassers, jedoch

a) für den Erwerb des unter einer aufschiebenden Bedingung, unter einer
Betagung oder Befristung Bedachten sowie für zu einem Erwerb gehörende aufschiebend bedingte, be-
tagte oder befristete Ansprüche mit
dem Zeitpunkt des Eintritts der Bedingung oder des Ereignisses,

b) für den Erwerb eines geltend gemachten Pflichtteilsanspruchs oder
Erbersatzanspruchs mit dem Zeitpunkt der Geltendmachung,

c) im Falle des § 3 Abs. 2 Nr. 1 mit
dem Zeitpunkt der Genehmigung
der Stiftung,

d) in denen Fällen des § 3 Abs. 2 Nr. 2
mit dem Zeitpunkt der Vollziehung
der Auflage oder der Erfüllung der
Bedingung,

e) in den Fällen des § 3 Abs. 2 Nr. 3
mit dem Zeitpunkt der Genehmigung,

f) in den Fällen des § 3 Abs. 2 Nr. 4 mit
dem Zeitpunkt des Verzichts oder
der Ausschlagung,

g) im Falle des § 3 Abs. 2 Nr. 5 mit
dem Zeitpunkt der Vereinbarung
über die Abfindung,

h) für den Erwerb des Nacherben mit
dem Zeitpunkt des Eintritts der
Nacherbfolge,

i) im Falle des § 3 Abs. 2 Nr. 6 mit
dem Zeitpunkt der Übertragung der
Anwartschaft;

2. bei Schenkungen unter Lebenden mit
dem Zeitpunkt der Ausführung der
Zuwendung;

3. bei Zweckzuwendungen mit dem Zeitpunkt des Eintritts der Verpflichtung
des Beschwerten;

4. in den Fällen des § 1 Abs. 1 Nr. 4 in
Zeitabständen von je 30 Jahren seit dem
Zeitpunkt des ersten Übergangs von
Vermögen auf die Stiftung oder auf
den Verein. Fällt bei Stiftungen oder
Vereinen der Zeitpunkt des ersten
Übergangs von Vermögen auf den
1. Januar 1954 oder auf einen früheren
Zeitpunkt, so entsteht die Steuer erstmals am 1. Januar 1984. Bei Stiftungen
und Vereinen, bei denen die Steuer erstmals am 1. Januar 1984 entsteht, richtet
sich der Zeitraum von 30 Jahren nach
diesem Zeitpunkt.

(2) In den Fällen der Aussetzung der
Versteuerung nach § 25 Abs. 1 Buchstabe
a gilt die Steuer für den Erwerb des belasteten Vermögens als mit dem Zeitpunkt des Erlöschens der Belastung entstanden.

II. Wertermittlung

§ 10 Steuerpflichtiger Erwerb

(1) Als steuerpflichtiger Erwerb gilt die
Bereicherung des Erwerbers, soweit sie
nicht steuerfrei ist (§§ 5, 13, 16, 17 und
18). In den Fällen des § 3 gilt als Bereicherung der Betrag, der sich ergibt, wenn
von dem nach § 12 zu ermittelnden Wert
des gesamten Vermögensanfalls, soweit er
der Besteuerung nach diesem Gesetz unterliegt, die nach den Absätzen 3 bis 9 abzugsfähigen Nachlaßverbindlichkeiten
mit ihrem nach § 12 zu ermittelnden
Wert abgezogen werden. Bei der Zweckzuwendung tritt an die Stelle des Vermögensanfalls die Verpflichtung des Beschwerten. Der steuerpflichtige Erwerb
wird auf volle 100 Deutsche Mark nach
unten abgerundet. In den Fällen des § 1
Abs. 1 Nr. 4 tritt an die Stelle des Vermögensanfalls das Vermögen der Stiftung
oder des Vereins.

(2) Hat der Erblasser die Entrichtung
der von dem Erwerber geschuldeten

Steuer einem anderen auferlegt oder hat der Schenker die Entrichtung der vom Beschenkten geschuldeten Steuer selbst übernommen oder einem anderen auferlegt, so gilt als Erwerb der Betrag, der sich bei einer Zusammenrechnung des Erwerbs nach Absatz 1 mit der aus ihm errechneten Steuer ergibt.

(3) Die infolge des Anfalls durch Vereinigung von Recht und Verbindlichkeit oder von Recht und Belastung erloschenen Rechtsverhältnisse gelten als nicht erloschen.

(4) Die Anwartschaft eines Nacherben gehört nicht zu seinem Nachlaß.

(5) Von dem Erwerb sind, soweit sich nicht aus den Absätzen 6 bis 9 etwas anderes ergibt, als Nachlaßverbindlichkeiten abzugsfähig

1. die vom Erblasser herrührenden Schulden, soweit sie nicht mit einem zum Erwerb gehörenden gewerblichen Betrieb (Anteil an einem Betrieb) in wirtschaftlichem Zusammenhang stehen und bereits nach § 12 Abs. 5 und 6 berücksichtigt worden sind;

2. Verbindlichkeiten aus Vermächtnissen, Auflagen und geltend gemachten Pflichtteilen und Erbersatzansprüchen;

3. die Kosten der Bestattung des Erblassers, die Kosten für ein angemessenes Grabdenkmal und für die übliche Grabpflege sowie die Kosten, die dem Erwerber unmittelbar im Zusammenhang mit der Abwicklung, Regelung oder Verteilung des Nachlasses oder mit der Erlangung des Erwerbs entstehen. Für diese Kosten wird insgesamt ein Betrag von 5000 Deutsche Mark ohne Nachweis abgezogen. Kosten für die Verwaltung des Nachlasses sind nicht abzugsfähig.

(6) Nicht abzugsfähig sind Schulden und Lasten, soweit sie in wirtschaftlichem Zusammenhang mit Vermögensgegenständen stehen, die nicht der Besteuerung nach diesem Gesetz unterliegen. Beschränkt sich die Besteuerung auf einzelne Vermögensgegenstände (§ 2 Abs. 1 Nr. 3, § 19 Abs. 2), so sind nur die damit in wirtschaftlichem Zusammenhang stehenden Schulden und Lasten abzugsfähig. Schulden und Lasten, die mit teilweise befreiten Vermögensgegenständen in wirtschaftlichem Zusammenhang stehen, sind nur mit dem Betrag abzugsfähig, der dem steuerpflichtigen Teil entspricht.

(7) In den Fällen des § 1 Abs. 1 Nr. 4 sind Leistungen an die nach der Stiftungsurkunde oder nach der Vereinssatzung Berechtigten nicht abzugsfähig.

(8) Die von dem Erwerber zu entrichtende eigene Erbschaftsteuer ist nicht abzugsfähig.

(9) Auflagen, die dem Beschwerten selbst zugute kommen, sind nicht abzugsfähig.

§ 11 Bewertungsstichtag

Für die Wertermittlung ist, soweit in diesem Gesetz nichts anderes bestimmt ist, der Zeitpunkt der Entstehung der Steuer maßgebend.

§ 12 Bewertung

(1) Die Bewertung richtet sich, soweit nicht in den Absätzen 2 bis 6 etwas anderes bestimmt ist, nach den Vorschriften des Ersten Teils des Bewertungsgesetzes (Allgemeine Bewertungsvorschriften).

(2) Grundbesitz (§ 20 des Bewertungsgesetzes) und Mineralgewinnungsrechte (§ 100 des Bewertungsgesetzes) sind mit dem Einheitswert anzusetzen, der nach dem Zweiten Teil des Bewertungsgesetzes (Besondere Bewertungsvorschriften) auf den Zeitpunkt festgestellt ist, der der Entstehung der Steuer vorangegangen ist oder mit ihr zusammenfällt.

(3) Gehört zum Erwerb nur ein Teil einer der in Absatz 2 bezeichneten wirtschaftlichen Einheiten, so ist der darauf entfallende Teilbetrag des Einheitswertes maßgebend. Der Teilbetrag ist nach den Grundsätzen des Zweiten Teils des Bewertungsgesetzes und der dazu ergangenen Vorschriften zu ermitteln und erforderlichenfalls gesondert festzustellen (§§ 213 bis 218 der Reichsabgabenordnung).

(4) Wenn für eine wirtschaftliche Einheit der in Absatz 2 bezeichneten Art oder einen Teil davon ein Einheitswert nicht festgestellt ist oder bei der Entstehung der Steuer die Voraussetzungen für eine Wertfortschreibung erfüllt sind, ist der Wert im Zeitpunkt der Entstehung der Steuer maßgebend. Dieser ist für Zwecke der Erbschaftsteuer nach den Grundsätzen des Zweiten Teils des Bewertungsgesetzes und der dazu ergangenen Vorschriften zu ermitteln und gesondert festzustellen (§§ 213 bis 218 der Reichsabgabenordnung). Das gilt auch für Grundstücke im Zustand der Bebau-

ung; § 91 Abs. 2 des Bewertungsgesetzes gilt entsprechend.

(5) Für den Bestand und die Bewertung von Betriebsvermögen mit Ausnahme der Bewertung der Betriebsgrundstücke und der Mineralgewinnungsrechte (Absatz 2) sind die Verhältnisse zur Zeit der Entstehung der Steuer maßgebend. Die Vorschriften der §§ 95 bis 100, 103 bis 105, 108 und 109 Abs. 1 und 4 des Bewertungsgesetzes sind entsprechend anzuwenden. Zum Betriebsvermögen gehörende Wertpapiere, Anteile und Genußscheine von Kapitalgesellschaften sind mit dem nach § 11 oder § 12 des Bewertungsgesetzes ermittelten Wert anzusetzen.

(6) Ausländischer Grundbesitz und ausländisches Betriebsvermögen werden nach § 31 des Bewertungsgesetzes bewertet.

§ 13 Steuerbefreiungen

(1) Steuerfrei bleiben

1. a) Hausrat einschließlich Wäsche und Kleidungsstücke sowie Kunstgegenstände und Sammlungen beim Erwerb durch Personen der Steuerklasse I oder II,
   soweit der Wert insgesamt 40 000 Deutsche Mark nicht übersteigt,
   der übrigen Steuerklassen,
   soweit der Wert insgesamt 10 000 Deutsche Mark nicht übersteigt,

   b) andere bewegliche körperliche Gegenstände, die nicht nach Nummer 2 befreit sind, beim Erwerb durch Personen
   der Steuerklasse I oder II,
   soweit der Wert insgesamt 5 000 Deutsche Mark nicht übersteigt,
   der übrigen Steuerklassen,
   soweit der Wert insgesamt 2 000 Deutsche Mark nicht übersteigt.

   Die Befreiung gilt nicht für Gegenstände, die zum land- und forstwirtschaftlichen Vermögen, zum Grundvermögen oder zum Betriebsvermögen gehören, für Zahlungsmittel, Wertpapiere, Münzen, Edelmetalle, Edelsteine und Perlen;

2. Grundbesitz oder Teile von Grundbesitz, Kunstgegenstände, Kunstsammlungen, wissenschaftliche Sammlungen, Bibliotheken und Archive

   a) mit sechzig vom Hundert ihres Wertes, wenn die Erhaltung dieser Gegenstände wegen ihrer Bedeutung für Kunst, Geschichte oder Wissenschaft im öffentlichen Interesse liegt, die jährlichen Kosten in der Regel die erzielten Einnahmen übersteigen und die Gegenstände in einem den Verhältnissen entsprechenden Umfang den Zwecken der Forschung oder der Volksbildung nutzbar gemacht sind oder werden,

   b) in vollem Umfang, wenn die Voraussetzungen des Buchstaben a erfüllt sind und ferner

   aa) der Steuerpflichtige bereit ist, die Gegenstände den geltenden Bestimmungen der Denkmalspflege zu unterstellen,

   bb) die Gegenstände sich seit mindestens zwanzig Jahren im Besitz der Familie befinden oder in dem Verzeichnis national wertvollen Kulturgutes oder national wertvoller Archive nach dem Gesetz zum Schutz deutschen Kulturgutes gegen Abwanderung vom 6. August 1955 (Bundesgesetzbl. I S. 501) eingetragen sind.

   Die Steuerbefreiung fällt mit Wirkung für die Vergangenheit weg, wenn die Gegenstände innerhalb von zehn Jahren nach dem Erwerb veräußert werden oder die Voraussetzungen für die Steuerbefreiung innerhalb dieses Zeitraumes entfallen;

3. Grundbesitz oder Teile von Grundbesitz, der für Zwecke der Volkswohlfahrt der Allgemeinheit ohne gesetzliche Verpflichtung zur Benutzung zugänglich gemacht ist und dessen Erhaltung im öffentlichen Interesse liegt, wenn die jährlichen Kosten in der Regel die erzielten Einnahmen übersteigen. Die Steuerbefreiung fällt mit Wirkung für die Vergangenheit weg, wenn der Grundbesitz oder Teile des Grundbesitzes innerhalb von zehn Jahren nach dem Erwerb veräußert werden oder die Voraussetzungen für die Steuerbefreiung innerhalb dieses Zeitraumes entfallen;

4. ein Erwerb nach § 1969 des Bürgerlichen Gesetzbuchs;

5. die Befreiung von einer Schuld gegenüber dem Erblasser, sofern die Schuld durch Gewährung von Mitteln zum Zweck des angemessenen Unterhalts oder zur Ausbildung des Bedachten begründet worden ist oder der Erblasser

die Befreiung mit Rücksicht auf die Notlage des Schuldners angeordnet hat und diese auch durch die Zuwendung nicht beseitigt wird. Die Steuerbefreiung entfällt, soweit die Steuer aus der Hälfte einer neben der erlassenen Schuld dem Bedachten anfallenden Zuwendung gedeckt werden kann;

6. ein Erwerb, der Eltern, Adoptiveltern, Stiefeltern oder Großeltern des Erblassers anfällt, sofern der Erwerb zusammen mit dem übrigen Vermögen des Erwerbers 40 000 Deutsche Mark nicht übersteigt und der Erwerber infolge körperlicher oder geistiger Gebrechen und unter Berücksichtigung seiner bisherigen Lebensstellung als erwerbsunfähig anzusehen ist oder durch die Führung eines gemeinsamen Hausstands mit erwerbsunfähigen oder in der Ausbildung befindlichen Abkömmlingen an der Ausübung einer Erwerbstätigkeit gehindert ist. Übersteigt der Wert des Erwerbs zusammen mit dem übrigen Vermögen des Erwerbers den Betrag von 40 000 Deutsche Mark, so wird die Steuer nur insoweit erhoben, als sie aus der Hälfte des die Wertgrenze übersteigenden Betrags gedeckt werden kann;

7. Ansprüche nach folgenden Gesetzen in der jeweils geltenden Fassung:

a) Lastenausgleichsgesetz in der Fassung der Bekanntmachung vom 1. Oktober 1969 (Bundesgesetzbl. I S. 1909), zuletzt geändert durch das Siebenundzwanzigste Gesetz zur Änrung des Lastenausgleichsgesetzes vom 13. Februar 1974 (Bundesgesetzbl. I S. 177), Währungsausgleichsgesetz in der Fassung der Bekanntmachung vom 1. Dezember 1965 (Bundesgesetzbl. I S. 2059), zuletzt geändert durch § 3 des Zwanzigsten Gesetzes zur Änderung des Lastenausgleichsgesetzes vom 15. Juli 1968 (Bundesgesetzbl. I S. 806), Altsparergesetz in der Fassung der Bekanntmachung vom 1. April 1959 (Bundesgesetzbl. I S. 169), zuletzt geändert durch § 3 des Siebzehnten Gesetzes zur Änderung des Lastenausgleichsgesetzes vom 4. August 1964 (Bundesgesetzbl. I S. 585), Flüchtlingshilfegesetz in der Fassung der Bekanntmachung vom 15. Mai 1971 (Bundesgesetzbl. I S. 681), Reparationsschädengesetz vom 12. Februar 1969 (Bundesgesetzbl. I S. 105),

zuletzt geändert durch § 2 des Dreiundzwanzigsten Gesetzes zur Änderung des Lastenausgleichsgesetzes vom 23. Dezember 1970 (Bundesgesetzbl. I S. 1870),

b) Allgemeines Kriegsfolgengesetz vom 5. November 1957 (Bundesgesetzbl. I S. 1747), zuletzt geändert durch das Reparationsschädengesetz vom 12. Februar 1969 (Bundesgesetzbl. I S. 105), Gesetz zur Regelung der Verbindlichkeiten nationalsozialistischer Einrichtungen und der Rechtsverhältnisse an deren Vermögen vom 17. März 1965 (Bundesgesetzbl. I S. 79),

c) Kriegsgefangenenentschädigungsgesetz in der Fassung der Bekanntmachung vom 2. September 1971 (Bundesgesetzbl. I S. 1545), Häftlingshilfegesetz in der Fassung der Bekanntmachung vom 25. Juli 1960 (Bundesgesetzbl. I S. 578);

8. Ansprüche auf Entschädigungsleistungen nach dem Bundesgesetz zur Entschädigung für Opfer der nationalsozialistischen Verfolgung in der Fassung vom 29. Juni 1956 (Bundesgesetzbl. I S. 559) in der jeweils geltenden Fassung;

9. ein steuerpflichtiger Erwerb bis zu 2000 Deutsche Mark, der Personen anfällt, die dem Erblasser unentgeltlich oder gegen unzureichendes Entgelt Pflege oder Unterhalt gewährt haben, soweit das Zugewendete als angemessenes Entgelt anzusehen ist;

10. Vermögensgegenstände, die Eltern oder Voreltern ihren Abkömmlingen durch Schenkung oder Übergabevertrag zugewandt hatten und die an diese Personen von Todes wegen zurückfallen;

11. der Verzicht auf die Geltendmachung des Pflichtteilsanspruchs oder des Erbersatzanspruchs;

12. Zuwendungen unter Lebenden zum Zwecke des angemessenen Unterhalts oder zur Ausbildung des Bedachten;

13. Zuwendungen an Pensions- und Unterstützungskassen, die nach § 3 des Vermögensteuergesetzes steuerfrei sind. Die Befreiung fällt mit Wirkung für die Vergangenheit weg, wenn die Voraussetzungen des § 3 des Vermögensteuergesetzes innerhalb von zehn Jahren nach der Zuwendung entfallen;

14. die üblichen Gelegenheitsgeschenke;

15. Anfälle an den Bund, ein Land oder eine inländische Gemeinde (Gemeindeverband) sowie solche Anfälle, die ausschließlich Zwecken des Bundes, eines Landes oder einer inländischen Gemeinde (Gemeindeverband) dienen;

16. Zuwendungen
    a) an inländische Religionsgesellschaften des öffentlichen Rechts oder an inländische jüdische Kultusgemeinden,
    b) an inländische Körperschaften, Personenvereinigungen und Vermögensmassen, die nach der Satzung, dem Stiftungsgeschäft oder der sonstigen Verfassung und nach ihrer tatsächlichen Geschäftsführung ausschließlich und unmittelbar kirchlichen, gemeinnützigen oder mildtätigen Zwecken dienen. Die Befreiung fällt mit Wirkung für die Vergangenheit weg, wenn die Voraussetzungen für die Anerkennung der Körperschaft, Personenvereinigung oder Vermögensmasse als kirchliche, gemeinnützige oder mildtätige Institution innerhalb von zehn Jahren nach der Zuwendung entfallen und das Vermögen nicht begünstigten Zwecken zugeführt wird;

17. Zuwendungen, die ausschließlich kirchlichen, gemeinnützigen oder mildtätigen Zwecken gewidmet sind, sofern die Verwendung zu dem bestimmten Zweck gesichert ist;

18. Zuwendungen an politische Parteien im Sinne des § 2 des Parteiengesetzes.

(2) Angemessen im Sinne des Absatzes 1 Nr. 5 und 12 ist eine Zuwendung, die den Vermögensverhältnissen und der Lebensstellung des Bedachten entspricht. Eine dieses Maß übersteigende Zuwendung ist in vollem Umfang steuerpflichtig.

(3) Jede Befreiungsvorschrift ist für sich anzuwenden.

III. Berechnung der Steuer

§ 14 Berücksichtigung früherer Erwerbe

(1) Mehrere innerhalb von zehn Jahren von derselben Person anfallende Vermögensvorteile werden in der Weise zusammengerechnet, daß dem letzten Erwerb die früheren Erwerbe nach ihrem früheren Wert zugerechnet werden und von der Steuer für den Gesamtbetrag die Steuer abgezogen wird, welche für die früheren Erwerbe zur Zeit des letzten zu erheben gewesen wäre. Erwerbe, für die sich nach den steuerlichen Bewertungsgrundsätzen kein positiver Wert ergeben hat, bleiben unberücksichtigt.

(2) Die durch jeden weiteren Erwerb veranlaßte Steuer darf nicht mehr betragen als 70 vom Hundert dieses Erwerbs.

§ 15 Steuerklassen

(1) Nach dem persönlichen Verhältnis des Erwerbers zum Erblasser oder Schenker werden die folgenden vier Steuerklassen unterschieden:

Steuerklasse I

1. Der Ehegatte,
2. die Kinder. Als solche gelten
    a) die ehelichen und nichtehelichen Kinder,
    b) die Adoptivkinder und sonstige Personen, denen die rechtliche Stellung ehelicher Kinder zukommt,
    c) die Stiefkinder,
3. die Kinder verstorbener Kinder, jedoch die Kinder der Adoptivkinder nur dann, wenn sich die Wirkungen der Adoption auch auf sie erstrecken.

Steuerklasse II

Die Abkömmlinge der in Steuerklasse I Nr. 2 Genannten, soweit sie nicht zur Steuerklasse I Nr. 3 gehören, jedoch die Abkömmlinge der Adoptivkinder nur dann, wenn sich die Wirkungen der Adoption auch auf die Abkömmlinge erstrecken.

Steuerklasse III

1. Die Eltern und Voreltern,
2. die Adoptiveltern,
3. die Geschwister,
4. die Abkömmlinge ersten Grades von Geschwistern,
5. die Stiefeltern,
6. die Schwiegerkinder,
7. die Schwiegereltern,
8. der geschiedene Ehegatte.

Steuerklasse IV

Alle übrigen Erwerber und die Zweckzuwendungen.

(2) In den Fällen des § 3 Abs. 2 Nr. 1 und des § 7 Abs. 1 Nr. 8 ist der Besteuerung das Verwandtschaftsverhältnis des nach der Stiftungsurkunde entferntest Berechtigten zu dem Erblasser oder Schenker zugrunde zu legen, sofern die Stiftung wesentlich im Interesse einer Familie oder bestimmter Familien im Inland errichtet ist. In den Fällen des § 7 Abs. 1 Nr. 9 gilt als Schenker der Stifter oder derjenige, der das Vermögen auf den Verein übertragen hat; der Besteuerung ist mindestens der Vomhundertsatz der Steuerklasse II zugrunde zu legen. In den Fällen des § 1 Abs. 1 Nr. 4 wird der doppelte Freibetrag nach § 16 Abs. 1 Nr. 2 gewährt; die Steuer ist nach dem Vomhundertsatz der Steuerklasse I zu berechnen, der für die Hälfte des steuerpflichtigen Vermögens gelten würde.

(3) Im Falle des § 2269 des Bürgerlichen Gesetzbuchs und soweit der überlebende Ehegatte an die Verfügung gebunden ist, sind die mit dem verstorbenen Ehegatten näher verwandten Erben und Vermächtnisnehmer als seine Erben anzusehen, soweit sein Vermögen beim Tode des überlebenden Ehegatten noch vorhanden ist. § 6 Abs. 2 Satz 3 bis 5 gilt entsprechend.

§ 16 Freibeträge

(1) Steuerfrei bleibt in den Fällen des § 2 Abs. 1 Nr. 1 der Erwerb

1. des Ehegatten in Höhe von 250000 Deutsche Mark;

2. der übrigen Personen der Steuerklasse I in Höhe von 90000 Deutsche Mark;

3. der Personen der Steuerklasse II in Höhe von 50000 Deutsche Mark;

4. der Personen der Steuerklasse III in Höhe von 10000 Deutsche Mark;

5. der Personen der Steuerklasse IV in Höhe von 3000 Deutsche Mark.

(2) An die Stelle des Freibetrags nach Absatz 1 tritt in den Fällen des § 2 Abs. 1 Nr. 3 ein Freibetrag von 2000 Deutsche Mark.

§ 17 Besonderer Versorgungsfreibetrag

(1) Neben dem Freibetrag nach § 16 Abs. 1 Nr. 1 wird dem überlebenden Ehegatten ein besonderer Versorgungsfreibetrag von 250000 Deutsche Mark gewährt. Der Freibetrag wird bei Ehegatten, denen aus Anlaß des Todes des Erblassers nicht der Erbschaftsteuer unterliegende Versorgungsbezüge zustehen, um den nach § 14 des Bewertungsgesetzes zu ermittelnden Kapitalwert dieser Versorgungsbezüge gekürzt.

(2) Neben dem Freibetrag nach § 16 Abs. 1 Nr. 2 wird Kindern im Sinne der Steuerklasse I Nr. 2 (§ 15 Abs. 1) für Erwerbe von Todes wegen ein besonderer Versorgungsfreibetrag in folgender Höhe gewährt:

1. bei einem Alter bis zu 5 Jahren in Höhe von 50000 Deutsche Mark;

2. bei einem Alter von mehr als 5 bis zu 10 Jahren in Höhe von 40000 Deutsche Mark;

3. bei einem Alter von mehr als 10 bis zu 15 Jahren in Höhe von 30000 Deutsche Mark;

4. bei einem Alter von mehr als 15 bis zu 20 Jahren in Höhe von 20000 Deutsche Mark;

5. bei einem Alter von mehr als 20 Jahren bis zur Vollendung des 27. Lebensjahres in Höhe von 10000 Deutsche Mark.

Übersteigt der steuerpflichtige Erwerb (§ 10) unter Berücksichtigung früherer Erwerbe (§ 14) 150000 Deutsche Mark, so vermindert sich der Freibetrag nach den Nummern 1 bis 5 um den 150000 Deutsche Mark übersteigenden Betrag. Stehen dem Kind aus Anlaß des Todes des Erblassers nicht der Erbschaftsteuer unterliegende Versorgungsbezüge zu, so wird der Freibetrag um den nach § 13 Abs. 1 des Bewertungsgesetzes zu ermittelnden Kapitalwert dieser Versorgungsbezüge gekürzt. Bei der Berechnung des Kapitalwerts ist von der nach den Verhältnissen am Stichtag (§ 11) voraussichtlichen Dauer der Bezüge auszugehen.

§ 18 Mitgliederbeiträge

Beiträge an Personenvereinigungen, die nicht lediglich die Förderung ihrer Mitglieder zum Zweck haben, sind steuerfrei, soweit die einem Mitglied im Kalenderjahr der Vereinigung geleisteten Beiträge 500 Deutsche Mark nicht übersteigen. § 13 Abs. 1 Nr. 16 und 18 bleibt unberührt.

§ 19 Steuersätze

(1) Die Erbschaftsteuer wird nach folgenden Vomhundersätzen erhoben:

Wert des steuerpflichtigen Erwerbs (§ 10) bis einschließlich Deutsche Mark	Vomhundertsatz in der Steuerklasse			
	I	II	III	IV
50 000	3	6	11	20
75 000	3,5	7	12,5	22
100 000	4	8	14	24
125 000	4,5	9	15,5	26
150 000	5	10	17	28
200 000	5,5	11	18,5	30
250 000	6	12	20	32
300 000	6,5	13	21,5	34
400 000	7	14	23	36
500 000	7,5	15	24,5	38
600 000	8	16	26	40
700 000	8,5	17	27,5	42
800 000	9	18	29	44
900 000	9,5	19	30,5	46
1 000 000	10	20	32	48
2 000 000	11	22	34	50
3 000 000	12	24	36	52
4 000 000	13	26	38	54
6 000 000	14	28	40	56
8 000 000	16	30	43	58
10 000 000	18	33	46	60
25 000 000	21	36	50	62
50 000 000	25	40	55	64
100 000 000	30	45	60	67
über 100 000 000	35	50	65	70

(2) Ist im Falle des § 2 Abs. 1 Nr. 1 ein Teil des Vermögens der inländischen Besteuerung auf Grund eines Abkommens zur Vermeidung der Doppelbesteuerung entzogen, so ist die Steuer nach dem Steuersatz zu erheben, der für den ganzen Erwerb gelten würde.

(3) Der Unterschied zwischen der Steuer, die sich bei Anwendung des Absatzes 1 ergibt, und der Steuer, die sich berechnen würde, wenn der Erwerb die letztvorhergehende Wertgrenze nicht überstiegen hätte, wird nur insoweit erhoben, als er

a) bei einem Steuersatz bis zu 30 vom Hundert aus der Hälfte,

b) bei einem Steuersatz über 30 bis zu 50 vom Hundert aus drei Vierteln,

c) bei einem Steuersatz über 50 vom Hundert aus neun Zehnteln

des die Wertgrenze übersteigenden Betrages gedeckt werden kann.

IV. Steuerfestsetzung und Erhebung

§ 20 Steuerschuldner

(1) Steuerschuldner ist der Erwerber, bei einer Schenkung auch der Schenker, bei einer Zweckzuwendung der mit der Ausführung der Zuwendung Beschwerte und in den Fällen des § 1 Abs. 1 Nr. 4 die Stiftung oder der Verein.

(2) Im Falle des § 4 sind die Abkömmlinge im Verhältnis der auf sie entfallenden Anteile, der überlebende Ehegatte für den gesamten Steuerbetrag Steuerschuldner.

(3) Der Nachlaß haftet bis zur Auseinandersetzung (§ 2042 des Bürgerlichen Gesetzbuchs) für die Steuer der am Erbfall Beteiligten.

(4) Der Vorerbe hat die durch die Vorerbschaft veranlaßte Steuer aus den Mitteln der Vorerbschaft zu entrichten.

(5) Hat der Steuerschuldner den Erwerb oder Teile desselben vor Entrichtung der Erbschaftsteuer einem anderen unentgeltlich zugewendet, so haftet der andere in Höhe des Wertes der Zuwendung persönlich für die Steuer.

(6) Versicherungsunternehmen, die vor Entrichtung oder Sicherstellung der Steuer die von ihnen zu zahlende Versicherungssumme oder Leibrente in ein Gebiet außerhalb des Geltungsbereichs dieses Gesetzes zahlen oder außerhalb des Geltungsbereichs dieses Gesetzes wohnhaften Berechtigten zur Verfügung stellen, haften in Höhe des ausgezahlten Betrages für die Steuer. Das gleiche gilt für Personen, in deren Gewahrsam sich Vermögen des Erblassers befindet, soweit sie das Vermögen vorsätzlich oder fahrlässig vor Entrichtung oder Sicherstellung der Steuer in ein Gebiet außerhalb des Geltungsbereichs dieses Gesetzes bringen oder außerhalb des Geltungsbereichs dieses Gesetzes wohnhaften Berechtigten zur Verfügung stellen.

(7) Die Haftung nach Absatz 6 ist nicht geltend zu machen, wenn der in einem Steuerfall in ein Gebiet außerhalb des Geltungsbereichs dieses Gesetzes gezahlte oder außerhalb des Geltungsbereichs dieses Gesetzes wohnhaften Berechtigten zur Verfügung gestellte Betrag 1000 Deutsche Mark nicht übersteigt.

§ 21 Anrechnung ausländischer Erbschaftsteuer

(1) Bei Erwerbern, die in einem ausländischen Staat mit ihrem Auslandsvermögen zu einer der deutschen Erbschaftsteuer entsprechenden Steuer – ausländische Steuer – herangezogen werden, ist in den Fällen des § 2 Abs. 1 Nr. 1, sofern nicht die Vorschriften eines Abkommens zur Vermeidung der Doppelbesteuerung anzuwenden sind, auf Antrag die festgesetzte, auf den Erwerber entfallende, gezahlte und keinem Ermäßigungsanspruch unterliegende ausländische Steuer insoweit auf die deutsche Erbschaftsteuer anzurechnen, als das Auslandsvermögen auch der deutschen Erbschaftsteuer unterliegt. Besteht der Erwerb nur zum Teil aus Auslandsvermögen, so ist der darauf entfallende Teilbetrag der deutschen Erbschaftsteuer in der Weise zu ermitteln, daß die für das steuerpflichtige Gesamtvermögen einschließlich des steuerpflichtigen Auslandsvermögens sich ergebende Erbschaftsteuer im Verhältnis des steuerpflichtigen Auslandsvermögens zum steuerpflichtigen Gesamtvermögen aufgeteilt wird. Ist das Auslandsvermögen in verschiedenen ausländischen Staaten belegen, so ist dieser Teil für jeden einzelnen ausländischen Staat gesondert zu berechnen. Die ausländische Steuer ist nur anrechenbar, wenn die deutsche Erbschaftsteuer für das Auslandsvermögen innerhalb von fünf Jahren seit dem Zeitpunkt der Entstehung der ausländischen Erbschaftsteuer entstanden ist.

(2) Als Auslandsvermögen im Sinne des Absatzes 1 gelten,

1. wenn der Erblasser zur Zeit seines Todes Inländer war: alle Vermögensgegenstände der in § 121 des Bewertungsgesetzes genannten Art, die auf einen ausländischen Staat entfallen, sowie alle Nutzungsrechte an diesen Vermögensgegenständen,

2. wenn der Erblasser zur Zeit seines Todes kein Inländer war: alle Vermögensgegenstände mit Ausnahme des Inlandsvermögens im Sinne des § 121 des Bewertungsgesetzes sowie alle Nutzungsrechte an diesen Vermögensgegenständen.

(3) Der Erwerber hat den Nachweis über die Höhe des Auslandsvermögens und über die Festsetzung und Zahlung der ausländischen Steuer durch Vorlage entsprechender Urkunden zu führen. Sind diese Urkunden in einer fremden Sprache abgefaßt, so kann eine beglaubigte Übersetzung in die deutsche Sprache verlangt werden.

(4) Ist nach einem Abkommen zur Vermeidung der Doppelbesteuerung die in einem ausländischen Staat erhobene Steuer auf die Erbschaftsteuer anzurechnen, so sind die Absätze 1 bis 3 entsprechend anzuwenden.

§ 22 Kleinbetragsgrenze

Von der Festsetzung der Erbschaftsteuer ist abzusehen, wenn die Steuer, die für den einzelnen Steuerfall festzusetzen ist, den Betrag von 50 Deutsche Mark nicht übersteigt.

§ 23 Besteuerung von Renten, Nutzungen und Leistungen

(1) Steuern, die von dem Kapitalwert von Renten oder anderen wiederkehrenden Nutzungen oder Leistungen zu entrichten sind, können nach Wahl des Erwerbers statt vom Kapitalwert jährlich im voraus von dem Jahreswert entrichtet werden. Die Steuer wird in diesem Fall nach dem Steuersatz erhoben, der sich nach § 19 für den gesamten Erwerb einschließlich des Kapitalwerts der Renten oder anderen wiederkehrenden Nutzungen oder Leistungen ergibt.

(2) Der Erwerber hat das Recht, die Jahressteuer zum jeweils nächsten Fälligkeitstermin mit ihrem Kapitalwert abzulösen. Für die Ermittlung des Kapitalwerts im Ablösungszeitpunkt sind die Vorschriften der §§ 13 und 14 des Bewertungsgesetzes anzuwenden. Der Antrag auf Ablösung der Jahressteuer ist spätestens bis zum Beginn des Monats zu stellen, der dem Monat vorausgeht, in dem die nächste Jahressteuer fällig wird.

§ 24 Verrentung der Steuerschuld in den Fällen des § 1 Abs. 1 Nr. 4

In den Fällen des § 1 Abs. 1 Nr. 4 kann der Steuerpflichtige verlangen, daß die Steuer in 30 gleichen jährlichen Teilbeträgen (Jahresbeträgen) zu entrichten ist. Die Summe der Jahresbeträge umfaßt die Tilgung und die Verzinsung der Steuer; dabei ist von einem Zinssatz von 5,5 vom Hundert auszugehen.

§ 25 Aussetzung der Versteuerung

(1) Beim Erwerb von Vermögen, dessen Nutzungen einem anderen als dem

Erwerber zustehen oder das mit einer Rentenverpflichtung oder mit der Verpflichtung zu einer sonstigen Leistung belastet ist, ist die Versteuerung nach der Wahl des Erwerbers

a) bis zum Erlöschen der Belastung, höchstens jedoch zu dem Vomhundertsatz auszusetzen, zu dem der Jahresertrag des Vermögens durch die Belastung gemindert ist oder

b) nach den Verhältnissen im Zeitpunkt des Erwerbs ohne Berücksichtigung dieser Belastungen durchzuführen. In diesem Fall ist die Steuer bis zum Erlöschen der Belastungen insoweit zu stunden, als sie auf den Kapitalwert der Belastungen entfällt; § 127a Abs. 2 der Reichsabgabenordnung findet keine Anwendung.

(2) Geht im Fall des Absatzes 1 Buchstabe a das belastete Vermögen vor dem Erlöschen der Belastung durch Erbfolge auf einen anderen über, so wird die Steuer für diesen Übergang nicht erhoben; vielmehr tritt die gleiche Behandlung ein, wie wenn derjenige, dem das Vermögen zur Zeit des Erlöschens gehört, das Vermögen unmittelbar von dem ursprünglichen Erblasser oder Schenker erworben hätte.

(3) Überträgt der Erwerber im Fall des Absatzes 1 Buchstabe a das belastete Vermögen vor dem Erlöschen der Belastung unentgeltlich, so endet für ihn insoweit die Aussetzung der Versteuerung mit dem Zeitpunkt der Ausführung der Zuwendung. Die Steuer für seinen Erwerb bemißt sich nach dem Wert, der sich für das übertragene Vermögen nach Abzug der Belastung nach Absatz 1 in diesem Zeitpunkt ergibt. Bei der Ermittlung der Belastung nach Absatz 1 kann als Jahreswert der Nutzung höchstens der achtzehnte Teil des Wertes angesetzt werden, der sich nach den Vorschriften des Bewertungsgesetzes für das belastete Vermögen, vermindert um sonstige Belastungen, ergibt, als abzugsfähiger Jahresbetrag der Rente höchstens der Betrag, der dem Verhältnis des Jahreswertes der Rente zum Jahresertrag des belasteten Vermögens entspricht.

(4) Veräußert der Erwerber das belastete Vermögen vor dem Erlöschen der Belastung ganz oder teilweise, so endet insoweit die Aussetzung der Versteuerung oder die Stundung mit dem Zeitpunkt der Veräußerung.

§ 26 Ermäßigung der Steuer bei Aufhebung einer Familienstiftung oder Auflösung eines Vereins

In den Fällen des § 7 Abs. 1 Nr. 9 ist auf die nach § 15 Abs. 2 Satz 2 zu ermittelnde Steuer die nach § 15 Abs. 2 Satz 3 festgesetzte Steuer anteilsmäßig anzurechnen

a) mit 50 vom Hundert, wenn seit der Entstehung der anrechenbaren Steuer nicht mehr als zwei Jahre,

b) mit 25 vom Hundert, wenn seit der Entstehung der anrechenbaren Steuer mehr als zwei Jahre, aber nicht mehr als vier Jahre vergangen sind.

§ 27 Mehrfacher Erwerb desselben Vermögens

(1) Fällt Personen der Steuerklasse I oder II von Todes wegen Vermögen an, das in den letzten zehn Jahren vor dem Erwerb bereits von Personen dieser Steuerklassen erworben worden ist und für das nach diesem Gesetz eine Steuer zu erheben war, so ermäßigt sich der auf dieses Vermögen entfallende Steuerbetrag vorbehaltlich des Absatzes 3 wie folgt:

um vom Hundert	wenn zwischen den beiden Zeitpunkten der Entstehung der Steuer liegen
50	nicht mehr als 1 Jahr
45	mehr als 1 Jahr, aber nicht mehr als 2 Jahre
40	mehr als 2 Jahre, aber nicht mehr als 3 Jahre
35	mehr als 3 Jahre, aber nicht mehr als 4 Jahre
30	mehr als 4 Jahre, aber nicht mehr als 5 Jahre
25	mehr als 5 Jahre, aber nicht mehr als 6 Jahre
20	mehr als 6 Jahre, aber nicht mehr als 8 Jahre
10	mehr als 8 Jahre, aber nicht mehr als 10 Jahre

(2) Zur Ermittlung des Steuerbetrags, der auf das begünstigte Vermögen entfällt, ist die Steuer für den Gesamterwerb in dem Verhältnis aufzuteilen, in dem der Wert des begünstigten Vermögens zu dem Wert des steuerpflichtigen Gesamterwerbs ohne Abzug des dem Erwerber zustehenden Freibetrags steht. Dabei ist der Wert des begünstigten Vermögens um

den früher gewährten Freibetrag oder, wenn dem Erwerber ein höherer Freibetrag zusteht, um diesen höheren Freibetrag zu kürzen. Ist im letzteren Fall der Gesamterwerb höher als der Wert des begünstigten Vermögens, so ist das begünstigte Vermögen um den Teil des höheren Freibetrags zu kürzen, der dem Verhältnis des begünstigten Vermögens zum Gesamterwerb entspricht.

(3) Die Ermäßigung nach Absatz 1 darf den Betrag nicht überschreiten, der sich bei Anwendung der in Absatz 1 genannten Hundertsätze auf die Steuer ergibt, die der Vorerwerber für den Erwerb desselben Vermögens entrichtet hat.

§ 28 Stundung

(1) Gehört zum Erwerb Betriebsvermögen oder land- und fortswirtschaftliches Vermögen, so ist dem Erwerber die darauf entfallende Erbschaftsteuer auf Antrag bis zu sieben Jahren insoweit zu stunden, als dies zur Erhaltung des Betriebs notwendig ist; § 127a Abs. 2 der Reichsabgabenordnung ist anzuwenden. § 127 der Reichsabgabenordnung bleibt unberührt.

(2) Absatz 1 findet in den Fällen des § 1 Abs. 1 Nr. 4 entsprechende Anwendung.

§ 29 Erlöschen der Steuer in besonderen Fällen

(1) Die Steuer erlischt mit Wirkung für die Vergangenheit,

1. soweit ein Geschenk wegen eines Rückforderungsrechts herausgegeben werden mußte;
2. soweit die Herausgabe gemäß § 528 Abs. 1 Satz 2 des Bürgerlichen Gesetzbuchs abgewendet worden ist;
3. soweit in den Fällen des § 5 Abs. 2 unentgeltliche Zuwendungen auf die Ausgleichsforderung angerechnet worden sind (§ 1380 Abs. 1 des Bürgerlichen Gesetzbuchs).

(2) Der Erwerber ist für den Zeitraum, für den ihm die Nutzungen des zugewendeten Vermögens zugestanden haben, wie ein Nießbraucher zu behandeln.

§ 30 Anzeige des Erwerbs

(1) Jeder der Erbschaftsteuer unterliegende Erwerb (§ 1) ist vom Erwerber, bei einer Zweckzuwendung vom Beschwerten binnen einer Frist von drei Monaten nach erlangter Kenntnis von dem Anfall oder von dem Eintritt der Verpflichtung dem für die Verwaltung der Erbschaftsteuer zuständigen Finanzamt anzuzeigen.

(2) Erfolgt der steuerpflichtige Erwerb durch ein Rechtsgeschäft unter Lebenden, so ist zur Anzeige auch derjenige verpflichtet, aus dessen Vermögen der Erwerb stammt.

(3) Einer Anzeige bedarf es nicht, wenn der Erwerb auf einer von einem deutschen Gericht, einem deutschen Notar oder einem deutschen Konsul eröffneten Verfügung von Todes wegen beruht und sich aus der Verfügung das Verhältnis des Erwerbers zum Erblasser unzweifelhaft ergibt. Das gleiche gilt, wenn eine Schenkung unter Lebenden oder eine Zweckzuwendung gerichtlich oder notariell beurkundet ist.

(4) Die Anzeige soll folgende Angaben enthalten:

1. Vorname und Familienname, Beruf, Wohnung des Erblassers oder Schenkers und des Erwerbers,
2. Todestag und Sterbeort des Erblassers oder Zeitpunkt der Ausführung der Schenkung,
3. Gegenstand und Wert des Erwerbs,
4. Rechtsgrund des Erwerbs wie gesetzliche Erbfolge, Vermächtnis, Ausstattung,
5. persönliches Verhältnis des Erwerbers zum Erblasser oder zum Schenker wie Verwandtschaft, Schwägerschaft, Dienstverhältnis,
6. frühere Zuwendungen des Erblassers oder Schenkers an den Erwerber nach Art, Wert und Zeitpunkt der einzelnen Zuwendung.

§ 31 Steuererklärung

(1) Das Finanzamt kann von jedem an einem Erbfall, an einer Schenkung oder an einer Zweckzuwendung Beteiligten ohne Rücksicht darauf, ob er selbst steuerpflichtig ist, die Abgabe einer Erklärung innerhalb einer von ihm zu bestimmenden Frist verlangen. Die Frist muß mindestens einen Monat betragen.

(2) Die Erklärung hat ein Verzeichnis der zum Nachlaß gehörenden Gegenstände und die sonstigen für die Feststellung des Gegenstandes und des Wertes des Erwerbs erforderlichen Angaben zu enthalten.

(3) In den Fällen der fortgesetzten Gütergemeinschaft kann das Finanzamt die Steuererklärung allein von dem überlebenden Ehegatten verlangen.

(4) Sind mehrere Erben vorhanden, so sind sie berechtigt, die Steuererklärung gemeinsam abzugeben. In diesem Fall ist die Steuererklärung von allen Beteiligten zu unterschreiben. Sind an dem Erbfall außer den Erben noch weitere Personen beteiligt, so können diese im Einverständnis mit den Erben in die gemeinsame Steuererklärung einbezogen werden.

(5) Ist ein Testamentsvollstrecker oder Nachlaßverwalter vorhanden, so ist die Steuererklärung von diesem abzugeben. Das Finanzamt kann verlangen, daß die Steuererklärung auch von einem oder mehreren Erben mitunterschrieben wird.

(6) Ist ein Nachlaßpfleger bestellt, so ist dieser zur Abgabe der Steuererklärung verpflichtet.

(7) Das Finanzamt kann verlangen, daß eine Steuererklärung auf einem Vordruck nach amtlich bestimmtem Muster abzugeben ist, in der der Steuerschuldner die Steuer selbst zu berechnen hat. Der Steuerschuldner hat die selbstberechnete Steuer innerhalb eines Monats nach Abgabe der Steuererklärung zu entrichten.

§ 32 Bekanntgabe des Steuerbescheides an Vertreter

(1) In den Fällen des § 31 Abs. 5 ist der Steuerbescheid abweichend von § 91 Abs. 1 der Reichsabgabenordnung dem Testamentsvollstrecker oder Nachlaßverwalter bekanntzugeben. Diese Personen haben für die Bezahlung der Erbschaftsteuer zu sorgen. Auf Verlangen des Finanzamts ist aus dem Nachlaß Sicherheit zu leisten.

(2) In den Fällen des § 31 Abs. 6 ist der Steuerbescheid dem Nachlaßpfleger bekanntzugeben. Absatz 1 Satz 2 und 3 ist entsprechend anzuwenden.

§ 33 Anzeigepflicht der Vermögensverwahrer, Vermögensverwalter und Versicherungsunternehmen

(1) Wer sich geschäftsmäßig mit der Verwahrung oder Verwaltung fremden Vermögens befaßt, hat diejenigen in seinem Gewahrsam befindlichen Vermögensgegenstände und diejenigen gegen ihn gerichteten Forderungen, die beim Tod eines Erblassers zu dessen Vermögen gehörten oder über die dem Erblasser zur Zeit seines Todes die Verfügungsmacht zustand, dem für die Verwaltung der Erbschaftsteuer zuständigen Finanzamt anzuzeigen. Die Anzeige ist zu erstatten:

1. in der Regel:
   innerhalb eines Monats, seitdem der Todesfall dem Verwahrer oder Verwalter bekanntgeworden ist;

2. wenn der Erblasser zur Zeit seines Todes Angehöriger eines ausländischen Staats war und nach einer Vereinbarung mit diesem Staat der Nachlaß einem konsularischen Vertreter auszuhändigen ist:
   spätestens bei der Aushändigung des Nachlasses.

(2) Wer auf den Namen lautende Aktien oder Schuldverschreibungen ausgegeben hat, hat dem Finanzamt von dem Antrag, solche Wertpapiere eines Verstorbenen auf den Namen anderer umzuschreiben, vor der Umschreibung Anzeige zu erstatten.

(3) Versicherungsunternehmen haben, bevor sie Versicherungssummen oder Leibrenten einem anderen als dem Versicherungsnehmer auszahlen oder zur Verfügung stellen, hiervon dem Finanzamt Anzeige zu erstatten.

(4) Zuwiderhandlungen gegen diese Pflichten werden als Steuerordnungswidrigkeit mit Geldbuße geahndet.

§ 34 Anzeigepflicht der Gerichte, Behörden, Beamten und Notare

(1) Die Gerichte, Behörden, Beamten und Notare haben dem für die Verwaltung der Erbschaftsteuer zuständigen Finanzamt Anzeige zu erstatten über diejenigen Beurkundungen, Zeugnisse und Anordnungen, die für die Festsetzung einer Erbschaftsteuer von Bedeutung sein können.

(2) Insbesondere haben anzuzeigen:

1. die Standesämter:
   die Sterbefälle;

2. die Gerichte und die Notare:
   die Erteilung von Erbscheinen, Testamentsvollstreckerzeugnissen und Zeugnissen über die Fortsetzung der Gütergemeinschaft, die Beschlüsse über Todeserklärungen sowie die Anordnung von Nachlaßpflegschaften und Nachlaßverwaltungen;

3. die Gerichte, die Notare und die deutschen Konsuln:

die eröffneten Verfügungen von Todes wegen, die abgewickelten Erbauseinandersetzungen, die beurkundeten Vereinbarungen der Gütergemeinschaft und die beurkundeten Schenkungen und Zweckzuwendungen.

§ 35 Örtliche Zuständigkeit

(1) Örtlich zuständig für die Steuerfestsetzung ist in den Fällen, in denen der Erblasser zur Zeit seines Todes oder der Schenker zur Zeit der Ausführung der Zuwendung ein Inländer war, das Finanzamt, das sich sinngemäß aus Anwendung des § 73a der Reichsabgabenordnung ergibt. Im Fall der Steuerpflicht nach § 2 Abs. 1 Nr. 1 Buchstaben b und c richtet sich die Zuständigkeit nach dem letzten inländischen Wohnsitz oder gewöhnlichen Aufenthalt des Erblassers oder Schenkers.

(2) Die örtliche Zuständigkeit bestimmt sich nach den Verhältnissen des Erwerbers, bei Zweckzuwendungen nach den Verhältnissen des Beschwerten, zur Zeit des Erwerbs, wenn

1. bei einer Schenkung unter Lebenden der Erwerber, bei einer Zweckzuwendung unter Lebenden der Beschwerte, eine Körperschaft, Personenvereinigung oder Vermögensmasse ist, oder

2. der Erblasser zur Zeit seines Todes oder der Schenker zur Zeit der Ausführung der Zuwendung kein Inländer war. Sind an einem Erbfall mehrere inländische Erwerber mit Wohnsitz oder gewöhnlichem Aufenthalt in verschiedenen Finanzamtsbezirken beteiligt, so ist das Finanzamt örtlich zuständig, das zuerst mit der Sache befaßt wird.

(3) Bei Schenkungen und Zweckzuwendungen unter Lebenden von einer Erbengemeinschaft ist das Finanzamt zuständig, das für die Bearbeitung des Erbfalls zuständig ist oder sein würde.

(4) In den Fällen des § 2 Abs. 1 Nr. 3 ist das Finanzamt örtlich zuständig, das sich bei sinngemäßer Anwendung des § 73a Abs. 5 der Reichsabgabenordnung ergibt.

V. Ermächtigungs- und Schlußvorschriften

§ 36 Ermächtigungen

(1) Die Bundesregierung wird ermächtigt, mit Zustimmung des Bundesrates

1. zur Durchführung dieses Gesetzes Rechtsverordnungen zu erlassen, soweit dies zur Wahrung der Gleichmäßigkeit bei der Besteuerung, zur Beseitigung von Unbilligkeiten in Härtefällen oder zur Vereinfachung des Besteuerungsverfahrens erforderlich ist, und zwar über

   a) die Abgrenzung der Steuerpflicht,

   b) die Feststellung und die Bewertung des Erwerbs von Todes wegen, der Schenkungen unter Lebenden und der Zweckzuwendungen, auch soweit es sich um den Inhalt von Schließfächern handelt,

   c) die Steuerfestsetzung, die Anwendung der Tarifvorschriften und die Steuerentrichtung,

   d) die Anzeige- und Erklärungspflicht der Steuerpflichtigen,

   e) die Anzeige-, Mitteilungs- und Übersendungspflichten der Gerichte, Behörden, Beamten und Notare, der Versicherungsunternehmen, der Vereine und Berufsverbände, die mit einem Versicherungsunternehmen die Zahlung einer Versicherungssumme für den Fall des Todes ihrer Mitglieder vereinbart haben, der geschäftsmäßigen Verwahrer und Verwalter fremden Vermögens, auch soweit es sich um in ihrem Gewahrsam befindliche Vermögensgegenstände des Erblassers handelt, sowie derjenigen, die auf den Namen lautende Aktien oder Schuldverschreibungen ausgegeben haben;

2. Vorschriften durch Rechtsverordnung zu erlassen über die sich aus der Aufhebung oder Änderung von Vorschriften dieses Gesetzes ergebenden Rechtsfolgen, soweit dies zur Wahrung der Gleichmäßigkeit der Besteuerung oder zur Beseitigung von Unbilligkeiten in Härtefällen erforderlich ist.

(2) Der Bundesminister der Finanzen wird ermächtigt, den Wortlaut dieses Gesetzes und der zu diesem Gesetz erlassenen Durchführungsverordnung in der jeweils geltenden Fassung mit neuem Datum, unter neuer Überschrift und in neuer Paragraphenfolge bekanntzumachen und dabei Unstimmigkeiten des Wortlauts zu beseitigen.

§ 37 Anwendung

Dieses Gesetz findet mit Ausnahme des § 3 Abs. 1 Nr. 2 Satz 2 auf Erwerbe Anwendung, für welche die Steuer nach dem 31. Dezember 1973 entstanden ist oder entsteht. § 3 Abs. 1 Nr. 2 Satz 2 findet auf Erwerbe Anwendung, für welche die Steuer nach dem 31. Dezember 1974 entstanden ist oder entsteht.

§ 38 Berlin-Klausel

Dieses Gesetz gilt nach Maßgabe des § 12 Abs. 1 des Dritten Überleitungsgesetzes vom 4. Januar 1952 (Bundesgesetzbl. I S. 1) auch im Land Berlin. Rechtsverordnungen, die auf Grund dieses Gesetzes erlassen werden, gelten im Land Berlin nach § 14 des Dritten Überleitungsgesetzes.

§ 39 Inkrafttreten

Dieses Gesetz tritt am 1. Januar 1974 in Kraft.

Art. 2. Sondervorschrift für die Anwendung der Einheitswerte 1964

Während der Geltungsdauer der auf den Wertverhältnissen am 1. Januar 1964 beruhenden Einheitswerte des Grundbesitzes sind Grundstücke (§ 70 des Bewertungsgesetzes) und Betriebsgrundstücke im Sinne des § 99 Abs. 1 Nr. 1 des Bewertungsgesetzes für die Erbschaft- und Schenkungsteuer mit 140 vom Hundert des Einheitswerts anzusetzen. Das gilt entsprechend für die nach § 12 Abs. 3 und 4 des Erbschaftsteuer- und Schenkungsteuergesetzes maßgebenden Werte.

Art. 3. Änderung der Reichsabgabenordnung

. . . . .

Art. 4. Änderung des Außensteuergesetzes

. . . . .

Art. 5. Sonderregelung bei der Vereinbarung der Gütergemeinschaft

§ 7 Abs. 1 Nr. 4 des Erbschaftsteuer- und Schenkungsteuergesetzes ist bei Ehegatten, die auf Grund einseitiger Erklärung nach Artikel 8 I Nr. 3 Abs. 2 des Gesetzes über die Gleichberechtigung von Mann und Frau auf dem Gebiete des bürgerlichen Rechts vom 18. Juni 1957 (Bundesgesetzbl. I S. 609) im Güterstand der Gütertrennung leben, bis zum 31. Dezember 1974 nicht anzuwenden.

Art. 6. Übergangsregelung für vor dem 3. Oktober 1973 abgeschlossene Erbschaftsteuer- und Lastenausgleichsversicherungen

§ 19 des Erbschaftsteuergesetzes in der Fassung der Bekanntmachung vom 1. April 1959 (Bundesgesetzbl. I S. 187)[1] ist auf vor dem 3. Oktober 1973 abgeschlossene Lebensversicherungsverträge bis zum 31. Dezember 1993 weiterhin mit folgender Maßgabe anzuwenden:

Tritt der Tod des Versicherungsnehmers (§ 19 Abs. 1) oder des überlebenden Ehegatten (§ 19 Abs. 2) nach dem 31. Dezember 1973 ein, so mindert sich die Versicherungssumme, soweit sie bei der Feststellung des steuerpflichtigen Erwerbs unberücksichtigt zu lassen ist, für jedes Kalenderjahr 1973 bis zum Eintritt des Versicherungsfalles folgende Kalenderjahr um jeweils 5 vom Hundert.

Art. 7. Sonderregelung bei Auflösung von bestehenden Familienstiftungen und Vereinen

Bei Auflösung einer Stiftung oder eines Vereins im Sinne des § 1 Abs. 1 Nr. 4 des Erbschaftsteuer- und Schenkungsteuergesetzes vor dem 1. Januar 1984 wird der Besteuerung der zuletzt Berechtigten der Vomhundertsatz der Steuerklasse I zugrunde gelegt. Auf Antrag ist die Besteuerung nach § 10 Abs. 2 des Erbschaftsteuergesetzes in der Fassung der Bekanntmachung vom 1. April 1959 (Bundesgesetzbl. I S. 187)[1] durchzuführen.

Art. 8. Aufhebung von Vorschriften

Mit Wirkung ab 1. Januar 1974 werden aufgehoben

---

[1] Abgedruckt im Anhang II Nr. 5.

1. das Erbschaftsteuergesetz in der Fassung der Bekanntmachung vom 1. April 1959 (Bundesgesetzblatt I S. 187), zuletzt geändert durch das Steueränderungsgesetz 1971 vom 23. Dezember 1970 (Bundesgesetzbl. I S. 1856),

2. die §§ 1 bis 4, 15 bis 17 der Erbschaftsteuer-Durchführungsverordnung in der Fassung der Bekanntmachung vom 19. Januar 1962 (Bundesgesetzbl. I S. 22).

Art. 9. Erleichterungen für die Anzeigepflichten der Gerichte, Notare und sonstigen Urkundspersonen

Für die Zeit vom Inkrafttreten dieses Gesetzes bis zum Erlaß einer neuen Erbschaftsteuer-Durchführungsverordnung kann die Übersendung der in § 12 Abs. 1 der Erbschaftsteuer-Durchführungsverordnung in der Fassung der Bekanntmachung vom 19. Januar 1962 (Bundesgesetzbl. I S. 22) erwähnten Abschriften und die Erstattung der dort vorgesehenen Anzeigen sowie die Übersendung einer beglaubigten Abschrift von Schenkungs- und Übergabeverträgen nach § 13 dieser Verordnung abweichend von § 12 Abs. 4 Nr. 1 und § 13 Abs. 4 dieser Verordnung unterbleiben, wenn die Annahme berechtigt ist, daß außer Hausrat einschließlich Wäsche und Kleidungsstücken so-

wie Kunstgegenständen und Sammlungen im Wert von nicht mehr als 10000 Deutsche Mark nur noch anderes Vermögen im reinen Wert von nicht mehr als 3000 Deutsche Mark vorhanden oder Gegenstand der Schenkung ist.

Art. 10. Schlußvorschriften

§ 1 Berlin-Klausel

Dieses Gesetz gilt nach Maßgabe des § 12 Abs. 1 des Dritten Überleitungsgesetzes vom 4. Januar 1952 (Bundesgesetzbl. I S. 1) auch im Land Berlin.

§ 2 Inkrafttreten

Dieses Gesetz tritt mit Wirkung ab 1. Januar 1974 in Kraft.

§ 3 Außerkrafttreten

Artikel 1 §§ 12, 16, 17 und 19 gelten für die Kalenderjahre, in denen Grundstücke (§ 70 des Bewertungsgesetzes) und Betriebsgrundstücke im Sinne des § 99 Abs. 1 Nr. 1 des Bewertungsgesetzes für die Erbschaftsteuer und Schenkungsteuer mit 140 vom Hundert der auf den Wertverhältnissen am 1. Januar 1964 beruhenden Einheitswerte anzusetzen sind.

2. Erbschaftsteuer-Durchführungsverordnung (ErbStDV)*

In der Fassung vom 19. Januar 1962

(BGBl. I S. 22)

Geändert durch Gesetz zur Reform des Erbschaftsteuer- und Schenkungsteuerrechts vom 17. April 1974 (BGBl. I S. 933)

Inhaltsübersicht

* Diese Fassung geht zurück auf die Änderungsverordnung v. 19. 1. 1962 (BGBl. I S. 18), die die ErbStDV der neuen Fassung des ErbStGesetzes und der neueren Entwicklung der Verwaltungspraxis angepaßt hat. Die Änderungen sind infolgedessen nur redaktioneller Natur mit Ausnahme derjenigen von § 2, wo die Haftungsgrenze von bisher 500 DM auf 1000 DM erhöht wurde.

Abschnitt I. Durchführung des Gesetzes

§ 1* Steuerberechnung bei Überschreitungen der Wertgrenzen des § 11 Abs. 5

§ 11 Abs. 2 Buchstabe a des Gesetzes ist sinngemäß anzuwenden, wenn der Einheitswert im Fall des § 11 Abs. 5 des Gesetzes eine der dort bezeichneten Wertgrenzen von 30000 Deutsche Mark oder 80000 Deutsche Mark übersteigt.

§ 2* Erleichterungen des Verfahrens zu § 15 Abs. 6

Die in § 15 Abs. 6 des Gesetzes für Versicherungsunternehmen sowie für Verwahrer und Verwalter fremden Vermögens vorgesehene Haftung ist nicht geltend zu machen, wenn der in einem Steuerfall ins Ausland gezahlte oder ausländischen Berechtigten zur Verfügung gestellte Betrag insgesamt 1000 Deutsche Mark nicht übersteigt.

Abschnitt II. Anmeldepflicht, Erklärungspflicht

§ 3* Anmeldung des Erwerbes

(1) Wer als Steuerschuldner in Betracht kommt, hat nach § 26 Abs. 1 und 2 des Gesetzes den Erwerb dem für die Verwaltung der Erbschaftsteuer zuständigen Finanzamt anzumelden, sofern er nicht nach § 26 Abs. 3 des Gesetzes von der Anmeldung befreit ist.

(2) Die Anmeldung soll folgende Angaben enthalten:

1. Vorname und Familienname, Beruf, Wohnung des Erblassers (Schenkers) und des Erwerbers,

2. Todestag, Sterbeort (Straße, Hausnummer) des Erblassers, bei einer Schenkung unter Lebenden Zeitpunkt der Ausführung der Schenkung,

3. Gegenstand und Wert des Erwerbes,

4. Rechtsgrund des Erwerbes (z. B. gesetzliche Erbfolge, Vermächtnis, Ausstattung),

5. persönliches Verhältnis des Erwerbers zum Erblasser oder zum Schenker (Verwandtschaft, Schwägerschaft, Dienstverhältnis),

6. frühere Zuwendungen des Erblassers (Schenkers) an den Erwerber nach Art, Wert und Zeitpunkt der einzelnen Zuwendung. Auch frühere Ausstattungen, Vermögensübergaben und dergleichen sind anzugeben.

§ 4* Steuererklärung

(1) Das Finanzamt kann von jedem an einem Erbfall, an einer Schenkung oder an einer Zweckzuwendung Beteiligten ohne Rücksicht darauf, ob er selbst steuerpflichtig ist oder nicht, eine Steuererklärung verlangen. Bei einem Erbfall kann das Finanzamt verlangen, daß die Steuererklärung Angaben über den gesamten Nachlaß und dessen Verteilung auf die einzelnen Erwerber enthält. Für die Abgabe der Steuererklärung ist eine Frist von mindestens einem Monat zu gewähren.

(2) Sind Vertreter der Beteiligten Testamentsvollstrecker, Nachlaßpfleger oder Nachlaßverwalter vorhanden, so ist die Steuererklärung in der Regel von ihnen zu verlangen. In diesem Fall kann das Finanzamt fordern, daß die Steuererklärung von dem Erwerber oder bei mehreren Erwerbern von einem oder mehreren von ihnen mitunterschrieben wird.

(3) Bei Schenkungen unter Lebenden hat das Finanzamt die Steuererklärung in der Regel von dem Erwerber zu verlangen. Das Recht, die Steuererklärung von dem Schenker zu verlangen, bleibt unberührt.

(4) Bei Zweckzuwendungen ist die Steuererklärung unbeschadet der Bestimmungen in den Absätzen 2 und 3 Satz 2 vom Beschwerten zu verlangen.

(5) Die Steuererklärung ist unter Verwendung des amtlichen Vordrucks abzugeben.

---

* §§ 1–4 aufgehoben **mit Wirkung ab 1. 1. 1974** durch Gesetz vom 17. 4. 1974 (BGBl. I S. 933).

Das Finanzamt kann im einzelnen Fall davon absehen, die Steuererklärung nach dem Vordruck zu verlangen, wenn die Besteuerungsgrundlagen auf andere Weise festgestellt werden können.

Abschnitt III. Anzeigepflichten

§ 5 Anzeigepflicht der Vermögensverwahrer und der Vermögensverwalter

(1) Wer zur Anzeige über die Verwahrung oder die Verwaltung von Vermögen eines Erblassers verpflichtet ist, hat die Anzeige nach § 187a Abs. 1 der Reichsabgabenordnung dem im Bezirk der zuständigen Oberfinanzdirektion nächstgelegenen für die Verwaltung der Erbschaftsteuer zuständigen Finanzamt in der nach Muster 1 vorgesehenen Form zu erstatten.

(2) Die Anzeigepflicht besteht auch dann, wenn an dem in Verwahrung oder Verwaltung befindlichen Wirtschaftsgut außer dem Erblasser auch noch andere Personen beteiligt sind.

(3) Befinden sich am Todestag des Erblassers bei dem Anzeigepflichtigen Wirtschaftsgüter in Gewahrsam, die vom Erblasser verschlossen oder unter Mitverschluß gehalten wurden (z. B. in Schließfächern), so genügt die Mitteilung, daß ein derartiger Gewahrsam bestand.

(4) Die Anzeige darf nur unterbleiben,

1. wenn es sich um Wirtschaftsgüter handelt, über die der Erblasser nur als Vertreter, Liquidator, Verwalter, Testamentsvollstrecker oder Pfleger die Verfügungsmacht hatte, oder

2. wenn der Wert der anzuzeigenden Wirtschaftsgüter 1000 Deutsche Mark nicht übersteigt.

§ 6 Anzeigepflicht derjenigen, die auf den Namen lautende Aktien oder Schuldverschreibungen ausgegeben haben

Wer auf den Namen lautende Aktien oder Schuldverschreibungen ausgegeben hat, hat unverzüglich nach dem Eingang eines Antrags auf Umschreibung der Aktien oder Schuldverschreibungen eines Verstorbenen dem für die Verwaltung der Erbschaftsteuer zuständigen Finanzamt unter Hinweis auf § 187a Abs. 2 der Reichsabgabenordnung anzuzeigen

1. den Nennbetrag der Aktien oder Schuldverschreibungen,

2. die letzte Anschrift des Erblassers, auf dessen Namen die Wertpapiere lauteten,

3. den Todestag des Erblassers und – wenn dem Anzeigepflichtigen bekannt – das Standesamt, bei dem der Sterbefall beurkundet worden ist,

4. die Anschrift der Person, auf deren Namen die Wertpapiere umgeschrieben werden sollen.

§ 7 Anzeigepflicht der Versicherungsunternehmen

(1) Zu den Versicherungsunternehmen, die Anzeigen nach § 187a Abs. 3 der Reichsabgabenordnung zu erstatten haben, gehören auch die Sterbekassen von Berufsverbänden, Vereinen und anderen Anstalten, soweit sie die Lebens- (Sterbegeld-) oder Leibrenten- Versicherung betreiben. Die Anzeigepflicht besteht auch für Vereine und Berufsverbände, die mit einem Versicherungsunternehmen die Zahlung einer Versicherungssumme (eines Sterbegeldes) für den Fall des Todes ihrer Mitglieder vereinbart haben, wenn der Versicherungsbetrag an die Hinterbliebenen der Mitglieder weitergeleitet wird. Ortskrankenkassen gelten nicht als Versicherungsunternehmen im Sinn der genannten Vorschrift.

(2) Anzuzeigen sind alle Versicherungssummen oder Leibrenten, die einem anderen als dem Versicherungsnehmer auszuzahlen oder zur Verfügung zu stellen sind, mit Ausnahme solcher Versicherungssummen, die auf Grund eines von einem Arbeitgeber für seine Arbeitnehmer abgeschlossenen Versicherungsvertrages bereits zu Lebzeiten des Versicherten (Arbeitnehmers) fällig und an diesen ausgezahlt werden. Zu den Versicherungssummen rechnen insbesondere auch Versicherungsbeträge aus Sterbegeld-, Aussteuer- und ähnlichen Versicherungen.

(3) Die Anzeige nach § 187a Abs. 3 der Reichsabgabenordnung ist dem für die Verwaltung der Erbschaftsteuer zuständigen Finanzamt in der nach Muster 2 vorgesehenen Form zu erstatten. Ist die Feststellung des zuständigen Finanzamts für das Versicherungsunternehmen mit Schwierigkeiten verbunden, so kann dieses die Anzeige dem für seinen Sitz zuständigen Erbschaftsteuer-Finanzamt übersenden.

(4) Die Anzeige darf bei Kapitalversicherungen unterbleiben, wenn der auszuzahlende Betrag 1000 Deutsche Mark nicht übersteigt.

§ 8 Verzeichnis der Standesämter

(1) Die Regierungen der Länder teilen den für ihr Gebiet zuständigen Oberfinanzdirektionen Änderungen des Bestandes oder der Zuständigkeit der Standesämter mit. Von diesen Änderungen geben die Oberfinanzdirektionen den in Betracht kommenden Finanzämtern Kenntnis.

(2) Die Finanzämter geben jedem Standesamt ihres Bezirkes eine Ordnungsnummer; diese ist dem Standesamt mitzuteilen.

§ 9 Anzeigepflicht der Standesämter

(1) Die Standesämter haben für jeden Kalendermonat eine Totenliste nach Muster 3 aufzustellen. In die Totenliste sind einzutragen

1. die Sterbefälle nach der Reihenfolge der Eintragungen in das Sterbebuch,
2. die dem Standesamt sonst bekanntgewordenen Sterbefälle von Personen, die im Ausland, in der Sowjetischen Besatzungszone Deutschlands oder im Sowjetsektor von Berlin verstorben sind und bei ihrem Tode einen Wohnsitz oder ihren gewöhnlichen Aufenthalt oder Vermögen im Bezirk des Standesamtes gehabt haben.

(2) Das Standesamt hat die Totenliste binnen 10 Tagen nach dem Ablauf des Zeitraums, für den sie aufgestellt ist (Absatz 1 Satz 1 und Absatz 3 Nr. 1), nach der in dem Muster vorgeschriebenen Anleitung abzuschließen und dem für die Verwaltung der Erbschaftsteuer zuständigen Finanzamt einzusenden. Dabei ist die Ordnungsnummer anzugeben, die das Finanzamt dem Standesamt zugeteilt hat. Sind in dem vorgeschriebenen Zeitraum Sterbefälle nicht beurkundet worden oder bekanntgeworden, so hat das Standesamt innerhalb von 10 Tagen nach Ablauf des Zeitraums diesem Finanzamt eine Fehlanzeige nach Muster 4 zu übersenden. In der Fehlanzeige ist auch die Nummer der letzten Eintragung in das Sterbebuch anzugeben.

(3) Die Oberfinanzdirektion kann anordnen,

1. daß die Totenliste von einzelnen Standesämtern für einen längeren oder

einen kürzeren Zeitraum als einen Monat aufgestellt wird,
2. daß die Totenliste oder die Fehlanzeige nicht dem für die Verwaltung der Erbschaftsteuer zuständigen Finanzamt, sondern dem Finanzamt eingereicht wird, in dessen Bezirk sich der Sitz des Standesamtes befindet. Dieses Finanzamt hat die Anzeigen an das für die Verwaltung der Erbschaftsteuer zuständige Finanzamt weiterzuleiten.
3. daß die Standesämter statt der Totenlisten die Durchschriften der Eintragungen in das Sterbebuch oder die Durchschriften der Sterbeurkunden an das für die Verwaltung der Erbschaftsteuer zuständige Finanzamt weiterleiten. Dabei ist sicherzustellen, daß diese Urkunden um die Fragen ergänzt werden, die in der Totenliste zusätzlich aufgeführt sind.

§ 10 Anzeigepflicht der Auslandsstellen

Die diplomatischen Vertreter und Konsuln des Bundes haben dem Bundesminister der Finanzen anzuzeigen

1. die von ihnen beurkundeten Sterbefälle von Deutschen,
2. die ihnen sonst bekanntgewordenen Sterbefälle von Deutschen ihres Amtsbezirkes,
3. die ihnen bekannt gewordenen Zuwendungen ausländischer Erblasser oder Schenker an Personen, die im Geltungsbereich dieser Verordnung einen Wohnsitz oder ihren gewöhnlichen Aufenthalt haben.

§ 11 Anzeigepflicht der Gerichte bei Todeserklärungen

(1) Die Gerichte haben dem für die Verwaltung der Erbschaftsteuer zuständigen Finanzamt eine beglaubigte Abschrift der Beschlüsse über die Todeserklärung Verschollener oder über die Feststellung des Todes und der Todeszeit zu übersenden. Wird ein solcher Beschluß angefochten oder seine Aufhebung beantragt, so hat das Gericht dies dem Finanzamt anzuzeigen.

(2) Die Übersendung der in Absatz 1 genannten Abschriften kann bei Erbfällen von Kriegsgefangenen und ihnen gleichgestellten Personen sowie bei Erbfällen von Opfern der nationalsozialistischen Verfolgung unterbleiben, wenn der Zeitpunkt des Todes vor dem 1. Januar 1946 liegt.

§ 12 Anzeigepflicht der Gerichte, Notare und sonstigen Urkundspersonen in Erbfällen

(1) Die Gerichte haben dem für die Verwaltung der Erbschaftsteuer zuständigen Finanzamt eine beglaubigte Abschrift der eröffneten Verfügungen von Todes wegen, der Erbscheine, Testamentsvollstreckerzeugnisse und Zeugnisse über die Fortsetzung von Gütergemeinschaften und der Beschlüsse über die Einleitung einer Nachlaßpflegschaft und Nachlaßverwaltung mit einem Vordruck nach Muster 5 zu übersenden und die Abwicklung von Erbauseinandersetzungen anzuzeigen. War der Erblasser bei seinem Tode verheiratet, so ist – soweit bekannt – auch der Güterstand mitzuteilen, in dem die Ehegatten gelebt haben.

(2) Ferner haben die Gerichte die Höhe und die Zusammensetzung des Nachlasses mitzuteilen, soweit sie ihnen bekanntgeworden sind.

(3) Jede Mitteilung oder Übersendung soll

1. die Anschrift, den Todestag, den Geburtstag und den Sterbeort des Erblassers,

2. das Standesamt, bei dem der Sterbefall beurkundet worden ist, und die Sterbebuchnummer und

3. die Anschrift der Beteiligten, soweit bekannt,

enthalten.

(4) Die Übersendung der in Absatz 1 erwähnten Abschriften und die Erstattung der dort vorgesehenen Anzeigen dürfen unterbleiben,

1. wenn die Annahme berechtigt ist, daß außer Hausrat (einschließlich Wäsche und Kleidungsstücken) im Wert von nicht mehr als 5000 Deutsche Mark nur noch anderer Nachlaß im reinen Wert von nicht mehr als 1000 Deutsche Mark vorhanden ist,

2. bei Erbfällen von Kriegsgefangenen und ihnen gleichgestellten Personen sowie bei Erbfällen von Opfern der nationalsozialistischen Verfolgung, wenn der Zeitpunkt des Todes vor dem 1. Januar 1946 liegt,

3. wenn der Erbschein lediglich zur Geltendmachung von Ansprüchen auf Grund des Lastenausgleichsgesetzes beantragt und dem Ausgleichsamt unmittelbar übersandt worden ist,

4. wenn seit dem Zeitpunkt des Todes des Erblassers mehr als zehn Jahre vergangen sind. Das gilt nicht für die Anzeigen über die Abwicklung von Erbauseinandersetzungen.

(5) Die vorstehenden Vorschriften gelten entsprechend für Notare (Bezirksnotare) und sonstige Urkundspersonen, soweit ihnen Geschäfte des Nachlaßgerichtes übertragen sind.

§ 13 Anzeigepflicht der Gerichte, Notare und sonstigen Urkundspersonen bei Schenkungen und Zweckzuwendungen unter Lebenden

(1) Die Gerichte haben bei der Beurkundung von Schenkungen (§ 3 des Gesetzes) und Zweckzuwendungen unter Lebenden (§ 4 Nr. 2 des Gesetzes) die Beteiligten auf die mögliche Steuerpflicht hinzuweisen und über das persönliche Verhältnis (Verwandtschaftsverhältnis) des Erwerbers zum Schenker und über den Wert der Zuwendung zu befragen, wenn die Urkunde Angaben darüber nicht enthält. Bei einer Zuwendung von Grundbesitz ist der zuletzt festgestellte Einheitswert zu erfragen.

(2) Die Gerichte haben dem für die Verwaltung der Erbschaftsteuer zuständigen Finanzamt eine beglaubigte Abschrift der Urkunde über eine Schenkung oder Zweckzuwendung unter Lebenden alsbald nach der Beurkundung zu übersenden und dabei die besonderen Feststellungen (Absatz 1) mitzuteilen. Anzugeben ist auch der der Kostenberechnung zugrunde gelegte Wert, wenn dieser aus der Urkunde nicht zu ersehen ist. Auf der Urschrift der Urkunde ist zu vermerken, wann und an welches Finanzamt die Abschrift übersandt worden ist.

(3) Die Verpflichtungen nach den Absätzen 1 und 2 erstrecken sich auch auf Urkunden über Rechtsgeschäfte, die zum Teil oder der Form nach entgeltlich sind, aber nach den Umständen, die bei der Beurkundung oder sonst bekanntgeworden sind, eine Schenkung oder Zweckzuwendung unter Lebenden enthalten.

(4) Unterbleiben darf die Übersendung einer beglaubigten Abschrift von Schenkungs- und Übergabeverträgen in Fällen, in denen Gegenstand der Schenkung nur Hausrat (einschließlich Wäsche und Kleidungsstücke) im Wert von nicht mehr als 5000 Deutsche Mark und anderes Ver-

mögen im Wert von nicht mehr als 1 000 Deutsche Mark bildet.

(5) Die vorstehenden Vorschriften gelten entsprechend für Notare (Bezirksnotare) und sonstige Urkundspersonen.

§ 14 Anzeigepflicht der Genehmigungsbehörden

Die Behörden, die Stiftungen oder Zuwendungen von Todes wegen und unter Lebenden an juristische Personen und dergleichen genehmigen, haben der für den Sitz der Behörde zuständigen Oberfinanzdirektion über solche innerhalb eines Kalendervierteljahrs erteilten Genehmigungen unmittelbar nach Ablauf des Vierteljahrs eine Nachweisung zu übersenden. Die Verpflichtung erstreckt sich auch auf Rechtsgeschäfte der in § 13 Abs. 3 bezeichneten Art. In der Nachweisung sind bei jedem Genehmigungsfall anzugeben

1. der Tag der Genehmigung,
2. die Anschriften des Erblassers (Schenkers) und des Erwerbers (bei einer Zweckzuwendung die Anschrift des mit der Durchführung der Zweckzuwendung Beschwerten),
3. die Höhe des Erwerbs (der Zweckzuwendung),
4. bei Erwerb von Todes wegen der Todestag und der Sterbeort des Erblassers,
5. bei Genehmigung einer Stiftung der Name, der Sitz (der Ort der Geschäftsleitung), der Zweck der Stiftung und der Wert des ihr gewidmeten Vermögens,
6. wenn bei der Genehmigung dem Erwerber Leistungen an andere Personen oder zu bestimmten Zwecken auferlegt oder wenn von dem Erwerber solche Leistungen zur Erlangung der Genehmigung freiwillig übernommen werden: Art und Wert der Leistungen, die begünstigten Personen oder Zwecke und das persönliche Verhältnis (Verwandschaftsverhältnis) der begünstigten Personen zum Erblasser (Schenker).

Abschnitt IV. Steuerfestsetzung und Bekanntgabe des Steuerbescheids

§ 15* *Steuerbescheide bei Erbfällen*

(1) *Sind an einem Erbfall mehrere Personen beteiligt, so ist in der Regel ein einheitlicher Steuerbescheid zu erlassen. Er richtet sich gegen alle Beteiligten und erstreckt sich auf die gesamten erbschaftsteuerrechtlichen Auswirkungen, die sich aus dem Erbfall oder im Zusammenhang mit dem Erbfall ergeben.*

(2) *Der einheitliche Steuerbescheid ist einem Erben bekanntzugeben, und zwar ohne Rücksicht darauf, ob der Erbe für seine Person steuerpflichtig ist oder nicht.*

(3) *Die Erben haben dem für die Verwaltung der Erbschaftsteuer zuständigen Finanzamt einen innerhalb des Geltungsbereichs dieser Verordnung wohnenden Vertreter zu benennen, der ermächtigt ist, für alle an dem Erbfall Beteiligten die Steuerbescheide, die dazu ergehenden Rechtsmittelentscheidungen und die mit dem Veranlagungsverfahren oder dem Rechtsmittelverfahren zusammenhängenden sonstigen Verfügungen und Mitteilungen der Finanzbehörden in Empfang zu nehmen. Solange die Erben dem für die Verwaltung der Erbschaftsteuer zuständigen Finanzamt einen solchen Vertreter nicht benannt haben, sind die Finanzbehörden berechtigt, die Steuerbescheide, die Rechtsmittelentscheidungen und die sonstigen Verfügungen oder Mitteilungen einem der Erben mit Wirkung für und gegen alle Erbbeteiligten bekanntzugeben. Auf diese Wirkung ist in den Steuerbescheiden, den Rechtsmittelentscheidungen oder den sonstigen Verfügungen oder Mitteilungen hinzuweisen.*

(4) *Der Bekanntgabe an den Erben steht die Bekanntgabe an den Testamentsvollstrecker, Nachlaßpfleger oder Nachlaßverwalter gleich. Das gilt insbesondere auch für die in den Absätzen 1 und 3 bezeichneten Rechtswirkungen.*

(5) *In Ausnahmefällen kann das Finanzamt gegen alle oder gegen einzelne Erbbeteiligte Teilsteuerbescheide erlassen. Diese beschränken sich auf die erbschaftsteuerlichen Wirkungen, die sich für die einzelnen Erbbeteiligten durch den Erbfall oder in Zusammenhang damit ergeben. Für die Bekanntgabe des Teilsteuerbescheids gelten die allgemeinen Bestimmungen.*

(6) *Die dem einzelnen Erbbeteiligten zustehende Befugnis, über die Höhe seiner Steuerschuld Auskunft vom Finanzamt zu verlangen, wird durch die Absätze 2 bis 4 nicht berührt. Das Finanzamt kann sich darauf beschränken, einen Auszug aus dem Steuerbescheid zu erteilen. Für das Wirksamwerden des Steuerbescheids, insbesondere für den Beginn der Rechtsmittelfrist, ist ausschließlich die Bekanntgabe an den Erben, Vertreter, Testamentsvollstrecker, Nachlaßpfleger oder Nachlaßverwalter maßgebend.*

---

* § 15 aufgehoben mit **Wirkung ab 1. 1. 1974** durch Gesetz vom 17. 4. 1974 (BGBl. I S. 933).

§ 16* *Steuerbescheide bei Schenkungen und bei Zweckzuwendungen*

(1) *Bei Schenkungen unter Lebenden ist der Steuerbescheid in der Regel dem Erwerber bekanntzugeben. Dem Schenker ist der Steuerbescheid bekanntzugeben, wenn er es beantragt, wenn er die Steuer übernommen hat, oder wenn die Einziehung der Steuer vom Beschenkten unmöglich oder aus anderen Gründen unzweckmäßig ist.*

(2) *Bei Zweckzuwendungen von Todes wegen gilt § 15 sinngemäß. Bei Zweckzuwendungen unter Lebenden ist der Steuerbescheid dem Beschwerten bekanntzugeben. Dem Zuwendenden soll der Steuerbescheid bekanntgegeben werden, wenn er es beantragt oder wenn er die Steuer übernommen hat.*

§ 17* *Kleinbetragsgrenze*

Von der Festsetzung der Erbschaftsteuer ist abzusehen, wenn die Steuer, die nach dem Gesetz für den einzelnen Steuerfall festzusetzen ist, den Betrag von 20 Deutsche Mark nicht übersteigt. Die Kleinbetragsgrenze bezieht sich bei Erbfällen auf die Gesamtsteuer aller an dem Erbfall Beteiligten.

Abschnitt V. Schlußbestimmungen

§ 18 Inkrafttreten

(1) Diese Verordnung tritt am Tage nach ihrer Verkündung in Kraft. § 1 gilt jedoch auch schon für Erwerbe, für die die Steuerschuld in der Zeit zwischen dem 1. Januar 1949 und dem Inkrafttreten dieser Verordnung entstanden ist.

(2) Diese Verordnung gilt gemäß § 14 des Gesetzes über die Stellung des Landes Berlin im Finanzsystem des Bundes (Drittes Überleitungsgesetz) vom 4. Januar 1952 (Bundesgesetzbl. I S. 1) auch im Land Berlin.

3. Gleichlautende Erlasse (Entschließung) der obersten Finanzbehörden der Länder betr. Zweifelsfragen bei Anwendung des neuen Erbschaftsteuer- und Schenkungsteuergesetzes

Vom 20. Dezember 1974

(BStBl. 1975 I S. 42)

Zu verschiedenen Zweifelsfragen, die sich bei der Anwendung einzelner Vorschriften des neuen Erbschaftsteuer- und Schenkungsteuergesetzes ergeben haben, nehme ich wie folgt Stellung:

Zu § 3 Abs. 1 Nr. 2 Satz 2 ErbStG

(Gesellschaftsanteil beim Tode eines Gesellschafters)

Nach § 3 Abs. 1 Nr. 2 Satz 2 ErbStG soll der Vermögenserwerb erfaßt werden, der sich beim Tod eines Gesellschafters dadurch ergibt, daß auf Grund des Gesellschaftsvertrags sein Anteil am Gesellschaftsvermögen nicht auf seine Erben, sondern auf die verbleibenden Gesellschafter bzw. die Gesellschaft selbst übergeht und die Abfindung, die diese dafür zu leisten haben, geringer ist als der Steuerwert des Anteils. Dies gilt sowohl für die Beteiligung an einer Personengesellschaft als auch für die Beteiligung an einer Kapitalgesellschaft.

Zu § 5 ErbStG

(Zugewinngemeinschaft)

1. Um nach § 5 Abs. 1 ErbStG die fiktive Ausgleichsforderung zu ermitteln, sind folgende Berechnungen erforderlich:

a) Für jeden Ehegatten ist das Anfangs- und Endvermögen nach Verkehrswerten zu ermitteln. Die Zu- und Abrechnungen nach §§ 1374 ff. BGB sind dabei zu beachten. Bei Überschuldung ist das Vermögen mit 0 DM anzusetzen. War die Ehe schon vor dem 1. 7. 1958 geschlossen, so ist als Anfangsvermögen das an diesem Stichtag vorhandene Vermögen maßgebend (Art. 8 Abschnitt I Nr. 3 und 4 des Gleichberechtigungsgesetzes). Zur Überprüfung der vom überlebenden Ehegatten insoweit gemachten Angaben sind erforderlichenfalls die Steuerakten (Einkommensteuer- und Vermögensteuerakten) heranzuziehen, um festzustellen,

---

* §§ 16, 17 aufgehoben **mit Wirkung ab 1. 1. 1974** durch Gesetz vom 17. 4. 1974 (BGBl. I S. 933).

ob die Angaben den tatsächlichen Gegebenheiten entsprechen können.

Die Vermutungen des § 1377 BGB sind für das Finanzamt widerlegbar, ehevertragliche Vereinbarungen hinsichtlich der Berechnung der Ausgleichsforderung für das Finanzamt nicht bindend.

b) Der Wert des Endvermögens des verstorbenen Ehegatten ist nach steuerlichen Bewertungsgrundsätzen zu ermitteln. Dabei sind alle bei der Ermittlung des Endvermögens berücksichtigten Vermögensgegenstände zu bewerten, auch wenn sie nicht zum steuerpflichtigen Erwerb gehören. Ist der sich danach ergebende Steuerwert des Endvermögens niedriger als der Verkehrswert, so ist für die Berechnung des als Ausgleichsforderung steuerfreien Betrags von diesem niedrigeren Betrag auszugehen. Maßgebend ist danach der Teilbetrag der Ausgleichsforderung, der dem Verhältnis des Steuerwerts zum Verkehrswert des Endvermögens entspricht.

Beispiel:

	beim verstorbenen Ehemann	bei der Ehefrau
Endvermögen	2 000 000	220 000 DM
Anfangsvermögen	400 000	20 000 DM
Zugewinn	1 600 000	200 000 DM

Ausgleichsforderung der der Ehefrau ½
(1 600 000 ./. 200 000 DM) = 700 000 DM

Die Ehefrau ist Alleinerbin.

Das Endvermögen des verstorbenen Ehemanns setzt sich aus den nachstehend aufgeführten Vermögensgegenständen zusammen:

	Verkehrswert	Steuerwert	stpfl. Erwerb vor Abzug d. Freibeträge
OHG-Anteil	1 300 000	1 000 000	1 000 000
Grundbesitz in der Schweiz	300 000	300 000	—
Grundbesitz im Inland	300 000	100 000	100 000
Kunstgegenstände und Hausrat	100 000	100 000	60 000
	2 000 000	1 500 000	1 160 000

(Der Grundbesitz in der Schweiz bleibt beim steuerpflichtigen Erwerb nach dem DBA-Schweiz außer Ansatz, von den Kunstgegenständen bleiben nach § 13 Abs. 1 Nr. 1 ErbStG 40 000 DM steuerfrei.)

Entsprechend dem Verhältnis Steuerwert/Verkehrswert des Nachlasses ist die Ausgleichsforderung mit

$$\frac{700\,000\,\text{DM} \times 1\,500\,000\,\text{DM}}{2\,000\,000\,\text{DM}} = 525\,000\,\text{DM}$$

nach § 5 Abs. 1 ErbStG steuerfrei.

Der steuerpflichtige Erwerb der Ehefrau beträgt, wenn der Versorgungsfreibetrag durch den Kapitalwert steuerfreier Versorgungsbezüge verbraucht ist, 1 160 000 ./. (250 000 + 525 000) = 385 000 DM.

c) Nach dem BGH-Urteil vom 14. 11. 1973 (NJW 1974 S. 137 ff.) stellt die nur nominale Wertsteigerung des Anfangsvermögens eines Ehegatten während der Ehe keinen Zugewinn dar. Von der Anwendung des BGH-Urteils kann für steuerliche Zwecke abgesehen werden. Berechnet der überlebende Ehegatte seinen Zugewinn unter Berücksichtigung des BGH-Urteils, so ist in gleicher Weise auch bei der Berechnung des Zugewinns des verstorbenen Ehegatten zu verfahren.

d) Die Ermittlung der fiktiven Ausgleichsforderung erübrigt sich, wenn von vornherein abzusehen ist, daß der Erwerb des überlebenden Ehegatten einschließlich etwaiger Vorschenkungen (§ 14 ErbStG die persönlichen Freibeträge nicht überschreiten wird.

2. In den Fällen des § 29 Abs. 1 Nr. 3 ErbStG ist die Festsetzung der Steuer für frühere Schenkungen an den überlebenden Ehegatten zu ändern, soweit diese Schenkungen bei der güterrechtlichen Abwicklung der Zugewinngemeinschaft auf die Ausgleichsforderung nach § 5 Abs. 2 ErbStG angerechnet worden sind. Entsprechend ist auch zu verfahren, wenn Schenkungen dieser Art bei der Berechnung der fiktiven Ausgleichsforderung nach § 5 Abs. 1 ErbStG berücksichtigt werden.

Zu § 7 ErbStG

(Schenkungen unter Lebenden)

Zu § 7 Abs. 1 Nr. 4 ErbStG

(Vereinbarung der Gütergemeinschaft)

Nach § 7 Abs. 1 Nr. 4 ErbStG gilt als Schenkung die Bereicherung, die ein Ehegatte bei Vereinbarung der Gütergemeinschaft erfährt. Vom Gesetz wird unterstellt, daß die Bereicherung des weniger vermögenden Ehegatten stets gewollt ist, weil andernfalls die Vereinbarung nicht getroffen worden wäre. Auf das Motiv der Vereinbarung kommt es nicht an. Wegen der Übergangsregelung für die Fälle des Artikels 5 ErbStRG vgl. die Ausführungen zu § 37 ErbStG.

Zu § 7 Abs. 5 ErbStG

(Bedingte Beteiligung an den offenen und stillen Reserven einer Personengesellschaft)

Wird bei der Schenkung eines Anteils für den Fall des Ausscheidens die sog. Buchwertklausel vereinbart, so bleibt dies bei der Feststellung der Bereicherung zunächst unberücksichtigt. Die den Buchwert übersteigende Bereicherung gilt vielmehr als auflösend bedingt erworben. Tritt die Bedingung ein, so kann der Erwerber nach § 5 Abs. 2 BewG eine Berichtigung der Steuerfestsetzung beantragen.

Die Bedingung tritt ein, wenn im Zeitpunkt des Ausscheidens des Gesellschafters der Steuerwert seines Anteils über der Abfindung liegt. Der auflösend bedingte Teil seines Erwerbs entspricht dann dem Steuerwert des bei der Schenkung angesetzten Anteils abzüglich des Buchwerts im Zeitpunkt der Schenkung. Auf Antrag ist in diesem Fall die Steuer zu erstatten, die auf diesen Unterschiedsbetrag entfällt, höchstens jedoch die Steuer, die auf den Unterschiedsbetrag zwischen der Abfindung und dem höheren Steuerwert vom Zeitpunkt des Ausscheidens entfällt. Auf die Identität zwischen den stillen Reserven vom Zeitpunkt der Schenkung und den stillen Reserven vom Zeitpunkt des Ausscheidens des Beschenkten kommt es nicht an.

Beispiel:

a) Buchwert des Anteils z. Z. der Schenkung	1,0 Mio. DM	
Steuerwert des Anteils z. Z. der Schenkung	1,2 Mio. DM	
Unterschiedsbetrag	0,2 Mio. DM	
b) Buchwert des Anteils z. Z. des Ausscheidens (Abfindung)	1,5 Mio. DM	
Steuerwert des Anteils z. Z. des Ausscheidens	2,0 Mio. DM	
Unterschiedsbetrag	0,5 Mio. DM	

Es kann die Steuer erstattet werden, die auf 0,2 Mio. DM entfällt. Würde der Unterschied nach Buchst. b nur 0,12 Mio. DM betragen, so könnte auch die Steuer nur für diesen Betrag erstattet werden.

In dem Steuerbescheid über die Schenkung ist der Buchwert des Anteils vom Zeitpunkt der Schenkung zu vermerken. Liegt er über dem angesetzten Steuerwert, so genügt ein Hinweis, daß die Voraussetzungen des § 7 Abs. 5 ErbStG nicht mehr erfüllt werden können.

Dem Ausscheiden steht die Ausschließung eines Gesellschafters und die Auflösung der Gesellschaft gleich.

Zu § 7 Abs. 6 ErbStG

(Überhöhte Gewinnbeteiligung)

Ist bei den Ertragsteuern eine Entscheidung über das Vorliegen und den Umfang eines überhöhten Gewinnanteils getroffen worden, so ist diese Entscheidung auch hier zu übernehmen. In anderen Fällen ist der Jahreswert des überhöhten Gewinnanteils selbständig zu ermitteln. Soweit bei der Gesellschaft eine Änderung der Ertragsaussichten nicht zu erwarten ist, kann er von dem durchschnittlichen Gewinn der letzten drei Wirtschaftsjahre vor der Schenkung abgeleitet werden.

Für die Berechnung des Kapitalwerts ist, soweit keine anderen Anhaltspunkte für die Laufzeit gegeben sind, davon auszugehen, daß der überhöhte Gewinnanteil dem Bedachten für die Dauer von fünf Jahren in gleichbleibender Höhe zufließen wird.

Zu § 7 Abs. 7 ErbStG

(Gesellschaftsanteil beim Ausscheiden eines Gesellschafters zu Lebzeiten)

§ 7 Abs. 7 ErbStG enthält die Parallelvorschrift zu § 3 Abs. 1 Nr. 2 Satz 2 ErbStG für den Fall des Ausscheidens eines Gesellschafters noch zu seinen Lebzeiten. Auf die Absicht des ausscheidenden Gesellschafters, die verbleibenden Gesellschafter oder die Gesellschaft zu bereichern (Bereicherungswille), kommt es hiernach nicht an. Die Vorschrift findet sowohl bei einem freiwilligen als auch bei einem zwangsweisen Ausscheiden des Gesellschafters Anwendung.

Zu § 10 Abs. 5 Nr. 3 ErbStG

(Pauschbetrag für Nachlaßverbindlichkeiten)

Für die in § 10 Abs. 5 Nr. 3 ErbStG angeführten Nachlaßverbindlichkeiten können insgesamt 5 000 DM als Pauschbetrag abgezogen werden. Sofern höhere Nachlaßverbindlichkeiten der genannten Art angefallen sind, müssen sie nachgewiesen werden.

Der Pauschbetrag bezieht sich auf den gesamten Erbfall und kann demzufolge von den Beteiligten insgesamt auch nur einmal in Anspruch genommen werden. Wenn ein Erwerber Aufwendungen hatte, die sich allein auf die Erlangung seines Erwerbs beziehen und nicht den Nachlaß belasten, können diese neben dem Pauschbetrag selbständig abgezogen werden. Sie müssen jedoch nachgewiesen werden.

Zu § 13 ErbStG

(Steuerbefreiungen)

Zu § 13 Abs. 1 Nr. 10 ErbStG

(Rückfall des geschenkten Vermögens)

Nach § 13 Abs. 1 Nr. 10 ErbStG bleibt der von Todes wegen erfolgende Rückfall von Vermögensgegenständen, die Eltern oder Voreltern ihren Abkömmlingen durch Schenkung zugewendet hatten, an diese Personen steuerfrei. Dies gilt nur, wenn die rückfallenden Vermögensgegenstände dieselben sind wie die seinerzeit zugewendeten Gegenstände. Surrogate erfüllen diese Voraussetzung, wenn sie bei wirtschaftlicher Betrachtungsweise als mit den zugewendeten Vermögensgegenständen noch identisch betrachtet werden können. Das zum früheren Recht ergangene BFH-Urteil vom 25. 3. 1974 (BStBl. II S. 658) kann daher nicht angewendet werden. Wertsteigerungen der geschenkten Vermögensgegenstände, die ausschließlich auf der wirtschaftlichen Entwicklung beruhen, stehen der Steuerfreiheit des Rückfalls nicht entgegen. Hat der Bedachte den Wert der zugewendeten Vermögensgegenstände durch Einsatz von Kapital oder Arbeit erhöht, so ist der hierdurch entstandene Mehrwert allerdings steuerpflichtig.

Zu § 13 Abs. 1 Nr. 13 ErbStG

(Zuwendungen an Pensions- und Unterstützungskassen)

Nach § 13 Abs. 1 Nr. 13 ErbStG sind Zuwendungen an eine vermögensteuerfreie Pensions- oder Unterstützungskasse (§ 3 Abs. 1 Nr. 5 VStG) auch von der Erbschaftsteuer befreit. Ergibt sich für die Pensions- oder Unterstützungskasse eine sog. Überdotierung, so kommt es ab 1975 bzw. 1976 zur partiellen Vermögensteuerpflicht. Hierzu vgl. § 3 Abs. 1 Nr. 5 Satz 2 VStG i. d. F. des Gesetzes zur Verbesserung der betrieblichen Altersversorgung. In diesem Fall sind auch die Zuwendungen in dem gleichen Verhältnis partiell steuerpflichtig. Dabei ist es gleichgültig, ob die Überdotierung gerade durch die Zuwendung oder aus anderen Gründen eingetreten ist. Entsprechend ist auch zu verfahren, wenn es innerhalb von 10 Jahren nach der Zuwendung zu einer Überdotierung und als Folge davon zur partiellen Vermögensteuerpflicht des Pensions- oder Unterstützungskasse kommt.

Zuwendungen des Trägerunternehmens an die Pensions- oder Unterstützungskasse, die als Betriebsausgaben abzugsfähig sind, fallen weder unter § 7 Abs. 1 ErbStG noch unter § 13 Abs. 1 Nr. 13 ErbStG. Die Steuerfreiheit nach dieser Vorschrift hat somit nur Bedeutung für Zuwendungen an eine Pensions- oder Unterstützungskasse, die vom Unternehmer von Todes wegen oder von Dritten unter Lebenden oder von Todes wegen gemacht werden.

Zu § 14 ErbStG

(Berücksichtigung früherer Erwerbe)

In die Zusammenrechnung sind, sofern die Voraussetzungen dafür erfüllt sind, auch Erwerbe aus der Zeit vor 1974 einzubeziehen.

Zu § 17 ErbStG

(Besonderer Versorgungsfreibetrag)

1. Der besondere Versorgungsfreibetrag für den überlebenden Ehegatten und für Kinder wird jeweils um den Kapitalwert der nicht der Erbschaftsteuer unterliegenden Versorgungsbezüge gekürzt. Zu den nicht der Erbschaftsteuer unterliegenden Bezügen gehören insbesondere
   a) Versorgungsbezüge der Hinterbliebenen von Beamten auf Grund der

Beamtengesetze des Bundes und der Länder,

b) Versorgungsbezüge, die den Hinterbliebenen von Angestellten und Arbeitern nach dem AVG, dem Reichsknappschaftsgesetz und der RVO zustehen. Dies gilt auch in den Fällen freiwilliger Weiter- und Höherversicherung,

c) Versorgungsbezüge, die den Hinterbliebenen von Angehörigen der freien Berufe aus einer berufsständischen Pflichtversicherung zustehen,

d) Versorgungsbezüge, die den Hinterbliebenen von Abgeordneten auf Grund der Diätengesetze des Bundes und der Länder zustehen.

Bei der Berechnung des Kapitalwerts der Versorgungsbezüge ist von der Höhe der jährlichen Bruttobezüge auszugehen, die dem Hinterbliebenen unmittelbar nach dem Tod des Erblassers gezahlt werden. Steuerbelastungen können dabei nicht berücksichtigt werden. Das gilt auch für den Lohnsteuerabzug. Spätere Änderungen in der Höhe dieser Bezüge sind nur zu berücksichtigen, wenn sie schon z. Z. des Todes des Erblassers mit Sicherheit vorauszusehen waren. Bei der Ermittlung der jährlichen Bruttoerträge sind zusätzliche Leistungen (z. B. 13. Monatsgehalt) zu berücksichtigen. Anzurechnen sind auch Einmalbeträge (z. B. Sterbegeld), Kapitalabfindungen sowie Leistungen nach § 1303 RVO (Abfindung bei Wiederverheiratung) sowie § 82 AVG (Beitragserstattung bei nicht erfüllter Wartezeit).

2. Die Gewährung eines Versorgungsfreibetrags für Kinder ist u. a. davon abhängig, daß der steuerpflichtige Erwerb 150000 DM nicht übersteigt. Ist der steuerpflichtige Erwerb höher, so ist der Versorgungsfreibetrag um den diese Grenze übersteigenden Betrag zu kürzen.

Der „steuerpflichtige Erwerb" ist mit dem Vermögen identisch, das bereits um die Freibeträge einschließlich des Versorgungsfreibetrags gekürzt ist (§ 10 Abs. 1 ErbStG). Unter diesen Umständen könnten sich bei der genauen Berechnung des Kürzungsbetrags Schwierigkeiten ergeben. Zur Vereinfachung soll deshalb bei der Ermittlung des steuerpflichtigen Vermögens vom Vermögensanfall neben dem persönlichen Freibetrag jeweils noch der volle

Versorgungsfreibetrag abgezogen werden.

Beispiel:

Der Erwerb eines achtjährigen Kindes beträgt vor Abzug der Freibeträge 310000 DM. Es ergibt sich folgende Berechnung: Kürzungsbetrag: 310000 DM — (90000 DM + 40000 DM) — 150000 DM = 30000 DM.

Versorgungsfreibetrag: 40000 DM — 30000 DM = 10000 DM.

Steuerpflichtiger Erwerb: 310000 DM — (90000 DM + 10000 DM) = 210000 DM

Zu § 25 ErbStG

(Aussetzung der Versteuerung)

1. Anwendungsbereich

Die Vorschrift des § 25 ErbStG ist nur anzuwenden bei Renten, Nutzungen und sonstigen wiederkehrenden Leistungen,

a) die unmittelbar im Zusammenhang mit dem Erwerb von Todes wegen oder mit der Schenkung begründet worden sind,

b) die durch eine frühere unentgeltliche Zuwendung begründet worden sind, um die Anwendung des Buchstaben a zu umgehen (z. B. wenn A seiner Ehefrau B den Nießbrauch an einem Grundstück einräumt und anschließend das belastete Grundstück dem Sohn C zuwendet),

c) die bei einem früheren Erwerb von Todes wegen oder bei einer früheren Schenkung begründet sind und deshalb die Versteuerung ausgesetzt worden ist. Diese Fälle sind nach § 25 Abs. 2 bis 4 ErbStG abzuwickeln. Das gilt auch, wenn die Aussetzung der Versteuerung nach § 31 ErbStG a. F. erfolgt ist.

Renten, Nutzungen und sonstige wiederkehrende Leistungen, die nicht unter die Buchst. a bis c fallen, sind wie im Regelfall abzugsfähig.

2. Entgeltliche Geschäfte

Die Anwendung des § 25 Abs. 1 ErbStG setzt voraus, daß ein unter das ErbStG fallender Sachverhalt gegeben ist. Dies trifft bei Erwerben von Todes wegen stets zu, bei Rechtsgeschäften unter Lebenden dagegen nur dann, wenn es sich dabei um eine Schenkung im Sinne des § 7 ErbStG handelt. Dies setzt voraus, daß eine Vermögensübertragung vorliegt, bei der die vom Bedachten zu übernehmenden Belastungen nicht gleichwertig

305

sind, also auch unter Berücksichtigung aller Belastungen immer noch eine Bereicherung des Erwerbers im zivilrechtlichen Sinne verbleibt. Ist danach ein Rechtsgeschäft in vollem Umfang als entgeltlich anzusehen, so ist auch kein unter § 25 Abs. 1 ErbStG fallender Sachverhalt gegeben.

3. Sonstige Leistungen

Als „sonstige Leistungen" im Sinne des § 25 Abs. 1 ErbStG sind ausschließlich „wiederkehrende Leistungen" nach §§ 13 und 14 BewG anzusehen.

4. Ausübung des Wahlrechts

Das Wahlrecht des § 25 Abs. 1 ErbStG enthält für den Erwerber gleichzeitig die Verpflichtung, sich für eine der beiden Besteuerungsarten zu entscheiden. Kommt der Erwerber dieser Verpflichtung nicht nach, so ist ihm anzukündigen, daß das Finanzamt die Versteuerung nach § 25 Abs. 1 Buchst. b ErbStG durchführen wird, sofern er innerhalb einer Frist von einem Monat sein Wahlrecht nicht ausübt.

5. Aussetzung der Versteuerung

a) Bei Renten, Nutzungen und sonstigen wiederkehrenden Leistungen, die den Gesamterwerb belasten, ist die Versteuerung für den Teil des Gesamterwerbs auszusetzen, der dem Verhältnis des Jahreswerts der Renten usw. zum Jahreswert des Ertrags des Gesamterwerbs entspricht.

b) Beziehen sich die Renten, Nutzungen und sonstigen wiederkehrenden Leistungen nur auf einzelne bestimmte Vermögensgegenstände des Erwerbs, so kann auf Antrag auch die Aussetzung der Versteuerung auf diese Vermögensgegenstände beschränkt werden. Ist der Jahreswert der Renten usw. niedriger als der Jahresertrag dieser Vermögensgegenstände, so wird auch die Versteuerung nur für einen entsprechenden Prozentsatz des Werts dieser Vermögensgegenstände ausgesetzt.

c) Erfolgt die Aussetzung der Versteuerung nur für einzelne Vermögensgegenstände oder nur für einen prozentualen Teil derselben oder erfolgt sie für einen prozentualen Teil des gesamten Erwerbs, so bildet der nicht unter die Aussetzung fallende Teil des Erwerbs einen selbständigen Steuerfall, für den die Steuerschuld nach § 9 Abs. 1 ErbStG entsteht.

Die bei Wegfall der Belastung oder in den Fällen des § 25 Abs. 2 bis 4 ErbStG erfolgende Versteuerung des Teils des Erwerbs, für den diese zunächst ausgesetzt worden war, bildet ebenfalls einen selbständigen Steuerfall, für den die Steuerschuld nach § 9 Abs. 2 ErbStG entsteht. Die davon betroffenen Vermögensgegenstände sind bei der Ermittlung des steuerpflichtigen Erwerbs mit dem gleichen Prozentsatz anzusetzen, mit welchem zunächst die Aussetzung der Versteuerung erfolgt war. Im Steuerbescheid, in welchem über die Aussetzung entschieden wird, ist deshalb jeweils auch anzugeben, für welche Vermögensgegenstände und (oder) für welchen Prozentsatz derselben die Versteuerung ausgesetzt worden ist. Im übrigen ist ein Steuerbescheid auch dann zu erlassen, wenn die Versteuerung des ganzen Erwerbs ausgesetzt wird.

Eine Zusammenrechnung mit dem bereits versteuerten Teil des Erwerbs ist nur unter der Voraussetzung des § 14 Abs. 1 ErbStG möglich.

6. Ablösung der gestundeten Steuer

Der nach § 25 Abs. 1 b ErbStG bis zum Erlöschen der Belastung zinslos gestundete Steuerbetrag kann vom Steuerschuldner jederzeit abgelöst werden.

a) Beantragt er die Ablösung dieses Steuerbetrags sogleich bei Abgabe der Steuererklärung, so kommt es für die Ermittlung des Ablösungsbetrags auf die Verhältnisse vom Zeitpunkt der Entstehung der Steuerschuld an. Wird der Antrag später gestellt, so sind die Verhältnisse vom Zeitpunkt der Antragstellung maßgebend.

Der Ablösungsbetrag ist unter Anwendung der Hilfstafel 1 zu § 12 Abs. 3 BewG zu ermitteln. Bei Belastungen, deren Dauer von der Lebenszeit einer Person abhängt, ist als Laufzeit die mittlere Lebenserwartung maßgebend. Sie ergibt sich aus der Tabelle zu Abschnitt 56 Abs. 2 VStR 1974.

b) Ist der Antrag auf Ablösung der Steuer noch vor Erlaß des Steuerbescheids gestellt worden, so ist der Ablösungsbetrag in dem Steuerbescheid auszuweisen. Wird der Antrag erst später gestellt, so ist der Ablösungsbetrag dem Steuerschuldner in einem besonderen Bescheid bekanntzugeben. Dieser Ablösungsbescheid ist wie ein Steuerbescheid zu behandeln.

Der Ablösungsbetrag ist innerhalb einer Frist von einem Monat zu entrichten.

Zu § 27 ErbStG

(Mehrfacher Erwerb desselben Vermögens)

Die Vorschrift ist auch anzuwenden, wenn der Vorerwerb in der Zeit vor 1974 eingetreten ist.

Zu § 28 ErbStG

(Stundung)

Beim Erwerb von Betriebsvermögen und land- und forstwirtschaftlichem Vermögen hat der Erwerber einen Rechtsanspruch auf Stundung der Steuer, soweit dies zur Erhaltung des Betriebs notwendig ist. Betriebsvermögen in diesem Sinne sind auch Anteile an einer Personengesellschaft, nicht jedoch Aktien und Anteile an einer Kapitalgesellschaft.

Bei der Prüfung der Frage, ob durch die sofortige Entrichtung der Erbschaftsteuer der Betrieb gefährdet wird, bleiben Nachlaßverbindlichkeiten des Erwerbers, die nicht zu den Betriebsschulden gehören (z. B. Pflichtteile, Vermächtnisse), außer Betracht. Wird die Erhaltung des Betriebs dadurch gefährdet, daß neben der Erbschaftsteuer in erheblichem Umfang solche Nachlaßverbindlichkeiten zu übernehmen sind, so kann zwar § 28 ErbStG nicht angewendet werden, es kann jedoch eine Stundung nach § 127 AO in Betracht kommen.

Die Vorschriften in § 127 AO bleiben zwar nach § 28 ErbStG unberührt. Von einer Sicherheitsleistung ist jedoch in den Fällen der Stundung nach § 28 ErbStG in der Regel abzusehen.

Zu Art. 6 ErbStRG i. V. mit § 19 ErbStG a. F.

(Erbschaftsteuerversicherungen)

1. Nach Artikel 6 ErbStRG gilt für Erbschaftsteuerversicherungsverträge eine Übergangsregelung. Unter diese Übergangsregelung fallen alle Verträge, für die der Antrag noch vor dem 3. 10. 1973 beim Versicherungsunternehmen eingegangen ist. Daß das Versicherungsunternehmen den Antrag erst nach dem Stichtag angenommen hat, ist unbeachtlich.
2. Ab 1. Januar 1974 mindert sich der Teil der Versicherungssumme, der bei der Feststellung des steuerpflichtigen Erwerbs unberücksichtigt bleibt, für jedes dem Kalenderjahr 1973 bis zum Eintritt des Versicherungsfalls folgende Jahr um 5 v. H. Bei einem Erbfall im Jahre 1974 sind somit nur noch 95 v. H. begünstigt.
3. Begünstigt ist jeweils ein entsprechender Prozentsatz der Versicherungssumme, höchstens jedoch ein entsprechender Prozentsatz der Steuerschuld. Unter diesen Umständen ist es nicht zu beanstanden, wenn das Versicherungsunternehmen nur einen dem begünstigten Prozentsatz entsprechenden Teil der Versicherungssumme an das Finanzamt abführt. Der Restbetrag der Versicherungssumme kann dem durch den Versicherungsvertrag Begünstigten ausgezahlt werden.

Zu § 33 ErbStG

(Anzeigepflicht der Versicherungsunternehmen)

Nach § 7 Abs. 4 ErbStDV in Verbindung mit Artikel 8 ErbStRG darf die Anzeige bei Kapitalversicherungen unterbleiben, wenn der auszuzahlende Betrag 1 000 DM nicht übersteigt. Bis zum Erlaß einer neuen Durchführungsverordnung kann von der Anzeige abgesehen werden, wenn der auszuzahlende Betrag 2 000 DM nicht übersteigt.

Zu § 37 ErbStG

(Anwendung der neuen Vorschriften)

1. Die Vorschriften des neuen Erbschaftsteuergesetzes finden Anwendung auf Erwerbe, bei denen die Steuerschuld nach dem 31. Dezember 1973 entstanden ist. Daß das Ereignis, auf das letztlich der Erwerb zurückgeht, z. B. bei einem aufschiebend bedingten Erwerb (§ 9 Abs. 1 Nr. 1 a ErbStG), noch vor dem Jahre 1974 eingetreten ist, bleibt dabei ohne Bedeutung. In bestimmten Fällen sind die Vorschriften jedoch erstmals auf Erwerbe anzuwenden, bei denen die Steuerschuld nach dem 31. Dezember 1974 entsteht. Dies gilt für
   die Schenkung auf den Todesfall auf Grund gesellschaftsrechtlicher Vereinbarung (§§ 3 Abs. 1 Nr. 2 Satz 2, 37 Satz 2 ErbStG) und
   die Vereinbarung der Gütergemeinschaft in Sonderfällen (vgl. Artikel 5 ErbStRG).

Die Vorschriften über die Erhebung einer Erbersatzsteuer für Familienstiftungen und Familienvereine finden erstmals ab 1. Januar 1984 Anwendung (§§ 1 Abs. 1 Nr. 4, 9 Abs. 1 Nr. 4 ErbStG).

2. Die Vorschriften des Erbschaftsteuergesetzes von 1959 gelten sowohl in materieller als auch in verfahrensrechtlicher Hinsicht für alle Erwerbe weiter, bei denen die Steuerschuld vor dem 1. Januar 1974 eingetreten ist. Sie gelten also sowohl in Fällen, in denen der Erwerb erst nach dem 31. Dezember 1973 veranlagt wird, als auch in Fällen der Berichtigung einer früheren Veranlagung, die erst nach dem 31. Dezember 1973 durchgeführt wird. Auf den Grund der Berichtigung kommt es dabei nicht an. Für Erwerbe, bei denen die Steuerschuld erst nach dem 31. Dezember 1973 entsteht, sind von den Vorschriften des ErbStG 1959 nur noch die Vorschriften des § 19 ErbStG über die Erbschaftsteuerversicherung

(Artikel 6 ErbStRG) und die Vorschriften des § 10 Abs. 2 ErbStG a. F. über die Auflösung von Familienstiftungen (Artikel 7 ErbStRG) anzuwenden.

3. Die Vorschriften des neuen Erbschaftsteuergesetzes sind auf Erwerbe, bei denen die Steuerschuld vor dem 1. Januar 1974 entstanden ist, nicht anzuwenden. Das gilt auch für Vorschriften, wonach eine Befreiung rückwirkend wieder entfallen kann. War z. B. im Jahre 1973 eine steuerfreie Zuwendung an eine Pensions- oder Unterstützungskasse erfolgt (§ 18 Abs. 1 Nr. 16 ErbStG a. F.), so kommt ein rückwirkender Wegfall dieser Steuerfreiheit auch dann nicht in Betracht, wenn nach § 13 Abs. 1 Nr. 13 ErbStG die Voraussetzungen hierfür heute vorliegen würden. In den Fällen des § 30 ErbStG a. F. kann jedoch die Jahressteuer nach § 23 Abs. 2 ErbStG abgelöst werden.

Dieser Erlaß ergeht im Einvernehmen mit den obersten Finanzbehörden der anderen Bundesländer.

Muster 1 (§ 5 ErbStDV)

4. Muster zur Erbschaftsteuer

(Firma) ...., den ..... 19..

Erbschaftsteuer

An das Finanzamt – Erbschaftsteuerstelle –

in ....

Anzeige

über die Verwahrung oder Verwaltung fremden Vermögens (§ 187a Abs. 1 der Reichsabgabenordnung und § 5 der Erbschaftsteuer-Durchführungsverordnung)

2. Erblasser

Name und Vorname ....

Wohnort und Wohnung ....

Todestag .... Sterbeort ....

2. Guthaben und andere Forderungen (auch Gemeinschaftskonten)

Konto Nr.	Nennbetrag am Todestag		Hat der Kontoinhaber mit dem Kreditinstitut vereinbart, daß die Guthaben oder eines derselben mit seinem Tode auf eine bestimmte Person übergehen? Wenn ja, Name und genaue Anschrift dieser Person	Bemerkungen
	DM	Pf.		
1	2		3	4

3. Wertpapiere, Anteile, Genußscheine und dergleichen, auch solche im Gemeinschaftsdepot

Nennbetrag	Zinssatz v. H.	Bezeichnung der Wertpapiere usw.	Kurs am Todestag	Kurswert		Bemerkungen
				DM	Pf.	
1	2	3	4	5		6
*						

4. Der Verstorbene hatte ein – kein – **Schließfach.**

5. Bemerkungen (z. B. über Schulden des Erblassers beim Kreditinstitut):

....

....

(Unterschrift)

* Soweit der freie Raum nicht ausreicht, ist die Rückseite zu benutzen.
Der Ausfüllung der Spalten 1 bis 6 bedarf es nicht, wenn ein Depotauszug beigefügt wird.

309

Erbschaftsteuer   **Muster 2** (§ 7 ErbStDV)

(Firma)   ...., den..... 196..

An das Finanzamt – Erbschaftsteuerstelle –

in ....

Anzeige

über die Auszahlung oder Zurverfügungstellung von Versicherungssummen oder Leibrenten an einen anderen als den Versicherungsnehmer (§ 187 a Abs. 3 der Reichsabgabenordnung und § 7 der Erbschaftsteuer-Durchführungsverordnung).

1. Des **Versicherten**	und des **Versicherungsnehmers** (wenn er ein anderer ist als der Versicherte)
a) Name und Vorname	....
b) Beruf	....
c) Wohnort und Wohnung	....
d) Todestag	
e) Sterbeort	
f) Standesamt und Sterbebuch-Nr.	

2. Versicherungsschein-Nr. ....

3. a) Bei Kapitalversicherung: Auszuzahlender Versicherungsbetrag (einschließlich Dividenden und der gleichen **abzüglich** noch geschuldeter Prämien, vor der Fälligkeit der Versicherungssumme gewährter Darlehen, Vorschüsse und dergleichen
.... DM

   b) Bei Rentenversicherung:

   Jahresbetrag und Dauer der Rente ....

4. Zahlungsempfänger ist ....

   a) als Inhaber des Versicherungsscheins
   b) als Bevollmächtigter, gesetzlicher Vertreter des ....
   ....
   c) als Begünstigter
* d) aus einem anderen Grund (Abtretung, Verpfändung, gesetzliches Erbrecht, Testament und dergleichen) und welchem? ....
   ....

5. Nach der Auszahlungsbestimmung des Versicherungsnehmers, die als Bestandteil des
   Versicherungsvertrages anzusehen ist, ist – sind – bezugsberechtigt: ....
   ....
   ....

6. Bemerkungen: ....
   ....
   ....
   ....
                                                    (Unterschrift)

* Nichtzutreffendes ist zu streichen.

Muster 3 (§ 9 Abs. 1 ErbStDV)

Ordnungsnummer des Standesamts ....

Erbschaftsteuer

Totenliste

des Standesamtsbezirks ....

für den Zeitraum vom .... bis .... einschließlich....

Sitz des Standesamts .... (Post ....).

Anleitung für die Aufstellung und Einsendung der Totenliste

1. Die Totenliste ist für den Zeitraum eines Monats aufzustellen, sofern nicht die Oberfinanzdirektion die Aufstellung für einen kürzeren oder einen längeren Zeitraum angeordnet hat. Sie ist **beim Beginn des Zeitraums** anzulegen. Die einzelnen Sterbefälle sind darin **sofort nach ihrer Beurkundung** einzutragen.

2. In die Totenliste sind aufzunehmen
   a) alle beurkundeten Sterbefälle nach der Reihenfolge der Eintragungen im Sterbebuch,
   b) die dem Standesamt glaubhaft bekanntgewordenen Sterbefälle im Ausland, in der Sowjetischen Besatzungszone Deutschlands oder im Sowjetsektor von Berlin, und zwar von Deutschen und Ausländern, wenn sie beim Tode einen Wohnsitz oder ihren gewöhnlichen Aufenthalt oder Vermögen im Bezirk des Standesamtes hatten.

3. Ausfüllung der Spalten:
   a) Spalte 1 muß **alle Nummern des Sterbebuches** in ununterbrochener Reihenfolge nachweisen. Die Auslassung einzelner Nummern (z. B. bei einer Totgeburt) ist in Spalte 7 zu erläutern. Auch der Sterbefall eines Unbekannten ist in der Totenliste anzugeben.
   b) In den Spalten 5 und 6 ist der Antwort stets der Buchstabe der Frage voranzusetzen auf die sich die Antwort bezieht.
   c) Fragen, über die das Sterbebuch keine Auskunft gibt, sind zu beantworten, soweit sie der Standesbeamte aus eigenem Wissen oder nach Befragen des Anmeldenden beantworten kann.
   d) Bezugnahmen auf vorhergehende Angaben durch „desgl." oder durch Strichzeichen („) usw. zu vermeiden.
   e) Spalte 8 ist nicht auszufüllen.

4. Einlagebogen sind in den Titelbogen einzuheften.

5. Abschluß der Liste:
   a) Die Totenliste ist hinter der letzten Eintragung mit Orts- und Zeitangabe und der Unterschrift des Standesbeamten abzuschließen.
   b) Sind Sterbefälle der unter Nummer 2 Buchstabe b bezeichneten Art nicht bekannt geworden, so ist folgende Bescheinigung zu unterschreiben:
   Im Ausland, in der Sowjetischen Besatzungszone Deutschlands oder im Sowjetsektor von Berlin eingetretene Sterbefälle von Deutschen und Ausländern, die beim Tode einen Wohnsitz oder ihren gewöhnlichen Aufenthalt oder Vermögen im Bezirk des Standesamtes hatten, sind mir nicht bekanntgeworden.

   ....
   Standesbeamter

   c) Binnen **zehn Tagen** nach Ablauf des Zeitraums, für den die Liste aufzustellen ist, ist sie dem Finanzamt einzureichen. Sind in dem Zeitraum Sterbefälle **nicht** anzugeben, so ist dem Finanzamt binnen 10 Tagen nach Ablauf des Zeitraums eine Fehlanzeige nach besonderem Muster zu erstatten.

An das Finanzamt
in ....

(Seite 2)

Nummer des Sterbebuchs	a) Familienname, bei Frauen auch Mädchenname b) Vornamen c) Beruf (bei Ehefrauen und Witwen Beruf des Mannes, bei Witwen ggf. auch ihr Beruf, bei minderjährigen Kindern Beruf des Vaters – der Mutter) d) Wohnort (Straße und Hausnummer). Wenn in der Gemeinde nicht heimisch: Wohnsitz, politischer Bezirk, Land	a) Sterbetag b) Geburtstag c) Geburtsort	Familienstand; bei Verheirateten auch Name und Geburtstag des Ehegatten
	des Verstorbenen		
1	2	3	4

(Seite 3)

Lebten von dem Verstorbenen am Todestag a) Kinder? Wieviele? b) Abkömmlinge von verstorbenen Kindern? Wieviele? c) Eltern oder Geschwister? (Nur ausfüllen, wenn a) und b) verneint wird) d) Sonstige Verwandte oder Verschwägerte? (nur ausfüllen, wenn a) bis c) verneint wird) e) Wer kann Auskunft geben? Zu a) bis e) Name, Beruf und Wohnung angeben	Worin besteht der Nachlaß und welchen Wert hat er? (Kurze Angabe) a) Land- u. forstw. Vermögen (bitte auch Größe der bewirtschafteten Fläche angeben) b) Grundvermögen (bei bebauten Grundstücken bitte Anzahl der Wohnungen angeben) c) Betriebsvermögen (bitte die Art des Betriebes angeben, z. B. Einzelhandelsgeschäft, Großhandel, Handwerksbetrieb, Fabrik) d) Sonstiges Vermögen	Bemerkungen	Nummer und Jahrgang der Steuerliste
5	6	7	8

Muster 4 (§ 9 Abs. 2 ErbStDV)

Ordnungsnummer des Standesamts . . . .

Erbschaftsteuer

Fehlanzeige

Im Standesamtsbezirk . . . .

sind für die Zeit vom . . . . bis . . . . einschließlich

Sterbefälle nicht anzugeben.

Der letzte Sterbefall ist beurkundet im Sterbebuch unter Nr. . . . . .

Im Ausland, in der Sowjetischen Besatzungszone Deutschlands oder im Sowjetsektor von Berlin eingetretene Sterbefälle von Deutschen und von Ausländern, die beim Tode einen Wohnsitz oder ihren gewöhnlichen Aufenthalt oder Vermögen im Bezirk des Standesamtes hatten, sind mir nicht bekanntgeworden.

. . . ., den . . . . 196. . .

. . . .
Standesbeamter

An das Finanzamt – Erbschaftsteuerstelle –

in . . . .

Muster 5 (§ 12 ErbStDV)

Amtsgericht ....

Notariat ...., den ..... 196..

Erbschaftsteuer

Die anliegende... beglaubigte... Abschrift... wird – werden mit folgenden Bemerkungen übersandt:

Erblasser: ....

Beruf: .... Familienstand: ....

Todestag: .... Geburtstag: ....

Wohnung: ....

Sterbeort: .... Standesamt: ....

                                    Sterbebuch-Nr.: ....

Testament – Erbvertrag vom ....

Tag der Eröffnung: ....

Bei Verheirateten – soweit bekannt – Güterstand: ....

Die Gebühr für die   Errichtung – Aufbewahrung – Eröffnung

ist berechnet nach einem ⎧
Wert von   ⎩   .... DM .... DM ....DM

Veränderungen in der Person der Erben, Vermächtnisnehmer, Testamentsvollstrecker usw. (durch Tod, Eintritt eines Ersatzerben, Erbausschlagung, Amtsniederlegung des Testamentsvollstreckers und dergleichen) und Änderungen in den Verhältnissen dieser Personen (Namens-, Berufs-, Wohnungsänderungen und dergleichen)

....

....

ergibt die beiliegende Abschrift der Eröffnungsverhandlung.

Über die Höhe und die Zusammensetzung des Nachlasses ist dem Gericht – Notariat –

folgendes bekanntgeworden: ....

....

An das Finanzamt – Erbschaftsteuerstelle –

in ....

Finanzamt ....

Erbschaftsteuer

Überwachungsliste

Überwachungsliste (Titel)

(Seite 2)

Lfd. Nr.	Der Fall ist übernommen aus der E-S-Liste Nr. Jahrgang	Name, Beruf, Wohnort a) des Erblassers (Schenkers) b) des Erwerbers	Todestag (Tag der Schenkung)	Gegenstand, Grund und Zeitdauer der Überwachung
1	2	3	4	5

sw.

(Seite 3)

a) Name, Anschrift des Hinterlegers b) Bezeichnung der Sicherheit (Art und Höhe) c) Angabe, bei welcher Stelle und unter welcher Buchungsnummer die Sicherheit hinterlegt ist	Tag der erfolgten Wiedervorlage der Akten	Nach vollständiger Erledigung der Überwachung ist der Fall übertragen in die E-S-Liste Nr. Jahrgang	Bemerkungen	Datum der erstmaligen oder nächsten Wiedervorlage der Akten
6	7	8	9	10

usw.

5. Erbschaftsteuergesetz (ErbStG)

In der Fassung vom 1. April 1959

(BGBl. I S. 187, ber. S. 667)

Geändert durch Gesetz vom 12. Februar 1969 (BGBl. I S. 105) und Gesetz vom 23. Dezember 1970 (BGBl. I S. 1856)

– Auszug –

Zu Art. 7 ErbStRG:[1]

§ 10 Steuerklassen

(1) Nach dem persönlichen Verhältnis des Erwerbers zum Erblasser werden die folgenden fünf Steuerklassen unterschieden:

Steuerklasse I

1. Der Ehegatte, wenn er nicht nach § 16 von der Steuer befreit ist,
2. die Kinder. Als solche gelten
   a) die ehelichen Kinder,
   b) die an Kindes Statt angenommenen Personen und sonstige Personen, denen die rechtliche Stellung ehelicher Kinder zukommt,
   c) die nichtehelichen Kinder,
   d) die Stiefkinder.

Steuerklasse II

Die Abkömmlinge der in der Steuerklasse I Nummer 2 Genannten, jedoch die Abkömmlinge der an Kindes Statt angenommenen Personen nur dann, wenn sich die Wirkungen der Annahme an Kindes Statt auch auf die Abkömmlinge erstrecken.

Steuerklasse III

1. Die Eltern, Großeltern und weiteren Voreltern,
2. die Stiefeltern,
3. die voll- und halbbürtigen Geschwister.

Steuerklasse IV

1. Die Schwiegerkinder,
2. die Schwiegereltern,
3. die Abkömmlinge ersten Grades von Geschwistern.

Steuerklasse V

Alle übrigen Erwerber und die Zweckzuwendungen.

(2) Im Falle des § 3 Abs. 1 Nr. 8 gilt als Schenker der zuletzt Berechtigte; in den Fällen des § 2 Abs. 2 Nr. 1 und § 3 Abs. 1 Nr. 7 ist der Besteuerung das Verwandtschaftsverhältnis des nach der Stiftungsurkunde entferntest Berechtigten zu dem Erblasser oder Schenker zugrunde zu legen, sofern die Stiftung wesentlich im Interesse einer Familie oder bestimmter Familien gemacht ist.

(3) Im Falle des § 2269 des Bürgerlichen Gesetzbuchs und soweit der überlebende Ehegatte an die Verfügung gebunden ist, sind die mit dem verstorbenen Ehegatten näher verwandten Erben und Vermächtnisnehmer als seine Erben anzusehen, soweit sein Vermögen beim Tode des überlebenden Ehegatten noch vorhanden ist.

---

[1] Abgedruckt im Anhang II Nr. 1.

Zu Art. 6 ErbStRG:[1]

§ 19 Erbschaftsteuer- und Lastenausgleichsversicherung

(1) Wenn in einem Lebensversicherungsvertrag bestimmt ist, daß die Versicherungssumme zur Bezahlung der Erbschaftsteuer und zur Ablösung von Lastenausgleichsabgaben oder zu einem der beiden Zwecke zu verwenden und nach dem Tode des Versicherungsnehmers an das Finanzamt abzuführen ist, so ist die Versicherungssumme bei Feststellung des steuerpflichtigen Erwerbes von Todes wegen der Angehörigen der Steuerklasse I oder II insoweit unberücksichtigt zu lassen, als sie zur Tilgung ihrer Erbschaftsteuerschuld oder zur Ablösung der auf sie entfallenden Lastenausgleichsabgaben des Versicherungsnehmers dient.

(2) Die Vergünstigung tritt nur ein, wenn die Versicherungssumme binnen zwei Monaten nach dem Tode des Versicherungsnehmers an das Finanzamt abgeführt wird. Wird die Versicherungssumme schon vor dem Tode des Versicherungsnehmers fällig, so tritt die Vergünstigung auch insoweit ein, als die Versicherungssumme zur Bezahlung der Erbschaftsteuer und zur Ablösung von Lastenausgleichsabgaben bei dem Versicherungsunternehmen bis zum Tode des Versicherungsnehmers stehen bleibt und innerhalb der in Satz 1 genannten Frist an das Finanzamt abgeführt wird. Soweit eine Erbschaftsteuerversicherung abgeschlossen ist und beim Tode des Versicherungsnehmers sein gesamter Nachlaß dem überlebenden Ehegatten nach § 16 Abs. 1, 2 und 5 steuerfrei zufällt, ist die Vergünstigungsvorschrift des Absatzes 1 im Erbfall des überlebenden Ehegatten anzuwenden, wenn die Versicherungssumme bis zum Tode des überlebenden Ehegatten beim Versicherungsunternehmen stehen bleibt und binnen zwei Monaten nach seinem Tode an das Finanzamt abgeführt wird.

(3) Die Vergünstigung wird nicht dadurch ausgeschlossen, daß der Versicherungsnehmer in dem Lebensversicherungsvertrag oder in einer Verfügung von Todes wegen eine Person benennt, an die das Finanzamt den nach Bezahlung der Erbschaftsteuer und nach Ablösung der Lastenausgleichsabgaben etwa verbleibenden Betrag der Versicherungssumme abführen soll.

(4) Reicht die Versicherungssumme zur Bezahlung der Erbschaftsteuer und zur Ablösung der Lastenausgleichsabgaben nicht aus und hat der Versicherungsnehmer weder im Versicherungsvertrag noch in einer Verfügung von Todes wegen eine Bestimmung darüber getroffen, in welcher Weise die Steuer- und Abgabenschulden der einzelnen Erwerber aus der Versicherungssumme gedeckt werden sollen, so ist die Versicherungssumme zunächst zur Deckung der Erbschaftsteuer zu verwenden. Dabei ist sie auf die Erwerber der Steuerklassen I und II im Verhältnis derjenigen Steuerbeträge zu verteilen, die sich ohne Berücksichtigung der Versicherungssumme ergeben. Ein alsdann verbleibender Betrag ist nach denselben Grundsätzen auf die Erwerber der Steuerklassen III bis V zu verteilen. Der nach Deckung der Erbschaftsteuer verbleibende Betrag ist zur Ablösung der Lastenausgleichsabgaben zu verwenden und zunächst auf die Erwerber der Steuerklassen I und II und sodann auf die übrigen Erwerber im Verhältnis ihrer Erwerbe zu verteilen. Kommen mehrere Lastenausgleichsabgaben oder mehrere Ablösungsarten in Betracht, so bestimmt das Finanzamt nach Anhörung der Erben die Verwendung der Beträge.

(5) Übersteigt die Versicherungssumme die aus ihr zu tilgenden Steuerbeträge und Ablösungsbeträge, so findet die Steuervergünstigung des Absatzes 1 auf den Unterschiedsbetrag keine Anwendung. Der Unterschiedsbetrag ist dem Erwerb des nach Absatz 3 Berechtigten oder, wenn ein solcher nicht benannt ist, dem Erwerb der Erben hinzuzurechen.

(6) Bei Angehörigen der Steuerklassen III bis V gilt als steuerpflichtiger Erwerb der Betrag, der sich bei einer Zusammenrechnung des erbschaftsteuerlichen Erwerbes mit der aus ihm berechneten und aus der Versicherungssumme getilgten Steuer und dem entrichteten Ablösungsbetrag ergibt.

(7) Bei Versäumung der Fristen des Absatzes 2 kann Nachsicht gemäß §§ 86 und 87 der Reichsabgabenordnung gewährt werden, wenn weder die Steuerpflichtigen noch das Versicherungsunternehmen ein Verschulden an der Fristversäumnis trifft.

---

[1] Abgedruckt im Anhang II Nr. 1.

Anhang III
1. Bekanntmachung der Kurse und Rücknahmepreise, die bei der Hauptveranlagung zur Vermögensteuer auf den 1. Januar 1974 maßgebend sind.

Vom 29. März 1974

(BAnz Nr. 79, Beilage)

(BdF IV D/4 – S 3260 – 15/74)

Nach § 113 des Bewertungsgesetzes werden hiermit die Kurse für Wertpapiere und die Rücknahmepreise für Investment-Anteile veröffentlicht, die nach § 11 Abs. 1 und 4 des Bewertungsgesetzes bei Veranlagungen zur Vermögensteuer auf den 1. Januar 1974 maßgebend sind. Die Wertpapiere sind innerhalb der Gruppen, die sich aus dem Inhaltsverzeichnis ergeben, in der Reihenfolge ihrer Wertpapier-Kennnummern aufgeführt. Die Liste enthält auch Werte festverzinslicher Wertpapiere, die am 31. Dezember 1973 infolge Verlosung oder Kündigung nicht mehr im amtlichen Handel oder im geregelten Freiverkehr notiert waren und nach § 12 Abs. 1 des Bewertungsgesetzes mit dem Rückzahlungswert (Nennwert) anzusetzen sind.

Die hier veröffentlichten Kurse und Rücknahmepreise können nicht selbständig mit Rechtsbehelfen angefochten werden. Sofern im Einzelfall gegen eine Bewertung auf der Grundlage dieser Kurse und Rücknahmepreise Bedenken bestehen, müssen diese bei der Vermögensteuer-Veranlagung oder bei der Feststellung des Einheitswerts des gewerblichen Betriebs vorgebracht werden.

Die Bekanntmachung der Kurse und Rücknahmepreise, die bei der Neuveranlagung oder Nachveranlagung zur Vermögensteuer auf den 1. Januar 1975 maßgebend sind, erfolgte unter dem Datum vom 14. Februar 1975, Az. BdF IV C 3 – S 3260 – 4/75, im BAnz. Nr. 41, Beilage, BStBl. I S. 301.

Inhaltsverzeichnis

I. Auf Deutsche Mark laufende festverzinsliche Wertpapiere und Deutsche Auslandsbonds

Kurse in Prozenten vom Nennwert

Umrechnungskurse:

A. Öffentliche Anleihen

Wertpapier-Nr.	Beschreibung	Serie	Kurs in Prozenten
102 500	6% Ausgleichsfonds Inhaber-Schuldverschr. (Schatzanw.) Tranche 1964		95,6
102 504	6% dergl. Tranche 1965		93,9
102 508	6% dergl. Tranche 1966		91,1
102 512	6% dergl. Tranche 1967		89,2
102 516	6% dergl. Tranche 1968		87,5
102 520	6% dergl. Tranche 1969		85,8
102 524	6% dergl. Tranche 1970		85,1
104 003	$4^{7/8}\%$ sfrs-Anl. Baden-Württemberg v. 1931/53		97
104 007	$5^{1/2}\%$ Anl. Baden-Württemberg v. 1958		87,5
104 009	6% dergl. v. 1965		98
104 010	7% dergl. v. 1965 II. Ausg.		96,25
104 011	$6^{1/2}\%$ dergl. v. 1967		91,5
104 012	8% dergl. v. 1971		93,6
104 013	10% dergl. v. 1973		101,5
104 102	7% dergl. v. 1965/II	Serie 2	96,25
104 103	7% dergl. v. 1965/II	Serie 3	96,25
104 104	7% dergl. v. 1965/II	Serie 4	96,25
104 105	7% dergl. v. 1965 II	Serie 5	96,25
104 111	$6^{1/2}\%$ dergl. v. 1967	Serie 1	91,5
104 112	$6^{1/2}\%$ dergl. v. 1967	Serie 2	91,5
104 113	$6^{1/2}\%$ dergl. v. 1967	Serie 3	91,5
104 114	$6^{1/2}\%$ dergl. v. 1967	Serie 4	91,5
104 115	$6^{1/2}\%$ dergl. v. 1967	Serie 5	91,5
104 116	$6^{1/2}\%$ dergl. v. 1967	Serie 6	91,5
104 117	$6^{1/2}\%$ dergl. v. 1967	Serie 7	91,5
104 118	$6^{1/2}\%$ dergl. v. 1967	Serie 8	91,5
104 119	$6^{1/2}\%$ dergl. v. 1967	Serie 9	91,5
105 023	7% Anl. Freistaat Bayern v. 1966		90
105 024	$6^{1/2}\%$ dergl. v. 1967		87,75
105 025	6% dergl. v. 1968		86,25
105 026	$7^{1/2}\%$ dergl. v. 1971		93,8
105 027	7% Anl. Freistaat Bayern v. 1972		90,25
105 041	7% dergl. v. 1966	Serie 1	90
105 044	7% dergl. v. 1966	Serie 4	90
105 046	7% dergl. v. 1966	Serie 6	101
105 047	7% dergl. v. 1966	Serie 7	90
105 048	7% dergl. v. 1966	Serie 8	90
105 049	7% dergl. v. 1966	Serie 9	90
105 050	7% dergl. v. 1966	Serie 10	90
105 052	7% dergl. v. 1966	Serie 12	90
105 053	7% dergl. v. 1966	Serie 13	90
105 054	7% dergl. v. 1966	Serie 14	90
105 055	7% dergl. v 1966	Serie 15	90
105 057	7% dergl. v. 1966	Serie 17	90
105 058	7% dergl. v. 1966	Serie 18	90
105 061	$6^{1/2}\%$ Anl. Freistaat Bayern v. 1967	Serie 1	87,75
105 062	$6^{1/2}\%$ dergl. v. 1967	Serie 2	87,75
105 064	$6^{1/2}\%$ dergl. v. 1967	Serie 4	87,75
105 065	$6^{1/2}\%$ dergl. v. 1967	Serie 5	87,75
105 066	$6^{1/2}\%$ dergl. v. 1967	Serie 6	87,75
105 067	$6^{1/2}\%$ dergl. v. 1967	Serie 7	87,75
105 068	$6^{1/2}\%$ dergl. v. 1967	Serie 8	87,75
105 069	$6^{1/2}\%$ dergl. v. 1967	Serie 9	87,75
105 070	$6^{1/2}\%$ dergl. v. 1967	Serie 10	87,75
105 071	$6^{1/2}\%$ dergl. v. 1967	Serie 11	87,75
105 073	$6^{1/2}\%$ dergl. v. 1967	Serie 13	87,75
105 074	$6^{1/2}\%$ dergl. v. 1967	Serie 14	87,75
105 075	$6^{1/2}\%$ dergl. v. 1967	Serie 15	87,75
105 076	$6^{1/2}\%$ dergl. v. 1967	Serie 16	87,75
105 081	6% dergl. v. 1968	Serie 1	86,25
105 082	6% dergl. v. 1968	Serie 2	86,25
105 083	6% dergl. v. 1968	Serie 3	86,25
105 084	6% dergl. v. 1968	Serie 4	86,25
105 085	6% dergl. v. 1968	Serie 5	86,25
105 086	6% dergl. v. 1968	Serie 6	86,25
105 087	6% dergl. v. 1968	Serie 7	86,25
105 088	6% dergl. v. 1968	Serie 8	86,25
105 089	6% dergl. v. 1968	Serie 9	86,25
105 090	6% dergl. v. 1968	Serie 10	86,25
105 092	6% dergl. v. 1968	Serie 12	86,25
105 095	6% dergl. v. 1968	Serie 15	86,25
105 101	$7^{1/2}\%$ dergl. v. 1971	Serie 1	93,8
105 102	$7^{1/2}\%$ dergl. v. 1971	Serie 2	93,8
105 103	$7^{1/2}\%$ dergl. v. 1971	Serie 3	93,8
105 104	$7^{1/2}\%$ dergl. v. 1971	Serie 4	93,8
105 105	$7^{1/2}\%$ dergl. v. 1971	Serie 5	93,8
105 106	$7^{1/2}\%$ dergl. v. 1971	Serie 6	93,8
105 107	$7^{1/2}\%$ dergl. v. 1971	Serie 7	93,8
105 108	$7^{1/2}\%$ dergl. v. 1971	Serie 8	93,8
105 109	$7^{1/2}\%$ dergl. v. 1971	Serie 9	93,8
105 110	$7^{1/2}\%$ dergl. v. 1971	Serie 10	93,8
106 005	$4^{1/2}\%$ Anl. Land Berlin £-Anl. v. 1927 Ausg. 1956		94
106 009	$4^{1/2}\%$ dergl. $-Debt Adjustm. Bonds	Serie B	93
106 011	$4^{7/8}\%$ dergl. $-Debt Adjustm. Bonds	Serie BVG	94
106 013	$6^{1/2}\%$ Anl. Land Berlin v. 1958		94
106 015	6% dergl. v. 1965		98
106 016	$6^{1/2}\%$ dergl. v. 1967		90,5
106 017	$8^{1/2}\%$ dergl. v. 1970		95,5
106 018	$7^{1/2}\%$ dergl. v. 1971		92,75
106 019	8% Anl. Land Berlin v. 1972		92,5
106 020	dergl. v. 1973		102,8
106 101	$6^{1/2}\%$ dergl. v. 1967	Serie 1	90,5
106 102	$6^{1/2}\%$ dergl. v. 1967	Serie 2	90,5
106 103	$6^{1/2}\%$ dergl. v. 1967	Serie 3	90,5
106 105	$6^{1/2}\%$ dergl. v. 1967	Serie 5	90,5
106 106	$6^{1/2}\%$ dergl. v. 1967	Serie 6	90,5
106 107	$6^{1/2}\%$ dergl. v. 1967	Serie 7	90,5
106 108	$6^{1/2}\%$ dergl. v. 1967	Serie 8	90,5
106 109	$6^{1/2}\%$ dergl. v. 1967	Serie 9	90,5
106 110	$6^{1/2}\%$ dergl. v. 1967	Serie 10	90,5
106 121	$7^{1/2}\%$ dergl. v. 1971	Serie I	92,75
106 122	$7^{1/2}\%$ dergl. v. 1971	Serie II	92,75
106 123	$7^{1/2}\%$ dergl. v. 1971	Serie III	92,75
106 124	$7^{1/2}\%$ dergl. v. 1971	Serie IV	92,75
106 125	$7^{1/2}\%$ dergl. v. 1971	Serie V	92,75
106 126	$7^{1/2}\%$ dergl. v. 1971	Serie VI	92,75
106 127	$7^{1/2}\%$ dergl. v. 1971	Serie VII	92,75
106 128	$7^{1/2}\%$ dergl. v. 1971	Serie VIII	92,75
106 129	$7^{1/2}\%$ dergl. v. 1971	Serie IX	92,75
106 130	$7^{1/2}\%$ dergl. v. 1971	Serie X	92,75
107 002	$5^{1/2}\%$ Anl. Stadt Bochum v. 1953		100
108 010	6% Bremer Staatsanleihe v. 1964 1—2. 4—6, 9		92
108 011	7% dergl. v. 1966		95,5
108 012	$6^{1/2}\%$ dergl. v. 1967		87
108 013	$6^{1/2}\%$ dergl. v. 1968 Serie 1—3, 5—10		89
108 014	7% dergl. v. 1967		90
108 015	8% Bremer Staatsanleihe v. 1972		91
108 101	6% dergl. v. 1964	Serie 1	92
108 102	6% dergl. v. 1964	Serie 2	92
108 104	6% dergl. v. 1964	Serie 4	92

Wertpapier-Nr.		Kurs in Prozenten
108 105	6% dergl. v. 1964 Serie 5	92
108 106	6% dergl. v. 1964 Serie 6	92
108 109	6% dergl. v. 1964 Serie 9	92
108 121	6½% dergl. v. 1968 Serie 1	89
108 122	6½% dergl. v. 1968 Serie 2	89
108 123	6½% dergl. v. 1968 Seite 3	89
108 124	6½% dergl. v. 1968 Serie 4	100
108 125	6½% dergl. v. 1968 Serie 5	89
108 126	6½% dergl. v. 1968 Serie 6	89
108 127	6½% dergl. v. 1968 Serie 7	89
108 128	6½% dergl. v. 1968 Serie 8	89
108 129	6½ dergl. v. 1968 Serie 9	89
108 130	6½% dergl. v. 1968 Serie 10	89
110 003	5% Anl. BRD v. 1961 (Entwicklungshilfeanleihe) Gruppe 5, 7	94,15
110 004	6% dergl. v. 1962 Gruppen 2—5, 7, 10—11, 14—15	87,9
110 010	6% dergl. v. 1963 Gruppen 1—2, 6, 10	92,4
110 011	6% dergl. v. 1963 II. Ausg.	85,1
110 022	6% dergl. v. 1963 III. Ausg.	86,9
110 024	6% dergl. v. 1963 V. Ausg.	94,1
110 025	6% dergl. v. 1964	83,9
110 026	6% dergl. v. 1964 Gruppen 1—2, 5 II. Ausg.	89,8
110 027	6% dergl. v. 1964 III. Ausg.	96,6
110 028	6% dergl. v. 1965	91,95
110 029	7% dergl. v. 1965 Gruppen 1—4	92,35
110 031	7% dergl. v. 1965 III. Ausg.	95,65
110 032	7% dergl. v. 1966	95,1
110 033	6½% dergl. v. 1967	88,15
110 034	6½% dergl. v. 1967 II. Ausg.	92
110 035	6½% dergl. v. 1968	90,7
110 036	6½% dergl v. 1968 II. Ausg.	85,75
110 037	7% dergl. v. 1969	89,55
110 038	8% dergl. v. 1970	93
110 039	8½% dergl. v. 1970	95,5
110 040	8½% dergl. v. 1970 II. Ausg	95,5
110 041	7½% dergl. v. 1971	89,1
110 042	7¾% dergl. v. 1971	89,9
110 043	8% Anl. BRD v. 1972	90,2
110 044	8% dergl. v. 1972 II. Ausg.	90,15
110 045	8½% dergl. v. 1973	92,9
110 046	8½% dergl. v. 1973	93,55
110 047	10% dergl. v. 1973	101,75
110 048	10% dergl. v. 1973	101,55
110 049	10% dergl. v. 1973	101,8
110 050	10% dergl. v. 1973	101,55
110 051	9% dergl. v. 1973	100
110 115	6% dergl. v. 1960 Gruppe 5	96,1
110 119	6% dergl. v. 1960 Gruppe 9	100
110 125	5% dergl. v. 1961 Gruppe 5	94,15
110 127	5% dergl. v. 1961 Gruppe 7	94,15
110 130	5% dergl. v. 1961 Gruppe 10	100
110 132	6% dergl. v. 1962 Gruppe 2	87,9
110 133	6% dergl. v. 1962 Gruppe 3	87,9
110 134	6% dergl. v. 1962 Gruppe 4	87,9
110 135	6% dergl. v. 1962 Gruppe 5	87,9
110 137	6% dergl. v. 1962 Gruppe 7	87,9
110 140	6% dergl. v. 1962 Gruppe 10	87,9
110 141	6% dergl. v. 1962 Gruppe 11	87,9
110 144	6% dergl. v. 1962 Gruppe 14	87,9
110 145	6% dergl. v. 1962 Gruppe 15	87,9
110 151	6% dergl. v. 1963 Gruppe 1	92,4
110 152	6% dergl. v. 1963 Gruppe 2	92,4
110 156	6% dergl. v. 1963 Gruppe 6	92,4
110 159	6% dergl. v. 1963 Gruppe 9	100
110 160	6% dergl. v. 1963 Gruppe 10	92,4
110 191	6% dergl. v. 1964 II. Ausg. Gr. 1	89,8
110 192	6% dergl. v. 1964 II. Ausg. Gr. 2	89,8
110 195	6% dergl. v. 1964 II. Ausg. Gr. 5	89,8
110 201	7% Anl. BRD v. 1965 Gruppe 1	92,35
110 202	7% dergl. v. 1965 Gruppe 2	92,35
110 203	7% dergl. v. 1965 Gruppe 3	92,35
110 204	7% dergl. v. 1965 Gruppe 4	92,35

Wertpapier-Nr.		Kurs in Prozenten
110 356	7% Schatzanw. (Kassenobl.) BRD v. 1971 I. Ausgabe	99,9
110 357	7% dergl. v. 1971 II. Ausgabe	98,5
110 358	7% dergl. v. 1971 III. Ausgabe	98,15
110 359	8% dergl. v. 1971 I. Ausgabe	99,5
110 360	8% dergl. v. 1971 II. Ausgabe	97,25
110 361	8% dergl. v. 1971 III. Ausgabe	97,15
110 362	8% dergl. v. 1971 IV. Ausgabe	97,15
110 363	8% dergl. v. 1971 V. Ausgabe	97,75
110 364	8% dergl. v. 1971 VI. Ausgabe	96,25
110 365	7½% dergl. v. 1971 I. Ausgabe	99,5
110 366	7½% dergl. v. 1971 II. Ausgabe	97
110 367	7½% dergl. v. 1971 III. Ausgabe	95,65
110 368	7½% dergl. v. 1971 IV. Ausgabe	98,75
110 369	7½% dergl. v. 1971 V. Ausgabe	99,25
110 370	7% dergl. v. 1972 I. Ausgabe	100
110 371	7% dergl. v. 1972 I. Ausgabe	99
110 500	4% Ablösungsschuld BDR v. 1957 div. Gruppen	98,6
110 505	4% dergl. v. 1957 Gruppe 5	98,6
110 506	4% dergl. v. 1957 Gruppe 6	98,6
110 507	4% dergl. v. 1957 Gruppe 7	98,6
110 509	4% dergl. v. 1957 Gruppe 9	98,6
110 510	4% dergl. v. 1957 Gruppe 10	98,6
110 512	4% dergl. v. 1957 Gruppe 12	98,6
110 513	4% dergl. v. 1957 Gruppe 13	98,6
110 515	4% dergl. v. 1957 Gruppe 15	98,6
110 519	4% dergl. v. 1957 Gruppe 19	98,6
110 520	4% dergl. v. 1957 Gruppe 20	98,6
110 523	4% dergl. v. 1957 Gruppe 23	98,6
110 524	4% dergl. v. 1957 Gruppe 24	98,6
110 525	4% dergl. v. 1957 Gruppe 25	98,6
110 526	4% dergl. v. 1957 Gruppe 26	98,6
110 527	4% dergl. v. 1957 Gruppe 27	98,6
110 528	4% dergl. v. 1957 Gruppe 28	98,6
110 531	4% dergl. v. 1957 Gruppe 31	98,6
110 532	4% dergl. v. 1957 Gruppe 32	98,6
110 534	4% dergl. v. 1957 Gruppe 34	98,6
110 535	4% dergl. v. 1957 Gruppe 35	98,6
110 536	4% dergl. v. 1957 Gruppe 36	98,6
110 537	4% dergl. v. 1957 Gruppe 37	98,6
110 539	4% dergl. v. 1957 Gruppe 39	98,6
110 691	4% — 8% Bundesschatzbr. Ausg. 1969/1 1.1.qzj.	100
110 692	4½% — 8% dergl. A Ausg. 1969/2 1.7. gzj.	100
110 693	4½% — 8% dergl. B Ausg. 1969/3	130,35
110 694	5½% — 8% dergl. A Ausg. 1969/4 1.9. gzj.	100
110 695	5½% — 8% dergl. B Ausg. 1969/5	131,24
110 701	6% — 8½% dergl. A Ausg. 1970/1 1.1. gzj.	100
110 702	6% — 8½% dergl. B Ausg. 1970/2	129,85
110 703	6% — 8½% dergl. R Ausg. 1970/3	129,86
110 704	6½% — 9% dergl. A Ausg. 1970/4 1.4. gzj.	100
110 705	6½% — 9% dergl. B Ausg. 1970/5	129,86
110 706	6½% — 9% dergl. R Ausg. 1970/6	129,84
110 707	6½% — 9% dergl. A Ausg. 1970/7 1.7. gzj.	100
110 708	6½% — 9% dergl. B Ausg. 1970/8	127,41
110 709	6½% — 9% dergl. R Ausg. 1970/9	127,4
110 711	6% — 9% dergl. A Ausg. 1971/1 1.4. gzj.	100

Wertpapier-Nr.		Kurs in Prozenten
110 712	$6^5/_0$— 9% dergl. B Ausg. 1971/2	119,38
110 713	$6^1/_2\%$— 9% dergl. A Ausg. 1971/3 1. 7. gzj.	100
110 714	$6^1/_2\%$— 9% dergl. B Ausg. 1971/4	118,24
110 721	$6^1/_2\%$— 9% dergl. A Ausg. 1972/1 1. 1. gzj.	100
110 722	$6^1/_2\%$— 9% dergl. B Ausg. 1972/2	113,96
110 723	$6^5/_0$— $8^1/_2\%$ dergl. A Ausg. 1972/3 1. 2. gzj.	100
110 724	$6^5/_0$— $8^7/_2\%$ dergl. B Ausg. 1972/4	112,32
110 725	$6^5/_0$— $8^1/_2\%$ dergl. A Ausg. 1972/5 1. 7. gzj.	100
110 726	$6^5/_0$— 9% dergl. B Ausg. 1972/6	109,44
110 731	$6^1/_2\%$— 9% dergl. A Ausg. 1973/1 1. 1. gzj.	100
110 732	$6^1/_2\%$— 9% dergl. B Ausg. 1973/2	106,5
110 733	7%— $9^1/_2\%$ dergl. A Ausg. 1973/3 1. 7. gzj.	100
110 734	7%— 10% dergl. B Ausg. 1973/4	103,5
110 735	$7^1/_2\%$— 10% dergl. A Ausg. 1973/5 1. 11. gzj.	100
110 736	$7^1/_2\%$— 10% dergl. B Ausg. 1973/6	101,25
110 800	4% Entschädigungsschuld BRD div. Gr.	98,7
110 808	4% dergl. v. 1959 Gruppe 8	98,7
110 813	4% dergl. v. 1959 Gruppe 13	98,7
110 814	4% dergl. v. 1959 Gruppe 14	98,7
110 818	4% dergl. v. 1959 Gruppe 18	98,7
110 820	4% dergl. v. 1959 Gruppe 20	98,7

Bundesrepublik Deutschland Fundierungs-Schuldverschr. 1953 (Dawes)

Bundesrepublik Deutschland Konversions- bzw. Fundierungs-Schuldverschr. 1953 (Young)

Wertpapier-Nr.		Kurs in Prozenten
111 050	5% Amerik. Ausg. (Konv.) Typ I in $	95
111 054	$4^1/_2\%$ Belg. Ausg. (Konv.) Typ*) in Belgas	95,5
111 057	$4^1/_2\%$ Brit. Ausg. (Konv.) Typ I*) in £	103
111 061	$4^1/_2\%$ Deutsche Ausg. (Konv.) Typ I in RM = DM	100
111 064	$4^1/_2\%$ Franz. Ausg. (Konv.) Typ I*) in ffrs	95
111 067	$4^1/_2\%$ Holländ. Ausg. (Konv.) Typ I* in hfl	94,5
111 070	$4^1/_2\%$ Schwed. Ausg. (Konv.) Typ I*) in skr	86
111 074	$4^1/_2\%$ Schweiz. Ausg. (Konv.) Typ *) in sfrs	96,5

Bundesrepublik Deutschland Schuldverschr. Konversions- und Fundierungs-Ausgabe 1953 für Schuldverschr. der Konversionskasse für deutsche Auslandsschulden

Wertpapier-Nr.		Kurs in Prozenten
111 162	3% Serie III in DM	81
111 165	3% Neue Ausgabe in $	81,5
111 170	3% Serie I in hfl	85,5
111 177	3% Serie I in sfrs	81,5

Bundesrepublik Deutschland Preußen- Konversions-Ausgabe 1953/72 $-Schuldverschr.

Bundesrepublik Deutschland Auslandsbonds-Entschädigungs-Schuldverschr. 1960 (Young-Konversion)

Wertpapier-Nr.		Kurs in Prozenten
111 310	5% $-Ausgabe	96
111 311	$4^1/_2\%$ sfrs-Ausgabe*)	99,5
111 312	$4^1/_2\%$ hfl-Ausgabe*)	95,5
111 313	$4^1/_2\%$ DM-Ausgabe	100
111 332	3% Bundesrepublik Deutschland $-Entschädigungs-Schuldverschr. 1960 Serie II für Schuldverschr. der Konversionskasse für deutsche Auslandsschulden	81

Wertpapier-Nr.		Kurs in Prozenten
115 003	7% Anl. Deutsche Bundesbahn v. 1958 Gruppen 1, 5—9, 11, 17—18, 20	95,2
115 004	$5^1/_2\%$ dergl. v. 1958 Gruppen 1—3, 5—7, 9, 12—14	84,4
115 005	$5^1/_2\%$ dergl. v. 1959	90,2
115 006	5% dergl. v. 1959 Gruppen 6—8, 11—12, 14	89,8
115 011	6% dergl. v. 1962 Gruppen 1—2, 5—6, 8—9, 12—13	88,2
115 012	$5^3/_4\%$ dergl. v. 1962 Gruppen 1, 3, 6	93,1
115 013	6% dergl. v. 1962 II. Ausg. Gruppen 2, 4—8, 10, 12, 15	88
115 015	6% dergl. v. 1963 I. Ausg. Gruppen 2, 5	91
115 016	6% dergl. v. 1963 II. Ausg.	87,7
115 018	6% dergl. v. 1963 IV. Ausg.	94
115 019	$5^1/_2\%$ dergl. v. 1964	95,5
115 020	6% dergl. v. 1964 Gruppen 1, 4—5	89,6
115 021	6% dergl. v. 1964 II. Ausg.	96,6
115 023	7% dergl. v. 1967	92,5
115 024	$6^1/_2\%$ dergl. v. 1967	92,4
115 025	$6^1/_2\%$ dergl. v. 1968	91,4
115 026	$6^1/_2\%$ dergl. v. 1968 II. Ausg.	86,3
115 027	6% dergl. v. 1968	87
115 028	6% dergl. v. 1969	86,8
115 029	8% dergl. v. 1970	94,2
115 030	$8^1/_2\%$ dergl. v. 1970	97,6
115 031	$8^1/_2\%$ dergl. v. 1970 I. Ausg.	96
115 032	$8^1/_2\%$ dergl. v. 1971 II. Ausg.	92,6
115 033	$7^1/_2\%$ dergl. v. 1971	90,4
115 034	$7^3/_4\%$ dergl. v. 1971	89,3
115 035	$7^1/_2\%$ dergl. v. 1972	87,2
115 036	$7^3/_4\%$ dergl. v. 1972	89,1
115 037	8% dergl. v. 1972	89,7
115 038	$8^1/_2\%$ dergl. v. 1973	93,2
115 039	10% dergl. v. 1973	101,6
115 040	10% dergl. v. 1973	102,2
115 101	7% dergl. v. 1958 Gruppe 1	95,2
115 105	7% dergl. v. 1958 Gruppe 5	95,2
115 106	7% dergl. v. 1958 Gruppe 6	95,2
115 107	7% dergl. v. 1958 Gruppe 7	95,2
115 108	7% dergl. v. 1958 Gruppe 8	95,2
115 109	7% dergl. v. 1958 Gruppe 9	95,2
115 111	7% dergl. v. 1958 Gruppe 11	95,2
115 117	7% dergl. v. 1958 Gruppe 17	95,2
115 118	7% dergl. v. 1958 Gruppe 18	95,2
115 120	7% dergl. v. 1958 Gruppe 20	95,2
115 121	$5^1/_2\%$ dergl. v. 1958 Gruppe 1	84,4
115 122	$5^1/_2\%$ dergl. v. 1958 Gruppe 2	84,4
115 123	$5^1/_2\%$ dergl. v. 1958 Gruppe 3	84,4
115 125	$5^1/_2\%$ dergl. v. 1958 Gruppe 5	84,4
115 126	$5^1/_2\%$ dergl. v. 1958 Gruppe 6	84,4
115 127	$5^1/_2\%$ dergl. v. 1958 Gruppe 7	84,4
115 129	$5^1/_2\%$ dergl. v. 1958 Gruppe 9	84,4
115 132	$5^1/_2\%$ dergl. v. 1958 Gruppe 12	84,4
115 133	$5^1/_2\%$ dergl. v. 1958 Gruppe 13	84,4
115 134	$5^1/_2\%$ dergl. v. 1958 Gruppe 14	84,4

Der Kurs für die mit einem *) bezeichneten Auslandsbonds bezieht sich auf den „derzeitigen Wert" jeder Ausgabe nach Anwendung der Wertsicherung gemäß dem Abkommen über deutsche Auslandsschulden vom 27. 2. 1953 (Anlage 1, Ziffer 2 e) laut nachstehender Tabelle:

Teilausgabe	Währung	Aufgedruckter niedrigster Nennwert	„Derzeitiger Wert" nach Anwendung der Wertsicherung
*) Young-Konversions- bzw. Entschädigungs-Schuldverschr.			
Brit. Ausgabe	£	100.—	202.78
Franz. Ausgabe	ffrs	1 000.—	217.61 FF
Belg. Ausgabe	Belgas	100.—	695.22 bfrs
Holländ. Ausgabe	hfl	100.—	152.74
Schwed. Ausgabe	skr	1 000.—	1 386.37
Schweiz. Ausgabe	sfrs	1 000.—	843.75 (aufgedruckt)

Wertpapier-Nr.				Kurs in Prozenten
115 146	5% dergl. v. 1959	Gruppe 6		89,8
115 147	5% dergl. v. 1959	Gruppe 7		89,8
115 148	5% dergl. v. 1959	Gruppe 8		89,8
115 151	5% dergl. v. 1959	Gruppe 11		89,8
115 152	5% dergl. v. 1959	Gruppe 12		89,8
115 154	5% dergl. v. 1959	Gruppe 14		89,8
115 191	6% dergl. v. 1962	Gruppe 1		88,2
115 192	6% dergl. v. 1962	Gruppe 2		88,2
115 195	6% dergl. v. 1962	Gruppe 5		88,2
115 196	6% dergl. v. 1962	Gruppe 6		88,2
115 198	6% dergl. v. 1962	Gruppe 8		88,2
115 199	6% dergl. v. 1962	Gruppe 9		88,2
115 200	6% dergl. v. 1962	Gruppe 10		100
115 202	6% dergl. v. 1962	Gruppe 12		88,2
115 203	6% dergl. v. 1962	Gruppe 13		88,2
115 211	5³/₄% dergl. v. 1962	Gruppe 1		93,1
115 213	5³/₄% dergl. v. 1962	Gruppe 3		93,1
115 215	5³/₄% dergl. v. 1962	Gruppe 5		100
115 216	5³/₄% dergl. v. 1962	Gruppe 6		93,1
115 222	6% dergl. v. 1962	II. Ausg. Gr. 2		88
115 224	6% dergl. v. 1962	II. Ausg. Gr. 4		88
115 225	6% dergl. v. 1962	II. Ausg. Gr. 5		88
115 226	6% dergl. v. 1962	II. Ausg. Gr. 6		88
115 227	6% dergl. v. 1962	II. Ausg. Gr. 7		88
115 228	6% dergl. v. 1962	II. Ausg. Gr. 8		88
115 230	6% dergl. v. 1962	II. Ausg. Gr. 10		88
115 232	6% dergl. v. 1962	II. Ausg. Gr. 12		88
115 235	6% dergl. v. 1962	II. Ausg. Gr. 15		88
115 242	6% dergl. v. 1963	Gruppe 2		91
115 244	6% dergl. v. 1963	Gruppe 4		100
115 245	6% dergl. v. 1963	Gruppe 5		91
115 261	6% dergl. v. 1964	Gruppe 1		89,6
115 264	6% dergl. v. 1964	Gruppe 4		89,6
115 265	6% dergl. v. 1964	Gruppe 5		89,6
	Schatzanweisungen (Kassenobl.)			
	Deutsche Bundesbahn			
115 335	8% dergl. v. 1970	Folge II		99
115 336	7% dergl. v. 1971			98,5
115 337	7% dergl. v. 1971	Folge II		95
115 338	8% dergl. v. 1971	Folge I		98
115 339	8% dergl. v. 1971	Folge II		96
115 340	7% dergl. v. 1971	Folge III		97,1
115 341	7% dergl. v. 1972	I. Ausg.		96,5
115 342	7% dergl. v. 1972	II. Ausg.		97
115 343	7% dergl. v. 1972	III. Ausg.		95,25
115 344	7¹/₂% dergl. v. 1972			94,5
115 345	8% dergl. v. 1972			94
	Ablösungsschuld Deutsche			
	Bundesbahn v. 1957			
115 500	4% dergl. v. 1957	div. Gruppen		98,8
115 505	4% dergl. v. 1957	Gruppe 5		98,8
115 506	4% dergl. v. 1957	Gruppe 6		98,8
115 507	4% dergl. v. 1957	Gruppe 7		98,8
115 509	4% dergl. v. 1957	Gruppe 9		98,8
115 510	4% dergl. v. 1957	Gruppe 10		98,8
115 512	4% dergl. v. 1957	Gruppe 12		98,8
115 513	4% dergl. v. 1957	Gruppe 13		98,8
115 515	4% dergl. v. 1957	Gruppe 15		98,8
115 519	4% dergl. v. 1957	Gruppe 19		98,8
115 520	4% dergl. v. 1957	Gruppe 20		98,8
115 523	4% dergl. v. 1957	Gruppe 23		98,8
115 524	4% dergl. v. 1957	Gruppe 24		98,8
115 525	4% dergl. v. 1957	Gruppe 25		98,8
115 526	4% dergl. v. 1957	Gruppe 26		98,8
115 527	4% dergl. v. 1957	Gruppe 27		98,8
115 528	4% dergl. v. 1957	Gruppe 28		98,8
115 531	4% dergl. v. 1957	Gruppe 31		98,8
115 532	4% dergl. v. 1957	Gruppe 32		98,8
115 534	4% dergl. v. 1957	Gruppe 34		98,8
115 535	4% dergl. v. 1957	Gruppe 35		98,8
115 536	4% dergl. v. 1957	Gruppe 36		98,8
115 537	4% dergl. v. 1957	Gruppe 37		98,8
115 539	4% dergl. v. 1957	Gruppe 39		98,8
115 800	4% dergl. v. 1959	div. Gruppen		98,9
115 808	4% dergl. v. 1959	Gruppe 8		98,9
115 813	4% dergl. v. 1959	Gruppe 13		98,9
115 814	4% dergl. v. 1959	Gruppe 14		98,9
115 818	4% dergl. v. 1959	Gruppe 18		98,9
115 820	4% dergl. v. 1959	Gruppe 20		98,9
116 003	5¹/₂% Anl. Deutsche Bundespost v. 1958			
	Gruppen 1, 3, 7—10, 12—14			84,9

Wertpapier-Nr.				Kurs in Prozenten
116 004	5% Anl. Deutsche Bundespost v. 1959			
	Gruppen 6, 10—12, 14—15			89,7
116 006	6% dergl. v. 1961			
	Gruppen 1, 9—10			94,4
116 007	5³/₄% dergl. v. 1962			
	Gruppen 1—2, 10			93,75
116 008	6% dergl. v. 1962			
	Gruppen 103, 5—6, 9, 13—15			87,5
116 009	6% dergl. v. 1963			
	Gruppen 2, 4—5, 10			92,3
116 010	6% dergl. v. 1963		II. Ausg.	84,9
116 012	6% dergl. v. 1963		IV. Ausg.	93,9
116 013	5¹/₂% dergl. v. 1964			98,45
116 014	6% dergl. v. 1964			89,7
116 015	6% dergl. v. 1964			
	Gruppen 1—3, 5		II. Ausg.	89
116 017	7% dergl. v. 1967			93,9
116 018	6¹/₂% dergl. v. 1967			90,85
116 019	6¹/₂% dergl. v. 1968			81,1
116 020	6% dergl. v. 1968			87,35
116 021	6% dergl. v. 1969			82,5
116 022	6¹/₂% dergl. v. 1969			88,1
116 023	8% dergl. v. 1970			93,2
116 024	8¹/₂% dergl. v. 1970		I. Ausg.	95,6
116 025	8¹/₂% dergl. v. 1970		II. Ausg.	95,35
116 026	7¹/₂% dergl. v. 1971			89,1
116 027	8% dergl. v. 1971			91,45
116 028	7¹/₂% dergl. v. 1972			88,3
116 029	7% dergl. v. 1972			85,55
116 030	8% dergl. v. 1972			88,5
116 031	8% dergl. v. 1972			91,55
116 032	10% dergl. v. 1973			101,6
116 033	10% dergl. v. 1973			101,5
116 034	10% dergl. v. 1973			101,5
116 035	9¹/₂% dergl. v. 1973			100
116 116	5% dergl. v. 1959	Gruppe 6		89,7
116 120	5% dergl. v. 1959	Gruppe 10		89,7
116 121	5% dergl. v. 1959	Gruppe 11		89,7
116 122	5% dergl. v. 1959	Gruppe 12		89,7
116 124	5% dergl. v. 1959	Gruppe 14		89,7
116 125	5% dergl. v. 1959	Gruppe 15		89,7
116 141	6% dergl. v. 1961	Gruppe 1		94,4
116 149	6% dergl. v. 1961	Gruppe 9		94,4
116 150	6% dergl. v. 1961	Gruppe 10		94,4
116 151	5³/₄% dergl. v. 1962	Gruppe 1		93,75
116 152	5³/₄% dergl. v. 1962	Gruppe 2		93,75
116 157	5³/₄% dergl. v. 1962	Gruppe 7		100
116 160	5³/₄% dergl. v. 1962	Gruppe 10		93,75
116 161	6% dergl. v. 1962	Gruppe 1		87,5
116 162	6% dergl. v. 1962	Gruppe 2		87,5
116 163	6% dergl. v. 1962	Gruppe 3		87,5
116 165	6% dergl. v. 1962	Gruppe 5		87,5
116 166	6% dergl. v. 1962	Gruppe 6		87,5
116 169	6% dergl. v. 1962	Gruppe 9		87,5
116 173	6% dergl. v. 1962	Gruppe 13		87,5
116 174	6% dergl. v. 1962	Gruppe 14		87,5
116 175	6% dergl. v. 1962	Gruppe 15		87,5
116 181	6% dergl. v. 1963	Gruppe 1		100
116 182	6% dergl. v. 1963	Gruppe 2		92,3
116 184	6% dergl. v. 1963	Gruppe 4		92,3
116 185	6% dergl. v. 1963	Gruppe 5		92,3
116 190	6% dergl. v. 1963	Gruppe 10		92,3
116 191	5¹/₂% dergl. v. 1958	Gruppe 1		84,9
116 193	5¹/₂% dergl. v. 1958	Gruppe 3		84,9
116 195	5¹/₂% dergl. v. 1958	Gruppe 5		84,9
116 197	5¹/₂% dergl. v. 1958	Gruppe 7		84,9
116 198	5¹/₂% dergl. v. 1958	Gruppe 8		84,9
116 199	5¹/₂% dergl. v. 1958	Gruppe 9		84,9
116 200	5¹/₂% dergl. v. 1958	Gruppe 10		84,9
116 202	5¹/₂% dergl. v. 1958	Gruppe 12		84,9
116 203	5¹/₂% dergl. v. 1958	Gruppe 13		84,9
116 204	5¹/₂% dergl. v. 1958	Gruppe 14		84,9
116 232	6% dergl. v. 1964	Gruppe 2		89
116 233	6% dergl. v. 1964	Gruppe 3		89
116 235	6% dergl. v. 1964	Gruppe 5		89
	Schatzanweisungen,			
	Kassenobligationen,			
	Deutsche Bundespost			
116 337	8% dergl. v. 1970	Folge I		97,25
116 338	8% dergl. v. 1970	Folge II		97,25

Wertpapier-Nr.			Kurs in Prozenten
116 339	8% dergl. v. 1970	Folge III	97,25
116 341	7% dergl. v. 1971	Folge I	98,5
116 342	7% dergl. v. 1971	Folge II	98
116 343	7% dergl. v. 1971	Folge III	96,75
116 344	7% dergl. v. 1971	Folge IV	98,25
116 345	8% dergl. v. 1971	Folge I	96,5
116 346	8% dergl. v. 1971	Folge II	96,5
116 347	8% dergl. v. 1971	Folge III	96,5
116 348	8% dergl. v. 1971	Folge IV	96,5
116 349	8% dergl. v. 1971	Folge V	96,5
116 350	8% dergl. v. 1971	Folge VI	96,5
116 351	8% dergl. v. 1971	Folge VII	99,75
116 352	8% dergl. v. 1971	Folge VIII	99,75
116 353	8% dergl. v. 1971	Folge IX	96,5
116 354	8% dergl. v. 1971	Folge X	99,75
116 355	8% dergl. v. 1971	Folge XI	99
116 356	8% dergl. v. 1971	Folge XII	99,75
116 357	7½% dergl. v. 1971	Folge I	99
116 358	7½% dergl. v. 1971	Folge II	98
116 359	7½% dergl. v. 1971	Folge III	97
116 360	7½% dergl. v. 1971	Folge IV	95,65
116 361	7% dergl. v. 1971	Folge V	100
116 362	7% dergl. v. 1971	Folge VI	100
116 363	7½% dergl. v. 1971	Folge V	97,5
116 364	7½% dergl. v. 1971	Folge VI	95,35
116 365	7% dergl. v. 1971	Folge VII	95,75
116 366	7½% dergl. v. 1971	Folge VII	95,25
116 367	7½% dergl. v. 1971	Folge VIII	96.25
116 368	7½% dergl. v. 1971	Folge VIII	99
116 369	6½% dergl. v. 1972		98,9
116 370	7% dergl. v. 1972		99,4
116 371	7½% dergl. v. 1972		95,25
116 372	8½% dergl. v. 1973		99,5
116 373	8% dergl. v. 1973		98,5
116 800	4% Endschädigungsschuld Deutsche Bundespost v. 1959		98,9
116 808	4% dergl. v. 1959	Gruppe 8	98,9
116 813	4% dergl. v. 1959	Gruppe 13	98,9
116 814	4% dergl. v. 1959	Gruppe 14	98,9
116 818	4% dergl. v. 1959	Gruppe 18	98,9
116 820	4% dergl. v. 1959	Gruppe 20	98,9
118 003	6½% Anl. Stadt Düsseldorf v. 1967		88,75
118 051	6½% dergl. v. 1967	Serie 1	88,75
118 052	6½% dergl. v. 1967	Serie 2	88,75
118 053	6½% dergl. v. 1967	Serie 3	88,75
118 054	6½% dergl. v. 1967	Serie 4	88,75
118 055	6½% dergl. v. 1967	Serie 5	88,75
118 056	6½% dergl. v. 1967	Serie 6	88,75
118 057	6½% dergl. v. 1967	Serie 7	88,75
118 059	6½% dergl. v. 1967	Serie 9	88,75
118 060	6½% dergl. v. 1967	Serie 10	88,75
123 001	7% Anl. Stadt Essen v. 1972		86
136 510	5½% Hamburger Staatsanleihe v. 1961		90,25
136 511	6% dergl. v. 1962		88
136 512	7% dergl. v. 1965		90
136 513	6½% dergl. v. 1967		90,5
136 514	8½% dergl. v. 1970		96
136 515	7½% dergl. v. 1972		88,25
136 516	7½% dergl. v. 1972		89,25
136 552	6½% dergl. v. 1967	Serie 2	90,5
136 553	6½% dergl. v. 1967	Serie 3	90,5
136 554	6½% dergl. v. 1967	Serie 4	90,5
136 555	6½% dergl. v. 1967	Serie 5	90,5
136 556	6½% dergl. v. 1967	Serie 6	90,5
136 557	6½% dergl. v. 1967	Serie 7	90,5
136 558	6½% dergl. v. 1967	Serie 8	90,5
136 559	6½% dergl. v. 1967	Serie 9	90,5
136 560	6½% dergl. v. 1967	Serie 10	90,5
138 003	7% Anl. Hessen v. 1965 Gr. A—E, J—K		93,6
138 004	7% dergl. v. 1967		90,4
138 005	6½% dergl. v. 1968		89
138 006	6% dergl. v. 1968		89
138 007	8% dergl. v. 1971		93
138 008	8% dergl. v. 1972		92,3
138 101	7% dergl. v. 1965	Gr. A	93,6

Wertpapier-Nr.			Kurs in Prozenten
138 102	7% dergl. v. 1965	Gr. B	93,6
138 103	7% dergl. v. 1965	Gr. C	93,6
138 104	7% dergl. v. 1965	Gr. D	93,6
138 105	7% dergl. v. 1965	Gr. E	93,6
138 109	7% dergl. v. 1965	Gr. J	93,6
138 110	7% dergl. v. 1965	Gr. K	93,6
138 111	7% dergl. v. 1967	Gr. A	90,4
138 112	7% dergl. v. 1967	Gr. B	90,4
138 113	7% dergl. v. 1967	Gr. C	90,4
138 114	7% dergl. v. 1967	Gr. D	90,4
138 115	7% dergl. v. 1967	Gr. E	90,4
138 117	7% dergl. v. 1967	Gr. G	90,4
138 118	7% dergl. v. 1967	Gr. H	90,4
138 119	7% dergl. v. 1967	Gr. I	100
138 120	7% dergl. v. 1967	Gruppe K	90,4
138 121	6½% dergl. v. 1968	Gruppe A	89
138 122	6½% dergl. v. 1968	Gruppe B	89
138 123	6½% dergl. v. 1968	Gruppe C	89
138 124	6½% dergl. v. 1968	Gruppe D	89
138 125	6½% dergl. v. 1968	Gruppe E	89
138 126	6½% dergl. v. 1968	Gruppe F	89
138 127	6½% dergl. v. 1968	Gruppe G	100
138 128	6½% dergl. v. 1968	Gruppe H	89
138 129	6½% dergl. v. 1968	Gruppe J	89
138 130	6½% dergl. v. 1968	Gruppe K	89
138 301	6½% — 9% Hessen Schatzbr. Typ A/73 — Wertrechte — 1. 4. gzj.		100
138 302	6½% — 9% dergl. Typ A/73 — Eff. St. — 1. 4. gzj.		100
138 303	8% — 10% dergl. Ausg. Dez. 73 1. 12. gzj.		100
147 009	6½% Anl. Stadt Köln von 1968		88,75
147 010	7½% dergl. v. 1971		94,75
147 021	6½% dergl. v. 1968	Serie 1	88,75
147 022	6½% dergl. v. 1968	Serie 2	88,75
147 023	6½% dergl. v. 1968	Serie 3	88,75
147 024	6½% dergl. v. 1968	Serie 4	88,75
147 025	6½% dergl. v. 1968	Serie 5	88,75
147 026	6½% dergl. v. 1968	Serie 6	88,75
147 027	6½% dergl. v. 1968	Serie 7	88,75
147 028	6½% dergl. v. 1968	Serie 8	88,75
147 029	6½% dergl. v. 1968	Serie 9	88,75
147 030	6½% dergl. v. 1968	Serie 10	101
156 013	6½% Anl. Landeshauptstadt München v. 1958		94,7
156 015	6% dergl. v. 1962		89,5
156 016	6% dergl. v. 1963		87,8
156 017	6% dergl. v. 1964		86,6
156 018	6% dergl. v. 1965 Serien 1—3		89,75
156 019	7% dergl. v. 1967		92,5
156 051	6% dergl. v. 1965	Serie 1	89,75
156 052	6% dergl. v. 1965	Serie 2	89,75
156 053	6% dergl. v. 1965	Serie 3	89,75
156 056	6% dergl. v. 1965	Serie 6	100
156 062	7% dergl. v. 1967	Serie 2	92,5
156 063	7% dergl. v. 1967	Serie 3	92,5
156 064	7% dergl. v. 1967	Serie 4	92,5
156 065	7% dergl. v. 1967	Serie 5	100
156 066	7% dergl. v. 1967	Serie 6	92,5
156 067	7% dergl. v. 1967	Serie 7	92,5
156 068	7% dergl. v. 1967	Serie 8	92,5
156 069	7% dergl. v. 1967	Serie 9	92,5
156 070	7% dergl. v. 1967	Serie 10	92,5
159 010	6% Anl. Niedersachsen v. 1958	I. Ausg.	95,5
159 011	5% dergl. v. 1958	II. Ausg.	85
159 012	6% dergl. v. 1965	Serien 2—3	95
159 013	6% dergl. v. 1965		96
159 014	7% dergl. v. 1967		88
159 015	6½% dergl. v. 1968		91
159 016	6% dergl. v. 1969		87
159 017	8½% dergl. v. 1970		95,5
159 018	8% dergl. v. 1971		91,25
159 019	7½% dergl. v. 1972		87,6
159 020	8% dergl. v. 1972		90,25
159 102	6% dergl. v. 1965	Ser. 2	95
159 103	6% dergl. v. 1965	Ser. 3	95

Wertpapier-Nr.				Kurs in Prozenten
159 121	6¹/₂% dergl.	v. 1968	Gruppe 1	91
159 122	6¹/₂% dergl.	v. 1968	Gruppe 2	91
159 123	6¹/₂% dergl.	v. 1968	Gruppe 3	91
159 124	6¹/₂% dergl.	v. 1968	Gruppe 4	91
159 125	6¹/₂% dergl.	v. 1968	Gruppe 5	91
159 126	6¹/₂% dergl.	v. 1968	Gruppe 6	91
159 127	6¹/₂% dergl.	v. 1968	Gruppe 7	91
159 128	6¹/₂% dergl.	v. 1968	Gruppe 8	100
159 129	6¹/₂% dergl.	v. 1968	Gruppe 9	91
159 130	6¹/₂% dergl.	v. 1968	Gruppe 10	91
159 501	5% Anl. Nordrhein-Westfalen			
	v. 1959 Gruppen E—F, H, K—L			88,9
159 502	7% dergl.	v. 1966		94,8
159 503	6¹/₂% dergl.	v. 1967		92
159 504	6¹/₂% dergl.	v. 1968		90,8
159 505	7¹/₂% dergl.	v. 1971		90
159 515	5% dergl.	v. 1959	Gruppe E	88,9
159 516	5% dergl.	v. 1959	Gruppe F	88,9
159 518	5% dergl.	v. 1959	Gruppe H	88,9
159 520	5% dergl.	v. 1959	Gruppe K	88,9
159 521	5% dergl.	v. 1959	Gruppe L	88,9
159 522	5% dergl.	v. 1959	Gruppe M	100
173 005	6¹/₂% Anl. Rheinland-Pfalz			
	v. 1958			93,4
173 007	6% dergl.	v. 1964		89,7
173 008	6% dergl.	v. 1964	II. Ausg.	84,7
173 009	7% dergl.	v. 1965	Gr. 3—5, 7—10	92,5
173 010	7% dergl.	v. 1965	Gr. 2—4, 6—8, 10	
			II. Ausg.	91,4
173 011	7% dergl.	v. 1967		90,6
173 012	6¹/₂% dergl.	v. 1967		89,3
173 013	6¹/₂% dergl.	v. 1968		90
173 014	8% dergl.	v. 1971		93,25
173 201	6% Anl. Rheinland-			
	Pfalz	v. 1964	Gr. A, II. Ausg.	84,7
173 202	6% dergl.	v. 1964	Gr. B, II. Ausg.	84,7
173 203	6% dergl.	v. 1964	Gr. C, II. Ausg.	84,7
173 204	6% dergl.	v. 1964	Gr. D, II. Ausg.	84,7
173 205	6% dergl.	v. 1964	Gr. E, II. Ausg.	84,7
173 207	6% dergl.	v. 1964	Gr. G, II. Ausg.	84,7
173 213	7% dergl.	v. 1965	Gruppe 3	92,5
173 214	7% dergl.	v. 1965	Gruppe 4	92,5
173 215	7% dergl.	v. 1965	Gruppe 5	92,5
173 217	7% dergl.	v. 1965	Gruppe 7	92,5
173 218	7% dergl.	v. 1965	Gruppe 8	92,5
173 219	7% dergl.	v. 1965	Gruppe 9	92,5
173 220	7% dergl.	v. 1965	Gruppe 10	92,5
173 222	7% dergl.	v. 1965	II. Ausg., Gr. 2	91,4
173 223	7% dergl.	v. 1965	II. Ausg., Gr. 3	91,4
173 224	7% dergl.	v. 1965	II. Ausg., Gr. 4	91,4
173 226	7% dergl.	v. 1965	II. Ausg., Gr. 6	91,4
173 227	7% dergl.	v. 1965	II. Ausg., Gr. 7	91,4
173 228	7% dergl.	v. 1965	II. Ausg., Gr. 8	91,4
173 230	7% dergl.	v. 1965	II. Ausg., Gr. 10	91,4
173 232	7% dergl.	v. 1967	Gruppe 2	90,6
173 233	7% dergl.	v. 1967	Gruppe 3	90,6
173 234	7% dergl.	v. 1967	Gruppe 4	90,6
173 235	7% dergl.	v. 1967	Gruppe 5	90,6
173 236	7% dergl.	v. 1967	Gruppe 6	90,6
173 237	7% dergl.	v. 1967	Gruppe 7	90,6
173 238	7% dergl.	v. 1967	Gruppe 8	100
173 239	7% dergl.	v. 1967	Gruppe 9	90,6
173 240	7% dergl.	v. 1967	Gruppe 10	90,6
173 241	6¹/₂% dergl.	v. 1967	Gruppe 1	89,3
173 243	6¹/₂% dergl.	v. 1967	Gruppe 3	89,3
173 244	6¹/₂% dergl.	v. 1967	Gruppe 4	89,3
173 245	6¹/₂% dergl.	v. 1967	Gruppe 5	89,3
173 246	6¹/₂% dergl.	v. 1967	Gruppe 6	89,3
173 247	6¹/₂% dergl.	v. 1967	Gruppe 7	89,3
173 248	6¹/₂% dergl.	v. 1967	Gruppe 8	89,3
173 249	6¹/₂% dergl.	v. 1967	Gruppe 9	89,3
173 250	6¹/₂% dergl.	v. 1967	Gruppe 10	89,3
173 251	6¹/₂% dergl.	v. 1968	Gruppe 1	90
173 252	6¹/₂% dergl.	v. 1968	Gruppe 2	90
173 253	6¹/₂% dergl.	v. 1968	Gruppe 3	90
173 254	6¹/₂% dergl.	v. 1968	Gruppe 4	90
173 255	6¹/₂% dergl.	v. 1968	Gruppe 5	90
173 256	6¹/₂% dergl.	v. 1968	Gruppe 6	90
173 257	6¹/₂% dergl.	v. 1968	Gruppe 7	90
173 258	6¹/₂% dergl.	v. 1968	Gruppe 8	90

Wertpapier-Nr.				Kurs in Prozenten
173 259	6¹/₂% dergl.	v. 1968	Gruppe 9	90
173 260	6¹/₂% dergl.	v. 1968	Gruppe 10	90
175 005	5¹/₄% Ruhrverband hfl Anleihe v. 1963			80,2
175 006	4¹/₂% dergl.	v. 1964		76,1
178 100	6% Anl. Saarland v. 1962			94,5
178 101	6% dergl.	v. 1963		93,5
178 102	6% dergl.	v. 1964	Ser. B—D, F, J—K	92
178 103	7% dergl.	v. 1965	Ser. B—C, E—F,	
			H—K	93,5
178 104	7% dergl.	v. 1967	Ser. A, C—H, K	93
178 105	7% dergl.	v. 1968	Ser. A—K	90
178 106	8¹/₂% dergl.	v. 1970		96,4
178 107	7% dergl.	v. 1972		88
178 202	9% dergl.	v. 1964	Serie B	92
178 203	6% dergl.	v. 1964	Serie C	92
178 204	6% dergl.	v. 1964	Serie D	92
178 206	6% dergl.	v. 1964	Serie F	92
178 209	6% dergl.	v. 1964	Serie J	92
178 210	6% dergl.	v. 1964	Serie K	92
178 212	7% dergl.	v. 1965	Serie B	93,5
178 213	7% dergl.	v. 1965	Serie C	93,5
178 215	7% dergl.	v. 1965	Serie E	93,5
178 216	7% dergl.	v. 1965	Serie F	93,5
178 218	7% dergl.	v. 1965	Serie H	93,5
178 219	7% dergl.	v. 1965	Serie J	93,5
178 220	7% dergl.	v. 1965	Serie K	93,5
178 221	7% dergl.	v. 1967	Serie A	93
178 222	9% dergl.	v. 1967	Serie B	100
178 223	7% dergl.	v. 1967	Serie C	93
178 224	7% dergl.	v. 1967	Serie D	93
178 225	7% dergl.	v. 1967	Serie E	93
178 226	7% dergl.	v. 1967	Serie F	93
178 227	7% dergl.	v. 1967	Serie G	93
178 228	7% dergl.	v. 1967	Serie H	93
178 230	7% dergl.	v. 1967	Serie K	93
178 231	6¹/₂% dergl.	v. 1968	Serie A	90
178 232	6¹/₂% dergl.	v. 1968	Serie B	90
178 233	6¹/₂% dergl.	v. 1968	Serie C	90
178 234	6¹/₂% dergl.	v. 1968	Serie D	90
178 235	6¹/₂% dergl.	v. 1968	Serie E	90
178 236	6¹/₂% dergl.	v. 1968	Serie F	90
178 237	6¹/₂% dergl.	v. 1968	Serie G	90
178 238	6¹/₂% dergl.	v. 1968	Serie H	90
178 239	6¹/₂% dergl.	v. 1968	Serie I	90
178 240	6¹/₂% dergl.	v. 1968	Serie K	90
179 005	5¹/₂% Anl. Schleswig-			
	Holstein v. 1959			85
179 007	6% dergl.	v. 1963		92
179 008	6% dergl.	v. 1964		86,5
179 009	6% dergl.	v. 1964		
			II. Ausg., Serien I, III—V, VII—VIII	85
179 010	7% dergl.	v. 1965	Serie 1, 3—10	91,25
179 011	7% dergl.	v. 1967		87
179 012	6¹/₂% dergl.	v. 1968		89,5
179 013	7% dergl.	v. 1971		91,5
179 014	7¹/₄% dergl.	v. 1972		86,75
179 015	8% dergl.	v. 1973		94,5
179 104	7¹/₂% Schleswig-Holstein			
	Kassenobl. v. 1971			99
179 201	6% dergl.	v. 1964 II. Ausg., Ser. I		85
179 203	6% dergl.	v. 1964 II. Ausg., Ser. III		85
179 204	6% dergl.	v. 1964 II. Ausg., Ser. IV		85
179 205	6% dergl.	v. 1964 II. Ausg., Ser. V		85
179 207	6% dergl.	v. 1964 II. Ausg., Ser. VII		85
179 208	6% dergl.	v. 1964 II. Ausg., Ser. VIII		85
179 211	7% dergl.	v. 1965	Serie 1	91,25
179 213	7% dergl.	v. 1965	Serie 3	91,25
179 214	7% dergl.	v. 1965	Serie 4	91,25
179 215	7% dergl.	v. 1965	Serie 5	91,25
179 216	7% dergl.	v. 1965	Serie 6	91,25
179 217	7% dergl.	v. 1965	Serie 7	91,25
179 218	7% dergl.	v. 1965	Serie 8	91,25
179 219	7% dergl.	v. 1965	Serie 9	91,25
179 220	7% dergl.	v. 1965	Serie 10	91,25
180 502	5³/₄% Anl. Stadt			
	Stuttgart v. 1962			87,5
180 503	6% dergl.	v. 1963		87,5
180 504	6¹/₂% dergl.	v. 1971		90,5
180 505	7³/₂% dergl.	v. 1972		89
192 201	5¹/₂% Anl. Stadt Wiesbaden v. 1958			90,5

Wertpapier-Nr.		Kurs in Prozenten
410 500	4% Ablösungsschuld Bundesrepublik Deutschland von 1957 (Zertifikate für Ausländeransprüche)	98,6
411 250	4% Schuldverschr. der Äußeren Anleihe des Deutschen Reiches von 1930 (Zündholzanleihe)	87
415 500	4% Ablösungsschuld Deutsche schwedische Zertifikate in $ Bundesbahn v. 1957 (Zertifikate für Ausländeransprüche)	98,8
416 500	4% Ablösungsschuld Deutsche Bundespost v. 1957 (Zertifikate)	98,9

B. Pfandbriefe und ähnliche Schuldverschreibungen der öffentlich-rechtlichen und privaten Emissionsinstitute

Allgemeine Hypothekenbank AG., Frankfurt a. M.

Wertpapier-Nr.			Kurs in Prozenten
202 001	6% Hyp.-Pfandbr.	Reihe 1	72
202 002	7% dergl.	Reihe 2	87
202 003	7% dergl.	Reihe 3	86
202 004	7% dergl.	Reihe 4	84
202 005	6¹/₂% dergl.	Reihe 5	77
202 006	6% dergl.	Reihe 6	77
202 007	6¹/₂% dergl.	Reihe 7	96,5
202 008	6% dergl.	Reihe 8	72
202 009	6¹/₂% dergl.	Reihe 9	78
202 010	6¹/₂% dergl.	Reihe 10	78
202 011	6¹/₂% dergl.	Reihe 11	78
202 012	6¹/₂% dergl.	Reihe 12	81
202 013	6% dergl.	Reihe 13	72
202 014	6¹/₂% dergl.	Reihe 14	77
202 015	6¹/₂% dergl.	Reihe 15	79
202 016	6% dergl.	Reihe 16	97,5
202 017	6% dergl.	Reihe 17	74
202 018	6% dergl.	Reihe 18	74
202 019	5¹/₂% dergl.	Reihe 19	90
202 020	6% dergl.	Reihe 20	92,75
202 021	6¹/₂% dergl.	Reihe 21	77
202 022	6% dergl.	Reihe 22	90
202 023	6% dergl.	Reihe 23	97,5
202 024	6¹/₂% dergl.	Reihe 24	77
202 025	6% dergl.	Reihe 25	96
202 026	7% dergl.	Reihe 26	82
207 027	6¹/₂% dergl.	Reihe 27	95
202 028	6% dergl.	Reihe 28	96
202 029	6% dergl.	Reihe 29	93,75
202 030	7% dergl.	Reihe 30	91
202 031	6¹/₂% dergl.	Reihe 31	88
202 032	6% dergl.	Reihe 32	95,5
202 033	7¹/₂% dergl.	Reihe 33	93
202 034	7% dergl.	Reihe 34	96,75
202 035	6¹/₂% dergl.	Reihe 35	94,75
202 036	6% dergl.	Reihe 36	93,25
202 037	6¹/₂% dergl.	Reihe 37	93,25
202 038	7¹/₂% dergl.	Reihe 38	97,75
202 039	6¹/₂% dergl.	Reihe 39	87
202 040	6¹/₂% dergl.	Reihe 40	87
202 041	6¹/₂% dergl.	Reihe 41	93,5
202 042	6¹/₂% dergl.	Reihe 42	87
202 043	7¹/₂% dergl.	Reihe 43	96
202 044	7¹/₂% dergl.	Reihe 44	90
202 045	7¹/₂% dergl.	Reihe 45	92
202 046	6% dergl.	Reihe 46	91
202 047	7% dergl.	Reihe 47	91
202 048	8% dergl.	Reihe 48	98
202 049	7¹/₂% dergl.	Reihe 49	93
202 050	7¹/₂% dergl.	Reihe 50	92
202 051	8% dergl.	Reihe 51	97,5
202 052	6¹/₂% dergl.	Reihe 52	86
202 053	7% dergl.	Reihe 53	90
202 301	6% Komm.-Schuldverschr.	Serie 1	72
202 302	7% dergl.	Serie 2	87
202 303	7% dergl.	Serie 3	86
202 304	7% dergl.	Serie 4	84
202 305	6¹/₂% dergl.	Serie 5	77
202 306	6¹/₂% dergl.	Serie 6	80

Wertpapier-Nr.			Kurs in Prozenten
202 308	6% dergl.	Serie 8	74
202 309	6¹/₂% dergl.	Serie 9	78
202 310	6% dergl.	Serie 10	74
202 311	6% dergl.	Serie 11	93,75
202 312	8¹/₂% dergl.	Serie 12	99
202 313	7% dergl.	Serie 13	98,25
202 314	6% dergl.	Serie 14	89
202 315	6% dergl.	Serie 15	94
202 316	7% dergl.	Serie 16	92
202 317	7¹/₂% dergl.	Serie 17	96
202 318	8% dergl.	Serie 18	99
202 319	7¹/₂% dergl.	Serie 19	97,75
202 320	7% dergl.	Serie 20	89,5
202 321	7% dergl.	Serie 21	92,5
202 322	6% dergl.	Serie 22	91
202 323	6¹/₂% dergl.	Serie 23	89
202 324	8% dergl.	Serie 24	100
202 325	7¹/₂% dergl.	Serie 25	93,5
202 326	8% dergl.	Serie 26	95,5
202 327	6% dergl.	Serie 27	89,5
202 328	8% dergl.	Serie 28	97,5
202 329	7% dergl.	Serie 29	94
202 330	6% dergl.	Serie 30	91,5

Badische Kommunale Landesbank — Girozentrale —, Mannheim

Wertpapier-Nr.			Kurs in Prozenten
205 002	5% Hyp.-Pfandbr.	Reihe 8	106
205 003	5% dergl.	Reihe 9	106
205 004	5% dergl.	Reihe 10	106
205 005	5% dergl.	Reihe 11	106
205 006	5% dergl.	Reihe 12	106
205 008	5¹/₂% dergl.	Reihe 14	110
205 010	4% dergl. (Altsp.-Em.)	Reihe 16	99
205 013	4% dergl. (Umtausch-Em.)	Reihe 18	99
205 014	4% dergl. (Umtausch-Em.)	Reihe 19	99
205 015	5¹/₂% dergl.	Reihe 20	110
205 016	5% dergl.	Reihe 21	106
205 018	5% dergl.	Reihe 23	72
205 019	5% dergl.	Reihe 24	72
205 020	5¹/₂% dergl.	Reihe 25	70
205 021	5¹/₂% dergl.	Reihe 26	70
205 022	6% dergl.	Reihe 27	72
205 023	5¹/₂% dergl.	Reihe 28	70
205 024	5% dergl.	Reihe 29	72
205 025	6% dergl.	Reihe 30	72
205 026	6% dergl.	Reihe 31	72
205 030	5% dergl.	Reihe 35	72
205 034	5¹/₂% dergl.	Reihe 39	70
205 036	6% dergl.	Reihe 41	72
205 037	6% dergl.	Reihe 42	72
205 038	5% dergl.	Reihe 43	70
205 039	5¹/₂% dergl.	Reihe 44	70
205 040	5% dergl.	Reihe 45	70
205 041	5% dergl.	Reihe 46	70
205 042	5% dergl.	Reihe 47	70
205 043	5¹/₂% dergl.	Reihe 48	70
205 044	5% dergl.	Reihe 49	70
205 045	5¹/₂% dergl.	Reihe 50	70
205 046	6% dergl.	Reihe 51	72
205 047	6% dergl.	Reihe 52	72
205 049	6% dergl.	Reihe 54	72
205 050	6% dergl.	Reihe 55	72
205 051	6% dergl.	Reihe 56	72
205 052	5¹/₂% dergl.	Reihe 57	70
205 053	5¹/₂% dergl.	Reihe 58	70
205 054	5¹/₂% dergl.	Reihe 59	70
205 055	6% dergl.	Reihe 60	72
205 056	5¹/₂% dergl.	Reihe 61	70
205 057	6% dergl.	Reihe 62	72
205 058	6% dergl.	Reihe 63	72
205 059	6% dergl.	Reihe 64	72
205 060	6% dergl.	Reihe 65	72
205 061	6% dergl.	Reihe 66	72
205 062	6% dergl.	Reihe 67	72
205 063	6% dergl.	Reihe 68	72
205 064	6% dergl.	Reihe 69	72
205 065	6% dergl.	Reihe 70	72
205 066	6% dergl.	Reihe 71	72

Wertpapier-Nr.			Kurs in Prozenten
205 067	6% dergl.	Reihe 72	72
205 068	6% dergl.	Reihe 73	72
205 069	6% dergl.	Reihe 74	72
205 070	6% dergl.	Reihe 75	72
205 071	7% dergl.	Reihe 76	80
205 072	7% dergl.	Reihe 77	80
205 073	7% dergl.	Reihe 78	80
205 074	6% dergl.	Reihe 79	72
205 075	6½% dergl.	Reihe 80	75
205 076	6½% dergl.	Reihe 81	75
205 077	6% dergl.	Reihe 82	86
205 078	7% dergl.	Reihe 83	93,75
205 079	7½% dergl.	Reihe 84	85
205 081	7½% dergl.	Reihe 86	86
205 082	7½% dergl.	Reihe 87	92
205 083	7% dergl.	Reihe 88	93
205 084	7% dergl.	Reihe 89	91
205 085	7½% dergl.	Reihe 90	92
205 086	8% dergl.	Reihe 91	91
205 087	8% dergl.	Reihe 92	95
205 218	8½% Kassenobl.	Ausg. T	98
205 219	8½% dergl.	Ausg. U	100
205 221	7% dergl.	Ausg. W	95,5
205 222	7½% dergl.	Ausg. X	95
205 223	7% dergl.	Ausg. Y	96,5
205 225	7% dergl.	Ausg. A 1	94,5
205 226	7½% dergl.	Ausg. B 1	94,5
205 227	7% dergl.	Ausg. C 1	95,5
205 228	7% dergl.	Ausg. D 1	93,5
205 229	7% dergl.	Ausg. E 1	93,5
205 230	6½% dergl.	Ausg. F 1	94,5
205 231	6½% dergl.	Ausg. G 1	92,5
205 233	7½% dergl.	Ausg. J 1	94,75
205 237	7½% dergl.	Ausg. N 1	94,5
205 238	7% dergl.	Ausg. O 1	91,5
205 241	8% dergl.	Ausg. R 1	97,85
205 242	8½% dergl.	Ausg. S 1	99,25
205 243	8% dergl.	Ausg. T 1	95,25
205 244	8% dergl.	Ausg. U 1	95,25
205 245	8½% dergl.	Ausg. V 1	99
205 246	8½% dergl.	Ausg. W 1	99
205 247	8½% dergl.	Ausg. X 1	99
205 248	8½% dergl.	Ausg. Y 1	95,5
205 249	8½% dergl.	Ausg. Z 1	99
205 251	6% Inhaber-Schuldverschr.	Ausg. 2	96
205 252	6% dergl.	Ausg. 3	96
205 253	6½% dergl.	Ausg. 4	95
205 256	6½% dergl.	Ausg. 7	93,5
205 259	6½% dergl.	Ausg. 10	92
205 261	6% dergl.	Ausg. 12	95
205 262	6% dergl.	Ausg. 13	98
205 263	6½% dergl.	Ausg. 14	92,5
205 264	6% dergl.	Ausg. 15	98
205 265	8% dergl.	Ausg. 16	93
205 266	6% dergl.	Ausg. 17	97
205 267	8% dergl.	Ausg. 18	95
205 268	6% dergl.	Ausg. 19	98
205 270	6% dergl.	Ausg. 21	98,1
205 271	7% dergl.	Ausg. 22	95,5
205 272	6% dergl.	Ausg. 23	89
205 273	7% dergl.	Ausg. 24	89
205 274	8% dergl.	Ausg. 25	93
205 275	7% dergl.	Ausg. 26	92
205 276	7½% dergl.	Ausg. 27	94,75
205 277	7% dergl.	Ausg. 28	100
205 278	7% dergl.	Ausg. 29	90
205 279	7% dergl.	Ausg. 30	88
205 280—82	8% dergl.	Ausg. 31—33	95
205 283	8% dergl.	Ausg. 34	92
205 284—85	8% dergl.	Ausg. 35—36	95
205 286	7½% dergl.	Ausg. 37	100
205 287	8½% dergl.	Ausg. 38	95,5
205 288	8% dergl.	Ausg. 39	92
205 289	8% dergl.	Ausg. 40	92
205 290—92	8½% dergl.	Ausg. 41—43	94,5
205 293	8½% dergl.	Ausg. 44	97
205 294	8½% dergl.	Ausg. 45	97,5
205 295	8½% dergl.	Ausg. 46	96,5
205 296	8½% dergl.	Ausg. 47	100
205 297	8½% dergl.	Ausg. 48	94,5
205 298	8½% dergl.	Ausg. 49	94,5
205 299	8½% dergl.	Ausg. 50	95,5
205 300	5% Komm.-Schuldverschr.	Serie 6	106
205 301	5% dergl.	Serie 7	106
205 302	5% dergl.	Serie 8	106
205 304	5½% dergl.	Serie 10	110
205 305	4% dergl. (Umtausch-Em.)	Serie 11	99
205 308	6% dergl.	Serie 14	72
205 310	6% dergl.	Serie 16	72
205 311	5½% dergl.	Serie 17	70
205 312	6% dergl.	Serie 18	72
205 319	6% dergl.	Serie 25	72
205 320	6% dergl.	Serie 26	72
205 321	5½% dergl.	Serie 27	70
205 322	5½% dergl.	Serie 28	70
205 323	5% dergl.	Serie 29	70
205 324	5½% dergl.	Serie 30	70
205 325	5½% dergl.	Serie 31	70
205 328	5½% dergl.	Serie 34	70
205 329	5½% dergl.	Serie 35	70
205 330	6% dergl.	Serie 36	82
205 331	6% dergl.	Serie 37	82
205 332	6% dergl.	Serie 38	82
205 333	5½% dergl.	Serie 39	70
205 334	5½% dergl.	Serie 40	70
205 336	5½% dergl.	Serie 42	70
205 337	6% dergl.	Serie 43	72
205 338	6% dergl.	Serie 44	72
205 339	6% dergl.	Serie 45	72
205 340	6% dergl.	Serie 46	72
205 341	6% dergl.	Serie 47	72
205 342	6% dergl.	Serie 48	72
205 343	6% dergl.	Serie 49	72
205 344	6% dergl.	Serie 50	72
205 345	6% dergl.	Serie 51	72
205 346	6% dergl.	Serie 52	72
205 347	6% dergl.	Serie 53	72
205 348	6% dergl.	Serie 54	72
205 350	7% dergl.	Serie 56	82
205 351	7% dergl.	Serie 57	81
205 352	7% dergl.	Serie 58	81
205 353	7% dergl.	Serie 59	81
205 355	6½% dergl.	Serie 61	75
205 356	6½% dergl.	Serie 62	82
205 358	6½% dergl.	Serie 64	75
205 359	6½% dergl.	Serie 65	75
205 360	6½% dergl.	Serie 66	89,5
205 361	6½% dergl.	Serie 67	89,5
205 362	6½% dergl.	Serie 68	82
205 364	6% dergl.	Serie 70	82
205 365	6% dergl.	Serie 71	95
205 366	6% dergl.	Serie 72	98
205 367	6½% dergl.	Serie 73	100
205 368	7½% dergl.	Serie 74	96.25
205 369	7% dergl.	Serie 75	86
205 370	7½% dergl.	Serie 76	91
205 371	7½% dergl.	Serie 77	89
205 450	7½% Inhaber-Schuldverschr.	Ausg. 51	90
205 451	7½% dergl.	Ausg. 52	88.5
205 153	8% dergl.	Ausg. 54	91.5
205 454	8% dergl.	Ausg. 55	90.5
205 455	7½% dergl.	Ausg. 56	87
205 456	7½% dergl.	Ausg. 57	91.5
205 457	7½% dergl.	Ausg. 58	97.5
205 459	7% dergl.	Ausg. 60	91.5
205 460	7% dergl.	Ausg. 61	90
205 462	7% dergl.	Ausg. 63	91.5
205 463	8% dergl.	Ausg. 64	93
205 464	8% dergl.	Ausg. 65	95
205 465	8% dergl.	Ausg. 66	95
205 466	8% dergl.	Ausg. 67	90
205 467	8% dergl.	Ausg. 68	93
205 468	8% dergl.	Ausg. 69	95
205 469	8% dergl.	Ausg. 70	90
205 471	8½% dergl.	Ausg. 72	92.5
205 472	8½% dergl.	Ausg. 73	92.5

Wertpapier-Nr.				Kurs in Prozenten
205 473	8¹/₄% dergl.	Ausg. 74		97,5
205 474	8% dergl.	Ausg. 75		93,5
205 475	8% dergl.	Ausg. 76		92,5
205 476	8% dergl.	Ausg. 77		93
205 477	8% dergl.	Ausg. 78		93
205 480	8¹/₂% dergl.	Ausg. 81		96
205 481	8% dergl.	Ausg. 82		94
205 482	8% dergl.	Ausg. 83		94
205 483	8% dergl.	Ausg. 84		94
205 485	10% dergl.	Ausg. 86		100,5
205 700	8¹/₂% Kassenobl.	Ausg. A		99
205 702	9% dergl.	Ausg. C 2		99
205 703	9% dergl.	Ausg. D 2		99
205 704	9% dergl.	Ausg. E 2		99
205 705	9% dergl.	Ausg. F 2		99
205 706	9% dergl.	Ausg. G 2		99

Badische Landeskreditanstalt, Karlsruhe

206 000	5% Hyp.-Pfandbr.	Reihe I		105
206 001	5% dergl.	Reihe II		106
206 002	5% dergl.	Reihe III		106
206 003	5% dergl.	Reihe IV		106
206 004	5³/₄% dergl.	Reihe V		106
206 005	5¹/₂% dergl.	Reihe VI		108
206 006	5% dergl.	Reihe VII		106
206 007	6% dergl.	Reihe VIII		72
206 008	6% dergl.	Reihe IX		72
206 010	5% dergl.	Reihe XI		70
206 011	5¹/₂% dergl.	Reihe XII		70
206 012	6% dergl.	Reihe XIII		72
206 013	5¹/₂% dergl.	Reihe XIV		70
206 014	5% dergl.	Reihe XV		70
206 015	6% dergl.	Reihe XVI		72
206 016	6% dergl.	Reihe XVII		72
206 017	6% dergl.	Reihe XVIII		72
206 018	6% dergl.	Reihe XIX		72
206 019	6% dergl.	Reihe XX		72
206 020	6% dergl.	Reihe XXI		72
206 021	6% dergl.	Reihe XXII		72
206 022	6% dergl.	Reihe XXIII		72
206 023	7% dergl.	Reihe XXIV		81
206 024	7% dergl.	Reihe XXV		81
206 025	7% dergl.	Reihe XXVI		81
206 026	7% dergl.	Reihe XXVII		83
206 027	6% dergl.	Reihe XXVIII		72
206 028	6¹/₂% dergl.	Reihe XXIX		79
206 029	6% dergl.	Reihe XXX		72
206 030	6¹/₂% dergl.	Reihe XXXI		79
206 031	7% dergl.	Reihe XXXII		81
206 032	8% dergl.	Reihe XXXIII		89

Bank für Vertriebene und Geschädigte (Lastenausgleichsbank) AG
siehe: Lastenausgleichsbank

Bayerische Gemeindebank (Girozentrale) Öffentliche Bankanstalt, München

208 060	5% Hyp.-Pfandbr.	Serie	1	76
208 061	6% dergl.	Serie	2	76
208 090	5¹/₂% dergl.	Serie	1	109
208 091	5¹/₂% dergl.	Serie	2	109,5
208 092	5¹/₂% dergl.	Serie	3	109,5
208 093	5¹/₂% dergl.	Serie	4	78
208 094	5¹/₂% dergl.	Serie	5	78
208 095	5¹/₂% dergl.	Serie	6	78
208 096	5¹/₂% dergl.	Serie	7	78
208 097	5¹/₂% dergl.	Serie	8	78
208 120	6% dergl.	Serie	1	73
208 121	6% dergl.	Serie	2	73
208 122	6% dergl.	Serie	3	73
208 123	6% dergl.	Serie	4	73
208 124	6% dergl.	Serie	5	73
208 125	6% dergl.	Serie	6	72
208 126	6% dergl.	Serie	7	72
208 127	6% dergl.	Serie	8	72
208 128	6% dergl.	Serie	9	72
208 129	6% dergl.	Serie	10	72
208 130	6% dergl.	Serie	11	72
208 131	6% dergl.	Serie	12	72
208 132	6% dergl.	Serie	13	71
208 133	6% dergl.	Serie	14	72
208 135	6% dergl.	Serie	16	72
208 151	6¹/₂% dergl.	Serie	2	75

Wertpapier-Nr.				Kurs in Prozenten
208 152	6¹/₂% dergl.	Serie	3	75
208 153	6¹/₂% dergl.	Serie	4	75
208 154	6¹/₂% dergl.	Serie	5	76
208 182	7% dergl.	Serie	3	81
208 183	7% dergl.	Serie	4	80
208 186	7% dergl.	Serie	7	87
208 202	7¹/₂% Pfandbr.	Serie	3	86
208 203	7¹/₂% dergl.	Serie	4	90,5
208 211	8% dergl.	Serie	1	90,5
208 250	5³/₄% Inh.-Schuldverschr.	Serie	1	96
208 252	5³/₄% dergl.	Serie	2	93,5
208 253	6% dergl.	Serie	1	96,75
208 257	6% dergl.	Serie	5	95,5
208 258	6% dergl.	Serie	6	93
208 259	6% dergl.	Serie	7	96,5
208 261	5¹/₂% dergl.	Serie	2	90,5
208 262	5¹/₂% dergl.	Serie	3	91
208 263	6¹/₂% dergl.	Serie	1	100
208 264	8% dergl.	Serie	1	97,5
208 265	8% dergl.	Serie	2	96
208 266	7¹/₂% dergl.	Serie	1	100
208 267	7¹/₂% dergl.	Serie	2	93
208 268	7% dergl.	Serie	1	93,5
208 302	5% Komm.-Schuldverschr. v. 1948			107
208 303	5% dergl.	v. 1949		107,5
208 304	5% dergl.	v. 1950 Reihe I		107
208 305	5% dergl.	v. 1950 Reihe II		107
208 306	5% dergl.	v. 1951 Reihe I		107
208 307	5% dergl.	v. 1951 Reihe II		107
208 308	5% dergl.	v. 1952 Reihe I		108,5
208 309	5% dergl.	v. 1952 Reihe II		108,5
208 310	5% dergl.	v. 1952 Reihe III		108,5
208 311	4% dergl.	v. 1953 (Altsp.-Em.)		100
208 313	5% dergl.	v. 1953 Reihe I		101
208 314	5% dergl.	v. 1953 Reihe II		105
208 315	5% dergl.	v. 1953 Reihe II		100
208 316	5¹/₂% dergl.	v. 1953 Reihe II		103,5
208 317	5¹/₂% dergl.	v. 1953 Reihe III		109
208 318	5% dergl.	v. 1954 Reihe I		105
208 319	5¹/₂% dergl.	v. 1954 Reihe I		109,5
208 322	5¹/₂% dergl.	v. 1955 Reihe I		78
208 323	6% dergl.	v. 1955 Reihe I		73
208 324	6% dergl.	v. 1955 Reihe II		73
208 331	6% dergl.	v. 1956		73
208 334	6% dergl.	v. 1958 Reihe I		73
208 335	5¹/₂% dergl.	v. 1958 Reihe I		90,5
208 336	5% dergl.	v. 1958 Reihe I		76
208 337	5¹/₂% dergl.	v. 1958 Reihe II		78
208 338	5% dergl.	v. 1959 Reihe I		78
208 339	5% dergl.	v. 1959 Reihe I		76
208 340	5% dergl.	v. 1959 Reihe II		78
208 341	5% dergl.	v. 1959 Reihe II		76
208 342	6% dergl.	v. 1960 Reihe I		73
208 343	6% dergl.	v. 1961 Reihe I		72
208 344	5¹/₂% dergl.	v. 1961 Reihe I		78
208 345	6% dergl.	v. 1961 Reihe II		72
208 346	6% dergl.	v. 1961 Reihe III		72
208 347	6% dergl.	v. 1962 Reihe I		71
208 348	5¹/₂% dergl.	v. 1962 Reihe I		78
208 349	6% dergl.	v. 1963 Reihe I		72
208 350	6% dergl.	v. 1964 Reihe I		72
208 351	6% dergl.	v. 1965 Reihe I		100
208 352	7% dergl.	v. 1965 Reihe I		81
208 353	7% dergl.	v. 1966 Reihe I		81
208 354	7% dergl.	v. 1967 Reihe I		80
208 355	6¹/₂% dergl.	v. 1967 Reihe 51		75
208 356	6¹/₂% dergl.	v. 1967 Reihe 52		75
208 357	6% dergl.	v. 1967 Reihe 53		72
208 358	6¹/₂% dergl.	v. 1967 Reihe 54		90
208 359	6% dergl.	v. 1967 Reihe 55		75
208 360	7% dergl.	v. 1967 Reihe 56		80
208 361	6% dergl.	v. 1967 Reihe 57		93
208 362	6¹/₂% dergl.	v. 1967 Reihe 58		90
208 363	6¹/₂% dergl.	v. 1967 Reihe 59		76
208 364	6% dergl.	v. 1968 Reihe 60		85,5
208 365	6¹/₂% dergl.	v. 1969 Reihe 61		100
208 366	6¹/₂% dergl.	Reihe 62		98
208 367	7% dergl.	Reihe 63		90
208 368	7% dergl.	Reihe 64		100
208 369	7% dergl.	Reihe 65		90

Wertpapier-Nr.			Kurs in Prozenten
208 370	7¹/₂% dergl.	Reihe 66	92
208 371	7¹/₂% dergl.	Reihe 67	93
208 372	8% dergl.	Reihe 68	96
208 373	8% dergl.	Reihe 69	96
208 374	7¹/₂% dergl.	Reihe 70	86
208 375	8¹/₂% dergl.	Reihe 71	97
208 376	8% dergl.	Reihe 72	90,5
208 377	8% dergl.	Reihe 73	94
208 378	8¹/₂% dergl.	Reihe 74	97
208 379	8% dergl.	Reihe 75	92,5
208 380	8¹/₂% dergl.	Reihe 76	97,5
208 381	8% dergl.	Reihe 77	94,5
208 382	7¹/₂% dergl.	Reihe 78	92
208 383	7¹/₂% dergl.	Reihe 79	91
208 384	7¹/₂% dergl.	Reihe 80	91
208 385	7% dergl.	Reihe 81	100
208 386	8% dergl.	Reihe 82	92,5
208 387	8% dergl.	Reihe 83	92
208 388	7¹/₂% dergl.	Reihe 84	91
208 389	7¹/₂% dergl.	Reihe 85	90
	Bayerische Handelsbank — Bodenkreditanstalt —, München		
209 000	4% Hyp.-Pfandbr.	Reihe 6	100
209 001	4% dergl. (Umtausch-Em.)	Reihe 6 (U)	100
209 002	4% dergl. (Stücke zu DM 100,— u. größer) (Altsp.-Em.)	Reihe 7	98
209 040	5% dergl.	Reihe 1	108
209 041	5% dergl.	Reihe 2	108
209 042	5% dergl.	Reihe 3	108
209 043	5% dergl.	Reihe 4	108
209 044	5% dergl.	Reihe 5	108
209 045	5% dergl.	Reihe 6	108
209 046	5% dergl.	Reihe 7	108
209 047	5% dergl.	Reihe 8	108
209 048	5% dergl.	Reihe 9	108
209 049	5% dergl.	Reihe 10	108
209 050	5% dergl.	Reihe 11	108
209 051	5% dergl.	Reihe 12	78
209 052	5% dergl.	Reihe 13	78
209 053	5% dergl.	Reihe 14	78
209 054	5% dergl.	Reihe 15	78
209 055	5% dergl.	Reihe 16	78
209 070	5¹/₂% dergl.	Reihe 1	110
209 071	5¹/₂% dergl.	Reihe 2	110
209 072	5¹/₂% dergl.	Reihe 3	110
209 073	5¹/₂% dergl.	Reihe 4	79
209 074	5¹/₂% dergl.	Reihe 5	79
209 075	5¹/₂% dergl.	Reihe 6	79
209 076	5¹/₂% dergl.	Reihe 7	79
209 077	5¹/₂% dergl.	Reihe 8	79
209 078	5¹/₂% dergl.	Reihe 9	79
209 090	6% dergl.	Reihe 1	70
209 091	6% dergl.	Reihe 2	70
209 092	6% dergl.	Reihe 3	70
209 093	6% dergl.	Reihe 4	70
209 094	6% dergl.	Reihe 5	70
209 095	6% dergl.	Reihe 6	70
209 096	6% dergl.	Reihe 7	70
209 097	6% dergl.	Reihe 8	70
209 098	6% dergl.	Reihe 9	71
209 099	6% dergl.	Reihe 10	70
209 100	6% dergl.	Reihe 11	70
209 101	6% dergl.	Reihe 12	70
209 102	6% dergl.	Reihe 13	70
209 103	6% dergl.	Reihe 14	70
209 104	6% dergl.	Reihe 15	70
209 105	6% dergl.	Reihe 16	70
209 106	6% dergl.	Reihe 17	70
209 107	6% dergl.	Reihe 18	70
209 108	6% dergl.	Reihe 19	71
209 109	6% dergl.	Reihe 20	70
209 110	6% dergl.	Reihe 21	70
209 111	6% dergl.	Reihe 22	70
209 131	7% dergl.	Reihe 2	83,5
209 132	7% dergl.	Reihe 3	80
209 133	7% dergl.	Reihe 4	80
209 134	7% dergl.	Reihe 5	80

Wertpapier-Nr.			Kurs in Prozenten
209 135	7% dergl.	Reihe 6	80
209 136	7% dergl.	Reihe 7	80
209 137	7% dergl.	Reihe 8	80
209 138	7% dergl.	Reihe 9	80
209 139	7% dergl.	Reihe 10	88
209 140	7% dergl.	Reihe 11	79
209 141	7% dergl.	Reihe 12	86,5
209 142	7% dergl.	Reihe 13	85,5
209 143	7% dergl.	Reihe 14	86,5
209 144	7% dergl.	Reihe 15	86,5
209 145	7% dergl.	Reihe 16	85
209 146	7% dergl.	Reihe 17	86
209 147	7% dergl.	Reihe 18	86
209 152	7¹/₂% dergl.	Reihe 3	85
209 153	7¹/₂% dergl.	Reihe 4	91
209 154	7¹/₂% dergl.	Reihe 5	85
209 155	7¹/₂% dergl.	Reihe 6	89,5
209 156	7¹/₂% dergl.	Reihe 7	85
209 157	7¹/₂% dergl.	Reihe 8	93,5
209 158	7¹/₂% dergl.	Reihe 9	93
209 170	8% dergl.	Reihe 1	96,5
209 171	8% dergl.	Reihe 2	90
209 172	8% dergl.	Reihe 3	90
209 173	8% dergl.	Reihe 4	90
209 174	8% dergl.	Reihe 5	92
209 175	8% dergl.	Reihe 6	98
209 176	8% dergl.	Reihe 7	92
209 190	8¹/₂% dergl.	Reihe 1	95
209 200	6¹/₂% dergl.	Reihe 1	75
209 201	6¹/₂% dergl.	Reihe 2	75
209 202	6¹/₂% dergl.	Reihe 3	75
209 203	6¹/₂% dergl.	Reihe 4	74,5
209 204	6¹/₂% dergl.	Reihe 5	85,5
209 205	6¹/₂% dergl.	Reihe 6	87,5
209 206	6¹/₂% dergl.	Reihe 7	82,5
209 220	9% dergl.	Reihe 1	98
209 221	9% dergl.	Reihe 2	98
209 230	9¹/₂% dergl.	Reihe 1	100
209 320	5% Komm.-Schuldverschr.	Reihe 1	78
209 321	5% dergl.	Reihe 2	78
209 322	5% dergl.	Reihe 3	78
209 340	5¹/₂% dergl.	Reihe 1	110
209 341	5¹/₂% dergl.	Reihe 2	79
209 342	5¹/₂% dergl.	Reihe 3	79
209 343	5¹/₂% dergl.	Reihe 4	79
209 360	6% dergl.	Reihe 1	70
209 361	6% dergl.	Reihe 2	70
209 362	6% dergl.	Reihe 3	70
209 363	6% dergl.	Reihe 4	70
209 364	6% dergl.	Reihe 5	70
209 365	6% dergl.	Reihe 6	70
209 366	6% dergl.	Reihe 7	70
209 367	6% dergl.	Reihe 8	71
209 368	6% dergl.	Reihe 9	70
209 369	6% dergl.	Reihe 10	70
209 370	6% dergl.	Reihe 11	70
209 371	6% dergl.	Reihe 12	70
209 372	6% dergl.	Reihe 13	70
209 373	6% dergl.	Reihe 14	70
209 374	6% dergl.	Reihe 15	70
209 375	6% dergl.	Reihe 16	70
209 381	7% dergl.	Reihe 2	84
209 382	7% dergl.	Reihe 3	84
209 383	7% dergl.	Reihe 4	84
209 384	7% dergl.	Reihe 5	83,5
209 385	7% dergl.	Reihe 6	83,5
209 386	7% dergl.	Reihe 7	80
209 387	7% dergl.	Reihe 8	80
209 388	7% dergl.	Reihe 9	88
209 389	7% dergl.	Reihe 10	87
209 390	7% dergl.	Reihe 11	85,5
209 402	7¹/₂% dergl.	Reihe 3	91,5
209 403	7¹/₂% dergl.	Reihe 4	85
209 404	7¹/₂% dergl.	Reihe 5	90
209 405	7¹/₂% dergl.	Reihe 6	90
209 406	7¹/₂% dergl.	Reihe 7	89
209 407	7¹/₂% dergl.	Reihe 8	89
209 408	7¹/₂% dergl.	Reihe 9	93,5
209 409	7¹/₂% dergl.	Reihe 10	93

Wertpapier-Nr.		Reihe	Kurs in Prozenten
209 410	7¹/₂% dergl.	Reihe 11	93,5
209 420	6¹/₂% dergl.	Reihe 1	75
209 421	6¹/₂% dergl.	Reihe 2	75
209 422	6¹/₂% dergl.	Reihe 3	89
209 423	6¹/₂% dergl.	Reihe 4	83
209 424	6¹/₂% dergl.	Reihe 5	84,5
209 440	8% dergl.	Reihe 1	95
209 441	8% dergl.	Reihe 2	93,5
209 442	8% dergl.	Reihe 3	90
209 443	8% dergl.	Reihe 4	90
209 444	8% dergl.	Reihe 5	92,5
209 445	8% dergl.	Reihe 6	91
209 446	8% dergl.	Reihe 7	92
209 460	8¹/₂% dergl.	Reihe 1	95,5
209 461	8¹/₂% dergl.	Reihe 2	94
209 462	8¹/₂% dergl.	Reihe 3	95
209 470	9% dergl.	Reihe 1	96,5
209 480	9¹/₂% dergl.	Reihe 1	100
	Bayerische Hypotheken- und Wechsel-Bank, München		
210 006	4% Hyp.-Pfandbr. (Stücke zu DM 100,— u. größer) (Altsp.-Em.)	Reihe 1 (A)	98
210 008	4% dergl. (Umtausch-Em.)	Reihe 1 (U)	99
210 010	8¹/₂% Bay. Hypoth. u. Wechsel-Bk. Pfbr.	Reihe 1	93
210 011	8¹/₂% dergl.	Reihe 2	95,5
210 012	8¹/₂% dergl.	Reihe 3	93
210 014	8¹/₂% dergl.	Reihe 5	94,75
210 031	9% dergl.	Reihe 1	98
210 050	5% dergl. (Stücke zu DM 100,— u. größer)	Reihe 1	107,5
210 051	5% dergl. (Stücke zu DM 50,—)	Reihe 1	107
210 052	5% dergl.	Reihe 2	107,5
210 053	5% dergl.	Reihe 3	107,5
210 054	5% dergl. (Stücke zu DM 100,— u. größer) (Stücke zu DM 50,—)	Reihe 3	107
210 055	5% dergl.	Reihe 4	107
210 056	5% dergl.	Reihe 5	107
210 057	5% dergl.	Reihe 6	107,5
210 058	5% dergl.	Reihe 7	107,5
210 059	5% dergl.	Reihe 8	106,9
210 060	5% dergl.	Reihe 9	107
210 061	5% dergl.	Reihe 10	107
210 062	5% dergl.	Reihe 11	107,5
210 063	5% dergl.	Reihe 12	106,75
210 064	5% dergl.	Reihe 13	107,5
210 065	5% dergl.	Reihe 14	107
210 066	5% dergl.	Reihe 15	107
210 067	5% dergl.	Reihe 16	107
210 068	5% dergl.	Reihe 17	107,5
210 069	5% dergl.	Reihe 18	107
210 070	5% dergl.	Reihe 19	106,9
210 071	5% dergl.	Reihe 20	107,5
210 072	5% dergl.	Reihe 21	107,5
210 073	5% dergl.	Reihe 22	107
210 074	5% dergl.	Reihe 23	107,5
210 075	5% dergl.	Reihe 24	107
210 076	5% dergl.	Reihe 25	107
210 077	5% dergl.	Reihe 26	108
210 078	5% dergl.	Reihe 27	108
210 079	5% dergl.	Reihe 28	107
210 080	5% dergl.	Reihe 29	107
210 081	5% dergl.	Reihe 30	107,5
210 082	5% dergl.	Reihe 31	107,5
210 083	5% dergl.	Reihe 32	107,5
210 084	5% dergl.	Reihe 33	106,5
210 085	5% dergl.	Reihe 34	76,5
210 087	5% dergl.	Reihe 102	99
210 088	5% dergl.	Reihe 36	77
210 089	5% dergl.	Reihe 37	77
210 090	5% dergl.	Reihe 38	77
210 091	5% dergl.	Reihe 39	77
210 110	5¹/₂% dergl.	Reihe 1	108
210 111	5¹/₂% dergl.	Reihe 2	108
210 112	5¹/₂% dergl.	Reihe 3	108

Wertpapier-Nr.		Reihe	Kurs in Prozenten
210 113	5¹/₂% dergl.	Reihe 4	109
210 114	5¹/₂% dergl.	Reihe 5	109
210 115	5¹/₂% dergl.	Reihe 6	109,5
210 116	5¹/₂% dergl.	Reihe 7	110
210 117	5¹/₂% dergl.	Reihe 8	110
210 118	5¹/₂% dergl.	Reihe 9	110
210 119	5¹/₂% dergl.	Reihe 10	109
210 120	5¹/₂% dergl.	Reihe 11	110
210 121	5¹/₂% dergl.	Reihe 12	109,5
210 122	5¹/₂% dergl.	Reihe 13	78,5
210 123	5¹/₂% dergl.	Reihe 14	78,5
210 124	5¹/₂% dergl.	Reihe 15	78
210 125	5¹/₂% dergl.	Reihe 16	78,5
210 126	5¹/₂% dergl.	Reihe 17	78,5
210 127	5¹/₂% dergl.	Reihe 18	78,5
210 128	5¹/₂% dergl.	Reihe 19	78,5
210 129	5¹/₂% dergl.	Reihe 20	78,5
210 130	5¹/₂% dergl.	Reihe 21	78,5
210 131	5¹/₂% dergl.	Reihe 22	78,5
210 150	6% dergl.	Reihe 1	70
210 151	6% dergl.	Reihe 2	70
210 152	6% dergl.	Reihe 3	70
210 153	6% dergl.	Reihe 4	70
210 154	6% dergl.	Reihe 5	70
210 155	6% dergl.	Reihe 6	68,5
210 156	6% dergl.	Reihe 7	70
210 157	6% dergl.	Reihe 101	97
210 158	6% dergl.	Reihe 8	70
210 159	6% dergl.	Reihe 9	70
210 160	6% dergl.	Reihe 10	70
210 161	6% dergl.	Reihe 11	70
210 162	6% dergl.	Reihe 12	70
210 163	6% dergl.	Reihe 13	69
210 164	6% dergl.	Reihe 14	69
210 165	6% dergl.	Reihe 15	70
210 166	6% dergl.	Reihe 16	70
210 167	6% dergl.	Reihe 17	70
210 168	6% dergl.	Reihe 18	70
210 169	6% dergl.	Reihe 19	70
210 170	6% dergl.	Reihe 20	70
210 171	6% dergl.	Reihe 21	70
210 172	6% dergl.	Reihe 22	70
210 173	6% dergl.	Reihe 23	70
210 174	6% dergl.	Reihe 24	70
210 175	6% dergl.	Reihe 25	70
210 176	6% dergl.	Reihe 26	68
210 177	6% dergl.	Reihe 27	70
210 178	6% dergl.	Reihe 28	69
210 179	6% dergl.	Reihe 29	68
210 180	6¹/₂% dergl.	Reihe 1	98
210 181	6¹/₂% dergl.	Reihe 2	98
210 183	6¹/₂% dergl.	Reihe 4	74
210 184	6¹/₂% dergl.	Reihe 5	74
210 185	6¹/₂% dergl.	Reihe 6	74
210 186	6¹/₂% dergl.	Reihe 7	71
210 187	6¹/₂% dergl.	Reihe 8	74
210 188	6¹/₂% dergl.	Reihe 9	74
210 189	6¹/₂% dergl.	Reihe 10	74
210 190	6¹/₂% dergl.	Reihe 11	74
210 191	6¹/₂% dergl.	Reihe 12	74
210 192	6¹/₂% dergl.	Reihe 13	73
210 193	6¹/₂% dergl.	Reihe 14	73
210 194	6¹/₂% dergl.	Reihe 15	73
210 195	6¹/₂% dergl.	Reihe 16	73
210 196	6¹/₂% dergl.	Reihe 17	74
210 211	7% dergl.	Reihe 2	80
210 212	7% dergl.	Reihe 3	80
210 213	7% dergl.	Reihe 4	79
210 214	7% dergl.	Reihe 5	80
210 215	7% dergl.	Reihe 6	80
210 216	7% dergl.	Reihe 7	80
210 217	7% dergl.	Reihe 8	79
210 218	7% dergl.	Reihe 9	79
210 219	7% dergl.	Reihe 10	80
210 220	7% dergl.	Reihe 11	79
210 221	7% dergl.	Reihe 103	94
210 222	7% dergl.	Reihe 12	79
210 223	7% dergl.	Reihe 13	80
210 224	7% dergl.	Reihe 14	87
210 230	6% dergl.	Reihe 30	70

Wertpapier-Nr.			Kurs in Prozenten
210 231	6% dergl.	Reihe 31	69,5
210 232	6% dergl.	Reihe 32	70
210 233	6% dergl.	Reihe 33	68,7
210 234	6% dergl.	Reihe 34	70
210 235	6% dergl.	Reihe 35	70
210 236	6% dergl.	Reihe 36	81,875
210 248	7½% dergl.	Reihe 9	82
210 249	7½% dergl.	Reihe 10	90
210 250	7½% dergl.	Reihe 11	85
210 251	7½% dergl.	Reihe 12	90
210 252	7½% dergl.	Reihe 13	86
210 253	7½% dergl.	Reihe 14	85
210 254	7½% dergl.	Reihe 15	85
210 255	7½% dergl.	Reihe 16	88,9
210 256	7½% dergl.	Reihe 17	89
210 261	8% dergl.	Reihe 1	95
210 262	8% dergl.	Reihe 2	93,5
210 263	8% dergl.	Reihe 3	90
210 264	8% dergl.	Reihe 4	93
210 265	8% dergl.	Reihe 5	89,5
210 266	8% dergl.	Reihe 6	89,5
210 267	8% dergl.	Reihe 7	92
210 268	8% dergl.	Reihe 8	92
210 269	8% dergl.	Reihe 9	89,5
210 270	8% dergl.	Reihe 10	92,25
210 271	8% dergl.	Reihe 11	89,5
210 272	8% dergl.	Reihe 12	92
210 273	8% dergl.	Reihe 13	92
210 300	8½% Komm. Schuldv.	Reihe 1	98
210 321	9% dergl.	Reihe 1	99
210 322	9% dergl.	Reihe 2	99
210 323	9% dergl.	Reihe 3	99
210 324	9% dergl.	Reihe 4	99
210 340	5% dergl.	Reihe 1	77
210 341	5% dergl.	Reihe 2	77
210 360	5½% dergl.	Reihe 1	108
210 361	5½% dergl.	Reihe 2	108
210 362	5½% dergl.	Reihe 3	77
210 363	5½% dergl.	Reihe 4	78,5
210 364	5½% dergl.	Reihe 5	78,5
210 365	5½% dergl.	Reihe 6	78,5
210 366	5½% dergl.	Reihe 7	78,5
210 380	6% dergl.	Reihe 1	79
210 381	6% dergl.	Reihe 2	79
210 382	6% dergl.	Reihe 3	70,5
210 383	6% dergl.	Reihe 4	70,5
210 384	6% dergl.	Reihe 5	70,5
210 385	6% dergl.	Reihe 6	70,5
210 386	6% dergl.	Reihe 7	70,5
210 387	6% dergl.	Reihe 8	71
210 388	6% dergl.	Reihe 9	71
210 389	6% dergl.	Reihe 10	70
210 390	6% dergl.	Reihe 11	70
210 391	6% dergl.	Reihe 12	70
210 392	6% dergl.	Reihe 13	70
210 393	6% dergl.	Reihe 14	70
210 394	6% dergl.	Reihe 15	70
210 395	6% dergl.	Reihe 16	70
210 396	6% dergl.	Reihe 17	81
210 397	6% dergl.	Reihe 18	70
210 400	6½% dergl.	Reihe 1	99
210 402	6½% dergl.	Reihe 3	75
210 403	6½% dergl.	Reihe 4	75
210 404	6½% dergl.	Reihe 5	74
210 405	6½% dergl.	Reihe 6	74
210 406	6½% dergl.	Reihe 7	74
210 407	6½% dergl.	Reihe 101	94
210 422	7% dergl.	Reihe 3	80
210 423	7% dergl.	Reihe 4	80
210 424	7% dergl.	Reihe 5	80
210 425	7% dergl.	Reihe 6	80
210 426	7% dergl.	Reihe 7	79,5
210 444	7½% dergl.	Reihe 5	93
210 445	7½% dergl.	Reihe 6	94
210 446	7½% dergl.	Reihe 7	90
210 447	7½% dergl.	Reihe 8	95,5
210 448	7½% dergl.	Reihe 9	82,5
210 449	7½% dergl.	Reihe 10	96
210 450	7½% dergl.	Reihe 11	90
210 451	7½% dergl.	Reihe 12	90

Wertpapier-Nr.			Kurs in Prozenten
210 452	7½% dergl.	Reihe 13	89,5
210 454	7½% dergl.	Reihe 15	89,5
210 455	7½% dergl.	Reihe 16	96
210 461	8% dergl.	Reihe 1	95,5
210 462	8% dergl.	Reihe 2	93,5
210 463	8% dergl.	Reihe 3	93,5
210 464	8% dergl.	Reihe 4	93,5
210 465	8% dergl.	Reihe 5	93,5
210 466	8% dergl.	Reihe 6	95,5
210 467	8% dergl.	Reihe 7	89,5
210 468	8% dergl.	Reihe 8	93,5
210 469	8% dergl.	Reihe 9	90,5
210 470	8% dergl.	Reihe 10	89,5
210 471	8% dergl.	Reihe 11	93
210 472	8% dergl.	Reihe 12	89,5
210 473	8% dergl.	Reihe 13	92
210 475	8% dergl.	Reihe 15	92,5
210 800	9% dergl.	Reihe 1	98,5
211 001	8% Bay. Landesanst. f. Aufbaufin. Kassen-Obl.	Ausg. 1	97,5
211 002	8½% dergl.	Ausg. 2	97,5
212 101	8% Bay. Landesbk. Pfandbriefe	Serie 101	92,5
212 102	8% dergl.	Serie 102	89
212 103	7½% dergl.	Serie 103	89,5
212 104	7½% dergl.	Serie 104	89,5
212 301	8% Kommunalobl.	Serie 301	93
212 302	8% dergl.	Reihe 302	92,5
212 303	8½% Bay. Landesbk. Komm.-Schuldv.	Reihe 303	94,5
212 304	8½% dergl.	Reihe 304	95,75
212 305	9% dergl.	Reihe 305	98,5
212 701	8% Inh.-Schuldv.	Serie 701	92,5
212 702	8% dergl.	Serie 702	94
212 703	8% dergl.	Serie 703	90
212 704	8% dergl.	Serie 704	94,5
212 706	8½% dergl.	Serie 706	95,5
212 707	8½% dergl.	Serie 707	96,5
212 708	8% dergl.	Serie 708	94,5
212 709	8½% dergl.	Serie 709	94,25
212 710	8½% dergl.	Serie 710	94,5
212 711	8½% dergl.	Serie 711	97
212 712	9% dergl.	Serie 712	99
212 713	9% dergl.	Serie 713	97,25
212 714	8½% dergl.	Serie 714	94,5
212 715	10% dergl.	Serie 715	102
212 716	9% dergl.	Serie 716	97,5
212 717	10% dergl.	Serie 717	102
212 718	9% dergl.	Serie 718	98
212 719	9½% dergl.	Serie 719	100
212 902	7% Kassenobl.	Ausg. 902	99,5
212 903	7% dergl.	Ausg. 903	99
212 904	7% dergl.	Ausg. 904	98,625
212 906	7% dergl.	Ausg. 906	98
212 907	8% dergl.	Ausg. 907	98,125
212 908	8% dergl.	Ausg. 908	98,25

Bayerische Kommunal-Anleihen

siehe: Bayerische Gemeindebank (Girozentrale), Öffentliche Bankanstalt

Bayerische Landesbodenkreditanstalt, München

214 010	5% Landesbodenbriefe Gruppe VIII	Reihe 1	108,5
214 011	5% dergl. Gruppe VIII	Reihe 2	109
214 012	5% dergl. Gruppe VIII	Reihe 3	108,5
214 013	5% dergl. Gruppe VIII (Stücke zu DM 100,— und größer)	Reihe 4	107,5
214 014	5% dergl. Gruppe VIII (Stücke zu DM 50,—)	Reihe 4	106
214 015	5% dergl. Gruppe VIII	Reihe 5	108,5
214 016	5% dergl. Gruppe VIII	Reihe 6	108,5
214 020	5% dergl. Gruppe IX	Reihe 1	100
214 030	5½% dergl. Gruppe X	Reihe 1	109
214 031	5½% dergl. Gruppe X	Reihe 2	109

Wertpapier-Nr.				Kurs in Prozenten
214 032	5¹/₂% dergl. Gruppe X	Reihe	3	109
214 040	4% dergl. Gruppe XI (Altsp.-Em.)	Reihe	1	100
214 050	6% dergl. Gruppe XV	Reihe	1	73
214 051	6% dergl. Gruppe XV	Reihe	2	73
214 052	6% dergl. Gruppe XV	Reihe	3	73
214 053	6% dergl. Gruppe XV	Reihe	4	73
214 054	6% dergl. Gruppe XV	Reihe	5	72
214 055	6% dergl. Gruppe XV	Reihe	6	73
214 056	6% dergl. Gruppe XV	Reihe	7	72
214 057	6% dergl. Gruppe XV	Reihe	8	72
214 058	6% dergl. Gruppe XV	Reihe	9	72
214 059	6% dergl. Gruppe XV	Reihe	10	72
214 060	5¹/₂% dergl. Gruppe XVI	Reihe	1	78
214 061	5¹/₂% dergl. Gruppe XVI	Reihe	2	78
214 062	5¹/₂% dergl. Gruppe XVI	Reihe	3	78
214 063	5¹/₂% dergl. Gruppe XVI	Reihe	4	78
214 064	5¹/₂% dergl. Gruppe XVI	Reihe	5	78
214 065	5¹/₂% dergl. Gruppe XVI	Reihe	6	78
214 066	5¹/₂% dergl. Gruppe XVI	Reihe	7	89
214 067	5¹/₂% dergl. Gruppe XVI	Reihe	8	78
214 068	5¹/₂% dergl. Gruppe XVI	Reihe	9	78
214 069	5¹/₂% dergl. Gruppe XVI	Reihe	10	78
214 074	7¹/₂% dergl. Gruppe XVII	Reihe	5	91
214 075	7¹/₂% dergl. Gruppe XVII	Reihe	6	92
214 076	7¹/₂% dergl. Gruppe XVII	Reihe	7	90
214 077	7¹/₂% dergl. Gruppe XVII	Reihe	8	97,5
214 078	7¹/₂% dergl. Gruppe XVII	Reihe	9	90,5
214 079	7¹/₂% dergl. Gruppe XVII	Reihe	10	100
214 082	7% dergl. Gruppe XVIII	Reihe	4	81
214 083	7% dergl. Gruppe XVIII	Reihe	5	81
214 084	7% dergl. Gruppe XVIII	Reihe	6	81
214 085	7% dergl. Gruppe XVIII	Reihe	7	80
214 086	7% dergl. Gruppe XVIII	Reihe	8	80
214 087	7% dergl. Gruppe XVIII	Reihe	9	80
214 088	7% dergl. Gruppe XVIII	Reihe	10	80
214 089	7% dergl. Gruppe XVIII	Reihe	11	97
214 090	5% dergl. Gruppe XIV	Reihe	1	76
214 091	5% dergl. Gruppe XIV	Reihe	2	76
214 092	5% dergl. Gruppe XIV	Reihe	3	76
214 093	5% dergl. Gruppe XIV	Reihe	4	76
214 094	5% dergl. Gruppe XIV	Reihe	5	76
214 095	5% dergl. Gruppe XIV	Reihe	6	76
214 096	5% dergl. Gruppe XIV	Reihe	7	76
214 100	6% dergl. Gruppe XV	Reihe	11	72
214 101	6% dergl. Gruppe XV	Reihe	12	71,5
214 102	6% dergl. Gruppe XV	Reihe	13	72
214 103	6% dergl. Gruppe XV	Reihe	14	72
214 104	6% dergl. Gruppe XV	Reihe	15	72
214 105	6% dergl. Gruppe XV	Reihe	16	72
214 106	6% dergl. Gruppe XV	Reihe	17	72
214 107	6% dergl. Gruppe XV	Reihe	18	72
214 108	6% dergl. Gruppe XV	Reihe	19	72
214 109	6% dergl. Gruppe XV	Reihe	20	72
214 110	6% dergl. Gruppe XV	Reihe	21	71
214 111	6% dergl. Gruppe XV	Reihe	22	72
214 112	6% dergl. Gruppe XV	Reihe	23	72
214 113	6% dergl. Gruppe XV	Reihe	24	72
214 114	6% dergl. Gruppe XV	Reihe	25	72
214 115	6% dergl. Gruppe XV	Reihe	26	72
214 116	6% dergl. Gruppe XV	Reihe	27	72
214 117	6% dergl. Gruppe XV	Reihe	28	72
214 118	6% dergl. Gruppe XV	Reihe	29	72
214 119	6% dergl. Gruppe XV	Reihe	30	72
214 120	6% dergl. Gruppe XV	Reihe	31	72
214 121	6% dergl. Gruppe XV	Reihe	32	72
214 122	6% dergl. Gruppe XV	Reihe	33	72
214 123	6% dergl. Gruppe XV	Reihe	34	71
214 124	6% dergl. Gruppe XV	Reihe	35	71
214 125	6% dergl. Gruppe XV	Reihe	36	72
214 126	6% dergl. Gruppe XV	Reihe	37	72
214 127	6% dergl. Gruppe XV	Reihe	38	72
214 128	6% dergl. Gruppe XV	Reihe	39	72
214 129	6% dergl. Gruppe XV	Reihe	40	72
214 130	6¹/₂% dergl. Gruppe XIX	Reihe	1	85
214 131	6¹/₂% dergl. Gruppe XIX	Reihe	2	85
214 132	6¹/₂% dergl. Gruppe XIX	Reihe	3	85
214 133	6¹/₂% dergl. Gruppe XIX	Reihe	4	76
214 134	6¹/₂% dergl. Gruppe XIX	Reihe	5	76
214 135	6¹/₂% dergl. Gruppe XIX	Reihe	6	76

Wertpapier-Nr.				Kurs in Prozenten
214 136	6¹/₂% dergl. Gruppe XIX	Reihe	7	75
214 137	6¹/₂% dergl. Gruppe XIX	Reihe	8	75
214 138	6¹/₂% dergl. Gruppe XIX	Reihe	9	75
214 139	6¹/₂% dergl. Gruppe XIX	Reihe	10	75
214 140	6¹/₂% dergl. Gruppe XIX	Reihe	11	75
-214 141	6¹/₂% dergl. Gruppe XIX	Reihe	12	75
214 142	6¹/₂% dergl. Gruppe XIX	Reihe	13	75
214 143	6¹/₂% dergl. Gruppe XIX	Reihe	14	75
214 144	6¹/₂% dergl. Gruppe XIX	Reihe	15	75
214 145	6¹/₂% dergl. Gruppe XIX	Reihe	16	75
214 146	6¹/₂% dergl. Gruppe XIX	Reihe	17	90
214 147	6¹/₂% dergl. Gruppe XIX	Reihe	18	77
214 148	6¹/₂% dergl. Gruppe XIX	Reihe	19	100
214 149	6¹/₂% dergl. Gruppe XIX	Reihe	20	90
214 150	5¹/₂% dergl. Gruppe XVI	Reihe	11	78
214 151	5¹/₂% dergl. Gruppe XVI	Reihe	12	78
214 152	5¹/₂% dergl. Gruppe XVI	Reihe	13	78
214 153	5¹/₂% dergl. Gruppe XVI	Reihe	14	78
214 154	5¹/₂% dergl. Gruppe XVI	Reihe	15	78
214 155	5¹/₂% dergl. Gruppe XVI	Reihe	16	83
214 156	5¹/₂% dergl. Gruppe XVI	Reihe	17	83
214 157	5¹/₂% dergl. Gruppe XVI	Reihe	18	83
214 158	5¹/₂% dergl. Gruppe XVI	Reihe	19	83
	Ser. A			
214 201	7% dergl. Gr. XVIII·R.	3 Ser. A		90
214 202	7% dergl. Gr. XVIII R.	3 Ser. B		90
214 204	7% dergl. Gr. XVIII R.	3 Ser. D		90
214 205	7% dergl. Gr. XVIII R.	3 Ser. E		90
214 206	7% dergl. Gr. XVIII R.	3 Ser. F		90
214 207	7% dergl. Gr. XVIII R.	3 Ser. G		90
214 208	7% dergl. Gr. XVIII R.	3 Ser. H		90
214 209	7% dergl. Gr. XVIII R.	3 Ser. J		90
214 210	7% dergl. Gr. XVIII R.	3 Ser. K		90
214 250	6% dergl. Gruppe XV	Reihe	41	72
214 251	6% dergl. Gruppe XV	Reihe	42	96
214 252	6% dergl. Gruppe XV	Reihe	43	73
214 253	6% dergl. Gruppe XV	Reihe	44	87
214 254	6% dergl. Gruppe XV	Reihe	45	87
214 255	6% dergl. Gruppe XV	Reihe	46	73
214 256	6% dergl. Gruppe XV	Reihe	47	73
214 257	6% dergl. Gruppe XV	Reihe	48	87
214 258	6% dergl. Gruppe XV	Reihe	49	73
214 259	6% dergl. Gruppe XV	Reihe	50	73
214 260	6% dergl. Gruppe XV	Reihe	51	87
214 261	6% dergl. Gruppe XV	Reihe	52	87
214 262	6% dergl. Gruppe XV	Reihe	53	87
214 263	6% dergl. Gruppe XV	Reihe	54	87
214 264	6% dergl. Gruppe XV	Reihe	55	87
214 265	6% dergl. Gruppe XV	Reihe	56	87
214 266	6% dergl. Gruppe XV	Reihe	57	87
214 280	7¹/₂% dergl. Gruppe XVII	Reihe	11	90
214 281	7¹/₂% dergl. Gruppe XVII	Reihe	12	90
214 350	6¹/₂% dergl. Gruppe XIX	Reihe	21	90
214 351	6¹/₂% dergl. Gruppe XIX	Reihe	22	91
214 352	6¹/₂% dergl. Gruppe XIX	Reihe	23	84
214 400	7% dergl. Gruppe XVIII	Reihe	12	94
214 401	7% dergl. Gruppe XVIII	Reihe	13	97
214 402	7% dergl. Gruppe XVIII	Reihe	14	97
214 403	7% dergl. Gruppe XVIII	Reihe	15	99,5
214 404	7% dergl. Gruppe XVIII	Reihe	16	80
214 405	7% dergl. Gruppe XVIII	Reihe	17	86,5
214 406	7% dergl. Gruppe XVIII	Reihe	18	92,5
214 407	7% dergl. Gruppe XVIII	Reihe	19	86,5
214 430	8% dergl. Gruppe XX	Reihe	1	95
214 431	8% dergl. Gruppe XX	Reihe	2	100
214 432	8% dergl. Gruppe XX	Reihe	3	93
214 433	8% dergl. Gruppe XX	Reihe	4	93
214 434	8% dergl. Gruppe XX	Reihe	5	93
214 450	8¹/₂% dergl. Gr. XXI	Reihe 1		97

Münchener Hypothekenbank eGmbH, vormals Bayerische Landwirtschaftsbank

215 013	5% Hyp.-Pfandbr.	Reihe	50	107
215 014	5% dergl.	Reihe	51	106,75
215 015	5% dergl.	Reihe	52	107
215 016	5% dergl.	Reihe	53	108
215 017	5% dergl.	Reihe	54	107
215 018	5% dergl.	Reihe	55	107
215 019	5% dergl.	Reihe	56	107

Wertpapier-Nr.				Kurs in Prozenten
215 022	5½%	dergl.	Reihe 59	110
215 023	4%	dergl.	Reihe 60	99
215 025	5½%	dergl.	Reihe 61	110
215 026	5%	dergl.	Reihe 62	107
215 027	5%	dergl.	Reihe 63	107,25
215 028	5%	dergl.	Reihe 64	107
215 029	5%	dergl.	Reihe 65	107
215 030	6%	dergl.	Reihe 66	76,5
215 032	6%	dergl.	Reihe 68	76,5
215 033	5½%	dergl.	Reihe 69	78
215 034	6%	dergl.	Reihe 70	74
215 035	6%	dergl.	Reihe 71	75
215 037	6%	dergl.	Reihe 73	72
215 039	6%	dergl.	Reihe 75	75
215 040	5½%	dergl.	Reihe 76	78
215 041	5%	dergl.	Reihe 77	77
215 042	5½%	dergl.	Reihe 78	73
215 043	5%	dergl.	Reihe 79	77
215 044	5%	dergl.	Reihe 80	77
215 045	5½%	dergl.	Reihe 81	78
215 046	6%	dergl.	Reihe 82	66
215 047	7%	dergl.	Reihe 83	80
215 048	6½%	dergl.	Reihe 84	75
215 049	6%	dergl.	Reihe 85	70
215 050	5%	dergl.	Reihe 86	77
215 051	5½%	dergl.	Reihe 87	78
215 052	5½%	dergl.	Reihe 88	77,75
215 053	6%	dergl.	Reihe 89	70
215 054	5½%	dergl.	Reihe 90	78
215 055	6%	dergl.	Reihe 91	70
215 056	6%	dergl.	Reihe 92	70
215 057	6%	dergl.	Reihe 93	70
215 058	6%	dergl.	Reihe 94	70
215 059	6%	dergl.	Reihe 95	70
215 060	6%	dergl.	Reihe 96	70
215 061	5½%	dergl.	Reihe 97	78
215 062	6%	dergl.	Reihe 98	70
215 063	6%	dergl.	Reihe 99	70
215 064	6½%	dergl.	Reihe 100	75
215 065	7%	dergl.	Reihe 101	80
215 066	7%	dergl.	Reihe 102	88,5
215 067	6½%	dergl.	Reihe 104	74
215 068	7%	dergl.	Reihe 103	80
215 069	6½%	dergl.	Reihe 105	84
215 070	6%	dergl.	Reihe 106	70
215 071	6½%	dergl.	Reihe 107	75
215 072	8%	dergl.	Reihe 108	96
215 073	7½%	dergl.	Reihe 109	90
215 074	7%	dergl.	Reihe 110	81
215 075	7½%	dergl.	Reihe 111	85
215 076	7%	dergl.	Reihe 112	90
215 077	7½%	dergl.	Reihe 113	90
215 078	7%	dergl.	Reihe 114	85,5
215 079	8%	dergl.	Reihe 115	91
215 080	7%	dergl.	Reihe 116	92
215 081	7½%	dergl.	Reihe 117	90
215 082	8%	Münchener Hypoth. Bk. Pfbr.	Reihe 118	91,5
215 083	8½%	Münchener Hypoth. Bk. Pfbr.	Reihe 119	95
215 300	6%	Komm.-Schuldverschr.	Reihe 1	75,25
215 301	6%	dergl.	Reihe 2	76,5
215 302	5½%	dergl.	Reihe 3	78
215 306	5%	dergl.	Reihe 7	77
215 307	5½%	dergl.	Reihe 8	78
215 308	5½%	dergl.	Reihe 9	78
215 309	6%	dergl.	Reihe 10	66,5
215 310	5½%	dergl.	Reihe 11	78
215 311	7%	dergl.	Reihe 12	80
215 312	6%	dergl.	Reihe 13	70
215 313	5½%	dergl.	Reihe 14	78
215 314	5½%	dergl.	Reihe 15	78
215 315	6%	dergl.	Reihe 16	70
215 316	6%	dergl.	Reihe 17	70
215 317	6%	dergl.	Reihe 18	70
215 318	6%	dergl.	Reihe 19	70
215 319	6%	dergl.	Reihe 20	70
215 320	6%	dergl.	Reihe 21	70
215 321	7%	dergl.	Reihe 22	88

Wertpapier-Nr.				Kurs in Prozenten
215 322	7%	dergl.	Reihe 23 I. Tranche	80
215 324	7%	dergl.	Reihe 25	80
215 325	7%	dergl.	Reihe 23 II. Tranche	80
215 326	6%	dergl.	Reihe 26	70
215 327	6½%	dergl.	Reihe 27	75
215 328	6½%	dergl.	Reihe 28	75
215 329	6½%	dergl.	Reihe 29	83
215 330	6½%	dergl.	Reihe 30	75
215 331	6½%	dergl.	Reihe 31	75
215 332	6%	dergl.	Reihe 32	70
215 333	6%	dergl.	Reihe 33	70
215 334	6½%	dergl.	Reihe 34	100
215 335	7%	dergl.	Reihe 35	80
215 336	6½%	dergl.	Reihe 36	75
215 337	7%	dergl.	Reihe 37	80
215 338	8%	dergl.	Reihe 38	95
215 339	8½%	dergl.	Reihe 39	96,5
215 340	8%	dergl.	Reihe 40	93
215 341	8½%	dergl.	Reihe 41	96
215 342	7½%	dergl.	Reihe 42	85
215 343	7½%	dergl.	Reihe 43	91
215 344	7½%	dergl.	Reihe 44	91
215 345	8%	dergl.	Reihe 45	93
215 346	8%	dergl.	Reihe 46	92
215 347	8%	dergl.	Reihe 47	92
215 348	7½%	dergl.	Reihe 48	88
215 349	7%	dergl.	Reihe 49	85
215 350	7½%	dergl.	Reihe 50	89
215 351	7%	dergl.	Reihe 51	85
215 352	8%	dergl.	Reihe 52	91
215 353	7½%	dergl.	Reihe 53	99
215 354	7½%	dergl.	Reihe 54	88
215 355	8%	Münchener Hypoth. Bk. K. Obl.	Reihe 55	92
215 356	8%	dergl.	Reihe 56	90
215 357	9%	dergl.	Reihe 57	97
215 358	8½%	dergl.	Reihe 58	93,75
215 359	8½%	dergl.	Reihe 59	96
216 151	7%	Raiffeisen-Sparobl. Em. 2	Reihe 1	94
216 152	7%	dergl. Em. 3	Reihe 2	94
216 202	7½%	dergl Em. 4	Reihe 2	96
216 203	8%	dergl. Em. 5	Reihe 3	98
		Bayerische Vereinsbank, München		
217 000	4%	Hyp.-Pfandbr (Stücke zu DM 100.— u. größer) (Altsp.-Em.)	Serie A/1	99
217 002	4%	dergl. (Umtausch.-Em.)	Serie 31	99
217 050	5%	dergl.	Serie 1	107
217 052	5%	dergl.	Serie 2	107
217 054	5%	dergl.	Serie 3	107
217 056	5%	dergl.	Serie 4	107
217 058	5%	dergl.	Serie 5	107
217 060	5%	dergl.	Serie 6	107
217 061	5%	dergl.	Serie 7	107
217 062	5%	dergl.	Serie 8	107
217 063	5%	dergl.	Serie 9	107
217 064	5%	dergl.	Serie 10	107
217 065	5%	dergl.	Serie 11	107
217 066	5%	dergl.	Serie 12	107
217 067	5%	dergl.	Serie 13	107
217 068	5%	dergl	Serie 14	107
217 069	5%	dergl.	Serie 15	77
217 070	5%	dergl.	Serie 16	77
217 071	5%	dergl.	Serie 17	77
217 072	5%	dergl.	Serie 18	77
217 073	5%	dergl.	Serie 19	77
217 074	5%	dergl.	Serie 20	77
217 075	5%	dergl.	Serie 21	77
217 076	5%	dergl.	Serie 22	77
217 077	5%	dergl.	Serie 23	77
217 078	5%	dergl.	Serie 24	77
217 110	5½%	dergl.	Serie 1	109
217 111	5½%	dergl.	Serie 2	111
217 112	5½%	dergl.	Serie 3	109
217 113	5½%	dergl.	Serie 4	109

Wertpapier-Nr.		Serie	Kurs in Prozenten
217 114	$5^{1}/_{2}\%$ dergl.	Serie 5	109
217 115	$5^{1}/_{2}\%$ dergl.	Serie 6	109
217 116	$5^{1}/_{2}\%$ dergl.	Serie 7	109
217 117	$5^{1}/_{2}\%$ dergl.	Serie 8	109
217 118	$5^{1}/_{2}\%$ dergl.	Serie 9	109
217 119	$5^{1}/_{2}\%$ dergl.	Serie 10	109
217 120	$5^{1}/_{2}\%$ dergl.	Serie 11	109
217 121	$5^{1}/_{2}\%$ dergl.	Serie 12	78,5
217 122	$5^{1}/_{2}\%$ dergl.	Serie 13	78,5
217 123	$5^{1}/_{2}\%$ dergl.	Serie 14	78,5
217 124	$5^{1}/_{2}\%$ dergl.	Serie 15	78,5
217 125	$5^{1}/_{2}\%$ dergl.	Serie 16	78,5
217 126	$5^{1}/_{2}\%$ dergl.	Serie 17	78,5
217 127	$5^{1}/_{2}\%$ dergl.	Serie 18	78,5
217 128	$5^{1}/_{2}\%$ dergl.	Serie 19	78,5
217 129	$5^{1}/_{2}\%$ dergl.	Serie 20	78,5
217 130	$5^{1}/_{2}\%$ dergl.	Serie 21	77,5
217 131	$5^{1}/_{2}\%$ dergl.	Serie 22	78,5
217 132	$5^{1}/_{2}\%$ dergl.	Serie 23	78,5
217 133	$5^{1}/_{2}\%$ dergl.	Serie 24	78,5
217 134	$5^{1}/_{2}\%$ dergl.	Serie 25	78,5
217 135	$5^{1}/_{2}\%$ dergl.	Serie 26	78,5
217 136	$5^{1}/_{2}\%$ dergl.	Serie 27	78,5
217 137	$5^{1}/_{2}\%$ dergl.	Serie 28	78,5
217 160	6% dergl.	Serie 1	72
217 161	6% dergl.	Serie 2	72
217 162	6% dergl.	Serie 3	71
217 163	6% dergl.	Serie 4	72
217 164	6% dergl.	Serie 5	72
217 165	6% dergl.	Serie 6	72
217 166	6% dergl.	Serie 7	71
217 167	6% dergl.	Serie 8	72
217 168	6% dergl.	Serie 9	72
217 169	6% dergl.	Serie 10	72
217 170	6% dergl.	Serie 11	72
217 171	6% dergl.	Serie 12	70
217 172	6% dergl.	Serie 13	70
217 173	6% dergl.	Serie 14	69
217 174	6% dergl.	Serie 15	70
217 175	6% dergl.	Serie 16	70
217 176	6% dergl.	Serie 17	69
217 177	6% dergl.	Serie 18	69
217 178	6% dergl.	Serie 19	70
217 179	6% dergl.	Serie 20	70
217 180	6% dergl.	Serie 21	70
217 181	6% dergl.	Serie 22	70
217 182	6% dergl.	Serie 23	70
217 183	6% dergl.	Serie 24	70
217 184	6% dergl.	Serie 25	70
217 185	6% dergl.	Serie 26	70
217 186	6% dergl.	Serie 27	70
217 187	6% dergl.	Serie 28	70
217 188	6% dergl.	Serie 29	68
217 189	6% dergl.	Serie 30	68
217 190	6% dergl.	Serie 31	69
217 191	6% dergl.	Serie 32	68
217 192	6% dergl.	Serie 33	70
217 193	6% dergl.	Serie 34	69
217 194	6% dergl.	Serie 35	69
217 195	6% dergl.	Serie 36	70
217 196	6% dergl.	Serie 37	70
217 197	6% dergl.	Serie 38	70
217 198	6% dergl.	Serie 39	68
217 199	6% dergl.	Serie 40	68
217 200	6% dergl.	Serie 41	70
217 201	6% dergl.	Serie 42	70
217 202	6% dergl.	Serie 43	70
217 203	6% dergl.	Serie 44	70
217 204	6% dergl.	Serie 45	70
217 205	6% dergl.	Serie 46	70
217 206	6% dergl.	Serie 47	95
217 207	6% dergl.	Serie 48	70
217 208	6% dergl.	Serie 49	70
217 211	$6^{1}/_{2}\%$ dergl.	Serie 2	74
217 212	$6^{1}/_{2}\%$ dergl.	Serie 3	75
217 213	$6^{1}/_{2}\%$ dergl.	Serie 4	75
217 214	$6^{1}/_{2}\%$ dergl.	Serie 5	75
217 215	$6^{1}/_{2}\%$ dergl.	Serie 6	75
217 216	$6^{1}/_{2}\%$ dergl.	Serie 7	75

Wertpapier-Nr.		Serie	Kurs in Prozenten
217 217	$6^{1}/_{2}\%$ dergl.	Serie 8	75
217 218	$6^{1}/_{2}\%$ dergl.	Serie 9	75
217 219	$6^{1}/_{2}\%$ dergl.	Serie 10	75
217 220	$6^{1}/_{2}\%$ dergl.	Serie 11	75
217 221	$6^{1}/_{2}\%$ dergl.	Serie 12	75
217 223	$6^{1}/_{2}\%$ dergl.	Serie 14	84
217 224	$6^{1}/_{2}\%$ dergl.	Serie 15	84
217 232	7% dergl.	Serie 3	80
217 233	7% dergl.	Serie 4	80
217 234	7% dergl.	Serie 5	80
217 235	7% dergl.	Serie 6	80
217 236	7% dergl.	Serie 7	80
217 237	7% dergl.	Serie 8	80
217 238	7% dergl.	Serie 9	80
217 239	7% dergl.	Serie 10	80
217 240	7% dergl.	Serie 11	80
217 241	7% dergl.	Serie 12	80
217 242	7% dergl.	Serie 13	78
217 243	7% dergl.	Serie 14	79
217 244	7% dergl.	Serie 15	92
217 245	7% dergl.	Serie 16	77
217 246	7% dergl.	Serie 17	79
217 247	7% dergl.	Serie 18	86
217 254	$7^{1}/_{2}\%$ dergl.	Serie 5	85
217 255	$7^{1}/_{2}\%$ dergl.	Serie 6	83,5
217 256	$7^{1}/_{2}\%$ dergl.	Serie 7	84
217 257	$7^{1}/_{2}\%$ dergl.	Serie 8	83
217 258	$7^{1}/_{2}\%$ dergl.	Serie 9	84
217 259	$7^{1}/_{2}\%$ dergl.	Serie 10	88
217 261	$7^{1}/_{2}\%$ dergl.	Serie 12	88
217 300	4% Komm.-Schuldverschr.	Serie 7	99
217 320	5% dergl.	Serie 1	77
217 321	5% dergl.	Serie 2	77
217 322	5% dergl.	Serie 3	77
217 350	$5^{1}/_{2}\%$ dergl.	Serie 1	108
217 351	$5^{1}/_{2}\%$ dergl.	Serie 2	108
217 352	$5^{1}/_{2}\%$ dergl.	Serie 3	78,5
217 353	$5^{1}/_{2}\%$ dergl.	Serie 4	78,5
217 354	$5^{1}/_{2}\%$ dergl.	Serie 5	78,5
217 355	$5^{1}/_{2}\%$ dergl.	Serie 6	78,5
217 356	$5^{1}/_{2}\%$ dergl.	Serie 7	78,5
217 370	6% dergl.	Serie 1	72
217 371	6% dergl.	Serie 2	72
217 372	6% dergl.	Serie 3	72
217 373	6% dergl.	Serie 4	72
217 374	6% dergl.	Serie 5	70
217 375	6% dergl.	Serie 6	70
217 376	6% dergl.	Serie 7	70
217 377	6% dergl.	Serie 8	70
217 378	6% dergl.	Serie 9	70
217 379	6% dergl.	Serie 10	69
217 380	6% dergl.	Serie 11	70
217 381	6% dergl.	Serie 12	70
217 382	6% dergl.	Serie 13	70
217 383	6% dergl.	Serie 14	68
217 384	6% dergl.	Serie 15	70
217 385	6% dergl.	Serie 16	70
217 386	6% dergl.	Serie 17	99
217 387	6% dergl.	Serie 18	99
217 388	6% dergl.	Serie 19	99
217 389	6% dergl.	Serie 20	99
217 390	6% dergl.	Serie 21	99
217 391	6% dergl.	Serie 22	99
217 401	$6^{1}/_{2}\%$ dergl.	Serie 2	75
217 402	$6^{1}/_{2}\%$ dergl.	Serie 3	75
217 403	$6^{1}/_{2}\%$ dergl.	Serie 4	75
217 404	$6^{1}/_{2}\%$ dergl.	Serie 5	75
217 405	$6^{1}/_{2}\%$ dergl.	Serie 6	92
217 406	$6^{1}/_{2}\%$ dergl.	Serie 7	85
217 421	7% dergl.	Serie 2	82,5
217 422	7% dergl.	Serie 3	82,5
217 423	7% dergl.	Serie 4	82,5
217 424	7% dergl.	Serie 5	82,5
217 425	7% dergl.	Serie 6	82,5
217 426	7% dergl.	Serie 7	80
217 427	7% dergl.	Serie 8	79
217 428	7% dergl.	Serie 9	80
217 429	7% dergl.	Serie 10	80
217 430	7% dergl.	Serie 11	85,5
217 431	7% dergl.	Serie 12	86,5
217 454	$7^{1}/_{2}\%$ dergl.	Serie 5	90

Wertpapier-Nr.				Kurs in Prozenten
217 455	7¹/₂% dergl.	Serie	6	85
217 456	7¹/₂% dergl.	Serie	7	89
217 457	7¹/₂% dergl.	Serie	8	85
217 458	7¹/₂% dergl.	Serie	9	87
217 459	7¹/₂% dergl.	Serie	10	87
217 460	7¹/₂% dergl.	Serie	11	97
217 461	7¹/₂% dergl.	Serie	12	97,25
217 462	7¹/₂% dergl.	Serie	13	87
217 463	7¹/₂% dergl.	Serie	14	87
217 464	7¹/₂% dergl.	Serie	15	88
217 465	7¹/₂% dergl.	Serie	16	88,5
217 467	7¹/₂% dergl.	Serie	18	97
217 501	8% dergl.	Serie	1	95
217 502	8% dergl.	Serie	2	95
217 503	8% dergl.	Serie	3	95
217 504	8% dergl.	Serie	4	91,5
217 505	8% dergl.	Serie	5	89
217 506	8% dergl.	Serie	6	90
217 507	8% dergl.	Serie	7	90
217 508	8% dergl.	Serie	8	87,5
217 509	8% dergl.	Serie	9	91
217 510	8% dergl.	Serie	10	89,5
217 511	8% dergl.	Serie	11	90
217 512	8% dergl.	Serie	12	91
217 513	8% dergl.	Serie	13	91
217 514	8% dergl.	Serie	14	95
217 521	8% Pfandbr.	Serie	1	90
217 522	8% dergl.	Serie	2	89
217 523	8% dergl.	Serie	3	90
217 524	8% dergl.	Serie	4	90
217 525	8% dergl.	Serie	5	90
217 526	8% dergl.	Serie	6	90
217 527	8% dergl.	Serie	7	90
217 528	8% dergl.	Serie	8	92
217 529	8% dergl.	Serie	9	91
217 530	8% dergl.	Serie	10	94
217 551	8¹/₂% Komm.-Schuldverschr.	Serie	1	94,5
217 552	8¹/₂% dergl.	Serie	2	94
217 553	8¹/₂% dergl.	Serie	3	94,5
217 554	8¹/₂% dergl.	Serie	4	94,5
217 601	9% dergl.	Serie	1	98
217 602	9% dergl.	Serie	2	98
217 603	9% dergl.	Serie	3	99
217 604	9% dergl.	Serie	4	99
217 651	8¹/₂% Pfandbr.	Serie	1	94,5
217 701	9% dergl.	Serie	1	98
217 702	9% dergl.	Serie	2	98
217 703	9% dergl.	Serie	3	99
217 704	9% dergl.	Serie	4	99

Berliner Hypothekenbankverein (Stadtschaft), Berlin

218 004	4% Pfandbr. (Altsp.-Em.)	Serie IV		99
218 006	4% Hyp.-Pfandbr. (Umtausch-Em.)	Serie V		99

Das Berliner Pfandbrief-Amt (Berliner Stadtschaft), Berlin

219 007	4% Pfandbr. (Altsp.-Em.)	Reihe III		99
219 009	4% Hyp.-Pfandbr. (Umtausch.-Em.)	Reihe IV		99
219 010	5¹/₂% Hyp.-Pfandbr.	Reihe	5	107,5
219 012	5% dergl.	Reihe	7	107
219 013	6¹/₂% dergl.	Reihe	8	100
219 014	6% dergl.	Reihe	9	72
219 015	6% dergl.	Reihe	10	72
219 017	6% dergl.	Reihe	12	72
219 019	7% dergl.	Reihe	14	81
219 020	5% dergl.	Reihe	15	68,5
219 021	5¹/₂% dergl.	Reihe	16	69,5
219 022	5¹/₂% dergl.	Reihe	17	69,5
219 023	7% dergl.	Reihe	18	81
219 024	6% dergl.	Reihe	19	72
219 025	5¹/₂% dergl.	Reihe	20	69,5
219 026	5¹/₂% dergl.	Reihe	21	69,5
219 027	6% dergl.	Reihe	22	72
219 028	5¹/₂% dergl.	Reihe	23	69,5
219 029	6% dergl.	Reihe	24	72
219 030	6% dergl.	Reihe	25	72

Wertpapier-Nr.				Kurs in Prozenten
219 031	6% dergl.	Reihe	26	72
219 032	6% dergl.	Reihe	27	72
219 033	6% dergl.	Reihe	28	72
219 034	6% dergl.	Reihe	29	72
219 035	7% dergl.	Reihe	30	81
219 036	7% dergl.	Reihe	31	81
219 037	7% dergl.	Reihe	32	81
219 038	7% dergl.	Reihe	33	81
219 039	6% dergl.	Reihe	34	73
219 040	6¹/₂% dergl.	Reihe	35	74
219 041	7% dergl.	Reihe	36	81
219 042	6¹/₂% dergl.	Reihe	37	80,5
219 043	6¹/₂% dergl.	Reihe	38	74
219 044	6% dergl.	Reihe	39	72
219 045	6¹/₂% dergl.	Reihe	40	74
219 047	6¹/₂% dergl.	Reihe	42	74
219 048	7% dergl.	Reihe	43	81
219 049	8% dergl.	Reihe	44	91,5
219 050	8% dergl.	Reihe	45	92
219 051	8% dergl.	Reihe	46	92
219 052	7¹/₂% dergl.	Reihe	47	87
219 053	7% dergl.	Reihe	48	93,5
219 054	8% dergl.	Reihe	49	91,5
219 056	8% dergl.	Reihe	51	91

Braunschweig-Hannoversche Hypotheken-bank, Braunschweig

220 000	5% Hyp.-Pfandbr. v. 1949	Em.	1	106
220 001	5% dergl. v. 1952	Em.	2	100
220 002	5% dergl. v. 1953	Em.	3	100
220 003	5% dergl. v. 1953	Em.	4	104
220 004	5% dergl. v. 1953	Em.	5	100
220 006	5% dergl. v. 1953	Em.	7	103
220 007	5¹/₂% dergl. v. 1953	Em.	8	100
220 008	4% dergl. v. 1953 (Umtausch-Em.)	Em.	9	99
220 009	4% dergl. v. 1953 (Altsp.-Em.)	Em.	10	99
220 011	5% dergl. v. 1954	Em.	11	100
220 012	5¹/₂% dergl. v. 1954	Em.	12	100
220 014	5% dergl. v. 1954	Em.	14	100
220 015	6% dergl. v. 1955	Em.	15	72
220 016	5¹/₂% dergl. v. 1955	Em.	16	70
220 017	6% dergl. v. 1955	Em.	17	72
220 018	6% dergl. v. 1956	Em.	18	72
220 019	6% dergl. v. 1956	Em.	19	72
220 023	6% dergl. v. 1958	Em.	23	72
220 025	6% dergl. v. 1958	Em.	25	71
220 026	6% dergl. v. 1958	Em.	26	72
220 027	5% dergl. v. 1958	Em.	27	70
220 028	5¹/₂% dergl. v. 1958	Em.	28	70
220 029	5¹/₂% dergl. v. 1958	Em.	29	70
220 030	5¹/₂% dergl. v. 1959	Em.	30	69
220 031	5% dergl. v. 1959	Em.	31	70
220 032	5% dergl. v. 1959	Em.	32	70
220 033	5% dergl. v. 1959	Em.	33	70
220 034	5% dergl. v. 1959	Em.	34	70
220 035	5¹/₂% dergl. v. 1959	Em.	35	70
220 036	5% dergl. v. 1959	Em.	36	70
220 037	5% dergl. v. 1959	Em.	37	72
220 038	5¹/₂% dergl. v. 1959	Em.	38	70
220 039	5% dergl. v. 1959	Em.	39	70
220 040	6% dergl. v. 1959	Em.	40	71
220 041	6% dergl. v. 1960	Em.	41	72
220 042	6% dergl. v. 1960	Em.	42	72
220 043	6% dergl. v. 1960	Em.	43	69
220 044	6% dergl. v. 1960	Em.	44	72
220 045	6% dergl. v. 1960	Em.	45	69,5
220 046	6% dergl. v. 1960	Em.	46	69
220 047	5¹/₂% dergl. v. 1961	Em.	47	70
220 048	5% dergl. v. 1961	Em.	48	70
220 049	5¹/₂% dergl. v. 1961	Em.	49	70
220 050	5¹/₂% dergl. v. 1961	Em.	50	70
220 051	6% dergl. v. 1961	Em.	51	72
220 052	6% dergl. v. 1961	Em.	52	71
220 053	5% dergl. v. 1961	Em	53	70
220 054	5¹/₂% dergl. v. 1961	Em.	54	70
220 055	6% dergl. v. 1961	Em.	55	72
220 056	6% dergl. v. 1962	Em.	56	72
220 057	5¹/₂% dergl. v. 1962	Em.	57	70
220 058	5% dergl. v. 1962	Em.	58	70

Anhang III 1

Wertpapier-Nr.				Kurs in Prozenten
220 059	6% dergl.	v. 1962	Em. 59	72
220 060	6% dergl.	v. 1962	Em. 60	72
220 061	6% dergl.	v. 1962	Em. 61	70
220 062	6% dergl.	v. 1962	Em. 62	72
220 063	6% dergl.	v. 1962	Em. 63	70
220 064	6% dergl.	v. 1963	Em. 64	71
220 065	6% dergl.	v. 1963	Em. 65	72
220 066	6% dergl.	v. 1964	Em. 66	72
220 067	6% dergl.	v. 1964	Em. 67	72
220 068	6% dergl.	v. 1964	Em. 68	71
220 069	6% dergl.	v. 1964	Em. 69	72
220 070	6% dergl.	v. 1964	Em. 70	72
220 071	6% dergl.	v. 1965	Em. 71	72
220 072	7% dergl.	v. 1965	Em. 72	82
220 073	7% dergl.	v. 1965	Em. 73	80
220 074	7% dergl.	v 1966	Em. 74	82
220 075	6$^{1}/_2$% dergl.	v. 1967	Em. 75	73
220 076	6% dergl.	v. 1968	Em. 76	72
220 077	6$^{1}/_2$% dergl.	v. 1967	Em. 77	73
220 078	6% dergl.	v. 1969	Em. 78	72
220 079	6$^{1}/_2$% dergl.	v. 1969	Em. 79	73
220 080	7% dergl.	v. 1970	Em. 80	77
220 081	8% dergl.	v. 1970	Em. 81	94
220 082	8% dergl.	v. 1970	Em. 82	94
220 083	7% dergl.	v. 1971	Em. 83	77
220 084	7$^{1}/_2$% dergl.	v. 1971	Em. 84	85,5
220 085	7% dergl.	v. 1972	Em. 85	81
220 086	8% dergl.	v. 1972	Em. 86	92
220 087	7$^{1}/_2$% dergl.	v. 1973	Em. 87	83
220 089	8% dergl.	v. 1973	Em. 89	98,5
220 090	7$^{1}/_2$% dergl.	v. 1973	Em. 90	92
220 091	9% dergl.	v. 1973	Em. 91	99,5
220 300	5% Komm.-Schuldverschr.	v. 1953	Em. 1	104
220 301	5$^{1}/_2$% dergl.	v. 1953	Em. 3	104
220 302	4% dergl.	v. 1953	Em. 4	98
220 303	5% dergl.	v. 1954	Em. 5	104
220 304	5$^{1}/_2$% dergl.	v. 1954	Em. 6	106
220 305	5% dergl.	v. 1955	Em. 7	77
220 306	5$^{1}/_2$% dergl.	v. 1955	Em. 8	70
220 307	6% dergl.	v. 1956	Em. 9	76
220 311	6% dergl.	v. 1958	Em. 13	67
220 312	5% dergl.	v. 1958	Em. 14	70
220 313	5$^{1}/_2$% dergl.	v. 1958	Em. 15	70
220 314	5% dergl.	v. 1959	Em. 16	70
220 315	6% dergl.	v. 1959	Em. 17	72
220 316	6% dergl.	v. 1960	Em. 18	72
220 317	6% dergl.	v. 1961	Em. 19	70
220 319	5$^{1}/_2$% dergl.	v. 1962	Em. 21	70
220 320	6% dergl.	v. 1962	Em. 22	72
220 321	6% dergl.	v. 1962	Em. 23	72
220 322	6% dergl.	v. 1962	Em. 24	72
220 323	6% dergl.	v. 1963	Em. 25	72
220 324	6% dergl.	v. 1963	Em. 26	72
220 325	6% dergl.	v. 1963	Em. 27	72
220 326	6% dergl.	v. 1963	Em. 28	72
220 327	6% dergl.	v. 1964	Em. 29	72
220 328	7% dergl.	v. 1966	Em. 30	82
220 329	6% dergl.	v. 1967	Em. 31	72
220 330	6$^{1}/_2$% dergl.	v. 1967	Em. 32	73
220 331	8% dergl.	v. 1968	Em. 33	88
220 332	6% dergl.	v. 1968	Em. 34	72
220 333	6% dergl.	v. 1968	Em. 35	72
220 334	6$^{1}/_2$% dergl.	v. 1968	Em. 36	73
220 335	6% dergl.	v. 1968	Em. 37	72
220 336	6% dergl.	v. 1968	Em. 38	72
220 337	5$^{1}/_2$% dergl.	v. 1969	Em. 39	70
220 338	6% dergl.	v. 1969	Em. 40	72
220 339	6% dergl.	v. 1969	Em. 41	71
220 340	7% dergl.	v. 1972	Em. 42	77
220 342	7$^{1}/_2$% dergl.	v. 1972	Em. 44	95
220 344	7$^{1}/_2$% dergl.	v. 1973	Em. 46	94,5
220 345	9% dergl.	v. 1973	Em. 47	98,5
220 346	9% dergl.	v. 1973	Em. 48	99,5

Braunschweigischer ritterschaftlicher Kreditverein, Wolfenbüttel

223 005	5% Hyp.-Pfandbr. v. 1949	115,5

Norddeutsche Landesbank, Girozentrale, früher **Braunschweigische Staatsbank, Braunschweig**

Wertpapier-Nr.			Kurs in Prozenten
225 000	5% Hyp.-Pfandbr.	Reihe 32	106
225 001	5% dergl.	Reihe 34	104
225 002	5% dergl.	Reihe 37	103
225 003	5% dergl.	Reihe 37 A	105
225 004	5$^{1}/_2$% dergl.	Reihe 40	106
225 006	4% dergl.	Reihe 42	99
225 007	5% dergl.	Reihe 44	99
225 009	5% dergl.	Reihe 45	104,5
225 010	5% dergl.	Reihe 46	103
225 011	5$^{1}/_2$% dergl.	Reihe 48	105
225 012	6% dergl.	Reihe 50	72
225 013	6% dergl.	Reihe 51	72
225 014	6% dergl.	Reihe 55	72
225 016	6% dergl.	Reihe 59	88
225 017	5$^{1}/_2$% dergl.	Reihe 60	70
225 018	5% dergl.	Reihe 62	70,5
225 019	5% dergl.	Reihe 63	70,5
225 020	5$^{1}/_2$% dergl.	Reihe 65	70,5
225 022	6% dergl.	Reihe 67	87
225 023	6% dergl.	Reihe 68	86
225 025	6% dergl.	Reihe 70	72
225 026	6% dergl.	Reihe 71	72
225 027	5$^{1}/_2$% dergl.	Reihe 72	70,5
225 028	6% dergl.	Reihe 73	71,5
225 029	6% dergl.	Reihe 74	70,5
225 031	5$^{1}/_2$% dergl.	Reihe 76	70,5
225 032	5% dergl.	Reihe 77	70,5
225 033	6% dergl.	Reihe 78	72
225 034	6% dergl.	Reihe 79	71,5
225 035	6% dergl.	Reihe 84	71,5
225 036	6% dergl.	Reihe 84	72
225 037	6% dergl.	Reihe 85	72
225 038	7% dergl.	Reihe 87	80
225 039	6$^{1}/_2$% dergl.	Reihe 89	83,5
225 040	6$^{1}/_2$% dergl.	Reihe 90	80
225 041	6$^{1}/_2$% dergl.	Reihe 91	81
225 042	7% dergl.	Reihe 93	86
225 043	6$^{1}/_2$% dergl.	Reihe 94	83,5
225 044	6% dergl.	Reihe 95	76,5
225 045	6% dergl.	Reihe 96	93
225 046	6$^{1}/_2$% dergl.	Reihe 99	83
225 047	7% dergl.	Reihe 101	85,5
225 048	7% dergl.	Reihe 102	84
225 049	7% dergl.	Reihe 103	80
225 050	7% dergl.	Reihe 106	94
225 051	7$^{1}/_2$% dergl.	Reihe 106	85
225 300	5% Komm.-Schuldverschr.	Reihe 33	104
225 301	5% dergl.	Reihe 35	104,5
225 302	5% dergl.	Reihe 36	105
225 306	5% dergl.	Reihe 47	99
225 307	5$^{1}/_2$% dergl.	Reihe 49	100
225 308	6% dergl.	Reihe 52	75
225 309	6% dergl.	Reihe 53	90
225 310	6% dergl.	Reihe 56	73,5
225 312	5$^{1}/_2$% dergl	Reihe 61	73,5
225 314	6% dergl.	Reihe 80	75,5
225 315	6% dergl.	Reihe 81	73,5
225 316	6% dergl.	Reihe 83	73,5
225 317	7% dergl.	Reihe 86	87
225 318	7% dergl.	Reihe 88	87
225 319	6$^{1}/_2$% dergl.	Reihe 92	90
225 321	6% dergl.	Reihe 98	92,5
225 322	6$^{1}/_2$% dergl.	Reihe 100	78
225 323	7% dergl.	Reihe 105	85
225 324	8% dergl.	Reihe 107	94,5
225 325	8$^{1}/_2$% dergl.	Reihe 108	98

Bremenscher ritterschaftlicher Kreditverein, Stade

226 003	5% Hyp.-Pfandbr.	Reihe IV	104
226 004	5% dergl.	Reihe V	104
226 005	5$^{1}/_2$% dergl.	Reihe VI	106
226 007	4% dergl. (Altsp.-Em.)	Reihe VIII	100

Wertpapier-Nr.			Kurs in Prozenten
226 008	6% dergl.	Reihe IX	72
226 009	5% dergl.	Reihe X	70
226 010	6% dergl.	Reihe XI	72
226 011	6% dergl.	Reihe XII	72
226 012	6$^1/_2$% dergl.	Reihe XIII	80

Bremer Landesbank, Bremen

227 001	5$^1/_2$% Komm.-Schatzanw.	Reihe 2	99
227 002	7% dergl.	Reihe 3	98
227 003	7% dergl.	Reihe 4	97
227 004	9% Bremer Landesbk. Kassenobl.	Reihe 5	98,5

Calenberger Kreditverein, Hannover

228 000	5% Hyp.-Pfandbr.	Serie 1	101
228 001	4% Schuldverschr. (Pfandbr.) (Umtausch-Em.)	Serie 2	98
228 002	4% Schuldverschr. (Altsp.-Em.)	Serie 4	98
228 005	6% Hyp.-Pfandbr.	Serie 6	80
228 300	4% Schuldverschr. (Umtausch-Em.)	Serie 3	97

Celler ritterschaftliches Kreditinstitut
siehe: Ritterschaftliches Kreditinstitut des Fürstentums Lüneburg

Centralboden
siehe: Deutsche Centralbodenkredit-AG

Central-Landschaft für die Preußischen Staaten, Berlin

229 010	4% Landschaftliche Central-Pfandbr. (Altsp.-Em.)	Serie II	98
229 012	4% dergl. (Umtausch-Em.)	Reihe 5	98

Das Berliner Pfandbrief-Amt (Berliner Stadtschaft)
siehe unter: Berliner Pfandbrief-Amt

Deutsche Centralbodenkreditbank AG., Berlin/Köln

235 044	5% Hyp.-Pfandbr.	Em. 34	106
235 045	5% dergl.	Em. 36	107
235 046	5% dergl.	Em. 37	106
235 047	5% dergl.	Em. 38	106
235 048	5% dergl.	Em. 39	106
235 049	5% dergl.	Em. 40	106
235 050	5% dergl.	Em. 42	107
235 051	5% dergl.	Em. 43	107
235 052	5% dergl.	Em. 44	106
235 053	5% dergl.	Em. 45	107
235 054	5$^1/_4$% dergl.	Em. 46	102,5
235 055	5$^1/_2$% dergl.	Em. 47	108
235 056	5% dergl.	Em. 48	106
235 057	4% dergl. (Altsp.-Em.)	Em. 50	99
235 059	5% dergl.	Em. 53	106
235 060	5% dergl.	Em. 54	106
235 061	4% dergl. (Umtausch-Em.)	Em. 55	99
235 062	4% dergl. (Umtausch-Em.)	Em. 56	99
235 064	4$^1/_4$% dergl. (Umtausch-Em.)	Em. 58	99
235 065	6% dergl.	Em. 60	72
235 066	6% dergl.	Em. 63	72
235 067	6% dergl.	Em. 64	72
235 068	6% dergl.	Em. 66	72
235 071	6% dergl.	Em. 72	100
235 073	5$^1/_2$% dergl.	Em. 75	70,5
235 074	5% dergl.	Em. 76	70
235 075	5$^1/_2$% dergl.	Em. 78	70,5
235 076	5% dergl.	Em. 80	70
235 077	5$^1/_2$% dergl.	Em. 81	70,5
235 078	6% dergl.	Em. 82	71

Wertpapier-Nr.			Kurs in Prozenten
235 079	6% dergl.	Em. 84	71
235 080	6% dergl.	Em. 85	71
235 081	7% dergl.	Em. 86	79
235 082	6% dergl.	Em. 89	71
235 083	5% dergl.	Em. 91	70
235 084	5$^1/_2$% dergl.	Em. 93	70,5
235 085	5$^1/_2$% dergl.	Em. 94	70,5
235 086	6% dergl.	Em. 95	71
235 087	5$^1/_2$% dergl.	Em. 96	70,5
235 088	6% dergl.	Em. 97	71
235 089	6% dergl.	Em. 100	71
235 090	6% dergl.	Em. 102	71
235 091	6% dergl.	Em. 104	71
235 092	6% dergl.	Em. 106	71
235 093	6% dergl.	Em. 109	71
235 094	6% dergl.	Em. 110	71
235 095	6% dergl.	Em. 112	71
235 096	7% dergl.	Em. 115	81
235 097	7% dergl.	Em. 116	80,5
235 098	7% dergl.	Em. 118	80,5
235 099	6$^1/_2$% dergl.	Em. 119	77
235 100	6$^1/_2$% dergl.	Em. 123	75
235 101	6$^1/_2$% dergl.	Em. 124	75
235 102	6$^1/_2$% dergl.	Em. 129	75
235 103	6% dergl.	Em. 130	71
235 104	6$^1/_2$% dergl.	Em. 131	75
235 105	6% dergl.	Em. 135	71
235 106	6% dergl.	Em. 137	85,5
235 107	6$^1/_2$% dergl.	Em. 140	75
235 108	6$^1/_2$% dergl.	Em. 141	75
235 109	7% dergl.	Em. 143	80
235 110	7% dergl.	Em. 145	76
235 111	8% dergl.	Em. 146	94
235 112	8% dergl.	Em. 148	93
235 113	7$^1/_2$% dergl.	Em. 150	89
235 114	7$^1/_2$% dergl.	Em. 152	90,5
235 115	8% dergl.	Em. 154	92,7
235 116	7$^1/_2$% dergl.	Em. 155	90
235 117	8% dergl.	Em. 156	89
235 118	8% dergl.	Em. 157	92
235 119	7$^1/_2$% dergl.	Em. 159	91
235 120	7$^1/_2$% dergl.	Em. 160	86
235 121	7$^1/_2$% dergl.	Em. 164	91
235 122	6$^1/_2$% dergl.	Em. 167	89
235 123	7% dergl.	Em. 168	87
235 124	8% dergl.	Em. 171	93
235 125	8% dergl.	Em. 172	90
235 126	7$^1/_2$% dergl.	Em. 174	89
235 127	7$^1/_2$% dergl.	Em. 177	90
235 128	7$^1/_2$% dergl.	Em. 180	93
235 129	7$^1/_2$% dergl.	Em. 181	90
235 130	8% dergl.	Em. 182	93
235 131	8% dergl.	Em. 184	93
235 132	7$^1/_2$% dergl.	Em. 186	90
235 133	8% dergl.	Em. 187	93
235 134	8% dergl.	Em. 188	93
235 135	9% dergl.	Em. 190	98
235 136	8% dergl.	Em. 191	95,5
235 137	9% dergl.	Em 193	98
235 306	5% Komm. Schuldversdhr.	Em. 35	106
235 307	6% dergl.	Em. 41	106
235 309	4% dergl. (Altsp.-Em.)	Em. 51	99
235 311	5% dergl.	Em. 52	103
235 312	4% dergl. (Umtausch-Em.)	Em. 59	99
235 313	6% dergl.	Em. 61	72
235 314	6% dergl.	Em. 62	72
235 315	6% dergl.	Em. 65	71
235 320	5% dergl.	Em. 77	70
235 321	5$^1/_2$% dergl.	Em. 79	70,5
235 322	6% dergl.	Em. 83	71
235 323	6% dergl.	Em. 87	71
235 324	6% dergl.	Em. 88	75
235 325	5$^1/_2$% dergl.	Em. 90	70,5
235 326	5% dergl.	Em. 92	70
235 327	6% dergl.	Em. 98	71
235 328	6% dergl.	Em. 99	71
235 329	6% dergl.	Em. 101	71

Wertpapier-Nr.			Kurs in Prozenten
235 330	6% dergl.	Em. 103	69
235 331	6% dergl.	Em. 105	71
235 332	5¹/₂% dergl.	Em. 107	93,5
235 333	6% dergl.	Em. 108	71
235 334	6% dergl.	Em. 111	71
235 335	7% dergl.	Em. 113	84
235 336	7% dergl.	Em. 114	83,5
235 337	7% dergl.	Em. 117	83,5
235 338	7% dergl.	Em. 120	83
235 339	7% dergl.	Em. 121	83
235 340	6¹/₂% dergl.	Em. 122	75
235 341	6¹/₂% dergl.	Em. 125	75
235 342	6% dergl.	Em. 126	71
235 343	6¹/₂% dergl.	Em. 127	75
235 344	6% dergl.	Em. 128	71
235 345	6% dergl.	Em. 132	87
235 346	6% dergl.	Em. 133	71
235 347	6% dergl.	Em. 134	71
235 348	5¹/₂% dergl.	Em. 136	70
235 349	6¹/₂% dergl.	Em. 138	75
235 352	7% dergl.	Em. 144	79
235 353	7¹/₂% dergl.	Em. 147	88
235 354	7% dergl.	Em. 149	81
235 355	7¹/₂% dergl.	Em. 151	88
235 356	8% dergl.	Em. 153	92,5
235 357	7¹/₂% dergl.	Em. 158	91
235 358	7¹/₂% dergl.	Em. 161	89
235 359	7¹/₂% dergl.	Em. 162	91
235 360	7¹/₂% dergl.	Em. 163	91
235 361	7¹/₂% dergl.	Em. 165	91
235 362	7¹/₂% dergl.	Em. 166	86,5
235 363	7% dergl.	Em. 169	87
235 364	7% dergl.	Em. 170	87
235 365	7¹/₂% dergl.	Em. 173	91
235 366	8% dergl.	Em. 175	100
235 367	8% dergl.	Em. 176	93
235 368	7¹/₂% dergl.	Em. 178	90
235 369	7¹/₂% dergl.	Em. 179	94
235 370	8% dergl.	Em. 183	93
235 371	9% dergl.	Em. 185	98
235 372	7¹/₂% dergl.	Em. 189	90
235 373	9% dergl.	Em. 192	97
235 374	8¹/₂% dergl.	Em. 194	96,5
235 375	8¹/₂% dergl.	Em. 195	95,5

Deutsche Genossenschafts-Hypothekenbank AG, Hamburg

237 007	5% Hyp.-Pfandbr.	Reihe 12	108
237 008	5% dergl.	Reihe 13	108
237 009	5% dergl.	Reihe 14	108
237 010	5% dergl.	Reihe 15	108
237 012	5¹/₂% dergl.	Reihe 17	110
237 013	4% dergl.	Reihe 18	
	(Altsp.-Em.)		99
237 014	5¹/₂% dergl.	Reihe 19	110
237 016	5¹/₂% dergl.	Reihe 21	110
237 017	6% dergl.	Reihe 22	75,5
237 018	6¹/₂% dergl.	Reihe 23	79
237 019	6% dergl.	Reihe 24	72,5
237 021	4% dergl.	Reihe 26	
	(Umtausch-Em.)		99
237 022	6% dergl.	Reihe 27	72,5
237 023	6% dergl.	Reihe 28	72
237 024	5¹/₂% dergl.	Reihe 29	100
237 025	6% dergl.	Reihe 30	98
237 028	6% dergl.	Reihe 33	72
237 030	8% dergl.	Reihe 35	95
237 031	6% dergl.	Reihe 36	72
237 032	5¹/₂% dergl.	Reihe 37	77
237 033	5¹/₂% dergl.	Reihe 38	77
237 034	5% dergl.	Reihe 39	96
237 035	5% dergl.	Reihe 40	96
237 036	5¹/₂% dergl.	Reihe 41	77
237 037	6% dergl.	Reihe 42	72
237 038	6% dergl.	Reihe 43	72
237 039	6% dergl.	Reihe 44	72
237 040	6% dergl.	Reihe 45	72
237 041	6% dergl.	Reihe 46	72
237 042	5¹/₂% dergl.	Reihe 47	77
237 043	6% dergl.	Reihe 48	72
237 044	5¹/₂% dergl.	Reihe 49	97

Wertpapier-Nr.			Kurs in Prozenten
237 045	5¹/₂% dergl.	Reihe 50	77
237 046	6% dergl.	Reihe 51	72
237 047	6% dergl.	Reihe 52	72
237 048	6% dergl.	Reihe 53	72
237 049	6% dergl.	Reihe 54	72
237 050	6% dergl.	Reihe 55	72
237 051	6% dergl.	Reihe 56	72
237 052	6% dergl.	Reihe 57	72
237 053	5¹/₂% dergl.	Reihe 58	77
237 054	6% dergl.	Reihe 59	72
237 055	6% dergl.	Reihe 60	72
237 056	6% dergl.	Reihe 61	72
237 057	6% dergl.	Reihe 62	72
237 058	6% dergl.	Reihe 63	72
237 059	6% dergl.	Reihe 64	72
237 060	6% dergl.	Reihe 65	72
237 061	6% dergl.	Reihe 66	72
237 062	6% dergl.	Reihe 67	72
237 063	6% dergl.	Reihe 68	72
237 064	7% dergl.	Reihe 69	85
237 065	7% dergl.	Reihe 70	77,5
237 066	7% dergl.	Reihe 71	82
237 067	7% dergl.	Reihe 72	78,5
237 068	6¹/₂% dergl.	Reihe 73	74
237 069	6¹/₂% dergl.	Reihe 74	74
237 071	6¹/₂% dergl.	Reihe 76	74
237 072	6¹/₂% dergl.	Reihe 77	100
237 073	6¹/₂% dergl.	Reihe 78	100
237 074	6¹/₂% dergl.	Reihe 79	74
237 075	6% dergl.	Reihe 80	72
237 076	6¹/₂% dergl.	Reihe 81	74
237 077	6% dergl.	Reihe 82	72
237 078	6% dergl.	Reihe 83	72
237 079	6% dergl.	Reihe 84	78,5
237 080	6% dergl.	Reihe 85	72
237 081	6¹/₂% dergl.	Reihe 86	93
237 082	6¹/₂% dergl.	Reihe 87	74
237 083	7% dergl.	Reihe 88	82
237 084	6% dergl.	Reihe 89	72
237 085	6¹/₂% dergl.	Reihe 90	74
237 086	8% dergl.	Reihe 91	94
237 087	7% dergl.	Reihe 92	81,5
237 088	7% dergl.	Reihe 93	93
237 089	7% dergl.	Reihe 94	88,5
237 090	8% dergl.	Reihe 95	93
237 091	8¹/₂% dergl.	Reihe 96	96,5
237 092	8% dergl.	Reihe 97	93
237 093	8% dergl.	Reihe 98	102
237 094	8% dergl.	Reihe 99	90
237 095	7% dergl.	Reihe 100	79,5
237 096	7¹/₂% dergl.	Reihe 101	85
237 097	7¹/₂% dergl.	Reihe 102	86
237 098	7¹/₂% dergl.	Reihe 103	86
237 099	7¹/₂% dergl.	Reihe 104	100
237 100	8% dergl.	Reihe 105	93,5
237 101	8% dergl.	Reihe 106	91
237 102	7% dergl.	Reihe 107	78,5
237 103	8% dergl.	Reihe 108	90,5
237 104	7¹/₂% dergl.	Reihe 109	87
237 105	7¹/₂% dergl.	Reihe 110	89
237 106	7¹/₂% dergl.	Reihe 111	84
237 107	7¹/₂% dergl.	Reihe 112	85
237 108	7¹/₂% dergl.	Reihe 113	85
237 109	7¹/₂% dergl.	Rehie 114	90
237 110	8% dergl.	Reihe 115	93
237 111	8% dergl.	Reihe 116	93
237 112	8% dergl.	Reihe 117	92,5
237 113	8% dergl.	Reihe 118	92,5
237 114	7¹/₂% dergl.	Reihe 119	89,5
237 115	7¹/₂% dergl.	Reihe 120	89
237 116	8% dergl.	Reihe 121	92
237 117	7¹/₂% dergl.	Reihe 122	86
237 118	7¹/₂% dergl.	Reihe 123	89,5
237 119	8% dergl.	Reihe 124	92,5
237 120	8% dergl.	Reihe 125	95
237 121	9% dergl.	Reihe 126	95,5
237 122	8% dergl.	Reihe 127	92
237 123	8% dergl.	Reihe 128	92
237 124	8% dergl.	Reihe 129	92
237 125	9% dergl.	Reihe 130	98,5
237 126	9% dergl.	Reihe 131	98,5

22*

Wertpapier-Nr.				Kurs in Prozenten
237 127	9%	dergl.	Reihe 132	98
237 128	9%	dergl.	Reihe 133	98
237 303	5½%	Komm.-Schuldverschr.	Reihe 9	110
237 305	6%	dergl.	Reihe 11	75,5
237 306	4%	dergl. (Umtausch-Em.)	Reihe 12	99
237 307	6%	dergl.	Reihe 13	72
237 308	6%	dergl.	Reihe 14	72
237 312	5%	dergl.	Reihe 18	95
237 313	6%	dergl.	Reihe 19	72
237 314	5½%	dergl.	Reihe 20	77
237 315	5½%	dergl.	Reihe 21	77
237 316	5%	dergl.	Reihe 22	96
237 317	6%	dergl.	Reihe 23	72
237 318	6%	dergl.	Reihe 24	72
237 319	5½%	dergl.	Reihe 25	77
237 320	5½%	dergl.	Reihe 26	77
237 321	5½%	dergl.	Reihe 27	97
237 322	6%	dergl.	Reihe 28	72
237 323	5½%	dergl.	Reihe 29	77
237 324	6%	dergl.	Reihe 30	72
237 325	6%	dergl.	Reihe 31	72
237 326	6%	dergl.	Reihe 32	72
237 327	6%	dergl.	Reihe 33	72
237 329	7%	dergl.	Reihe 35	84
237 330	7%	dergl.	Reihe 36	79,5
237 331	6½%	dergl.	Reihe 37	74
237 332	6½%	dergl.	Reihe 38	74
237 333	6%	dergl.	Reihe 39	72
237 334	6%	dergl.	Reihe 40	72
237 335	6½%	dergl.	Reihe 41	93
237 336	6½%	dergl.	Reihe 42	88
237 337	7%	dergl.	Reihe 43	90
237 338	7½%	dergl.	Reihe 44	84
237 339	7½%	dergl.	Reihe 45	98
237 340	8%	dergl.	Reihe 46	92,5
237 341	8%	dergl.	Reihe 47	93
237 342	8%	dergl.	Reihe 48	93
237 343	8%	dergl.	Reihe 49	92,5
237 344	8%	dergl.	Reihe 50	91
237 345	7½%	dergl.	Reihe 51	86
237 346	7%	dergl.	Reihe 52	86,5
237 347	8%	dergl.	Reihe 53	92,5
237 348	8%	dergl.	Reihe 54	92
237 349	8%	dergl.	Reihe 55	92,5
237 350	8%	dergl.	Reihe 56	98,15

Deutsche Genossenschaftskasse, Frankfurt a. M.

Wertpapier-Nr.				Kurs in Prozenten
238 008	6%	Schuldverschr.	Reihe 9	100
238 009	5½%	dergl. v. 1964	Reihe 10	100
238 010	6%	dergl. v. 1964	Reihe 11	100
238 011	5½%	dergl. v. 1964	Reihe 12	100
238 012	6%	dergl. v. 1965	Reihe 13	100
238 013	6%	dergl. v. 1965	Reihe 14	100
238 014	6%	dergl. v. 1966	Reihe 15	100
238 015	7%	dergl. v. 1966	Reihe 16	96
238 016	6%	dergl. v. 1967	Reihe 17	95
238 017	6%	dergl. v. 1968	Reihe 18	95
238 018	6%	dergl. v. 1968	Reihe 19	99,25
238 019	6%	dergl. v. 1968	Reihe 20	98
238 020	6½%	dergl. v. 1968	Reihe 21	94,5
238 021	6%	dergl. v. 1968	Reihe 22	93
238 022	6%	dergl. v. 1969	Reihe 23	88,5
238 023	7%	dergl. v. 1969	Reihe 24	91,5
238 024	7%	dergl. v. 1969	Reihe 25	92,5
238 025	7%	dergl. v. 1969	Reihe 26	91,5
238 026	7%	dergl. v. 1969	Reihe 27	91,5
238 027	7½%	dergl. v. 1972	Reihe 28	100
238 028	7%	dergl. v. 1969	Reihe 29	100
238 029	8%	dergl. v. 1970	Reihe 30	95,5
238 030	8½%	dergl. v. 1970	Reihe 31	97,75
238 031	7½%	dergl. v. 1972	Reihe 32	92,5
238 032	7½%	dergl. v. 1972	Reihe 33	92,5
238 033	8%	dergl. v. 1972	Reihe 34	100
238 034	8%	dergl. v. 1972	Reihe 35	96,5
238 035	8%	dergl. v. 1972	Reihe 36	92,75
238 036	8½%	dergl.	Reihe 37	96,5
238 037	8%	dergl.	Reihe 38	100
238 038	8½%	dergl.	Reihe 39	96,5
238 039	8½%	dergl.	Reihe 40	97,25
238 040	8½%	dergl.	Reihe 41	97,25
238 041	8½%	dergl.	Reihe 42	95,5
238 042	10%	dergl.	Reihe 43	102,5
238 043	10%	Dt. Genossenschaftsk. Inh. Schuldv.	Reihe 44	102,5
238 044	9½%	Dt. Genossenschaftsk. Obl. v. 1973	Reihe 45	98,5
238 045	9½%	dergl. v. 1973	Reihe 46	99
238 046	9½%	dergl. v. 1973	Reihe 47	100,5
238 047	10%	dergl.	Reihe 48	102,5
238 048	9½%	dergl.	Reihe 49	100,5
238 049	9½%	dergl.	Reihe 50	100,5
238 082	8%	dergl. v. 1970	Ausg. 33	98
238 083	7%	dergl. v. 1971	Ausg. 34	99,5
238 084	7%	dergl. v. 1971	Ausg. 35	99,5
238 085	8½%	dergl. v. 1971	Ausg. 36	99,5
238 086	8%	Dt. Genossenschaftsk. Kassen-Obl. v. 1973	Ausg. 37	96,5
238 087	9½%	dergl. v. 1973	Ausg. 38	99

Deutsche Girozentrale — Deutsche Kommunalbank —, Berlin/Frankfurt a.M.

Wertpapier-Nr.				Kurs in Prozenten
239 101	6%	Deutsche Kommunal-Anleihe	Reihe 76 Gr. 1	94,5
239 102	6%	dergl.	Reihe 76 Gr. 2	94,5
239 103	6%	dergl.	Reihe 76 Gr. 3	94,5
239 104	6%	dergl.	Reihe 76 Gr. 4	94,5
239 106	6%	dergl.	Reihe 76 Gr. 6	94,5
239 107	6%	dergl.	Reihe 82 Gr. 1	95
239 108	6%	dergl.	Reihe 82 Gr. 2	95
239 109	6%	dergl.	Reihe 82 Gr. 3	95
239 111	6%	dergl.	Reihe 82 Gr. 5	95
239 112	6%	dergl.	Reihe 82 Gr. 6	95
239 113	6%	dergl.	Reihe 83 Gr. 1	94
239 115	6%	dergl.	Reihe 83 Gr. 3	94
239 116	6%	dergl.	Reihe 83 Gr. 4	94
239 117	6%	dergl.	Reihe 83 Gr. 5	94
239 118	6%	dergl.	Reihe 83 Gr. 6	94
239 121	6½%	dergl.	Reihe 70 Gr. 1	91
239 122	6½%	dergl.	Reihe 70 Gr. 2	91
239 123	6½%	dergl.	Reihe 70 Gr. 3	91
239 124	6½%	dergl.	Reihe 70 Gr. 4	91
239 125	6½%	dergl.	Reihe 70 Gr. 5	91
239 126	6½%	dergl.	Reihe 70 Gr. 6	91
239 127	6½%	dergl.	Reihe 70 Gr. 7	91
239 128	6½%	dergl.	Reihe 70 Gr. 8	91
239 129	6½%	dergl.	Reihe 70 Gr. 9	100
239 130	6½%	dergl.	Reihe 70 Gr. 10	91
239 131	6½%	dergl.	Reihe 77 Gr. 1	90,25
239 132	6½%	dergl.	Reihe 77 Gr. 2	90,25
239 133	6½%	dergl.	Reihe 77 Gr. 3	90,25
239 134	6½%	dergl.	Reihe 77 Gr. 4	90,25
239 135	6½%	dergl.	Reihe 77 Gr. 5	90,25
239 136	6½%	dergl.	Reihe 77 Gr. 6	90,25
239 137	6½%	dergl.	Reihe 77 Gr. 7	90,25
239 138	6½%	dergl.	Reihe 77 Gr. 8	100
239 139	6½%	dergl.	Reihe 77 Gr. 9	90,25
239 140	6½%	dergl.	Reihe 77 Gr. 10	90,25
239 309	5%	Deutsche Kommunal-Anleihe v. 1952	Ausg. I	104,5
239 310	4%	dergl. v. 1953 (Altsp.-Em.)	Ausg. I	100
239 315	6½%	dergl. v. 1955	Ausg. I	75
239 316	6%	dergl. v. 1955	Ausg. II	72
239 317	4%	dergl. v. 1955 (Umtausch-Em.)	Ausg. III	98
239 318	6%	dergl. v. 1955	Ausg. IV	72
239 319	6%	dergl. v. 1956	Ausg. I	72
239 323	5%	dergl.	Reihe 14	70
239 324	7%	dergl.	Reihe 15	80
239 326	6%	dergl.	Reihe 17	72
239 327	5%	dergl.	Reihe 18	70
239 328	5½%	dergl.	Reihe 19	71
239 329	5½%	dergl.	Reihe 20	71
239 330	4%	dergl. (Altsp.-Em.)	Reihe 21	98
239 331	6%	dergl.	Reihe 22	72
239 334	7%	dergl.	Reihe 23	80
239 335	6%	dergl.	Reihe 24	72
239 336	6%	dergl.	Reihe 25	72
239 338	6%	dergl.	Reihe 27	72

Wertpapier-Nr.			Kurs in Prozenten
239 339	6% dergl.	Reihe 28	72
239 341	6% dergl.	Reihe 30	72
239 342	6% dergl.	Reihe 31	72
239 343	6% dergl.	Reihe 32	72
239 344	6% dergl.	Reihe 33	72
239 345	6% dergl.	Reihe 34	71
239 346	6% dergl.	Reihe 35	72
239 347	6% dergl.	Reihe 36	72
239 348	6% dergl.	Reihe 37	72
239 349	6% dergl.	Reihe 38	72
239 350	6% dergl.	Reihe 39	98,5
239 351	6% dergl.	Reihe 40	98,25
239 352	6% dergl.	Reihe 41	72
239 353	6% dergl.	Reihe 42	72
239 354	6% dergl.	Reihe 43	98
239 355	7% dergl.	Reihe 44	99
239 356	6% dergl.	Reihe 45	72
239 357	6% dergl.	Reihe 46	72
239 358	7% dergl.	Reihe 47	80
239 359	7% dergl.	Reihe 48	80
239 360	7% dergl.	Reihe 49	97,5
239 361	7% dergl.	Reihe 50	96,5
239 362	7% dergl.	Reihe 51	96,25
239 363	7% dergl.	Reihe 52	96
239 364	7% dergl.	Reihe 53	96
239 365	7% dergl.	Reihe 54	80
239 366	7% dergl.	Reihe 55	96,25
239 367	6½% dergl.	Reihe 56	94,5
239 368	6½% dergl.	Reihe 57	86
239 369	6½% dergl.	Reihe 58	82
239 370	6½% dergl.	Reihe 59	94,5
239 371	6½% dergl.	Reihe 60	94,25
239 372	6½% dergl.	Reihe 61	94,25
239 373	6½% dergl.	Reihe 62	75
239 374	6½% dergl.	Reihe 63	90,25
239 375	6½% dergl.	Reihe 64	94,25
239 376	6½% dergl.	Reihe 65	97,25
239 377	6½% dergl.	Reihe 66	97,25
239 378	6½% dergl.	Reihe 67	94,5
239 379	6½% dergl.	Reihe 68	94,5
239 380	6½% dergl.	Reihe 69	93
239 381	6½% dergl.	Reihe 70	91
239 382	6½% dergl.	Reihe 71	95,5
239 383	6½% dergl.	Reihe 72	93,25
239 384	6½% dergl.	Reihe 73	93,5
239 385	6½% dergl.	Reihe 74	92,75
239 386	6½% dergl.	Reihe 75	92,75
239 387	6% dergl.	Reihe 76	94,5
239 388	6½% dergl.	Reihe 77	90,25
239 389	6½% dergl.	Reihe 78	83
239 390	6½% dergl.	Reihe 79	92
239 391	6½% dergl.	Reihe 80	91
239 392	6½% dergl.	Reihe 81	92
239 393	6% dergl.	Reihe 82	95
239 394	6% dergl.	Reihe 83	94
239 395	6% dergl.	Reihe 84	93
239 396	6% dergl.	Reihe 85	93,25
239 397	7% dergl.	Reihe 86	93,25
239 398	6% dergl.	Reihe 87	72
239 399	7% dergl.	Reihe 88	92,5
239 423	6% Dt. Komm.-Schatzanw.	Serie 24	95,9
239 424	6% dergl.	Serie 25	98,4
239 425	6% dergl.	Serie 26	97,9
239 426	6% dergl.	Serie 27	97,9
239 427	6% dergl.	Serie 28	97,9
239 428	6% dergl.	Serie 29	96,75
239 429	6% dergl.	Serie 30	96,65
239 431	6% dergl.	Serie 31	97,9
239 432	6% dergl.	Serie 32	97,9
239 434	8½% dergl.	Serie 34	98,9
239 435	8½% dergl.	Serie 35	98,9
239 436	8% dergl.	Serie 36	96,4
239 437	6% dergl.	Serie 37	96,4
239 438	8% dergl.	Serie 38	97,4
239 439	7% dergl.	Serie 39	98,9
239 440	6% dergl.	Serie 40	98,4
239 441	7½% dergl.	Serie 41	97,4
239 442	7% dergl.	Serie 42	96,15
239 443	7½% dergl.	Serie 43	90,9
239 444	8½% dergl.	Serie 44	96

Wertpapier-Nr.			Kurs in Prozenten
239 501	6% Dt. Komm.-Anleihe	Ausg. A	97,25
239 502	6% dergl.	Ausg. B	97,25
239 503	6% dergl.	Ausg. C	97,25
239 504	6% dergl.	Ausg. D	98,5
239 505	7½% dergl.	Ausg. E	95
239 507	7½% dergl.	Ausg. G	97
239 508	7% dergl.	Ausg. H	99,25
239 509	7% dergl.	Ausg. J	99,25
239 589	6% dergl.	Reihe 89	90,25
239 590	7% dergl.	Reihe 90	96
239 591	6½% dergl.	Reihe 91	91
239 592	7% dergl.	Reihe 92	94
239 593	7% dergl.	Reihe 93	93
239 594	7% dergl.	Reihe 94	92,75
239 595	7% dergl.	Reihe 95	92,5
239 596	7% dergl.	Reihe 96	91,5
239 597	7% dergl.	Reihe 97	92
239 598	7% dergl.	Reihe 98	96,5
239 599	7% dergl.	Reihe 99	92,5
239 600	8% dergl.	Reihe 100	96
239 601	7½% dergl.	Reihe 101	94
239 602	7% dergl.	Reihe 102	92,5
239 603	8% dergl.	Reihe 103	96
239 604	8½% dergl.	Reihe 104	96,25
239 605	7½% dergl.	Reihe 105	94,5
239 606	8½% dergl.	Reihe 106	98
239 607	8% dergl.	Reihe 107	96
239 608	8% dergl.	Reihe 108	96
239 609	8% dergl.	Reihe 109	98
239 610	8% dergl.	Reihe 110	94
239 611	8½% dergl.	Reihe 111	98,25
239 612	7½% dergl.	Reihe 112	98,5
239 613	8½% dergl.	Reihe 113	97
239 614	8% dergl.	Reihe 114	95,5
239 615	7½% dergl.	Reihe 115	95
239 616	7½% dergl.	Reihe 116	93,5
239 617	8% dergl.	Reihe 117	92,5
239 618	7½% dergl.	Reihe 118	91,5
239 619	9% dergl.	Reihe 119	96
239 620	8% dergl.	Reihe 120	92
239 621	8% dergl.	Reihe 121	92,5
239 622	8% dergl.	Reihe 122	95
239 623	8% dergl.	Reihe 123	93
239 624	8½% dergl.	Reihe 124	96
239 627	9% dergl.	Reihe 127	96,25
239 801	8% Inh.-Schuldverschr.	Reihe A	93
239 802	8½% dergl.	Ausg. B	98
239 803	7½% dergl.	Reihe C	93,25
239 804	8% dergl.	Reihe D	94,4
239 805	7½% dergl.	Reihe E	94,15
239 806	7½% dergl.	Reihe F	99,125
239 807	8½% dergl.	Reihe G	97
239 808	8½% dergl.	Reihe H	96,4
239 809	9% dergl.	Reihe J	97,4
239 810	9% dergl.	Reihe K	96,5
239 812	9% dergl.	Reihe M	97,125
239 813	9% dergl.	Reihe N	97,9
239 814	8½% dergl.	Reihe O	95,9
239 816	9% dergl.	Reihe Q	97,5
239 818	9% dergl.	Reihe S	95,5
239 904	7½% Dt.-Komm.-Kassenobl.	Ausg. 4	99,15
239 909	6% dergl.	Ausg. 9	
239 916	7% dergl.	Ausg. 16	98,65
239 918	7% dergl.	Ausg. 18	97,9
239 920	7% dergl.	Ausg. 20	96,65
239 926	7½% dergl.	Ausg. 26	97,9

Deutsche Hypothekenbank (Actien-Gesellschaft), Hannover und Berlin

240 012	5½% Hyp.-Pfandbr.	Serie 44	106
240 014	5% dergl.	Serie 46	106
240 015	4% dergl.	Serie 47	
	(Altsp.-Em.)		100
240 017	5% dergl.	Serie 48	105
240 018	5½% dergl.	Serie 49	108
240 020	4% dergl.	Serie 51	99,5
	(Umtausch-Em.)		
240 023	5% dergl.	Serie 54	106

Wertpapier-Nr.			Kurs in Prozenten	Wertpapier-Nr.			Kurs in Prozenten
240 024	4% dergl. (Umtausch-Em.)	Serie 55	100	240 111	8% dergl.	Serie 141	95
240 025	6% dergl.	Serie 56	81	240 112	7½% dergl.	Serie 142	88,5
240 027	6% dergl.	Serie 58	81	240 113	8% dergl.	Serie 143	92
240 028	6% dergl.	Serie 59	74	240 114	7½% dergl.	Serie 144	88,5
240 029	5½% dergl.	Serie 60	68	240 115	7½% dergl.	Serie 145	88,5
240 030	6% dergl.	Serie 61	72,5	240 116	7½% dergl.	Serie 146	88,5
240 031	6% dergl.	Serie 62	70,5	240 117	7% dergl.	Serie 147	84,5
240 032	6% dergl.	Serie 63	70,5	240 118	7½% dergl.	Serie 148	88,5
240 033	6% dergl.	Serie 64	70,5	240 119	7% dergl.	Serie 149	83
240 034	6% dergl.	Serie 65	70,5	240 120	6½% dergl.	Serie 150	81
240 035	6% dergl.	Serie 66	70,5	240 121	7% dergl.	Serie 151	80
240 039	6% dergl.	Serie 70	70,5	240 122	7% dergl.	Serie 152	77,5
240 041	6% dergl.	Serie 72	70,5	240 123	7½% dergl.	Serie 153	88,5
240 042	6% dergl.	Serie 73	70,5	240 124	7½% dergl.	Serie 154	88,5
240 043	5½% dergl.	Serie 74	67,5	240 125	7½% dergl.	Serie 155	88,5
240 044	5% dergl.	Serie 75	67,5	240 126	7½% dergl.	Serie 156	88,5
240 045	5% dergl.	Serie 76	67,5	240 127	7½% dergl.	Serie 157	88,5
240 046	5% dergl.	Serie 77	67,5	240 128	7½% dergl.	Serie 158	88,5
240 047	5½% dergl.	Serie 78	67,5	240 129	7½% dergl.	Serie 159	87
240 048	5½% dergl.	Serie 79	67,5	240 130	7½% dergl.	Serie 160	88,5
240 049	6% dergl.	Serie 80	70,5	240 131	7½% dergl.	Serie 161	88,5
240 051	6% dergl.	Serie 81	70,5	240 132	8% dergl.	Serie 162	92
240 052	6% dergl.	Serie 82	70,5	240 133	8% dergl.	Serie 163	92
240 053	6% dergl.	Serie 83	70,5	240 134	8½% dergl.	Serie 164	95
240 054	6% dergl.	Serie 84	70,5	240 135	8% dergl.	Serie 165	92
240 055	5½% dergl.	Serie 85	67,5	240 136	8½% dergl.	Serie 166	95
240 056	5% dergl.	Serie 86	69	240 137	8½% dergl.	Serie 167	95
240 057	5% dergl.	Serie 87	69	240 302	5½% Komm.-Schuldverschr.	Serie 12	108
240 058	5½% dergl.	Serie 88	69	240 303	4% dergl. (Umtausch-Em.)	Serie 13	100
240 059	5½% dergl.	Serie 89	69	240 304	6% dergl.	Serie 14	74
240 060	5½% dergl.	Serie 90	69	240 305	6% dergl.	Serie 15	74
240 061	6% dergl.	Serie 91	71	240 306	6% dergl.	Serie 16	74
240 062	5½% dergl.	Serie 92	69	240 307	6% dergl.	Serie 17	73
240 063	5½% dergl.	Serie 93	69	240 308	5½% dergl.	Serie 18	67,5
240 064	6% dergl.	Serie 94	71	240 309	6% dergl.	Serie 19	70
240 065	6% dergl.	Serie 95	70	240 314	6% dergl.	Serie 24	70,5
240 066	6% dergl.	Serie 96	69	240 317	6% dergl.	Serie 27	70
240 067	6% dergl.	Serie 97	71	240 318	5% dergl.	Serie 28	67,5
240 068	6% dergl.	Serie 98	71	240 319	5% dergl.	Serie 29	67,5
240 069	6% dergl.	Serie 99	71	240 320	5½% dergl.	Serie 30	67,5
240 070	6% dergl.	Serie 100	71	240 321	5% dergl.	Serie 31	67,5
240 071	5½% dergl.	Serie 101	69	240 322	5% dergl.	Serie 32	67,5
240 072	6% dergl.	Serie 102	71	240 323	5% dergl.	Serie 33	67,5
240 073	6% dergl.	Serie 103	70,5	240 324	5½% dergl.	Serie 34	67,5
240 074	6% dergl.	Serie 104	71	240 325	6% dergl.	Serie 35	70
240 075	6% dergl.	Serie 105	70,5	240 326	6% dergl.	Serie 36	70
240 076	6% dergl.	Serie 106	71	240 327	6% dergl.	Serie 37	70
240 077	6% dergl.	Serie 107	71	240 328	6% dergl.	Serie 38	70
240 078	7% dergl.	Serie 108	86,5	240 329	6% dergl.	Serie 39	69
240 079	7% dergl.	Serie 109	86	240 331	5½% dergl.	Serie 41	68
240 080	7% dergl.	Serie 110	81	240 332	5½% dergl.	Serie 42	69
240 081	7% dergl.	Serie 111	80,5	240 333	5½% dergl.	Serie 43	69
240 082	7% dergl.	Serie 112	81	240 334	6% dergl.	Serie 44	70
240 083	7% dergl.	Serie 113	80	240 335	6% dergl.	Serie 45	70
240 084	7% dergl.	Serie 114	80	240 336	5½% dergl.	Serie 46	69
240 085	6% dergl.	Serie 115	71	240 337	6% dergl.	Serie 47	71
240 086	6% dergl.	Serie 116	71	240 338	6% dergl.	Serie 48	70
240 087	6½% dergl.	Serie 117	76	240 339	6% dergl.	Serie 49	70
240 088	6½% dergl.	Serie 118	74,5	240 340	6% dergl.	Serie 50	70
240 089	6% dergl.	Serie 119	71	240 341	6% dergl.	Serie 51	70
240 090	6% dergl.	Serie 120	71	240 342	6% dergl.	Serie 52	70
240 091	6% dergl.	Serie 121	71	240 343	6% dergl.	Serie 53	70
240 092	6½% dergl.	Serie 122	74,5	240 344	6% dergl.	Serie 54	70
240 093	6½% dergl.	Serie 123	74,5	240 345	5½% dergl.	Serie 55	69
240 094	6½% dergl.	Serie 124	74,5	240 346	6% dergl.	Serie 56	70
240 095	6½% dergl.	Serie 125	74,5	240 347	6% dergl.	Serie 57	70
240 097	7% dergl.	Serie 127	86	240 348	6% dergl.	Serie 58	70
240 098	7% dergl.	Serie 128	82	240 349	7% dergl.	Serie 59	87
240 099	7% dergl.	Serie 129	78,5	240 350	7% dergl.	Serie 60	87
240 100	8% dergl.	Serie 130	93,5	240 351	7% dergl.	Serie 61	81
240 101	8% dergl.	Serie 131	93	240 352	7% dergl.	Serie 62	85,5
240 102	7% dergl.	Serie 132	77,5	240 353	7% dergl.	Serie 63	81
240 103	7½% dergl.	Serie 133	88,5	240 354	7% dergl.	Serie 64	70
240 104	7% dergl.	Serie 134	88	240 355	7% dergl.	Serie 65	85,5
240 105	7½% dergl.	Serie 135	88,5	240 356	6% dergl.	Serie 66	70
240 106	7½% dergl.	Serie 136	91	240 357	6½% dergl.	Serie 67	81
240 107	7½% dergl.	Serie 137	88,5	240 358	6½% dergl.	Serie 68	80
240 108	7½% dergl.	Serie 138	89	240 359	6% dergl.	Serie 69	70
240 109	7½% dergl.	Serie 139	88,5				
240 110	7½% dergl.	Serie 140	88,5				

Wertpapier-Nr.			Kurs in Prozenten
240 360	6% dergl.	Serie 70	70
240 361	6% dergl.	Serie 71	70
240 363	5½% dergl.	Serie 73	98
240 364	6% dergl.	Serie 74	70
240 365	6½% dergl.	Serie 75	74
240 367	7% dergl.	Serie 77	87
240 368	8½% dergl.	Serie 78	95
240 369	8% dergl.	Serie 79	102
240 370	8½% dergl.	Serie 80	95
240 371	8½% dergl.	Serie 81	97,5
240 372	8% dergl.	Serie 82	94,5
240 373	8% dergl.	Serie 83	92
240 374	7½% dergl.	Serie 84	93
240 375	7½% dergl.	Serie 85	91
240 376	7½% dergl.	Serie 86	92
240 377	7½% dergl.	Serie 87	91
240 378	7½% dergl.	Serie 88	88,5
240 379	7½% dergl.	Serie 89	87
240 380	8% dergl.	Serie 90	92
240 381	8% dergl.	Serie 91	92
240 382	8% dergl.	Serie 92	92
240 383	8% dergl.	Serie 93	92
240 384	7½% dergl.	Serie 94	88,5
240 385	7½% dergl.	Serie 95	88,5
240 386	7½% dergl.	Serie 96	88,5
240 387	7½% dergl.	Serie 97	88,5
240 388	7½% dergl.	Serie 98	88,5
240 389	7½% dergl.	Serie 99	89
240 390	7½% dergl.	Serie 100	89
240 391	7½% dergl.	Serie 101	86
240 392	7½% dergl.	Serie 102	88,5
240 393	8% dergl.	Serie 103	92
240 394	8% dergl.	Serie 104	92,5
240 395	7½% dergl.	Serie 105	89
240 396	7½% dergl.	Serie 106	88,5
240 397	8% dergl.	Serie 107	92
240 398	8% dergl.	Serie 108	92
240 399	8% dergl.	Serie 109	93,5
240 400	9½% dergl.	Serie 110	100
240 401	9% dergl.	Serie 111	98,5
240 402	9% dergl.	Serie 112	98
240 403	9% dergl.	Serie 113	98
240 404	9% dergl.	Serie 114	98

Deutsche Hypothekenbank, Bremen

Wertpapier-Nr.			Kurs in Prozenten
241 000	5% Hyp.-Pfandbr.	Em. 38	106
241 001	5% dergl.	Em. 41	106
241 002	5% dergl.	Em. 42	106
241 003	5% dergl.	Em. 43	106
241 004	5% dergl.	Em. 44	106
241 005	5% dergl.	Em. 45	106
241 006	5% dergl.	Em. 47	106
241 007	5% dergl.	Em. 49	106
241 009	5% dergl.	Em. 51	106
241 010	5½% dergl.	Em. 52	107
241 012	4% dergl. (Umtausch-Em.)	Em. 56	99
241 013	4% dergl. (Umtausch-Em.)	Em. 57	99
241 014	4% dergl. (Umtausch-Em.)	Em. 58	99
241 015	4% dergl. (Umtausch-Em.)	Em. 59	99
241 016	5% dergl.	Em. 62	106
241 017	4% dergl. (Altsp.-Em.)	Em. 63	99
241 019	5½% dergl.	Em. 65	107
241 020	5% dergl.	Em. 68	106
241 022	6% dergl.	Em. 71	70
241 023	5½% dergl.	Em. 73	68,5
241 024	6% dergl.	Em. 75	70
241 025	6% dergl.	Em. 78	70
241 027	6% dergl.	Em. 81	70
241 028	6% dergl.	Em. 82	70
241 030	5% dergl.	Em. 87	68
241 031	5½% dergl.	Em. 89	68,5
241 032	5% dergl.	Em. 90	68
241 033	5% dergl.	Em. 92	68
241 034	6% dergl.	Em. 94	69
241 036	6% dergl.	Em. 98	70
241 037	5½% dergl.	Em. 99	68,5
241 038	5% dergl.	Em. 100	68
241 039	5½% dergl.	Em. 102	68,5
241 040	5½% dergl.	Em. 104	68,5
241 041	5½% dergl.	Em. 105	68,5
241 042	6% dergl.	Em. 107	69
241 043	6% dergl.	Em. 108	70
241 044	5½% dergl.	Em. 109	68,5
241 045	6% dergl.	Em. 110	70
241 046	6% dergl.	Em. 112	70
241 047	6% dergl.	Em. 114	70
241 048	6% dergl.	Em. 115	70
241 049	6% dergl.	Em. 117	70
241 050	6% dergl.	Em. 118	70
241 051	6% dergl.	Em. 119	70
241 052	6% dergl.	Em. 121	80
241 053	7% dergl.	Em. 123	80
241 054	6½% dergl.	Em. 126	73,5
241 055	6½% dergl.	Em. 127	73,5
241 056	6½% dergl.	Em. 128	73,5
241 057	6½% dergl.	Em. 129	73,5
241 058	6% dergl.	Em. 133	70
241 059	6% dergl.	Em. 134	72
241 060	6% dergl.	Em. 135	70
241 061	7% dergl.	Em. 137	79
241 062	6½% dergl.	Em. 138	73,5
241 063	6½% dergl.	Em. 139	73,5
241 064	7% dergl.	Em. 140	78
241 065	7% dergl.	Em. 142	94,5
241 066	6% dergl.	Em. 145	91
241 067	7½% dergl.	Em. 147	85
241 068	7½% dergl.	Em. 150	85
241 069	8% dergl.	Em. 151	91
241 070	7% dergl.	Em. 153	84
240 071	7% dergl.	Em. 155	78
241 072	7½% dergl.	Em. 158	84
241 073	7½% dergl.	Em. 165	85
241 074	8½% dergl.	Em. 166	93
241 075	8% dergl.	Em. 167	92
241 076	8% dergl.	Em. 168	94,5
241 077	9% dergl.	Em. 170	98
241 078	9% dergl.	Em. 190	98
241 301	5% Komm.-Schuldverschr.	Em. 39	106
241 302	5% dergl.	Em. 46	106
241 303	5% dergl.	Em. 48	106
241 305	5½% dergl.	Em. 55	100
241 306	4% dergl. (Umtausch-Em.)	Em. 60	99
241 307	4% dergl. (Umtausch-Em.)	Em. 61	99
241 308	4% dergl. (Altsp.-Em.)	Em. 64	99
241 310	5½% dergl.	Em. 66	107
241 312	6% dergl.	Em. 72	70
241 313	5½% dergl.	Em. 74	68,5
241 314	6% dergl.	Em. 76	70
241 315	6% dergl.	Em. 77	70
241 317	6% dergl.	Em. 83	70
241 319	6% dergl.	Em. 86	69
241 320	5% dergl.	Em. 88	68
241 321	5% dergl.	Em. 91	68
241 322	5½% dergl.	Em. 93	68,5
241 323	6% dergl.	Em. 95	70
241 325	5% dergl.	Em. 101	68
241 326	5½% dergl.	Em. 103	68,5
241 328	6% dergl.	Em. 111	70
241 329	6% dergl.	Em. 113	70
241 330	6% dergl.	Em. 116	70
241 331	6% dergl.	Em. 120	70
241 332	7% dergl.	Em. 122	80
241 334	6½% dergl.	Em. 125	73,5
241 335	6% dergl.	Em. 130	70
241 336	6½% dergl.	Em. 131	73,5
241 337	6% dergl.	Em. 132	70
241 338	7% dergl.	Em. 136	78
241 339	8% dergl.	Em. 141	94,5
241 340	8½% dergl.	Em. 143	94
241 341	8% dergl.	Em. 144	93
241 342	8½% dergl.	Em. 146	94
241 343	7½% dergl.	Em. 148	85
241 344	8% dergl.	Em. 149	91
241 345	7½% dergl.	Em. 152	87

Wertpapier-Nr.			Kurs in Prozenten
241 346	7¹/₂% dergl.	Em. 154	85
241 347	7% dergl.	Em. 156	82
241 349	8% dergl.	Em. 159	90,5
241 350	8% dergl.	Em. 160	91
241 351	8% dergl.	Em. 161	93
241 352	8% dergl.	Em. 162	94
241 353	8% dergl.	Em. 163	92
241 354	8¹/₂% dergl.	Em. 164	92
241 355	8% dergl.	Em. 169	94,5
241 356	10% dergl.	Em. 171	101

Deutsche Kommunal-Anleihen
Deutsche Kommunal-Schatzanweisungen
siehe: Deutsche Girozentrale
— Deutsche Kommunalbank —

Deutsche Landesrentenbank
siehe: Deutsche Siedlungs- und Landesrentenbank

**Deutsche Siedlungs- und Landesrenten-
bank, Bonn/Berlin**
Pfandbriefe der
ehem. Deutschen Landesrentenbank:

244 000	5% Hyp.-Pfandbr.	Reihe 27	104
244 001	6% dergl.	Reihe 28	72
244 003	6% dergl.	Reihe 33	72
244 004	5% dergl.	Reihe 35	70
244 005	6% dergl.	Reihe 37	72
244 006	6% dergl.	Reihe 39	72
244 007	5¹/₂% dergl.	Reihe 41	71
244 008	5% dergl.	Reihe 43	70
244 009	6% dergl.	Reihe 47	72
244 010	6% dergl.	Reihe 49	72
244 011	6% dergl.	Reihe 52	72
244 012	5¹/₂% dergl.	Reihe 54	71
244 013	6% dergl.	Reihe 56	72
244 014	6% dergl.	Reihe 57	72
244 015	7% dergl.	Reihe 59	79,5
244 016	7% dergl.	Reihe 60	79,5
244 017	7% dergl.	Reihe 63	79
244 018	6¹/₂% dergl.	Reihe 68	75
244 019	6% dergl.	Reihe 69	72
244 020	6% dergl.	Reihe 72	72
244 021	6¹/₂% dergl.	Reihe 82	75
244 022	7% dergl.	Reihe 84	79,5
244 023	7% dergl.	Reihe 98	79,5
244 024	7¹/₂% dergl.	Reihe 99	83,5
244 025	7¹/₂% dergl.	Reihe 102	83,5
244 026	8% dergl.	Reihe 104	90,5
244 027	7% dergl.	Reihe 112	81
244 028	7¹/₂% dergl.	Reihe 114	91
244 029	8% dergl.	Reihe 118	93,5

Rentenschuldverschreibungen der
ehem. Deutschen Landesrentenbank:

244 102	6% Rentenschuld-verschr.	Reihe 30	72
244 103	7% dergl.	Reihe 32	89
244 104	5¹/₂% dergl.	Reihe 34	86,5
244 105	5% dergl.	Reihe 36	80
244 106	6% dergl.	Reihe 38	82,5
244 108	6¹/₂% dergl.	Reihe 42	96,2
244 109	6¹/₂% dergl.	Reihe 44	96,2
244 110	5¹/₂% dergl.	Reihe 45	82,5
244 111	5¹/₂% dergl.	Reihe 46	94,5
244 112	6% dergl.	Reihe 48	86,5
244 113	6% dergl.	Reihe 50	88
244 114	6% dergl.	Reihe 51	88
244 115	6% dergl.	Reihe 53	85
244 116	6% dergl.	Reihe 55	87
244 117	7% dergl.	Reihe 58	91
244 118	7% dergl.	Reihe 61	96
244 119	7% dergl.	Reihe 62	97

Rentenschuldverschreibungen der Deutschen Siedlungs- und Landesrentenbank:

244 120	7% dergl.	Reihe 64	79,5
244 121	6¹/₂% dergl.	Reihe 65	88,5
244 122	6% dergl.	Reihe 66	72

Wertpapier-Nr.			Kurs in Prozenten
244 123	6¹/₂% dergl.	Reihe 67	89
244 124	6¹/₂% dergl.	Reihe 70	87,5
244 125	6¹/₂% dergl.	Reihe 71	84,5
244 126	6% dergl.	Reihe 73	85
244 127	6% dergl.	Reihe 74	72
244 128	6% dergl.	Reihe 75	85
244 129	6% dergl.	Reihe 76	83
244 130	6¹/₂% dergl.	Reihe 77	94
244 133	7% dergl.	Reihe 80	88
244 134	7% dergl.	Reihe 81	79,5
244 135	7% dergl.	Reihe 83	90
244 136	7% dergl.	Reihe 85	90
244 137	7¹/₂% dergl.	Reihe 86	93,5
244 138	8% dergl.	Reihe 87	95
244 139	8% dergl.	Reihe 88	98,5
244 140	8% dergl.	Reihe 89	96,5
244 141	8% dergl.	Reihe 90	98,8
244 142	8% dergl.	Reihe 91	96,5
244 143	8% dergl.	Reihe 92	94,5
244 144	8¹/₂% dergl.	Reihe 93	97
244 145	8¹/₂% dergl.	Reihe 94	96,5
244 146	8¹/₂% dergl.	Reihe 95	96,5
244 147	8¹/₂% dergl.	Reihe 96	96,5
244 148	8% dergl.	Reihe 97	90
244 149	7¹/₂% dergl.	Reihe 100	90,5
244 150	7¹/₂% dergl.	Reihe 101	92
244 151	7¹/₂% dergl.	Reihe 103	92
244 152	8% dergl.	Reihe 105	93
244 153	7¹/₂% dergl.	Reihe 106	88,5
244 154	8% dergl.	Reihe 107	92
244 155	7¹/₂% dergl.	Reihe 108	94
244 156	7¹/₂% dergl.	Reihe 109	86,5
244 157	7¹/₂% dergl.	Reihe 110	90,5
244 158	7% dergl.	Reihe 111	81
244 159	7% dergl.	Reihe 113	86,5
244 160	8% dergl.	Reihe 115	94
244 161	8% dergl.	Reihe 116	93,5
244 162	8% dergl.	Reihe 117	93,5
244 163	8% dergl.	Reihe 119	93
244 164	8% dergl.	Reihe 120	93
244 165	8% dergl.	Reihe 121	93
244 166	8¹/₂% dergl.	Reihe 122	95,5
244 167	8¹/₂% dergl.	Reihe 123	95,5
244 168	8¹/₂% dergl.	Reihe 124	95,5
244 169	8¹/₂% dergl.	Reihe 125	95,5
244 170	9% dergl.	Reihe 126	95,5
244 171	10% dergl.	Reihe 127	101
244 172	10% dergl.	Reihe 128	100,5
244 173	10% dergl.	Reihe 129	100,75
244 174	10% dergl.	Reihe 130	100,75
244 175	9% dergl.	Reihe 131	97

Landesrentenbriefe der
ehem. Deutschen Landesrentenbank:

244 222	4% Landesrentenbriefe (Umtausch-Em.)	Reihe 21	99
244 224	4% dergl. (Umtausch-Em.)	Reihe 22	99
244 226	5% dergl.	Reihe 23	104
244 227	4% dergl. (Altsp.-Em.)	Reihe 24	99
244 229	4% dergl. (Umtausch-Em.)	Reihe 26	99
244 230	4¹/₂% dergl. (Umtausch-Em.)	Reihe 29	99,5

Schuldverschreibungen der
ehem. Deutschen Landesrentenbank:

244 302	5% dergl.	Serie 5	104
244 303	5% dergl.	Serie 6	72
244 304	5% dergl.	Serie 7	72
244 305	5¹/₂% dergl.	Serie 8	71
244 306	6% dergl.	Serie 9	72
244 307	6% dergl.	Serie 10	72
244 308	6% dergl.	Serie 11	72
244 309	6% dergl.	Serie 12	81,5

Kommunal-Schuldverschreibungen der
ehem. Deutschen Landesrentenbank:

244 400	7% Komm.-Schuldverschr.	Serie 13	79,5

Wertpapier-Nr.			Kurs in Prozenten
Kommunal-Schuldverschreibungen der Deutschen Siedlungs- und Landesrentenbank:			
244 401	7% dergl.	Serie 14	79,5
244 402	7% dergl.	Serie 15	79,5
244 403	8¹/₂% dergl.	Serie 16	96
244 404	9% dergl.	Serie 17	95,5
244 405	10% dergl.	Serie 18	100,75
244 406	10% dergl.	Serie 19	100,5
244 701	6¹/₂% Renten-Schuldv.	Reihe 67 Gr. 1	89
244 702	6¹/₂% dergl.	Reihe 67 Gr. 2	89
244 703	6¹/₂% dergl.	Reihe 67 Gr. 3	89
244 704	6¹/₂% dergl.	Reihe 67 Gr. 4	89
244 706	6¹/₂% dergl.	Reihe 67 Gr. 6	89
244 707	6¹/₂% dergl.	Reihe 67 Gr. 7	89
244 708	6¹/₂% dergl.	Reihe 67 Gr. 8	89
244 709	6¹/₂% dergl.	Reihe 67 Gr. 9	89
244 710	6¹/₂% dergl.	Reihe 67 Gr. 10	89
244 711	6¹/₂% dergl.	Reihe 67 Gr. 11	89
244 712	6¹/₂% dergl.	Reihe 67 Gr. 12	89
244 713	6¹/₂% dergl.	Reihe 67 Gr. 13	89
244 714	6¹/₂% dergl.	Reihe 67 Gr. 14	89
244 715	6¹/₂% dergl.	Reihe 67 Gr. 15	89
Deutsche Pfandbriefanstalt, Wiesbaden/Berlin			
Pfandbriefe, ausgestellt unter „Preußische Landespfandbriefanstalt":			
245 009	5% Hyp.-Pfandbr.	Reihe 31	107
245 010	5% dergl.	Reihe 32	107
Pfandbriefe, ausgestellt unter „Deutsche Pfandbriefanstalt":			
245 011	5% Hyp.-Pfandbr.	Reihe 34	107
245 012	5% dergl.	Reihe 35	107
245 013	5% dergl.	Reihe 36	107
245 014	5% dergl.	Reihe 38	107
245 015	5% dergl.	Reihe 39	107
245 016	5% dergl.	Reihe 41	107
245 017	5¹/₂% dergl.	Reihe 42	108
245 019	4% dergl.	Reihe 45 (Altsp.-Em.)	100
245 022	5% dergl.	Reihe 47	107
245 023	5% dergl.	Reihe 48	107
245 024	5¹/₂% dergl.	Reihe 50	109
245 025	5% dergl.	Reihe 51	107
245 026	5% dergl.	Reihe 53	107
245 027	6% dergl.	Reihe 54	72
245 028	6% dergl.	Reihe 55	72
245 029	5³/₄% dergl.	Reihe 57	100
245 030	5¹/₂% dergl.	Reihe 59	69
245 031	5¹/₂% dergl.	Reihe 61	69
245 032	6% dergl.	Reihe 62	72
245 033	6% dergl.	Reihe 64	71
245 034	6% dergl.	Reihe 65	68
245 035	6% dergl.	Reihe 66	71
245 038	6% dergl.	Reihe 73	100
245 039	6% dergl.	Reihe 75	71
245 040	7¹/₂% dergl.	Reihe 76	90,5
245 041	7% dergl.	Reihe 77	77
245 042	6% dergl.	Reihe 79	71
245 043	6% dergl.	Reihe 82	68
245 044	5¹/₂% dergl.	Reihe 84	68
245 045	5¹/₂% dergl.	Reihe 85	69
245 046	5¹/₂% dergl.	Reihe 87	69
245 047	5% dergl.	Reihe 88	100
245 048	5¹/₂% dergl.	Reihe 89	69
245 049	5% dergl.	Reihe 91	100
245 050	6% dergl.	Reihe 92	69,5
245 051	7% dergl.	Reihe 93	80
245 052	6% dergl.	Reihe 95	69
245 053	6% dergl.	Reihe 96	71
245 054	5¹/₂% dergl.	I. Tranche Reihe 98	69
245 055	5% dergl.	Reihe 99	68
245 056	5¹/₂% dergl.	II. Tranche Reihe 98	69
245 057	5¹/₂% dergl.	Reihe 100	69
245 058	6% dergl.	Reihe 101	71
245 059	5¹/₂% dergl.	Reihe 103	95,5
245 060	5¹/₂% dergl.	Reihe 104	69

Wertpapier-Nr.			Kurs in Prozenten
245 061	5% dergl.	Reihe 106	68
245 062	6% dergl.	Reihe 107	71
245 063	5¹/₂% dergl.	Reihe 108	69
245 064	6% dergl.	Reihe 109	68
245 065	6% dergl.	Reihe 112	70
245 066	5¹/₂% dergl.	Reihe 113	69
245 067	5% dergl.	Reihe 115	68
245 068	6% dergl.	Reihe 116	70
245 069	6% dergl.	Reihe 118	71
245 070	5¹/₂% dergl.	Reihe 120	69
245 071	6% dergl.	Reihe 122	71
245 072	5¹/₂% dergl.	Reihe 123	88
245 073	6% dergl.	Reihe 124	71
245 074	5% dergl.	Reihe 125	88
245 075	6% dergl.	Reihe 127	68
245 076	7% dergl.	Reihe 128	79
245 077	7% dergl.	Reihe 130	78
245 078	5¹/₂% dergl.	Reihe 131	69
245 079	7% dergl.	Reihe 132	78
245 080	7% dergl.	Reihe 133	79
245 081	7% dergl.	Reihe 135	79
245 082	7% dergl.	Reihe 136	100
245 083	7% dergl.	Reihe 139	80
245 084	7% dergl.	Reihe 140	79
245 085	6% dergl.	Reihe 142	71
245 086	5¹/₂% dergl.	Reihe 144	69
245 087	6% dergl.	Reihe 145	71
245 088	6¹/₂% dergl.	Reihe 146	75
245 089	6¹/₂% dergl.	Reihe 149	75
245 090	6% dergl.	Reihe 151	71
245 091	6¹/₂% dergl.	Reihe 155	75
245 092	6% dergl.	Reihe 156	70
245 093	6% dergl.	Reihe 158	70
245 094	6¹/₂% dergl.	Reihe 160	75
245 095	6% dergl.	Reihe 161	70
245 096	6% dergl.	Reihe 162	71
245 097	6% dergl.	Reihe 164	71
245 098	6% dergl.	Reihe 165	100
245 099	6¹/₂% dergl.	Reihe 166	75
245 100	7% dergl.	Reihe 170	79
245 101	7¹/₂% dergl.	Reihe 174	84
245 102	6% dergl.	Reihe 175	71
245 103	6¹/₂% dergl.	Reihe 176	75
245 104	7% dergl.	Reihe 177	80
245 105	8% dergl.	Reihe 178	91
245 106	6% dergl.	Reihe 179	71
245 107	7¹/₂% dergl.	Reihe 182	86
245 108	7¹/₂% dergl.	Reihe 184	90,5
245 109	8% dergl.	Reihe 187	93,5
245 110	7% dergl.	Reihe 188	88
245 111	7% dergl.	Reihe 189	86
245 112	6¹/₂% dergl.	Reihe 190	85
245 113	7¹/₂% dergl.	Reihe 191	90,5
245 114	6¹/₂% dergl.	Reihe 192	84
245 115	7¹/₂% dergl.	Reihe 193	90,5
245 116	7% dergl.	Reihe 195	80
245 117	6% dergl.	Reihe 196	81
245 118	6¹/₂% dergl.	Reihe 197	84
245 119	7% dergl.	Reihe 198	87
245 120	7¹/₂% dergl.	Reihe 199	90,5
245 121	7% dergl.	Reihe 200	85
245 122	8% dergl.	Reihe 201	91
245 123	7¹/₂% dergl.	Reihe 207	90,5
245 125	8% dergl.	Reihe 211	93
245 126	8¹/₂% dergl.	Reihe 216	93
245 127	8% dergl.	Reihe 217	93
245 128	6% dergl.	Reihe 220	80
Kommunal-Schuldverschreibungen, ausgestellt unter „Preußische Landespfandbriefanstalt":			
245 304	5% Komm.-Schuldverschr.	Reihe 33 (Stücke zu DM 100.— und größer)	107
245 305	5% dergl.	Reihe 33 (Stücke zu DM 50.—)	107
Kommunal-Schuldverschreibungen, ausgestellt unter „Deutsche Pfandbriefanstalt":			
245 306	5% Komm.-Schuldverschr.	Reihe 37	107

Wertpapier-Nr.			Kurs in Prozenten
245 308	4⁰/₀ dergl. (Umtausch-Em.)	Reihe 44	100
245 309	5⁰/₀ dergl.	Reihe 49	107
245 310	5⁰/₀ dergl.	Reihe 52	107
245 311	5⁰/₀ dergl.	Reihe 56	72
245 312	5³/₄⁰/₀ dergl.	Reihe 58	100
245 313	5¹/₂⁰/₀ dergl.	Reihe 60	69
245 314	6⁰/₀ dergl.	Reihe 63	71
245 315	6⁰/₀ dergl.	Reihe 67	71
245 319	6⁰/₀ dergl.	Reihe 74	100
245 321	6⁰/₀ dergl.	Reihe 80	71
245 322	5¹/₂⁰/₀ dergl.	Reihe 81	69
245 323	5⁰/₀ dergl.	Reihe 83	68
245 324	5⁰/₀ dergl.	Reihe 86	68
245 325	5¹/₂⁰/₀ dergl.	Reihe 90	69
245 326	7⁰/₀ dergl.	Reihe 94	80
245 327	6⁰/₀ dergl.	Reihe 97	70
245 328	6⁰/₀ dergl.	Reihe 102	71
245 329	5¹/₂⁰/₀ dergl.	Reihe 105	69
245 330	6⁰/₀ dergl.	Reihe 110	71
245 332	6⁰/₀ dergl.	Reihe 114	71
245 333	6⁰/₀ dergl.	Reihe 117	71
245 334	6⁰/₀ dergl.	Reihe 119	71
245 335	6⁰/₀ dergl.	Reihe 121	71
245 336	6⁰/₀ dergl.	Reihe 126	70
245 337	7⁰/₀ dergl.	Reihe 129	80
245 338	7⁰/₀ dergl.	Reihe 134	79
245 339	6⁰/₀ dergl.	Reihe 137	100
245 340	7⁰/₀ dergl.	Reihe 138	80
245 341	7⁰/₀ dergl.	Reihe 141	80
245 342	6⁰/₀ dergl.	Reihe 143	71
245 343	6¹/₂⁰/₀ dergl.	Reihe 147	75
245 344	6⁰/₀ dergl.	Reihe 148	71
245 345	6⁰/₀ dergl.	Reihe 150	71
245 346	6¹/₂⁰/₀ dergl.	Reihe 152	75
245 347	6¹/₂⁰/₀ dergl.	Reihe 153	75
245 348	6⁰/₀ dergl.	Reihe 154	69
245 349	6¹/₂⁰/₀ dergl.	Reihe 157	75
245 350	6⁰/₀ dergl.	Reihe 159	71
245 351	6⁰/₀ dergl.	Reihe 163	71
245 352	6¹/₂⁰/₀ dergl.	Reihe 167	75
245 353	6¹/₂⁰/₀ dergl.	Reihe 168	75
245 354	6¹/₂⁰/₀ dergl.	Reihe 169	75
245 355	7⁰/₀ dergl.	Reihe 171	80
245 356	6⁰/₀ dergl.	Reihe 172	100
245 357	6¹/₂⁰/₀ dergl.	Reihe 173	76
245 358	8⁰/₀ dergl.	Reihe 180	91
245 359	7¹/₂⁰/₀ dergl.	Reihe 181	90,5
245 360	7¹/₂⁰/₀ dergl.	Reihe 183	86
245 361	7¹/₂⁰/₀ dergl.	Reihe 185	90,5
245 362	7¹/₂⁰/₀ dergl.	Reihe 186	98,5
245 363	7¹/₂⁰/₀ dergl.	Reihe 194	89,5
245 364	8⁰/₀ dergl.	Reihe 202	93,5
245 365	8⁰/₀ dergl.	Reihe 203	94
245 366	8⁰/₀ dergl.	Reihe 204	93,5
245 367	8⁰/₀ dergl.	Reihe 205	93,5
245 368	8⁰/₀ dergl.	Reihe 206	92
245 369	8⁰/₀ dergl.	Reihe 208	93
245 370	8⁰/₀ dergl.	Reihe 209	93,5
245 371	8⁰/₀ dergl.	Reihe 212	93,5
245 372	8⁰/₀ dergl.	Reihe 213	93,5
245 373	8¹/₂⁰/₀ dergl.	Reihe 214	95
245 374	8¹/₂⁰/₀ dergl.	Reihe 215	95
245 375	8¹/₂⁰/₀ dergl.	Reihe 218	95,5

Deutsche Rentenbank-Kreditanstalt (Landwirtschaftliche Zentralbank), Frankfurt a. M.

250 017	4⁰/₀ Schuldverschr. v. 1954 (Altsp.-Em.)		98,75

Deutsche Schiffahrtsbank AG., Bremen

Emissionen, ausgestellt unter „Neue Deutsche Schiffspfandbriefbank AG":

251 000	5⁰/₀ Schiffspfandbr.	Ausg. A	103
251 001	6⁰/₀ dergl.	Ausg. B	108
251 002	6⁰/₀ dergl.	Ausg. C	109

Wertpapier-Nr.			Kurs in Prozenten
	Emissionen, ausgestellt unter „Deutsche Schiffahrtsbank AG":		
251 005	6¹/₂⁰/₀ dergl.	Ausg. F	95,5
251 006	6¹/₂⁰/₀ dergl.	Ausg. G	94
251 011	6¹/₂⁰/₀ dergl.	Ausg. L	87,5
251 012	6¹/₂⁰/₀ dergl.	Ausg. M	85,5
251 013	5⁰/₀ dergl.	Ausg. N	82
251 014	6⁰/₀ dergl.	Ausg. O	96,5
251 015	6⁰/₀ dergl.	Ausg. P	91,5
251 016	6⁰/₀ dergl.	Ausg. Q	86,5
251 017	7⁰/₀ dergl.	Ausg. R	89,5
251 018	6¹/₂⁰/₀ dergl.	Ausg. S	83,5
251 019	6⁰/₀ dergl.	Ausg. T	79
251 020	6¹/₂⁰/₀ dergl.	Ausg. U	85,5
251 021	7⁰/₀ dergl.	Ausg. V	95
251 022	7⁰/₀ dergl.	Ausg. W	94
251 023	8⁰/₀ dergl.	Ausg. X	96
251 024	8⁰/₀ dergl.	Ausg. Y	96,5
251 025	8⁰/₀ dergl.	Ausg. Z	96,75
251 026	7⁰/₀ dergl.	Ausg. 26	91,5
251 027	7⁰/₀ dergl.	Ausg. 27	86
251 028	7⁰/₀ dergl.	Ausg. 28	95
251 029	7⁰/₀ dergl.	Ausg. 29	85
251 030	7⁰/₀ dergl.	Ausg. 30	93,5
251 031	7⁰/₀ dergl.	Ausg. 31	89
251 032	7⁰/₀ dergl.	Ausg. 32	92
251 033	7¹/₂⁰/₀ dergl.	Ausg. 33	89
251 035	8⁰/₀ dergl.	Ausg. 35	95

Deutsche Schiffsbeleihungs-Bank AG, Hamburg

252 002	5⁰/₀ Schiffspfandbr.	Ausg. 10	105
252 009	5¹/₂⁰/₀ dergl.	Ausg. 18	84,75
252 011	6⁰/₀ dergl.	Ausg. 20	95,75
252 012	6⁰/₀ dergl.	Ausg. 21	91,25
252 013	5¹/₂⁰/₀ dergl.	Ausg. 22	87,5
252 014	6⁰/₀ dergl.	Ausg. 23	97
252 015	6⁰/₀ dergl.	Ausg. 24	94,5
252 016	6³/₄⁰/₀ dergl.	Ausg. 25	91,75
252 017	7⁰/₀ dergl.	Ausg. 26	91
252 018	6¹/₂⁰/₀ dergl.	Ausg. 27	87
252 019	6¹/₂⁰/₀ dergl.	Ausg. 28	85,5
252 020	6⁰/₀ dergl.	Ausg. 29	83,5
252 021	6¹/₂⁰/₀ dergl.	Ausg. 30	84
252 022	7⁰/₀ dergl.	Ausg. 31	89,75
252 023	8⁰/₀ dergl.	Ausg. 32	95
252 024	8⁰/₀ dergl.	Ausg. 32a	95,5
252 025	7¹/₂⁰/₀ dergl.	Ausg. 33	93
252 026	8¹/₂⁰/₀ dergl.	Ausg. 34	97,5
252 027	8⁰/₀ dergl.	Ausg. 35	93
252 028	7⁰/₀ dergl.	Ausg. 36	87,5

Deutsche Schiffskreditbank AG, Duisburg

253 002	4⁰/₀ Schiffspfandbr. (Umtausch-Em.)	Reihe 30	98
253 005	6¹/₂⁰/₀ dergl.	Reihe 32	94
253 007	6⁰/₀ dergl.	Reihe 34	93,5
253 008	6¹/₂⁰/₀ dergl.	Reihe 35	94
253 010	6⁰/₀ dergl.	Reihe 37	90
253 011	6⁰/₀ dergl.	Reihe 38	88
253 013	6⁰/₀ dergl.	Reihe 40	88
253 014	6⁰/₀ dergl.	Reihe 41	80
253 015	6⁰/₀ dergl.	Reihe 42	79,5
253 016	6¹/₂⁰/₀ dergl.	Reihe 43	87,5
253 017	9⁰/₀ dergl.	Reihe 44	98
253 018	9⁰/₀ dergl.	Reihe 45	97,5

Deutsche Siedlungs- und Landesrentenbank, Bonn/Berlin

siehe oben unter Wertpapier-Nr. 244 000 uff.

Deutsche Wohnstätten-Hypothekenbank AG, Berlin/Wiesbaden

255 013	4⁰/₀ Hyp.-Pfandbr. (Umtausch-Em.)	Reihe XIX	100
255 306	4⁰/₀ Komm.-Obligationen (Umtausch-Em.)	Reihe XXI	100

Frankfurter Hypothekenbank, Frankfurt a. M.

Wertpapier-Nr.		Kurs in Prozenten
260 000	5% Hyp.-Pfandbr. Reihe 26 (Stücke zu DM 100.— und größer)	107
260 001	5% dergl. Reihe 26 (Stücke zu DM 50.—)	107
260 002	5% dergl. Reihe 27 (Stücke zu DM 100.— und größer)	107
260 003	5% dergl. Reihe 27 (Stücke zu DM 50.—)	107
260 004	5% dergl. Reihe 28	107
260 005	5% dergl. Reihe 29	107
260 006	5% dergl. Reihe 30	107
260 007	5% dergl. Reihe 31	107
260 008	5% dergl. Reihe 32	107
260 009	5% dergl. Reihe 33	107
260 010	5% dergl. Reihe 34	107
260 011	5% dergl. Reihe 35	107
260 012	5% dergl. Reihe 36	107
260 014	5% dergl. Reihe 38	107
260 015	5½% dergl. Reihe 39	110,5
260 016	5% dergl. Reihe 40	107
260 017	5½% dergl. Reihe 41	110,5
260 018	4% dergl. Reihe 42 (Altsp.-Em.)	99,5
260 020	4% dergl. Reihe 43 (Umtausch-Em.)	99,5
260 021	5% dergl. Reihe 44	107
260 023	5½% dergl. Reihe 46	110,5
260 024	5% dergl. Reihe 47	107
260 025	5% dergl. Reihe 48	107
260 027	6% dergl. Reihe 50	72
260 028	6% dergl. Reihe 51	71
260 029	6% dergl. Reihe 52	71
260 030	5½% dergl. Reihe 53	100
260 031	6% dergl. Reihe 54	71
260 032	6% dergl. Reihe 55	71
260 033	6% dergl. Reihe 56	70
260 034	6% dergl. Reihe 57	71
260 040	6% dergl. Reihe 63	72
260 041	7% dergl. Reihe 64	80
260 042	5½% dergl. Reihe 65	71
260 043	5% dergl. Reihe 66	70
260 044	5% dergl. Reihe 67	70
260 045	5½% dergl. Reihe 68	70
260 046	5% dergl. Reihe 69	100
260 047	5% dergl. Reihe 70	70
260 048	5% dergl. Reihe 71	70
260 049	5% dergl. Reihe 72	70
260 050	5% dergl. Reihe 73	70
260 051	5½% dergl. Reihe 74	71
260 052	6% dergl. Reihe 75	70
260 053	6% dergl. Reihe 76	70
260 054	6% dergl. Reihe 77	70
260 055	6% dergl. Reihe 78	69
260 056	6% dergl. Reihe 79	70
260 057	6% dergl. Reihe 80	70
260 058	5½% dergl. Reihe 81	71
260 059	6% dergl. Reihe 82	70
260 060	5% dergl. Reihe 83	70
260 061	5½% dergl. Reihe 84	71
260 062	6% dergl. Reihe 85	69
260 063	5½% dergl. Reihe 86	71
260 064	6% dergl. Reihe 87	70
260 065	5½% dergl. Reihe 88	71
260 066	6% dergl. Reihe 89	70
260 067	5½% dergl. Reihe 90	71
260 068	6% dergl. Reihe 91	71
260 069	6% dergl. Reihe 92	70
260 070	6% dergl. Reihe 93	69
260 071	6% dergl. Reihe 94	70
260 072	6% dergl. Reihe 95	70
260 073	6% dergl. Reihe 96	70
260 074	6% dergl. Reihe 97	69
260 075	6% dergl. Reihe 98	68
260 076	6% dergl. Reihe 99	68
260 077	6% dergl. Reihe 100	70
260 078	6% dergl. Reihe 101	70
260 079	6% dergl. Reihe 102	68
260 080	6% dergl. Reihe 103	69

Wertpapier-Nr.		Kurs in Prozenten
260 081	6% dergl. Reihe 104	68
260 082	6% dergl. Reihe 105	68
260 083	6% dergl. Reihe 106	69
260 084	6% dergl. Reihe 107	70
260 085	6% dergl. Reihe 108	69
260 086	6% dergl. Reihe 109	70
260 087	6% dergl. Reihe 110	70
260 088	6% dergl. Reihe 111	69
260 089	6% dergl. Reihe 112	70
260 090	7% dergl. Reihe 113	80
260 091	7% dergl. Reihe 114	80
260 092	7% dergl. Reihe 115	80
260 093	7% dergl. Reihe 116	80
260 094	7% dergl. Reihe 117	80
260 095	6% dergl. Reihe 118	70
260 096	6½% dergl. Reihe 119	74
260 097	6½% dergl. Reihe 120	75
260 098	6½% dergl. Reihe 121	75
260 099	6½% dergl. Reihe 122	75
260 100	6½% dergl. Reihe 123	75
260 101	6½% dergl. Reihe 124	75
260 102	6½% dergl. Reihe 125	74
260 103	6½% dergl. Reihe 126	75
260 104	6½% dergl. Reihe 127	74
260 105	6% dergl. Reihe 128	72
260 106	6% dergl. Reihe 129	70
260 107	6% dergl. Reihe 130	94
260 108	6% dergl. Reihe 131	86
260 109	6% dergl. Reihe 132	70
260 110	6½% dergl. Reihe 133	75
260 111	6% dergl. Reihe 134	70
260 112	6% dergl. Reihe 135	70
260 113	6½% dergl. Reihe 136	85
260 114	7% dergl. Reihe 137	81,5
260 115	8% dergl. Reihe 138	94
260 116	8% dergl. Reihe 139	93,5
260 117	6% dergl. Reihe 140	81
260 118	7½% dergl. Reihe 141	91,5
260 119	7½% dergl. Reihe 142	91
260 120	8% dergl. Reihe 143	93
260 121	8% dergl. Reihe 144	90
260 122	8% dergl. Reihe 145	93
260 123	7½% dergl. Reihe 146	91
260 124	7½% dergl. Reihe 147	84
260 125	7% dergl. Reihe 148	81
260 126	7% dergl. Reihe 149	87
260 127	7½% dergl. Reihe 150	90,5
260 129	7% dergl. Reihe 152	86,5
260 130	7½% dergl. Reihe 153	90,4
260 131	7½% dergl. Reihe 154	90,5
260 132	7½% dergl. Reihe 155	90,5
260 133	7½% dergl. Reihe 156	90,5
260 134	8% dergl. Reihe 157	90,5
260 135	8% dergl. Reihe 158	89
260 136	8% dergl. Reihe 159	99,6
260 137	8% dergl. Reihe 160	92,5
260 138	8% dergl. Reihe 161	92,5
260 139	8% dergl. Reihe 162	96
260 140	7½% dergl. Reihe 163	94
260 141	8% dergl. Reihe 164	94
260 142	8½% dergl. Reihe 165	94
260 143	8½% dergl. Reihe 166	95,5
260 144	8½% dergl. Reihe 167	95,5
260 145	10% dergl. Reihe 168	101,85
260 146	9% dergl. Reihe 169	98,5
260 147	9½% dergl. Reihe 170	99,5
260 148	9% dergl. Reihe 171	98,75
260 300	5% Komm.-Schuldverschr. Reihe 7	107
260 301	5% dergl. Reihe 8	107
260 302	5% dergl. Reihe 9	107
260 303	5% dergl. Reihe 10	107
260 304	5% dergl. Reihe 11	107
260 307	4% dergl. Reihe 14 (Umtausch-Em.)	99,5
260 309	5½% dergl. Reihe 16	110
260 311	6% dergl. Reihe 18	70
260 312	6% dergl. Reihe 19	70
260 313	6% dergl. Reihe 20	70
260 314	6% dergl. Reihe 21	70

Wertpapier-Nr.				Kurs in Prozenten
260 321	6% dergl.	Reihe	28	72,5
260 322	5¹/₂% dergl.	Reihe	29	71
260 323	5% dergl.	Reihe	30	70
260 324	5% dergl.	Reihe	31	70
260 325	5% dergl.	Reihe	32	70
260 326	5% dergl.	Reihe	33	70
260 327	6% dergl.	Reihe	34	67
260 328	6% dergl.	Reihe	35	70
260 329	5¹/₂% dergl.	Reihe	36	71
260 330	5% dergl.	Reihe	37	70
260 331	5¹/₂% dergl.	Reihe	38	71
260 333	6% dergl.	Reihe	40	69
260 334	6% dergl.	Reihe	41	68
260 335	6% dergl.	Reihe	42	68
260 336	6% dergl.	Reihe	43	68
260 337	6% dergl.	Reihe	44	70
260 338	6% dergl.	Reihe	45	70
260 339	6% dergl.	Reihe	46	70
260 340	6% dergl.	Reihe	47	70
260 341	7% dergl.	Reihe	48	84
260 342	7% dergl.	Reihe	49	80
260 343	7% dergl.	Reihe	50	80
260 344	7% dergl.	Reihe	51	80
260 345	7% dergl.	Reihe	52	80
260 346	6% dergl.	Reihe	53	70
260 347	6¹/₂% dergl.	Reihe	54	74
260 348	6¹/₂% dergl.	Reihe	55	75
260 349	6% dergl.	Reihe	56	98
260 350	6% dergl.	Reihe	57	98
260 351	6% dergl.	Reihe	58	97,5
260 352	6% dergl.	Reihe	59	97,5
260 353	6% dergl.	Reihe	60	70
260 354	5¹/₂% dergl.	Reihe	61	97,75
260 355	5¹/₂% dergl.	Reihe	62	96
260 356	5¹/₂% dergl.	Reihe	63	96,5
260 357	6¹/₂% dergl.	Reihe	64	74
260 358	8% dergl.	Reihe	65	94
260 359	8% dergl.	Reihe	66	93
260 360	7¹/₂% dergl.	Reihe	67	90,5
260 361	7% dergl.	Reihe	68	87
260 362	7¹/₂% dergl.	Reihe	69	91
260 363	7¹/₂% dergl.	Reihe	70	91
260 364	7¹/₂% dergl.	Reihe	71	91
260 365	7¹/₂% dergl.	Reihe	72	91
260 366	7¹/₂% dergl.	Reihe	73	91
260 367	7¹/₂% dergl.	Reihe	74	90
260 368	7¹/₂% dergl.	Reihe	75	90,4
260 369	8% dergl.	Reihe	76	93
260 370	7¹/₂% dergl.	Reihe	77	89,5
260 371	8% dergl.	Reihe	78	92
260 372	7% dergl.	Reihe	79	86,5

**Genossenschaftl. Zentralbank,
Frankfurt/M.**

261 001	7¹/₂% Inh.-Schuldverschr.	Serie	1	98
261 002	7% dergl.	Serie	2	95
261 003	7% dergl.	Serie	3	95
261 004	7% dergl.	Serie	4	95
261 005	7% dergl.	Serie	5	95
261 500	7% Sparobl.	Reihe	1	98,5

Hamburger Hypothekenbank
siehe: Hypothekenbank in Hamburg

**Hamburgische Landesbank
— Girozentrale —, Hamburg**

264 000	4% Hyp.-Pfandbr. (Umtausch-Em.)	Ausg.	I	99
264 001	5% dergl.	Ausg.	II	107
264 002	5% dergl.	Ausg.	III	106,5
264 003	5% dergl.	Ausg.	IV	106,5
264 004	5% dergl.	Ausg.	V	106,5
264 006	5¹/₂% dergl.	Ausg.	VII	103,5
264 007	5¹/₂% dergl.	Ausg.	VIII	103,5
264 008	5¹/₂% dergl.	Ausg.	IX	103,5
264 009	5% dergl.	Ausg.	X	106,5
264 010	5% dergl.	Ausg.	XI	106,5
264 011	6% dergl.	Ausg.	XII	71
264 012	6% dergl.	Ausg.	XIII	72
264 013	6% dergl.	Ausg.	XIV	72
264 017	6% dergl.	Ausg.	XVIII	79

Wertpapier-Nr.				Kurs in Prozenten
264 018	5¹/₂% dergl.	Ausg.	XIX	71
264 019	5% dergl.	Ausg.	20	70
264 020	5¹/₂% dergl.	Ausg.	21	71
264 021	5% dergl.	Ausg.	22	70
264 022	5¹/₂% dergl.	Ausg.	23	71
264 023	6% dergl.	Ausg.	24	72
264 024	6% dergl.	Ausg.	25	72
264 025	6% dergl.	Ausg.	26	72
264 026	6% dergl.	Ausg.	27	72
264 027	5¹/₂% dergl.	Ausg.	28	71
264 028	5¹/₂% dergl.	Ausg.	29	71
264 029	5¹/₂% dergl.	Ausg.	30	71
264 030	6% dergl.	Ausg.	31	72
264 031	5¹/₂% dergl.	Ausg.	32	71
264 032	6% dergl.	Ausg.	33	72
264 033	6% dergl.	Ausg.	34	72
264 034	6% dergl.	Ausg.	35	72
264 035	6% dergl.	Ausg.	36	72
264 036	6% dergl.	Ausg.	37	72
264 037	6% dergl.	Ausg.	38	72
264 038	6% dergl.	Ausg.	39	72
264 039	6% dergl.	Ausg.	40	72
264 040	6% dergl.	Ausg.	41	72
264 041	6% dergl.	Ausg.	42	72
264 042	6% dergl.	Ausg.	43	72
264 043	6% dergl.	Ausg.	44	72
264 044	6% dergl.	Ausg.	45	71
264 045	6% dergl.	Ausg.	46	72
264 046	6% dergl.	Ausg.	47	72
264 047	6% dergl.	Ausg.	48	72
264 048	7% dergl.	Ausg.	49	80
264 049	6% dergl.	Ausg.	50	72
264 050	7% dergl.	Ausg.	51	80
264 051	7% dergl.	Ausg.	52	80
264 052	7% dergl.	Ausg.	53	80
264 053	6% dergl.	Ausg.	54	75
264 054	6¹/₂% dergl.	Ausg.	55	86
264 055	6¹/₂% dergl.	Ausg.	56	91
264 056	6¹/₂% dergl.	Ausg.	57	75
264 057	6% dergl.	Ausg.	58	83
264 058	6% dergl.	Ausg.	59	72
264 059	6% dergl.	Ausg.	60	82,5
264 060	7% dergl.	Ausg.	61	80
264 061	6¹/₂% dergl.	Ausg.	62	85
264 062	7% dergl.	Ausg.	64	89
264 063	7% dergl.	Ausg.	64	79
264 065	8% dergl.	Ausg.	66	93,5
264 066	8% dergl.	Ausg.	67	97
264 067	8% dergl.	Ausg.	68	91
264 068	8% dergl.	Ausg.	69	91
264 069	8% dergl.	Ausg.	70	99,5
264 070	7¹/₂% dergl.	Ausg.	71	87
264 071	7¹/₂% dergl.	Ausg.	72	90
264 072	7¹/₂% dergl.	Ausg.	73	90
264 073	8% dergl.	Ausg.	74	92
264 074	8% dergl.	Ausg.	75	92
264 075	8% dergl.	Ausg.	76	91
264 076	8¹/₂% dergl.	Ausg.	77	94,5
264 077	8¹/₂% dergl.	Ausg.	78	94,5
264 252	6% dergl.	Em.	3	94
264 253	7% dergl.	Em.	4	100
264 254	6% dergl.	Em.	5	96
264 255	6% dergl.	Em.	6	98,5
264 256	6% dergl.	Em.	7	95,5
264 259	5¹/₂% dergl.	Em.	10	99,5
264 260	6% dergl.	Em.	11	96,5
264 262	6% dergl.	Em.	13	98,5
264 264	7% dergl.	Em.	15	96,5
264 265	7% dergl.	Em.	16	94,5
264 266	7% dergl.	Em.	17	95,5
264 267	8¹/₂% dergl.	Em.	18	96
264 268	8% dergl.	Em.	20	97
264 269	8% dergl.	Em.	21	97
264 270	8% dergl.	Em.	22	97
264 271	8% dergl.	Em.	23	97,5
264 272	8¹/₂% dergl.	Em.	24	97,5
264 273	8¹/₂% dergl.	Em.	25	98
264 274	8¹/₂% dergl.	Em.	26	95,5
264 275	8¹/₂% dergl.	Em.	27	94
264 276	8% dergl.	Em.	28	91
264 277	7¹/₂% dergl.	Em.	29	94
264 278	7% dergl.			

Wertpapier-Nr.			Kurs in Prozenten
264 279	8¹/₂% dergl.	Em. 30	96,5
264 280	7% dergl.	Em. 31	87
264 281	8¹/₂% dergl.	Em. 32	96
264 282	8% dergl.	Em. 33	96
264 284	6% dergl.	Em. 35	92
264 285	8% dergl.	Em. 36	92
264 286	8% dergl.	Em. 37	91,5
264 287	8% dergl.	Em. 38	94,5
264 288	8% dergl.	Em. 39	93
264 289	8% dergl.	Em. 40	95,5
264 290	8¹/₂% dergl.	Em. 41	96,5
264 291	8¹/₂% dergl.	Em. 42	96,5
264 293	9% dergl.	Em. 44	97
264 294	10% dergl.	Em. 45	101,5
264 299	9% dergl.	Em. 50	98
264 301	6% Komm.-Schuldverschr.	Serie 2	78
264 303	5¹/₂% dergl.	Serie 4	71
264 305	6% dergl.	Serie 6	88,5
264 306	5¹/₂% dergl.	Serie 7	71
264 307	5¹/₂% dergl.	Serie 8	71
264 308	5¹/₂% dergl.	Serie 9	71
264 309	5¹/₂% dergl.	Serie 10	71
264 310	5% dergl.	Serie 11	70
264 311	5¹/₂% dergl.	Serie 12	71
264 312	5% dergl.	Serie 13	70
264 313	5¹/₂% dergl.	Serie 14	71
264 314	5¹/₂% dergl.	Serie 15	71
264 315	6% dergl.	Serie 16	72
264 316	6% dergl.	Serie 17	72
264 317	6% dergl.	Serie 18	72
264 318	5¹/₂% dergl.	Serie 19	71
264 319	5¹/₂% dergl.	Serie 20	71
264 320	6% dergl.	Serie 21	71
264 321	5¹/₂% dergl.	Serie 22	71
264 322	6% dergl.	Serie 23	72
264 323	6% dergl.	Serie 24	72
264 324	5¹/₂% dergl.	Serie 25	71
264 325	6% dergl.	Serie 26	72
264 326	6% dergl.	Serie 27	72
264 327	6% dergl.	Serie 28	72
264 328	6% dergl.	Serie 29	72
264 329	6% dergl.	Serie 30	72
264 330	6% dergl.	Serie 31	72
264 331	7% dergl.	Serie 32	94
264 332	7% dergl.	Serie 33	92,5
264 333	7% dergl.	Serie 34	80
264 334	7% dergl.	Serie 35	94
264 335	6¹/₂% dergl.	Serie 36	93
264 336	6¹/₂% dergl.	Serie 37	75
264 337	6¹/₂% dergl.	Serie 38	93
264 338	6¹/₂% dergl.	Serie 39	92,5
264 339	6% dergl.	Serie 40	92
264 340	6% dergl.	Serie 41	88,5
264 341	6¹/₂% dergl.	Serie 42	92
264 342	6% dergl.	Serie 43	87
264 343	8¹/₂% dergl.	Serie 44	95
264 344	6% dergl.	Serie 45	98
264 345	8¹/₂% dergl.	Serie 46	94,5
264 347	7% dergl.	Serie 48	92,5
264 348	8% dergl.	Serie 49	94
264 474	6¹/₂% Kassenobl.	Reihe 25	95,5
264 477	6¹/₂% dergl.	Reihe 28	99,5
264 479	6% dergl.	Reihe 30	95
264 481	6% dergl.	Reihe 32	98
264 482	6¹/₂% dergl.	Reihe 33	98,75
264 483	9% dergl.	Reihe 34	98
264 484	8% dergl.	Reihe 35	98
264 487	7¹/₂% dergl.	Reihe 38	97,75
264 488	7% dergl.	Reihe 39	98,5
264 489	7¹/₂% dergl.	Reihe 40	99,75
264 490	7¹/₂% dergl.	Reihe 41	99,5
264 491	7¹/₂% dergl.	Reihe 42	99
264 492	7¹/₂% dergl.	Reihe 43	98
264 493	7¹/₂% dergl.	Reihe 44	97,5
264 494	9% dergl.	Reihe 45	98,5
264 495	9% dergl.	Reihe 46	98,25

Hannoversche Landeskreditanstalt, Hannover

265 008	5% Hyp.-Pfandbr.	Serie 10	104,5
265 009	5% dergl.	Serie 11	106

Wertpapier-Nr.			Kurs in Prozenten
265 012	4% dergl. (Umtausch-Em.)	Serie 14	100
265 013	4% dergl. (Altsp.-Em.)	Serie 15	99
265 015	5% dergl.	Serie 16	104
265 018	5% dergl.	Serie 19	106
265 019	6¹/₂% dergl.	Serie 20	78
265 020	6% dergl.	Serie 21	74,5
265 021	6% dergl.	Serie 22	71,5
265 025	7% dergl.	Serie 26	86
265 026	5% dergl.	Serie 27	70,5
265 027	5¹/₂% dergl.	Serie 28	70
265 028	5¹/₂% dergl.	Serie 29	70,5
265 029	5¹/₂% dergl.	Serie 30	70,5
265 030	5% dergl.	Serie 31	70,5
265 031	5% dergl.	Serie 32	70,5
265 032	5¹/₂% dergl.	Serie 33	70,5
265 033	6% dergl.	Serie 34	72
265 034	6% dergl.	Serie 35	72
265 035	7% dergl.	Serie 36	80
265 036	6% dergl.	Serie 37	91,5
265 037	5¹/₂% dergl.	Serie 38	70,5
265 038	6% dergl.	Serie 39	72
265 039	6% dergl.	Serie 40	72
265 040	6% dergl.	Serie 41	72
265 041	6% dergl.	Serie 42	72
265 042	6% dergl.	Serie 43	72
265 043	6% dergl.	Serie 44	72
265 044	6% dergl.	Serie 45	72
265 045	6% dergl.	Serie 46	72
265 046	6% dergl.	Serie 47	72
265 047	7% dergl.	Serie 48	80
265 048	7% dergl.	Serie 49	80
265 049	6% dergl.	Serie 50	72
265 050	6¹/₂% dergl.	Serie 51	74
265 051	6¹/₂% dergl.	Serie 52	82,5
265 301	5% Bodenkultur-Schuldverschr.	Ausg. A	103
265 303	6% Bodenkultur-Obl.	Ausg. C	82
265 305	5¹/₂% dergl.	Ausg. E	70,5
265 306	5% dergl.	Ausg. F	70,5
265 307	6% dergl.	Ausg. G	71,5
265 308	6% dergl.	Ausg. H	72
265 309	7% dergl.	Ausg. J	80
265 310	6¹/₂% dergl.	Ausg. K	77,5
265 311	5¹/₂% dergl.	Ausg. L	70,5
265 312	6% dergl.	Ausg. M	72
265 313	6% dergl.	Ausg. N	72
265 314	6% dergl.	Ausg. O	72
265 315	6% dergl.	Ausg. P	72
265 316	6% dergl.	Ausg. Q	72
265 317	6% dergl.	Ausg. R	72
265 318	6% dergl.	Ausg. S	73
265 319	6% dergl.	Ausg. T	72
265 320	6% dergl.	Ausg. U	72
265 321	7% dergl.	Ausg. V	90
265 322	7% dergl.	Ausg. W	89
265 323	7% dergl.	Ausg. X	89
265 324	6¹/₂% dergl.	Ausg. Y	75
265 325	6¹/₂% dergl.	Ausg. Z	82,5
265 326	6¹/₂% dergl.	Ausg. BO 1	72,5
265 329	7% dergl.	Ausg. BO 4	89

Hessische Landesbank — Girozentrale —, Frankfurt a. M.

Pfandbriefe der ehem. Hessischen Landesbank, — Girozentrale —, Darmstadt:

268 000	5% Hyp.-Pfandbr.	Reihe 17	106
268 001	5% dergl.	Reihe 18	106
268 002	5% dergl.	Reihe 19	107

Pfandbriefe der ehem. Landeskreditkasse zu Kassel, Kassel:

268 003	5% Hyp.-Pfandbr.	Reihe 20	106
268 004	5% dergl.	Reihe 21	106,65

Pfandbriefe der ehem. Nassauischen Landesbank, Wiesbaden:

268 005	5% Hyp.-Pfandbr.	Ausg. 17	106
268 006	5% dergl.	Ausg. 18	106
268 007	5% dergl.	Ausg. 19	106

Wertpapier-Nr				Kurs in Prozenten

Pfandbriefe der Hessischen Landesbank
— Girozentrale —, Frankfurt a. M.:

Nr			Ausg.	Kurs
268 008	5¹/₂%	Hyp.-Pfandbr.	Ausg. 1	106
268 009	4%	dergl.	Ausg. 2	
		(Altsp.-Em.)		100
268 010	5¹/₂%	dergl.	Ausg. 3	109
268 012	4%	dergl.	Ausg. 5	
		(Umtausch.-Em.)		100
268 013	4%	dergl.	Ausg. 6	
		(Umtausch.-Em.)		100
268 014	4%	dergl.	Ausg. 7	
		(Umtausch.-Em.)		100
268 015	5%	dergl.	Ausg. 8	107
268 016	5¹/₂%	dergl.	Ausg. 9	109
268 017	6%	dergl.	Ausg. 10	72
268 018	5¹/₂%	dergl.	Ausg. 11	70
268 019	6%	dergl.	Ausg. 12	72
268 023	6¹/₂%	dergl.	Ausg. 16	76
268 024	6%	dergl.	Ausg. 20	72
268 025	5%	dergl.	Ausg. 21	70
268 026	5¹/₂%	dergl.	Ausg. 22	70
268 027	5¹/₂%	dergl.	Ausg. 23	70
268 028	5¹/₂%	dergl.	Ausg. 24	70
268 029	5%	dergl.	Ausg. 25	70
268 030	5%	dergl.	Ausg. 26	70
268 031	5¹/₂%	dergl.	Ausg. 27	70
268 032	5¹/₂%	dergl.	Ausg. 28	72
268 033	5%	dergl.	Ausg. 29	70
268 034	6%	dergl.	Ausg. 30	72
268 035	6%	dergl.	Ausg. 31	72
268 037	6%	dergl.	Ausg. 33	72
268 038	6%	dergl.	Ausg. 34	76
268 039	6¹/₂%	dergl.	Ausg. 35	76
268 040	6%	dergl.	Ausg. 36	72
268 042	6%	dergl.	Ausg. 38	72
268 043	5¹/₂%	dergl.	Ausg. 39	70
268 044	5%	dergl.	Ausg. 40	70
268 045	5¹/₂%	dergl.	Ausg. 41	70
268 046	6%	dergl.	Ausg. 42	72
268 047	5¹/₂%	dergl.	Ausg. 43	70
268 048	6%	dergl.	Ausg. 44	72
268 049	6%	dergl.	Ausg. 45	72
268 050	6%	dergl.	Ausg. 46	72
268 051	6%	dergl.	Ausg. 47	72
268 052	6%	dergl.	Ausg. 48	72
268 053	6%	dergl.	Ausg. 49	72
268 054	6%	dergl.	Ausg. 50	72
268 055	6%	dergl.	Ausg. 51	72
268 056	6%	dergl.	Ausg. 52	72
268 057	6%	dergl.	Ausg. 53	72
268 058	7%	dergl.	Ausg. 54	81
268 059	7%	dergl.	Ausg. 55	81
268 060	7%	dergl.	Ausg. 56	81
268 061	6¹/₂%	dergl.	Ausg. 57	76
268 062	6¹/₂%	dergl.	Ausg. 58	76
268 063	6%	dergl.	Ausg. 59	72
268 064	6%	dergl.	Ausg. 60	72
268 065	6¹/₂%	dergl.	Ausg. 61	76
268 066	7%	dergl.	Ausg. 62	81
268 067	8%	dergl.	Ausg. 63	89,5
268 068	7¹/₂%	dergl.	Ausg. 64	84,5
268 069	8%	dergl.	Ausg. 65	93,5
268 070	7¹/₂%	dergl.	Ausg. 66	91,5
268 071	7¹/₂%	dergl.	Ausg. 67	87
268 072	7%	dergl.	Ausg. 68	85
268 073	7¹/₂%	dergl.	Ausg. 69	89
268 074	8%	dergl.	Ausg. 70	93
268 075	8%	Pfandbriefe	Ausg. 71	95
268 076	7¹/₂%	dergl.	Ausg. 72	88,5
268 077	8%	dergl.	Ausg. 73	95
268 078	7¹/₂%	dergl.	Ausg. 74	88,5

Kommunal-Schuldverschreibungen der
ehem. Hessischen Landesbank — Girozentrale —, Darmstadt:

268 300	5%	Komm.-Schuldverschr.	Reihe 23	106
268 301	5%	dergl.	Reihe 24	106

Kommunal-Schuldverschreibungen der
ehem. Landeskreditkasse zu Kassel, Kassel:

268 302	5%	Komm.-Schuldverschr.	Reihe 10	106
268 303	5%	dergl.	Reihe 11	106

Kommunal-Schuldverschreibungen der
ehem. Nassauischen Landesbank, Wiesbaden:

268 304	5%	Komm.-Schuldverschr.	Serie 15	106
268 305	5%	dergl.	Serie 16	106
268 306	5%	dergl.	Serie 17	106
268 307	5%	dergl.	Serie 18	106

Kommunal-Schuldverschreibungen der
Hessischen Landesbank — Girozentrale
—, Frankfurt a. M.:

268 310	5¹/₂%	Komm.-Schuldverschr.	Serie 3	109
268 311	5¹/₂%	dergl.	Serie 4	107
268 312	4%	dergl.	Serie 5	
		(Umtausch-Em.)		100
268 313	4%	dergl.	Serie 6	
		(Umtausch-Em.)		100
268 314	6¹/₂%	dergl.	Serie 7	99,5
268 315	6%	dergl.	Serie 8	72
268 316	6%	dergl.	Serie 9	72
268 317	5¹/₂%	dergl.	Serie 10	70
268 318	6%	dergl.	Serie 11	72
268 319	6%	dergl.	Serie 12	72
268 322	7¹/₂%	dergl.	Serie 19	83,5
268 323	7¹/₂%	dergl.	Serie 20	83,5
268 327	6¹/₂%	dergl.	Serie 24	76
268 328	6%	dergl.	Serie 25	72
268 329	6%	dergl.	Serie 26	72
268 330	5%	dergl.	Serie 27	70
268 331	5¹/₂%	dergl.	Serie 28	70
268 332	5¹/₂%	dergl.	Serie 29	70
268 333	5¹/₂%	dergl.	Serie 30	70
268 334	5%	dergl.	Serie 31	70
268 335	5%	dergl.	Serie 32	70
268 336	5¹/₂%	dergl.	Serie 33	70
268 337	5%	dergl.	Serie 34	70
268 338	5¹/₂%	dergl.	Serie 35	70
268 339	6%	dergl.	Serie 36	72
268 340	6%	dergl.	Serie 37	72
268 341	6%	dergl.	Serie 38	96,5
268 342	7%	dergl.	Serie 39	81
268 343	6%	dergl.	Serie 40	72
268 344	6¹/₂%	dergl.	Serie 41	76
268 345	6¹/₂%	dergl.	Serie 42	76
268 346	6%	dergl.	Serie 43	72
268 347	5¹/₂%	dergl.	Serie 44	70
268 348	5¹/₂%	dergl.	Serie 45	70
268 349	6%	dergl.	Serie 46	72
268 350	6%	dergl.	Serie 47	72
268 351	5¹/₂%	dergl.	Serie 48	70
268 352	6%	dergl.	Serie 49	72
268 353	6%	dergl.	Serie 50	72
268 354	6%	dergl.	Serie 51	72
268 355	6%	dergl.	Serie 52	92
268 356	6%	dergl.	Serie 53	72
268 357	6%	dergl.	Serie 54	72
268 358	6%	dergl.	Serie 55	91,25
268 359	6%	dergl.	Serie 56	91,75
268 360	6%	dergl.	Serie 57	72
268 361	6%	dergl.	Serie 58	72
268 362	6%	dergl.	Serie 59	72
268 363	6%	dergl.	Serie 60	72
268 364	6%	dergl.	Serie 61	90,25
268 365	6%	dergl.	Serie 62	72
268 366	6%	dergl.	Serie 63	72
268 367	6%	dergl.	Serie 64	72
268 368	6%	dergl.	Serie 65	72
268 369	6%	dergl.	Serie 66	92,5
268 370	7%	dergl.	Serie 67	91
268 371	7%	dergl.	Serie 68	91,5
268 372	7%	dergl.	Serie 69	81
268 373	7%	dergl.	Serie 70	91

Wertpapier-Nr.			Kurs in Prozenten
268 374	7% dergl.	Serie 71	81
268 375	7% dergl.	Serie 72	81
268 376	7% dergl.	Serie 73	93,5
268 377	7% dergl.	Serie 74	90,5
268 378	7% dergl.	Serie 75	81
268 379	7% dergl.	Serie 76	81
268 380	7% dergl.	Serie 77	91,5
268 381	7% dergl.	Serie 78	81
268 382	7% dergl.	Serie 79	81
268 383	$6\frac{1}{2}$% dergl.	Serie 80	76
268 384	$6\frac{1}{2}$% dergl.	Serie 81	76
268 385	6% dergl.	Serie 82	72
268 386	$6\frac{1}{2}$% dergl.	Serie 83	88
268 387	$6\frac{1}{2}$% dergl.	Serie 84	76
268 388	$6\frac{1}{2}$% dergl.	Serie 85	88
268 389	7% dergl.	Serie 86	81
268 390	$6\frac{1}{2}$% dergl.	Serie 87	93
268 391	$6\frac{1}{2}$% dergl.	Serie 88	88
268 392	$6\frac{1}{2}$% dergl.	Serie 89	88
268 393	$6\frac{1}{2}$% dergl.	Serie 90	93
268 394	$6\frac{1}{2}$% dergl.	Serie 91	76
268 395	$6\frac{1}{2}$% dergl.	Serie 92	93,75
268 396	$6\frac{1}{2}$% dergl.	Serie 93	88,75
268 397	$6\frac{1}{2}$% dergl.	Serie 94	89,5
268 398	6% dergl.	Serie 95	90
268 399	$6\frac{1}{2}$% dergl.	Serie 96	76
268 400	6% dergl.	Serie 97	72
268 402	$6\frac{1}{2}$% dergl.	Serie 99	76
268 403	$6\frac{1}{2}$% dergl.	Serie 100	76
268 404	7% dergl.	Serie 101	89
268 405	7% dergl.	Serie 102	90
268 406	$6\frac{1}{2}$% dergl.	Serie 103	85,5
268 407	7% dergl.	Serie 104	89
268 408	7% dergl.	Serie 105	96
268 409	7% dergl.	Serie 106	89
268 410	7% dergl.	Serie 107	81
268 411	$7\frac{1}{2}$% dergl.	Serie 108	90,5
268 412	8% dergl.	Serie 109	97,5
268 413	$7\frac{1}{2}$% dergl.	Serie 110	86
268 414	$8\frac{1}{2}$% dergl.	Serie 111	98,25
268 415	$8\frac{1}{2}$% dergl.	Serie 112	98,5
268 416	8% dergl.	Serie 113	94,5
268 417	8% dergl.	Serie 114	95,5
268 418	8% dergl.	Serie 115	92
268 419	$8\frac{1}{2}$% dergl.	Serie 116	93,5
268 420	$8\frac{1}{2}$% dergl.	Serie 117	100
268 421	$8\frac{1}{2}$% dergl.	Serie 118	97,25
268 422	$8\frac{1}{2}$% dergl.	Serie 119	94
268 423	$8\frac{1}{2}$% dergl.	Serie 120	100
268 424	$8\frac{1}{2}$% dergl.	Serie 121	96,5
268 425	$7\frac{1}{2}$% dergl.	Serie 122	95,5
268 426	$7\frac{1}{2}$% dergl.	Serie 123	94,5
268 427	$7\frac{1}{2}$% dergl.	Serie 124	98,65
268 428	$7\frac{1}{2}$% dergl.	Serie 125	98,65
268 429	$7\frac{1}{2}$% dergl.	Serie 126	97,5
268 430	$7\frac{1}{2}$% dergl.	Serie 127	92
268 431	$7\frac{1}{2}$% dergl.	Serie 128	90,5
268 432	$7\frac{1}{2}$% dergl.	Serie 129	88,5
268 433	$6\frac{1}{2}$% dergl.	Serie 130	96
268 434	7% dergl.	Serie 131	95,25
268 435	$7\frac{1}{2}$% dergl.	Serie 132	89,5
268 436	8% dergl.	Serie 133	95,5
268 437	8% dergl.	Serie 134	94
268 438	$7\frac{1}{2}$% dergl.	Serie 135	91
268 439	$7\frac{1}{2}$% dergl.	Serie 136	85,5
268 440	7% dergl.	Serie 137	86,5
268 441	7% dergl.	Serie 138	89
268 442	7% dergl.	Serie 139	81
268 443	7% dergl.	Serie 140	84,5
268 444	$7\frac{1}{2}$% dergl.	Serie 141	89
268 445	$7\frac{1}{2}$% dergl.	Serie 142	89
268 446	8% dergl.	Serie 143	90
268 447	8% dergl.	Serie 144	94
268 448	$7\frac{1}{2}$% dergl.	Serie 145	88,5
268 449	8% dergl.	Serie 146	93,5
268 463	6% Inhaber-Schuldverschr.	Ausg. D v. 1967	95
268 467	6% dergl.	Ausg. E v. 1968	94,25
268 470	6% dergl.	Ausg. F v. 1968	97
268 472	6% dergl.	Ausg. G v. 1968	94

Wertpapier-Nr.			Kurs in Prozenten
268 473	6% dergl.	Ausg. H v. 1968	92
268 474	6% dergl.	Ausg. J v. 1969	88,25
268 475	6% dergl.	Ausg. K v. 1969	97
268 476	6% dergl.	Ausg. L v. 1969	89
268 477	$6\frac{1}{2}$% dergl.	Ausg. M v. 1969	88
268 478	$6\frac{1}{2}$% dergl.	Ausg. N v. 1969	97
268 480	$6\frac{1}{2}$% dergl.	Ausg. O v. 1969	96
268 481	7% dergl.	Ausg. P v. 1969	100
268 482	$6\frac{1}{2}$% dergl.	Ausg. Q v. 1969	99
268 483	7% dergl.	Ausg. R v. 1969	92
268 484	7% dergl.	Ausg. S v. 1969	94
268 485	7% dergl.	Ausg. T v. 1969	89
268 486	8% dergl.	Ausg. U v. 1970	95,5
268 488	8% dergl.	Ausg. V v. 1970	93,5
268 489	$7\frac{1}{2}$% dergl.	Ausg. W v. 1970	97,3
268 490	7% dergl.	Ausg. X v. 1970	95
268 494	$6\frac{1}{2}$% dergl.	Ausg. Y v. 1970	90,5
268 495	8% Kassenobl.	Lit. V v. 1970	97,5
268 497	$7\frac{1}{2}$% dergl.	Lit. X v. 1970	98
268 498	$7\frac{1}{2}$% dergl.	Lit. Y v. 1971	90
268 499	$7\frac{1}{2}$% dergl.	Lit. Z v. 1971	96,5
268 500	$7\frac{1}{2}$% dergl.	Reihe 1 v. 1971	96,5
268 501	$6\frac{1}{2}$% Inhaber-Schuldverschr.	Ausg. Z v. 1971	94,75
268 502	6% dergl.	Em. 1 v. 1971	94,25
268 503	7% dergl.	Em. 2 v. 1971	96,25
268 504	$6\frac{1}{2}$% Kassenobl.	Reihe 2 v. 1971	95,5
268 506	7% Inhaber-Schuldverschr.	Em. 3 v. 1971	98,15
268 509	$7\frac{1}{2}$% Kassenobl.	Reihe 6 v. 1971	97
268 514	$7\frac{1}{2}$% Inh.-Schuldv.	Em. 4 v. 1971	94
268 517	$6\frac{1}{2}$% Kassenobl.	Reihe 13	95,5
268 518	$6\frac{1}{2}$% Inh.-Schuldv.	Em. 5	93
268 522	8% dergl.	Em. 6	92
268 523	8% dergl.	Em. 7	91
268 524	8% dergl.	Em. 8	100
268 526	$7\frac{1}{2}$% dergl.	Em. 9	94
268 528	7% Kassenobl.	Reihe 19	98,5
268 531	8% Inh.-Schuldv.	Em. 10	98
268 532	8% dergl.	Em. 11	91,5
268 533	$8\frac{1}{2}$% dergl.	Em. 12	95
268 534	8% dergl.	Em. 13	96
268 535	$8\frac{1}{2}$% dergl.	Em. 14	92,25
268 536	8% dergl.	Em. 15	97
268 537	8% Kassenobl.	Reihe 22	99,75
268 538	$7\frac{1}{2}$% Inh.-Schuldv.	Em. 16	96,5
268 539	$8\frac{1}{2}$% dergl.	Em. 17	95,5
268 540	8% Kassenobl.	Reihe 23	99,5
268 541	$7\frac{1}{2}$% Inh.-Schuldv.	Em. 18	94
268 542	8% Kassenobl.	Reihe 24	99,5
268 543	8% dergl.	Reihe 25	99,25
268 544	8% Inh.-Schuldv.	Em. 19	95
268 545	$8\frac{1}{2}$% dergl.	Em. 20	93,5
268 546	9% dergl.	Em. 21	97,5
268 547	9% dergl.	Em. 22	96
268 548	$8\frac{1}{2}$% dergl.	Em. 23	96,5
268 549	10% dergl.	Em. 24	101
268 550	9% dergl.	Em. 25	101,5
268 551	8% dergl.	Em. 26	92,5
268 552	8% Kassenobl.	Reihe 26	99
268 553	10% Inh.-Schuldv.	Em. 27	101
268 554	9% dergl.	Em. 28	96
268 555	8% Kassenobl.	Reihe 27	99
268 556	$8\frac{1}{2}$% Inh.-Schuldverschr.	Em. 29	97,5
268 557	9% dergl.	Reihe 28	98,25
268 558	10% Inh.-Schuldverschr.	Em. 30	101
268 559	10% dergl.	Reihe 29	98,75
268 560	10% dergl.	Reihe 30	99,5
268 561	9% Inh.-Schuldverschr.	Em. 31	98,25
268 562	$9\frac{1}{2}$% dergl.	Em. 32	100
268 563	9% dergl.	Em. 33	100
268 564	10% dergl.	Em. 34	101
268 565	9% dergl.	Em. 35	98,25
268 566	9% Kassenobl.	Reihe 31	97,75
268 567	9% Inh.-Schuldverschr.	Em. 36	97,5
268 568	$8\frac{1}{2}$% dergl.	Em. 37	96,75
268 569	9% Kassenobl.	Reihe 32	99
268 600	8% Komm.-Schuldv.	Serie 147	90,5
268 601	8% dergl.	Serie 147	93
268 602	$7\frac{1}{2}$% dergl.	Serie 149	88,5
268 603	8% Komm.-Obl.	Serie 150	94,25

Wertpapier-Nr.				Kurs in Prozenten
268 604	8%	dergl.	Serie 151	93
268 605	8½%	dergl.	Serie 152	95,5
268 606	9%	dergl.	Serie 153	97,5
268 607	9%	dergl.	Serie 154	98,25
268 608	9%	dergl.	Serie 155	97,5
268 609	9%	dergl.	Serie 156	97,5
268 610	9%	dergl.	Serie 157	98
268 611	9%	dergl.	Serie 158	98
	Hypothekenbank in Hamburg, Hamburg			
270 001	5%	Hyp.-Pfandbr.	Em. T	108
270 002	5%	dergl.	Em. U	108
270 003	5%	dergl.	Em. V	107,5
270 004	5%	dergl.	Em. W	108
270 006	4%	dergl. (Umtausch-Em.)	Em. 3	99
270 007	4%	dergl. (Altsp.-Em.)	Em. 4	99
270 009	5½%	dergl.	Em. 5	103
270 010	5%	dergl.	Em. 9	102
270 011	5½%	dergl.	Em. 10	103
270 012	5%	dergl.	Em. 11	103,5
270 013	5%	dergl.	Em. 12	106
270 014	6½%	dergl.	Em. 13	100
270 015	6%	dergl.	Em. 14	72
270 016	5½%	dergl.	Em. 16	71
270 017	6%	dergl.	Em. 18	71,5
270 018	6%	dergl.	Em. 19	71
270 019	6%	dergl.	Em. 21	69,5
270 020	6%	dergl.	Em. 22	71
270 024	6%	dergl.	Em. 30	96,5
270 026	6%	dergl.	Em. 35	71
270 027	6%	dergl.	Em. 37	69,5
270 028	5%	dergl.	Em. 38	70
270 029	5½%	dergl.	Em. 40	71
270 030	5%	dergl.	Em. 41	70
270 031	5%	dergl.	Em. 43	70
270 032	5½%	dergl.	Em. 44	71
270 033	6%	dergl.	Em. 46	68,5
270 034	5½%	dergl.	Em. 48	71
270 035	6%	dergl.	Em. 50	69
270 036	5½%	dergl.	Em. 51	71
270 037	6%	dergl.	Em. 52	70,75
270 038	5½%	dergl.	Em. 54	71
270 039	6%	dergl.	Em. 56	68,5
270 040	6%	dergl.	Em. 58	67,5
270 041	6%	dergl.	Em. 60	66,75
270 042	6%	dergl.	Em. 61	66,75
270 043	6%	dergl.	Em. 63	71
270 044	6%	dergl.	Em. 66	66
270 045	6%	dergl.	Em. 67	67
270 046	6%	dergl.	Em. 68	66
270 047	7%	dergl.	Em. 70	94,5
270 048	7%	dergl.	Em. 71	94
270 049	7%	dergl.	Em. 72	93,5
270 050	7%	dergl.	Em. 73	92,75
270 051	7%	dergl.	Em. 75	81,5
270 052	6%	dergl.	Em. 77	71
270 053	6½%	dergl.	Em. 80	75
270 054	6½%	dergl.	Em. 83	80,5
270 055	6½%	dergl.	Em. 84	74
270 056	6%	dergl.	Em. 86	86,5
270 057	7%	dergl.	Em. 89	87
270 058	8%	dergl.	Em. 92	94,75
270 059	8%	dergl.	Em. 93	98,5
270 060	7%	dergl.	Em. 99	84
270 061	7%	dergl.	Em. 100	88
270 062	7½%	dergl.	Em. 101	90
270 063	8%	dergl.	Em. 102	92,5
270 064	7½%	dergl.	Em. 103	89,5
270 065	7½%	dergl.	Em. 104	83
270 066	7%	dergl.	Em. 105	95
270 067	7½%	dergl.	Em. 106	88,75
270 068	7%	dergl.	Em. 111	100
270 069	7%	dergl.	Em. 112	92
270 070	7%	dergl.	Em. 113	95
270 071	8%	dergl.	Em. 116	92
270 072	9%	dergl.	Em. 117	96
270 073	8½%	dergl.	Em. 120	94
270 074	9%	dergl.	Em. 123	98,5
270 300	5%	Komm.-Schuldverschr.	Em. 1	108

Wertpapier-Nr.				Kurs in Prozenten
270 302	5½%	dergl.	Em. 6	108
270 303	4%	dergl. (Umtausch-Em.)	Em. 7	99
270 304	5½%	dergl.	Em. 8	107
270 305	6%	dergl.	Em. 15	72
270 306	5½%	dergl.	Em. 17	71
270 307	6%	dergl.	Em. 20	71,5
270 311	6%	dergl.	Em. 29	71
270 313	6%	dergl.	Em. 33	71
270 315	6%	dergl.	Em. 36	68,5
270 316	5%	dergl.	Em. 39	70
270 317	5%	dergl.	Em. 42	70
270 318	5½%	dergl.	Em. 45	71
270 319	6%	dergl.	Em. 47	71
270 320	5½%	dergl.	Em. 49	71
270 321	6%	dergl.	Em. 53	71
270 322	5½%	dergl.	Em. 55	71
270 323	6%	dergl.	Em. 57	71
270 324	6%	dergl.	Em. 59	35
270 325	6%	dergl.	Em. 62	71
270 326	6%	dergl.	Em. 64	71
270 327	5½%	dergl.	Em. 65	71
270 328	6%	dergl.	Em. 69	71
270 329	7%	dergl.	Em. 74	81,5
270 330	7%	dergl.	Em. 76	83
270 331	7%	dergl.	Em. 78	82
270 332	6½%	dergl.	Em. 79	77,5
270 333	6½%	dergl.	Em. 81	91,5
270 334	6½%	dergl.	Em. 82	77,5
270 335	6%	dergl.	Em. 85	97
270 336	6½%	dergl.	Em. 87	89
270 337	7%	dergl.	Em. 88	87,5
270 338	6½%	dergl.	Em. 90	90
270 339	6½%	dergl.	Em. 91	93,5
270 340	8%	dergl.	Em. 94	94
270 341	8%	dergl.	Em. 95	93
270 342	8½%	dergl.	Em. 96	103
270 343	8½%	dergl.	Em. 97	97
270 344	7½%	dergl.	Em. 98	89
270 345	7½%	dergl.	Em. 107	89,5
270 346	7½%	dergl.	Em. 108	99
270 347	8%	dergl.	Em. 109	91,5
270 348	8%	dergl.	Em. 110	91,5
270 349	8%	dergl.	Em. 114	95,5
270 350	8%	dergl.	Em. 115	91
270 351	8%	dergl.	Em. 118	95,5
270 352	8½%	dergl.	Em. 119	97
270 353	9%	dergl.	Em. 121	97,5
270 354	9%	dergl.	Em. 122	98,5
	Industriekreditbank AG, Düsseldorf			
275 001	4%	Ablösungsanl. (Altsp.-Em.)	v. 1954	98,75
275 009	5½%	Inh.-Teilschuldverschr. Serien 3, 6—7, 9, 10	v. 1959	93,5
275 010	5%	dergl. Serien 2, 8	v. 1959	91,5
275 014	5½%	dergl. Serien 2, 5—6, 8, 9	v. 1961	94,35
275 015	6%	dergl. 2. Ausg. Serien 1—3, 7—9	v. 1961	93,75
275 016	6%	dergl. Serien 1, 3—6, 8	v. 1962	93,25
275 017	6%	dergl. 2. Ausg. Serien 1, 4—6, 8—9	v. 1962	92,75
275 018	6%	dergl. Serien 2, 3, 5, 7—10	v. 1963	91
275 019	6%	dergl. Serien 1, 3—8, 10	v. 1964	90,25
275 020	6%	dergl. 2. Ausg.	v. 1964	89,35
275 021	6%	dergl.	v. 1965	95,25
275 022	7%	dergl.	v. 1966	94,7
275 023	6½%	dergl.	v. 1967	89
275 024	6½%	dergl. 2. Ausg.	v. 1967	87,75
275 025	6%	dergl.	v. 1968	85,5
275 026	6½%	dergl.	v. 1969	85,75
275 027	7½%	Anl.	v. 1971	90,9
275 028	8%	Anl.	v. 1971	93,5
275 029	7%	Obl.	v. 1972	85,75

Wertpapier-Nr			Kurs in Prozenten
275 030	8% Obl.	v. 1973	90,5
275 101	$6^{1/2}\%$ Inh.-Schuldv.	v. 1969 Reihe 1	95
275 102	7% dergl.	v. 1969 Reihe 2	95,25
275 103	$7^{1/2}\%$ dergl.	v. 1970 Reihe 3	95,5
275 104	$7^{1/2}\%$ dergl.	v. 1970 Reihe 4	96
275 105	7% Inh.-Schuldv.	v. 1971 Reihe 5	93
275 106	$7^{1/2}\%$ dergl.	v. 1971 Reihe 6	97
275 107	$6^{1/2}\%$ dergl.	v. 1971 Reihe 7	90,5
275 108	8% dergl.	v. 1971 Reihe 8	96.25
275 109	8% dergl.	v. 1972 Reihe 9	89
275 110	$6^{1/2}\%$ dergl.	v. 1972 Reihe 10	88,5
275 111	7% dergl.	v. 1972 Reihe 11	90,5
275 112	$7^{1/2}\%$ dergl.	v. 1972 Reihe 12	91
275 113	8% dergl.	v. 1972 Reihe 13	98
275 114	$7^{1/2}\%$ dergl.	v. 1972 Reihe 14	91
275 115	8% dergl.	v. 1972 Reihe 15	96
275 116	8% dergl.	v. 1972 Reihe 16	96,75
275 117	8% dergl.	v. 1972 Reihe 17	98
275 118	8% dergl.	v. 1972 Reihe 18	93.5
275 119	$9^{1/2}\%$ dergl.	v. 1973 Reihe 19	100
275 120	$9^{1/2}\%$ dergl.	v 1973 Reihe 20	100
275 233	6% Kassenobl.	v. 1969 Serie 33	99
275 235	$6^{1/2}\%$ dergl.	v. 1969 Serie 35	98
275 237	7% dergl.	v. 1970 Serie 37	98
275 239	7% dergl.	v. 1970 Serie 39	96,5
275 241	7% dergl.	v. 1970 Serie 41	97,5
275 242	7% dergl.	v. 1971 Serie 42	98
275 243	$7^{1/2}\%$ dergl.	v. 1971 Serie 43	96
275 244	6% dergl.	v. 1971 Serie 44	99,25
275 245	$6^{1/2}\%$ dergl.	v. 1971 Serie 45	94
275 246	6% dergl.	v. 1972 Serie 46	95
275 247	$6^{1/2}\%$ dergl.	v. 1972 Serie 47	91.5
275 248	7% dergl.	v. 1972 Serie 48	93,25
275 249	7% dergl.	v. 1972 Serie 49	93.5
275 250	$6^{1/2}\%$ dergl.	v. 1972 Serie 50	98,25
275 251	$6^{1/2}\%$ dergl.	v. 1972 Serie 51	97.625
275 252	7% dergl.	v. 1972 Serie 52	96,5
275 253	7% dergl.	v. 1972 Serie 53	97
275 254	6% dergl.	v. 1972 Serie 54	97
275 255	7% dergl.	v. 1972 Serie 55	93,25
275 256	7% dergl.	v. 1972 Serie 56	95,1
275 257	8% dergl.	v. 1973 Serie 57	97
275 258	8% dergl.	v. 1973 Serie 58	96,5
275 259	9% dergl.	v. 1973 Serie 59	98
275 260	9% dergl.	v. 1973 Serie 60	97,25
275 261	9% dergl.	v. 1973 Serie 61	97
275 306	$5^{1/2}\%$ Inh.-Teilschuld-verschr.	v. 1959 Serie 6	93.5
275 309	$5^{1/2}\%$ dergl.	v. 1959 Serie 9	93.5
275 310	$5^{1/2}\%$ dergl.	v. 1959 Serie 10	93.5
275 352	$5^{1/2}\%$ Anl.	v. 1961 Serie 2	94,35
275 356	$5^{1/2}\%$ dergl.	v. 1961 Serie 6	94,35
275 358	$5^{1/2}\%$ dergl.	v. 1961 Serie 8	94,35
275 363	6% dergl. 2. Ausg.	v. 1961 Serie 3	93,75
275 367	6% dergl. 2. Ausg.	v. 1961 Serie 7	93,75
275 369	6% dergl. 2. Ausg.	v. 1961 Serie 9	93,75
275 371	6% dergl.	v. 1962 Serie 1	93,25
275 375	6% dergl.	v. 1962 Serie 3	93,25
275 376	6% dergl.	v. 1962 Serie 5	93,25
275 381	6% dergl. 2. Ausg.	v. 1962 Serie 1	92,75
275 384	6% dergl. 2. Ausg.	v. 1962 Serie 4	92,75
275 386	6% dergl. 2. Ausg	v. 1962 Serie 6	92,75
275 389	6% dergl. 2. Ausg.	v. 1962 Serie 9	92,75
275 392	6% dergl.	v. 1963 Serie 2	91
275 393	6% dergl.	v. 1963 Serie 3	91
275 397	6% dergl.	v. 1963 Serie 7	91
275 398	6% dergl.	v. 1963 Serie 8	91
275 389	6% dergl. 2. Ausg.	v. 1962 Serie 9	91
275 403	6% dergl.	v. 1964 Serie 3	90,25
275 404	6% dergl.	v. 1964 Serie 4	90,25
275 405	6% dergl.	v. 1964 Serie 5	90,25
275 406	6% dergl.	v. 1964 Serie 6	90,25
275 407	6% dergl.	v. 1964 Serie 7	90,25
275 410	6% dergl.	v. 1964 Serie 10	100
275 411	6% dergl. 2. Ausg.	v. 1964 Serie 1	89,35
275 412	6% dergl. 2. Ausg.	v. 1964 Serie 2	89,35
275 413	6% dergl. 2. Ausg	v. 1964 Serie 3	89,35
275 415	6% dergl. 2. Ausg.	v. 1964 Serie 5	89,35

Wertpapier-Nr				Kurs in Prozenten
275 417	6% dergl. 2. Ausg.	v. 1964	Serie 7	89,35
275 420	6% dergl. 2. Ausg.	v. 1964	Serie 10	89,35
275 422	7% dergl.	v. 1966		94,7
275 423	7% dergl.	v. 1966		94,7
275 424	7% dergl.	v. 1966		94,7
275 426	7% dergl.	v. 1966		94,7
275 431—33	$6^{1/2}\%$ dergl.	v. 1967		89
275 435	$6^{1/2}\%$ dergl.	v. 1967		89
275 436	$6^{1/2}\%$ Anl.	v. 1967		89
275 437	$6^{1/2}\%$ dergl.	v. 1967		89
275 438	$6^{1/2}\%$ dergl.	v. 1967		89
275 439	$6^{1/2}\%$ dergl.	v. 1967		89
275 440	$6^{1/2}\%$ dergl.	v. 1967		89
275 441	$6^{1/2}\%$ dergl.	v. 1967	II	87.75
275 442	$6^{1/2}\%$ dergl.	v. 1967	II	87.75
275 443	$6^{1/2}\%$ dergl.	v. 1967	II	87.75
275 444	$6^{1/2}\%$ dergl.	v. 1967	II	87.75
275 445	$6^{1/2}\%$ dergl.	v. 1967	II	87.75
275 446	$6^{1/2}\%$ dergl.	v. 1967	II	87.75
275 447	$6^{1/2}\%$ dergl.	v. 1967	II	87.75
275 448	$6^{1/2}\%$ dergl.	v. 1967	II	87.75
275 450	$6^{1/2}\%$ dergl.	v. 1967	II	87,75

Kasseler Landeskreditkasse
siehe: Hessische Landesbank — Girozentrale —

Kreditanstalt für Wiederaufbau, Frankfurt a. M.

Wertpapier-Nr				Kurs in Prozenten
276 004	7% (5%) Anleihe	v. 1959		94,7
276 006	7% ($5^{3/4}\%$) dergl.	v. 1962		96,8
276 007	7% (6%) dergl.	v. 1963		97,2
276 008	7% (6%) dergl.	v. 1963 II. Ausg.		96
276 009	7% (6%) dergl.	v. 1964		95,5
276 010	7% (6%) dergl.	v. 1965		95
276 011	7% dergl.	v. 1966		94,4
276 012	$6^{1/2}\%$ dergl.	v. 1967		88
276 013	$7^{1/2}\%$ dergl.	v. 1970		90
276 014	$8^{3/4}\%$ dergl.	v. 1970		95,6
276 015	8% dergl.	v. 1970		91,3
276 016	8% dergl.	v. 1971		91,2
276 017	$7^{3/4}\%$ dergl.	v. 1971		90,9
276 018	7% dergl.	v. 1972		85,5
276 019	8% dergl.	v. 1972		91,3
276 128	8% Kassenobl.	v. 1970	Serie A	100
276 129	$6^{1/2}\%$ dergl.	v. 1971	Serie A	99,75
276 130	7% dergl.	v. 1971		96
276 133	6% dergl.	v. 1972	Serie A	98,5
276 134	$6^{1/2}\%$ dergl.	v. 1972	Serie B	96,25
276 135	$7^{1/2}\%$ dergl.	v. 1972	Serie A	98,15
276 136	8% dergl.	v. 1972	Serie A	98
276 137	8% dergl.	v. 1973	Serie A	98,4
276 138	8% dergl.	v. 1973	Serie B	98,5
276 139	9% dergl.	v. 1973	Serie A	97
276 140	9% dergl.	v. 1973	Serie A	98,25
			II. Ausg.	
276 141	9% dergl.	v. 1973	Serie B	97,5
276 142	9% dergl.	v. 1973	Serie C	98,25
276 143	9% dergl.	v. 1973	Serie D	98,75
276 144	9% dergl.	v. 1973	Serie E	98,65
276 201	7% Anleihe	v. 1966	Serie A	94,4
276 202	7% dergl.	v. 1966	Serie B	94,4
276 203	7% dergl.	v. 1966	Serie C	94,4
276 211	$6^{1/2}\%$ dergl.	v. 1967		88
276 212	$6^{1/2}\%$ dergl.	v. 1967		88
276 213	$6^{1/2}\%$ dergl.	v. 1967		88
276 214	$6^{1/2}\%$ dergl.	v. 1967		88
276 215	$6^{1/2}\%$ dergl.	v. 1967		88
276 217	$6^{1/2}\%$ dergl.	v. 1967		88
276 218	$6^{1/2}\%$ dergl.	v. 1967		88
276 219	$6^{1/2}\%$ dergl.	v. 1967		88
276 220	$6^{1/2}\%$ dergl.	v. 1967		88
276 221	$6^{1/2}\%$ dergl.	v. 1967		88
276 222	$6^{1/2}\%$ dergl.	v. 1967		88

Kur- und Neumärkische Ritterschaftliche Darlehns-Kasse, Berlin

278 304	4% Schuldverschr. (Altsp.-Em.)		Serie IV	98

Wertpapier-Nr.			Kurs in Prozenten
	Landesbank für Westfalen Girozentrale, Münster (Westf.) (jetzt Westdeutsche Landesbank Girozentrale)		
281 000	4% Hyp.-Pfandbr. (Umtausch-Em.)	Serie 1	98
281 001	4% dergl. (Altsp.-Em.)	Serie 5	98
281 003	5% dergl.	Reihe 8	105,65
281 004	5% dergl.	Reihe 9	107,25
281 005	5% dergl.	Reihe 10	109,5
281 006	5% dergl.	Reihe 21	105,5
281 007	5% dergl.	Reihe 22	106
281 009	5¹/₂% dergl.	Reihe 24	109,5
281 010	5% dergl.	Reihe 25	106
281 011	5¹/₂% dergl.	Reihe 26	113,5
281 012	5¹/₂% dergl.	Reihe 27	109
281 013	5% dergl.	Reihe 28	107
281 014	5% dergl.	Reihe 29	109
281 015	6% dergl.	Reihe 40	71,5
281 016	5% dergl.	Reihe 41	106,75
281 017	5¹/₂% dergl.	Reihe 42	69
281 018	6% dergl.	Reihe 43	71,5
281 021	6% dergl.	Reihe 46	71,5
281 022	5¹/₂% dergl.	Reihe 47	69
281 023	6% dergl.	Reihe 48	69
281 024	5¹/₂% dergl.	Reihe 49	69
281 025	5% dergl.	Reihe 60	69
281 026	6% dergl.	Reihe 61	71,5
281 027	6% dergl.	Reihe 62	71,5
281 029	6% dergl.	Reihe 64	71,5
281 030	6% dergl.	Reihe 65	71,5
281 031	5¹/₂% dergl.	Reihe 66	69
281 032	5% dergl.	Reihe 67	69
281 033	5¹/₂% dergl.	Reihe 68	69
281 034	6% dergl.	Reihe 69	71,5
281 035	6% dergl.	Reihe 80	71,5
281 036	5¹/₂% dergl.	Reihe 81	69
281 037	6% dergl.	Reihe 82	71,5
281 038	6% dergl.	Reihe 83	71,5
281 039	6% dergl.	Reihe 84	71,5
281 040	6% dergl.	Reihe 85	71,5
281 041	6% dergl.	Reihe 86	71,5
281 042	5¹/₂% dergl.	Reihe 87	69
281 043	6% dergl.	Reihe 88	71,5
281 044	6% dergl.	Reihe 89	71,5
281 045	6% dergl.	Reihe 90	75
281 046	6% dergl.	Reihe 91	71,5
281 047	6% dergl.	Reihe 92	71,5
281 048	7% dergl.	Reihe 93	79,5
281 049	7% dergl.	Reihe 94	79,5
281 050	6% dergl.	Reihe 95	71,5
281 051	7% dergl.	Reihe 96	79,5
281 052	7% dergl.	Reihe 97	79,5
281 053	7% dergl.	Reihe 98	79,5
281 054	6% dergl.	Reihe 99	71,5
281 055	6¹/₂% dergl.	Reihe 150	75,5
281 056	6¹/₂% dergl.	Reihe 151	75,5
281 057	6¹/₂% dergl.	Reihe 152	75,5
281 058	6¹/₂% dergl.	Reihe 153	75,5
281 059	6% dergl.	Reihe 154	91,75
281 060	6¹/₂% dergl.	Reihe 155	75,5
281 061	6% dergl.	Reihe 156	71,5
281 062	6% dergl.	Reihe 157	71,5
281 300	4% Komm.-Schuldverschr. (Umtausch-Em.)	Serie 2	98
281 301	5% dergl.	Reihe 14	106,75
281 302	5% dergl.	Reihe 15	106
281 303	5% dergl.	Reihe 16	112
281 306	5¹/₂% dergl.	Reihe 19	109
281 307	5% dergl.	Reihe 30	104
281 312	5¹/₂% dergl.	Reihe 34	108,5
281 313	6% dergl.	Reihe 35	71,5
281 314	5% dergl.	Reihe 36	105
281 315	5¹/₂% dergl.	Reihe 37	69
281 316	6% dergl.	Reihe 38	71,5
281 320	6% dergl.	Reihe 52	71,5
281 321	5¹/₂% dergl.	Reihe 53	69
281 322	5% dergl.	Reihe 54	69
281 323	5% dergl.	Reihe 55	69

Wertpapier-Nr			Kurs in Prozenten
281 324	5¹/₂% dergl.	Reihe 56	69
281 325	5¹/₂% dergl.	Reihe 57	69
281 326	6% dergl.	Reihe 58	71,5
281 328	6% dergl.	Reihe 70	71,5
281 329	5¹/₂% dergl.	Reihe 71	69
281 330	6% dergl.	Reihe 72	71,5
281 331	6% dergl.	Reihe 73	71,5
281 332	6% dergl.	Reihe 74	71,5
281 333	6% dergl.	Reihe 75	71,5
281 334	7% dergl.	Reihe 76	79,5
281 335	7% dergl.	Reihe 77	79,5
281 336	7% dergl.	Reihe 78	79,5
281 337	7% dergl.	Reihe 79	79,5
281 338	6% dergl.	Reihe 100	75,5
281 339	6¹/₂% dergl.	Reihe 101	79
281 340	6¹/₂% dergl.	Reihe 102	75,75
281 405	6% Komm.-Schuldverschr. v. 1965	Serie 14	97,25
281 406	6¹/₂% dergl.	Serie 15	92,75
281 408	6% Komm.-Schuldv.	Serie 17	92,6
281 409	6¹/₂% dergl.	Serie 18	87,25
281 411	6¹/₂% dergl.	Ser. 18 Gr. I	87,25
281 412	6¹/₂% dergl.	Ser. 18 GR II	87,25
281 413	6¹/₂% dergl.	Ser. 18 GR III	87,25
281 414	6¹/₂% dergl.	Ser. 18 GR IV	87,25
281 415	6¹/₂% dergl.	Ser. 18 GR V	87,25
281 416	6¹/₂% dergl.	Ser. 18 GR VI	87,25
281 418	6¹/₂% dergl.	Ser. 18 GR VIII	87,25
281 419	6¹/₂% dergl.	Ser. 18 GR IX	87,25
281 420	6¹/₂% dergl.	Ser. 18 GR X	87,25
281 425	7% Inh.-Schuldv.	Em. 1	95,1
281 426	6¹/₂% dergl.	Em. 2	80,5
281 427	6¹/₂% dergl.	Em. 3	76,4
281 428	6¹/₂% dergl.	Em. 4	88,75
281 429	6¹/₂% dergl.	Em. 5	92,75
281 430	6¹/₂% dergl.	Em. 6	91,75
281 431	6¹/₂% dergl.	Em. 7	92,75
281 432	6¹/₂% dergl.	Em. 8	94,5
281 458	6% dergl. v. 1964	Ausg. J	96,9
281 460	6% dergl. v. 1964	Ausg. L	83
281 462	6% dergl. v. 1965	Ausg. N	95,9
281 463	7% dergl. v. 1966	Ausg P	93,9
281 464	7% dergl. v. 1967	Ausg. R	95,1
281 465	6¹/₂% dergl. v. 1967	Ausg. S	79
281 466	6¹/₂% dergl. v. 1967	Ausg. T	72,55
281 467	6¹/₂% dergl. v. 1967	Ausg. U	89,4
281 468	6¹/₂% dergl. v. 1967	Ausg W	93,5
281 469	6¹/₂% dergl. v. 1968	Ausg. Z	91,75
281 470	6% dergl.	Ausg. 21	91,25
281 472	6% dergl.	Ausg. 23	97,25
281 473	6¹/₂% dergl.	Ausg. 24	75,5
281 474	6% dergl.	Ausg. 25	71,75
281 475	6% dergl.	Ausg. 26	95,9
281 476	6¹/₂% dergl.	Ausg. 27	100

Landesbank und Girozentrale Kaiserslautern
siehe: Landesbank und Girozentrale
Rheinland-Pfalz

Landeskreditbank Baden-Württemberg

282 001	8% Pfandbriefe	Reihe 1	93
282 002	8% dergl.	Reihe 2	93
282 003	8% dergl.	Reihe 3	93
282 301	8% Komm.-Schuldv.	Reihe 1	93
282 302	8% dergl.	Reihe 2	95,5
282 303	8% dergl.	Reihe 3	93

Landesbank und Girozentrale Rheinland-Pfalz, Mainz

Pfandbriefe, ausgestellt unter „Landesbank u. Girozentrale Kaiserslautern, Kaiserslautern":

283 000	5% Hyp.-Pfandbr.	Reihe 1	106
283 001	5% dergl.	Reihe 2	107
283 002	5¹/₂% dergl.	Reihe 3	112
283 003	5% dergl.	Reihe 4	106
283 004	6% dergl.	Reihe 5	74
283 005	6% dergl.	Reihe 6	74

Pfandbriefe, ausgestellt unter „Landesbank u. Girozentrale Rheinland-Pfalz, Mainz":

283 008	6% Hyp.-Pfandbr.	Reihe 9	74
283 009	5% dergl.	Reihe 10	72

Wertpapier-Nr.				Kurs in Prozenten
283 010	5¹/₂% dergl.		Reihe 11	73
283 011	5% dergl.		Reihe 12	72
283 012	5¹/₂% dergl.		Reihe 13	73
283 013	6% dergl.		Reihe 14	73
283 015	6¹/₂% dergl.		Reihe 16	77
283 016	5¹/₂% dergl.		Reihe 17	73
283 017	6% dergl.		Reihe 18	74
283 018	6% dergl.		Reihe 19	74
283 019	6% dergl.		Reihe 20	74
283 020	6% dergl.		Reihe 21	74
283 021	6% dergl.		Reihe 22	74
283 022	7% dergl.		Reihe 23	81
283 023	7% dergl.		Reihe 24	81
283 024	7% dergl.		Reihe 25	81
283 025	6% dergl.		Reihe 26	74
283 026	6¹/₂% dergl.		Reihe 27	77
283 027	6¹/₂% dergl.		Reihe 28	77
283 028	6% dergl.		Reihe 29	88,7
283 029	6¹/₂% dergl.		Reihe 30	77
283 030	6¹/₂% dergl.	von 1968	Reihe 31	90,4
283 031	6% dergl.	von 1968	Reihe 32	93,5
283 032	7% dergl.	von 1969	Reihe 33	81
283 033	6% dergl.	von 1970	Reihe 34	77
283 034	7¹/₂% dergl.		Reihe 35	85,5
283 035	7¹/₂% dergl.		Reihe 36	90,5
283 036	8% dergl.		Reihe 37	95,5
283 037	8% dergl.		Reihe 38	92
283 038	8% dergl.		Reihe 39	96

Kommunal-Schuldverschreibungen, ausgestellt unter „Landesbank und Girozentrale Kaiserslautern, Kaiserslautern":

283 301	5¹/₂% Komm.-Schuldverschr.	Serie 2	102
283 302	6% dergl.	Serie 3	78,5
283 303	6% dergl.	Serie 4	74

Kommunal-Schuldverschreibungen, ausgestellt unter „Landesbank und Girozentrale Rheinland-Pfalz, Mainz":

283 307	6% Komm.-Schuldverschr.		Serie 8	
283 308	5¹/₂% dergl.		Serie 9	74
283 309	5% dergl.		Serie 10	73
283 310	5% dergl.		Serie 11	72
283 311	5¹/₂% dergl.		Serie 12	72
283 312	6% dergl.		Serie 13	73
283 314	6¹/₂% dergl.		Serie 15	74
283 315	6% dergl.		Serie 16	77
283 316	5¹/₂% dergl.		Serie 17	73
283 317	6% dergl.		Serie 18	73
283 318	6% dergl.		Serie 19	74
283 319	6% dergl.		Serie 20	74
283 320	7% dergl.		Serie 21	81
283 321	7% dergl.		Serie 22	81
283 322	7% dergl.		Serie 23	93,4
283 323	6¹/₂% dergl.		Serie 24	77
283 324	6¹/₂% dergl.		Serie 25	91
283 325	6¹/₂% dergl.	von 1968	Serie 26	91
283 326	6¹/₂% dergl.		Serie 27	77
283 327	6% dergl.		Serie 28	88
283 328	6% dergl.	von 1969	Serie 29	87
283 329	6% dergl.	von 1969	Serie 30	86,5
283 331	7% dergl.		Serie 32	81
283 332	7¹/₂% dergl.		Serie 33	94,5
283 333	8% dergl.		Serie 34	98,5
283 334	8% dergl.		Serie 35	96
283 335	8% dergl.		Serie 36	98,2
283 336	8% dergl.		Serie 37	96
283 337	8% dergl.		Serie 38	98
283 338	8¹/₂% dergl.		Serie 39	98,5
283 339	8¹/₂% dergl.		Serie 40	98,5
283 340	8¹/₂% dergl.		Serie 41	96,5
283 341	8¹/₂% dergl.		Serie 42	98,5
283 342	8¹/₂% dergl.		Serie 43	98,5
283 343	7¹/₂% dergl.		Serie 44	96,5
283 344	7¹/₂% dergl.		Serie 45	91,5
283 345	7¹/₂% dergl.		Serie 46	96,5
283 346	7¹/₂% dergl.		Serie 47	91
283 347	7¹/₂% dergl.		Serie 48	96
283 348	7¹/₂% dergl.		Serie 49	96
283 349	7¹/₂% dergl.		Serie 50	97

Wertpapier-Nr.				Kurs in Prozenten
283 350	7¹/₂% dergl.		Serie 51	97
283 351	8% dergl.		Serie 52	97
283 352	7¹/₂% dergl.		Serie 53	95,7
283 353	7¹/₂% dergl.		Serie 54	97
283 354	7% dergl.		Serie 55	94
283 355	7¹/₂% dergl.		Serie 56	91,5
283 356	7% dergl.		Serie 57	85,5
283 357	7% dergl.		Serie 58	94
283 358	7¹/₂% dergl.		Serie 59	93
283 359	7¹/₂% dergl.		Serie 60	93
283 360	8% dergl.		Serie 61	95
283 361	8% dergl.		Serie 62	97
283 362	8% dergl.		Serie 63	98,5
283 363	8% dergl.		Serie 64	97
283 364	8% dergl.		Serie 65	94
283 365	8% dergl.		Serie 66	92
283 366	8% dergl.		Serie 67	97,5
283 367	8¹/₂% dergl.		Serie 68	97
283 368	9¹/₂% dergl.		Serie 69	100,75
283 369	10% dergl.		Serie 70	102
283 370	9% dergl.		Serie 71	98,5
283 371	9% dergl.		Serie 72	99
283 372	9% dergl.		Serie 73	100

andere Emissionen der „Landesbank und Girozentrale Rheinland-Pfalz, Mainz" Inh.-Schuldverschr.

283 405	6% Inh.-Schuldverschr. v. 1963		Ausg. F	92
283 406	6% dergl.	v. 1964	Ausg. G	92
283 407	6% dergl.	v. 1964	Ausg. H	98
283 408	6% dergl.	v. 1965	Ausg. J	97,2
283 409	6% dergl.	v. 1965	Ausg. K	97
283 410	6¹/₂% dergl.	v. 1965	Ausg. L	96
283 411	7% dergl.	v. 1966	Ausg. M	97,5
283 412	6¹/₂% dergl.	v. 1967	Ausg. N	94,5
283 413	6¹/₂% dergl.	v. 1967	Ausg. O	94,5
283 414	6¹/₂% dergl.	v. 1968	Ausg. P	94,5
283 415	6% dergl.	v. 1968	Ausg. Q	92,5
283 416	6% dergl.	v. 1968	Ausg. R	96,7
283 417	6¹/₂% dergl.	v. 1969	Ausg. S	92,5
283 419	7% dergl.	v. 1969	Ausg. U	94
283 420	6¹/₂% dergl.	v. 1969	Ausg. V	100
283 421	7% dergl.	v. 1969	Ausg. W	99,5
283 422	7% dergl.	v. 1970	Ausg. X	98,5
283 423	7% dergl.	v. 1970	Ausg. Y	98,7
283 424	7% dergl.		Ausg. Z	93
283 425	7¹/₂% dergl.		Emission 1	93
283 426	8¹/₂% dergl.		Emission 2	94
283 427	8¹/₂% dergl.		Emission 3	96,5
283 428	9% dergl.		Emission 4	97,5
283 429	9% dergl.		Emission 5	96,5
283 430	9¹/₂% dergl.		Emission 6	100
283 431	10% dergl.		Emission 7	102
283 432	10% dergl.		Emission 8	103
283 433	9% dergl.		Emission 9	99,6
283 434	10% dergl.		Emission 10	101,75
283 435	9% dergl.		Emission 11	98
283 436	9% dergl.		Emission 12	98
283 472	7% Kassenobl.		Ausg. W	99
283 475	6% dergl.		Ausg. Z	98,75
283 476	6% dergl.		Ausg. 1	94,25
283 477	6% dergl.		Ausg. 2	98
283 478	6³/₄% dergl.		Ausg. 3	98,6
283 479	7¹/₂% dergl.		Ausg. 4	97
283 480	8% dergl.		Ausg. 5	99,25
283 481	9% dergl.		Ausg. 6	99,25
283 482	9% dergl.		Ausg. 7	99
283 483	9¹/₂% dergl.		Ausg. 8	99,5

Landesbank und Girozentrale Saar, Saarbrücken

284 051	5% Hyp.-Pfandbr.	Reihe 1	105
284 052	5% dergl.	Reihe 2	105,5
284 053	5% dergl.	Reihe 3	106
284 054	5% dergl.	Reihe 4	109
284 055	4¹/₂% dergl.	Reihe 5	102,75
284 056	5% dergl.	Reihe 6	75
284 057	6% dergl.	Reihe 7	76
284 059	6¹/₂% dergl.	Reihe 9	83
284 060	6% dergl.	Reihe 10	74

23*

Wertpapier-Nr.			Kurs in Prozenten
284 061	5 1/2% dergl.	Reihe 11	75
284 062	7% dergl.	Reihe 12	81
284 063	6% dergl.	Reihe 13	73
284 064	6% dergl.	Reihe 14	72,5
284 065	6% dergl.	Reihe 15	72,5
284 066	6% dergl.	Reihe 16	72,5
284 067	6% dergl.	Reihe 17	72,5
284 068	6% dergl.	Reihe 18	72,5
284 069	7% dergl.	Reihe 19	96
284 070	6 1/2% dergl.	Reihe 20	93
284 071	6% dergl.	Reihe 21	90
284 072	8% dergl.	Reihe 22	95
284 073	7 1/2% dergl.	Reihe 23	94
284 074	7 1/2% dergl.	Reihe 24	93
284 075	8% dergl.	Reihe 25	95
284 076	7% dergl.	Reihe 26	95,5
284 077	7% dergl.	Reihe 27	90
284 079	7 1/2% dergl.	Reihe 29	95
284 253	8% Kassenobl.	Serie C	98
284 254	8% dergl.	Serie D	97,5
284 255	8% dergl.	Serie E	95,75
284 256	8 1/2% dergl.	Serie F	98,25
284 257	8 1/2% dergl.	Serie G	98
284 320	7% Komm.-Schatzanw.	Ausg. A	98
284 321	7% dergl.	Ausg. B	98
284 323	6% dergl.	Ausg. D	93,5
284 325	6% dergl.	Ausg. F	94
284 326	7% dergl.	Ausg. G	96,25
284 327	7% dergl.	Ausg. H	96
284 328	7% dergl.	Ausg. J	93
284 329	7 1/2% dergl.	Ausg. K	95
284 330	7 1/2% dergl.	Ausg. L	92
284 331	7% dergl.	Ausg. M	94
284 332	7 3/4% dergl.	Ausg. N	96
284 333	9% dergl.	Ausg. O	99,25
284 334	8 1/2% dergl.	Ausg. P	97,5
284 351	5% Komm.-Obligationen	Ausg. 1	105
284 352	5% dergl.	Ausg. 2	105,5
284 353	5% dergl.	Ausg. 3	106
284 354	5 1/2% dergl.	Ausg. 4	109
284 355	4 1/2% dergl.	Ausg. 5	102,25
284 356	4 1/2% dergl.	Ausg. 6	102
284 357	4% dergl.	Ausg. 7	100
284 358	5% dergl.	Ausg. 8	75
284 359	5 1/2% dergl.	Ausg. 9	76
284 360	6% dergl.	Ausg. 10	75,5
284 362	6 1/2% dergl.	Ausg. 12	83
284 363	6% dergl.	Ausg. 13	74
284 364	6% dergl.	Ausg. 14	71,4
284 365	6% dergl.	Ausg. 15	73
284 366	6% dergl.	Ausg. 16	73
284 367	6% dergl.	Ausg. 17	72,5
284 368	6% dergl.	Ausg. 18	72,5
284 370	5 1/2% dergl.	Ausg. 20	98,75
284 371	6% dergl.	Ausg. 21	72,5
284 372	6% dergl.	Ausg. 22	97,75
284 373	7% dergl.	Ausg. 23	81
284 374	7% dergl.	Ausg. 24	95,5
284 375	7% dergl.	Ausg. 25	81
284 376	6 1/2% dergl.	Ausg. 26	76
284 377	6 1/2% dergl.	Ausg. 27	93
284 378	6% dergl.	Ausg. 28	91,25
284 279	6 1/2% dergl.	Ausg. 29	92
284 381	8 1/2% dergl.	Ausg. 31	98,5
284 382	8 1/2% dergl.	Ausg. 32	99,5
284 383	7% dergl.	Ausg. 33	96,5
284 385	8% dergl.	Ausg. 35	95
284 386	8% dergl.	Ausg. 36	97
284 387	8% dergl.	Ausg. 37	94
284 388	8 1/2% dergl.	Ausg. 38	98
284 454	5 1/2% Inh.-Schuldverschr. von 1964	Serie 4	97,75
284 455	6% dergl. von 1965	Serie 5	98

Landesbank und Girozentrale Schleswig-Holstein, Kiel

Wertpapier-Nr.			Kurs in Prozenten
285 013	5% Hyp.-Pfandbr.	Reihe XIII	105
285 015	5% dergl.	Reihe XV	104
285 017	5 1/2% dergl.	Reihe XVII	105
285 019	4% dergl. (Umtausch-Em.)	Reihe XIX	98
285 021	5 1/2% dergl.	Reihe XXI	106
285 023	5% dergl.	Reihe 23	106
285 025	6% dergl.	Reihe 25	76
285 027	6% dergl.	Reihe 27	72
285 029	5 1/2% dergl.	Reihe 29	71
285 031	6% dergl.	Reihe 31	73
285 037	5 1/2% dergl.	Reihe 37	71
285 039	5% dergl.	Reihe 39	70
285 041	5% dergl.	Reihe 41	70
285 043	5 1/2% dergl.	Reihe 43	71
285 045	5 1/2% dergl.	Reihe 45	71
285 047	5 1/2% dergl.	Reihe 47	71
285 049	6% dergl.	Reihe 49	72
285 051	6% dergl.	Reihe 51	72
285 055	6% dergl.	Reihe 55	71
285 057	6% dergl.	Reihe 57	72
285 059	6% dergl.	Reihe 59	72
285 061	5 1/2% dergl.	Reihe 61	71
285 063	5% dergl.	Reihe 63	70
285 065	5 1/2% dergl.	Reihe 65	71
285 069	5 1/2% dergl.	Reihe 69	71
275 071	6% dergl.	Reihe 71	72
285 073	6% dergl.	Reihe 73	72
285 075	6% dergl.	Reihe 75	72
285 077	6% dergl.	Reihe 77	72
285 079	6% dergl.	Reihe 79	72
285 081	6% dergl.	Reihe 81	72
285 083	6% dergl.	Reihe 83	72
285 085	6% dergl.	Reihe 85	72
285 087	6% dergl.	Reihe 87	72
285 089	6% dergl.	Reihe 89	72
285 091	6% dergl.	Reihe 91	72
285 093	7% dergl.	Reihe 93	80
285 095	7% dergl.	Reihe 95	86
285 097	7% dergl.	Reihe 97	80
285 099	7% dergl.	Reihe 99	85
285 101	6 1/2% dergl.	Reihe 101	75
285 103	6 1/2% dergl.	Reihe 103	82,5
285 105	6 1/2% dergl.	Reihe 105	81,5
285 107	6 1/2% dergl.	Reihe 107	76
285 109	6% dergl.	Reihe 109	72
285 111	6% dergl.	Reihe 111	77
285 113	6 1/2% dergl.	Reihe 113	75
285 115	6% dergl.	Reihe 115	72
285 117	7% dergl.	Reihe 117	80
285 121	6 1/2% dergl.	Reihe 121	100
285 123	6 1/2% dergl.	Reihe 123	100
285 125	7 1/2% dergl.	Reihe 125	86
285 200	9 1/2% Inh.-Schuldverschr.	Serie 50	100
285 201	10% dergl.	Serie 51	102
285 202	9 1/2% dergl.	Serie 52	100
285 253	6% dergl.	Serie 3	94,25
285 254	6% dergl.	Serie 4	94
285 255	6% dergl.	Serie 5	95,5
285 256	7% dergl.	Serie 6	95,25
285 259	7% dergl.	Serie 9	93,5
285 260	6 1/2% dergl.	Serie 10	90,5
285 261	6 1/2% dergl.	Serie 11	93,25
285 262	6 1/2% dergl.	Serie 12	89,5
285 263	6% dergl.	Serie 13	89,5
285 264	6% dergl.	Serie 14	91,75
285 265	6% dergl.	Serie 15	90
285 266	6% dergl.	Serie 16	100
285 267	5 1/2% dergl.	Serie 17	96
285 268	6 1/2% dergl.	Serie 18	90
285 270	7% dergl.	Serie 20	92
285 271	7% dergl.	Serie 21	92,25
285 272	7 1/2% dergl.	Serie 22	95,25
285 273	8% dergl.	Serie 23	95,25
285 274	8% dergl.	Serie 24	97
285 275	6 1/2% dergl.	Serie 25	100
285 276	6 1/2% dergl.	Reihe 26	97,25
285 277	7% dergl.	Reihe 27	98
285 278	8% dergl.	Serie 28	94,25
285 279	8 1/2% dergl.	Reihe 29	94
285 280	8% dergl.	Reihe 30	98
285 281	8 1/2% dergl.	Serie 31	94
285 282	8 1/2% dergl.	Serie 32	94
285 288	8% dergl.	Reihe 38	92,375
285 289	8 1/2% dergl.	Serie 39	94

Wertpapier-Nr.			Kurs in Prozenten
285 290	9% dergl.	Serie 40	97,75
285 291	8 1/2% dergl.	Serie 41	96,5
285 292	9% dergl.	Serie 42	98,25
285 293	9% dergl.	Serie 43	97
285 294	8% dergl.	Serie 44	94,75
285 295	10% dergl.	Serie 45	102
285 296	8% dergl.	Serie 46	94,75
285 297	9% dergl.	Serie 47	98
285 298	9% dergl.	Serie 48	94,75
285 299	8% dergl.	Serie 49	94,75
285 312	5% Komm.-Schuldverschr.	Reihe XII	103
285 314	5 1/2% dergl.	Reihe XIV	104
285 316	4% dergl. (Umtausch-Em.)	Reihe XVI	98
285 320	6% dergl.	Reihe 20	76
285 322	6% dergl.	Reihe 22	72
285 324	5 1/2% dergl.	Reihe 24	71
285 326	6% dergl.	Reihe 26	73
285 330	5 1/2% dergl.	Reihe 30	71
285 334	6% dergl.	Reihe 34	72
285 336	5% dergl.	Reihe 36	70
285 338	5 1/2% dergl.	Reihe 38	71
285 340	5 1/2% dergl.	Reihe 40	71
285 342	5 1/2% dergl.	Reihe 42	71
285 344	5 1/2% dergl.	Reihe 44	71
285 348	6% dergl.	Reihe 48	72
285 352	6% dergl.	Reihe 52	72
285 354	6% dergl.	Reihe 54	72
285 356	6% dergl.	Reihe 56	72
285 358	6% dergl.	Reihe 58	72
285 360	6% dergl.	Reihe 60	72
285 362	6% dergl.	Reihe 62	72
285 364	6% dergl.	Reihe 64	72
285 368	7% dergl.	Reihe 68	98
285 370	7% dergl.	Reihe 70	87,5
285 372	7% dergl.	Reihe 72	86,5
285 374	7% dergl.	Reihe 74	89
285 376	6 1/2% dergl.	Reihe 76	82,5
285 378	6 1/2% dergl.	Reihe 78	84,5
285 380	6 1/2% dergl.	Reihe 80	81,5
285 382	6 1/2% dergl.	Reihe 82	81,5
285 384	6% dergl.	Reihe 84	80
285 388	7% dergl.	Reihe 88	86,5
285 390	8 1/2% dergl.	Reihe 90	97
285 392	8 1/2% dergl.	Reihe 92	96
285 394	7 1/2% dergl.	Reihe 94	90,5
285 396	7 1/2% dergl.	Reihe 96	90
285 398	8% dergl.	Reihe 98	93
285 400	7% dergl.	Reihe 100	89
285 402	8% dergl.	Reihe 102	96
285 404	8% dergl.	Reihe 104	91,5
285 406	8% dergl.	Reihe 106	91,5
285 408	8% dergl.	Reihe 108	92
285 452	6% Komm.-Schatzanw.	Ausg. 2	100
285 453	6% dergl.	Ausg. 3	92,25
285 454	6% dergl.	Ausg. 4	87,5
285 455	7% dergl.	Ausg. 5	93,25
285 456	6 1/2% dergl.	Ausg. 6	100
285 488	6 3/4% Kassenobl.	Em. 18	97,5
285 489	7% Kassenobl.	Em. 19	95
285 491	7% dergl.	Em. 21	95,5
285 492	8% dergl.	Em. 22	97,75
285 493	8% dergl.	Em. 23	96,5
285 494	7 1/2% dergl.	Em. 24	100
285 495	9% dergl.	Em. 25	98,25
285 496	8% dergl.	Em. 26	100
285 497	8 1/2% dergl.	Em. 27	99
285 498	9% dergl.	Em. 28	99
285 499	9% dergl.	Em. 29	99
285 701	6 1/2% Hyp.-Pfandbr.	Serie 1	91,5
285 702	8 1/2% dergl.	Serie 2	98
285 703	8 1/2% dergl.	Serie 3	98
285 705	8 1/2% dergl.	Serie 5	100
285 706	8% dergl.	Serie 6	95
285 708	8% dergl.	Serie 8	95
285 709	7 1/2% dergl.	Serie 9	96
285 710	8% dergl.	Serie 10	95
285 711	8% dergl.	Serie 11	98
285 712	7 1/2% dergl.	Serie 12	90,5
285 713	6% dergl.	Serie 13	92

Wertpapier-Nr.			Kurs in Prozenten
285 714	7 1/2% dergl.	Serie 14	92,5
285 715	7 1/2% dergl.	Serie 15	96
285 716	7 1/2% dergl.	Serie 16	90
285 717	7% dergl.	Serie 17	93
285 718	7% dergl.	Serie 18	86,5
285 719	6 1/2% dergl.	Serie 19	96
285 720	8% dergl.	Serie 20	92,5
285 721	7 1/2% dergl.	Serie 21	94,5
285 722	7% dergl.	Serie 22	86,5
285 723	7 3/4% dergl.	Serie 23	94,5
285 724	8% dergl.	Serie 24	91,5
285 725	8% dergl.	Serie 25	94,75
285 726	8% dergl.	Serie 26	95,5
285 727	8% dergl.	Serie 27	95
285 728	8% dergl.	Serie 28	91
285 729	8% dergl.	Serie 29	96,5
285 730	8 1/2% dergl.	Serie 30	96,75
285 731	8 1/2% dergl.	Serie 31	96,75

Landesgen. Bank Hannover/Oldenb.

286 501	7 1/2% Sparoblig.	A 1	93,75
286 502	7 1/4% dergl.	A 2	92,5
286 503	7% dergl.	A 3	91,25
286 516	10% dergl.	Ausg. 5	100

Landwirtschaftliche Rentenbank, Frankfurt a. M.

290 009	6% Schuldverschr. (Landwirtschaftsbr.)	Reihe 9	90
290 010	5% dergl.	Reihe 10	87
290 011	5 1/2% dergl.	Reihe 11	87
290 012	6% dergl.	Reihe 12	89
290 013	6% dergl.	Reihe 13	89
290 014	6% dergl.	Reihe 14	88,75
290 015	6% dergl.	Reihe 15	87
290 016	6% dergl.	Reihe 16	86,75
290 017	6% dergl.	Reihe 17	89
290 018	6% dergl.	Reihe 18	89
290 019	6% dergl.	Reihe 19	86,75
290 020	6% dergl.	Reihe 20	88,75
290 021	6% dergl.	Reihe 21	88
290 022	7% dergl.	Reihe 22	90,5
290 023	7% dergl.	Reihe 23 I. Tr.	95
290 024	7% dergl.	Reihe 23 II. Tr.	94,5
290 025	6 1/2% dergl.	Reihe 25	91,75
290 026	6% dergl.	Reihe 26	88
290 027	7 1/2% dergl.	Reihe 27	93,25
290 028	7 3/4% dergl.	Reihe 28	92
290 029	8% dergl.	Reihe 29	94,5
290 030	8% dergl.	Reihe 30	94,5
290 031	8 1/2% dergl.	Reihe 31	95
290 032	8% dergl.	Reihe 32	98,5
290 227	7% Kassenobl., fällig 1. 7. 1974		100
290 228	6% dergl. fällig 2. 5. 1975		96,5
290 229	6% dergl. fällig 1. 8. 1975		96,5
290 230	8% dergl. fällig 1. 2. 1976		98,5
290 231	8% dergl. fällig 2. 5. 1976		97,8
290 402	6% Schuldverschr. (Landwirtschaftsbr.)		89
290 403	6% dergl.		89
290 404	6% dergl.		89
290 406	6% dergl.		89
290 408	6% dergl.		89
290 411	6% dergl.		86,75
290 412	6% dergl.		86,75
290 413	6% dergl.		86,75
290 414	6% dergl.		100
290 416	6% dergl.		86,75
290 417	6% dergl.		86,75
290 419	6% dergl.		86,75
290 420	6% dergl.		86,75
290 421	6% dergl.		88,75
290 422	6% dergl.		88,75
290 423	6% dergl.		88,75
290 426	6% dergl.		88,75
290 427	6% dergl.		88,75
290 428	6% dergl.		88,75
290 431	6% dergl.		88
290 432	6% dergl.		88
290 435	6% dergl.		88
290 436	6% dergl.		88
290 437	6% dergl.		88

Wertpapier-Nr.				Kurs in Prozenten
290 438	6% dergl.			88
290 441	7% dergl.			90,5
290 442	7% dergl.			90,5
290 443	7% dergl.			90,5
290 444	7% dergl.			90,5
290 446	7% dergl.			90,5
290 448	7% dergl.			90,5
290 451	6¹/₂% dergl.			91,75
290 452	6¹/₂% dergl.			91,75
290 453	6¹/₂% dergl.			91,75
290 454	6¹/₂% dergl.			91,75
290 455	6¹/₂% dergl.			91,75
290 456	6¹/₂% dergl.			91,75
290 457	6¹/₂% dergl.			91,75
290 458	6¹/₂% dergl.			91,75
290 459	6¹/₂% dergl.			91,75
290 460	6¹/₂% dergl.			100,5

Landschaft der Provinz Westfalen
siehe: Westfälische Landschaft

Landschaftliche Centralpfandbriefe
siehe: Central-Landschaft für die Preußischen Staaten

Lastenausgleichsbank (Bank für Vertriebene und Geschädigte), Bonn-Bad Godesberg

291 004	7% Inh. Schuldverschr.	Em. 3 von 1958		95,3
291 005	5¹/₂% dergl.	Em. 4 von 1959		90,2
291 006	5¹/₂% dergl.	Em. 5 von 1961		90
291 007	5³/₄% dergl.	Em. 6 von 1962		94,2
291 008	6% dergl.	Em. 7 von 1963		92,3
291 010	6% dergl.	Em. 9 von 1963		97
291 012	6% dergl.	Em. 11 von 1964		96,7
291 013	7% dergl.	Em. 12 von 1965		92,7
291 014	8% dergl.	Em. 13 von 1970		95,7
291 015	8% dergl.	Em. 14 von 1972		92,9
291 306	5¹/₂% dergl. Em. 4 v. 1959 Gruppe f			90,2
291 307	5¹/₂% dergl. Em. 4 v. 1959 Gruppe g			90,2
291 309	5¹/₂% dergl. Em. 4 v. 1959 Gruppe i			90,2
291 311	5¹/₂% dergl. Em. 4 v. 1959 Gruppe l			90,2
291 312	5¹/₂% dergl. Em. 4 v. 1959 Gruppe m			90,2
291 313	5¹/₂% dergl. Em. 4 v. 1959 Gruppe n			90,2
291 314	5¹/₂% dergl. Em. 4 v. 1959 Gruppe o			90,2
291 315	5¹/₂% dergl. Em. 4 v. 1959 Gruppe p			90,2
291 316	5¹/₂% dergl. Em. 4 v. 1959 Gruppe q			100
291 319	5¹/₂% dergl. Em. 4 v. 1959 Gruppe t			90,2
291 320	5¹/₂% dergl. Em. 4 v. 1959 Gruppe u			90,2
291 321	5¹/₂% dergl. Em. 5 v. 1961 Gruppe a			90
291 323	5¹/₂% dergl. Em. 5 v. 1961 Gruppe c			90
291 324	5¹/₂% dergl. Em. 5 v. 1961 Gruppe d			90
291 326	5¹/₂% dergl. Em. 5 v. 1961 Gruppe f			90
291 328	5¹/₂% dergl. Em. 5 v. 1961 Gruppe h			100
291 331	5¹/₂% dergl. Em. 5 v. 1961 Gruppe l			90
291 342	5³/₄% dergl. Em. 6 v. 1962 Gruppe b			94,2
291 344	5⁷/₈% dergl. Em. 6 v. 1962 Gruppe d			94,2
291 346	5⁷/₈% dergl. Em. 6 v. 1962 Gruppe f			94,2
291 350	5³/₄% dergl. Em. 6 v. 1962 Gruppe k			94,2
291 353	6% dergl. Em. 7 v. 1963 Gruppe c			92,3
291 354	6% dergl. Em. 7 v. 1963 Gruppe d			100
291 357	6% dergl. Em. 7 v. 1963 Gruppe g			92,3
291 358	6% dergl. Em. 7 v. 1963 Gruppe h			92,3
291 359	6% dergl. Em. 7 v. 1963 Gruppe l			92,3
291 361	7% dergl. Em. 12 v. 1965 Gruppe A			92,7
291 362	7% dergl. Em. 12 v. 1965 Gruppe B			92,7
291 363	7% dergl. Em. 12 v. 1965 Gruppe C			92,7
291 365	7% dergl. Em. 12 v. 1965 Gruppe E			92,7
291 366	7% dergl. Em. 12 v. 1965 Gruppe F			92,7
291 369	7% dergl. Em. 12 v. 1965 Gruppe J			92,7
291 370	7% dergl. Em. 12 v. 1965 Gruppe K			92,7

Lübecker Hypothekenbank AG, Lübeck

293 000	5% Hyp.-Pfandbr.	Em. IX		105
293 001	5% dergl.	Em. X		107,5
293 002	5% dergl.	Em. XI		105
293 003	4% dergl.	Em. XIII		99
293 004	4% dergl.	Em. XIV		99
293 006	5¹/₂% dergl.	Em. XV		106
293 008	5¹/₂% dergl.	Em. XVIII		108

Wertpapier-Nr.				Kurs in Prozenten
293 009	6% dergl.	Em. XIX		71
293 010	5¹/₂% dergl.	Em. XX		80
293 011	6% dergl.	Em. XXII		71
293 014	5% dergl.	Em. XXIX		79
293 015	5¹/₂% dergl.	Em. 31		80
293 016	5% dergl.	Em. 33		95
293 017	6% dergl.	Em. 34		71
293 018	6% dergl.	Em. 36		71
293 019	5¹/₂% dergl.	Em. 37		80
293 020	5¹/₂% dergl.	Em. 40		100
293 021	6% dergl.	Em. 41		71
293 022	6% dergl.	Em. 43		71
293 023	6% dergl.	Em. 45		71
293 024	7% dergl.	Em. 47		86
293 025	6% dergl.	Em. 49		71
293 026	7% dergl.	Em. 51		79
293 027	7% dergl.	Em. 52		79
293 028	7% dergl.	Em. 54		79
293 029	6% dergl.	Em. 55		71
293 030	6¹/₂% dergl.	Em. 58		74
293 031	6% dergl.	Em. 61		70
293 032	6¹/₂% dergl.	Em. 62		74
293 033	6% dergl.	Em. 65		85
293 034	7% dergl.	Em. 67		79
293 035	7¹/₂% dergl.	Em. 70		86
293 036	8% dergl.	Em. 71		93,5
293 037	8% dergl.	Em. 72		93,5
293 038	7¹/₂% dergl.	Em. 74		86
293 039	7% dergl.	Em. 75		86
293 040	7% dergl.	Em. 76		79,5
293 041	7¹/₂% dergl.	Em. 77		90
293 042	7¹/₂% dergl.	Em. 78		85,5
293 043	7% dergl.	Em. 82		85
293 044	7¹/₂% dergl.	Em. 83		90
293 045	8% dergl.	Em. 84		93,5
293 046	8% dergl.	Em. 86		93,5
293 047	7¹/₂% dergl.	Em. 87		92
293 048	8% dergl.	Em. 91		94
293 049	9% dergl.	Em. 92		99
293 050	9% dergl.	Em. 93		99
293 300	5% Komm.-Schuldverschr.	Em. XII		107
293 301	5¹/₂% dergl.	Em. XVII		104,5
293 302	6% dergl.	Em. XXI		71
293 306	6% dergl.	Em. XXVIII		98
293 307	5¹/₂% dergl.	Em. XXX		80
293 308	5% dergl.	Em. 32		95
293 309	6% dergl.	Em. 35		71
293 310	5¹/₂% dergl.	Em. 38		80
293 311	6% dergl.	Em. 39		71
293 312	6% dergl.	Em. 42		71
293 313	6% dergl.	Em. 44		71
293 314	7% dergl.	Em. 46		86
293 315	6% dergl.	Em. 48		71
293 316	7% dergl.	Em. 50		79
293 317	7% dergl.	Em. 53		79
293 318	7% dergl.	Em. 56		79
293 319	6¹/₂% dergl.	Em. 57		74
293 320	6% dergl.	Em. 59		71
293 321	5¹/₂% dergl.	Em. 60		74
293 322	6¹/₂% dergl.	Em. 63		98
293 323	6% dergl.	Em. 64		71
293 324	6¹/₂% dergl.	Em. 66		74
293 325	8% dergl.	Em. 68		94
293 326	7% dergl.	Em. 69		79
293 327	7¹/₂% dergl.	Em. 73		85,5
293 328	7¹/₂% dergl.	Em. 79		90
293 329	7¹/₂% dergl.	Em. 80		85,5
293 330	7¹/₂% dergl.	Em. 81		90
293 331	7¹/₂% dergl.	Em. 85		90
293 332	9% dergl.	Em. 88		99
293 333	8% dergl.	Em. 89		94
293 334	8% dergl.	Em. 90		93,5

Lübecker Schiffshypothekenbank
siehe: Schiffshypothekenbank zu Lübeck AG

Lüneburger ritterschaftliches Kreditinstitut
siehe: Ritterschaftliches Kreditinstitut des Fürstentums Lüneburg

Wertpapier-Nr.				Kurs in Prozenten
Märkische Landschaft, Berlin				
294 001	4% Pfandbr.			
	(Altsp.-Em.)	Reihe	2	99
294 003	4% dergl.			
	(Umtausch-Em.)	Reihe	3	99

Mecklenburgische Hypotheken- und Wechselbank
siehe: Norddeutsche Hypotheken- und Wechselbank (vormals Mecklenburgische Hypotheken- und Wechselbank)

Norddeutsche Hypotheken- und Wechselbank (vormals Mecklenburgische Hypotheken- und Wechselbank), Hamburg

Pfandbriefe, ausgestellt unter „Mecklenburgische Hypotheken- und Wechselbank":

296 011	4% Hyp.-Pfandbr.	Em.	XXII	100
296 012	4% dergl.	Em.	XXIII	100
296 014	4¹/₂% dergl.	Em.	XXIV	100
296 015	6% dergl.	Em.	26	72
296 016	7% dergl.	Em.	28	82,5
296 017	6% dergl.	Em.	30	72
296 018	7% dergl.	Em.	32	81,5
296 019	6¹/₂% dergl.	Em.	34	74
296 020	6% dergl.	Em.	35	72
296 021	6¹/₂% dergl.	Em.	38	72,5
296 022	6¹/₂% dergl.	Em.	40	74,5
296 023	6¹/₂% dergl.	Em.	42	86
296 024	6% dergl.	Em.	43	72
296 025	6¹/₂% dergl.	Em.	44	75,5
296 026	6% dergl.	Em.	45	72
296 027	6¹/₂% dergl.	Em.	46	73,5
296 028	7% dergl.	Em.	47	79,5
296 029	7% dergl.	Em.	48	80,5
296 030	8% dergl.	Em.	52	92
296 031	7¹/₂% dergl.	Em.	56	87,5
296 032	7% dergl.	Em.	59	83,5
296 033	7% dergl.	Em.	61	83
296 034	6¹/₂% dergl.	Em.	62	84
296 035	6¹/₂% dergl.	Em.	63	81
296 036	7¹/₂% dergl.	Em.	64	90
296 037	7¹/₂% dergl.	Em.	65	89,5
296 038	8% dergl.	Em.	66	92,5
296 039	8% dergl.	Em.	67	92,5
296 040	8% dergl.	Em.	68	95,75
296 041	8¹/₂% dergl.	Em.	69	96
296 042	7¹/₂% dergl.	Em.	70	93,75
296 043	8% dergl.	Em.	71	92

Kommunal-Schuldverschreibungen, ausgestellt unter „Mecklenburgische Hypotheken- und Wechselbank":

296 303	4% Komm.-Schuldverschr. (Umtausch-Em.)	Em.	XXV	100

Kommunal-Schuldverschreibungen, ausgestellt unter „Norddeutsche Hypotheken- und Wechselbank":

296 304	6% Komm.-Schuldverschr.	Em.	27	72
296 305	7% dergl.	Em.	29	83
296 306	7% dergl.	Em.	31	81,5
296 307	7% dergl.	Em.	33	81
296 308	6% dergl.	Em.	36	72
296 309	6¹/₂% dergl.	Em.	37	73
296 310	6% dergl.	Em.	39	72
296 311	6¹/₂% dergl.	Em.	41	74
296 312	7% dergl.	Em.	49	80,75
296 313	6¹/₂% dergl.	Em.	50	75
296 314	8% dergl.	Em.	51	94,25
296 315	7% dergl.	Em.	53	82,25
296 316	8% dergl.	Em.	54	95
296 317	7¹/₂% dergl.	Em.	55	87,25
296 318	8% dergl.	Em.	57	93,5
296 319	7¹/₂% dergl.	Em.	58	91,5
296 320	7% dergl.	Em.	60	84,75

Nassauische Landesbank
siehe: Hessische Landesbank — Girozentrale —

Wertpapier-Nr.				Kurs in Prozenten
Neue Deutsche Schiffspfandbriefbank AG				
siehe: Deutsche Schiffahrtsbank AG				

Niedersächsische Landesbank Girozentrale, Hannover, jetzt Norddeutsche Landesbank Girozentrale

300 002	5¹/₂% Pfandbr.	Ausg.	2 v. 1961	96
300 003	6% dergl.	Ausg.	3 v. 1963	72
300 005	6% dergl.	Ausg.	5 v. 1965	72
300 006	7% dergl.	Ausg.	6 v. 1965	84
300 007	6¹/₂% dergl.	Ausg.	7 v. 1967	75
300 008	6% dergl.	Ausg.	8 v. 1968	72
300 101	6% Anleihe	Ausg.	59 v. 1968 Ser. 1	94
300 102	6% dergl.	Ausg.	59 v. 1968 Ser. 2	94
300 103	6% dergl.	Ausg.	59 v. 1968 Ser. 3	94
300 251	6% Inh.-Schuldv.	Serie	1 v. 1964	94
300 252	6% dergl.	Serie	2 v. 1964	92,5
300 253	6% dergl.	Serie	3 v. 1964	93
300 254	6% dergl.	Serie	4 v. 1965	94
300 255	6% dergl.	Serie	5. v. 1965	93
300 256	7% dergl.	Serie	6 v. 1965	94,75
300 257	7% dergl.	Serie	7 v. 1965	94,5
300 258	7% dergl.	Serie	8 v. 1966	94
300 259	6¹/₂% dergl.	Serie	9 v. 1967	92
300 260	6¹/₂% dergl.	Serie	10 v. 1967	95
300 261	6¹/₂% dergl.	Serie	11 v. 1967	91,25
300 262	6% dergl.	Serie	12 v. 1968	93,5
300 263	6% dergl.	Serie	13 v. 1968	89
300 264	6% dergl.	Serie	14 v. 1968	94,5
300 266	6% dergl.	Serie	16 v. 1968	94
300 267	6% dergl.	Serie	17 v. 1969	89,5
300 268	7% dergl.	Serie	18 v. 1969	90,5
300 269	6¹/₂% dergl.	Serie	19 v. 1969	79
300 270	6¹/₂% dergl.	Serie	20 v. 1969	88,5
300 271	7% dergl.	Serie	21 v. 1969	94,5
300 272	7% dergl.	Serie	22 v. 1969	89
300 273	7% dergl.	Serie	23 v. 1969	88
300 274	7¹/₂% dergl.	Serie	24 v. 1970	95
300 303	5% Anleihe	Ausg.	3 v. 1949	104
300 304	5% dergl.	Ausg.	4 v. 1949	104
300 305	5% dergl.	Ausg.	5 v. 1950	104
300 306	5% dergl.	Ausg.	6 v. 1952	104
300 307	5¹/₂% dergl.	Ausg.	7 v. 1953	104,75
300 311	4% dergl. (Altsp.-Em.)	Ausg.	11 v. 1953	99
300 313	4% dergl. (Umtausch-Em.)	Ausg.	12 v. 1954	99
300 314	6% dergl.	Ausg.	13 v. 1954	105
300 317	6¹/₂% dergl.	Ausg.	17 v. 1954	100
300 319	6% dergl.	Ausg	19 v. 1955	76,5
300 320	5¹/₂% dergl.	Ausg.	20 v. 1955	96
300 321	6% dergl.	Ausg.	21 v. 1955	72
300 322	6% dergl.	Ausg.	22 v. 1956	72
300 327	7% dergl.	Ausg.	27 v. 1958	80
300 330	5¹/₂% dergl.	Ausg	30 v. 1958	70,5
300 331	5% dergl.	Ausg.	31 v. 1958	70,5
300 334	5¹/₂% dergl.	Ausg.	32 v. 1959	70,5
300 335	6% dergl.	Ausg	33 v. 1959	70,5
300 337	7% dergl.	Ausg	34 v. 1960	80
300 338	6% dergl.	Ausg	35 v 1961	72
300 340	5¹/₂% dergl.	Ausg.	37 v. 1961	73,5
300 341	6% dergl.	Ausg.	38 v. 1961	72
300 343	6% Anleihe	Ausg.	39 v. 1962	72
300 344	5¹/₂% dergl.	Ausg	40 v. 1962	70,5
300 345	6% dergl.	Ausg.	41 v. 1962	72
300 346	6% dergl.	Ausg.	42 v. 1962	72
300 348	6% dergl.	Ausg	43 v. 1962	72
300 349	6% dergl.	Ausg.	44 v. 1963	72
300 351	6% dergl.	Ausg	46 v. 1963	72
300 352	6% dergl.	Ausg	47 v 1963	72
300 353	6% dergl.	Ausg	48 v. 1963	72
300 354	5¹/₂% dergl.	Ausg.	49 v 1964	98,5
300 355	6% dergl.	Ausg	50 v. 1964	71,5
300 356	6% dergl.	Ausg.	51 v. 1964	72
300 357	7% dergl.	Ausg	52 v. 1965	86,5
300 358	7% dergl.	Ausg.	53 v. 1965	80
300 359	7% dergl.	Ausg	54 v 1965	92
300 360	7% dergl.	Ausg	55 v 1966	91
300 361	6¹/₂% dergl.	Ausg.	56 v 1967	75 ·
300 362	6¹/₂% dergl.	Ausg.	57 v. 1967	89,5

Wertpapier-Nr.				Kurs in Prozenten
300 363	6%	dergl.	Ausg. 58 v. 1968	89
300 364	6%	dergl.	Ausg. 59 v. 1968	94
300 365	6½%	dergl.	Ausg. 60 v. 1968	89
300 366	6½%	dergl.	Ausg. 61 v. 1968	75
300 367	6%	dergl.	Ausg. 62 v. 1969	87
300 368	6%	dergl.	Ausg. 63 v. 1969	96
300 369	6½%	dergl.	Ausg. 64 v. 1969	75
300 370	7%	dergl.	Ausg. 65 v. 1969	80
300 371	6½%	dergl.	Ausg. 66 v. 1969	88
300 372	6½%	dergl.	Ausg. 67 v. 1969	94
300 373	7%	dergl.	Ausg. 68 v. 1969	89
300 374	6½%	dergl.	Ausg. 69 v. 1969	75
300 375	8%	dergl.	Ausg. 70 v. 1970	96
300 376	8%	dergl.	Ausg. 71 v. 1970	96
300 377	8½%	dergl.	Ausg. 72 v. 1970	97
300 451	7%	dergl.	Ausg. A v. 1966	87
300 452	6½%	dergl.	Ausg. B v. 1967	83,5
300 453	6%	dergl.	Ausg. C v. 1968	82
300 454	6½%	dergl.	Ausg. D v. 1969	83,5
300 455	7%	dergl.	Ausg. E v. 1969	87,5
300 488	8%	Kassenobl.	R 13 v. 1970	99
		Norddeutsche Landesbank Girozentrale		
300 001	7%	Pfandbriefe	Reihe 1	80
301 002	7½%	dergl.	Reihe 2	84
301 003	7%	dergl.	Reihe 3	80
301 004	7½%	dergl.	Reihe 4	81
301 005	7%	dergl.	Reihe 5	85,5
301 006	7½%	dergl.	Reihe 6	89
301 007	8½%	dergl.	Reihe 7	94
301 008	7½%	dergl	Reihe 8	89
301 009	8%	dergl.	Reihe 9	92
301 301	8%	Komm.-Obl.	Reihe 1	92
301 302	8%	dergl.	Reihe 2	92,75
301 303	7½%	dergl.	Reihe 3	90
301 304	7%	dergl.	Reihe 4	80
301 305	8%	dergl.	Reihe 5	95,25
301 306	8%	dergl.	Reihe 6	93
301 307	8%	dergl.	Reihe 7	94,5
301 308	8%	dergl	Reihe 8	95
301 309	7½%	dergl.	Reihe 9	86,5
301 310	7½%	dergl.	Reihe 10	92
301 311	7½%	dergl.	Reihe 11	84,5
301 312	7½%	dergl.	Reihe 12	89
301 313	7½%	dergl.	Reihe 13	88
301 314	7½%	dergl.	Reihe 14	88
301 315	7½%	dergl.	Reihe 15	90
301 316	7½%	dergl.	Reihe 16	86
301 317	7%	dergl.	Reihe 17	83,5
301 318	7½%	dergl.	Reihe 18	87,5
301 319	7½%	dergl.	Reihe 19	88
301 320	7½%	dergl.	Reihe 20	84,5
301 321	8%	dergl.	Reihe 21	100
301 322	8%	dergl.	Reihe 22	90,5
301 323	8%	dergl.	Reihe 23	92
301 324	8%	dergl.	Reihe 24	95,5
301 325	8%	dergl.	Reihe 25	94
301 326	8%	dergl.	Reihe 26	86
301 327	7½%	dergl.	Reihe 27	87,5
301 328	7½%	dergl.	Reihe 28	88
301 329	7½%	dergl.	Reihe 29	84,5
301 330	8%	dergl.	Reihe 30	95,25
301 331	8%	dergl.	Reihe 31	96
301 332	8%	dergl.	Reihe 32	95,5
301 333	8½%	dergl.	Reihe 33	95
301 334	9%	dergl.	Reihe 34	99
301 335	9½%	dergl.	Reihe 35	100
301 336	9%	dergl.	Reihe 36	98
301 337	9%	dergl.	Reihe 37	97
301 601	8%	Inhaber-Schuldverschr.	Serie 1	94
301 602	8%	dergl.	Serie 2	88,5
301 603	8½%	dergl.	Serie 3	97,75
301 604	7%	dergl.	Serie 4	97
301 605	7½%	dergl.	Serie 5	86
301 606	7½%	dergl.	Serie 6	86
301 607	7½%	dergl.	Serie 7	85
301 608	7%	dergl.	Serie 8	92
301 609	7½%	dergl.	Serie 9	95
301 610	8½%	dergl.	Serie 10	95,75

Wertpapier-Nr.				Kurs in Prozenten
301 611	8½%	dergl.	Serie 11	93
301 612	7½%	dergl.	Serie 12	93
301 613	8½%	dergl.	Serie 13	95,5
301 614	7½%	dergl.	Serie 14	93
301 615	7%	dergl.	Serie 15	93
301 616	7½%	dergl.	Serie 16	93
301 617	7½%	dergl.	Serie 17	94,5
301 618	9%	dergl.	Serie 18	100
301 619	7½%	dergl.	Serie 19	91,5
301 620	9%	dergl.	Serie 20	96
301 621	10%	dergl.	Serie 21	101,5
301 622	10%	dergl.	Serie 22	102,5
301 623	7½%	dergl.	Serie 23	88,5
301 624	7½%	dergl.	Serie 24	92
301 625	9%	dergl.	Serie 25	100
301 626	10%	dergl.	Serie 26	101,5
301 627	9%	dergl.	Serie 27	99
301 628	9%	dergl.	Serie 28	98
301 629	10%	dergl.	Serie 29	101,5
301 630	9%	dergl.	Serie 30	98
301 631	9%	dergl.	Serie 31	96,75
301 632	9½%	dergl.	Serie 32	100
301 801	8%	Kassen-Obl.	Ausg. 1	99
301 802	7%	dergl.	Ausg. 2	97,25
301 803	7%	dergl.	Ausg. 3	96,75
301 805	7½%	dergl.	Ausg. 5	97
301 812	6%	dergl.	Ausg. 12	98,75
301 813	7%	dergl.	Ausg. 13	95,75
301 818	7½%	dergl.	Ausg. 18	96
301 820	8%	dergl.	Ausg. 20	99
301 821	8%	dergl.	Ausg. 21	99
301 822	8¾%	dergl.	Ausg. 22	99,5
301 823	10%	dergl.	Ausg. 23	100
301 824	10%	dergl.	Ausg. 24	100

Niedersächsische Wohnungskreditanstalt — Stadtschaft —, Hannover

siehe unten unter Wertpapier-Nr. 328 000 uff.

Norddeutsche Hypotheken- und Wechselbank Hamburg (vormals Mecklenburgische Hypotheken- und Wechselbank),

siehe oben unter Wertpapier-Nr. 296 011 uff.

Nürnberger Vereinsbank

siehe: Vereinsbank in Nürnberg

Oldenburger staatliche Kreditanstalt

siehe: Staatliche Kreditanstalt Oldenburg-Bremen

Pfälzische Hypothekenbank, Ludwigshafen a. Rh.

305 029	5%	Hyp.-Pfandbr.	Reihe 41	107
305 030	5%	dergl.	Reihe 42	107
305 031	5%	dergl.	Reihe 43	101
305 032	5%	dergl.	Reihe 44	107
305 033	5%	dergl.	Reihe 45	107
305 034	5%	dergl.	Reihe 46	107
305 035	5%	dergl.	Reihe 47	107
305 036	5%	dergl.	Reihe 48	107
305 037	5½%	dergl.	Reihe 49	109
305 039	4%	dergl.	Reihe 51	99
305 041	5%	dergl.	Reihe 52	105
305 042	5½%	dergl.	Reihe 53	109
305 043	5½%	dergl.	Reihe 54	109
305 044	5%	dergl.	Reihe 55	105
305 045	5%	dergl.	Reihe 56	107
305 046	6%	dergl.	Reihe 57	71
305 047	6%	dergl.	Reihe 58	70
305 048	5½%	dergl.	Reihe 59	69
305 049	6%	dergl.	Reihe 60	70
305 050	5½%	dergl.	Reihe 61	69
305 051	6%	dergl.	Reihe 62	70
305 052	6%	dergl.	Reihe 63	70
305 056	6%	dergl.	Reihe 67	98
305 057	5½%	dergl.	Reihe 68	69
305 058	6%	dergl.	Reihe 69	70
305 059	5%	dergl.	Reihe 70	68
305 060	5½%	dergl.	Reihe 71	69

Wertpapier-Nr	Kurs in Prozenten		
305 061	5% dergl.	Reihe 72	68
305 062	5% dergl.	Reihe 73	68
305 063	5% dergl.	Reihe 74	68
305 064	5½% dergl.	Reihe 75	69
305 065	6% dergl.	Reihe 76	70
305 066	6% dergl.	Reihe 77	70
305 067	6% dergl.	Reihe 78	70
305 068	5½% dergl.	Reihe 79	69
305 069	5% dergl.	Reihe 80	68
305 070	5½% dergl.	Reihe 81	69
305 071	6% dergl.	Reihe 82	69
305 072	5½% dergl.	Reihe 83	69
305 073	6% dergl.	Reihe 84	70
305 074	5½% dergl.	Reihe 85	69
305 075	6% dergl.	Reihe 86	70
305 076	6% dergl.	Reihe 87	70
305 077	6% dergl.	Reihe 88	70
305 078	6% dergl.	Reihe 89	70
305 079	6% dergl.	Reihe 90	70
305 080	6% dergl.	Reihe 91	70
305 081	6% dergl.	Reihe 92	70
305 082	6% dergl.	Reihe 93	69
305 083	6% dergl.	Reihe 94	70
305 084	6% dergl.	Reihe 95	70
305 085	6% dergl.	Reihe 96	70
305 086	6% dergl.	Reihe 97	70
305 087	7% dergl.	Reihe 98	80
305 088	7% dergl.	Reihe 99	83
305 089	7% dergl.	Reihe 100	80
305 090	7% dergl.	Reihe 101	80
305 091	7% dergl.	Reihe 102	80
305 092	6% dergl.	Reihe 103	70
305 093	6½% dergl.	Reihe 104	77
305 094	6½% dergl.	Reihe 105	77
305 095	6% dergl.	Reihe 106	70
305 096	6½% dergl.	Reihe 107	74
305 097	7% dergl.	Reihe 108	77
305 098	8% dergl.	Reihe 109	95
305 099	8% dergl.	Reihe 110	94
305 100	7½% dergl.	Reihe 111	84
305 101	8% dergl.	Reihe 112	90
305 102	7½% dergl.	Reihe 113	88
305 103	8% dergl.	Reihe 114	84
305 104	7½% dergl.	Reihe 115	88
305 105	8% dergl.	Reihe 116	89
305 106	8% dergl.	Reihe 117	98,5
305 107	7½% dergl.	Reihe 118	88
305 108	8% dergl.	Reihe 119	91
305 109	8% dergl.	Reihe 120	91
305 110	8½% dergl.	Reihe 121	94
305 111	8½% dergl.	Reihe 122	94
305 112	8½% dergl.	Reihe 123	94
305 302	5% Komm.-Schuldverschr.	Reihe 6	105
305 303	5% dergl.	Reihe 7	107
305 308	5% dergl.	Reihe 12	107
305 309	6% dergl.	Reihe 13	73
305 310	6% dergl.	Reihe 14	70
305 311	5½% dergl.	Reihe 15	69
305 315	5% dergl.	Reihe 19	68
305 316	5½% dergl.	Reihe 20	69
305 317	6% dergl.	Reihe 21	70
305 318	6% dergl.	Reihe 22	70
305 319	5½% dergl.	Reihe 23	69
305 320	5½% dergl.	Reihe 24	69
305 321	6% dergl.	Reihe 25	70
305 322	5½% dergl.	Reihe 26	69
305 323	6% dergl.	Reihe 27	70
305 324	6% dergl.	Reihe 28	70
305 325	5½% dergl.	Reihe 29	69
305 326	6% dergl.	Reihe 30	70
305 327	6% dergl.	Reihe 31	70
305 328	6% dergl.	Reihe 32	70
305 329	6% dergl.	Reihe 33	70
305 330	6% dergl.	Reihe 34	70
305 331	7% dergl.	Reihe 35	88
305 332	7% dergl.	Reihe 36	87
305 333	7% dergl.	Reihe 37	88
305 334	7% dergl.	Reihe 38	86
305 335	7% dergl.	Reihe 39	86
30. 336	6% dergl.	Reihe 40	75

Wertpapier-Nr	Kurs in Prozenten		
305 337	6% dergl.	Reihe 41	71
305 338	6½% dergl.	Reihe 42	74
305 339	6½% dergl.	Reihe 43	91
305 340	6½% dergl.	Reihe 44	90
305 341	6% dergl.	Reihe 45	70
305 342	6% dergl.	Reihe 46	70
305 343	6½% dergl.	Reihe 47	88
305 344	6% dergl.	Reihe 48	70
305 345	6½% dergl.	Reihe 49	87
305 346	7% dergl.	Reihe 50	78
305 347	8% dergl.	Reihe 51	96
305 348	8% dergl.	Reihe 52	93
305 349	8% dergl.	Reihe 53	91
305 350	8% dergl.	Reihe 54	89
305 351	7½% dergl.	Reihe 55	93
305 352	7½% dergl.	Reihe 56	87
305 353	7½% dergl.	Reihe 57	89
305 354	7½% dergl.	Reihe 58	89
305 355	7¾% dergl.	Reihe 59	99.75
305 356	8% dergl.	Reihe 60	99.5
305 357	8% dergl.	Reihe 61	91
305 358	8% dergl.	Reihe 62	90
305 359	8½% dergl.	Reihe 63	99.5
305 360	8½% dergl.	Reihe 64	94
305 361	6% dergl.	Reihe 65	87
305 362	8½% dergl.	Reihe 66	96
305 363	8½% dergl.	Reihe 67	94

Preußische Landespfandbriefanstalt
siehe: Deutsche Pfandbriefanstalt

Preußische Zentralstadtschaft, Berlin

308 018	4% Pfandbriefe (Altsp.-Em.)	Reihe 35	98
308 020	4% dergl. (Umtausch-Em.)	Reihe 36	99
308 021	4% dergl. (Umtausch-Em.)	Reihe 37	99

Raiffeisen-Zentralbank Kurhessen, Kassel

309 503	10% Sparobl.	A 2	101,5

Rheinische Girozentrale und Provinzialbank, Düsseldorf (jetzt: Westdeutsche Landesbank Girozentrale)

310 001	4% Hyp.-Pfandbr. v. 1953 (Umtausch-Em.)		98
310 002	4% dergl. (Altsp.-Em.)	Ausg. 9	98
310 003	5% dergl.	Ausg. 10	108
310 004	5% dergl.	Ausg. 11	107
310 005	5% dergl.	Ausg. 12	110,5
310 006	5% dergl.	Ausg. 13	107
310 007	5% dergl.	Ausg. 14	107
310 008	5% dergl.	Ausg. 15	107
310 009	5½% dergl.	Ausg. 16	108,5
310 011	5½% dergl.	Ausg. 18	108,5
310 012	5½% dergl.	Ausg. 19	113
310 013	5½% dergl.	Ausg. 20	112
310 014	5% dergl.	Ausg. 21	107
310 015	5% dergl.	Ausg. 22	105
310 017	5% dergl.	Ausg. 24	105
310 018	5½% dergl. v. 1955	Ausg. A	69
310 020	6% dergl. v. 1955	Ausg. C	71,5
310 021	6% dergl. v. 1956	Ausg. A	71,5
310 022	6% dergl. v. 1956	Ausg. B	71,5
310 023	6% dergl. v. 1956	Ausg. C	71,5
310 025	6% dergl. v. 1957	Ausg. B	98
310 028	6% dergl. v. 1958	Ausg. C	71,5
310 029	5½% dergl. v 1958	Ausg. D	69
310 030	5% dergl. v. 1958	Ausg. E	69
310 031	5½% dergl. v. 1959	Ausg. A	69
310 032	5% dergl. v 1959	Ausg B	69
310 033	5½% dergl. v 1959	Ausg. C	69
310 034	6% dergl. v. 1959	Ausg. D	71,5
310 035	6% dergl. v. 1960	Ausg. A	71,5
310 036	5% dergl. v. 1960	Ausg. B	100
310 038	6% dergl. v. 1960	Ausg. D	71,5
310 039	6% dergl. v. 1960	Ausg. E	71,5

Wertpapier-Nr.				Kurs in Prozenten	Wertpapier-Nr.				Kurs in Prozenten
310 040	6% dergl.	v. 1961	Ausg. A	75	310 361	7% dergl.	Reihe 124	Serie A	90,25
310 041	5¹/₂% dergl.	v. 1961	Ausg. B	69	310 362	7% dergl.	Reihe 124	Serie B	90,25
310 042	5% dergl.	v. 1961	Ausg. C	69	310 364	7% dergl.	Reihe 124	Serie D	90,25
310 043	5% dergl.	v. 1961	Ausg. D	100	310 365	7% dergl.	Reihe 124	Serie E	90,25
310 044	5¹/₂% dergl.	v 1961	Ausg. E	69	310 366	7% dergl.	Reihe 124	Serie F	90,25
310 045	5¹/₂% dergl.		Reihe 98	69	310 367	7% dergl.	Reihe 124	Serie G	90,25
310 046	6% dergl.		Reihe 99	71,5	310 368	7% dergl.	Reihe 124	Serie H	90,25
310 047	5¹/₂% dergl.		Reihe 100	69	310 369	7% dergl.	Reihe 124	Serie I	100
310 048	6% dergl.		Reihe 103	71,5	310 370	7% dergl.	Reihe 124	Serie K	90,25
310 049	6% dergl.		Reihe 105	71,5	310 371	6¹/₂% dergl.	Reihe 130	Serie A	88,75
310 050	6% dergl.		Reihe 108	71,5	310 373	6¹/₂% dergl.	Reihe 130	Serie C	88,75
310 051	6% dergl.		Reihe 110	71,5	310 374	6¹/₂% dergl.	Reihe 130	Serie D	88,75
310 052	6% dergl.		Reihe 113	71,5	310 375	6¹/₂% dergl.	Reihe 130	Serie E	88,75
310 053	6% dergl.		Reihe 115	71,5	310 376	6¹/₂% dergl.	Reihe 130	Serie F	88,75
310 054	6% dergl.		Reihe 116	71,5	310 377	6¹/₂% dergl.	Reihe 130	Serie G	88,75
310 055	7% dergl.		Reihe 120	79,5	310 378	6¹/₂% dergl.	Reihe 130	Serie H	88,75
310 056	7% dergl.		Reihe 121	79,5	310 379	6¹/₂% dergl.	Reihe 130	Serie I	88,75
310 057	6% dergl.		Reihe 123	71,5	310 380	6¹/₂% dergl.	Reihe 130	Serie K	88,75
310 058	7% dergl.		Reihe 125	86,25	310 381	6¹/₂% dergl.	Reihe 132	Serie A	93,7
310 059	7% dergl.		Reihe 126	79,5	310 382	6¹/₂% dergl.	Reihe 132	Serie B	93,7
310 060	6¹/₂% dergl.		Reihe 128	75,5	310 386	6¹/₂% dergl.	Reihe 132	Serie F	93,7
310 061	6¹/₂% dergl.		Reihe 131	75,5	310 388	6¹/₂% dergl.	Reihe 132	Serie H	93,7
310 062	6¹/₂% dergl.		Reihe 133	75,5	310 392	6¹/₂% dergl.	Reihe 134	Serie B	93,5
310 063	6¹/₂% dergl.		Reihe 136	93,5	310 393	6¹/₂% dergl.	Reihe 134	Serie C	93,5
310 064	6¹/₂% dergl.		Reihe 137	93,5	310 394	6¹/₂% dergl.	Reihe 134	Serie D	93,5
310 065	6¹/₂% dergl.		Reihe 141	75,5	310 396	6¹/₂% dergl.	Reihe 134	Serie F	93,5
310 066	6% dergl.		Reihe 142	71,5	310 397	6¹/₂% dergl.	Reihe 134	Serie G	93,5
310 300	4% Komm.-Schuldverschr. v. 1953 (Umtausch-Em.)			98	310 401	6¹/₂% dergl.	Reihe 135	Serie A	915
					310 403	6¹/₂% dergl.	Reihe 135	Serie C	91,5
310 301	5% dergl.		Ausg. 10	104	310 404	6¹/₂% dergl.	Reihe 135	Serie D	100
310 302	5% dergl.		Ausg. 11	108	310 405	6¹/₂% dergl.	Reihe 135	Serie E	91,5
310 303	5% dergl.		Ausg. 12	107	310 406	6¹/₂% dergl.	Reihe 135	Serie F	91,5
310 304	5¹/₂% dergl.		Ausg. 13 a	104	310 407	6¹/₂% dergl.	Reihe 135	Serie G	91,5
310 305	5¹/₂% dergl.		Ausg. 13 b	100	310 412	6¹/₂% dergl.	Reihe 138	Serie B	92,25
310 306	5¹/₂% dergl.		Ausg. 14 a	101	310 413	6¹/₂% dergl.	Reihe 138	Serie C	92,25
310 307	5¹/₂% dergl.		Ausg. 14 b	100	310 414	6¹/₂% dergl.	Reihe 138	Serie D	92,25
310 309	5¹/₂% dergl.		Ausg. 18	101	310 415	6¹/₂% dergl.	Reihe 138	Serie E	92,25
310 311	5¹/₂% dergl.		Ausg. 21	108,5	310 416	6¹/₂% dergl.	Reihe 138	Serie F	92,25
310 312	5% dergl.		Ausg. 22	105	310 417	6¹/₂% dergl.	Reihe 138	Serie G	92,25
310 313	6% dergl.	v. 1955	Ausg. A	71,5	310 421	6¹/₂% dergl.	Reihe 139	Serie A	92
310 314	5¹/₂% dergl.	v. 1955	Ausg. B	69	310 422	6¹/₂% dergl.	Reihe 139	Serie B	92
310 315	6% dergl.	v. 1956	Ausg. A	71,5	310 423	6¹/₂% dergl.	Reihe 139	Serie C	92
310 316	6% dergl.	v. 1956	Ausg. B	71,5	310 424	6¹/₂% dergl.	Reihe 139	Serie D	92
310 322	6¹/₂% dergl.	v. 1958	Ausg. B	80	310 425	6¹/₂% dergl.	Reihe 139	Serie E	92
310 323	6% dergl.	v. 1958	Ausg. C	76,5	310 427	6¹/₂% dergl.	Reihe 139	Serie G	92
310 324	5¹/₂% dergl.	v. 1958	Ausg. D	71,75	310 457	6% Inh.-Schuldverschr. v. 1962		Ausg. 9	93,2
310 325	5¹/₂% dergl.	v. 1958	Ausg. E	69					
310 326	5¹/₂% dergl.	v. 1958	Ausg. F	69	310 459	6% dergl.	v. 1963	Ausg. 11	97,75
310 327	5¹/₂% dergl.	v. 1959	Ausg. A	69	310 461	6% dergl.	v. 1963	Ausg. 13	97
310 328	5¹/₂% dergl.	v. 1959	Ausg. B	71,5	310 466	6% dergl.	v. 1963	Ausg. 18	96,25
310 330	6% dergl.	v. 1961	Ausg. A	98	310 467	5¹/₂% dergl.	v. 1964	Ausg. 19	96,6
310 332	6% dergl.	v. 1961	Ausg. C	69	310 469	6% dergl.	v. 1964	Ausg. 21	97,6
310 333	5¹/₂% dergl.	v. 1961	Ausg. D	69	310 473	6¹/₂% dergl.	v. 1965	Ausg. 25	96,7
310 334	6% dergl.	v. 1961	Ausg. E	79,5	310 474	7% dergl.	v. 1965	Ausg. 26	91,55
310 335	5¹/₂% dergl.		Reihe 97	72,5	310 475	7% dergl.	v. 1966	Ausg. 27	98,75
310 336	5¹/₂% dergl.		Reihe 101	69	310 476	7% dergl.	v. 1966	Ausg. 28	96,95
310 337	6% dergl.		Reihe 102	71,5	310 477	7% dergl.	v. 1967	Ausg. 29	95,55
310 338	6% dergl.		Reihe 104	98	310 478	6¹/₂% dergl.		Ausg. 30	93,5
310 339	6% dergl.		Reihe 106	71,5	310 479	6¹/₂% dergl.		Ausg. 31	92,75
310 340	6% dergl.		Reihe 107	71,5	310 482	6¹/₂% dergl.		Ausg. 34	91,75
310 341	6% dergl.		Reihe 109	71,5	310 483	6% dergl.		Ausg. 35	96,5
310 342	6% dergl.		Reihe 111	99	310 484	6¹/₂% dergl.		Ausg. 36	95,9
310 343	6% dergl.		Reihe 112	71,5	310 485	6¹/₂% dergl.		Ausg. 37	99,45
310 344	6% dergl.		Reihe 114	71,5	310 486	6% dergl.		Ausg. 38	96
310 345	7% dergl.		Reihe 117	98,5	310 487	6¹/₂% dergl.		Ausg. 39	92,25
310 346	7% dergl.		Reihe 118	100	310 488	6¹/₂% dergl.		Ausg. 40	96,10
310 347	7% dergl.		Reihe 119	79,5	310 489	6¹/₂% dergl.		Ausg. 41	92,25
310 348	7% dergl.		Reihe 122	79,5	310 490	6% dergl.		Ausg. 42	97,6
310 349	7% dergl.		Reihe 124	90,25	310 492	6% dergl.		Ausg. 44	95
310 350	7% dergl.		Reihe 127	79,5	310 493	6% dergl.		Ausg. 45	94,5
310 351	6¹/₂% dergl.		Reihe 129	75,5	310 494	6% dergl.		Ausg. 46	93,7
310 352	6¹/₂% dergl.		Reihe 130	88,75	310 496	6% dergl.		Ausg. 48	97,25
310 353	6¹/₂% dergl.		Reihe 132	93,7	310 497	6% dergl.		Ausg. 49	92
310 354	6¹/₂% dergl.		Reihe 134	93,5	310 498	6% dergl.		Ausg. 50	87,75
310 355	6¹/₂% dergl.		Reihe 135	91,5	310 500	6% dergl.		Ausg. 52	95
310 356	6¹/₂% dergl.		Reihe 138	92,25	310 501	6% dergl.		Ausg. 53	96,55
310 357	6¹/₂% dergl.		Reihe 139	92	310 502	6% dergl.		Ausg. 54	Prozenten
310 358	6¹/₂% dergl.		Reihe 140	82,25	310 503	6% dergl.		Ausg. 55	91
310 359	6% dergl.		Reihe 143	85,5	310 504	6% dergl.		Ausg. 56	93,5
310 360	6% dergl.		Reihe 144	90	310 505	6% dergl.		Ausg. 57	88,5

Wertpapier-Nr.			Kurs in Prozenten
310 506	6% dergl.	Ausg. 58	89
310 507	6% dergl.	Ausg. 59	93,5
310 511	7% dergl.	v. 1966 Ausg. 27 Serie A	98,75
310 523	7% dergl.	v. 1966 Ausg. 28 Serie C	96,95
310 524	7% dergl.	v. 1966 Ausg. 28 Serie D	96,95
310 532	7% dergl.	v. 1967 Ausg. 29 Serie B	95,55
310 533	7% dergl.	v. 1967 Ausg. 29 Serie C	95,55
310 536	7% dergl.	v. 1967 Ausg. 29 Serie F	95,55
310 537	7% dergl.	v. 1966 Ausg. 29 Serie G	95,55
310 541	6½% dergl.	v. 1966 Ausg. 30 Serie A	93,5
310 543	6½% dergl.	v. 1966 Ausg. 30 Serie C	93,5
310 545	6½% dergl.	v. 1966 Ausg. 30 Serie E	93,5
310 546	6½% dergl.	v. 1966 Ausg. 30 Serie F	93,5
310 547	6½% dergl.	v. 1966 Ausg. 30 Serie G	93,5
310 551	6½% dergl.	Ausg. 31 Serie A	92,75
310 552	6½% dergl.	Ausg. 31 Serie B	92,75
310 553	6½% dergl.	Ausg. 31 Serie C	92,75
310 556	6½% dergl.	Ausg. 31 Serie F	92,75
310 557	6½% dergl.	Ausg. 31 Serie G	92,75
310 561	6½% dergl.	Ausg. 34 Serie A	91,75
310 562	6½% dergl.	Ausg. 34 Serie B	91,75
310 563	6½% dergl.	Ausg. 34 Serie C	91,75
310 564	6½% dergl.	Ausg. 34 Serie D	100
310 565	6½% dergl.	Ausg. 34 Serie E	91,75
310 567	6½% dergl.	Ausg. 34 Serie G	91,75
310 573	6½% dergl.	v. 1966 Ausg. 36 Serie C	95,9
310 575	6½% dergl.	v. 1966 Ausg. 36 Serie E	95,9
310 581	6½% dergl.	Ausg. 39 Serie A	92,25
310 583	6½% dergl.	Ausg. 39 Serie C	92,25
310 584	6½% dergl.	Ausg. 39 Serie D	92,25
310 585	6½% dergl.	Ausg. 39 Serie E	92,25
310 586	6½% dergl.	Ausg. 39 Serie F	92,25
310 587	6½% dergl.	Ausg. 39 Serie G	92,25
310 592	6½% dergl.	Ausg. 40 Serie B	96,1
310 593	6½% dergl.	Ausg. 40 Serie C	96,1
310 595	6½% dergl.	Ausg. 40 Serie E	96,1
310 601	6½% dergl.	Ausg. 41 Serie A	92,25
310 602	6½% dergl.	Ausg. 41 Serie B	92,25
310 603	6½% dergl.	Ausg. 41 Serie C	92,25
310 605	6½% dergl.	Ausg. 41 Serie E	92,25
310 606	6½% dergl.	Ausg. 41 Serie F	92,25
310 607	6½% dergl.	Ausg. 41 Serie G	92,25
310 612	6% dergl.	Ausg. 44 Serie B	95
310 614	6% dergl.	Ausg. 44 Serie D	95
310 615	6% dergl.	Ausg. 44 Serie E	95
310 621	6% dergl.	Ausg. 45 Serie A	94,5
310 623	6% dergl.	Ausg. 45 Serie C	94,5
310 625	6% dergl.	Ausg. 45 Serie E	94,5
310 631	6% dergl.	Ausg. 50 Serie A	87,75
310 632	6% dergl.	Ausg. 50 Serie B	87,75
310 633	6% dergl.	Ausg. 50 Serie C	87,75
310 635	6% dergl.	Ausg. 50 Serie E	87,75
310 636	6% dergl.	Ausg. 50 Serie F	87,75
310 637	6% dergl.	Ausg. 50 Serie G	87,75
310 638	6% dergl.	Ausg. 50 Serie H	87,75
310 641	6% dergl.	Ausg. 56 Serie A	93,5
310 642	6% dergl.	Ausg. 56 Serie B	93,5
310 645	6% dergl.	Ausg. 56 Serie E	93,5
310 652	6% dergl.	Ausg. 58 Serie B	89
310 653	6% dergl.	Ausg. 58 Serie C	89
310 654	6% dergl.	Ausg. 58 Serie D	89
310 655	6% dergl.	Ausg. 58 Serie E	89
310 656	6% dergl.	Ausg. 58 Serie F	89
310 657	6% dergl.	Ausg. 58 Serie G	89
310 658	6% dergl.	Ausg. 58 Serie H	89
310 661	6% dergl.	Ausg. 59 Serie A	93,5
310 662	6% dergl.	Ausg. 59 Serie B	93,5
310 664	6% dergl.	Ausg. 59 Serie D	93,5
	Rheinische Hypothekenbank, Mannheim		
312 041	5% Pfandbr.	Reihe 53	107,5
312 042	5% dergl.	Reihe 54	107
312 043	5% dergl.	Reihe 55	107
312 044	5% dergl.	Reihe 56	104
312 045	5% dergl.	Reihe 57	106,75
312 046	5% dergl.	Reihe 58	104
312 047	5% dergl.	Reihe 59	107
312 049	5% dergl.	Reihe 61	106,75
312 050	5% dergl.	Reihe 62	105,5
312 051	5½% dergl.	Reihe 63	108,75

Wertpapier-Nr.			Kurs in Prozenten
312 052	4% dergl. (Altsp.-Em.)	Reihe 64	96
312 054	5% dergl.	Reihe 65	105
312 056	5½% dergl.	Reihe 67	108,5
312 057	4% dergl.	Reihe 68	96
312 058	4% dergl.	Reihe 69	96
312 059	5½% dergl.	Reihe 70	107,5
312 060	5% dergl.	Reihe 71	108
312 061	5½% dergl.	Reihe 72	108
312 062	5% dergl.	Reihe 73	105,5
312 063	5% dergl.	Reihe 74	106,5
312 065	6% dergl.	Reihe 76	85
312 066	6% dergl.	Reihe 77	79
312 067	5½% dergl.	Reihe 78	68,5
312 068	5½% dergl.	Reihe 79	78,5
312 069	6% dergl.	Reihe 80	70
312 070	6% dergl.	Reihe 81	70
312 071	6% dergl.	Reihe 82	70
312 072	6% dergl.	Reihe 83	83
312 074	6% dergl.	Reihe 85	79,5
312 078	5½% dergl.	Reihe 89	68,5
312 079	5% dergl.	Reihe 90	67
312 081	5% dergl.	Reihe 92	67
312 082	5% dergl.	Reihe 93	67
312 083	5½% dergl.	Reihe 94	68
312 084	6% dergl.	Reihe 95	68,5
312 085	6% dergl.	Reihe 96	70
312 088	6% dergl.	Reihe 99	70
312 089	6% dergl.	Reihe 100	70
312 090	5½% dergl.	Reihe 101	68
312 091	5% dergl.	Reihe 102	67
312 092	5% dergl.	Reihe 103	67
312 093	5½% dergl.	Reihe 104	68
312 094	5½% dergl.	Reihe 105	68
312 095	6% dergl.	Reihe 106	70
312 096	5½% dergl.	Reihe 107	68
312 097	6% dergl.	Reihe 108	70
312 098	5½% dergl.	Reihe 109	68
312 099	5½% dergl.	Reihe 110	68
312 100	6% dergl.	Reihe 111	70
312 101	6% dergl.	Reihe 112	70
312 102	6% dergl.	Reihe 113	69
312 103	6% dergl.	Reihe 114	70
312 104	6% dergl.	Reihe 115	70
312 105	6% dergl.	Reihe 116	70
312 106	6% dergl.	Reihe 117	70
312 107	6% dergl.	Reihe 118	70
312 108	6% dergl.	Reihe 119	70
312 109	6% dergl.	Reihe 120	70
312 110	5½% dergl.	Reihe 121	68
312 111	6% dergl.	Reihe 122	70
312 112	6% dergl.	Reihe 123	70
312 113	6% dergl.	Reihe 124	70
312 114	7% dergl.	Reihe 125	81
312 115	7% dergl.	Reihe 126	80
312 116	7% dergl.	Reihe 127	80
312 117	7% dergl.	Reihe 128	80
312 118	7% dergl.	Reihe 129	80
312 119	7% dergl.	Reihe 130	80,5
312 120	6% dergl.	Reihe 131	70
312 121	6½% dergl.	Reihe 132	74
312 122	6% dergl.	Reihe 133	86
312 123	6½% dergl.	Reihe 134	88
312 124	6½% dergl.	Reihe 135	74
312 125	6½% dergl.	Reihe 136	74
312 126	6½% dergl.	Reihe 137	74
312 127	6½% dergl.	Reihe 138	74
312 128	6½% dergl.	Reihe 139	74
312 129	6% dergl.	Reihe 140	70
312 130	6% dergl.	Reihe 141	70
312 134	7% dergl.	Reihe 145	80
312 135	7% dergl.	Reihe 146	92
312 136	7% dergl.	Reihe 147	79,5
312 138	7½% dergl.	Reihe 149	82
312 139	7½% dergl.	Reihe 150	83
312 140	6½—10% dergl.	Reihe 151	95
312 142	7½% dergl.	Reihe 153	83
312 143	6½%—10% dergl.	Reihe 154	93,5
312 144	7½% dergl.	Reihe 155	96,75
312 145	7½% dergl.	Reihe 156	82,5
312 147	7½% dergl.	Reihe 158	88,25

Wertpapier-Nr.				Kurs in Prozenten	Wertpapier-Nr				Kurs in Prozenten
312 148	7%	dergl.	Reihe 159	86	315 002	5%	dergl.	Serie C	106,5
312 149	7%	dergl.	Reihe 160	92	315 003	5%	dergl.	Serie F	107
312 151	8%	dergl.	Reihe 162	93	315 004	5%	dergl.	Serie G	107
312 152	7¹/₂%	dergl.	Reihe 163	88	315 005	5¹/₂%	dergl.	Serie H	101
312 153	8¹/₂%	dergl.	Reihe 164	94	315 006	5¹/₂%	dergl.	Serie K	107
312 304	5%	Komm.-		106	315 007	5%	dergl.	Serie L	105
		Schuldverschr.	Reihe XIV		315 008	5%	dergl.	Serie M	108
312 305	5%	dergl.	Reihe XV	107,5	315 009	5¹/₂%	dergl	Serie N	109
312 306	5%	dergl.	Reihe XVI	106	315 016	4%	dergl.	Serie 18	100
312 307	4%	dergl.	Reihe XVII	96	315 017	4%	dergl.	Serie 19	100
312 309	6%	dergl.	Reihe XIX	85	315 018	4%	dergl.	Serie 20	100
312 310	6%	dergl.	Reihe XX	85	315 019	4%	dergl.	Serie 21	100
312 311	5¹/₂%	dergl.	Reihe XXI	70	315 020	4%	dergl.	Serie 22	100
312 312	6%	dergl.	Reihe XXII	83				(Altsp.-Em.)	
312 321	7%	dergl.	Reihe XXXI	80					100
312 323	6%	dergl.	Reihe XXXIII	69,5	315 022	6%	dergl.	Serie 23	72,5
312 324	5%	dergl.	Reihe XXXIV	67	315 023	6%	dergl.	Serie 24	72,5
312 325	5¹/₂%	dergl.	Reihe XXXV	68,5	315 024	5¹/₂%	dergl.	Serie 25	71
312 326	5%	dergl.	Reihe XXXVI	67	315 025	6%	dergl.	Serie 26	72
312 327	5%	dergl.	Reihe XXXVII	67	315 027	6%	dergl.	Serie 28	73
312 328	5¹/₂%	dergl.	Reihe XXXVIII	68	315 028	6%	dergl.	Serie 29	97
312 329	5%	dergl.	Reihe XXXIX	67	315 030	5%	dergl.	Serie 31	70
312 330	6%	dergl.	Reihe XL (40)	70	315 031	5¹/₂%	dergl.	Serie 32	70
312 332	6¹/₂%	dergl.	Reihe XLII (42)	74	315 032	5¹/₂%	dergl.	Serie 33	70
312 333	5¹/₂%	dergl.	Reihe XLIII (43)	68	315 033	5%	dergl.	Serie 34	70
312 334	5¹/₂%	dergl.	Reihe XLIV (44)	68	315 034	5%	dergl.	Serie 35	71
312 335	6%	dergl.	Reihe XLV (45)	70	315 035	5¹/₂%	dergl.	Serie 36	72
312 336	6%	dergl.	Reihe XLVI (46)	70	315 036	6%	dergl.	Serie 37	71
312 337	6%	dergl.	Reihe XLVII (47)	70	315 037	5¹/₂%	dergl.	Serie 38	70
312 338	6%	dergl.	Reihe XLVIII (48)	70	315 038	6%	dergl.	Serie 39	70
312 339	6%	dergl.	Reihe IL (49)	70	315 039	5%	dergl.	Serie 40	70
312 340	6%	dergl.	Reihe L (50)	70	315 040	5¹/₂%	dergl.	Serie 41	70
312 341	6%	dergl.	Reihe LI (51)	70	315 041	6%	dergl.	Serie 42	71
312 342	6%	dergl.	Reihe LII (52)	70	315 042	6%	dergl.	Serie 43	71
312 343	7%	dergl.	Reihe LIII (53)	81	315 043	6%	dergl.	Serie 44	71
312 344	7%	dergl.	Reihe LIV (54)	80	315 044	6%	dergl.	Serie 45	71
312 345	7%	dergl.	Reihe LV (55)	80	315 045	6%	dergl.	Serie 46	71
312 346	7%	dergl.	Reihe LVI (56)	80	315 046	6%	dergl.	Serie 47	71
312 347	7%	dergl.	Reihe 57	81,5	315 047	6%	dergl.	Serie 48	71
312 348	6%	dergl.	Reihe 58	88	315 048	6%	dergl.	Serie 49	71
312 349	6¹/₂%	dergl.	Reihe 59	88	315 049	6%	dergl.	Serie 50	71
312 350	6¹/₂%	dergl.	Reihe 60	74	315 050	6%	dergl.	Serie 51	71
312 351	6¹/₂%	dergl.	Reihe 61	94,5	315 051	6%	dergl.	Serie 52	71
312 353	6¹/₂%	dergl.	Reihe 63	87,5	315 052	6%	dergl.	Serie 53	71
312 354	6¹/₂%	dergl.	Reihe 64	74	315 053	6%	dergl	Serie 54	71
312 355	6¹/₂%	dergl.	Reihe 65	74	315 054	6%	dergl.	Serie 55	71
312 357	6%	dergl.	Reihe 67	95	315 055	6%	dergl.	Serie 56	71
312 358	6¹/₂%	dergl.	Reihe 68	74	315 056	7%	dergl.	Serie 57	78
312 359	6%	dergl.	Reihe 69	92,5	315 057	7%	dergl.	Serie 58	78
312 360	6%	dergl.	Reihe 70	89,5	315 058	7%	dergl.	Serie 59	81
312 361	6%	dergl.	Reihe 71	70	315 059	7%	dergl.	Serie 60	77
312 362	6%	dergl.	Reihe 72	84	315 060	6%	dergl.	Serie 61	72
312 363	5¹/₂%	dergl.	Reihe 73	92,5	315 061	6%	dergl.	Serie 62	71
312 364	5¹/₂%	dergl.	Reihe 74	92,5	315 062	6¹/₂%	dergl.	Serie 63	73
312 367	6%	dergl.	Reihe 77	70	315 063	6¹/₂%	dergl.	Serie 64	70
312 368	6%	dergl.	Reihe 78	70	315 064	6¹/₂%	dergl.	Serie 65	73
312 369	6¹/₂%	dergl.	Reihe 79	74	315 065	6¹/₂%	dergl.	Serie 66	70
312 370	6¹/₂%	dergl.	Reihe 80	87	315 066	6¹/₂%	dergl.	Serie 67	70
312 373	7%	dergl.	Reihe 83	80	315 067	7%	dergl.	Serie 68	81
312 374	8%	dergl.	Reihe 84	95,25	315 068	7%	dergl.	Serie 69	82
312 375	8%	dergl.	Reihe 85	91,5	315 069	7%	dergl.	Serie 70	83
312 376	8¹/₂%	dergl.	Reihe 86	94,25	315 070	7%	dergl.	Serie 71	86,5
312 377	8¹/₂%	dergl.	Reihe 87	96,5	315 071	7%	dergl.	Serie 72	79
312 378	7%	dergl.	Reihe 88	80	315 072	8%	dergl.	Serie 73	95
312 379	8%	dergl.	Reihe 89	91	315 073	8%	dergl.	Serie 74	94.5
312 380	7¹/₂%	dergl.	Reihe 90	88,5	315 074	8%	dergl.	Serie 75	90
312 381	8%	dergl.	Reihe 91	90,25	315 076	7¹/₂%	dergl.	Serie 76	90,5
312 382	7¹/₂%	dergl.	Reihe 92	81,25	315 077	8%	dergl.	Serie 77	91,5
312 383	7%	dergl.	Reihe 93	93	315 078	8%	dergl.	Serie 78	90,5
312 384	7¹/₂%	dergl.	Reihe 94	89,5	315 079	8%	dergl.	Serie 79	88
312 385	7%	dergl.	Reihe 95	86	315 080	7¹/₂%	dergl.	Serie 80	90
312 386	7¹/₂%	dergl.	Reihe 96	89	315 081	7¹/₂%	dergl.	Serie 81	84
312 387	6¹/₂%	dergl.	Reihe 97	86	315 082	7¹/₂%	dergl.	Serie 82	89
312 388	7%	dergl.	Reihe 98	91,5	315 083	7¹/₂%	dergl.	Serie 83	91
312 389	7¹/₂%	dergl.	Reihe 99	89	315 084	8%	dergl.	Serie 84	96,5
312 390	8%	dergl.	Reihe 100	94	315 085	8%	dergl.	Serie 85	91
312 391	8¹/₂%	dergl.	Reihe 101	94	315 086	8¹/₂%	dergl.	Serie 86	94
					315 087	9%	dergl.	Serie 87	97
Rheinisch-Westfälische Boden-Credit-Bank, Köln					315 300	5%	Komm.-Schuldv.	Serie D	106
315 000	5%	Hyp.-Pfandbr.	Serie A	108	315 301	5%	dergl.	Serie E	106,5
315 001	5%	dergl.	Serie B	103,5	315 302	5¹/₂%	dergl.	Serie J	107

Wertpapier-Nr.				Kurs in Prozenten
315 303	4%	dergl.	Serie IX	100
315 304	4%	dergl. (Altsp.-Em.)	Serie X	100
315 306	6%	dergl.	Serie XI	72,5
315 307	5 1/2%	dergl.	Serie XII	70
315 311	6%	dergl.	Serie XVI	97
315 312	6%	dergl.	Serie XVII	71
315 313	5%	dergl.	Serie XVIII	70
315 314	5 1/2%	dergl.	Serie XIX	70
315 315	5 1/2%	dergl.	Serie XX	70
315 316	6%	dergl.	Serie XXI	71
315 317	6%	dergl.	Serie XXII	71
315 318	6%	dergl.	Serie XXIII	71
315 320	6%	dergl.	Serie XXV	71
315 321	6%	dergl.	Serie XXVI	71
315 322	6%	dergl.	Serie XXVII	71
315 324	6%	dergl.	Serie XXIX	71
315 325	6%	dergl	Serie XXX	71
315 326	7%	dergl.	Serie XXXI	78
315 327	7%	dergl.	Serie XXXII	78
315 328	6%	dergl.	Serie XXXIII	71
315 329	6%	dergl.	Serie XXXIV	71
315 330	6%	dergl.	Serie XXXV	71
315 331	6 1/2%	dergl.	Serie XXXVI	73
315 332	6%	dergl.	Serie XXXVII	71
315 333	6%	dergl.	Serie XXXVIII	71
315 334	6 1/2%	dergl.	Serie XXXIX	71
315 335	6 1/2%	dergl.	Serie XL	71
315 336	6%	dergl	Serie XLI	71
315 337	6 1/2%	dergl.	Serie XLII	71
315 338	6 1/2%	dergl.	Serie XLIII	71
315 339	6%	dergl.	Serie XLIV	95,1
315 340	7%	dergl.	Serie XLV	84
315 341	7%	dergl.	Serie XLVI	85
315 342	7%	dergl.	Serie XLVII	86
315 343	7 1/2%	dergl.	Serie XLVIII	92,5
315 344	7 1/2%	dergl.	Serie XLIX	93
315 345	7 1/2%	dergl.	Serie L	90
315 351	7 1/2%	dergl.	Serie 51	84
315 352	7 1/2%	dergl.	Serie 52	89
315 353	8%	dergl.	Serie 53	92,5
315 354	8%	dergl.	Serie 54	91,5
315 355	7 1/2%	dergl.	Serie 55	90
315 356	7 1/2%	dergl.	Serie 56	90

Ritterschaftliches Kreditinstitut des Fürstentums Lüneburg, Celle

316 002	5%	Hyp.-Pfandbr.	Serie I	108
316 005	6%	dergl.	Serie V	74
316 006	6%	dergl.	Serie VI	74
316 008	5 1/2%	dergl.	Serie VIII	73
316 009	5 1/2%	dergl.	Serie IX	73
316 010	5%	dergl.	Serie X	72
316 011	5 1/2%	dergl.	Serie XI	73
316 012	6%	dergl.	Serie XII	74
316 014	6%	dergl.	Serie XIV	74
316 015	6%	dergl.	Serie XV	74
316 016	5 1/2%	dergl.	Serie XVI	73
316 018	5 1/2%	dergl.	Serie XVIII	73
316 019	5 1/2%	dergl.	Serie XIX	73
316 020	6%	dergl.	Serie XX	74
316 021	6%	dergl.	Serie XXI	74
316 022	6%	dergl.	Serie XXII	74
316 023	6%	dergl.	Serie XXIII	74
316 024	6%	dergl.	Serie XXIV	74
316 300	6%	Komm.-Schuldverschr.	Reihe I	74
316 301	6%	dergl.	Reihe II	74

Sächsische Bodencreditanstalt, Frankfurt a. M.

318 023	4%	Hyp.-Pfandbr. (Altsp.-Em.)	Reihe 31	99
318 025	4%	dergl. (Umtausch-Em.)	Reihe 32	99
318 026	4%	dergl. (Umtausch-Em.)	Reihe 33	99
318 027	4 1/2%	dergl. (Umtausch-Em.)	Reihe 34	99
318 028	6%	dergl.	Reihe 36	69
318 029	6%	dergl.	Reihe 37	68,5
318 030	5 1/2%	dergl.	Reihe 38	68
318 031	6%	dergl.	Reihe 40	69
318 032	7%	dergl.	Reihe 41	78
318 033	6%	dergl.	Reihe 42	69
318 034	6%	dergl.	Reihe 46	69
318 035	5%	dergl.	Reihe 47	67
318 036	5 1/2%	dergl.	Reihe 49	67
318 037	6%	dergl.	Reihe 50	69
318 038	5 1/2%	dergl.	Reihe 51	68
318 039	6%	dergl.	Reihe 52	70
318 040	5 1/2%	dergl.	Reihe 54	68,5
318 041	6%	dergl.	Reihe 55	70
318 042	6%	dergl.	Reihe 56	69
318 043	6%	dergl.	Reihe 58	70
318 044	6%	dergl.	Reihe 59	70
318 045	5 1/2%	dergl.	Reihe 61	68,5
318 046	6%	dergl.	Reihe 62	70
318 047	6%	dergl.	Reihe 64	70
318 048	6%	dergl.	Reihe 65	70
318 049	6%	dergl.	Reihe 67	70
318 050	7%	dergl.	Reihe 68	78
318 051	7%	dergl.	Reihe 70	78
318 052	6%	dergl.	Reihe 72	70
318 053	6 1/2%	dergl.	Reihe 73	73,5
318 054	6%	dergl.	Reihe 74	70
318 055	6 1/2%	dergl.	Reihe 75	73,5
318 056	6 1/2%	dergl.	Reihe 76	73,5
318 057	6 1/2%	dergl.	Reihe 78	73,5
318 058	7%	dergl.	Reihe 80	85
318 059	7%	dergl.	Reihe 82	78
318 060	7 1/2%	dergl.	Reihe 83	84
318 061	7 1/2%	dergl.	Reihe 84	85
318 062	7%	dergl.	Reihe 86	85
318 303	4%	Komm.-Schuldverschr. (Umtausch-Em.)	Reihe 35	99
318 304	7%	dergl.	Reihe 43	78
318 305	6%	dergl.	Reihe 39	70
318 306	6%	dergl.	Reihe 44	70
318 307	6%	dergl.	Reihe 45	70
318 308	5%	dergl.	Reihe 48	68
318 309	5 1/2%	dergl.	Reihe 53	68,5
318 310	6%	dergl.	Reihe 57	70
318 311	6%	dergl.	Reihe 60	70
318 312	6%	dergl.	Reihe 63	70
318 313	7%	dergl.	Reihe 66	87
318 314	7%	dergl.	Reihe 69	78
318 315	6%	dergl.	Reihe 71	70
318 317	6 1/2%	dergl.	Reihe 79	73,5
318 318	7%	dergl.	Reihe 81	78
318 319	7%	dergl.	Reihe 85	78
318 320	8%	dergl.	Reihe 87	91

Schiffshypothekenbank zu Lübeck AG, Lübeck

321 004	6 1/2%	Schiffspfandbr.	Serie 4	94,25
321 005	6%	dergl.	Serie 5	84
321 006	6 1/2%	dergl.	Serie 6	82,5
321 012	6%	dergl.	Serie 12	86,5
321 013	5 1/2%	dergl.	Serie 13	78,5
321 014	5 1/2%	dergl.	Serie 14	78
321 016	5 1/2%	dergl.	Serie 16	77,5
321 017	5 1/2%	dergl.	Serie 17	77
321 018	6%	dergl.	Serie 18	78,5
321 019	6 1/2%	dergl.	Serie 19	95
321 021	6%	dergl.	Serie 21	93,5
321 022	6%	dergl.	Serie 22	87
321 023	6%	dergl.	Serie 23	77
321 024	6%	dergl.	Serie 24	93,5
321 026	6%	dergl.	Serie 26	90
321 027	6 1/2%	dergl.	Serie 27	89,5
321 029	6 1/2%	dergl.	Serie 29	94,5
321 030	6%	dergl.	Serie 30	100
321 031	6 1/2%	dergl.	Serie 31	92
321 032	7%	dergl.	Serie 32	98
321 033	7 1/2%	dergl. v. 1972	Serie 33	93
321 034	7 3/4%	dergl. v. 1972	Serie 34	97

Landesgen.-Bank Kiel AG

324 502	7 1/4%	Inh.-Schuldverschr	Reihe 2	100
324 503	7%	dergl.	Reihe 3	100
324 504	7%	dergl.	Reihe 4	99,75
324 505	8 1/2%	dergl.	Reihe 5	100
324 507	10%	dergl.	Reihe 7	100

Wertpapier-Nr.				Kurs in Prozenten
		Schleswig-Holsteinische Landschaft, Kiel		
325 000	5%	Landschaftl. Pfandbr. v. 1948		107,75
325 001	4%	Pfandbr. (Altsp.-Em.)	Reihe 2	99,9
352 003	4%	Landschaftl. Pfandbr. (Umtausch-Em.)	Reihe 4	99,9
325 006	6%	dergl.	Reihe 7	76
325 009	5½%	dergl.	Reihe 10	79
325 011	5½%	dergl.	Reihe 12	76
325 012	6%	dergl.	Reihe 13	75
325 013	7%	dergl.	Reihe 14	82
325 014	6%	dergl.	Reihe 15	74
325 015	6%	dergl.	Reihe 16	74
325 016	6%	dergl.	Reihe 17	74
325 017	6%	dergl.	Reihe 18	74
325 018	6%	dergl.	Reihe 19	74
325 019	7%	dergl.	Reihe 20	81
325 020	6½%	dergl.	Reihe 21	78
325 021	7½%	dergl.	Reihe 22	85
325 022	8%	dergl.	Reihe 23	93,5
325 023	7½%	dergl.	Reihe 24	84
325 024	7%	dergl.	Reihe 25	81
325 025	8%	dergl.	Reihe 26	92
325 026	7½%	dergl.	Reihe 27	91
325 027	8%	dergl.	Reihe 28	94
325 028	7%	dergl.	Reihe 29	87
325 029	8½%	dergl.	Reihe 30	96
325 030	8½%	dergl.	Reihe 31	94
325 031	9%	dergl.	Reihe 32	98,5
325 033	8%	dergl.	Reihe 34	95,5
325 300	8%	Komm.-Schuldv.	Serie 1	94
325 301	8½%	dergl.	Serie 2	96
325 302	9%	dergl.	Serie 3	98,5
325 303	10%	dergl.	Serie 4	102,5
325 304	9½%	dergl.	Serie 5	100,5
		Staatliche Kreditanstalt Oldenburg-Bremen, Bremen		
326 000	5%	Hyp.-Pfandbr.	Serie 12	102
326 001	5%	dergl.	Serie 13	107
326 002	5%	dergl.	Serie 14	107
326 003	5%	dergl.	Serie 15	107
326 004	5%	dergl.	Serie 16	107
326 005	5%	dergl.	Serie 17	107
326 006	5½%	dergl.	Serie 18	102
326 008	4%	dergl. (Umtausch-Em.)	Serie 20	99
326 009	4%	dergl. (Altsp.-Em.)	Serie 21	99
236 010	5%	dergl.	Serie 22	102
326 011	5½%	dergl.	Serie 23	102
326 012	5½%	dergl.	Serie 24	105
326 013	5%	dergl.	Serie 25	105
326 014	6%	dergl.	Serie 26	72
326 015	5½%	dergl.	Serie 27	71
326 016	6%	dergl.	Serie 28	72
326 017	6%	dergl.	Serie 29	72
326 018	6%	dergl.	Serie 30	72
326 021	6%	dergl.	Serie 33	72
326 022	5%	dergl.	Serie 34	70
326 023	5½%	dergl.	Serie 35	71
326 024	5%	dergl.	Serie 36	70
326 025	5½%	dergl.	Serie 37	71
326 026	6%	dergl.	Serie 38	72
326 027	6%	dergl.	Serie 39	72
326 028	5½%	dergl.	Serie 40	71
326 029	5½%	dergl.	Serie 41	86
326 030	6%	dergl.	Serie 42	72
326 031	5½%	dergl.	Serie 43	71
326 032	6%	dergl.	Serie 44	72
326 033	6%	dergl.	Serie 45	72
326 034	6%	dergl.	Serie 46	72
326 035	5½%	dergl.	Serie 47	71
326 036	6%	dergl.	Serie 48	72
326 037	6%	dergl.	Serie 49	72
326 038	6%	dergl.	Serie 50	72
326 039	7%	dergl.	Serie 51	80
326 040	7%	dergl.	Serie 52	80
326 041	6½%	dergl.	Serie 53	75
326 042	6%	dergl.	Serie 54	72
326 043	6½%	dergl.	Serie 55	75
326 044	6%	dergl.	Serie 56	72
326 045	6½%	dergl	Serie 57	75
326 046	6½%	dergl.	Serie 58	88
326 047	7%	dergl.	Serie 59	87
326 048	7%	dergl.	Serie 60	80
326 049	7%	dergl.	Serie 61	80
326 050	8%	dergl.	Serie 62	93
326 051	7%	dergl.	Serie 63	86
326 052	7½%	dergl.	Serie 64	90
326 053	8%	dergl.	Serie 65	93
326 054	7½%	dergl.	Serie 66	90
326 055	9%	dergl.	Serie 67	98
326 300	5%	Komm.-Schuldv.	Serie 6	107
326 301	5%	dergl.	Serie 7	107
326 304	4%	dergl. (Umtausch-Em.)	Serie 10	99
326 305	5½%	dergl.	Serie 11	107
326 306	5%	dergl.	Serie 12	105
326 308	6½%	dergl.	Serie 14	98
326 309	6%	dergl.	Serie 15	72
326 310	6%	dergl.	Serie 16	72
326 311	6%	dergl.	Serie 17	72
326 316	6%	dergl.	Serie 22	72
326 317	5%	dergl.	Serie 23	70
326 318	5½%	dergl.	Serie 24	71
326 319	5½%	dergl.	Serie 25	71
326 320	6%	dergl.	Serie 26	72
326 321	6%	dergl.	Serie 27	72
326 322	6%	dergl.	Serie 28	72
326 323	7%	dergl.	Serie 29	80
326 324	6½%	dergl.	Serie 30	75
326 326	7%	dergl.	Serie 32	80
326 327	7½%	dergl.	Serie 33	90
326 405	6½%	Anleihe für Schiffbau-Finanzierung	Serie 6	90
326 406	5½%	dergl.	Serie 7	86
326 407	5%	dergl.	Serie 8	75
326 408	5½%	dergl.	Serie 9	77
326 409	6%	dergl.	Serie 10	97
326 451	6%	Inh.-Schuldverschr.	Ausg. B	93
326 452	6%	dergl.	Ausg. C	95
326 453	6%	dergl.	Ausg. D	93
326 455	7%	dergl.	Ausg. F	96
326 456	7%	dergl.	Ausg. G	96
326 457	6½%	dergl.	Ausg. H	90
326 458	6½%	dergl.	Ausg. J	97
326 459	6½%	dergl.	Ausg. K	89
326 460	6%	dergl.	Ausg. L	87
326 461	6½%	dergl.	Ausg. M	92
326 462	7%	dergl.	Ausg. N	94
326 463	8%	dergl.	Ausg. O	97
326 464	7½%	dergl.	Ausg. P	94
326 465	7½%	dergl.	Ausg. Q	91
326 466	8%	dergl.	Ausg. R	94
326 467	7%	dergl.	Ausg. SP 1	92
326 468	7%	dergl.		92
326 469	7%	dergl.		92
326 470	7%	dergl.		92
326 471	7%	dergl.		92
326 472	7%	dergl.	Ausg. T	93
326 473	8½%	dergl.	Ausg. U	96
326 474	8%	dergl.	Ausg. V	94
326 475	9%	dergl.	Ausg. W	98
326 476	10%	dergl.	Ausg. X	102
326 477	9%	dergl.	Ausg. Y	98,5

Stadtschaft für Niedersachsen — Wohnungskreditanstalt —

siehe: Niedersächsische Wohnungskreditanstalt — Stadtschaft

Niedersächsische Wohnungskreditanstalt — Stadtschaft —, Hannover

Emissionen, ausgestellt unter „Stadtschaft für Niedersachsen — Wohnungskreditanstalt":

Wertpapier-Nr.				Kurs in Prozenten
328 000	5%	Hyp.-Pfandbr.	Reihe 1	104
328 001	5%	dergl.	Reihe 2	104
328 002	5%	dergl.	Reihe 3	106

Wertpapier-Nr.			Kurs in Prozenten
328 003	5% dergl.	Reihe 4	105
328 004	5% dergl.	Reihe 5	105
328 005	$5\frac{1}{2}$% dergl.	Reihe 6	105
328 007	$5\frac{1}{2}$% dergl.	Reihe 8	109
328 008	5% dergl.	Reihe 9	107
328 009	6% dergl.	Reihe 10	72
328 010	6% dergl.	Reihe 11	72
328 011	6% dergl.	Reihe 12	72
328 015	7% dergl.	Reihe 16	86

Emissionen, ausgestellt unter „Niedersächsische Wohnungskreditanstalt — Stadtschaft —"

Wertpapier-Nr.			Kurs in Prozenten
328 016	6% Hyp.-Pfandbr.	Reihe 17	80,5
328 017	5% dergl.	Reihe 18	70,5
328 018	$5\frac{1}{2}$% dergl.	Reihe 19	70,5
328 019	$5\frac{1}{2}$% dergl.	Reihe 20	70,5
328 020	5% dergl.	Reihe 21	72,5
328 021	6% dergl.	Reihe 22	71
328 022	6% dergl.	Reihe 23	72
328 023	6% dergl.	Reihe 24	72
328 024	6% dergl.	Reihe 25	72
328 025	6% dergl.	Reihe 26	72
328 026	6% dergl.	Reihe 27	72
328 027	6% dergl.	Reihe 28	72
328 028	$5\frac{1}{2}$% dergl.	Reihe 29	70,5
328 029	$5\frac{1}{2}$% dergl.	Reihe 30	71,5
328 030	5% dergl.	Reihe 31	88,75
328 031	6% dergl.	Reihe 32	72
328 032	$5\frac{1}{2}$% dergl.	Reihe 33	70,5
328 033	6% dergl.	Reihe 34	72
328 034	6% dergl.	Reihe 35	72
328 035	6% dergl.	Reihe 36	72
328 036	6% dergl.	Reihe 37	72
328 037	6% dergl.	Reihe 38	72
328 038	6% dergl.	Reihe 39	72
328 039	6% dergl.	Reihe 40	72
328 040	6% dergl.	Reihe 41	72
328 041	6% dergl.	Reihe 42	72
328 042	6% dergl.	Reihe 43	72
328 043	6% dergl.	Reihe 44	72
328 044	6% dergl.	Reihe 45	72
328 045	7% dergl.	Reihe 46	80
328 046	7% dergl.	Reihe 47	80
328 047	7% dergl.	Reihe 48	92
328 048	7% dergl.	Reihe 49	80
328 049	$6\frac{1}{2}$% dergl.	Reihe 50	75
328 050	$6\frac{1}{2}$% dergl.	Reihe 51	74
328 051	$6\frac{1}{2}$% dergl.	Reihe 52	86,5
328 052	$6\frac{1}{2}$% dergl.	Reihe 53	80,5
328 053	$6\frac{1}{2}$% dergl.	Reihe 54	82,5
328 054	6% dergl.	Reihe 55	88
328 055	$6\frac{1}{2}$% dergl.	Reihe 56	80,5
328 056	6% dergl.	Reihe 57	72
328 057	6% dergl.	Reihe 58	75
328 058	$6\frac{1}{2}$% dergl.	Reihe 59	82,5
328 059	7% dergl.	Reihe 60	86
328 300	6% Komm.-Schuldverschr.	Ausg. A	72
328 301	6% dergl.	Ausg. B	72
328 302	6% dergl.	Ausg. C	71
328 303	6% dergl.	Ausg. D	72
328 304	6% dergl.	Ausg. E	71
328 305	7% dergl.	Ausg. F	80
328 306	7% dergl.	Ausg. G	80
328 307	6% dergl.	Ausg. H	80
328 308	$6\frac{1}{2}$% dergl.	Ausg. J	90
328 309	$6\frac{1}{2}$% dergl.	Ausg. K	71

Südwestdt. Gen.Zentr.Bk

329 002	7% Inh.-Schuldverschr. v. 1972 Ausg. 2	97,5

Süddeutsche Bodencreditbank, München

330 029	4% Hyp.-Pfandbr.	Serie I	100
330 031	4% dergl.	Serie III	
	(Altsp.-Em.)		100
330 033	5% dergl.	Reihe 20	109
330 034	5% dergl.	Reihe 21	107
330 035	5% dergl.	Reihe 22	109
330 036	5% dergl.	Reihe 23	109
330 037	5% dergl.	Reihe 24	109
330 038	5% dergl.	Reihe 25	109

Wertpapier-Nr.			Kurs in Prozenten
330 039	5% dergl.	Reihe 26	109
330 040	5% dergl.	Reihe 27	109
330 041	5% dergl.	Reihe 28	109
330 042	5% dergl.	Reihe 29	109
330 044	5% dergl.	Reihe 31	109
330 046	5% dergl.	Reihe 33	109
330 047	$5\frac{1}{2}$% dergl.	Reihe 34	110
330 048	5% dergl.	Reihe 35	109
330 049	$5\frac{1}{2}$% dergl.	Reihe 36	110
330 050	5% dergl.	Reihe 37	109
330 052	5% dergl.	Reihe 39	107
300 053	$6\frac{1}{2}$% dergl.	Reihe 40	100
330 054	6% dergl.	Reihe 41	74
330 055	6% dergl.	Reihe 42	74
330 056	$5\frac{1}{2}$% dergl.	Reihe 43	75
330 057	$5\frac{1}{2}$% dergl.	Reihe 44	75
330 058	6% dergl.	Reihe 45	72
330 059	6% dergl.	Reihe 46	72
330 060	6% dergl.	Reihe 47	70
330 061	6% dergl.	Reihe 48	70
330 062	6% dergl.	Reihe 49	70
330 063	6% dergl.	Reihe 50	70
330 065	6% dergl.	Reihe 52	72
330 067	6% dergl.	Reihe 54	71
330 069	6% dergl.	Reihe 56	75
330 070	$5\frac{1}{2}$% dergl.	Reihe 57	75
330 071	$5\frac{1}{2}$% dergl.	Reihe 58	75
330 072	$5\frac{1}{2}$% dergl.	Reihe 59	75
330 073	6% dergl.	Reihe 60	69,5
330 074	6% dergl.	Reihe 61	70
330 075	6% dergl.	Reihe 62	68
330 076	$5\frac{1}{2}$% dergl.	Reihe 63	75
330 077	5% dergl.	Reihe 64	75
330 078	6% dergl.	Reihe 65	70
330 079	$5\frac{1}{2}$% dergl.	Reihe 66	75
330 080	5% dergl.	Reihe 67	75
330 081	$5\frac{1}{2}$% dergl.	Reihe 68	73,5
330 082	6% dergl.	Reihe 69	68,5
330 083	6% dergl.	Reihe 70	67
330 084	6% dergl.	Reihe 71	68
330 085	$5\frac{1}{2}$% dergl.	Reihe 72	75
330 086	6% dergl.	Reihe 73	70
330 087	6% dergl.	Reihe 74	66,75
330 088	6% dergl.	Reihe 75	69
330 089	6% dergl.	Reihe 76	69
330 090	6% dergl.	Reihe 77	69,5
330 091	6% dergl.	Reihe 78	68,5
330 092	6% dergl.	Reihe 79	70
330 093	6% dergl.	Reihe 80	69
330 094	6% dergl.	Reihe 81	70
330 095	6% dergl.	Reihe 82	68
330 096	6% dergl.	Reihe 83	70
330 097	$5\frac{1}{2}$% dergl.	Reihe 84	75
330 098	7% dergl.	Reihe 85	80
330 099	7% dergl.	Reihe 86	80
330 100	7% dergl.	Reihe 87	80
330 101	7% dergl.	Reihe 88	95
330 102	$6\frac{1}{2}$% dergl.	Reihe 89	75
330 103	$6\frac{1}{2}$% dergl.	Reihe 90	72
330 104	$6\frac{1}{2}$% dergl.	Reihe 91	89
330 105	$6\frac{1}{2}$% dergl.	Reihe 92	75
330 106	6% dergl.	Reihe 93	70
330 107	6% dergl.	Reihe 94	70
330 108	6% dergl.	Reihe 95	86
330 109	6% dergl.	Reihe 96	73
330 110	7% dergl.	Reihe 97	80
330 111	$6\frac{1}{2}$% dergl.	Reihe 98	74
330 112	7% dergl.	Reihe 99	78,5
330 113	8% dergl.	Reihe 100	96
330 114	$7\frac{1}{2}$% dergl.	Reihe 101	80,5
330 115	8% dergl.	Reihe 102	95,5
330 116	7% dergl.	Reihe 103	80
330 117	$7\frac{1}{2}$% dergl.	Reihe 104	85
330 118	7% dergl.	Reihe 105	86
330 119	$7\frac{1}{2}$% dergl.	Reihe 106	90
330 120	$7\frac{1}{2}$% dergl.	Reihe 107	90
330 121	8% dergl.	Reihe 108	93
330 122	8% dergl.	Reihe 109	93
330 123	$7\frac{1}{2}$% dergl.	Reihe 110	90
330 124	8% Pfdbr.	Reihe 111	93
330 125	$7\frac{1}{2}$% dergl.	Reihe 112	90

Wertpapier-Nr.			Kurs in Prozenten
330 126	8% dergl.	Reihe 113	93
330 127	8% dergl.	Reihe 114	93
330 128	8½% dergl.	Reihe 115	95
330 129	8½% dergl.	Reihe 116	95
330 130	9% dergl.	Reihe 117	98,5
330 131	9% dergl.	Reihe 118	98
330 303	5½% Komm.-Schuldverschr.	Reihe K 4	110
330 305	5½% dergl.	Reihe K 6	110
330 306	5½% dergl.	Reihe K 7	110
330 307	6% dergl.	Reihe K 8	85
330 308	6% dergl.	Reihe K 9	78
330 309	5½% dergl.	Reihe K 10	75
330 310	6% dergl.	Reihe K 11	72
330 311	6% dergl.	Reihe K 12	71
330 313	6% dergl.	Reihe K 14	70
330 317	6% dergl.	Reihe K 18	70
330 318	5% dergl.	Reihe K 19	75
330 319	5% dergl.	Reihe K 20	75
330 320	5½% dergl.	Reihe K 21	75
330 321	6% dergl.	Reihe K 22	70
330 322	5½% dergl.	Reihe K 23	75
330 323	6% dergl.	Reihe K 24	70
330 324	6% dergl.	Reihe K 25	70
330 325	6% dergl.	Reihe K 26	67
330 326	5½% dergl.	Reihe K 27	75
330 327	6% dergl.	Reihe K 28	72
330 328	6% dergl.	Reihe K 29	69
330 329	6% dergl.	Reihe K 30	69
330 330	7% dergl.	Reihe K 31	89
330 331	7% dergl.	Reihe K 32	80
330 333	7% dergl.	Reihe K 34	80
330 334	7% dergl.	Reihe K 35	80
330 335	6½% dergl.	Reihe K 36	75
330 336	6½% dergl.	Reihe K 37	75
330 337	6% dergl.	Reihe K 38	66
330 338	6½% dergl.	Reihe K 39	75
330 339	6% dergl.	Reihe K 40	70
330 340	6% dergl.	Reihe K 41	70
330 341	6% dergl.	Reihe K 42	70
330 342	6½% dergl.	Reihe K 43	75
330 343	7% dergl.	Reihe K 44	80
330 344	8% dergl.	Reihe K 45	100
330 345	8% dergl.	Reihe K 46	100
330 346	7½% dergl.	Reihe K 47	85
330 347	6% dergl.	Reihe K 48	94
330 348	7% dergl.	Reihe K 49	80
330 349	7½% dergl.	Reihe K 50	100
330 351	7½% dergl.	Reihe K 52	85
330 352	8% dergl.	Reihe K 53	100
330 353	7½% dergl.	Reihe K 54	100
330 354	7% dergl	Reihe K 55	80
330 355	7½% dergl	Reihe K 56	100
330 356	7% dergl.	Reihe K 57	95
330 357	8% dergl.	Reihe K 58	99,5
330 358	8% dergl.	Reihe K 59	99,5
330 359	8½% dergl.	Reihe K 60	95
330 360	9½% dergl.	Reihe K 61	99
	Thüringische Landes-Hypothekenbank AG., Hagen i. W.		
331 012	4% Hyp.-Pfandbr. (Altsp.-Em)	Serie A	98
331 014	4% dergl. (Umtausch-Em.)	Serie XXVIII	98
331 017	4% dergl. (Umtausch-Em.)	Serie XXIX	98
331 020	4% dergl. (Umtausch-Em.)	Serie XXX	98
331 302	4% Komm.-Schuldverschr. (Umtausch-Em.)	Serie XXXI	98
	Umschuldungsverband deutscher Gemeinden, Berlin/Hamburg		
334 002	4% Schuldverschr. (Altsp.-Em.)	von 1955	98
	Vereinsbank in Nürnberg, Nürnberg		
335 000	4% Hyp.-Pfandbr. (Altsp.-Em.)	Reihe 1	100

Wertpapier-Nr.			Kurs in Prozenten
335 002	4% dergl. (Umtausch-Em.)	Reihe 2	100
335 003	5% dergl	Reihe 42	106
335 004	5% dergl.	Reihe 43	106
335 005	5% dergl.	Reihe 44	106
335 006	5% dergl.	Reihe 45	106
335 007	5% dergl.	Reihe 46	107
335 008	5% dergl.	Reihe 47	106
335 009	5% dergl.	Reihe 48	107
335 010	5½% dergl.	Reihe 49	107
335 011	5½% dergl.	Reihe 50	107
335 012	5½% dergl.	Reihe 51	108
335 014	5% dergl.	Reihe 53	107
335 016	5% dergl.	Reihe 55	106
335 017	6% dergl.	Reihe 56	71
335 018	6% dergl.	Reihe 57	71
335 019	6% dergl.	Reihe 58	71
335 020	5½% dergl.	Reihe 59	76
335 021	5½% dergl.	Reihe 60	76
335 022	6% dergl.	Reihe 61	71
335 023	6% dergl.	Reihe 62	71
335 024	6% dergl.	Reihe 63	71
335 025	6% dergl.	Reihe 64	71
335 026	5½% dergl.	Reihe 65	76
335 027	6% dergl.	Reihe 66	71
335 030	6% dergl.	Reihe 69	70
335 032	5% dergl.	Reihe 71	75
335 033	5½% dergl.	Reihe 72	76
335 034	5% dergl.	Reihe 73	75
335 035	5½% dergl.	Reihe 74	76
336 036	6% dergl.	Reihe 75	69
335 037	6% dergl.	Reihe 76	70
335 038	5½% dergl.	Reihe 77	76
335 039	5% dergl.	Reihe 78	75
335 040	5% dergl.	Reihe 79	75
335 041	5½% dergl.	Reihe 80	76
335 042	5½% dergl.	Reihe 81	76
335 043	5½% dergl.	Reihe 82	76
335 044	6% dergl.	Reihe 83	70
335 045	6% dergl.	Reihe 84	70
335 046	5½% dergl.	Reihe 85	76
335 047	6% dergl.	Reihe 86	70
335 048	6% dergl.	Reihe 87	70
335 049	6% dergl.	Reihe 88	70
335 050	6% dergl.	Reihe 89	70
335 051	6% dergl.	Reihe 90	70
335 052	6% dergl.	Reihe 91	70
335 053	6% dergl.	Reihe 92	70
335 054	6% dergl.	Reihe 93	70
335 055	6% dergl.	Reihe 94	70
335 056	6% dergl.	Reihe 95	70
335 057	6% dergl.	Reihe 96	70
335 058	7% dergl.	Reihe 97	79,5
335 059	6% dergl.	Reihe 98	70
335 060	7% dergl.	Reihe 99	79,5
335 061	7% dergl.	Reihe 100	82,5
335 062	7% dergl.	Reihe 101	82
335 063	7% dergl.	Reihe 102	79,5
335 064	6% dergl.	Reihe 103	70
335 065	7% dergl.	Reihe 104	78,5
335 066	6½% dergl.	Reihe 105	74
335 067	6½% dergl.	Reihe 106	74
335 068	6½% dergl.	Reihe 107	77
335 069	6% dergl.	Reihe 108	71
335 070	6% dergl.	Reihe 109	70
335 071	6½% dergl.	Reihe 110	77
335 072	6½% dergl.	Reihe 111	78
335 073	6½% dergl.	Reihe 112	74
335 074	6% dergl.	Reihe 113	70
335 075	7% dergl.	Reihe 114	88
335 076	7% dergl.	Reihe 115	81
335 077	7% dergl.	Reihe 116	81
335 078	8% dergl.	Reihe 117	93,5
335 079	8% dergl.	Reihe 118	95
335 081	7½% dergl.	Reihe 120	90
335 082	8% dergl.	Reihe 121	92,5
335 083	7% dergl.	Reihe 122	87,5
335 084	7% dergl.	Reihe 123	84,5
335 086	7½% dergl.	Reihe 125	92
335 087	7% dergl.	Reihe 126	85

Wertpapier-Nr			Kurs in Prozenten
335 088	8% dergl.	Reihe 127	92
335 090	8% dergl.	Reihe 129	91
335 301	5½% Komm.-Schuldverschr.	Reihe 2	107
335 302	5½% dergl.	Reihe 3	76
335 303	5½% dergl.	Reihe 4	76
335 304	6% dergl.	Reihe 5	71
335 305	6% dergl.	Reihe 6	71
335 306	6% dergl.	Reihe 7	71
335 310	6% dergl.	Reihe 11	70
335 311	5% dergl.	Reihe 12	75
335 312	5½% dergl.	Reihe 13	76
335 313	6% dergl.	Reihe 14	70
335 314	6% dergl.	Reihe 15	70
335 315	5½% dergl.	Reihe 16	76
335 316	5½% dergl.	Reihe 17	76
335 317	5½% dergl.	Reihe 18	76
335 318	6% dergl.	Reihe 19	70
335 319	6% dergl.	Reihe 20	70
335 320	6% dergl.	Reihe 21	71
335 321	6% dergl.	Reihe 22	71
335 322	6% dergl.	Reihe 23	71
335 323	5½% dergl.	Reihe 24	76
335 324	6% dergl.	Reihe 25	70
335 325	6% dergl.	Reihe 26	71
335 326	6% dergl.	Reihe 27	70
335 327	7% dergl.	Reihe 28	85
335 328	7% dergl.	Reihe 29	78,5
335 329	7% dergl.	Reihe 30	78,5
335 330	6% dergl.	Reihe 31	70
335 331	6½% dergl.	Reihe 32	74
335 332	6½% dergl.	Reihe 33	74
335 333	6½% dergl.	Reihe 34	76
335 334	6½% dergl.	Reihe 35	74
335 335	6% dergl.	Reihe 36	71
335 336	6% dergl.	Reihe 37	70
335 337	5½% dergl.	Reihe 38	76
335 338	6½% dergl.	Reihe 39	74
335 341	7% dergl.	Reihe 42	78,5
335 342	8% dergl.	Reihe 43	94
335 343	7% dergl.	Reihe 44	98
335 344	7½% dergl.	Reihe 45	99
335 345	7% dergl.	Reihe 46	99
335 346	8% dergl.	Reihe 47	92,75
335 347	7½% dergl.	Reihe 48	94
335 348	7½% dergl.	Reihe 49	84
335 349	7½% dergl.	Reihe 50	92
335 350	8% dergl.	Reihe 51	94
335 351	8% dergl.	Reihe 52	100
335 352	8% dergl.	Reihe 53	92
335 353	7½% dergl.	Reihe 54	89,5
335 354	7½% dergl.	Reihe 55	89
335 355	7% dergl.	Reihe 56	85
335 356	7½% dergl.	Reihe 57	98
335 357	7½% dergl.	Reihe 58	88,5
335 358	8% dergl.	Reihe 59	91,5

Westdt. Gen.-Zentralbank

336 001	7½% Sparobl. v. 1971	Ausg. 1	95
336 002	7% dergl. v. 1971	Ausg. 2	94
336 003	7½% dergl. v. 1972	Ausg. 3	95
336 004	7% dergl. v. 1972	Ausg. 4	94
336 005	7½% dergl. v. 1972	Ausg. 5	99,5
336 006	8% dergl. v. 1972	Ausg. 6	99,5
336 007	9% dergl. v. 1973	Ausg. 7	99,5
336 008	10% dergl. v. 1973	Ausg. 8	100,5
336 009	10% dergl. v. 1973	Ausg. 9	100,5

Westdeutsche Landesbank Girozentrale, Düsseldorf/Münster i. W.

337 000	6% Hyp.-Pfandbr.	Reihe 201	71,5
337 001	7% dergl.	Reihe 222	83,5
337 002	7½% dergl.	Reihe 236	98
337 003	7% dergl.	Reihe 238	85,5
337 004	7% dergl.	Reihe 240	87,25
337 005	8% dergl.	Reihe 245	95,3
337 006	8% dergl.	Reihe 246	92,75
337 007	8% dergl.	Reihe 247	94,5
337 008	7½% dergl.	Reihe 248	80,5
337 009	7½% dergl.	Reihe 249	86
337 010	8% dergl.	Reihe 250	95,1
337 011	7½% dergl.	Reihe 251	82

Wertpapier-Nr			Kurs in Prozenten
337 012	8% dergl.	Reihe 252	97
337 013	8% dergl.	Reihe 253	90,75
337 014	7½% dergl.	Reihe 254	90,5
337 015	7½% dergl.	Reihe 255	94,2
337 016	7½% dergl.	Reihe 266	88
337 017	6½% dergl.	Reihe 277	100
337 018	8% dergl.	Reihe 278	98,25
337 019	6½% dergl.	Reihe 282	100
337 020	10% dergl.	Reihe 283	101,75
337 021	10% dergl.	Reihe 284	101,75
337 022	9½% dergl.	Reihe 285	99,5
337 251	6% Komm.-Schuldverschr.	Reihe 202	84,25
337 252	6% dergl.	Reihe 203	80,5
337 253	6% dergl.	Reihe 204	90,5
337 254	6% dergl.	Reihe 205	80
337 255	7% dergl.	Reihe 206	88.85
337 256	7% dergl.	Reihe 207	88,85
337 257	7% dergl.	Reihe 208	88,65
337 258	7% dergl.	Reihe 209	90,75
337 259	7% dergl.	Reihe 210	92,25
337 260	7% dergl.	Reihe 211	91,85
337 261	6½% dergl.	Reihe 212	98,3
337 262	7% dergl.	Reihe 213	98,7
337 263	7% dergl.	Reihe 214	91
337 264	7% dergl.	Reihe 215	92,1
337 265	7% dergl.	Reihe 216	94,75
337 266	7% dergl.	Reihe 217	98,7
337 267	7% dergl.	Reihe 218	89,15
337 268	7% dergl.	Reihe 219	98
337 269	7% dergl.	Reihe 220	88,9
337 270	7% dergl.	Reihe 221	79,5
337 271	7½% dergl.	Reihe 223	89,75
337 272	8% dergl.	Reihe 224	97,25
337 273	8% dergl.	Reihe 225	95,1
337 274	8% dergl.	Reihe 226	97,3
337 275	8% dergl.	Reihe 227	97
337 276	8% dergl.	Reihe 228	97,25
337 277	8% dergl.	Reihe 229	97
337 278	8½% dergl.	Reihe 230	98.95
337 279	8½% dergl.	Reihe 231	96,9
337 280	8½% dergl.	Reihe 232	95,35
337 281	8½% dergl.	Reihe 233	97,1
337 282	8½% dergl.	Reihe 234	97,5
337 283	8½% dergl.	Reihe 235	95,1
337 284	7½% dergl.	Reihe 237	88
337 285	7½% dergl.	Reihe 239	88
337 286	7½% dergl.	Reihe 241	94,1
337 287	7½% dergl.	Reihe 242	92,1
337 288	8% dergl.	Reihe 243	99,25
337 289	8% dergl.	Reihe 244	96
337 290	8% dergl.	Reihe 256	90,55
337 291	7½% dergl.	Reihe 257	89
337 292	7½% dergl.	Reihe 258	88
337 293	7½% dergl.	Reihe 259	87,3
337 294	7½% dergl.	Reihe 260	86,5
337 295	7% dergl.	Reihe 261	92,5
337 296	7% dergl.	Reihe 262	91,25
337 297	7½% dergl.	Reihe 263	84,1
337 298	7% dergl.	Reihe 264	87,6
337 299	7% dergl.	Reihe 265	85
337 300	6% dergl.	Reihe 267	87
337 301	7½% dergl.	Reihe 268	84,1
337 302	7% dergl.	Reihe 269	92,5
337 303	8% dergl.	Reihe 270	90,4
337 304	8% dergl.	Reihe 271	92
337 305	8% dergl.	Reihe 272	87,5
337 306	8% dergl.	Reihe 273	100
337 307	8% dergl.	Reihe 274	91,5
337 308	8% dergl.	Reihe 275	100
337 309	8% dergl.	Reihe 276	86.8
337 310	8½% dergl.	Reihe 279	97
337 311	8½% dergl.	Reihe 280	94
337 312	8½% dergl.	Reihe 281	94.1
337 501	6% Inh.-Schuldverschr.	Ausg 501	89
337 502	6% dergl.	Ausg 502	86.3
337 504	6% dergl.	Ausg 504	94.25
337 506	6% dergl.	Ausg 506	89.6
337 508	6½% dergl.	Ausg 508	90.6
337 509	6½% dergl.	Ausg. 509	89.75
337 512	6½% dergl.	Ausg. 512	97,5

Wertpapier-Nr.			Kurs in Prozenten
337 514	7% dergl.	Ausg. 514	91,05
337 515	7% dergl.	Ausg. 515	90
337 516	7% dergl.	Ausg. 516	95,5
337 517	7% dergl.	Ausg. 517	90
337 518	7% dergl.	Ausg. 518	93.5
337 519	7% dergl.	Ausg. 519	87.2
337 521	7% dergl.	Ausg. 521	94.05
337 522	7¹/²% dergl.	Ausg. 522	96.6
337 523	7% dergl.	Ausg. 523	96.4
337 524	8% dergl.	Ausg. 524	93.1
337 525	8% dergl.	Ausg. 525	97.3
337 526	8% dergl.	Ausg. 526	99.5
337 527	8¹/²% dergl.	Ausg. 527	96.75
337 528	8% dergl.	Ausg. 528	96
337 529	7¹/²% dergl.	Ausg. 529	90.5
337 530	7¹/²% dergl.	Ausg. 530	93.85
337 531	7¹/²% dergl.	Ausg. 531	97.45
337 532	7¹/²% dergl.	Ausg. 532	95.75
337 533	7¹/²% dergl.	Ausg. 533	94.35
337 534	7¹/²% dergl.	Ausg. 534	93.25
337 535	7¹/²% dergl.	Ausg. 535	92
337 536	7¹/²% dergl.	Ausg. 536	90.7
337 537	7% dergl.	Ausg. 537	92.5
337 538	8% dergl.	Ausg. 538	95
337 539	8% dergl.	Ausg. 539	90.4
337 540	7% dergl.	Ausg. 540	93.6
337 541	8% dergl.	Ausg. 541	94
337 542	7¹/²% dergl.	Ausg. 542	93
337 543	8% dergl.	Ausg. 543	90.1
337 544	8% dergl.	Ausg. 544	92.35
337 545	8% dergl.	Ausg. 545	94.75
337 546	8% dergl.	Ausg. 546	90.1
337 547	8% dergl.	Ausg. 547	90.1
337 548	8% dergl.	Ausg. 548	94.75
337 549	8% dergl.	Ausg. 549	90.1
337 550	8% dergl.	Ausg. 550	94.15
337 551	8% dergl.	Ausg. 551	91.6
337 552	8¹/²% dergl.	Ausg. 552	96.15
337 553	8% dergl.	Ausg. 553	92.5
337 554	8% dergl.	Ausg. 554	94.5
337 555	8% dergl.	Ausg. 555	90.25
337 556	8% dergl.	Ausg. 556	90.25
337 557	8¹/²% dergl.	Ausg. 557	92.5
337 558	8% dergl.	Ausg. 558	94.45
337 559	8¹/²% dergl.	Ausg. 559	93.1
337 560	8¹/²% dergl.	Ausg. 560	96.25
337 561	8¹/²% dergl.	Ausg. 561	92.5
337 562	8% dergl.	Ausg. 562	90
337 563	8% dergl.	Ausg. 563	92.75
337 564	8% dergl.	Ausg. 564	94.25
337 565	7¹/²% dergl.	Ausg. 565	92.75
337 566	8¹/²% dergl.	Ausg. 566	92.5
337 567	8¹/²% dergl.	Ausg. 567	94.9
337 568	8% dergl.	Ausg. 568	94.1
337 569	7¹/²% dergl.	Ausg. 569	91.75
337 570	9% dergl.	Ausg. 570	97.75
337 571	9% dergl.	Ausg. 571	95.95
337 572	9% dergl.	Ausg. 572	97.25
337 573	10% dergl.	Ausg. 573	101.75
337 574	10% dergl.	Ausg. 574	102
337 575	8¹/²% dergl.	Ausg. 575	96.5
337 576	9% dergl.	Ausg. 576	97.5
337 577	10% dergl.	Ausg. 577	102
337 578	10% dergl.	Ausg. 578	101.75
337 579	9% dergl.	Ausg. 579	97.75
337 580	10% dergl.	Ausg. 580	102
337 581	10% dergl.	Ausg. 581	101.75
337 582	9% dergl.	Ausg. 582	95.9
337 583	10% dergl.	Ausg. 583	102
337 586	10% dergl.	Ausg. 586	101.75
337 587	7¹/²% dergl.	Ausg. 587	84
337 651	6% dergl.	Ausg. 501 Serie A	89
337 652	6% dergl.	Ausg. 501 Serie B	89
337 653	6% dergl.	Ausg. 501 Serie C	89
337 654	6% dergl.	Ausg. 501 Serie D	100
337 655	6% dergl.	Ausg. 501 Serie E	89
337 656	6% dergl.	Ausg. 501 Serie F	89
337 657	6% dergl.	Ausg. 501 Serie G	89
337 658	6% dergl.	Ausg. 501 Serie H	89
337 661	6% dergl.	Ausg. 504 Serie A	94.25
337 662	6% dergl.	Ausg. 504 Serie B	94,25
337 663	6% dergl.	Ausg. 504 Serie C	94.25
337 665	6% dergl.	Ausg. 504 Serie E	94.25
337 676	7% dergl.	Ausg. 516 Serie A	95.5
337 677	7% dergl.	Ausg. 516 Serie B	95.5
337 678	7% dergl.	Ausg. 516 Serie C	95.5
337 679	7% dergl.	Ausg. 516 Serie D	95.5
337 682	7% dergl.	Ausg. 514 Serie B	91.05
337 683	7% dergl.	Ausg. 514 Serie C	100
337 684	7% dergl.	Ausg. 514 Serie D	91.05
337 685	7% dergl.	Ausg. 514 Serie E	91.05
337 686	7% dergl.	Ausg. 514 Serie F	91.05
337 687	7% dergl.	Ausg. 514 Serie G	91.05
337 688	7% dergl.	Ausg. 514 Serie H	91.05
337 689	7% dergl.	Ausg. 514 Serie J	91.05
337 690	7% dergl.	Ausg. 514 Serie K	91.05
337 711	7% dergl.	Ausg. 518 Serie A	93.5
337 712	7% dergl.	Ausg. 518 Serie B	93.5
337 713	7% dregl.	Ausg. 518 Serie C	93.5
337 714	7% dergl.	Ausg. 518 Serie D	93.5
337 716	7% dergl.	Ausg. 521 Serie A	94.05
337 717	7% dergl.	Ausg. 521 Serie B	94.05
337 719	7% dergl.	Ausg. 521 Serie D	94.05
337 720	7% dergl.	Ausg. 521 Serie E	94.05
337 751	7¹/²% dergl.	Ausg. 531 Serie A	97.45
337 752	7¹/²% dergl.	Ausg. 531 Serie B	97.45
337 754	7¹/²% dergl.	Ausg. 531 Serie D	97.45
337 755	7¹/²% dergl.	Ausg. 531 Serie E	97.45
337 816	7% Kassenobl	Serie 66	97.25
337 817	7% dergl.	Serie 67	99.5
337 821	7% dergl.	Serie 71	99.5
337 822	7% dergl.	Serie 72	99.5
337 823	6¹/²% dergl.	Serie 73	98.6
337 824	6% dergl.	Serie 74	98.375
337 829	7% dergl.	Serie 79	95.5
337 832	7¹/²% dergl.	Serie 82	98.1
337 833	7% dergl.	Serie 83	99.27
337 834	7% dergl.	Serie 84	94.25
337 835	7¹/²% dergl.	Serie 85	94.25
337 836	7¹/²% dergl.	Serie 86	94
337 837	7¹/²% dergl.	Serie 87	93.25
337 838	7¹/²% dergl.	Serie 88	99.125
337 839	7¹/²% dergl.	Serie 89	99.125
337 840	7¹/²% dergl.	Serie 90	96.8
337 841	7¹/²% dergl.	Serie 91	98.75
337 842	8¹/²% dergl.	Serie 92	98.57
337 843	8¹/²% dergl.	Serie 93	98.625
337 844	8¹/²% dergl.	Serie 94	98.375
Westdeutsche Bodenkreditanstalt, Köln			
338 000	4% Hyp.-Pfandbr.	Em. 10	98
338 001	4% dergl.	Em. 11	98
338 002	4% dergl.	Em. 12	98
338 003	4% dergl.	Em. 14	98
338 004	4% dergl.	Em. 20	98
338 005	4% dergl.	Em. 22	98
338 006	4% dergl.	Em. 24	98
338 007	4% dergl.	Em. 25	98
338 008	4% dergl.	Em. 26	98
338 009	4% dergl.	Em. 27	98
338 010	4% dergl.	Em. 28	98
338 011	4% dergl.	Em. 30	98
338 012	4% dergl.	Em. 31	98
338 013	4% dergl.	Em. 34	98
338 014	4% dergl.	Em. 35	98
338 015	5% dergl.	Em. 36	106.25
338 017	5% dergl.	Em. 38	105
338 018	5% dergl.	Em. 39	102
338 019	5% dergl.	Em. 41	101
338 020	5% dergl.	Em. 42	105
338 022	5¹/²% dergl.	Em. 44	108
338 023	5% dergl.	Em. 45	104
338 024	4% dergl.	Em. 47	
	(Altsp.-Em.)		98
338 026	5¹/²% dergl.	Em. 48	108
338 027	5% dergl.	Em. 49	107
338 028	6% dergl.	Em. 50	71
338 029	6% dergl.	Em. 52	70
338 033	6% dergl.	Em. 61	70
338 034	5¹/²% dergl.	Em. 63	70
338 035	5% dergl.	Em. 64	70
338 036	5¹/²% dergl.	Em. 65	70

Wertpapier-Nr.				Kurs in Prozenten
338 037	5%	dergl.	Em. 66	70
338 038	5%	dergl.	Em. 67	70
338 039	5%	dergl.	Em. 68	70
338 040	6%	dergl.	Em. 69	70
338 041	5½%	dergl.	Em. 71	70
338 043	6%	dergl.	Em. 74	70
338 044	5%	dergl.	Em. 75	70
338 045	6%	dergl.	Em. 77	70
338 046	6%	dergl.	Em. 79	70
338 047	5½%	dergl.	Em. 80	70
338 048	6%	dergl.	Em. 82	70
338 049	6%	dergl.	Em. 84	70
338 050	6%	dergl.	Em. 86	70
338 051	6%	dergl.	Em. 87	68
338 052	6%	dergl.	Em. 89	68
338 053	6%	dergl.	Em. 92	70
338 054	6%	dergl.	Em. 94	70
338 055	7%	dergl.	Em. 95	80
338 056	7%	dergl.	Em. 97	80
338 057	7%	dergl.	Em. 99	80
338 058	7%	dergl.	Em. 100	80
338 059	6½%	dergl.	Em. 101	74
338 060	6½%	dergl.	Em. 104	74
338 061	6½%	dergl.	Em. 106	74
338 062	6%	dergl.	Em. 109	70
338 063	6½%	dergl.	Em. 110	74
338 064	6%	dergl.	Em. 112	70
338 065	6½%	dergl.	Em. 115	74
338 066	8%	dergl.	Em. 116	91,25
338 067	6½%	dergl.	Em. 120	74
338 068	7%	dergl.	Em. 121	80
338 069	7%	dergl.	Em. 123	80
338 070	8%	dergl.	Em. 125	93,95
338 071	8%	dergl.	Em. 126	91,75
338 072	7½%	dergl.	Em. 127	85,8
338 073	7½%	dergl.	Em. 131	88,75
338 074	7%	dergl.	Em. 132	86,25
338 075	6½%	dergl.	Em. 133	83,35
338 076	7½%	dergl.	Em. 134	88,75
338 077	7%	dergl.	Em. 137	80,5
338 078	7½%	dergl.	Em. 138	84,5
338 079	7%	dergl.	Em. 139	85,75
338 080	7½%	dergl.	Em. 140	88,75
338 082	7½%	dergl.	Em. 142	88,5
338 083	5%	dergl.	Em. 144	70
338 085	8%	dergl.	Em. 150	90
338 086	8%	dergl.	Em. 152	94,85
338 088	8¾%	dergl.	Em. 154	95,75
338 300	4%	Komm.-Schuldverschr.	Em. 29	98
338 301	4%	dergl.	Em. 33	98
338 302	5%	dergl.	Em. 40	102
338 303	5½%	dergl.	Em. 46	107
338 304	6%	dergl.	Em. 51	71
338 305	6%	dergl.	Em. 53	100
338 309	5%	dergl.	Em. 60	70
338 310	6%	dergl.	Em. 62	70
338 311	5%	dergl.	Em. 70	70
338 312	5½%	dergl.	Em. 72	70
338 313	5½%	dergl.	Em. 76	70
338 314	6%	dergl.	Em. 78	70
338 316	6%	dergl.	Em. 83	70
338 317	6%	dergl.	Em. 85	70
338 318	6%	dergl.	Em. 88	70
338 319	6%	dergl.	Em. 90	70
338 320	6%	dergl.	Em. 91	70
338 321	6%	dergl.	Em. 93	70
338 322	7%	dergl.	Em. 96	80
338 323	7%	dergl.	Em. 98	80
338 324	6½%	dergl.	Em. 102	74
338 325	7%	dergl.	Em. 103	80
338 326	6½%	dergl.	Em. 105	74
338 327	6½%	dergl.	Em. 107	74
338 328	6%	dergl.	Em. 108	67
338 329	6%	dergl.	Em. 111	70
338 330	6%	dergl.	Em. 113	70
338 331	7½%	dergl.	Em. 114	87,25
338 333	6½%	dergl.	Em. 118	74
338 334	6½%	dergl.	Em. 119	74
338 335	7%	dergl.	Em. 122	80
338 336	8%	dergl.	Em. 124	94,6

Wertpapier-Nr.				Kurs in Prozenten
338 337	8%	dergl.	Em. 128	92,5
338 338	8%	dergl.	Em. 129	91,25
338 339	7½%	dergl.	Em. 130	87,75
338 340	7½%	dergl.	Em. 135	88,75
338 341	7%	dergl.	Em. 136	88,75
338 342	8%	dergl.	Em. 143	91,5
338 343	7½%	dergl.	Em. 145	88,4
338 344	8%	dergl.	Em. 146	90,5
338 345	8%	dergl.	Em. 147	91,35
338 346	7½%	dergl.	Em. 148	88,25
338 347	8½%	dergl.	Em. 151	93
Westfälische Hypothekenbank AG, Hagen i. W.				
339 001	5½%	Hyp.-Pfandbr.	Em. 1	71
339 002	6%	dergl.	Em. 2	71
339 003	6%	dergl.	Em. 3	71
339 004	6%	dergl.	Em. 4	71
339 005	6%	dergl.	Em. 5	71
339 006	6%	dergl.	Em. 6	70
339 007	7%	dergl.	Em. 7	79
339 008	7%	dergl.	Em. 8	78
339 009	7%	dergl.	Em. 9	78
339 010	6½%	dergl.	Em. 10	72
339 011	6½%	dergl.	Em. 11	72
339 012	6½%	dergl.	Em. 12	74
339 013	6%	dergl.	Em. 13	68,5
339 014	6½%	dergl.	Em. 14	72
339 015	6½%	dergl.	Em. 15	78,5
339 016	7%	dergl.	Em. 16	78
339 017	7%	dergl.	Em. 17	79,5
339 018	7½%	dergl.	Em. 18	87
339 019	8%	dergl.	Em. 19	92
339 020	7%	dergl.	Em. 20	86,5
339 021	7%	dergl.	Em. 21	86,5
339 022	8%	dergl.	Em. 22	95
339 023	7%	dergl.	Em. 23	87
339 024	8%	dergl.	Em. 24	90,5
339 025	8½%	dergl.	Em. 25	92,5
339 026	7½%	dergl.	Em. 26	93
339 027	8%	dergl.	Em. 27	94,5
339 028	7½%	dergl.	Em. 28	88,5
339 030	8½%	dergl.	Em. 30	96,5
339 301	6%	Komm.-Schuldverschr.	Em. 51	71
339 302	5½%	dergl.	Em. 52	71
339 303	6%	dergl.	Em. 53	71
339 304	6%	dergl.	Em. 54	71
339 305	7%	dergl.	Em. 55	82,5
339 306	7%	dergl.	Em. 56	78,5
339 307	7%	dergl.	Em. 57	77,5
339 308	6½%	dergl.	Em. 58	74
339 309	6½%	dergl.	Em. 59	73
339 310	6%	dergl.	Em. 60	71
339 311	6½%	dergl.	Em. 61	80
339 312	7%	dergl.	Em. 62	80,5
339 313	7%	dergl.	Em. 63	83,5
339 314	8%	dergl.	Em. 64	92,5
339 315	7½%	dergl.	Em. 65	81,5
339 316	8%	dergl.	Em. 66	92
339 317	7½%	dergl.	Em. 67	90,5
339 318	7%	dergl.	Em. 68	93,5
339 319	7%	dergl.	Em. 69	86
339 320	7½%	dergl.	Em. 70	89
339 321	8%	dergl.	Em. 71	92,5
339 322	7%	dergl.	Em. 72	91,5
339 323	7%	dergl.	Em. 73	86
339 324	6½%	dergl.	Em. 74	90
339 325	8%	dergl.	Em. 75	95
339 326	8½%	dergl.	Em. 76	93,5
339 327	8½%	dergl.	Em. 77	94,5
339 328	8%	dergl.	Em. 78	95,5
339 329	10%	dergl.	Em. 79	101,5
Westfälische Landschaft, Münster (Westf.)				
340 000	5%	Westf. Landschaftl. Pfandbr.	Reihe 1	104
340 001	5½%	dergl.	Reihe 2	106
340 002	4%	dergl. (Umtausch-Em.)	Reihe 4	99
340 003	4%	dergl. (Altsp.-Em.)	Reihe 5	99

Wertpapier-Nr.			Kurs in Prozenten
340 004	6½% dergl.	Reihe 6	73,5
340 005	6% dergl.	Reihe 7	71
340 006	7½% dergl. v. 1957	Reihe 8	94
340 007	6% dergl. v. 1958	Reihe 9	71
340 008	5½% dergl. v. 1959	Reihe 10	68,5
340 009	5% dergl. v. 1959	Reihe 11	68
340 010	6% dergl.	Reihe 12	71
340 011	7% dergl.	Reihe 13	78
340 012	5½% dergl.	Reihe 14	68,5
340 013	6% dergl.	Reihe 15	71
340 014	6% dergl.	Reihe 16	72
340 015	6% dergl.	Reihe 17	71
340 016	7% dergl.	Reihe 18	81
340 017	6½% dergl.	Reihe 19	73,5
340 018	7% dergl.	Reihe 20	78

Württ. Girozentrale — Württ. Landeskommunalbank —

siehe: Württembergische Landeskommunalbank — Girozentrale —

Württembergische Landeskommunalbank — Girozentrale —, Stuttgart

341 000	6½% Hyp.-Pfandbr.	Serie 1	71
341 001	6% dergl.	Serie 2	70
341 002	6½% dergl.	Serie 3	73
341 003	6% dergl.	Serie 4	93
341 004	7% dergl.	Serie 5	82
341 005	7½% dergl.	Serie 6	88
341 006	8½% dergl.	Serie 7	94

Kommunal-Anleihen, ausgestellt unter „Württ. Girozentrale — Württ. Landeskommunalbank —":

341 300	5% Württ. Komm.-Anl. v. 1949	Serie I	100
341 301	5% dergl.	Serie II	102,9
341 304	5½% dergl.	Serie V	100
341 306	6% dergl.	Serie VII	81
341 307	6% dergl.	Serie VIII	72
341 308	6% dergl.	Serie IX	90
341 315	6% dergl.	Serie 16	69
341 316	6% dergl.	Serie 17	72
341 317	6% dergl.	Serie 18	68
341 318	5½% dergl.	Serie 19	66
341 319	5% dergl.	Serie 20	68
341 320	5½% dergl.	Serie 21	72
341 321	5% dergl.	Serie 22	68
341 322	5% dergl.	Serie 23	68
341 323	6% dergl.	Serie 24	85
341 325	6% dergl.	Serie 26	72
341 326	6% dergl.	Serie 27	68
341 327	5½% dergl.	Serie 28	68
341 328	5½% dergl.	Serie 29	68
341 329	6% dergl.	Serie 30	71
341 330	6% dergl.	Serie 31	68,5
341 331	6% dergl.	Serie 32	70
341 332	6% dergl.	Serie 33	70
341 333	6% dergl.	Serie 34	86
341 334	6% dergl.	Serie 35	70
341 335	6% dergl.	Serie 36	70
341 337	5¾% dergl.	Serie 38	100
341 338	6% dergl.	Serie 39	70
341 339	6% dergl.	Serie 40	74
341 340	6% dergl.	Serie 41	74
341 341	6% dergl.	Serie 42	99
341 342	7% dergl.	Serie 43	88
341 343	7% dergl.	Serie 44	83
341 344	7% dergl.	Serie 45	86
341 345	7% dergl.	Serie 46	94,5
341 346	7% dergl.	Serie 47	84
341 347	6½% dergl.	Serie 48	74
341 348	6½% dergl.	Serie 49	74
341 349	6½% dergl.	Serie 50	71

Kommunal-Anleihen, ausgestellt unter „Württembergische Landeskommunalbank — Girozentrale —":

341 350	6½% Württ. Komm.-Anl.	Serie 51	71
341 351	6% dergl.	Serie 52	94.5
341 352	7% dergl.	Serie 53	89
341 353	7% dergl.	Serie 54	82
341 354	6½% dergl.	Serie 55	100
341 355	8% dergl.	Serie 56	97
341 356	8% dergl.	Serie 57	92
341 357	7½% dergl.	Serie 58	87
341 358	7½% dergl.	Serie 59	87
341 359	7½% dergl.	Serie 60	95
341 360	7½% dergl.	Serie 61	87
341 361	8% dergl.	Serie 62	95
341 362	8% dergl.	Serie 63	90
341 363	8% dergl.	Serie 64	91
341 364	8% dergl.	Serie 65	93
341 365	8% dergl.	Serie 66	89
341 366	8%	Serie 67	95
341 367	8½% dergl.	Serie 68	93
341 368	8½% dergl.	Serie 69	94
341 369	8½% dergl.	Serie 70	96
341 370	8½% dergl.	Serie 71	96
341 371	8½% dergl.	Serie 72	96
341 372	10% dergl.	Serie 73	101
341 373	10% dergl.	Serie 74	101
341 374	10% dergl.	Serie 75	101
341 375	10% dergl.	Serie 76	101
341 376	10% dergl.	Serie 77	101

Inhaber-Schuldverschreibungen, ausgestellt unter „Württ. Girozentrale — Württ. Landeskommunalbank":

341 456	7% Inh.-Schuldverschr.	Reihe 7	96,5
341 457	6½% dergl.	Reihe 8	94,5
341 458	6½% dergl.	Reihe 9	93,25

Inhaber-Schuldverschreibungen, ausgestellt unter „Württembergische Landeskommunalbank — Girozentrale —":

341 461	6% Inh.-Schuldverschr.	Reihe 12	90,5
341 462	6% dergl.	Reihe 13	99,1
341 463	6% dergl.	Reihe 14	89
341 464	6% dergl.	Reihe 15	97,75
341 465	7% dergl.	Reihe 16	95,25
341 466	7% dergl.	Reihe 17	95
341 467	7% dergl.	Reihe 18	94,25
341 468	7½% dergl.	Reihe 19	95
341 469	8% dergl.	Reihe 20	97,5
341 470	8% dergl.	Reihe 21	97,5
341 471	7½% dergl.	Reihe 22	99
341 472	8½% dergl.	Reihe 23	97,5
341 473	8½% dergl.	Reihe 24	97
341 474	8½% dergl.	Reihe 25	97,5
341 475	8½% dergl.	Reihe 26	97,5
341 476	8½% dergl.	Reihe 27	93
341 477	8½% dergl.	Reihe 28	98,25
341 478	7½% dergl.	Reihe 29	89
341 479	7½% dergl.	Reihe 30	93
341 480	7½% dergl.	Reihe 31	90
341 482	7½% dergl.	Reihe 33	94,75
341 484	7½% dergl.	Reihe 35	94,25
341 490	6½% dergl.	Reihe 41	96,5
341 491	7½% dergl.	Reihe 42	91
341 492	7¾% dergl.	Reihe 43	93,5
341 493	7% dergl.	Reihe 44	91,5
341 494	7½% dergl.	Reihe 45	87,5
341 497	5½% dergl.	Reihe 48	98
341 498	6% dergl.	Reihe 49	96,75
341 499	7% dergl.	Reihe 50	81
341 500	8% dergl.	Reihe 51	94
341 504	7% dergl.	Reihe 55	92
341 505	7½% dergl.	Reihe 56	90,5
341 506	7% dergl.	Reihe 57	95
341 507	7% dergl.	Reihe 58	91
341 508	6½% dergl.	Reihe 59	90
341 509	8% dergl.	Reihe 60	89,5
341 510	8% dergl.	Reihe 61	92
341 511	8% dergl.	Reihe 62	92
341 512	8% dergl.	Reihe 63	95
341 513	8% dergl.	Reihe 64	91
341 514	6½% dergl.	Reihe 65	93,5
341 515	6% dergl.	Reihe 66	97,1
341 516	8% dergl.	Reihe 67	92
341 518	8% dergl.	Reihe 69	90
341 520	8% dergl.	Reihe 71	91
341 521	8% dergl.	Reihe 72	90
341 522	8% dergl.	Reihe 73	91

Wertpapier-Nr.			Kurs in Prozenten
341 523	8% dergl.	Reihe 74	90
341 524	8% dergl.	Reihe 75	89,5
341 525	8% dergl.	Reihe 76	93,5
341 526	8¹/₂% dergl.	Reihe 77	91,5
341 527	8¹/₂% dergl.	Reihe 78	93,5
341 528	7¹/₂% dergl.	Reihe 79	99,25
341 530	7¹/₂% dergl.	Reihe 81	94
341 531	8¹/₂% dergl.	Reihe 82	96
341 532	8¹/₂% dergl.	Reihe 83	95
341 533	7¹/₂% dergl.	Reihe 84	98,15
341 534	8¹/₂% dergl.	Reihe 85	92
341 535	8¹/₂% dergl.	Reihe 86	92
341 536	8¹/₂% dergl.	Reihe 87	95,5
341 537	8¹/₂% dergl.	Reihe 88	95,5
341 538	9% dergl.	Reihe 89	95,5
341 539	9% dergl.	Reihe 90	96,5
341 540	8% dergl.	Reihe 91	89,5
341 541	9% dergl.	Reihe 92	96
341 542	9¹/₂% dergl.	Reihe 93	99
341 543	9¹/₂% dergl.	Reihe 94	98,5
341 544	10% dergl.	Reihe 95	101
341 545	10% dergl.	Reihe 96	101
341 546	10% dergl.	Reihe 97	101
341 547	9% dergl.	Reihe 98	99
341 548	10% dergl.	Reihe 99	101
341 549	10% dergl.	Reihe 100	101
341 550	10% dergl.	Reihe 101	101
341 555	9¹/₂% dergl.	Reihe 106	98,15
341 556	9¹/₂% dergl.	Reihe 107	99,75

Württembergische Hypothekenbank, Stuttgart

Wertpapier-Nr.			Kurs in Prozenten
342 001	5% Hyp.-Pfandbr.	Serie 22	103
342 002	5% dergl.	Serie 23	100
342 003	5% dergl.	Serie 24	103
342 004	5% dergl.	Serie 25	102,25
342 005	5% dergl.	Serie 26	101
342 006	5% dergl.	Serie 27	100
342 007	5% dergl.	Serie 28	101
342 008	5% dergl.	Serie 29	101
342 009	5% dergl.	Serie 30	106
342 010	5% dergl.	Serie 31	102
342 012	5¹/₂% dergl.	Serie 33	103,5
342 013	5% dergl.	Serie 34	104
342 014	5% dergl.	Serie 35	104
342 016	4% dergl.	Serie 37	98,5
342 017	5% dergl.	Serie 38	102,5
342 018	5¹/₂% dergl.	Serie 39	106,25
342 019	5% dergl.	Serie 40	102,5
342 022	5% dergl.	Serie 43	106,5
342 026	6% dergl.	Serie 47	93
342 027	6% dergl.	Serie 48	81
342 028	6% dergl.	Serie 49	79
342 029	6% dergl.	Serie 50	72
342 031	6% dergl.	Serie 52	70
342 032	4% dergl. (Umtausch-Em.)	Serie 53 U	98,5
342 033	4% dergl. (Umtausch-Em.)	Serie 54 U	98,5
342 034	6% dergl.	Serie 55	70
342 035	7¹/₂% dergl.	Serie 56	95
342 036	7¹/₂% dergl.	Serie 57	95
342 038	6% dergl.	Serie 59	70
342 041	6¹/₂% dergl.	Serie 62	75
342 042	5¹/₂% dergl.	Serie 63	65
342 043	5% dergl.	Serie 64	65
342 044	5% dergl.	Serie 65	67
342 045	5¹/₂% dergl.	Serie 66	66
342 046	6% dergl.	Serie 67	70
342 047	6% dergl.	Serie 68	70
342 048	6% dergl.	Serie 69	70
342 049	7% dergl.	Serie 70	79
342 050	6% dergl.	Serie 71	70
342 051	5¹/₂% dergl.	Serie 72	67
342 052	5% dergl.	Serie 73	67
342 053	5¹/₂% dergl.	Serie 74	66
342 054	6% dergl.	Serie 75	70
342 055	6% dergl.	Serie 76	70
342 056	5¹/₂% dergl.	Serie 77	68
342 058	6% dergl.	Serie 79	70
342 059	5% dergl.	Serie 80	98
342 060	6% dergl.	Serie 81	70

Wertpapier-Nr.			Kurs in Prozenten
342 061	6% dergl.	Serie 82	70
342 062	6% dergl.	Serie 83	70
342 063	6% dergl.	Serie 84	70
342 064	6% dergl.	Serie 85	70
342 065	6% dergl.	Serie 86	70
342 066	6% dergl.	Serie 87	70
342 067	6% dergl.	Serie 88	70
342 068	6% dergl.	Serie 89	70
342 069	6% dergl.	Serie 90	70
342 070	7% dergl.	Serie 91	79
342 071	7% dergl.	Serie 92	79
342 072	7% dergl.	Serie 93	79
342 073	7% dergl.	Serie 94	79
342 074	6¹/₂% dergl.	Serie 95	74
342 075	6¹/₂% dergl.	Serie 96	74
342 076	6¹/₂% dergl.	Serie 97	74
342 077	6¹/₂% dergl.	Serie 98	82
342 078	6% dergl.	Serie 99	70
342 080	7% dergl.	Serie 101	78
342 081	7% dergl.	Serie 102	79
342 082	8% dergl.	Serie 103	93,5
342 083	8% dergl.	Serie 104	92
342 084	7¹/₂% dergl.	Serie 105	87
342 085	8% dergl.	Serie 106	87
342 086	8% dergl.	Serie 107	100
342 087	7¹/₂% dergl.	Serie 108	82
342 088	7% dergl.	Serie 109	86,5
342 089	7% dergl.	Serie 110	93
342 090	6¹/₂% dergl.	Serie 111	92,5
342 091	8% dergl.	Serie 112	92
342 093	9% dergl.	Serie 114	98
342 300	5% Komm.-Schuld-verschr.	Serie 2	100
342 301	5% dergl.	Serie 3	102,5
342 302	5% dergl.	Serie 4	104
342 304	5% dergl.	Serie 6	105,5
342 305	5¹/₂% dergl.	Serie 7	107
342 307	6% dergl.	Serie 9	92
342 308	6% dergl.	Serie 10	91
342 309	6% dergl.	Serie 11	91
342 310	6% dergl.	Serie 12	80
342 311	6% dergl.	Serie 13	70
342 319	6% dergl.	Serie 21	69
342 320	5¹/₂% dergl.	Serie 22	67
342 321	6¹/₂% dergl.	Serie 23	76
342 322	5% dergl.	Serie 24	68
342 323	5¹/₂% dergl.	Serie 25	66
342 324	6% dergl.	Serie 26	68
342 325	6% dergl.	Serie 27	70
342 326	6% dergl.	Serie 28	70
342 327	5¹/₂% dergl.	Serie 29	68
342 328	6% dergl.	Serie 30	70
342 329	5¹/₂% dergl.	Serie 31	77
342 331	6% dergl.	Serie 33	70
342 332	6% dergl.	Serie 34	70
342 333	6% dergl.	Serie 35	77
342 334	5¹/₂% dergl.	Serie 36	69
342 335	6% dergl.	Serie 37	70
342 336	6% dergl.	Serie 38	70
342 337	5¹/₂% dergl.	Serie 39	77
342 338	6% dergl.	Serie 40	70
342 339	6% dergl.	Serie 41	70
342 340	6% dergl.	Serie 42	70
342 341	6% dergl.	Serie 43	70
342 342	7% dergl.	Serie 44	79
342 343	7% dergl.	Serie 45	79
342 344	7% dergl.	Serie 46	79
342 345	6¹/₂% dergl.	Serie 47	74
342 346	6¹/₂% dergl.	Serie 48	74
342 347	6¹/₂% dergl.	Serie 49	74
342 348	6% dergl.	Serie 50	70
342 349	6% dergl.	Serie 51	70
342 352	6% dergl.	Serie 54	73
342 353	7% dergl.	Serie 55	98
342 354	7% dergl.	Serie 56	82
342 355	8% dergl.	Serie 57	92
342 356	7% dergl.	Serie 58	90
342 357	8% dergl.	Serie 59	92
342 358	7¹/₂% dergl.	Serie 60	88

Anhang III 1

Wertpapier-Nr.			Kurs in Prozenten
342 359	8% dergl.	Serie 61	89
342 360	7¹/₂% dergl.	Serie 62	90
342 362	7¹/₂% dergl.	Serie 64	85
342 363	8% dergl.	Serie 65	92
342 364	7% dergl.	Serie 66	93
342 365	8% dergl.	Serie 67	92
342 367	9% dergl.	Serie 69	98

Württembergische Kommunal-Anleihen
siehe: Württembergische Landeskommunalbank
— Girozentrale —

Württembergische Landeskommunalbank
— Girozentrale —
siehe oben unter Wertpapier-Nr. 341 000 uff.

Württembergische Landeskreditanstalt, Stuttgart

344 004	5% Hyp.-Pfandbr.	Reihe VIII	105
344 005	5% dergl.	Reihe IX	105
344 006	5% dergl.	Erw.-Reihe IX	105
344 007	5% dergl.	Reihe X	105
344 008	5¹/₂% dergl.	Reihe XI	106
344 009	5¹/₂% dergl.	Reihe XII	106
344 010	4% dergl. (Altsp.)	Reihe XIII	100
344 012	5¹/₂% dergl.	Reihe XV	106
344 013	5¹/₂% dergl.	Reihe XVI	106
344 014	5% dergl.	Reihe XVII	105
344 015	6¹/₂% dergl.	Reihe 18	79
344 016	6¹/₂% dergl.	Reihe 19	79
344 017	6% dergl.	Reihe 20	73
344 018	6% dergl.	Reihe 21	73
344 019	6¹/₂% dergl.	Reihe 22	79
344 022	5¹/₂% dergl.	Reihe 25	78
344 023	5% dergl.	Reihe 26	76
344 024	5¹/₂% dergl.	Reihe 27	78
344 025	6% dergl.	Reihe 28	73
344 026	6% dergl.	Reihe 29	73
344 027	5¹/₂% dergl.	Reihe 30	80
344 029	6% dergl.	Reihe 32	83
344 030	6% dergl.	Reihe 33	72
344 031	6% dergl.	Reihe 34	72
344 032	6% dergl.	Reihe 35	72
344 033	6% dergl.	Reihe 36	72
344 034	6% dergl.	Reihe 37	72
344 035	6% dergl.	Reihe 38	72
344 036	6% dergl.	Reihe 39	72
344 037	6% dergl.	Reihe 40	72
344 038	7% dergl.	Reihe 41	81
344 039	7% dergl.	Reihe 42	81
344 040	7% dergl.	Reihe 43	81
344 041	7% dergl.	Reihe 44	81
344 042	7% dergl.	Reihe 45	81
344 043	7% dergl.	Reihe 46	85
344 044	6¹/₂% dergl.	Reihe 47	78
344 045	6¹/₂% dergl.	Reihe 48	78
344 046	6¹/₂% dergl.	Reihe 49	90
344 047	6¹/₂% dergl.	Reihe 50	78
344 048	6% dergl.	Reihe 51	72
344 049	7% dergl.	Reihe 52	83
344 050	7% dergl.	Reihe 53	81
344 051	7¹/₂% dergl.	Reihe 54	82
344 052	7¹/₂% dergl.	Reihe 55	82
344 300	6% Komm.-Schuldv.	Reihe 1	72
344 303	6% dergl.	Reihe 4	72
344 304	6% dergl.	Reihe 5	79
344 305	7% dergl.	Reihe 6	93
344 306	6¹/₂% dergl.	Reihe 7	90,5
344 307	6¹/₂% dergl.	Reihe 8	86
344 308	6% dergl.	Reihe 9	83
344 309	7% dergl.	Reihe 10	92
344 310	8% dergl.	Reihe 11	96,5
344 311	7¹/₂% dergl.	Reihe 12	91

Württembergischer Kreditverein AG., Stuttgart

345 007	4% Pfandbriefe (Altsp.-Em.)	Reihe 7	98
345 021	5% dergl.	Reihe 21	104,5
345 022	5% dergl.	Reihe 22	104
345 023	5% dergl.	Reihe 23	105,5
345 024	5% dergl.	Reihe 24	105,75

Wertpapier-Nr.			Kurs in Prozenten
345 025	5% dergl.	Reihe 25	105
345 026	5% dergl.	Reihe 26	106
345 027	5¹/₂% dergl.	Reihe 27	105
345 029	5¹/₂% dergl.	Reihe 29	107
345 030	5¹/₂% dergl.	Reihe 30	105
345 031	5% dergl.	Reihe 31	103
345 032	6¹/₂% dergl.	Reihe 32	74
345 033	6% dergl.	Reihe 33	70,5
345 034	6% dergl.	Reihe 34	70,5
345 035	5¹/₂% dergl.	Reihe 35	77
345 036	6% dergl.	Reihe 36	70,5
345 037	6% dergl.	Reihe 37	70,5
345 039	6% dergl.	Reihe 39	100
345 041	6% dergl.	Reihe 41	70
345 042	5¹/₂% dergl.	Reihe 42	75
345 043	5¹/₂% dergl.	Reihe 43	77
345 044	5% dergl.	Reihe 44	74
345 045	5% dergl.	Reihe 45	75
345 046	5¹/₂% dergl.	Reihe 46	76
345 047	6% dergl.	Reihe 47	70
345 048	6¹/₂% dergl.	Reihe 48	73
345 049	6% dergl.	Reihe 49	70
345 050	5¹/₂% dergl.	Reihe 50	77
345 051	5¹/₂% dergl.	Reihe 51	77
345 052	5¹/₂% dergl.	Reihe 52	76,5
345 053	6% dergl.	Reihe 53	70
345 054	6% dergl.	Reihe 54	70
345 055	5¹/₂% dergl.	Reihe 55	77
345 056	6% dergl.	Reihe 56	70
345 057	6% dergl.	Reihe 57	70
345 058	6% dergl.	Reihe 58	70
345 059	6% dergl.	Reihe 59	70
345 060	6% dergl.	Reihe 60	70
345 061	6% dergl.	Reihe 61	70
345 062	6% dergl.	Reihe 62	69,5
345 063	6% dergl.	Reihe 63	70
345 064	6% dergl.	Reihe 64	70
345 065	6% dergl.	Reihe 65	70
345 066	6% dergl.	Reihe 66	70
345 067	6% dergl.	Reihe 67	70
345 068	7% dergl.	Reihe 68	82
345 069	7% dergl.	Reihe 69	80
345 070	7% dergl.	Reihe 70	79
345 071	6¹/₂% dergl.	Reihe 71	72
345 072	6% dergl.	Reihe 72	70
345 073	6¹/₂% dergl.	Reihe 73	78
345 074	7¹/₂% dergl.	Reihe 74	87
345 075	7¹/₂% dergl.	Reihe 75	86
345 076	8% dergl.	Reihe 76	92,5
345 077	7¹/₂% dergl.	Reihe 77	91
345 078	7¹/₂% dergl.	Reihe 78	89,5
345 079	7¹/₂% dergl.	Reihe 79	89,5
345 080	8% dergl.	Reihe 80	92
345 081	8% dergl.	Reihe 81	92
345 301	5¹/₂% Komm.-Schuldverschr.	Reihe 1	106
345 302	6% dergl.	Reihe 2	70,5
345 303	6% dergl.	Reihe 3	70,5
345 304	6% dergl.	Reihe 4	70,5
345 308	5% dergl.	Reihe 8	81
345 309	6% dergl.	Reihe 9	70
345 310	6% dergl.	Reihe 10	70
345 311	5¹/₂% dergl.	Reihe 11	76
345 312	6% dergl.	Reihe 12	70
345 313	6% dergl.	Reihe 13	70
345 314	6% dergl.	Reihe 14	70
345 315	6% dergl.	Reihe 15	70
345 316	6% dergl.	Reihe 16	70
345 317	7% dergl.	Reihe 17	82
345 318	7% dergl.	Reihe 18	82
345 319	7% dergl.	Reihe 19	79
345 320	6% dergl.	Reihe 20	70
345 321	6¹/₂% dergl.	Reihe 21	74
345 322	6¹/₂% dergl.	Reihe 22	74,5
345 323	6¹/₂% dergl.	Reihe 23	75
345 324	6% dergl.	Reihe 24	69,5
345 325	6¹/₂% dergl.	Reihe 25	73
345 326	6% dergl.	Reihe 26	69
345 327	6% dergl.	Reihe 27	69
345 328	6% dergl.	Reihe 28	69
345 329	6¹/₂% dergl.	Reihe 29	73,5

Wertpapier-Nr.			Kurs in Prozenten
345 330	6% dergl.	Reihe 30	69
345 331	7% dergl.	Reihe 31	83
345 332	8¹/₂% dergl.	Reihe 32	98
345 333	8% dergl.	Reihe 33	95,75
345 334	8¹/₂% dergl.	Reihe 34	97
345 335	7¹/₂% dergl.	Reihe 35	89
345 336	7¹/₂% dergl.	Reihe 36	93
345 337	7¹/₂% dergl.	Reihe 37	88
345 338	8% dergl.	Reihe 38	93
345 339	7¹/₂% dergl.	Reihe 39	89,5
345 340	7% dergl.	Reihe 40	82
345 341	8% dergl.	Reihe 41	92

Zentralkasse Nordwestd. Volksbanken A.G.

| 347 501 | 7% Sparobl. | Serie 1 | 90 |

Zentralbank Saarl. Gen. AG

| 348 501 | 7% Sparobl. | Ausg. 1 | 98,5 |
| 348 502 | 10% Sparobl. v. 1973 | Ausg. II | 100 |

C. Industrie-Obligationen
(einschl. der Wandelschuldverschreibungen)

350 501	6% AG der Gerresheimer Glashütten-werke vorm. Ferd. Heye Anl. v. 1962		85
350 602	5¹/₂% Salzgitter AG (früher AG. für Berg- und Hüttenbetriebe) Anl. v. 1959		89
350 650	7% AGROB AG für Grob- und Fein-keramik Anl. v. 1958		92,1
351 212	6% Allgemeine Electricitäts-Gesell-schaft AEG-Telefunken Anl. v. 1962 Serien I—III, VI, VIII		93
351 213	6% dergl. Anl. v. 1963		92,5
351 214	6¹/₂% dergl. Wandelanl. v. 1966		85,5
351 215	6% dergl. Wandelanl. v. 1969		77,75
351 231	6% dergl. Anl. v. 1962 Serie I		93
351 232	6% dergl.	Serie II	100
351 233	6% dergl.	Serie III	93
351 238	6% dergl.	Serie VIII	93
352 307	4¹/₂% Badenwerk sfrs-Anl. v. 1960		97
352 308	6% Badenwerk AG Anl. v. 1964		85,5
352 309	7% dergl. Anl. v. 1966 Serien 1—3, 5—10		93,4
352 321	7% dergl.	Serie 1	93,4
352 322	7% dergl.	Serie 2	93,4
352 323	7% dergl.	Serie 3	93,4
352 325	7% dergl.	Serie 5	93,4
352 326	7% dergl.	Serie 6	93,4
352 327	7% dergl.	Serie 7	101,5
352 329	7% dergl.	Serie 9	93,4
352 330	7% dergl.	Serie 10	93,4
352 401	7% (6%) Badische Anilin- & Soda-Fabrik AG Anl. v. 1962		97
352 402	5¹/₂% dergl. Wandelanl. v. 1964		94,7
352 403	4¹/₂% BASF sfrs-Anl. v. 1964		87,5
352 904	5% Bayernwerk AG Anl. v. 1959		78,5
353 301	6¹/₂% Aug. Thyssen-Hütte Anl. v. 1958 der ehem. Bergbau-AG Neue Hoffnung		91,8
353 501	7¹/₂% VEBA AG (früher Berkwerks-gesellschaft Hibernia AG) Anl. v. 1958 I. Ausg.		93
353 704	5¹/₄% Berliner Kraft- und Licht (Bewag)-AG sfrs-Anl. v. 1925 — Ausg. 1956		94
353 705	4⁷/₈% dergl. $-Debt. Adjustm. Debenture Bonds Serie A		88
353 707	4¹/₈% dergl. $-Debt. Adjustm. Debenture Bonds Serie B		88
353 709	5% dergl. Anl. v. 1959		89,5
353 801	6% Friedr. Krupp Anl. v. 1964 der ehem. Bochumer Verein für Guß-stahlfabrikation AG		83
353 902	5% + 1% Robert Bosch GmbH Anl. v. 1959		94
353 903	4¹/₂% dergl. sfrs-Anl. v. 1961		96
354 002	6% BP Benzin und Petroleum AG Anl. v. 1963		90,5

Wertpapier-Nr.			Kurs in Prozenten
354 003	7% dergl. Anl. v. 1966 Serien 1, 2, 4—10		90,5
354 004	6¹/₂% dergl. Anl. v. 1967	Abschnitt A	87
354 005	6% dergl. Anl. v. 1967	Abschnitt B	91,5
354 018	5% dergl.	Serie 8	96
353 022	7% dergl.	Serie 2	90,5
354 024	7% dergl.	Serie 4	90,5
354 025	7% dergl.	Serie 5	101,5
354 026	7% dergl.	Serie 6	90,5
354 027	7% dergl.	Serie 7	90,5
354 028	7% dergl.	Serie 8	90,5
354 029	7% dergl.	Serie 9	90,5
354 030	7% dergl.	Serie 10	90,5
354 031	6¹/₂% dergl. Anl. v. 67/A	Serie 1	87
354 032	6¹/₂% dergl. Anl. v. 67/A	Serie 2	87
354 033	6¹/₂% dergl. Anl. v. 67/A	Serie 3	87
354 034	6¹/₂% dergl. Anl. v. 67/A	Serie 4	87
354 035	6¹/₂% dergl. Anl. v. 67/A	Serie 5	87
354 036	6¹/₂% dergl. Anl. v. 67/A	Serie 6	87
354 038	6¹/₂% dergl. Anl. v. 67/A	Serie 8	87
354 039	6¹/₂% dergl. Anl. v. 67/A	Serie 9	87
354 040	6¹/₂% dergl. Anl. v. 67/A	Serie 10	87
354 041	6% dergl. Anl. v. 67/B	Serie 1	91,5
354 042	6% dergl. Anl. v. 67/B	Serie 2	91,5
354 043	6% dergl. Anl. v. 67/B	Serie 3	91,5
354 044	6% dergl. Anl. v. 67/B	Serie 4	91,5
354 046	6% dergl. Anl. v. 67/B	Serie 6	91,5
354 047	6% dergl. Anl. v. 67/B	Serie 7	91,5
354 048	6% dergl. Anl. v. 67/B	Serie 8	91,5
354 049	6% dergl. Anl. v. 67/B	Serie 9	91,5
354 050	6% dergl. Anl. v. 67/B	Serie 10	91,5
354 601	6% Brown, Boveri & Cie AG Anl. v. 1962		86,75
355 102	7% Aral AG Anl. v. 1958		93
356 202	6% Chemische Werke Hüls AG Anl. v. 1962		86,5
356 203	8% dergl. Anl. v. 1971		89,1
356 550	7¹/₄% Continental Anl. v. 1971		87
357 550	5¹/₂% DEMAG AG Wandelanl. v. 1964		96,5
357 903	6% Deutsche Texaco AG Anl. v. 1964 Serien A, D — P		83
357 914	6% dergl. Anl. v. 1964	Serie D	83
357 915	6% dergl. Anl. v. 1964	Serie E	83
357 916	6% dergl. Anl. v. 1964	Serie F	83
357 917	6% dergl. Anl. v. 1964	Serie G	83
357 918	6% dergl. Anl. v. 1964	Serie H	83
357 919	6% dergl. Anl. v. 1964	Serie I	83
357 920	6% dergl. Anl. v. 1964	Serie K	83
357 921	6% dergl. Anl. v. 1964	Serie L	83
357 922	6% dergl. Anl. v. 1964	Serie M	83
357 923	6% dergl. Anl. v. 1964	Serie N	83
357 925	6% dergl. Anl. v. 1964	Serie P	83
358 002	5% Deutsche Gold- und Silber-Scheideanstalt vormals Roessler Anl. v. 1959		90
358 151	6% Deutsche Lufthansa AG Optionsanl. v. 1967 — Stücke ohne Optionsscheine —		82
358 403	5¹/₂% Deutsche Shell AG Anl. v. 1964 Serien B — D, F — J		90
358 412	5¹/₂% dergl.	Serie B	90
358 413	5¹/₂% dergl.	Serie C	90
358 414	5¹/₂% dergl.	Serie D	90
358 417	5¹/₂% dergl.	Serie G	100
358 418	5¹/₂% dergl.	Serie H	90
358 419	5¹/₂% dergl.	Serie J	90
358 602	6% Didier-Werke AG Anl. v. 1962		85,5
358 603	6% dergl. Wandelanl. v. 1969		97
359 001	7% Hoesch Anl. v. 1958		92
359 002	6% dergl. Anl. v. 1962		84,7
359 102	6% Dyckerhoff Zementwerke AG Anl. v. 1963		91
359 750	6¹/₂% Eisenbahn-Verkehrsmittel-AG. Wandelanl. v. 1968		126
359 950	7% Eisenwerk Wülfel Wandelanl. v. 1966 sfrs-Anl. v. 1927/53		90
360 410	5¹/₂% Energie-Versorgung Schwaben AG $-Debt Adjustm. Bonds per 1973 Anl. v. 1958		91
360 411	6% dergl. Anl. v. 1963		91

Wertpapier-Nr.		Kurs in Prozenten
360 703	6¹/₂% Esso Anl. v. 1959 Serien 2, 5, 9 Anl. v. 1968	87,75
360 725	5¹/₂% dergl. Anl. v. 1959 Serie 5	96,05
360 731	6¹/₂% dergl. Anl. v. 1968 Serie 1	87,75
360 732	6¹/₂% dergl. Anl. v. 1968 Serie 2	87,75
360 733	6¹/₂% ESSO Anl. v. 1968 Serie 3 M/N	87,75
360 734	6¹/₂% dergl. Serie 4 M/N	87,75
360 735	6¹/₂% dergl. Serie 5 M/N	87,75
360 736	6¹/₂% dergl. Serie 6 M/N	87,75
360 737	6¹/₂% dergl. Serie 7 M/N	87,75
360 738	6¹/₂% dergl. Serie 8 M/N	87,75
360 739	6¹/₂% dergl. Serie 9 M/N	87,75
360 740	6¹/₂% dergl. Serie 10 M/N	87,75
361 500	4¹/₂% Farbenfabriken Bayer sfrs-Anl. v. 1963	88
361 501	5% dergl. Wandelanl. v. 1965	83,5
361 502	5% dergl. Wandelanleihe v. 1969	77,5
361 802	6% Farbwerke Hoechst AG Anl. v. 1963	85,5
361 803	6% dergl. Anl. v. 1964 Serien 1 — 8, 10 — 11, 13 — 20	84
361 804	6¹/₂% dergl. Wandelanl. v. 1967	89,7
361 805	6¹/₂% dergl. Wandel-Anl. v. 1970	84,5
361 806	8¹/₂% dergl. Anl. v. 1970	94,5
361 821	6% dergl. Anl. v. 1964 Serie 1	84
361 822	6% dergl. Serie 2	84
361 823	6% dergl. Serie 3	84
361 825	6% dergl. Serie 5	84
361 826	6% dergl. Serie 6	84
361 827	6% dergl. Serie 7	84
361 828	6% dergl. Serie 8	84
361 830	6% dergl. Serie 10	84
361 833	6% dergl. Serie 13	84
361 834	6% dergl. Serie 14	84
361 835	6% dergl. Serie 15	84
361 836	6% dergl. Serie 16	84
361 837	6% dergl. Serie 17	84
361 838	6% dergl. Serie 18	84
361 839	6% dergl. Serie 19	84
361 840	6% dergl. Serie 20	84
363 150	5¹/₂% Gelsenberg Benzin Anl. v. 1958	88
363 151	6% dergl. v. 1972	87
363 202	6% Gelsenberg AG (früher Gelsenkirchener Bergwerks-AG.) Anl. v. 1962	85,5
363 203	6% dergl. Anl. v. 1964	84
363 601	6% Linde AG (früher Gesellschaft für Linde's Eismaschinen AG) Anl. v. 1964	83
363 780	5% BASF Anl. v. 1959	78
364 100	4% Großkraftwerk Mannheim AG. Anl. v. 1944	98
364 501	6% Gutehoffnungshütte Aktienverein Anl. v. 1963	84,75
364 700	6% Gutehoffnungshütte Sterkrade AG Anl. v. 1963	84,5
365 301	4% Hagener Straßenb. AG hfl-Anl. v. 1953	77
365 404	5¹/₂% Hamburger Gaswerke GmbH konv. Anl. v. 1959	83
365 405	5¹/₂% dergl. Anl. v. 1959 II. Ausg. Hamburgische Electricitäts Werke	88,25
365 806	6% dergl. Anl. v. 1958	86,5
365 808	5³/₄% dergl. Anl. v. 1962	82
365 809	6% dergl. Anl. v. 1963	86,5
365 810	7¹/₂% dergl. Anl. v. 1971	88
365 811	7³/₄% dergl. Anl. v. 1971 Harpener Bergbau AG Anl. v. 1953	87
366 008	4¹/₂% Harpener Bergbau AG Anl. v. 1953 Anl. mit Zusatzverzinsung	550
366 702	6% Hoesch AG (früher Hoesch Werke AG) Anl. v. 1958	90
366 703	6% dergl. Anl. v. 1964	82,5
366 704	7¹/₂% dergl. Anl. v. 1971	86
367 301	6¹/₂% Aug. Thyssen-Hütte Anl. v. 1958	91,5
367 302	6% dergl. Anl. v. 1958	91
367 403	6% Friedr.-Krupp-Hüttenwerke Anl. v. 1963	90,6
367 500	7% Salzgitter Hüttenwerk AG (früher Hüttenwerk Salzgitter AG) Anl. v. 1954	95
367 501	7¹/₂% dergl. Anl. v. 1958 I. Ausg.	93
367 502	7% dergl. Anl. v. 1958 II. Ausg.	92
367 503	6% dergl. Anl. v. 1962	85,8
368 301	5³/₄% Stahlw. Peine-Salzgitter Anl. v. 1962	85
368 400	4% Industrie-Werke Karlsruhe AG Anl. v. 1942 — Ausg. 1955 — — Stücke mit Sammelzinsschein A und B —	110
368 401	4% dergl. Stücke nur mit Sammelzinsschein B —	105
368 550	4¹/₂% Intern. Moselges., sfrs-Anl. v. 1961	96,75
368 580	7% Isar-Amperwerke AG Wandelanl. v. 1967 I. Tranche	300
370 205	7¹/₂% Karstadt AG Anl. v. 1971	86,25
370 212	5% dergl. Anl. v. 1959 Gruppe M	96,7
370 803	5% Kaufhof AG Anl. v. 1959	97
370 804	5% dergl. Anl. v. 1961 Gruppen A, C, E, F—G	92,6
370 805	7¹/₂% dergl. Anl. v. 1971	86,5
370 806	7³/₄% dergl. Anl. v. 1971	85
370 811	5% dergl. Anl. v. 1961 Gruppe A	92,6
370 813	5% dergl. Anl. v. 1961 Gruppe C	92,6
370 817	5% dergl. Anl. v. 1961 Gruppe G	92,6
371 150	6% Klein, Schanzlin & Becker AG. Wandelanl. v. 1969	107,5
371 400	8% Klöckner-Humboldt-Deutz AG Anl. v. 1956	96
371 401	5³/₄% dergl. Anl. v. 1962	84
371 504	6¹/₂% Klöckner-Werke AG Anl. v. 1958	92
371 505	6% dergl. Anl. v. 1962 Gruppen 1, 4, 7, 8, 10	92
371 506	6% dergl. Anl. v. 1963	83,5
371 507	6% dergl. Anl. v. 1963 2. Ausg.	89,3
371 508	7¹/₂% dergl. Anl. v. 1971	84,25
371 509	8% dergl. Anl. v. 1972	86
371 521	6% dergl. Anl. v. 1962 Gruppe 1	92
371 524	6% dergl. Anl. v. 1962 Gruppe 4	92
371 527	6% dergl. Anl. v. 1962 Gruppe 7	100
371 528	6% dergl. Anl. v. 1962 Gruppe 8	92
371 803	5¹/₂% Kommunales Elektrizitätswerk Mark AG Anl. v. 1958	89,5
371 804	5¹/₂% dergl. Anl. v. 1959	89,5
371 805	6% dergl. Anl. v. 1963	91
371 806	6¹/₂% dergl. Anl. v. 1967	86,8
371 950	7% Kraftwerk Kassel GmbH Anl. v. 1958	95
372 001	4% Kraftwerk Reckingen, sfrs-Anl. v. 1958	97
374 501	5¹/₄% Mannesmann AG Wandelanl. v. 1955	107,5
374 502	5% dergl. Anl. v. 1959	79
374 503	5¹/₄% dergl. Wandelanl. v. 1955, Serien 4, 6, 7, 9, 10, 14, 15, 18—20, 22, 26—29, 30, 32, 33, 35, 36, 39 und 40 (verloste, von der Einlösung oder Umwandlung zurückgestellte Stücke)	107,5
374 504	4¹/₂% Mannesmann AG, sfrs-Anl. v. 1962	96
375 400	6% Moselkraftwerke GmbH Anl. v. 1962	85
375 401	6% dergl. Anl. v. 1963	84,5
376 102	8% Neckarwerke Elektrizitätsversorgungs AG Anl. v. 1957	96,5
376 508	6% Nordwestdt. Kraftw. Anl. v. 1958	86,5
376 509	6% dergl. Anl. v. 1961	84,25
376 510	6% dergl. Anl. v. 1962	84
376 511	8% dergl. Anl. v. 1971	90
377 100	6% Obere Donau Kraftwerke AG Anl. v. 1963	85,5
377 101	6% dergl. Anl. v. 1964	78,5
377 601	5¹/₂% Österreichisch-Bayerische Kraftwerke AG Anl. v. 1958	85
377 650	6¹/₂% Adam Opel AG. Anl. v. 1967	89,5
378 803	7% August Thyssen-Hütte AG (früher: Phoenix-Rheinrohr AG Vereinigte Hütten- und Röhrenwerke) Anl. v. 1958	92
378 804	6% dergl. Anl. v. 1963 I. Ausg. Serien 1, 3. 8—9	89
378 805	6% dergl. Anl. v. 1963 II. Ausg. Serien 4—6, 9—10	90

Wertpapier-Nr.				Kurs in Prozenten
378 806	4¹/₂⁰/₀	Aug Thyssen-Hütte AG, sfrs-Anl. v. 1963		95
378 807	6⁰/₀	dergl Anl. v. 1964 Serien 2, 4, 6—8		89
378 821	6⁰/₀	dergl Anl. v. 1963	I. Ausg. Serie 1	89
378 823	6⁰/₀	dergl Anl. v. 1963	I. Ausg. Serie 3	89
378 828	6⁰/₀	dergl.	Serie 8	89
378 829	6⁰/₀	dergl.	Serie 9	89
378 830	6⁰/₀	dergl.	Serie 10	100
378 834	6⁰/₀	dergl Anl. v. 1963	II. Ausg. Serie 4	90
378 835	6⁰/₀	dergl.	Serie 5	90
378 836	6⁰/₀	dergl.	Serie 6	90
378 839	6⁰/₀	dergl.	Serie 9	90
378 840	6⁰/₀	dergl.	Serie 10	90
378 842	6⁰/₀	dergl.	Serie 2	89
378 843	6⁰/₀	dergl.	Serie 3	100
378 844	6⁰/₀	dergl.	Serie 4	89
378 846	6⁰/₀	dergl.	Serie 6	89
378 847	6⁰/₀	dergl.	Serie 7	89
378 848	6⁰/₀	dergl.	Serie 8	89
379 000	8⁰/₀	Portland-Zementwerke Heidelberg AG Anl. v. 1956		96,1
379 001	6⁰/₀	dergl. Anl v. 1962		92
379 104	8⁰/₀	Preußische Elektrizitäts-AG. Anl v. 1957		95
379 105	7⁰/₀	dergl. Anl. v. 1958		94
379 106	5¹/₂⁰/₀	dergl Anl. v. 1961		85,75
379 107	6⁰/₀	dergl. Anl. v. 1962		85,5
379 108	6⁰/₀	dergl. Anl. v. 1963		85
379 600	6⁰/₀	Rationalisierungsverband des Steinkohlenbergbaus Anl. v. 1968		84
379 700	6⁰/₀	Rhein-Donau Oelleitung GmbH Anl. v. 1963, Serien 1 — 6		92
379 701	6⁰/₀	dergl.	Serie 1	92
379 702	6⁰/₀	dergl.	Serie 2	92
379 703	6⁰/₀	dergl.	Serie 3	92
379 704	6⁰/₀	dergl.	Serie 4	92
379 902	5¹/₂⁰/₀	Rheinische Braunkohlenwerke AG (früher Rheinische AG für Braunkohlenbergbau und Brikettfabrikation) Anl v. 1958		81
379 903	6⁰/₀	dergl. v. 1963		78
379 904	6⁰/₀	dergl Anl. v. 1965		77,5
380 002	6⁰/₀	Rheinisch-Westfälische Kalkwerke AG Anl. v. 1963		84
380 113	5¹/₂⁰/₀	Rheinisch-Westfälisches Elektrizitätswerk AG Anl. v. 1959		83
380 116	6⁰/₀	dergl. Anl. v. 1963		81
380 117	4¹/₂⁰/₀	dergl. sfrs-Anl. v. 1964		97
380 118	6⁰/₀	dergl. Anl. v. 1965		76
380 119	7³/₄⁰/₀	dergl. Anl. v. 1971		86
380 120	7⁰/₀	dergl. Anl. v. 1972		82,5
380 250	4⁰/₀	Württemb. WK, Säckingen, sfrs-Anl. v. 1962		98,5
380 251	4⁰/₀	dergl. v 1963		98,5
380 252	4¹/₂⁰/₀	dergl. v. 1964		98,5
380 253	4³/₄⁰/₀	dergl. v. 1965		98,75
380 305	6⁰/₀	Rhein-Main-Donau AG Anl. v 1962		81,25
380 306	6¹/₂⁰/₀	dergl. Anl. v. 1968		85
380 307	7¹/₂⁰/₀	dergl. Anl. v. 1971		88,5
380 350	6¹/₂⁰/₀	Rhein-Main-Rohrleitungstransportgesellschaft mbH Anl. v. 1967		85,25
380 361	6¹/₂⁰/₀	dergl. v. 1967	Serie A	85,25
380 362	6¹/₂⁰/₀	dergl. v. 1967	Serie B	85,25
380 363	6¹/₂⁰/₀	dergl. v. 1967	Serie C	85,25
380 364	6¹/₂⁰/₀	dergl. v. 1967	Serie D	85,25
380 365	6¹/₂⁰/₀	dergl. v. 1967	Serie E	85,25
380 367	6¹/₂⁰/₀	dergl. v. 1967	Serie G	85,25
380 368	6¹/₂⁰/₀	dergl. v. 1967	Serie H	85,25
380 369	6¹/₂⁰/₀	dergl. v. 1967	Serie I	85,25
380 370	6¹/₂⁰/₀	dergl. v. 1967	Serie K	85,25
380 450	6¹/₂⁰/₀	Dt Texaco Anl. v 1958		92
380 802	6⁰/₀	Rütgerswerke AG Anl. v 1963		87
382 050	5¹/₂⁰/₀	Salamander AG Anl v. 1958		88,5
382 602	6¹/₂⁰/₀	Schering AG Wandelanl. v. 1966		200
382 603	6¹/₂⁰/₀	dergl Wandelanl. v. 1971		103,25
383 001	8⁰/₀	Schlesw.-Holst. Stromvers. Anl v. 1971		91,5
383 241	6⁰/₀	VEBA-Chemie AG (früher Scholven-Chemie AG) Anl. v. 1963		91

Wertpapier-Nr.				Kurs in Prozenten
383 450	7⁰/₀	(6⁰/₀) Siemens-Schuckertwerke AG Anl. v. 1961 Serie 7—9		98
383 457	7⁰/₀	(6⁰/₀) dergl.	Serie 7	98
383 458	7⁰/₀	(6⁰/₀) dergl.	Serie 8	98
383 459	7⁰/₀	(6⁰/₀) dergl.	Serie 9	98
383 460	7⁰/₀	(6⁰/₀) dergl	Serie 10	102
383 501	4¹/₂⁰/₀	Siemens AG, sfrs-Anl. v. 1963		93,5
383 502	5¹/₂⁰/₀	Siemens AG (früher Siemens & Halske AG) Wandelanl. v. 1964		101
383 503	7⁰/₀	dergl. Anl. v. 1967		87,5
383 504	5¹/₂⁰/₀	Siemens Optionsanl. v. 1972		119
383 505	5¹/₂⁰/₀	dergl. v. 72 ohne Optionsscheine		77
383 506		Siemens. lose Optionsscheine		85,5
383 650	8⁰/₀	SKF Kugellagerfabr. Anl. v. 1971		88
384 150	6¹/₂⁰/₀	Standard Elektrik Lorenz AG Anl. v. 1958		91
384 151	6⁰/₀	dergl. Anl. v. 1962		83
384 350	5⁰/₀	Steinkohlen-Elektrizität AG Anl. v. 1959		81,45
384 800	6⁰/₀	Technische Werke der Stadt Stuttgart AG Anl. v. 1963		87,5
384 801	7⁰/₀	dergl. Anl. v. 1965 Serien 1—3, 6—8, 10		93
384 821	7⁰/₀	dergl.	Serie 1	93
384 822	7⁰/₀	dergl.	Serie 2	93
384 823	7⁰/₀	dergl.	Serie 3	93
384 826	7⁰/₀	dergl.	Serie 6	93
384 827	7⁰/₀	dergl.	Serie 7	93
384 828	7⁰/₀	dergl.	Serie 8	93
384 830	7⁰/₀	dergl.	Serie 10	93
385 403	5⁰/₀	August Thyssen-Hütte AG Anl. v. 1959		87,25
385 404	4¹/₂⁰/₀	dergl., sfrs-Anl. v. 1962		96
385 405	6⁰/₀	dergl. Anl. v. 1963		85
385 406	6⁰/₀	dergl. Anl. v. 1967		85,2
385 407	7¹/₂⁰/₀	dergl. Anl. v. 1971		86
385 408	8⁰/₀	dergl. Anl. v. 1972		86,5
387 401	5⁰/₀	Vereinigte Elektrizitäts- und Bergwerks-AG Anl. v. 1959		81
387 506	6¹/₂⁰/₀	Vereinigte Elektrizitätswerke Westfalen AG Anl. v. 1967		87
387 507	8⁰/₀	dergl. Anl. v. 1971		87
387 521	6¹/₂⁰/₀	dergl. v. 1967	Serie A A/O	87
387 522	6¹/₂⁰/₀	dergl. v. 1967	Serie B A/O	87
387 523	6¹/₂⁰/₀	dergl. v. 1967	Serie C A/O	87
387 524	6¹/₂⁰/₀	dergl. v. 1967	Serie D A/O	87
387 525	6¹/₂⁰/₀	dergl. v. 1967	Serie E A/O	87
387 526	6¹/₂⁰/₀	dergl. v. 1967	Serie F A/O	87
387 527	6¹/₂⁰/₀	dergl. v. 1967	Serie G A/O	87
387 528	6¹/₂⁰/₀	dergl. v. 1967	Serie H A/O	87
387 529	6¹/₂⁰/₀	dergl. v. 1967	Serie J A/O	87
387 861	4¹/₂⁰/₀	Ver. Saar-Elektr. AG. hfl-Anl v. 1962		90
388 400	7⁰/₀	Anleihe Volkswagenwerk v 1972		82,5
389 702	5¹/₂⁰/₀	Wintershall AG Anl. v. 1958		85,3
390 701	7⁰/₀	Papierw Waldhof-Aschaffenburg Anl. v. 1958		92
391 500	5¹/₂⁰/₀	Schuldverschr. Berliner Handelsg. v. 1972		85,5
392 000	5¹/₂⁰/₀	Schuldverschr. Commerzbank AG v. 1972		78,5
394 000	5⁰/₀	Dresdner Bank AG. Wandelanl. v. 1969		80
396 001	5¹/₂⁰/₀	I. D. Herstatt KGaA Kassenobl. v. 1970/II		100
396 002	7⁰/₀	dergl. Kassenobl. v. 1972/III		131,04
396 003	5¹/₂⁰/₀	dergl Kassenobl. v. 1972/IV		90
396 004	7⁰/₀	dergl. Kassenobl. v. 1972 / V Zinsl.		100
397 500	6¹/₂⁰/₀	Vereinsbank in Hamburg Wandel-Schuldv v 1973		108
398 000	8⁰/₀	Württembergische Bank Kassenobl. Em 1		98,2
398 001	8⁰/₀	Württembergische Bank Kassenobl. Em. 2		97
410 500	4⁰/₀	BRD Ablösungs-Schuldverschreibungen v 1957 Auslandszert 1 4 gzi		98,6
411 250	4⁰/₀	BRD Äußere Anleihe — Zündholzanleihe — v 1930 15. J/J		87
415 500	4⁰/₀	Deutsche Bundesbahn Abl v. 57 Zert für Auslandsansprüche 1 4. gzj.		98.8
416 500	4⁰/₀	Deutsche Bundespost Abl v. 57 Zert. für Auslandsansprüche 1. 4. gzj.		98,9

II. Inländische Aktien, Anteile und Genußscheine

Kurse in DM pro Stück
(Kurse in Prozenten vom Nennwert sind besonders angegeben)

A. Industrie-Aktien

Wertpapier-Nr.		Einheit	Kurs in DM pro Stück
500 100	Varta	50	300
500 250	Ackermann-Göggingen	50	155
500 800	Adlerwerke vorm. Heinrich Kleyer	100	410
500 900	Gebr. Adt Sta.-Akt.	100	101
500 980	Eduard Ahlborn	1000	2050
501 000	Stern-Brauerei Carl Funke Essen	50	400
501 300	Aktienbrauerei Kaufbeuren	100	578
501 900	Agrob Sta.-Akt.	100	340
501 903	dergl. Vorz.-Akt.	100	335
502 770	AG. Kühnle, Kopp & Kausch Sta.-Akt.	50	345
502 773	dergl. Vorz.-Akt.	50	224,50
503 000	Paulaner-Salvator-Thomasbräu	50	905
503 200	Alexanderwerk	100	95
503 401	Hannoversche Papierfabriken Alfeld-Gronau	50	54
503 420	Allerthal Werke	100	170
503 490	Allweiler Sta.-Akt.	50	349
503 491	dergl. jg. Akt.	50	339
503 493	dergl. Vorz.-Akt.	50	210
503 494	dergl. jg. Akt.	50	205
503 600	Lenz-Bau Sta.-Akt.	100	303
503 800	AEG-Telefunken	50	102,50
504 500	Isar-Amperwerke	50	280
504 501	dergl. neue Aktien	50	265
504 502	dergl. jg. Akt.	50	267
504 700	Andreae-Noris-Zahn	50	430
504 900	Anker-Werke	50	260
505 250	H. W. Appel Feinkost Sta.-Akt.	100	340
505 253	dergl. Vorz.-Akt.	100	280
506 000	Aktienbrauerei zum Hasen Augsburg	100	1050
506 100	Riedinger Jersey AG.	50	139
506 200	Augsburger Kammgarn-Spinnerei	50	194
506 300	MAN Sta.-Akt.	50	108
506 303	dergl. Vorz.-Akt.	50	103
507 800	Auto Union	50	441
515 060	Badenwerk Inh.-Akt.	50	121
515 100	BASF	50	114
515 600	AG Bad Salzschlirf	100	380
516 500	J. Banning	500	781
516 800	Basalt	50	200
517 170	Baumwollspinnerei Gronau	200	594
517 200	Spinnerei Kolbermoor	100	2300
518 100	Bavaria- u. St.-Pauli-Brauerei	50	375
518 300	Bay. Brauerei-Schuck-Joenisch	50	480
518 400	Bay. Brauhaus Pforzheim	200	1150
518 600	Bayerische Elektricitäts-Lieferungs-Ges.	50	320
518 700	Bayerische Elektrizitäts-Werke	100	735
518 900	Bayerische Hartstein-Industrie	100	555
519 000	BMW	50	175,50
519 600	Bayerische Wolldecken-Fabrik, Bruckmühl	100	92
520 000	Beiersdorf	50	278
521 000	Bergmann Elektricitäts-Werke	100	489
521 300	Dahlbusch Verwaltung, Sta.-Akt.	50	280
521 303	dergl. Vorz.-Akt.	50	300
522 100	Berliner Kindl Brauerei	50	300
522 101	dergl. jg. Akt.	50	295
522 200	Berliner Maschinenbau	100	166
522 201	dergl. junge Aktien	100	160
522 450	Gebr. Bernhard AG.	700	1350
522 500	H. Berthold	50	810
522 600	Beton- und Monierbau	50	207
522 800	Bielefelder Webereien	50	64,90
523 100	Bill-Brauerei	50	340
523 300	Bleicherei, Färberei und Appretur-Anstalt	100	209
524 300	Bonner Zementwerk	50	250

Wertpapier-Nr.		Einheit	Kurs in DM pro Stück
524 640	Brauerei Feldschlößchen	1000	9280
524 700	Schloßquellbrauerei	100	660
524 730	Brauerei Moninger	50	545
525 000	Brauhaus Amberg	100	726
525 100	Brau-AG., Nürnberg	50	275
525 203	Braun Vorz.-Akt.	50	405
525 400	Elektrische Licht- und Kraftanl., München	50	190
525 600	Braunschweigische AG. für Jute- und Flachs-Industrie	100	160
525 800	Braunschweigische Maschinenbauanstalt	50	183
525 900	Breitenburger Portland-Cement-Fabrik	100	690
526 160	Bremer Lagerhaus-Gesellschaft	100	218
527 100	Bremer Vulkan Schiffbau und Maschinenfabrik	50	130
527 200	Bremer Wolf-Kämmerei	100	153
527 400	Carl Schlenk	50	165
527 800	Buderus'sche Eisenwerke	100	293
528 000	Bürgerliches Brauhaus, Ingolstadt	100	730
528 100	Bürgerliches Brauhaus Ravensburg	100	1340
528 400	Büttner—Schilde—Haas	100	574
529 100	Brown, Boveri & Cie.	50	220,90
529 400	Burbach-Kaliwerke	50	96
529 700	Brauerei Cluss	50	283
529 701	dergl. jg. Akt.	50	268
530 300	Berliner Kraft- und Licht Akt. Gr. A.	50	65
540 700	Cassella Farbwerke, Mainkur	100	520
541 120	Chemie-Verwaltung-AG.	100	175
541 940	Chemische Fabriken, Oker und Braunschweig	100	850
542 200	AG für mechanische Industrie i. L., Gelsenkirchen-Schalke	1000	990
542 400	Chemische Werke Brockues	50	265
543 900	Continental Gummi-Werke	50	58
544 400	Concordiaberg	100	166,90
546 800	Crefelder Baumwoll-Spinnerei	800	1100
550 000	Daimler-Benz Sta.-Akt.	50	254,50
550 400	Deutsche Continental-Gas-Gesellschaft	50	230
550 401	dergl. Ber.-Akt.	50	215
550 600	Deutsch-Atlantische Telegraphen-Gesellschaft	50	109
550 700	Deutsche Babcock & Wilcox Sta.-Akt.	50	293
550 703	dergl. Vorz.-Akt.	50	275
550 704	dergl. neue Vorz.-Aktien	50	260
550 705	dergl. jgst. Vorz.-Akt.	50	265
550 800	Deutscher Eisenhandel	100	235
550 900	Deutsche Texaco	100	183
551 200	Deutsche Gold- und Silber-Scheideanstalt	50	240,50
551 350	Dt. Klinik f. Diagnostik	50	18,30
551 800	DLW	50	205
552 400	Deutsch-Ostafrikanische Gesellschaft Anteile (Kurs in Prozenten)	10	31
552 700	Deutsche Spiegelglas	50	268
552 800	Deutsche Steinzug- und Kunststoffwarenfabrik	100	235
552 900	Deutsche Telephonwerke und Kabelindustrie	50	410
552 901	dergl. junge Aktien	50	355
553 600	Diamaltik Sta.-Akt.	100	458
553 700	Didier-Werke Sta.-Akt.	50	105
553 830	Dinkelacher Wulle AG	50	805

Wertpapier-Nr.		Einheit	Kurs in DM pro Stück
554 000	Dittmann & Neuhaus	1000	3200
554 700	Dorstener Eisengießerei und Maschinenfabrik	100	200
554 800	Dortmunder Actien-Brauerei	50	252
554 900	Dortmunder Ritterbrauerei	50	246
555 030	Dortmunder Union-Schultheiß-Brauerei	50	308
556 500	Dürrwerke	50	255
557 000	Vereinigte Kammgarnspinnerei	50	78
557 300	Brauerei Durlacher Hof	100	1000
557 550	Dyckerhoff, Widmann AG	50	370
557 700	Dolerit Basalt	100	322
558 000	Christian Dierig	100	350
558 400	Demag	50	126
558 700	AG. Weser	100	425
558 800	Flachglas AG, Delog-Detag	50	230
558 900	Erlus Baustoffwerke	100	590
559 100	Dyckerhoff Zementwerke Sta.-Akt.	50	205
559 103	dergl. Vorz.-Akt.	50	160
565 600	Eisenbahn Verkehrsmittel	50	219
565 800	Eisen- u. Hüttenwerke	100	93
566 300	Haller-Meurer	100	250
566 500	Eisenwerk Wülfel	100	190
566 700	Elbschloß Brauerei	50	380
566 900	Elektricitäts-Lieferungs-Gesellschaft	100	440
567 800	Energieversorgung Ostbayern	50	206
568 150	Elsflether Werft	100	230
568 300	Engelhardt Brauerei	50	253
568 400	Enzinger Union Werke	100	265
568 590	Erdölwerke Frisia Sta.-Akt.	100	222
568 700	ERBA Textilindustrie	100	469
569 000	Erste Kulmbacher Actien-Export-bier-Brauerei	50	390
569 001	dergl. jg. Akt.	50	380
569 300	Eschweiler Bergwerks-Verein	100	134
569 700	Maschinenfabrik Esslingen	100	285
569 800	Gesellschaft für Spinnerei und Weberei	1000	5600
570 600	Eichbaum Werger Brauerei	50	405
571 400	Eisenwerk Weserhütte	100	346
575 100	Roland Offsetmaschinenfabrik Faber & Schleicher	50	260
575 200	Bayer	50	104,40
575 500	Fahlberg-List Chemische Fabriken	100	185
575 600	Gebr. Fahr	100	255
575 800	Farbwerke Hoechst	50	110,50
572 802	dergl. jg. Akt.	50	105
575 907	I. G. Farben Liqu. Anteilscheine (Kurs in Prozenten)		2,60
576 300	Äsculap-Werke vorm. Jetter & Scheerer	50	307
576 700	Felten u. Guilleaume Carlswerk	100	183
577 100	Flensburger Schiffbau	50	130
577 300	Forst Ebnath		1030
577 500	Fränkisches Überlandwerk	50	221
579 700	Ford-Werke	100	730
585 800	Gehe & Co.	100	700
585 900	Georg Geiling & Co.	100	740
586 353	Gemeinnützige AG für Wohnungsbau, Köln, Na.-Vorz.-Akt. A	100	232
586 702	Gelsenberg	50	77
587 300	Gerresheimer Glas	100	300
587 800	Werkzeugmaschinenfabrik Gildemeister & Co	50	152
587 900	Girmes-Werke	100	390
588 400	Glas- und Spiegel-Manufaktur	100	340
588 700	Glückauf-Brauerei	50	300
588 800	Gebr. Goedhart	500	133
589 300	Th. Goldschmidt	50	218
590 400	Großkraftwerk Franken	100	191
590 670	Grünzweig & Hartmann	50	170
590 671	dergl. jg. Akt.	50	160
590 900	Grün & Bilfinger	50	227
591 000	Gruschwitz Textilwerke	100	170
591 200	F. A. Günther & Sohn	100	91
591 600	Guano-Werke	100	275
593 700	Gutehoffnungshütte	50	105
600 000	Edelstahlwerke Witten	100	270

Wertpapier-Nr.		Einheit	Kurs in DM pro Stück
600 300	Kabel- und Metallwerke GHH	50	302
600 301	dergl. jg. Akt.		297
600 500	HAGEDA	50	218
600 750	Haake-Beck-Brauerei	100	1014
601 150	Hamburger Getreide-Lagerhaus	100	712
601 153	dergl. Vorz.-Aktien	100	569
601 200	Hamburgische Elektricitäts Werke	50	125
601 202	dergl. jg. Akt.	50	112,50
601 300	Hamborner Bergbau	50	184
601 900	Hanfwerke Füssen-Immenstadt	200	850
603 100	Phoenix Gummiwerke	50	63
603 400	Harpener	100	166
603 600	Hartmann & Braun Sta.-Akt.	100	497,50
603 604	dergl. Vorz.-Akt.	100	450
604 300	Heilmann & Littmann Bau	50	520
604 400	Hein, Lehmann	100	225
604 700	Portland-Zementwerke Heidelberg	50	325
604 800	Hemmoor Zement	50	358
605 400	Hessen-Nassauische Gas	100	265
605 500	Fr. Hesser Maschinenfabrik	100	215
605 800	Einbecker Brauhaus	50	623
606 100	Hilgers	100	185
606 400	Hindrichs-Auffermann	100	94
607 000	Hochtief	50	310
607 400	Hofbrauhaus Coburg	50	220
607 480	Hofbrauhaus Wolters	100	970
607 600	Hoffmann's Stärkefabriken	50	265
607 900	Matth. Hohner	100	570
608 000	Hoesch	50	45
608 100	Holsten-Brauerei	50	360
608 200	Philipp Holzmann	50	445
608 370	Horten	50	158
608 700	Kempinski Hotelbetriebs-AG	50	230
608 800	A. Steigenberger Hotelgesellschaft KG. a. A.	100	620
609 400	Hüttenwerke Kayser	100	336
609 900	Hussel	100	148,50
610 000	Huta-Hegerfeld	100	475
610 001	dergl. jg. Akt.	100	430
610 200	Hutschenreuther	50	165
610 700	Henninger-Bräu	50	458
611 800	Heinrich Industrie- und Handels-AG.	100	210
611 903	Fried. Krupp Hüttenwerke Vorz.-Akt.	100	105
620 200	Stahlwerke Peine-Salzgitter	100	327
620 440	Industrie-Werke Karlsruhe–Augsburg	50	114,50
620 900	Brauerei Isenbeck	100	610
621 100	W. Jacobsen	100	800
622 100	Jute-Spinnerei und Weberei Bremen	100	154
625 200	Kaiser-Brauerei	50	400
627 500	Karstadt Sta.-Akt.	50	300
627 503	dergl. Vorz.-Akt.	50	265
627 800	Katz & Klumpp	50	151
627 801	dergl. jg. Akt.	50	144
628 300	„KERAMAG" Keramische Werke	50	417
629 200	Klein, Schanzlin & Becker Sta.-Akt.	50	183
629 203	dergl. Vorz.-Akt.	50	165
629 600	Knoeckel, Schmidt & Cie. Papierfabriken	100	139
629 900	Kochs Adler	100	260
630 280	Koepp	50	71
630 400	Klöckner-Humboldt-Deutz	50	115
630 500	Kölnische Gummifaden-Fabriken	100	69
630 700	Kölsch-Fölzer-Werke	50	129
631 800	Kötitzer Ledertuch- und Wachstuch-Werke	100	330
632 000	Kolb & Schüle	50	302
632 100	Kollmar & Jourdan	50	181
632 800	Kraftwerk Altwürttemberg	100	495
632 850	Kraftw. Haag Akt.	100	490
633 200	Krauss-Maffei	100	510
633 400	G. Kromschröder	100	620
633 600	Gebr. Krüger & Co.	100	145
633 610	Kühlhaus Zentrum	100	470
633 700	Kühltransit Akt. Lit. B	100	530
633 800	F. Küppersbusch & Söhne	100	350

Wertpapier-Nr.		Einheit	Kurs in DM pro Stück
633 801	dergl. jg. Akt.	100	343
634 100	Chr. Adt. Kupferberg & Co. KG.a.A.	100	855
634 800	Kabelwerke Rheydt	100	365
635 000	Kali-Chemie	50	210
645 200	Lahmeyer	50	490
645 500	Langbein-Pfanhauser Werke	100	450
645 540	Langenbrahm-Sta.-Akt.	200	5600
645 543	dergl. Vorz.-Akt.	100	2720
645 800	Lech-Elektrizitätswerke	50	265
646 420	Lehnkering	50	148
646 421	dergl. jg. Akt.	50	143
647 600	Leonische Drahtwerke	50	203
648 300	Linde	50	146
648 302	dergl. jg. Akt.	50	138
648 500	Lindener-Gilde-Bräu Akt.	100	1000
649 500	Löwenbrauerei Böhmisches Brauhaus	100	535
649 600	„Löwenbräu" München	100	2200
650 700	Losenhausen Maschinenbau	100	415
655 300	H. Maihak	50	570
655 400	Main-Kraftwerke	100	280
655 50	Mainzer Aktien-Bierbrauerei Sta.-Akt.	50	305
655 504	dergl. Vorz.-Akt.	50	290
656 000	Mannesmann	100	137
656 900	Gesellschaft für Markt- und Kühlhallen	100	345
657 600	Maschinenfabrik Buckau R. Wolf	50	65
657 700	Maschinenfabrik Esterer	200	546
657 900	Maschinenfabrik Weingarten	100	208
658 000	Maschinenfabrik Hartmann	100	340
658 300	Mech. Baumwoll. Augsburg	100	349
658 500	Mech. Baumwoll. Bayreuth	50	92
658 760	Mech. Seidenweberei	50	332,50
659 600	H. Meinecke	100	263
660 200	Metallgesellschaft	50	235
660 300	Metall- und Lackierwarenfabrik AG., Ludwigsburg	100	415
660 400	Metallpapier-Bronzefarben-Blattmetallwerke	50	460
661 900	Standard Elektrik Lorenz	50	1260
662 100	Maschinenfabrik Moenus	50	150
662 800	Mühle Rüningen	100	348
663 600	AG. für Licht- u. Kraftversorgung	50	217
664 300	Mittelschwäbische Überlandzentrale	100	302
675 400	Natronzellstoff- und Papierfabriken	100	212
675 700	Audi NSU Auto Union	50	260
675 705	dergl. Genußscheine	50	47,50
675 800	Neckarwerke	50	202
675 810	Neckermann	50	92,50
675 900	Neue Augsburger Kattunfabrik	50	198
676 000	Neue Baumwollspinnerei Hof	50	193
676 550	New York/Hbg. Gummi	50	185
676 900	Nordcement	50	210
677 000	Norddeutsche Steingutfabrik	50	281
677 200	Konv. Nordwolle Beteilig. und Grundbesitz Akt.	50	330
677 600	Nordwestdeutsche Kraftwerke Stamm-Aktien	50	290
677 603	dergl. Vorz.-Akt.	50	235
678 000	Klöckner-Werke	100	102.70
678 100	Niedermayr Papierwarenfabrik	100	269
685 700	Odenwälder Hartstein-Industrie	50	401
686 500	Orenstein & Koppel	100	230
686 501	dergl. jg. Akt.	100	220
687 300	Otavi Minen- und Eisenbahn-Gesellschaft Anteile	10	36
688 980	Papierwerke Waldhof-Aschaffenb.	50	69
690 200	Parkbrauerei Pirmasens-Zweibrücken	100	750
690 220	Patrizia-Bräu Akt.	50	488
690 460	Pegulan-Werke Stamm-Aktien	50	131
690 463	dergl. Vorzugs-Aktien	50	128
691 430	G. M. Pfaff	50	178
691 500	Spinnerei und Weberei Pfersee	100	1060
692 130	Phywe	100	384

Wertpapier-Nr.		Einheit	Kurs in DM pro Stück
692 500	Pittler Maschinenfabrik	50	152
693 400	Pommersche Provinzial-Zuckersiederei	50	320
693 700	Poppe & Wirth	100	87
693 850	Portland-Cementfabrik Hardegsen		840
694 200	Porzellanfabrik Waldsassen	50	161
695 200	PREUSSAG	100	96
695 400	Pongs & Zahn	100	182
696 600	Pschorrbräu	50	695
700 300	Waggonfabrik Jos. Rathgeber	100	291
700 500	Ravensberger Spinnerei	100	130
700 700	Reichelbräu	50	355
700 701	dergl. jg. Akt.	50	340
701 900	Kraftübertragungswerke Rheinfelden	50	152
702 600	Rheinelektra	50	225
703 000	Rheinmetall Berlin	50	149
703 300	Rheinstahl	100	100
703 400	Rheinische Textilfabriken	100	115
703 500	Rhenag Rheinische Energie	50	208
703 700	Rheinisch-Westfälisches Elektrizitätswerk Stamm-Aktien	50	138
703 703	dergl. Vorz.-Akt.	50	135
704 000	Rheinisch-Westfälische Kalkwerke	50	144,90
704 001	dergl. jg. Akt.	50	128
704 200	Die blauen Quellen Fritz Meyer & Co.	50	372
704 801	Riebeck'sche Montanwerke i. L. Akt. Ausg. 67 (Kurs in Prozenten)		102
704 900	Riedel-de Haën	100	203
705 940	Rösler Draht	100	237
706 200	Rosenthal	50	140
706 800	Ruberoidwerke	100	810
707 000	Ferd. Rückforth Nachf.	100	155
707 200	Rütgerswerke	50	225,50
707 400	Kleinwanzlebener Saatzucht	50	605
707 500	F. Reichelt	50	322
707 501	dergl. jg. Akt.	50	316
716 200	Kali u. Salz Akt.	50	82
717 100	Scheidemandel	100	211
717 200	Schering	50	350,50
717 201	Schering, neue Akt.	50	335,50
717 202	dergl. jg. Akt.	50	338
717 350	Schiffbau-Gesellschaft Unterweser	50	130
719 000	Schloßfabrik Schulte-Schlagbaum	100	277
719 500	Binding-Brauerei	50	301
719 503	dergl. jg. Akt.	50	300
720 000	Hermann Schött	100	258
720 300	Schramm Lack- und Farbenfabriken	50	225
720 700	D. Stempel	50	224,50
720 800	Schubert & Salzer Maschinenfabrik	50	137
720 801	dergl. jg. Akt.	50	132
721 750	Schwabenverlag	100	307
721 870	Schwäbische Zellstoff	100	218
722 800	AG für Seilindustrie vorm Ferd. Wolff	100	390
722 900	Sektkellerei Schloß Wachenheim	100	600
723 600	Siemens	50	206,50
723 601	dergl. neue Aktien	50	197
723 603	dergl. jg. Akt.	50	201,50
724 000	Sinalco	100	2000
724 100	Sinner	100	990
724 300	Solenhofer Aktien Verein AG	100	370
725 000	Stahlwerke Bochum	100	115
726 200	Steingutfabrik Colditz (Kurs in Prozenten)		155
726 201	dergl. jg. Akt.		145
726 900	Oelmühle Hamburg	100	603
727 380	Hugo Stinnes	100	251
727 400	R. Stock & Co.	100	195
727 700	Stöhr & Co.	50	93
727 900	Stolberger Zink	50	69
728 000	Gebr. Stollwerck	100	370
728 200	Otto Stumpf	50	210

Wertpapier-Nr.		Einheit	Kurs in DM pro Stück
728 300	Strabag Bau	50	212
728 400	Stahlwerke Südwestfalen	100	300
728 600	Stuttgarter Bäckermühlen	100	345
728 700	Stuttgarter Gipsgeschäft	700	6000
729 000	Süddeutsche Baumwolle-Industrie	100	160
729 200	Süd-Chemie	50	420
729 700	Süddeutsche Zucker-AG.	50	280
730 200	Schliess AG	50	56
730 400	Saline Ludwigshalle	100	315
730 500	Salamander	50	99
730 600	Schloßgartenbau	100	1390
731 300	VA Vermögensverwaltungs-AG.	100	585
731 800	Stuttgarter Hofbräu	50	800
733 100	Spinnstoff-Fabrik Zehlendorf,		2030
	Sta.-Akt	500	
734 660	Südw. Dt. Salzwerke	50	184
745 800	Tempelhofer Feld	100	382
746 700	Terrain-Gesellschaft		
	am Teltow-Canal	300	1400
746 903	Teutonia Misburger Portland-Cementwerk, Vorz.-Akt.	50	260
748 100	Thüringer Gasgesellschaft	50	186
748 500	August Thyssen-Hütte	50	54,20
749 400	Triton-Belco	100	324
749 480	Triumph Investex Akt. m. Div.	100	199
749 490	Triumph Interdress		
	Akt. m. Div.-Gar.	50	110
749 495	dergl. Genußscheine	50	50
749 500	Triumph Werke Nürnberg	100	600
754 900	Überlandwerk Oberfr.	50	345
755 000	Uelzener Bierbrauerei-Gesellschaft	200	580
755 001	dergl. jg. Akt.	200	564
756 400	Universitätsdruckerei H. Stürz	1000	3350
756 500	Überlandwerk Unterfranken	50	205
756 600	Baumwollspinnerei Unterhausen (Kurs in Prozenten)		610
760 200	Veith Pirelli	50	95
761 100	Calwer Decken- und Tuchfabriken	300	1250
761 200	Vereinigte Deutsche Nickel-Werke	100	155
761 221	VEW	50	145
761 441	VEBA Lit. B.	50	118
761 560	Vereinigte Großalmeroder Thonwerke	100	165
761 700	Vereinigte Filzfabriken	100	135
762 200	Glanzstoff	50	200
762 900	Vereinigte Kunstmühlen Landshut-Rosenheim	100	1000
763 600	Vereinigte Rumpuswerke	100	130
763 700	Vereinigte Schmirgel- und Maschinen-Fabriken	100	696
763 800	Vereinigte Fränk. Schuhfabriken	100	1000
764 400	Vereinigte Seidenwebereien St.-Akt.	50	63
764 401	dergl. jg. Akt.	50	54
764 403	dergl. Vorz.-Akt.	50	51
764 700	Vereinigte Werkstätten für Kunst im Handwerk	100	287
766 400	Volkswagenwerk	50	109
767 700	Vereinigte Deutsche Metallwerke	100	154
767 800	Vereinigte Altenburger und Stralsunder Spielkarten-Fabriken	100	615
775 100	Waggonfabrik Uerdingen	50	128
775 300	Kurfürstlich bayerisches Brauhaus Waitzingerbräu	50	287
775 600	Wanderer-Werke	100	140
775 700	Wasag-Chemie	100	85
776 000	Wasserwerk Gelsenkirchen	50	148
776 600	Georg Wenderoth	50	50
777 400	Westdeutsche Marmor- und Granit-Werke	100	385
777 520	Westag & Getalit	50	141
777 600	Wedag Westfalia Dinnendahl	50	57
777 760	Westfälische Zellstoff-AG.	50	103

Wertpapier-Nr.		Einheit	Kurs in DM pro Stück
777 900	Westf. Kupfer- und Messingwerke Sta.-Akt.	100	180
777 903	dergl. Vorz.-Akt.	100	180
778 100	Wickrather Lederfabrik	100	270
778 200	Wicküler-Küpper-Brauerei KGaA	100	880
778 600	Wilke Werke	100	580
778 630	Wilkens Bremer Silberwaren AG.	100	193
779 400	Wolldeckenfabrik Weil der Stadt	200	735
779 500	Kämmerei Döhren	1000	2800
779 800	Württembergische Baumwoll-spinnerei und Weberei	100	290
779 900	Württembergische Elektrizitäts-AG.	50	310
780 100	Württembergische Cattunmanufactur	100	80
780 200	Württembergische Leinen-Industrie	100	945
780 300	Württembergische Metallwaren-fabrik Sta.-Akt.	50	159
780 303	dergl. Vorz.-Akt.	50	146
780 800	Würzburger Hofbräu	100	452
780 801	dergl. jg. Akt.	100	445
781 100	Wintershall	50	134
781 600	Württembergisches Portland-Cement-Werk zu Lauffen	50	280
781 900	Kaufhof	50	185
782 100	Walther & Cie.	50	420
785 000	Zahnräderfabrik Renk	100	858
785 600	Ziegelwerke Ludwigsburg	100	750
786 000	Zucker & Co.	100	195
787 200	Zeiss Ikon	100	183

B. Bank-Aktien

Wertpapier-Nr.		Einheit	Kurs in DM pro Stück
800 000	Allgemeine Deutsche Credit-Anstalt	50	130
800 001	dergl. junge Aktien	50	117
800 002	dergl. jqst. Akt.	50	125
800 500	Badische Bank	50	420
800 900	Bank für Brau-Industrie	100	700
800 901	dergl. junge Aktien	100	685
801 600	Bankverein Bremen	50	339
801 601	dergl. junge Aktien	50	334
801 900	Bayerische Handelsbank	50	420
802 000	Bayerische Hypotheken- und Wechsel-Bank	50	273
802 200	Bayerische Vereinsbank	50	275
802 500	BHF-Bank	50	211
802 900	Braunschweig-Hannoversche Hypothekenbank	100	777
803 200	Commerzbank	50	152
803 306	Commerzbank AG. von 1870 Akt.-Ausgabe 52 (Kurs in Prozenten)		1,75
804 006	Deutsche Bank, Berlin Akt. Ausgabe 52 (Kurs in Prozenten)		2
804 010	Deutsche Bank	50	222
804 100	Deutsche Effecten- und Wechsel-Beteiligungsges.	50	417
804 200	Deutsche Hypothekenbank (AG.), Hannover und Berlin	50	347
804 300	Deutsche Ueberseeische Bank	50	180
804 400	Deutsche Reichsbank Anteile (Restquoten) (Kurs in Prozenten)		0,10
804 606	Dresdner Bank, Berlin Akt. Ausgabe 52 (Kurs in Prozenten)		1,70
804 610	Dresdner Bank	50	163
804 611	dergl. jg. Akt.	50	158
805 350	Frankfurter Hypothekenbank	50	381
805 350	Frankfurter Handelsbank	100	560
805 351	dergl. jg. Akt.	100	530
805 500	Geestemünder Bank	50	297
805 501	dergl. junge Sta.-Akt.	50	291
805 540	Investitions- und Handelsbank	50	107
805 900	Hypothekenbank in Hamburg	50	469
806 330	Industriekreditbank	50	131 50
806 390	KKB Kundenkreditbank	50	380
806 600	Handelsbank in Lübeck	30	420
806 601	dergl. jg. Akt.	50	416

Wertpapier-Nr.		Einheit	Kurs in DM pro Stück
807 800	Deutsche Hypothekenbank, Bremen	50	336
808 330	Norddeutsche Kundenkreditbank	50	285
808 331	dergl. jg. Akt.	50	270
808 400	Vereinsbank in Nürnberg	50	345
808 600	Oldenburgische Landesbank	50	310
809 200	Pfälzische Hypothekenbank	50	360
809 800	Deutsche Centralbodenkredit	50	333
810 100	Rheinische Hypothekenbank	50	500
810 300	Rheinisch-Westfälische Boden-Credit-Bank	50	339
810 301	dergl. jg. Akt.	50	334
811 000	Westbank AG.	50	521
811 400	Süddeutsche Bodencreditbank	50	460
811 700	Vereinsbank in Hamburg	50	316
812 000	Westdeutsche Bodenkreditanstalt	50	343
812 400	Württembergische Hypothekenbank	100	680
812 500	Württembergische Bank	50	573

C. Verkehrs-Aktien

820 000	Aachener Straßenbahn- und Energieversorgungs-AG	100	165
820 200	AG für Industrie und Verkehrswesen	50	260
820 500	Allgemeine Lokalbahn- und Kraftwerke	50	320
820 501	dergl. jg. Akt.	50	310
820 502	dergl. Ber.-Akt.	50	308
821 400	Bayerische Lloyd Schiffahrts-AG.	50	57
821 600	Bochum-Gelsenkirchener Straßenbahnen	50	76
821 900	Braunschweig.-Schöninger Eisenbahn	500	1800
822 200	Bremer Straßenbahn	100	92
822 250	Bremisch-Hannoversche Eisenbahn	300	180
823 210	Deutsche Lufthansa Sta.-Akt.	50	45,10
823 213	dergl. Vorz.-Akt.	50	45,50
824 700	Hamburger Hochbahn Akt. A	100	84
825 000	Hannoversche Verkehrsbetriebe	50	90
825 100	Deutsche Dampfschiffahrts-Gesellschaft „Hansa"	50	113
825 150	Hapag-Lloyd	50	100
825 151	dergl. jg. Akt.	50	95
825 300	Hildesheim-Peiner Kreis-Eisenbahn Akt. A i. L.	800	65
825 306	dergl. junge Akt. B i. L.	800	290
825 450	Ilmebahn-Gesellschaft Sta.-Akt.	300	260
825 453	dergl. Prior.-Akt.	300	240
827 100	Dampfschiffahrtsgesellschaft „Neptun"	100	193
828 600	Köln-Düsseldorfer Deutsche Rheinschiffahrt	100	290
829 200	Rinteln-Stadthagener Eisenbahn-Gesellschaft Akt. Lit. A	1000	560
829 206	dergl. Akt. Lit. B	1000	290
830 320	Teutoburger Wald-Eisenbahn-Gesellschaft Akt. Lit. A	1000	520
830 326	dergl. Akt. Lit. B	1000	325

D. Versicherungs-Aktien

840 000	Aachener und Münchener Versicherung, volle E., Na.-Akt.	50	310
840 001	dergl. neue Aktien 50% Einz., Na.-Akt.	50	305
840 100	Aachener Rückversicherungs-Gesellschaft Na.-Akt. m 90% Einz.	50	600
840 101	dergl. Na.-Akt. m. 90% Einz.	50	580

Wertpapier-Nr.		Einheit	Kurs in DM pro Stück
840 140	Agrippina Rückversicherung Na.-Akt. m. 80% Einz.	100	253,50
840 300	Allianz Lebensversicherung Na.-Akt.	50	490
840 400	Allianz Versicherung	50	435
840 500	Allgemeine Rentenanstalt Akt. Serie B	35	379
840 502	dergl. Na.-Akt. Ser. D	100	535
840 506	dergl. Na.-Akt. Ser. C	35	400
840 700	Berlinische Feuer-Versicherungs-Anstalt Inh.-Akt. zu DM 100	100	620
840 701	dergl. Na.-Akt. zu DM 100	100	600
841 000	Colonia Vers. Namens-Aktien	50	249
841 700	Frankona Rück- und Mitversicherung Akt. Lit. C—D	100	585
841 702	dergl. Na.-Akt. E—H	100	570
841 900	Hermes Kreditversicherung Na.-Akt. volleingez.	50	360
842 200	Kölnische Rückversicherungs-Gesellschaft Na.-Akt. DM 100	100	580
842 202	dergl. Na.-Akt. m. 50% E.	100	540
842 400	Magdeburger Feuerversicherungs-Gesellschaft Na.-Akt.	300	2560
842 501	Magdeb. Hagelversicherungs-Gesellschaft Na. DM 25,—/72% Einz.	25	68
842 502	dergl. Na. DM 50,—/46% Einz.	50	69
842 700	Magdeburger Rückversicherung Inh.-Akt. zu DM 40,—	40	605
842 701	dergl. Na.-Akt. zu DM 40,—	40	325
842 704	dergl. Na.-Akt. m. 30% E.	100	340
842 800	Mannheimer Versicherungs-Gesellschaft	100	515
843 000	Münchener Rückversicherungs-Gesellschaft Inh.-Aktien	50	580
843 002	dergl. Na.-Akt. m. 50% Einz.	100	578
843 200	Nord-Deutsche Lebensversicherung Namens-Aktien Lit. A	100	715
843 240	Nord-Deutsche und Hamburg-Bremer Versicherung Namens-Aktien DM 50,-- Lit. F	50	760
843 243	dergl. Namens-Aktien	400	1350
843 244	dergl. Namens-Aktien DM 1000,-- Lit. E, 25% E.	1000	4900
843 300	Nordstern Allgemeine	100	945
843 400	Nordstern Lebensversicherung	100	875
843 930	Securitas Bremer Allgemeine	100	565
843 931	dergl. jg. Na.-Akt.	100	562
844 600	Thuringia	100	688
844 700	Transatlantische Versicherung Namens-Aktien zu DM 100	100	365
844 702	dergl. Namens-Aktien zu DM 100 m. Tz.	100	265
845 200	Victoria Lebens-Versicherung Na.-Akt. zu DM 400,—	400	4900
845 201	dergl. Na.-Akt. zu DM 100,—	100	1250
845 300	Victoria Feuer-Versicherung Namens-Aktien Lit. A	100	740
845 306	dergl. Namens-Aktien Lit. B	300	2100
845 502	Württembergische und Badische Vereinigte Namens-Aktien Lit. A mit 75% Einz.	100	650
845 503	dergl. Namens-Aktien Lit. B mit 30% Einz.	100	350
845 600	Württembergische Feuerversicherung Namens-Stamm-Aktien	50	512
845 700	Albingia Versicherung	50	330
845 702	dergl. neue Na.-Akt.	100	315
846 120	Hamburg-Bremer Rückversicherung Na.-Akt. voll eingez.	100	800
846 121	dergl. Namens-Aktien mit 50% Einz	100	500
846 122	dergl. jg. Na.-Aktien mit 25% Einz.	100	300

E. Investment-Anteile

Wertpapier-Nr.		Rücknahme-preis in DM pro Anteil
847 050	Allfonds	14,1
847 051	Allrenta	44,35
847 052	Allmerika	26 3
847 053	Alvestor	50.85
847 100	Fondra	67,6
847 101	Fondak	28,8
847 102	Fondis	22,3
847 103	Adifonds	28
847 104	Adiropa	30,1
847 106	Adiverba	47,4
847 107	Adirenta	21,45
847 108	Plusfonds	39,6
847 130	Ägis-Einkommen-Fonds	39,3
847 131	Ägis-Wachstum-Fonds	37,9
847 250	Südinvest I	36,3
847 252	Südinvest II	42
847 400	Investa	38,8
847 401	Intervest	63
847 402	Akkumula	47
847 403	Inrenta	68,5
847 404	Inter-Renta	38,5
847 405	Ring-Aktien-Fonds	41,3
847 406	Ring-Renten-Fonds	48,4
847 407	Privat-Fonds	43,1
847 408	Re.-Inrenta Zert.	51,7
847 450	Dekafonds I	24,45
847 451	Arideka	30,85
847 452	Geodeka	8,84
847 453	Renditdeka	32,33
847 455	Accudeka	15,36
847 456	Dekarent-International	33.68
847 500	Concentra	19,1
847 501	Thesaurus	57
847 502	Industria	36
847 503	Transatlanta	24,5
847 504	Deutscher Rentenfonds	81,8
847 505	Internationaler Rentenfonds	72,6
847 506	DIT-Fonds für Vermögensbildung	46,1
847 507	Interglobal	80,8
847 650	Deutscher Vermögensbildungsfonds A	20,2
847 651	Deutscher Vermögensbildungsfonds R	23,1
847 642	Deutscher Vermögensbildungsfonds I	32,6
847 700	Europa-Fonds I	31,05
847 701	Atlanticfonds	16,5
847 770	Alfa Kapital	10,94
847 800	Interspezial	14,1
847 801	Interzins	38,97
847 802	Frankfurt-Trust Neckermann-Fonds Anteile	16,42
847 803	Frankfurt-Trust Nippon-Dyn.-Fonds	29,96
847 804	Ft. Amerik. Dynm.	20,37
847 850	Inar Vink. Na.-Anteile	80,6
847 851	Rentina Vink. Anteile	92.23
847 900	Hansaprofit	40,3
847 901	Hansarenta	51,2
847 902	Hansasecur	39,9
847 950	Vermögens-Aufbau-Fonds	75,3
843 100	Kapitalfonds I	88.2
848 101	Ivera Fonds	17.29
848 104	Gerling Dynamik-Fonds	38 91
848 105	Gerling-Rendite-Fonds	53 68
848 500	Investors Fonds	12.81
848 502	Industria Fonds	36.7
848 550	Oppenheim-Privat	39.7
848 554	Oppenheim Privat-Rent	108
848 700	Assecury	40.9
848 800	Analytik	16.77
848 801	Rentak	107 61
848 905	Medico-Invest	73.7
848 908	Interkapital Zert.	21.2
848 909	Inka-Global	55,5
848 910	Inka-Rent. Zert.	48
849 100	Unifonds	18.1
849 102	Unirenta	38 95
849 103	Unispecial I	54.6
849 130	SMH 2-U-Fondszert.	52.4
849 132	Bethmann-U-Fonds Taunus	32.4
849 133	Neckarfonds	71.47
849 134	MaMinfonds 1	77.72
849 138	Bethmann-U-Fonds Spessart	44.9
849 141	UEC-Fonds	60.9
849 143	HWG-Fonds	46.89
849 145	SMH 1-U-Fonds	92.3
849 146	Ursus-U-Fonds	51.4
849 147	U-Fonds Zus	90
849 148	Wartburg	82.7
849 149	Berenberg-U-Rentenfonds	92.5
849 150	Hardy Rent-U-Fonds	90.9
849 151	Albis-U-Fonds	71.6
849 152	Berenberg-U-Rentenfonds	98.2
849 153	Regent-U-Fonds	42 29
849 154	Heilbronner-U-Rentenfonds	48.7
849 157	Ordo-U-Rentenfonds	51.3
849 158	Progress-U-Fonds	48.1
849 159	U-Effect-Fonds	49
849 240	DEGEF-Fonds	29.6
849 242	DEGEF-Fonds	24
849 259	DEGEF-Fonds	10.77
849 260	DEGEF-Fonds	120.3
849 300	gfv-Fonds	69
849 404	COFONDS	64.5
980 550	CO-OP Immobilien-Fonds	139 7
980 700	Grundbesitz-invest	53.8
980 701	Haus-Invest	52.5
980 780	Grundwert-Fonds	95
980 950	Despa-Fonds	60 1
982 000	iii-Fonds Nr. 1	96.5
982 001	iii-Fonds Nr. 2	66.2

III. Ausländische Wertpapiere

A. Anleihen, Pfandbriefe
und Wandelschuldverschreibungen

Wertpapier-Nr.		Kurs in Prozenten	Wertpapier-Nr.		Kurs in Prozenten
450 000	6¹/₂% Osaka, Präfektur und Stadt, DM-Anl. von 1962	96	451 652	5¹/₂% „Eurofima" Europäische Gesellschaft für die Finanzierung von Eisenbahnmaterial, Basel, DM-Anl. von 1964	89,5
450 001	6% Semperit Österreichisch-Amerikanische Gummiwerke AG., Wien, Wandelanl. von 1962	110	451 653	6% Finnland, Republik, DM-Anl. von 1964 (— 454 261 454 270 —)	91
450 341	6¹/₂% Hypothekenbank des Landes Vorarlberg, Bregenz, Hyp.-Pfandbr. Reihe 17	99,5	451 734	6¹/₄% Osuuskassojen Keskus Oy (O.K.O.) Zentralbank der Spar- und Darlehenskassen AG., Helsinki, DM-Anl. von 1964	90,5
450 352	5% Internationale Bank für Wiederaufbau und Entwicklung (Weltbank), Washington/D.C., DM-Anl. von 1959 Serien A, F, I	98,5	451 747	6% Hypothekenbank des Landes Vorarlberg, Bregenz, DM-Hyp.-Pfandbr. Reihe 2	99
450 362	3¹/₄% dergl. US $-Anl. von 1951 per 1. 10. 1981	77	451 748	6% Hyp.-Bank Vorarlberg	100
450 367	3% dergl. US $-Anl. von 1951 per 1. 3. 1976	91	451 806	6¹/₄% Osaka, Präfektur und Stadt, DM-Anl. von 1965	89,75
450 530	6% Österreichische Donaukraftwerke AG., Wien, DM-Anl. von 1959	85	451 809	6¹/₂% ENSO-GUTZEIT Oy, Helsinki/Imatra, £/DM-Anl. von 1965	94,75
450 554	5¹/₂% Oslo, Stadt, DM-Anl. von 1959	97	451 820	5³/₄% Oslo, Stadt, DM-Anl. von 1965	87
450 574	7¹/₂% Petrofina Deb. v. 1957	121	451 832	5¹/₂% Internationale Bank für Wiederaufbau und Entwicklung (Weltbank), Washington/D.C., DM-Anl. von 1965	80
450 681	6% Semperit Österreichisch-Amerikanische Gummiwerke AG., Wien, Wandelanl. von 1960	112	451 833	5¹/₂% Hohe Behörde der Europäischen Gemeinschaft für Kohle und Stahl (Montanunion), Luxemburg, DM-Anl. von 1965	82,5
450 822	5¹/₂% Wiedereingliederungsfonds des Europarates für die nationalen Flüchtlinge und die Überbevölkerung in Europa, Straßburg, Anl. von 1959, DM-Stücke	99,5	451 877	5³/₄% The Swedish Lamco Syndicate, Trafik AB Grängersberg-Oxelösund & Co., Stockholm, £/DM-Anl. von 1965	91,
450 823	5¹/₂% dergl. Anl. von 1959, US $-Stücke	96	451 880	5¹/₂% The British Petroleum Comp. Ltd., London, DM-Anl. von 1965	87,6
450 826	5¹/₂% dergl. von 1961 DM Stücke	92,5	451 892	5¹/₂% ENEL Ente Nazionale per l'Energia Elettrica, Rom, DM-Anl. von 1965/80	88,5
450 827	5¹/₂% dergl. von 1961 US $-Stücke	93			
451 258	6¹/₂% Osaka, Präfektur und Stadt, DM-Anl. von 1963	94	451 896	5³/₄% Mobil Oil Holdings S.A., Luxemburg, £/DM-Anl. von 1965	91,5
451 498	6¹/₂% Osaka, Präfektur und Stadt, DM-Anl. von 1964	93,5	451 951	6% „Eurofima" Europäische Gesellschaft für die Finanzierung von Eisenbahnmaterial, Basel, DM-Anl. von 1965	90
451 553	6% Oslo, Stadt, DM-Anl. von 1964	89,25			
451 554	5¹/₂% Hohe Behörde der Europäischen Gemeinschaft für Kohle und Stahl (Montanunion), Luxemburg, DM-Anl. von 1964	89,5	451 962	6¹/₂% Electricity Supply Commission (ESCOM), Johannesburg, DM-Anl. von 1965	89,75
451 562	5¹/₂% Inter-Amerikanische Entwicklungsbank, Washington/D.C., DM-Anl. von 1964 (— 453 911/453 920 —)	89	451 966	6% BASF Holding Luxemburg S.A., Luxemburg, DM-Anl. von 1965	91
451 589	6¹/₄% Industrie-Hypothekenbank in Finnland AG., Helsinki, DM-Anl. von 1964	91,75	451 967	6% Du Pont Europa Holdings S.A., Luxemburg, DM-Anl. von 1965	94
451 614	5³/₄% Kopenhagen, Stadt, DM-Anl. von 1964	90,15	452 063	6% AEG-Telefunken Finanz-Holding S.A., Luxemburg, DM-Anl. v. 1966	89,5
451 615	5¹/₂% Europäische Investitionsbank, Luxemburg, DM-Anl. von 1964	97	452 085	7% Irland, Freistaat, £/DM-Anl. von 1966	96
451 618	6% Japan, Staat, DM-Anl. von 1964	90,5	452 094	6¹/₂% Thyssen Investment S.A., Luxemburg, DM-Anl. von 1966	88,5
451 634	5³/₄% Istituto per la Ricostruzione Industriale — IRI —, Rom, Anl. v. 1964 m. Opt.Sch.	84	452 100	6¹/₂% Highveld Steel and Vanadium Corp. v. 1966 mit Optionsscheinen	97,25
451 635	5³/₄% dergl. o. Opt.Sch.	84	452 101	6¹/₂% dergl. ohne Optionsscheine	87
451 637	5³/₄% dergl. Anl. von 1964, US $-Stücke mit Warrant	84	452 102	Highveld Steel and Vanadium Corp., Ltd., Johannesburg lose Optionsscheine zu 6¹/₂% DM-Anl. von 1966	10,85
451 638	5³/₄% dergl. Anl. von 1964, US $-Stücke ohne Warrant	81			

Wertpapier-Nr.		Kurs in Prozenten
452 160	5%/o Texaco International Financial Corp. (früher Deutsche Texaco Ltd.), Dover Del., DM-Anl. mit Umtauschrecht v. 1966	68,5
452 250	7% o Siemens Europa-Finanz AG., Luxemburg, DM-Anl. von 1966	91
452 290	6%/o Intern. Stand. Elec Corp. (ISEC) Wandelanl. v. 1966	78,05
452 300	6³/₄%/o General Motors Overseas Capital Corp., New York/N.Y., DM-Anl. von 1966	94,3
452 330	7%/o Österreichische Energiewirtschaft DM-Elektrizita's anl. von 1967 (ausgestellt von Österreichische Elektrizitätswirtschafts-AG., Wien, und Österreichische Donaukraftwerke AG., Wien)	87
452 346	7%/o Oslo, Stadt, DM-Anl. von 1967	97
452 366	6¹/₄%/o BASF Holding Luxemburg S.A., Luxemburg, DM-Anl. von 1967	97
452 391	6¹/₂%/o Neuseeland, £/DM-Anl. von 1967	94
452 400	6¹/₂%/o „Eurofima" Europäische Gesellschaft für die Finanzierung von Eisenbahnmaterial, Basel, US-$-Anl. von 1967/1982	90
452 411	6¹/₂%/o National Lead Overseas Capital Corp., New York/N.Y., DM-Anl. von 1967/1979	91,75
452 436	6¹/₂%/o Highveld Steel and Vanadium Corp., Ltd., Johannesburg, US-$-Anl. von 1967/1979, Stücke mit Optionsscheinen	99
452 437	dergl. $-Anl. von 1967/1979, Stücke ohne Optionsscheine	85
452 438	dergl. lose Optionsscheine zur US $-Anl. von 1967/1979	16,95
452 470	6¹/₂%/o De Beers Consolidated Mines, Ltd., Kimberley, US $-Anl. von 1967/1982	85
452 498	7%/o Electricity Supply Commission (ESCOM), Johannesburg, US $-Anl. von 1967/1977	93
452 552	6³/₄%/o Régie Nationale des Usines Renault, Boulogne-Billancourt, US $-Anl. von 1967/1982	89,5
452 596	6¹/₂%/o „Eurofima" Europäische Gesellschaft für die Finanzierung von Eisenbahnmaterial, Basel, DM-Anl. von 1967	87
452 639	6¹/₂%/o Australien, DM-Anl. von 1967/1982	90,5
452 665	6³/₄%/o Caisse Nationale de Télécommunications, Paris, v. 1967	90,5
452 679	7%/o Argentinien, Republik, DM-Anl. von 1967	89
452 725	7%/o Roussel-Uclaf, S.A., Paris, FF-Anl. (External Loan) 1967/1979	92
452 750	7%/o Tauernkraftwerke AG., Salzburg, DM-Anl. von 1968	89,65
452 765	7¹/₂%/o Neuseeland £ DM-Anl. von 1968	93,5
452 788	7%/o Japan, Staat, DM-Anl. von 1968	93,5
452 803	6³/₄%/o Internationale Bank für Wiederaufbau und Entwicklung (Weltbank), Washington/D.C., DM-Anl. von 1968	91
452 816	7¹/₄%/o Sira-Kvina Kraftselskap, Tornstadt/Norwegen, Inh.-Teilschuldverschr. v. 1968	86,45
452 829	7%/o Société Française des Pétroles BP, S.A., Paris FF-Anl. von 1968	87,5
452 885	7%/o Kopenhagen, Stadt, DM-Anl. von 1968	87,25
452 902	7%/o Österreich, Republik, DM-Anl. von 1968	93,5

Wertpapier-Nr.		Kurs in Prozenten
452 915	7%/o Wien, Stadt, DM-Anl. von 1968	91,75
452 930	7%/o Mexiko, DM-Anl. von 1968	92
452 937	7%/o Kobe, Stadt, DM-Anl. von 1968	90
452 941	6¹/₂%/o Europäische Investitionsbank, Luxemburg, DM-Anl. von 1968	90
452 944	7%/o General Instrument Overseas Corp., Newark/N.J., DM-Anl. von 1968/1980	89,85
452 960	7%/o Finnland, Republik, DM-Anl. von 1968 (— 455 091/455 102 —)	91,5
452 970	6³/₄%/o Inter-Amerikanische Entwicklungsbank, Washington/D.C., DM-Anl. von 1968	85
452 979	5³/₄%/o K.L.M. Koninklij! e Luchtvaart Maatsch. N.V. Wandelanl. v. 1968	67,5
452 980	7%/o Sears International Finance N.V., Willemstad, DM-Anl. von 1968/1983	91
452 982	6³/₄%/o Brenner Autobahn AG., Innsbruck, DM-Anl. von 1968	91,75
452 993	7%/o Neuseeland, DM-Anl. von 1968	97,25
452 996	7%/o Helsinki, Stadt, DM-Anl. von 1968/1983	88,5
453 009	5%/o Internationale Bank für Wiederaufbau und Entwicklung (Weltbank) Washington/D.C., DM-Anl. von 1959 Serie I	98,5
453 107	6³/₄%/o Australien, DM-Anl. von 1968/1983	90,5
453 113	5¹/₂%/o Hoogov. Staalfabr. CV Deb. v. 1968	72
453 121	4³/₄%/o NV Philips Conv. Deb.	98
453 126	7%/o Outokumpu Oy, Helsinki, DM-Anl. von 1968	93,5
453 127	6¹/₂%/o Tauernkraftwerke AG., Innsbruck, DM-Anl. von 1968	92
453 136	6¹/₂%/o Internationale Bank für Wiederaufbau und Entwicklung (Weltbank), Washington/D.C., DM-Anl. von 1968	86,75
453 147	6³/₄%/o Yokohama, Stadt, DM-Anl. von 1968	87
453 156	6¹/₂%/o Transocean Gulf Oil Comp., Pittsburgh/Pa., DM-Anl. von 1968	87
453 174	7%/o Argentinien, Republik, DM-Anl. von 1968/1978	91
453 193	6¹/₂%/o Charter Consolidated Overseas N.V., Curaçao, DM-Anl. von 1968/1983	82,5
453 208	6³/₄%/o Commonw. D. Australia Anl. v. 1968	97
453 209	6³/₄%/o Industrie-Hypothekenbank in Finnland AG., Helsinki, DM-Anl. von 1968	91
453 213	6¹/₂%/o Electricity Supply Commission (ESCOM), Johannesburg, DM-Anl. von 1968	84,5
453 216	6¹/₂%/o Marath. Int. Fin. Comp. Anl. v. 1968	95
453 220	6¹/₂%/o Dänemark, Königreich, DM-Anl. von 1968/80	89,25
453 226	6¹/₂%/o Société Nationale des Chemins de fer Français (SNCF), Paris DM-Anl. von 1968	83,75
453 230	6¹/₂%/o Occidental Overseas Capital Corp., New York/N.Y. DM-Anl. von 1968 1983	76
453 236	7%/o Venezuela, Republik, DM-Anl. von 1968	90
453 266	6¹/₂%/o Caisse Nationale des Télécommunications (CNT), Paris, DM-Anl. von 1968	85,25
453 277	7¹/₄%/o Iran, DM-Anl von 1968	96
453 285	6³/₄%/o Trondheim, Stadt, DM-Anl. von 1968	87,5

Wertpapier-Nr.			Kurs in Prozenten
453 294	7%	The Industrial Bank of Japan, Ltd., Tokio, DM-Anl. von 1968	87
453 340	7%	Mexiko, DM-Anl. von 1968 II. Ausgabe	84
453 343	6½%	Caisse Nationale d. l'Energie von 1969	87
453 350	6¾%	Finnland, Republik, DM-Anl. von 1968 (— 455 321—455 332)	90
453 351	6¾%	Tenneco International N.V., Willemstad/Curaçao, DM-Anl. von 1968/1983	85
453 395	6½%	Weltbank Anl. v 1968	87
453 414	6¾%	Quebec Hydro-Electric Commission, Montreal/P.Q., DM-Anl. von 1969/1984	84
453 423	6¾%	Neuseeland, DM-Anl. von 1969/1984	87,25
453 432	6½%	Occidental Overs. Cap. Corp. Anl. von 1969	91
453 438	6½%	Australien, DM-Anl. von 1969/1984	85,5
453 439	6¼%	Commonw. D. Australia Anl. von 1969	95,5
453 443	6½%	Ontario, Provinz, DM-Anl. von 1969/1984	86
453 444	6¼%	Provinz Ontario Anl. von 1969	95,25
453 445	6¾%	The Kaisai Electric Power Co. Inc., Osaka, DM-Anl. von 1969/1984	84,25
453 453	6½%	Caisse Nationale des Autoroutes, Paris, DM-Anl. von 1969/1984	85,25
453 463	6½%	Weltbank Anl. von 1969	95
453 469	6½%	Aerop. De Paris, Anl. von 1969	86
453 478	6%	Europäische Investitionsbank, Luxemburg, DM-Anl. von 1969	84,25
453 484	4¾%	AKZO N.V. (früher AKU N.V.), Arnhem, US $-Wandelanl. von 1969/1989	71
453 490	7%	Asiatische Entwicklungsbank, Manila, DM-Anl. von 1969	87
453 496	6¾%	Mortgage Bank of Finland Oy (Hypothekenbank von Finnland), Helsinki, DM-Anl. von 1969/1984	85,25
453 498	6½%	District de la Région Parisienne, Paris, DM-Anl. von 1969/1984	83
453 499	6¼%	Goodyear Int. Fin. Corp. von 1969	93
453 510	6½%	Österreich, Republik, DM-Anl. von 1969	84,25
453 513	6%	Weltbank Anl. von 1969	83,5
453 519	7%	Montreal, Stadt, DM-Anl. von 1969	86,5
453 520	6¾%	The Gas Council, London, DM-Anl. von 1969/1984	86,75
453 527	6¾%	Südafrika, Republik, DM-Anl. von 1969	80,75
453 529	7¼%	Island, Republik, DM-Anl. von 1969	89
453 536	6¾%	Courtaulds International Finance N.V., Curaçao, DM-Anl. von 1969	80
453 568	7%	Finnland, Republik, DM-Anl. v. 1969	91
453 577	6¾%	Kobe, Stadt, Japan, DM-Anl. v. 1969	87
453 588	6½%	Internationale Bank für Wiederaufbau und Entwicklung (Weltbank), Washington/D.C., DM-Anl. von 1969/1984	85,5
453 593	7¼%	Nacional Finanziera SA Mexico DM-Inh. Teilschuldverschr. v. 1969	91
453 609	6¾%	Kopenhagen, Stadt, DM-Anl. v 1969	83,25
453 614	7¼%	Autopistas, Concesionaria Española, S.A., Barcelona, DM-Anl. von 1969	83
453 621	7½%	Redland International Finance N.V., Curaçao, DM-Anl. von 1969/1984	85
453 624	7%	Dänemark, Königreich, DM-Anl. von 1969/84	86,5
453 627	7%	Chrysler Overs. Cap. Corp., Anl. von 1969	83
453 634	7¼%	Neufundland, Provinz, DM-Anl. von 1969/84	88
453 635	7%	Inter-Amerikanische Entwicklungsbank, Washington/D.C., DM-Anl. von 1969	83,75
453 640	7%	The Hydro-Electric Power Commission of Ontario, Toronto/Ont., DM-Anl. von 1969/1984	88,75
453 642	6½%	Océ - van der Grinten Wandelschuldverschr. v. 1969	92
453 648	7¼%	Studebaker-Worth. Int. Inc., Anl. von 1969	89
453 654	7¼%	Quebec Hydro-Electric-Commission, Montreal/P.Q., DM-Anl. v. 1969/1984	87,5
453 667	7%	Internationl Standard Electric Corp. (ISEC), New York/N.Y., DM-Anl. von 1969	85,75
453 673	7½%	The Electricity Council, London, DM-Anl. von 1969/1984	87
453 692	7¼%	Irland, Freistaat, DM-Anl. von 1969/1984	87,85
453 694	7½%	The Electricity Council, Anl. v. 1969	89
453 729	7½%	TRW Intern. Fin. Corp., Anl. von 1969	88,25
453 730	7%	Yokohama, Stadt, DM-Anl. v. 1969	85,75
453 733	7¼%	Jydsk Telefons-A/S (Jütland Telefon-AG.), Aarhus, DM-Anl. von 1969	84,5
453 735	7½%	Hypothekenbank und Finanzverwaltung des Königreichs Dänemark, Kopenhagen, DM-Anl. von 1969	91,5
453 744	7½%	Finnland, Republik, DM-Anl. v. 1969	92,5
453 752	7¼%	Australien, DM-Anl. von 1969/1984	93
453 761	7½%	Borg.-Warner Oversas Cap. Corp. DM-Anleihe v. 1969	90,5
453 762	8½%	ESCOM, Anl. von 1970	96,5
453 772	7½%	Tenneco Intern. N.V. Anl. v. 1969	83
453 780	7%	Europ. Investitionsbank Anleihe v. 1969	87,5
453 785	7½%	Finnische Kommunalanl. von 1969	92,5
453 793	7¼%	The Tokyo Electric Power Co. Inc., Tokio, DM-Anl. von 1969	91,2
453 809	7½%	Stadt Oslo, Anl. von 1969	91
453 824	6%	Michelin Intern. Dev. Wandelsch. v. 1970	105
453 829	6%	BASF Overzee Anl. v. 69/80 mit Optionssch.	95
453 830	6%	dergl. ohne Optionssch.	86
453 850	8%	Argentinien, Republ., v. 1969	95
453 872	6%	Japan Anl. v. 1964 Serie 2	90,5
453 873	6%	dergl. Serie 3	90,5
453 874	6%	dergl. Serie 4	90,5
453 875	6%	dergl. Serie 5	90,5
453 876	6%	dergl. Serie 6	90,5
453 879	6%	dergl. Serie 9	90,5
453 911	5½%	Inter-Amerik.-Entw.-Bank, Anl. von 1964 Serie 1	89
453 912	5½%	dergl. Serie 2	89
453 915	5½%	dergl. Serie 5	89

Wertpapier-Nr.				Kurs in Prozenten
453 916	5¹/₂⁰/₀	dergl.	Serie 6	89
453 917	5¹/₂⁰/₀	dergl.	Serie 7	89
453 919	5¹/₂⁰/₀	dergl.	Serie 9	89
454 104	7⁰/₀	Comp. Fin. Suez et de l'Union Parisienne, Wandelsch. von 1970		104
454 122	8⁰/₀	Europ. Investionsbank Anleihe von 1970		99,5
454 142	8¹/₂⁰/₀	Koninklijke Nederlandsche Hoogovens en Staalfabrieken N.V., Ijmuiden DM-Inhaber-Teilschuldverschr. von 1970		98,25
454 143	8¹/₂⁰/₀	Sira-Kvina Kraftselskap. Tornstadt/Norwegen, DM-Inh.-Teilschuldverschr. von 1970		96,25
454 181	6¹/₄⁰/₀	DM-OKO Anleihe von 1964	Serie 1	100
454 182	6¹/₄⁰/₀	dergl.	Serie 2	90,5
454 183	6¹/₄⁰/₀	dergl.	Serie 3	90,5
454 185	6¹/₄⁰/₀	dergl.	Serie 5	90,5
454 187	6¹/₄⁰/₀	dergl.	Serie 7	90,5
454 189	6¹/₄⁰/₀	dergl.	Serie 9	90,5
454 190	6¹/₄⁰/₀	dergl.	Serie 10	90,5
454 193	8¹/₂⁰/₀	Internationale Bank für Wiederaufbau und Entwicklung (Weltbank), Washington/D.C. DM-Anl. von 1970		99,3
454 232	8¹/₂⁰/₀	Dunlop Finance N. V. Curaçao, Inh.-Teilschuldverschr. von 1970		95
454 246	8¹/₂⁰/₀	Compagnie Française des Petroles, Paris, DM-Inh. Teilschuldschr. von 1970		98
454 262	6⁰/₀	Dep. Finnland Anl. von 1964		100
454 264	6⁰/₀	dergl.		91
454 265	6⁰/₀	dergl.		91
454 267	6⁰/₀	dergl.		91
454 268	6⁰/₀	dergl.		91
454 269	6⁰/₀	dergl.		91
454 270	6⁰/₀	dergl.		91
454 278	8¹/₂⁰/₀	Dänemark, Königreich v. 1970/85		96
454 280	8¹/₂⁰/₀	The Industrial Bank of Japan Ltd., DM-Inh. Teilschuldverschr. v. 1970		99,25
454 281	6¹/₄⁰/₀	Osoka, Präfektur und Stadt, DM-Anl. von 1965 Serie 1		89,75
454 282	6¹/₄⁰/₀	dergl.	Serie 2	89,75
454 283	6¹/₄⁰/₀	dergl.	Serie 3	89,75
454 285	6¹/₄⁰/₀	dergl.	Serie 5	89,75
454 287	6¹/₄⁰/₀	dergl.	Serie 7	89,75
454 288	6¹/₄⁰/₀	dergl.	Serie 8	100
454 289	6¹/₄⁰/₀	dergl.	Serie 9	89,75
454 294	8¹/₂⁰/₀	Irland, Freistaat, DM-Anl. v. 1970		95,5
454 313	8¹/₂⁰/₀	Int. Americ. Entw. Bk. von 1970		94,5
454 318	8¹/₂⁰/₀	Caisse Nationale des Télécomm. Paris, DM-Anl. von 1970		96
454 323	5³/₄⁰/₀	Oslo, Stadt, DM-Anl. v. 1965 Serie 3		87
454 324	5³/₄⁰/₀	dergl.	Serie 4	87
454 325	5³/₄⁰/₀	dergl.	Serie 5	100
454 326	5³/₄⁰/₀	dergl.	Serie 6	87
454 327	5³/₄⁰/₀	dergl.	Serie 7	87
454 328	5³/₄⁰/₀	dergl.	Serie 8	87
454 329	5³/₄⁰/₀	dergl.	Serie 9	87
454 335	8¹/₂⁰/₀	Enso-Gutzeit, Finn. Ind., DM-Anl. v. 1970		95,5
454 337	8¹/₂⁰/₀	Norges Kommunalbank Anl. von 1970		96
454 338	7¹/₂⁰/₀	Kraftco Intern. Cap. Corp. Wandelsch. von 1970		96,5

Wertpapier-Nr.				Kurs in Prozenten
454 339	8¹/₂⁰/₀	KLM-International Finance Comp.-N.V. DM-Inh.-Teilschuldverschr. von 1970		95,5
454 342	8¹/₂⁰/₀	I.C.I. International Finance Ltd. Hamilton, Bermuda, DM-Inh.-Teilschuldverschr. von 1970		97,85
454 361	8¹/₂⁰/₀	Südafrika, Republik, DM-Anl. von 1970		93,5
454 365	8¹/₂⁰/₀	The Long-Term Credit Bank of Japan Ltd. DM-Inh.-Teilschuldverschr. von 1970		96
454 374	8¹/₂⁰/₀	Queensland Aluminia Finance Anl. von 1970		94,75
454 381	8¹/₂⁰/₀	The Burmah Oil Comp. Anl. von 1970 85		96
454 396	8⁰/₀	Daimler-Benz Finanz-Holding SA Luxemburg. Anl. von 1970		95
454 415	8¹/₂⁰/₀	E.D.F., Electricité de France von 1970		97
454 464	8¹/₂⁰/₀	Cons. D. Credito P. L. Op. Publ. von '970		94,75
454 467	8¹/₂⁰/₀	Finnland, Republik, DM-Anleihe von 1970		95,5
454 469	8¹/₂⁰/₀	Trondheim, Stadt, Inh. Schuldverschr. von 1970		95,65
454 490	8¹/₄⁰/₀	Continental Oil Int. Fin. Corp. von 1970		94,5
454 492	8⁰/₀	Montanunion Anl. von 1970		91,5
454 520	8⁰/₀	Internationale Bank für Wiederaufbau und Entwicklung (Weltbank), Anl. von 1970/86		93
454 521	8⁰/₀	ICIPU Instituto di Credito, Rom, von 1971		89,5
454 539	8¹/₂⁰/₀	Europistas Conces. Española von 1971/86		91,5
454 542	5¹/₂⁰/₀	The British Petroleum Anleihe Serie 2		87,6
454 543		dergl.	Serie 3	87,6
454 546		dergl.	Serie 6	87,6
454 547		dergl.	Serie 7	87,6
454 548		dergl.	Serie 8	87,6
454 549		dergl.	Serie 9	87,6
454 550		dergl.	Serie 10	87,6
454 574	7³/₄⁰/₀	Eurofima Anl. von 1971/86		90
454 580	7³/₄⁰/₀	Stadt Kobe Anl. von 1971/86		87,5
454 603	8⁰/₀	Finnische Kommunalanl. von 1971/83		91,85
454 604	8⁰/₀	Escom Electr. Supply Comm. Anl. von 1971/86		90
454 605	7³/₄⁰/₀	Hyp. u. Finanzverw. Dänemark Anl. von 1971		91,5
454 610	7³/₄⁰/₀	Courtaulds Int. Finance NV. Anl. von 1971		85,25
454 614	7¹/₂⁰/₀	Europ. Investitionsbank Anl. von 1971/86		87,5
454 638	7³/₄⁰/₀	The Electricity Council Anl. von 1971/86		90,25
454 649	7¹/₂⁰/₀	Montanunion Anl. von 1971		87,5
454 656	8⁰/₀	Imatran Voima Oy Anl. von 1971/86		90,75
454 663	7³/₄⁰/₀	Kopenhagen Anl. von 1971/86		86,75
454 671	6⁰/₀	BASF Holding Luxemburg Anl. von 1965 Serie 1		91
454 672	6⁰/₀	dergl.	Serie 2	91
454 673	6⁰/₀	dergl.	Serie 3	91
454 674	6⁰/₀	dergl.	Serie 4	91
454 676	6⁰/₀	dergl.	Serie 6	91
454 677	6⁰/₀	dergl.	Serie 7	91
454 680	6⁰/₀	dergl.	Serie 10	91

Wertpapier-Nr.	Bezeichnung		Kurs in Prozenten
454 715	7¹/₂% Neuseeland Anl. von 1971/86		87
454 721	6¹/₂% Escom Anl. v. 1965 Serie	1	89,75
454 722	6¹/₂% dergl.	Serie 2	89,75
454 723	6¹/₂% dergl.	Serie 3	89,75
454 724	6¹/₂% dergl.	Serie 4	89,75
454 725	6¹/₂% dergl.	Serie 5	89,75
454 727	6¹/₂% dergl.	Serie 7	89,75
454 728	6¹/₂% dergl.	Serie 8	100
454 730	6¹/₂% dergl.	Serie 10	89,75
454 742	7¹/₂% Kansai Electr. Pow. Comp. Anl. von 1971/86		87,5
454 769	7¹/₂% Transocean Gulf Oil Comp. Anl. v. 1971/86		87,5
454 793	8% Glaxo Fin. Bermuda Anl. v. 1971/86		91,15
454 801	7¹/₂% Weltbank Anl. v. 1971/86		86,25
454 809	7³/₄% Iscor South Afr. Iron & Steel Anl. v. 1971/86		87,25
454 818	7³/₄% Saab-Scania Anl. v. 1971/86		90
454 831	7³/₄% Tenneco International NV. Anl. v. 1971/86		86,25
454 834	7³/₄% Comalco Invest Europe von 1971		87
454 908	8% Provinz Neufundland Anl. v. 1971/86		90,25
454 915	8% Stadt Yokohama Anl. v. 1971/86		91
454 927	8% Quebec-Hydro-Electric-Comm. Anl. v. 1971		93,75
454 959	8% Stadt Johannesburg Anl. v. 71/86		91
454 961	6% AEG-Telefunken Fin. Hol. Lux. von 66 Serie	1	89,5
454 962	6% dergl.	Serie 2	89,5
454 964	6% dergl.	Serie 4	89,5
454 965	6% dergl.	Serie 5	89,5
454 966	6% dergl.	Serie 6	100
454 967	6% dergl.	Serie 7	89,5
454 968	6% dergl.	Serie 8	89,5
454 969	6% dergl.	Serie 9	89,5
454 970	6% dergl.	Serie 10	89,5
454 986	7³/₄% Firestone Fin. Corp. Anl. v. 71/86		90
454 988	8% I.C.I. Internat. Finance Anl. v. 1971/86		90,25
454 991	7% Osloer Standanl. von 67 Serie	1	97
454 992	7% dergl.	Serie 2	97
454 994	7% dergl.	Serie 4	97
454 995	7% dergl.	Serie 5	97
454 996	7% dergl.	Serie 6	100
454 997	7% dergl.	Serie 7	97
454 998	7% dergl.	Serie 8	97
455 025	8% Autopistas Conces. Esp. Anl. v. 1971		89,5
455 028	7³/₄% Europ. Investitionsbtr. von 1971		88,75
455 040	7³/₄% Königreich Dänemark, Anl. v. 1971		87,5
455 041	8% Banco Nacion de Obras von 1971		87
455 067	7³/₄% Republ. Südafrika von 1971		81,75
455 088	8% Industrie Hypothekenbank in Finnland v. 1971		91
455 108	7³/₄% Nova Scotia Anl. v. 1971		91,75
455 111	7¹/₂% Hydro-El. Com. Ontario Anl. v. 71		88,75
455 140	8% Europistas Anl. v. 1972		88,75
455 141	7¹/₂% Stadt Oslo Anl. v. 1971		91,25
455 145	7¹/₂% Weltbank Anl. v. 1971 A. 1971		86,25
455 154	7¹/₂% Kopenhagen Telefon Anl. v. 1972		84
455 159	8% Imatran Voima DY Anl. v. 1972		90,5
455 167	7% Neuseeland Anl. v. 1972		83,25
455 170	7¹/₂% Sandvik A/B Anl. v. 1972		86,5
455 173	7% Common. D. Australia Anl. v. 1972		88,75
455 235	6³/₄% Ericson Anl. v. 1972		81,5
455 267	6¹/₂% Europ. Investitionsbank Anl. v. 72		80,5
455 270	6³/₄% Jütland Telephone Co. Anl. v. 72		75
455 272	8% Fed. Rep. Brasilien Anl. v. 1972		94,8
455 276	6³/₄% Sveriges Invest. BK. Anl. v. 1972		83
455 277	6³/₄% Weltbank Anl. v. 1972		81,25
455 278	6³/₄% Weltbank Anl. v. 1972		91
455 279	6¹/₂% Shell Int. Finance Anl. v. 1972		79
455 282	7% Outokumpu DY Anl. v. 1968 Serie	2	93,5
455 283	7% Outokumpu DY Anl. v. 1968 Serie	3	93,5
455 284	7% Outokumpu DY Anl. v. 1968 Serie	4	93,5
455 285	7% Outokumpu DY Anl. v. 1968 Serie	5	93,5
455 286	7% Outokumpu DY Anl. v. 1968 Serie	6	93,5
455 287	7% Outokumpu DY Anl. v. 1968 Serie	7	100
455 307	6¹/₂% ICI Intern. Finance Anl. v. 1972		73,5
455 311	6¹/₂% Koenigr. Daenemark Anl. v. 1968 Serie	1	89,25
455 312	6¹/₂% Koenigr. Daenemark Anl. v. 1968 Serie	2	100
455 314	6¹/₂% Königreich Dänemark Anl. v. 1968 Serie	4	89,25
455 315	6¹/₂% Königreich Dänemark Anl. v. 1968 Serie	5	89,25
455 316	6¹/₂% Königreich Dänemark Anl. v. 1968 Serie	6	89,25
455 317	6¹/₂% dergl.	Serie 7	89,25
455 318	6¹/₂% dergl.	Serie 8	89,25
455 319	6¹/₂% dergl.	Serie 9	89,25
455 321	6³/₄% Rep-Finnland Anl. v. 1968 Serie	1	90
455 323	6³/₄% dergl.	Serie 3	100
455 324	6³/₄% dergl.	Serie 4	90
455 325	6³/₄% dergl.	Serie 5	90
455 326	6³/₄% dergl.	Serie 6	90
455 327	6³/₄% dergl.	Serie 7	90
455 328	6³/₄% dergl.	Serie 8	90
455 329	6³/₄% dergl.	Serie 9	90
455 330	6³/₄% dergl.	Serie 10	90
455 331	6³/₄% dergl.	Serie 11	90
455 332	6³/₄% dergl.	Serie 12	90
455 339	7% Iscor Anl. v. 1972		83
455 374	6¹/₂% Quebec Hydro-El. Comm. Anl. v. 1972		79,25
455 383	7% Rep. Finnland Anl. v. 1972		81,5
455 434	6³/₄% KHD Finanz-Hold. S.A. Anl. v. 1972		76
455 443	6³/₄% Inter-Amer. DEV. Bk. Anl. v. 1972		78
455 447	7% Kopenhagen Telefon Anl. v. 1972		80,65
455 462	7¹/₂% Finnische Kommunalanl. v. 1969 Serie	2	100
455 463	7¹/₂% dergl.	Serie 3	92,5
455 464	7¹/₂% dergl.	Serie 4	92,5
455 465	7¹/₂% dergl.	Serie 5	92,5
455 466	7¹/₂% dergl.	Serie 6	92,5
455 467	7¹/₂% dergl.	Serie 7	92,5
455 468	7¹/₂% dergl.	Serie 8	92,5
455 469	7¹/₂% dergl.	Serie 9	92,5
455 470	7¹/₂% dergl.	Serie 10	92,5
455 472	6³/₄% Stadt Kobe Anl. v. 1972		79
455 479	6³/₄% Manitoba Hydro-Electr.-Anl. v. 72		81
455 483	6% Allgem. Bank Nederland Anl. v. 1972		93
455 505	7% Malaysia Anl. v. 1972		83,25
455 511	6¹/₂% Hydro-El. Comm. Ontario Anl. v. 1972		79
455 512	6³/₄% Hammersley Iron Fin. Anl. v. 1972		75,5
455 520	7% Rep. Singapur Anl. v. 1972		83,25
455 550	6¹/₂% Montanunion Anl. v. 1972		79,5
455 559	6¹/₂% Weltbank Anl. v. 1972		81
455 567	6¹/₂% Courtaulos Int. Fin. Anl. v. 1972		74,75
455 575	7% Ind. Hvp. Bank. in Finnland Anl. v. 1972		83
455 576	6¹/₂% Provinz Quebec Anl. v. 1972		81
455 664	6¹/₂% Eurofima Anl. v. 1972		78,5
455 665	6¹/₂% Escom Anl. v. 1972		77,5
455 667	6¹/₂% Stadt Kopenhagen Anl. v. 1972		71,5
455 681	6% Provinz Ontario Anl. v. 1972		76,3
455 691	6¹/₂% Stadt Johannesburg Anl. v. 1972		75,8
455 731	6% Stadt Montreal Anl. v. 1972		79,75
455 733	6% Europ. Investitionsbank Anl. v. 72		76
455 751	6¹/₂% Trafalgar House Fin. Anl. v. 1972		74,75

Wertpapier-Nr.				Kurs in Prozenten
455 754	6³/₄%	Prov. New Brunswick Anl. v. 1972		78
455 756	6³/₄%	Rep. Brasilien Anl. v. 1972		74,75
455 778	7%	Malaysia Anl. v. 1969		100
455 803	6³/₄%	Autopistas Conc. Eso. Anl. v. 1972		80
455 838	6³/₄%	Neufundland/Kanada Anl. v. 1972		76
455 858	6³/₄%	Australian Ind. Dev. Anl. v. 1972		78
455 874	7%	Rep. Südafrika Anl. v. 1972		76
455 881	7%	Rep. Finnland Anl. v. 1969	Serie 1	91
455 882	7%	dergl.	Serie 2	91
455 883	7%	dergl.	Serie 3	91
455 884	7%	dergl.	Serie 4	91
455 885	7%	dergl.	Serie 5	91
455 886	7%	dergl.	Serie 6	91
455 887	7%	Finnland-Anl. v. 1969	Serie 7	91
455 888	7%	dergl.	Serie 8	100
455 889	7%	dergl.	Serie 9	91
455 890	7%	dergl.	Serie 10	91
455 891	7%	dergl.	Serie 11	91
455 892	7%	dergl.	Serie 12	91
455 893	6³/₄%	Königreich Dänemark Dev. BK. Anl. v. 1972 A. II		79
455 896	6³/₄%	Inter-American. Dev. Bk. Anl. v. 1972		77
455 918	6³/₄%	Ph. Morris Inc. Anl. v. 1972		81,5
455 921	6³/₄%	Goodyear Tire/Rubber Anl. v. 1972		80,75
455 931	7¹/₄%	Nacional Financiers Anl. v. 1969	Serie 1	100
455 932	7¹/₄%	Nacional Financ. Mexiko v. 1969	Serie 2	91
455 933	7¹/₄%	dergl.	Serie 3	91
455 934	7¹/₄%	dergl.	Serie 4	91
455 935	7¹/₄%	dergl.	Serie 5	91
455 936	7¹/₄%	dergl.	Serie 6	91
455 937	7¹/₄%	dergl.	Serie 7	91
455 938	7¹/₄%	dergl.	Serie 8	91
455 954	7¹/₄%	Teledyne Int. Anl. v. 1973		80
455 967	7%	Nova Scotia Power Anl. v. 1972		81,5
455 972	7¹/₄%	Mexico Anl. v. 1973		80,7
455 974	7%	Montanunion Anl. v. 1972		82
455 989	7¹/₄%	Reed Intern. Ltd. Anl. v. 1973		81
456 005	7%	South of Scotld. El. Board Anl. v. 1973		78,75
456 011	7¹/₂%	Rep. Finnland Anl. v. 1969	Serie 1	92,5
456 012	7¹/₂%	dergl.	Serie 2	92,5
456 013	7¹/₂%	dergl.	Serie 3	92,5
456 014	7¹/₂%	dergl.	Serie 4	92,5
456 015	7¹/₂%	dergl.	Serie 5	92,5
456 016	7¹/₂%	dergl.	Serie 6	92,5
456 018	7¹/₂%	dergl.	Serie 8	92,5
456 019	7¹/₂%	dergl.	Serie 9	92,5
456 020	7¹/₂%	dergl.	Serie 10	92,5
456 021	7¹/₂%	dergl.	Serie 11	92,5
456 022	7¹/₂%	dergl.	Serie 12	92,5
456 108	7¹/₂%	Juetland Telephone Co. Anl. v. 73		80
456 115	6³/₄%	Europ. Investitionsbank-Anl. v. 73		80
456 117	7¹/₂%	Autopistas del Mare Nostrum v. 1973		85,5
456 131	7¹/₄%	Svenska Cellulosa Anl. v. 1973		85
456 138	6³/₄%	Weltbank-Anl. v. 1973		81,5
456 140	6³/₄%	Oestrr. Donaukraftw. Anl. v. 1973		77
456 160	7%	Sveriges Invest. Bk. Anl. v. 1973		83,05
456 187	6¹/₂%	Hydro-El. Comm. Ontario Anl. v. 1973		79,5
456 207	6¹/₂%	Quebec Hydro-El. Comm. Anl. v. 1973		79
456 211	7%	Iscor Anl. v. 1973		81
456 215	6¹/₂%	Eurofina Anl. v. 1973		78,75
456 258	6¹/₂%	Kopenhagen Telefon Anl. v. 1973		75,75
456 260	6¹/₂%	Neufundland/Kanada Anl. v. 1973		76,5
456 269	7%	ESCOM Anl. v. 1973		81,5
456 288	6³/₄%	Weltbank Anl. v. 1973		77,5
456 294	7%	Metropol. Est. Prop. Intern. Anl. v. 1973		76
456 301	6%	Stadt Montreal Anl. v. 1972	Serie 1	79,75

Wertpapier-Nr.				Kurs in Prozenten
456 302	6%	dergl.	Serie 2	79,75
456 303	6%	dergl.	Serie 3	79,75
456 304	6%	dergl.	Serie 4	79,75
456 305	6%	dergl.	Serie 5	79,75
456 306	6%	dergl.	Serie 6	79,75
456 307	6%	dergl.	Serie 7	79,75
456 308	6%	dergl.	Serie 8	79,75
456 309	6%	dergl.	Serie 9	79,75
456 310	6%	dergl.	Serie 10	79,75
456 311	6%	dergl.	Serie 11	70,75
456 312	6%	dergl.	Serie 12	79,75
456 313	6%	dergl.	Serie 13	79,75
456 315	6%	dergl.	Serie 15	79,75
456 316	6%	dergl.	Serie 16	79,75
456 317	6%	Stadt Montreal Anl. v. 1972	Serie 17	79,75
456 318	6%	dergl.	Serie 18	70,75
456 319	6%	dergl.	Serie 19	79,75
456 320	6%	dergl.	Serie 20	79,75
456 344	6¹/₄%	Kaertner Elektr. AG Anl. v. 1973		83
456 346	7¹/₂%	South Africa Railw. a. Harb. Anl. v. 1973		80,5
456 364	6¹/₄%	Intern. Commercial Bank Anl. v. 1973		82,5
456 381	6³/₄%	Ind. Hyp. Bk. in Finnland v. 1968	Serie 1	91
456 382	6³/₄%	dergl.	Serie 2	91
456 383	6³/₄%	dergl.	Serie 3	91
456 384	6³/₄%	dergl.	Serie 4	100
456 385	6³/₄%	dergl.	Serie 5	91
456 386	6³/₄%	dergl.	Serie 6	91
456 387	6³/₄%	dergl.	Serie 7	91
456 388	6³/₄%	dergl.	Serie 8	91
456 403	6³/₄%	Stadt Montreal Anl. v. 1973		79,8
456 414	6³/₄%	Stadt Oslo Anl. v. 1973		78,5
456 422	7%	Europ. Investitionsbank Anl. v. 1973		82
456 441	7%	HypBk/Finverw. Königreich Dänemark v. 1973		80
456 446	7%	Europarat Anl. v. 1973		85,75
456 455	7%	Estel N.V. Anl. v. 1973		87,5
456 485	7¹/₂%	SUN Intern. Fin. Anl. v. 1973		86,75
456 569	8%	Nat. Westminster Bk. Anl. v. 1973		95
456 599	8¹/₂%	ISCO Anl. v. 1973		92,40

B. Aktien

Wertpapier-Nr.		Kurs in DM pro Stück
850 002	Compagnie des Machines Bull, S.A., Paris, Aktien Nr. 1—5 261 973 (Kurs in DM pro Stück zu FF 30,—)	27,5
850 015	Steyr-Daimler-Puch AG., Steyr, Aktien	22,5
850 263	N.V. Amsterdamsche Likeurstokerij „'t Lootsje" der Erven Lucas Bols, Amsterdam, Stamm-Aktien (Kurs in DM pro Stück zu hfl 20,—)	96
850 276	Anglo American Corp. of South Africa Ltd., Johannesburg, Namens-Stamm-Aktien in Deutschen Zertifikaten mit Blankoindossament und Konversions- bzw. Options-Stempel (Kurs in DM für je R 0,10 Nennbetrag)	20,5
850 277	dergl. Namens-Stamm-Aktien in Deutschen Zertifikaten mit Blankoindossament ohne Konversions- bzw. Options-Stempel (Kurs in DM für je R 0 10 Nennbetrag)	16
850 395	Compagnie Financière de Paris et des Pays-Bas, S.A. Paris, Inhaber-Aktien (Kurs in DM pro Stück zu FF 100,—)	99
850 630	Océ - van der Grinten	198
850 646	Ciments Lafarge	104
850 713	Compagnie Lambert pour l'Industrie et la Finance, nennwertlose Inhaber-Aktien	165

Wertpapier-Nr.		Kurs in DM pro Stück
850 717	Comp. de St. Gobain Pont a Mousson	84
850 722	Comp. Finance de Suez	154
850 842	Thomson-CSF, S.A., Paris, Inhaber-Aktien (Kurs in DM pro Stück zu FF 50,—)	68
851 184	Gevaert Photo Producten N.V., Mortsel-Antwerpen, nennwertlose Inhaber-Aktien	82
851 499	Koninklijke Luchtvaart Mij. N.V. (KLM), Den Haag, Stamm-Aktien (Kurs in DM pro Stück zu hfl 100,—)	57
851 505	Koninklijke Nederlandsche Hoogovens en Staalfabrieken N.V., Ijmuiden, Zertifikate (Kurs in DM pro Stück zu hfl 20,—)	58
851 810	OGEM Stammaktien	32
851 882	Nestle Alimentana u. Unilac Inh.-Akt.	3000
852 331	Sperry Rand Corp.	116
852 942	Ford Motor Comp., Dearborn/Mich., Namens-Stamm-Aktien in Deutschen Zertifikaten mit Blankoindossament (Kurs in DM pro Stück zu US $ 2,50)	105
852 962	General Shopping S.A. Shares	400
853 925	International Business Machines Corp., New York/N.Y., Namens-Stamm-Aktien in Deutschen Zertifikaten mit Blankoindossament (Kurs in DM pro Stück zu US $ 5,—)	650
853 926	Banco Central, S.A., Madrid, Deutsche Zertifikate über Namens-Aktien (Kurs in DM pro Stück über Ptas 500,—)	300
854 381	The „Shell" Transport and Trading Comp., Ltd., London, Inh.-Leistungsschuldverschr. über Stamm-Aktien (Kurs in DM pro Stück zu sh 5,—)	13,25
854 516	Algemene Bank Nederland N.V., Amsterdam, Stamm-Aktien (Kurs in DM pro Stück zu hfl 100,—)	245
854 637	Compagnie des Machines Bull, S.A., Paris, nennwertlose Genußscheine	3,05
855 150	E. I. du Pont de Nemours & Comp., Inc., Wilmington/Del., Namens-Stamm-Aktien in Deutschen Zertifikaten mit Blankoindossament (Kurs in DM pro Stück zu US $ 5,—)	419
855 230	Mobil Oil Corp., New York/N.Y., Namens-Aktien in Deutschen Zertifikaten mit Blankoindossament (Kurs in DM pro Stück zu US $ 7,50)	142
855 250	Caterpillar Tractor Comp., Peoria/Ill., nennwertlose namens-Aktien in Deutschen Zertifikaten mit Blankoindossament	195
855 511	The Goodyear Tire & Rubber Comp., Akron/Ohio, nennwertlose Namens-Aktien in Deutschen Zertifikaten mit Blankoindossament	40
855 543	Juvena Holding AG	1700
855 549	Standard Oil Comp. (New Jersey), New York/N.Y., Namens-Aktien in Deutschen Zertifikaten mit Blankoindossament (Kurs in DM pro Stück zu US $ 7,—)	250
855 562	The Procter & Gamble Co., Cincinnati/Ohio, nennwertlose Namens-Stamm-Aktien in Deutschen Zertifikaten mit Blankoindossament	240
855 747	Swiss Air	450
855 886	Schweizerische Aluminium Inh.-Aktien	1800
855 966	Deere & Co., Moline/Ill., Namens-Stamm-Aktien in Deutschen Zertifikaten mit Blankoindossament (Kurs in DM pro Stück zu US $ 1,—)	145
855 974	Alcan Aluminium Ltd., Montreal/P.Q., nennwertlose Namens-Stamm-Aktien in Deutschen Zertifikaten mit Blankoindossament	139

Wertpapier-Nr.		Kurs in Prozenten
856 104	Pechéney Ugine Kuhlmann S.A. Aktions	67
856 200	Solvay & Cie., S.A., Brüssel, nennwertlose Inhaber-Aktien Typ A	150
857 044	Hitachi Ltd. Shares Deutsche Zert.	160
857 169	W. R. Grace & Co., New York/N.Y., Namens-Stamm-Aktien in Deutschen Zertifikaten mit Blankoindossament (Kurs in DM pro Stück zu US $ 1,—)	65
857 857	Siemens Western Finance N.V., Willemstad/Curaçao, Optionsscheine aus der 5½ % US $-Anl. von 1969	705
857 926	Kraftco Corp., New York N.Y. Namens-Stamm-Aktien in Deutschen Zertifikaten mit Blankoindossament (Kurs in DM pro Stück zu US $ 2,50)	100
858 178	Chrysler Corp. Shares Dte. Zert.	42,75
858 408	Occidental Petroleum Corp., Los Angeles/Calif., Namens-Stamm-Aktien in Deutschen Zertifikaten mit Blankoindossament (Kurs in DM pro Stück zu US $ 0,20)	23
858 543	Bayer International Finance N.V. Warrants	250
858 549	Mitsumi Electric Co., Ltd., Tokio, Deutsche Zertifikate über Namens-Aktien (Kurs in DM pro Stück zu Yen 5,—)	3,55
858 630	BASF Overzee N.V. Optionsscheine	17,2
858 888	Litton Industries Inc. Shares Dte. Zert.	19
858 992	Atlas Copco AB Namens-Aktien Dte. Ifb. St.	75
859 150	IFI Dt. Inh.-Zert. ü. Namens-Vorz.-Akt.	15,5
859 417	Highveld Steel Sh. m. Opt.-Stempel Dte. Ifb. St.	5
859 418	dergl. o. Opt.-Stempel Dte. Ifb., St.	3,7
859 432	Juvena Holding AG Partizipationsscheine	108
859 917	Continental Oil Comp.	150
860 009	Fiat S.P.A. Dte. Zert. UE Stamm-Aktien	6,6
860 010	Fiat S.P.A. Dte. Zert. UE Vorz.-Aktien	5
860 012	Finsider Soc. Fin. Sid. P.A. Azzioni Dt. Zert.	1,35
860 015	Inc. C. Olivetti Dte Zert. ü. Vorzugsakt.	5 5
860 017	Pirelli S.P.A. Dte. Zert. u. Aktien	4,15
860 020	Snia-Vicosa Dte. Zert. ü. Aktien	7
860 021	dergl. Vorzugsaktien	5,25
860 022	Inter. Tel. A. Tel. Corp. Sh. Dte. Zert.	75,5
860 024	Gen. Motors Shares Dte. Zert.	129
860 025	Gem. Bezit Philips Gldetl. Gew. Aand.	33
860 026	Akzo N.V. Aandelen	50
860 027	Royal Dutch Aandelen	87
860 028	Unilever N.V. Zert. ü. Stammakt.	105,5
860 029	Semperit AG Aktien	39
860 031	L. M. Ericson Namens-Akt. Serie B	113
860 032	Comp.-Financ. de Suez M. Ausl. Kup.	165
860 322	Sanwa Bank	3,6
860 443	National Westminster Bk. Ltd. Sh. Dte. Zert.	18
860 641	Sony Corp. Sh. Deutsche Zert.	37
860 705	Dow Chem. Comp.	154
860 746	Minnesota Min. A. Manuf. Co. Sh. Dte. Zert.	210
860 750	Philip Morris Inc.	310
860 835	C. T. Bowring & Co Shares in Dte. Zert.	4,2
861 117	Chase Manhattan Corp.	148
861 188	Coca-Cola Comp.	340
861 222	Phs. van Ommeren	310
861 398	Nissan Motor	3,05
861 399	Matsushita Eelc. Ind.	4,65
861 482	Rothmans Int.	2,7
861 495	Nippon Yusen	259
861 508	Rank Org.	24
861 509	Xerox Corp.	335
861 630	Imp. Chem. Ind.	13,1
861 633	Firestone Tire and Rubber	38
861 682	Studebaker-Worthington	78
861 692	Nikko Sec.	140
861 710	Warner-Lambert Comp.	100

Wertpapier-Nr.		Kurs in Prozenten
861 813	Foseco Minsep	7,5
861 868	Mitsui and Co.	4,55
861 870	Richardson-Merell	81
861 873	Brit. Petroleum	33
970 192	The Lehmann Corp., New York/N.Y., Namens-Stamm-Aktien in Deutschen Zertifikaten mit Blankoindossament (Kurs in DM pro Stück zu US $ 1,—)	34
970 254	Rolinco N.V., Rotterdam, Inhaber-Stamm-Aktien (Kurs in DM pro Stück zu hfl 50,—)	122
970 259	Rotterdamsch Beleggingsconsortium N.V. (Robeco), Rotterdam, Inhaber-Aktien (Kurs in DM pro Stück zu hfl 50,—)	192,5
970 273	Selecteo Riski	16,5
970 328	Utilico N.V. Aktien	102
970 517	Tokyo Pacific Hold.	89

C. Investment-Anteile

a) Rücknahmepreise von ausländischen Investmentanteilen zum 31. 12. 1973 mit Wertpapiernummern

b) Rücknahmepreise von ausländischen Investmentanteilen zum 31. 12. 1973 ohne Wertpapiernummern

Wertpapier-Nr.		Rücknahmepreis
a)		
970 005	Interstor	52,50 sfr
970 006	Nurit	93,25 sfr
970 007	Romit	76,75 sfr
970 011	American Investors Fund	5,09 US $
970 017	Austral Trust S.A.	21,75 DM
970 018	Austro-International-Investment-Fonds	29,25 sfr
970 019	Axe-Hougthon Fund A, Inc.	4,31 US $
970 020	Axe-Hougthon Fund B, Inc.	6,91 US $
970 021	Axe-Hougthon Stock Fund, Inc.	5,36 US $
970 022	Axe Science Corporation	3,88 US $
970 030	Goldmines (¹/₁ Anteil)	878,60 hfl
970 031	Goldmines (¹/₅ Anteil)	175,72 hfl
970 043	Interitalia	36,43 DM
970 054	Channing Income Fund	6,65 US $
970 055	Channing Common Stock Fund	1,27 US $
970 056	Channing Special Fund	1,79 US $
970 058	Channing Growth Fund	4,67 US $
970 064	Intertec-Fonds	41,46 sfr
970 065	The Colonial Fund, Inc.	10,18 US $
970 066	Colonial Growth Shares, Inc.	5,62 US $
970 074	The Convertible Bond Fund N.V.	8,39 US $
970 077	Decatur Income Fund, Inc.	9,28 US $
970 078	Delaware Fund, Inc.	8,79 US $
970 080	Anchor Growth Fund, Inc.	19,01 DM
970 085	Salem Fund, Inc.	3,57 US $
970 086	The Dreyfus Fund, Inc.	10,57 US $
970 090	Enterprise Fund, Inc.	5,70 US $
970 092	Valeurop	64,10 DM
970 095	Fidelity Capital Fund, Inc.	10,71 US $
970 097	Fidelity Fund, Inc.	14,52 US $
970 100	Fidelity Trend Fund, Inc.	21,20 US $
970 107	Founders Mutual Fund	8,49 US $
970 108	Fundamental Investors, Inc.	17,93 DM
970 135	Hamilton Funds, Inc.	3,85 US $

Wertpapier-Nr.		Rücknahmepreis
970 145	Imperial Growth Fund, Inc.	6,85 US $
970 149	Universal Fund	101,94 sfr
970 156	Amca (America Canada Trust Fund)	48,— sfr
970 157	Canac	129.— sfr
970 158	Denac	77,— sfr
970 159	Espac	264,50 sfr
970 160	Eurit	124,50 sfr
970 161	Fonsa	97,— sfr
970 162	Francit	89,50 sfr
970 163	Germac	101,50 sfr
970 164	Globinvest	74,50 sfr
970 165	Itac	174,50 sfr
970 166	Safit	263,50 sfr
970 170	The Investment Company of America	11,99 US $
970 174	Investors Growth Fund of Canada, Ltd.	11,79 can $
970 178	Investors Mutual of Canada, Ltd.	5,67 can $
970 183	The Japan Fund, Inc.	8,— US $
970 186	Automation-Fonds	99,50 sfr
970 187	Eurac	333,— sfr
970 188	Pharma-Fonds	195,— sfr
970 197	Keystone Custodian Funds, Series K—2	5,59 US $
970 200	Keystone Custodian Fund, Series S—4	3,73 US $
970 207	Manhattan Fund, Inc.	3,48 US $
970 209	Massachusetts Investors Trust	10,74 US $
970 238	Oppenheimer Fund, Inc.	6,68 US $
970 240	Philadelphia Fund, Inc.	5,92 US $
970 247	Putnam Equities Fund, Inc.	8,39 US $
970 248	The Putnam Growth Fund	9,96 US $
970 251	Putnam Vista Fund, Inc.	9,55 US $
970 253	Revere Fund, Inc.	5,55 US $
970 260	Rowe Price New Horizons Fund, Inc.	8,02 US $
970 271	Security Equity Fund, Inc.	3,36 US $
970 276	Smith, Barney Equity Fund, Inc.	9,64 US $
970 279	Eurinvest, S.A.	69,— DM
970 281	Finance Union	374,— lfr
970 284	Eurunion	1740,— lfr
970 296	Canasec	770,— sfr
970 297	Energie-Valor	100,75 sfr
970 298	Europa-Valor	132,— sfr
970 299	Intercontinental Trust	295,25 sfr
970 300	Schweizer Aktien	2711,— sfr
970 301	Swissvalor (neue Serie)	231,— sfr
970 302	Ussec	805,— sfr
970 306	Sparinvest	196,22 öS
970 312	Supervised Investors Growth Fund, Inc.	5,93 US $
970 314	Technology Fund, Inc.	6,21 US $
970 324	United Accumulative Fund	6,62 US $
970 325	United Science Fund	6,34 US $
970 326	United States Trust Investment Fund, S.A.	40,30 DM
970 331	The Value Line Special Situations Fund, Inc.	2,61 US $
970 332	Wellington Fund, Inc.	10,26 US $
970 333	Windsor Fund, Inc.	6,64 US $
970 334	Research Equity Fund, Inc.	3,93 US $
970 341	Formula Selection Fund	88,20 DM
970 342	Japan Selection Fund	122,18 DM

Wertpapier-Nr.		Rücknahmepreis
970 348	International Technology Fund, Ltd.	8,22 US $
970 349	Convertfund International, S.A. (A-Aktien)	22,— DM
970 350	Convertfund International, S.A. (B-Aktien)	29,— DM
970 351	All Canadian Venture Fund, Ltd.	3,30 can $
970 352	Omega Fund	8,28 US $
970 353	Selected Special Shares, Inc.	12,86 US $
970 354	Admiralty Fund (Growth Series)	4,10 US $
970 356	Patrimonial	841,— lfr
970 359	Legal List Investments, Inc.	6,47 US $
970 360	Pioneer Fund, Inc.	11,47 US $
970 364	United Income Fund	12,12 US $
970 365	Founders Growth Fund, Inc.	4,70 US $
970 368	Canadian Gas and Energy Fund, Ltd. (Vorzugsaktien) ..	14,09 can $
970 376	Everest Fund, Inc.	11,09 US $
970 377	First National City Fund	97,04 sfr
970 381	Financial Dynamics Fund. Inc.	4,27 US $
970 382	International Investors Incorporated	14,27 US $
970 383	Canadian Gas and Energy Fund, Ltd. (Stammaktien)	14,09 can $
970 384	TMR Appreciation Fund, Inc.	7,44 US $
970 388	Fairfield Fund, Inc.	8,04 US $
970 390	Harbor Fund, Inc.	7,59 US $
970 394	Pacific Seaboard Fund, N.V.	21,25 US $
970 396	Eaton & Howard Special Fund, Inc.	6,96 US $
970 398	Eaton & Howard Growth Fund, Inc.	11,70 US $
970 400	The Onehundred Fund	9,98 US $
970 403	Fidelity International	18,73 US $
970 404	Colonial Equities, Inc.	2,93 US $
970 405	Anchor Capital Fund, Inc. ..	9,96 DM
970 408	Provident Stock Fund, Ltd. ..	5,69 can $
970 409	The Side Fund, Inc.	6,57 US-$
970 411	The Value Line Fund, Inc. ..	4,92 US $
970 413	Trusteed Funds, Inc. (vorm. Ivy-Fund)	6,93 US $
970 417	Pennsylvania Mutual Fund ..	2,02 US $
970 419	Oceanorgraphic Fund, Inc. ..	6,99 US $
970 420	Canadian Security Growth Fund, Ltd.	4,98 can $
970 427	Combirent	215,— öS
970 431	The Dreyfus Offshore Trust, N.V.	9,78 US $
970 432	Shareholders Excalibur Investment Corporation (Namens-Anteilscheine)	5,95 US $
970 433	Shareholders Excalibur Investment Corporation (Inhaber-Anteilscheine)	5,95 US $
970 435	First Investors International Mining and Petroleum Fund, S.A.	8,77 US $
970 436	Pacific Invest	72,50 sfr
970 440	Hamilton Growth Fund, Inc.	5,82 US $
970 442	Intervalor	82,75 sfr
970 445	Western Canadian Resources Fund, Ltd.	19,56 can $
970 447	Colonial Ventures, Inc.	2,73 US $

Wertpapier-Nr.		Rücknahmepreis
970 449	Research Capital Fund, Inc. ..	4,83 US $
970 450	Japan Pacific Fund, S.A.	11,93 US $
970 455	Energy International, N.V. ..	13,58 US $
970 463	New York Venture Fund, Inc.	10,55 US $
970 468	Knickerbocker Growth Fund, Inc.	6,81 US $
970 470	Growth Equity Fund, Ltd. ..	6,97 can $
970 474	Interspar	19,60 DM
970 478	Pioneer Enterprise Fund, Inc.	6,36 US $
970 481	American Express International Fund	8,09 US $
970 482	Pilgrim Fund, Inc.	6,85 US $
970 484	Share International Fund, N.V.	6,28 US $
970 491	Intertrend	263,— öS
970 497	Bond-Invest	86,— sfr
970 499	Loomis-Sayles Mutual Fund, Inc.	14,20 US $
970 500	The Dreyfus Intercontinental Investment Fund, N.V.	12,30 US $
970 501	Neuwirth Investment Fund, Ltd.	5,96 US $
970 502	Sepro-Security & Prosperity Fund, S.A.	11,60 US $
970 504	Chase Selection Fund, Ltd. ..	8,78 US $
970 511	Delta Investment Fund, S.A.	9,11 US $
970 514	Pioneer II, Inc.	9,09 US $
970 537	Astron Fund, Inc.	3,40 US $
970 550	Financial Industrial Income Fund, Inc.	5,83 US $
970 556	Venture Securities Fund, Inc.	2,50 US $
970 557	Steadman American Industry Fund, Inc.	2,88 US $
970 560	Universal Bond Selection ..	89,75 sfr
970 572	Comstock Fund, Inc.	3,45 US $
970 577	Credit Suisse Fonds-Bonds ..	83,50 sfr
970 578	Credit Suisse Fonds-International	78,75 sfr
970 581	Neuwirth Century	4,64 US $
970 591	Supervised Investors Summit Fund, Inc.	8,21 US $
970 597	Intermobilfonds	86,— sfr
970 605	ASCA Corporation, N.V.	10.33 DM
970 612	Helvetinvest	96,20 sfr
970 617	Neuwirth International Fund, N.V.	3,33 US $
970 640	Canadian Security Growth Fund International, N.V.	4,98 can $
970 642	BtF Growth Fund, S.A.	5,50 US $
970 646	Japan Portfolio	333,— sfr
970 654	Atlasfonds	306,10 öS
970 669	Canadian Gas and Energy Fund International, Ltd.	4,08 US $
970 704	Convert-Invest	94,75 sfr
970 727	Bondstock Corporation	4,40 US $
985 002	Immofonds	1435,— sfr
985 003	Siat	1307,— sfr
985 004	Siat 63	1031,— sfr
985 018	Sima	161,50 sfr
985 025	Canada-Immobil	820,— sfr
985 026	Swissimmobil (Serie D)	3235,— sfr
985 028	Swissimmobil 1961	1080,— sfr
985 029	Swissimmobil, Neue Serie ..	1960,— sfr
985 060	Share Realty, N.V.	14,22 US $
985 063	The Roosevelt Fund, S.A. ..	6,64 US $

	Rücknahmepreis
b)	
American Express Capital Fund, Inc.	6,70 US $
American Express Income Fund, Inc.	8,11 US $
American Express Investment Fund, Inc.	7,49 US $
American Express Stock Fund, Inc.	6,93 US $
American Investment Trust	5,36 US $
Baerbond	918,80 sfr
Channing Balanced Fund	9,85 US $
Conbar	875,0 sfr
Conver 68	895,— sfr
Delos-Fund	581,43 Dr
Delta Multifund, S.A.	8,85 US $
Fund of Nations, Inc.	6,75 US $
Global Fund, Ltd.	5,33 US $
Global International Fund	11,96 DM
Grobar	665,— sfr
Invest Fund, Inc.	8,39 US $
Lexington Growth Fund, Inc.	5,46 US $
Lexington Research Fund, Inc.	12,98 US $
Loomis-Sayles Capital Development Fund, Inc.	12,69 US $
Nora 69	719,— sfr
North American Bank Stock Fund, N.V.	12,24 US $
Pharma 67	1776,— sfr
Poly-Bond International	81,50 sfr
Putnam Voyager Fund	9,93 US $
Rometac-Invest	435,50 US $

	Rücknahmepreis
SAFE Fund	6,81 US $
SAFE TRUST Fund	11,80 US $
Security Ultra Fund, Inc.	6,07 US $
Senator Portfolio, N.V.	4,44 US $
SOGEN International Fund, Inc.	11,06 US $
Source Capital, Inc. (Stammaktien)	8,— US $
Source Capital, Inc. (Vorzugsaktien)	21,37 US $
STOCKBAR	936,— sfr
Swisstrend 68	1648,— sfr
The Darling Fund	1,74 Austr $
The Dreyfus Fund International, Ltd.	10.95 US $
The Dreyfus Leverage Fund, Inc.	14,53 US $
The Dreyfus Special Income Fund, Inc.	7,16 US $
The Dreyfus Third Century Fund, Inc.	9,88 US $
The Onehundred and one Fund	8,13 US $
Trafalgar Fund, S.A.	90,04 US $
Triplex 69	934,— sfr
United Bond Fund	7,75 US $
United Capital Investment Fund, Ltd.	2,69 US $
Value Line International Funds, Ltd.	2,61 US $
World Equity Growth Fund	459,17 US $

2. Zusammenstellung der Umrechnungskurse für ausländische Währungen am 31. Dezember 1973

Vom 1. April 1974

(BStBl. 1974 I S. 338)

Nachstehend sind die Umrechnungskurse für ausländische Währungen zusammengestellt, die bei der Hauptveranlagung der Vermögensteuer sowie bei Wertfortschreibungen und Nachfeststellungen der Einheitswerte der gewerblichen Betriebe auf den 1. Januar 1974 der vermögensteuerrechtlichen Wertermittlung zugrunde zu legen sind.†

DM-Werte für verschiedene Währungen[1] Ende Dezember 1973

Land bzw. Gebiet	Währungseinheit(en)	DM[1]
Ägypten*	100 ägyptische Pfund	702,78[4]
Äquatorialguinea	100 Guinea-Pesetas[2]	4,770[2]
Äthiopien	100 äthiop. Dollar	130,00[3]
Afar- und Issagebiet, Französisches	100 Dschibuti-Francs	1,49[5]
Afghanistan*	100 Afghanis	5,14[4]
Albanien*	100 Leke	68,93[4]
Algerien	100 alger. Dinar	64,65[5]
Argentinien*	100 argent. Pesos	27,57[4]
Australischer Bund	100 austral. Dollar	400,45[3]
Bahamainseln	100 Bahama-Dollar	270,30[7]
Bahrain	100 Bahrain-Dinar	681,20[3]
Bangladesh	100 Taka[0]	33,08[8]
Barbados	100 Barbados-Dollar[9,0]	130,73[8]
Belgien*	100 belg. Francs	6,549[6]
Bermuda	100 Bermuda-Dollar	270,30[7]
Bolivien	100 Pesos Bolivianos	12,98[3]
Botsuana	100 (Südafrikanische) Rand	401,25[3]
Brasilien	100 Cruzeiros	43,57[3]
Bulgarien*	100 Lewa	281,11[4]
Burundi	100 Burundi-Francs	3,43[3]
Chile*	100 chilen. Escudos	0,35[4]
China, Volksrepublik	100 Renminbi Yuan	133,55[3]
Costa Rica*	100 Costa-Rica-Colones	32,44[4]
Curaçao	100 niederl. Antillen-Gulden	150,51[3]
Dänemark	100 dänische Kronen	43,030[6]
Dahome*	100 CFA-Francs	1,15[5]
Dominikanische Republik	100 dominikan. Pesos	270,30[7]
Ecuador*	100 Sucres	11,22[4]
Elfenbeinküste*	100 CFA-Francs	1,15[5]
El Salvador	100 El-Salvador-Colones	108,12[7]
Fidschi	100 Fidschi-Dollar[0]	333,78[8]
Finnland	100 Finnmark	70,100[6]
Frankreich*	100 französische Francs	57,470[6]
Neue Hebriden	100 Neue-Hebriden-Francs	3,56[5]
Neukaledonien*	100 CFP-Francs	3,16[5]
Gabun*	100 CFA-Francs	1,15[5]
Gambia	100 Dalasi[0]	156,88[8]

Erläuterungen zu den Fußnoten am Ende der Tabelle.

† Die Bekanntmachung der Umrechnungskurse für ausländische Währungen, die bei Neu- oder Nachveranlagungen der Vermögensteuer sowie bei Wertfortschreibungen oder Nachfeststellungen der Einheitswerte der gewerblichen Betriebe auf den 1. Januar 1975 der vermögensteuerrechtlichen Wertermittlung zugrunde zu legen sind, unter dem Datum vom 4. März 1975, Az. IV C/3 – S 3103 – 4/75, ist im BStBl. I S. 378 erfolgt.

Land bzw. Gebiet	Währungseinheit(en)	DM[1]
Griechenland	100 Drachmen	9,22[3]
Großbritannien u. Nordirland	1 Pfund Sterling[10]	6,275[6]
Guatemala	100 Quetzales	270,30[7]
Guinea, Republik	100 Syli	13,04[3]
Guyana, Republik	100 Guyana-Dollar[0]	120,41[8]
Haiti, Republik[12]	100 Gourdes[12]	54,06[7]
Honduras, Britisch-	100 Brit.-Hond.-Dollar[0]	156,88[8]
Honduras, Republik	100 Lempiras	135,15[7]
Hongkong	100 Hongkong-Dollar	52,28[3]
Indien	100 indische Rupien[0]	33,08[8]
Indonesien	100 Rupiah	0,64[3]
Irak	100 Irak-Dinar	913,63[3]
Iran	100 Rials	3,97[3]
Irland, Republik	100 irische Pfund[11,0]	627,50[11]
Island	100 isländische Kronen	3,22[3]
Israel	100 israelische Pfund	64,17[3]
Italien*	1000 italienische Lire	4,448[6]
Jamaika	100 Jamaika-Dollar	297,33[7]
Japan	100 Yen	0,9650[6]
Jemen (Sanaa)	100 Jemen-Rials	63,52[4]
Jemen, Demokratische Volksrepublik	100 Jemen-Dinar	824,42[4]
Jordanien	100 Jordan-Dinar	819,64[3]
Jugoslawien	100 jugoslawische Dinar	16,94[3]
Kamerun*	100 CFA-Francs	1,15[5]
Kanada	1 kanadischer Dollar	2,7160[6]
Katar	100 Katar-Riyals	68,02[3]
Kenia	100 Kenia-Schilling	39,87[4]
Kolumbien	100 kolumbianische Pesos	11,22[4]
Kongo, Volksrepublik*	100 CFA-Francs	1,15[5]
Kuwait	100 Kuwait-Dinar	900,90[3]
Laos*	100 Kip	0,49[4]
Lesotho	100 (Südafrikanische) Rand	401,25[3]
Libanon	100 libanesische Pfund	107,64[3]
Liberia[14]	100 liberianische Dollar[14]	270,30[7]
Libyen	100 libysche Dinar	929,83[4]
Luxemburg*	100 luxemburgische Francs[13]	6,549[13]
Madagaskar	100 Madagaskar-Francs	1,15[5]
Malaysia	100 Malaysische Dollar	111,36[4]
Mali*	100 Mali-Francs	0,57[5]
Malta	100 Malta-Pfund	783,87[4]
Marokko	100 Dirham	63,05[3]
Mauretanien	100 Ouguiya	5,75[5]
Mauritius	100 Mauritius-Rupien[0]	47,06[8]
Mexiko	100 mexikanische Pesos	21,65[4]
Nepal	100 nepalesische Rupien	25,32[3]
Neuseeland	100 Neuseeland-Dollar	384,60[3]
Nicaragua	100 Córdobas	38,61[7]
Niederlande	100 holländische Gulden	95,720[6]
Niger*	100 CFA-Francs	1,15[5]
Nigeria	100 Naira	421,67[4]
Norwegen	100 norwegische Kronen	47,150[6]
Obervolta*	100 CFA-Francs	1,15[5]
Österreich	100 Schilling	13,595[6]
Oman	100 Rials Omani	779,73[3]
Pakistan	100 pakistanische Rupien	27,26[3]
Panama (ohne Kanalzone)[14]	100 Balboa[14]	270,30[7]
Paraguay*	100 Guaranies	2,19[4]
Peru*	100 Soles	6,35[4]
Philippinen	100 philippinische Pesos	40,13[3]
Polen*	100 Zloty	14,19[4]
Portugal	100 Escudos	10,570[6]
Réunion*	100 CFA-Francs	1,15[5]

Erläuterungen zu den Fußnoten am Ende der Tabelle.

Land bzw. Gebiet	Währungseinheit(en)	DM[1]
Rhodesien	100 rhodesische Dollar	445,93[3]
Ruanda	100 Ruanda–Francs	3,51[4]
Rumänien*	100 Lei	20,27[4]
Sambia	100 Kwacha	427,07[4]
Saudi-Arabien	100 Saudi-Riyals	76,77[4]
Schweden	100 schwedische Kronen	58,840[6]
Schweiz	100 Schweizer Franken	83,150[6]
Senegal*	100 CFA-Francs	1,15[5]
Sierra Leone	100 Leone[0]	313,75[8]
Singapur	100 Singapur-Dollar	108,66[3]
Somalia	100 somalische Schilling	41,92[3]
Sowjetunion	100 Rubel	350,88[3]
Spanien	100 Pesetas	4,770[6]
Sri Lanka (Ceylon)*	100 Ceylon-Rupien[0]	40,22[8]
Sudan	100 sudanesische Pfund	775,57[3]
Südafrika, Republik	100 Rand	401,25[3]
Südvietnam*	100 Vietnam-Piaster	0,49[4]
Surinam	100 Surinam-Gulden	149,89[3]
Swasiland	100 (Südafrikanische) Rand	401,25[3]
Taiwan	100 Neue Taiwan-Dollar	7,06[3]
Tansania	100 Tansania-Schilling	39,08[3]
Thailand	100 Baht	13,22[3]
Togo*	100 CFA-Francs	1,15[5]
Trinidad und Tobago	100 Trinidad-u.-Tobago-Dollar[0]	130,73[8]
Tschad*	100 CFA-Francs	1,15[5]
Tschechoslowakei*	100 tschechoslowakische Kronen	50,01[4]
Türkei	100 türkische Pfund	18,86[3]
Tunesien	100 tunesische Dinar	607,77[3]
Uganda	100 Uganda-Schilling	39,15[3]
Ungarn*	100 Forint	11,49[4]
Uruguay*	100 uruguayische Pesos	0,34[4]
Venezuela*	100 Bolívares	63,25[4]
Vereinigte Arabische Emirate	100 Dirham	66,48[3]
Vereinigte Staaten	1 US-Dollar	2,7030[6]
Westindien[15]	100 Ostkaribische Dollar[15.0]	130,73[8]
Zentralafrikanische Republik*	100 CFA-Francs	1,15[5]
Zaire	100 Zaïre	540,34[3]
Zypern	100 Zypern-Pfund	746,50[3]

Erläuterungen zu den Fußnoten:

* Im Zahlungsverkehr mit dem Ausland kommen differenzierte Kurse (multiple exchange rates) zur Anwendung.

[0] Floatet mit dem Pfund Sterling.

[1] Für den DM-Wert einer Fremdwährung wurde nur **eine** Bewertungsgrundlage herangezogen.

[2] Paritätisch (1:1) mit der spanischen Peseta.

[3] Errechnet über den Devisen-Mittelkurs für Deutsche Mark in dem betreffenden Land (von Ende Dezember 1973).

[4] Nach der New Yorker Notierung vom 31. Dezember 1973, lt. Mitteilung der „The Chase Manhattan Bank, N. A., New York".

[5] Nach dem Wertverhältnis der Währung (Spalte 2) zum französischen Franc.

[6] Amtlicher Devisen-Mittelkurs an der Frankfurter Börse vom 31. Dezember 1973.

[7] Nach dem Wertverhältnis der Währung (Spalte 2) zum US-Dollar.

[8] Nach dem Wertverhältnis der Währung (Spalte 2) zum Pfund Sterling.

[9] Am 3. Dezember 1973 wurde der Barbados-Dollar (BDS $) eingeführt mit einem Umstellungsverhältnis von 1 BDS $ = 1 EC $ (ostkaribischer Dollar) bisheriger Währung.

[10] Der Kurs des Pfund Sterling ist seit dem 23. Juni 1972 freigegeben (er floatet).

[11] Paritätisch (1:1) mit dem Pfund Sterling.

[12] Auch die Geldzeichen der Vereinigten Staaten (USA) sind im Verhältnis 1 US-$ = 5 Gde. als Zahlungsmittel gebräuchlich.

[13] Paritätisch (1:1) mit dem belgischen Franc.

[14] Die Geldzeichen der Vereinigten Staaten sind ebenfalls gesetzliches Zahlungsmittel (im Verhältnis 1:1) [in Liberia nur in Stückelungen bis zu 20 US-$].

[15] Der Ostkaribische Dollar wird von der „East Caribbean Currency Authority" emittiert und ist die gemeinsame Währungseinheit von Montserrat und den mit Großbritannien assoziierten westindischen Staaten Antigua, Dominika, Grenada, St. Christopher-Nevis-Anguilla, St. Lucia und St. Vincent.

3. Gleichlautende Erlasse der obersten Finanzbehörden der Länder betr. Berechnung des Kapitalwerts von auf bestimmte Zeit beschränkten wiederkehrenden Nutzungen und Leistungen (§ 13 Abs. 1 BewG)

Vom 2. April 1975

1. Nach § 13 Abs. 1 BewG ist der Gesamtwert von Nutzungen und Leistungen, die auf bestimmte Zeit beschränkt sind, die Summe der einzelnen Jahreswerte abzüglich der Zwischenzinsen unter Berücksichtigung von Zinseszinsen. Dabei ist von einem Zinssatz von 5,5 vH auszugehen. Zur Erleichterung der Berechnung dieses Kapitalwerts dient die Hilfstafel 2 des Bewertungsgesetzes (Abschnitt 61 Abs. 3 VStR).

2. Die Anwendung der Hilfstafel 2 führt nicht in allen Fällen der Bewertung von auf bestimmte Zeit beschränkten Rechten auf Renten usw. unmittelbar zu einem Ergebnis. Nur bei einer Rente, die jeweils am 1. Januar eines Jahres mit einem Jahresbetrag fällig ist, kann für eine Rente im Betrag von 1 DM der Wert abgelesen werden. In allen anderen Fällen sind zuvor zusätzliche Berechnungen anzustellen, um den Wert zu ermitteln, den die Zahlungen eines Jahres am 1. Januar haben, um die Zinsen richtig zu berücksichtigen. Bei einer Rente, die z. B. monatlich gezahlt wird, müssen alle Raten, die nicht am 1. Januar fällig sind, erst auf den 1. 1. abgezinst werden. Der Jahreswert einer Rente im Monatsbetrag von 100 DM beträgt nicht (12 × 100 DM =) 1200 DM, sondern nach Berücksichtigung der Zinsen zwischen dem 1. Januar und dem Fälligkeitstag jeder einzelnen Rate nur (11,663 mal 100 DM =) 1166 DM. Erst auf den so ermittelten Wert können die Vervielfältiger der Hilfstafel 2 angewendet werden.

3. Um diese Zwischenrechnungen zu vermeiden, können für die Bewertung die als Anlagen beigefügten Tabellen 1 und 2 verwendet werden, deren Anwendung in den nachstehenden Beispielen erläutert ist. Es bestehen keine Bedenken, dabei den Rechenvorgang durch Abrundungen zu vereinfachen oder auf bestimmte Rechenvorgänge zu verzichten, wenn vom Endergebnis her gesehen eine genaue Wertermittlung nicht erforderlich erscheint.

4. Die als Anlage beigefügten Tabellen weisen die Rentenbarwerte unterjährlich (monatlich, vierteljährlich, halbjährlich) und jährlich zahlbarer Renten im Betrag von 1 DM aus. Dabei ist zwischen vorschüssiger (Tabelle 1) und nachschüssiger (Tabelle 2) Zahlungsweise unterschieden. Bei der Laufzeit wird immer von einer vollen Zahl von Kalenderjahren ausgegangen. Für unterjährliche Zahlungsweise ist in der Spalte a) der Barwert für eine Rate im Betrag von 1 DM angegeben und in der Spalte b) der Barwert für einen Jahresbetrag von 1 DM.

a) Der Rentenbarwert ist bei vorschüssiger Zahlungsweise auf den Fälligkeitstag der ersten Rate bezogen.

Beispiel:
Eine Rente wird monatlich in Höhe von 300 DM jeweils am 1. eines Monats gezahlt und läuft bis einschließlich 1. 12. 1983. Wie hoch ist der Wert am 1. 1. 1974?
Der maßgebende Vervielfältiger ist der Tabelle 1 unter 10 Jahren aus Spalte 2a zu entnehmen und beträgt 93,146, so daß sich ein Barwert von

$$300 \times 93{,}146 = 27943 \text{ DM}$$

ergibt.

Würde im Beispielsfall der Vervielfältiger der Spalte 2b entnommen, müßte zunächst der Jahresbetrag der Rente (= 300 × 12 = 3600 DM) ermittelt werden, so daß sich der Barwert wie folgt ergibt:

$$3600 \times 7{,}762 = 27943 \text{ DM}.$$

Da in diesem Falle ein zusätzlicher Rechengang erforderlich ist, kommen für die Ermittlung des Barwertes regelmäßig die Spalten a der Tabellen in Betracht. Gleichwohl ist nicht auf die Spalten b verzichtet worden, weil die Vervielfältiger der Spalten b benötigt werden, um die Feststellung des jeweiligen „höchsten Vervielfältigers" für die evtl. Anwen-

Anhang III 3

dung des Freibetrages nach § 111 Nr. 9 BewG – vgl. dazu Tz. 7 – zu erleichtern.

b) Der Rentenbarwert ist bei nachschüssiger Zahlungsweise auf den Beginn des ersten Rentenzahlungszeitraums bezogen.

Beispiel:

Eine Rente wird vierteljährlich in Höhe von 500 DM jeweils am 31. 3., 30. 6., 30. 9. und 31. 12. gezahlt und läuft bis einschließlich 31. 12. 1982. Wie hoch ist der Wert am 1. 1. 1974?

Der erste Rentenzahlungszeitraum beginnt mit dem ersten Kalendervierteljahr am 1. 1. 1974. Der für die Bewertung auf diesen Stichtag maßgebende Vervielfältiger ist der Tabelle 2 unter 9 Jahren aus Spalte 3a zu entnehmen und beträgt 28,390. Der Barwert beträgt

$$500 \times 28,390 = 14195 \text{ DM}.$$

5. Beträgt die Laufzeit einer Rente nicht volle Jahre, so ist zwischen dem Vervielfältiger für die vollen Jahre der Laufzeit und dem nächsthöheren Vervielfältiger für volle Jahre linear zu interpolieren.

Beispiel:

Eine Rente von vierteljährlich 500 DM wird jeweils am 1. eines Kalendervierteljahrs gezahlt und läuft bis einschließlich 1. 4. 1980. Wie hoch ist der Wert am 1. 1. 1974?

Am 1. 1. 1974 läuft die Rente noch $6^2/_4$ Jahre. Die Vervielfältiger sind der Tabelle 1 Spalte 3a zu entnehmen und betragen

für 6 Jahre	= 20,669
für 7 Jahre	= 23,513
Differenz	= 2,844
davon $^2/_4$	= 1,422

Der für die Berechnung maßgebende Vervielfältiger beträgt somit $(20,669 + 1,422 =) 22,09$
$22,09 \times 500 = 11045 \text{ DM}.$

6. Beginnt eine Rente erst nach einer zahlungsfreien Zeit zu laufen oder stimmt der Beginn des ersten Rentenzahlungszeitraums nicht mit dem Bewertungsstichtag überein, so ist zunächst der Wert auf den Beginn des ersten der in die Berechnung einzubeziehenden Ratenzahlungszeiträume auf die vorstehend beschriebene Weise zu ermitteln. Das Ergebnis ist erforderlichenfalls mit Hilfe der Hilfstafel 1 zum Bewertungsgesetz wie eine unverzinsliche Kapitalforderung um die Zeit zwischen dem Bewertungsstichtag und dem ersten Fälligkeitstag abzuzinsen.

7. Der Freibetrag nach § 111 Nr. 9 BewG im Jahreswert von 4800 DM ist beim Vorliegen mehrerer Renten wie folgt zu berücksichtigen:

Der Freibetrag ist – unabhängig von der Zahlungsweise – vom Jahresbetrag der Rente mit dem höchsten Vervielfältiger abzuziehen. Um dabei die unterjährlich gezahlten Renten untereinander oder mit Leibrenten vergleichbar zu machen, sind den Vervielfältigern der Spalten a die für den Jahresbetrag maßgebenden Vervielfältiger der Spalten b zugeordnet worden.

Beispiel:

Ein Steuerpflichtiger hat am 1. 1. 1974 das 60. Lebensjahr vollendet. Er bezieht eine Leibrente von monatlich 250,– DM und daneben eine Zeitrente von vierteljährlich 900,– DM, die jeweils am Beginn eines Kalendervierteljahres fällig und bis einschließlich 1. 10. 1987 zahlbar ist. Wie ist der Freibetrag
a) am 1. 1. 1974,
b) am 1. 1. 1975 und
c) am 1. 1. 1976
zu berücksichtigen?

a) Am 1. 1. 1974:

Die Leibrente ist mit dem 9,705fachen (Anlage 9 zum BewG), der Jahresbetrag der Zeitrente mit dem 9,919fachen (Spalte 3b der Tabelle 1) zu bewerten. Der Freibetrag ist zunächst auf die Zeitrente anzuwenden, weil deren Kapitalisierung den höchsten Vervielfältiger erfordert, so daß die Berechnung wie folgt vorzunehmen ist:

Jahresbetrag der Zeitrente		
(900×4)	=	3600 DM
./. Freibetrag		3600 DM
verbleiben		0 DM
Verbleibender Freibetrag		
$(4800 ./. 3600)$	=	1200 DM
Jahresbetrag der Leibrente		
(250×12)	=	3000 DM
./. Verbleibender Freibetrag		1200 DM
verbleiben		1800 DM
Steuerpflichtiger Kapitalwert		
$(1800 \times 9,705)$	=	17469 DM

b) Am 1. 1. 1975:

Die Leibrente ist mit dem 9,430fachen, der Jahresbetrag der Zeitrente mit dem 9,431fachen zu bewerten. Der Freibetrag ist zunächst auf die Zeitrente anzuwenden, weil deren Kapitalisierung den höheren Vervielfältiger erfordert.

Jahresbetrag der Zeitrente		
(900×4)	=	3600 DM
./. Freibetrag		3600 DM
verbleiben		0 DM

Verbleibender Freibetrag
(4800 ./. 3600) = 1200 DM

Jahresbetrag der Leibrente
(250 × 12) = 3000 DM
./. Verbleibender Freibetrag 1200 DM
verbleiben 1800 DM

Steuerpflichtiger Kapitalwert
(1800 × 9,430) = 16974 DM

c) Am 1. 1. 1976:

Die Leibrente ist mit dem 9,156fachen, der Jahresbetrag der Zeitrente mit dem 8,915fachen zu bewerten. Der Freibetrag ist zunächst auf die Leibrente anzuwenden,

weil deren Kapitalisierung den höchsten Vervielfältiger erfordert.

Jahresbetrag der Leibrente
(250 × 12) = 3000 DM
./. Freibetrag 3000 DM
verbleiben 0 DM

Verbleibender Freibetrag
(4800 ./. 3000) = 1800 DM

Jahresbetrag der Zeitrente
(900 × 4) = 3600 DM
./. Verbleibender Freibetrag 1800 DM
verbleiben 1800 DM

Steuerpflichtiger Kapitalwert
(1800 × 8,915) 16047 DM

Tabelle 1

zur Ermittlung des Barwerts einer vorschüssig zahlbaren Rente im Ratenbetrag von 1 DM (Spalte a) und im Jahresbetrag von 1 DM (Spalte b)

Anzahl der Jahre	Zahlungsweise						
	monatlich		vierteljährlich		halbjährlich		jährlich
1	2		3		4		5
	a	b	a	b	a	b	
1	11,714	0,976	3,922	0,980	1,974	0,987	1,000
2	22,816	1,901	7,639	1,910	3,845	1,922	1,948
3	33,339	2,778	11,163	2,791	5,618	2,809	2,846
4	43,316	3,610	14,503	3,626	7,300	3,650	3,698
5	52,770	4,398	17,668	4,417	8,893	4,446	4,505
6	61,732	5,144	20,669	5,167	10,403	5,202	5,270
7	70,228	5,852	23,513	5,878	11,835	5,917	5,996
8	78,280	6,523	26,209	6,552	13,192	6,596	6,683
9	85,912	7,159	28,765	7,191	14,478	7,239	7,335
10	93,146	7,762	31,187	7,797	15,697	7,849	7,952
11	100,003	8,334	33,483	8,371	16,853	8,426	8,538
12	106,503	8,875	35,659	8,915	17,948	8,974	9,093
13	112,665	9,389	37,722	9,431	18,986	9,493	9,619
14	118,503	9,875	39,677	9,919	19,970	9,985	10,117
15	124,040	10,337	41,531	10,383	20,903	10,452	10,590
16	129,287	10,774	43,287	10,822	21,788	10,894	11,038
17	134,259	11,188	44,952	11,238	22,626	11,313	11,462
18	138,974	11,581	46,531	11,633	23,420	11,710	11,865
19	143,442	11,954	48,027	12,007	24,173	12,087	12,246
20	147,677	12,306	49,445	12,361	24,887	12,443	12,608
21	151,691	12,641	50,789	12,697	25,563	12,782	12,950
22	155,497	12,958	52,063	13,016	26,205	13,102	13,275
23	159,103	13,259	53,270	13,318	26,812	13,406	13,583
24	162,522	13,544	54,415	13,604	27,388	13,694	13,875
25	165,762	13,814	55,500	13,875	27,934	13,967	14,152
26	168,834	14,070	56,529	14,132	28,452	14,226	14,414
27	171,746	14,312	57,503	14,376	28,943	14,471	14,662
28	174,505	14,542	58,427	14,607	29,408	14,704	14,898
29	177,121	14,760	59,303	14,826	29,849	14,924	15,121
30	179,600	14,967	60,133	15,033	30,266	15,133	15,333
31	181,951	15,163	60,920	15,230	30,663	15,331	15,534
32	184,179	15,348	61,666	15,417	31,038	15,519	15,724
33	186,291	15,524	62,373	15,593	31,394	15,697	15,904
34	188,291	15,691	63,043	15,761	31,731	15,866	16,075
35	190,189	15,849	63,679	15,920	32,051	16,025	16,237

Anhang III 3

Anzahl der Jahre	Zahlungsweise						
	monatlich		vierteljährlich		halbjährlich		jährlich
1	2		3		4		5
	a	b	a	b	a	b	
36	191,987	15,999	64,281	16,070	32,354	16,177	16,391
37	193,691	16,141	64,851	16,213	32,641	16,321	16,536
38	195,307	16,276	65,392	16,348	32,913	16,457	16,674
39	196,839	16,403	65,905	16,476	33,172	16,586	16,805
40	198,290	16,524	66,391	16,598	33,416	16,708	16,929
41	199,666	16,639	66,852	16,713	33,648	16,824	17,046
42	200,970	16,748	67,288	16,822	33,868	16,934	17,157
43	202,206	16,850	67,702	16,925	34,076	17,038	17,263
44	203,378	16,948	68,095	17,024	34,274	17,137	17,363
45	204,488	17,041	68,466	17,117	34,461	17,230	17,458
46	205,541	17,128	68,819	17,205	34,638	17,319	17,548
47	206,540	17,212	69,153	17,288	34,806	17,403	17,633
48	207,485	17,290	69,469	17,367	34,966	17,483	17,714
49	208,382	17,365	69,770	17,442	35,117	17,558	17,790
50	209,231	17,436	70,054	17,514	35,260	17,630	17,863
51	210,037	17,503	70,324	17,581	35,396	17,698	17,932
52	210,800	17,567	70,580	17,645	35,524	17,762	17,997
53	211,523	17,627	70,822	17,705	35,646	17,823	18,000
54	212,210	17,684	71,052	17,763	35,762	17,881	
55	212,860	17,738	71,269	17,817	35,871	17,936	
56	213,476	17,790	71,475	17,869	35,975	17,988	
57	214,060	17,838	71,671	17,918	36,000	18,000	
58	214,614	17,885	71,856	17,964	36,000		
59	215,139	17,928	72,000	18,000	36,000		
60	215,637	17,970					
61	216,000	18,000					
X	216,108	18,009	72,032	18,008	36,074	18,037	18,059

Anm.: Die jeweils letzte Eintragung in der Tabelle ist wegen der Begrenzung des Höchstwerts auf das 18fache abgerundet. Die in der Zeile X ausgewiesenen Werte stellen für die jeweils letzte Eintragung in der Tabelle den nicht abgerundeten Wert dar, der für eine ggf. erforderliche Interpolation (vgl. Tz. 5 des Erlasses) benötigt wird.

Anhang III 3

Tabelle 2

zur Ermittlung des Barwerts einer nachschüssig zahlbaren Rente im Ratenbetrag von 1 DM (Spalte a) und im Jahresbetrag von 1 DM (Spalte b)

Anzahl der Jahre	monatlich		vierteljährlich		halbjährlich		jährlich
1	2		3		4		5
	a	b	a	b	a	b	
1	11,663	0,972	3,871	0,968	1,923	0,961	0,948
2	22,717	1,893	7,540	1,885	3,745	1,872	1,846
3	33,194	2,766	11,017	2,754	5,472	2,736	2,698
4	43,127	3,594	14,314	3,578	7,109	3,555	3,505
5	52,541	4,378	17,438	4,360	8,661	4,331	4,270
6	61,464	5,122	20,400	5,100	10,132	5,066	4,996
7	69,922	5,827	23,207	5,802	11,526	5,763	5,683
8	77,940	6,495	25,868	6,467	12,848	6,424	6,335
9	85,538	7,128	28,390	7,097	14,100	7,050	6,952
10	92,741	7,728	30,781	7,695	15,288	7,644	7,538
11	99,569	8,297	33,047	8,262	16,413	8,207	8,093
12	106,040	8,837	35,195	8,799	17,480	8,740	8,619
13	112,175	9,348	37,231	9,308	18,491	9,246	9,117
14	117,989	9,832	39,160	9,790	19,450	9,725	9,590
15	123,501	10,292	40,990	10,247	20,358	10,179	10,038
16	128,725	10,727	42,723	10,681	21,219	10,610	10,462
17	133,676	11,140	44,367	11,092	22,036	11,018	10,865
18	138,370	11,531	45,925	11,481	22,809	11,405	11,246
19	142,819	11,902	47,401	11,850	23,543	11,771	11,608
20	147,035	12,253	48,801	12,200	24,238	12,119	11,950
21	151,032	12,586	50,127	12,532	24,897	12,448	12,275
22	154,821	12,902	51,385	12,846	25,521	12,761	12,583
23	158,411	13,201	52,576	13,144	26,113	13,057	12,875
24	161,816	13,485	53,706	13,426	26,674	13,337	13,152
25	165,042	13,754	54,777	13,694	27,206	13,603	13,414
26	168,101	14,008	55,792	13,948	27,710	13,855	13,662
27	170,999	14,250	56,754	14,188	28,188	14,094	13,898
28	173,747	14,479	57,666	14,416	28,641	14,321	14,121
29	176,352	14,696	58,531	14,633	29,070	14,535	14,333
30	178,820	14,902	59,350	14,837	29,477	14,739	14,534
31	181,160	15,097	60,127	15,032	29,863	14,932	14,724
32	183,378	15,282	60,863	15,216	30,229	15,114	14,904
33	185,481	15,457	61,561	15,390	30,575	15,288	15,075
34	187,473	15,623	62,222	15,555	30,904	15,452	15,237
35	189,363	15,780	62,849	15,712	31,215	15,608	15,391
36	191,153	15,929	63,443	15,861	31,510	15,755	15,536
37	192,850	16,071	64,006	16,001	31,790	15,895	15,674
38	194,458	16,205	64,540	16,135	32,055	16,028	15,805
39	195,984	16,332	65,046	16,262	32,307	16,153	15,929
40	197,428	16,452	65,526	16,381	32,545	16,272	16,046
41	198,799	16,567	65,981	16,495	32,771	16,385	16,157
42	200,097	16,675	66,412	16,603	32,985	16,492	16,263
43	201,327	16,777	66,820	16,705	33,187	16,594	16,363
44	202,495	16,875	67,207	16,802	33,380	16,690	16,458
45	203,600	16,967	67,574	16,893	33,562	16,781	16,548
46	204,648	17,054	67,922	16,980	33,735	16,868	16,633
47	205,642	17,137	68,252	17,063	33,899	16,950	16,714
48	206,583	17,215	68,564	17,141	34,054	17,027	16,790
49	207,477	17,290	68,861	17,215	34,201	17,101	16,863
50	208,322	17,360	69,141	17,285	34,340	17,170	16,932
51	209,124	17,427	69,408	17,352	34,473	17,237	16,997
52	209,884	17,490	69,660	17,415	34,598	17,299	17,058
53	210,604	17,550	69,899	17,475	34,717	17,359	17,117
54	211,288	17,607	70,126	17,531	34,829	17,415	17,173
55	211,935	17,661	70,341	17,585	34,936	17,468	17,225

Anhang III 3

Anzahl der Jahre	Zahlungsweise						
	monatlich		vierteljährlich		halbjährlich		jährlich
1	2		3		4		5
	a	b	a	b	a	b	
56	212,548	17,712	70,544	17,636	35,037	17,519	17,275
57	213,130	17,761	70,737	17,684	35,133	17,567	17,322
58	213,681	17,807	70,920	17,730	35,224	17,612	17,367
59	214,204	17,850	71,094	17,773	35,310	17,655	17,410
60	214,700	17,892	71,258	17,814	35,392	17,696	17,450
61	215,169	17,931	71,414	17,853	35,469	17,735	17,488
62	215,614	17,968	71,562	17,890	35,543	17,771	17,524
63	216,000	18,000	71,702	17,925	35,612	17,806	17,558
64			71,835	17,959	35,678	17,839	17,591
65			71,960	17,990	35,741	17,870	17,622
66			72,000	18,000	35,800	17,900	17,651
67					35,856	17,928	17,679
68					35,909	17,955	17,705
69					35,959	17,980	17,730
70					36,000	18,000	17,753
71							17,776
72							17,797
73							17,817
74							17,836
75							17,854
76							17,871
77							17,887
78							17,903
79							17,917
80							17,931
81							17,944
82							17,956
83							17,968
84							17,979
85							17,990
86							18,000
X	216,036	18,003	72,080	18,020	36,007	18,004	

Anm.: Die jeweils letzte Eintragung in der Tabelle ist wegen der Begrenzung des Höchstwerts auf das 18fache abgerundet. Die in der Zeile X ausgewiesenen Werte stellen für die jeweils letzte Eintragung in der Tabelle den nicht abgerundeten Wert dar, der für eine ggf. erforderliche Interpolation (vgl. Tz. 5 des Erlasses) benötigt wird.

Stichwortregister

Ein »F« hinter der Seitenzahl bedeutet, daß das Stichwort einer Fußnote der betreffenden Seite entstammt. Die Zahlen bedeuten Seitenzahlen.

A

Abbauland 69
Abbruchsverpflichtung, Betriebsschuld 102 F
Abfindung für Vermächtnis 280
für Verzicht auf Pflichtteilsanspruch 280
Abgeld bei Bewertung von Forderungen 146
Ablösung von Lastenausgleichsabgaben, Erbschaftsteuer 294, 317
der gestundeten Steuer 306
Abrechnung über die Vorauszahlungen 269
Abrundung bei der Bemessungsgrundlage 239
der Einheitswerte 65
Absatzgenossenschaften, landwirtschaftliche 124
Abschläge
bei Gesellschaftsvermögen 175
vom Jahresertrag von Gesellschaften 173
am Vergleichswert 69
bei Wiederbeschaffungskosten 141
Abschlußzeitpunkt, abweichender – der Gesellschafter bei Personengesellschaften 130
Ausgleich von Vermögensänderungen 132 ff.
Absetzungen für Abnutzung 140
– beim Gesellschaftsvermögen 173
bei Wiederbeschaffungskosten 140
abweichender Abschlußzeitpunkt der Gesellschafter, Beispiele 130
abweichendes Wirtschaftsjahr, Abzugsfähigkeit von betrieblichen Steuerschulden 126
– von Hypotheken- und Kreditgewinnabgabe 129
Bewertungsstichtag 130
bei Steuerschulden 127
Abzüge beim Gesellschaftsvermögen 172
Abzugsfähigkeit der Ausgleichsabgaben 198
von Betriebsschulden 103
von Einzahlungsverpflichtungen 179
der Lastenausgleichsabgaben 129, 196 ff.
von Rückstellungen für Verpflichtungen aus Pensionsanwartschaften 112 ff.
von Steuerschulden bei abweichendem Wirtschaftsjahr 127
von Verbindlichkeiten aus schwebenden Geschäften 108
von versicherungstechnischen Rücklagen 101, 109 ff.
Ackerzahl bei Bodenschätzung 276

Agio bei Forderungsbewertung 146
ähnliche Gesellschaft (Personenges.), Begriff 85
Aktien, Bewertung 57, 168 ff.
Bewertungsstichtag 169
gemeiner Wert bei Außerachtlassung der Ertragsaussichten 177
sonstiges Vermögen 144
Zugehörigkeit eigener – zum Betriebsvermögen 83
Aktiengesellschaften, Betriebsvermögen 82
Mindestbesteuerung 244
unbeschränkte Steuerpflicht 209
Vermögenserklärung 267
s. a. Kapitalgesellschaft
Aktionsgemeinschaft Deutsche Steinkohlenreviere GmbH 238
Aktiva, transitorische 137
aktiver Rechnungsabgrenzungsposten 137
Allgemeines Kriegsfolgegesetz 166
Beteiligung am Treuhandvermögen 166
Erbschaftsteuerbefreiung 285
Altenteilslast, Berücksichtigung beim Gesamtvermögen 201
Altersfreibetrag 240
erhöhter 240 f.
Altersrente, Pensionsrückstellung 112, 116
Altsparerentschädigung 166
Erbschaftsteuerbefreiung 285
Änderung von Feststellungsbescheiden 64
Angemessenheit bei erbschaftsteuerfreien Zuwendungen 286
Anmeldung des Erwerbs zur Erbschaftsteuer 291
Anpassung der Einheitswerte an die Reinertragsentwicklung in Forstwirtschaft, Obstbau und Hopfenbau 272
Anrechnung ausländ. Erbschaftsteuer 289
ausländischer Vermögensteuer 247
Anschaffungskosten, Teilwertermittlung 140
Wiederbeschaffungskosten 140
Ansprüche, fällige, aus privaten Rentenversicherungen 165
aus schwebenden Geschäften, Bewertung 137
Anstalten, unbeschränkte Steuerpflicht 209
Vermögenserklärung 267
Anteile an bergrechtlichen Gewerkschaften, gemeiner Wert 181

Register

Register

Register

Zahlen bedeuten Seitenzahlen

Register

Register

Register

Register

M

N

Register

Register

Register

Register

Register